2012

徐州市人民政府 主办

徐州市史志办公室 编

图书在版编目(CIP)数据

徐州年鉴. 2012/徐州市史志办公室编. — 南京:
江苏人民出版社,2012.9
(徐州地方年鉴丛书)
ISBN 978-7-214-08788-1
Ⅰ. ①徐… Ⅱ. ①徐… Ⅲ. ①徐州市-2012-年鉴
Ⅳ. ①Z525.33

中国版本图书馆 CIP 数据核字(2012)第 228887 号

书 名	徐州年鉴(2012) (徐州地方年鉴丛书)
著 者	徐州市史志办公室 编
责任编辑	花 蕾
装帧设计	孙晋平 刘 艳
出版发行	凤凰出版传媒集团 凤凰出版传媒股份有限公司 江苏人民出版社
集团地址	南京市湖南路 1 号 A 楼, 邮编:210009
集团网址	http://www.ppm.cn
出版社地址	南京市湖南路 1 号 A 楼, 邮编:210009
出版社网址	http://www.book-wind.com http://jsrmcbs.tmall.com
经 销	凤凰出版传媒股份有限公司
照 排	徐州太平洋印务有限公司
印 刷	徐州太平洋印务有限公司
开 本	880×1230 毫米 1/16
印 张	39
字 数	1510 千字
版 次	2012 年 10 月第 1 版 2012 年 10 月第 1 次印刷
标准书号	ISBN 978-7-214-08788-1
定 价	380 元

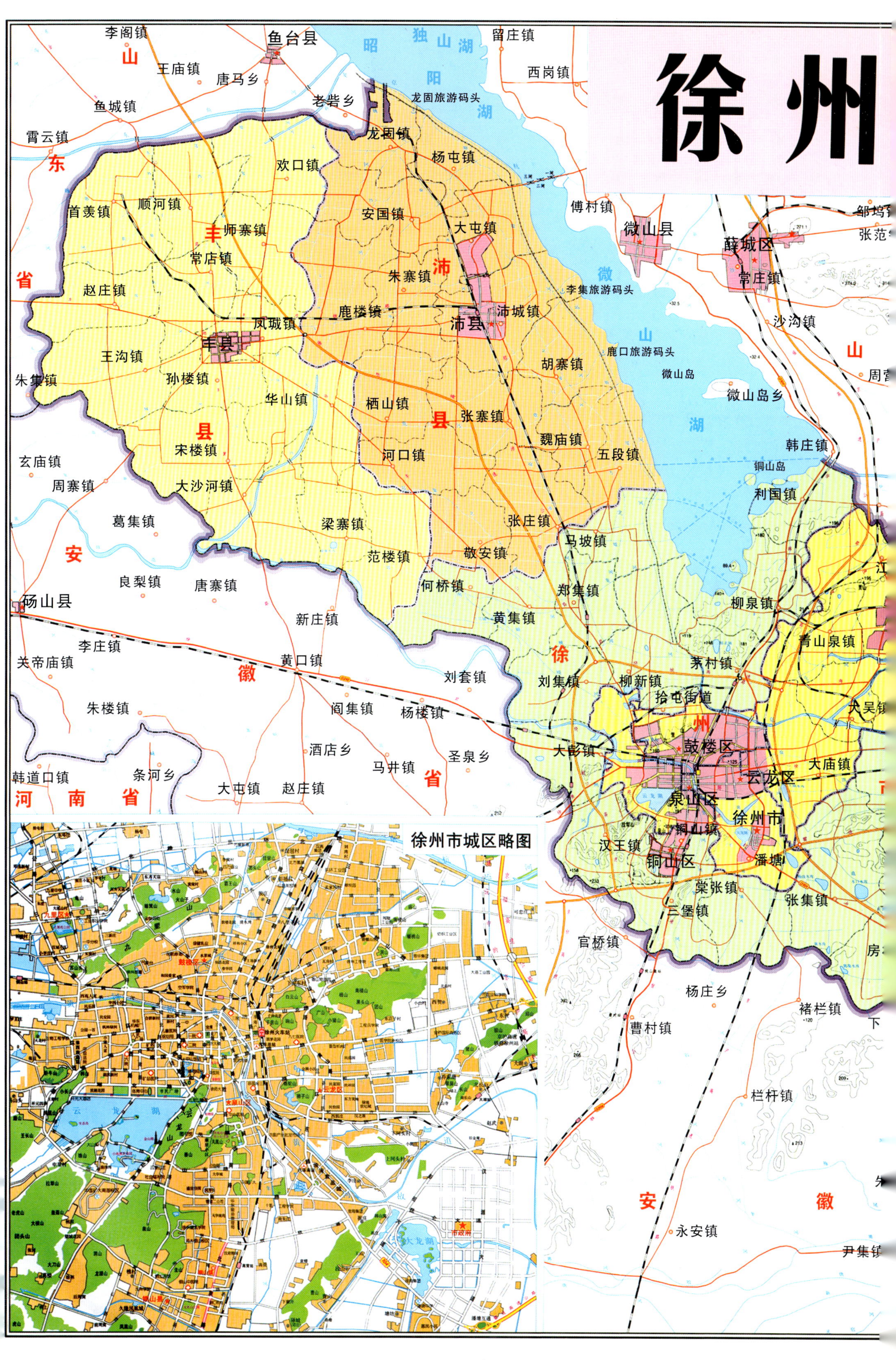

徐州
徐州市城区略图
丰县
沛县
鱼台县
微山县
薛城区
砀山县
鼓楼区
云龙区
泉山区
铜山区
徐州市
昭阳湖
独山湖
微山湖
山东省
安徽省
河南省
李阁镇
王庙镇
唐马乡
老砦乡
鱼城镇
霄云镇
留庄镇
西岗镇
龙固旅游码头
龙固镇
杨屯镇
欢口镇
首羡镇
顺河镇
师寨镇
常店镇
赵庄镇
安国镇
大屯镇
朱寨镇
鹿楼镇
沛城镇
凤城镇
王沟镇
孙楼镇
朱集镇
华山镇
栖山镇
张寨镇
胡寨镇
魏庙镇
五段镇
河口镇
宋楼镇
大沙河镇
玄庙镇
周寨镇
葛集镇
梁寨镇
范楼镇
敬安镇
张庄镇
马坡镇
何桥镇
郑集镇
良梨镇
唐寨镇
新庄镇
黄集镇
李庄镇
关帝庙镇
黄口镇
刘套镇
刘集镇
柳新镇
拾屯街道
茅村镇
柳泉镇
青山泉镇
朱楼镇
阎集镇
杨楼镇
酒店乡
马井镇
圣泉乡
大彭镇
大吴镇
大庙镇
韩道口镇
条河乡
大屯镇
赵庄镇
汉王镇
铜山镇
潘塘
棠张镇
三堡镇
张集镇
官桥镇
杨庄乡
褚栏镇
曹村镇
栏杆镇
永安镇
尹集镇
傅村镇
常庄镇
沙沟镇
李集旅游码头
鹿口旅游码头
微山岛
微山岛乡
韩庄镇
铜山岛
利国镇
张范

徐州市地方志编纂委员会

《徐州年鉴》(2012卷)编纂人员

编 辑 说 明

一、《徐州年鉴》是徐州市人民政府主办、徐州市史志办公室编纂的地方性综合年鉴，创刊于1998年，每年1期。

二、《徐州年鉴》全面系统地记载徐州市社会主义现代化建设的发展过程，汇集全市各类信息资料，充分反映徐州地方特色，是介绍徐州地情的大型综合性工具书。《徐州年鉴(2012)》较为全面翔实地记述了2011年徐州市自然、政治、经济、文化、社会等方面的基本情况以及在改革开放、经济建设、社会发展中所取得的新成就、新进展、新经验，旨在为各级党政领导科学决策提供可靠的依据，为国内外各界人士了解徐州提供翔实的资料。

三、《徐州年鉴》体例为条目式，分为类目、分目、条目。部分分目内增设副分目，以楷体字前后加"·"表示。本卷年鉴共设32个类目、195个分目、98个副分目、1735个条目。条目为基本记述层次，其标题为黑体字加【 】。类目、分目、副分目做有英文目录，并有索引附于文后。

四、本卷年鉴刊用文稿系由全市各部门、单位供稿，并经单位领导审核。文中采用照片引自徐剑、李作英等摄影人员的作品。文中所用统计数据由于统计口径、方法不同而有差异，请读者在引用时以徐州市统计局发布的数据为准。

五、条目作者姓名加(　)号列于条目正文之后；同一分目或副分目内，相邻条目为同一作者的，作者姓名列于末条正文之后。

六、《徐州年鉴(2012)》的编纂出版得到全市各部门、各单位以及社会各界人士的关心、支持和帮助，在此一并表示谢忱。粗疏、错漏之处，敬请各界人士批评指正。

11月29日，中共中央政治局委员、中央书记处书记、中央宣传部部长刘云山到江苏调研，亲切看望徐州下水道四班。

2月2日，中共中央政治局委员、中央组织部部长李源潮视察徐州，看望大学生村官。

10月31日,全国政协副主席、致公党中央主席、科技部部长万钢出席致公党徐州市委成立大会,并视察徐州规划馆。

5月12日，全国政协副主席厉无畏视察徐州创意产业园。

9月26日，全国政协副主席、农工党中央常务副主席陈宗兴到徐州视察城市规划建设和采煤塌陷地生态修复情况。

11月15日，省委书记罗志军在徐州市调研，察看协鑫集团生产车间。

9月1日，省长李学勇在沛县考察。

9月7日，省政协主席张连珍在徐州市调研。

4月8日，2010年度"振兴徐州老工业基地创新奖"颁奖大会在新城区会议中心召开。

4月21日,全市县(市)区科学发展目标考核暨机关绩效考评总结表彰会议在新城区召开。

5月30日,徐州市创建全国文明城市迎检动员大会在新城区召开。

6月9日，中共徐州市委十届十一次全体会议在新城区召开。

6月9日，全市乡镇科学发展暨中心镇创建工作总结表彰大会在新城区召开。

6月29日上午，市委隆重召开纪念中国共产党成立90周年大会。

8月23日，全市加快发展现代服务业大会在新城区召开，市政府颁授2010年度全市服务业十强企业牌匾。

9月3日，中共徐州市委十届十二次全体会议在新城区召开。

9月17日，中共徐州市第十一届委员会举行第一次全体会议，选举产生了中共徐州市第十一届委员会常务委员会委员和市委书记、市委副书记。曹新平、张敬华、李荣启、邹徐文、陈德荣、夏文达、戚锡生、张彤、蔡凡秀、陈志扬、王昊、张赴宁当选为市委常务委员会委员，曹新平当选为市委书记，张敬华、李荣启当选为市委副书记。

4月26日，2011中国徐州（深圳）投资联谊会在深圳举行。

4月28日，2011中国徐州（香港）投资推介会在香港举行。

5 月 26 日,2011 中国徐州(上海)现代农业投资推介会暨项目签约仪式在上海举行。

7 月 7 日,2011 徐州(无锡)新兴产业暨招才引智恳谈会在无锡举行。

10 月 28 日,2011 中国徐州第十四届投资洽谈会暨第五届汉文化旅游节开幕。

3月28日,徐州—台北航线首航庆典仪式在观音机场举行。

4月14日,江苏省铜山经济开发区改称江苏省徐州高新技术产业开发区,市委书记曹新平、市长张敬华为开发区管理委员会揭牌。

5月8日，徐州经济技术开发区省低碳经济试点园区揭牌。

6月29日，全市培育壮大超百亿元工业企业和超50亿元服务业企业动员大会在新城区召开。

7月6日，2011徐州（苏州）金融产业投融资座谈会在苏州召开。

8月30日，中国核工业建设股份有限公司与徐工集团举行战略合作签约仪式。

2 月 22 日，华夏银行徐州分行开业。

5 月 23 日，招商银行徐州分行开业。

2月28日，徐州市2011年重大水务工程项目举行集中开工仪式。

3月19日，2011年度部分城建重点工程集中竣工暨老东门时尚街区开街仪式举行。

徐州东站

6月27日，徐州高铁站区启用仪式在站前广场隆重举行。6月30日下午3时，举世瞩目的京沪高铁全线开通运营，徐州东站正式投入使用。

7月11日，徐州经济技术开发区欧蓓莎国际商城举行奠基仪式。

8月3日，徐州市举行“全国人民防空先进城市”挂牌仪式。省国防动员委员会常务副主任、省军区司令员孙心良，徐州市市长张敬华为“全国人民防空先进城市”揭牌。

12月28日，三环东路高架快速路工程奠基仪式隆重举行。

10月18日，奎山公园敞园改造工程建成。

4月5日，市委书记曹新平在云龙湖小南湖畔会见泰国公主诗琳通。

6月23日上午，由徐州市委宣传部、市总工会、中国音协二胡学会联合主办的中国徐州第四届国际胡琴艺术节暨中国胡琴艺术博物馆开馆仪式隆重举行。

9月28日上午，修复重建的茱萸寺落成典礼暨佛像开光法会在大洞山脚下茱萸寺举行。

10月12日，徐州幼儿师范高等专科学校揭牌仪式隆重举行。

12月24日，徐州日报社“三下乡”活动启动，民俗活动丰富多彩。

12月28日，徐州师范大学科技园奠基。

中共徐州市委党校　徐州市行政学院

市委书记、党校校长曹新平陪同国家行政学院院长魏礼群到校视察

市委党校党委书记、常务副校长李存煜与国家行政学院教务部副主任范文代表双方签约

国家行政学院徐州教学科研基地签约仪式

中共徐州市委党校、徐州市行政学院位于解放南路169号，坐落于风景秀丽的云龙山风景区。学校拥有一支由专职教师、客座教授和特聘教授组成的实力雄厚、结构合理的师资队伍。学员餐厅、公寓可同时容纳900人就餐、600人住宿，能满足各类培训、学术交流和会议需要。创新培训模式，逐步形成项目制专题培训，已组建七个专题培训班，培训对象遍及上海、新疆、甘肃、河北、安徽、河南、广西、山东等地，得到培训对象的高度评价和社会的广泛关注。徐州日报、都市晨报等媒体予以报道。2011年，国家行政学院确定在徐州市行政学院建立教学科研基地，扩大了徐州在全国的影响力和区域中心城市的辐射力。

2011年，徐州党校(院)紧紧围绕推进"两个率先"的新形势和地方经济社会发展的现实需要，以"争创一流市级党校"为目标，教学、科研、行政后勤等方面工作取得显著成效。完成各类科研成果216项，发表论文95篇，共获得省市级各类奖项48项。建立了党校科研基金，获得江苏省应用研究课题3项、国家行政学院子课题1项、国家行政学院教学科研基地委托课题2项、省社科基金项目1项、市双百高层次人才培养工程资助项目1项。坚持后勤社会化改革方向，全年投入220万元进行教学设施建设，全面改造主体班教室，建成现代化多功能厅。

市委书记、党校校长曹新平与国家行政学院副院长韩康揭牌

《地方政府投融资平台建设》专题培训

《突发事件应急管理》专题培训

徐州经济技术开发区

国家级徐州经济技术开发区是徐州市新型工业化示范基地和高新技术产业集聚中心，2011年实现业务总收入1665亿元、地区生产总值360亿元、财政总收入66亿元（不含基金），均增30%以上，综合实力跃居全国新晋国家级开发区前3位、江苏省开发区前10位，在淮海经济区领先领跑。

徐州经济技术开区深入贯彻落实科学发展观，牢固坚持项目立区，全力推进“三重一大”，工业化、城市化融合并进。工程装备、太阳能光伏、现代服务等主导产业不断壮大，工业电子、生物医药、特色食品、纺织服装等优势产业生机勃勃，建成了全球第五的工程装备和世界第一的多晶硅生产基地，2011开工新建工业项目面积360多万平方米，占全市半壁江山。

开发区城市建设一瞥

高铁生态商务区金龙湖小镇一角

全省一流的九年一贯制实验学校

高铁生态商务区金龙湖畔

新建卡特彼勒(徐州)大挖厂区

蓝宝石衬底生产线

智能化装载机生产车间

多晶硅厂区一角

省委书记罗志军到铜山慰问

市委书记曹新平到铜山视察指导工作

徐州市铜山区

中共徐州市铜山区委书记、人大主任 毕于瑞

中共徐州市铜山区委副书记、区长 刘广民

铜山地处苏鲁豫皖四省交界，环抱徐州市区，曾为彭祖封地，古称大彭氏国，秦始置县，迄今有4000多年历史。2010年9月撤县建区，全区总面积2010平方公里，人口130万，辖21个镇(场)、8个街道办事处、1个省级高新技术产业开发区。2011年全区实现地区生产总值570.57亿元，同比增长14%；完成财政总收入88.99亿元，公共财政预算收入41.1亿元，分别增长31.4%和50%；主要经济指标增幅持续高于省、市平均水平，继续保持苏北第一、全省领先，位居全国百强县53位。

转型发展、产业体系完善。工业产业结构不断优化，食品、机械、冶金、车辆、电子、玻璃等六大优势主导产业不断壮大。其中，食品、机械、冶金、电子产业产值均过百亿，形成工业发展新格局，荣膺“中国产业发展能力百强县”第14位。农业产业化水平不断提升，奶牛奶业、蔬菜园艺业、林果业、畜禽业等农业四大主导产业特色鲜明，设施农业总面积、食用菌投料量、奶牛存栏量全省第一，被农业部认定为首批国家级现代农业示范区。随着全面融入主城区步伐的加快，铜山城市建设日新月异，城市化功能不断完善，已成为环境优美、功能齐全、活力最强的徐州城市副中心。总部经济、商务中介、金融机构、现代物流、创意文化、特色旅游等服务业态加速推进，2011年全区三产增加值达203亿元。

协调发展、社会幸福和谐。全面小康建设成效显著，省定18项25个指标全面达标，在苏北率先建成全面小康社会。千方百计增加城乡居民收入，城镇居民人均可支配收入过两万元，农民人均纯收入过万元，农村新型养老保险、城镇居民医疗保险和农村新型合作医疗实现全覆盖。每年实施一批为民办实事工程，民生民计持续改善。精神文明建设进一步加强，科技教育文化卫生等各项社会事业全面发展，被评为全国科技进步先进县、全国生态文明县、全国阳光体育先进县和全国征兵工作先进单位。平安法治建设深入推进，被评为全国平安建设先进县和省法治县(市)创建工作先进单位、省综治基层基础建设示范县，人民群众满意度明显提高。

“十二五”期间，铜山区将以实现GDP超千亿元、公共财政预算收入超百亿元的“双超”目标和创建国家级高新技术产业开发区、国家级现代农业样板区等“五区建设”为标志，在新的起点上全面开启基本现代化建设新征程。

中国共产党徐州市铜山区第十三次代表大会

铜山国家现代农业示范区

汉王镇花卉培育中心

久久设施农业

美驰车桥

雷奥医疗

吕梁山前好风光

鼎盛铜山

娇山湖风景区

三堡镇新农村建设

无名山公园广场

老年关爱之家

徐州高新技术产业开发区一角

中共中央政治局常委、中央政法委书记周永康视察鼓楼区滨河花园小区

徐州市

鼓楼区位于徐州市区北半部，是主城区之一，辖琵琶、黄楼、环城、丰财、牌楼、铜沛、九里7个街道办事处，58个社区(村)，总面积59.4平方公里，总人口28.4万人。

鼓楼区按照“三创三先”的新时期江苏精神，着力构建“双核两带四片”的现代服务业发展新格局，牢牢抓住“三重一大”，全面落实“两快两带三先”的新要求。2011年，全区地区生产总值完成134.2亿元，同比增长13.2%；财政总收入完成17.36亿元，增长32.4%，其中一般预算收入完成12.55亿元，增长35.8%；全社会固定资产投资完成160.6亿元，同比增长25.1%；实现社会消费品零售总额163.8亿元，增长17.8%。年度荣获全国“五五”普法先进区，江苏省科普示范区、双拥模范区、社会治安安全区、人口协调发展先进区、教育现代化先进区等荣誉称号。

全国政协副主席厉无畏和市委书记曹新平共同为“创意68文化产业园”揭牌

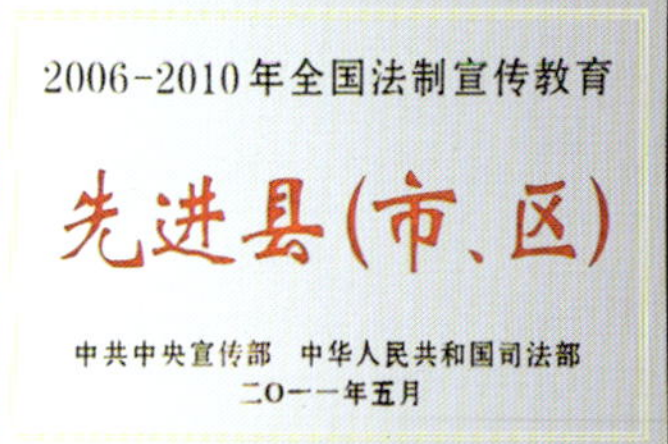
2006-2010年全国法制宣传教育
先进县(市、区)
中共中央宣传部　中华人民共和国司法部
二〇一一年五月

全国示范社区卫生服务中心
中华人民共和国卫生部
二〇一一年

鼓楼区琵琶社区卫生服务中心荣获徐州唯一一家“全国示范社区卫生服务中心”

市委书记曹新平视察城建重点工程

鼓楼区

区委书记束志明与牌楼街道中北小区党员群众亲切交谈

区长王维峰调研全区教育工作

金驹物流园盛大开园

苏北农贸市场开业

鼓楼核心区龙头项目——鼓楼广场效果图

淮海经济区中心商圈华灯初上

和信广场效果图

徐州市云龙区

最高人民检察院检察长曹建明到云龙区调研

云龙区位于徐州市城区东南部，为全市政治、交通、商贸、文化和旅游中心，总面积118平方公里，人口30.71万，辖8个街道办事处、54个社区、18个行政村。年末总人口30.71万人。

2011年，全区实现地区生产总值157.2亿元，比上年增长13.2%。三次产业比重为1.2:17.1:81.7。全年完成固定资产投资171.1亿元，增长24.3%；实现财政总收入21.1亿元，一般预算收入完成17.3亿元，比上年分别增长45.57%和39.39%；全年实现社会消费品零售总额170.49亿元，比上年增长17.7%。全年协议注册外资16260万美元，实际到账外资7546万美元。

市委书记曹新平视察云龙山敞园工程

市长张敬华视察云龙区文化产业

北京徐州企业商会云龙区分会成立

铜山路双拥模范街命名大会

中华老字号街区开工奠基

徐州师范大学科技园暨中茵南郊商业广场奠基

幸福云龙大型系列活动启动

中国徐州第五届汉文化旅游节广场文艺活动启动仪式

2011 年度市重点工程集中竣工暨老东门开街仪式

徐州市泉山区

市委书记曹新平视察区内农贸市场

6月27日，中共泉山区第七次代表大会召开

区委书记张引介绍泉山区发展蓝图

区长蔡成缓视察食品安全工作

泉山区是徐州市主城区之一，是重要的商贸物流区、风景旅游区、文化教育区、高新技术产业聚集区和城市生活区。全区面积110平方公里，人口55万，下辖永安、王陵、湖滨、和平、奎山、段庄、翟山、泰山、金山、七里沟、火花、苏山、桃园、庞庄14个街道办事处。

2011年，泉山区紧紧围绕"率先建成江北现代服务业强区，向全省一流城区进军"的奋斗目标，统筹推进经济、政治、文化、社会、生态文明和党的建设，各方面工作都取得了新进展。"实力泉山"建设跃上新台阶。全区地区生产总值完成318.88亿元，增长13.4%，总量排名江北16个主城区第4位；一般预算收入完成19.11亿元，增长35.6%，总量排名江北主城区第8位，继续保持徐州市内城区领先；外资、外贸增幅位列全省主城区第一位，经济转型、产业结构调整继续走在江北前列，实现了"十二五"良好开局。"活力泉山"建设取得新成效。对外开放全面扩大，与美国摩根敦市结成友好城区。积极实行高层次人才、科技创业团队、企业研究生博士集聚"三大计划"，人才工作取得全市第一名的好成绩。文化创意产业发展迅速，原创大型动漫作品《百吉学堂》在台湾、大陆两岸三地同步播出，成为徐州第一部"冲上"央视的动画片。"智慧泉山"的品牌进一步打响。全区建成企业研发机构72家，组织实施科技成果转化项目60个、产学研项目66个，专利授权1967个，数量居全市第一，先后荣获"全国科技进步先进区"、"全国科普示范城区"、"全国实施科学素质纲要先进集体"、"省人才工作先进区"等称号。"魅力泉山"建设迈出新步伐。大力推进城市美化、亮化、洁化工程，新增和改造绿地164.9公顷、城郊造林112.4公顷，建成区绿化覆盖率达47.52%，万元GDP能耗预计下降3.9%。城市建设管理力度不断加大，36项城建重点工程完成投资42亿元，"宜商宜居"的城市环境进一步凸显。"和谐泉山"建设得到新提升。9大类36件为民办实事项目扎实推进，群众生活质量不断提升。积极推进社会管理创新，全面推进"平安泉山"、"法治泉山"建设，全区安全形势持续稳定。民乐社区荣获"全国文明单位"荣誉称号，段庄司法所荣获"全国模范司法所"称号，泉山区被确定为省"流动人口计划生育基本公共服务均等化示范点"、"2009—2011年省创建无邪教地区先进区"。

矿大科技园

2011 中日国际工业软件产业发展研讨会暨商务洽谈会隆重举行

世界 500 强企业 CSS 落户徐州软件园

泉山区和美国摩根敦市结为友好城区

《百吉学堂》开播仪式

中国·徐州机械工业两化融合发展推进会暨徐州软件园启动仪式

全国最大的苏东坡主题公园

九里湖

云龙山水

"美丽泉城"新中心

徐州市贾汪区

2011年，贾汪区坚定不移地实施"融入主城区、建设副中心"发展战略，以"三重一大"为抓手，全力推进新型工业化、城市现代化、农业产业化和城乡一体化。办成"茱萸寺落成开放、国家资源枯竭城市政策争取"两件大事，完成"一般预算收入超11亿、小康社会指标全面达标、公教人员工资标准与市区拉平"三大任务，标志着贾汪的发展站在新的更高起点上。全力抓好"三重一大"，综合实力迈上新台阶。46个重大产业项目完成投资94.8亿元，6大类51大项城建重点工程完成投资34.5亿元，新开工3000万元以上项目58个、亿元以上项目19个，实际到帐注册外资6190万美元。全年完成GDP170亿元，增长14%；全口径财政收入完成18.8亿元，一般预算收入超过11亿元，分别增长31.1%、51.6%；完成全社会固定资产投资150亿元，增长27.6%。调整优化经济结构，产业转型取得新成效。工业转型深入推进。能源热力、新型建材、冶金煤化工三大传统主导产业加速向千亿级规模迈进，机械制造、精细化工等加快发展，高新技术和新兴产业产值分别增长168.7%和154.4%。服务业发展成效显著。老城中央商圈、夏桥新兴商贸区、新城核心区、南湖商务片区四大片区的商贸氛围日益浓厚，大洞山风景区和潘安湖风景区成为展示山水特色、集聚人气、发展旅游的最佳品牌。高效规模农业不断壮大。新增高效农业面积3万亩，新增设施农业面积1.9万亩，荣获全省设施农业先进县（区）称号。加快建设"一园两区一走廊"，发展平台实现新提升。实施新一轮徐州工业园区规划调整，规划控制面积达到30平方公里，入园企业累计达到160余家，全年实现一般预算收入1.3亿元，增幅高于全区平均水平37个百分点。青山泉工业集中区、江庄工业集中区明确了"循环经济示范区"的发展定位。徐贾工业走廊建设上升为全市发展战略，规划编制基本完成。扎实推进副中心建设，城乡面貌发生新变化。统筹新城开发和老城改造，建成直通大洞山、督公湖的山水大道，大力推进危旧房和城中村改造，拆迁百大、同乐等片区共23万平方米。着力保障和改善民生，人民福祉再添新成果。城镇居民人均可支配收入17950元，农民人均纯收入9536元，分别增长15%和13.1%。建成公租房1.6万平方米、经济适用房7万平方米、廉租房1.5万平方米。顺利接受省教育现代化先进区评估验收。

徐贾快速通道通车

茱萸寺药师佛文化景区

“最美乡村湿地”潘安湖一角

夏桥公园别墅式酒店

生态园

卧龙泉生态园运河支队纪念馆

运河支队纪念馆内部一角

徐州橡胶轮胎二期厂房

一城山水间，美丽督公湖

儿童画之乡—睢 宁 县

县委书记王军在基层调研

县长龚维芳调研城建工作

睢宁县位于徐州特大都市圈的核心层，东临亚欧大陆桥东桥头堡连云港，西靠徐州，南与安徽省接壤，北与山东省相望。全县总面积1769平方公里，辖16个镇、1个省级经济开发区，人口134万，县城人口20余万。睢宁交通便利。距徐州仅80公里，距陇海铁路40公里，境内104国道、宁宿徐高速公路横贯东西，与连霍高速、京沪高速、京福高速相连，从睢宁到徐州市区只有50分钟的车程，到南京也仅3个小时，到连云港国际港口1.5小时。国家民航干线机场——徐州观音机场坐落在睢宁县双沟镇境内，从县城到观音机场只要半个小时。通过境内的徐洪河，800吨以下货船可以直通黄金水道——京杭大运河。劳动力资源丰富。全县有劳动力60多万人，其中近30万劳动力是熟练掌握纺织、建筑、服装和电子加工等技术的产业工人。近年来，睢宁县委、县政府紧紧围绕"突破睢宁"战略，坚持工业经济和精品城市两手抓，加快富民强县、进位崛起步伐，逐步发展成为江苏省徐州特大都市圈的新兴城市。

睢宁县初步形成了白色家电、纺织服装、皮革皮具、金属机电、医药化工等"五大产业"，2011年全县规模工业实现产值380亿元。2011年，高新技术产业产值完成121.6亿元，实现"一年翻番"；新兴产业产值完成101.4亿元，实现"一年增两倍"。规模工业企业设立市级以上研发机构超过60%。重化工业比重逐步提升，工业化中期的曙光初步显现，是"全国最佳投资价值环境县"。农业发展开创崭新局面。2011年，全县农业总产值完成95.1亿元，实现"四年翻番"。粮食总产量8.85亿公斤，实现"八连增"，继续保持"全国粮食生产先进县"。高效农业80.3万亩，设施农业19.1万亩，规模养殖场（小区）1600余个。适度规模经营面积67.8万亩，占全县耕地面积近一半。第三产业发展持续加快。2011年服务业增加值近百亿元、增长37.9%。九鼎五金汽摩配等6个市场加快建设，金港建材等2个市场竣工运营，全县在建市场建筑面积超百万平方米。农村电子商务发展迅猛，年营业收入超6亿元。沙集镇成为"中国社会科学院信息化研究中心调研基地"、"江苏省农村信息化应用示范基地"。城市面貌不断改善。白塘河湿地公园湿地形态基本形成，水袖天桥、喜阙迎宾等景观成为"睢宁地标"，花径、徐沙河和中央大街等景观带彰显了"睢宁特色"。城区人均公共绿地面积12平方米，超过省级园林城市标准，是"全国绿化模范县"。

儿童画——两岸一家亲

大型儿童画创作活动

体育馆一角

徐州康盛管业有限公司

江苏世纪天虹纺织集团公司

天元广场一角

农业产业调整让食用菌种植户笑逐颜开

农业自动化

规模化养猪

新沂市

第四届生态新沂旅游文化节开幕式

新沂市是历史悠久的新兴城市，为花厅古文化发祥地。1949年5月，由宿迁、沭阳、东海、邳县四县边区析置新安县，1952年9月经政务院批准更名为新沂县，1990年2月撤县建市。1998年国务院批准新沂市为中等城市规划，是亚欧大陆桥东起第一座枢纽城市，被定位为"苏鲁接壤地区新兴的交通枢纽和商贸旅游中心、江苏新兴工业城市"。新沂市总面积1616平方公里，下辖16个镇，1个省级开发区，253个村民委员会，11个社区居民委员会，2011年末总人口104万。风景名胜有国家4A级风景名胜马陵山景区、骆马湖风景区、窑湾古镇、沭河塔山风光带、花厅古文化遗址等。

2011年，全市实现地区生产总值301.37亿元，完成财政总收入58.21亿元，完成全社会固定资产投资300.5亿元，实际到账外资首次突破1亿美元，自营出口总额2.25亿美元。城镇居民人均可支配收入15508元、农民人均纯收入8634元，连续第六次荣膺"全国最具投资潜力中小城市百强"，首次跻身"全国百强县"，位居第86位。全市新增列统企业31家，总数达到411家。规模以上工业实现产值600.3亿元、销售596.7亿元、利税77.8亿元，销售收入超亿元企业190家，其中超10亿元企业3家，晋煤恒盛和华宏特钢被徐州市列为重点培育千百亿级企业。蓝丰生化成为徐州县域第一家本土上市企业，企业上市"531"工程加快推进，利民化工、斯尔克纺织待批上市。全年粮食总产6.36亿公斤，实现"八连增"，被评为全国产粮大县。高效农业强势扩张，全市新增设施农业4万亩、新建畜禽规模养殖场70个，鲜切花种植面积达到1.2万亩，成为全国最大的鲜食花生生产基地和切花菊生产基地，高流镇被中国花协命名为"中国花木之乡"，"钟吾牌"仙桃蝉联第二届全国桃果评比金奖，瓦窑高效农业园区成功获批省级现代农业产业园。

新沂市保障性住房项目开工奠基

首届全国健身交谊舞大赛暨东陇海少儿拉丁舞大赛

首届中国·新沂环骆马湖自行车公路赛现场

徐州县域第一家本土上市企业江苏蓝丰生物化工股份有限公司

窑湾古镇

江苏晋煤恒盛化工股份有限公司

江苏花厅酒业有限公司

江苏八达重工机械有限公司

华信塑业获国家金卡工程金蚂蚁奖

华信塑业生产线

伟业铝材生产车间

高流镇花木基地

草桥镇有机蔬菜基地

沭河西岸景观带

金锋农业科技园

瓦窑镇育苗工厂

沭河之光夜景

新城区人才家园

新城区绿地商务城

徐州市新城区

徐州新城区，东起京沪高速铁路，西抵拖龙山，南界民航观音机场和连霍高速公路，北邻故黄河风光带，总规划面积60平方公里，可容纳40万人生活居住，是徐州市的行政中心及区域性的商务、金融、文化中心。新城区背依拖龙山，怀抱大龙湖，绿地率超过36.9%，人均拥有公共绿地40.4平方米，形成了“水清、地绿、天蓝、气爽”的自然生态格局。

2011年底，新城区累计完成投资约300亿元。行政办公区基本建成，100多家市级党政机关单位入驻办公；公共服务设施逐步完善，青年路小学、撷秀中学、徐州幼教幼儿园等名校汇聚，市级机关医院、徐州工程学院新校区投入使用。吉田商务广场、大龙湖会所、下沉式商业广场等商业设施投入运营。徐州奥体中心、市中心医院等一大批公共服务项目正在加快建设。中铁人才家园、绿地国际花都、国信龙湖世家、汉源国际华城等高品质住宅小区竣工交付使用。新城区以现代服务业为特色的新型产业发展迅猛，总部经济园、物流产业园、科教创新园、文化创意园、淮海国际汽车博览城等产业平台初具规模。

新城区城市风貌

新城区市民广场

徐州市新闻中心

新城区湿地景观

大龙湖风光

新城区城市绿地

淮海控股集团有限公司

省委书记罗志军视察淮海控股集团

董事长安继文荣膺“2011年度中国精益人物大奖”

淮海控股集团有限公司始建于1996年。自创立以来,一直以“兴业创利、造福社会”为企业宗旨,以“车辆产业相关多元化”为发展方向,以“质量兴企、价值经营”的先进理念,源源不断地为用户提供优质的产品和服务。集团旗下拥有“淮海特汽公司、淮海电动车公司、淮海万成商贸公司、淮海投资公司、江苏宗申公司”5家下属子公司,成为涵盖电动车、摩托车、专用汽车以及商业贸易、资本运营等业务板块,集科、工、贸于一体的国家级大型企业集团。集团总资产达30亿元,占地面积2200亩,厂房面积40万平方米,拥有训练有素的员工6000余名,其中具备大学学历的各类专业人才1000余名,拥有各种检验、检测、制造设备仪器6500台套。集团是江苏省高新技术企业、江苏省优秀民营企业、江苏省质量奖获得者、江苏省服务三农明星企业、国家机械行业优秀企业、全国自主创新企业,位居中国民企500强、徐州工业企业前10强、徐州纳税企业前10强、徐州市50家大企业集团综合实力第七位,拥有中国名牌产品、中国驰名商标等多种荣誉。

展望未来,淮海控股集团坚持国际化发展方向,积极打造支撑集团未来可持续健康发展的“311发展工程”,即在“十二五”末实现三个制造企业营业收入过百亿的发展目标;实现一个商贸企业发展目标,争取“十二五”末实现销售收入20亿元;实现一个投资基金管理公司发展目标。力争“十二五”末在商贸物流、专用汽车、摩托车、电动车、资本经营等业务领域形成更大的经济规模,实现“兴业创利,造福社会”的宗旨目标!

精良的制造车间

发动机制造车间

徐州矿务集团有限公司

徐矿集团庆祝中国共产党成立90周年文艺晚会

2011年,徐矿集团紧紧围绕安全发展主题,深度推进转型转移,真诚创建幸福企业,各项工作都取得了显著成效。全年营业总收入236.29亿元,比上年增加28.29亿元,增长13.6%。实现利润10.16亿元,同比增长26.38%。全集团净资产收益率7.84%,同比增加1.34个百分点;资本保值增值率108.27%。截至2011年底,全集团资产总额369.12亿元,比上年末增加66.67亿元,增长22%。全集团原煤百万吨死亡率0.141,其中徐州本部为0.107,创历史最好水平。

全力实施节能减排工作。2011年完成节能工程56项,累计投资9633万元,全年综合能源消费量比计划下降1.12万吨标准煤,"十一五"期间节能85.35万吨标准煤。国家发改委公告徐矿完成"十一五"目标的1707%,被评为全国节能减排先进单位,履行了企业绿色发展的承诺。深入开展创先争优活动,切实加强基层党内民主建设。其做法得到了中宣部、国务院国资委等领导和央企同仁的高度评价。深入开展"创两转突破之先,争安全发展之优"主题实践活动,有6家基层单位、13名党员被省国资委党委评为先进。公推直选基层党支部书记51名,新发展党员580名。集团公司被评为江苏省文明单位标兵。

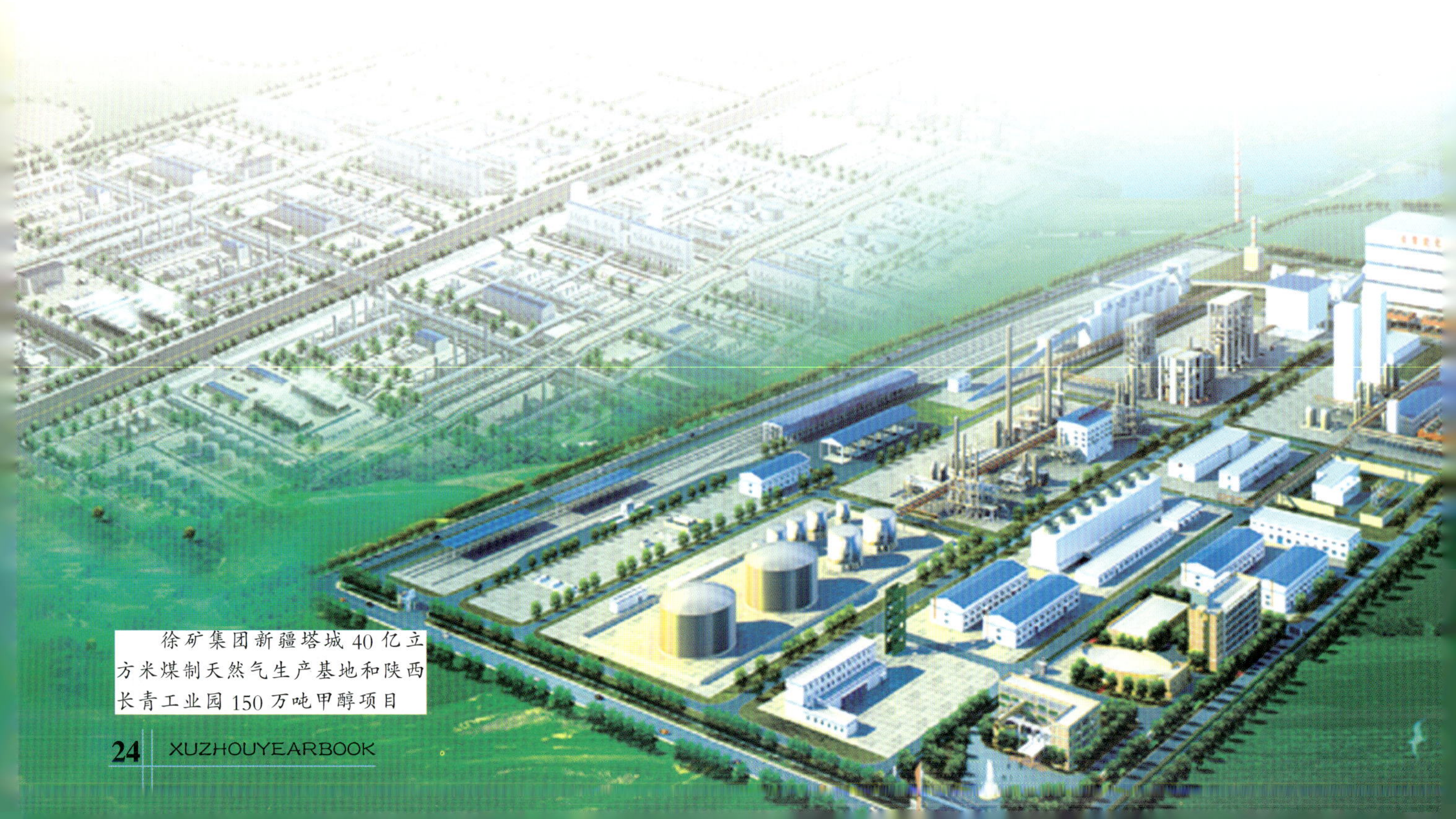

徐矿集团新疆塔城40亿立方米煤制天然气生产基地和陕西长青工业园150万吨甲醇项目

在循环经济园区建成的环保坑口热电厂——徐矿综合利用电厂

中国煤炭工业第四代矿井——陕西郭家河煤矿采用国际先进的采煤设备

徐州最大的棚改项目——徐矿城

徐州市委农村工作办公室

市委副秘书长、农工办主任张学胜视察农村工作

市委帮扶工作队欢送会

2011年,全市农工办系统紧紧围绕农民收入六年倍增目标,以统筹城乡发展和深化农村改革为主线,全面落实各项强农惠农政策,加快转变农业发展方式,在加强基层基础建设、加快体制机制创新、推进城乡一体化发展、服务农民增收等方面发挥了积极作用。全市农民人均纯收入达到9490元,增长19.3%,连续8年实现两位数增长。市委农工办获全省农工办工作优秀奖、农经农业系统工业效能考核优秀奖两个"优秀奖",以及农经工作创新创优成果一等奖和农业农村政策创新奖两个"创新奖"。

紧紧围绕统筹城乡发展,深化农村改革,在中心镇创建、新农村建设和合作组织建设方面取得新的发展。投入资金65.5亿元,20个中心镇完成基础设施、社会事业、生产服务三大类建设项目225个。投入资金近亿元,50个新农村示范村和100个环境综合整治示范村的年度创建任务全面达标,24个新农村先进村受到省命名表彰。围绕抓好惠农政策落实,保护农民合法权益,在"三大管理"及农业保险方面取得新的提升。建设完成一事一议财政奖补项目1216个,项目总投资2.8亿元,受益人口284万人,6个县(市)区分获省一、二、三等奖,奖励资金770万。全市114个镇全面建立土地流转交易服务中心,新增农业适度规模经营面积62.8万亩,完成省定任务的130.9%。全市有3个县(市)区被评为国家级和省级农业保险示范县,主要种植业参保品种综合承保面达到92.6%。围绕促进农村共同富裕,维护社会和谐稳定,在扶贫开发和矿乡关系协调工作方面取得新的成效。77个省定经济薄弱村全部达到"八有"和集体经营性收入5万元以上的目标。高标准完成年初制定的7个压煤村庄的搬迁任务,妥善解决了塌陷区1853户、6534人的安置问题。围绕拓展农业功能,提升农业效益,在休闲观光农业建设、农业招商引资和培育龙头企业方面取得新的突破。全年新增休闲农业投资5.4亿元,新建各类休闲农业景区(点)57个,年接待游客125万人,综合收入17.2亿元。全年实现农业招商引资125亿元,其中外资1.6亿元,成为历史上投入强度最大、投资质量最高的一年。成功举办了2011年中国徐州(上海)现代农业投资推介会。江苏东宝粮油集团成功获批第五批国家级龙头企业,全市5家国家级农业产业化龙头企业共完成销售额251亿元,比上年增加59亿元。

欢乐买美家建材广场

重点工程建设

商业街、广场建设

绿化景点

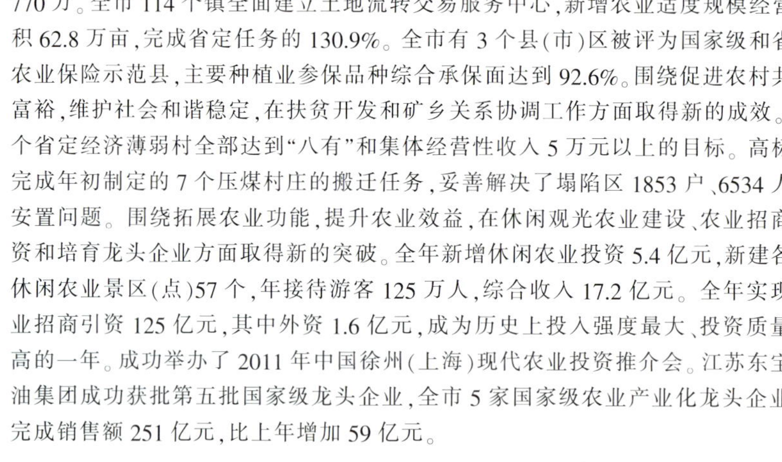

国家4A级风景旅游区马陵山

徐州市台湾事务办公室

主任　赵碧凌

全市对台工作会议

徐州市台湾事务办公室大胆创新，积极探索新形势下苏北对台工作的新路径，打造了对台工作新形象。创新对台招商方式，对台经贸交流合作成效显著。依托徐州光伏光电产业优势，与台湾建立了制度化、长效化交流机制并实现了全面对接，推动徐州光伏光电产业的快速崛起，创造了被国务院台湾事务办公室誉为"徐州模式"的对台经贸合作方式，荣获振兴徐州老工业基地创新实践奖。同时，推动统一企业、星巴克等服务业和汉神等大型农业项目落户徐州。全市台企发展到200多家，协议利用台资7.05亿美元，实际利用台资6.48亿美元。

徐台两地交流交往渠道不断拓宽。徐台航线顺利开通，徐台两地交流合作迅猛发展。2010年以来共组织团组148批1000余人(次)赴台招商、交流，其中教科文卫体等社会事业团组30余个。同时，接待到徐考察的台胞、台商团组80余批。两地各领域交流进一步深化。圆满接待中国国民党荣誉主席吴伯雄率团到徐参观访问，促成国际佛光会世界总会会长星云法师参加贾汪茱萸寺落成典礼和开光法会，高规格举办"苏台高等职业教育研讨会"等；签署了多项旅游合作协议，进一步拓宽了两地交流领域。克服困难，以最快速度协调解决台资纠纷数十件，其中重大案件7件，得到国、省台办高度肯定，受到省委表彰。

3月28日，中国国民党中常委、民意代表周守训和市委书记曹新平率领的经贸代表团成员在台北桃园机场庆祝徐台直航首航成功

徐州市华侨联合会

组织侨界人大代表、政协委员、归侨侨眷、侨港资企业代表等参加调研、座谈，汇集35条提案、议案带上“两会”。

走访慰问困难归侨侨眷，把党和政府的关怀送到侨界群众的心坎上。

9月29日，徐州市侨界青年联合会成立。同时，苏北首家“华侨华人文化交流基地”在沛县揭牌。

11月28日，市侨联成立30周年庆祝大会隆重召开。会上为获得“侨联事业贡献奖”等7个奖项的145名先进个人和9个先进集体颁奖。

6月17日，徐州市现代农业发展新闻发布会暨中欧农业产业示范基地签约仪式隆重举行。

组织侨界医疗专家，开展“送医下乡、义务诊疗”活动。

市侨联组织参加“同心颂·为党祝福”全市统一战线纪念建党90周年歌咏会。

举办建党90周年系列活动。

6月17日，12家海(境)外华文媒体高层负责人和记者组成的考察团在徐州开展了为期2天的采访考察。

市委常委、组织部长戚锡生出席"携手共进 圆梦大学"希望工程圆梦行动公益晚会

团市委书记张克调研长山社区"5461"青少年成长服务中心工作

共青团徐州市委员会

2011年，全市各级团组织紧密围绕市第十一次党代会精神，切实履行团的四项基本职能，创新创优，服务大局，各项工作都迈上了一个新台阶。徐州团市委按照团省委创新创优奖评选工作要求，创新建立了徐州共青团360度绩效考核工作体系，实现了全市共青团工作的考核全覆盖，取得了显著的工作成效。在2011年全省共青团工作创新创优成果奖评选中，徐州市与苏州、无锡并列第一名，稳居全省共青团工作第一方阵。

徐州团市委坚持将促进青年创业作为服务中心工作的重要切入点，于2009年9月12日启动了"徐州青年创业小额贷款工程"。积极联合在徐各金融机构，成功开辟了多条青年创业贷款"绿色通道"，有效破解了制约农村青年、大学生村官、城市创业青年和大学生等创业青年群体创业发展的资金瓶颈。2011年，共为3758名农村青年发放贷款1.8亿元，为106名城市青年发放贷款2100万元，为100名优秀青年企业家发放贷款6130万元，全市114个镇、1341名大学生村官所在村100%发生金融业务联系，带动了35160名青年就业。自该工程启动以来，全市累计发放青年创业小额贷款约4亿元，帮助5330名青年创业者顺利起步。

举办青年企业家专题法律讲座

全市镇(街道)团组织集中换届暨组织格局创新工作推进会

徐州共青团"周末课堂"启动仪式现场

举办"蓝色经典·天之蓝"杯徐州市"三重一大"一线青年集体婚礼。

青年志愿者服务项目招标暨结对共建现场会

徐州市红十字会

"情满彭城"——2011年"红十字博爱送万家"救助款物发放仪式

徐州市红十字会现有地方红十字会11个,基层红十字组织327个,冠名单位13个,市级团体会员单位16个,会员25万人。在教育系统、卫生系统、煤矿系统和民营企业等都建立了红十字组织。徐州市红十字会发扬"人道、博爱、奉献"的红十字会精神,着力推力推进红十字事业与全市经济社会同步协调发展,在凝聚人道力量、救助弱势群体、缓解社会矛盾、融洽人际关系、推动科学发展、促进社会和谐中作出了应有的贡献。"十一五"期间,全市各级红十字会共募集款物折合人民币达到5000余万元,除定向援助汶川、玉树、舟曲等灾区外,先后投入100余万元援建博爱卫生院(站)52个,援建博爱小学2所。每年开展"博爱送万家"活动,累计救助白血病、心脏病等大病患者和各类贫困家庭、学生等近15万人次;培训救护员35万余人,普及救护知识12万人次;积极推动无偿献血、造血干细胞和人体器官(组织)捐献工作,实施干细胞捐献20人;捐献遗体、角膜30人,较好地发挥了政府人道领域的助手作用。2011年,市红十字会获省红十字会年度目标管理考核优秀奖,荣获2011年度中国红十字会总会报刊宣传先进集体一等奖和省红十字会宣传工作贡献奖,被授予"徐州市无偿献血促进奖"。

"爱心救助乡镇行"暑期特别救助活动

"红十字'救'在身边"急救知识进校园活动

市委书记曹新平、市长张敬华为胡琴博物馆揭幕

市委常委、宣传部部长张彤，市人大副主任、市总工会主席徐崇先为中国胡琴艺术博物馆音乐教育基地揭牌

徐州市第三届职工艺术节颁奖典礼暨“春之声”慰问全市工会干部文艺晚会

2011年，是全市工会工作全面进步、创新发展、亮点纷呈的一年。一是服务徐州跨越发展取得新成效。围绕市委市政府“三重一大”重点工程广泛开展劳动竞赛。与市委宣传部等联合开展第三届“十佳文明职工”评选活动，与市文明办等联合开展第二届“职工读书月”活动，选树了一批职工书屋建设新典型。二是推进“两个普遍”取得新突破。全面推进工会组建，全年净增独立基层工会748个、会员20.8万人。工会组建和会员发展工作获省总一等奖。徐州经济技术开发区、丰县经济开发区被命名为首批“省工会工作模范开发区”。三是帮扶维权工作取得新进展。元旦、春节送温暖活动，全市工会筹集资金4039万元，走访慰问困难企业1321家，困难职工、农民工44330户。免费技能培训和职业介绍13645人，实现就业再就业5905人。圆满完成了市下达的扶持50家成功创业公司的招商任务。广泛开展法律宣讲活动，全年受理争议案件373件，调解成功269件。四是企业文化、职工文化建设创造新亮点。承办江浙沪工会“企业文化与和谐劳动关系”研讨会。举办以“颂歌献给党”百万职工唱红歌大赛为主要内容的庆祝建党90周年系列活动。成功举办中国徐州第四届国际胡琴艺术节，中国胡琴艺术博物馆建成开馆，并作为职工文化艺术交流中心挂牌。五是工会组织自身建设得到新加强。联合市委组织部在全市企业开展工会工作创先争优活动，评选表彰15项创新创优成果和20家创先争优先进单位，推动了企业工会工作创造性开展。工会经费收缴率大幅度增长，经审工作荣获省总考核一等奖。工会阵地建设稳步推进，新城区工会干校暨职工之家阵地土建工程完工，疗养院康复中心大楼投入使用。

市总工会“颂歌献给党”纪念建党90周年徐州百万职工唱红歌活动

2011徐州职工大型文体展演暨徐州市职工文体系列活动启动仪式

中国徐州第四届国际胡琴艺术节东方弦魂胡琴音乐会首场演出——“琴声颂党”

徐州市人民检察院

检察长杨其江作检察工作报告

人民监督员颁证大会

2011年，全市检察机关坚持以科学发展观为统领，紧紧围绕省委、市委确定的振兴徐州老工业基地、推进“三重一大”、建设特大型区域性中心城市等战略部署，认真履行法律监督职能，积极参与加强和创新社会管理，不断强化法律监督、强化自身监督、强化高素质队伍建设，着力维护社会和谐稳定、维护社会公平正义、维护人民群众权益，努力为徐州经济社会发展营造和谐稳定的社会环境、清正廉明的政务环境和公正高效的法治环境。全市检察机关法律监督能力不断提升，法律监督力度不断加大，执法质量、效率和效果日益提高，工作机制改革创新稳步推进，检察业绩亮点纷呈，检察队伍激情焕发，检察事业生机勃勃。云龙区、睢宁县等检察院先后被评为全国、全省先进基层检察院，市院鲍书华同志被授予全国政法系统优秀共产党员称号。在省院对省辖市院的年度考评中，徐州市检察院综合整体工作走在全省前列，被评为“2011年度检察工作优秀奖”，实现了“苏北领先、全省第一方阵”的年度工作目标，得到市委书记曹新平等领导的批示肯定。2011年11月1日，高检院检察长曹建明莅临徐州市视察调研，对徐州市检察工作给予充分肯定和高度评价。

最高人民检察院检察长曹建明莅临徐州视察检察工作

强化素能培训、举办书记员业务技能大赛

向社会各界通报检察工作情况

检察工作进社区，启动“法律门诊”服务行动

加强与驻徐高校的合作共建

参加全省业务技能大赛荣获团体第一名

庆祝建党90周年，举行《人民检察心向党》文艺汇演

开展“举报宣传周”暨“检察开放日”活动

徐州市中级人民法院

院长李后龙作2011年度法院工作报告

2011年，徐州两级法院紧紧围绕“全国一流法院”争创目标，坚持能动司法，践行群众路线，深入推进“三项重点工作”，全面发挥审判职能作用，为全市经济社会又好又快发展作出了应有贡献。两级法院共受理各类案件91717件，办结88669件。市中院受理7147件，办结6727件，先后被评为“全国法院立案信访窗口建设先进集体”、“全省法院涉诉矛盾纠纷化解工作先进集体”和“全省法院推进社会管理创新先进集体”。

加强刑事、民事、行政审判工作。全市两级法院紧紧围绕全市发展主题和工作主线，组织开展服务“三重一大”专项活动，着力强化刑事审判在维护社会安全稳定、民事审判在促进经济发展、行政审判在推进法治城市建设方面的职能作用。两级法院共依法审结刑事案件5140件、民事案件64041件、行政案件1659件。加强执行和立案、信访工作。全市两级法院以最大程度满足当事人合理诉求为目标，完善和落实各项便民利民司法措施，切实解决“执行难”等群众反映的突出问题。两级法院共执结案件14876件，实现债权13.77亿元，114件上级交办信访案件被化解。加强审判监督管理，全力促进社会公平正义。在全省法院审判质量效率统一评估体系的27项指标中，市中院有20项、基层法院有19项优于上一年。加强社会管理创新，全力提升矛盾纠纷预防化解成效。全市法院新收民事案件同比下降6.34%。加强队伍建设，全力优化公正廉洁司法形象。全市两级法院坚持把队伍建设作为法院工作的重中之重，以思想政治、司法能力和纪律作风建设为重点，不断提高队伍整体素质。两级法院涌现出1名“全国审判业务专家”，3名“全省审判业务专家”和2名“全市拔尖人才”，市中院蔡裕华法官荣获“全国法院模范法官”称号。加强基层基础建设，全力提升整体工作水平。市中院制定下发《争创全省法院基层基础建设示范点细化标准》，召开专题会议，推进全市法院工作协调发展。全市基层法院获得省级以上集体奖励47项，铜山法院被省高院荣记“集体一等功”，新沂法院荣获“全国文化建设工作示范法院”和“全国法院党建工作先进集体”称号。

省高级法院院长公丕祥参观徐州市中级法院书画摄影展

发扬传统主题教育活动动员大会

全市法院领导干部集训班

院长李后龙一行到新疆奎屯法院调研考察

全市法院巡回审判推进会议

全市诉调对接工作联席会

全市法院基层基础建设推进大会

设立拥军维权司法服务站

设立法润失足少年教育基地

贾汪区法院家事审判庭法官调解离婚案件

联合举行专利保护新闻发布会

法官在徐州保险协会司法服务站指导调解工作

法官进农村、进社区

小镇大法官电影揭牌仪式

徐州市公安局交通巡逻警察支队

2011年，交巡警支队以“减少交通事故、减少交通堵塞、减少群众投诉，提升人民群众满意度”为总目标，扎实推进“三项建设”和“三项重点工作”，全市道路交通治安管理水平实现了新提升。

保安全、保畅通。加强道路交通安全隐患的排查整改，加大严重交通违法行为整治力度，全力预防和压降道路交通事故，全市道路交通安全形势保持平稳。全面启动智能交通规划建设，推进城市缓堵保畅工作，整治一批交通“堵点”、“乱点”。积极参与社会面治安整治行动，严厉打击涉车涉路违法犯罪活动，破获了一批大要案，抓获一大批违法犯罪嫌疑人。

推进社会管理创新。结合交巡警工作实际，推出9个方面23个便民服务项目；开通了“网上车管所”，实现车管业务网上办；依托市区邮政网点，设立车管业务代理代办窗口；实行驾驶人考前随机抽取考试员制度，确保考试严肃公正；健全完善残疾人C5驾驶证考试，完成全市首批残疾人学员考试工作。建立覆盖全市的道路交通事故社会救助服务网点，垫付道路交通事故救助金近500万元，列全省第一。在各基层交巡警部门建立交通事故人民调解室、群众来访接待室，调处交通事故引发的各类纠纷1400余起，受到群众广泛好评。

推进执法规范化建设。支队被市委、市政府命名为2006年-2010年“五五普法”法治教育先进单位，被市政府命名为2011-2012年度徐州市政府依法行政示范点；青少年普法宣传工作受到省综治委的肯定；“双推双创”工作得到省厅交巡警总队的高度评价。

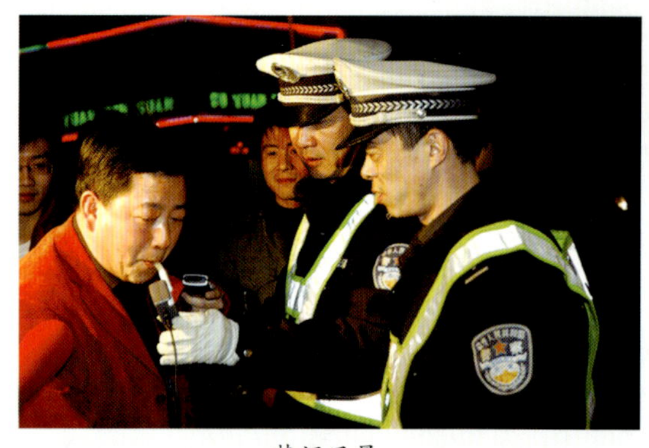

禁酒风暴

比对假车牌

接受市民咨询

和谐礼让过马路

微笑服务

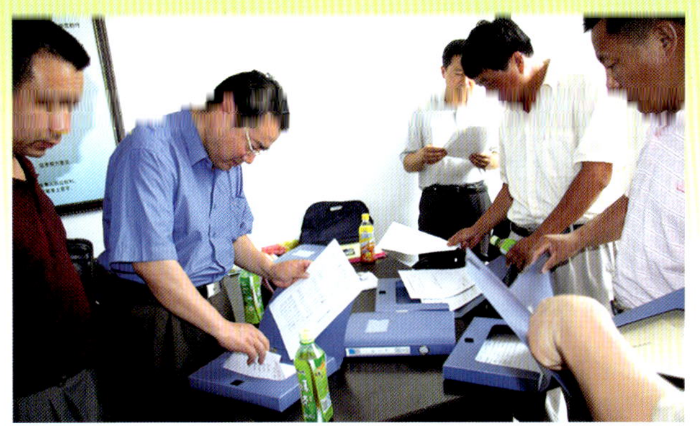

局长周同立在司法所检查指导工作

热情接待外单位参观学习人员

徐州市铜山区司法局

司法工作领导小组会议

留守儿童法制教育讲座

“法律在线人生，法制改变命运”社区矫正法律讲座

2011 年，铜山区司法局紧紧围绕中心，服务大局，认真落实中央和省、市、区政法、司法行政工作会议精神，围绕科学发展这一主题，以深化推进三项重点工作为核心，以争先进位为目标，以提高履职能力为主线，锐意进取，顽强拼搏，实现了全区司法行政工作的跨越式发展，取得了优异成绩。全系统先后有 30 个集体和 40 名个人受到区级以上表彰。其中，铜山区被中宣部、司法部表彰为“全国法制宣传教育先进区”；区司法局被省人保厅、司法厅评为 2006-2010 年度全省司法行政系统先进集体、全省司法行政系统“勤廉示范单位”、信息新闻工作先进集体、“双促双助”活动先进集体，在争当“全国司法行政系统排头兵”工作中被省司法厅记集体二等功，连续六年获得全市司法行政系统目标考核第一名；党组书记、局长周同立被省司法厅记个人二等功一次。省司法厅、市司法局先后多次在铜山司法局召开现场会，安徽、浙江、山东及本省 10 余家兄弟单位到铜山司法局参观学习。全系统连续多年保持法律服务无有效投诉。

双促双助送法企业行

群众为区公证处送“感恩”锦旗

义务法律咨询服务

江苏省徐州监狱

2011 年 11 月，国家统计局局长马建堂到徐州监狱调研

2011 年 6 月，省监狱管理局副局长倪龙兴到监狱企业调研

2011 年 1 月，省司法厅副巡视员陈晓波到监狱走访慰问

江苏省徐州监狱地处徐州市区，占地 180 亩，是一所关押重刑犯的高等级警戒监狱和部级现代化监狱。监狱下辖 18 个科室、14 个监区。2011 年，江苏省徐州监狱围绕“持续安全，提升水平，科学发展，全面领先”的“十二五”发展总定位，深入推进安防一体化、执法规范化、警务效能建设，监狱各项工作取得显著成效。刑释人员守法守规率达 99.6%，法制、道德教育合格率达 98%。监狱实现连续 23 年无罪犯脱逃、连续 17 年监管安全“三无”目标。徐锻集团全年实现销售 5.9 亿元，其中劳务加工值 2800 万元，实现效益 2000 万元，被江苏省评为高新技术企业。监狱警察汪家杰被司法部授予“二级英模”称号，并被评为“2011 年度全国十大法治人物”。

省司法厅厅长缪蒂生、省监狱管理局局长于爱荣检查指导监狱工作

持续安全 提升水平
科学发展 全面领先

江苏省彭城监狱

江苏省司法厅厅长缪蒂生视察彭城监狱

江苏省监狱管理局党委书记、局长兼江苏省司法厅副厅长于爱荣视察彭城监狱

彭城监狱地处徐州市高铁商务核心区，占地面积 304.81 亩，北接徐州高铁站，南邻徐州市委市政府，区位优势明显，在职民警 259 人、职工 58 人。监狱企业为“江苏省天鹏服饰有限责任公司”，主要从事服装加工生产。充分发挥监狱企业服务罪犯劳动改造的效能，积极利用“5+1+1”教育管理模式，加强罪犯服装加工技能培训教育和鉴定工作，502 名罪犯获得职业资格证书，为罪犯回归社会打下良好基础。

2011 年，监狱全面开展认罪服法、遵规守纪教育，组织开展建党 90 周年专题教育和六五普法教育，深化“感恩”主题特色教育，强化个别教育，罪犯守法守规率达 99%。进行危机干预，消除了多名罪犯的心理危机问题。做好重点人员和出入监评估，入监教育面和评估率、出监教育面和即将刑释罪犯回归社会危险性评估率达 100%。强化狱情分析研判，落实狱情分析制度，狱情分析“5W”模式被省局推广。监狱连续第 12 年实现监管安全“四无”目标，连续 9 年未发生安全生产事故，连续 7 年被徐州市评为安全生产优秀单位，被省局评为 2011 年度先进单位。

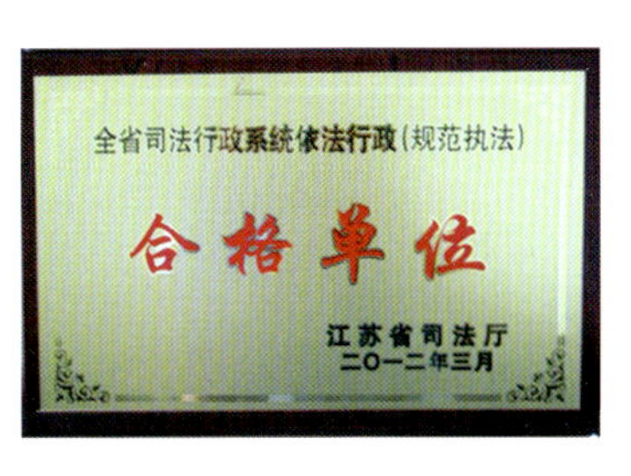

徐州市人民防空办公室

市人防办主任袁松检查市重点城建项目韩山隧道施工进展

国家人防办局长刘庆森现场检查韩山隧道施工情况

2011年，全市人防工作坚持以科学发展观为指导，紧紧抓住军事斗争、人防准备这一龙头，着力强化人防核心能力建设，积极推进人防融合式发展，人防各项建设取得长足发展。全市人防工程开发利用率77%，为社会提供就业岗位2851个、车位13179个，平战结合创造经济效益1.3亿元。指挥机构齐全完备，战时人防指挥机构实名率达100%。组织人口疏散隐蔽演练，开展全市大中院校、中小学校疏散演习，全市30余万学生参加了演练。加强重要经济目标防护工作，进行了重要经济目标防护演练和观摩。人防工程面积大幅增长，市区人防工程竣工、新开工、新立项面积分别完成省局下达任务的146.46%、371.5%、168.64%。全市人防工程优良率67%，合格率97%。年内，荣获全国人民防空综合防护体系建设和管理先进单位、全市依法行政示范点、全市应急管理工作先进单位、市安全生产优秀单位，以及消防、保密、政府信息公开、脱贫攻坚和创建学习型机关等工作先进单位称号。

国家人防办局长刘庆森听取韩山隧道工作报告

国家人防办领导检查徐州市人防指挥中心

省民防局领导深入韩山隧道现场检查

国家人防办领导检查徐州指挥所

徐州市国土资源局

市长朱民调研国土资源管理工作

市委常委、常务副市长邹徐文调研国土资源管理工作

市国土局局长李钢走进行风热线

市国土资源局紧紧围绕全市中心工作，迎难而上，主动作为，国土资源服务和保障发展的能力持续增强，三年来共获振兴徐州老工业基地创新实践特等奖2个、一等奖4个、二等奖2个、三等奖2个。

近年来，通过采煤塌陷地复垦置换、增减挂钩、二次调查等累计增加建设用地约20万亩，有力地保障了全市“三重一大”项目用地需求；市区土地运作收缴出让金达300亿元，落实抵押融资近百亿元，为城市建设和改善民生提供了有效资金保障；2011年又争取将徐州市纳入国家工矿废弃地复垦盘活试点，为以后拓展用地空间打下了基础；卫片执法检查连续多年实现“零约谈、零问责”的目标，“数字徐州”试点项目于上年顺利通过省级预验收；百姓办事“零障碍”工程开展以来，市国土局被市委、市政府确定为先行试点单位，通过完善规章制度、规范办事程序、改进服务态度等方式，机关作风和效能建设再上新台阶；通过提高征地补偿标准、提升土地登记服务水平、加大地质灾害防治力度、推进集体土地确权登记发证等工作，维护群众权益，提高了服务民生发展水平。

在市国土局召开百姓办事“零障碍”工程全程协办制观摩会

市国土局行政服务中心工作人员热情接待办事群众

徐州市城乡建设局

市委书记曹新平、市长朱民深入农户家中听取对村庄环境整治的意见

徐州市城乡建设局是徐州市城乡建设行政主管部门，承担着城市建设、村镇建设、城市房屋征收管理、推进建筑业发展、建设工程质量和施工安全、抗震设防、建筑市场、房地产开发、建筑节能勘察设计、建筑工程定额、建筑装饰装修、供热供气行业监管、建筑业社会保障费代收和管理、建设工程农民工工资清欠等职责。

2011年，全局干部职工以科学发展观为指导，围绕“推进跨越发展，建设美好徐州”主题，扎实抓好“三重一大”，为徐州城乡建设做出了突出贡献。188项城建重点工程顺利推进，88项工程竣工，打造了音乐厅、彭祖名人园、中山路省级示范路等一大批亮点工程，城市面貌日新月异，区域性中心城市地位更加巩固；实施村庄环境整治，农村基础设施不断完善，城乡一体化步伐日益加快；棚户区改造完成拆迁91万m^2，新建定销房2500套，超额完成省下达的目标任务；建筑业快速发展，总产值达853亿元，同比增长38.5%，保持苏北第一，催生徐州又一千亿元产业。2011年，市城乡建设局荣获市绩效考评优秀单位、全市为民办实事先进单位、全市创建“勤廉徐州”活动先进集体、全省“十一五”村庄建设整治先进单位、全省公共机构“十一五”节能先进单位；行政审批被列为市级示范窗口，权力网上公开透明被评为全市示范单位；连续9年被省建设厅评为安全生产先进单位，连续8年被市政府评为安全生产先进单位；被住建部、全国总工会评为全国建筑施工安全质量标准化创建先进集体。

局领导参加学雷锋志愿服务活动，解答市民咨询

8月26日，全市建筑业工作会议召开

市委书记曹新平、副市长王昊视察棚户区改造

志愿者介绍节能窗材

采用新工艺后的墙面观感质量明显提升

施工安全监督

关爱民工，送健康知识到一线

优雅舒适的交易中心等候区

市建设工程检测中心自行研发的5000t静载试验设备

获国家钢结构金奖的徐州音乐厅

装饰一新的水上世界

村庄环境整治后的新沂市港头镇新圩村

徐州市住房保障和房产管理局

副市长王昊陪同省住建厅领导调研保障房建设

省督查组专项督查徐州市保障房建设

徐州市住房保障和房产管理局是全市住房保障和房产行政主管部门，局机关内设 10 个处室和纪委监察室、机关党委、工会等工作部门，局属企事业单位 14 个。依法开展住房保障，房产登记交易，房屋租赁、置换、抵押、评估、担保、测绘，房产档案管理，商品房预售，房产中介、物业管理，房改，房产与房屋安全管理、白蚁防治、安全鉴定，房产监察等业务。全局完成“数字房管”系统建设，形成比较完整的住房保障和房产行政管理、行业管理体系。4 次被建设部表彰为“全国房地产业管理先进单位”，党建和精神文明建设多次受到省、市表彰。2011 年，徐州市住房保障、房产监察、白蚁防治、房屋安全鉴定、统计等工作受到省表彰，城市管理、棚户区改造、为民办实事、“勤廉徐州”创建、综合治税、综合治理、安全生产、督查、统计、政协提案办理、政务信息等被市表彰为先进单位，创成一个国家级、两个市级青年文明号，两人被命名表彰为徐州市第三批服务标兵，实现了全市住房保障和房管事业的科学发展。

房管局年度工作会议

2011 年 5 月 1 日，徐州市实施普通商品住房限购政策

新房产办证大厅

位于坝子街 9 号的新房产办证大厅

徐州市园林局

全省园林局同仁到徐州学习考察

园博会徐州市展园“方寸天堂”

百果园

滨湖公园西园

彭祖园

湖中路绿化

2011年，徐州市园林局围绕建设充满魅力的生态园林城市，大力实施精品工程，全市园林绿化建设形成了齐头并进、全方位发展的良好态势。全面超额完成国家森林城市、全国文明城市和全面小康社会的各项绿化指标，奎山公园等一批精品工程建成开放，云龙湖珠山景区、云龙山敞园改造、徐州植物园等一批重大功能性项目顺利推进。全年共完成新增改造绿地1530公顷，其中荒山绿化、新增林地930公顷，新增、改造绿地600公顷，完成立体绿化13.943万平方米。市区绿化覆盖率、绿地率分别达到41.3%、38.11%，人均公园绿地面积达到15.24平方米。绿化覆盖率全省排第7位，比上年提升2位。

实施精品工程。评出市区绿化养护管理达标居住区(单位)185个。其中，评出13个绿化养护管理精品居住区(单位)，丰县左岸人家等20个居住区被评为“徐州市园林式居住区”，睢宁中学北校区等18个单位被评为“徐州市园林式单位”。全国城市雕塑建设指导委员会公布“2010年度全国优秀城市雕塑建设项目”，徐州市《双拥》雕塑获优秀奖，徐州市市政园林局获优秀组织奖。在第七届江苏省园艺博览会上，徐州展园“方寸天堂”以别具匠心的设计、精心精细的施工荣获“造园艺术特等奖”，徐州市人民政府获突出贡献奖，其它花事活动共获奖12项。10月21日，国家标准化委员会公布2011年度国家级服务业标准化试点项目，徐州市云龙湖风景区、马陵山风景区旅游业标准化试点项目名列其中。

云龙公园

双拥碑

徐州市人力资源和社会保障局

(1) 中共中央政治局常委、中央政法委书记周永康视察徐州市大学生创业园。

(2) 全国政协副主席、科技部部长万刚视察徐州市大学生创业园。

(3) 人社部副部长杨志明在徐州考察。

(4) 国家人社部社保中心书记皮德海视察徐州农保示范点。

(5) 江苏省人社厅厅长谭颖、教育厅副厅长朱卫国视察江苏省"首届高校毕业生就业创业公益交流大会"徐州市创业政策咨询区。

(6) 徐州市第六届博洽会开幕式

(7) 徐州市国家大学生创业示范基地揭牌仪式

(8) 徐州市企业发展研究院成立仪式

(9) 徐州市城镇居民医疗保险工作会议

(10) 徐州市城乡居民社会养老保险工作会议

(11) 医保政策进社区宣传活动

(12) 大学生创业绿色通道

2010年2月，根据《徐州市人民政府机构改革实施意见》的要求，组建徐州市人力资源和社会保障局，同时设立徐州市公务员局(副处级行政机构)。目前，全局共有内设处室21个(含公务员局)，其中副处级机构2个；直属事业单位17个，其中参照管理单位2个、副处级单位5个。全局共有职工695人，其中正式在编职工415人，离退休人员110人，聘用人员170人。

市人力资源和社会保障局主要职能为：拟定全市人力资源社会保障发展规划、政策；负责全市行政机关公务员综合管理，贯彻落实有关人员调配政策和特殊人员安置政策；会同有关部门指导全市事业单位人事制度改革，参与人才管理工作，负责高层次专业技术人才选拔和培养工作，综合管理全市引进国外智力工作；统筹建立覆盖全市城乡的社会保障体系；拟订统筹全市城乡的就业发展规划和政策；会同有关部门拟订全市军队转业干部安置政策和安置计划并组织实施；统筹落实劳动人事争议调解仲裁办法和劳动关系政策，完善劳动关系协调机制。

(4)

(5)

(6)

(7)

(8)

(9)

(10)

(11)

(12)

徐州市交通运输局

市委书记曹新平、市长朱民在交通局局长蔡前锋的陪同下乘坐新型公交车

徐州市交通运输局是徐州市公路、水运、港口、地方铁路、航空产业行政主管部门，下辖公路管理处、运输管理处、航道管理处、地方海事局、港口管理处等14家直属单位。徐州是全国重要的综合交通枢纽城市，素有“五省通衢”之称。连霍、京福、京沪、宁宿徐4条国家高速公路主干线在此交汇，京沪、陇海两大干线铁路于此相交，国家水运主通道京杭运河傍城而过，徐州观音机场是淮海经济区唯一的大型干线机场。徐州已经形成公路、铁路、水运、航空的立体化交通格局，并成为国家级公路主枢纽、我国东部地区路网性大型铁路枢纽、国家级内河水运枢纽、国内一级航空干线大型民航空港。市域公路网总里程达1.6万公里。其中，全市高速公路通车里程突破410公里，构筑了支撑徐州特大城市建设的高速四环，市域内所有县级节点实现半小时上高速公路，形成了通达国内主要城市和周边地级以上城市的高速公路网络；全市5条国道、11条省道总计1053公里。

2003年以来，累计建成农村公路9000公里。“高速公路更加完善、干线公路提档升级、农村公路联网畅通”的总体目标顺利实现。2011年6月30日，京沪高铁徐州段正式开通运行，标志着徐州正式进入“高铁时代”。京沪高铁的开通使徐州同时进入长三角和环渤海3小时经济圈，加快了徐州与两大经济圈的融合与对接，强化了徐州全国交通枢纽的重要地位。徐州是全国28个内河主要港口之一，吞吐量位居全国内河港口前十位。被誉为“黄金水道”的京杭运河横穿全市，在徐州境内181.16公里，北接微山湖、南连骆马湖，规划为二级航道。为充分发挥水运资源优势，市委、市政府作出建设“亿吨大港”的重大决策，项目建设正加快推进。全市拥有三级以上客运站12个，初步形成覆盖市、县、镇三级的客运站场体系，拥有公路客运班线637条，其中省市际班线300条，班线辐射已达上海、浙江、福建、湖北、天津、北京、河北、山东、河南、安徽等15个省、直辖市。城市客运拥有公交线路160条，出租汽车3900辆，全市形成各种运输方式有机结合的综合运输体系。

局长、党委书记　蔡前锋

海事安全检查

淮西客运站亲情服务班热情为旅客服务

徐州高铁站区启用

连徐高速公路京杭运河邳州特大桥

水上执法

徐州公路主枢纽信息服务中心

宽敞平整的丰黄一级公路

农村公路

徐州市水务局

市委书记曹新平检查城市防汛

故黄河畔竞风流

尾水资源化利用工程开工

刘湾水厂扩建工程开工

2011年是徐州市水务发展史上具有里程碑意义的一年。市级完成各类建设投资21亿元，再创历史新高，全市水利水务工作呈现出保障有力、发展加快、管理加强的良好态势。全年完成农村水利投资8.5亿元，其中争取省以上资金5.23亿元，完成土方8081万方、配套小沟以上建筑物5037座。农村河道疏浚整治完成土方4966万方，占计划任务的110.7%。农村饮水安全工程解决了51.21万农民的饮水问题。加快推进重点工程建设。南水北调工程累计完成投资18亿元，骆马湖水资源控制闸建成并交付使用，南四湖水资源控制工程姚楼河闸建成，杨官屯河闸、大沙河闸全部完工；邳州站、睢宁二战、徐洪河影响处理工程进展顺利；建设完成徐州市截污导流工程，工程全线通水；东调南下沂沭邳、中运河骆马湖工程全部完成，大型泵站更新改造项目中郑集河泵站已经完成，湖西泵站基本完成；世行贷款废黄河洼地治理工程完成总投资的90%；中小河流治理项目获批的12条已实施完成8条，其余4条完成过半，进度全省领先。水务一体化管理工作得到各级领导充分肯定，并在全国水利厅、局长会议上介绍经验，《人民日报》、《中国水利报》进行了深度报道。

全力落实防汛措施，坚持预案到位，完成《徐州市城区防洪应急预案》、《黄墩湖滞洪区运用预案》等各类预案的修订完善。坚持物资、队伍到位，增建市区11处水雨情遥测站点，全力保障市区安全。在全省率先出台《徐州市水利系统文明建设工地评审管理办法》，中运河骆马湖堤防加固、沂沭邳治理工程先后获得“淮委文明工地”和“江苏省文明工地”称号。加强河湖健康评价，设置河道“河长”，建立长效管理机制。贯彻落实新的《水土保持法》，成立水土保持办公室，出台《徐州市生产建设项目水土保持监督管理办法》。大力开展立法调研和普法宣传，立法项目《徐州市市区排水管理办法》已上报市政府；修订并重新公布18项依法行政有关制度；积极做好重大事项社会稳定风险评估和省际边界水事矛盾纠纷排查协调工作。加大水行政执法力度，组织河湖采砂专项整治行动40次，打击各类涉砂船只200条，击毁采砂机具580台套，全市水事秩序明显好转。高度重视安全生产，连续10年被评为市安全生产优秀单位。下水道四班被中共中央授予“全国先进基层党组织”荣誉称号，被全国总工会等部门授予“全国社会主义劳动竞赛优秀班组”荣誉称号。

金龙湖

京杭运河黄金水道

荆马河污水处理厂

刘山站

故黄河

大龙湖

堤改桥

九里湖

吴湾水库

江苏省水文水资源

副省长(时任徐州市委书记)何权视察徐州水情分中心

省水利厅副厅长陆桂华视察汉王水文水资源实验站

江苏省水文水资源勘测局徐州分局成立于1953年,是江苏省水利厅直属全民所有制公益性事业单位(副处级),下设办公室、水情科、水资源科、水质科、站网技术科、规划建设科等6个科室;下辖丰县、沛县、铜山、邳州、睢宁、新沂6个水文水资源监测中心和汉王水文水资源实验站(城市水文水资源监测中心)。单位核定编制97人,现有在职职工94人。其中,高级工程师12人,工程师25人,助理工程师13人,高级技师3人,技师6人,高级工24人,中级工6人,初级工5人。在职职工中拥有研究生学历的8人、本科学历的36人、大专学历的20人。有注册测绘工程师14名,监理工程师8名。持有国家有关部门颁发的《水文水资源调查评价资质证书》、《建设项目水资源论证资质证书》、《国家计量认证合格证书》、《水土保持监测资格证书》、《水土保持方案编制资格证书》、《测绘资质证书》等乙级资质资格证书。

近年来,徐州水文立足资源水利、面向经济发展,不断开拓科技服务领域,积极融入地方经济建设。开展了防洪影响评价,水文、水资源调查评价,建设项目水资源论证,水土保持方案编制,水土保持监测、监理,水土保持验收评估,工程测量,水质第三方公正监测,水文遥测系统建设设计、施工、管理等服务项目,为解决制约经济社会发展的洪涝灾害、水资源短缺、水质污染、水土流失四大水问题,推进水资源可持续利用和经济社会可持续发展做出新的贡献。

合群桥水文站

云龙湖水文阁

新安水

勘测局徐州分局

水利部水文局局长邓坚视察云龙湖水文阁

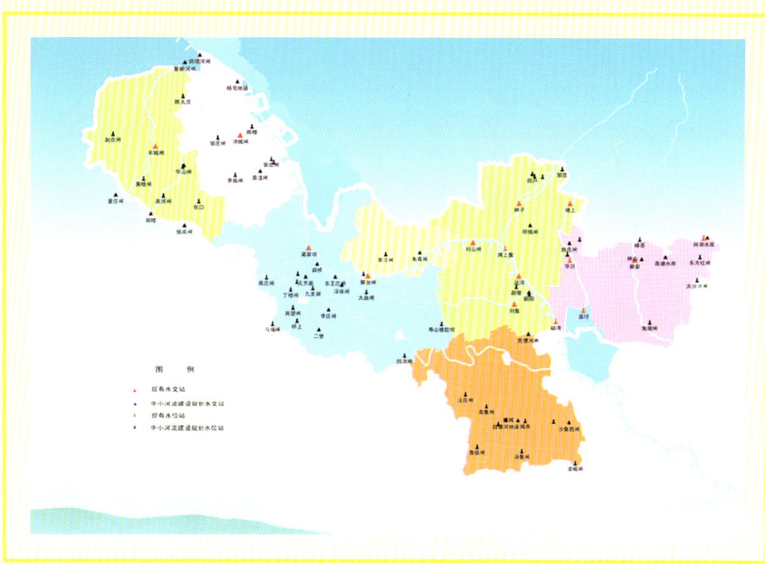

水文站网分布图

测绘资质证书

单位名称：江苏省水文水资源勘测局徐州分局

法定代表人：陈卫东

有效期至：2011年9月28日

国家测绘局制

建设项目水资源论证资质证书

证书等级：乙级

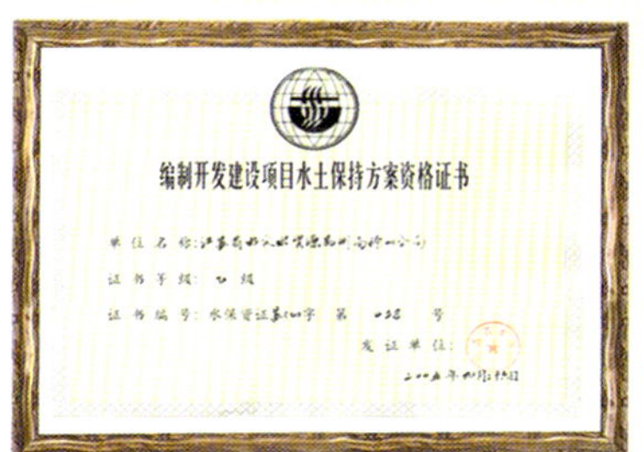
编制开发建设项目水土保持方案资格证书

证书等级：乙级

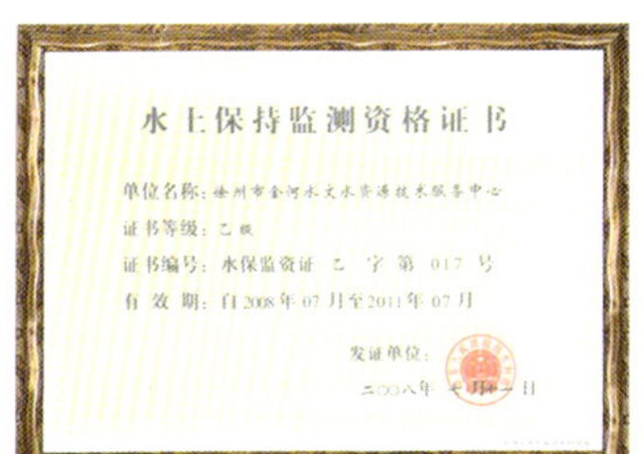
水土保持监测资格证书

单位名称：徐州市金河水文水资源技术服务中心

证书等级：乙级

证书编号：水保监资证 乙 字 第 017 号

有效期：自2008年07月至2011年07月

发证单位：

计量认证合格证书

江苏省水环境监测中心徐州分中心

水文、水资源调查评价资质证书

单位名称：江苏省水文水资源勘测局徐州分局

资质等级：乙级

业务范围：

证书有效期：自 2004年12月31日至 2009年12月31日止

发证机关：

量自动监测站

运河水文站

汉王水文水资源实验站

徐州市粮食局

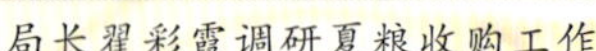
局长翟彩霞调研夏粮收购工作

局领导班子欢迎“全国五一劳动奖章”获得者乔军载誉归来

2011 年，全市粮食系统抢抓工作机遇，奋力开拓创新，狠抓工作落实，实现重点工作有突破、难点工作有创新、亮点工作有成效的目标。市局被市政府表彰为 2011 年度安全生产优胜单位、为民办实事先进单位。徐州市军粮供应站名列全国“百强军粮供应站”候选单位首位，市粮食行业协会被授予“江苏省粮食行业先进协会”称号，邳州市、沛县国有粮食企业改革做法荣获“全省粮食工作创新创优鼓励奖”；中华全国总工会和国家粮食局在北京专门为“全国五一劳动奖章”获得者乔军同志举行了授奖仪式。党风廉政建设成效显著，市局被授予 2011 年全市廉政教育先进单位、全省粮食系统党风廉政建设重点工作先进单位。

保供稳价成效明显。全市国有粮食购销企业收购粮食 173.76 万吨，完成全年计划 193%；销售 206.84 万吨，完成全年计划 230%，粮食购销总量居全省前列，直接促进农民增收 3.5 亿元左右。建立了市级食用油储备体系，落实了粮食应急加工(供应)企业，健全了粮食监测预警机制，粮食应急保障体系逐步完善。产业发展势头良好。全市中心骨干粮库 3 年建设规划任务圆满收官，总仓容达到 263 万吨，居全省首位。徐州市粮油食品物流产业园纳入全市 2012 年重大项目投资计划的前期推进项目，沛县和新沂粮食现代物流中心一期工程基本建成，全市“一体两翼”现代粮食物流体系框架基本确立。粮油加工业稳步发展，全市累计拥有市级以上龙头企业 29 家，江苏省名牌产品 8 个，全国放心粮油示范企业 8 家。2011 年全市列统粮油加工企业实现工业总产值 155.93 亿元，实现销售收入 153.64 亿元，同比分别增长 17.8%和 22.3%。顺利完成了市政府下达的协助中粮沛县和中粮新沂饲料项目的招商引资任务。依法管粮积极推进。开展了 2011 年度粮食库存清仓查库、食用植物油库存检查、粮食收购资格核查、粮食收购秩序检查等专项监督检查，累计办理粮食收购许可 537 户；受理举报案件 23 起，确保粮食流通市场规范有序。民心工程扎实有效。按照《市政府办公室关于开展“创建放心粮油工程”建设实施意见》精神，先后研究制定创建放心粮油工程管理标准、评审办法、监管措施等，统一制作了放心粮油专业店的门头字号和制度牌；择优评选出全市首批放心粮油工程创建单位 30 家，圆满完成市政府下达的全市 2011 年为民办实事工程目标任务。

5 月 29 日，举办徐州市粮食经济业务培训班

12 月 16 日，举行徐州市首批放心粮油工程创建单位授牌仪式

徐州市农业机械管理局

局长张威陪同省农机局副局长王翠章在农用航空站调研

局长张威陪同副市长漆冠山检查农机化工作

局长张威在新闻发布会上致辞

局长张威陪同省农机局副局长王翠章在新沂检查三秋农机化工作

徐州市农业机械管理局是市政府直属正处级单位，履行全市农业机械化、设施农业工程和农用航空技术应用的行政管理和执法职能。近年来，徐州市农机部门不断加强农机法制建设，强化执法监督，严格依法行政，推动了全市农业机械化事业持续快速健康的发展。至2011年底，全市农机总动力达592万千瓦，农业综合机械化水平提高到73%，其中主要粮食生产机械化水平达82%；丰县在全省率先基本实现了玉米生产机械化，新沂市在苏北率先基本实现了水稻种植机械化。2011年全市农机化服务作业收入达18亿元，其中跨区作业收入5亿元，居全省第一位。徐州市机械化生产已在农业生产中占居主导地位，农机化正在由中级阶段向高级阶段跨越。市农机局多次荣获全省及全国农机化工作先进单位等称号。

目前，全市农机部门正紧紧围绕“两个率先”的奋斗目标，重点组织实施粮食作物生产机械化工程、高效设施农业机械化推进工程、秸秆机械化还田工程、资源节约型农机化发展工程和农用航空技术应用工程等10项农机化工程，努力提高农业机械化水平，确保到2020年全市基本实现农业机械化和农业现代化。

在丰县师寨镇玉米机械化收获作业

徐州农用航空站运5B飞机在铜山县柳新农场为水稻大田植保作业

市农机局示范推广水稻机械化插秧

在新沂市草桥镇机械化收获水稻

徐州市人口和计划生育委员会

省人口计生委主任孙燕丽、副市长李连玉为人口文化书屋揭牌

省人口计生委主任孙燕丽视察市基层世代服务中心

市人口计生委主任刘汉英视察基层计划生育政务公开工作

2011年，全市人口和计划生育工作紧紧围绕“加快‘两个率先’、建设美好徐州”大局，牢牢扭住“两降一保”目标不动摇，全力推动人口计生事业科学发展、和谐发展，整体水平和内涵质量不断提升。一是低生育水平保持稳定。不断加大政策外生育清查力度，全面落实出生实名登记制度，集中开展社会抚养费专项清理行动，人口出生强度逐渐回落，生育秩序进一步向好。二是出生人口性别比综合治理不断强化。始终保持打击“两非”高压态势，在全市大力开展整治“两非”专项行动，全年共查结“两非”核心案件254例，其他相关案件72例，有效震慑了“两非”违法犯罪行为。三是体制机制创新成效明显。深入推进综合改革，“六位一体”世代服务体系提档升级工作有序推进，大力实施“新农村新家庭”计划，广泛开展“婚育新风进万家”和“关爱女孩行动”，成功承办了省“思源工程—生育关怀行动”现场推进会，放大了徐州人口计生的品牌效应。“人口计生事业经费项目化管理”和“计划生育行政事项代理制度”两项创新工作荣获2011年度全省人口计生综合改革创新奖。四是民生计生更加深入人心。市政府颁布《徐州市农村计划生育家庭奖励补偿办法》，进一步加大奖补力度，提高奖扶标准，富有徐州特色的农村计生家庭奖励扶助制度逐步完善；人口计生奖励优惠政策得到较好落实，全市共计发放奖励扶助金、特别扶助金1151.38万元，14241人直接受益；优生促进工程扎实推进，免费婚检、孕检等计生为民办实事项目走进农村、社区和家庭，广大群众对人口计生工作的满意度有了新的提升。

市人口计生委对口援助新疆自治区奎屯市人口计生委

全省“思源工程——生育关怀行动”推进会现场

徐州市残疾人联合会

市委书记曹新平等市领导慰问残疾人

市委常委、组织部长戚锡生视察残疾儿童工艺品制作室

市人大副主任郭希忠、副市长孔海燕、政协副主席吕中亚等市领导视察残疾人创业基地

近年来,徐州市残疾人工作取得了跨越式突破性发展,在江苏省政府残工委对残疾人“两个体系”建设考核评估中得到充分肯定和高度评价。市残联承担的残疾人民生重点工作取得突出成绩,一些成功做法和经验被省残联推广。仅在上半年,4 项工作在全国位居第一,其中 3 个是唯一。一是全国第一个央企残疾人工作机构在徐州成立。市残联强力协调沛县政府和大屯煤电公司,于助残日期间成立了“大屯煤电公司残疾人工作办公室”,在全国率先建立了央企残疾人工作机构。二是全国地级市唯一的一家残疾人康复中心民生工程项目得到国家发展改革委资金支持。7 个县级公办托养机构建设任务完成 6 家。全市新建镇级托养机构 47 个,完成省下达 20 个建设任务的 235%,处于全省领先水平。市级残疾人康复中心项目工程争取到国家发展改革委特殊支持经费 400 万元,已开工建设。三是全国残联系统唯一的一个农村残疾人绿色创业扶贫基地通过中央扶贫办审定,受到中央扶贫工作会议表彰。徐州市残联结合农村实际,坚持“小规模、大群体、创特色、创品牌”的原则,创建省级残疾人扶贫示范基地 12 个,超出省下达创建任务的 3 倍;创建培训促就业基地 11 个,超出省下达创建任务的 10 倍;对 30 户农村残疾人实施了危房改造,完成省下达任务的 75%。沛县残疾人绿色创业基地被中央扶贫办评定为“全国扶贫工作先进单位”。四是徐州残联成为全国地级市残联唯一得到中央残联 50 万元无障碍建设捐助支持的单位。

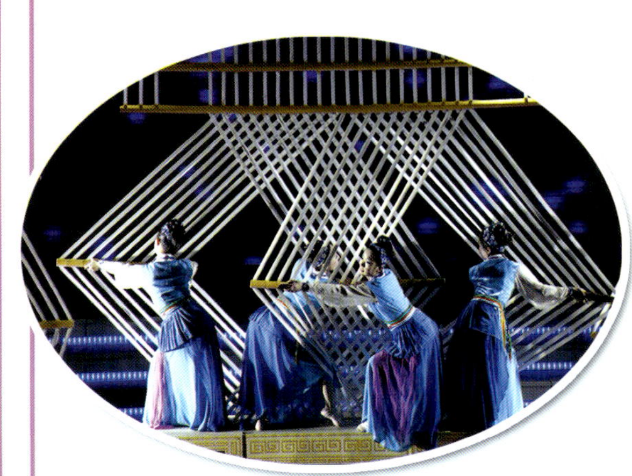

市聋人女演员在全国残疾人技能竞赛闭幕式上表演舞蹈《织》

徐州市无线电管理局

局长、党组书记　徐尧

副市长李坚视察市无线电管理局

市无线电管理局是市政府管理无线电频谱资源的行政机构，也是江苏省无线电管理局在徐州的派出机构，是市政府向社会公布的具有行政许可项目和行政处罚主体资格的56家单位之一，承担全市无线电管理的日常工作。其主要职责是：(一)贯彻执行国家、省和市有关无线电管理的方针政策、法律和规章，拟订全市无线电管理政策、法规并组织实施。(二)根据审批权限审查无线电台(站)的建设布局和台址，指配无线电台(站)频率和呼号，核发电台执照。(三)依法组织实施无线电管制。(四)负责本行政区域内无线电监测。(五)根据授权征收无线电频率资源占用费。(六)协调处理本行政区域内无线电管理方面的事宜。(七)指导县(市)无线电管理工作。

市无线电管理局下辖的市无线电管理监测站，是依法为无线电行政管理提供技术支撑和保障的全额事业单位。监测站拥有高级工程师、工程师等专业技术人员15人，在全市建有2座大型无线电固定监测站、4座小型无线电固定监测站和2座移动监测站，并建有短波、超短波应急通信系统和全省联网的无线电管理信息系统，硬件设施和综合技术水平达到B级站建设标准，具备对超短波频段进行实时监测和对不明电台进行测向定位的能力。监测站可随时对航空导航、铁路列调、森林防火、抢险救灾等重点频率实施监测和保护，为全市重要考务等提供无线电安全保障。

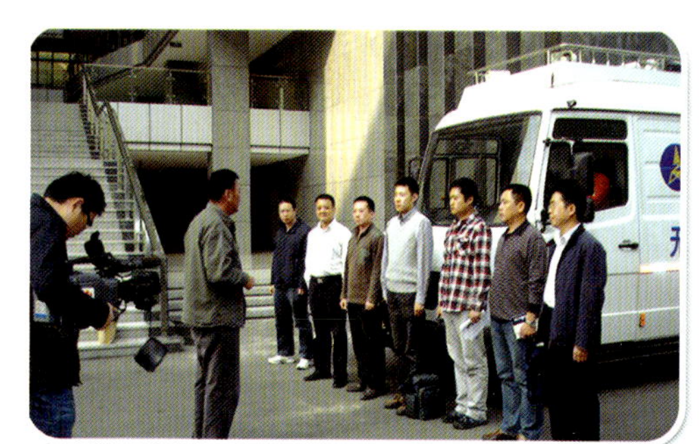

组织应急演练

在保障研究生入学考试中查获作弊工具

无线电科普进校园

无线电宣传进社区

组织开展业余无线电活动

徐州市旅游局

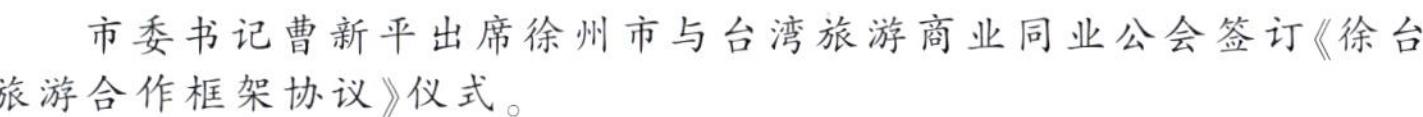
市委书记曹新平出席徐州市与台湾旅游商业同业公会签订《徐台旅游合作框架协议》仪式。

11月14日上午,召开全市旅游产业发展大会。

2011年,市旅游局紧紧围绕建设区域旅游中心城市、打造千亿元大产业的总体目标,开创了旅游业又好又快发展的新局面。第一次召开了市四套班子、省旅游局5位主要领导参加的全市旅游发展大会,营造出凝心聚力抓旅游的发展氛围;第一次成立了市长任主任的旅游产业发展委员会,构建了齐抓共管的领导机制;第一次把旅游业发展列入全市科学发展综合考核,形成了推动旅游工作的有力抓手;第一次出台了加快旅游业发展的意见和奖励办法,奠定了产业发展的政策基础。徐州已初步形成市、县、镇联动发展的大旅游格局,旅游产业规模、质量和效益得到显著提升。

2011年,全市接待国内外游客达到2476万人次,旅游总收入282亿元,分别比2008年增长了67%和93%,旅游经济总量基本实现三年翻一番,连续三年增速超全省平均水平,旅游发展指标位居苏北第一。国家A级景区由2010年的26家增长至41家,进入全省前三位;旅游星级饭店由48家增长到85家,从全省排名第11位一跃成为全省第4位;四星级乡村旅游示范点由2010年的2家增长到16家,全省排名第二位;旅行社数量达到177家,全省排名第二位。在2011年省委、省政府召开的全省旅游发展大会上,徐州市政府被表彰为"全省旅游工作先进单位",徐州开元名都酒店和徐州中国国际旅行社同时进入"江苏省二十强"排名。

"十二五"期间,徐州市旅游业将围绕建设区域旅游中心城市、培育旅游千亿元产业目标,形成独具徐州特色的旅游产业体系。重点实施旅游"11211"工程和"四大旅游品牌"战略,即至十二五末,培育10家大型旅游企业,打造彭城欢乐世界、吕梁度假区等10个重大产业项目,20个重点旅游项目,建设10家五星级旅游饭店,培育10强旅行社;打响徐州独具特色的中国汉文化旅游名城、军事文化旅游名城、山水生态旅游名城、商务休闲旅游名城四大旅游品牌,牢固确立徐州充满魅力的区域旅游中心城市地位,努力把徐州建设成为国内一流、国际知名的旅游目的地。

4月25日,市长张敬华、副市长李连玉现场调度彭城欢乐世界建设工作。

10月28日,2011汉文化旅游节隆重举行。

市旅游局全力推进彭城欢乐世界等重点旅游项目建设。

局长　张永强

徐州市气象局

徐州市气象局成立于1957年，现有在职职工127人，其中本科生69人，研究生8人，中级职称70人，高级职称12人。内设3个行政处室和5个直属单位，下辖5县2区气象局。基本气象业务服务有地面观测、酸雨观测、高空探测、雷达探测、天气预报、农业气象和各类气象服务，依法开展人工影响天气、防雷减灾、气象灾害风险评估、气象信息发布、气象探测环境保护、施放庆典气球审批等社会管理工作。全市已建成1部多普勒天气雷达、1部L波段探空雷达、122个区域气象自动站、29个气象为农服务示范村(点)、9台(套)移动人影装备。每天发布各类天气信息60多次，24小时晴雨预报准确率90%以上。每年实施3-5次增雨作业。市局先后荣获“全国创建文明行业工作先进单位”、“全国气象部门文明台站标兵”、“江苏省文明行业”、“徐州市文明行业”等荣誉称号。

国家气象局党组书记、局长郑国光到徐州检查指导气象工作

人工增雨

省气象局党组书记、局长翟武全视察铜山区青纯气象服务信息站

徐州市2007-2009年度
先进集体
徐州市人民政府
二〇一〇年四月

2007-2009年度
江苏省文明行业
Civilized Industry in Jiangsu Province
江苏省精神文明建设指导委员会
JIANGSU PROVINCIAL STEERING COMMITTEE FOR IDEOLOGICAL AND ETHICAL ADVANCEMENT

全国气象部门
文明台站标兵
中国气象局
二〇〇六年十二月

徐州九里山国家基本气象站

徐州地方税务局

省长李学勇视察徐州地税办税服务厅

开展“局长大接访”，了解纳税人诉求

徐州地税系统现有在职干部职工1476人，党员1232人，大专以上人员1392人，拥有“三师”(注册税务师、注册会计师、律师)资格144人。主要负责12个地方税种和14个社保费(基金、费)的征收管理任务。

——以昂扬向上的士气争创一流。围绕收入中心，以打造“三个一流”(一流的干部队伍、一流的服务水平、一流的工作业绩)为总揽，以谋划引领，用创新驱动，靠双基支撑，在坚持不懈的奋进中实现了新进展、新突破。2011年，组织各项收入316.37亿元，其中税收实现217.64亿元，增长37.8%，税收总量位居全省第六，增幅跃居全省第四，与南京、南通地税局一起率先跨入全省“三个一流”工程建设第一方阵。省长、省纪委书记、市委市政府主要领导及省局各位领导莅临调研指导并予充分肯定，实现了“十二五”时期的良好开局。

——以敢为人先的勇气推进改革。勇立全省税源专业化管理改革之潮头，理思路寻出路，主动争取话语权，积极参与规则制定，初步构建分级分类管理规范化、岗责体系流程化、机构设置扁平化、评估稽查专业化、机关职能实体化、风险管理科学化的税源专业化管理新模式。充分利用风险识别成果，统筹风险推送，2011年，评查入库税款5.62亿元，户数较上年同期减少1210户，下降43.3%；金额较上年同期增加3.02亿元，增长105.6%。税种管理不断强化，行业监控逐步加强，综合治税稳步推进，为全省地税系统管理改革积累经验，受到纳税人和省局及兄弟单位的广泛好评。

——以勇往直前的锐气创新发展。2011年，全系统呈现出踏实干事业、你追我赶争一流的喜人局面。税源专业化管理改革内外首肯；数据模型建设获省局一、二等奖；多元化征缴体系受总局计统司专题推介；省局执法示范单位再次添新；稽查入库税款全省第三；非税征管模型获省局专题评比一等奖；所得税业务竞赛团体第二，5人进入前30；市局纪检组监察室被评为全国税务系统纪检监察先进单位；行风评议与国税并列第二；机关工会获两项国家级奖励；赴总局演示内审督查软件获好评；政务信息获得“三个一流”加分封顶；10多个税收宣传项目受总局、省局表彰；素质提升工程做法被省局采用；办税服务厅规范化建设现场会在徐州召开。

深入企业开展税源普查，落实税收优惠政策

创新办税引导员制度，指导纳税人办税

税务干部走进道德模范，接受传统教育

徐州市国家税务局

(1)

2011年，全市国税系统紧扣“服务科学发展，共建和谐税收”的工作主题，充分发挥税收聚财、调控与服务职能，坚持依法治税，强化税源税基控管，各项国税工作得到了长足发展。国税总收入达到283.62亿元，同比增收48.02亿元，增长20.38%，收入总量、增幅均位居全省第五位；一般预算收入51.95亿元，增长21.61%；市直一般预算收入9.65亿元，增长9.37%，为全市跨越发展做出了积极贡献。税收服务效应持续放大，累计办理结构性减税近56.23亿元。依法行政水平持续提升，税收征管模式持续完善，纳税服务持续优化，干部队伍建设持续推进。市国税局被中央文明委表彰为“全国文明单位”，5名同志分别被授予全国“五一劳动奖章”、全国“五一巾帼标兵”和“江苏省劳动模范”称号。

强化税务稽查，共组织自查、检查各类案件3660件，查结3636件，查补收入共计2.60亿元，调减亏损1.1亿元。开展发票违法犯罪专项治理，查处违法受票企业125户、查实非法发票1.27万份，打掉虚开团伙2个，抓获发票犯罪嫌疑人24人，移诉8人，捣毁印制窝点10个，缴获假发票145.45万份。开展民政福利企业税收专项整治工作，加大稽查案件监督，市局共审结重大税务案件27件，补缴税款3603万元、罚款1145万元，移交司法机关追究刑事责任8件。积极开展法治创建活动，被市委、市政府命名为“依法治市先进单位”、“法治城市创建先进单位”和“2012-2013年依法行政示范点”，全市国税系统7个单位被评为“百佳基层先进执法单位”，4个单位被评为“群众满意基层执法单位”。

(2)

(3)

(1)2011年4月9日，徐州市国税局局长刘晓东陪同省局局长范坚在徐州调研

(2)2011年4月21日，税企高层对接会召开

(3)第二十个税收宣传月启动仪式

(4)新兴产业推进会

(5)2011年4月15日，政策解读会召开

(6)纳税人给国税部门送锦旗

(4)

(6)

(5)

徐州市散装水泥办公室

徐州混凝土行业健康良性发展座谈会

徐州市县(市)区散办主任例会

徐州市散装水泥办公室的主要职能是负责本市行政区域内发展散装水泥的监督管理,贯彻执行发展散装水泥的法律、法规、规章和政策,制定促进散装水泥发展的目标和政策措施,并组织实施;按照规定征收、使用和管理散装水泥专项资金;负责散装水泥工作的宣传培训、信息交流、统计和新技术、新产品、新工艺的推广应用;负责全市预拌砂浆企业的备案和技术指导;对散装水泥、预拌混凝土和预拌砂浆的生产和使用进行监督检查,依法查处违法行为。

散装水泥、预拌混凝土和预拌砂浆的发展,是粗放型传统建筑业向现代化建筑业迈进的重要途径,是提高建筑质量、顺应现代建筑业发展趋势的具体措施,是我国水泥工业延伸产业链、实现转型升级的重要举措。国家省散装水泥政策环境的不断加强和完善,促进了徐州市散装水泥工作的快速发展。2011 年全市散装水泥推广量达 1230 万吨,散装率 53%;预拌砂浆生产企业建成投产;专项资金征收达到了历史最高值,有效地发挥了用专项资金推动和促进散装水泥发展的杠杆作用。

市散办慰问棚户区改造和经适房建设项目建筑工人

市散办在端午节慰问建筑工地一线工人

市散办走上街头宣传《江苏省散装水泥促进条例》

市散办慰问水泥生产一线工人

徐州市住房保障和房产管理局房产登记交易中心

零障碍动员大会

市个人信息住房工作会议

新服务大厅

徐州市房产登记交易中心前身为徐州市房管局产权监理处，2010 年更名为徐州市住房保障和房产管理局房产登记交易中心。中心代表政府行使房产产权管理和产籍管理职能，负责全市各类房屋权属登记发证和房地产市场管理工作。

2011 年，房产登记交易中心坚持管理与服务并重，进一步创新工作机制，力争逐步实现数字化房管。一是认真组织开展“三治三提”教育整顿和百姓办事“零障碍”工程，全面提升作风和效能建设工作。二是规范业务管理，理顺规范业务流程。启用新的登记交易系统，并在云龙区、泉山区、经济开发区开设了三个远程登记服务窗口。三是完善信息系统，建立完整的房产信息化、数字化图库。启用了档案查询电子管理系统，为群众提供了便利的信息查询服务。做好房产测绘系统及 GIS 系统建设工作，切实做到了“以图管房”。四是健全系统功能，不断完善商品房网上备案系统、存量房网上备案和资金监管工作。五是做好信息调研工作，完善房地产预警预报基础数据采集系统。六是搭建数据共享平台，实现互联互通。全市个人住房信息系统建设工作正式全面启动，全面实现房产权属、档案、测绘数据共享利用。全年共办理商品房预售许可证 155 个，预售面积 491.44 万平方米（其中住宅 392.06 万平方米，非住宅 99.38 万平方米），办理各类房地产交易 394.76 万平方米，交易额 212.79 亿元。

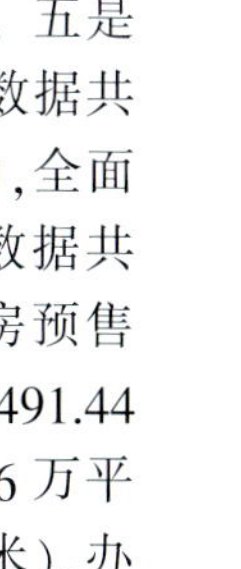

条例培训

房产登记交易中心服务大厅

技术规程培训

泉山房产登记服务窗口

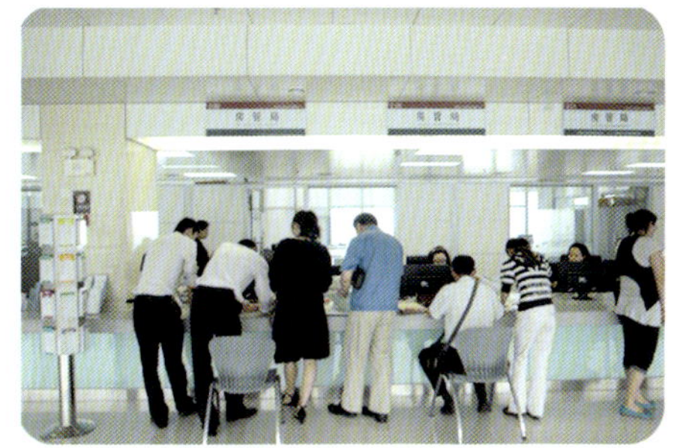
云龙房产登记服务窗口

经济开发区房产登记服务窗口

徐州水处理研究所

所长 黄华跃

低成本污水回用技术工业实验装置

徐州水处理研究所是专业从事各种水处理技术的研究开发单位，集科研、设计、生产、制造、安装、调试为一身。成立于1984年，20多年来已为全国近千家企业提供各种水处理技术服务。可以从事各种生产用水处理、污水处理，特别是化工行业含NH3-N、COD污水处理，独特的造气污水处理技术及低温除氧技术受到用户青睐。年产值过两亿元，职工近500人，技术人员占50%以上，具有较强的技术开发、推广、服务能力。

为配合工程技术开发，近10年来，又新建树脂化工厂两座，生产4大系列、20余个品种的专用型离子交换树脂及通用型离子交换树脂；能制作各种水处理交换器、过滤器、反渗透、超滤、精滤、除氧等各种水处理设备，并能生产各种水处理专用药剂。产品已获得国际ISO9001：2000质量认证并取得了进出口产品自营出口权，还取得了危险品运输许可证，污水运营许可证。离子交换树脂在国内获得电力、石化系统进网许可证。最新推出A/SBR短程硝化处理污水新工艺，已被中国环保产业协会指定为2008年重点推广技术。每年承包补给水、污水工程近700家，完全满足用户要求的水处理工程总承包、或供给各种水处理设备、或供各种型号的离子交换树脂的单项需求。

新沂恒盛造气微涡流污水工程

企业终端污水处理装置

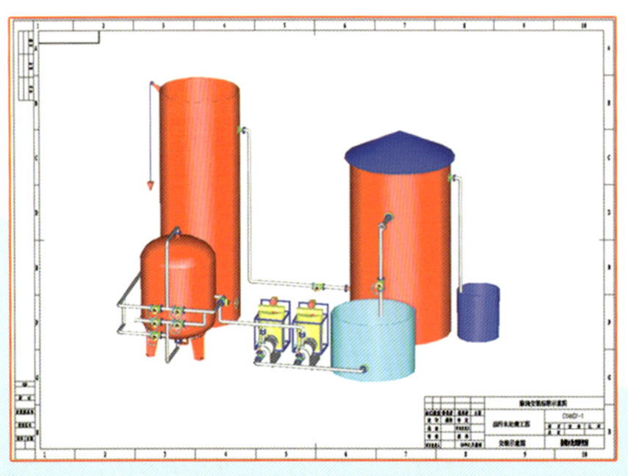

除油安装标准带过滤器

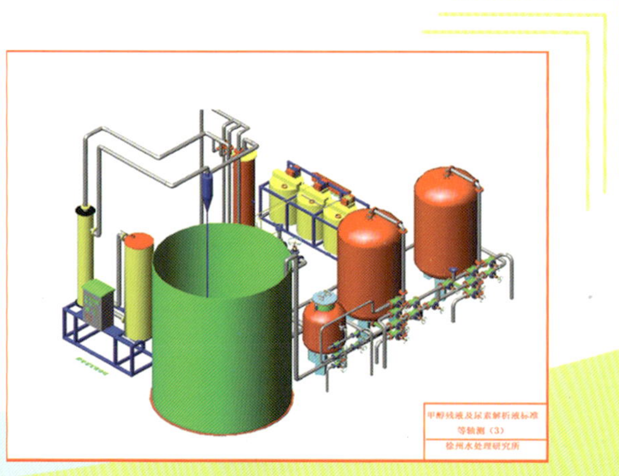

甲醇生产

徐州市科学技术协会

“物联网技术院士高端报告会” 于11月24日在新城区举行

中国工程院常务副院长潘云鹤院士就物联网的现状和未来做了精彩的报告

11月22日，中国科协农技中心副主任张晓军在徐州考察调研农技协会工作

6月20日下午，徐州市第八届工业经济论坛大会在新城区会议中心举行

第二届淮海科学技术奖颁奖大会

2011年，协会组织实施新一轮“科技专家兴农富民工程”，培养树立了一批示范功能大、辐射作用强的先进典型，上报国家、省科普惠农项目7个，其中铜山区三堡镇台上草莓营销协会、沛县敬安镇利群蔬菜种苗营销协会受到全国表彰，共获奖补资金40万元。5月下旬，市科协由市委办、督查室牵头采取召开座谈会、调阅相关台账、现场察看等方式，深入各县(市)区以及市农委、市卫生局、市交通运输局、市环保局、徐州广播电视台等市直机关单位进行现场督查；借助市委办公室、市委督查室的力量，以督查的方式推进科协工作，不仅在徐州市是第一次，在全省乃至全国也是一个首创之举，解决了历史形成的“欠账”，特别是科普经费投入、基础设施建设、党委政府重视科协工作等诸多瓶颈问题。在5月底召开的中国科协第八次全国代表大会上，丰县、沛县、新沂、铜山、云龙、泉山荣获“全国科普示范县(市、区)”称号。邳州、睢宁、贾汪、鼓楼荣获省级科普示范县(市、区)称号。年内圆满完成第二届“淮海科技奖”表彰工作。第三届“淮海科技奖”评审工作正式启动，将进一步凸显淮海科技奖的影响力和权威性。

徐州市2011—2015年度全国科普示范县(市、区)创建工作汇报会

12月23日，2012年文化科技卫生“三下乡”启动仪式在沛县举行

9月24日，徐州市“社区科普益民计划”启动仪式在泉山区举行

12月1日，徐州市召开新一轮“兴农富民工程”总结表彰会

徐州经济技术开发区东环街道办事处

东环"同心艺术团"送戏进社区

徐工特机万台小型工程机械基地

东环办事处围绕"财政收入超两亿、业务总收入超百亿"的奋斗目标，大力实施"1233"工程，经济社会保持强劲发展势头。全年引进内资13.7亿元人民币，投资过亿元的光环钢管、徐工挖机产业园、徐工特机、鑫驰铝业等龙头企业聚集东环；销售收入过亿元工业企业7家，装备制造业龙头企业效应和大项目带动格局明显增强。全年实现业务总收入110.1亿元，财政收入2.24亿元，均实现36%的高增长；培植做大"淮海蔬菜批发市场、汽车交易市场、五金机电大市场"，形成以孟沟、圩子、刘湾为主的东三环商贸物流带；利用总部、楼宇经济招引大的商贸业初见成效，成为三产主力军，2011年实现三产营业收入35.76亿元，走出一条三产发展为主的新路子。社区服务中心和蟠桃农贸市场拔地而起，为"幸福东环"注入了新的动力。

2012年，办事处将充分发挥新城区、老城区、高铁商务区结合部优势，实施"优二强三"战略，加速推进孟沟、中王庄、东王庄的旧村改造工程，不断提升区域核心竞争力；以开发商业地产为着力点，培育做大总部经济和楼宇经济，发展三产现代服务业；建成以人才公寓、大型超市、商务酒店为主的集购物休闲为一体的金三环品字形商业集聚区；以宝莲寺佛教景区为依托，形成集旅游、文化于一体的旅游产业带，加快推进"三产商贸物流、旅游文化产业、金三环品字形商业集聚"为一体的东部副中心建设。

鑫皇铝业生产车间

淮海五金机电大市场

蟠桃农贸市场

赵庄安置房效果图

东环社区服务中心效果图

徐州市铜山区环保局

省人大代表视察淮河流域治理情况

省人大代表调研铜山区生态创建工作

召开机关作风整顿大会，加强机关建设

2011年，铜山环保局坚持科学发展观和环保优先方针，以服务发展为主线，以改善环境质量为目标，以促进绿色增长为路径，继续突出污染减排、断面达标和生态创建等重点环保工作，不断强化环境执法，加大环境综合整治力度，为“推进跨越发展，建设美好铜山”提供了良好的环境支撑。荣获全省“十一五”减排先进单位、全省排污收费标兵单位，获环保部“国家级生态示范区”命名，徐州市创建国家环保模范城市先进集体等。铜山区三堡镇胜阳村被国家环境保护部授予“国家级生态村”称号，实现了徐州地区创建国家级生态村零的突破；第三批158个村申报市级生态村，实现了区内行政村市级生态村的全覆盖；铜山镇开展了国家级生态镇的创建申报工作，并顺利通过省环保厅的考核验收。年内，环境信访量较同期下降40%，荣获全省行政执法标兵单位（苏北唯一）、徐州市唯一廉政建设示范点称号、徐州市“十佳服务集体”（徐州环保系统唯一，铜山唯一）。

全区生态创建大会，拉开生态创建的帷幕

6·5世界环境日纪念活动

环保窗口强化服务，切实做好审批工作

清理取缔十五小

徐州市铜山

市委书记曹新平到利国镇考察中心镇建设工作

利国镇位于徐州市北部，面积70.96平方公里，人口6.7万，辖13个行政村。地处两省(苏、鲁)三市(徐州、枣庄、济宁)交界，为江苏的北大门，是徐州市的钢铁工业基地。镇内以104国道为主轴，在30公里范围内，东临京福高速公路，南接连霍高速公路，京沪铁路穿境而过，京福高速绕境而行，交通快捷，区位优越。利国镇历史悠久绵长。远在秦末汉初，便进行采铜、炼铁、铸币、制镜等生产。隋唐时期，取名"秋丘"。唐代设"秋丘冶"，管理冶铁事务。宋朝时期因炼铁利国利民，秋丘由冶升监，利国的名称由此沿袭至今。明永乐时期官府在此设驿，故又名曰"利国驿"。

2011年，利国镇党委、政府围绕年初《政府工作报告》提出的各项任务和进位争先的要求，以主导产业转型升级、中心镇建设和维护社会稳定为工作重点，攻坚克难，扎实工作，取得了经济社会发展的新突破。2011年财政收入突破5亿元。2001年以来，该镇多次被评为徐州经济发展"十强镇"，2006年跻身全国综合实力"千强镇"，2007、2008连续两年位居"苏北50优"乡镇第4名，2008年跨入"中国乡镇综合实力500强"和"中国乡镇投资潜力500强"，2010年被评为"中国绿色名镇"和"中国苏轼文化名镇"。

铜山区委书记毕于瑞到利国镇考察工作

铜山区区长刘广民到利国镇指导工作

TONGSHANQULIGUOZHEN

区利国镇

利国乡村美景

居民健身广场

利国苏轼文化

校园一角

徐州市铜山区

省委常委、副省长黄莉新到铜山区供销总社检查指导工作

徐州市铜山区供销总社是全国供销总社改革试点单位，下辖26个基层供销社，拥有8个全资（或控股）公司。全系统各类经营设施12万平方米，资产总额6亿余元，基本形成现代农业农村发展要求的农资、日用消费品、烟花爆竹、非处方药品、再生资源、农村小额贷款公司、农贸市场等新农村服务网络。柳新、利国、棠张、三堡4社先后进入全国百强基层社；区总社连续5年被评为省"十强县级供销社"、市供销社目标考核特等奖，被区委、区政府评为"新农村建设先进单位"、"为民办实事先进单位"、"重大工程建设先进单位"、"安全生产先进单位"等荣誉称号。2008年，合作总社主任石阶合被评为全省供销社系统十大标兵，2009年被评为"影响中国供销社60年60人"杰出成就奖。"十二五"期间，铜山区供销合作总社将以"全国有名次、全省进十强、全市保第一"为目标，在新的起点上全面开启基本现代化建设新征程。

副省长徐鸣在县委书记周宝纯陪同下视察供销社工作

市委书记曹新平视察招商项目南洋国际商城

区委书记毕于瑞到供销总社调研工作

供销合作总社

省供销社主任袁静波到铜山供销总社调研指导工作

副市长李坚到铜山供销总社检查指导工作

县供销合作总社主任石阶合参加南洋国际项目品鉴会

沛县总工会

主席　徐忠良

慰问困难职工

“五学”考试

2011年，沛县工会深入开展创先争优活动，扎实推进“两个普遍”，全面维护职工合法权益，积极参与社会管理创新，工会组建、工资集体协商、职工文化建设、劳动竞赛、帮扶救助、劳模评选等各项工作取得了显著成绩，为全县发展大局做出了新的贡献。全县新组建工会146家，新发展会员15600人，超额完成市总下达的任务。全县50人以上非公企业工资协商建制率达85%，受到市总表彰。5月27日，徐州市深化工资集体协商现场推进会暨青岛啤酒（徐州）有限公司工资集体协商观摩会在沛县召开，省总工会副主席杨星云、县委书记冯兴振对工会工作给予了充分肯定和高度评价。研究制订了“建功十二五，创新促发展”劳动竞赛实施意见，在电信、交通、卫生、青啤等单位开展了以“赛工程质量、工程进度、科技创新、节能环保、安全管理”为主要内容的重点工程劳动竞赛，全县职工提出合理化建议8000余条，推广节能新成果20多项、先进操作法20余项，受到市总表彰。制定“劳模创新工作室”创建活动意见，规范了各项创建制度，全县挂牌单位达13家。全县各级工会筹集资金80余万元，走访慰问困难企业21家，困难职工、农民工近千户，开展生活救助、医疗资助、子女助学1200余人次，免费技能培训和职业介绍1000余人次，实现就业再就业400余人。在沛县有线电台开辟《工会之声》栏目，开通沛县工会网，县工会被省、市总授予“工会宣传舆论”先进单位。广泛开展企业工会创先争优活动，沛县供电公司工会、青岛啤酒（徐州）有限公司工会在全市工会工作优秀企业初评中入围24强，沛县总工会获省厂务公开、民主管理创新实践奖。

沛县农业资源开发局

局长　赵玉光

2011年，沛县农业开发紧紧围绕改善农业基础设施、建设高标准农田、增强农业综合生产能力、推进农业现代化建设这一主线，大力实施农业开发土地治理项目和产业化项目，取得显著成绩。农业综合开发争取项目资金5571万元，较2010年增长21.3%；土地治理面积6.8万亩，较2010年增长25%。其中，国家农业综合开发土地治理4.1万亩，财政投资3804万元；省级黄河故道1.3万亩，财政投资843.7万元；省级采煤塌陷地1.4万亩，财政投资924万元；产业化财补项目3个。国家土地治理项目和产业化项目高标准通过国家级验收，取得全国领先的好名次。采煤塌陷地项目、黄河故道项目顺利通过省级验收，位居全省前列。成功举办了全省采煤塌陷地现场会。2011年沛县被评为江苏省首批农业综合开发先进县，获徐州市农业综合开发考核一等奖，开创了农业综合开发“精神提振，发展提质，地位提升”的良好局面。

节制闸

大沟桥

电灌站

沛县敬安镇

工业强镇 农业大镇 商贸重镇 历史名镇 生态靓镇

市委书记曹新平到敬安镇慰问五保老人

党委书记　于帆

党委副书记、镇长　王明运

市委书记曹新平在徐州金虹钢铁集团公司调研

县委书记冯兴振调研蔡刘庄辣椒种植基地

县委副书记、县长李晓雷到敬安镇调研农村新型社区建设情况

农业部专家到敬安镇调研指导特菜种植

2011年，敬安镇紧紧围绕"建设全市一流中心镇，打造苏北钢铁强镇"目标，大力实施"投资拉动、转型推动、项目带动、创新驱动"发展战略，各项经济指标平稳快速增长，实现了"十二五"经济社会发展良好开局。

综合实力跃上新台阶。全年共完成社会固定资产投资28亿元，是2010年的3.3倍。GDP完成24.8亿元，财政总收入1.4亿元，一般预算收入7809万元，分别比2010年增长23%、36%、52%。农民人均纯收入1.17万元，增长16.8%。全面完成四大类十八项二十五个小康指标，全镇整体达小康。

工业经济迈出新步伐。2011年底，全镇列统企业达28家，年销售收入74.82亿元，利税11.1亿元，初步建立了以冶金铸造为主体、纺织和农产品加工为两翼、建材物流为补充的工业体系。其中，金虹钢铁集团三期工程、锦丰纺织扩建项目、良种轧花厂新建项目竣工投产，传统产业得到提档升级。另外，农业现代化取得新进展。到2011年底，全镇高效农业种植面积达7万亩(复种面积)，全年新增设施农业大棚3000亩，为农民增收打下了坚实的基础。

中心镇建设实现新突破。围绕徐州市综合型中心镇六大项二十五小项创建指标，高标准实施了居民社区高档化、基础设施标准化、生态绿化层次化、镇容镇貌园林化、环境整治规范化、管理制度长效化"六项工程"。对钢城路、金虹大道沿街立面整治进行了景观设计，商贸城、新民雅居、垃圾中转站、雨污分流管网改造等30多项基础设施项目完工，明清古街文化商业带开工建设，新建敬老主题公园、法治文化游园，亭台水榭、雕塑、健身器材齐备，中心镇承载辐射功能极大提升。

工业的发展带动了就业，农业转型升级增加了农民的收入，新型农村合作医疗和大病救助制度让农村不再因病致贫。农保的实施让8317人每年每人领到700多元，6位百岁老人年享受补贴4000元，206位90岁以上老人月领尊老金100元，2429位80岁以上的老人年享受尊老金超过40万，低保1229户2121人年享补助360万元，另外还有孤困学生享受的各种补贴，镇区居民的生活质量上了一个台阶。

目　　录

盘点与聚焦

市情概览

大事记

淮海经济区

机关团体

政　法

国　防

城乡建设与管理

房地产业

环境保护

水务

开发区建设

农 业

工　业

信息业

交通　物流　邮政

商贸服务业

对外及港澳台经济贸易

旅游业

金融业

财政　税务

综合经济管理

科学技术

教 育

文　化

卫 生

体 育

社会生活

区县(市)

光荣榜

附　录

Main Contents

Annual Summary and Highlights

General Situation of Xuzhou

The Chronological Events

The Huaihai Economic Zone

Government Institutions

Legal System

National Defense

Urban Construction andAdministration

Real Estate

Environmental Protection

Water Work

Construction of Xuzhou Economic Development Zone

Agriculture

Industry

IT Industry

Transportation, Logistics and Post

Commerce and Service Industry

Economic Trade with Hong Kong, Macao, Taiwan and Foreign Countries

Tourism Industry

Banking

Finance and Tax

Comprehensive Economic Management

Science and Technology

Education

Culture

Hygiene

Education

Social Life

Districts and Counties(Cities)

The Honor Roll

Appendix

Index

机关企事业单位选介

（排名不分先后）

特别鸣谢单位:

徐州市级机关事务管理局
徐州市人民政府行政服务中心
徐州市公交公司
徐州市工程咨询中心
江苏徐州泉山经济开发区

盘点与聚焦

要事盘点

【中共徐州市第十一次代表大会】 9月15日上午,中国共产党徐州市第十一次代表大会在新城区会议中心大礼堂隆重开幕。来自全市各条战线的565名代表出席大会。省委督导组成员出席会议。曹新平代表中共徐州市第十届委员会,向大会作了题为《加快"两个率先"建设美好徐州》的报告。陈志扬代表中共徐州市纪律检查委员会作了工作报告。大会特邀了市各民主党派市委、市工商联主要负责人和无党派代表人士参加开幕式。9月15日下午,中共徐州市第十一次代表大会主席团举行第二次会议,酝酿市委委员、候补委员、市纪委委员和出席省第十二次党代会代表候选人预备人选名单,讨论大会选举办法(草案)。会议由大会主席团常务委员会委员张敬华主持。省委督导组成员出席会议。经过讨论,主席团一致同意将市委委员、候补委员、市纪委委员和出席省第十二次党代会代表候选人预备人选名单提交全体代表酝酿。会议还讨论了《中国共产党徐州市第十一次代表大会选举办法》(草案)。9月17日上午,大会通过了中国共产党徐州市第十一次代表大会关于中共徐州市第十届委员会报告的决议;通过了中国共产党徐州市第十一次代表大会关于中共徐州市纪律检查委员会工作报告的决议。中国共产党徐州市第十一次代表大会圆满完成各项任务后,胜利闭幕。9月17日下午,市第十一次党代会选举产生的中共徐州市第十一届委员会举行第一次全体会议,曹新平受中共徐州市第十一次代表大会主席团委托主持首次全委会。新当选的51名市委委员、9名市委候补委员中,实到市委委员51名、市委候补委员9名。会议选举产生了中共徐州市第十一届委员会常务委员会委员和市委书记、市委副书记。曹新平、张敬华、李荣启、邹徐文、陈德荣、夏文达、戚锡生、张彤、蔡凡秀、陈志扬、王昊、张赴宁当选为市委常务委员会委员,曹新平当选为市委书记,张敬华、李荣启当选为市委副书记。会议通过了中共徐州市纪律检查委员会第一次全体会议选举产生的市纪委常委会委员和书记、副书记。在中共徐州市纪律检查委员会第一次全体会议上,陈志扬、刘章华、赵兴友、王宏萍、董瑞启、苏为平、刘志军、曹智、马涛当选为市纪委常务委员会委员,陈志扬当选为市纪委书记,刘章华、赵兴友、王宏萍当选为市纪委副书记。选举结束后,曹新平代表新一届市委常委会发表了讲话。曹新平要求,新一届市委班子要牢固树立正确的权力观、政绩观、事业观,带头加强党性锻炼和道德修养,带头执行党风廉政建设责任制和廉洁自律各项规定,始终坚守共产党人的精神家园,永葆共产党人的政治本色,要大力倡导崇尚实干、风清气正的良好风气,真正把权力用在抓发展上,把精力用在干事业上,把心思用在推动工作上,以勤政廉政优政的表率作为造福百姓、取信于民。

【徐州市纪念中国共产党成立90周年大会】 6月29日上午,徐州市委隆重召开纪念中国共产党成立90周年大会,总结在党的正确领导下全市经济社会事业取得的巨大成就,表彰一批先进基层党组织、优秀共产党员和优秀党务工作者。市委书记曹新平代表市委作重要讲话。会议表彰了100个先进基层党组织、50名优秀共产党员和31名优秀党务工作者。

【省委书记罗志军在徐州市调研】 11月15日,在省第十二次党代会刚刚闭幕之际,省委书记罗志军率省有关部门负责人到徐州市调研。上午,罗志军先后到协鑫硅材料、协鑫光电、天虹纺织、海伦哲、卡特彼勒5家企业参观考察。在协鑫硅材料和协鑫光电企业,罗志军到生产车间察看生产流程,并与企业负责人交谈,了解生产、销售情况。下午,罗志军主持召开座谈会,首先听取了市委书记曹新平关于徐州经济社会发展情况汇报,接着,听取了邳州市委、丰县县委的工作汇报,以及企业家王民、崔桂亮、姜峰、杨鹏、杨春明等的汇报。罗志军对徐州的发展给予肯定并提出更高要求。

省委书记罗志军在徐州市调研

【省长李学勇在沛县胡寨镇草庙村驻村住户调研】 6月16日至19日,省委副书记、省长李学勇专程到沛县胡寨镇草庙村驻村调研。沛县胡寨镇草庙村是位于苏鲁边界毗邻微山湖的一个小村庄,也是省1011个经济薄弱村之一。2005年底,这个村农民人均纯收入只有2000多元,村级债务超过了30万元。近年来,在村党总支书记秦真岭一班人带领下,草庙村村民艰苦创业,发展高效蔬菜种植,取得喜人成效。2010年,全村2100多名村民人均纯收入达到10200元,村级集体资产近1000万元,甩掉了贫困村帽子。16日下午,李学勇到沛县,就径直来到草庙村村民秦真俊家,简单安顿后便挨家挨户地走访村民,看望发展带头人、老党员、优抚对象和贫困户,考察村公共服务设施和新村规划建设情况。李学勇三天的调研日程安排得满满的,白天深入田间农户,了解民情民意,倾听群众呼声,与普通农民同吃同住同劳动,还用两个晚上在住宿农户家与镇村负责人促膝长谈。农村发展、基层一线有哪些难题需要破解,干部群众在政策方面有哪些期盼和建议,李学勇分别召开胡寨镇村支部书记、草庙村村民代表和沛县大学生村官代表座谈会,面对面地听取意见。他向基层干部群众深入浅出地宣讲胡锦涛总书记对江苏"六个注重"的最新要求,介绍江苏最新发展形势和各项惠农政策。他表示,目睹了农村发展的生动景象,听到了基层群众的真实心声,收获很大,对于破解发展难题、化解社会矛盾、促进干群关系融洽、促进基层发展稳定有重要意义。

【徐州市GDP增速居全省首位】 2012年初,徐州市政府首次公布2011年度全市、各县(市)区主要经济指标完成情况及在全省排序情况。从总体情况看,2011年度,徐州市经济社会发展继续保持良好态势,主要经济指标增速好于全省平均水平,多数指标增幅位居全省前列,各县(市)区主要经济指标在全省的位次均有提升,实现了"十二五"良好开局。

从地区生产总值(以下简称"GDP")看,全市GDP共完成3551.65亿元、增长13.5%,总量、增速分别位居全省第6和第1位。在五县(市)两区(铜山区和贾汪区)中,铜山区GDP总量突破500亿元、邳州市突破400亿元、新沂市突破300亿元,经济总量实现了新的跨越。从总量位次看,新沂市比上年提升6位,沛县、睢宁县、邳州市、铜山区均提升2位,贾汪区位次与上年持平;从增速位次看,各地GDP增速均有较大幅度提升,其中,丰县提升18位,铜山区提升16位,邳州市、新沂市均提升10位,睢宁县提升8位,沛县提升7位。在主城区中,从总量位次看,鼓楼区位次提升2位,泉山区提升1位,云龙区位次与上年持平;从增速位次看,三城区位次均提升较快,鼓楼区、云龙区分别提升7位,泉山区提升6位。

2011年,全市一般预算收入318.42亿元、增长43.3%,总量位居全省第6,增速由上年的第7位提升到第2位。在五县(市)两区中,铜山区超过40亿元,沛县、邳州市超过30亿元。从总量位次看,新沂市提升幅度最大、比上年提升了10位,睢宁县提升5位,丰县、邳州市均提升3位;从增速位次看,各地均居全省前10位,邳州市提升最快、比上年提升54位,铜山区提升31位,丰县、沛县、贾汪区分别提升22位、20位和18位。在主城区中,从总量位次看,鼓楼区、云龙区、泉山区位次分别提升3位、2位、1位;从增速位次看,泉山区位次提升较快、比上年提高17位,云龙区提升5位。

从社会消费品零售总额看,全市共完成1117.54亿元、增长17.9%,总量位居全省第6,增速由上年的第5位提升到第1位。在五县(市)两区中,沛县、铜山区社会消费品零售总额均突破100亿元。从总量位次看,铜山区位次提升1位,丰县、睢宁县、新沂市、贾汪区均与上年持平;从增速位次看,睢宁县、新沂市、铜山区均居全省第16位。在主城区中,泉山区社会消费品零售总额突破200亿元,从总量位次看,泉山区位次比上年提升1位,云龙区与上年持平;从增速位次看,泉山区位次提升4位,鼓楼区提升2位。

从固定资产投资看,全市固定资产投资2200.99亿元、增长22.2%，总量位居全省第6，增速由上年的第5位提升到第3位。在五县（市）两区中，各地固定资产投资均超过100亿元，其中，邳州市、铜山区完成额均超过300亿元，沛县、新沂市超过200亿。从总量位次看，沛县提升7位，睢宁县提升6位，新沂市提升3位，铜山区、贾汪区均提升1位；从增速位次看，睢宁县、贾汪区、沛县、丰县分别居全省第3、5、6、9位，邳州市比上年提升12位。在主城区中，从总量位次看，鼓楼区、云龙区、泉山区分别位列全省第21、19、17位；从增速位次看，鼓楼区、云龙区、泉山区分别位居全省第12、13、14位，其中泉山区比上年提升20位。

从规模以上工业增加值看，全市规模以上工业增加值1802.29亿元、增长17.9%，总量由上年的第7位提升到第6位，增速位居全省第3位。在五县（市）两区中，铜山区规模以上工业增加值超过400亿元、达到428.92亿元，邳州超过200亿元、达到232.53亿元。从总量位次看，铜山区在全省位次较为靠前，位居全省第8位，邳州市位居全省第23位，沛县位居全省第26位；从增速位次看，各地规模以上工业增加值均居全省前列，其中，铜山区位居全省第5位，新沂市位居全省第6位，沛县、邳州市均位居全省第7位，睢宁县位居全省第9位，丰县位居全省第10位，贾汪区位居全省第11位。

出口总额方面，全市出口总额41.59亿美元、增长58.1%，总量、增速分别位居全省第9和第2位。在五县（市）两区中，各地出口总额均超过1亿美元，其中，邳州市完成额达到9.79亿美元。从总量位次看，沛县位次提升20位，睢宁县位次提升10位，铜山区提升7位，邳州市提升3位；从增速位次看，沛县、铜山区、睢宁县分别位居全省前三位，铜山区位次提升较快、比上年提升33位，贾汪区提升4位，沛县提升2位。在主城区中，从总量位次看，鼓楼区、云龙区、泉山区均比上年提升3位；从增速位次看，泉山区、鼓楼区、云龙区分别位居全省第1、2、7位，其中泉山区比上年提升7位，鼓楼区提升3位。

2011年，全市实际到账注册外资14.66亿美元、增长44.7%，总量由上年的第12位提升到第10位，增速由上年的第3位提升到第2位。在五县（市）两区中，沛县、睢宁县、邳州市、铜山区实际到账注册外资均超过1亿美元。从总量位次看，邳州市、铜山区提升较快，分别提升23位和19位，新沂市提升5位，沛县、睢宁县均提升3位，丰县提升1位；从增速位次看，邳州市、铜山区分别位居全省第2、3位，睢宁县位居全省第8位，邳州市、铜山区位次提升较快，均比上年提升58位，睢宁县、新沂市均提升2位。在主城区中，从总量位次看，鼓楼区、云龙区均比上年提升2位，泉山区比上年提升7位；从增速位次看，泉山区、云龙区实际到账注册外资在全省位次较为靠前，分别位居全省第1、5位，泉山区位次比上年提升27位，云龙区提升5位。

城镇居民人均可支配收入方面，2011年城镇居民人均可支配收入19206元、增长14.6%，总量、增速分别位居全省第10和第8位。在五县（市）两区中，铜山区城镇居民人均可支配收入首次超过2万元，从总量位次看，沛县在全省位次提升2位，其他地区均提升1位；从增速位次看，睢宁县、沛县、丰县、新沂市位次均居全省前列，睢宁县、沛县分别居全省第1、4位，丰县、新沂市均位居全省第5位，邳州市、铜山区位次提升较快，分别比上年提升16位和12位。

农民人均纯收入方面，2011年，全市农民人均纯收入9490元、增长19.3%，总量、增速分别位居全省第10和第4位，增速创徐州市近15年来最高水平。在五县（市）两区中，沛县、铜山区、贾汪区农民人均纯收入首次超过1万元，邳州市超过9千元，丰县、睢宁县、新沂市均超过8千元。从总量位次看，除铜山区在全省位居中游以上外，其他县（市）区在全省位次仍较为靠后；从增速位次看，沛县、睢宁县、新沂市位次较为靠前，均位居全省第11位，新沂市、沛县、丰县、贾汪区位次提升较快，分别比上年提升24、17、14和12位。

【投资110亿元为民办妥十件实事】 2011年初，徐州市确定了为民办好十件实事的计划，共投资110亿元，完成了十大类19个民生幸福工程项目。

全力促进就业创业。全市实现城镇新增就业9.6万人，失业人员实现再就业4.9万人，就业困难人员再就业1.18万人；全市共转移农村劳动力5.9万人，登记失业的9573名农民已实现就业9034人，对农村困难家庭提供就业援助，实现了动态清零；出台了20多项配套文件及扶持政策促进大学生就业，全市大学生创业企业已达1646家，集聚了1万多名大学生。

推进保障性住房建设。在累计完成408万平方米棚户区拆迁改造和177个老居民小区综合整治的基础上，10月底，省政府下达的保障性住房建设任务全面完成，共开工建设公共租赁住房8691间（套），完成108.6%，开工建设经济适用住房4106套，完成102.7%，开工建设廉租住房1008套，完成100.8%，发放廉租住房租赁补贴2336户，完成116.2%。

城乡低保逐步提高。在城市低保方面，低保标准从320元增加到370元，增幅15.63%，高于城市居民收入增幅3.96个百分点，在苏北保持领先地位；在农村低保方面，低保标准从155元提高到不低于210元，其中，鼓楼区、云龙区、泉山区、徐州经济技术开发区农村居民低保标准提高到230元，增幅高达35.5%。

完善医疗保障制度。新农合和城镇居民医保补助提高到每人每年200元；城镇居民医保、新农合政策范围内住院费用报销（补偿）比例达70%。全面开展提高儿童白血病、先天性心脏病患儿等重大疾病医疗保障水平试点工作。全市共有8家乡镇卫生院通过省级示范乡镇卫生院评审，20家乡镇卫生院通过市级示范乡镇卫生院评审，新建村卫生室267个。全年共投入2.19亿元，解决了51.21万农村人口饮水不安全问题。

家庭困难学生得到资助。按照小学750元、初中1000元、普通高中1500元的资助标准，全市2010—2011学年度共资助中小学寄宿生21867人、普通高中生29186人；全市共有10300人享受免学费政策，其中涉农专业全部享受免学费政策,非涉农专业6%的学生享受免学费政策;春秋两季总计发放免费作业本2867万册,基本实现义务教育阶段学生全覆盖。

文化惠民向农村延伸。农村有线电视新增用户21.59万户,总数达241.19万户,行政村入户率为86.98%。全市图书馆和文化馆建设显著加强,已全面实行免费开放。"三送"工作扎实开展,全市共完成送戏610场、送电影29774场、送图书29.8万册。

农村交通条件得到改善。全市完成农村道路建设改造371公里,通过错车道建设改善通行条件完成192公里,完成错车道建设588个;农村公路桥梁项目完成108座;扎实推进农村客运班车通达工程和城乡客运一体化进程,全市行政村班车通达率100%。

切实加强养老服务。徐州市分散供养标准每人每年2400元至3000元,集中供养达3900元至5800元;城市"三无"老人生活费按照城市居民最低生活保障标准执行,医疗费纳入医疗保险。全市全年共计发放尊老金3354万元,建成社区居家养老服务中心463个,其中9个被评为省级示范站点。

积极加大助残力度。对纳入低保范围后生活仍旧困难的重度残疾人实施重残补贴,城镇每人每月80元,农村每人每月60元。对一户多残、依老养残家庭中的残疾人按照不低于低保标准60%发放生活救助,有固定收入但低于低保标准的重度残疾人参照低保标准补足差额。

扎实推进扶贫工作。组织87家市级后方帮扶单位实施帮扶项目309个,帮扶资金2005万元;利用省财政奖补资金7177万元,全市219个经济薄弱村都有了自己的特色主导产业;培训农村贫困劳动力17685万人,转移就业17030人,转移就业率96.3%。全市累计发放扶贫小额贷款8.87亿元,81840户贫困户从中受益。全年投入各类帮扶资金13.39亿元,25万年人均纯收入低于2500元的贫困人口和77个经济薄弱村实现脱贫目标。

【以市为单位率先达小康标准】 2011年,徐州市全年完成地区生产总值达3600亿元左右,同比增长13%以上,财政一般预算收入318亿元,增长43%;全市金融机构各项贷款余额1736亿元,比年初增加303亿元。全市规模以上工业增加值1750亿元,增长17.5%,销售收入、利税、利润增幅均居全省前列;固定资产投资完成2200亿元,其中工业投资1200亿元,均增长22%以上,亿元以上在建和新开工项目大幅增长。全市实际到账外资达15亿美元,增长40%,实现两年翻番;全市自营出口实现37亿美元,增长41%,总量保持苏北第一。社会消费品零售总额1120亿元,增长18%左右。全市主要经济指标增长连续6年高于全省平均水平,在苏北以市为单位率先达到全面小康社会标准。

【经济发展转型升级取得成效】 2011年,徐州市装备制造、食品及农副产品加工和能源产业分别完成产值1980亿元、1600亿元、1000亿元,煤盐化工产业突破千亿元大关。服务业实现增加值1440亿元,增长14%以上;商贸物流旅游业完成营业收入2190亿元,物流产业超千亿元,软件开发、服务外包营业收入实现一年翻番,67家企业完成主辅分离;全市高新技术和新兴产业产值分别达到1900亿元、1770亿元,增长90%和80%以上,增幅居全省首位;矿山物联网被列入省十大科技创新工程,全省唯一的国家级物联网工程实验室落户徐州,两项示范工程顺利通过国家验收;全市本土大中型企业和47%的规模以上工业企业建立了研发机构,企业研发机构总数比上年翻两番;全市大学生创业企业达1646家。

【首次发布人才发展统计公报】 2010年,全市围绕建设创新型城市,实施"科教与人才强市"战略,统筹推进人才强市"八大工程",全市人力资本投资达344.2亿元,占GDP11.7%,人才贡献率达29.7%。

2010年,全市人才资源总量为67.13万人。全市拥有工程院院士7人,"973计划"首席科学家13人,国家"杰出青年基金"获得者9人,"长江学者奖励计划"特聘教授9人,国家"百千万人才工程"培养对象13人,国家级有突出贡献中青年专家11人,省级有突出贡献中青年专家119人,享受国务院政府特殊津贴专家346人。省"333"工程第一、二、三层次培养对象分别有1人、30人、219人。全市高层次人才3.7万人,高层次人才占人才资源总量的5.51%。国民平均受教育年限13.19年,普通高等教育在校生16.18万人。全市人力资本投资达344.2亿元,人力资本投资占GDP的11.7%。市级财政性人才发展专项资金1.24亿元,占市级一般预算收入的2.59%。

2010年,全市接受本科以上毕业生126451人,引进海外高层次人才254人,市级"双创计划"资助引进高层次人才38人,市"研究生企业集聚计划"资助硕博士研究生125人。累计获国家"千人计划"资助3人,获省"双创计划"资助53人,获省"企业博士集聚计划"资助23人。2010年,全市培训各级党政人才26574人次。实施"双百高层次人才培养工程",选拔90名市优秀专家、108名市拔尖人才。全市通过竞争性方式选拔产生各级领导干部393人。选调应届优秀大学毕业生25人。招录公务员500人。选聘大学生"村官"341人,累计选聘1228人。共实施科技成果转化项目241项,其中获省重大科技成果转化项目5项。

全市拥有高等院校8所,国家一级重点学科1个,国家二级重点学科8个,省一级重点学科14个,省二级重点学科14个,博士后流动站13个,一级学科博士学位授予点9个,二级学科博士学位授予点50个,硕士学位授予点284个。2010年,全市人才贡献率达29.7%。实现高新技术产业产值993.6亿元,占规模以上工业企业总产值的19.25%。全市7项成果获国家科技奖,9项成果获省科技进步奖。全年申请专利9927件,授权专利4928件。新认定国家重点新产品2项、省级高新技术产品250项、自主创新产品2项。

【徐州市获国家科技奖多个奖项】 2月14日,2011年度国家科学技术奖励大会在北京人民大会堂隆重举行。徐州两个项目获国家技术发明奖二等奖，7个项目获国家科技进步奖二等奖，1个项目获国家自然科学奖二等奖，获奖数在江苏省仅次于南京。获得国家技术发明奖二等奖的是：由中国矿业大学主持完成的《矿用悬浮液压支柱技术及应用》、《煤矿井下运输系统安全保障关键技术与装备》项目；获得国家科技进步奖二等奖的7个项目是：由中国矿业大学参与完成的《高瓦斯突出煤层群保护层开采与地面钻井抽采卸压瓦斯关键技术》、《煤矿井下地质力学原位快速测试及围岩控制技术》、《煤矿区煤层气立体抽采关键技术与产业化示范》、《中国中高煤阶煤层气地质理论、关键技术与工业化应用》、《鄂尔多斯盆地生态脆弱区煤炭开采与生态环境保护关键技术》和由徐州重型机械有限公司、徐工集团工程机械股份有限公司主持完成的《全地面起重机关键技术开发与产业化》项目，这是工程机械行业年度唯一获奖项目，也是徐工继2010年徐工ET110型步履式挖掘机获国家科技进步二等奖后，再次获得的一项殊荣；此外还有由徐州矿务集团有限公司参与完成的《我国东部煤矿深井巷道松软围岩失稳安全控制关键技术与应用》项目。由徐州医学院参与完成的《缺血性脑卒中神经保护新靶点的研究》项目，获国家自然科学奖二等奖。

【徐州市上市企业居苏北首位】 徐工集团营业收入达到800亿元、跃居全球同行业第7位，中能硅业多晶硅产能居世界第一、成为国内行业唯一示范企业；新增百亿元工业企业3家，总数达7家；新增50亿元服务业企业3家，总数达到11家；新增上市企业3家，本土上市企业达到7家，居苏北首位。

【2011中国徐州第十四届投资洽谈会】 10月29日上午，2011中国徐州第十四届投资洽谈会暨第五届汉文化旅游节综合投资推介会在新城区会议中心隆重举行。参加洽谈会和汉文化旅游节的海内外客商和来宾近千人，其中包括来自美国、韩国、德国等29个国家和地区的450位境外客商。新华社、人民日报、中央电视台、经济日报、光明日报等30余家新闻媒体进行了采访报道。开幕式结束后，举行了大型歌舞晚会《一城山水两汉风》。洽谈会期间将有8场系列专题招商活动，分别针对光伏光电、创业投资、工业软件、科技对接、文化创意、物联网、经济论坛、中科院徐州成果对接。徐州市从近百个项目中优选出33个项目，在综合投资推介会上集中签约。33个项目总投资额378亿元人民币，其中外资项目

16个，利用外资9.9亿美元。这些项目涉及徐州市重点发展的现代物流、旅游服务和商务中介等现代服务业，装备制造、新能源、食品及农副产品加工等先进制造业，以及战略新兴产业、传统优势产业等领域，既符合国家产业政策导向，又符合徐州中长期产业规划。

【2011中国(徐州)物联网产业高峰会】 10月29日，2011中国(徐州)物联网产业高峰会举行。国家煤矿安全监察局副局长王树鹤，国务院国有企业监事会主席解思忠，中国安全生产协会副会长纪明波，江苏省政协副主席、中科院南京分院院长周健民，国家煤矿安全监察局科技装备司司长朱凤山，市领导张敬华、段雄等出席。出席活动的专家和企业家有：武汉理工大学教授、中国工程院院士姜德生，山东科技大学教授、中国科学院院士宋振骐，中国矿业大学副校长、中国工程院院士刘炯天；澳大利亚桑泰克有限公司总经理刘扬，神华神东煤炭集团有限责任公司信息管理部经理秦霖，山西煤炭进出口集团有限公司总工程师李苏龙等。会议介绍了徐州市物联网产业发展情况，一批项目集中签约。徐州市把物联网产业作为重点发展的战略性新兴产业，与中国矿业大学合作共建了徐州物联网产业发展研究中心、江苏省"感知矿山"物联网工程技术研究中心，以及矿山安全物联网产业技术创新联盟，组建了国内首家集矿山安全物联网产品开发、生产、安装于一体的中矿智慧物联网科技股份有限公司，形成了较为完备的技术研发体系和产业推广体系。徐州市的矿山物联网工程已被列为江苏省十大科技创新工程之一，全市物联网产业呈现出高速发展的强劲态势。

【2011中日国际工业软件产业发展研讨会暨商务洽谈会】 10月29日，由中国软件行业协会、日本计算机软件协会、徐州市人民政府主办，泉山区等承办的2011中日国际工业软件产业发展研讨会暨商务洽谈会在徐州市举行。研讨会暨商务洽谈会围绕"创新工业软件发展模式，大力推进两化深度融合"的主题，深入研讨工业化和信息化深度融合的现状、趋势及未来走向，关注工业软件发展的新技术、新业态，探索推进工业化和信息化深度融合的新路径、新模式，为政府、软件企业、工业企业、科研机构打造一个开放式的沟通、交流、学习、进步的平台。同时，深入宣传徐州市的产业品牌形象，吸引日本和我国众多企业共同关注徐州、关注徐州工业软件发展、关注徐州软件园，提高徐州的软件和信息技术服务业在全国产业界的影响力，增强区域经济核心竞争力。会上宣读了2011中国软件和信息服务业信用企业名单和等级，并为信用企业颁牌；中国软件行业协会与日本计算机软件协会签署了双方合作备忘录；日本长城咨询株式会社等5家日本著名软件企业与徐州软件园运营管理公司签署了入园协议。

【徐州荣膺国家环保模范城市】 5月23日，国家环境保护部印发2011年第44号公告，决定授予徐州市"国家环境保护模范城市"称号。徐州市的创模工作于2010年9月通过国家环保部验收复核，成为全国第一家按照新考核指标体系

和考核办法通过环保部创模复核验收的城市。2011年2月环保部完成了徐州市创模工作命名前的公示,5月13日原则通过对徐州市创模命名。国家环保模范城市是社会文明昌盛、经济快速健康发展、环境质量良好、资源合理利用、生态良性循环、基础设施健全、生活舒适便捷的标志,对于提高城市知名度和影响力具有积极的推动作用。

【徐州进入高铁时代】 6月30日下午3时,京沪高铁全线开通运营。与此同时,徐州东站正式投入使用,徐州东站共办理列车14趟,发送旅客888名。京沪高铁徐州东站位于徐州火车站以东10公里,京福高速公路西侧。徐州东站北距北京692公里、南距上海626公里,正处于京沪高铁中间位置。特殊的区位优势,使高铁徐州东站成为京沪高铁沿线唯一开通始发动车的地级城市。徐州到北京、上海仅需要3小时,进入高铁时代。

【中国徐州第四届国际胡琴艺术节暨中国胡琴艺术博物馆开馆仪式】 6月23日上午,由徐州市委宣传部、市总工会、中国音协二胡学会联合主办的中国徐州第四届国际胡琴艺术节暨中国胡琴艺术博物馆开馆仪式举行。本届胡琴艺术节为期4天,除首日胡琴艺术博物馆开馆仪式外,还在徐州音乐厅举办5场“东方弦魂”系列胡琴音乐会。在云龙公园艺林园内兴建的中国首家胡琴艺术博物馆,占地13800平方米,展厅面积2000多平方米,是中国唯一集中展示胡琴艺术的博物馆。博物馆的落成,不仅为胡琴艺术的传承发展、交流传播搭建了良好平台,也为徐州增添了一张新的特色名片。

【《百吉学堂》在央视首播】 由市政府、泉山区政府与徐州百吉堂多媒体有限公司联合出品的电视动画片《百吉学堂》6月10日20时在央视少儿频道首播。随后,还将在台湾地区播出。这部历时两年打造的大型原创国产动画片共104集,投资2000万元,公开播映前就获得国家广电总局评选的2010年全国优秀少儿动画片大奖。《百吉学堂》通过四年级学生夏小智和伙伴们有趣的成长故事,真实地反映小学生的学习生活,展现少年儿童纯真美好的心灵。

新事聚焦

【首家原创性创业园一期工程完工】 1月中旬,位于徐州工业园区的全市首家原创性创业园一期工程基本完工,下月投入使用。原创性企业创业园经过统一规划,在建好标准厂房的同时,配套建设各种基础设施,生活、工业污水集中处理,门卫、围墙、管道可以共享;厂区无界(企业之间不设围墙),入驻企业不需要再投入基建等,对一些拥有科技成果或技术但缺少资金的中小企业,可以大大降低成本,有利于中小企业低成本扩张。

【首场大学生创业企业专场招聘会】 3月5日上午,徐州大学生创业企业人才专场招聘会在市人力资源市场举行。招聘会属公益性质,共有17家入驻大学生创业园的企业提供销售、网络编辑、影视后期制作、平面设计师、电子工程师等100余个岗位。进场招聘的企业以电子科技、动画设计、文化传媒行业为主,老板都是毕业不久的大学生,为大学生提供的岗位薪金普遍在1000元至2500元之间,还有不少岗位需面试后根据求职者业务技能水平确定薪金待遇。

【首家消费者权益保护委员会在新沂挂牌】 徐州市首家消费者权益保护委员会3月9日在新沂市挂牌成立。这不仅是新沂市消费者权益保护机构名称的变更,也是新沂市消费者权益保护机构性质和职能的一次重要转型。新一届消保委是经过市政府批准的法定非政府机构,广泛吸收了工商、质监、卫生、物价、药监等10多个行政部门、行业组织和消费者代表。与消协组织相比,消保委的成立更好地体现国家对消费者利益的维护,为消费者“撑腰”更具权威性和公信力。

【首家农民工子女公益学校成立】 3月30日,徐州市首家农民工子女公益学校在市青少年宫揭牌,首期100名农民工子女的校外兴趣培训课程同时开课。学校借助青少年宫优秀的师资力量,培养学生艺术、科技、文化等方面的知识与技能,开设英语、美术、声乐、舞蹈、机器人5个专业。上课的学员来自附近的小学,公益学校运作一段时间后将把服务范围扩大到市区的各所小学。

【泉山区党建工作在全省首次引入招标制】 4月8日,泉山区2011年度党建创新项目招标会在中国矿业大学科技园举行。把抓经济工作的招标制引入党建工作,使党建资源得到优化,在全省尚属首次。此次招标会共有来自全区的21家基层党组织参与,11个党建项目“招标”,包括“楼宇党建”、“阳光党务”、“党建文化”等内容。招标会上,各投标单位就实施项目的优势、计划采取的措施和预期效果进行陈述。招标会持续近150分钟,最终11个项目全部中标。

【首家早餐食品生产企业领证】 4月20日,经市质监部门现场核准,扩建后的苏叶放心早餐公司所有产品单元全部通过许可审查,获准颁发“食品生产许可证”。这是徐州市首家按标准生产制作早餐食品的企业,全省仅有5家。2003年,徐州市放心早餐工程引进苏叶早餐,其统一规范、卫生便捷的生产经营模式获得市民认可。2010年,苏叶早餐启动新厂搬迁扩建工作,从厂房设计、生产线安装、设备布局等进行改进,确定几十个品种的生产标准,完善了产品的质量检查体系。苏叶早餐在全市有300多个流动销售车,年销售额固定在5000万元以上。

【首家大学生村官创业富民服务中心】 5月2日,徐州首个“大学生村官创业富民服务中心”在沛县胡寨镇草庙村成立。服务中心本着“扎根基层、创业富民”的理念,结合基层群众需要，注重发挥新知识、新思想、新思维的优势，围绕政策宣传、农技培训、项目帮扶、小额贷款、远程教育、营销服务、法律服务、中介服务等八个方面内容开展服务。服务中心实行来访接待与进村入户上门服务相结合的工作机制，切实做到工作平台前移，服务重心下沉。

【睢宁县首届农产品交易会】 5月8日，睢宁县首届农产品交易会在该县原禾农产品批发市场举行。睢宁首届农产品交易会吸引来自浙江、广州等地客商200余人，交易会展区近2万平方米，汇集了来自全国各地230余家农产品企业。睢宁共有16个系列300余种名、特、优、新农产品、88家农产品企业参展，瑞克斯旺蔬菜、惠农鸭肉制品、魏集“特密”西瓜、王老五香肠等省、市名牌产品受到客商一致好评。

【首家职务犯罪预防局在沛县揭牌】 5月20日，沛县人民检察院职务犯罪预防局揭牌，是徐州市检察系统首个设立职务犯罪预防局的单位。沛县检察院职务犯罪预防局通过开展预防调查、犯罪分析、检察建议、行贿犯罪档案查询、警示宣传教育等工作，结合执法办案，推进职务犯罪预防工作，促进惩防腐败体系建设，健全完善社会化预防大格局。

【首届民间收藏艺术节开幕】 由久隆长岛冠名，中共徐州市委宣传部、徐州报业传媒集团、市文广新局、市文联主办，徐州艺术馆、徐州收藏家协会承办，徐州淮塔管理局、徐州博物馆、徐州奇石收藏协会、苏州玉石文化行业协会等单位协办的“徐州首届民间收藏艺术节”，6月3日上午在徐州艺术馆拉开帷幕。艺术馆一楼作然书屋书画收藏展、明清百位状元翰林书法展、苏帮玉雕精品展和三楼的徐州首届民间收藏艺术展四大专题同时展出，二楼民间收藏品交流大会和在久隆凤凰城凯撒会所进行的央视《寻宝》专家免费鉴宝两大活动同时呈现。

【徐州市文物专家库建立】 6月20日，徐州市文物专家库建立仪式在博物馆多功能厅举行，21位文物专家成为首批受聘人员。首批受聘的21位专家来自不同单位，主要由在徐州市的省级文物鉴定委员会委员、市知名文物专家学者、长期从事文物研究及相关工作并有文物博物专业副研究员以上技术职称的专业人员组成。文物专家库实行动态管理，市文物局将适时对专家库成员予以增补和调整。文物专家将为全市文物管理决策提供咨询，同时受市文物局委托，在全市文物鉴定评估、征集保护、司法鉴定、馆藏文物定级、文物保护工程、人才培养等方面展开工作。

【徐州市企业发展研究院成立】 7月30日，由徐州市人民政府、中国矿业大学联合建设的徐州市企业发展研究院正式成立。为全面实施创新驱动战略，市委、市政府明确提出，从2011年开始，两年内全市本土大中型工业企业都要建立市级以上研发机构；3年内，规模以上工业企业要全部建立市级以上研发机构；力争通过3年左右的时间，实现全市企业研发机构建设全省领先，快速提升全市企业的科技创新能力。此次共建徐州市企业发展研究院，开启了校地合作新里程，形成政府协调推动的高校企业合作共建、人才共用、资源共享、多方共赢的工作机制。

【首批道路交通事故救助金发放】 8月4日，徐州市首批道路交通事故社会救助金集中发放，10起符合救助条件的交通事故受害人、医疗及殡葬机构总计获得89446.6元救助基金。道路交通事故社会救助基金（以下简称救助基金），是指依法筹集用于垫付机动车道路交通事故中受害人人身伤亡的丧葬费用、部分或者全部抢救费用的社会专项基金；实行全省统一政策、统一管理的体制，并采取政府购买服务的方式，聘请紫金财产保险股份有限公司作为救助基金管理人，负责救助基金的具体运作。救助基金在交通事故受害人及其近亲属、赔偿义务人无力支付或超出事故车辆承保保险公司支付标准时，对抢救费用、丧葬费用进行垫付，救助基金垫付后应依法向机动车道路交通事故责任人进行追偿。有关单位、受害人或者其继承人有义务协助救助基金进行追偿。紫金保险已经在徐州市设立了7个道路救助基金受理网点，并开始全面受理垫付申请，市民也可拨打96019电话咨询。

【全市首家人民调解“超市”】 8月3日，铜山区黄集镇建起全市首家人民调解“超市”，主要就农村宅基地、劳资纠纷、婚姻纠纷等民事纠纷试点双向调解工作。黄集镇调解员主要来自镇人大代表、党代表、村调解主任等，各个村的“首席人民调解员”均从普通村民中选拔出来。镇调解中心的人民调解“超市”公示栏里有所有调解员名单，包括姓名、职务、电话等。当事人可根据自己的意愿挑选一名信赖的调解员，对自己的矛盾纠纷进行调处。

【首家保洁员服务中心启用】 8月24日，徐州明镜物业公司经过半年精心筹备，开办全市首家保洁员服务中心。保洁员大都来自农村地区，由于工作繁忙，每天午饭、晚餐都是凑合着吃。为提高保洁员生活质量、改善就餐条件，该公司花费4万元，购置煤气灶、开水炉、太阳能淋浴器、电风扇、洗衣机、餐桌、凳子，成立保洁员服务中心，为保洁员提供午饭、晚餐，免费提供洗衣、洗澡服务和茶水。一顿饭一荤一素一汤，只收每位保洁员两元钱。服务中心一侧还专设一处洁净的洗澡间。

【全省首家乡镇私个经济协会联合工会在铜山区成立】 8月22日，铜山区私营个体经济协会伊庄分会联合工会成立。私个协会乡镇分会单独成立联合工会在全省尚属首家。联合工会覆盖辖区私营个体户职工600余人，有利于整合资源，增强私营个体户职工的法律意识，加大职工维权力度。联合工会党支部同时成立，把在私营企业、个体工商户中一些分散的、流动的党员吸纳到党支部进行管理。

【首家名人文化主题网站—徐州名人网开通】 8月28日，

由中国名人文化研究院授权、徐州人脉网络科技公司承办,以“传承历史、记录当代、培育未来”为宗旨的徐州市首家名人文化主题网站—徐州名人网(www. xzmr. org)正式开通。徐州名人网2011版共设置名人访谈、时代名人、名人记事、行业名人、名人文化等五大板块30个栏目,深入挖掘徐州历史名人文化进行广泛宣传当代徐州名人事迹,唱响网络文化主旋律、构建社会道德新风尚,整合名人资源、聚合名人效应,服务地方经济社会发展。

【全省首家企业诚信经营教育基地】 8月31日,徐州工商局联合市消费者协会、市放心消费创建活动办公室,举行徐州市企业诚信经营教育基地揭牌仪式,引导企业信守承诺,增强社会责任感。这是省内建立的第一家企业诚信经营教育基地。50余家企业的代表参加了活动。各县(市)区同时建立教育基地并开展教育工作。揭牌仪式后举办了首期教育培训班。

【徐州市购物卡销售出台新规定】 为规范商业企业发卡行为,市商务局出台单用途预付卡发行购买新规定,要求自9月11日开始,全市各县(市)、区商业企业要落实以下制度:一是购卡实名登记制度。对于购买记名单用途预付卡和一次性购买1万元(含)以上不记名单用途预付卡的单位或个人,由发卡人进行实名登记。二是非现金购卡制度。单位一次性购卡金额达5000元(含)以上或个人一次性购卡金额达5万元(含)以上的,通过银行转账方式购买,不得使用现金;使用转账方式购卡的,发卡人要对转出、转入账户名称、账号、金额等进行逐笔登记。三是限额发行制度。不记名单用途预付卡面值不超过1000元,记名单用途预付卡面值不超过5000元。各县(市)、区商务主管部门要加强对贯彻落实《通知》情况的监督检查。

【首批村级集体房屋租赁权集中拍卖】 9月,泉山区泰山街道办事处举办徐州市首次村级集体房屋租赁权拍卖会,8处共计4590平方米的村级集体房屋通过公开竞标的方式向社会单位和个人拍卖租赁权。拍卖的8处村级房屋全部位于泉山辖区内彭祖园、泰山路或大型成熟社区等繁华地段,商业氛围较好,房屋产权隶属泰山社区和云龙社区。2010年,泉山区制定印发《公房租赁公开招租工作规定》,明确规定出租规模200平方米以上公房,必须通过市场评估底价、公开发布招租信息、公开现场竞价的形式进行,在制度、监督、技术、操作等多个层面增强防范,创新集体资产监管和保值增值途径。此次拍卖是《规定》出台后的第一次拍卖会。

【首批教师公租房启用】 为解决农村偏远学校教师住房困难问题,徐州市2011年启动教师公租房建设,决定用3年时间,在全市所有偏远镇集中建设一批教师公租房。首先在全市7个镇启动试点建设,计划年底前投入使用。9月9日下午,邳州市燕子埠镇教师公租房正式启用。燕子埠镇教师公租房占地5.3亩,主体工程总面积3600平方米,共60户,总造价600余万元。

【2011中国西部动漫文化节徐州首届cosplay嘉年华活动】 由泉山区委宣传部、区文化产业发展办公室联合主办的“智慧泉山、创意无限”“明明健康会所杯”2011徐州首届cosplay嘉年华暨2011中国西部动漫文化节中国COSPLAY-TOP榜江苏赛区大赛,于9月17拉开炫美大幕。西部国际动漫文化节由文化部批准举办,是一场成熟的动漫文化盛会。2011年,西部动漫文化节首次将江苏赛区定位徐州,来自徐州、南京、苏州、无锡、常州、连云港及山东、安徽等地20支队伍参与西漫江苏赛区团赛及双人赛比赛项目。经过两天比赛,徐州妖道角社团选送的“小李飞刀”和连云港RELAX社团选送的“博物志”获得动漫情景剧团赛优胜奖,萧浅和幺爪、九尾翼狐以及蛇蝎、無色三组获得动漫情景剧双人赛优胜奖。获得团赛和双人赛5组优胜选手,将于9月29日至10月3日进军重庆中国西部动漫文化节决赛。

【首个大学生创业导师团】 10月10日,为给全市大学生创业者提供智力扶持,市人保局聘请市内高校和企业界的20位专家学者及成功企业家,组成首个大学生创业导师团。导师们主要来自电子科技、机械设备、能源环保、软件开发领域。首批创业导师聘期3年,大学生创业者可以随时与导师联系求助。

【首座高科技有机蔬菜产业园】 10月12日,徐州市引进欧洲科技模式的有机蔬菜产业园—徐州中欧科技农业产业园在铜山区汉王镇开工建设。中欧科技农业产业园项目是铜山区国家级现代农业示范区的核心工程,项目计划分三期实施,总投资10亿元。其中一期投资约2.6亿元,分为国际农业科技博览区、现代农业核心示范区、设施农业区、时令农业区、花木产业区、休闲农业区、特色产业区,以及加工、配送、物流区等功能区。园区主体将建成智能温室6万平方米、标准节能日光温室300栋、钢架大棚300余亩。中欧科技农业产业园全面引进欧洲现代农业科技和高端农产品进出口贸易技术,在3至5年内培育成为国内知名、特色鲜明的具有“科技产业优势、设施产业特色、休闲产业亮点”的一流农业示范园区，成为国内著名、国际知名的跨国性农业园区。

【徐州首家国家级生态村】 10月，徐州市铜山区三堡镇胜阳村成功获得国家级生态村称号，实现徐州地区国家级生态村零的突破。胜阳村从1996年开始实施中心村建设，自然村搬迁早已结束，小城镇建设已成规模，科学合理地规划建设了农贸市场、商场、学校、卫生院、热电厂、水厂、垃圾处理厂，休闲、娱乐、服务等公用设施一应俱全。村内路成网、房成排、树成荫，绿化、硬化、供排水、有线电视以及现代化的通信设施等基础设施全部到位，形成工业、商业、行政、生活、娱乐五区分明、功能协调的格局。胜阳村以生态建村改善居住环境，先后获得全国绿化造林千佳村、苏浙皖护林联防先进单位、江苏省小城镇建设示范村、江苏省村镇文明住宅小区、江苏省卫生村、江苏省百佳生态村、徐州市文明单位等荣誉。

【首批标准化新型农贸市场】 10月25日，徐州市为民办实事工程、全市首批标准化新型农贸市场—雁山农贸市场和火花农贸市场开门迎客。自上年以来，全市新建和改造提升农贸市场14个，总投资3.6亿元。此次开业的雁山、火花以及即将开业的段庄北湖3个标准化新型农贸市场，总面积约3.3万平方米，配套停车场面积约1.3万平方米，总投资约1.2亿元，按照《徐州市市区农贸市场建设标准》施工建设，共分十大类功能区域。功能分区科学合理，并安装有扶手电梯和垂直货梯，采用食品安全追溯系统。

【中国致公党徐州市委成立】 中国致公党徐州市第一次党员大会于10月31日至11月1日举行。大会审议通过了致公党徐州市委筹委会工作报告，研究确定了致公党徐州市委5年主要工作目标，选举产生了致公党徐州市第一届委员会及其领导班子。汪云甲当选为中国致公党徐州市委主委，吴青、张连蓬当选为副主委。全国政协副主席、致公党中央主席、科技部部长万钢，致公党中央常务副主席王钦敏，省政协副主席、中共江苏省委统战部部长罗一民，致公党中央组织部长李刚，市领导曹新平、张敬华、刘忠达、庄华平、张赴宁等出席大会。民革徐州市委主委、市政协原副主席赵彭城，民盟徐州市委主委、市政协原副主席李申，民进徐州市委主委、市政协副主席孙红旗，九三学社徐州市委主委、副市长段雄，徐州市工商联主席顾玉华，徐州市无党派代表人士陈荣振，民建徐州市委专职副主委林青时，农工党徐州市委专职副主委鄂云翔等也出席了致公党徐州市第一次党员大会。2006年1月致公党开始在徐州发展党员，同年成立第一个支部，2011年10月已有4个支部共56名党员。

【全市首家预防非公企业职务犯罪工作站】 11月下旬，全市首家预防非公企业职务犯罪工作站在民营企业集中的邳州市官湖镇成立。工作站成立后，将通过法制讲座，发放宣传资料、问卷调查和提供法律咨询等形式向非公企业宣传法律知识，引导非公企业依法经营、依法管理、用法维权；同时通过开展法律咨询活动，帮助非公企业制定、健全管理制度，保障企业合法守法经营。

【首批12条镇村公交线开通】 11月7日上午8时，徐州市首批12条镇村公交线路在新沂市开通。此次开通的12条镇村公交线路共投入客车28辆，营运票价为1至2元。新沂市是全市镇村公交试点，镇村公交线路实行公车公营，其运行时间间隔最多不超过30分钟，车上实行无人售票。

【首家楼宇商会揭牌】 11月15日，徐州市首家楼宇商会在财富广场揭牌。作为现代服务业集聚地，财富广场有大中小型企业120余家，其中绝大部分为非公企业。为促进现代服务业发展，建立政府与企业之间的桥梁，搭建企业与企业之间交流的平台，由泉山区王陵街道办事处牵头，按照“自愿入会，自选领导，自聘人员，自筹经费，自理会务”的原则和“自我管理，自我服务，自我协调，自我约束，自我教育”的建会方针，在财富广场成立全市首家楼宇企业联合商会，首批自愿加入商会的有40家非公企业。

【首届中国工艺美术品交易会】 由中国工艺美术学会民间工艺美术专业委员会、徐州工商业联合会主办，徐州民间工艺美术商会、徐州工程学院承办的“首届中国徐州工艺美术品、国际礼品、收藏品交易博览会”12月23日至26日在徐州艺术馆举办。来自全国的各类工艺美术大师的作品及多种工艺美术品、国际礼品、收藏品供市民观赏和购买。其中苗银、藏饰品、缅甸赌石、核雕、大型根雕等都是首次在徐州参展，另有景德镇陶瓷、苏州紫砂、水晶、名砚、黄龙玉、青田玉、布艺布画等工艺品亮相徐州。

【首次水利普查】 普查标准时点为2011年12月31日，时期资料为2011年度，普查对象是全市境内的所有河流湖泊、水利工程、水利机构以及重点社会经济取用水户。普查内容包括六个方面：一是河流湖泊基本情况，包括数量、分布、自然和水文特征等；二是水利工程基本情况，包括数量、分布、工程特性和效益等；三是社会经济取用水情况，包括分流域人口、耕地、灌溉面积以及城乡居民生活和各行业用水量、水费等；四是河流湖泊治理和保护情况，包括达标治理状况、水源地和取水口监管、入河排污口及废污水排放量等；五是水土保持情况，包括水土流失、治理情况及其动态变化等；六是水利行业建设情况，包括各类水利机构的性质、从业人员、资产、财务和信息化状况等。

市情概览

地理环境

【位置与面积】 徐州市位于江苏省西北部,地跨北纬33°43′～34°58′、东经116°22′～118°40′之间。东邻连云港市东海县,宿迁市沭阳县;南接宿迁市宿豫县,安徽省泗县、灵璧县、萧县、砀山县;西依山东省单县;北靠山东省鱼台、微山、苍山、郯城等县和枣庄市。边界线总长1372.5公里,其中与外省交接的1098公里,与省内交界274.5公里,与外省边界线长度占全省对外陆地边界线的32%。徐州市域东西最长210公里,南北最宽140公里,总面积11258平方公里,占江苏省总面积的11.09%。其中徐州市城区面积3037.3平方公里。

【区划与人口】 徐州市辖丰县、沛县、睢宁县、邳州市、新沂市、铜山区、鼓楼区、云龙区、泉山区、贾汪区共10个县(市)区。2011年,全市共有113个乡镇,2081个村民委员会,41个街道办事处,622个居民委员会。

2011年末,全市总人口为976.66万人,比上年末增加3.77万人,增长0.39%。全市登记结婚8万对。

行政区划、土地面积与人口密度

地　区	镇	办事处	村民委员会	居民委员会	土地面积(平方公里)	人口密度(人/平方公里)
全市合计	113	41	2081	622	11259	867
市、区	28	41	484	303	3038	1039
鼓楼区		9	6	65	68	7067
云龙区		8	18	56	118	2603
贾汪区	8	2	126	69	834	605
泉山区		14	15	94	108	5110
铜山区	20	8	319	19	1909	686
县(市)	85		1597	319	8221	804
丰县	14		360	8	1446	796
沛县	15		266	121	1349	942
睢宁县	16		268	132	1767	767
新沂市	16		253	18	1571	666
邳州市	24		450	40	2088	855

【地形地貌】 徐州市位于华北平原的东南部，域内除中部和东部存在少数丘岗外，大部皆为平原，根据成因大致可分为剥蚀、堆积和黄泛冲积3种类型。丘陵海拔一般在100～200米左右，丘陵山地面积约占全市9.4%。丘陵山地分两大群，一群分布于市域中部，山体高低不一，其中贾汪区中部的大洞山为全市最高峰，海拔361米；另一群分布于市域东部，最高点为新沂市北部的马陵山，海拔122.9米。平原总地势由西北向东南降低，平均坡度1/7000～1/8000，平原约占土地总面积的90%，海拔一般在30～50米之间。徐州市全境的地势由西北至东南缓缓倾斜，地面高程从丰县的45米，逐渐下落为徐州城区的30米左右，到新沂市为19米。徐州城区地势大体是西南高于东北，西北略高于东南，因横贯城区的黄河故道高出两岸数米，使得地表略见起伏。

【气候】 徐州市属暖温带季风气候区，由于东西狭长，受海洋影响程度有差异，东部属暖温带湿润季风气候，西部为暖温带半湿润气候，受东南季风影响较大。光能资源丰富，日照充足，雨热同季，温度日差较大，季风显著，四季分明，具有典型的南北气候过渡带特性。季风更迭的迟早和强弱，直接影响年降水的多寡和温度的高低。年平均温度14.0℃左右，1月份平均气温-0.7℃左右，7月份平均气温27℃左右；年日照时数2284～2495小时，全市日照率在52%～57%；年平均降水量900毫米左右。全年无霜期为200～220天。气候资源较为优越，有利于农作物生长。主要气象灾害有洪、涝、渍、干旱、寒潮冻害、大雪、大雾、冰雹、大风、龙卷、雷电等。

2011年气候特征：2011年徐州市天气气候以干旱为主要特征，其次是8、9月份分别出现了较长时间的阴雨寡照天气。2011年平均总降水量为775.2毫米，比常年偏少5%，其中上半年明显偏少，下半年略偏多，出现严重的冬旱、春旱和初夏旱。2011年平均气温14.8℃，比常年偏高0.3℃。年内气温起伏大，1月份气温异常偏低，夏季高温日数接近常年。全年日照时数2014.5小时，比常年偏少9%。8、9月持续阴雨寡照，影响了水稻等秋熟作物的正常生长和灌浆结实。

气温：2011年各县（市）平均气温为13.7℃（邳州）～14.8℃（徐州九里山），大致与常年持平，其中春秋季偏高，夏季正常，1月平均气温为34年同期最低。全年高温（≥35℃）日数8天（徐州九里山）接近常年。年极端最高气温39.4℃（徐州九里山），出现在6月8日。年极端最低气温-15.1℃（邳州），出现在1月16日。各县（市）平均气温见表。

2011年徐州各县（市）气温一览表

（单位：℃）

项　目	丰县	沛县	徐州	邳州	新沂	睢宁
年平均气温	14.4	14.2	14.8	13.7	14.2	14.3
距　平	0.4	0.0	0.3	-0.3	0.2	-0.1
最高气温	38.0	37.6	39.4	39.2	38.1	38.6
最低气温	-10.5	-11.5	-10.5	-15.1	-13.2	-12.2

降水量：2011年总降水量各县（市）分布不均，西部的丰、沛县正常略偏多，新沂市偏少，其他地区（徐州市区、铜山、睢宁、邳州）略偏少（详见表二和图二）；各县（市）平均降水量775.2毫米，比常年偏少5%。全年降雨量时空分布很不均匀，1月滴雨未滴，3、4、6、7、10月偏少，2、5、8、11、12月偏多，9月正常，出现了比较严重的冬旱、春旱和初夏旱。

2011年徐州市各县（市）降雨量

（单位：毫米）

项　目	丰县	沛县	徐州	邳州	新沂	睢宁	平均
降水量	767.5	754.4	751.2	824.7	690.4	863.2	775.2
距　平	68.6	16.2	-80.5	-43.1	171.6	-23.3	-39.0
百分比	10%	2%	-10%	-5%	-20%	-3%	-5%

汛期（6-8月）：徐州各县市降雨量除睢宁县和邳州市偏多，新沂市偏少，其他县（市）略偏少。各县市降雨量为341.0（新沂）-561.6毫米（睢宁）。

雨季开始于6月23日，比常年偏早，7月8日结束，比常年偏早，雨季长度15天，比常年少13天。雨季降水量129.9毫米，偏少176.9毫米。

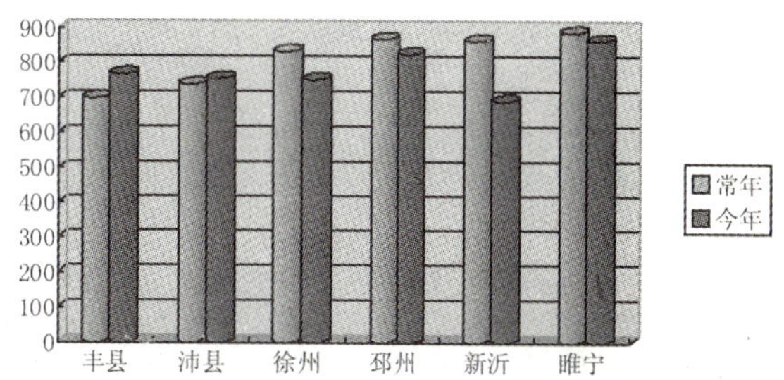

徐州市2011年各站降水量与常年对照图　单位：℃

日照时数：2011年总日照总时数为1870.1（睢宁）～2227.4小时（丰县）。比常年偏少4%（丰县）～18%（邳州）详见表三。其中1月、3月、4月偏多，2月、5月、12月接近常年，6月、7月、10月偏少，8月、9月、11月显著偏少。

2011年徐州各县（市）日照时数及距平

（单位：小时）

项　目	丰县	沛县	徐州	邳州	新沂	睢宁
日照时数	2227.4	1893.4	2014.5	1896.6	2224.2	1870.1
距　平	-88.1	-307.7	-206.4	-421.7	-261.9	-376.0
距平百分率	-4%	-14%	-9%	-18%	-11%	-17%

【水系】 徐州市地处古淮河的支流沂、沭、泗诸水的下游，以黄河故道为分水岭，形成北部的沂、沭、泗水系和南部的濉、安河水系。境内河流纵横交错，湖沼、水库星罗棋布，废黄河

斜穿东西,京杭大运河横贯南北,东有沂、沭诸水及骆马湖,西有夏兴、大沙河及微山湖。境内有大型水库两座,中型水库5座,小型水库84座,总库容3.31亿立方米,以及众多的桥、函、渠、闸等水利设施,初步形成具有防洪、灌溉、航运、水产等多功能的河、湖、渠、库相连的水网系统。

【矿产资源】 煤、铁、石灰岩、大理岩、硅石、石膏、富钾砂页岩、岩盐、黏土等,是徐州市的主要矿藏资源。分布于贾汪区、铜山区、丰县、沛县等地的煤炭地质储量39亿吨以上。铁矿以磁铁矿、赤铁矿为主,品位达50%左右,已探明储量8300万吨,部分矿体中还伴有铜、金、银等。石灰岩的储量为1050亿吨,广布于徐州城区周围和铜山区境内。石膏主要分布在邳州市和沛县,已探明的储量3.2亿吨,预测储量44.40亿吨。岩盐分布在丰县,已探明储量5.53亿吨,预测储量21亿吨。石英岩主产于新沂市,预测储量8.3亿吨。此外,金刚石及伴生矿物有多处发现。 (史志办)

人文历史

【历史沿革】 徐州,作为自然经济区名称,为古九州之一;作为城邑名称,最早称为彭城,源于古大彭国;作为政区名称,始于西汉。6300年前,先民们就在这块土地上劳作、生息、繁衍。距今4000余年前,相传帝尧封篯铿(后称彭祖)于大彭国,一个"以国为氏"、以彭祖为首领的氏族部落开始了他们千余年的发展史。殷武丁时代,大彭国灭亡。这一记载可将徐州有文字可考的历史上溯至3100年前。"彭城"的记载最早见于《春秋》鲁成公十八年(公元前573年)。显然这不是建城的初始时间,但以此计算徐州城的历史,也已经有2584年,为江苏最古老的城市之一。秦末,彭城一度成为灭秦的指挥中心。秦王朝灭亡后,又成为西楚霸王辖制梁楚九郡的都城。楚汉相争的历史进程,由此揭幕并一步步演进。汉代,彭城先后成为13代楚王、5代彭城王的都城。当年盛世之时的景况,因历代天灾和战乱,地面已无迹可寻。但在地下却给后人留下了十几座规模宏大、形制奇特、埋藏丰富的王陵墓葬,出土了大批珍贵文物,为今人勾勒两汉经济、政治、军事、文化和社会生活的历史轮廓提供了重要实物资料,也使徐州成为今天两汉文化研究中心之一和旅游寻古的热土。东汉建安三年(198年)曹操迁徐州刺史部治所于彭城,这是彭城正式称为徐州的开始。此后,徐州既是以彭城为中心的行政区域的名称,又是彭城的别称,直至元代才通称徐州。清雍正十一年(1733年)徐州升州为府后,铜山与徐州并称。民国27年(1938年),开始单称徐州。徐州城历为封国、郡、路、州、府、县等不同级别的行政区治所。民国34年(1945年)8月,正式设为徐州市。1948年后,一度为山东省管辖,1953年又转归为江苏省,并设徐州行政专署。1983年3月,江苏省统一实行市管县体制,撤销徐州行政专署建制,扩大原徐州市管辖范围而形成城乡一体的新型徐州市。2010年,徐州市开展新一轮区划调整,撤销九里区,铜山县改为铜山区,市辖丰、沛、睢宁、邳州、新沂5县(市)和铜山、鼓楼、云龙、泉山、贾汪5区。 (史志办)

【地域文化特色】 徐州是徐文化的发祥地。徐州之名,始于禹分九州,为故徐国领地。徐国范围北到泰山,南到淮河,东到大海,西到商丘,甚至周口一带。据《寰宇记》引《地理志刘熙释名》:"徐,舒也,土(地势)气(秉性)舒缓也,故名州曰徐州。"徐国文化先进,施行"仁政",开古代统治阶级"仁政"之先河,是孔子"仁"的学说的主要来源之一。

楚汉文化是徐州历史文化的主要特征。历史上徐州屡遭楚侵,楚庄王、楚子辛多次攻占彭城。公元前472年,楚正式将徐州纳入版图,号称西楚。所谓西楚,指淮水以北,泗水、沂水以西,今豫东、皖北和江苏西北地区。徐州为西楚的政治、经济和文化中心。当以刘邦为代表的政治集团战胜项羽,建立一统天下的大汉王朝,在徐州先后封立楚国、彭城国,共有13代楚王和5代彭城王,留下了以汉楚王墓群为代表的丰富文化遗存。徐州汉楚王陵墓依山为陵,凿山为藏,每座墓葬犹如一座地下宫殿,再现了楚王宫殿的宏丽壮观,被评为我国20世纪百项重大考古发现之一。最具代表性的楚王墓葬有狮子山楚王陵墓、龟山楚王陵墓、驮篮山楚王陵墓、北洞山楚王陵墓等。

运河文化既给徐州带来南北文化的交融,也造就了徐州独具特色的民间民俗文化。中国的大运河是世界最伟大的四大古代工程之一。徐州大运河的历史伴随整个大运河历史的始终,经历了春秋战国的始凿,两汉时期的治理,隋唐的再凿,宋代的改道,元代的重开以及明清的修整,直至清咸丰五年(1855年)黄河北徙。徐州城市的发展,深受大运河运道兴衰的影响,运道通则城市兴,运道闭则城市衰。从元大运河开通至清咸丰五年运河改道的500余年间,徐州工商繁荣,商贾云集,货物山积,交易繁盛,成为运河沿岸重要的商品集散地。同时,产生了与大运河有密切关系的民间民俗文化,如拉魂腔、徐州琴书等艺术形式就是服务于商民、船夫而产生的民间民俗文化形式。

战争文化给徐州打下了深深的烙印。徐州周围地势平坦,为四战之地,不困于兵,即圮于水。太史公司马迁曰:"西楚之俗剽轻,易发怒。"(《史记·货殖列传》)徐州接南引北的区位、五通汇流的交通,形成了刚柔相济、百家杂陈的文化。 (刘玉芝)

【历代名人】 徐州是上古养生学家彭祖封地,汉代开国皇帝刘邦故里,西楚霸王项羽故都,有"龙吟虎啸帝王州"之称。自汉代以来,出自徐州或徐州籍的帝王众多,其中开国皇帝就有10多位。西汉王朝的建立者汉高祖刘邦,是中国历史上第一位"布衣皇帝"。光武帝刘秀是刘邦九世孙,建立东汉。三国时期蜀汉昭烈皇帝刘备,建立蜀汉王朝。明朝开国皇帝朱元璋,祖居沛县,出身贫穷,少时为僧,为中国历史上真正意义的"布衣皇帝"。太平天国农民起义领袖洪秀全的祖籍(据日本学者考证)可以追溯至徐州。徐州籍的开国皇帝还有魏文帝曹丕、南朝宋皇帝刘裕、齐皇帝萧道成、梁皇帝萧衍,五代十国时期的南唐皇帝李昪、后梁太祖朱全忠(又名朱温)等。徐州久历战火,因而造就了一代贤臣武将,西汉时期有萧何、曹参、樊哙、周勃、王陵等。革命志士有刺杀汪精卫的孙凤鸣,"一门三烈"宋绮云、徐林侠和他们的儿子、全国最小的烈士"小萝卜头"宋振中,郭子化,郭影秋等。

徐州更是文人荟萃之地。西汉思想家、文学家刘安,最早对屈原及《离骚》作出高度评价。西汉经学家、目录学家、文学家刘向,著有《春秋谷梁传》等。道教创始人张道陵,道教徒尊其为"天师",称"太清玄元真人"。南宋文学家刘义庆,所著《世说新语》开中国古代笔记小说的先河。还有北宋诗人陈师道,南唐后主、词人李煜,《金瓶梅》点评家张竹坡,历史学家刘知幾、萧一山等人物。唐代诗人白居易,早年随父在徐州生活学习,留下了许多有关徐州的诗篇,其中著名的有《江南送北客,因凭寄徐州兄弟书》、《燕子楼诗》等。北宋文学家苏东坡在徐州任知州两年,政绩卓著,写下了170余首诗词和优美的散文,其中《黄楼赋》、《放鹤亭记》是脍炙人口的名篇佳作。在中国近现代文学艺术上,书法家、碑帖学家张伯英,曾任北洋政府秘书长,书法造诣极深,也是一位博古通今的方志学者。当代国画大师李可染,曾任中国画研究院院长,代表作有《牧牛图》、《江山如此多娇》等。现代作曲家、音乐学家马可,创作了著名的秧歌剧《南泥湾》,歌剧《白毛女》、《小二黑结婚》等音乐作品。古城徐州,因其难以尽数的历史文化名人,为其历史文化名城称号增添了一抹浓重的人文色彩。

【城市性质】 徐州是江苏省建城最早的城市,历史遗存丰厚,1986年被国务院列入第二批国家历史文化名城。徐州原有"军事重镇"之称,"五省通衢"之誉,现在是铁路、公路、水路、航空、管道"五通汇流"的现代化交通枢纽。徐州原是"能源基地",有"百里煤海"之称。现在是"制造业基地",徐工集团是全国产值最大的工程机械企业。徐州被批准为江苏省较大城市,江苏省三大都市圈之一徐州都市圈中心城市。在区域经济建设中,徐州是淮海经济区中心城市、东陇海线区域中心城市。2004年,由中国城市规划设计院编修完成的《徐州市城市总体规划》把徐州的城市性质确定为3个层次:我国重要的交通枢纽城市,以两汉文化为主要特色的国家级历史文化名城;淮海经济区和亚欧大陆桥东部重要的区域中心城市,江苏省三大都市圈的商贸都会和特大核心城市;全市政治、经济、文化中心。2007年11月21日《徐州市城市总体规划(2007~2020)》通过国务院批准。规划对2007年到2020年的徐州城市发展给出了特色鲜明的定位,徐州市是陇海——兰新经济带东部的中心城市,国家历史文化名城。确立了徐州作为陇海——兰新经济带东部中心城市的新坐标。2010年6月24日,国家发改委发布我国首个跨省级行政区区域发展规划——《长江三角洲地区区域规划》,规划期为2009~2015年,展望到2020年。根据规划,徐州被定位为以工程制造为主的装备制造业基地、能源工业基地、现代化农业基地和商贸物流中心、旅游中心,成为淮海经济区中心城市。

【城市主色调】 2010年9月,徐州市政府聘请西蔓环境色彩设计中心工作人员历经6个多月,对徐州市进行实地色彩测量、调查结果整理、数据分析、建立色彩系统、机上搭配模拟,直至报告集结等,成功完成徐州城市色彩规划。2011年2月19日,徐州市召开第三十次规划委员会会议,原则通过徐州城市主色调:黄灰雅调,"龙腾黄"、"青玉绿"两种色彩作为城市代表色。

【市树市花】 2002年9月27日,市十二届人大常委会召开第37次会议,审议通过了《徐州市人大常委会关于徐州市市树市花的决定》,确定银杏为徐州市市树,紫薇为徐州市市花。银杏是中国特产树种,是现存植物中最古老的植物,被称为"活化石"。紫薇花期可达3月之久,有诗称赞:"谁说花无百日红,紫薇长放半年花",故有"百日红"的美誉。

【徐州精神】 2004年3月24日,市委组织的新时期徐州精神课题组经过3个月的广泛征集、认真筛选、集中讨论和专家论证,并经市委常委会研究讨论,选定"有情有义,诚实诚信,开明开放,创业创新"为新时期徐州精神。新时期徐州精神具有鲜明的时代特征和地域特色,呈现了徐州人蕴含的特质和积极进取的精神风貌。 (史志办)

国民经济和社会发展

【概况】 2011年,面对复杂严峻的国内外环境,全市上下突出科学发展主题和转变发展方式主线,按照"六个注重"和"两个率先"的新要求,认真实施"八项工程",扎实抓好"三重一大",积极推进稳增长、转方式、控物价、惠民生、促和谐各项工作,经济实现稳健较快增长,经济结构持续优化,各项社会事业协调发展,以市为单位在苏北率先建成全面小康社会,振兴老工业基地各项目标任务全面完成,实现了"十二五"时期良好开局。

经济平稳较快增长。初步核算,全年实现地区生产总值3551.65亿元,按可比价格计算,比上年增长13.5%。其中,第一产业增加值334.54亿元,增长4.5%;第二产业增加值1777.05亿元,增长14.6%;第三产业增加值1440.06亿元,增长14.5%。三次产业结构由上年的9.6:50.7:39.7调整为

9.4:50.1:40.5。人均地区生产总值41407元(按常住人口计算),按当年汇率折算达到6456美元。

民营经济加快发展。全年民营经济实现增加值2062.12亿元,比上年增长14.9%,高于地区生产总值增幅1.4个百分点;总量占地区生产总值比重58.1%;其中私营个体经济实现增加值1496.18亿元,增长16.1%。年末工商部门登记私营企业8.85万户,增长15%,注册资本1904.74亿元,增长37.5%;个体户26.81万户,增长10.0%,注册资金107.7亿元,增长33.9%。

小康建设成效显著。至2011年底,全市全面小康社会建设四大类18项25个指标中,除二、三产业增加值占GDP比重与目标值略有差距外,其余,24个指标均达到或超过省定全面小康标准,其中五大核心指标全部达标;顺利通过省级验收,以市为单位在苏北率先建成全面小康社会。

【农林牧渔业】 农业生产提质增效。全年粮食面积727.26千公顷,比上年增加13.21千公顷;总产量达455.30万吨,增长3.4%。其中,夏粮192.98万吨,下降1.7%;秋粮262.32万吨,增长7.5%。棉花面积29.40千公顷,总产量3.39万吨;油料面积28.86千公顷,总产量11.45万吨;蔬菜面积297.20千公顷,增加4.67千公顷。新增高效农业面积84.67千公顷,新增高效渔业面积2.91千公顷,新增设施农业面积14千公顷。

林牧渔业稳定增长。全年成片造林面积6.37千公顷。猪牛羊禽肉产量88.81万吨,增长10.1%。禽蛋总产量52.15万吨,增长7.2%。奶类制品总产量28.10万吨,增长5.2%。水产品总产量17.50万吨,增长2.7%。

农村生产条件明显改善。新增有效灌溉面积117.33千公顷,新增节水灌溉面积9.80千公顷;年末农业机械总动力591.70万千瓦,比上年末增长5.0%。全市农民专业合作社登记成员134.77万户,入社农户比例达73.7%。

【工业和建筑业】 工业生产稳定增长。全年规模以上工业企业达到2650家,其中产值超百亿元企业7家。上市工业企业达到8家。规模以上工业企业增加值比上年增长17.9%,其中轻、重工业增加值分别增长12.7%和20.2%。在规模以上工业中,股份制工业增加值增长19.1%,外商港澳台投资工业增加值增长20.6%,民营工业增加值增长28.6%。

主导优势产业快速发展。全市三大千亿元主导工业产业产值均超千亿元。装备制造业、能源产业和食品及农副产品加工业分别完成产值2068.60亿元、1017.02亿元和1612.53亿元,分别比上年增长41.0%、30.4%和40.5%。煤盐化工、冶金和建材三个重点发展产业分别完成产值1291.67亿元、533.42亿元、291.87亿元,分别增长73.2%、37.6%和42.2%。

战略性新兴产业加快发展。全年战略性新兴工业产业实现产值1854.92亿元,比上年增长115.9%,占规模以上工业产值的比重26.8%,比上年提高10.2个百分点。

企业效益平稳提升。规模以上工业企业实现主营业务收入6903.41亿元,比上年增长44.3%;利税1133.79亿元,增长45.7%;利润635.03亿元,增长51.6%。工业经济效益综合指数为353.62。

建筑业发展良好。全年共完成建筑业总产值636.69亿元,比上年增长27.4%;竣工产值485.74亿元,增长27.7%。建筑业企业房屋建筑施工面积5402.31万平方米,增长3.8%。

【固定资产投资】 固定资产投资增长较快。全年完成固定资产投资2200.99亿元,比上年增长22.2%。其中民间投资1665.67亿元,增长24.1%,民间投资占固定资产投资比重75.7%。房地产开发投资255.08亿元,增长24.2%。

投资结构优化调整。在固定资产投资中,第一产业投资34.18亿元,比上年增长50.5%;第二产业投资1271.16亿元,增长25.1%;第三产业投资895.65亿元,增长17.5%;三次产业投资结构为1.6:57.7:40.7。第二产业投资中,工业投资1216.22亿元,增长21.6%。其中,高新技术产业投资188.77亿元,增长15.5%。

重点项目建设加快推进。全年固定资产投资在建项目2821个,其中亿元以上在建项目603个,完成投资额1295.66亿元,增长125.7%。新开工项目1962个,其中亿元以上项目468个,完成投资额973.97亿元,增长208.7%。

【国内贸易和市场物价】 消费品市场运行平稳。全年实现社会消费品零售总额1117.54亿元,比上年增长17.9%。按经营单位所在地分,城镇消费品市场实现零售额890.61亿元,增长17.8%;乡村消费品市场实现零售额226.93亿元,增长18.1%。按消费形态分,批发和零售业零售额996.10亿元,增长18.3%;住宿和餐饮业零售额121.40亿元,增长14.1%。

热点商品消费持续活跃。在限额以上批发和零售企业商品零售额中,烟酒类34.01亿元,增长26.3%;化妆品类10.14亿元,增长41.8%;金银珠宝类14.90亿元,增长54.2%;家用电器类61.72亿元,增长29.5%;家具类12.45亿元,增长62.1%;汽车类214.86亿元,增长48.9%。

物价涨势趋缓。全年城市居民消费价格比上年上涨

5.2%，涨幅比前三季度回落0.4个百分点，低于全省平均水平0.1个百分点。八大类消费价格呈“6涨2跌”态势。

【开放型经济】 进出口规模继续扩大。全年进出口总额63.10亿美元，比上年增长51.7%。其中，出口41.59亿美元，增长58.1%；进口21.50亿美元，增长40.6%。

“引进来、走出去”步伐加快。全年新批外商直接投资企业218家，新批协议外资25.84亿美元；实际到账外资14.66亿美元，比上年增长44.7%。新批境外投资项目10个，比上年翻了一番；中方协议投资1.21亿美元，增长6.7倍。

开发区开放型经济平稳发展。全年省级以上开发区完成进出口总额44.60亿美元，其中出口总额24.50亿美元，分别比上年增长40.6%和45.3%；实际到账外资10.93亿美元，增长35.7%。

【交通、邮电和旅游】 交通运输业快速发展。全年完成公路旅客运输量2.13亿人次、公路货物运输量1.68亿吨，分别比上年增长12.4%和22.7%，公路旅客周转量、公路货物周转量分别为116.51亿人公里、216.70亿吨公里，分别增长14.5%和25.7%。港口货物吞吐量6662万吨，增长5.6%。全社会公路总里程16198.60公里，其中高速公路412.22公里。观音机场通航城市数达24个，完成起降8269运输架次，旅客吞吐量84.63万人次，增长29.0%。年末全市机动车拥有量112.86万辆，其中汽车保有量52.68万辆，本年净增9.42万辆；私人汽车拥有量44.17万辆，增长23.9%，私人轿车拥有量22.10万辆，增长37.8%。

邮政电信业稳定发展。全年邮政电信业务收入56.55亿元，比上年增长11.2%。其中，邮政业务收入7.04亿元，电信业务收入49.50亿元，分别增长24.8%和9.7%。年末固定电话（含小灵通）用户168.94万户，其中城市住宅电话用户76.75万户，乡村住宅电话用户66.50万户。移动电话用户676.27万户。百户家庭电话拥有量为259部。国际互联网用户91.08万户，新增21.12万户。

旅游业加快发展。全年接待国内外旅游人数2476万人次，比上年增长19.9%；实现国内旅游收入264.83亿元，增长22.7%。全年入境旅游人数18.22万人次，增长15.1%。国际旅游外汇收入1.88亿美元，增长22.3%。

【财政、金融和保险】 财政收支较快增长。全年财政总收入555.33亿元，比上年增长34.2%。公共财政预算收入318.42亿元，增长43.3%。公共财政预算支出442.50亿元，增长35.9%，其中，社会保障和就业、教育、医疗卫生等关系民生的财政支出分别增长34.0%、36.4%和47.9%。

金融市场运行平稳。年末全市金融机构存款余额2980.99亿元，比年初增长13.8%。全市金融机构贷款余额1734.84亿元，比年初增长21.2%。其中，新增贷款303.12亿元。

保险事业规模继续扩大。全年实现保费收入91.35亿元，比上年增长12.1%，其中财产险保费收入25.63亿元，人身险保费收入65.72亿元，分别增长27.9%和7.0%。全年各类保险赔款给付支出19.93亿元，增长31.6%，其中产险支出10.42亿元，下降36.5%；寿险支出9.51亿元，增长26.5%。

【科学技术和教育】 创新能力进一步增强。全年授权专利6821件，比上年增长38.4%，其中发明专利299件，增长80.1%。全市企业共申请专利4645件，授权专利2259件，分别增长224.8%和141.4%。全年通过鉴定科技成果179项，其中达到国际水平39项、国内领先51项、国内先进55项。高新技术产业发展强劲。全市高新技术产业企业434家，实现产值2000.01亿元，增长88.5%。

科技投入和产出稳步提升。全社会研究与发展（r&d）活动经费56.8亿元，占地区生产总值的比重为1.6%。全市拥有中国科学院和中国工程院院士7人。已建国家和省级高技术研究重点实验室、重大研发机构、工程技术研究中心、科技公共服务平台等科技基础设施150个，比上年增加36个，其中，经国家认定的企业技术中心2个。组织实施省重大科技成果转化专项资金项目7项，总投入9.3亿元。

教育事业全面协调发展。全市普通高等学校8所，在校学生人数13.17万人，比上年增长10.9%，其中硕士研究生9218人，博士研究生1109人。全市普通中学在校学生46.36万人，下降11.0%；小学在校学生57.10万人，增长7.7%。幼儿园540家，在园人数33.82万人，学前教育毛入学率达92.0%。全市义务教育覆盖率达100%，高中阶段教育毛入学率达93.6%。

【文化、卫生和体育】 公共文化服务水平显著提高。年末全市共有文化馆（站）166个、群众艺术馆9个、公共图书馆7个，博物馆21个；共有广播电台8座，电视台7座，广播综合人口覆盖率和电视综合人口覆盖率均达100%。有线电视用户241.19万户，比上年增长10.6%。全年出版报纸9484.6万份，期刊19.6万册，图书281.06万册。

卫生事业快速发展。年末共有各类卫生机构4415个，其中医院、卫生院266个，卫生防疫和防治机构13个，妇幼卫生保健机构12个。各类卫生机构拥有床位3.30万张，其中医院、卫生院床位3.03万张。共有卫生技术人员3.53万人，其中执业医师、执业助理医师1.27万人，注册护士1.36万人，卫生防疫和防治机构卫生技术人员459人，妇幼卫生机构卫生技术人员593人。新型农村合作医疗覆盖率达

99.2%。

体育事业持续发展。年末拥有体育场馆及游泳馆31个,公共体育设施面积1811.36万平方米。拥有等级运动员139人。体育健儿在各类国内外比赛中,有132人次获金牌,112人次获银牌,122人次获铜牌。全市全民健身活动设施2490个。年末全市体育彩票销售网点1082个,全年销售额8.99亿元。

【人口、人民生活和社会保障】 人口规模保持稳定。年末全市户籍人口976.66万人,比上年增加3.77万人。其中,男性505.72万人,女性470.94万人。年末城市化水平55.4%。

城乡居民收入稳步增长。全年城镇居民人均可支配收入19206元,比上年增长14.6%。农村居民人均纯收入9490元,增长19.3%。全市恩格尔系数为35.5%,比上年下降0.8个百分点。

城乡居民居住条件进一步改善。年末城镇居民人均住房建筑面积34.7平方米,比上年末增加1.8平方米;农村居民人均住房面积44.7平方米,比上年末增加2.9平方米。大力推进保障性安居工程建设,全年新开工建设廉租房1.78万平方米,新增经济适用房15.85万平方米,公共租赁住房面积15.47万平方米。

社会保障水平稳步提高。着力解决重点群体就业问题,新增城镇就业10.23万人,促进下岗失业人员再就业7.78万人,其中就业困难人员再就业1.18万人。稳步提高社会保障水平,年末全市城镇职工基本养老保险、城镇职工基本医疗保险、失业保险参保人数分别为124.37万人(含参保离退休人员)、137.95万人(含参保离退休人员)和73.78万人,分别比上年末增加8.86万人、4.52万人和2.43万人。年末企业职工基本养老保险、城镇职工基本医疗保险、新型农村社会养老保险覆盖面稳定在95%以上。

【城市建设、环境保护和社会安全】 城市建设加快推进。年末市区建成区面积达到249平方公里。年末城市人均拥有道路面积17.7平方米,用水和燃气普及率分别为97.8%和94.2%,水厂综合生产能力117.9万立方米/日,液化气、天然气用户为46.18万户。

环境保护能力提高。年末全市设立自然保护区12个,其中国家级自然保护区2个,自然保护区面积10.37万公顷。深入实施"清水蓝天"工程,市区污水集中处理能力49.5万吨/天,污水集中处理率达到86%。扎实推进绿色徐州建设,全市森林覆盖率31.3%,绿化覆盖率40.8%,环境质量综合指数86.6分;集中式饮用水源地水质达标率达到100%,荣获"国家环境保护模范城市"称号。

平安徐州建设扎实推进。城市和农村和谐社区建设达标率分别达到54.0%和30.0%。全市共有律师事务所93家,专职律师1133人;各类案件诉讼代理19326件,社会矛盾纠纷调处成功率99.1%。全年发生交通事故733起,比上年下降12.8%;发生火灾事故763起,下降10.9%。

(市统计局)

精神文明建设

【概况】 2011年,全市精神文明建设工作以建设社会主义核心价值体系为根本,以创建全国文明城市为主要任务,大力推进公民思想道德教育和文明素质提升,广泛开展群众性精神文明创建活动,切实加强未成年人思想道德建设,着力拓展社会志愿服务,为促进全市经济社会又好又快发展营造了良好氛围。

【公民思想道德建设】 深入宣传社会主义核心价值体系、《公民道德建设实施纲要》,引导广大群众自觉遵守社会公德、职业道德、家庭美德,把道德原则、道德规范转化为生动具体的道德实践,通过举办各种形式的道德实践活动将道德精神融入百姓生活,逐步提升公民道德整体水平。一是广泛发动群众参与道德模范和中国好人评选。把第三届全国全省道德模范评选投票工作作为一次见贤思齐的全民道德教育活动,组织城乡群众认真学习道德模范候选人先进事迹,积极参与投票,徐州市全国道德模范纸质选票报送数达38.6万张、省级道德模范纸质选票报送数达52.3张,位居全省前列。认真做好"中国好人榜"候选人推荐工作,15人荣登"中国好人榜",上榜人数比2010年大幅度提升。二是策划实施"学模范.做好人"主题实践活动。举办道德模范和中国好人事迹展,根据道德模范和中国好人先进事迹编创相声、琴书等曲艺节目进行"道德模范故事汇"巡演,组织道德模范和中国好人基层巡讲300余场、开展"我为模范(好人)做件事"实践活动,在市属新闻媒体开设专题、专栏,制作电视专题片、广播剧在重要时段、主要频道(率)播出播放。三是积极做好道德模范和身边好人事迹宣传工作。彭城晚报开设"彭城好人"、都市晨报开设"身边的榜样",市广播电视台在名牌专栏"大卓说事"中开辟"凡人善举"版块,常态宣传徐州市各类道德典型。四是规划建设"凡人广场"。通过"美德柱"、"正己镜"、"善举墙"、"凡人像"(浮雕)等形式生动展现徐州的"凡人善举"、"凡人壮举"。

【文明城市创建】 把测评体系中一项项硬性指标化为一件件民生实事,全市上下合力共创全国文明城市。一是建立文

明城市创建推进机制。成立创建指挥部，制定下发《创建全国文明城市工作实施意见》等系列文件，分解指标、落实责任，并将文明创建工作与县（市）区综合目标考核挂钩、与机关效能建设挂钩、与文明单位评比挂钩，创优创新，保证创建工作落实到位。召开各种问题分析会、现场观摩会、工作调度会、点评通报会，及时研究部署创建重点工作，形成统筹协调、相互配合的工作格局。二是及时解决重点难点问题。对照测评体系，结合徐州实际，抽出重点难点指标，有针对性地开展车辆及交通秩序、市容环境、违规经营、社会文化环境、市场秩序、公共卫生等“六项整治”活动，开展“出版物市场专项整治”、“网吧专项整治”活动，打击“三乱”、“四强”行为，志愿者分片包干对占道经营、卫生保洁、交通秩序等不文明行为进行劝诫等，有效破解创建难题。三是深入开展“三学”主题实践活动。组织“文明交通大使社区行”、“文明志愿伴我行”活动，举办交通知识有奖竞答、少年儿童交通安全征文大赛，引导广大市民“学会文明走路”；开展“全城流动文明车”创建活动，举办“十万司机再教育”、十类驾驶人驾驶技能大赛，实施驾驶陋习集中整治行动，评选十佳文明交通使者、十佳文明车队、十佳交巡警，百名公交、出租行业文明驾驶人等“三个十佳”和“百名文明驾驶人”，引导广大司机“学会文明开车”；组织“彭城最佳文明用语”征集、“文明段子传万家”短信群发、文明用语“四进”（进机关、进校园、进社区、进家庭）活动，引导市民“学会文明说话”。四是大力营造浓厚创建氛围。运用媒体、公益广告、宣传标语、楼宇电视、手机短信等载体，广泛开展创建全国文明城市公益宣传和社会发动，形成了人人支持文明创建、人人参与文明创建的浓厚氛围。市各新闻媒体在显著位置、主要时段和重要版面每天刊发专题新闻，报道创建动态，推出先进典型。大力开展舆论监督，开通市民投诉热线，曝光创建工作中存在的主要问题，市级媒体共刊发曝光不文明现象稿件1260余篇（条），接受处理市民投诉热线电话1200多个，一大批群众反映集中的热点、难点问题得到及时解决。落实市委、市政府主要领导批示、人民来信反映、民生舆情信息专报等11起，其中涉及占道经营、环境卫生、违章搭建等不文明行为的事情33件，反馈率及办结率均达100%。在全市上下的共同努力下，徐州市获得创建全国文明城市提名资格。

【城乡文明创建】 一是丰富文明机关、文明单位（行业）、文明社区、文明村镇创建内涵。以“为群众办实事，为党旗添光彩”为主题，广泛开展“创文明、争先进、树形象”、“创文明机关、做人民满意公务员”、“千家窗口服务竞赛”等活动；开展第三届“十佳服务集体”和“百名服务标兵”评选活动，徐州邮储银行“小额贷款”被省文明委授予“十佳服务品牌”，涌现出徐州国家税务局、铜山区三堡镇、新沂市新圩村等新一批全国文明单位、文明村镇。二是继续开展“百万市民学礼仪”主题活动。开展礼仪教育、文明礼仪“进学校、进社区、进机关、进家庭”，提高市民礼仪知识普及率。举办第三届文明礼仪大赛，37支代表队通过礼仪展示、知识问答等环节参加了礼仪知识比赛，中国文明网等多家媒体进行了专题报道，“礼仪徐州”影响力进一步扩大。三是开展“十星级文明户”创建活动。以爱国星、致富星、守法星、教育星、计生星、卫生星、文体星、和睦星、公德星、新风星等为主要内容，在全市农村普遍开展“十星级文明户”创建活动，家庭参评率95%以上，60%以上的家庭达到十星级文明户标准。开展“新风杯”农村精神文明创建评比竞赛，举办“徐州市十大魅力乡村”评选活动，推出一批富有特色、充满活力的新农村建设典型。四是推出“舞动乡村”“好人沛县”等农村精神文明建设品牌。睢宁“舞动乡村”活动受到人民日报、新华社等国内20余家知名媒体的关注报道，被省文明办领导誉为“推动农村精神文明建设的好创意、丰富群众精神文化生活的好方法、融洽人际关系和干群关系的好途径、加强社会管理的好载体、宣传党的方针政策的好平台、增强基层党组织凝聚力的好举措”。沛县成立全省第一个“好人基金”，探索建立好人推荐、评选、奖励和宣传的长效机制。

【未成年人思想道德建设】 通过文化引领、活动熏染、心理疏导、行为矫正，净化优化未成年人成长环境，努力提升未成年人思想道德建设工作的针对性和实效性。一是组织丰富多彩的道德教育和主题活动。开展“学党史、唱赞歌、树美德”活动，举办“童声里的中国”“唱支歌儿给党听”歌咏比赛，选送两支小学合唱队参加全省决赛，均获一等奖，并参加全国汇演。组织第二届市美德少年评选活动，7人当选“省百名美德少年”，1人当选省“十大美德少年标兵”。深化“我们的节日”主题活动，“新春中小学生书市”及“我爱我们的节日一春节”读书征文活动，收到优秀征文1000多篇。组织“闪光的道路永恒的青春”——“我们的节日．清明”祭扫暨红色经典诵读活动，近200万未成年人走进烈士陵园凭吊革命先烈；举办“徐州市首届端午民俗文化节”，21支代表队在故黄河参加了徐州市第二届龙舟大赛；开展“我的中秋愿望”一小记者与留守、困难家庭儿童共度中秋佳节活动，受到进城务工人员子女、留守儿童的欢迎。广泛开展新童谣征集评选活动，《小村官》荣获中宣部、中央文明办举办的全国第二届优秀童谣征集评选二等奖，6个童谣传唱视频节目在中国文明网展播。二是扎实推进未成年人校外活动阵地建设。制定下发《徐州市推进“乡村学校少年宫”建设的实施意见》，全面启动“乡村学校少年宫”建设工程；会同市关工委、市教育局积极推进城乡校外辅导站建设，目前已建成3282个；推进未成年人社会实践基地建设。三是做好留守儿童、特殊群体未成年人教育管理工作。调动各方资源，采取部门联动、构建管护网络、爱心结对等多措并举，关心关爱留守儿童。中央电视台《焦点访谈》、中央文明办《未成年人思想道德建设工作简报》、省委宣传部《宣传工作动态》等报道徐州市留守儿童教育管理的做法。（市文明办）

统计资料

国民经济主要指标

指　　标	单　位	2010 年	2011 年	2011 年占全省比重%
年末总人口	万人	972.89	976.66	12.4
从业人数	万人	520.74	528.85	11.1
地区生产总值(当年价格)	亿元	2942.14	3551.65	7.2
第一产业	亿元	282.82	334.54	10.9
第二产业	亿元	1490.92	1777.04	7.1
第三产业	亿元	1168.40	1440.07	6.9
全社会固定资产投资	亿元	2049.26		
其中城镇以上固定资产投资	亿元	1646.98		
其中房地产开发投资	亿元	205.32		
财政总收入	亿元	413.89	555.33	3.9
财政支出	亿元	325.72	454.24	7.3
城市居民消费价格总指数	%	103.6		
城市商品零售价格总指数	%	102.1		
职工工资总额	亿元	198.51		
职工平均工资	元	34243		
农民人均纯收入	元	7955	9490	87.8
城市居民人均可支配收入	元	20959	19206	72.9
城乡居民储蓄存款余额	亿元	1324.39	1495.42	5.8
城市居民人均住房使用面积	平方米	21.16		
农民人均生活用房面积	平方米	41.83		
国有工业企业利税总额	亿元	127.88		
利润总额	亿元	33.21		
固定资产原价	亿元	111.45		
固定资产净值	亿元	68.14		
全社会客运量	万人次	27761	23238	9.4
全社会货运量	万吨	37227	35772	16.8
邮电业务总量	亿元	73.39	55.62	5.7
社会消费品零售总额	亿元	956.99	1141.89	7.1
出口总额(海关数)	亿美元	26.31	41.59	1.3
实际利用外资	亿美元	10.10	14.66	4.6
接待境外人数	人次	158277		

续表

指　　标	单　位	2010 年	2011 年	2011 年占全省比重%
专业技术人员数	万人	27.18	39.63	28.2
高等学校在校学生	万人	11.88	13.17	7.9
中等专业学校在校学生	万人	5.54		
普通中学在校学生	万人	52.07	46.36	13.6
小学在校学生	万人	53.02	57.10	13.9
卫生机构数	个	1213	266	10.6
床位数	万张	3.05	3.30	11.1
卫生技术人员数	万人	3.24	3.45	9.9
其中医生	万人	1.18	1.27	9.4
主要工农业产品产量				
粮食	万吨	440.20	455.30	13.8
棉花	万吨	3.23	3.39	13.7
油料	万吨	12.11	11.45	7.9
水果	万吨	106.31		
生猪存栏	万头	293.19		
猪、牛、羊肉	万吨	46.58		
蚕茧	万吨	0.68		
水产品产量	万吨	17.04	17.50	3.7
生铁	万吨	304.92		
铝锭	万吨	10.87		
原煤	万吨	2072	2025	96.4
发电量	亿千瓦/时	399.57	453.66	12.1
合成氨	万吨	66.40		
农用化肥(折 100%)	万吨	48.05	52.73	21.6
水泥	万吨	3205.35	2580.29	19.1
纱	万吨	81.58	77.76	17.9
布	亿米	1.61	1.11	1.3
机制纸及纸板	万吨	105.54		
卷烟	万箱	60.94		
饮料酒	万吨	45.73		
合成洗涤剂	万吨	1.44		

城市(市区)居民消费价格指数(以上年价格为100)

项目	2011年
居民消费价格总指数	105.2
食品	111.5
粮食	116.4
大米	118.9
面粉	120.6
淀粉	126.2
干豆类及豆制品	106.8
油脂	112.5
肉禽及其制品	121.3
蛋	116.3
水产品	103.7
菜	99.2
调味品	111.6
盐	111.1
糖	103.9
烟草	98.9
烟酒及用品	102.7
茶及饮料	101.2
干鲜瓜果类	114.0
糕点饼干	107.0
液体乳及乳制品	111.8
在外用膳食品	111.3
衣着	106.5
服装	107.0
衣着材料	108.8
鞋袜帽	105.0
家庭设备用品及维修服务	107.0
耐用消费品	108.2
室内装饰品	109.6
床上用品	109.8
家庭日用杂品	103.2
家庭服务及加工维修服务	113.2
医疗保健和个人用品	104.9
医疗器具及用品	131.5
保健器具及用品	98.7
中药材及中成药	126.9
西药	95.8
交通和通信	99.3
交通工具	96.5

续表

项目	2011年
通信工具	88.0
娱乐教育文化用品及服务	99.6
文娱耐用消费品及服务	105.9
教材及参考书	106.5
文化娱乐用品	99.6
居住	103.6
自有住房	104.9
水、电、燃料	102.6

城市(市区)居民家庭基本情况

指标	单位	2010年	2011年
调查户数	户	300	300
平均每户家庭人口	人	2.73	2.68
平均每户就业人口数	人	1.34	1.28
平均每户就业人口负担人数	人	2.04	2.09
平均每户就业面	%	49.08	47.76
平均每人建筑面积	平方米	28.21	31.24
平均每人使用面积	平方米	21.16	23.44
人均家庭总收入	元	23316.92	26428.88
人均可支配收入	元	20958.86	23880.54
人均工薪收入	元	13242.79	15138.46
人均工资及补贴	元	12778.25	14758.46
人均其他劳动收入	元	464.54	380.29
人均经营净收入	元	1612.25	2352.59
人均财产性收入	元	562.02	630.86
人均转移性收入	元	7899.87	8306.97
人均借贷收入	元	6494.15	4400.88
提取储蓄存款	元	3879.51	3746.15
人均家庭总支出	元	21514.03	21870.35
人均消费性支出	元	13152.93	15011.94
食品	元	4495.67	5223.63
衣着	元	1426.34	1538.47
家庭设备用品及服务	元	951.32	1156.12
医疗保健	元	918.76	939.93
交通和通讯	元	2175.09	1617.72
教育文化娱乐服务	元	1498.74	2451.40
居住	元	1206.17	1359.57
人均借贷支出	元	8662.47	8812.16
存入储蓄款	元	7909.51	7818.18
购买有价证券	元		1.86

农村居民家庭基本情况

项　　目	单　位	2010 年	2011 年
调查户数	户	660	1300
平均每户常住人口	人	3.87	3.65
平均每户整、半劳动力	人	2.79	2.58
平均每个劳动力负担人口	人	1.39	1.41
平均每人全年总收入	元	10507.20	12651.31
其中纯收入	元	7955.36	9489.99
平均每人全年总支出	元	8178.71	9491.17
其中生活消费支出	元	5216.48	5973.42

城市(市区)建设基本情况

指　　标	单　位	2010 年	2011 年
市区面积	平方公里	3037.6	3037.6
其中建成区面积	平方公里	239.0	249.0
年末实用房屋建筑面积	万平方米	8463	
年末住房居住面积	万平方米	5404	
年末公共交通营运车辆	辆	1908	2685
自来水生产能力	万立方米/日	94.2	117.9
供水总量	万立方米	19957	21543
生活用水量	万立方米	8962	7963
煤气供应总量	万立方米	1662	
液化气供应总量	吨	29336	28050
用气人口数	万人	150.2	
铺装道路长度	公里	1600	1620
铺装道路面积	万平方米	2467	2604
排水管道长度	公里	1334	1362
路灯数	盏	50723	46683
园林绿地面积	公顷	12913	13900
建成区绿化覆盖率	%	41.3	41.9
公园数	个	60	70
污水排放量	万吨	18106	19286
垃圾粪便清运量	万吨	48	49.5
公共厕所数	座	592	600

农业现代化情况

指　　标	单　位	2010 年	2011 年
农业机械化情况			
机耕面积	万公顷	63.8	65.58
机播面积	万公顷	41.3	46.18
机播小麦面积	万公顷	27.5	27.90
机械开沟面积	万公顷		
机械植保面积	万公顷	62.6	65.23
机械收获面积	万公顷	50.5	55.18
农村电气化情况			
农村用电量	万千瓦时	502295	
农业化学化情况			
农用化肥施用量(折纯量)	吨	703405	
氮肥	吨	328439	
磷肥	吨	104733	
钾肥	吨	70820	
复合肥	吨	199413	
每公顷耕地施用量	公斤	1201	
农用塑料薄膜使用量	吨	12934	
农药使用量	吨	12441	
农田水利情况			
有效灌溉面积	万公顷	491.98	
旱涝保收面积	万公顷	428.00	
机电排灌面积	万公顷	427.44	
机电井数	眼	35850	
农村基础设施情况			
自来水受益村数	个	1946	
通汽车村数	个	2151	
通电话村数	个	2166	

徐州市工业企业污染治理情况

指　　标	单　位	2010 年	2011 年
汇总单位数	个	22	614
当年施工项目投资来源	万元	13171	13538
排污费补助	万元	40	
政府其他补助	万元	375	1388
企业自筹	万元	12756	12150
环境保护专项资金	万元		
贷款	万元	1980	540
其他资金	万元		

续表

指　　标	单　位	2010 年	2011 年
治理废水	万元	3907	5073
治理废气	万元	8084	6405
治理固体废物	万元	1000	
治理噪声	万元		
其他	万元	180	2060
当年安排治理项目	个	34	
治理废水	个	11	
治理废气	个	21	
治理固体废物	个	1	
治理噪声	个		
其他	个	1	
当年竣工项目	个	20	7
治理废水	个	6	2
治理废气	个	14	3
治理固体废物	个		
治理噪声	个		
其他	个		2
当年竣工项目新增设计处理利用“三废”能力			
废水	吨/日	215400	5200
废气	万标立方米/时	129	147
固体废物	吨/日		

徐州的一天

指　　标	单　位	2010 年	2011 年
全市每天创造的财富			
地区生产总量	万元	80607	97305
第一产业增加值	万元	7748	9165
第二产业增加值	万元	40847	48686
工业增加值	万元	34756	41365
建筑业增加值	万元	6091	7321
第三产业增加值	万元	32011	39454
财政总收入	万元	11339	15215
生铁	吨	8354	9250
原煤	万吨	5.68	5.55
发电量	万千瓦时	10947	12429

续表

指　　标	单　位	2010 年	2011 年
水泥	吨	87818	78098
布	万米	43.99	30.31
机制纸及纸板	吨	2892	2168
卷烟	箱	1670	1754
合成洗涤剂	吨	39	49
全市每天消费量			
社会消费品零售总额	万元	26219	31285
城市居民每人生活费支出	元	36.04	41.13
其中食品消费	元	12.32	14.31
农民每人生活费支出	元	14.29	16.36
其中食品消费	元	4.99	
每天其他经济活动			
货物运输量	万吨	101.99	98.01
旅客运输量	万人次	76.06	63.67
房屋建筑竣工面积	平方米	12400	15410
其中住宅竣工面积	平方米	10247	13538
邮寄函件	万件	12.95	13.07
每天人口变动和婚姻			
出生人数	人	596	487
死亡人数	人	218	196
结婚对数	对	279	321
离婚对数	对	30	35

（市统计局）

组织机构及负责人

中共徐州市委

书　　记　曹新平
副 书 记　张敬华　陈美行(3月免)　李荣启(9月任)
常　　委　李开文(9月止)　秦景安(5月免)　邹徐文
　　　　　陈德荣　夏文达　戚锡生　朱美华(9月止)
　　　　　张　彤(7月任)　蔡凡秀　陈志扬(9月任)
　　　　　王　昊(9月任)　张赴宁(9月任)
秘 书 长　夏文达
副秘书长　姬远达(8月免)　倪　健　张爱军(8月任)
　　　　　张学胜　王兆祥　李成之(8月任)
　　　　　郭学习(6月免)　张金虎(6月任)

徐州市人大常委会

主　　任　刘忠达

副 主 任　陈美行(1月任,6月辞职)　李开文(1月任)
　　　　　李文顺
党组成员　肖　俊(2月免)
副 主 任　佟明泰(1月辞职)　徐崇先
　　　　　郭希忠(1月辞职)　李君超　徐华成(1月任)
党组成员　赵保华(6月任)
秘 书 长　孙厚兴
专职委员　刘永泉　杜文生　孙建军　陈传志(1月辞职)
副秘书长　谷　玉　孔亚南　李从华

办公室

主　　任　谷　玉(兼)
副 主 任　庄志刚　张　健(6月任)

研究室

主　　任　张秀兰

法制工作委员会

主　　任　冯　涛
副 主 任　王　勇　胡　军(6月任)

内务司法工作委员会

主　　任　张新茹
副 主 任　于庆华

财政经济工作委员会

主　　任　张跃进

农村经济工作委员会

主　　任　李作义(8月任)
副 主 任　冯铁英(8月免)　桂整风

教育科学文化工作委员会

主　　任　施爱蓬
副 主 任　刘顺生　张　林(6月任)

民族宗教侨务工作委员会

主　　任　时康健
副 主 任　廖幸福(8月免)

环境资源城乡建设工作委员会

主　　任　孙景福(8月免)　朱志军(8月任)
副 主 任　李福群　孙文惠(6月任)

人事代表联络工作委员会

主　　任　许梅英(8月免)
副 主 任　岳　波　毕建国

机关党委

书　　记　朱　玲

徐州市人民政府

市　　长　张敬华
副 市 长　李荣启(常务,10月免)　邹徐文(常务,8月任)
　　　　　段　雄　李　坚　李连玉　漆冠山　王　昊
　　　　　顾林岗　张赴宁(10月免)　孔海燕
　　　　　周宝纯(6月任)
市长助理　陈永清
秘 书 长　周建洪
副秘书长　纪　杰(9月任)　宗　国(6月免)　王怀深
　　　　　张爱军(9月免)　谢建林　王　琦　曹东伟
　　　　　王志华　马利生　朱志杰(11月任)
　　　　　刘　宏(11月免)　李京城(3月任)　高建民
　　　　　朱明泉　方正华(11月任)　孔繁华
　　　　　孙　坤(6月免)　闫海曙(6月免)

政协徐州市委员会

主　　席　庄华平
副 主 席　吕中亚　赵彭城(1月辞职)
　　　　　李　申(1月辞职)　孙晓青　曹文泉
　　　　　张仰东　刘兆勤　孙红旗
党组成员　徐　进(4月免)
副 主 席　李　涛(1月任)　葛维琴(1月任)
秘 书 长　张德超
专职常委　张步耳　杨　军　顾银翔　潘　振　刘春平
副秘书长　李海峰　孔庆钢(10月免)　张宏仞
　　　　　王晓松　韩　可　刘奇夫(10月任)
　　　　　陈　萍(兼)　胡中山(兼)　王晓辉(兼)
　　　　　王德志(兼)　谭迎春(兼)　江　南(兼)
　　　　　毛予京(兼)

办公室

主　　任　李海峰
副 主 任　胡广亚　刘枢荣　吴传侠(8月免)
　　　　　刑月华(8月任)

研究室

主　　任　孔庆钢(8月免)
副 主 任　刘正国

提案委员会

主　　任　李敬忠
副 主 任　陈　锐(7月免)　蒋卫东(7月任)

经济科技委员会

主　　任　刘厚才
副 主 任　魏　梅

人口资源环境委员会

主　　任　陈　勇
副 主 任　邢月华(10月免)　徐文方

城乡建设委员会

主　　任　龙永康
副 主 任　何　峰

教育文化卫生体育委员会

主　　任　崔晓琴
副 主 任　解大维

社会法制委员会

主　　任　张清秀
副 主 任　叶晓明

港澳台侨(外事)委员会

主　　任　陈文娟

副 主 任　朱　强(11月免)

文史委员会

主　　任　孔　平

副 主 任　戴晴雪

学习宣传委员会

主　　任　黄　越

副 主 任　徐苏卫

机关党委

书　　记　孔庆钢(8月任)

副 书 记　海邦侠

中共徐州市纪律检查委员会

书　　记　陈美行(3月免)　陈志扬(5月任)

副 书 记　朱志军(9月止)　刘章华　赵兴友
　　　　　王宏萍(9月任)

常　　委　李新民(9月止)　朱信敏(8月免)　董瑞启
　　　　　苏为平(8月任)　刘志军(9月任)
　　　　　曹　智(9月任)　马　涛(9月任)

市委各部委办局及直属单位

市委办公室

主　　任　姬远达(8月免)　张爱军(8月任)

副 主 任　周天文　崔　锋　曹　志(6月免)
　　　　　朱晓清　张志昶

机关党委书记　周天文(6月任)

机关党委副书记　刘书珍

＊市委机要局(挂"市国家密码管理局"牌子)

局　　长　龙敦海

市委督查室

主　　任　曹　志(6月免)

副 主 任　侯广彬(3月任)

市委保密委员会办公室(市国家保密工作局)

主　任(局　长)　崔　锋

副主任(副局长)　李中杰　霍苏云

市委政策研究室

主　　任　李华生

副 主 任　顾云程

市委组织部

部　　长　戚锡生

副 部 长　张立生(7月免)　袁建芬　纪　杰(9月免)
　　　　　王立权　杜庆琦(7月任)　吴　昊(7月任)

部务委员　吴　昊(7月免)

市委非公经济工作委员会

书　　记　袁建芬

市委老干部局

局　　长　王立权(兼)

副 局 长　梁　勇　金　明　王　铭

市委宣传部

部　　长　邹徐文(8月免)　张　彤(8月任)

副 部 长　刘　明　高成富　王雪春　李成之(8月免)
　　　　　张儒昌　尹洪平(6月任)

部务委员　钟毅亭

市精神文明建设指导委员会办公室

主　　任　高成富(兼)

副 主 任　曹公平(2月免)　沈　丽

市委统一战线工作部

部　　长　朱美华(9月免)　张赴宁(9月任)

副 部 长　董正义(3月免)　李　明　张君堂(8月免)
　　　　　陈冠华(兼,3月任)　王晓燕　周徐庆(兼)
　　　　　宋宇天

部务委员　陆文伟

市社会主义学院

院　　长　王晓燕

市委政法委员会

书　　记　李开文(9月免)　夏文达(9月任)

副 书 记　陈栋梁(11月免)　吕　伟　王富强

市依法治市领导小组办公室专职副主任　赵纯玲

市社会管理综合治理委员会办公室(11月由"市社会治安综合治理委员会办公室"更名为"市社会管理综合治理委员会办公室")

主　　任　吕　伟(兼)

副 主 任　裴颜超

市委610办公室

主　　任　王　跃

副 主 任　鹿丙成(12月任)　张　骏　李　军

市委农村工作办公室(挂"市政府农村工作办公室"、"市政府矿乡关系协调办公室"牌子)

主　　任　张学胜

副 主 任　张　威(8月免)　邹允聪(8月任)
　　　　　姜　冰　徐　玲

市政府矿乡关系协调办公室主任　张　威(9月免)
　　　　　邹允聪(9月任)

市农村扶贫办公室

主　　任　张学胜

副 主 任　焦思权

市委市级机关工作委员会

书　　记　杜庆琦(6月免)　唐　健(6月任)

副 书 记　曹长立　王月英(8月免)　王成群
　　　　　汤　平　王恒森

市机构编制委员会办公室

主　　任　纪　杰(8月免)　张耀环(11月任)

副 主 任　朱东升　徐新平

市接待办公室

主　任、党委书记　郭学习(6月免)　张金虎(6月任)

党委副书记　张安永(8月任)

副 主 任　张安永　韩　冰(11月免)

市委台湾工作办公室(市政府台湾事务办公室)
主　　任　赵碧凌
副 主 任　王继东　蔡光宜
市政府台湾事务办公室副主任　李　超(兼)
市委教育工作委员会
书　　记　曹孟军
市信访局
局　长、党组书记　王兆祥
副 局 长　田传运　侍守军(8 月免)　杨晓明
　　　　　刘立纲　张　辉　王亚文
市档案局(市档案馆)
局　长(馆　长)、党组书记　张　亚
副局长(副馆长)　叶荣强　陆　江　王晓燕　赵世才
市史志办公室
主　任、党组书记　宋余东
副 主 任　王　超(6 月任)　李云翔　武玉栋
市委党校
校　长　曹新平(兼)
党委书记、常务副校长　李存煜
副 校 长　王国锋　陈继飞
教 育 长　王国锋
市行政学院
院　　长　李荣启(兼,10 月免)　邹徐文(兼,10 月任)
常务副院长　李存煜
副 院 长　李　涛(兼,3 月免)　孟铁林(兼,3 月任)
徐州报业传媒集团(徐州日报社)
党委书记、社长　刘　明
党委副书记、总编辑　王　建
党委副书记、副社长　花纯勇
副 社 长　李　靖
副总编辑　王　斌　吴天骏　郭依足

市各委办局公司及直属单位

市政府办公室
党组书记　周建洪
主　　任　张爱军(9 月免)　纪　杰(9 月任)
副 主 任　郭建平　陈　宁　范玉之
　　　　　殷召辉(兼)　吴尔松(兼)
机关党委书记　仲　瑾
机关党委副书记　孙明仲
市政府研究室
主　　任　王志华(兼)
副 主 任　王　浩　孙峻岭　吴建兴
＊市政府督查室
主　　任　于洪亮
市政府驻北京联络处
主　　任　殷召辉
副 主 任　刘海春
市政府驻南京办事处
主　　任　赵传喜(3 月免)
副 主 任　韩　冰(兼,11 月免)　魏小军(3 月任)
市政府驻上海联络处
主　　任　张江平
副 主 任　陆云坤(6 月任)　张开岭(3 月任)
市政府驻深圳办事处
副 主 任　邓　辉(主持工作)　张　森
市发展和改革委员会
主　任、党组书记　田质林
副 主 任　莫绪光　赵　军(3 月免)　史先明
　　　　　钱　钢(3 月任)　刘国彭
市经济和信息化委员会
主　任、党组书记　洪　涛
副主任、党组副书记　徐天宁　朱光亚
副 主 任　韩延苏　田晓民　陈锦龙
市中小企业局
局　长、党组书记　朱光亚
副 局 长　李志民　陈晓进　李振宇　陈　炜
　　　　　王树海　田传国(6 月任)
＊市无线电管理局
局　长、党组书记　徐　尧
市教育局
局　长、党委书记　强　国
副 局 长　曹孟军　张同礼(8 月免)　葛宝堂
　　　　　李运生　史先进(8 月任)
市政府教育督导团主任督学　曹孟军(兼)
市政府教育督导团副主任督学　杜耀东
市政府教育督导团办公室主任　姚　杰
市科学技术局(挂“市知识产权局”牌子)
局　长、党组书记　孟铁林(3 月免)　高　山(3 月任)
副 局 长　张学良　高存宝　陈听兴　张福生(兼)
市公安局
局　长、党委书记　顾林岗
副 局 长　张丰程　王　跃　徐　建　刘宏方　邢玉权
　　　　　刘丽涛　白新建
市维护稳定工作领导小组办公室
主　　任　张丰程
副 主 任　向　东
＊市公安局指挥中心
政　　委　王　立
＊市公安局刑事警察支队
支 队 长　葛徐晓
政　　委　车成严
＊市公安局经济犯罪侦察支队
支 队 长　胡居桂
政　　委　沈　平(2 月免)
＊市公安局交通巡逻警察支队
支 队 长　孙益龙

政　　委　陆庆荣
＊市公安局治安警察支队
支 队 长　张　伟
政　　委　杜永新
＊市公安局水上警察支队
支 队 长　丁维民(11月免)
政　　委　姚正万
＊市公安局国内安全保卫支队
支 队 长　徐铁民
政　　委　黄　彭
＊市人民警察培训学校
校　　长　孟建国
政　　委　崔明浪(8月免)
＊市公安局矿业分局
局　　长　王湘琴(9月免)
政　　委　郝湛奇
＊市公安局大屯分局
局　　长　邓爱国
政　　委　袁春民
市监察局
局　　长　刘章华
副 局 长　李新民(11月免)　朱信敏(9月免)
市民政局(挂“市拥军优属拥政爱民工作领导小组办公室”牌子)
局　长、党委书记　周　凡
副局长、党委副书记　王广建
副局长　齐　飞　王家怀　王立峰　王建军(3月任)
市司法局
局　长、党组书记　王铁兵
党组副书记　李敬峰(8月任)
副 局 长　李敬峰(9月任)　曹柱生　薛玉光　张敬晖
市财政局
局　长、党组书记　葛维琴(3月免)　韩冬梅(3月任)
副局长　李京城(3月免)　盛廷建　陈元民　姚宾礼
市人力资源和社会保障局
局　长、党组书记　李　涛(3月免)　孟铁林(3月任)
副局长、党组副书记　刘洪涛
党组副书记　孙敬卫(8月免)
副局长、党组副书记　赵忠德
副 局 长　朱云翔　戴新颖　米　来　纪建武　李冬梅
＊市公务员局
局　　长　李冬梅
＊市企业军转干部解困办公室
主　　任　孙敬卫(9月免)
＊市外国专家局(挂“市引进国外智力工作办公室”牌子)
局　　长　闫　岩
市规划局
局　　长　李靖华
党组书记　王怀深
副 局 长　周宣东　张可远　刘　平　陈开武
市城乡建设局
局　长、党组书记　张　军
副 局 长　朱　步　苑玉彬　牟振亭　刘浩鹰　陈　刚
　　　　　卜胜军(兼)　黄　忠(6月任)
＊市政府投资项目代建中心
主　　任　苑玉彬
市市政园林局
局　长、党委书记　李云岘
党委副书记　吴继平
副 局 长　彭家亮(9月免)　杨学民　王玉松(3月免)
　　　　　贾光辉　邓展新　李　勇
市云龙湖风景区管理处
处　　长　吴继平(兼)
市城市管理局(挂“市城市管理行政执法局”牌子)
局　　长　刘广民(8月免)　曹东伟(8月任)
党组书记　刘广民(7月免)　曹东伟(7月任)
副局长、党组副书记　房　允　胡建国
副 局 长　李　军　徐　品　张银河　曲永新
　　　　　李　园(3月任)　张　伟(3月任)
市住房保障和房产管理局
局　长、党委书记　王敦萃
党委副书记　刘学明
副 局 长　樊　建　季敬义　王晓辉　齐新春
市交通运输局(挂“市港口管理局”牌子)
局　长、党委书记　谢广居
副局长、党委副书记　付立华　蔡前锋(兼)
副 局 长　张道远　曹　虹　邱述银　王志怀
市交通战备办公室
主　　任　谢广居
市水利局(挂“市水务局”牌子)
局　长、党委书记　冯正刚
副局长、党委副书记　卜凡敬(6月任)
党委副书记　吴修勤
副 局 长　卜胜军　刘　民　杨　勇(6月免)
　　　　　张元岭
市国家南水北调工程建设领导小组办公室
主　　任　冯正刚
副 主 任　杨　勇(6月免)　卜凡敬(6月任)　汤玖玲
市农业委员会(挂“市林业局”牌子)
主　任、党组书记　陈建领
党组副书记　李作义(8月免)　恽芝健
　　　　　　邹允聪(8月免)　张　威(8月任)
副 主 任　邹允聪(9月免)　王　锋　梁雄柱　董全才
　　　　　陆永安　张　慈　徐　冬　周　伟　董亚冰
市农机管理局
局　　长　李作义(9月免)　张　威(9月任)
党组书记　李作义(8月免)　张　威(8月任)
副 局 长　张雄明　李　政　张福智

市农业资源开发局
局　长、党组书记　恽芝健
副局长　刘存山　胥占义　曹瑞光(12月任)
市商务局
局　长、党委副书记　臧晓鹏
党委书记　闫　军(6月任)
副局长、党委副书记　李　剑　董绪超
副 局 长　雒永信　陈　伟　信绍祖　刘秀梅　周李明
　　　　　李新宇　李少华
市文化广电新闻出版局(挂"市版权局"、"市文物局"牌子)
局　长、党委书记　单兴强
副局长、党委副书记　汪诚谊　张仰枢
副 局 长　张海波　乔景山(2月免)　张　柯　朱世平
　　　　　韩如海　韩　峰　艾新建(6月任)
市卫生局
局　　长　吴　宪
党委书记　王文学(8月免)　吴　宪(11月任)
党委副书记　吴　宪(11月止)
副 局 长　俞　军　张悦忠　苗　斌　胡传峰
市食品药品监督管理局
局　　长　柏海滨(8月免)　朱信敏(8月任)
党组书记　柏海滨
党组副书记　朱信敏(8月任)　王朝建(8月免)
副 局 长　张茂强　陈建民　卜　军　孟昭林(9月任)
市人口和计划生育委员会
主　　任　张延刚(3月免)　刘汉英(3月任)
党组书记　张延刚
党组副书记　刘汉英(3月任)
副 主 任　张卫东　何　峰　常　霞　李　明(9月任)
市审计局
局　长、党组书记　董明灿
副 局 长　卢海良　冯志强　马绪明　屈　哲
市环境保护局
局　长、党组书记　徐善春
副局长、党组副书记　张宗耀
副局长　赵本国　杨　昇　孙　菱　王　斌
市体育局
局　长、党委书记　李跃华
副局长　陈　钢　李　军(9月免)
　　　　林艳辉　赵　渝(12月任)
市统计局
局　长、党组书记　蔡成缓(3月免)　赵　军(3月任)
副局长　闫　亮　王　炎　任书香(3月任)
＊市普查调查中心
主　　任　顾宗明
市物价局
局　　长　陈东明(11月免)　刘　宏(11月任)
党组书记　陈东明
党组副书记　刘　宏(11月任)
副 局 长　方正华(11月免)　王蔚东　冯铁英(9月任)
＊市物价局检查分局
局　　长　孙光明(9月免)
市粮食局
局　长、党委书记　翟彩霞
党委副书记　张　强(8月任)　吴德法(9月任)
副 局 长　张　强　吴德法(9月任)　周继明(9月免)
　　　　　朱先龙　王海永
市民族宗教事务局
局　长、党组书记　董正义(3月免)　陈冠华(3月任)
党组副书记　黄修建(3月任)
副 局 长　黄修建　程绍传
市政府外事办公室(挂"市政府港澳事务办公室"牌子)
主　任、党组书记　龚维芳(6月免)
　　　　　　　　　王连运(11月任)
副主任、党组副书记　王连运(11月止)
副 主 任　孙卫民　薛晓炎　贺速建(兼)
市政府港澳事务办公室主任　龚维芳(6月免)
市政府港澳事务办公室副主任　孙卫民
市政府法制办公室
主　任、党组书记　刘红梅
副 主 任　高正文
市政府侨务办公室
主　任、党组书记　李　明
副 主 任　朱绍锋　戴聪颖
市人民防空办公室(挂"市民防局"牌子)
主　任(局　长)、党委书记　张耀环(11月免)
　　　　　　　　　　　　　袁　松(11月任)
党委副书记　魏恒平(8月免)
副主任(副局长)　刘　苏　袁　强　顾　勇(6月任)
市安全生产监督管理局
局　　长　潘　振(1月免)　张继闯(1月任)
党组书记　张继闯
副 局 长　陆祥正　刘　源(2月免)　殷少祥
　　　　　王庭珊　徐新勤(1月任)
市旅游局
局　　长　李　燕
党组书记　史孝国(1月免)　颜廷峰(1月任)
副 局 长　董玉舫　侯玉忠　李忠良
市市级机关事务管理局
局　长、党组书记　胡世明
副局长　孟庆元　倪　平(6月任)
　　　　刘守忠　吴登赋(1月任)
市政府国有资产监督管理委员会
主　任、党委书记　刘新川
副主任、党委副书记　魏恭银　孙惠风
副 主 任　李修明　孙　岩　肖庆红　王大勇
市政府行政服务中心
主　任、党组书记　闫海曙

副 主 任　谭红玲　张　进　张元成(9月任)
孙兆民(1月任)

市地震局

局　长、党组书记　王庆生
副局长　张新生　祁玉岭

市供销合作总社

理事会主任、党委书记　宁兆坤
理事会副主任　王善飞　蒋凯南　程乐民

徐州经济技术开发区

党工委书记　秦景安(6月免)　张赴宁(7月任)
管委会主任　秦景安(6月免)　丁维和(7月任)
党工委副书记　丁维和(5月任)　仇玲柱
管委会副主任　丁维和(6月任,7月止)　仇玲柱　陈　明
朱明勇　梁书丰　马彦忱(挂职,3月免)
王黎明　陈堂清　张　颖
柳如钰(6月任)

市新城区

党工委书记　孙　坤
管委会主任　邱　颖
党工委副书记　邱　颖　袁　松(11月免)
管委会副主任　房润鑫(兼)　夏　季

市城北开发区管委会

副主任、党委副书记　姚吉松(6月任)

民主党派　工商联

中国国民党革命委员会徐州市委员会(12月民革徐州市第十一次代表大会换届选举)

主任委员　赵彭城(12月止)　陈　萍(12月任)
副主任委员　陈　萍(12月止)　曹瑞光
于玉莽　杨宝凤　唐　翔(12月任)

中国民主同盟徐州市委员会(12月民盟徐州市第十三次代表大会换届选举)

主任委员　李　申(12月止)　李靖华(12月任)
副主任委员　张秀华(12月止)　胡中山　缪协兴
薛加强　李海琳(12月任)
潘沈元(12月任)

中国民主建国会徐州市委员会(12月民建徐州市第十二次代表大会换届选举)

主任委员　李君超
副主任委员　林青时(12月止)　郝敬良
赵　英　吴旭东(12月任)
康建荣(12月任)

中国民主促进会徐州市委员会(12月民进徐州市第六次代表大会换届选举)

主任委员　孙红旗
副主任委员　党振涛(12月止)　刘瑞华(12月止)
林柏泉　王德志(12月任)
葛宝堂(12月任)　仇方道(12月任)

中国农工民主党徐州市委员会(12月农工党徐州市第十一次代表大会换届选举)

主任委员　孙晓青
副主任委员　鄂云翔　金云女　王　健(12月止)
潘苏斌(12月任)

中国致公党徐州市委员会(10月致公党徐州市第一次代表大会选举)

主任委员　汪云甲(10月任)
副主任委员　吴　青(10月任)　张连蓬(10月任)

九三学社徐州市委员会(12月九三学社徐州市第七次代表大会换届选举)

主任委员　段　雄(12月止)　隋旺华(12月任)
副主任委员　隋旺华(12月止)　周廷振　黄　杰
江　南　孔庆兖(12月止)
赵　强(12月任)

徐州市工商业联合会(挂“市总商会”牌子)

主　　席　顾玉华
党组书记　周徐庆
副 主 席　周徐庆　刘红军　毛予京　张友峰(兼职)
胡大贵(兼职)　夏一忠(兼职)　胡传业(兼职)
孙继忠(兼职)　杨占勇(兼职)　袁美群(兼职)
王玉明(兼职)　孙彭生(兼职)　安继文(兼职)
沈　晔(兼职)　王思启(兼职)　张法顺(兼职)
王爱钦(兼职)　薛东升(兼职)　朱建军(兼职)

群众团体　社会团体

市总工会

主　　席　徐崇先
党组书记　陈新生
副 主 席　叶江宁　张茂军　刘　玥　刘洪印

＊市教育工会委员会

主　　席　王建民

共青团徐州市委员会

书　记、党组书记　王成长(6月免)　张　克(8月任)
副 书 记　张子仪　苗　琳　陈　婕

市妇女联合会

主　席、党组书记　李玉娟
副 主 席　高　红(8月免)　张　俭　吴　颖

市哲学社会科学联合会

主　席、党组副书记　刘宗尧
党组书记　李成之(兼,8月免)
副主席、党组副书记　刘　祎
副 主 席　王宝钢　王彤药

市文学艺术界联合会

主　席、党组书记　王雪春
副 主 席　王　勇　吴继永　王冰石(兼职)
吴　敢(兼职)　姜　舟(兼职)
徐荣街(兼职)　马奉信(兼职)

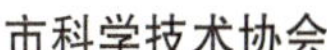

市科学技术协会
主　席、党组书记　张孝义
副 主 席　王晓斌　王小方　刘炯天(兼职)
　　陈荣振(兼职)　袁必佳(兼职)
　　蒋明伟(兼职)　田晓民(兼职)
　　孙彭生(兼职)

市归国华侨联合会
党组书记　张君堂(8月免)
主　　席　吴永平(兼职)
副 主 席　刘　一　吴天骏(兼职)
　　王爱钦(兼职)　李向农(兼职)

市残疾人联合会
名誉主席　戚锡生　李为健　高之均
主　　席　孔海燕(兼职)
副 主 席　刘　宏(兼职)　周发启(常务)　王广建(兼职)
　　俞　军(兼职)　李玉兰(兼职)　王洪云(兼职)
　　李玉良(兼职)　赵骏庆(兼职)　刘新安(兼职)
　　付前进(兼职)　王清华(兼职)
理事长、党组书记　周发启
副理事长　孙仁智　陈正东

＊市红十字会
名誉会长　曹新平
会　　长　段　雄(兼职)
党组书记　张　飓
副 会 长　张　飓(专职)　侯秀田(专职,10月免)
　　尹宝梅(专职)　王志华(兼职)
　　纪　杰(兼职)　高成富(兼职)
　　王月英(兼职)　王晓燕(兼职)
　　李玉兰(兼职)　葛宝堂(兼职)
　　苗　斌(兼职)　王广建(兼职)
　　王德臣(兼职)　苗　琳(兼职)
　　周徐庆(兼职)

法　院　检察院

市中级人民法院
院　长、党组书记　李后龙
副院长、党组副书记　孙　欣
副院长　曹建平(10月免)　吴　沛　乔英武
　　蔡可勇　王　涛
审判委员会专职委员　李德彬　张向东　刘静荣

＊市中级人民法院执行局
局　　长　黄学武

市人民检察院
检察长、党组书记　徐华成(1月免)　杨其江(1月任)
党组副书记　李　明　张　卫(8月免)
副检察长　李　明　张　卫(10月免)　刘咨康
　　孙光永　祁树良
检察委员会专职委员　潘　力(10月免)　张金辉

＊市人民检察院反贪污贿赂局
局　　长　孙光永

＊市人民检察院反渎职侵权局
局　　长　祁树良

徐州军分区　武警部队

徐州军分区
司 令 员　高峻
政治委员　蔡凡秀(10免)　张晓波(10月任)

武警徐州市支队
支 队 长　潘春银(3月免)　王东(3月任)
政治委员　巴昆仑
第一政治委员　顾林岗(副市长、市公安局长兼)
副支队长　窦海滨　于东鑫(3月免)
　　刘振良(3月任)　徐西城(3月任)
副政治委员　柴　宏
参 谋 长　戴红军(3月免)　于东鑫(3月任)
政治处主任　马　俊
后勤处处长　耿海波

武警徐州市消防支队
支 队 长　蔡忠兵
政治委员　李文波
副支队长　董加文　闫长坤
副政治委员　张咏梅
参 谋 长　李伟俊
政治处主任　王　峰
后勤处处长　杨建华
防火处处长　冯茂学

省部属单位

徐州市国土资源局
局　长、党组书记　田忠恩(9月免)　李　钢(9月任)
党组副书记　梅成仓(1月免)
副 局 长　郝敬良　华福年　李　钢(9月止)
　　赵洪源　贾兴民　陈建华

徐州市国家税务局
局　长、党组书记　刘晓东
副 局 长　徐展境　高云增　刘　伟

徐州市地方税务局
局　长、党组书记　孙长举
副 局 长　杨列申　李　强　秦永然　姬蔚云

徐州工商行政管理局
局　长、党组书记　居苏生
副 局 长　吉　镇　徐永星　杜　庆　孟祥坤

徐州质量技术监督局
局　长、党组书记　郄凌武
副局长、党组副书记　曾文华(4月免)

副 局 长　姚加玉　贺中华(4月任)　徐宪临(4月免)
　　　　　陈洪华　李　健

徐州国家安全局

(略)

国家统计局徐州调查队

党组书记　蔡成缓(8月免)　蔡　健(8月任)
队　　长　蔡　健
党组副书记　蔡　健(8月止)
副 队 长　吕　丽

＊省统计局徐州调查局

局　　长　汪家领

徐州出入境检验检疫局

局　长、党组书记　鞠德群
副 局 长　吴亚力　马彦忱

市管企事业单位

江苏天宝电子集团有限公司

董事长、总经理　李　昕
党委副书记　李　昕

市农业干部中等专业学校

校　长、党委副书记　陈　丹
副校长　杨大勋(7月免)　杨　政

徐州生物工程高等职业学校

党委书记、校　长　蒋留生
副 校 长　秦越华　刘明生

徐州财经高等职业技术学校(2011.8移交省财政厅管理)

校　长、党委副书记　曹华祝
党委副书记　单淑娟
副 校 长　刘景忠　张广银

淮海战役烈士纪念塔管理局

局　　长　许洪冰(1月免)　史孝国(1月任)
副 局 长　陈兴洲　魏跃进　王洪波

徐州科技城股份有限公司

市老龄工作委员会办公室

主　　任　周宏益

徐州鹰球皮革集团公司

党委书记、总经理　陶庆华
副总经理　杨昌渠　朱　伟

徐州华润电力有限公司

党委书记、总经理　王亚平(11月免)　王　毅(11月任)
党委副书记、纪委书记　张建国
副总经理　张建国　刘　文(2010.9月任)
　　　　　陈为贤(9月任)

淮海中联水泥有限公司

党委书记、董事长　刘　彬
总 经 理　刘　彬(2010.2免)　徐祥贵(2010.2月任)
党委副书记、纪委书记　牟显平(2011.3月任)
副总经理　郭　耀　尹群豪(2009.5任)
　　　　　陈业云(2010.2月任)　王志学(2010.2月任)
　　　　　权　森(2010.2免)　刘尊科(2010.2免)
　　　　　吴自德(2010.2免)　丁颂亚(2010.2免)
　　　　　毕可良(2010.2免)　工会主席　王　峰(3月任)
　　　　　财务总监　康　森(7月免)　任志伟(7月任)

江苏巨龙水泥集团有限公司

党委书记、总经理　郭　耀
副总经理　孙永贵(2009.5月任)

淮海经济区经济开发联合会联络处

主　　任　郭建平(7月任)
副 主 任　张超亮　刘　波

市国有资产投资经营集团有限公司

董事长、党委书记　李修明
总经理、党委副书记、副董事长　李晓东(3月任)
副总经理、董事　刘安宁(3月任)　屈　炎(3月任)
　　　　　　　　马　英(3月任)　姜　岩(3月任)
　　　　　　　　吴　昊(3月任)
纪委书记、工会主席　赵　军(3月任)

市工程咨询中心

副 主 任　钱　宏

＊徐州特种饲料公司

总经理、党委书记　梁　栋

＊中国江苏国际经济技术合作公司徐州分公司

中国国际贸易促进委员会徐州市支会(中国国际商会徐州商会)

会　　长　李　剑
副 会 长　卫　国　赵庆卫

市农业科学院

院　　长　陈　萍
党委书记　刘　刚
副 院 长　陈荣振
党委委员、副院长　张启全(7月免)　李要进(7月任)
　　　　　　　　　刘　超(7月任)　马代夫(7月任)
　　　　　　　　　李再祥(7月任)　李　强(7月任)

市汽车运输有限公司

党委书记　丁承涛

徐州工程机械集团有限公司、徐工集团工程机械有限公司

党委书记、董事长　王　民
党委副书记、副总经理　李锁云
党委副书记、纪委书记　李　格
副总经理　杨　勇　韩　冰(11月任)
工会主席　张守航

徐工集团工程机械股份有限公司

党委书记、董事长、总裁　王民
党委副书记、董事　李锁云
党委副书记、纪委书记、监事会主席　李格
副 总 裁　施克元　王岩松　吴江龙
　　　　　孙建忠　杨东升　陆　川
董　事　孙建忠

工会主席　张守航

市住房公积金管理中心

主　　任　朱志杰

副主任　解海萍　刘运升　庄宁

市化工资产经营公司

经　理、党委副书记　王　健

副经理　石金陵(7月免)　杨先俊

市轻工资产经营公司

党委书记　公俊美(7月免)

经　理、党委副书记　杨福安(7月免)

副经理　刘恒印(7月免)　王建军(7月免)
　　蒋　磊　徐善军

市机电建材资产经营公司

党委书记　杨素贞(7月免)

党委副书记　左　砚

副经理　左　砚　张宗汉(7月免)

市建筑资产经营公司

党委书记、经理　吴玉亮

副经理　李传银(7月免)

徐州纺织控股(集团)有限责任公司

党委书记、董事长　王学军

总经理、副董事长　岳明

党委副书记　岳　明　胡绍述(7月免)

副总经理　胡绍述(7月免)　李继贡　雷　力

徐州铁矿(集团)有限公司

董事长、党委书记　顾士亮

总经理　宋福昌

党委副书记　宋福昌　邱瑞勤

副董事长　邱瑞勤

副总经理　陈成启(3月免)　张儒生(11月免)
　　肖益芳(3月任)

总会计师　王志强(3月任)

市观音机场总公司(市观音机场有限公司 2010.04)

党委书记、董事长　张卫东(2010.04)

副总经理　李华生(3月免)

董　事　王　健(3月任)　牛春光(3月任)

江苏徐州物资(集团)总公司

董事长、党委书记　张建华(3月任)

总经理　张建华(3月免)　苑玉彬(3月任)

党委副书记　苑玉彬(3月任)

副总经理　崔保中(7月免)　王善龙(3月任)
　　郭　军(3月任)

省部属及企业单位

徐州矿务集团有限公司

党委书记、董事长　皇新海

总经理、党委副书记　吴志刚

党委副书记　李正军

副总经理　李正军　骆　新　蔡冬林(4月免)
　　朱亚平　王继承　姜　晖　孙　海

大屯煤电(集团)有限责任公司

董事长、总经理、党委副书记　高建军

党委书记、副董事长　义宝厚

党委副书记、纪委书记、监事会主席　李占福

副总经理　许大雄　姜　华(3月任)　张毅勤
　　吴继忠　梁　云　纪四平(3月免)
　　金晨钟(3月免)　丁仁刚(3月任)

总会计师　许之前

安监局长　姜　华(3月免)

中煤第五建设公司

总经理　李新宝

党委书记　李　建(1月任)

党委副书记　李　建(1月免)　蒋　韬

副总经理　李　建　杨继会(3月免)　孔庆海(1月免)
　　顾培中　杨　杰(1月任)

安监局长　杜　勇(1月免)　刘传申(1月任)

中国煤炭地质总局普查队

队　长　宋　斌

党委书记　周　峰

党委副书记　宋　斌　刘玉玲

副队长　周　峰　邓晓云(12月免)

江苏省地矿局第五地质大队

大队长　黄夕川

党委书记　王传奎

纪委书记　乔祥云

副大队长　李乐功　王善丰　袁盘洪
　　宗德林　王　宏(月任)

华东有色地质勘探局806队

队　长　桂长杰

党委副书记　赵光福

副队长　龚德奎

经　理　严步明

队长助理　陈宇

中华人民共和国徐州海关

关　长　姚　兴

副关长、缉私分局局长　李同元

副关长　张　胜(6月免)　赵亚平　刘希安(6月任)

中国石油化工股份有限公司江苏徐州石油分公司

经　理　徐　光

党委书记、纪委书记、工会主席　江力平(12月免)
　　赵亚明(12月任)

副经理　赵亚明(12月任)　王守军
　　韩苏平(12月任)　徐清武(12月任)

中化地质矿山总局江苏地质勘查院

党委书记　李　奇

院　长　计占明

副院长　刘振红　杨善坪

总工程师　刘振红
纪委书记、工会主席　李　敏

江苏省徐州监狱

监狱长、党委书记　戴国牛(2月免)　罗　杰(2月任)
政委、党委副书记　毛成发
纪委书记　郁文成
党委委员、徐锻集团总经理　康　磊
副监狱长　罗　林　杨银增　徐　建　潘道田　张滨滨
副政委　杭根寿
党委委员、徐锻集团副总经理　孔凡义

江苏省彭城监狱

监狱长、党委书记　宋永进
政委、党委副书记　钱夕林
副监狱长　汤成之　刘兴福　唐学兵　万忠余　盛早才
副政委　王　毅
纪委书记
党委委员、总经理　石　栋

江苏省徐州农垦事业管理办公室

主　任　潘跃民

水利部淮委沂沭泗水利管理局

局　长、党组书记　郑大鹏
副局长　吴待有　杨运高　阙善光　周虹郑
　　郑胡根(6月任)　郑运高(6月任)
总工程师　郑胡根

中国人民银行徐州市中心支行

行　长、党委书记　薛　星
副行长　周　航(7月任)　曹东海　庄　庆
　　唐志新　刘圣庆
党委成员、纪委书记　华明远

中国工商银行股份有限公司徐州分行

行　长　耿立波
副行长　王　刚　王晓光　李　健　李治清
　　杨　震　王荣成(8月免)
行长助理　丁正彬(8月任)

中国建设银行股份有限公司徐州分行

行　长、党委书记　徐桂林(6月任)
副行长　肖作华(6月主持工作)　朱志勇
　　张　健(4月任)
党委委员、纪委书记　余　秀
风险主管　柳永昌

中国农业银行徐州市分行

行　长、党委书记　王苏民(12月免)　李厚网(12月任)
党委副书记　杨建平(7月免)　狄晓东(7月任)
副行长　杨建平(7月免)　张建飞　刘永良(5月免)
　　查成伟(7月免)　桂香玉(7月任)
党委委员、纪委书记　陆佰圣
行长助理　桂香玉(7月免)

中国银行股份有限公司徐州分行

行　长、党委书记　袁彩平
党委副书记　朱百放
副行长　程建明　丁雪梅　魏　铨
　　陈耐喜(5月任)　单长友(5月任)

交通银行徐州分行

行　长　郭　健(6月任)
副行长(主持工作)　郭　健(6月免)
副行长　袁　梅　孟　磊　汪明战　汤　浩(6月任)

中国农业发展银行徐州市分行

行　长、党委书记　钱德辉(6月免)　丁　红(8月任)
副行长　袁　峰(11月免)　姜加强　奕小安(1月任)

江苏银行徐州分行

行　长、党委书记　胡　涛
副行长　时　明　李秀松　蒋学众　成　功
总稽核　王建伟
纪委书记　曹培军

中国邮政储蓄银行徐州分行

行　长、党委书记　李继宏
副行长、纪委书记　李　刚
行长助理　陈爱军

中国人民财产保险股份有限公司徐州市分公司

党委书记、总经理　朱徐阳
副总经理　王承义　张　锋　张　斌(9月任)
总经理助理　张　斌(9月免)　韩春芬(9月任)

中国人寿保险股份有限公司徐州市分公司

总经理　冉正源(7月免)　任凯军(7月任)
副总经理　龚培圣　孙　刚(5月免)
　　任凯军(7月免)　罗国建

中国太平洋财产保险股份有限公司徐州中心支公司

总经理、党委书记　刘忠贺
副总经理　陈士钧　李晓飞　孟　勇

徐州邮政局

局　长、党委书记　戴宪法
副局长　马反修　刘永红(11月免)　张运胜(11月任)

中国电信股份有限公司徐州分公司

总经理、党委书记　吴　强
副总经理　马凯旋　张洪贞　马鹏程　孙　强　孟　璟

中国联合网络通信有限公司徐州分公司

总经理、党委书记　周　刚(2010.12月任)
党委书记　陈舟力(2010.12月免)
副总经理　闫　波　周中超　孔庆茹(1月免)　吴延泉

江苏移动通信有限责任公司徐州分公司

总经理、党委书记　王峰
副总经理　戴海兵(9月免)　刘芝扬(9月免)
　　甘　俊(9月免)　周立宇(9月任)
　　沈　岩(9月任)
工会主席、总经理助理　沈　岩(9月免)
总经理助理　何洪伟

徐州供电公司

总经理、党委副书记　沈　华

党委书记　王家法
副总经理　王家法　白元强　杭　琳(4月免)
　　　　　左　勇　徐开志　车　兵
纪委书记　朱炳祥(4月免)　庄大伟(4月任)
工会主席　庄大伟
总工程师　张　伟(2月任)
总会计师　邹磊平(4月任)

徐州市气象局
局　长、党组书记　张永强
副局长　王世枢

江苏苏盐连锁有限公司徐州分公司(盐业专卖局)
总经理(局长)　穆家良
党委书记　穆家良(3月免)　彭亦光(3月任)
副总经理(副局长)　彭亦光(3月免)　孙学新(3月任)
纪委书记、工会主席　孙寿军

徐州市烟草专卖局(公司)
局　长、经理、党组书记　廉　文
副经理　窦月泉　成新生

徐州卷烟厂
厂　长、党委书记　宣晓泉
党委副书记　王洪雷(10月免)
副厂长　强　青　边　姜　梁瑞海(12月免)　黄旭峰
纪委书记　曹朔平(2月任)

铁道部上海铁路局徐州铁路办事处
主　任、党工委书记　奚砚春
副主任　顾　辉

中国石化集团管道储运公司
党委书记　田以民
党委副书记
储运分公司总经理　钱建华
副总经理　杨庆华　高安东
储运公司总经理　高河东
副总经理　张惠民

中国石油天然气管道第二工程分公司
总经理　周广和
党委书记　张继凯
党委副书记、副总经理
党委副书记、纪委书记、工会主席　仇晓光
副总经理　宋天学　朱怀德　李松柏
　　　　　崔相国(9月免)　王　庆
安全总监　张英奎

中央储备粮徐州直属库
党委书记、主任　孙肖东(12月免)　潘玉军(12月任)
副主任　沈克锋　史明法　李少民

高等院校

中国矿业大学
党委书记　邹放鸣
校　长　葛世荣
党委副书记　张爱淑　曹德欣
副校长　赵跃民　宋学锋　王建平　缪协兴
　　　　刘炯天　秦　勇
党委常委、校长助理　王铁群
校长助理、校工会主席　刘圣汉

徐州师范大学
党委书记　徐放鸣
校　长　任　平
党委副书记　王　超
副校长　杨亦鸣　王　超　何保全　刘祖汉　周汝光
　　　　郑元林　方　忠

徐州医学院
党委书记　陈贵州
院　长　吴永平
党委副书记　吴永平　高嘉玺
副院长　赵世鸿　郑葵阳　印晓星　徐开林

徐州建筑职业技术学院
党委书记　王旭善(5月免)　袁洪志(5月任)
院　长　袁洪志(5月免)吴光林(5月任)
党委副书记、纪委书记　吴光林
副院长　季　翔　任留钦　张登宏　沈士德(8月任)

徐州工程学院
党委书记　花长友
院　长　韩宝平
党委副书记　刘延庆　沈　超
副院长　沈　超　宋农村　张仲谋　陶柏芳
纪委书记　王英伟

江苏省徐州技师学院
党委书记　王延荣
院　长　朱其训(9月免)
副院长　江　浩　吴　彬　唐自强

市广播电视大学
党委书记、校　长　刘　涛
党委副书记　韩超英
副校长　黄学勇(7月免)　陈玉金(7月任)

(市委组织部)

大事记

1月

4日 省农委公布2010年江苏名牌农产品,徐州市新增3个,即丰县的"山河情"牌木耳,沛县的"龙飞地"牌肉鸭,睢宁县的"御翠"牌黄瓜、辣椒、番茄、茄子。截至目前,徐州市已有国家级名牌农产品1个、省级名牌农产品23个、市级名牌农产品25个。

5日 徐州市云龙区行政中心迁入新址,新行政中心位于和平大道66号。

6日 全市经济工作会议召开。会议要求2011年全市经济工作以推动跨越发展、建设美好徐州为主题,以加快转变经济发展方式为主线,着力推进"三重一大",着力深化改革开放,着力提高自主创新能力,着力保障和改善民生,加快推进经济转型、城市转型、生态转型和社会转型,全面振兴徐州老工业基地,在苏北率先基本建成全面小康社会。

7日 徐州经济金融发展座谈会在南京举行。省政府副秘书长、省政府金融办主任汪泉,市领导曹新平、张敬华、李荣启等出席。

△市委书记曹新平、市长张敬华率徐州慰问团走访慰问江苏省军区官兵。

8日 由徐州市慈善总会、大公报(香港)有限公司主办的中国·徐州两岸四地慈善文化论坛在徐州举行。来自港澳台及内地的嘉宾围绕慈善文化特征与内涵,交流慈善运作模式与成功经验。

△由市委、市政府主办,市慈善总会、市民政局、广播电视台共同承办的"爱满彭城"徐州市第四届慈善晚会在新城区会议中心礼堂举行。徐州广播电视台,徐州工程机械集团有限公司等24家单位获最具爱心慈善捐赠企业和单位奖,滕道春、孙健铭等18人获最具爱心慈善捐赠个人奖,徐州市慈善总会的爱心助孤项目、徐州广播电视台"救助孤儿"大型媒体新闻慈善行动等10个项目获最具影响力慈善项目,郑复生、罗伯特·阿伦塞里等10人获最具爱心慈善行为楷模奖。整台晚会共募得善款2817.29万元。

13日 由新华社发起的"中国网事·感动2010"年度网络人物评选在京揭晓,邳州市铁富镇于化玲成为10位当选者之一。

14日 2010年度国家科学技术奖励大会在北京举行,中国矿业大学5项科研成果获国家科技进步二等奖。这5项科研成果是:特厚煤层安全开采关键装备及自动化技术、大型露天煤矿开采新技术与应用研究、大型矿山提升装备关键技术及应用、时空数据挖掘关键技术与应用、煤矿千米深部岩巷稳定控制关键技术及应用。

△国家体育总局对2010年度取

得优异成绩的运动员和教练员进行表彰，徐州籍运动员秦晓庆（女，摔跤）、许昕（乒乓球）、黄磊（散打）、朱扬涛（散打）、许家恒（散打）和徐州籍乒乓球教练阎森等6人荣获2010年体育运动荣誉奖章。

△省委农村工作领导小组授予200个村“江苏省社会主义新农村建设先进村”称号，徐州市16个村获此殊荣。分别是：丰县凤城镇南关村、范楼镇齐阁村，沛县栖山镇胡楼村、张庄镇夹河村，睢宁县沙集镇东风村、官山镇汤集村，邳州市官湖镇新华村、赵墩镇义合村、港上镇前湖村，新沂市草桥镇古墩村、马陵山镇王庄村，铜山区三堡镇潘楼村、柳新镇新桥村、铜山镇驿城村，贾汪区大吴镇湖里村、贾汪镇大李庄村。

17日 徐州市十四届人大常委会第二十三次会议审议并通过徐州市人民政府提请的议案，决定授予白瑞克、罗伯特·阿伦·塞里、斯科特·克努比3位外国友人“徐州市荣誉市民”称号。自1994年起，徐州市已授予6个批次、14人“徐州市荣誉市民”称号。其中，来自奥地利2人、日本3人、澳大利亚3人、美国4人、巴西1人、德国1人。

△淮海路在2010年省住房城乡建设厅创建“江苏省市容管理示范路”考核评比中排名第一，被授予省市容管理示范路，这是徐州市首次获此殊荣。

18日 徐州经济技术开发区艾德太阳能2GW二期电池片、中润光能晶体硅片及电池片、光环传动轴和大口径石油焊管、浩利炜重卡汽车城等10个重点项目集中开工。项目总投资54亿元，其中外资项目6个，总投资4.72亿美元。

19日 全市粮食工作会议召开。2010年全市国有粮食购销企业累计收购粮食234.79万吨，占全社会收购总量的64.2%；销售232.76万吨，占全社会销售总量的81.8%。徐州市还是全省唯一短期启动小麦托市收购政策的市，托市收购小麦50.6万吨，居全省第一。

20日 省委书记罗志军到徐看望城乡困难群众、优抚对象和劳动模范，走访慰问驻徐部队官兵，并在睢宁县就开展县委权力公开透明运行试点工作进行调研座谈。

△徐州市重大项目之一——徐州力宝城商业广场试营业，世界500强企业印尼力宝集团正式入驻徐州天成国际。力宝城商业广场由力宝集团与徐州重点民营企业天成集团联手打造，投资12亿元，营业面积12.6万平方米，是目前淮海经济区体量最大的综合性商业广场。

20～22日 中国人民政治协商会议徐州市第十三届委员会第四次会议召开，市委书记曹新平到会祝贺并发表重要讲话，会议增补李涛、葛维琴为市政协十三届委员会副主席，谢广居为市政协十三届委员会常务委员，会议审议通过市政协十三届四次会议决议。

21～25日 徐州市第十四届人民代表大会第四次会议召开。市长张敬华作政府工作报告。会议表决通过关于接受佟明泰、郭希忠辞去市人大常委会副主任职务请求的决定，补选陈美行、李开文、徐华成为徐州市第十四届人民代表大会常务委员会副主任，补选张新茹、宣晓泉为徐州市第十四届人民代表大会常务委员会委员，补选杨其江为徐州市人民检察院检察长。会议通过关于徐州市政府工作报告的决议、关于徐州市国民经济和社会发展第十二个五年规划纲要的决议、关于徐州市2010年国民经济和社会发展计划执行情况与2011年国民经济和社会发展计划的决议、关于徐州市2010年财政预算执行情况和2011年财政预算的决议、关于徐州市人民代表大会常务委员会工作报告的决议、关于徐州市中级人民法院工作报告的决议、关于徐州市人民检察院工作报告的决议。

24日 徐工集团重型机械有限公司自主研发的QAY800和QAY1000型全地面起重机，通过中国机械工业联合会产品鉴定。继德国和美国之后，我国成为第三个研发并生产千吨级全地面起重机的国家。

26日 市长张敬华会见俄罗斯奥廖尔州奥廖尔市市长萨菲扬诺夫·维克多先生一行，双方签署两市建立友好交流城市关系协议书，奥廖尔市成为徐州市第14个友城。

△徐州市被环保部列为全国3个环境空气质量提升最快的城市之一，空气质量良好天数2010年为335天。市、县城区河道水质达到功能区标准，彻底消除黑臭现象，国家考核的两个出省断面水质实现稳定达标；市区饮用水源地水质达标率连续6年达100%。

27日 江苏省住房和城乡建设厅、省风景园林协会举办的江苏省优秀工程评选揭晓，徐州市6项园林工程获奖，分别是云龙公园绿化景观工程、东坡运动广场绿化景观工程、戏马台西坡绿化提升改造工程、珠山矿山综合治理及覆绿工程（珠山宕口遗址景观公园）、新沂市城中引河景观带（一标段）、新沂市城中引河景观带（二标段）。

△徐州徐工斗山发动机有限公司大马力发动机项目首台排量为8升的国Ⅱ排放标准DE08发动机成功下线。这一项目批量生产后将改变目前国内工程机械制造商大马力发动机全部依赖进口的局面，使国产发动机提升到一个新的水平。

28日 徐工集团百亿元重卡项目在徐州高新技术产业开发区签约。该项目总投资119亿元，占地3292亩，建筑面积120万平方米。

30日 鼓楼广场项目开工奠基。鼓楼广场是徐州市2011年首个开工的重大项目，也是鼓楼核心区的龙头项目。项目位于中山北路和二环北路交叉处，毗邻鼓楼区行政中心和九龙湖公园，由新加坡林增集团和北京银建集团共同投资建设，总投资约20亿元人民币，规划建筑面积40万平方米。

1月 全省林业工作会议对2010年度绿色江苏建设先进单位和个人进行表彰。徐州市获全省唯一的“荒山绿化模范市”称号。

△国家农业部公布第二批全国农产品加工业示范企业和第四批全国农产品加工业示范基地名单。徐州市维维食品饮料股份有限公司、新沂市骆马湖水产品科技有限公司两家企业被农业部认定为第二批全国农产品加工业示范企业；江苏沛县外向型农产品加工示范基地被农业部认定为第四批全国农产品加工业示范基地。至此，徐州市全国农产品加工业示范企业总数达2家，全国农产品加工业示范基地总数达2家，总数均位居全省前列。

△经省政府批准,江苏省铜山经济开发区正式更名为江苏省徐州高新技术产业开发区,并纳入省高新园区序列管理。

△徐州市被全国残疾人康复工作办公室授予首批“全国白内障无障碍市”称号。

△由新华社《经济参考报》社和商务部中国国际经济技术交流中心共同主办的“2010中国经济发展论坛”在北京人民大会堂隆重举行。徐州获“2010中国最具创新力城市”称号,同时获此殊荣的还有深圳、烟台、南阳、清远、柳州、大连等9个城市。

2月

2日 中共中央政治局委员、中央书记处书记、中组部部长李源潮到徐州市视察。李源潮在贾汪区紫庄镇看望慰问大学生村官,召开座谈会,勉励大学生村官在农村科学发展中建功立业锻炼成长。在徐期间,李源潮还参观了徐州市规划馆,考察了邳州的国家木制家具及人造板质量监督检验中心等。对徐州市经济近年来快速提升、社会事业全面进步予以充分肯定。江苏省委书记罗志军、代省长李学勇、省委常委、组织部部长石泰峰,省委常委、秘书长李云峰,市领导曹新平、张敬华等陪同活动。

9日 徐州市气象局实施人工增雨(雪)作业,各地平均降水量4.4毫米,平均积雪厚度4.5厘米。此次增雨(雪)作业对当前农业旱情起到一定缓解作用。

10日 《国际日报》印尼版和美国版精彩刊出《徐州日报》与《国际日报》合作编发的第184期“魅力徐州”特刊,关注徐州市“十二五”发展的总体要求、发展战略和主要目标。

14日 徐州九里湖采矿塌陷区生态修复项目获2010年度“江苏省人居环境范例奖”

15日 徐州市首批文化产业示范基地名单公布,16家文化企业榜上有名。分别是:徐州艺术馆、徐州文化创意产业园、邳州宝石玉器城、江苏大风乐器有限公司、江苏光线传媒有限公司、凤凰徐州书城、徐州绪权印刷有限公司、徐州创意68文化产业园、徐州欢乐谷大剧院、彭城民俗文化产业园(张伯英艺术馆)、徐州星美影院管理有限公司、徐州动漫产业园、中国矿业大学出版社、徐州市马庄农民乐团、窑湾古镇文化旅游集聚区、徐州汉文化景区。

20日 市长张敬华会见泰国驻华大使密秉尚一行。

△徐州籍选手齐广璞获2010-2011赛季自由式滑雪世界杯男子空中技巧项目年度总冠军。

22日 华夏银行徐州分行开业。

△全国无偿献血表彰电视电话会议召开。徐州市获2008—2009年度“全国无偿献血先进城市”。至此,徐州市连续第八次获此殊荣。

23日 南水北调东线一期邳州站工程开工。

24日 徐州经济技术开发区与徐州医学院附属医院东院建设项目签约。项目总建筑面积25万平方米,预计总投资12亿元。

25日 近日从市人才工作领导小组办公室获悉,徐州市有5名科技企业家入选省首批产业教授名单。分别是:江苏中能硅业科技发展有限公司总经理蒋文武(中国矿业大学),江苏三仪生物工程有限公司董事长江国托(南京大学),徐州雷奥医疗设备有限公司董事长吴芸(南京理工大学),徐州海伦哲专用车辆股份有限公司董事长丁剑平(江苏大学)、徐州海吉亚生物制品有限公司董事长周京石(徐州医学院)

2月 新沂市发现3枚印花税图案,经新沂国地税专家鉴定,系新中国首套旗球图印花税票。

△在北京举行的“2010—2011首届中国物联网产业发展年会”上,中国矿业大学物联网(感知矿山)研究中心获“2011中国物联网示范工程项目优秀奖”和“2011中国物联网十佳行业解决方案”两项大奖。

△徐工科技调试分厂员工刘文生获全国首届工程机械修理工职业技能竞赛总冠军。

△徐州市第五批市级文物保护单位名单公布,广运仓、戏马台瓷窑址、玉龙湾遗址等35处文物古迹被列为市级文物保护单位,其中古遗址5处、古墓葬10处、古建筑5处、石窟寺及石刻1处和近现代重要史迹及代表性建筑14处。

△徐州市小长山东坡发现一处面积达四五千平方米的汉代采石场遗址,2000多年前汉人采石时用的錾花、楔窝都完好地保留下来。

△徐州市泉山区泰山街道办事处侯山沃社区、云龙区骆驼山街道办事处阳光社区、邳州港上镇港中社区3个社区获第四批“全国综合减灾示范社区”。

△徐州经济技术开发区、新沂—无锡工业园、江苏花厅酒业有限公司和江苏恒盛化肥有限公司4家单位成为省低碳经济试点。

△徐州当选人民网主办的“辉煌‘十一五’中国最佳绿色生态市”。

3月

1日 徐州市第二届道德模范评选结果揭晓。张公兰、刘庆超、邵帅当选孝老爱亲道德模范,孙全新、杜秀兰当选敬业奉献模范,曹迎军、倪振娥夫妇、孔令喜当选助人为乐模范,周游、史洪当选见义勇为模范,于化玲、孙寒当选诚实守信模范。张林、吴友良等11人获第二届道德模范提名奖。

△《徐州市城市管理行政执法协管人员管理办法》实施。

4日 丰县梁寨镇杨新庄村支部书记兼妇代会主任沃增兰,沛县光荣院院长、支部书记孙沛丽,新沂市草桥镇纪集村支部书记李慧,江苏云意电气股份有限公司总经理付红玲,江苏义行律师事务所主任朱静,江苏创新日化科技有限公司董事长张馨元,徐州市第一中学生物学科主任郭军英,徐州市第一人民医院眼科医院院长、徐州市眼病防治研究所所长李甦雁,徐州市公安局刑警支队DNA室主任侯银玲,徐工集团徐州重型机械有限公司技术中心高级工程师李丽当选首届“徐州市十大女杰”。

△徐州师范大学图书馆被文化部授予“全国古籍重点保护单位”称号。

5日 徐工摊铺机新装配线启用，其最新一款智能化摊铺机RP903S顺利下线，是徐工1989年成功试制国内第一台沥青摊铺机S1700以来的第5000台。徐工第5000台摊铺机的下线，标志着经过20多年的发展，徐工集团进入世界著名摊铺机制造商行列。

8日 徐州市妇幼保健院“三级甲等妇幼保健院、徐州医学院附属妇幼保健院、全国内镜与微创专业技术妇科培训基地”揭牌。

9日 徐州市获“辉煌‘十一五’中国最佳绿色生态市”称号。

10日 “徐州市中心医院（四院）医疗集团医院”揭牌。

13日 亚洲青年击剑锦标赛结束，徐州市运动员孙伟夺得一金一银两块奖牌。

15日 南水北调徐州市截污导流主体工程建成通水。南水北调徐州市截污导流工程是保障江苏省南水北调出省水质达到Ⅲ类水标准的关键性工程，也是全省南水北调102项治污项目中投资最大的单体工程。工程总投资7.2亿元，全长170公里，设计尾水规模41万吨/日。

△2011年第九届香港国际武术节闭幕。徐州选手李大鹏、田振振、马龙超获得男子青年组团体品势冠军，李胤威、李旭等人分获56式陈式太极拳、太极剑双项冠军。

△近日省教育厅公布2010年普通高中星级评估结果：徐州市共有12所普通高中参加此次星级评估，其中3所高中通过三星级评估，9所高中通过复审的原三星级、四星级普通高中评估。通过三星级评估的普通高中是：沛县歌风中学、沛县新华中学、睢宁县菁华学校。邳州市铁富高级中学、铜山县中学、铜山县夹河中学、丰县民族中学、丰县欢口中学通过三星级普通高中复审。江苏省睢宁高级中学、江苏省运河中学、徐州师范大学附属中学、徐州市第三中学通过四星级普通高中复审。

22日 省长李学勇到徐检查惩治和预防腐败体系建设工作。市领导曹新平、张敬华、陈美行、夏文达、顾林岗参加活动。

25日 徐州市中考首次实行网上报名。

27日 市长张敬华会见德国鲁尔集团矿山和房产分公司企业发展与对外联络部部长尤根·伯格曼先生一行。

△“第三届中国县镇绿色发展论坛暨第三届绿色发展成果发布会”举行。铜山区汉王镇获“中国绿色名镇”称号。

28日至31日 徐州—台北航线开通暨首航仪式举行。市委书记曹新平率徐州台湾首航代表团一行，在台北进行为期4天的首航之旅。

29日 徐州市大学生创业园产业化基地揭牌暨“蓝火计划”、“5+1”工程签约仪式举行。

△江苏省信用再担保有限公司徐州分公司开业。

30日 由国家民政部命名的徐州市铜山路“双拥模范街”揭牌。

△徐州市首家农民工子女公益学校挂牌。

31日 首批30家大学生创业企业入驻大学生创业园产业化基地。

△徐州市“12350”安全生产举报热线开通。

3月 经省发改委同意，徐州江煤科技有限公司与中国矿业大学联合组建江苏省煤矿井下有害气体安全监控检测工程中心，这是江苏省批准组建的唯一物联网地下应用领域工程中心。

△中华全国总工会授予徐州矿务集团有限公司旗山煤矿大井提升班、徐州市妇幼保健院保健部、中国电信徐州分公司营业中心、徐工集团工程机械股份有限公司科技分公司南结构分厂小总成工段“全国五一巾帼标兵岗”称号，授予睢宁县魏集镇政府蔡虹、徐州市国税局车辆购置税征收管理分局王永倩、大屯煤电公司姚桥煤矿陈建菊“全国五一巾帼标兵”称号。

△中国矿业大学才庆祥教授获“十一五”国家科技计划执行突出贡献奖。

△徐州软件园获省软件和信息服务产业园称号。

△国务院批复2011年第一批国家煤炭应急储备计划，徐矿集团和徐州港分别列入承储企业和储备点。

△江苏（徐州）中能硅业科技发展有限公司和徐州中联水泥有限公司列入全国首批资源节约型、环境友好型企业创建试点单位。

4月

1日 以台湾正崴精密工业股份有限公司董事长郭台强为团长的台湾贵宾访问团，在徐州参观考察新能源产业和城市建设。

5日 市委书记曹新平会见泰国公主诗琳通一行。

6日 徐州市2011年全国中小学“民族音乐进校园”成果交流展示会在丰县召开。丰县创新外国语学校的5016名师生共同演奏陶笛大合奏，创造演奏陶笛人数最多的吉尼斯世界纪录。

△在中央文明办主办、中国文明网承办的“我推荐、我评议身边好人”活动中，睢宁县刘銮芳入选4月份“中国好人榜”孝老爱亲候选人。

7日 徐州海伦哲专用车辆股份有限公司首发上市。海伦哲是继燃控科技之后，徐州市第二家在创业板上市的公司。

△徐州绿健乳业有限责任公司乳品厂、维维乳业有限公司、江苏君乐宝乳业有限公司（丰县）、徐州卫岗乳品有限公司通过全国乳制品及婴幼儿配方乳粉企业生产许可重新审核。

8日 2010年度“振兴徐州老工业基地创新奖”颁奖大会召开，市委书记曹新平讲话，市长张敬华主持。大会对2010年度“振兴徐州老工业基地创新实践奖”和2010年度

“振兴徐州老工业基地创新创意奖”获奖项目进行了表彰。

△亿吨大港顺堤河作业区煤炭码头一期工程试桩开锤。

9日 由市关工委编印的《中共党史百件大事》开始向全市中小学免费发放。

12日 江苏协鑫硅材料科技发展有限公司年产1.05万吨多晶硅铸锭增资扩建项目签署银团协议。该协议由农行徐州分行联合中行徐州分行、浦发行徐州分行达成银团融资总额11.63亿元。

△由中国矿业大学承办的“万名煤矿总工程师安全培训工程”启动暨第一期煤矿总工程师安全培训班在徐州市开班。国家安监总局副局长、国家煤矿安监局局长赵铁锤,国家煤矿安监局副局长彭建勋,江苏省副省长史和平、省煤矿安全监察局局长王向明,国家安监总局人事司司长徐绍川,中国矿业大学党委书记邹放鸣,副市长段雄等出席会议。

14日 市政府召开第41次常务会议,研究讨论徐州市房地产市场调控政策等事项。会议通过了关于徐州市限定居民家庭购买新建(包括新销售)普通商品住房的有关政策,自今年5月1日起,暂定对本市主城区及新城区范围内(不含经济技术开发区、铜山区、贾汪区)购买普通商品住房(即建筑面积144平方米及其以下的商品住房)实行限购,并对本市和非本市户籍居民提出不同的限购要求。

△推进铜山区跨越发展动员大会召开。市委书记曹新平讲话,市长张敬华宣读《省政府关于同意江苏省铜山经济开发区更名为江苏省徐州高新技术产业开发区的批复》。

20日 苏北第一家科技支行——江苏银行徐州科技支行开业。

23日 徐州市选手任成远获南非山地自行车世界杯赛冠军。

23~25日 省委常委、组织部长石泰峰带领省委组织部有关领导到徐州市调研。他强调,要充分利用党委换届的契机,把党员干部的思想统一到中央和省委的要求上,加快推进“两个率先”,实现经济社会又好又快发展。

25日 国家发改委核准国华徐州发电公司2×1000MW机组建设工程。

26日 2011中国徐州(深圳)投资联谊会在深圳市举行。深圳市委常委、常务副市长吕锐锋和市委书记曹新平分别致辞。

28日 2011中国徐州(香港)投资推介会举行。本次投资推介会有34个签约项目,项目总投资额272亿元人民币,其中外资项目22个,利用外资额6.72亿美元。

△徐工XGC28000履带起重机通过国家级鉴定,标志着我国大型起重装备能力首次迈上2.8万吨米台阶。

△徐州工程机械集团有限公司获中国工业大奖表彰奖。

4月 中国矿业大学矿业工程博士后流动站被人保部和全国博士后管理委员会评为全国优秀博士后科研流动站。

△投资20亿元年产60万吨煤焦油深加工系列项目在邳州经济开发区签约。该项目由河南宝舜化工科技有限公司投资,一期投资12亿元,建设30万吨煤焦油加工和10万吨蒽油加工项目;二期投资8亿元,建设第二套30万吨煤焦油加工项目。

5月

4日 市委书记曹新平会见以委内瑞拉驻华大使罗西奥·马内罗为团长的拉美及加勒比地区驻华使节代表团一行。

5日 徐州亿吨大港新沂港区启动建设。

6日 徐工科技大吨位装载机智能化制造、混凝土搅拌机械产业基地奠基。市领导曹新平、张敬华等出席活动。

△中国·徐州机械工业两化融合发展推进会暨中国徐州软件园启动仪式举行。

△中国社会科学院发布《2011年中国城市竞争力蓝皮书:中国城市竞争力报告》。评选出2010年前50座最具竞争力城市,徐州列第48位。

7日 市长张敬华出席“两岸牵手,幸福动画——《百吉学堂》开播仪式”,徐州市首部原创电视动画片《百吉学堂》在中央电视台和台湾的同步播出。

8日 徐州建筑职业技术学院更名为江苏建筑职业技术学院。

△徐州经济技术开发区江苏省低碳经济试点园区揭牌暨汉元新能源1GW太阳能电池片生产项目奠基仪式举行。

9日 市委书记曹新平、市长张敬华率徐州市慰问团慰问“徐州舰”全体官兵。

10日 第二届淮海经济区核心区城市市长会议在安徽省淮北市召开,徐州市市长张敬华代表第一届淮海经济区核心区市长会议向本届大会作2010年一体化建设总结报告。

12日 全国政协副主席、民革中央常务副主席厉无畏到徐州视察。

13日 沛县残疾人联合会大屯煤电公司残疾人工作办公室设立。这是全国第一例在央企中设立残疾人工作机构。

15日 徐州文化产业项目推介恳谈会在深圳举行。共推出招商项目41个,项目总投资额达到243.96亿元。项目涉及徐州市重点发展的文化创意产业、软件动漫产业、文化旅游业等。

△徐州市运动员许昕获第51届世乒赛男双冠军。

17日 徐工集团投资巴西MG州建厂项目签约。徐工巴西工程机械工业园项目总投资2亿美元,是迄今为止我国工业企业在巴西投资的最大项目。

18日 淮海经济区最大的钢材交易物流园区——徐州金驹物流园运营。

22日 市委书记曹新平会见到访的卡特彼勒集团总裁瑞拉文一行,双方就进一步加强合作交换意见。

23日 招商银行徐州分行开业庆典暨银企合作签约仪式举行。

24日 国家环境保护部授予徐州市“国家环境保护模范城市”称号。

26日 2011中国徐州(上海)现代农业投资推介会在上

海举行。全市136个投资推介项目、56个品种农产品参展。会上签约18个项目,投资41.75亿元人民币,其中外资1700万美元。

△徐州市金悦饮食服务有限公司旗下的“两来风”和“马市街饣它汤”被国家商务部授予“中华老字号”。

5月 中华全国总工会对全国五一劳动奖章、奖状和先锋号集体进行表彰。徐矿集团新疆天山矿业公司掘进一区戴如金、市白云大厦股份有限公司马婷、徐州冠华机械制造有限公司王滨、睢宁县环卫处吴中梅、中国矿业大学刘炯天、沛县国税局第二分局武来平等6人获得“全国五一劳动奖章”;江苏华信塑业发展有限公司获得“全国五一劳动奖状”;圣戈班(徐州)管道有限公司炼铁厂10号高炉车间、邳州市卫生局医政科、江苏省电力公司铜山供电公司营销(农电)部业务班、徐州市超力建筑材料有限公司吴建华劳模团队创新工作室集体等4家集体荣获“全国工人先锋号”。

△徐矿集团庞庄矿职工万军和张集矿职工赵思海获全国“百名优秀青年矿工”称号。

△总投资100亿元的江苏新沂日本产业园项目签约。

△市“三重一大”项目——珠江路下穿京沪铁路立交桥通过竣工验收。

△市长张敬华率徐州市政府代表团出访巴西MG州及包索市、奥萨斯库市和阿根廷圣马丁市。代表团在巴西期间与MG州和包索市政府及相关机构进行了深入洽谈,就巴方对徐工集团项目给予的优惠政策等事宜予以商定,并举行了项目签约仪式。

△徐州市运动员汤奇获2011年残疾人场地自行车世界锦标赛肢体C2级500米金牌,肢体C2级3公里铜牌。

△中华全国供销合作总社公布2010年“百强基层社”,铜山区三堡供销合作社名列全国“销售百强基层社”第31位、“利润百强基层社”第38位,成为“双百强基层社”。

6月

1日 新《徐州市房屋登记条例》施行。

3日 徐州首届民间收藏艺术节开幕。

13日 亚洲第一吊——徐工XGC28000履带起重机被分解成六个单元,驶出徐工建设机械厂区,奔赴国家重点工程项目基地进行大型设备吊装。这是国产最大吨位履带起重机,首次参与国家标志性重大工程施工应用。

15日 徐工集团工程机械股份有限公司混凝土建设机械产业基地奠基。徐工集团混凝土建设机械产业项目是徐工集团2011年重大投资项目,基地占地面积675亩,项目总投资20亿元,投产后将形成混凝土泵车3000台、混凝土拖泵600台、混凝土车载泵600台、喷浆车150台等混凝土机械产品的年生产能力,新增销售收入50亿元。

16日至19日 省长李学勇到沛县胡寨镇草庙村驻村调研。

17日 徐州市现代农业发展新闻发布会暨中欧农业产业示范基地签约仪式举行。

△徐工集团与中建材国际贸易公司在徐签署战略合作框架协议。根据协议,双方将在建筑材料和建筑机械的全产业链中展开深度战略合作,建立全面战略合作伙伴关系。

18日 徐州市首家自养型慈善超市落户金山桥街道办事处桃园社区。

20日 总价值48.42亿元的徐工集团委内瑞拉项目,首批790台、价值3.65亿元人民币产品发车仪式在徐州经济技术开发区举行。

21日 徐州市9个项目入选第三批省级非物质文化遗产名录推荐项目公示,其中新入选项目6项,拓展项目3项。新入选项目为:汉王拔剑泉和马扒泉传说、睢宁鲤鱼戏花篮、铜山北派少林拳、邳州喜床画、草编(薛桥草编)、徐州饣它汤工艺。拓展项目为:邳州舞狮、柳琴戏(新沂)、柳编技艺(草桥柳编)。到此,徐州市已有国家级非物质文化遗产名录项目9项,省级非物质文化遗产名录项目34项,市级非物质文化遗产名录项目101项。

22日 卡特彼勒徐州供应商工业园在徐州经济技术开发区奠基,总投资6620万美元的首批3个项目同时落户园区。

25日 台湾复兴航空公司与徐州观音机场举行徐台航班双方合作签约仪式。

26日 中国爱乐乐团交响音乐会在徐州音乐厅开幕,这是徐州音乐厅正式开业的首场演出。

△由教育部科技发展中心和市政府共同主办的“蓝火计划”徐州启动仪式暨产学研项目对接会举行。

26日 徐州高新技术产业基地奠基。徐州高新技术产业基地总占地1500亩,规划建设面积258万平方米。基地主要包括徐州国家安全科技产业园、中国矿业大学国家大学科技园徐州高新区分园、徐州市大学生创业园产业化基地、徐州感知矿山物联网产业园、徐州高新区软件及服务外包产业园、徐州高新区创意动漫产业园、中国矿业大学国家大学科技园产业化基地7个园区。

26~27日 市委书记曹新平和市长张敬华分别会见俄罗斯梁赞市市长叶夫盖尼耶维奇一行。

27日 徐州市重大基础设施项目——京沪高铁徐州站区正式启用。京沪高铁徐州站区是规划建设的京沪高铁七大主要站区之一,位于城东大道金龙湖东侧,规划面积5.2平方公里,总投资32亿元,2009年11月26日开工建设,主要包括站前东、西广场,地下空间工程、站区道路、绿化及配套工程。站区已建成中央大道、鲲鹏路等十一条道路,全长12公里,形成了内联外通、环形交叉的快速路网。站区绿化覆盖率达50%以上。6月30日下午3点,京沪高铁正式开通运营,作为沿线七大主要站区之一的徐州东站也同步投入使用,并迎来首批乘坐高铁的旅客。

△中国矿业大学被省政府授予“‘十一五’获重大科技成果奖励成绩显著高等学校”称号。“十一五”期间共获国家科技奖励18项,居江苏高校第一。

27日 市奥体中心开工建设。

29日 市委召开纪念中国共产党成立90周年大会。会议表彰100个先进基层党组织、50名优秀共产党员和31名优秀党务工作者。

6月 中国产业百强县(市、区)排行榜发布,沛县排名第24位。

△由徐州广播电视台、江苏光线传媒投资拍摄的电视连续剧《小小飞虎队》获"江苏省金凤凰奖"电视剧一等奖。《小小飞虎队》是一部反映抗日战争时期,英雄少年无私无畏,积极投入革命的电视连续剧。

△交通银行联合招商证券、招商期货,携手推出首张全国范围的银、证、期联名借记卡——"太平洋智远银证期联名卡"。

7月

4日 徐医附院——台湾大学生宝HLA实验室揭牌,台湾最大的脐血库——生宝脐血库将与徐州市实现资料库共享。

6日 2011徐州(苏州)金融产业投融资座谈会在苏州举行。

7日 徐州市委、市政府在无锡举办2011徐州(无锡)新兴产业暨招才引智恳谈会。

11日 欧蓓莎国际商城奠基。该项目位于高铁生态商务区,总投资50亿元,分三期实施,总建筑面积78万平方米,集产品交易、会展推介、物流仓储、商务办公、产业服务等于一体,是徐州经济技术开发区重点建设的高端商务项目,也是列入徐州市2011年度"三重一大"的项目。

△市委书记曹新平会见马尔代夫驻华大使阿哈迈德·拉帝夫一行。

△"2010中国城市商业信用环境指数(CEI)"课题成果发布,徐州在250个地级市CEI综合评价中位列第51位,企业信用管理功能完善和普及程度单项评价居第47位。

13日 徐州市64家融资性担保机构首批获得经营许可证。

15日 "数字徐州地理空间框架建设项目"通过省级预验收。

22日 中国徐州软件及服务外包(班加罗尔)投资推介会在印度班加罗尔举行。

25日 市委、市政府在雅加达举行2011中国徐州(印度尼西亚雅加达)现代服务业推介会。

27日 2011中国徐州(菲律宾马尼拉)现代服务业推介会在菲律宾马尼拉举行。

28日 徐州市本年重点招商项目、年产123亿米单晶铜键合引线项目开工。

△投资140万元建设的全省最大的市级地震科普馆——徐州地震科普馆落成并启用。该馆建筑面积2000平方米,单次最大容纳参观人数150人,日最大接待量700人。展馆采用声光电、多媒体等现代化技术,进入全国一流单项展馆行列。

29日 "中国·徐州首届国际动漫艺术节"在徐州艺术馆开幕。

30日 由徐州市人民政府、中国矿业大学联合建设的徐州市企业发展研究院成立。

7月 2011年国家社会科学基金年度项目评审结果公布,中国矿业大学共有4个项目获资助。

△徐工集团获首批国家技术创新示范企业。

△徐州汉楚王墓群入选"江苏大遗址"。

△省经信委批准徐州经济技术开发区为"江苏省信息化与工业化融合示范基地(机器人产业)"。

△徐州市被国家发改委选为全国农村经济动态监测点。

△"2011中国城市分类优势排行榜"发布,徐州市在中国十大高效政府排行榜中名列第8位,在中国十佳投资环境城市排行榜中名列第2位,在100个最具幸福感城市排行榜中排名第25位,在中国十大文化城市排行榜中排名第10位。

8月

1日 观音机场台湾居民口岸签注业务正式启动。

3日 徐州市政府颁布《徐州市全民健身实施计划(2011—2015年)》。计划共分四大部分,共17条,提出了徐州市全民健身工作的发展目标:到2015年,全市全民健身组织更加健全、健身设施更加完善、健身指导更加普遍,广泛开展适合各类人群需求的全民健身活动,群众健身意识明显增强,参加体育锻炼人数显著增加,城乡居民身体健康素质位居全省前列。

△徐州市首家职业篮球俱乐部——江苏国立雄狮男子职业篮球俱乐部揭牌成立,这是继江苏南钢、江苏同曦之后,江苏地区第三支男子职业篮球俱乐部。

4日 徐工集团与乌鲁木齐经济技术开发区(头屯河区)签署徐工新疆装备制造业基地项目投资协议。该项目占地1300亩,总投资25亿元,主要生产土石方机械、混凝土机械、建筑机械等产品。

△中山南路改造工程结束,改造后的中山南路机动车道由原来的四车道变为双向六车道,大大提高了通行能力。

6日 市委书记曹新平带领市党政代表团到对口支援的青海省海南藏族自治州兴海县考察。

9日 上海浦东发展银行股份有限公司与徐工集团签订《战略合作协议》。

11日 韩国产业园项目在徐州经济技术开发区签约。

△由徐州广播电视台、江苏光线传媒有限公司与山东省影视制作中心、枣庄电视台等联合出品的28集少儿抗战传奇剧《小小飞虎队》在央视一套晚间黄金时间播出。

17日 德国阿滕多恩市青年代表团一行在徐州进行访问交流。

△省人大常委会"主任接待代表日"活动在徐州市举行。

18日 以"加快城市转型、建设区域型中心城市"为主题的"2011魅力徐州"地产投资推介会在上海举行。

20 日　第十一届全国县域经济基本竞争力百强座次排定，徐州市 4 县（市）区进入全国百强。其中，铜山（已区划调整为铜山区）位列第 53 位，比上届提升 13 位；邳州位列第 67 位，比上届提升 13 位；沛县位列第 77 位，比上届提升 7 位；新沂首次进入全国百强县排行榜，位列第 86 位。

25 日　2010 年中国民营企业 500 强揭晓，徐州市维维集团股份有限公司、江苏华厦融创置地集团有限公司、润东汽车集团有限公司 3 家企业上榜。

28 日　徐州市首家名人文化主题网站——徐州名人网（www. xzmr. org）开通。

29 日　“携手共进·圆梦大学”2011 年徐州市希望工程圆梦行动公益晚会在徐州电视台演播大厅举行。本年，全市共青团组织共募集资金 200 万元，650 名贫困大学生得到资助。

30 日　中国核工业建设股份有限公司与徐工机械战略合作签约仪式举行。

31 日　“中国好人榜”2011 年 8 月份入选名单揭晓，鼓楼区先进典型人物张广凤当选“助人为乐”好人。

8 月　国家环保部发布《2011 年上半年环境保护重点城市环境空气质量状况》，徐州作为全国 113 个环保重点城市之一，环境空气质量为二级。

△中国矿业大学、徐工集团分别入选江苏省首批人才强校、人才强企试点单位。

△新沂市窑湾镇获第二批全国特色景观旅游名镇（村），成为徐州唯一获此殊荣的镇。

△新沂撤县建市 20 年大型纪录片《潮起东方》特别节目《昨天·今天·明天》，获中国广播电视协会颁发的“纪念建党 90 周年”全国县级广播电视创优评析节目一等奖。

△2011 年度省级水利风景区评选揭晓，徐州市新增加 4 家水利风景区分别是：金龙湖水利风景区、贾汪南湖湿地园水利风景区、马陵山黄巢湖水利风景区、大沙河水利风景区。

9 月

8 月 31 日至 9 月 1 日　省长李学勇在徐考察。他指出，要继续坚持新型工业化、新型城市化和农业现代化“三化”同步，更大力度地推进转型发展，不断提升发展质量和水平，努力构筑新的发展优势。

1 日　市委书记曹新平会见马来西亚金狮集团主席、百盛商业集团有限公司董事局主席、马来西亚中华总商会会长钟廷森一行。

3 日　中国企业 500 强公布，徐工集团、徐矿集团、华厦集团和维维集团 4 家企业跻身中国企业 500 强行列。

4 日　市委书记曹新平会见到徐考察的印尼力宝集团董事局副主席、总裁李白一行。

6～8 日　2011 年全国农产品加工业投资贸易洽谈会举行，维维集团生产的“维维”牌维他型豆奶粉获“金奖产品”称号。

7～8 日　省政协主席张连珍在徐调研，就民革江苏省委提出的“关于切实做好苏北区域供水的建议”，致公党江苏省委提出的“关于高标准、高水平解决农村饮水安全问题的建议”两件重点提案进行现场督办。

12 日　孙中山孙女孙穗芳博士向徐州市少华街小学捐赠孙中山铜像，并为铜像揭幕。

14 日　市委书记曹新平会见德国埃尔福特市市长鲍瑟威一行。

15～17 日　中国共产党徐州市第十一次代表大会召开。在 17 日举行的中共徐州市第十一届委员会第一次全体会议上，曹新平当选为市委书记，张敬华、李荣启当选为市委副书记，曹新平、张敬华、李荣启、邹徐文、陈德荣、夏文达、戚锡生、张彤、蔡凡秀、陈志扬、王昊、张赴宁当选为市委常务委员会委员。

16～18 日　首届中国“吹歌艺术节”举行。沛县唢呐队获最佳演奏奖、创新奖、优秀组织奖和论文奖。

19 日　丰县晖泽光伏能源有限公司 20 兆瓦生态农业屋顶光伏发电项目在丰县梁寨镇腰里王村奠基，项目建成后将成为世界上单体量最大的生态农业光伏发电项目。项目由中国能源环保控股有限公司投资兴建，总投资 4.8 亿，占地 30 万平米，将建成 500 亩的设施农业菇房，用于丰县食用菌产业的发展，并在生态农业工厂屋顶建 20 兆瓦光伏发电项目，投产运营后每年可发电 2600 万度。

20 日　“国华同仁徐州一中校友基金”设立暨捐赠仪式举行。

21 日　南京军区授予驻徐某部李晓钰“新时期模范基层党支部书记”称号命名大会在徐举行。

21～23 日　澳洲中国和平统一促进会会长、全国政协委员邱维廉，澳洲中国和平统一促进会副会长、澳大利亚澳中人民友好协会常务副会长田飞等一行到徐州考察。

25～26 日　市委书记曹新平、市长张敬华分别会见德国北威州经济、能源、住建、交通部经贸司司长瓦格纳率领的北威州代表团一行。

26 日　全国政协副主席、农工党中央常务副主席陈宗兴到徐视察城市规划建设和采煤塌陷地生态修复情况。

△市长张敬华会见来访的新西兰霍克斯湾地区议会主席威尔森一行，并续签了徐州市与霍克斯湾地区友好城区关系协议书。

28 日　徐州新田投资发展有限公司和德国鲁尔集团共建徐州城北采煤塌陷地生态修复示范区框架协议签订。

△千年古刹茱萸寺重建开放。

29 日　徐州市侨界青年联合会成立。

30 日　“中国好人榜”9 月份榜单揭晓。沛县王店中学九（1）班学生谢长玉，徐州星火慈善义工服务队队长戴丽仪，自筹资金办起社区图书馆的张道建分别成为孝老爱亲好人和助人为乐好人。

△徐州市老东门时尚街区、奎山公园敞园改造、三环南路绿化二期等一批城建重点工程集中竣工。

△徐州医学院附属医院东院开工奠基。

9月 在2011中国机器人大赛暨RoboCup公开赛上,中国矿业大学徐海学院信电系参赛团队获得“双足竞步狭窄足印机器人比赛”和“重型人形机器人游中国比赛”两个项目冠军。

△淮海战役纪念馆基本陈列获第二届江苏省博物馆精品陈列展览最高奖项“特别奖”。

△邳州市大学生村官刘苏倩、孔宜辉、张鑫等投资10万多元,建成全国首家中国大学生村官爱心时间银行(www.cgcct.com)。

△奎山公园敞园改造竣工并向社会免费开放。

△沛县现代农业产业园区成为第一批国家农业产业化示范基地。

△徐州凯尔机械有限公司成功研制的435.4马力拖拉机成为我国目前最大功率的拖拉机,企业成功跻身全国大马力拖拉机制造企业前三强。

10月

9日 中共中央编译局徐州师范大学发展理论研究基地在徐州师范大学成立。

10日 市委、市政府和徐州军分区在市消防支队举行市委常委议军议警会暨“国防日”活动。

△新版国税自助办税终端在徐州市行政中心税务服务大厅启用。

△全市棚户区改造二期工程推进会召开,计划安排350万平方米改造任务。重点实施姚庄村、茶棚东、西阁里、兵工路二期、润和园南、物资市场周边改造等项目。

11日 “2011中国徐州(上海)旅游招商推介会”举办,岠山景区开发等22个旅游项目签约,项目总投资219.78亿元。

△首家入驻徐州软件园的外国软件公司,世界500强企业、爱尔兰CSS公司与江苏集群集团签约。

△在第11届世界武术锦标赛男子组长拳比赛中,徐州籍运动员张凯夺得江苏省武术比赛史上首个世界冠军。

12日 徐州幼儿师范高等专科学校揭牌,成为江苏省唯一一所幼儿师范专科学校。

13日 北京市人大常委会副主任、党组副书记赵凤山一行到徐参观考察城市建设及风景园林工作。

18日 徐州市城市色彩规划获第六届“色彩中国”色彩应用大奖。

19日 “2011年度全球工程机械制造商50强排行榜”公布,徐工集团位列第七,比上年提升2位。

20日 商务部副部长蒋耀平来徐调研产业结构调整工作。

25日 徐州市为民办实事工程、全市首批标准化新型农贸市场——雁山农贸市场和火花农贸市场开业。

26日 “徐州市廉政教育示范基地”揭牌。

27日 徐州市人民代表大会常务委员会与韩国井邑市议会友好合作关系协议书签订。

29日 2011中国徐州第十四届投资洽谈会暨第五届汉文化旅游节综合投资推介会举行。推介会共签约33个项目,总投资额378亿元人民币,其中外资项目16个,利用外资9.9亿美元。

△徐州市泉山区与美国西弗吉尼亚州摩根敦市结为友好交流城区。

△市长张敬华会见韩国井邑市议长金喆洙、韩国驻上海总领馆副总领事朴镇雄一行。

30日 作为徐州十四洽会重要内容的2011中科院徐州成果对接会在新城区会议中心举行。对接会共发布中科院最近成果252项,现场签约10项,达成合作意向60多项。

31日 “中国好人”榜10月份入选名单揭晓,鼓楼区推荐的先进典型人物浮桂枝当选“中国好人”榜10月助人为乐好人。

10月 全国国家级开发区投资环境综合评价活动结束,徐州经济技术开发区总体水平位列参评的90家国家级开发区第28位,位列东部47家国家级开发区前20位,位居新晋36家国家级开发区第3名。

△由徐州感知矿山物联网研究中心研发、江苏中矿智慧物联网科技股份有限公司生产的KLX5L(A)矿用信息矿灯,通过国家煤矿防爆安全产品质量监督检验中心防爆试验,取得防爆合格证书。该信息矿灯不仅具有照明功能,同时集瓦斯监控报警、环境温度监测、矿工生命信号探测、人员精确定位(定位精度3米至5米)、紧急呼救、接收逃生路线等多种功能于一身。

△第三届江苏省道德模范名单公布,徐州市捐髓救母好少年邵帅获得江苏省孝老爱亲模范称号。

△徐工集团申报的“千吨级超大履带起重机”项目列入国家863计划项目课题,将获得4000万元的政府资金支持。

△三堡镇胜阳村获“国家级生态村”称号。

△江苏晋煤恒盛化工公司跻身2011中国民营企业制造业500强,位列496位。

△中国矿业大学刘文斌被授予“全国教育系统职业道德建设标兵”称号。

11月

10月31日至11月1日 中国致公党徐州市第一次党员大会举行。选举产生了致公党徐州市第一届委员会及其领导班子。汪云甲当选为中国致公党徐州市委主委。

1日 台湾复兴航空公司徐台航线开通。

△市长张敬华会见巴西奥萨斯库市市长艾米迪奥德·苏萨及议长阿路易斯奥·皮埃罗一行。

△最高人民检察院检察长曹建明一行,到徐就检察机关如何在社会管理创新中发挥作用进行专题调研

3日 市长张敬华会见美国卡特彼勒全球集团总裁兼首席财务官爱德华·瑞柏一行。

4日 徐州市高技能人才公共实训鉴定基地揭牌。

△国务院南水北调办公室副主任张野带领考察组到徐，考察调研徐州市境内南水北调工程建设情况。

6日　徐州市首届“低碳环保文化节”开幕。

7日　徐州市首批12条镇村公交线路在新沂市开通。

14~15日　贵州省贵阳市市长李再勇、副市长翟彦带领市政府代表团在徐参观考察。

15日　省委书记罗志军到徐调研。

△徐州市首家楼宇商会在财富广场揭牌。

10~16日　应友城日本半田市政府邀请，徐州市书法家协会一行10人，对半田市进行了交流友好访问。

18日　国家统计局局长马建堂一行到徐州市调研。

△徐州市“红色图书”下乡活动捐赠仪式举行。捐赠仪式上，11000余册科技、红色经典图书被分发到五县二区。

19日　解放军总政治部副主任贾廷安到徐州市调研双拥工作。

24日　贾汪区青山泉镇成立了苏北首个村级文化组织——马庄村文联，引导农民开展积极健康的文娱活动。

28日　观音机场公安分局揭牌。

△徐州市侨联成立30周年庆祝大会隆重举行。

29日　国家工商总局商标局发布公告，徐州淮海车辆集团有限公司“淮海 HUAIHAI 及图”商标被认定为中国驰名商标。

△中共中央政治局委员、中央书记处书记、中宣部部长刘云山到徐调研。

△国华徐电公司2×1000MW（上大压小）建设工程1号机组首次并网一次成功。

30日　徐州市中心医院新城区分院奠基。

11月　中国煤炭工业协会发布“2011中国煤炭企业100强”和“2011中国煤炭企业煤炭产量50强”名单。徐矿集团以2010年度实现营业收入210.98亿元位居百强第25位、2010年度实现产量1884万吨位列产量50强第31位。

△国家发改委批复，认定徐州市感知矿山物联网工程实验室项目为国家地方联合工程实验室。

△2011年度国家级服务业标准化试点项目名单公布，徐州市新沂窑湾古镇旅游景区和云龙湖风景名胜区服务项目入选。

△邳州宿羊山镇出口大蒜示范区通过国家质检总局验收，成为徐州市首个国家级出口食品农产品质量安全示范区。

12月

1日　由中央文明办主办的“我推荐、我评议身边好人”活动11月份“中国好人榜”揭晓。徐州市云龙区资助贫困学子的88岁老人徐秀英、鼓楼区义务为居民放映电影九载的“轮椅放映员”陈保民当选“中国好人榜”11月“助人为乐”好人；铜山区的张凤兰则以其逆境中崛起、用爱为家人撑起一片天的感人事迹当选“中国好人榜”11月“孝老爱亲”好人。

△省长李学勇在徐主持召开苏北片经济工作座谈会。

△国家林业局林产品质量检验检测中心（徐州）在邳州成立。

△徐州市新的房屋租赁管理系统正式投入使用。

4~8日　徐州市创建“国家森林城市”通过专家组验收。

5日　徐州市安监局召开新闻发布会，通报铜山区“7·16”较大交通事故和徐州经济技术开发区“9·5”较大火灾事故调查处理结果，这两起事故中的12名事故责任人受到严肃处理。

7日　徐州雨润农副产品全球采购中心项目签约。项目计划总投资约100亿元人民币。

9日　徐州籍科学家、中国科学院对地观测与数字地球科学中心主任郭华东研究员当选中国科学院院士。

△中国煤炭工业协会在徐州组织专家对徐矿集团和中国矿业大学共同完成的“煤矿特大水量酸性外排水应急处置模式研究”、“深井极软岩综采面矿压规律及工艺参数优化研究”、“张双楼煤矿深部大倾角厚煤层综采（放）技术研究与应用”三个项目进行鉴定，认为这3个项目达到了国内领先水平。

△徐州铁矿集团“基于全无线矿山井下人员精确定位系统”项目，通过国家安监总局鉴定。

12日　丰县首羡镇发生运送小学生车辆侧翻事故，造成15名学生死亡，11人受伤。

15日　第十届中国城市竞争力排行榜公布，徐州市获2011中国十大高效政府、2011中国十佳投资环境城市、2011中国十大文化品牌城市称号。

16日　苏北农村发展研究院在徐州工程学院揭牌。

18日　徐工集团与凯宫重工投资合作协议暨项目落户江宁滨江开发区签约仪式举行。

△徐医附院获“全国百家改革创新医院”。

△徐州股权登记中心揭牌成立。

19日　徐州市“三位一体”服务热线12319新平台正式运行。

20日　铜山区三堡镇和沛县大屯镇荣膺全国文明城市（区）、文明村镇称号。

△江苏云意电气股份有限公司首次获准发行A股。

30日　晖泽光伏能源项目并网发电。

△沛县获“2011中国绿色环保百强县”称号。

31日　南京市徐州商会成立。

12月　徐州市青年路小学五（1）中队——《文明交通伴我行》主题队会获“国家级校园电视节目奖”金奖。

△2011年度国家社科基金重大项目（第三批）立项名单公布，中国矿业大学组织申报的《我国矿产资源跨期优化配置机制研究》项目获准立项。　（市史志办）

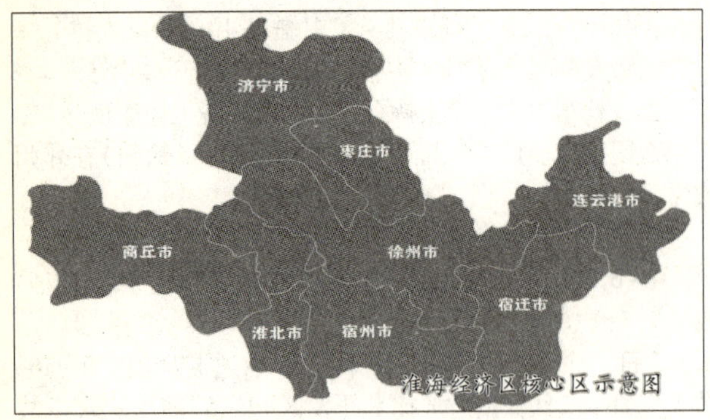

淮海经济区核心区示意图

淮海经济区

重要会议与活动

【第二届淮海经济区核心区城市市长会议】 5月10日,第二届淮海经济区核心区城市市长会议在安徽省淮北市召开。会议通过了《2011年淮海经济区核心区一体化建设重点工作方案》,核心区8城市共同签署了《旅游合作协议》、《关于共用连云港港的合作协议》,淮北、宿州、徐州3市签署了《关于建设城际快速通道的合作协议》。

【首届淮海经济区质监合作座谈会】 12月2日,作为淮海经济区政府合作的重要组成部分,首届淮海经济区质监合作座谈会在江苏省宿迁市举行。来自山东、安徽、河南及江苏4省的淮海经济区20个地级市质监局长出席了会议,共同签订了《淮海经济区质监合作框架协议》。框架协议确定了淮海经济区质监合作自愿参与、开放公平、优势互补、互动协作的原则,初步建立了质监合作机制。质监合作旨在充分发挥各方的优势和特色,合作互动,优势互补,共同发展,营造统一开放、健康有序的市场环境,为区域内企业的生产经营和服务活动、企业间的合作交流提供便利,促进商品流通和区域经济共同发展。

【淮海经济区第23届顾问会议】 12月8~9日,淮海经济区第23届顾问会议在河南省淮阳县召开。会议以"旅游与区域经济合作"为主题,总结、交流2010年以来淮海经济区区域经济合作工作,研究和探讨进一步加强旅游产业发展的路径和方法。来自经济区内18个城市的代表,签订了淮海经济区旅游深度合作协议,提出要继续创新合作模式,探索合作方法,拓展合作领域,优化资源配置,提升区域整体竞争力,共同谱写淮海经济区区域经济发展合作的新篇章。

【徐州市稳步推进淮海经济区核心区一体化】 徐州市积极落实多项区域合作协议,强化对接、有序协调,联动发展、整体推进,加快推进淮海经济区核心区一体化建设,使核心区一体化各项工作取得了明显实效,并呈现良好的发展态势。《淮海经济区区域交通中心规划》编制完成,核心区城市间的交通联网加快畅通。徐州市全力支持连云港港口共用共享工作,积极宣传优惠政策,提供便利条件,鼓励全市企业充分利用连云港港口出海。核心区城市加紧"抱团",联合开拓旅游市场。成功举办了首届淮海经济区旅游交易会和2011第四届汉文化旅游节。核心区城市形成了商贸企业交流合作机制。徐州市起草了《淮海经济区核心城市商会联谊会方案》,以“资源共享、紧密协作、错位发展、合作共赢”为主题,以商贸企业联谊会为平台,促进核心区各地商贸流通企业交流与合作。

经济社会发展

【概况】 淮海经济区包括苏、鲁、豫、皖四省交界地区的20个地级市,面积18.1万平方公里,约占全国总面积的1.9%。2011年末,淮海经济区常住人口1.26亿(各市统计公报数据,下同),约占全国总人口的9%。其中:江苏5个地级市,常住人口3400万余人,占全区的26.9%;山东7个地级市,常住人口4043万余人,占全区的32%;河南3个地级市,常住人口2479万余人,占全区的19.6%;安徽5个地级市,常住人口2698万余人,占全区的21.5%。

1986年3月,作为全国第一个跨省横向联合的区域性经济合作组织——淮海经济区在徐州市正式成立,并设立日常办公机构联络处。截止到目前,淮海经济区合作发展大体经历了横向联合(1986~1991)、纵深拓展(1992~1998)、形象塑造(1999~2009)和核心聚合(2010开始)等四个阶段。

经济综合实力提升。2011年,淮海经济区20个地级市共实现地区生产总值30731.79亿元,按可比价格计算比2010年增长15.39%,比全国平均增速高出6.19个百分点;主要经济指标增幅持续高于全国平均水平,部分指标增幅位居全国各省之前列,经济增长质量不断提高。

经济结构优化。2011年,淮海经济区三次产业结构调整为14.5:50:35.5,与2010年的15.3:49.7:35相比,第一产业占比下降0.8个百分点,第三产业占比提高0.5个百分点,产业结构进一步优化。规模以上工业实现增加值13646.2亿元,增长19.1%,依然保持强劲的增长势头。

投资和消费拉动增强。2011年,淮海经济区固定资产投资额为18715.3亿元,比2010年增长6.2%;社会消费品零售总额为11350.1亿元,增长17.52%;进出口总额为690.78亿美元,增长49%;实际利用外资为107.446亿美元,增长21.6%。

经济效益提高明显。2011年,淮海经济区实现地方财政一般预算收入2281.4亿元,比2010年增长29.7%;城镇居民人均可支配收入19060元(按各城市简单平均计算,下同),比2010年的16285增长2775元,虽低于全国平均水平21810元,但增速达到17.01%,比全国高出3个百分点;农村居民人均纯收入7590元,高于全国6977元的平均水平,比2010年增长18.9%,高出全国1个百分点,但城乡居民收入差距依然较大。

与全国差距缩小。虽然淮海经济区整体发展水平与全国平均水平仍有一定差距,但由于近年来大多数主要经济指标增长速度快于全国水平,因而与全国的相对差距在不断缩小,呈现出加快崛起的良好态势。2011年,淮海经济区实现地区生产总值占全国的比重为6.5%,与2010年相当,虽仍低于其人口所占比重,但增速比全国平均水平9.2%高出6.19个百分点;城镇居民人均可支配收入比全国平均水平低2750元,但农民人均纯收入比全国高出613元。

【徐州与淮海经济区发展比较】 综合实力迅速提升,总量首位度区域第一。2011年,徐州市完成地区生产总值3551.65亿元,占淮海经济区比重为11.6%,比2010年的11.3%提高了0.3个百分点,地区生产总值、二产增加值、规模以上工业增加值、三产增加值、服务业增加值均居区域之首。人均地区生产总值41407元(按常住人口计算),按当年汇率折算达到6456美元;主要经济指标增幅持续高于全国、江苏省平均水平,部分指标增幅位居江苏前列,经济增长质量不断提高。

产业结构不断优化,二三产业规模区域之首。2011年,徐州市完成二、三产业增加值3217.11亿元,居淮海经济区首位,二、三产业增加值占区域12.2%;三次产业结构调整为9.6:50.7:39.7,二、三产业增加值占地区生产增加值比重为90.4%,与其他地级市相比,形成了二、三产业并重发展的产业结构。

经济基础持续完善,人民生活水平区域领先。2011年,徐州市全社会固定资产投资、社会消费品零售总额、地方财政一般预算收入名列淮海经济区各地级市之首;城镇居民人均可支配收入、农民人均纯收入为19206元、9490元,分别高出淮海经济区平均水平146元、1900元。 (沈正平 车冰清)

2011 年淮海经济区主要经济指标统计

淮海经济区主要经济指标(一)				淮海经济区主要经济指标(二)						
地区	常住人口（万人）	地区生产总值		地区	第一产业增加值		第二产业增加值		第三产业增加值	
		绝对量（亿元）	增长（%）		绝对量（亿元）	增长（%）	绝对量（亿元）	增长（%）	绝对量（亿元）	增长（%）
徐州市	976.66	3551.65	13.5	徐州市	334.54	4.5	1777.05	14.6	1440.06	14.5
连云港市	505.18	1410.52	13.0	连云港市	204.41	4.0	653.98	15.6	552.13	13.4
淮安市	543.24	1690	13.2	淮安市	223.46	4.1	794.17	15.2	672.36	14.3
盐城市	820.69	2771.33	12.8	盐城市	416.83	3.8	1306.26	14.8	1048.24	14
宿迁市	555.05	1304.81	12.8	宿迁市	209.72	4.3	604.52	16.6	490.57	12.3
菏泽市	831.37	1475.68	14.0	菏泽市	228.04	3.0	793.09	17.8	454.55	13.9
枣庄市	394.2	1561.68	10.9	枣庄市	126.4	2.0	920.32	12.3	514.96	10.5
济宁市	846.98	2896.69	10.8	济宁市	351.1	3.2	1535.9	12.9	1009.6	10.2
泰安市	551.4	2304.31	11.5	泰安市	215	3.8	1202.8	10.8	886.5	14.5
日照市	289.03	1214.07	12.1	日照市	112.08	3.7	660.66	13.5	441.33	12.2
莱芜市	126.95	611.88	10.6	莱芜市	41.18	2.7	370.4	11.8	200.3	10
临沂市	1003.94	2770.45	12	临沂市	279.01	3.8	1382.05	12.1	1109.39	14.2
亳州市	485.10	626.65	12.9	亳州市	164.04	5.0	248.4	20.2	214.21	11
蚌埠市	316.40	780.24	14.0	蚌埠市	144.38	4.3	384.88	20.2	250.98	10.8
淮北市	221.8	554.9	12.2	淮北市	46.9	4.8	368.1	14.6	139.9	8.6
阜阳市	1025.8	583.2	12.0	阜阳市	232.5	4.9	342.2	18.8	278.5	9.9
宿州市	649.23	802.4	13.7	宿州市	217.5	5.1	325.7	22.0	259.2	11.5
周口市	1120.6	1414.69	10.6	周口市	389.83	4.0	673.4	16.0	351.46	8.9
商丘市	890.5	1313	11.8	商丘市	317	4.0	646.06	15.9	354.79	10.1
开封市	467.62	1093.64	12.9	开封市	237.54	4.1	492.3	18.1	363.81	12.4
合计	12621.74	30731.79	—	合计	4491.46	—	15482.24	—	11032.84	—

2011年淮海经济区主要经济指标统计

淮海经济区主要经济指标(三)

地区	人均地区生产总值(元)	规模以上工业增加值	
		绝对量(亿元)	增长(%)
徐州市	41407	1802.29	17.9
连云港市	32119	534.75	19.4
淮安市	35181	661.15	16.8
盐城市	38222	1066.87	16.1
宿迁市	27501	373.99	21.2
菏泽市	17750	683.9	22.6
枣庄市	41746	931.98	13.0
济宁市	35729	1350.58	13.8
泰安市	41850	1228.31	14
日照市	43205	727.63	16.1
莱芜市	46983	324.71	13.53
临沂市	27596	1230.7	16.4
亳州市	12918	160.89	25
蚌埠市	21443	360.6	23.9
淮北市	26239	338.6	15.5
阜阳市	11202	290.5	23.0
宿州市	14970	285.8	25.1
周口市	12624	465.05	21.9
商丘市	14745	472.9	20.5
开封市	23387	355	23.6
合计	—	13646.2	—

淮海经济区主要经济指标(四)

地区	规模以上工业主营业务收入		规模以上工业利税合计		规模以上工业利润总额	
	绝对量(亿元)	增长(%)	绝对量(亿元)	增长(%)	绝对量(亿元)	增长(%)
徐州市	6903.41	44.3	1133.79	45.7	635.03	51.6
连云港市	—	—	282.63	23.2	180.88	21.3
淮安市	—	—	—	—	—	—
盐城市	—	—	—	—	—	—
宿迁市	1396.32	46.2	210.32	66.1	150.91	74.3
菏泽市						
枣庄市	3386.13	23.8	390.14	19.5	234.20	20.1
济宁市	4276.1	20.5	516.8	10.1	328.8	9.9
泰安市	4550.2	26.2	579.5	26.6	361.3	27.4
日照市	2516.05	29.7	196.35	7.1	136.44	5.1
莱芜市	1507.83	26.28	64.91	28.81	38.12	47.4
临沂市	5717.2	32.1	491.5	32.7	340.3	34.1
亳州市	445.4	73	50.65	86.2	29.08	100
蚌埠市	1207.09	61.3	104.22	20.4	40.34	16.0
淮北市	1482.6	60.2	141.6	36.8	65	51.2
阜阳市	830.0	34.3	136.8	35.7	79.5	36.8
宿州市	1102.6	77.7	63.25	102.7	38.25	164.3
周口市	1886.01	50.9			262.96	46.4
商丘市	1887.58	37.1	54.89	17.7	125.96	24.2
开封市	1385.51	40.4	208.89	29.6	156.03	30.9
合计	40480.03	—	4626.24	—	3203.1	—

2011年淮海经济区主要经济指标统计

淮海经济区主要经济指标(五)

地区	固定资产投资 绝对量(亿元)	固定资产投资 增长(%)	社会消费品零售总额 绝对量(亿元)	社会消费品零售总额 增长(%)
徐州市	2200.99	22.2	1117.54	17.9
连云港市	1240.93	24.8	500.23	17.4
淮安市	1009.99	22.3	547.85	17.9
盐城市	1586.98	22.4	895.09	17.9
宿迁市	787.64	28.4	336.26	17.3
菏泽市	552.29	24.8	775.2	18.1
枣庄市	823.77	24.1	480.6	17.3
济宁市	1526	18.5	1130.1	17.3
泰安市	1473.7	22.9	806.7	17.4
日照市	880.69	23.7	365.44	17.3
莱芜市	350.1	20	198.39	16
临沂市	1608.6	23.9	1366.1	18.1
亳州市	331.48	31.9	262.6	18
蚌埠市	650.92	32.6	319.3	18.4
淮北市	450.1	30.4	148.3	18.2
阜阳市	403.5	28.3	385.4	18.1
宿州市	480.03	32.8	229.2	18.2
周口市	851.77	23.1	579.80	18.3
商丘市	886.82	25.3	471.4	17.8
开封市	619.0	31.3	434.6	19.2
合计	18715.3	—	11350.1	—

淮海经济区主要经济指标(六)

地区	实际利用外资 绝对量(亿美元)	实际利用外资 增长(%)	进出口总额 绝对量(亿美元)	进出口总额 增长(%)	出口总额 绝对量(亿美元)	出口总额 增长(%)
徐州市	14.66	44.7	63.10	51.7	41.59	58.1
连云港市	6.1	-44.6	68.98	36.0	37.36	43.7
淮安市	16.1	54.1	28.5	31.5	10.1	50.3
盐城市	16.88	29.5	52.45	33.2	29.78	28.4
宿迁市	1.9	5.0	20.70	69.7	17.13	87.3
菏泽市	0.804	-32.2	27.32	49	14.41	18.9
枣庄市	1.2	-49.9	10.68	17.2	8.45	13.2
济宁市	7.33	60.1	57.5	28.7	30.7	33.5
泰安市	13.3	2.0	18.2	14.6	11.9	28.0
日照市	3.8	10	207.57	55.9	39.07	76.7
莱芜市	1.002	0.1	35.81	35.2	11.41	10.5
临沂市	2.69	-17.7	68.39	43.5	36.24	28.2
亳州市	2.46	55	3.28	37.3	3.04	36.8
蚌埠市	5.08	63.4	7.70	41.7	5.59	19.6
淮北市	3.01	57.3	2.42	21	1.90	35.5
阜阳市	1.4	29.1	6.47	81.8	5.07	79.3
宿州市	2.8	91.6	2.21	43.2	1.68	38.9
周口市	2.9	83.9	4.56	18.9	2.59	47.7
商丘市	1.68	61.8	1.94	46.2	1.66	65.3
开封市	2.35	82	3.0	25	2.28	21
合计	107.446	—	690.78	—	311.95	—

2011 年淮海经济区主要经济指标统计

淮海经济区主要经济指标(七)				淮海经济区主要经济指标(八)				
地区	地方财政一般预算收入		三次产业增加值比重	地区	城镇居民人均可支配收入		农民人均纯收入	
	绝对量(亿元)	增长(%)			绝对量(元)	增长(%)	绝对量(元)	增长(%)
徐州市	318.42	34.2	9.4:50.1:40.5	徐州市	19206	14.6	9490	19.3
连云港市	180.08	27.4	14.5:46.4:39.1	连云港市	21695	14.1	8434	19.8
淮安市	204.63	44.7	13.2:47.0:39.8	淮安市	20260	14.6	8645	19.5
盐城市	269.04	40.6	15:47.2:37.8	盐城市	22851	14.6	10511	19.1
宿迁市	120.98	35.1	16.1:46.3:37.6	宿迁市	16119	11.8	8344	19.6
菏泽市	111.59	31.8	15.5:53.7:30.8	菏泽市	16658	15.5	7119	22.5
枣庄市	100.12	30.5	8.1:58.9:33.0	枣庄市	20193	14.5	8397	18.2
济宁市	207.1	22.4	12.1:53.0:34.9	济宁市	19215	13.1	8712	16.9
泰安市	138.12	18.1	9.3:52.2:38.5	泰安市	22687	13.7	8794	18.2
日照市	68.5	23.2	9.2:54.4:36.4	日照市	20098	14.5	8756	16.7
莱芜市	39.23	11.07	6.7:60.5:32.8	莱芜市	23509	12.01	9626	15.82
临沂市	141.26	22.3	10.1:49.9:40	临沂市	24232	15	8018	18.6
亳州市	34.04	46.7	26.2:39.6:34.2	亳州市	18099	16.5	5638	20.3
蚌埠市	61.36	43.0	18.5:49.3:32.2	蚌埠市	18143	18.0	6615	18.9
淮北市	38.07	28.6	8.5:66.3:25.2	淮北市	17876	17.7	6313	18.3
阜阳市	55.73	35.3	27.3:40.1:32.6	阜阳市	16686	19.3	5100	21.8
宿州市	38.96	49.0	27.1:40.6:32.3	宿州市	17384	18.5	5720	20.0
周口市	48.72	27.2	27.6:47.6:24.8	周口市	14583.5	15.0	5447.6	20.8
商丘市	56.4	31.3	24.1:49.0:26.9	商丘市	16151	13.9	5637	20.6
开封市	49.05	32.5	21.7:45.0:33.3	开封市	15558	13.6	6492	20.4
合计	2281.4	—	—	合计	—	—	—	—

注:根据各市 2011 年统计公报整理。

机关团体

中共徐州市委

·综　述·

【概况】 2011年,中共徐州市委坚持以科学发展观为指导,紧紧抓住振兴徐州老工业基地、江苏沿海开发、融入长三角等重大机遇,牢牢把握主题主线,全面落实"八项工程",全力推进"三重一大",加快新型工业化、经济国际化、城市现代化、农业现代化和城乡一体化,加快产业转型、城市转型、生态转型、社会转型,统筹做好改革发展稳定各项工作。全市经济总量稳步增长,结构效益持续优化,全市主要经济指标增长连续6年高于全省平均水平,实现了速度、质量和效益协调快速增长的良好态势;不断扩大有效投入,项目质量明显优化,主要经济指标间的相关性,体现了又好又快发展的特征;全面加快"八大区域性中心城市"建设步伐,城市承载能力明显提升,加快推进新农村建设,城乡面貌发生翻天覆地变化;党的建设扎实推进,各项社会事业统筹发展,人民生活质量明显改善,社会和谐程度明显提升,全面小康社会建设取得重大进展,以市为单位在苏北率先基本建成全面小康社会,实现了"十二五"良好开局。全年完成地区生产总值3550亿元,增长13.5%;财政一般预算收入318亿元,增长43.3%,首次迈进全国"双三"城市行列,以市为单位在苏北率先基本建成全面小康社会。固定资产投资完成2201亿元,增长22.2%,其中工业投资1216亿元;10亿元以上在建项目达58个,增长70%;金融机构新增贷款突破300亿元,增幅全省第二;社会消费品零售总额1118亿元,增长17.9%。县域经济实现新突破。五县(市)和铜山、贾汪一般预算收入增长高于全市8.2个百分点,铜山、邳州、沛县、新沂4个县(市)区跨入全国百强行列,睢宁、丰县综合实力不断增强。粮食总产实现"八连增",农业产业化继续走在全省前列。发展环境实现新优化。徐台直航正式开通,国家环保模范城市创建成功,50平方公里高铁生态商务区建设全面展开,空军机场迁建、亿吨大港建设、轨道交通建设、国家高新区创建等一批重大事项取得突破性进展,为当前和长远发展开辟了更加广阔的空间。

【产业结构调整】 坚持主导产业高端化、新兴产业规模化、传统产业品牌化,全面落实转型升级工程,大力实施"四大行动计划",努力走出一条老工业基地振兴的成功之路。传统优势产业加速攀升。装备制造、食品及农副产品加工、能源、商贸物流旅游四大支柱产业规模均超千亿,分别达到2068亿元、1612亿元、1000亿元和2190亿元，全面完成省委、省政府确定的老工业基地振兴产业发展三年目标。煤盐化工和物流成为两个新的千亿产业，冶金、建材两个产业加速向千亿规模迈进。新兴产业加速扩张。高新技术产业连续三年保持70%以上高速增长，去年产值突破2000亿元，增幅达90%、居全省前列，占规模以上工业比重超过28%；新能源、新材料、新医药、物联网、软件和服务外包、环保六大战略性新型产业发展态势强劲。现代服务业加速集聚。老东门时尚街区、创意68等一批现代服务业集聚区顺利竣工，徐州软件园、回龙窝历史街区、中华老字号街区等功能片区加快建设，市级以上服务业集聚区达50个、入驻企业超过3700家，服务业增加值占GDP比重同比提高1个百分点。龙头企业加速崛起。徐工集团营业收入突破800亿元、居全球同行业第七，中能多晶硅产能跃居世界第一；去年全市新增超百亿工业企业3家、超百亿服务业企业2家，目前共有超百亿元工业企业7家，超50亿元服务业企业11家、其中2家企业过百亿元。

【城乡环境面貌改善】 充分发挥徐州都市圈在淮海经济区中的带动作用，加快新型城市化进程，集中力量打造淮海经济区产业、交通、商贸物流、教育、医疗、旅游、金融和文化“八大中心”。中心城市框架全面拉开。以部分行政区划调整为契机，高起点、高水平编制3000平方公里徐州市区总体规划，新城区、老城区、高铁生态商务区、徐州经济技术开发区、徐州高新区等五大城市板块联动发展，铜山、贾汪融入主城步伐不断加快。与此同时，5个中等城市建设水平明显提升，30个重点中心镇创建扎实推进，多中心、多组团的新型城市化体系加快形成。城市服务功能全面增强。188项年度城建重点工程顺利推进，高铁生态商务区一期、音乐厅、彭祖名人园、三环南路绿化提升、中山路省级示范路等标志性工程建成竣工，奥体中心、三环东路高架等一批重大项目开工建设，区域中心城市的辐射带动作用进一步凸显。城市人居环境全面改善。大力推进全域生态建设和绿色发展，扎实开展第二次进军荒山行动，全市森林覆盖率达31.5%、居全省第一，市区绿化覆盖率达42%，市区空气质量优良天数达335天，在国家环保部抽检中列全省前三位，水环境质量居全国先进水平，顺利通过国家森林城市创建考核评估，北雄南秀、山清水秀的生态城市特质日益彰显。城市管理水平全面提高。“大城管”体制和网格化、数字化城管体系逐步健全，对城市建筑色彩、立面、管线、轮廓等规划建设的管理进一步加强，市区道路综合整治及重点区域专项治理效果明显，淮海东路、中山南路被命名为省级市容管理示范路。

【改革开放深入推进】 重要领域和关键环节改革取得明显成效。稳妥推进事业单位岗位设置管理和绩效工资改革。稳步推进医药卫生体制改革，扎实开展基层医疗卫生机构综合改革，基本药物制度实现全覆盖。大力推进金融体制机制改革创新，明晰政府投入与市场运作界限，建好用好新盛、新田、新水、新城、高铁等政府投融资平台，在城建投入逐年扩大的情况下，将政府负债率保持在一个合理水平。深化国有文化企业内部机制改革，徐州市被评为全国文化体制改革工作先进地区。调整优化所有制结构，全市民营经济注册资本和增加值均超2000亿元，分别增长37%和15%。开放型经济发展实现重大突破。成功举办2011中国徐州第十四届投资洽谈会暨第四届汉文化旅游节、徐州（香港）投资推介会、徐州（深圳）投资推介会、徐州（上海）地产投资推介会和东南亚高新技术和现代服务业系列招商活动，全年实际到账注册外资14.7亿美元、增长44.7%，实现两年翻番，自营出口37亿美元、增长41%，总量苏北领先。全市省级以上开发区实现业务总收入5656亿元、增长70%，徐州经济技术开发区综合实力跃居江苏十强，7个省级开发区综合排名大幅提升，南北园区共建进一步加强。

奎山公园敞园改造工程建成

【民生幸福工程】 为民兴办的9大类56项实事全面完成，“两增两控两保”达到预期目标，民生民计不断改善。多措并举增收入、增就业，全年城镇居民可支配收入和农民人均纯收入分别达到19206元和9490元，增长14.6%和19.3%，年收入低于2500元的农村人口基本实现脱贫目标，全市城镇新增就业10万人，城镇登记失业率控制在3%以内。综合施策控物价、控房价，落实特殊群体临时价格补贴，重点抓好农贸市场提档升级和平价店建设，主动实施市区商品房限购政策和价格备案制度，全市CPI涨幅低于全省平均水平，普通住房价格涨幅已连续9个月下降。切实加强住房保障和社会保障，408万平方米棚户区一期改造全面完成，380万平方米二期改造工程正式启动，保障性住房建设超额完成全年任务；城镇居民社会养老保险付诸实施，医保、新农合、新农保、城乡低保基本实现应保尽保。

【和谐社会建设】 支持人大及其常委会依法履行职能，加快提高立法质量，提高监督水平，提高代表履职能力。支持人民政协围绕团结和民主两大主题履行职能，更好地发挥协调关系、汇聚力量、建言献策、服务大局的作用。支持民主党派、工商联和无党派人士履行参政议政、民主监督职能。做好新形势下的民族、宗教、侨务、港澳和对台工作，充分发挥工会、共青团、妇联等人民团体的桥梁纽带作用。认真落实常委议军议警制度，扎实开展双拥共建活动，促进经济建设和国防建设融合发展。深入推进平安徐州、法治徐州建设，“清网行动”综合绩效位居全省首位，杀人案件发案达到20

年来最低水平,微山湖省际边界地区连续9年保持和谐稳定,全市公众安全感同比提高2.1个百分点。不断加强和创新社会管理,在领导干部中深入开展“三解三促”活动,全面落实重点信访案件领导下访包案制度,全市进京赴省非正常上访持续下降,一大批征地拆迁、劳动社保、涉法涉诉积案实现“案结事了”,全年共完成社会稳定风险评估事项832个,从源头上维护了社会和谐稳定大局。

【精神文明建设取得新成果】 深入开展中国特色社会主义理论体系学习宣传,学习型党组织、学习型领导班子创建扎实推进。不断深化公民道德实践活动,切实加强未成年人思想道德建设。认真做好全国文明城市创建迎检工作,广泛开展“学会文明走路,学会文明开车,学会文明说话”等文明实践活动,徐州市荣获全国文明城市提名。精心组织开展加快“两个率先”、建设美好徐州主题宣传报道,积极营造推进“三重一大”、奋力争先进位的强大声势,进一步激发了全市上下干事创业、创新发展的激情豪情。加大城市形象宣传推广力度,举办“海外华文媒体看徐州”、“两岸广播徐州行”系列活动,继续开展“天南地北徐州人”大型采访,充分展示了徐州的城市魅力与活力。加强对社会热点问题的引导,强化网路舆情监督管理,牢牢掌握舆论引导主动权。整体推进文化产业发展繁荣,制定出台加快推进文化强市建设的《意见》,着力打造“舞动汉风”文化品牌。音乐厅、名人馆、胡琴博物馆等文化场馆建成开放,奥体中心、博物馆“四位一体”工程、吕梁山风景文化区、徐师大文化创意产业园、徐州动漫园等重大文化项目顺利推进,文化建设的载体支撑不断加强。成功举办徐州市十四洽主题晚会、第四届胡琴艺术节、首届动漫艺术节等大型文艺活动,创作生产电视剧《小小飞虎队》、动画片《百吉学堂》等一批文艺精品,长篇小说《富矿》、《沙漠综合症》分别入围第八届茅盾文学奖和第五届鲁迅文学奖,歌曲《长白山》、《天上人间》获全国声乐作品征集大赛金奖。

【党的建设】 圆满完成市、县、镇三级党委换届工作,市县镇党委换届选举成功率达100%,各级党委班子结构明显优化、能力素质明显提升。积极推进干部人事制度改革,探索建立重要干部全委会民主推荐和任命票决制度,加大竞争性选拔干部力度,在全市分两批公开选拔17名年轻镇长,对5名市级机关正职干部的选拔任用实行“四差额”,机关中层干部竞争上岗比例达到58.3%。建立健全科学发展考核体系,调整完善县(市)区综合考核办法,对114个乡镇分综合发展类、鼓励发展类、优化发展类、限制发展类和禁止发展类等五大类实行差异化考核。全面开展创先争优活动,深化拓展“争当五星村支书”、“争创五好支部、建设和谐社区”等活动,基层党组织的凝聚力、战斗力、创造力明显增强。突出抓好非公企业和新社会组织党建工作,全市非公企业和社会组织党组织组建率分别达到80%和53.3%。坚持标本兼治、综合治理、惩防并举、注重预防的方针,科学制定加强惩防体系建设《实施办法》,着力构建具有徐州特色的惩防体系基本框架。紧紧围绕市委中心工作开展监督检查,推动中央和省、市委决策部署的贯彻落实。深入开展“勤廉双优、务实为民”专题教育活动,引导广大党员干部勤廉从政、执政为民。创新开展领导干部“晒权力、晒政绩”活动,加强对权力运行的监督、对工作实绩的考核,进一步牢固树立勤政廉政优政的鲜明导向。继续开展纠风专项治理和机关绩效考核活动,机关效能和作风建设水平不断提高。始终保持惩治腐败高压态势,全市共立案查处各类违纪违法案件1095件,其中科级干部案件99件、县处级干部10件。切实加强市委常委会自身建设,认真贯彻民主集中制,坚持重大问题集体讨论、集体决定,推进决策的科学化、民主化。认真抓好市委中心组学习制度的落实,市委中心组连续被省委评为先进学习中心组。各位常委都能从大局出发,相互之间坦诚相待、密切配合,积极参与集体领导,认真抓好分管工作,同心协力落实常委会的决策部署。 (郭 威)

·纪律检查·

【惩防体系建设】 制定徐州市进一步加强惩防体系建设的《实施办法》。系统构建主体框架,出台《全面实施反腐倡廉建设“八大工程”的意见》,项目化推进“护航保障、清风润德、正本清源、监督制衡、惩腐肃贪、廉政实事、创新引领、素质提升”等八大工程。市委成立市惩防体系建设暨实施“八大工程”领导小组,建立惩防体系建设市委常委联系点制度,出台惩防体系建设牵头和协办单位合力推进的《意见》,形成推进工作的整体合力。12月6日,市委书记曹新平代表市委在全省惩防体系建设工作会议上作交流发言,介绍徐州市经验做法。

【党风廉政教育】 在全市党员干部中开展“勤廉双优、务实为民”主题教育,举办“彭城清风”庆祝建党90周年系列活动,全市组织反腐倡廉宣讲报告、廉政文艺演出等活动620余场次、廉政培训545期,受教育党员干部7万余人。坚持领导干部廉政自省日制度,通过《读文思廉》、廉政短信等进行提醒教育,运用典型案件开展警示教育。加强对《廉政准则》贯彻落实情况的监督检查,深入治理领导干部违规收送现金、有价证券、支付凭证和收受干股等问题。“510”廉政账户新增缴款186万元,“购物卡廉政专柜”收到上缴的购物卡(券)价值290余万元。开展反腐倡廉历史文化资源普查,加强廉政文化示范点建设,全市新增省级示范点8家、市级14家,形成了营造知荣辱、讲正气、促和谐的浓厚氛围。

【重大事项督查】 围绕加快转变经济发展方式,开展对规范和节约用地、节能减排、环境保护、房地产市场调控等监督检查637次,纠正整改问题207个。围绕“三重一大”,实施联合督查、派驻监察,确保亿吨大港、奥体中心等重大工程廉洁推进。积极参与全国文明城市、国家环保模范城市、国家森林城市等创建活动,切实履行监督职责,促进各项创建工作顺利开展。围绕保稳定保民生,开展保障性住房建设效能督查48次,发现并督促整改问题34个,推动新建1.8万套保障性住房任务的落实。会同有关部门着力解决征地拆迁、安全生产等方面的突出问题,参与丰县"12·12"校车交通事故调查处理。

【案件检查】 市委成立反腐败协调小组,加强对查办案件工作的组织领导。各级纪检监察机关坚持有案必查、有案查好,全市共立案查处各类违纪违法案件1095件,其中县处级干部案件10件、科级干部案件99件,挽回经济损失6755万元。推行市直机关查办案件"2+2"模式,实施案件检查工作质量考核,开展业务大练兵活动,不断提升办案能力和水平。创新信访监督方法,项目化推进信访举报工作。加强案件监督管理,完善案件审理制度体系,有力保证案件质量,保障被调查人合法权益。

【权力监督】 把加强对权力运行的监督制约作为重点,充分运用述职述廉、诫勉谈话、函询、信访监督等手段,加强对领导干部日常行为的监督。开展领导干部"晒权力"试点活动,市城管局、市市政园林局等8家单位将领导干部重要节假日工作生活情况,通过内部网站或公示栏进行公开,自觉接受干部职工监督。规范行政权力网上公开透明运行,全市累计网上办理行政事项近72万件。开展公房租赁公开竞拍工作,市属行政事业单位门面房公开竞拍招租17处,租金收益增幅212%。聘请173名大学生村官担任市纪委、市监察局廉情信息员,加强基层监督力量。推行农村党风廉政建设"三级联建",实现村级勤廉述评工作、村务监督机构、农村集体"三资四化"管理、农村基层党务公开"四个全覆盖"。

【纠风和专项治理】 坚持以人为本、执纪为民,着力维护群众切身利益。加强重点民生工程督查,解决一些涉及城镇居民医保、农贸市场管理等民生领域突出问题。实施"政策引导、勤廉指导、温情疏导、法制督导"征迁安置工作新模式,规范征迁安置行为。实行建设工程招投标市场、工程施工现场"两场联动"管理,深化工程建设领域预防腐败工作。推行药品集中招标采购,让利患者2亿多元。深化治理教育乱收费工作,查处违规收费15.8万元。开展清理和规范庆典、研讨会、论坛活动,总体较上年度压缩了20%。开展公务用车专项治理,完成对超编、超标等违规车辆清理登记工作。对14个具有行政执法职能部门的政风行风建设情况进行民主评议,达到以评促建的效果。建成"12345"政府公共服务热线,启动运行声屏报网"四位一体"行风热线,畅通群众诉求渠道,为民办实事解难事。 (市纪委)

·组织工作·

【概况】 2011年,全市组织系统紧紧围绕"两个率先"大局和"三重一大"部署,求真务实,开拓创新,选干部配班子、建队伍聚人才、抓基层打基础的各项工作取得新的进展,8个方面30项年度重点工作全面完成,在全国组织工作满意度民意调查中,徐州市选人用人公信度、组织工作满意度得分大幅提高,进入全省先进行列。

【市县镇三级党委集中换届】 在充分调研的基础上,市委常委会对换届职数设置、人事安排、年轻干部选拔方式、换届考察人选确定等研究提出原则性意见,人事调整工作严格按照既定原则推进,既科学规范,又便于操作。县(市)区委人事调整做到"四个通盘考虑",实现了年龄调轻、结构调优、能力调强的目标。新一届镇党委领导班子的年龄、性别、学历、经历结构也明显优化。始终坚持"以科学发展论英雄、凭德才实绩用干部",突出选优配强党政"一把手"。镇党委换届紧密结合镇域发展分类考核,大力选拔学有所长、干有实绩、发展急需的干部,17名新任党委书记中有15人从镇长岗位转任。县(市)区委换届更加注重考核干部干事创业的实绩、促进科学发展的实效和人民群众得到的实惠,新提拔的15名常委都来自于副处级后备干部,都经过"三重一大"等中心工作的实践锻炼。进一步扩大干部工作民主,逐轮差额产生拟提拔人选,特别是采取"四差额"办法产生了4名县区长人选,做到了"好中选优、优中选适"。切实加大干部交流力度,在严格落实政策性交流的同时,对新提拔的35岁左右年轻干部全部易地交流任职,从市级机关选拔了8名同志充实到县区,安排13名县(市)区党政干部到市级机关工作,10个县(市)区委交流干部占班子成员总数的29%。在全市范围内超前培养、差额选拔35岁左右优秀年轻干部,有效保证了结构性人选质量。公推公选结构性人选、加大干部交流力度等经验做法被中组部收录为换届工作创新案例。坚持教育在先、警示在先、预防在先,严格落实"5个严禁、17个不准和5个一律"的纪律要求,建立健全换届纪律宣传教育、系统内外协作配合、督导巡查监督联动、违纪问题应对查处等四项机制,市县两级选聘了297名选人用人风气监督员,形成了上下联动、左右互动的监督网络,市县镇三级党委换届风气满意率分别达到99.8%、99.3%和97.6%。市县镇党委换届选举成功率达100%。

【领导班子和干部队伍建设】 全年新提拔县处级干部141人,交流126人,市管领导干部队伍总量保持平衡,结构进一步优化。一是统筹推进各项改革举措。采取"四差额"的办法,选任了市接待办主任、市级机关工委书记等5名市级机关正职。进一步规范市级机关中层干部选任工作,竞争上岗比例提高到58.3%,继续走在全省前列。深化国有企业"四好"领导班子创建工作,调整充实了36家市管企事业单位领导班子。进一步完善干部激励机制,对符合条件的11名镇党委书记和新沂经济开发区2名干部高配级别。"实施镇域发展分类考核,引领乡镇干部争创一流"的做法受到各界关注,省委书记罗志军做出批示,荣获"全省组织工作十佳创新创优成果"第六名。二是深入开展大规模培训干部工作。研究制定干部教育培训五年规划,启动实施"万名党政干部轮训"等七大工程,各级领导班子和领导干部推动科学发展的能力进一步提高。市级举办主体班次12期,对395名县处级干部、后备干部、女干部和选调生实施分类培训,对106名新任镇党政正职开展任职培训。大力开展专题培训和境外培训,先后举办社会管理、城镇建设与管理、资源型城市转型与可持续发展等班次,培训各类干部376人。三是切实加强年轻干部的培养锻炼。研究出台《进一步做好大学生村官培养使用工作的意见》,组织开展"染牢农民底色"教育和"创业富民、阳光育才"系列活动,199名符合条件的大学生村官报名参与镇党委换届,18人进入镇党委班子,500名优秀大学毕业生新加入大学生村官队伍。创新选调生培养锻炼机制,在全省率先出台加强选调生培养使用的意见。从大学生村官、村党组织书记、"苏北计划"、"三支一扶计划"等人员中招录公务员85名,招聘事业单位工作人员133人。继续选派优秀年轻干部到先进地区和信访、扶贫、援疆一线锻炼。结合政府换届,公开选拔了10名30岁左右年轻干部作为镇长和街道办事处主任人选。四是从严做好干部监督管理工作。认真开展领导干部选拔任用"一报告两评议",覆盖面扩大到各县(市)区委和59家市直单位。"三责联审"工作逐步深入,全年完成"三责联审"21人,对未列入联审计划的领导干部尤其是党政"一把手",及时委托审计部门开展经济责任审计,先后下达离任经济责任审计任务7人。

【人才队伍建设】 积极创新人才工作制度机制。推行招才引智与招商引资"双招联动",在全省率先研究制定《招才引智工作考核奖励办法》,配套出台《考核评分指标》和《考核实施细则》,并纳入县区科学发展综合考核,极大地激发了各地抓好人才工作的积极性。中组部《人才工作简报》推介了徐州市的经验。启动"校企合作共赢计划",放大科教、产业优势的叠加效应,明确四项工作重点和八条扶持政策。扎实推进人才工作基础建设,市县两级在全省率先发布人才统计公报。扎实推进重点人才工程。围绕六大千亿元产业和六大战略新兴产业,广泛开展招才引智活动,全年新引进高层次创新创业人才400多名,聘请30多位国家"千人计划"等领军人才为徐州市招才引智顾问。省"333工程"换届,徐州市入选二层次6人、全省第四,三层次122人、全省第五。40名企业家入选省首批"科技企业家培育工程",全省第四。30人入选省"企业博士集聚计划",全省第五。178人入选"苏北急需专业人才引进计划",占入选总数的35%。徐州经济技术开发区、泉山区、铜山区入选全省人才工作先进县(市)区。引领各类人才向发展一线集聚。省市县联动开展"双创计划"评审,完成网上申报118名,省级入选22人,获资助1400万元,保持苏北领先位次,市级表彰资助18人,进一步强化了对地方发展贡献的导向。继续大力实施"研究生企业集聚工程",市级对200余名硕博士研究生进行专项补助,补助金额600万元。"科技镇长团"试点工作成效明显,铜山区、新沂市被省纳入苏北首批3家试点县区。大力扶持大学生创业,市区大学生创业企业发展到800多家,组织开展"徐州百企东北校园行"系列活动,引进博士硕士研究生480人、"211工程"大学本科毕业生1160人。积极拓展高层次人才创新创业渠道。大力实施"创新平台建设计划",全市本土大中型企业和47%的规模以上工业企业建立了研发机构,企业研发机构总数比上年翻两番。全年新增院士工作站7家,实现总量翻番。新增省级"人才基地"3家、省级工程技术研究中心28家、省级企业技术中心5家、博士后创新实践基地4家。徐州高新区顺利通过科技部专家组验收,大学科技园在全国大学科技园评估中荣获第九名。徐工集团、中国矿大被省确定为首批人才强企、人才强校试点单位。

【基层党组织和党员队伍建设】 深入开展创先争优活动。创设"支部联动、党群连心"活动载体,全市7830对基层党组织开展结对共建,为民办实事2.1万件。在窗口单位广泛开展"为民服务创先争优"主题活动,组织6万多名党员参与"三亮三比"活动,努力打造群众满意服务窗口和服务品牌。人民网、中央活动简报、新华日报、省活动简报等省级以上媒体先后报道徐州市活动信息360多篇。统筹推进农村基层党建工作。进一步深化"五星"争创活动,试行以工作项目化、承诺公开化、评议民主化、奖惩星级化为主要内容的村干部"四化"管理办法,200名"五星"村党组织书记受到表彰。深入推进村级"四有一责"建设,50个村综合服务中心列入为民办实事项目,高质量完成277个村综合服务中心改扩建工作。不断完善农村三级公共服务网络,全市114个镇全部建立了党务政务服务中心,2234个村全部建立了服务代办站,配备为民服务代办员5113名。创新开展城市基层党建工作。实施"两会三区党建提升工程",开展非公有制企业党组织组建工作"集中推进行动",全市非公有制企业和社会组织党组织组建率分别提高到81.2%和53.3%。在全省率先开展县(市)区四套班子领导成员"联系社区服务民生"试点,取得阶段性成效。组织社区党建"百日提升行动",推动社区"三有一化"建设,继续开展"争创五好支部,建设和谐社区"活动,30家"五好社区党组织"受到表彰。不断提高党员队伍建设水平。认真落实发展党员工作五年规划,全面推行发展党员"321"工作法,建立健全农村发展党员薄弱村备案监管制度,将15个村列入重点监管名单。继续深化农村党员带头创业工程,命名表彰了29家农村党员带头创业示范基地。积极推进远程教育"双创双争"活动,不断放大强基富民作用,睢宁县沙集镇东风村被誉为网络时代的"小岗村",经验做法入选全省组织工作创新创优成果。(*户 磊*)

·宣传工作·

【主题教育活动】 市委宣传部围绕市委、市政府中心工作,策划实施"推动跨越发展,建设美好徐州"主题教育活动。成立党的十七届五中、六中全会和省市党代会精神宣讲团,深入企业、农村、社区、高校宣讲中央和省、市委有关精神,举办宣讲报告会30余场,2万多人次现场聆听报告会,进一步坚定了党员干部群众推进"两个率先"的信心和决心。围绕深入学习宣传徐州"十一五"时期巨大成就、努力实现"十二五"发展目标,下发《关于开展"基层形势政策宣传教育创新案例"评选活动的通知》,共征集创新案例50余个。以迎接建党90周年为契机,举办“南湖红船——纪念中国共产党成立90周年经典老歌原唱音乐会”、“颂歌献给党——庆祝中国共产党建党90周年大型文艺演出”、“激情放歌心向党”大型群众歌会等各类群众性纪念活动1200多场次,参与群众达80多万人次。组织策划“群星谱——为建设美好徐州建功立业”典型宣传。按照“善操作、会落实、能创新”的工作要求,组织市属新闻媒体深入“三重一大”建设一线采访,每周推出一星,努力在全社会形成人人干事业、个个争贡献的生动局面。12月12日,新华社、中央电视台等9家主流媒体到徐,专题报道了徐工集团自主创新的经验。

【理论武装工作】 一是推动学习型党组织、学习型领导班子建设制度化规范化。成立市建设学习型党组织、学习型领导班子工作协调小组,下发《建设学习型党组织、学习型领导班子实施意见》,推出一批学习型党组织示范点,《新华日报》以《徐州:学习让发展的引擎更有力》对徐州市学习型党组织建设经验进行专题报道,并对新沂市“四树工程”、沛县“五学机制”进行了集中报道,徐州市连续三年获省冬训工作先进单位。二是创新党委中心组学习模式。充分发挥市委学习中心组的表率作用,举办月度集中学习研讨、季度学习辅导报告、年度领导干部学习读书会(务虚会),推动县处级党委中心组规范化、制度化建设。先后在全市开展领导干部“上讲台”、“读书调研”等系列活动,进一步拓展领导干部的理论视野。三是组织纪念建党90周年专题学习活动。以“爱党爱国爱家乡”为主题,组织“重温党的光荣历史,牢记党的宗旨使命”主题党日活动,开展徐州地方党史革命史征集,举办学党史报告会、专题讲座等,进一步引导激励广大共产党员爱岗敬业,创先争优。

【重大新闻宣传】 一是“走基层、转作风、改文风”活动扎实有效。按照“走到底、转到家、改到位”的工作要求,组织开展“百名记者一线行”等活动,开设“民生提问”、“我在基层”等专题专栏,近千名采编人员与基层群众同吃同住同劳动,建立基层联系点120余家,下基层结对800余对,徐州市新闻媒体“走转改”活动注重“四个一”的工作经验被全国“三教办”走转改简报全文刊发。二是党代会宣传氛围浓厚。组织市属媒体开设“喜迎市第十一次党代会”、“新徐州新传奇新征程”等专题专栏,全面客观报道党代会召开盛况,有序有力做好党代会精神解读等会后宣传。新华日报“三大转型助力徐州再出发”、“把热烈的掌声送给转型中的徐州”(新华短评),浓墨重彩地宣传徐州市“十一五”期间取得的巨大成就。三是“三重一大”主题宣传声势浩大。将“三重一大”宣传项目化、典型化、实时化、生动化、情节化,采用现场报道、工程追踪、人物访谈等手法,集中宣传市委市政府全力推进“三重一大”的重大举措和成效。四是“创城”工作宣传有声有色。围绕创建国家环保模范城市、全国文明城市、国家森林城市、国家生态园林城市等目标,深入宣传报道徐州市创建工作进程和取得的成绩,积极营造良好社会舆论氛围,市属媒体累计发稿3200余篇(条)。五是对上宣传成绩斐然。建立新闻选题联席会议制度,选取经济转型升级、文化产业发展等徐州市的创新实践、特色工作、典型经验,精心策划选题,积极向上级媒体发稿,全年在新华社、《人民日报》、中央电视台、《经济日报》、《新华日报》等省级以上主流媒体及主流门户网站上发稿3200余篇(条),头版头条23篇。其中,《舞动汉风:徐州文化强市新期许》、《徐州:变的辩证让优势永恒》等稿件产生较大社会反响。

【文化事业产业】 一是文化产业发展整体推进。市委、市政府召开全市文化建设工作会议,下发《关于贯彻党的十七届六中全会〈决定〉推进文化强市建设的意见》、《关于加快文化产业发展推进重大项目建设的实施办法》等文件。组织对全市民营文化企业调研摸底,梳理、包装一批成长性好、拉动性大、示范性强的文化企业,排出20家本地民营骨干文化企业和10家域外投资民营文化企业,举办徐州(深圳)文化产业项目推介恳谈会,组织参加第七届中国(深圳)国际文化产业博览交易会,徐州市获得优秀组织奖和优秀展示奖两项大奖。2011年5月,中宣部等4部门联合表彰完成中央既定各项重点改革任务、进度较快的先进地区,徐州市荣获“全国文化体制改革工作先进地区”荣誉称号。二是重大文化项目建设有序推进。新建成音乐厅、名人馆、胡琴博物馆并对外开放,加快推进老徐州历史文化片区、奥体中心、博物馆“四位一体”工程、吕梁山风景文化区、徐师大文化创意产业园、徐州动漫影视基地等重大文化项目建设,进一步推动文化产业集聚。三是文化惠民活动丰富多彩。举办“一城山水两汉风”——徐州第十四届投资洽谈会暨第五届汉文化旅游节开幕式主题晚会、举办徐州首届民间收藏艺术节等大型文艺活动。承办“2012年江苏省暨徐州市文化科技卫生‘三下乡’”活动,省和徐州市各有关部门、单位捐赠款物831万元,创造了捐赠总额最多、捐赠现金最多的新纪录。与省文联联合主办江苏省第四届曲艺“芦花奖”颁奖晚会,徐州市获得7项大奖。开展“乡里乡亲四季歌”农民才艺展演,全年组织送戏520场、送电影24760场、送图书17万册,进一步丰富群众文化生活。四是积极创新徐州艺术馆、音乐厅运营模式。徐州艺术馆深入挖掘徐州市汉代收藏丰厚资源,举办徐州首届民间收藏艺术节、龙年新春收藏品交易大会等,吸引淮海经济区几十万人前来淘宝。徐州音乐厅与北京驱动传媒合作,积极组织各种形式艺术普及活动,让更多百姓走进高雅的艺术殿堂,运营8个月来演出70多场次,观众达7万多人次。五是文艺精品生产成果丰硕。先后制作完成《小小飞虎队》、《大风歌》、《百吉学堂》、《少年彭祖》等一大批影视剧和动漫作品。其中,电视剧《小小飞虎队》被国家广电总局推荐为庆祝建党90周年优秀剧目并在央视一套黄金时间播出,104集动画片《百吉学堂》登陆央视少儿频道。长篇小说《富矿》、《沙漠综合症》分别入围第八届茅盾文学奖和第五届鲁迅文学奖。

【对外宣传】 一是组织"海外知名媒体徐州行"系列活动。加强与涉外部门联系沟通,整合全市外宣资源,先后成功举办"海外华文媒体看徐州"、"两岸广播徐州行"系列外宣活动,10多家境外媒体发表采访报道30余篇(条)。二是扎实推进新闻、经贸、文化外宣。结合徐台首航活动、2011中国徐州(深圳、香港)招商周等,邀请台湾中天电视台等30余家媒体来徐,集中宣传报道"中国·徐州两岸四地慈善文化论坛"活动盛况。举办"经邦论道·郎眼看徐州"主题经济论坛,纵论城市转型发展之策,探析中国制造变革之路,在观众和网民中反响热烈。三是与海外媒体合作宣传推介徐州。策划两汉文化、能源之光等选题,与《国际日报》、香港《大公报》、香港《文汇报》等媒体合作,推出《楚风汉韵大汉之源——走进秀丽徐州》、《徐州:延续历史文脉的时尚之城》等70多期徐州专版。

【文明创建工作】 一是扎实推进创建全国文明城市工作。按照《全国文明城市测评体系》要求,分解任务,明确责任,狠抓落实,重点实施市容市貌、交通秩序等七大专项整治行动,着力"治违"、"治堵"、"治脏"、"治乱"、"治暗",消除城市顽疾,市容市貌显著改观。深入开展"学会文明走路,学会文明开车,学会文明说话"主题实践活动,文明城市创建工作措施实、氛围浓、市民参与度高。徐州市顺利通过省测评组验收,荣获"全国文明城市提名资格"称号,丰县、沛县、邳州、新沂荣获"省文明城市"称号。二是广泛开展公民道德实践活动。扎实开展"学模范·做好人"、"我推荐、我评议身边好人"活动,组织道德模范到机关、社区、农村巡讲338场,听众达20多万人次。做好第三届全国、全省道德模范评选推荐工作,3人当选省第三届道德模范及获提名奖,15人荣登"中国好人榜"。三是积极探索农村精神文明建设新途径。大力培育推广睢宁县"舞动乡村"的经验和做法,把乡村文化活动打造成创新基层社会管理的新载体、丰富基层群众生活的新举措,新华社、《人民日报》、《新华日报》、《农民日报》等20多家媒体对此作专题报道。四是切实加强未成年人思想道德建设工作。举办"做一个有道德的人"、"学党史、唱赞歌、树美德"主题教育实践活动,徐州市有1人当选省"十大美德少年标兵"、7人当选省"百名美德少年"。积极组织参加"童心向党"——第三届"童声里的中国·唱支歌儿给党听"歌咏比赛活动,徐州市获得一等奖2项,《小村官》荣获全国优秀童谣征集二等奖。扎实做好留守儿童、特殊群体未成年人教育管理工作,央视《焦点访谈》栏目以"让监护不再缺失——关注留守儿童"为题推介了徐州市的经验和做法。

【网络舆情导控】 一是理顺网络管理体制机制。建立舆情分析联席会议制度,制定下发《关于加强和改进全市互联网管理工作的实施意见》、《徐州市突发网络舆情应急处置工作流程》、《关于建立徐州市网络发言人制度的规定》,建立健全互联网管理"1+3"组织架构和"2-4-24-48"突发网络舆情应急处置工作机制,首批82家网络发言人经培训后上线发言。二是不断完善舆情搜报研判工作。积极探索创新网络舆情搜集报送、应对处置方法与途径,徐州市被国新办确定为网络舆情直报点,并在全省网络宣传管理工作会议上作经验介绍。全年累计编报《每日舆情》、《网络舆情专报》、《网络舆情分析》、《国内外舆情动态》、《网情快报·手机版》等舆情信息共723期,市领导做出重要批示200余次。三是着力化解突发性舆情危机。加大与上级网管部门和重点网站的沟通力度,突出抓好先期处置、事态掌控、新闻发布、舆论引导、媒体协调、后期处置等环节流程,全年共发布宣传提示50余次,发布引导贴文5000余条。主动化解"丰县校车事故"等涉徐负面舆情,新华社和人民网均予以充分肯定,新华社以《善用舆论监督,牢牢把握舆论主导权》为题,推介徐州市应对丰县校车事故舆情的工作经验。四是积极开展网络宣传活动。邀请新华网、新浪网、凤凰网、腾讯网等10余家国内知名网络媒体记者来徐采风,开展"红色足迹徐州行"、"全国知名网络媒体行"等活动,进一步加强网络正面宣传力度,展示徐州美好形象。 (市委宣传部)

·统战工作·

【概况】 引导统一战线广大成员积极献计献策。协助市委、市政府召开民主协商会、座谈会、情况通报会4次,就党代会报告、政府工作报告、人事安排等广泛进行征求意见和民主协商。落实"市委出题、两办发文,党派选题、部门配合,参政议政、转化成果"的工作机制,推动各民主党派、工商联、无党派人士组成专题调研组,有针对性地组织考察调研,对徐州市经济社会发展提出建设性的意见建议。继续开展以"真了解、真参与、真服务"为主要内容的"三真"活动,组织党外代表人士到铜山区、市中级人民法院考察调研,为区域发展和司法公正建言献策。以商会经济促发展。在南京成功组建了徐州商会,会员单位近200家。成立了首家跨省商会——淮海经济区(徐州)煤炭运销商会,发展会员单位53家。成立徐州市第六家异地商会——豫商商会,首批发展131家会员,通过"商会经济"壮大会员企业的经济实力,实现商会的规模效应和商会会员的群体扩张。支持帮助非公有制企业加快发展。贯彻落实中央《关于加强和改进新形势下工商联工作的意见》精神,加强工商联工作,指导县(市)区完成工商联换届工作。引导非公有制企业加强科技创新、制度创新、管理创新,加快产业结构调整,提高市场竞争力和可持续发展能力。举办"2011中国·徐州首届民营企业峰会论坛",探索建立新型生产关系,促进各生产要素集聚发展的新途径。协助中小企业诚信促进会完成换届工作，推动企业诚信经营。制定《关于开展徐州市非公有制经济代表人士综合评价的意见》，进一步规范非公有制经济代表人士的培养考察、推荐选拔和考核评价工作。在中国人民大学举办首届民营企业法律研修班，提高民营企业家知法、守法、用法的能力。

【社会稳定维护】 积极开展统战系统社会管理创新工作。在市委、市政府作出加强和创新社会管理的一系列决策部署后，市委统战部及时传达贯彻，部署开展统战系统社会管理创新工作。在充分调研的基础上，出台了《徐州市中级人民法院与各民主党派市委、工商联和无党派人士联系工作规则》，进一步畅通和拓宽社会各界的利益表达渠道。建立市中级人民法院、工商联诉调对接机制暨驻商(协)会司法服务站，主动加强矛盾纠纷的源头治理。举办徐州异地商会公益性用工招聘会，78 家企业提供了 315 个职位，约 3000 个岗位。建立民营企业用工对口培训制度，提高就业人员的专业技能。举办首届国际徽商弘扬中华文化高峰论坛，推动爱国主义教育，促进社会和谐。落实统战部、工商联领导联系非公有制企业(重点项目)、非公有制经济代表人士制度，协调解决企业生产经营中的问题，维护企业合法权益。市委统战部被新增为市社会管理综合治理委员会成员单位，并牵头负责"两新"组织社会管理创新工作。切实维护民族宗教领域和谐稳定。始终把维护民族宗教领域和谐稳定作为工作重点，强化对民族宗教工作的领导和协调。开展以"各民族共同团结奋斗、共同繁荣发展"为主题的民族团结进步宣传月活动，集中宣传党的民族政策和国家的法律法规，增强广大干部群众的民族法律意识和政策观念。在深入调研论证基础上，制定了《关于加强宗教事务管理的意见》，提高依法管理宗教事务的水平。深入推进"星级平安和谐宗教活动场所"创建活动，制定完善《徐州市星级平安和谐宗教活动场所创建活动综合评价体系》，规范创建活动。指导帮助天主教徐州教区和市天主教爱国会举办"钱余荣主教百岁寿辰、耶稣圣心堂建堂百年"的"双百"庆典活动。积极开展港澳台海外统战工作。结合市海外联谊会换届筹备工作，开展海外重点人物调查，进一步整合资源。加强与海外华侨、侨团、社团的联系交流，接待澳洲中国和平统一促进会、加拿大加中国际商会等团体来徐参观考察。

【政治引导】 以纪念中国共产党成立 90 周年为契机，加强政治引导，进一步增强统一战线广大成员接受中国共产党的领导、走中国特色社会主义道路的自觉性和坚定性，不断巩固共同的思想政治基础。一是开展系列庆祝纪念活动。组织统一战线成员认真学习胡锦涛总书记"七一"讲话精神，召开各民主党派市委、市工商联、无党派人士，民族宗教和台侨界代表人士及有关方面负责同志参加的座谈会，纪念建党 90 周年。举办"同心颂·为党祝福"——全市统一战线各界人士庆祝中国共产党成立 90 周年歌咏会、"南湖红船"——老歌原唱音乐会，展现中共和党外人士风雨同舟、肝胆相照、荣辱与共的浓厚情谊。全市各级统战部门通过召开各种专题座谈会、访寻革命旧迹、参观史实展览等形式，引导统一战线成员进一步继承和弘扬优良传统，切实增强走中国特色社会主义道路的自觉性。二是协助民主党派加强自身建设。举办民主党派和无党派知识分子联谊会新成员培训班、学习多党合作的历史，继承优良传统。在深入调研、广泛征求意见的基础上，形成了《徐州市各民主党派组织发展工作规程》，使民主党派的组织发展工作更加规范。认真落实《关于进一步建立健全民主党派市委机关制度建设座谈会纪要》要求，突出机关制度建设，提高机关工作效能。三是精心组织专题教育活动。围绕树立和践行社会主义核心价值体系，在民主党派成员、无党派人士中，举办专题报告会，收看先进人物光盘、岗位建功立业等活动，不断深化主题教育活动。深入开展非公有制经济组织创先争优活动，深化对"同心"思想的理解。

【党外代表人士队伍建设】 协助 6 个民主党派市级组织完成换届工作。推动市委常委会研究出台《市委统战部关于协助民主党派做好换届工作的意见》。按照市委的要求，召开全市民主党派换届工作会议，积极稳妥扎实地开展工作。协助市各民主党派领导班子成员在民主党派全委(扩大)会议上进行述职、民主评议和民主推荐后备干部工作，切实加强民主党派领导班子建设，为换届工作打下良好基础。经过周密准备、精心组织，换届工作顺利圆满。协助致公党筹委会成立了致公党徐州市委员会，全国政协副主席、致公党中央主席万钢出席大会并讲话。加强党外人士教育培训工作。认真贯彻全国党外人士教育培训会议暨社会主义学院会议精神，召开全市党外代表人士教育培训工作会议，总结党外代表人士教育培训工作成绩和经验，研究部署全市党外代表人士教育培训工作。贯彻落实《2010—2020 年党外代表人士教育培训改革和发展纲要》精神，按照"缺什么补什么，干什么学什么"的方式，加大在理论培训和实践锻炼中培养党外代表人士的工作力度。抓好党外人才队伍管理。进一步充实完善了党外知识分子代表人士、党外领导干部、党外后备干部、非公有制经济代表人士、新的社会阶层代表人士、民族宗教界人士等 6 个信息库，基本实现对各类党外代表人士的动态管理，积极为统一战线可持续发展储备人才。(冯宪银)

·市委政策研究室·

【概况】 2011，市委政策研究室组织或参与全市性重大调研活动 20 余项，先后编发《政策研究与决策咨询专刊》4 期、《决策参考专报》5 期、《情况专报》5 期、《徐州调研》24 期，起草或参与起草全市性会议文稿 40 余篇，在中央、省、市各类报刊发表文章 2 篇，全年完成文字工作量 100 余万字。"规划建设徐州沿运河产业带的调研报告"荣获 2011 年度振兴徐州老工业基地创新创意奖。

【市委决策服务】 紧紧围绕市委中心工作，坚持谋全局、谋大事,着眼全市长远发展,围绕党代会报告筹备工作,积极谋划全市经济社会发展布局。一是积极开展市党代会报告起草前期研究。围绕市十一次党代会报告起草,确定"规划建设徐州沿运河发展带研究"和"社会管理创新研究"为年度重点调研课题,形成"规划建设徐州沿运河发展带研究报告"和"关于社会建设管理体制创新的学习考察报告",主要观点被市十一次党代会报告吸纳引用,成为市委决策的重要依据。二是高标准起草党代会报告。集中骨干力量,于4月下旬至9月上旬全力参与并出色完成市十一次党代会报告"加快'两个率先'、建设美好徐州"、关于市第十届委员会报告的决议、"在第十一次党代会代表团召集人会议上的讲话"等多项重大会议文稿的起草。三是做好省党代会有关工作。在深入调研的基础上形成了"关于深化拓展振兴老工业基地战略内涵,积极争取国家和省扶持徐州跨越发展的调研报告",市委书记曹新平批示"很好";形成"关于省委十二次党代会报告的几点建议",上报省委。四是做好领导重要讲话和发言起草。起草市委主要领导"在推进铜山区跨越发展动员大会上的讲话"、"在全省创新型经济发展动员大会上的发言"等。在充分调研的基础上形成了"市委、市政府关于推进铜山区跨越发展的意见"、"关于创新社会管理、加强群众工作的意见",形成了"推进徐州工程机械集团跨越发展的意见"(送审稿)和"推进中能硅业打造世界级企业的意见"(送审稿)。

【调研刊物编辑工作】 紧紧围绕领导关注、群众关心的热点、焦点和难点问题,深入基层、深入实际开展调查研究,编发系列调研报告和材料资料,方便基层深入领会和贯彻执行省委、市委决策。一是编发《徐州调研·政策研究与决策咨询专刊》4期。围绕社会管理创新、徐州与济南郑州城市综合竞争力比较等主题编发专刊价值,得到多方好评。主要有"县(市)区委书记谈'十二五'发展"、"加强社会管理创新、促进社会和谐稳定"、"规划建设徐州沿运河发展带前期研究报告"等。二是编发《决策参考专报》5期。围绕领导关注的问题形成专报,为领导决策提供参考。主要有"我国部分大中城市缓解交通拥堵的主要举措"、"各县(市)区确定新一轮争先进位目标"等。三是编发《徐州调研》24期。围绕现代化特大城市规划建设管理、镇域经济分类考核、现代企业发展撰写编发调研报告。主要有"苏州、南通创新社会管理的考察报告"、"关于新形势下加强社会管理创新的调查与思考"、"骆马湖畔明珠璀璨、千年古镇再创辉煌"、"湖滨街道办事处服务'三重一大'的创新实践"、"让老百姓共享生态文明成果"、"推进民生幸福工程的有益探索"。四是编发《情况专报》5期。主要有"沙集农民网商"、"铜山小康实践在苏北起到了示范带动作用"。此外,形成省委宣传部调研材料"创新文化建设调研座谈会发言提纲",完成市委办绩效考核课题"让现代化中心城市更加美好",形成"扩权强镇、着力强化公共服务能力"发省委刊物《群众》2011年第1期。

【政研平台优化】 发挥"徐州市政策研究会"平台作用。组织吸纳党政部门、有关县(市)区、科研系统和高等院校70人为政策研究会理事,作为借用外脑解决专业性和技术性较强重大问题的有效形式,取得显著成效。合作形成的"规划建设徐州沿运河产业带的调研报告"荣获2011年度振兴徐州老工业基地创新创意奖,得到市委、市政府表彰。充分发挥基层联系点作用。创立基层联系点制度,选择部分乡镇、国有企业等基层部门作为相对固定的联系点,形成及时了解基层情况的有效机制。 (吴国玖)

·市级机关工委·

【基层组织建设】 深入开展创先争优活动,找准创先争优活动的着力点,广泛开展"党群连心、支部联动"和"三解三促"活动,打造机关党组织和党员服务发展、服务基层、服务群众的有效平台。以建党90周年为契机,围绕"知党、爱党、兴党",集中开展知识竞赛、纪念征文、演讲报告、文艺演出、书画展览、走访慰问老党员等多种形式的纪念活动。开展十佳学习之星、创新之星、勤廉之星、服务之星、发展之星评选推荐活动,授予72个基层党组织"先进基层党组织"称号,表彰156名"优秀共产党员"和79名"优秀党务工作者"。全面学习贯彻《条例》,邀请省级机关工委组织部长杨庆国讲解新《条例》,县市区机关工委书记及市级机关党务干部300余人参加了培训。强化党组(党委)管党责任,评选表彰一批关心支持机关党建的党员领导干部。全面推行机关党组织领导班子成员公推直选,理顺组织关系,积极稳妥做好党员发展工作,加强对党员的日常教育和管理,严格党的组织生活,建立党组织工作台帐。以落实党员的知情权、参与权、选举权、表达权、监督权为重点,制定下发《市级机关基层党组织党务公开实施细则》。

【机关作风和党风廉政建设】 认真学习贯彻胡锦涛总书记在中纪委六次全会上的讲话和市纪委全会精神,加强对机关党员干部的勤廉思想教育和作风整顿。落实党风廉政责任制和廉洁从政若干规定,组织机关干部进行《廉政准则》知识测试,继续抓好以"读廉政书、看廉政片、听廉政课、写廉政文、唱廉政歌、做廉政人"为主要内容的廉政文化进机关活动。全面、深入开展"三治"和"两不"活动,以评先选差和奖优罚劣为手段,持续、强力推动机关改进作风、提高效能、优化服务。

【机关群团工作】 开展适合机关特点的文体活动,寓教于乐,组织市级机关开展健美操、乒乓球比赛、龙舟赛等活动。组织开展机关青年综合素质提升系列讲座,指导基层深化"青年文明号"、志愿者服务等主题活动,开展"十佳青年公仆"评选工作。做好机关妇女工作,组织好"三八"节系列活动,开展巾帼建功活动,展示机关"半边天"风采。贯彻《法治徐州建设纲要》,落实工委作为市综治成员单位的职责,发挥好工委承担的市级机关法治建设协调指导办公室职能,搞好机关综合治理,推进法治机关建设,提高市级机关依法行政的意识和水平。

【县区工委工作】 分管领导带领业务处室深入各县(市)区工委实地调研,并按市级机关工委关于加强对县(市)区工委指导的意见精神,定期组织县(市)区工委间横向交流。于5月31日和11月20日,分别在邳州市和云龙区召开了县(市)区机关党建工作现场会与交流会,推广县区机关工委及其所属部分基层党组织加强机关党建工作的经验。5月中旬,组织县区工委书记赴外地工委进行学习考察。

【理论武装】 下发《2011年理论学习要点》,指导基层增强学习的系统性。完善学习管理机制,按照干什么学什么、缺什么补什么,抓好中心组示范学、党支部组织学、党员自主学,推动学习工作化、工作学习化。下发《市级机关创建学习型党组织活动考评办法》。按照“服务中心、建设队伍”两大任务,积极开展创建学习型机关活动,通报表彰了33个“创建学习型机关先进单位”和188名“学习型干部”。举办6期培训班,培训党务干部、党员和入党积极分子871名。

(市机关工委)

·党校(行政学院)·

【干部培训】 推行案例式教学。起草《关于进行徐州市干部培训案例库征集工作的实施意见》,并会同市委组织部联合下发。制定《推行案例式教学的暂行办法》,以立项的方式组织案例库中的案例编写,包含立项申请、研究与编写、验收等环节,将“振兴徐州老工业基地创新奖”连续两年获奖的项目,纳入党校的教学案例库系统,从中选择高质量的创新实践项目作为教学案例进行讲解和研讨,并以案例教学的形式进入2011年秋季主体班的课堂。规范教学活动。制定《主体班教学专题立项实施细则》、《开展互动式教学的通知》。组织对“2010年度精品课程奖”教学专题“加快转变经济发展方式”、“现代公务礼仪”进行教学观摩。制定《关于教师参加听课活动的暂行规定》,教师听课成为制度要求,促进教师之间加强联系共同切磋提高。2011年承办4期县处级干部进修班、2期青年干部(后备干部)培训班、1期女干部培训班、2期选调生班、2期科级干部培训班、市人大系统干部培训班,共计培训学员13个班622人次。承担市委宣讲任务,赴县市区宣讲十七届五中、六中全会精神和省、市委全会精神。举办2011年度全市复转军人岗前培训班、第48期入党积极分子培训班和市级机关第9期预备党员培训班。承办4期职业道德培训班、1期突发事件应对法培训班、1期新任职科级干部培训班、2期初任公务员培训班,共计培训学员8个班1573人次。

【项目制专题培训】 为提升培训质量和效益,提高办学能力,将专题培训作为项目进行管理并形成制度。年内,共组建突发事件应急管理、转变经济发展方式、提高社会管理科学化水平、“三治三提”、地方政府投融资平台建设与运营、礼仪与个人形象塑造、提高媒体应对与舆论引导能力等7个项目制培训团队。其中,突发事件应急管理专题班举办8期,累计培训学员1063人;转变经济发展方式专题班举办3期,累计培训学员200余人;邀请5位行长授课,地方政府投融资平台构建与运营培训班收到良好效果;社会管理创新培训班培训500余人次。由于专题针对性强,速战速决,效果明显,受到培训对象的高度评价和社会的广泛关注,徐州日报、都市晨报等媒体都予以报道。

【科研】 围绕中心抓科研。围绕市委市政府的中心工作,立足本地区经济社会发展的重点、难点、热点问题,充分发挥决策咨询作用,努力推出一流科研成果。完成《校级课题管理办法(讨论稿)》。制定《关于实行科研项目制的实施意见(试行)》。由市财政划拨资金,建立党校科研基金。设立专项经费,重点资助“徐州市城市竞争力研究报告”、“徐州农民专业合作社发展研究”、“徐州市文化事业和文化产业发展研究”、“新形势下社会管理创新”和“公益事业市场化后的政府监管”5项重点课题。“徐州市现代服务业发展研究”由市委书记、市长亲自出题,科研成果上台阶。纪念建党90周年征文成果丰硕。先后向省委宣传部、省社科联、省委党校、市社科联、市史志办等多个单位主办的征文活动提交论文。“建党90年来党的理论创新与历史经验”获得全省纪念建党90周年理论研讨会入选论文,是徐州市唯一入选的论文。获得省党校、市社科联、市史志办等举办的征文活动多项奖项。“健全保障徐州市被征地农民权益的长效机制研究”一文,获得2010年度“振兴徐州老工业基地创新创意奖”,也是唯一以个人名义获奖的项目,实现徐州市委党校在此奖项零的突破。获得江苏省哲学社会科学优秀成果三等奖1项、省社科联立项课题三项。全省党校系统调研课题结项5项,其中获得重点课题2项,新获得2011年度全省党校系统调研课题5项。

【国家行政学院教学科研基地建设】 积极申办“国家行政学院淮海分院或教研基地”,借助国家行政学院的力量,扩大徐州在全国和淮海经济区的影响力。2010年6月下旬,市常务副市长、市行政学院院长李荣启带队专程赴国家行政学院汇报工作构想,之后又多次与国家行政学院有关领导沟通,争取设立“国家行政学院淮海分院或教研基地”。2011年9月,国家行政学院教学科研基地领导小组到徐州进行考察,考察组充分肯定了徐州行政学院的教学科研工作。12月,国家行政学院确定在徐州市行政学院建立教学科研基地。

【对外办学】 与上海经信委党校建立培训、科研、人才培养、信息利用等全方位合作关系,将徐州市委党校建成上海经信委属下包括上海航天、江南长兴制造、中石化、中海油、中石油等71家央企的阶段性或单元式现场培训基地。双方正式签订合作协议书。新疆奎屯市中青年干部培训班和街道社区干部培训班分别在市委党校开班,淮海经济区范围的一些县区来函邀请专题培训,安徽砀山县县委中心组(扩大)学习专门来到市委党校,集中3天时间进行专题培训。广西柳州市政府常务副市长带队来市委党校进行创建模范城市专题学习考察。

【行政后勤】 继续坚持后勤社会化改革方向,建立并完善后勤管理监督和协调的制度机制,提高后勤保障水平。2011年投入220万元进行教学设施建设,全面改造主体班教室,精心设计建设现代化多功能厅。主体班教室都配备了投影机、笔记本、室内监控等新设备,多功能厅集教学、演播、景观、娱乐于一体,既满足多种教学方式的实际需求,又满足了学员业余文化生活需求。 (张文海)

徐州市人大常委会

·综 述·

【概况】 2011年,徐州市人大常委会认真履行宪法和法律赋予的职责,圆满完成了市十四届人大四次会议确定的任务,为加快"两个率先"、建设美好徐州提供了有力保障。服务"两个率先",促进科学发展。一是围绕建设全面小康社会,着力推进经济跨越发展。2011年,市人大常委会密切关注全市小康社会建设,坚持季度经济分析会制度,认真听取审议市政府关于国民经济和社会发展计划执行情况的报告,加强对计划执行情况的视察、检查,提出有针对性的意见和建议。市政府全力以赴抓好落实,取得了显著成效。二是围绕转变发展方式,着力推进产业、城市、生态和社会转型。以转方式、调结构、促转型为重点,深入开展视察调研,适时提出意见建议,保证市委"四个转型"重大决策部署的贯彻落实。在产业转型上,支持市政府加快提升传统产业,培育发展新兴产业,推进先进制造业跨越发展。在城市转型上,组织开展对城区西北部的视察,提出在产业布局、重大项目安排、环境综合治理、基础设施建设等方面予以重点倾斜,加快西北部地区的建设。在生态转型上,先后对山林资源、水环境、城市重点绿地保护等进行了五次视察和检查,市政府采取切实措施,全面提高生态文明建设水平,使徐州市森林城市创建通过国家考核验收。在社会转型上,提出要注重社会化服务,推动社会管理创新,促进城市形象和文明程度的同步提升。三是围绕"三重一大",着力推动全局发展。常委会坚持把推进"三重一大"作为服务大局的重中之重,既加强对总体推进情况的监督,又积极做好重点项目的支持和服务工作。及时审查批准市政府提出的预算调整方案,积极支持"三重一大"建设。依法对水上乐园及配套设施和"引水上山"项目使用林地作出决定,保证了项目顺利开工建设。听取审议关于棚户区改造情况的报告,支持市政府在全国率先建立棚户区改造工作机制,全面完成棚户区一期改造任务。视察亿吨大港建设情况,要求突出重点、突破难点,高标准、高质量推进项目建设。视察十八届省运会筹备工作,建议倒排工期,确保质量,把奥体中心建成展示徐州形象的标志性工程。

【市人大常委会领导分工】 刘忠达,市人大常委会党组书记、主任,主持市人大常委会全面工作,分管办公室、机关党委工作。

李开文:市人大常委会党组副书记、副主任,协助刘忠达主任抓全面工作,分管内司工委、财经工委工作。

李文顺:市人大常委会党组副书记、副主任(因到退职年龄,在市十四届人大五次会议上辞去市人大常委会副主任职务),分管法制工委、研究室工作。

徐崇先:市人大常委会党组成员、副主任,分管环资城建工委工作。

李君超:市人大常委会副主任,分管教科文卫工委、民宗侨工委工作。

徐华成:市人大常委会党组成员、副主任,分管人代工委、农经工委工作。

赵保华:市人大常委会党组成员、副主任(在市十四届人大五次会议上当选市人大常委会副主任职务),分管法制工委、研究室工作。

孙厚兴:市人大常委会党组成员、秘书长,主持市人大常委会机关的全面工作。

【监督督查】 探索和创新监督方式和监督手段。按照市委有要求、群众有期盼、政府能办到三者统一的原则确定监督议题,综合运用视察调研、执法检查、专项报告审议、满意度测评、专题询问等监督方式,持之以恒地抓督办、抓整改、抓落实,推动了一些民生热点问题的解决。积极开展专题询问。常委会首次运用询问这一法定监督方式,先后对人民群众普遍关注的被征地农民社会保障、违法侵占山林案件查处情况进行专题询问。常委会组成人员深入实地视察调研、精心准备,委员询问不留情面,既讲问题又提建议。政府应答坦诚实在,既找原因又讲措施,有力促进了上述两个问题的解决。目前,城镇被征地农民已纳入城镇居民养老保障体系,征地补偿标准提高了25%;3起违法侵占山林案件已有两起得到查处和纠正,另外一起正在妥善解决,收到了增强监督实效、改进相关工作、解决存在问题的良好效果。抓好跟踪监督。常委会突出加强对决议和审议意见落实情况的连续监督、跟踪问效,取得显著成效。在赴苏南调研的基础上作出《关于全面提升我市市区农贸市场建设管理水平的决议》。市政府千方百计抓好决议落实,投资1亿多元,新建和改造了15个高标准的新型农贸市场。同时,对改作他用的农贸市场排出回购计划,制定产权管理办法和经营管理办法等7个规范性文件,形成了长效管理机制。加强对市本级预算调整的审查,对有关部门决算进行延伸审查和跟踪检查,提出《关于加强财政专项资金管理和清欠人防易地建设费、城市基础设施建设配套费的审议意见》。市政府及时制定《徐州市市级财政专项资金管理办法》,在编制2012年财政预算时,对经济、科技、农业发展三类专项资金由30项整合为10项,提高了财政资金的使用效益。同时加大人防易地建设费、城市基础设施建设配套费的清欠力度,至2011年底共清欠人防易地建设费2436万元,当年基本做到应收尽收;

清缴入库城市基础设施建设配套费1.5亿元,占应缴总额的86%。常委会审议国有资产保值增值和监管工作,大力推进国有资本收益收缴工作,强化投融资类公司监管。市政府加大对国有资本收益收缴力度,征收2010年度国有资本收益4.95亿元,促进了国有资产的保值增值。常委会对流通环节食品安全工作进行满意度测评。政府相关部门认真落实审议意见,制定了食品生产加工小作坊、食品摊贩和保健食品监督管理办法,细化各监管部门的职责分工,开展城乡结合部的食品安全专项整顿,食品安全监管工作明显加强。常委会连续两年跟踪督办医保"两高"决议,市政府及相关部门不断完善医保政策、强化行业监管、加强队伍建设、维护和保障医保资金安全运行。2011年,市区职工医保住院率为12.51%,人均住院费用为1.06万元,均低于全省平均水平,实现了常委会提出的"力争通过二至三年时间,把这两项指标降低到全省平均水平"的要求。常委会高度关注加强农村人口和计生工作决议的贯彻落实情况,上半年进行专题视察,下半年听取审议市政府专项工作报告,提出了有针对性的意见和建议。市政府及相关部门加强对重点管理镇、重点督查单位的检查监督,推动后进转化;加大对计划生育率和出生人口性别比的考核力度,实行"一票否决";积极构建综合控制"两非"行为的管理机制,计划外生育反弹势头和人口性别比失衡趋势得到遏制。对《未成年人保护法》执法检查中发现的问题,常委会及时提出改进意见。市政府积极推进校园周边环境常态化整治,着力提高农村学前教育保障水平,加大对留守儿童、贫困残疾儿童关爱力度,未成年人成长环境进一步优化。针对2010年《残疾人保障法》执法检查中尚未完全解决的问题,常委会继续跟踪监督,市政府认真落实审议意见,去年残保金征收突破6000万元,比2010年翻了一番。

【立法执法】 加强创制性地方立法。常委会按照"少而精、有特色、可操作"的工作思路,制定了《徐州市电梯安全管理条例》、《徐州市建筑装饰装修条例》,修订了《徐州市航道管理条例》。在立法工作中,注重科学立法与民主立法的有机统一,扩大公民有序参与,对重要条款的设定,广泛听取社会各界意见,力求立法符合实际,体现民意。集中清理地方性法规。对《徐州市城市房屋安全管理条例》、《徐州市地下水资源管理条例》中不符合《中华人民共和国行政强制法》规定的行政强制措施进行修改。作出《关于进一步加强法制宣传教育的决议》,推动了"六五"普法活动的深入开展。加强对地方性法规的执法检查。常委会先后对徐州市7件地方性法规实施情况进行检查,监督和纠正了法规实施中存在的突出问题。通过对山林资源保护条例执法检查,督促有关部门及各县(市)区尽快完成山林红线保护区的划定、界桩界标的设立以及规划编制工作。通过对云龙湖水环境保护条例执法检查,要求加大执法力度,加快完善污水处理管网建设。通过对重点绿地保护条例执法检查,促进了绿地名录的制定和绿线的划定,使重点绿地管理工作得到加强。通过对采煤塌陷地复垦条例执法检查,推动采煤塌陷地治理步伐进一步加快。通过对出租汽车管理条例执法检查,促进有关部门加强行业监管、推进企业重组、提高管理水平。通过对养犬管理条例执行情况实施满意度测评,促进了该条例的实施。通过对档案条例执行情况的视察,深入推进依法治档工作。加强司法监督。继续深化"千名代表听百案"活动,将旁听方式从邀请旁听向随机旁听延伸,将旁听案件类型从民商事、行政、刑事案件,向见证执行、信访听证、减刑假释听证等案件延伸,将评议范围由评议庭审活动向督促反馈建议落实延伸,将旁听评议向协助法院调解、执行延伸,进一步增强了司法监督实效。全年有各级人大代表4110人次参加活动,共旁听各类庭审案件438件,向法院、检察院及相关行政机关提出评议意见396条。常委会听取审议了全市检察机关不捕不诉案件情况的报告,要求检察、公安机关加强协调沟通,统一执法尺度,提高办案质量。认真做好人民群众来信来访工作。全年常委会机关共受理群众来信1495件,接待群众来访4062人次,其中涉法涉诉信访559件、3856人次并及时转交"一府两院"认真办理。

【代表职能发挥】 全市人大代表以高度的责任感和饱满的工作热情,深入基层了解情况,和群众面对面交谈,倾听民声,收集民意,分别就产业转型、城市建设、环境保护、民生保障等提出意见和建议,有力支持和促进了市政府工作。按照"全覆盖、重规范、求实效"的要求,各县(市)区人大代表之家认真组织开展代表接待选民和向选民述职,全年共接待选民14000多人次,代表述职1600多人次,"一个载体、两项制度"创建成果得到巩固和深化。常委会不断完善议案建议办理机制,对筛选出的29个重点督办件,在《徐州日报》、徐州人大网上公布,公开接受社会监督。继续实行市政府负责领办、职能部门主办、常委会领导督办、对口工委和领衔代表全程跟踪、委员积极参与的办理机制,多次召开调度会,了解办理情况,提出时限要求,并组织提议案建议代表深入实地督查督办,进一步提高了议案建议办成率。市十四届人大四次会议确定的3件大会议案以及341件代表建议、批评和意见,全部按规定时限办结。问题已解决和基本解决的272件,占总数的79%。通过邀请市人大代表列席常委会、定期召开代表座谈会和寄送相关资料等方式,让代表了解全市经济社会发展和审判、检察工作情况,为代表知情知政提供服务。吸收了更多的人大代表参与常委会组织的执法检查、工作调研、专题视察。坚持走访代表和代表约见常委会领导制度,协助代表向有关国家机关转交人民群众的来信来访。认真开展先进人大代表小组、优秀人大代表和先进代表之家评选活动,进一步激发了代表的履职热情。

【对内对外交流交往】 市人大常委会接待巴西、韩国、新西兰等国家的3个城市议会代表团,与韩国井邑市议会建立友好关系。制定出台《徐州市人大常委会授予外国人荣誉市民称号办法》,授予3位外国友人荣誉市民称号。承办"全国人大环境保护法修改研讨培训班"、"华东六省一市人大内务司法工作座谈会"等会议,与内蒙古呼伦贝尔市人大建立友好合作关系,对推动徐州市的对内对外交流与合作,起到了积极作用。

·重要会议·

【市十四届人大四次会议】 徐州市十四届人大四次会议于2011年1月21日至1月25日举行。会议听取审议了市长张敬华所作的徐州市人民政府工作报告;审查和批准徐州市国民经济和社会发展第十二个五年规划纲要;审查和批准徐州市2010年国民经济和社会发展计划执行情况与2011年国民经济和社会发展计划草案的报告,批准徐州市2011年国民经济和社会发展计划;审查和批准徐州市2010年预算执行情况与2011年预算草案的报告,批准徐州市2011年市本级预算;听取审议了市人大常委会主任刘忠达所作的徐州市人大常委会工作报告;听取审议了市中级人民法院院长李后龙所作的市中级人民法院工作报告;听取审议了市人民检察院代检察长杨其江所作的市人民检察院工作报告。经过表决,会议批准上述报告并作出了相应的决议。

【市人大常委会会议】 徐州市十四届人大四次会议闭会期间,市人大常委会共举行8次常委会会议。

2011年1月17日,市十四届人大常委会举行第二十三次会议。会议听取审议了市人大常委会秘书长孙厚兴关于徐州市人大常委会工作报告(稿)起草情况的说明。审议并原则通过了徐州市人大常委会工作报告(稿)。听取审议了市人大常委会秘书长孙厚兴关于徐州市第十四届人民代表大会第四次会议主席团和秘书长建议名单(草案)的说明。会议审议并表决通过了建议名单(草案)。会议决定将建议名单(草案)提交市十四届人大四次会议预备会议表决通过。听取审议了市人大常委会代表资格审查委员会副主任委员许梅英关于对选举和补选的市人大代表的代表资格审查报告。会议表决通过了代表资格审查报告,确认选举和补选的代表资格有效。听取市委常委、市政府常务副市长李荣启关于编制“十二五”规划纲要(草案)的说明。听取审议了市政府副秘书长宗国关于徐州市2010年国民经济和社会发展计划执行情况与2011年国民经济和社会发展计划草案的报告。听取审议了市财政局局长葛维琴关于徐州市2010年财政预算执行情况与2011年财政预算草案的报告。会议同意将“十二五”规划纲要草案和计划、财政报告提交市十四届人大四次会议审议。听取了市人大常委会秘书长孙厚兴关于徐州市第十四届人民代表大会第四次会议筹备工作情况的报告。听取审议了市外事办主任龚维芳关于提请授予白瑞克、塞里和克努比徐州市荣誉市民称号议案的说明。会议审议了市政府的议案,并决定同意授予白瑞克(德国)、罗伯特·阿伦·塞里(美国)、斯科特·克努比(美国)徐州市荣誉市民称号。听取审议了市人大常委会主任刘忠达关于提请补选周山为省十一届人大代表议案的说明。会议补选周山为省十一届人大代表。听取了市委常委、市政府常务副市长李荣启关于提请任免张继闯、潘振职务议案的说明,市检察院检察长徐华成关于提请任命杨其江职务议案的说明,市人大常委会人代工委主任许梅英关于接受陈传志辞去市十四届人大常委会委员职务的请求决定(草案)的说明和关于接受徐华成辞去徐州市人民检察院检察长职务请求的决定(草案)的说明,市人大常委会主任刘忠达关于提请任命杨其江职务议案的说明。

2011年2月25日,市十四届人大常委会举行第二十四次会议。会议听取了市人大常委会秘书长孙厚兴关于徐州市人大常委会2011年工作要点(草案)的说明,并对要点(草案)进行了审议。会议原则通过了徐州市人大常委会2011年工作要点,要求市人大常委会办公室根据会议审议意见作进一步修改后印发实施。听取了市农委主任陈建领关于提请审议彭城欢乐世界项目拟使用山林红线保护区内林地议案的说明,组织了常委会组成人员进行了实地考察,并分组审议了议案。会议表决通过了关于同意彭城欢乐世界项目使用山林红线保护区内林地的决定,同意该项目使用山林红线保护区内王长山南坡林地348.6亩。听取了市人大常委会各委室2010年工作情况的汇报,并对各委室2010年工作进行了测评。

2011年3月18日,市十四届人大常委会举行第二十五次会议。会议听取了市政府常务副市长李荣启关于提请任免孟铁林等职务议案的说明。

2011年4月28至29日,市十四届人大常委会举行第二十六次会议。会议听取审议了市城乡建设局局长张军关于《徐州市建筑装饰装修管理条例(草案)》的说明和市人大常委会环资城建工委主任孙景福关于《徐州市建筑装饰装修管理条例(草案)》审查意见的报告。听取审议了市政府副市长漆冠山关于被征地农民社会保障情况的报告,并进行了专题询问。刘永泉等8名常委会组成人员就被征地农民的补偿、就业、医保、社保以及财政投入、资金审计、集体经济发展等问题展开了询问,市政府及有关部门接受了询问。听取审议了市人大常委会内司工委主任张新茹关于检查《未成年人保护法》贯彻实施情况的报告。听取审议了市人大常委会副主任徐崇先关于检查《徐州市城市客运出租汽车管理条例》实施情况的报告。

2011年6月21至22日,市十四届人大常委会举行第二十七次会议。会议听取审议了市人大法制委员会副主任委员冯涛关于《徐州市建筑装饰装修条例(草案)》审议结果的报告。会议表决通过了《徐州市建筑装饰装修条例》。听取审议了市人大常委会副秘书长、办公室主任谷玉关于《徐州市人大常委会授予外国人荣誉市民称号办法(草案)》的说明。会议表决通过了《徐州市人大常委会授予外国人荣誉市民称号办法》。听取审议了市政府副市长、公安局局长顾林岗关于《徐州市养犬管理条例》执行情况的报告,并对报告进行了满意度测评,测评结果为基本满意。听取审议了市人大常委会副秘书长孔亚南关于徐州市市区农贸市场现状的调研报告,并表决通过了市人大常委会关于全面提升徐州市市区农贸市场建设管理水平的决议。听取审议了市国资委主任刘新川关于国有资产保值增值和监管工作情况的报告。

听取审议了市财政局局长韩冬梅关于徐州市2010年财政决算(草案)的报告和市审计局局长董明灿关于徐州市2010年市本级预算执行和其他财政收支的审计工作报告,听取审议了市人大常委会财经工委主任张跃进关于徐州市2010年市本级财政决算(草案)审查情况的报告。会议表决通过了徐州市人大常委会关于徐州市2010年市本级财政决算的决议。会议审议了市人大常委会关于接受陈美行辞去徐州市人大常委会副主任职务请求的决定(草案)。听取了市长张敬华关于提请任命周宝纯职务议案的说明、市中级人民法院院长李后龙关于提请任免孟源等职务议案的说明和市检察院检察长杨其江关于提请任免王庆新等职务议案的说明。

2011年8月25至26日,市十四届人大常委会举行第二十八次会议。会议听取审议了徐州质量技术监督局局长郄凌武关于《徐州市电梯安全管理条例(草案)》议案的说明和市人大常委会财经工委主任张跃进关于《徐州市电梯安全管理条例(草案)》议案审查意见的报告。听取审议了市交通局局长谢广居关于《徐州市航道管理条例修正案(草案)》议案的说明和市人大常委会环资城建工委主任孙景福关于《徐州市航道管理条例修正案(草案)》议案审查意见的报告。听取审议了市人大常委会副主任徐崇先关于检查《徐州市云龙湖水环境保护条例》实施情况的报告。听取审议了市发改委主任田质林关于2011年上半年国民经济与社会发展计划执行情况的报告和市财政局局长韩冬梅关于2011年上半年财政预算执行情况的报告。听取审议了徐州工商行政管理局局长居苏生关于流通环节食品安全工作情况的报告,并进行了满意度测评,测评结果为基本满意。听取审议了市农委主任陈建领关于提请审议新建西南加压泵站项目拟使用山林红线保护区内林地议案的说明。会议表决通过了关于同意新建西南加压泵站项目使用山林红线保护区内林地决定,同意该项目使用山林红线保护区内林地10.79亩。听取了市人大常委会主任刘忠达关于提请李作义等职务任免议案的说明和市长张敬华作关于提请任命邹徐文职务的议案,关于提请曹东伟、刘广民职务任免的议案和关于提请朱信敏、柏海滨职务任免的议案的说明。

2011年10月27至28日,市十四届人大常委会举行第二十九次会议。会议听取审议了市人大法制委员会副主任委员冯涛关于《徐州市电梯安全管理条例(草案)》审议结果的报告。会议表决通过了《徐州市电梯安全管理条例》。听取审议了市人大法制委员会副主任委员冯涛关于《徐州市航道管理条例修正案(草案)》审议结果的报告。会议表决通过了《徐州市航道管理条例》。听取审议了市人大常委会副主任徐崇先关于检查《徐州市城市重点绿地保护条例》实施情况的报告。听取审议了市人大常委会人代工委副主任岳波关于徐州市第十五届人民代表大会代表名额分配和选举问题的决定(草案)及徐州市县级人民代表大会换届选举问题的决定(草案)说明。会议表决通过了《关于徐州市第十五届人民代表大会代表名额分配和选举问题的决定》和《关于徐州市县级人民代表大会换届选举问题的决定》。听取审议了市人大常委会人代工委副主任岳波《关于补选徐州市第十四届人民代表大会常务委员会代表资格审查委员会组成人员名单(草案)》的说明。会议通过投票表决,补选徐华成为徐州市第十四届人民代表大会常务委员会代表资格审查委员会主任委员。听取审议了市财政局局长韩冬梅关于2011年市本级财政预算调整情况的报告和市人大常委会财经工委主任张跃进关于2011年市本级财政预算调整审查意见的报告。会议批准了2011年市本级财政所作的调整。听取审议了市政府副秘书长谢建林关于对三起违法侵占林地案件处理情况的报告,并开展了专题询问。听取审议了常务副市长邹徐文关于市十四届人大四次会议代表议案、建议办理情况的报告,并对议案和重点建议办理情况进行了测评,测评结果为基本满意。听取审议了市农委主任陈建领关于提请审议云龙山、泰山、凤凰山、珠山“引水上山”工程项目拟使用山林红线保护区内林地的议案的说明。会议表决通过了关于同意云龙山、泰山、凤凰山、珠山“引水上山”工程项目使用山林红线保护区内林地的决定,同意该项目使用山林红线保护区内林地17.95亩。听取审议了市检察院检察长杨其江作关于不捕不诉案件情况的报告。听取审议了常务副市长邹徐文关于提请免去李荣启、张赴宁职务的议案的说明,市法院院长李后龙关于提请免去曹建平等职务议案的说明,市检察院检察长杨其江关于提请免去张卫等职务议案的说明。

2011年12月7至8日,市十四届人大常委会举行第三十次会议。会议听取审议了市人大常委会秘书长孙厚兴关于召开徐州市第十四届人民代表大会第五次会议的决定(草案)和建议议程(草案)的说明。会议决定,徐州市第十四届人民代表大会第五次会议于2012年1月12日召开。会议的建议议程为:听取和审议徐州市人民政府工作报告;审查和批准徐州市2011年国民经济和社会发展计划执行情况与2012年国民经济和社会发展计划草案的报告,批准徐州市2012年国民经济和社会发展计划;审查和批准徐州市2011年预算执行情况与2012年预算草案的报告,批准徐州市2012年市本级预算;听取和审议徐州市人大常委会工作报告;听取和审议徐州市中级人民法院工作报告;听取和审议徐州市人民检察院工作报告;选举。听取审议了市人大常委会人代工委副主任岳波关于徐州市第十四届人民代表大会第五次会议列席人员范围(草案)的说明,并表决通过了会议列席人员范围。听取审议了市人大常委会法制工委主任冯涛关于修改《徐州市城市房屋安全管理条例》和《徐州市地下水资源管理条例》的决定(草案)的说明。会议表决通过了关于修改《徐州市城市房屋安全管理条例》和《徐州市地下水资源管理条例》的决定。听取审议了市人大常委会人代工委副主任岳波关于表彰先进人大代表小组、优秀人大代表和先进人大代表之家的决定(草案)的说明。会议审议并表决通过了关于表彰先进人大代表小组、优秀人大代表和先进人大代表之家的决定。听取审议了市司法局局长王铁兵关于提请审议进一步加强法制宣传教育的决议(草案)议案的说明,会议表决通过了市人大常委会关于进一步加强法制宣传教育的决议。听取审议了市人大常委会副主任徐华成关于检查《徐州市山林资源保护条例》贯彻实施情况的报告。听取审议了市政府副秘书长王怀深关于市区棚户区改造情况的报告。听取审议了副市长李连玉关于提请任免刘宏等职务议案的说明。

【重大人事任免】 常委会把党管干部与人大依法任免有机结合,全年共任免国家机关工作人员81人次。在人事任免中,坚持拟任人员法律知识考试、任职表态发言、颁发任命书制度,增强了被任命干部的法制意识、公仆意识和责任意识。

市十四届人大四次会议经过表决,决定接受佟明泰、郭希忠辞去市人大常委会副主任职务。经过投票表决,大会选举陈美行、李开文、徐华成为徐州市第十四届人民代表大会常务委员会副主任;张新茹、宣晓泉为徐州市第十四届人民代表大会常务委员会委员;杨其江为徐州市人民检察院检察长。

市十四届人大常委会第二十三次会议经过表决,会议决定接受陈传志辞去市十四届人大常委会委员职务、徐华成辞去徐州市人民检察院检察长职务。决定免去潘振的市安全生产监局局长职务,决定任命张继闯为市安全生产监督局局长职务。任命杨其江为市人民检察院副检察长、代理检察长。

市十四届人大常委会第二十五次会议经过表决,决定免去李涛的市人力资源和社会保障局局长职务,葛维琴的市财政局局长职务,张延刚的市人口和计划生育委员会主任职务,董正义的市民族宗教事务局局长职务,孟铁林的市科学技术局局长职务,蔡成缓的市统计局局长职务。决定任命孟铁林为市人力资源和社会保障局局长,韩冬梅为市财政局局长,刘汉英为市人口和计划生育委员会主任,陈冠华为市民族宗教事务局局长,高山为市科学技术局局长,赵军为市统计局局长。

市十四届人大常委会第二十七次会议经过表决,决定接受陈美行辞去徐州市人大常委会副主任职务的请求,报市十四届人大五次会议备案;免去孟源的徐州市中级人民法院民事审判第三庭副庭长职务、张红彦的徐州市中级人民法院立案庭副庭长职务、王奎的徐州市人民检察院检察员职务。决定任命周保纯为徐州市人民政府副市长。任命孟源为徐州市中级人民法院知识产权审判庭庭长、张锐为徐州市中级人民法院民事审判第三庭副庭长、张慧雅为徐州市中级人民法院刑事审判第二庭副庭长、李娟为徐州市中级人民法院知识产权审判庭副庭长,顾开龙为徐州市中级人民法院立案庭副庭长、审判员,刁国民、王兴、乔芳华、任礼光、仝城左、张雷、杜月秋、单雪晴、徐伟、廖伟巍等为徐州市中级人民法院审判员,王庆新、段绪义、艾昊同、束其明、王文生、王斌等为徐州市人民检察院检察员。

市十四届人大常委会第二十八次会议经过表决,免去孙景福的市人大常委会环境资源城乡建设工作委员会主任职务、许梅英的市人大常委会人事代表联络工作委员会主任职务,冯铁英的市人大常委会农村经济工作委员会副主任职务、廖幸福的市人大常委会民族宗教侨务工作委员会副主任职务、刘广民的市城市管理局局长职务、柏海滨的市食品药品监督管理局局长职务。决定任命邹徐文为徐州市政府副市长、曹东伟为市城市管理局局长、朱信敏为市食品药品监督管理局局长;任命李作义为市人大常委会农村经济工作委员会主任、朱志军为市人大常委会环境资源城乡建设工作委员会主任、张健为市人大常委会办公室副主任、胡军为市人大常委会法制工作委员会副主任、张林为市人大常委会教育科学文化卫生工作委员会副主任、孙文惠为市人大常委会环境资源城乡建设工作委员会副主任。

市十四届人大常委会第二十九次会议经过表决,免去李荣启、张赴宁的徐州市副市长职务、曹建平的徐州市中级人民法院副院长、审判委员会委员职务,孙彩丽、岳涛、赵志琴的徐州市中级人民法院审判员职务、张卫的徐州市人民检察院副检察长、检察委员会委员职务,潘力的徐州市人民检察院检察委员会委员职务、谷嘉兵的徐州市人民检察院检察员职务。

市十四届人大常委会举行第三十次会议经过表决,免去陈东明的市物价局局长、龚维芳的市政府外事办公室主任、张耀环的市人民防空办公室主任职务。决定任命刘宏为市物价局局长、王连运为市政府外事办公室主任、袁松为市人民防空办公室主任。 (张大群)

徐州市人民政府

·综　述·

【市政府常务会议】 1月10日,市长张敬华主持召开市政府第38次常务会议,讨论通过了《政府工作报告》、关于扶持水运集装箱运输业发展的有关政策意见以及2011年财政收支预算建议。

2月18日,市长张敬华主持召开市政府第39次常务会议,听取今年1月份全市经济运行情况、2010年《政府工作报告》主要目标任务完成情况、市政府督查工作情况以及主城区轨道交通建设规划编制进展情况的汇报,讨论通过了徐州市集中式饮用水源突发污染事件应急预案和徐州市城市地下管线管理办法(草案),并研究议定了彭城欢乐世界项目建设拟使用山林红线保护区内林地和2010年安全生产目标考核等事项。

3月14日,市长张敬华主持召开市政府第40次常务会议,听取当前物价工作情况、房地产市场运行和保障性住房建设情况、基本药物制度和公立医院改革试点情况以及推荐评选2011年省劳动模范和先进工作者有关情况的汇报,并研究通过了关于对市区新建普通商品住房实行销售价格备案制度的实施办法、关于加快学前教育改革与发展的实施意见以及关于实施农民收入六年倍增计划的意见。

4月14日,市长张敬华主持召开市政府第41次常务会议,听取调整征地补偿标准、加强房地产市场调控、深化医药卫生体制改革、领导干部带案下访和专题调研、2010年度依法行政考核和市长质量奖评选以及人口和计划生育等工作情况的汇报，并研究通过了2011年城市绿化工作意见、徐州市市区公共绿地养护管理办法、徐州市建筑装饰装修条例（草案）和徐州市人民政府重大行政决策程序规定（草案）。

5月6日，市长张敬华主持召开市政府第42次常务会议，听取事业单位离退休人员养老保险金"差改全"和社会化发放工作的汇报，并研究通过了徐州市千百亿工业企业（集团）培育计划、关于培育营业收入50亿元以上服务业企业的实施意见、2011年市政府规章立法计划项目、关于贯彻《国有土地上房屋征收与补偿条例》的实施意见、关于进一步加快发展旅游业的意见、关于进一步加强人民防空专业队伍建设的意见以及高铁站区道路名称方案。

6月21日，市长张敬华主持召开市政府第43次常务会议，听取今年以来"两增两控"工作情况和公共租赁住房建设情况的汇报，讨论通过了关于进一步加快建筑业发展的意见、徐州市航道管理条例（修正草案）、2011年徐州市招才引智目标任务及考察奖励办法和关于进一步加强我市孤儿保障工作的实施意见，并研究议定了调整社会保险基数、提高城乡居民最低生活保障标准、实施退役士兵城乡一体化安置和向80～89周岁老年人发放尊老金等事项。

7月25日，市长张敬华主持召开市政府第44次常务会议，听取全市现代服务业发展、信访工作以及人口和计划生育工作情况汇报，讨论通过了徐州市电梯安全管理条例（草案）和徐州市政府投资项目代建管理暂行规定（草案），并研究议定了设立市区生产性废旧金属收购业禁设区域和新建西南加压泵站项目拟使用山林红线保护区林地等事项。

8月15日，市长张敬华主持召开市政府第45次常务会议，讨论通过了关于大力发展中等职业教育的意见、徐州市市区农贸市场产权管理办法和经营管理办法、徐州市旅游奖励办法、关于加快推进我市城乡客运统筹发展的实施意见、徐州市农村计划生育家庭奖励补偿办法（草案）、徐州市城市重点绿地名录、徐州市市区山林红线保护区划定规划以及徐州市市级财政专项资金管理办法，并研究议定了调整2011年企业工资指导线、表彰2010年度和谐社区和贯彻落实全省军转安置工作会议精神等事项。

9月20日，市长张敬华主持召开市政府第46次常务会议，听取事业单位岗位设置管理、完善和调整医疗保险政策以及农业基本现代化进程监测评价等工作情况的汇报，讨论通过了关于加快创业投资发展的意见和关于深入实施商标战略推进自主创新促进徐州经济发展的意见，并研究议定了云龙山等"引水上山"工程项目拟使用山林红线保护区内林地等事项。

10月26日，市长张敬华主持召开市政府第47次常务会议，研究议定了规范停车收费和居民采暖价格等事项，并讨论通过了徐州市旅游发展总体规划和徐州市防洪保安资金征收和使用管理规定。

11月11日，市长张敬华主持召开市政府第48次常务会议，讨论通过了徐州市化工行业转型升级实施意见、关于进一步改善经营环境促进中小企业健康发展的意见、关于进一步加快完善基本医疗卫生体系的实施意见、徐州市城乡困难群众医疗救助实施办法和徐州市创建全国人口和计划生育综合改革示范市实施方案，并听取了2010年度徐州市科技进步奖评审工作以及表彰徐州市旅游工作先进集体和先进个人等有关情况的汇报。

12月7日，市长张敬华主持召开市政府第49次常务会议，讨论通过了徐州市城乡居民社会养老保险制度实施办法、关于贯彻落实党的十七届六中全会《决定》推进文化强市建设的意见、徐州市新兴产业创业投资引导基金管理暂行办法、关于水利建设基金征收和使用管理有关问题的通知、徐州市城市道路机动车临时停车管理办法和徐州市推行安全生产责任保险办法，并研究议定了市未成年人社会实践基地建设等有关事项。

12月26日，市长张敬华主持召开市政府第50次常务会议，听取2011年全市经济社会发展主要指标预计完成情况及明年初步安排建议、2012年重大项目计划、为民办实事工程计划、城建重点工程计划、对特殊困难残疾人实施生活救助、设立市级价格调节基金以及调整全市最低工资标准等有关情况的汇报，并讨论通过了徐州市城市基础设施配套费征收管理办法、关于加快推进流通业现代化的意见和关于加快构建社会养老服务体系的实施意见。

12月30日，市长张敬华主持召开市政府第51次常务会议，讨论通过了《政府工作报告》和2012年财政收支预算建议。

【市政府领导分工】 张敬华：主持市政府全面工作，兼管监察、财政、审计、人事、机构编制等方面工作。

邹徐文：协助主持全面工作，负责市政府常务工作，负责发展改革、国土资源管理、人力资源和社会保障、统计、金融、税务、政府效能效率建设、南北挂钩、应急管理、机关后勤等方面工作，协助分管监察、财政、人事、审计、机构编制工作。

段雄：负责科技创新、知识产权、文化、广播电视、新闻出版、卫生、体育等方面工作。

李坚：负责工业经济、民营经济、国有资产管理、交通运输、城市交通、公路、铁路、港口、航空、信息化、通讯等方面工作。

李连玉：负责旅游、环境保护、淮河流域水污染防治、人口和计划生育、物价、工商、质监、食品药品监督管理等方面工作，协助分管有关重大项目。

漆冠山：负责农业和农村经济、村镇建设、林牧渔业、水利水务、扶贫、矿乡关系、绿化、南水北调等方面工作。

王昊：负责城市规划、城市建设、城市管理、市政园林、住房保障和房产管理、公积金管理、人防、地震等方面工作。

顾林岗：主持市公安局全面工作，负责信访稳定、公安、司法、消防等方面工作。

孔海燕：负责城区工作，负责教育、民政、残联、双拥、人民武装、政府法制、民族宗教、新城区等方面工作。

周宝纯：负责开放型经济、国内贸易、粮食、供销、物资、招商引资、外事、台湾事务、侨务、安全生产等方面工作。

陈永清：协助分管环境保护和淮河流域水污染防治等方面工作。

（赵永强）

徐州市人民政府重要文件一览表(2011)

文件标题	发文字号
市政府关于印发徐州市重大项目和为民办实事考核奖励办法的通知	徐政发〔2011〕8号
市政府关于公布徐州市第五批文物保护单位的通知	徐政发〔2011〕9号
市政府关于规范工程渣土运输管理的意见	徐政发〔2011〕11号
市政府关于印发《徐州市国民经济和社会发展第十二个五年规划纲要》的通知	徐政发〔2011〕20号
市政府关于批转市环保局《徐州市集中式饮用水源突发污染事件应急预案》的通知	徐政发〔2011〕21号
市政府关于加快学前教育改革与发展的实施意见	徐政发〔2011〕34号
市政府关于实施水稻增产行动计划的通知	徐政发〔2011〕43号
市政府关于进一步做好房地产市场调控工作促进房地产市场平稳健康发展的通知	徐政发〔2011〕44号
市政府关于表彰2010年度全市发展高新技术产业先进集体、先进单位和10强企业的决定	徐政发〔2011〕45号
市政府关于印发徐州市“十二五”教育改革和发展规划的通知	徐政发〔2011〕48号
市政府关于贯彻执行普通商品住房限购政策有关问题的通知	徐政发〔2011〕50号
徐州市人民政府关于表彰2010年度徐州市市长质量奖单位的决定	徐政发〔2011〕53号
市政府关于进一步加强领导干部深入基层带案下访和专题调查研究工作的通知	徐政发〔2011〕54号
徐州市人民政府关于印发《徐州市新建普通商品住房销售价格备案规定》的通知	徐政发〔2011〕55号
市政府关于印发《徐州市人民政府重大行政决策程序规定》的通知	徐政发〔2011〕57号
市政府关于调整征地补偿标准的通知	徐政发〔2011〕60号
市政府关于贯彻《国有土地上房屋征收与补偿条例》的实施意见(暂行)	徐政发〔2011〕64号
市政府关于提高城乡居民最低生活保障标准的通知	徐政发〔2011〕74号
市政府关于在全市实施退役士兵城乡一体化安置工作的通知	徐政发〔2011〕75号
市政府关于大专院校建设教师周转住房(公共租赁住房)的实施意见	徐政发〔2011〕78号
市政府关于印发《徐州市“十二五”主要污染物总量消减实施方案》的通知	徐政发〔2011〕86号
市政府关于江苏省铜山经济开发区更名为江苏省徐州高新技术产业开发区的通知	徐政发〔2011〕88号
市政府关于印发徐州市全民健身实施计划(2011－2015)的通知	徐政发〔2011〕90号
市政府关于批准实施《徐州港徐州港区控制性详细计划》的通知	徐政发〔2011〕96号
市政府关于实行人口和计划生育风险抵押金制度的通知	徐政发〔2011〕97号
市政府关于加强徐州市铜山区规划管理的通知	徐政发〔2011〕100号
市政府关于大力发展中等职业教育的意见	徐政发〔2011〕101号
市政府关于进一步加强节能工作的实施意见	徐政发〔2011〕102号
市政府关于加快推进我市城乡客运统筹发展的实施意见	徐政发〔2011〕103号
徐州市人民政府关于进一步加快发展旅游业的意见	徐政发〔2011〕105号
市政府关于加快创业投资发展的意见	徐政发〔2011〕111号
市政府关于深入实施商标战略推进自主创新促进徐州经济发展的意见	徐政发〔2011〕115号
市政府关于印发《徐州市防洪保安资金征收和使用管理规定》的通知	徐政发〔2011〕116号
市政府关于进一步改善经营环境促进中小企业健康发展的意见	徐政发〔2011〕121号

续表

文件标题	发文字号
市政府关于促进化工行业转型升级的实施意见	徐政发〔2011〕125 号
市政府关于“12345”政府服务热线建设和运行工作的实施意见	徐政发〔2011〕127 号
市政府关于印发徐州市再生资源回收体系建设规划(2011－2015)的通知	徐政发〔2011〕128 号
市政府关于促进农业机械化和农机工业又好又快发展的实施意见	徐政发〔2011〕130 号
市政府关于限期关闭徐州市恒源化工有限公司等企业的通知	徐政发〔2011〕139 号
市政府关于水利建设基金征收和使用管理有关问题的通知	徐政发〔2011〕140 号
市政府关于对特殊困难残疾人实施生活救助的通知	徐政发〔2011〕142 号
市政府关于加快构建社会养老服务体系的实施意见	徐政发〔2011〕143 号
市政府关于印发《徐州市基础设施配套费征收管理办法》的通知	徐政发〔2011〕147 号
市政府关于进一步加快完善基本医疗卫生体系的实施意见	徐政发〔2011〕148 号
市政府关于印发徐州市2011—2015年妇女发展规划和徐州市2011—2015年儿童发展规划的通知	徐政发〔2011〕149 号
市政府关于印发徐州市城市生活垃圾处理费征收和管理暂行办法的通知	徐政规〔2011〕1 号
市政府关于印发《徐州市市区公共绿地养护管理办法(试行)》的通知	徐政规〔2011〕2 号
市政府关于印发《徐州市高龄老人尊老金发放和管理办法(暂行)》的通知	徐政规〔2011〕3 号
市政府关于进一步加快建筑业发展的意见	徐政规〔2011〕4 号
市政府关于印发《徐州市政府投资项目待建管理暂行规定》的通知	徐政规〔2011〕5 号
市政府关于印发徐州市市区农贸市场经营管理办法的通知	徐政规〔2011〕6 号
市政府关于印发徐州市市区农贸市场产权管理办法的通知	徐政规〔2011〕7 号
市政府关于调整市区城镇居民基本医疗保险有关政策的通知	徐政规〔2011〕8 号
市政府关于印发徐州市推行安全生产责任保险办法的通知	徐政规〔2011〕9 号
市政府关于印发徐州市城乡居民社会养老保险制度实施办法的通知	徐政规〔2011〕10 号
市政府关于印发徐州市城乡困难群众医疗救助实施办法的通知	徐政规〔2011〕11 号
市政府关于调整市区城镇职工基本医疗保险有关政策的通知	徐政规〔2011〕12 号

·行政服务·

【12345政府服务热线试运行】 市行政服务中心认真贯彻市长办公会和全市“12345”政府服务热线建设动员大会部署要求,推进“12345”政府服务热线建设,力求把“12345”政府服务热线打造成人民群众与党委、政府联系沟通的便捷渠道。热线建设通过引入市场竞争机制,与有实力的中国移动徐州分公司进行合作建设,使政府和企业在工作上取长补短,分工负责,形成一种全新的热线运行模式。服务热线前台处理采用服务外包方式,将呼叫中心的硬件配备、话务员招聘及培训管理、软件开发维护等打包给企业,充分发挥企业专业服务人员的优势有效处理来电,使热线管理机关能够将精力全力投入到人民群众咨询、投诉等事项的协调督办工作中,确保热线“事事有回音、件件有答复”。服务热线于年底建成并投入试运行。

【审批时限再提速15.2%】 中心持续组织开展审批提速行动,全力为给投资创业者提供“零障碍、低成本、高效率”的审批服务。在2010年压缩承诺时限347个工作日的基础上,2011年再压缩事项办理承诺时限231个工作日,实现审批再提速15.2%。中心进驻的49家部门393个事项窗口平均办事时限由过去最多的60个工作日压减到6.9个工作日,70%以上的事项办理时限快于苏南等地。重点研究制定了城建重点工程项目审批服务提速方案,通过确定各审批环节牵头部门,推行联审会办,简化收费形式,减少和后移前置要件等创新措施,力争使城建重点项目办理由原先184天压缩到60天。年内,中心为全市500多家外商投资企业实施联合年检,先后完成徐州彭城欢乐世界、新城区体育中心等135

个重大产业、城建、基础设施等项目立项审批、95个项目核准和107个项目的备案。累计办结各类审批和服务事项22.3万件,窗口事项按时办结率、承诺事项提前办结率分别达100%和87.3%。中心建成运行的"一事一评"服务质量评价系统收集的13895件评价意见显示,群众满意率为99.13%。

【中心公共场所禁烟实施】 市行政服务中心从5月10日起在服务大厅等公共场所实施禁烟。规定任何人士禁止在行政服务、便民服务大厅等公共场所敬烟、吸烟或携带燃着的香烟、雪茄、烟斗。要求,中心领导带头并按分工督促各处室落实禁烟规定,各窗口、处室负责人为本窗口、处室落实禁烟规定的第一责任人,教育劝阻工作人员控烟禁烟;各窗口工作人员不得接受办件群众敬烟并主动向其宣传禁烟规定,保安等物业管理人员对携带燃着的香烟、雪茄、烟斗的办件、来访人员要当场劝止;中心值班领导和值班长每天对禁烟情况进行督查,督查处负责不定期抽查,对违犯禁烟规定的当场纠改,情节严重的通报批评。窗口、处室及工作人员违犯禁烟规定3次以上的取消评先资格。

【市政协委员到中心视察调研】 10月13日,市政协副主席吕中亚带领市政协社法委部分委员一行12人视察中心建设与发展情况。委员们在视察中一致认为,市行政服务中心组建10年来特别是迁到新城区后,与老城区便民服务中心形成了"一体两翼"的行政服务发展格局。尤其是事项入驻率、窗口办结率、群众满意率不断提升,政务公开全面细致,服务、监管方法手段创新成果丰硕,为推进政府转变职能、提高行政效能,服务经济社会发展发挥了很好的窗口平台作用。期间,市政协副主席吕中亚与委员们听取了中心建设与发展情况的汇报,到中心服务大厅考察了办事程序、联审联办等情况,并就进一步加强行政服务中心建设发展等问题,与窗口工作人员、中心领导进行了座谈交流。

【组建10周年暨行风监督员座谈会】 10月19日,是徐州市行政服务中心组建10周年的日子。来自市区部分企业和机关部门的人大代表、政协委员等行风监督员应邀到中心考察座谈,就在新的起点上进一步加强中心建设发展建言献策。座谈会上,中心主任闫海曙回顾介绍了中心组建10年来特别是迁入新城区后的主要工作情况,认真听取了10名行风监督员对中心工作的意见建议,向聘请的新一届行风监督员颁发了聘书。 (宋 翔)

·市级机关事务管理局·

【概况】 2011年,市市级机关事务管理局凸显服务为先的宗旨,机关事务管理工作获得了长足发展。全年服务机关人员就餐120万人次、承办各类会议7664场次24.8万人次、交换文件近30万件、通勤服务近150万人次、服务车队安全行驶30万公里。被省管理局表彰为全省公共机构节能工作先进集体、接待工作先进集体,被省住建厅表彰为全省建筑节能先进集体;后勤标准化管理率先通过ISO9001国际质量管理体系等三个体系认证,安全保卫工作荣记省公安内保集体二等功。

【国有资产管理】 创新国有资产管理模式。根据市委、市政府文件精神,启动了市级机关事业单位房地产权属集中管理工作,将市级行政事业单位房地产逐步过户到市管理局名下,95%以上的市级单位上交了房产两证及相关资料。积极探索公有门面房保值增值的新路径。在首次试点公有门面房租赁权拍租成功的基础上,全年先后组织3次公有门面房拍租,拍租面积达到1000多平方米,使房屋租金比原来翻了一番,租金收入全部上缴市财政。这种做法在徐州市级机关尚属首次。进一步整合新老城区办公资源,通过统一管理、合理调剂、科学配置,缓解了办公用房供需矛盾,盘活了闲置资源,降低了行政运行成本。

【公共机构节能】 进一步完善全市公共机构能耗数据库。积极探索合同能源管理模式。广泛开展节能宣传活动,组织开展公共机构节能知识进机关、进医院、进校园等"三进"活动。制定了《徐州市行政中心合同能源管理实施方案》、《徐州市建筑节能监管体系建设实施方案》等6个规范性文件,促进公共机构节能工作的规范化、制度化和长效化。2011年全市公共机构人均综合能耗比上年下降了5%。

【机关后勤服务】 积极借鉴现代服务业管理经验,提倡精细化、人性化、个性化服务,突出亮点、特色和影响,深入开展了"优质服务月"、"你点题我整改"、"金牌服务明星"评选等活动,全力打造满意餐饮服务品牌和日常"管家式"会议服务品牌,机关餐饮与会务的满意率逐步提升。5月份,后勤服务中心顺利通过"ISO9001国际质量管理体系、环境管理体系和职业健康安全管理体系"等三个体系认证。

【机关事务保障】 开展人性化通勤服务,科学合理调整运行时间,适时调整通勤线路和增设停靠站点,最大限度方便机关工作人员出行。不断加强行政中心人防、技防、物防体系建设,积极构建行政中心安全保卫联防联动体系和应急处置体系。建立设备维修快速反应机制,年完成维修任务1.6万次。全面加强机关医院软硬件建设,提升医疗服务的竞争力,启动了宣武诊所建设,开辟了机关工作人员到中心医院就诊的"绿色通道"。机关医院全年门诊量达到1万多人次,完成会议医疗保障30余次,组织开展各类健康讲座、健康咨询、免费义诊16次。认真做好行政中心卫生保洁、绿化亮化管护、服务网点管理等工作。积极协调有关单位,将云西小区等4个未整治的机关宿舍区纳入改造计划,做好了老城区全部18个机关宿舍区整治改造和冬季供暖工作。

【后勤经济发展】 按照"企业化经营、社会化运作、规范化管理"的思路,积极探索发展后勤经济的新路子。不断完善后勤服务中心企业化运行机制,先后注册成立了欣诚机关生活服务中心、楼宇设备管理公司、会展服务公司,实现市场化、企业化独立经营管理,积极参与市场竞争。以天勤冠名的天勤物业公司、天勤酒业公司等6家公司运作良好,产生了良好效益,为反哺市级机关后勤服务奠定了坚实基础。

(陈　泽)

·信访工作·

【概况】 2011年,全市各级信访部门围绕全年工作目标和"事要解决、案结事了"的要求,加大矛盾纠纷排查力度,着力解决信访群众的合理诉求和实际困难,实现了全国"两会"期间进京上访"零登记",全市没有发生大规模进京上访,没有发生有影响的群体性事件和个人极端事件,进京非正常上访继续下降。全年共发生来市上访998批、18885人次,其中集访463批、17850人次。总批数、总人次数比2010年分别上升15.5%和26.5%,集访批数、人次数分别上升16.9%和27.7%。全年发生群众到行政中心北大门的上访203批、8774人次。全年共发生去省上访257批、1082人次,其中集访39批、714人次。总批数、总人次数比2010年分别下降13.5%和13%,集访批数、人次数分别下降9.3%和8.3%。被省信访局登记去省上访139批、311人次,其中集访6批、89人次。全年共发生进京上访451批、772人次,其中集访23批、208人次。总批数、总人次数比2010年分别下降18.7%和22.6%,集访批数、人次数分别下降23.3%和14%。被国家信访局登记进京上访83批、112人次,总批数、总人次数比2010年分别下降39.9%和51.7%。被省信访局通报、列入考核的进京非正常上访4人次,比2010年下降60%。全年共受理群众来信2535件,比2010年下降16.6%。全年受理复查复核信访事项49件,向省信访局申报信访三级终结和无理终结信访事项21件。全年承办国家信访局交办的信访积案7件,化解率100%;省信访局交办的一类信访积案46件,化解率96%,二类信访积案24件,化解率75%;市信访局排查交办60件,全部按期报结。全年承办上级机关交办的网上信访事项280件,市信访局受理网上信访事项185件,已办结164件。全市通过"徐州市阳光信访综合服务系统"共受理信访事项6171件,已办结5910件。在2011年开展的第一次全省信访工作绩效考核中,徐州市以总分97.513分列13个省辖市的第七名,列入国家信访局考核的进京非正常上访人次列全省第11位。全省考核分数达到100分以上的68个县(市、区)列为优秀等次,优秀等次比例平均为59.13%,徐州市11个县(市、区)有10个达到优秀等次,优秀等次的比例达90.91%,在盐城、宿迁之后列全省第3位。

【领导接访】 2011年,市委常委会、市政府常务会议4次听取信访工作情况汇报,市委、市政府12次召开全市信访工作会议,部署信访工作任务。4月18日,市政府下发了《关于进一步加强领导干部深入基层带案下访和专题调查研究工作的通知》(徐政发〔2011〕54号),对领导干部带案下访和下基层专题调研再次提出明确要求。3月23日,市委办公室、市政府办公室下发了《关于实行信访稳定事项抄告单的通知》(徐委办〔2011〕25号),对重大信访稳定事项实行抄告单制度。全年市领导共接待群众上访120批、1009人次,其中集访56批、889人次,各县(市)区领导接待群众上访911批、4721人次。全市各级领导干部每月坚持带案下访和下基层调研,全年市领导共带案下访76次,市直单位领导带案下访402次,县(市、区)领导带案下访1838次。对省、市排查交办的信访积案、信访不稳定因素以及各地各单位自身排查的重点案件,全部实行领导干部包案处理。

【信访积案化解工作】 结合全省"信访积案攻坚化解年"活动,在全市范围内第六次开展"百日百案"活动,推动信访积案、信访老户和信访突出问题解决。市联席办排查了138个信访积案和重点人头,向责任单位进行了交办,95%已得到化解。全市归集了700万元设立信访救助专项基金,集中到市财政局统一管理,专款专用。全年共使用信访救助金1199万元,救助信访人193名。

【信访督查督办】 市信访联席会议成立8个督查组,重点督查各地各单位贯彻落实省、市主要领导重要批示精神情况,市委、市政府关于信访稳定工作部署的贯彻落实情况,重点信访案件领导包案处理情况,重点信访人员稳控责任和措施落实情况等。对11个县(市)区、32个市直单位和3个部省属单位实地督查106次,电话调度232余次,实地抽查了16个镇(街道办事处),专项督查信访积案38件,查阅台帐263次,抽查了21个信访案件包案领导和稳控责任人落实情况,跟踪督办省、市领导批示的信访案件12件,发出督查通报30份。

(市信访局)

·接待工作·

【概况】 2011年,市接待办共接待中外来宾2000余批、5万余人次,比上年增长了15%,其中接待党和国家领导人9批次,接待部省级以上领导66批234人次,接待重要客商280批6763人次。一是精心做好中央首长警卫任务的接待工作。先后接待了刘云山、李源潮、蒋正华、万钢、厉无畏、曹建明等党和国家领导人来徐调研考察,以及泰国公主诗琳通、泰国前总理他信等外宾来徐参观考察。二是重点做好省和国家机关主要领导的接待工作。接待省委书记罗志军、省长李学勇等省领导,汪光焘、蒲海清、汪纪戎等50多位省和国家机关领导人分别多次来徐调研考察。三是全面做好境内外重要客商的接待工作。接待台湾宝成集团、中亚集团、香港世茂集团、香港协鑫集团、中国兵器工业集团等大型企业的主要负责人,在客商接待中实行一站式服务、特色化服务、人性化服务、多角度服务,受到来徐客商的一致好评。四是对等做好外地党政代表团来徐接待工作。接待了济宁市、荷泽市、宿州市等15个党政代表团来徐考察。在接待党政代表团过程中,积极做好前期联系、过程衔接、接待方案制定等工作,为双方交流创造了良好氛围与条件。如整理全国各地民歌制作成光盘,在接待各地当地代表团时进行播放,受到了兄弟城市的热烈称赞。五是全力做好徐州市党政代表团外出考察、招商活动的后勤保障工作。多次参与市领导赴舟山、深圳、广州、苏州、无锡、昆山、张家港、沈阳等地考察、招商活动的后勤保障工作,圆满地完成了任务。六是用心做好大型会议、上级督查、调研等重要活动的接待工作。圆满完成了第十一次党代会、十四洽会、上海房产推介会、深圳文博会等19个重要会议、活动的后勤保障工作。

【接待工作制度完善】 继续完善重要接待任务工作流程与规范标准,各类大型会议、外出办会考察接待工作流程与规范标准,重要来宾信息库、来徐重要客商信息库。补充完善调研考察点资料库。落实好《市接待办接待员勤廉工作规定》,定期开展机关人员的学习讲评、考试及评议活动。制定《徐州市接待办公室景区景点参观安排管理办法》。认真做好每日重要客情的汇总报送工作,确保重要客情及时准确无遗漏。开展实施"效率年"活动,进一步强调"要做的事、胸有成竹,该做的事、雷厉风行,在做的事、精益求精"的工作作风;精心制定了《2011年度市接待办工作任务分解方案》,将每项工作落实到具体领导、处室和个人,明确责任、限时结办,坚决加大问责力度,确保全体工作人员切实做到领会意图快、落实工作快、结果反馈快。

【宾馆经营管理】 对所属宾馆饭店实行经营指标和安全生产目标管理。所属宾馆饭店紧紧围绕"保安全、增效益、促稳定"的目标,坚持改革和发展并重,创新经营模式、调整经营结构、转变经营方式、克服种种困难,强化管理,精心经营,圆满完成年度经营目标,取得了良好的经济和社会效益。高度重视安全生产工作,严格执行安全生产责任制,全年无安全事故发生。

(高宗洪)

·机构编制管理·

【政府机构改革评估】 2011年上半年,市编办对市政府各部门"三定"规定执行情况进行了检查评估。同时,组织人员对沛县、邳州、新沂等县(市)区政府机构改革工作进行了督查。5月份,顺利通过了省编办对徐州市政府机构改革的评估检查。

【九里区区划调整机构编制划转调整】 按照市委、市政府有关要求,市编办认真制定了原九里区行政事业机构编制划转调整工作方案,及时把原九里区行政事业机构编制及实有人员分别划转至铜山区、云龙区、鼓楼区和泉山区。原九里区共56个行政机构(含街道办事处)、136个事业机构、493个行政编制人员、1603个事业编制人员得到稳妥划转调整。

【经济发达镇管理体制改革试点工作】 铜山区柳新镇被列为全省经济发达镇行政管理体制改革试点镇,其改革的重点内容是按照权责一致、能放即放的原则,赋予试点镇县级经济社会管理权限,增强经济发达镇的内生能力。市编办根据柳新镇实际情况,指导其在管理体制改革中,按照强化公共服务,充分发挥社区在社会管理和公共服务中的作用的思路,提出"一委一局(村)一站一办"社区服务管理的设置模式,逐步建立和完善政府依法指导,社区依法自治,社会积极支持的社区管理体制,并形成试点改革方案上报省编办审批。

【乡镇交通运输综合行政执法机构规范】 8月,按照省有关文件精神,市编办结合实际,制定下发了《徐州市乡镇交通运输综合行政执法贯彻实施意见》,将县级交通运输局以及运输管理、航道、海事、港口等机构在乡镇辖区内的有关行政执法权进行归并,实行乡镇区域内交通运输综合行政执法的工作目标。同时,对县(市、区)乡镇交通运输综合管理所、乡镇交通运输管理所的管理职责、机构性质、隶属关系、规范名称、设置原则等做出明确规定。

【事业单位法人年检】 按照市编办确定的理顺政府机构改革中涉改事业单位隶属关系、名称、宗旨业务范围等有关事项,对此类单位及时办理法人变更手续;对事业单位开办资金进行监管,重点审查验资报表中事业单位开办资金及资金负债情况;对2010年度事业单位法人进行年检,市直应年检事业单位550家,年检539家,年检率98%。在县处级正职领导干部"三责联审"机构编制责任审核工作中,全年共计完成对17位县处级正职领导干部的机构编制责任审核工作。

(程　建)

·人事劳动·

【劳动就业】 在全省率先制定实施《关于进一步完善城乡统筹就业培训补贴政策的意见》,同时配套出台贯彻落实省培训补贴意见及补贴资金申报管理等办法。制定下发《关于加快推进我市农村基层劳动就业社会保障公共服务平台规范化建设的实施意见》推动城乡就业均等化服务。制定《徐州市劳动人事争议仲裁管辖规定》。开展"春暖行动"和"小企业劳动合同制度实施专项行动",实施集体合同"彩虹计划"。全市劳动合同签订率达99.2%,企业集体合同签订率达91%。全年立案处理人事劳动争议案件1522件,通过调解解决的达85%,比省厅目标高15个百分点;当期结案率达到98%，比省厅目标高6个百分点。年初，在全市范围内建立了领取失业保险金期间失业人员待遇水平与基本生活消费价格指数上涨动态补贴制度。全年共发放物价补贴650.8万元。2011年，全市城镇新增就业10.23万人，失业人员实现就业5.01万人，城镇登记失业率为2.55%，低于4%的省控制线。对困难家庭提供就业援助并实现动态清零。新增转移农村劳动力6.41万人，开展城乡劳动者职业技能培训9.87万人。全年获证奖补23552人，补贴资金2254.07万元。切实做好领取失业保险金人员一次性物价补贴发放工作。

【大学毕业生创业就业】 推进大学生创业工作，全市建立了市级以上创业园区5家；核发《创业证》1520件；创业企业达到1646家，经营收入2.7亿元(其中100万元以上的企业达12家)，税收895万元，吸纳毕业大学生以及社会就业人员18198人。成功举办了徐州市第二届大学生创业创意大赛，吸引了5000多名驻徐高校大学生参与，征集了1000余件创业创意作品。完成2011年“三支一扶”高校毕业生招募工作，共招募“三支一扶”大学生120人。加快毕业生就业见习基地建设，全市现有见习基地63家，其中省级15家，市级48家，共接纳了1045名毕业生见习。

【社保体制建设】 进一步完善全市养老保险制度。按照省统一部署，加快推进新农保与城镇居民养老保险合并实施，研究制定《徐州市城乡居民社会养老保险制度实施办法》，全面启动实施城镇居民养老保险工作，并完成10万名城镇居民的参保登记工作。认真贯彻养老保险省级统筹有关精神，市区、各县(市)企业缴纳基本养老保险费比例分别由22%调整为21%、由21%调整为20.5%。逐步提高基本养老金待遇水平。加快推进市直机关事业单位养老保险结算方式“差改全”和社会化发放工作。市直495家参保事业单位全部实行了“差改全”结算，7396名事业单位离退休人员养老金实行了社会化发放。医疗保险和工伤保险工作实现新突破。通过改革结算方式、强化监管等措施，遏制住了各项费用上升势头。职工医保住院结算部分下达定额内的费用实现100%结算。全市13万大学生参加了居民医疗保险，实现100%全覆盖的目标。市区符合条件的1.5万余老工伤人员全部纳入工伤保险统筹管理。各类社会保险覆盖面进一步扩大。其中新农保参保人数达220.68万人，参保率99%，当期基金总收入11.90亿元；领取基础养老金人员97.54万人，发放养老金7.66亿元，基础养老金领取率100%；全市被征地农民应保障12.14万人，被征地农民社会保障覆盖率达95%。

【招才引智】 完成徐州市企业发展研究院的组建和市创新创业学院挂牌工作。成功举办“第六届中国博士后和留学人员徐州科技项目对接洽谈会”，参会对接项目148个，现场签约项目21个，成功对接120个。成功申报省“六大人才高峰”第八批资助项目10个，资助金额34万元。完善徐州专家信息库和徐州籍优秀人才库，目前入库的徐州市各类高级专家5793人，徐州籍优秀人才1201人。全年引进各类毕业生43685人，其中引进博士125人，硕士366人，本科11376人。切实加强专业技术人才队伍建设。拟定了徐州市加强职业培训促进就业的实施意见，积极实施高技能人才培养工程。全年新培养高技能人才17878人。更新完善《徐州市“一村一品”惠农服务手册》，开展第四届全市“一村一品”示范带头人创业事迹宣讲活动。全年申报获批国家和省级引智项目6个，其中国家项目5个，省项目1个。沛县朱寨镇、邳州市港上镇前湖村被评为“全国一村一品示范村镇”。

【工资分配】 研究制定市直公共卫生与基层医疗卫生事业单位绩效工资实施办法和市直其他事业单位绩效工资实施办法，并在春节前审批发放了事业单位基础性绩效工资。完成义务教育阶段教师的津补贴调整发放工作。从年初起，调整了全市企业最低工资标准，市区由原来的790元/月提高到930元/月，各县(市)由原来的670元/月提高到800元/月。及时发布企业工资指导线、劳动力市场工资指导价位。企业薪酬信息调查与发布制度建立率为100%。

【人事管理】 全面启动事业单位岗位设置管理工作，印发《徐州市事业单位岗位设置管理实施意见》，切实加大岗位设置管理指导力度。深入开展事业单位公开招聘自查工作，严格规范事业单位公开招聘工作。全年共接收安置军转干部302名，军转安置任务顺利完成。先后组织省公务员招录、专业技术人员职业资格、公益性岗位及市事业单位招聘等各类考试40多项，累计参加考试7.3万人次，实现全年考试安全无事故的目标。

【公务员队伍建设】 认真贯彻实施公务员法及相关配套政策法规。严格审批非领导职务职数，根据新“三定”方案，按照领导职数50%的比例，重新审批了各部门的非领导职务职数。规范科级干部调整管理，实行科级干部备案制，严禁未按任职资格条件和程序配备科级干部，杜绝超职数晋升。有序开展公务员统计工作，顺利完成全市公务员统计汇总工作。组织开展公务员法执行情况集中检查和调研，进一步掌握了基层公务员管理工作情况。健全完善公务员选拔任用工作机制。稳慎推进公务员调任工作，每年调任公务员总数不超过当年招录计划的5%，且向县(市)区、徐州经济技术开发区倾斜。完成全市公安机关执法勤务机构人民警察警员职务套改任务,有效提升基层民警的职业发展。科学制定培训规划,提升公务员队伍建设整体水平,研究制定《徐州市"十二五"公务员培训规划》及《2011年度徐州市公务员培训计划》,加强公务员队伍能力建设。组织开展公务员培训活动,累计培训公务员10747人次。全面完成年度公务员考核工作,考核覆盖率为100%。科学规范行政奖励表彰工作,建立行政机关公务员纪律惩戒工作情况备案制度。(张 剑)

·外事、港澳事务·

【概况】 2011年,徐州市因公出国(境)团组共受理387批1528人次,批准379批1490人次。共代办因公护照(通行证)1073本,签证(签注)953人次,获签率达98%以上。代办因私签证354人次。共办理外国人来徐的签证邀请函59批,113人次。圆满完成徐州市招商推介会人员17批106人的赴港澳通行证的办理和签注工作。市外办在巩固3年来中德共建徐州生态示范区项目合作成果的基础上,继续发挥桥梁和纽带的作用,推动这一项目向纵深发展。围绕徐州市对外经济活动,充分利用外事资源优势,积极协调有关部门,精细筹划出访和接待来访,取得了实质性经济成果。圆满完成泰国诗琳通公主、泰国驻华大使密乘尚,以及拉美及加勒比地区的14国驻华使节代表团访问徐州接待工作,提升徐州市国际知名度和美誉度。

【国(境)外代表团访问徐州】 1月26日,市长张敬华在新城区会议中心会见了到访的俄罗斯奥廖尔州奥廖尔市市长萨菲扬诺夫·维克多一行。双方签署了两市建立友好交流城市关系协议书。萨菲扬诺夫一行在徐期间,还参观了徐州市110指挥中心和部分企业。

2月9日至10日,法国友城圣埃蒂安市外办主任让-弗朗索瓦·巴斯卡勒应邀来徐州进行工作访问。徐州市外办主任龚维芳、副主任王连运以及欧非处的有关人员与巴斯卡勒进行了工作会谈。双方表示,两市的外办不仅要做好友城交流方面的本职工作,而且还要进一步充实经济领域的合作内容。在已有的合作成果的基础上,带动两地的企业家互动对接,力争实现互利共赢。

3月26日至30日,德国鲁尔集团矿山和房产分公司企业发展副总经理尤根·伯格曼率领的代表团访问徐州。期间,张敬华会见了代表团一行,双方就深化采煤塌陷地治理与利用领域的交流合作交换了意见。张敬华希望鲁尔集团继续深化与徐州在采煤塌陷地治理与利用领域的交流合作,协助徐州市编制好相关采煤塌陷地治理及利用的规划方案,并尽快组建合资公司参与徐州市采煤塌陷地的生态修复和开发利用。伯格曼此行实地考察了徐州城北采煤塌陷地,与市国土局、市规划局、徐州新田公司、矿大中德中心等部门专家进行了工作交流与洽谈。徐州新田投资发展有限公司与德国鲁尔集团矿山和房产分公司达成的《合作备忘录》。

4月4日至5日,应中国政府邀请,泰国诗琳通公主以及随行的泰国驻华大使、驻沪总领事一行30多人访问徐州,市委书记曹新平会见并宴请泰国诗琳通公主一行。诗琳通公主游览了了龟山汉墓、博物馆、汉画像石馆、汉文化景区,参观了徐州规划馆,对徐州的历史文化和城市发展给予了高度称赞。

5月22日,市委书记曹新平在大龙湖会所会见了来访的卡特彼勒集团总裁瑞拉文一行。曹新平表示,将一如既往地支持卡特彼勒在徐州的长期发展,为卡特配套厂商在徐投资兴厂提供帮助,为卡特彼勒徐州公司创造优越的投资环境和发展条件。瑞拉文表示,卡特彼勒作为徐州的成员,希望徐州市委市政府和卡特彼勒不仅在工程机械领域继续保持合作,在社会福利界、环保等领域也加强合作与交流,双方共同为建设更美好的徐州而努力。

6月16日,法国驻华大使馆政府投资部投资总监(华东)钟蕾女士和法国罗阿大区企业国际发展协会1名国际投资专员来徐拜访徐工集团。双方就今后合作事宜达成一致共识。

6月20日下午,市委书记曹新平在开元大酒店会见了卡特彼勒集团总裁瑞拉文和来徐参加卡特彼勒全球高层领导管理培训班的代表一行。曹新平代表徐州市委市政府对瑞拉文总裁一行访问徐州表示欢迎,对卡特彼勒将其全球高层领导管理培训班设在徐州表示支持,对卡特彼勒在徐加大投资及其所取得的成就表示祝贺。瑞拉文总裁对曹新平书记的热情接待表示感谢。会见后,曹新平出席了卡特彼勒全球高层领导管理培训班招待晚宴并发表讲话,向与会客人介绍了徐州市经济和社会发展概况。

7月2日至6日,韩国全罗北道井邑市全北科学大学国际教育学院院长金一中率团来徐州市访问。在徐期间,市外办代表徐州市对外交流服务中心与代表团进行了深入的业务交流。代表团还访问了徐州工程学院、徐州生物信息工程学院和徐州市第二职业高等学校等单位,进一步探讨中韩双方学校今后交流的方向和内容,徐州生物信息工程学院还与全北科学大学签订了交流协议书。

【徐州代表团出访交流】 3月5日至11日,应泰国驻上海总领事馆的邀请,徐州市人民政府外事办公室主任龚维芳随团赴泰国进行工作访问。访问期间,代表团重点拜访了泰国外交部东亚司的领导,倾听了东亚司领导就诗琳通公主访华事宜提出的指导建议,双方就公主访徐的重要会见、礼宾细节、食宿安排等深入交换了意见。代表团一行还参观考察了吉拉达示范园林项目。代表团在泰国期间还考察了湄南河、泰国的建筑艺术、暹罗博物馆、苏梅岛等自然人文项目。

5月12日至23日,市长张敬华率徐州市政府代表团出访巴西MG州及包索市、奥萨斯库市和阿根廷圣马丁市。代表团在巴西期间与MG州和包索市政府及相关机构进行了深入洽谈,就巴方对徐工集团在巴西投资建设工程机械工业园项目给予的优惠政策等事宜予以商定,并隆重举行了项目签约仪式。巴西总统代表、众议院副议长坤哈,MG州州长安纳斯塔亚,包索市市长派如吉尼和巴西相关各界人士,中国驻圣保罗总领馆商务参赞李海通等我国驻巴西相关机构和企业代表,共计120余人出席签约仪式。张敬华在签约仪式上简要介绍了徐州市情。在巴西期间,市长张敬华与包索市市长派如吉尼共同签署了友好交流城市协议。代表团还访问了徐州市的巴西友城奥萨斯库市,受到了市长埃米迪奥德等奥市政要的热情接待,并且实地察看了当地部分企业和职业培训基地,就双方今后在产业和文化、教育等领域的合作进行了实质性的磋商。在阿根廷期间,代表团会见了中国——阿根廷友好协会主席卡洛斯佩德罗等相关人员,就推动徐州与阿根廷相关企业的合作进行了交流和洽谈。在前期中阿友好协会积极联系和促进的基础上,市政府代表团对圣马丁市进行了考察,双方进行了友好座谈,市长张敬华与圣马丁市市长瑞卡多共同签署了友好交流城市协议。

6月4日至11日,徐州市园林城建代表团一行6人赴德国友城埃尔福特市参加了埃尔福特园艺公园50周年庆典开幕式暨徐州花园和徐州图片展活动,并赴法国考察了园林城建设施。埃市举办了主题为“来自埃尔福特友城的鲜花问候”的活动。在这次友城图片展中,徐州市精心选送的12幅照片精彩展现了徐州云龙湖、云龙公园等的优美风光。埃市副市长哈格曼向代表团中的徐州市新盛建设发展投资有限公司的经理表达了加强经贸合作的愿望,尤其希望徐州在位于欧洲地理中心位置的图林根州首府城市埃尔福特市投资开设一家中餐馆。同时,代表团向埃市市长鲍瑟威发出了邀请,邀请他率团于9、10月份来徐州参加第14届经贸洽谈会暨第五届汉文化旅游节。鲍瑟威愉快的接受了邀请。结束在德国的行程后,代表团来到徐州市的法国友城圣埃蒂安市,拜会了圣市政府,受到副市长安德烈·费登贝格的热情款待。代表团与圣市园林局局长和外办主任让-弗朗索瓦·巴斯卡勒分别举行了座谈,交流了其举办园林双年展的经验和下半年友城交流计划。随后,该市外办主任让-弗朗索瓦·巴斯卡勒陪同代表团参观了城建设施雨水污水排水系统。

7月11至19日,应俄罗斯梁赞市政府和匈牙利伊尔德市政府的邀请。以市委副书记陈美行为团长的徐州市友好代表团一行6人赴俄罗斯、匈牙利进行了友好访问。在匈牙利期间,受到了市长梅萨罗什·安德拉什等伊市政要的热情接待,并实地考察了当地企业,参观了伊市博物馆。商谈了两市间今后友好交流计划。双方就今后扩大两市在经济、文化、教育等领域的交流与合作在一定程度上达成共识。陈美行代表市长张敬华与伊尔德市市长梅萨罗什·安德拉什共同签署了两市友好交流城市协议。与匈中社会关系发展促进会会长及友城牵线人周永平进行了工作会谈。就两市间开展有关葡萄酒进口代理等经贸事宜进行了商谈。代表团向对方介绍了徐州的经济社会发展情况和投资环境,希望组织商会会员到徐州实地考察,寻求合作机会。这一协议的签署,填补了徐州市在匈牙利友好交流城市的空白,扩大了徐州市在东欧的影响力和知名度,为徐州市企业开拓东欧市场奠定了坚实的基础。代表团到达俄罗斯梁赞市,受到梁赞市政府的热情接待。代表团拜会了梁赞市政府,与市长阿尔焦莫夫、副市长巴列达耶夫及教育、文化、卫生等部门的负责人进行了工作会谈,交换意见,就下一步推动两市文化艺术团体交流、中小学师生交流、医疗技术人员交流与合作等相关事宜进行磋商,就两市2012年的各项交流进行了商谈,旨在推动多领域、深层次的合作与交流。代表团实地考察了梁赞市的妇产医院,克林姆林宫、叶赛宁故居等。对方介绍了梁赞市的经济社会发展情况和投资环境,希望徐工集团在此投资建厂。徐工集团与梁赞的德国汽车代理公司董事长斯米洛夫就徐工产品的销售代理、在梁赞设立区域销售服务中心等事宜进行了探讨和磋商,寻求合作的可能性。探讨了在梁赞开办中餐馆的可能性。代表团还走访了徐工集团在俄罗斯莫斯科地区最大的经销商RUSTRANS“俄罗斯运输集团”公司,实地考察了RUSTRANS公司运作情况。与尹琳娜女士进行了工作会谈并一起到梁赞市考察。

7月18日至29日,以市委书记曹新平为团长的徐州市政企代表团,对印度、印度尼西亚、菲律宾开展了专题招商引资活动并进行了工作访问和考察。7月22日,徐州市在印度班加罗尔举行了“中国徐州软件及服务外包(班加罗尔)投资推介会”。印度卡纳塔卡邦电子政务局长普拉哈卡、中印友好协会秘书长巴斯克兰、班加罗尔工商联秘书长酷玛等来宾和印度60余家IT企业负责人出席了会议。江苏集群信息产业集团与创意信息平台、班加罗尔电子公司分别签约,合同资金达4000万美元。在印度期间,代表团一行还拜访了Infosys、Tata等知名企业,听取了企业负责人的成功经验介绍。为了探索现代服务业领域发展新机制、新路径,在印尼首都雅加达“2011中国徐州(印尼雅加达)现代服务业推介会”举行,印尼贸易部部长冯慧兰女士、印尼力宝集团董事长李文正、印尼力宝集团总裁李白、中国工商银行(印尼)有限公司副总经理杨军等嘉宾出席了会议。在印尼期间,徐州市委书记曹新平与印尼力宝集团董事局主席李文正进行了会谈。双方还就在商贸、文化、教育、卫生等领域合作进行了深入洽谈。在李文正、李白的陪同下,徐州市代表团还拜会了印尼法律、政治、安全事务统筹部长Djoko Suyanto,印尼工商总会主席Fahmi Idris,印尼工业部长M S Hidayat,印尼社会福利部部长Agung Laksono,并就印尼与徐州之间进一步的交流与合作坦率地交换了意见。徐州市代表团的部分成员还拜会了徐工集团在印尼的总代理,参观了其代理的徐工工程机械产品,认真听取了他们对徐工产品提出的意见和建议。7月27日,“2011中国徐州现代服务业推介会”在菲律宾首都马尼拉隆重举行。徐州市有关人员与菲律宾客商展开了交流洽谈,达成了菲律宾亚欧国际控股发展公司在徐州经济技术开发区投资建设的纳米磷酸铁锂电池生产项目、菲律宾万国置地集团在鼓楼区投资设立的国际贸易公司项目、菲律宾亚欧国际集团在鼓楼区投资建设的汉中国际生活广场项目等合作意向。应邀出席投资推介会的主要嘉宾有:中国驻菲律宾大使馆商务参赞吴政平、菲律宾参议员孟赛赛、菲律宾参议员奥斯马尼亚、中国驻菲律宾大使馆领事李茂广、菲华商联总会理事长庄前进、菲华商各界联合会主席卢祖荫、菲律宾中华商会第一任会长郭从元、菲律宾上好佳集团董事长施恭旗、菲律宾万国置地集团董事长洪文棋等。在菲律宾期间,曹新平书记先后拜会了菲律宾副总统比奈、中国驻菲律宾大使刘建超;会见了马加地市市长、曼达鲁勇市市长、菲律宾上好佳公司董事长施恭旗;拜访了菲华商联总会、菲华商各界联合会、菲律宾卫星公司等机构和企业,并就推动双方企业之间的交流互动达成了共识。

8月27日至9月3日,应英国埃塞克斯郡政府和意大利马尔凯大区政府及商会的邀请,以市政协副主席张仰东为团长的徐州市友好经济代表团一行6人出访两地。访问期间,代表团拜访埃郡政府。埃郡议员罗杰·沃尔特斯、埃郡国际贸易部部长彼得·曼宁、国际贸易协调员经格、考切斯特博物馆经理彼得·贝利奇、埃塞克斯大学代表以及江苏省驻英经贸代表范志刚、中国国际贸易促进会江苏分会代表王建等人出席会见。埃方希望在工程机械和新能源产业方面进行合作。同时,埃郡的高等教育资源很有优势,徐州希望能在这方面与埃方进行合作。代表团还参观了考切斯特博物馆和埃塞克斯大学。在访问意大利马尔凯大区安科纳商会期间,代表团来到意大利马尔凯大区拜访安科纳商会。安科纳商会国际经济促进处主席吉奥吉奥(GIORGIO CATALDI)、马尔凯大区中国事务总负责人斯塔卡女士、商会秘书长MICHELE DE VITA、商会国际促进处项目经理STEFANO FIORINI、MATTEO LATINI出席。拜会结束后,代表团参加了安科纳商会协助举办的企业家见面会,安科纳商会和12家大区企业相关人员30余人参会。会上,张仰东介绍了徐州市经济社会发展状况,交流经贸合作信息,表达了徐州市寻求在机械加工、化工、电讯电缆、食品、酒类及服务性行业等领域里的合作商机意愿。同时代表徐州市政府,邀请商会国际经济促进处和在座的企业家们参加徐州市今年10月中旬举办的徐州市第十四届经贸洽谈会。会上,代表团中的2位企业家对大区生产的优质橄榄油和葡萄酒项目表示了浓厚的兴趣,并就产品品质、价格、进出口等问题与会的相关企业人员进行了详细交流。代表团还就加强与英国埃郡之间的联系,寻求徐州市与埃郡在风能发电方面的合作、徐州市与埃郡大学在公务员培训方面的合作可能性、徐州市与埃郡在文化、旅游等领域里的合作可能性等方面进行了探讨。

10月18日至25日,市友好代表团在市委常委、市委秘书长夏文达率领下访问了新西兰友城霍克斯湾地区和澳大利亚友城大丹德农市。在新西兰友城霍克斯湾地区访问期间,拜会了议会主席芬顿·威尔森和副主席阿兰·迪克。夏文达介绍了徐州近年来的发展,表示希望通过高层会晤,双方能够进一步加深了了解,为今后双方在各领域的合作尽可能地提供支持。代表团还会晤了内皮尔市博物馆馆长道格拉斯·杰肯斯,并参观了改造中的博物馆。道格拉斯详细介绍了博物馆的改建进程,以迎接2013年徐州市汉代文物前往展出。双方还商定,先期派记者组来徐采访、拍摄,为文物展的举行做先期宣传。同时,湾区还将在明年3月向徐州市派出文物专家组。代表团还访问了湾区商会,会晤了会长马瑞·道格拉斯。马瑞对今年初率贸易代表团访问徐州的后续结果表示满意,认为两地在经贸,特别是贸易的合作将大有作为;通过互访,双方已达成在羊毛、羊皮加工、板材、小五金件采购的合作意向;马瑞表示将再次派出贸易代表团前往徐州进行针对性访问。在澳大利亚友城大丹德农市的访问期间,拜会了市长罗兹·布雷兹女士。罗兹热情回顾了两市的交往历史,对两市成功交往,特别是在教育领域的合作表示满意,并期待着双方在交往中加大经济含量,找准契合点。夏文达感谢市长女士的热情接待,并邀请市长在明年访问徐州。在丹市举办了“我们的友城”图片展。这是继1998年在丹市举办图片展后,第二次展出。代表团将反映徐州改革开放30年来经济、社会发展的20幅图片带到丹市。在展出首日,代表团向丹市各位议员和市政府的工作人员详细介绍了徐州的发展状况,并邀请大家访问徐州,亲历徐州的变化;稍后,丹市将把图片移至市美术馆,供市民参观3个月。

10月20日至22日,以市长张敬华为团长的徐州市政府代表团应邀出席了江苏省人民政府在澳门举办的“澳门江苏周”活动。张敬华及省领导和有关部门负责人、部分企业代表,澳门各界知名人士等500多人出席开幕式。省市领导还参观了第16届澳门国际贸易投资展览会,现场考察了澳门馆、葡语国家馆和锦绣江苏馆。开幕式上铜山区还与澳门名嘉集团进行了合作项目的文本签约。徐州市代表团还专程拜访了名嘉集团常务副总裁谢傑豪,并就徐州市与名嘉集团进一步深化合作项目与内容广泛地交换了意见。

10月28日至11月5日,应希腊希中友好协会和土耳其地方政府联合会的邀请,市人大常委会副主任李君超率代表团一行6人,赴希腊希中友协、土耳其伊斯坦布尔地方政府联合会进行了友好访问。代表团一行拜会了希中友协,受到了主席博塔米亚诺斯、副主席工多斯和阿米亚女士的热情接待。李君超向主席介绍了徐州的经济社会发展状况,并诚邀主席率团访问徐州;同时李君超还感谢协会的全权代表STAVOROS为促进徐州与希腊的友好合作做出的积极贡献。代表团还拜会了比雷埃夫斯工商会,双方进行了亲切友好的会谈。代表团在拜会鲁德拉基-佩拉桥拉市政府时,双方表达了加强友好交流,特别是在教育、文化、餐饮等领域合作的强烈愿望。在土耳其地方政府联合会的帮助下,代表团与伊斯坦布尔工商会进行了座谈。双方就机械制造和工程承包进行了具体商谈,也探讨了在土设立加工厂或参与工程承包分包市场的可能性。代表团在外期间宣传了徐州新形象。代表团一行热情地向当地官员、企业家、协会、商会、社团组织等宣传徐州,既宣传徐州悠久的汉文化旅游资源,又宣传徐州振兴老工业基地的四大千亿元产业战略部署,还宣传了徐州的交通区位优势和发展规划。

11月1日至10日,应俄罗斯奥廖尔市政府和波兰邀请,以徐州市政协副主席刘兆勤为团长的徐州市友好经济代表团赴俄罗斯、波兰进行友好访问。双方就文化交流、经贸合作进行了详细的会谈。奥廖尔市分管文化的副市长塔基亚娜伊莉妮奇娜女士表示,徐州和奥廖尔都是历史悠久的文化名城,徐州是汉文化发源地,奥廖尔市俄罗斯著名作家屠格涅夫的故乡,希望两市能够进行广泛深入的文化教育交流,把徐州的历史文化介绍给奥廖尔市人民,同时把俄罗斯文化带到徐州市。刘兆勤与塔基亚娜女士商讨了互派中学留学生的具体细节，对于从文化交流开始增进双方合作表示赞赏。奥廖尔市政府非常重视此次徐州市友好代表团的回访，第一副市长博恰罗夫举行记者招待会发布双方合作意向，并且指出在通讯领域已经有了实质性的合作。在波兰沃维奇市，代表团考察了徐工集团在波兰的装配厂。刘兆勤在波方总经理的陪同下考察了当地的投资环境，参观了厂房，对工厂今后的发展提出了中肯的建议；并邀请沃维奇市高层领导在适当时候率团访问徐州，推动两市经贸、科技、文化旅游等领域的合作。

11月10日至15日，应爱知县日中友好协会的邀请，以徐州市人民对外友好协会常务副会长朱广卫为团长的徐州市民间友好代表团赴日本访问，随团出访的有28位来自徐州老年大学、市书法家协会、幼儿园和青少年宫等单位的书法家、教师等人员。访问期间，访问团拜会了日本半田市政府，日方出席人员有半田市市长、议长、副市长、教育长、企划部长、爱知县日中友好协会副会长、知多地域日中友协顾问、会长、半田市国际交流协会会长等人。双方回顾了自建交以来的合作交流情况及取得的可喜成果，并就进一步开展文化艺术、教育、体育等领域交流的同时，加大民间经贸合作和市民交往的力度等事项进行了商谈和探讨。11日下午3点，中日交流笔会在半田市博物馆举行，20多位当地书法名家参加。交流笔会上，市书法协会向对方介绍了徐州书法的现状，徐州书法在国内的地位和影响。半田市市长希望双方能多开展一些互动的书展活动，互派书法家学者访问交流。会上，双方书法家挥毫泼墨，现场创作40多件书法作品互赠。在举行书法交流的同时，徐州市公园巷幼儿园的代表前往成岩友好幼儿园进行了参观交流，市青少年宫的领导和老师前往半田雁宿小学参观交流。

11月28日至12月6日，应奥地利雷欧本市政府和匈牙利伊尔德市政府的邀请，徐州市市长助理陈永清率代表团一行6人，赴奥地利雷欧本市、匈牙利伊尔德市进行了友好访问。在访问雷欧本市期间，代表团拜会了雷欧本市政府，会见了市长马蒂亚斯・孔阿德。雷欧本市第一副市长马克西米廉・耶格、文化议员弗朗茨・瓦朗特、雷欧本市矿冶大学教授罗伯特・加勒、市园林局长阿洛斯・金内尔、市文化局长格哈德・沙姆贝格以及其他相关部门负责人参加了会见。陈永清和雷欧本市市长孔阿德分别代表两市发表了讲话，介绍了彼此的市情和相关情况。代表团还在雷欧本市第一副市长及其他相关部门领导的陪同下，拜访了奥斯图・施泰厅隧道掘进与地表建筑公司总部，听取公司负责技术的总经理哈拉德・帕赫在印度、德国、奥地利等世界范围的简要投资及运作情况。在访问伊尔德市政府期间，会见了市长梅萨洛什・安德拉什。陈永清也应邀发表讲话，推介了徐州市的四大产业、悠久历史文化、丰富的教育资源和完备的服务设施。希望双方在资源、科技、产业和市场等领域逐步开展并深入合作。另外，7月徐州市与伊尔德市签订了友好交流城市备忘录。此次代表团访问期间，应伊尔德市邀请，双方商洽将中国徐州市与匈牙利伊尔德市的友好交流城市关系升级为友好城市关系。这次访问，深化了双方关系，为将来两市的经济、教育、文化合作夯实了坚实的基础，为中国矿业大学与雷欧本市矿冶大学展开校际之间的合作提供了可能；在匈牙利期间，双方商洽将中国徐州市与匈牙利伊尔德市的友好交流城市关系升级为友好城市关系，就明年合作事宜进行商讨。雷欧本市表示将派一支经济、教育或文化代表团访问徐州；伊尔德市表示明年将组织企业家访问徐州。

【全市外事工作会议】 1月5日，全市外事工作会议在新城区隆重召开。会议总结了2010年全市外事工作、部署了2011年外事工作目标和任务。市委书记曹新平、市长张敬华分别在批示中对近年来的外事工作给予了充分肯定，指出：全市外事工作紧密围绕市委、市政府中心工作，主动服务全市发展大局，创新思路，锐意进取，为推动徐州市对外开放和开放型经济发展做出了积极贡献，尤其是成功推进中德共建徐州生态示范区项目为外事工作探索了新思路。同时，对全市外事工作提出新要求，强调今后五年是徐州市加快振兴老工业基地、全面建设小康社会的关键时期，是深化改革开放、加快转变经济发展方式的攻坚阶段，徐州的发展前景美好，任重道远。在全方位对外开放的新形势下，全市外事工作要坚定不移地执行中央外交方针、政策，进一步增强抢抓机遇、加快发展的使命感和紧迫感。要求外事系统在规范外事管理，整合外事资源，发挥外事优势，提高和服务水平，扩大对外交流、推进城市国际化、服务开放型经济发展、服务企业等方面要有新思路，为推进跨越式发展、建设美好徐州做出新的更大的贡献。并要求各级各部门各单位进一步树立大外事的“一盘棋”工作意识，切实维护外事管理工作的权威性，确保徐州市对处交往健康有序发展。

【中日少年书画联展】 1月8日，第十五届“中国徐州——日本半田青少年书画联展”在徐州市青少年宫举办。共展出中日两国青少年书画作品两百余幅。参展作品内容新颖，形式多样，涵盖了素描、色彩、国画、儿童画、线描、水粉、卡通漫画、书法等不同种类。这些书画作品以孩子们的生活、学习和游戏为主要内容，用大胆的想象和丰富的色彩反映了两国青少年充满希望和乐观的生活态度。本次联展举办两个月，吸引10000多名中小学生前来参观。

【赴德研修生座谈会】 1月10日，市政府外事办公室组织召开徐州市赴德研修生交流座谈会。各县(区)领导、有关市局、中国矿业大学、国有企业等18个单位的分管领导以及第二批即将赴德的研修生参加了会议。徐州市赴德研修生项目是德国北威州与江苏省交流合作的重大项目，市委书记曹新平于2008年初出访德国时签定了合作备忘录，德方2009－2011连续三年投资78万欧元为徐州培养经贸、环保、科技等领域30多名研修生。首批12名赴德研修生经过一年多的培养已学成回国。取得了《德国企业研发成功的四个要素分析》、《浅析中德两国节能措施的差别》、《鲁尔区结构转型中的现代服务业及其与中国的关系》、《联邦德国对外经济促进体系及对中国的启示》等一批重大研修成果。座谈中，首届研修生紧扣省振兴徐州老工业基地战略和徐州市"十二五"发展规划,针对四大千亿元产业以及"三重一大"建设,提出了自己的见解、思路和举措。同时,对正在中国矿业大学进行赴德前语言培训的10名学员,就如何做好研修准备、赴德开展工作等方面提出了自己的建议。第二批即将赴德的研修生也谈了自己的感想、研修重点和规划。

【欧盟投资企业座谈会】 1月24日,徐州市在新城区行政中心会议室召开了欧盟投资企业座谈会。副市长张赴宁出席并讲话。在听取了徐州市发展情况的介绍后,丹麦维斯塔斯铸件(徐州)有限公司总经理尼尔森、法国圣戈班(徐州)铸管有限公司执行总监安迪、德国罗特艾德回转支承有限公司中方经理赵苏晓等9位欧资企业代表先后发言,介绍了他们的企业在徐州发展的情况和规划,并对徐州市投资环境的进一步完善和对欧盟招商提出了一些建设性建议。副市长张赴宁最后发表了讲话。首先对外资企业在徐发展为本地经济和社会事业发展做出的贡献表示了感谢,并对徐州市引进更多优秀的欧资企业提出了期望,并希望在座欧企代表也能帮助宣传徐州。表示,市政府将为政企沟通平台的进一步完善而努力,为外企提供效率更高的服务。

【参加中国发展高层论坛2011"江苏之夜"主题活动】 3月20日,市长张敬华率商务局、徐州经济技术开发区、徐工集团和徐州中能硅业科技发展有限公司的相关负责人,参加中国发展高层论坛2011"江苏之夜"主题活动,先后与卡特彼勒有限公司全球副总裁瑞拉文、西门子股份有限公司总裁兼首席执行官罗旭德等多家与徐州市四大主导产业对接性较强的国际知名企业负责人进行了会谈交流和合作洽谈。

【徐工巴西工业园项目成功签约】 巴西当地时间5月17日,徐工集团投资巴西MG州建厂项目签约仪式,在徐工巴西工业园所在地包索市隆重举行。此次徐工巴西工程机械工业园项目总投资2亿美元,是迄今为止我国工业企业在巴西投资的最大项目。加快走出去和国际化战略的重要组成部分,徐工集团确定由控股的上市公司徐工集团工程机械股份有限公司,投资2亿美元在巴西MG州建80万平方米的徐工巴西工程机械工业园,打造第一个徐工海外生产成套工程机械制造基地,产品涵盖汽车起重机、压路机、装载机、挖掘机、平地机等。预计2015年该工业园产量将达5000台,产值将达到6亿美元。

【《徐州市授予外国人荣誉市民称号办法》出台】 6月21日至22日,市十四届人大常委会举行第二十七次会议,会上通过了《徐州市人大常委会授予外国人荣誉市民称号办法》,对授予外国人荣誉市民称号作了进一步规范。办法对授予对象、授予条件、推荐程序以及荣誉市民的礼遇、撤销荣誉市民称号的情形都作了明确规定。办法实施后,将从地方法规角度规范"荣誉市民称号"评选工作,将会有更多的、符合条件的外国友人被授予徐州市荣誉市民称号,徐州的对外影响力也会不断增强,进一步推进徐州市的对外交流与合作。徐州市自1994年以来先后为6批次14名来自奥地利、日本、澳大利亚、德国、美国、巴西等国家的友好人士以及经济、科研、文教领域专家授予了"徐州市荣誉市民称号"。

【现代服务业在菲投资推介会】 7月27日,2011中国徐州现代服务业推介会在菲律宾马尼拉隆重举行。市委书记曹新平致辞并介绍徐州市经济社会发展情况。推介活动中,徐州市有关人员与客商展开了交流洽谈,有3个项目达成了合作意向,分别是菲律宾亚欧国际控股发展公司在徐州经济技术开发区投资建设的纳米磷酸铁锂电池生产项目;菲律宾万国置地集团在鼓楼区投资设立的国际贸易公司项目;菲律宾亚欧国际集团在鼓楼区投资建设的汉中国际生活广场项目。

(刘茂雪)

·台湾工作·

【徐台直航实现双向对飞】 3月28日,徐台之间实现了直航。在此基础上,市台办又进一步促成台湾复兴航空公司与徐州观音机场签订徐台航班合作协议,从11月1日起,徐台直航实现了双向对飞,每天一班。同日,市委、市政府在台北举办徐台首航系列庆典活动。

【对台旅游推介活动】 10月12日,副市长周宝纯率徐州市经贸代表团在台举办徐州旅游推介会,签订"徐州—台湾旅游、航空合作协议",出席台湾复兴航空公司徐台首航庆典,推进台湾蓝天、国扬集团在徐投资项目的进一步发展,开展现代服务业领域的对台招商,围绕徐州市旅游业,考察了多家现代服务业企业集团,并为2012年在台继续举办研讨会做前期准备。

【对台招商引资】 组织经贸团组50余个赴台招商;促成台湾旅游考察团来徐考察旅游市场,召开座谈会,签订了徐州——台湾旅游业务合作协议,确立了旅游合作意向;接待台湾台达电、正威、统一、太平洋百货、国扬等20余批客商来徐考察、洽谈;赴上海等地考察星巴克、统一等现代服务业;完成市委、市政府香港、深圳投资推介会和市第十四届投资洽谈会的台商邀请任务,组织台商参加香港、深圳投资推介会和市第十四届投资洽谈会;促成铜山区汉王镇与台湾屏东县盐浦乡签订"徐州铜山区汉王镇——台湾屏东县盐浦乡交流合意向书",正式结为"友好乡镇";星巴克落户徐州;统一集团投资1亿美元项目成功签约。

【台商服务与维权】 以台商权益保障工作联席会议为抓手,与相关单位通力配合,着力为在徐台商提供优质服务。健全台企走访、联系制度,广泛听取其意见和建议,对反映的问题,做到件件有回复、有落实;与市中院联合开展了"走进台企,诉前调解"宣传活动,给台企带来了法律服务;在全市实施了涉台投诉商事调解员制度,在全市台商中遴选产生了4

名商事调解员,参加了全省培训,对预防和解决涉台商事投诉具有积极意义;调整"律师会计师服务库",遴选声誉好、能力强的律师会计师直接为台商服务;为台商解决子女上学、就医、徐台往返机票等问题,帮助台企解决实际困难。协调解决台商、台属投诉、纠纷数10件,其中重大案件7件,全力解决了国台办督办的新沂案、邳州案、泉山案和林丰正亲属遗产案,另3件正在全力解决中。

【徐台教育交流与合作】 积极推进教育领域的交流合作。5月,徐州幼儿师范高等专科学校组团赴台与台湾国立台中教育大学等多家院校进行了交流洽谈,签订了院校交流互访、互换生等合作协议。在此基础上,在徐举办了"海峡两岸学前教育研讨会"。11月,经国台办批准立项,省台办与省教育厅主办,江苏建筑职业技术学院承办,徐州市台办与昆山登云科技学院协办的苏台高等职业教育研讨会举行,来自江苏、台湾两地的75所院校、台企的93名代表参加了研讨会,副市长周宝纯作主旨演讲,大会就苏台两地学校间开展校际交流,拓展校际合作的方式和内涵,苏台高职院校学生交换就读,教师互派研修,校企合作办学机制等问题分组进行了深入探讨,并将企业引入探讨会,为会议注入活力。会中两地多所学校签订了合作意向,确定了苏台高等职业教育交流平台制度化合作机制。为保证研讨会顺利进行,市台办首先就研讨会的举办进行了项目论证调研,形成可行性报告,其次开展了台湾嘉宾联系邀请工作,同时和江苏建筑职业技术学院一起完成了会务工作。

【徐台宗教交流】 促成国际佛光会世界总会会长、台湾佛光山开山宗长星云大师于9月底到徐参加贾汪区茱萸寺落成典礼和开光法会,并与徐州市宗教界人士进行了广泛交流,星云大师题写了茱萸寺的匾额,提出了"汉人徐州"的旅游发展理念。市台办在中国国民党荣誉主席吴伯雄率团来徐参访之际,请其为茱萸寺题写了"药师殿"和"普利人间"的匾额和"心如皓月寺前听法,身似白云山上坐禅"的楹联。

【对台宣传调研】 邀请两岸主流媒体对徐台通航做深度报道,扩大徐州在台影响。邀请中央广播电台、中新社、新华社、东森电视台、经济日报等20余家两岸知名媒体对徐台通航作系列报道,两岸媒体对市委书记曹新平、徐工集团董事长王民、保利协鑫主席朱共山等进行了专题采访并进行了大量报道,从各个角度宣传报道徐州,共刊发稿件30余件次,电视新闻10余条,众多网络媒体刊载了活动发出的消息,在两岸三地乃至美国、欧洲等地引起了很大反响。围绕省台办"抓住新机遇、应对新挑战,在新起点上开创对台工作新局面",开展系列深度调研工作,形成调研文章;完成调研课题"以光伏光电系列活动为载体,做好入岛宣传工作";做好参加"两岸四地慈善论坛"台湾记者接待工作;配合市委宣传部、市广播电视台完成"两岸广播看江苏"媒体采访团来徐参访。

【对台经贸合作中的"徐州模式"】 市台办依托徐州光伏光电产业优势,推动在光伏光电领域实现与台湾相关企业的全面对接,推动徐州光伏光电产业的快速崛起,促进台商投资水平的新提升。这种以徐州市优势产业为主导的对台经济合作模式,被国台办誉为"徐州模式"并编发文章向全国推广。

【华东六省一市台办主任联谊会在徐召开】 4月7日至9日,华东六省一市台办主任联谊会在徐召开,来自华东地区的20余名省级对台部门的负责人与会,江苏省台办主任陈尧、江西省台办主任阎刚军等发言,市委书记曹新平讲话,会议交流了各省对台工作经验和体会,探索了省市之间的交流与合作渠道。

(徐利宏)

·侨务工作·

【概况】 2011年,全市侨办系统共开展经贸活动57场次,签约项目76个,其中合同项目58个,3000万美元以上大项目10个;合同外资14.99亿美元,实际利用外资3.41亿美元。引进人才143人。接待海外华侨、侨团、社团共86批915人(次)。走访慰问归侨侨眷115人次,发放慰问金16.88万元。组织捐赠现金314万元、物品200件;捐建学校(医院等)7所,扶助学生111人。接待侨界来信来访168件次,结案163件次,结案率97.02%。全年共为6名中、高考生认定"三侨考生"身份。组织3个海外宣传专版。

【市委书记曹新平会见加拿大侨商】 6月12日至13日,加拿大加中国际商会会长、加中服务外包联盟主席邵青山和加华IT协会会长、加中科技联盟共同主席叶军率领考察团一行18人,来徐州参观考察。市委书记曹新平会见了考察团。曹新平重点介绍徐州服务外包工作。邵青山、叶军介绍,这次来徐州主要是考察徐州投资环境,尤其在服务外包、医疗信息技术方面等期待与徐州有关方面沟通交流,促进徐州和加拿大在高科技等领域的合作。代表团到徐州市中心医院参观考察、座谈交流,参观了汉文化景区、云龙湖滨湖新天地等地,与市商务局、科技局和徐州经济技术开发区、徐州软件园等部门进行了座谈交流。

【市侨办参与市政府东南亚招商活动】 7月22日至31日,市委书记曹新平率市政府代表团赴印度尼西亚、菲律宾和马来西亚3个国家开展专题招商活动。马来西亚招商活动由市侨办和市商务局负责组织。市政府在印度尼西亚雅加达和菲律宾马尼拉举办两场现代服务业专题推介会。市侨办主要负责人参加了东南亚3国的招商活动。在马来西亚期间,代表团拜访了马来西亚彭氏宗亲会和中国经济贸易总商会会长、拿督黄汉良,考察了金狮集团等企业。

【市委书记曹新平会见马来西亚华侨领袖钟廷森】 9月1日,市委书记曹新平亲切会见了马来西亚金狮集团主席、百盛商业集团有限公司董事局主席、马来西亚中华总商会会长钟廷森一行。曹新平向客人介绍了徐州市的发展情况,承诺徐州市委、市政府和各地各部门一定坚持“富商、安商、亲商”的理念,做好各项为客商的服务工作。9月1至2日,钟廷森一行参观了徐州规划馆,考察了新城区、老城区和高铁商务区。

【澳洲华侨领袖邱维廉考察徐州】 9月21日至23日,澳洲中国和平统一促进会会长、全国政协委员邱维廉,澳洲中国和平统一促进会副会长、澳大利亚澳中人民友好协会常务副会长田飞先生等一行来徐州考察,市委书记曹新平、市政协主席庄华平、副市长周宝纯先后会见了邱维廉先生一行。邱维廉一行实地考察了泉山区、铜山区和徐州经济技术开发区、徐州高新技术开发区、高铁商务区等地。

【徐州师范大学华侨华人研究中心揭牌】 10月24日,徐州师范大学华侨华人研究中心成立,国务院侨办政策法规司司长王晓萍、徐州师范大学党委书记徐放鸣、校长任平、副校长刘祖汉和徐州市委统战部副部长、市侨办主任李明参加了揭牌仪式。王晓萍代表侨务部门对徐州师范大学华侨华人研究中心成立表示热烈的祝贺。徐师大华侨华人研究中心所依托的历史文化与旅游学院,是学校建制最早、综合实力较强的学院之一。华侨华人研究中心主任张秋生教授及其团队在澳大利亚华人新移民和英联邦国家移民政策等领域开展了深入系统的研究,形成了鲜明的学术特色和人才培养优势,展现出了广阔的实践应用前景。

【宁锋钢铁公司助学金颁发仪式】 11月30日,江苏省海协教育基金会宁峰钢铁有限公司助学金颁发仪式在徐州师范大学举行。25名品学兼优的贫困徐师大大二学生获得每人4000元共10万元的助学金。省侨办副主任、江苏省海外交流协会副会长孙彬,副市长周宝纯,徐州师范大学副书记、副校长王超,市委统战部副部长、市侨办主任李明和江苏宁峰钢铁有限公司代表等出席了颁发仪式。

【侨务宣传】 春节和中秋前夕,全市各级侨办采取向海外侨胞寄贺卡、打电话、发电子邮件、走访慰问等多种形式,表达家乡父老对海外亲人的思念和问候。在省侨办支持下,市侨办完成了徐州市海外华文媒体3个专版的宣传计划。7月22日《星岛日报》刊登“邳州专版”;十四洽会前夕,10月22日、10月29日《南美侨报》连续两期的“徐州专版”,较好地向海外宣传了徐州,提高了徐州海内外知名度和影响力。6月,市侨办出台了关于加强徐州侨办系统信息宣传工作的文件,以此为契机加大向省侨办和市政府网站报送信息力度,并取得积极进展。全年编发信息30余篇,基本上都被省侨办、市政府采纳,并被国家、省、市各级媒体多次转载。市侨办与市教育局共同做好外派华文教师的筛选外派工作,泉山区奎山中心小学教师于文涛经过推荐获得赴菲律宾任教的资格,另推荐2名候选教师进入国侨办“外派教师储备库”。

(褚东升)

政协徐州市委员会

·综　述·

【概况】 2011年,市政协常委会按照“高度一致,全力支持,履行职责,树立形象”的工作要求,组织、引导广大政协委员,积极投身加快“两个率先”、建设美好徐州的生动实践,助推发展,关注民生,促进和谐,切实履行政治协商、民主监督、参政议政职能,为开创徐州“两个率先”新局面作出了新的贡献。依托“五侨”联动工作机制,加强与涉侨部门协调配合,优势互补,共同推进工作。重视与港澳台侨人士的联系,专题视察在徐台资、侨资企业发展情况,积极反映企业经营中遇到的实际困难。主动服务台商台眷,宣传政策,了解诉求,及时排忧解难。认真贯彻党的民族宗教政策,邀请民族宗教界人士参加市政协组织的相关活动和徐州市宗教庆典活动,发挥他们在促进民族团结、宗教和睦中的重要作用。就徐州市清真饭店发展情况进行视察,反映社情民意,提出了针对性的意见和建议。主动配合省政协在徐州市开展社会管理创新、百岁老人健康情况、解决苏北农村饮用水安全问题的调研和重点提案督办活动,协助召开苏北片调研成果交流会;认真参加省政协全体会议、常委会议和专题会议,在更高平台上为加快徐州发展献计建言。组织驻徐省政协委员视察高铁站区和亿吨大港建设,为推进“三重一大”出谋划策。做好外地政协来徐考察学习的接待服务工作,宣传徐州市发展成就,扩大徐州影响。加强对基层政协的联系指导,召开县(市)区政协主席座谈会,支持开展交流联谊活动,形成上下联动、协调配合、互相促进的工作格局。

【市政协驻会领导成员分工】 庄华平:主席,主持市政协全面工作。

吕中亚:副主席,协助庄华平主席处理市政协日常工作。分管市政协研究室、社会法制委员会、机关党委、政协理论研究会工作。

曹文泉:副主席,分管市政协人口资源环境委员会、港澳台侨(外事)委员会工作。

张仰东:副主席,分管市政协提案委员会、城乡建设委员会工作。

刘兆勤:副主席,分管市政协文史委员会、教育文化卫生体育委员会、学习宣传委员会工作。

李涛:副主席,分管市政协办公室工作。

葛维琴:副主席,分管市政协经济科技委员会工作。

【协商议政】 一是为促进经济转型建言献策。围绕发挥科技和人才优势深入调研,召开专题协商会议。常委会议建议,高标准营造政策、园区、金融、人居、人文等五大环境,着力构建政策保障体系,突出专业园区定位,建立健全投入机制,做优做强城市功能,为加快发展创新型经济,建设创新型城市提供有力支撑。主席会议重点督办关于京沪高铁的相关提案并充分协商,建议在抢抓高铁机遇的同时,认真研判高铁开通对徐州市交通、旅游、服务业可能带来的影响,采取措施,积极应对,推动徐州市高铁经济全方位发展。专题视察动漫产业发展情况,以社情民意方式反映问题、提出建议,促进了相关优惠政策的出台。围绕加快引进紧缺型高层次人才、加快发展设施农业、缓解电力供需矛盾、推动农民信息化致富等内容积极建言,努力推动全市经济转型发展。二是为打造特大型区域性中心城市贡献才智。市政协围绕新城区发展、区域性金融中心建设、淮海经济区交通一体化、中心镇建设、户部山特色街区发展等重要内容出主意、解难题,有力推动了相关工作的开展。常委会将城中村改造列为重要议政课题,充分调研协商,形成了《关于积极推进城中村改造,加快区域性中心城市建设的建议案》,提出科学编制规划,积极稳妥推进,加快中心城区城中村改造步伐,提前做好铜山区和高铁商务区城中村改造规划等 14 条建议。微山湖是徐州市"十二五"期间重点打造的旅游品牌。委员们通过大会发言、视察、提案督办等多种形式,就完善旅游发展规划、加快基础设施建设、做好形象策划等方面提出具体建议,市政府积极采纳,修改和完善了微山湖旅游发展规划,加快了景区的开发建设步伐。区划调整后铜山区能否尽快融入主城区、实现更大发展深受社会关注。常委会发动委员深入调研,在四次全会上进行大会发言,提出了做大做强产业基础、促进徐州高新技术产业开发区建设、推进城乡一体化等建议。所提建议在市委、市政府《关于推进铜山区跨越发展的意见》中得到充分采纳和体现。三是为加快生态城市建设献计出力。加强生态环境保护、建设生态城市是全市人民的共同期盼,也是市政协的履职重点。针对采煤塌陷地的治理和复垦,专题视察潘安湖湿地生态区,提出扩大复垦规模,实行有效复垦置换,复垦与生态保护相结合的建议,相关部门将部分建议采纳落实到采煤塌陷地综合整治工作中。积极关注宕口修复对绿化及风景旅游的影响,跟踪视察修复情况,积极出谋划策。《人民政协报》从"委员建言坑洼山体覆绿难题"角度,对徐州市政协履职成效进行了报道。四次全会上,民革市委就改善运河沿线生态环境进行大会发言,所提建议受到肯定和重视,市政府加强了水务、交通等部门的协调沟通,在治理河道采沙和沿岸违规工程建设上采取了行之有效的措施。还组织委员对改善空气质量、农村小城镇生活污染治理、古黄河环境保护、截污导流工程建设、气象工作等内容进行视察,提出提案或反映社情民意,许多建议转化为部门改进工作的实际举措。

【委员职能发挥】 一是关注民生实事工程。市政协围绕保障性住房建设、改造提升农贸市场、食品安全信息公开、完善城市交通网络、小区停车位建设等群众关心的热点难点主动建言,促进了为民办实事工程的较好落实。针对徐州市城郊失地农民就业困难、低保覆盖面较窄等问题,民盟市委通过大会发言的形式,建议重点做好城郊失地农民生活保障工作,建立健全社会保障机制、就业安置机制和再就业培训机制,不断提高社会保障整体水平。市政府及时研究解决,初步形成工作方案和具体实施意见,并在完善失地农民养老保险、落实就业保障等方面采取了有力措施。对委员提出的关于加快保障房和公共租赁房建设的提案,市政府认真办理,分解细化了保障房建设任务,进一步明确了工作责任和完成时限。高度关注大学生创业问题,对大学生创业园专题视察,就强化创业平台建设、推动创业企业提档升级、解决创业初期生活困难等问题提出建议。"关于建设大学生创业公寓,解决大学生创业吃住难问题"的社情民意引起市领导的重视,张敬华市长作出批示,要求市里统一考虑,通过公租房建设予以解决。二是促进社会事业发展。城镇职工医保事关群众切身利益。受市委委托,将这一课题列为政协常委会议协商重点,组织委员和专家学者,认真调研论证,深入协商讨论,从调整完善现有医保基金政策、建立合理的门诊与住院分流机制、科学监管定点医院和定点药店服务行为等方面提出 16 条意见建议。曹新平书记给予充分肯定,认为政协的报告很好,对提高徐州市医保工作水平提出了很好的意见。有关部门认真进行研究,一些建议被吸纳到即将出台的《职工医疗保险有关政策调整的意见》中。通过专题协商和提案督办持续关注徐州市日益凸显的养老问题,形成《关于加强徐州市基本养老服务体系建设的建议案》,提出了加大政策扶持、扩大养老保障覆盖面、支持社会力量兴办养老机构、探索新型养老模式等对策建议,为徐州市《社会兴办养老机构实施资助办法》的制定提供了重要借鉴和参考。密切关注学前教育发展、慈善事业发展、社区医疗管理、为困难家庭提供健康体检等方面工作,组织委员多渠道提出建议,促进了全市社会事业的健康发展。三是推动社会管理创新。围绕加强和创新社会管理议政建言是新形势对政协工作提出的新要求。结合群众关心的平安徐州建设问题开展调研视察,提出了健全虚拟社会防控网络、统筹群防群治力量、进一步完善运行机制等专项建议,并在省政协常委会议上作了"完善社会防控体系建设,提升社会管理水平"的典型发言。民间借贷市场由于缺乏科学有效监管,导致多种民间集资活动时有发生,影响了金融秩序稳定和群众财产安全。市政协及时调查研究,主席会议重点协商,认为民间借贷市场整治是一项长期复杂的社会工程,需要建立健全长效监管机制。

建议进一步规范民间借贷行为、推动综合整治常态化、严格准入标准和日常监管、加快推进金融创新和金融生态环境建设。市政府在吸纳政协建议的基础上,制定了打击非法集资专项行动工作方案,对民间非法集资活动实行打防并举,取得了明显成效。召开社会法制工作座谈会,探讨政协社会法制工作服务社会管理的有效途径。委员们还就基层派出所规范化执法、流动人口服务管理、提升行政审批效能、加强社区居委会建设等内容提出建议,有关部门加大工作力度,推动了问题的妥善解决。

【党派团体作用发挥】 坚持把多党合作的要求贯穿于政协工作的各个方面,充分听取和反映市各党派团体的意见建议,努力营造民主和谐、合作共事的氛围。通过安排大会发言、邀请参加调研视察、重点办理党派提案和社情民意信息等形式,加强相互间的联系与合作,为各党派团体发挥作用搭建平台,创造条件。一年来,市各党派团体以组织名义提出提案74件,反映社情民意信息399条,向全会提交大会发言15篇。其中关于完善城市交通网络、加强民营企业家后备人才队伍建设、推进城乡水污染治理等建议,得到市委、市政府的重视和采纳。

【调研视察】 市政协各专门委员会按照市政协全年重点工作安排,围绕全市中心工作,分别就市区职工医保、发挥科技和人才优势、城中村改造、提高征地补偿标准、农村小城镇生活污染治理等党政关心、群众关注的热点难点问题,组织了20余项调研视察,为党政科学决策提供重要参考,市党政领导对政协的意见和建议作出批示22次,推动了相关工作的开展。

【提案和社情民意工作】 强化提案征集,引导委员精心选题、充分调研,促进提案质量不断提高。召开提案工作座谈会,修订提案工作条例,进一步推动提案工作的制度化、规范化和程序化。积极探索重点提案办理新方法,形成了市长签批、副市长领办,主席会议、专委会和界别分别督办的工作机制,切实强化了重点提案的办理实效。全年收到提案495件,经审查立案的479件已全部办复。紧扣党政关心、群众关注的热点问题反映社情民意信息,努力提高信息的时效性和针对性。不断加强信息员队伍建设,召开社情民意信息工作座谈会,聘任社情民意信息员,充分调动委员反映社情民意的积极性。全年共收到社情民意信息644条,转办400余条,为党委、政府了解民意、化解矛盾提供了有价值参考。

【主要建议案、视察报告】 1.《关于规范民间借贷、担保行为,建立长效监管机制的建议案》(2011年5月10日政协徐州市第十三届委员会第二十六次主席会议讨论通过)

2.《关于完善政策,强化监管,进一步提升市区职工医保工作水平的建议案》(2011年5月19日政协徐州市第十三届委员会第十五次常委会议通过)

3.《关于加强我市基本养老服务体系建设建议案》(2011年7月13日政协徐州市第十三届委员会第二十七次主席会议通过)

4.《关于发挥科技和人才优势,加强创新载体建设的建议案》(2011年7月20日政协徐州市第十三届委员会第十六次常委会议通过)

5.《关于积极推进城中村改造,加快区域性中心城市建设的建议案》(2011年7月20日政协徐州市第十三届委员会第十六次常委会议通过)

6.《关于强化中心镇建设,加快推进我市城市化进程的调研报告》

7.《关于我市清真饭店运营情况的视察报告》

8.《关于我市微山湖旅游发展情况的视察报告》

9.《关于进一步推动我市气象事业又好又快发展的视察报告》

10.《关于发展设施农业、加快推进我市农业提档升级的视察报告》

11.《关于农村小城镇生活污染治理的视察报告》

12.《关于睢宁县沙集镇农民网商发展情况的视察报告》

13.《关于市区学前教育发展情况的视察报告》

14.《关于我市行政服务中心服务经济社会发展情况的视察报告》

15.《关于我市大学生创业情况的视察报告》

16.《关于我市台资企业发展情况的视察报告》

17.《关于邳州市侨港资企业发展情况的视察报告》

18.《关于贾汪区城建重点项目建设情况的视察报告》

19.《关于我市清真饭店运营情况的视察报告》

20.《政协徐州市委员会关于十三届二十六次主席会议有关建议的报告》。

【主席会议督办重点提案】 强化提案督办效果,继续坚持主席会议督办重点提案的办法,确定《关于促进我市高铁经济发展的建议》、《关于深入推进新城区功能性项目建设的建议》2件重点提案由主席会议督办。

【界别督办重点提案】 全年确定8件重点提案由界别督办。

1.关于解决制约沿运河产业带发展瓶颈问题的建议

2.关于进一步做好全市城郊失地农民生活保障工作的建议

3.关于锐意发展徐州文化产业,着力建设淮海创意中心的建议

4.关于加强我市城市管理工作的建议

5.关于大力发展我市健康产业的建议

6.关于优化城市空间结构布局,缓解城市交通压力的建议

7.关于围绕主导产业发展,打造淮海经济区现代职业教育强市的建议

8.关于加快培育发展徐州市战略性新兴产业的建议。

【专委会督办重点提案】 全年确定9件重点提案由专委会督办。

1. 关于科学制定微山湖旅游开发规划的建议

2. 关于加快推进我市设施农业优质种苗培育工程的建议

3. 关于实现京杭运河与故黄河水系贯通的建议

4. 关于提高规划标准，合理建设住宅小区停车位的建议

5. 关于加大治理我市出租车脏乱差力度的建议

6. 关于大力支持我市老年公寓快速发展的建议

7. 关于完善我市食品安全信息公示机制的建议

8. 关于加大打击公共场所偷窃犯罪行为力度的建议

9. 关于加快户部山“商旅文”特色街区发展的建议

【文史资料和政协宣传】 召开全市文史工作座谈会，征集出版《文史资料》31 辑，编写《江苏历史文化纵览 · 徐州篇》，较好发挥了文史工作存史资政、团结育人的作用。积极改进政协宣传工作，不断提高《徐州政协》和“政协视窗”专版的质量；召开政协网站建设座谈会，推动全市政协网站的建设与应用。全年在国家和省级媒体发表各类稿件 24 篇，“徐州市打造全国大学生自主创业首选之地”等 15 篇稿件在《人民政协报》刊登，扩大了徐州市政协工作的社会影响。

· 重要会议 ·

【政协徐州市委员会十三届四次会议】 1 月 20 日至 22 日，政协徐州市第十三届委员会第四次会议举行。552 名市政协委员参加会议。会议听取并讨论了市委书记曹新平在大会开幕式上所作的《推动跨越发展，建设美好徐州，实现“十二五”发展良好开局》的讲话；听取和讨论了市长张敬华所作的政府工作报告以及经济和社会发展计划执行情况与草案审查报告、财政报告、市中级人民法院工作报告和市人民检察院工作报告；听取并审议了市政协主席庄华平代表政协第十三届委员会常务委员会所作的工作报告和市政协副主席张仰东代表常务委员会所作的关于提案工作情况的报告；会议同意增补李涛、葛维琴为市政协十三届委员会副主席，谢广居为市政协十三届委员会常务委员；审议并通过了《中国人民政治协商会议徐州市第十三届委员会提案委员会关于第四次会议提案初步审查情况的报告》和《中国人民政治协商会议徐州市第十三届委员会第四次会议决议》。

【政协常务委员会会议】 十三届市政协全年共召开常委会议 5 次。

第十四次常委会议协商通过了有关人事事项；讨论并通过市政协第十三届委员会第四次会议选举办法和选举工作人员建议名单。

第十五次常委会议听取并协商通过了《关于完善政策，强化监管，进一步提升市区职工医保工作水平的建议案》。

第十六次常委会议听取并分组讨论了市长张敬华所作的关于上半年全市经济社会发展情况和下半年主要工作打算暨市政协十三届四次会议重要建议办理情况的通报。协商通过了《关于积极推进城中村改造，加快区域性中心城市建设的建议案》、《关于发挥科教和人才优势，加快创新载体建设的建议案》和有关人事事项。

第十七次常委会议听取并讨论了常务副市长邹徐文所作的市政府关于市政协十三届四次会议以来提案办理情况的通报；听取并协商通过了《政协徐州市委员会提案工作条例修正案》和有关人事事项。与会委员们视察了徐州高铁站区建设情况。

第十八次常委会议审议通过了关于召开徐州市政协十三届五次会议的决定，确定市政协十三届五次会议于 2012 年 1 月 11 日至 13 日召开。会议讨论通过了徐州市政协十三届常委会工作报告和市政协十三届常委会关于十三届四次会议以来提案工作情况的报告以及报告人名单；审议了市政协专门委员会 2011 年度工作报告；审议通过了市政协十三届五次会议议程（草案）和日程；审议通过了关于召开市政协十三届五次会议的决定；协商通过了市政协十三届五次会议大会秘书处及各组负责人名单；协商讨论了有关人事事项；表彰了市政协 2011 年度优秀提案、提案工作先进单位和先进个人，2011 年度社情民意信息工作先进单位、先进个人和优秀社情民意信息。

【政协主席会议】 全年，十三届市政协共召开主席会议 8 次。其中，第二十六次主席会议协商确定，市政协十三届十五次常委会议于 5 月 19 日召开，议程为：协商关于完善政策、强化监督，进一步提升市区职工医保工作水平问题并通过相关建议案。会议对《关于促进我市高铁经济发展的建议》提案（第 1301 号）进行督办，听取了徐州经济技术开发区、市铁路办、市发改委关于提案办理情况的汇报。主席会议就紧紧抓住并切实利用好高铁开通的新机遇，努力推动徐州市高铁经济取得全方位发展提出了一些意见建议。会议协商通过了《关于规范民间借贷、担保行为，建立长效监管机制的建议案》。

第二十七次主席会议协商了徐州市基本养老服务体系建设问题并通过相关建议案；讨论通过了《关于积极推进城中村改造，加快区域性中心城市建设的建议案（草案）》和《关于发挥科技和人才优势，加强创新载体建设的建议案（草案）》。会议协商确定，市政协十三届十六次常委会议于 7 月 20 日召开，会议听取并讨论市政府关于上半年全市经济社会发展情况和下半年经济工作安排意见的通报；协商关于积极推进城中村改造、加快区域性中心城市建设问题和发挥科技和人才优势、加强创新载体建设问题，并通过相关建议案。会议要求市政协机关认真学习贯彻胡锦涛总书记在庆祝中国共产党成立 90 周年大会上的重要讲话，并对学习贯彻工作进行了研究部署。

第二十八次主席会议协商确定市政协十三届十七次常委会议于 10 月 14 日召开。会议讨论通过《政协徐州市委员会提案工作条例修正案（草案）》；协商并通过有关人事事项。会议确定市政协十三届十七次常委会议的议程为：听取市政府关于市政协十三届四次会议以来提案办理情况的通报；协商通过政协徐州市委员会提案工作条例修正案；协商

通过有关人事事项等。会议就学习贯彻市第十一次党代会精神提出明确要求。

第二十九次主席会议协商确定12月20日召开市政协十三届十八次常委会议。会议讨论通过了市政协十三届常委会工作报告(草案)和市政协十三届常委会关于十三届四次会议以来提案工作情况的报告(草案);审议通过了市政协专门委员会2011年度工作报告;审议通过了关于召开市政协十三届五次会议的决定(草案);审议通过了市政协十三届五次会议议程(草案)和日程(草案);协商通过了市政协十三届五次会议各次大会执行主席、主持人名单和报告人建议名单;协商通过了市政协十三届五次会议大会秘书处及各组负责人建议名单;审议确定优秀提案和社情民意信息表彰工作相关事宜;研究确定了市政协十三届十八次常委会议的时间和议程。 (李先文 肖 岚)

民主党派 工商联

·民革徐州市委员会·

【概况】 2011年,民革徐州市委发展新党员13名。进一步加强对基层组织的指导,加强对基层组织负责人的培养和培训,促进基层工作的制度化和规范化,调动广大党员的积极性、主动性和创造性。在“三八”国际劳动妇女节100周年之际,民革中央对全国167名优秀女党员进行了表彰,徐州民革党员陈华荣获“民革全国优秀女党员”荣誉称号。3月24日,曹瑞光、杜红新被授予“民革江苏省优秀党务工作者”光荣称号,并出席民革江苏省委表彰交流大会。

【学习教育活动】 4月,民革徐州市委成立了学与行活动领导小组和中心学习组,以民革中央下发的《学习践行社会主义核心价值体系辅导读本》、中共徐州市委书记曹新平《在市各民主党派加强自身建设座谈会上的讲话》为主要学习材料,深入学习,认真领会,同时做好基层支部、专委会学习活动的指导、辅导工作。认真组织党员参加社会主义核心价值学与行征文活动,党员的多篇征文获奖并在《江苏民革》上刊登。5月份,选派党员参加省民革组织的树立和践行社会主义核心价值体系演讲比赛并获奖。6月初与宿迁市民革进行了学习活动经验交流。10月中旬在民革江苏省委宣传工作会议上同省各民革市委进行了学习交流。

【参政议政】 参加由中共徐州市委、市政府举办的各种协商会、座谈会、情况通报会、联谊会等36人次,参加各种评议活动32人次。组织民革界别政协委员和民革党员的视察活动,就徐州的大政方针、重大事务及重要人事安排、机关作风建设等方面建言献策,积极发挥政治协商、民主监督、参政议政职能。认真完成提案督办工作。2011年度,提交团体提案7件,政协委员个人提案31件。民革徐州市委报送的《关于解决制约沿运河产业带发展瓶颈问题的建议》被评为优秀团体提案。

【社会服务】 徐州民革成立50周年之际,市委会邀请统战部领导及30余名党员,前往小李寨村小学慰问师生,市委会和中山进修学院出资上万元,为这所偏远、贫困的小学购置了一架钢琴,让这所小学成为苏北农村地区第一所拥有教学钢琴的小学。同时向学校捐赠了体育器材,给贫困学生捐赠了过冬衣物和学习用品。10月份民革徐州市委捐赠学校5000元用于购置图书和教材;年底通过走访学校,得知学校急需电脑等教学设备,民革经济委和中山学院共同捐款15000元,为小李寨小学购置5台教学电脑。新党员李桂清,是一位从农村家庭成长起来的民营企业家,他踊跃向小李寨小学献爱心,在小李寨村考察后,亲自设计生产了合小学生使用的图书馆全套书柜和阅览桌椅。医卫支部开展了多次医疗进社区活动,为社区下岗人员和孤寡老人免费体检,并请专家为社区群众讲授健康讲座。民革妇委会组织党员到贾汪区村委会和大学生村官开展了联谊活动,关心引导大学生树立在农村建功立业、实现自身价值的信念。 (杜红新)

·民盟徐州市委员会·

【概况】 截至2011年底,民盟徐州市委员会下设1个基层委员会,3个总支,31个支部,1个直属小组,盟员874人,平均年龄56.4岁。其中高级职称盟员487人,占盟员总数的55.7%,中级职称343人,占39.2%;教育、文化、科技界盟员776人,占88.7%;离退休盟员337人,占38.5%。有1人为民盟中央委员,3人为民盟江苏省委委员,第十二届委员会主委李申为民盟江苏省委常委。盟员中有全国人大代表1人、省政协委员2人、省人大代表2人、市人大代表5人、市政协委员35人、区政协委员32人、区人大代表4人。

【参政议政】 在2011年市政协十三届四次会议上,盟市委集体提案《关于进一步做好全市城郊失地农民生活保障工作的建议》和《关于促进我市高铁经济发展的建议》得到了与会领导和委员们的好评。《关于进一步做好全市城郊失地农民生活保障工作的建议》就解决徐州城郊失地农民生活保障问题提出了建立社会保障、健全就业安置、建立再就业培训、完善保障措施、加大政府扶持等5点建议。市委、市政府给予充分肯定。《关于促进我市高铁经济发展的建议》被列入政协主席会议督办的重点提案,此类重点提案全市共2件。提案分析了高铁开通后,对徐州经济社会发展的意义和影响。这两个建议的落实情况都被《人民政协报》报道,并荣获了徐州市委、市政府“振兴徐州老工业基地创新创意奖”。盟市委还提交了促进徐州教育、农业发展的一系列提案,产生了广泛的社会影响。反映信息和盟情民意工作迈上新的台阶。一年来,盟市委向民盟江苏省委、市政协、市委统战部等单位报送信息300余条,被民盟中央、省政协等各级单位采用100余条,多篇信息得到市委、市政府主要领导批示。

【组织建设】 2011年，共发展盟员39名，平均年龄37.4岁。新成员中教育界别28人，高级职称12人，硕士研究生以上学历13人。根据组织发展情况及盟务工作需要，徐州师范大学成立了民盟基层委员会，徐州工程学院成立了总支委员会。大多数基层组织按照盟章要求完成了换届改选工作。召开了民盟徐州市第六次代表大会。大会选举产生了民盟徐州市第十三届委员会。李靖华为主委。

【思想建设】 盟市委领导班子及广大盟员通过集中学习、观看现场直播等形式认真学习了胡锦涛同志在中国共产党建党90周年纪念大会上的重要讲话。盟市委在全市盟员开展了纪念中国共产党成立90周年暨辛亥革命100周年征文活动，广大盟员积极参与，踊跃投稿。积极组织演练、选送合唱团参加市委统战部举办的庆祝中国共产党成立90周"同心颂 为党祝福"歌咏大会，并获得一等奖。各基层组织也响应盟市委号召，积极参加各种庆祝活动。

【社会服务】 6月份，盟市委组织了盟内一批知名律师、法官，走进奎园社区开展法律服务。当天共接待群众100余人次，发放《妇女权益维护手册》等法律宣传材料100余份，切实为群众解决了一些法律上的难题，受到了社会广泛好评和赞誉。8月份，民盟徐州市新的社会阶层人士联谊会正式成立，为社会服务工作奠定了更好的基础。9月份，民盟江苏省新的社会阶层人士联谊会理事会在徐州召开，于琨奇副主委到会，对徐州新的社会阶层人士开展工作给予了充分肯定；盟市委还承办了民盟江苏省社会服务工作苏北片座谈会，为今后社会服务工作指明了方向。 （侯广新）

·民建徐州市委员会·

【概况】 截至2011年底，民建徐州市委会共有4个总支、28个支部，504名会员。企业界会员比例占58%，民建界别特色鲜明；大专以上学历的会员407人，比2006年增加95人，文化素质明显提高；中高级职称的会员有385人，所占比例为93%，骨干队伍不断壮大；会员平均年龄为52.4岁，比2006年下降3.3岁。

【参政议政】 在市政协十三届四次会议上，提交了6份提案。其中《加强公共服务设施建设，完善城市交通网络》集体提案，被选为大会发言，受到市委、市政府的高度重视和采纳，交由市交通运输局负责实施。《关于统筹规划，多措并举，加快现代聚集区建设步伐的建议》、《尽快完善规划，搬迁开明市场的建议》、《服务民生，完善社区服务功能的建议》等3个提案被市政协评为"优秀提案"。《关于建立从农田到餐桌的食品质量监督检测体系，保障食品安全的建议》经市政协十三届四次会议研究后，以4315号文件转报市政府督查室列为重点督办提案。《关于锐意发展徐州文化产业，着力建设淮海创意中心的建议》被列为民建界别重点督办提案。《关于提高环境质量，打造徐州生态都市形象的建议》、《关于构建徐州市医保经办三级服务网络，推进医疗保险社会化管理服务体系建设的建议》等提案，都受到了市政协的充分肯定，也得到了承办单位的认真落实。

【组织发展】 周密筹备，精心组织基层换届各项工作。多次召开市委主委会议，专题研究、精心组织、科学部署基层换届工作，制定并印发了《2011年基层组织换届意见》。6月初召开换届工作专项会议。7月初，基层4个总支、28个支部如期实现基层政治交接。在做好换届工作的同时，注重加强后备干部队伍建设工作，积极发现人才、培养人才，有计划地组织后备干部参加学习班、研讨班，选派到各级社会主义学院学习。民建徐州市委在各级的人大代表，政协委员，比上一届增加19人，提高32个百分点；在政府机关及司法机关任职的会员比例为16.9%，比全省平均水平高出3.7个百分点。

【社会服务】 5月，在贾汪区紫庄中学集中开展了"思源工程——生育关怀行动"5年回眸活动，民建江苏省委、中共徐州市委统战部领导、贾汪区委书记、人大主任等四套班子领导、市计生委、民建市委、市计生协等部门的领导干部，以及广大师生计500余人参加了这一活动。总结了5年来取得的成绩，共累计募集资金达883万元，帮扶计划生育家庭8106户，资助计划生育留守儿童6300名，资助计划生育贫困家庭女大学生1680名；帮扶项目2015个，帮扶金额6820万元；直接受益群众达156万人。年内，特邀请鉴宝专家程洪俊在市委党校举办了鉴宝知识讲座。 （潘玉珍）

·民进徐州市委员会·

【概况】 截至2011年底，民进徐州市委共有会员509名，其中男会员296名，女会员213名，平均年龄54岁；大学以上文化程度327名，占64.2%；高级职称281名，占55.2%，中级职称193名，占37.9%；全市共有基层支部21个，小组3个。

【参政议政】 集体提案《关于加强我市城市管理的建议》，年初被市政协确定为主席重点督办案，年终被市政协评为优秀提案；关于《加强我市幼儿教育的建议》被政府采纳，并接受市新闻专访；本会政协委员《关于加强我市农贸市场建设的建议》被政府采纳，《人民政协报》以"徐州采纳政协建议、确保菜篮子安全，十二五投资亿元建管农贸市场"为题作了专题报道。在1月召开的省政协大会上，民进徐州市委省政协常委作的"后金融危机时代江苏外贸强省建设的几点建议"大会发言，得到省委、省政府领导的高度重视，《新华日报》作了重点报道，该建议获得2011年度江苏省社会科学研究重大项目资助。5月中旬，组织会内外专家学者赴铜山区调研外向型经济问题，形成了《深化开放型经济发展，推进铜山区跨越式转型》的调研报告，报市委、市政府。6月初，单独中标民进省委重点招标课题，并深入市发改委等单位进行调研，形成了《关于推进欠发达地区现代服务业集聚区建设的建议》报民进省委,作为民进省委的集体提案报省政协。年内,认领2个市委、市政府重点研究课题,形成了《关于加快徐州文化产业振兴和繁荣的建议》、《关于我市农村城镇化进程的思路与对策》,报市委、市政府,并作为民进市委2012年集体提案报市政协。

【组织建设】 全年共发展会员10人,平均年龄37岁,全部具有大学本科以上学历,其中博士2人,硕士4人,市教育局副局长1人,会员的年龄、界别和知识结构进一步得到改善。注重基层支部建设,2011年全市21个基层支部全部完成换届工作,为市委会换届奠定了坚实基础。5月和10月,分别组织民进矿大支部及民进徐州师范大学支部赴江阴民进要塞中学和华西村参观学习。推荐10名新会员参加市社会主义学院学习,推荐1名骨干会员参加省社会主义学院学习。重视基础性工作,在民进组织管理系统的录入工作中,在全省率先完成录入任务,数据准确率达100%,完成率达100%,荣获民进全省地级市唯一"先进单位"。

【思想建设】 继续落实民进市委"树立和践行社会主义核心价值体系推进学习型参政党建设的方案",并把该项活动与开展的"同心工程"活动相结合,与市委会的换届工作相结合,并贯彻于市委会换届工作的全过程,确保市委会换届在完成领导班子新老交替的同时,也顺利地实现了民主党派的政治交接。开展纪念中国共产党成立90周年系列活动。开展"永远在正道上行"征文活动,征得的优秀文章先后在《徐州日报》及《江苏民进》等刊物上刊登;举办"弘扬传统,同心同行"骨干会员学习班,并组织赴韶山参观毛泽东故居,接受传统教育;组织合唱团参加"市统战系统建党90周年同心颂演唱会";召开市委会专题学习胡锦涛七一讲话并发放学习读本。

【换届工作】 4月全体机关干部赴淮安参加民进江北片机关工作会,专题研讨换届工作;7月市委会领导赴宁参加民进省八届十四次常委会议,学习领会换届会议精神;11月2日,市委会全体领导班子成员参加市委统战部召开市各民主党派换届工作会议,正式启动了本会的换届工作。按照民进省委和中共徐州市委及市委统战部的统一部署,根据《会章》和有关文件精神,全面做好市委会换届各项筹备工作,重点突出"三个一":写好一个工作报告,开好一个代表大会,选好一个新班子,确保了市委会换届工作的圆满成功。 (陈如磊)

·农工党徐州市委员会·

【概况】 截至2011年,农工党徐州市委共有党员457人。其中医卫界别380人,占83.2%;高等教育界别32人,占6.99%;普通教育界别10人,占2.18%;科学技术界别9人,占1.97%;政府机关8人,占1.74%;党派机关6人,占1.31%;非公经济界别5人,占1.09%;公有经济界别4人,占0.87%;法律界别2人,占0.44%;其他界别1人,占0.22%。年内,发展了21名新党员,其中环保工作者2人。

【农工党第十一次代表大会】 12月19日至20日,中国农工民主党徐州市第十一次代表大会隆重举行。会议通过了《中国农工民主党徐州市第十一次代表大会决议》。选举产生了新一届委员会,仍保持上届17人委员数,平均年龄50.2岁,具有高级职称的15人,其中新委员6人。大会选举孙晓青为主任委员。

【提案工作】 农工党市委认真研究和认识省市重要战略机遇期的新特征和新要求,把关爱民生、问计民生、改善民生作为一切工作的出发点和落脚点。通过调研,在市政协十三届四次全委会上提交集体提案4件,委员个人提案25件。其中集体提案《关于大力发展我市健康产业的建议》由于对徐州市健康产业发展存在的问题分析得客观深刻,所提意见和建议具有较强的针对性和可操作性,被选定为农工党界别督办案,并被市政协评为2011年度优秀提案。

【调研信息】 2011年,农工党市委加大调研工作的力度,申报并完成农工党江苏省委调研课题3个、徐州市委统战部调研课题2个、自定调研课题3个。其中《健全人才管理机制,着力打造党派政治活动骨干》被评为年度统战工作调研二等奖论文。全年向农工党省委报送信息108条,向市政协报送信息105条,向市委统战部报送信息42条。

【社会服务】 6月11日,市委在徐州市化工医院举行了第四届"中国环境健康宣传周"义诊咨询活动,组织党员中的医学专家和法律工作方面的专家为群众解答健康知识和法律知识。接待群众200多人,发放《大气环境与健康》宣传小册子、宣传画报以及疾病防治、法律维权宣传资料300多份。11月10日,市委在徐州市肿瘤医院门诊大厅举行了第二十三届"国际科学与和平周"义诊咨询活动。组织党员中的20余名专家参加了义诊活动,接待前来咨询和诊治的群众300多人次,发放宣传资料400余册。为了更好地履行参政党的职能和社会责任,农工党市委把对丰县顺河镇卫生院的定点帮扶工作纳入社会服务的经常性工作,全年共选派专家五人次亲临该院对卫生院的管理和医疗技术进行指导,还在农工党江苏省委的大力支持下,将价值近5万元的药品及时捐赠给顺河镇中心卫生院,供他们无偿提供给当地患病农民使用。 (颜 琛)

·九三学社徐州市委员会·

【概况】 截止到2011年底,九三学社徐州市委员会下设2个基层委员会,15个支社,共有社员486人,平均年龄57.1岁。其中高级职称344人,占70.78%,中级职称137人,占28.19%;高校、科技、医卫届430人,占88.48%;离退休人员199人,占40.95%。有1人为社中央委员,3人为社省委委员,其中徐州市委主委段雄为社省委副主委。社员中有全国人大代表1人,全国政协委员1人,省人大代表1人、省政协委员3人、市人大代表4人、市政协委员28人、区政协委员18人,区人大代表1人。

【参政议政】 做好提案的组织工作。在市政十三届四次协会议上,共提交集体提案8件,个人提案42件。《关于优化城市空间结构布局,缓解城市交通压力的建议》被评为优秀集体提案;《关于徐州利用矿井水 缓解水资源供给的几点建议》、《关于大力支持我市老年公寓快速发展的建议》等4件提案被评为优秀个人提案。深入开展专门调研活动。一是积极组织社内专家学者参加社中央、社省委课题招标及“九三论坛”、“江苏九三论坛”征文活动。《关于进一步完善农村社会保障制度的思考》等2项课题在社省委的招标活动中中标。《医疗卫生保障制度的公平性和可持续性问题》等8篇论文被收入第四届“江苏九三论坛”论文集。二是积极参与市委、市政府出题,党派调研活动。社市委认真选题,共完成《加快我市农村城镇化进程的思路与对策》等3项调研课题。三是参加市委统战部开展的以“真了解、真参与、真服务”为主题的调研活动,并提交了《铜山现代服务业跨越式发展路径建议》的调研报告。积极反映社情民意。2011年,共向社省委、市委统战部、市政协报送各类信息150余条,信息报送的数量与质量逐渐提高。

【组织建设】 2011年,共发展新社员30名,平均年龄40.2岁。新成员中高教、医卫科技界别25人,高级职称13人,硕士及博士研究生18人。完成基层组织升格、换届工作。根据徐州医学院支社、徐州师范大学支社的组织发展情况及社务工作需要,分别于1月26日、5月5日成立了徐州医学院委员会、徐州师范大学委员会,并成功选举了基层委员会领导班子成员。3月22日,下发了《九三学社徐州市委员会关于基层组织换届工作的意见》。全市各基层组织按照要求与部署,认真做好基层组织的换届工作。截止到8月底,15个基层组织,基本完成了升格与换届工作。总体部署社市委换届工作。于7月23日召开市委扩大会议,传达学习社省委十八次常委会议精神。12月27日至28日,九三学社徐州市第七次代表大会在云泉山庄召开。大会选举产生了九三学社徐州市第七届委员会,隋旺华为主委,周廷振、黄杰、江南、赵强为副主委。进一步加强后备干部教育培训工作。2011年,共推荐4名社员参加社省委在中央社会主义学院举办的“第四期中青年骨干培训班”;推荐3名社员参加在省社会主义学院举办的基层负责人培训班;推荐2名宣传骨干参加了社省委举办的宣传骨干培训班。积极组织新社员参加市委统战部举办的新成员培训班。

【思想建设】 组织社员参加社章社史知识竞赛活动。社市委积极组织社员参加“富得宝杯”纪念中国共产党成立90周年辛亥革命100周年暨社章社史知识竞赛,深入开展“学习社章、遵守社章”活动,进一步提高了广大社员树立和践行社会主义核心价值体系的自觉性。在全市社掀起学习杨佳先进事迹的热潮。社市委及时转发九三学社中央《关于在全社开展向杨佳同志学习活动的通知》。机关人员集中观看了杨佳先进事迹报告会录像,基层组织也积极组织社员收看了中央一套“身边的感动”杨佳先进事迹报道及有关录像。徐州矿务集团支社等基层组织及时组织社员座谈学习体会,广大社员纷纷表示要以杨佳为榜样,学习她讲人品、讲团结、讲大局、讲奉献,重事业兴衰、轻个人进退的高尚情操和精神风范,做自觉树立和践行社会主义核心价值体系的表率。加强民主党派思想理论研究工作。社市委在全市社开展了“加强和创新社会管理与统一战线”征文活动,《略论新时期我国民营企业社会管理工作创新》在全省社进行了交流。《如何发挥民主党派民主监督作用问题的研究》在市委统战部组织的统战理论招标活动中中标。

【社会服务】 继续开展“百名专家进乡村”行动。在前期取得成绩的基础上,社市委持续推动帮扶涉农企业、实施农技下乡活动。为徐州市佳谷科技环保有限公司又推荐了一批九三专家;与沛县相关部门协调,推广该公司的产品。经过社市委的多方努力,省科技厅加大了对丰县果园的扶持力度,组织九三学社省委在内的有关高校、院所的专家教授开展协作攻关,破解技术难题。社市委扩大社会服务领域,在“中国矿业大学大学生模拟创业实践园”建立了“九三学社专家工作站”。开展义诊送药活动。在第23届“国际科学与和平周”期间,社市委联合徐州医学院委员会第三支社为爱心医院的低保困难群体进行义诊。此次义诊共有300余名困难群众享受到专家提供的服务,爱心医院按照专家的治疗方案免费向这些困难群众提供价值8万余元的药品,同时还减免了2万余元的检查费。举办“九三学社科学讲坛”活动。社市委与徐州医学院委员联合举办了“九三学社科学讲坛”活动,邀请著名中医贾先红为徐州医学院师生主讲了“中医,让健康伴随你”的专题讲座。积极推荐民营企业科学发展专家顾问。为加快我市民营企业转型升级,提高我市民营经济科学发展水平,推荐蒋昭侠等4位同志为“徐州市民营企业科学发展专家顾问团”成员。 (李媛媛)

·徐州市工商联合会·

【参政议政】 2011年年初,在徐州市政协十三届四次会议上市工商联上报团体提案10篇,其中根据市委《关于制定徐州市国民经济和社会发展第十二个五年规划的建议》精神,结合目前全市战略性新兴产业规模小,自主创新能力不强,产业集聚度不高,人才数量偏少,发展环境尚需优化的实际情况,提出了《关于加快发展战略性新兴产业的建议》。该提案切合实际,得到了市政协的高度重视,被列为市政协重点督办提案。

【调查研究】 市工商联按照省工商联的安排与中小企业管理局联合完成了《2010年全市民营经济发展报告》。开展了全国工商联上规模民营企业调研工作、江苏省民营企业履行社会责任统计，共上报上规模企业40家，完成近500份民营企业履行社会责任统计。为宣传徐州市非公经济和非公经济人士最新情况提供了基本资料。深入县(市)、区工商联及行业商会进行调研，先后完成了《徐州市民营企业传承的问题与思考》、《加强行业商会建设助力徐州民营经济跨越发展》、《不断提升促进企业健康持续发展的文化保障能力》等调研报告。此外，根据市政协调研安排和市委统战部“三真”活动要求，开展了《大力培育商会经济，推进铜山跨越发展》、《加快转变经济发展方式，助推非公经济人士思想政治工作》、《培育特色品牌商会，助力徐州跨越发展》、《加强非公企业党建工作机制研究》等课题的调研。

【组织建设】 2011年，市工商联先后成立了淮海经济区(徐州)煤炭运销商会、豫商商会、南京市徐州商会。淮海经济区(徐州)煤炭运销商会是江苏省首家跨区域的行业组织，共发展会员单位53家，会员规模和组成基本代表了徐州和整个淮海经济区行业的总体特征和发展趋势。商会成立后，积极搭建交易、储运、企业信息共享和融资“四大平台”，更好地服务徐州的区域性中心城市建设。继温州、闽南、河北、安徽、淮安5家异地商会成立后，豫商商会于9月16日成立，首批发展131家会员，商会成立后将通过“商会经济”壮大会员企业的经济实力，实现商会的规模效应和商会会员的群体扩张，配合家乡党委、政府做好相关活动，进一步密切徐州与河南的联系交流。

【2011中国·徐州首届民营企业峰会论坛】 为推动商会经济的发展，1月27日，由市委统战部和市工商联主办，中小企业联合商会承办的2011中国·徐州首届民营企业峰会论坛隆重举行。本次峰会论坛以“商会经济”为主题，来自北京、上海、深圳、新疆等地徐州商会和徐州市中小企业联合商会、淮安商会的企业家代表，在会上就这一主题，结合商会工作实际，发表了精彩的发言。论坛通过总结过往经验，进一步明确发展思路，将推动商会经济的进一步发展。

【教育培训】 邀请北京大学实践家商业模式研究中心副主任、亚洲十大企业培训师、实践家教育集团董事长林伟贤教授，就优化企业内部管理控制、实现高效运作，创新商业模式、加快产业升级与转型、打造企业持续赢利的赚钱系统，构建投融资模式、吸引资本注入，实现银企对接等为全市400余名民营企业家上了生动的一课。4月22日，举办了徐州民营企业家交流分享会，邀请思八达集团训练师、北京汇源集团副总裁主讲了《企业领导运营智慧》，帮助民营企业家把握企业内部、外部运营中所需要的各种智慧，解决企业管理存在的问题，使企业走上轻松、良性、快速的发展之路。4月10日主办了“弘扬传统美德 构建和谐社会”暨首届国际徽商弘扬中华文化(徐州)高峰论坛，得到众多企业界、教育界代表以及市民的关注和赞许。7月初，市委统战部、市工商联在中国人民大学共同举办首届民营企业家法律研修班，各县(市)、区工商联负责人及民营企业家100多人赴京参加了研修班学习。全国知名专家、律师为研修班学员讲授了公司治理结构、企业合同实务、劳动合同法及对人力资源管理的影响、企业税务战略管理与纳税规划、企业家法律养生学、婚姻财产的风险与防范、民营企业家经常遇到的若干刑事司法问题等内容，使参学人员进一步加深了对有关法律知识的认识和了解。

【徐州异地商会企业公益性招聘会】 为帮助企业解决用工难题。5月份市委统战部、市工商联等单位联合北京徐州企业商会、上海市江苏商会徐州分会、深圳市徐州商会、乌鲁木齐徐州商会，及本地6家异地商会，举办了2011年徐州异地商会企业公益性招聘会。78家企业提供315个工种，约3000个岗位，3000多人进场应聘。

【徐州市徐商民营企业服务中心成立】 市工商联与各直属商(协)会合作共建，聘请有关政府职能部门担任顾问单位，在市民政部门登记注册了具有独立法人资格的“徐州市徐商民营企业服务中心”。中心专门选派工作人员常驻办公，主动了解企业服务信息并提供服务，提升服务全市民营企业的质量和水平。市工商联组织机关部分同志赴南通学习了该市工商联构建四大服务平台，服务民营经济发展的经验。

【经济联络】 组织县区工商联、行业商会和企业家考察团，赴苏南、浙江等地对各地的民营企业及行业商会发展情况进行了考察。走访了无锡宜兴市、浙江义乌市、景德镇市工商联，与景德镇工商联建立了友好商会，协助睢宁县工商联与无锡宜兴市工商联、贾汪区工商联与景德镇珠山区工商联建立了友好商会。与发改委合作，组织民营企业参加在西安举行的西部投资贸易洽谈会，并参加了陕西省宝鸡市举办的工程机械博览会。6月中旬，组织企业家对中东地区的阿联酋、土耳其两国开展经贸交流、商务洽谈活动，为会员企业对外开拓市场提供有效帮助，为徐州的企业走出去做出努力。9月份，接待了德国工商大会埃尔福特分会、新西兰霍克斯湾地区商会，并与他们缔结友好商会。

【司法服务】 为预防和化解涉及民营企业、外来投资企业的矛盾纠纷。9月2日，市工商联与徐州市中级人民法院合作在驻徐商会、行业协会集中设立了15个司法服务站，在市工商联设立了诉调对接办公室，服务内容包括法律文书通报、案例指导、信息交流、培训指导、座谈研讨，有针对性地进行司法服务等。

【承办“全国工商联扶贫与社会服务工作研讨会南方片会”】
5月25至27日，市工商联承担了“全国工商联扶贫与社会服务工作研讨会南方片会”的会务工作。西藏、广东、广西、海南、湖南、湖北、重庆、云贵川及华东五市等16个省、市、自治区工商联的领导50余人出席会议。承办全国性工作会议，市工商联还是第一次。市工商联克服人手少、任务重、时间紧的困难，分工协作、密切配合，在较短的时间内圆满完成了各项筹备工作。精心安排的参观考察活动，充分展示了徐州的发展成就和良好的城市形象，使与会者对徐州留下了美好的印象。会后，全国工商联专门向市工商联发来了感谢信。

【纪念建党九十周年活动】 在全市工商联系统中开展了庆祝建党90周年征文活动。组织企业家到井冈山、韶山、伟人故居接受革命传统教育，重温革命精神。为展现民营企业发展、党建、文化建设等方面的风采，表达民营企业对党的赤诚之心、感恩之情，举办了纪念建党90周年图片展，各县（市）、区工商联及行业商会制作了40块大型展板，版面内容图文并茂，重点介绍工商联、行业商会的党建工作，民营企业党建、企业文化、企业管理、企业培训、企业品牌、企业发展、企业和谐、社会责任等工作与成果等内容。与市委统战部联合举办了《南湖红船》纪念建党90周年老歌原唱音乐会，重温经典老歌，共庆党的生日，市领导和900多名民营企业代表观看了音乐会。飞虹网架公司职工合唱团作为徐州市民营企业代表队参加了全市统一战线唱红歌演出。

【南京市徐州商会成立】 年初市工商联就多次召开了县区工商联负责同志参加的筹备工作调度会，对做好调查摸底和推荐会员工作进行专门的布置，并多次赴南京就相关登记注册事宜开展工作。经过紧张充分的筹备工作，12月31日南京市徐州商会正式成立，省领导张连珍、张艳、徐鸣、罗一民，徐州市领导曹新平、张赴宁、周宝纯，南京市领导项雪龙、李福全、李琦等出席成立庆典暨揭牌仪式。张连珍、曹新平为商会揭牌，三胞集团董事长袁亚非当选为南京市徐州商会首任会长，会员单位近200家。曹新平代表徐州市委、市政府向商会的成立表示祝贺。（张　宁）

人民团体

·工　会·

【劳动竞赛活动】 深入开展“当先锋、促转型，我为十二五做贡献”主题教育活动，通过“学规划、展风采、比贡献”征文、读报竞赛等，营造了“建功十二五”的良好氛围。研究制订“建功十二五，创新促发展”劳动竞赛实施意见。在京沪高铁徐州站、宿新高速公路徐州段等重大工程建设中，开展以“赛工程质量、工程进度、科技创新、节能环保、职工素质、安全管理”为主要内容的重点工程劳动竞赛。市总荣获省“十一五劳动竞赛先进组织单位”。开展以推进“六型”班组建设为主要内容的“工人先锋号”创建活动，徐州市4个班组被授予全国“工人先锋号”，6个班组被评为省先进班组，6名个人评为省先进班组长。全市职工提出合理化建议5.8万条，推广节能新成果150多项、先进操作法570多项，有3项合理化建议分获省一、二、三等奖，市总被省表彰为“我为节能减排献一策”合理化建议优秀组织单位。

【劳模先进示范作用发挥】 完成全国“五一劳动奖状（奖章）”、“工人先锋号”和省劳模、先进工作者的评选推荐工作。徐州市1个单位被授予“全国五一劳动奖状”，6名个人被授予“全国五一劳动奖章”，106名个人被评为省劳模和先进工作者。进一步推进“劳模创新工作室”规范化建设，制定了创建活动意见，规范了各项创建制度。积极做好劳模管理服务工作，为劳模发放春节慰问金196.5万元、困难帮扶金70万元、低收入补助金102.7万元、奖励金109.6万元。

【职工队伍建设】 研究制订推进职工素质建设工程三年规划。与市委宣传部等联合开展了第三届“十佳文明职工”评选活动，倡导文明新风。与市文明办等联合开展第二届“职工读书月”活动，选树了一批职工书屋建设新典型。联合人保局、法院、检察院、供电公司、移动公司、金融系统等开展行业技能竞赛活动，提升职工技能水平。开展选树“首席员工”、“金牌工人”和“创新能手”活动，徐州市3人荣获“全国技术能手”称号，徐工集团毕可顺劳模创新工作室被评为“江苏省技能大师工作室”。市教育工会与市教育工委、市教育局联合开展“师德先进个人”评选活动，表彰了10名师德模范和一批师德先进个人、先进集体，中国矿业大学一名教师被授予全国“百名师德标兵”称号。市总干校被授予“全国职工培训教育示范基地”称号。

【基层工会组建工作】 贯彻落实全总“双措并举、二次覆盖”要求，以工会工作模范园区创建为抓手，加大非公企业和工业聚集区工会组建工作力度，借助党政力量，联合有关部门，全力攻坚企业建会工作。全市开发区建会率提升了28个百分点，徐州经济技术开发区、丰县经济开发区被命名为首批“省工会工作模范开发区”。全市独立基层工会11156个，去年净增748个，完成省总下达任务数的120%；会员总数168.5万人，去年净增20.8万人，完成省总下达任务数的236%。外资企业已建会211家，建会率达95%；出租车公司建会38家，建会率达85%；全市劳务派遣单位及企业83家，建会76家，劳务派遣工28.16万人，入会率达93%。全市工会组建和会员发展工作获省总一等奖。

【工资集体协商制度】 将工资集体协商建制率纳入了市、县

(市)区科学发展目标考核体系,市两办转发市总工会等3部门联合制定的《全面推进工资集体协商工作的意见》,工资集体协商从制度保证上进一步融入党政工作大局。市总先后召开了14个现场观摩会,举办了工资协商指导员(谈判员)三级培训班21次,制定《工资集体协商工作考核办法》、《工资集体协商"1-2-3,4-5-3"工作法》、《国有(控股)企业工资二次分配集体协商操作指南》等,加强了对工资集体协商工作的典型引导、工作指导和协商指导员队伍建设。全市企业工资协商建制率达85%。徐州市"县(市)区巡回观摩推进工资集体协商工作"荣获省厂务公开民主管理创新实践成果一等奖。全国农林水利工会工资集体协商经验交流会在邳州市召开,《人民日报》等全国11家主流媒体联合采访报道了邳州板材行业工资集体协商的经验,使"邳州经验"在全国广泛宣传和推广。

【帮扶救助】 2011年元旦、春节送温暖活动,全市工会筹集资金4039万元,走访慰问困难企业1321家、困难职工、农民工44330户。全市帮扶中心开展生活救助、医疗资助、子女助学10027人次,发放救助金604.9万元;免费技能培训和职业介绍13645人,实现就业再就业5905人。市总圆满完成了市下达的扶持50家成功创业公司的招商任务。徐州市农民工(特困职工)定点优惠医院项目获省工会工作创新创优成果奖。开展"女职工关爱行动",健全女职工特殊疾病检查救助机制,为9662名女职工免费妇检。市教育工会协调高(职)校、城区优质学校与农村中小学开展"爱心帮扶助教"活动,为徐州市教育均衡发展做出了积极努力。围绕与职工生活密切相关的商品价格和服务收费等,组织物价监督检查107次,检查各类商业网点和市场9847家次。

【依法维权活动】 制订工会"六五"普法规划和实施细则,开展"法制宣传日"等法律宣讲活动,开启新一轮普法宣传工作。全市工会建立法律监督委员会860个、监督小组1600多个,聘任监督员8300余名。全市建立劳动争议调解委员会3400家,90%以上建会企业和所有乡镇(街道)建立了劳动争议调解组织,70%乡镇(街道)设立了劳动争议调解室。全年受理争议案件373件,调解成功269件,工会开庭审理的15起仲裁案件,职工胜诉率100%。推进基层工会组织法制化建设,全市领取社团法人资格证的基层工会达92%。

【职工劳动安全保护】 全市"企业劳动保护工作合格、示范工会"创建合格率达85%以上,59个班组被评为"徐州市安全生产示范班组"。"安康杯"竞赛、"安全生产月"、"安全歌曲大家唱"等活动广泛开展,营造了安全生产良好氛围。积极配合政府推广应用"1+3"安全监控体系,在木板材加工企业推行《安全检查表》,继续开展煤矿系统推广"职工安全自我评价"体系,促进了企业安全生产工作科学发展。各级工会参与安全生产监督检查8000余次,查出各类隐患10万余处,提出整改建议15万余条;参加"三同时"审检验收100余项,参与各类事故调查处理35起,较好维护了职工的安全健康权益。

【中国徐州第四届国际胡琴艺术节】 在市委、市政府的大力支持下,6月23日—26日,成功举办了中国徐州第四届国际胡琴艺术节,在徐州音乐厅先后举办了"琴声颂党"、"湖光琴影"、"胡琴华彩"、"汉源琴韵"、"四海琴声"、"琴声飞扬"六场胡琴音乐会和胡琴论坛(座谈)活动,来自国内外百余位胡琴艺术家、嘉宾和中国歌剧舞剧院民乐团、江苏省演艺集团民乐团参加活动,充分展示了中华民族传统胡琴音乐魅力。同时,中国胡琴艺术博物馆建成开馆,并作为职工文化艺术交流中心挂牌。目前,中国胡琴艺术博物馆已接待了各级领导、游客、市民5万余人次,打造了徐州在国内外极具影响力的文化品牌。

【企业工会创先争优活动】 与市委组织部联合从2011年起连续两年在全市企业中开展了工会工作创先争优活动,评选表彰工会工作创新创优成果和"工会工作优秀企业",推动了企业工会工作创造性开展。按照党工统筹建组织、统筹配人员、统筹搞活动、统筹抓保障的要求,开展"四统筹一创争"活动,全市选树60家非公企业、26个片区党工共建示范点。丰县总工会、新沂市总工会的创先争优活动经验被全总、省总和市委转发。市教育工会开展的"用实绩践行师德,靠素质创先争优"活动,先后在全国教科文卫体职工创先争优经验交流会和省"践行师德创先争优"经验交流会上作典型发言。

【工会干部队伍建设】 市总干校全年举办各类培训班26期,培训工会干部3071人,市总荣获全省工会干部教育培训第一名。工会干部选拔任用制度创新发展,全市通过直选产生676名非公企业工会主席,向非公企业派遣工会干部63名,26个乡镇首批社会公开招聘的38名工会协理员培训上岗。县(市)区工会代表常任制工作逐步规范,制定下发了任期制办法、活动办法、召开年会办法和意见办理办法4个指导性文件。市总着力加强作风和效能建设,在机关和所属企事业单位中开展了作风和效能建设教育整顿活动,健全了机关党委和群团组织,有效促进了机关作风和效能建设。

(徐　涛)

·共青团·

【基层组织建设】 2011年,顺利完成乡镇(街道)团组织集中换届和组织格局创新各项工作,全市114个乡镇、42个街道全部完成编制外团委副书记配备工作。通过换届选举,共产生乡镇(街道)团(工)委委员1131人,平均年龄28.8岁;其中编制外委员635人(含编制外副书记98人),平均年龄28.9岁,为基层团组织注入了新的活力。加强新兴领域团建工作。差异化制定开发区、工业集中区、服务业集聚区等各类园区团建工作方案,建立园区团建数据库,实现了8个省级以上开发区团组织的全面活跃,实现了4个省级和33个市级现代服务业集聚区、44个工业集中区团组织的全覆盖。制定下发全市楼宇团建实施意见，坚持“党建带动、区域促动、活动推动、干部主动”的原则，组织楼宇、市场青年参加世界水日启动仪式等各类活动，促进了楼宇、市场团组织的持续活跃。全面推进“一团一品”创建工作。在原有基础上，确定了市、县两级团委培育的新品牌项目，指导市直机关企事业单位、大中专院校团委及其二级团组织、乡镇（街道）团（工）委做大做强老品牌的同时，创新创优新品牌，并积极帮助村（社区）团组织确定了自身的共青团工作品牌。在全市114个乡镇、42个街道、33家机关企事业单位及二级团组织均确立了工作品牌，实现了“一团一品”创建的四级联动，促进了基层团组织的全面活跃。

【青年就业创业工作】 着力破解青年创业资金瓶颈。召开全市青年创业小额贷款工作推进会，下发《关于继续开展青年创业贷款工程的实施意见》，细化《徐州市农村青年信用示范户创建及融资扶持试点工作实施方案》，强化与莱商银行、浦发银行和农业银行等金融机构的深度合作，开展农村青年信用示范户创建及融资扶持试点工作，为城市和农村普通青年创业、青年企业家二次创业提供资金支持。全年共为3758名农村青年发放贷款1.8亿元，为106名城市青年发放贷款2100万元，为100名优秀青年企业家发放贷款6130万元，全市1341名大学生村官所在村100%发生业务，带动了35160名青年就业。不断丰富创业就业活动载体。积极组织市、县、镇、村四级团干部与青商会会员和青联委员开展“面对面”活动，举办大学生科技创业节，开展青年网上创业项目推介会，完善大学生就业创业见习基地，举行企业家进校园活动16场，为大学生等各界青年提供创业支持。健全大学生村官联谊会工作机制，充分发挥其创业富民的主导作用。实施“青苗工程”、“青智工程”和“青创工程”，切实做好首届江苏青年创业奖人选推荐工作，徐州市1人荣获团省委银奖。不断提升服务青年职工水平。满足青年职工婚恋等需求，开展“三重一大”一线职工中秋节慰问活动，举办“三重一大”工程一线青年职工集体婚礼。开展青年职业技能竞赛活动，努力搭建优秀青年人才脱颖而出的广阔平台。2011年，徐州市4名选手荣获“省青年岗位能手”称号，2名选手荣获“全国青年岗位能手”、“全国技术能手”称号，并晋升为高级技师。

【青少年教育引导工作】 深化青年分类思想引导工作。结合四类青年群体特点，按照团省委工作部署，切实做好“我们身边的好青年”大型网络推介、宣传工作。结合思想引导大纲，组织全市团干部开展专题培训，不断增强团干部引导青年的工作能力。深入实施“青马工程”，大力开展大学生文化艺术节系列活动，不断丰富大学生思想引导的工作载体。结合《徐州共青团86年大事记》、《2008－2010徐州共青团年鉴》的顺利编印，加强共青团的历史文化阵地建设。强化青少年思想道德建设。以建党九十周年、“五四”运动九十二周年、少先队建队六十二周年等重大纪念日为契机，在全市广泛开展了“迈入青春门，走好成人路”、“红领巾教育月”、“我的青春别样红”、“学党史、知党情、跟党走”等系列主题活动，参与的青少年近30万人次，评选出徐州市“四好少年”2374名，有效地增强了广大青少年对党和社会主义祖国的朴素感情。以青少年宫机器人和科普知识培训为依托，全年累计完成科普知识培训7000人次，培养了广大青少年崇尚科学、敢于创新的思想品质。青少年宫机器人俱乐部荣获亚太地区青少年机器人大赛4银1铜和团体一等奖，并获得了第十三届国际机器人奥林匹克中国区竞赛6金6银奖的好成绩。进一步做大青年志愿者服务工作品牌。一是坚持服务中心，服务大局，精心组织广大青年志愿者投身到全国文明城市创建、第十四届投资洽谈会暨第五届汉文化旅游节等重大活动中去，积极动员200余名志愿者开展“暖在旅途”春运志愿服务活动。二是组织动员青年志愿者为全市端午节龙舟赛、迎青奥长跑等活动提供志愿服务，开展文明礼仪宣传活动，弘扬中华传统文化的传承和传统美德。三是组织青年志愿者服务队与重点社区进行结对，以进城务工子女“周末课堂”为阵地，向农民工子女传递爱心、提供救助，2011年新成立“周末课堂”10家，服务农民工子女1万余人次。

【青少年权益维护】 着力做好预防青少年违法犯罪工作。一是召开全市预防青少年违法犯罪暨“未成年人零犯罪社区（村）”创建工作推进会，新建未成年人零犯罪社区（村）621家。二是市、县两级联动，开展“共青团与人大代表、政协委员面对面”活动10余次，并联合省、市人大开展《未成年人保护法》专题视察活动，推动落实政协提案4件，人大建议2件。三是充分发挥“5461”青少年成长服务中心和12355青少年维权热线作用，组织各级共青团、青年志愿者组织与121所进城务工人员子女学校进行结对，覆盖人数近2万人，并在14个社区实施了“警青共建”。四是开展了“七彩阳光”关爱服刑在教人员未成年子女系列活动。联合阳光教育集团举办“快乐成长”公益夏令营，40名服刑在教人员子女参与活动；联合教育部门，帮助4名已辍学的服刑在教人员学龄期子女重返校园；联合人保、就业培训中心等部门，为5名有需求的服刑在教人员子女提供就业见习岗位和培训学习机会。2011年，全市经法院判决的青少年犯罪人数2069人，较去年同期减少141人，占比下降3.86个百分点；未成年人犯罪人数564人，较去年同期减少77人，占比下降1.60个百分点。着力提升共青团的公益形象。召开徐州市"希望工程-圆梦行动"专题会议,多渠道筹措爱心捐助,全年筹集资金302万元,帮助692名贫困学子圆梦大学。举办了"2011携手共进·圆梦大学"希望工程电视直播晚会,全年累计报道"希望工程-圆梦行动"30余次,捐建"邮储银行希望班"1所,向贵州、广西、云南等干旱地区青少年捐赠新华字典1万余册,向西藏昌都地区青少年捐书2000余册。积极引导全市1000余家"青年文明号"开展迎新年真情助困送温暖活动,为农民工及其子女捐赠近20万元的现金和物资。

(团市委)

·妇女联合会·

【概况】 一是组织妇女参与社会管理创新工作全省领先。推进"妇女儿童之家"建设,在村(社区)全部挂牌成立"妇女儿童之家"的基础上,创建省、市级示范"妇女儿童之家"各11个,举办"妇女儿童之家"项目建设暨社会工作培训班和经验交流会。推进巾帼志愿者队伍建设,建立健全巾帼志愿者招募、登记、培训、工作等制度,形成科学长效的管理机制。全市村(社区)建立各类巾帼志愿者服务队625支,为居民提供服务和帮助17500人(次)。推进妇女议事制度建设,在全市普遍建立由村(社区)妇联干部牵头的妇女议事组织。全市累计召开妇女议事会3236次,为村民解决妇女土地权益、妇女文化娱乐场地、社区生活基础设施建设等问题1500多件。二是家事审判合议庭建设全省领先。联合市中院在贾汪区率先成立了全省第一家"家事审判合议庭",人民网、《人民法院报》、《江苏法制报》等多家媒体对其进行了报道,逐步将家事审判合议庭打造为综合性服务平台。合议庭自3月份揭牌成立以来,共审结各类家事纠纷案件458件,调撤率85.6%,妇联人民陪审员和特邀调解员参与了所有案件的审理,无一上诉、无一发改、无一信访。三是家政服务网络中心运行全省领先。市家政服务网络中心运营稳健,加盟的服务企业200余家,受理市民需求服务电话11300个,网站点击数达111970次。市家政服务网络中心为950名妇女提供服务技能培训,带动2800多名妇女在巾帼家政行业中就业。省商务厅专门在徐州召开了全省家政服务网络中心建设现场会。此项目被纳入全国妇联参与社会管理创新典型案例。

【巾帼创新创业】 全面实施"巾帼科技创新联盟行动"。新建20个"市女性科技创新研发基地",评选树立了一大批科技创新、岗位建功女性人才典型。建立健全了女性科技人才库、项目库、需求库、政策库,为女性科技对接、科技创新搭建平台。全面实施了"巾帼牵手创业就业援助行动"。通过200名女企业家导师队伍,完成了对2000名女大学生的引导培训。全市新建成33个带动200人以上就业的巾帼示范来料加工基地。新培养扶持妇女创业小老板116名、女大学生村官创业带头人36名,新增带动妇女就业5000人。争取省48万元农村妇女劳动力转移培训资金,培训农村妇女1600人。2011年全市累计发放妇女创业小额贷款4240万元,直接扶持780名城乡妇女自主创业,带动了5870名妇女就业。全面实施了"巾帼家庭服务创牌行动"。推广市妇女儿童活动中心开展"好苏嫂"家政服务连锁经营的经验,联合市人保局、市财政局等部门开展了全市家政服务技能大赛,推动"好苏嫂"家政服务在徐州确立品牌、快速发展。

【妇女儿童合法权益维护】 顺利通过省终期评估检查组对徐州市实施"十一五"妇女儿童发展规划的评估检查工作,在省妇儿工委重点监测的妇女儿童发展20项指标考核中,徐州市名列第6位。制定徐州市妇女和儿童发展两个规划,并由市政府正式颁布实施。与市中院联合推动市、县两级法院妇女维权合议庭实现全覆盖。并实现市及各县(市)妇联12338信访热线全覆盖,县(市)区、镇(街)、村(社区)妇女维权岗(站)建设全覆盖。充分发挥基层妇联调处网络和信息员、调解员、宣传员的作用,定期进村入户,开展问题家庭排查、重大隐患家庭防控、困难家庭帮扶等工作,排查出问题家庭1019户,结对帮扶困难家庭190户,矛盾纠纷调解成功率达86%。全市因婚姻家庭矛盾引发的命案总量和法院判决的犯罪成员中妇女的比例逐年下降。市妇联平安家庭创建工作经验在全市综治全委会上推广。

【妇女儿童成长关爱】 一是以"三八"妇女节、"六一"国际儿童节、建党90周年等为契机,开展形式多样、影响广泛的群众性庆祝和纪念活动。表彰了一批在全省乃至全国具有影响力的先进典型,并多渠道宣传,进一步扩大妇女先进典型的示范带动效应。深入开展了"低碳家庭"、"绿色家庭"等特色家庭创建活动,持续推进"创建和谐家庭读书活动"、"美德在农家"等活动,组织广大妇女和家庭积极参与全国文明城市创建,引导广大妇女和家庭崇尚和谐文明、健康向上的生活方式。二是关爱困境儿童,争取省儿基会资金救助170名孤儿,募集社会资金结对帮扶"春蕾1+1"特困儿童52名。资助大学生52名,发放助学金8.8万元。协助扬州商校招收春蕾中专生88名,免除三年学费等款项40多万元。协调江苏中烟工业公司在邳州车辐山中等专业学校设立了"中烟春蕾班"。我市"春蕾计划"捐资助学项目获得了市政府表彰的"最具影响力慈善项目"荣誉称号。协调友邦保险公司出资10万元在鼓楼星源小学建起了"爱心图书馆"。

(市妇联)

·红十字会·

【概况】 2011年,徐州市红十字会紧紧围绕"推动跨越发展,建设美好徐州"主题,以宣传贯彻《红十字会法》为重点,以弘扬"人道、博爱、奉献"的红十字精神为主线,以红十字巨大的无形资产为基础,抢抓以改善民生为重点的社会建设新机遇,锐意进取,迎难而上,扎实工作,推进红十字事业的发展。市红十字会工作获省红十字会年度目标管理考核优秀奖、荣获2011年度中国红十字会总会报刊宣传先进集体一等奖和省红十字会宣传工作贡献奖、被授予"徐州市无偿献血促进奖”。副会长侯秀田被评为江苏省文化科技卫生“三下乡”工作先进个人,副会长尹宝梅获首届江苏“优秀慈善工作者”称号。

【组织建设】 8月30日,市长张敬华主持召开市长办公会,专题调度市红十字会工作,对当前和下一步工作提出工作要求;市政府下发《关于加快推进红十字事业发展有关问题的会议纪要》。与市委组织部联合下发《关于加强红十字会基层组织建设的意见》。市级机关工委开展了在市级机关成立红十字会基层组织的工作调研,召开市级机关部门单位红十字会建会动员大会。全市10县(市)区红十字会依法全面理顺管理体制,基本做到机构、编制、人员、经费和办公条件“五到位”。依法按章召开市红十字会八届四次理事会,通过《市红十字会红十字事业“十二五”发展规划》。分类指导各县(市)区红十字会召开换届大会及在办事处、机关、企事业单位、学校和市级机关各部门等发展红十字基层组织,新发展基层组织52个、会员37179名,新建社区红十字服务站30家、博爱超市6家。

【宣传筹资】 在“世界红十字日”、“防灾减灾日”、“世界献血者日”、“世界急救日”、《中华人民共和国红十字会法》颁布18周年等重要纪念日,围绕红十字会宗旨和任务,不断加深市民对红十字精神的认知度。“5·8红十字博爱周”期间,全市各级红十字会开展义诊咨询、倡议无偿献血、捐髓,演示现场急救技能,共展示宣传展板290块、悬挂条幅93条、发放资料15790多份、接受咨询11200多人次、为市民义诊8670多人次、举办讲座50余次。组织开展的“红十字‘救’在身边”活动,分别在中央电视台新闻联播及各大主流媒体上报道。在全国各级各类报刊、网站、电视台、电台累计刊载、播报稿件360多篇次。与徐师大历史文化与旅游学院联合成立“徐州市红十字文化研究中心”,开辟红十字文化研究的新途径,促进了红十字精神和文化传播。与市委宣传部等6部门联合开展了“博爱在彭城,人道万人捐”活动,全市各级红十字会共募集人道救助款物624.57万元,进一步壮大红十字会救助实力。

【救助工作】 通过组织“博爱送万家”、参与“三下乡”等活动,开展走访慰问贫困孤残儿童和贫困老党员活动。全市共拨发救助款物204.6万元,使8313户困难家庭、2.8万余人次受益。为18名白血病患儿争取到中国红基会“小天使基金”救助款54万元;救助白血病和尿毒症等大病患者93名,发放救助金35.9万元;实施“爱心工程”救助项目,年内共救治先心患儿90名,救助资金27万元;助医244人,发放救助金82.56万元。资助贫困大中小学生663名,发放救助金45.71万元;资助铜山县单集镇孤儿20名,发放救助金4.62万元;在“全国助残日”和“6·1”儿童节,走访慰问市福利院、特教中心、培智学校,为残疾孩子送去价值13万元的生活用品;捐资3万元援建贾汪区瓦房村卫生室。

【救护工作】 市红十字救护培训中心被批准为首批“徐州市应急管理宣教培训基地”。规范救护培训工作,建立健全救护培训教学基地,形成长效稳定的救护培训运行管理机制。选派64名人员参加省红十字会救护师资培训,其中25人取得救护师资培训合格证。年内共有11.99万人接受初级救护培训并取得合格证,普及救护知识4万余人次。

【志愿服务】 经市编办批准成立“造血干细胞捐献服务工作站”。完成造血干细胞血样采集1301人份,刘国防、周保国、许洪、赵士和等4人成功实施捐献。积极开展遗体(器官)捐献工作,接受报名登记24人,实施眼角膜捐献2人,遗体捐献2人。徐州市被省红十字会、省卫生厅批准在苏北率先开展人体器官捐献试点工作。积极参与创建全国文明城市工作,开展形式多样的志愿服务活动。组织“防艾·责无旁贷”项目参加江苏省“博爱青春”暑期志愿服务项目并获优秀。成立应急医疗救援、捐献造血干细胞、无偿献血、爱心服务等志愿者队伍9支,招募志愿者10955人。

【红十字青少年】 积极开展创建全国红十字会模范校工作,新沂市一中被中国红十字会总会命名为“全国红十字模范学校”。举办全市红十字运动知识和救护技能大赛,组织11支青少年代表队参赛。为徐师大历史文化与旅游学院师生举办应急救护常识讲座,使广大青少年深入学习红十字运动和初级救护基本知识,领会红十字深刻内涵和红十字的博大精深。

【艾滋病预防】 举办预防艾滋病青年同伴教育主持人培训班,为驻徐高校培养大学生骨干。在“世界艾滋病日”,全市各级红十字会以“行动起来,向‘零’艾滋迈进”为主题,开展形式多样的预防艾滋病宣教活动。共悬挂横幅23条、摆放宣传展板87块、发放宣传资料21000余份(册)、接受群众咨询15200余人次,在全社会形成“预防艾滋病、关爱艾滋病人”的良好氛围。

(陈正孙)

政法

综述

【概况】 2011年,市委政法委牢固树立"以大发展促进大稳定、以大稳定保障大发展"的理念,大力实施稳定源头大治理、社会治安大防控、矛盾纠纷大调解、基层基础大建设,政法综治工作取得了显著成效。

【平安徐州建设】 大巡防工作经验在全省推广,打黑除恶工作连续5年走在全省前列,"清网行动"逃犯追回数居全省首位。全市刑事案件主要指标逐年下降,特别是杀人案件连续6年下降60%,降至历史最低点。按照"不争地、不争利、不争气"的原则,妥善处置微山湖接边地区边界纠纷,连续9年保持省际边界和谐稳定,成为全国维护边界稳定工作的样板。市政法委与各县(市)区及市综治成员单位主要领导签订责任状,出台《2011年度全市综治和平安建设工作考评办法》,坚持季度考核、典型引领、检查通报。

【法治徐州建设】 全面启动法治城市创建工作,2011年全市法治建设工作做法11次被省委和省委政法委领导批示肯定,2次加编者按转发。会同市委组织部,将领导干部学法用法守法情况与述职述廉同步进行。开展领导干部谈法治征文活动,10名市县领导谈法治文章被《新华日报》、《江苏法制报》等刊载。出台《关于开展社会主义法治文化建设年的实施意见》,开展首批全市法治文化示范点命名活动,各地建成一批主题鲜明的法治文化阵地。把行政诉讼案件作为法治建设的"晴雨表",召开依法行政工作联席会议,对行政诉讼情况坚持"一对一"通报。全市行政诉讼案件总量同比下降46.5%,败诉率下降4.9个百分点。

【执法监督】 在市县两级政法部门建立刑事执法情况沟通例会、政法干警职务犯罪通报例会、律师执业情况反馈例会、案件评查和政法干警岗位交流见习等"五项制度"。全年组织5次刑事执法情况沟通例会,研究针对性工作措施。组织公安、检察、法院4名干警进行4个月的岗位交流。在全省率先制定《案件评查工作实施意见》和《考核办法》,市委政法委每半年、市政法各部门和县级政法委每季度组织一次案件评查,促进政法干警执法质量不断提高。全年涉法涉诉信访总量同比下降30%。

【基层基础法治建设】 建设镇(街道)政法综治信息平台。建设以矛盾纠纷排查、维稳信息收集、重点人口管理和平安联动网指挥管理为一体的基层政法综治工作平台,不断充实完善功能模块、网络拓扑结构等。10月底,第一批镇(街道)政法综治信息平台初步建成。11月中旬,共有32个镇(街道)通过考核验收。实施技防建设提档升级工程。制定《实施意见》和《考核办法》,推广“企业建设、政府租赁、公安管理、统一维护”的建设模式,对规划、建设、管理、维护和保障环节提出明确要求。截至10月底,全市共投入资金1.7亿元,布建9050个监控探头,初步建成覆盖156个镇(街道)的新一代技防监控体系。开展示范平安村(社区)创建工作。选定基础较好的村(社区),健全组织体系、提升装备水平、完善运作机制,全力开展示范创建。在11月中旬综治办组织的考核中,共有326个村(社区)通过验收。

【政法队伍建设】 市政法委与市委组织部共同推进政法干警执法业绩档案,做到与年度考核、评先评优、晋职晋级挂钩,与岗位交流相结合。注重基层政法队伍的业务培训、表彰奖励和典型选树。连续第四年对镇(街道)政法委员进行集中培训。在每年全市政法工作会议上,分别对全市政法标兵单位、政法杰出卫士、维稳先进工作者和基层“六十佳”进行表彰。全市政法干警违法违纪人数同比下降33.3%。

(李海波　张可越)

公　安

【概况】 2011年,全市公安机关以构建和谐稳定示范区为动力,以做好建党九十周年安保工作为主线,着力建设更高水平的平安徐州,为全市经济社会又好又快发展创造了和谐稳定的社会环境。全市社会治安保持良好的平稳态势,命案破案率再创新高,打黑除恶、清网行动等工作走在全省前列。全局共有7个集体荣立二等功,97个集体荣立三等功;1人荣立一等功,6人荣立二等功,189人荣立三等功;网警支队政委李晴当选第四届“我最喜爱的人民警察”,被公安部、人事部授予“一级英模”荣誉称号。

【社会矛盾排查整治】 全市各级公安机关始终坚持把履行第一责任放在首位,认真做好建党九十周年安全保卫工作。制定《关于进一步加强“公调对接”工作的实施意见》,进一步明确派出所和人民调解室建设标准和工作流程,全市建成派出所调解室221个,警务室调解室126个,配备调解员624名,共排查调解化解各类矛盾纠纷2万件,有效预防了一大批案件的发生。深入推进社会稳定风险评估工作,制定《徐州市社会稳定风险评估工作流程》、《徐州市社会稳定风险评估工作考核办法》等规范性文件,建立稳评工作专家库,2011年共完成风险评估项目832个,拓展了社会稳定风险评估的覆盖面。牵头组织综治、民政、财政、卫生、残联等部门,开展全市肇事肇祸精神病人大排查,分别落实管控措施。做好观音机场、京沪高铁徐州站区和新城区的治安管理工作,市局专门成立了观音机场分局、高铁站派出所和大龙湖派出所,为全市重大交通基础设施的正常运行和新城区发展创造了良好的社会环境。

【打击犯罪】 按照打合成战、科技战、信息战、证据战的要求,整合专业力量,创新侦查破案工作机制,成功破获了一大批大要恶性案件。深入开展打黑除恶、社会治安“春季攻势”暨涉车犯罪专项治理、网上追逃专项督察“清网行动”、命案积案攻坚竞赛、打击拐骗操纵未成年人违法犯罪等专项行动,始终保持了严打高压态势,有力地维护了社会治安稳定。

【“大巡防”体系建设】 深化具有徐州特色的大巡防体系建设,大力实施社区防控、街面巡防等“五防联动”,整合巡逻车等群防群治资源,构建了更加严密、全时空、一体化的治安巡防网络,完善了一级接处警、等级化巡防、扁平化指挥等机制,切实提高了社会面动态控制能力。连续3年将社会治安监控系统建设列为政府为民办实事工程,建成了纵向贯通、横向互联的工作平台。

【社会管理创新】 出台《徐州市公安局关于创新社会管理加强群众工作的实施意见》,明确6大项20条工作措施,提高了公安机关社会管理科学化水平。一是创新公安应急管理工作。实施110警务改革创新工程,开展“110进社区”活动,建立警情分类处理等工作机制,规范了接处警行为。110报警台全年共接各类报警求助电话98万余起,出动处警车辆36万台次,警力72万人次,现场抓获违法犯罪人员140余名,帮助寻找走失儿童和老人120人,为群众排忧解难6540多人次。投入5000万元完成省级区域性灭火救援应急中心一期工程,提高了火灾应急抢险救援能力。二是创新管理服务方式。深入推进实有人口服务和管理工作,修订全市办理户口工作细则,进一步放宽城市户口迁移条件,办理引进各类人才1.1万人。在全国地级市率先设立机场台湾居民口岸签注点,接待航班86班次,办理口岸签注389人次,答复台胞咨询420余次。主动融入全国文明城市、森林城市等创建工作大局,集中开展整治生活噪音、不文明养犬行为等专项活动,共办理犬证9667只,收容违规饲养犬只、流浪犬、无主犬3475只。三是创新安全监管模式。精心组织文明交通行动计划、文明交通示范公路、护学行动等创建活动,开展接送学生车辆交通安全大检查、“春雷行动”、“三站一中心”交通秩序综合整治、“三超一疲劳”等专项整治行动,率先在市区主要路口安装“即时直播违法车辆”显示屏,全市共查处酒后驾驶1603起,整治交通拥堵点32处,建成交巡警“护学岗”92个,曝光不文明驾驶行为210起。持续开展“三合一”建筑消防安全专项整治,强力推进“清剿火患”战役和社会消防“防火墙”工程建设,共督促整改火灾隐患6.78万处,下发责令改正通知书4.49万份,办理行政处罚案件7052件。四是创新联系群众方式。主动适应网络时代群众工作的规律特点,在互联网市公安局主页上开通了治安、车管、出入境和消防“四大网上服务窗口”,梳理推出22项网上办事服务项目,为群众生活提供了更加快捷、优质、高效服务。积极拓宽联系群众的渠道,组织各级公安机关的领导走进政风行风热线为群众答疑解惑,完成市政府“12345”政府服务热线的二级平台建设,副市长、公安局长顾林岗先后做客中国淮海网和中国徐州网,就群众关心的热点难点问题接受网民在线访谈。省公安厅在徐州召开全省公安机关政风行风迎评工作会议,肯定了徐州市局的做法。

【警务建设】 一是提高公安机关党建工作水平。举办纪念建党90周年"红歌畅想"歌咏比赛,结合创先争优活动,在全市公安机关深入开展"在警营建功,为党旗添彩"、"发扬传统、坚定信念、坚持执法为民、树立良好警风"主题教育实践活动。在省厅举办的"全省公安机关发扬传统、坚定信念、坚持执法为民、树立良好警风"主题教育实践活动演讲比赛中,获得二等奖。二是扎实推进执法规范化建设。推进派出所亲民便民执法服务软环境建设试点工作,制定《徐州市公安派出所亲民便民执法服务软环境建设工作标准》,总结出多种常见疑难复杂警情处置说理工作法,在网上考场设立考试栏目,完成4批基本级执法资格考试任务。年内,市公安局在全市43家具有行政执法职能的市直部门依法行政考核中位列第一名,连续8年被市政府评为依法行政优秀单位。三是精心开展"大走访"开门评警活动。深入开展"大走访"开门评警活动,主动倾听呼声,自觉接受评议,全力整改问题,构建更加和谐的警民关系。全年,全市共出动警力1.2万人次,走访企事业单位4545个,走访群众家庭2.2万户,为困难群众捐赠慰问金47.9万元,生活资料8319件,出台服务企业政策66项,为企业提供咨询服务2092次;收集各类意见建议2786条,整改和解决2650条,整改率达95.12%。在全市范围内集中一个月的时间,全面组织开展一次以入户调查走访为主要内容的提升公众安全感活动,通过社会面巡防、社区巡逻、警民恳谈、发放警民联系卡、致辖区群众一封信、警务微博、红袖标工程、小喇叭宣传、悬挂横幅等多种方式,增强了人民群众对平安创建的认同感和满意率。四是组织实施"大教育、大培训"。坚持贴近实战、按需施训的原则,推进全警"大教育、大培训"。年内,开展了执法暨实战大培训活动,组织警务实战技能、执法技能和信息化应用技能培训班68期7855人次,先后举办新民警、军转干部初任培训2期143人,警衔晋升司晋督培训班2期352人、司晋司培训班7期1205人。推进市级人民警察训练基地建设,全面改造了教学楼、训练场地、宿舍、食堂等基础设施,新建成一座能同时容纳100人培训的电教中心,为开展各类培训提供了良好的条件和环境。 (李　锐)

·消防·

【概况】 全市消防部队深入开展火灾隐患清查整治和打造现代化公安消防铁军活动,经受住了消防安保任务和抢险救援工作的双重考验,抓重点、攻难点、创亮点,圆满完成各项工作任务,基本保持社会火灾形势和部队内部安全"双稳定",实现连续24年未发生特大火灾、连续10年未发生重大火灾的佳绩。年内,支队被中央文明委授予"全国文明单位",被市委、市政府评为"政法标兵单位"、"安全生产优秀单位"和"应急管理工作先进单位"。

【公共消防基础设施建设】 认真编制《徐州市"十二五"消防发展规划》,提请市政府批准下发《徐州市城乡消防规划2011年度实施计划》。斥资7150万元、占地104亩的省级区域性灭火救援应急中心一期工程投入使用;贾汪、沛县、睢宁、邳州4个化工园区消防站顺利通过省政府验收;丰县、新沂化工园区消防站已进驻执勤;翠屏山、铜山区长安路消防站进入室内装修和营区绿化阶段。全市新建市政消火栓682个、维修消火栓220个;投资1200万元,购置消防车9辆及器材装备85种8000件(套)。

【火灾隐患整治】 全市划分为11个战区、162个责任区和1221个网格,发动全警开展"清剿火患"战役,以"减少存量、不增新量"为目标,先后部署开展高层公共建筑"打违除患"、"三合一"建筑消防安全整治、"闪电"行动等7大专项整治活动,累计检查社会单位9.9万个次,督促整改火灾隐患21万处,提请政府挂牌督办重大火灾隐患174家,各项数据同比大幅度提升。

【灭火救援】 抓好铁军中队创建工作,确定特勤一中队为全省试点单位,矿山路、杨山路2个中队为支队试点单位,投入170万元新增器材装备,建设攻坚组训练设施;采取基地训练的方法,分批组织16个基层中队73名攻坚组队员和任职不满两年的基层中队干部脱产集训;部署开展春季消防业务竞赛、打造现代化公安消防铁军比武竞赛等活动,成功承办中共徐州市委常委议军议警会暨领导干部"国防日"活动。完成一、二级消防安全重点单位灭火救援预案的修订,累计开展支队级联合演练8次,中队级演练840次。2011年,全市消防部队共接警出动3000次,成功处置"2·8"徐州绿能高科燃气泄漏等各类火灾760起,参加抢险救援和社会救助2400次,抢救、疏散被困人员1200人,保护财产价值2亿元。

【社会化消防宣传】 启动"消防安全教育示范学校"创建暨"教育一个学生,带动一个家庭"系列活动,支队被评为"全省消防安全教育示范学校创建活动先进单位”,3所学校被命名为“全国消防安全教育示范学校”,9所学校被命名为“全省消防安全教育示范学校”。率先开通消防手机报,结合“舞动乡村”活动等时机,实施“入户宣传”工程,开创消防宣传新局面。

【和谐警民关系】 部署开展“大走访”开门评警活动,部队各级共投入警力884人次,走访辖区重点单位412个、执法处罚对象245个、社区群众39户,实现致灾因素、火灾事故、群众投诉“三个减少”,执法形象、服务水平、群众满意度“三个提升”。发扬拥政爱民优良传统,大力开展扶贫济困和文明创建活动,累计捐款16.3万元,捐物760件。在“八一”前夕支队开展的无记名函询活动中,受访的1102名人大代表、政协委员、市纪委委员和2323家消防重点单位、服务对象综合满意率达95.57%。

【火灾情况分析】 2011年,全市[含五县(市)]共发生火灾763起,死9人,无人员受伤,直接财产损失387.3万元,与上年相比,除死人数上升28.57%外,火灾起数、损失数分别下降10.86%和13.73%。全市消防部队共接警出动3024起,出动消防车6720台次、消防官兵35219人次,其中火灾出动774起(其中包含增援11起),参加抢险救援597起,重大活动执勤11次,社会救助104次,其他出动1538起,救出人员374人,疏散人员854人,抢救财产价值8756万元。

一、从火灾发生的区域看,市区火灾起数多、损失大。年内,市区共发生火灾588起,死8人,直接财产损失227.76万元,分别占火灾总数的77.06%、88.89%和58.81%;五县(市)共发生火灾175起,死1人,直接财产损失159.54万元,分别占火灾总数的22.94%、11.11%和41.29%。

二、从火灾发生的场所看,城乡居民住宅火灾有所下降。全年共发生此类火灾199起,死4人,直接财产损失29.62万元,分别占火灾总数的26.08%、44.44%和7.65%,与上年相比,火灾起数下降16.03%,死人数持平,损失数上升4.66%。

三、从火灾发生的原因看,电气、用火不慎等人为因素仍是引发火灾的主要原因。电气引起的火灾最多,共发生232起,直接财产损失107.33万元,分别占火灾总数的30.41%和27.71%。7月11日21时29分,徐州市云龙区淮海食品城盛裕市场门口一车牌号为苏CU2261的货车发生火灾,过火面积10平方米,烧毁汽车驾驶室及堆放的货物等物品,直接财产损失25.58万元。用火不慎引起的火灾130起,直接财产损失12.06万元,分别占火灾总数的17.04%和3.11%。1月31日12时26分,新沂市港头镇史圩村前湖一队的房树彬养牛场发生火灾,过火面积180平方米,烧毁牛棚、饲料等物品,直接财产损失3.6万元。遗留火种引起的火灾68起,直接财产损失37.78万元。4月20日21时18分,徐州城置有限公司工地发生火灾,过火面积100平方米,烧毁建筑材料、挖掘机等物,直接财产损失25万元;生产作业类、吸烟引发的火灾各61起;玩火引发的火灾34起,直接财产损失1.51万元。放火引起的火灾29起,直接财产损失7.28万元。9月3日22时31分,徐州市云龙区黄山新村B区8号楼1单元601室发生火灾,过火面积5平方米,造成1人死亡,烧毁床、被褥等物品,直接财产损失1000元;自燃引起的火灾11起,直接财产损失22.11万元;静电引起的火灾3起,直接财产损失16.15万元。其他原因引起的火灾134起,直接财产损失146.28万元。9月5日4时39分,徐州市经济开发区秦洪桥往北200米腾翔轮胎翻新厂发生火灾,过火面积300平方米,烧毁前后院轮胎、家具等,死亡5人,直接财产损失46.83万元。

四、从火灾发生的行业类别看,工业系统、社会服务业火灾均有所下降。2011年,农林牧渔业共发生火灾66起,直接财产损失17.29万元,分别占行业火灾总数的25%和13.21%,与上年相比,火灾起数持平,损失数上升32.59%;工业系统共发生火灾69起,直接财产损失41.21万元,分别占行业火灾总数的26.14%和31.48%,与上年相比,火灾起数、损失数分别下降36.11%和21.97%;社会服务业共发生火灾129起,直接财产损失72.4万元,分别占行业火灾总数的48.86%和55.31%,与上年相比,火灾起数、损失数分别下降7.19%和60.11%。

五、从火灾发生企业的经济类型看,私有经济企业、国有经济企业火灾均有所下降。2011年,全市私有经济企业共发生火灾184起,直接财产损失90.93万元,分别占火灾总数的24.12%和23.48%,与上年相比,火灾起数、损失数分别下降12.38%和45.48%;国有经济企业发生火灾11起,直接财产损失1.59万元,分别占火灾总数的1.44%和0.41%,与上年相比,火灾起数、损失数分别下降26.67%和47.7%。

(陈利华)

检　察

【概况】 2011年,全市检察机关紧紧围绕省委、市委确定的振兴徐州老工业基地、推进“三重一大”、建设特大型区域性中心城市等战略部署,履行法律监督职能,参与加强和创新社会管理,全面加强检察队伍建设,实现“苏北领先、全省第一方阵”的年度工作目标。制定《关于发挥检察职能作用,服务和保障加快转变经济发展方式的若干意见》,在执法办案的同时,紧紧围绕市委推进“三重一大”的决策部署,组织开展职务犯罪专项预防活动,成立了两级院检察长组成的预防职务犯罪法制宣讲团,在大型国有企业设立检察服务工作站,积极主动服务全市经济社会发展大局。在全省检察机关“民事行政检察业务技能”和“青年公诉人辩论”两项重大业务比赛中,徐州市代表队分别取得团体第一和第二的好成绩。在省检察院的年度考评中,徐州市检察院被评为“2011年度检察工作优秀奖”。云龙区、睢宁县等检察院先后被评为全国、全省先进基层检察院,市院公诉处处长鲍书华被授予全国政法系统优秀共产党员称号。

【刑事犯罪检察】 坚持严格依法履行维护稳定的第一责任,

全市共受理公安机关提请批捕各类犯罪嫌疑人6584人,经审查批准逮捕4850人。受理移送审查起诉各类刑事案件6345件10450人,经审查提起公诉5126件7914人。贯彻宽严相济刑事政策,对主观恶性不大、犯罪情节轻微、悔罪态度较好的,依法从宽处理,不批捕1727人,不起诉192人,努力减少社会对抗。

【惩治和预防职务犯罪】 全年立案侦查贪污贿赂犯罪案件139件174人,渎职侵权犯罪案件42件57人。通过办案,为国家挽回直接经济损失5203万元。围绕人民群众反映强烈的突出问题组织专项查案活动,立案查处园林系统贪污、贿赂案件25件30人,涉农职务犯罪案件38件54人,工程建设领域案件36件44人,拆迁领域职务犯罪案件9件11人。开展查办危害民生民利渎职侵权犯罪专项工作,依法查办行政执法人员渎职失职犯罪案件22件31人。结合办案开展"一案一建议、一案一预防"活动,先后开展预防调查51项,形成案件分析168篇,发出检察建议136件;完善行贿犯罪档案查询机制,共接受查询申请10857批次。

【刑事监督】 坚持专项监督与经常性监督相结合,进一步加大立案监督力度,对应立案而不立案的,监督立案90件;对不应立案而立案的,依法提出并纠正115件。强化侦查活动监督,对侦查工作中的违法情形提出纠正意见294件次;依法追加逮捕178人,追加起诉220人。

【审判监督】 加大抗诉力度,提高抗诉水平,共提出刑事抗诉28件,法院审结17件,采纳抗诉意见13件。依法履行民事行政检察职能,共提出抗诉57件,法院改判或发回重审9件,调解结案26件,再审检察建议被法院采纳58件。探索公益诉讼,督促、支持相关单位履行起诉义务,共督促、支持起诉300件,帮助挽回国有、集体经济损失1.9亿元。

【刑罚监督】 突出刑罚执行和羁押期限两个监督重点,加强对监狱、看守所提请减刑、假释、暂予监外执行等刑罚执行变更案件的检察监督,对1901件案件进行检察,提出纠正意见130件。配合有关部门加强社区矫正工作,实地考查1517人,针对少数监外执行人员存在违法违纪问题,建议执行机关收监执行19人。坚持严格执法和依法维护被监管人员合法权益,加大对监管单位执法情况的监督,查办监管人员职务犯罪案件1件1人;办理被监管人员及其亲属、法定代理人控告申诉95件,依法维护被监管人员的合法权益。

【检调对接】 以"案结、事了、人和"为目标,深化"检调对接"工作机制,依托社会大调解平台,邀请律师志愿者、人民监督员、特约检察员参与案件调解和监督,成功促成轻微刑事案件和解1248件,民事申诉案件息诉和解387件,化解涉检信访案件68件。

【社会风险研判】 结合执法办案,加强社会风险排查研判,向党委、政府报送风险研判报告63份,32份受到领导批示。2011年7月,对执法办案中发现的农村出卖亲生子女问题形成研判报告,得到省委常委、政法委书记李小敏的专门批示,促成省综治委、省法院、省检察院、省计生委等7部门出台了《关于预防和遏制农村地区出卖亲生子女问题的意见》,有效避免了此类社会隐患的积累和发酵。

【社会管理创新】 主动融入党委领导的社会管理大格局,依托检察职能助推社会管理创新,坚持把化解社会矛盾纠纷贯穿执法办案的始终,加强社会风险排查研判,深化检调对接工作机制,坚持释法说理,推行执法办案风险评估预警制度。2011年11月1日,最高检察院检察长曹建明到徐州市视察调研检察工作,充分肯定和高度评价了徐州市检察院的社会管理工作。制定《关于加强和改进检察机关群众工作的意见》,组织青年干警到基层一线、信访部门实践锻炼,提高群众工作能力。深入开展法律监督进社区、进农村、进企业、进学校活动,在社情较为复杂、司法诉求集中的基层乡镇、社区设立派驻检察室、检察工作站61个。创新服务工作平台,与新闻媒体、律师事务所联合在人口密度大、流动人口多的社区,定期开展"法律门诊"服务行动。加强刑事司法救助工作,依法对214名特困刑事被害人提供救助金45.95万元。

【宝马车辗轧致死儿童案】 2010年9月7日11时03分,被告人伍某驾驶苏CLH668号宝马X6越野车,在新沂市新安镇良辰花苑小区10号楼3单元门前道路上由东向西倒车时,因对车后路面状况疏于观察,将幼童李某(2007年4月23日生)撞倒、辗轧,后因判断失误向前提车时又一次辗轧李昌谦,其在下车查看时又因操作不当将档位挂入倒档使车辆后退,致该车左侧前后轮再次辗轧李昌谦,致李昌谦受伤,经医院抢救无效于当日死亡。2011年4月29日,由新沂市人民检察院提起公诉的宝马车辗轧致死儿童案公开开庭审理,被告人伍某以过失致人死亡罪被法院一审判处有期徒刑4年。

【人民监督员制度】 8月25日,徐州市人民监督员选任委员会第一次全体会议召开,审核确认89名市检察院人民监督员。自2004年10月1日市检察机关正式开展人民监督员

按照"建设标准化、管理制度化、审判便捷化、装备现代化、工作特色化"的总体要求，以创建"五星"人民法庭为载体，推进人民法庭工作进步。全市25个法庭认真履行审判职责，办结案件19863件，占基层法院案件总数的24.24%。

（刘明伟）

司 法

【概况】 2011年，全市司法行政机关以争当新一轮全国司法行政系统排头兵活动为总揽，以强化履职能力为主线，以推进社会矛盾纠纷化解、创新社会管理、公正廉洁执法为重点，以"清患"、"助推"、"清风"、"强基"四大行动为载体，务实开拓，创新发展，各项工作取得了长足进展，为营造和谐稳定的社会环境和公正高效的法治环境做出了积极的贡献。深入开展"清患行动"，加大全市社会矛盾纠纷"12348"服务建设，完善大调解工作机制，社会矛盾化解能力显著提升；扎实推进法制宣传教育，"六五"普法强势启动；深入推进"助推行动"，法律服务质量明显提升；法律援助机构规范化建设步伐加快，援助覆盖面不断扩大；社区矫正和安置帮教工作逐步规范；司法行政基层基础工作得到显著加强；加强信息和新闻宣传工作，两项工作均居于全省前列；推进法学会工作，深入开展法学理论研讨，出刊《徐州法学》4期，为法治徐州建设提供了新的研究成果；大力加强思想政治建设、队伍建设和党风廉政建设，队伍建设取得新成效。

【大调解工作】 创新维稳工作机制和载体，整合司法行政系统资源，全力推进"平安徐州"建设。深入开展"清患行动"。以提升矛盾纠纷调处率和成功率、压降民转刑命案发生率和万人诉讼率为目标，按照"做大量、拓宽面、提高质、形成网"的工作要求，参与社会稳定风险评估，推行黄、橙、红三级动态管理机制，健全完善矛盾纠纷分级预警报告制度，在全市推行网格化排查新模式，巩固了"普法先行、调解跟进、律师参与、公证介入、法援保障"的调解工作新格局。加强"12348"平台建设。将全市"12348"热线统一调整到社会矛盾纠纷调处服务中心，打造成为融矛盾纠纷接报、分流、指挥和法律咨询为一体的服务平台系统，做法被司法部向全国推广。市级"12348"服务平台开通至2011年底，共接线7600余次，分流调处矛盾纠纷950件，上报要情专报15期，其中4期得到了市委书记曹新平和政法委书记夏文达的批示。在互联网上开通12348微博，积极探索网上咨询和纠纷调解工作。完善大调解工作机制。不断拓展新型调解组织，推动行业性、区域性人民调解组织建设，不断填补传统的按行政区划设置调解组织所形成的工作"空白点"。全市共设立县、镇两级调处中心172个，村（社区）调解委员会2716个，各类行业性、专业性调解委员会110个，在基层法庭建立人民调解工作室35个，在公安派出所建成人民调解工作室181个，在各交巡警中队建立人民调解工作室15个。加强调解基础建设。采取分级培训方法，对全市7000余名调解员进行《人民调解法》和调解业务培训，参训人员达7000余人；邀请司法部调解处的领导，对全市253名人民调解骨干进行调解业务培训。扎实开展社会矛盾纠纷排查调处活动。坚持定期排查制度，围绕"三重一大"重点建设项目、化解涉校纠纷、服务城市拆迁，组织开展社会纠纷和治安混乱地区集中排查整治、涉校矛盾纠纷排查等活动，努力做到把矛盾消灭在基层。与济宁市司法局联合下发《关于做好接边地区社会矛盾纠纷源头预防工作的意见》，全面加强接边地区联防联调工作，微山湖接边地区连续9年未发生有影响的社会矛盾纠纷。全年全市各级调解组织共排查纠纷隐患46254件，受理纠纷54942件，调解成功54441件，同比增长40%。

【大普法教育】 启动"六五"普法规划。市委、市政府下发《关于在全市公民中开展法制宣传教育的第六个五年规划》，全力开展"'六五'普法伴我行"宣传月活动。推进法治文化建设。市委、市政府下发《关于加强社会主义法治文化建设的实施意见》，推进"社会主义法治文化建设年"活动，与市委宣传部等5部门联合开展"市级法治文化建设示范点"命名工作，切实加强法治文化建设，全市共建成法治文化广场53个，法治文化公园15个。巩固普法阵地建设。法制宣传专栏、普法长廊、法制宣传主题广场、法制宣传一条街等固定宣传阵地有了新的发展，发挥现代媒体优势，在全市17家平面媒体、150家网络媒体建立开办了180个不同种类的普法专栏（专版），扩大法制宣传的覆盖面。开展丰富多样的主题宣传活动。开展法律服务1+3普法工作法、农村春季大普法、"三八"妇女节、"3·15消费者权益保护日"、"禁毒集中宣传月"、"助残月"、"12·4"法制宣传日等主题宣传活动。深化"民主法治村（社区）"创建。围绕"法治徐州"建设，组织开展"民主法治村（社区）"创建活动，全市共有561个村（社区）通过了省、市级民主法治示范村（社区）审核验收。全年全市共举办法制培训680场次，发放各类普法资料90余万份，举办法律咨询1200场次，出刊法制黑板报、宣传栏4500期，开展"送法下乡"4200场次，举办法制文艺演出150场次。

【社区矫正工作】 开展"社区矫正规范化建设推进年"活动，全面推行"报到回执、集中衔接、当面交接、交付对接"等方法，认真做好审前调查评估工作，与法院、检察院、监狱联合实行假释听证制度，严格执行月度分析排查制度，全面开展风险评估工作，实施分级分类管理，扎实开展矫正教育工作。加快推进县（市）、区社区矫正管理教育服务中心建设，全市已建成9家县（市区）服务中心。全年共进行审前调查361次，对92名拟假释罪犯进行了假释前调查评估，对896名重点人员实行了重点管控，组织集中教育25000余人次，个别谈话教育14000余人次，组织公益劳动24000余人次，开展心理矫正服务2211人次，全年新接收3034人，解除矫正2722人，无一人重新犯罪。

【帮教安置工作】 抓好刑释解教人员的衔接管理工作，集中开展刑释解教人员摸底排查活动，建立健全刑释解教人员档案,建设刑释解教人员数据库,开展多种形式帮教活动。进一步健全刑释解教组织网络,全市共建立帮教安置工作站156个,帮教小组3621个,建立5000人的帮教安置工作志愿者队伍。扎实抓好过渡性安置基地规范化建设,全市共有过渡性安置基地146个,有效提升了安置能力。全年全市接收刑释解教人员3532人,帮教率达到100%,安置率达到99.15%,重新犯罪率控制在0.54%。

【法律助推行动】 制定下发《全市深入推进“双促双助”法律服务专项活动实施意见》和《全市深入推进“双促双助”法律服务专项活动考核办法》,开展以深化“双促双助”专项活动为主要内容的“助推行动”,拓展法律服务领域,提升法律服务水平。活动开展以来,全市各法律服务机构共走访企业1322家,制定服务企业转型升级办法、措施230条,担任企业法律顾问650家,向企业发送“联系卡”、“咨询函”4500个、为企业答疑、会诊8900人次,针对企业开展特色业务或定制业务200件,在龙头、骨干企业中建立企业法律服务中心126个,办理涉及企业转型升级法律事务54件,为企业挽回经济损失1.8亿元。

【律师管理】 开展全市律师行业整顿规范强公信活动,出台《徐州市司法局关于实行律师事务所和律师执业违规警示制度实施办法(试行)》、《徐州市律师执业“十项禁令”》等相关规定,组织全市律师执业纪律知识测试,开展评选全市“规范执业诚信服务模范律师事务所”活动,在律师党员中开展“创先争优”活动,深入推进律师党建工程。加强和规范律师工作宣传,鼓励和引导律师开展工作调研和理论研讨,强化对律师事务所和律师执业行为的监督和奖惩,建立律师投诉情况及查处结果通报制度。全年全市律师共担任法律顾问2791家,办理各类律师业务22400件,同比增长22.9%。

【公证管理】 通过加强公证信息平台建设、加强职业技能培训业务理论调研、开展日常业务监督、重点业务指导、常规警示教育、公证员协会换届选举等手段,进一步提高公证规范化建设水平。全市公证机构70%实现公证标识统一。全年全市公证机构共办理各类公证事项79841件,同比增长36.3%,避免或挽回经济损失20537万元。

【法律援助】 落实市政府法律援助为民办实事项目,开展法律援助“清风行动”,加大对弱势群体的法律救济力度,推行上门服务、方便弱势群体等便民服务活动,简化援助程序,实现“咨询零距离”、“受理零等待”。加大法律援助宣传力度,开设法律援助专栏,加强法律援助接待窗口建设。全年全市共立案办理法律援助案件9556件,办案量居全省第一,同比增长8.9%。

【基层法律服务】 开展基层法律服务市场整顿活动,做好基层法律服务工作改制遗留问题的处理工作。全市共有基层法律工作者530人,担任法律顾问1848家,业务收费448.7万元。

【司法鉴定】 加大司法鉴定管理力度,加强司法鉴定机构建设,开展司法鉴定机构窗口规范化建设。抓好队伍建设。全市共有司法鉴定所9家,从业鉴定人员64名,接受委托1628件,业务收费194万元,鉴定采信率达98%以上。

【国家司法考试】 做好网上报名、现场审核工作。共有1860名考生报名参加国家司法考试,250人通过考试,参考人数和通过人数均居全省第三。做好法律职业资格证书的年度备案及新执业人员的变更登记工作。

【司法所建设】 开展“强基行动”,大力加强基本业务信息库、基本工作机制、基本工作规范和基本工作手段等“四基”建设。深入推进司法所规范化建设,90%以上的司法所达到规范化建设标准,全市共有16名司法所长解决副科级职级待遇。

(祝德媛)

监狱管理

·徐州监狱·

【概况】 2011年,徐州监狱围绕“持续安全,提升水平,科学发展,全面领先”的“十二五”发展总定位,深入推进安防一体化、执法规范化、警务效能建设,监狱各项工作取得显著成效。连续23年实现无罪犯脱逃,连续17年实现监管安全“三无”目标。民警汪家杰被司法部授予“二级英模”称号、被评为“2011年度全国十大法治人物”。

【监管安全】 隐患排查整治保安全。年内共组织专项排查、检查60次,排查整治各类安全生产隐患140项;投入200万元整治安全隐患,在围墙上安装红外报警,配齐监控探头;全年信息化建设投入220万元。强化狱情排摸控制保安全。4月成立狱内侦查支队,建立民警狱情信息分析专家库,加强狱情主动掌控;立案查处狱内又犯罪案件2起,对3名犯罪人提起刑事诉讼。对顽危犯实施重点攻坚,年内成功转化各类顽固犯41名,转化率达78%以上;依据心理问题严重程度和危险程度进行分类危机干预,全年共甄别心理问题或精神异常罪犯15人次,成功进行心理危机干预30人次。强化现场管控保安全。强化对现场的直接管理,要害时段实行4名民警值班;实行现场走动式管理,坚持落实清查、搜身等制度,加强对二道门进出人员车辆的检查审批,提高了现场管控水平。强化应急处突能力保安全。加强应急指挥中心功能建设,健全与驻监武警、当地政府、周边单位相互协调的联动机制,推行“黄金5分钟”应急处突模式,每季度开展训练和演练,提高了应急处置能力。

【教育改造】 全面排查调处影响监狱安全稳定的矛盾纠纷

隐患，建立分管民警、监区、监狱三级调处网络，对监区难以解决的，由监狱组织专门力量进行挂牌督办；先后组织开展“孝悌明理”、“主题帮教日”、“反逃跑”等专题教育活动，刑释人员守法守规率达99.6%，法制、道德教育合格率达98%。制度化改造创特色。监狱设立“监管改造工作日”制度，出台“服刑指导、回归指导中心”规范化建设意见，设立入监和出监分监区。社会化改造创特色。建立法律、社会救济等援助通道；坚持与市劳动就业指导中心联系，向罪犯提供各类就业信息；与市司法局联合启动刑释人员帮教安置“一对一无缝衔接”工作模式，徐州市图书馆等单位向监区赠送图书1.2万册、总价值15万元；协调共青团徐州市委希望工程和“三报一网”助学体系开展“社会助学暨爱心帮扶行动”，先后解决100名罪犯子女的就学问题。

【公正文明执法】 坚持监管改造工作月度考核制度，细化、量化考核内容和标准，建立“犯人及亲属自助查询系统”；严格落实罪犯实物量标准，做好卫生防疫工作；设立举报箱，聘请兼职执法监督员；年内共办理减刑假释案件756起，暂予监外执行案件23起，切实做到了严格依法办案；中央电视台对监狱巡回法庭和假释与社区矫正对接工作的报道，提高了监狱执法的公信力。做好卫生防疫工作，与地方卫生防疫部门和精神病院实现联动，定期对罪犯进行结核病普查，对特殊工种的罪犯进行体检，及时做好精神异常罪犯的筛查工作；对危重病犯实行动态监测，联合社会大型医院建立应急处置预案，畅通社会医疗救治“绿色通道”。

【基础设施建设】 完成十二监区、十三监区监房整修，五监区、生产中转库的修建，完成武警营房建设的规划设计等工作。发挥工会、共青团、老干部等群众性工作的良好效能。全年发放慰问抚恤金25万元；全年为全监民警职工兑现学习考察等各种补助、补贴180万元；投入24万元完成铜沛警苑的环境整治；投入800万元接通蒸汽管道，家属区的供暖工程按时完工并投入使用。组织全监民警职工健康体检，开展广大群众喜闻乐见的棋、牌、运动会等活动，改善食堂伙食，增强了队伍的向心力和凝聚力。 （唐晓华）

·彭城监狱·

【概况】 彭城监狱地处徐州市高铁商务核心区，占地面积304.81亩，北接徐州高铁站，南邻徐州市新城区。监狱在职民警259人，职工58人。2011年，彭城监狱围绕省监狱管理局对监狱的“十二五”发展定位和年初确定的各项目标任务，团结协作，各项工作平稳、健康、协调发展，被省局评为2011年度“先进单位”。

【监管安全】 牢固树立安全稳定首位意识，坚持“三个必须”安全工作原则（凡是有悖于安全的思想必须得以纠正，凡是有悖于安全的行为必须得以制止，凡是有悖于安全的责任必须得以追究），持续开展案例警示教育，进一步健全安全责任体系，推行“值班长”制，加强工作督察考核，安全制度措施有效落实。2011年5月21日，新监区的建成和搬迁，大大提升了监狱安全系数。扎实推进管理规范化建设年活动，严格执行民警直接管理、清监搜身等基本安全制度，加强大门管理、外出就医管理，强化定置管控和区域管控，抓好百日隐患排查整治，制定出台《彭城监狱监管工作业务指导手册》、《彭城监狱监内秩序管理规定》，监狱规范化管理水平显著提升。保持狱内高压态势，开展“百日安全竞赛”和“双月监管安全冲刺”活动，有效稳定了监内秩序。强化狱情分析研判，落实狱情分析制度，狱情分析“5W”模式被省局推广。加强狱内侦查工作，率先成立狱侦支队，充实狱侦人员，狱侦网络进一步健全。全面完成监控全覆盖、围墙周界微波报警、触发式网络报警、人工手动报警系统以及围墙内外侧隔离栏建设。试点建设视频智能分析监控系统，设置武警监门哨，建成应急指挥平台，监狱连续12年实现监管安全“四无”目标。加强生产现场安全管理，经常性地开展消防演练，健全危险源管控、隐患排查整改、考核奖励等安全生产管理制度体系，本质安全生产水平进一步提高，监狱连续9年未发生安全生产事故，连续7年被徐州市评为安全生产优秀单位。

【教育改造】 投资20余万元，为监区配齐集音响会议系统、多媒体教学系统、数字电视系统为一体的教育改造硬件设施，“5+1+1”课堂化教育扎实开展。全面开展认罪服法、遵规守纪教育，组织开展建党90周年专题教育和六五普法教育，深化“感恩”主题特色教育，罪犯遵纪守法意识和改造动力进一步增强。加强个别教育，罪犯守法守规率达99%。开展社会帮教工作，与徐州市、新沂市司法局开展了“一对一无缝衔接”安置帮教活动，引导和帮助刑释人员顺利回归社会。推进服刑指导中心、回归指导中心和心理健康指导中心规范化“三个中心”建设，开展心理健康教育，开展心理疏导，进行危机干预，消除了多名罪犯的心理危机问题。及时做好重点人员和出、入监评估，入监教育面和评估率、出监教育面和即将刑释罪犯回归社会危险性评估率达100%。

【公正文明执法】 贯彻宽严相济的刑事政策，坚持依法按程序办理减刑、假释、保外就医案件，依法办案率100%。加强执法规范化建设，抓好《监狱执法管理标准化工作手册》学习和使用，制定《彭城监狱民警现场直接管理一日工作规范》，坚持纪检监察部门对计分考核、行政奖励、法律奖励等重点执法领域和环节检查制度。联合法院、检察院举办公开审理减刑假释案件听证会，增强执法透明度。加强生活卫生管理，严格食品安全管理，加强卫生防疫工作，积极创建一级综合医院，邀请地方医疗机构开展结核病项目普查，罪犯食堂通过省局文明食堂验收。 （张 浩）

政府法制

【概况】 2011年，市政府法制办围绕市委市政府中心工作，以建设法治政府为目标，深入贯彻国务院《全面推进依法行政实施纲要》、《关于加强市县政府依法行政的决定》、《国务院关于加强法治政府建设的意见》和省政府《关于加快推进法治政府建设的意见》，有效开展政府法制工作，发挥了参谋、助手和法律顾问的作用。

【法治政府建设】 将依法行政工作纳入综合目标考核体系和绩效考核范畴，坚持开展年度依法行政考核，形成了全面考核、重点考核、专项考核相结合的工作机制，同时将考核结果与干部任免、奖励惩处挂钩。制定了依法行政工作考核标准，加大了对薄弱环节和问题整改情况的考核力度。做好全省2010年度依法行政考核迎检工作，实现了考核成绩的新突破，取得良好等次，完成了争先进位的工作目标。制定下发了《徐州市2011年推进依法行政工作要点》(徐政依法[2011]1号)，从提高行政决策水平、加快政府职能转变、改进行政执法方式、防范化解社会矛盾、保障法治政府建设等21个方面对全市依法行政工作提出了新的目标任务。建立行政诉讼败诉及行政负责人出庭应诉情况通报制度。完善“依法行政一家一档”工作制度。

【地方立法】 围绕全市“十二五”规划和市委市政府决策部署，完善与发展战略相协调的制度保障体系，有针对性的制定2011年度政府规章立法计划。2011年，共审核完成地方性法规4件、政府规章5件、规范性文件13件。围绕改善经济社会发展环境审核《徐州市航道管理条例(修订)》、《徐州市促进特色文化产业发展条例》、《关于进一步加强城中村房屋拆迁工作的意见》等；加强社会管理，审核《徐州市建筑装饰装修管理条例》、《徐州市电梯安全管理条例》等；塑造城市形象，加强城市建设和管理，审核《徐州市市区公共绿地养护管理办法(试行)》、《徐州市城市道路建设监管意见》、《徐州市无障碍设施管理办法》、《徐州市城市建设档案管理办法》、《徐州市城市地下管线管理办法》等法规。

【行政执法监督】 深化行政权力网上公开透明运行工作。举办法制监督员培训，共培训法制监督员100名。进一步清理行政权力事项，共审核行政权力4156项，涉及10万条信息。督促指导各单位重新制作行政权力内部和外部流程图，细化拆分行政处罚自由裁量行为。利用行政权力网上透明运行系统，做好重大行政行为的备案审查工作。加强行政执法人员和执法行为监督等工作，对不当或违法行使行政权力的行为，及时予以查处。组织开展行政执法案卷评查活动。对各地各有关部门的行政执法案卷进行抽查，共抽查32个市直行政执法部门和38个县(市)、区行政执法部门行政处罚案卷186卷、行政许可案卷152卷。规范行政执法文书制作与使用。对常用的21种行政许可文书和22种行政处罚文书的填写制作提出了明确要求。严格规范性文件监督管理，全年报备文件58件。

【行政复议】 2011年共受理行政复议申请98件，办结62件，其中维持44件，终止4件、驳回11件、撤销2件、责令履行职责1件。对于符合行政复议受案范围的案件，均予以立案审理，不符合受理条件但能通过补正处理的，则通过限期补正的方式予以审查受理。对于一些确实不符合受理条件，但执意申请复议的复议申请人，则将相关法律规定予以解释说明，引导其通过法定途径解决纠纷。积极探索解决纠纷的新途径、新方法，采取召开听证会、实地查看现场、征求相关部门意见、组织调解等多种形式审理案件。注重对下级机关以及对政府各部门行政复议工作指导，通过行政复议报表统计工作，及时总结行政复议案件发生的态势。在做好行政复议工作的同时，是法制办还代理市政府行政诉讼多件，承办了一批市政府交办的重大合同审查等法律事务，处理了一批信访复查、复核案件。

【法制宣传培训】 面向基层、服务实践，开展“送法下乡”活动。全年共举办领导干部专题法制讲座两次。2011年以《行政强制法》、《社会保险法》等新法介绍，《行政执法案卷制作》为主要培训内容对全市3000名行政执法人员进行了培训。政府法制信息工作获得国务院和省政府表彰。

(阮文敏)

仲 裁

【概况】 徐州仲裁委员会是根据《中华人民共和国仲裁法》设立的中国仲裁机构，依法受理境内外平等主体的公民、法人和其他组织之间发生的合同纠纷和其他财产权益纠纷，包括工商合同纠纷、技术(知识产权)合同纠纷、运输合同纠纷、房地产合同纠纷、建筑工程合同纠纷、涉外经济合同纠纷、金融(借贷、期货、保险、证券)合同纠纷、投资(项目)合同纠纷以及其他财产权益纠纷；依法以仲裁方式按照仲裁规则的规定合法、公正、合理、及时地解决纠纷，对案件的裁决或调解与人民法院判决一样具有法律效力，且一裁终局。2011年，徐州仲裁委员会以“服务市场经济，化解社会矛盾，创建和谐社会”为宗旨，妥善处理各类民商事经济纠纷。全年共受理各类经济纠纷案件466件，涉案争议标的总额2.7亿元，结案236件，占受案总数50.6%(尚未结案的均在审限内)。

【仲裁宣传】 仲裁发展中最突出的问题仍然是先进的仲裁制度与落后的社会仲裁意识之间的矛盾，强化宣传，让更多的人了解仲裁、接受仲裁、运用仲裁是首要任务。充分利用新闻媒体进行宣传，先后在报纸、电台、仲裁刊物上发表文章、报道以及仲裁介绍；走向社会散发宣传资料、开展仲裁咨询；充分利用和有关部门联合举办培训班的机会，讲授仲裁及相关法律知识；经常深入基层、深入企业，免费提供仲裁法律服务。特别是注重以规范企业的合同文本推行仲裁法律制度，深入到多家经济主管部门和重点行业、企业进行走访和宣传，以案释法，对症下药，并就本行业、本系统推行仲裁法律制度形成文件下发，明确制定出仲裁协议或仲裁条款。

(徐红权)

国 防

徐州军分区

·综 述·

【思想政治建设】 以建设学习型党组织为牵引深化理论武装。坚持把两级党委机关捆在一起抓,保持强烈的政治敏锐性和鉴别力。坚持把开展“加强党性修养、锤炼思想作风”教育整顿活动作为贯穿全年的重大政治任务,认真查找解决突出问题,促进良好思想作风的培育。深入持久培育当代革命军人核心价值观,广泛开展“坚定理想信念、忠实履行使命”主题教育活动,抓好形势政策和严守政治纪律教育,进一步坚定了官兵高举旗帜、听党指挥的理想信念。协调召开市委常委议军会,组织党管武装述职和“国防日”活动,研究出台民兵政治工作、国防教育和专武干部队伍建设3个文件。充分发挥桥梁纽带作用,协调驻徐部队抓好双拥共建工作,徐州市荣获双拥工作“七连冠”。注重用典型引领基层建设创新发展,贾汪区马庄村民兵营被评为“全国民兵工作先进单位”。

【军事斗争准备】 认真落实战备工作“六个机制”,进行日常战备工作规范化试点,促进战备秩序正规化。坚持军事训练中心地位不动摇,持续掀起大抓军事训练热潮,严格落实党委议训制度,认真组织首长机关“三实”训练考核、信息化知识网上考核、“四会”教练员集训,狠抓专武干部集训、应急分队成建制训练,完成省军区赋予的民兵通信分队跨区联训任务。铜山区双25高炮连成建制基地化训练,参加省军区实弹射击和战术考核,取得了命中拖靶和战术考核优胜成绩;组织民兵出色完成扫雪通路、抗旱保苗、维护社会稳定和神州8号飞船应急返回搜索备勤等任务,遂行多样化军事任务能力不断提升。认真抓好《国防动员法》学习贯彻,健全国防动员指挥机构,人防工程和国防交通建设取得新进展,徐州市被评为“全国先进人防城市”。深化民兵组织调整改革,新建、拓展企事业基层武装部9个,召开基层规范化建设现场会,巩固、推广基层规范化建设成果。加大廉洁征兵力度,完成士官直招和年度征兵任务。继续推进基层民兵组织规范化建设,加大专武干部培养使用力度,认真落实民兵政治教育,促进了各项工作在基层的落实。

【后勤装备保障】 以担负省军区赋予的“部财区管”改革试点任务为契机,修订完善《分区本级财务管理规定》和《人武部财经集中统管实施细则》,严格工程审计监督,提高经费使用效益。积极适应战备需求,推进分区系统战备基础设施建设。加强保障能力建设,节约型军营创建、被装油料供应保障、疾病预防和计划生育等工作开展扎实有效。推进分区系统基础设施建设,睢宁县、邳州市、新沂市人武部新指挥中心投入使用,丰县人武部新指挥中心和沛县人武部训练基地建设正在完善之中;分区指挥机关迁建工程已与市政府签订了兑换协议,完成了土地划拨、建设规划、用地手续审批,并进入上级审批程序。积极推进装备规范化建设,完善民兵装备仓库人防、技防配套设施,提高了科学管装和安全管装能力,在省军区统一部署下,完成报废弹药销毁和调运任务,民兵武器装备仓库连续30年安全无事故。

【安全管理】 扎实开展"学、训、整"活动,狠抓经常性管理工作,加强人车枪弹密管控,加大隐患排查整治力度,有效消除安全隐患,确保分区的安全稳定。进行正规化管理试点,推广开展"整顿办公场所、整治工作环境、整肃军容风纪"活动,推动分区系统"四个秩序"规范化建设。加强城市警备工作,出色完成了警备纠察任务。

【"四会"教练员集训】 2月28日~3月7日,徐州军分区利用8天时间,组织部分现役干部、专武干部和民兵干部骨干共90人,进行了"四会"教练员集训暨教学技能考核竞赛。集训以省军区关于加强"四会"教练员培养的指示精神为指导,以《陆军军事训练指导法》和《民兵军事训练指导法》为依据,按照"抓源头、强教头"的思路,突出训练筹划与准备、教学组织与实施等内容,拓展和深化"四会"内涵,强化"四会"教学实践运用,提高了参训人员的组训和教学水平,为年度军事训练全面展开奠定了基础。

【半年军事训练考核】 8月26日,组织全区现役干部进行了半年军事训练考核,参考率达91%。考核紧贴分区实际,紧盯薄弱环节,突出实践应用,以作战值班应急处置、公文应用写作、抗震救灾想定作业、体能等为重点内容。考核期间,对各单位训练管理工作进行了检查验收,重点检查了党委议训、组织领导、计划方案、登记统计等软件资料和《机关业务技能练习册》完成情况。

【防汛勘察】 6月11日~14日,分区会同市政府、市水利部门对徐州防汛重点"一区、二湖、三城、四河、五库"的27个险工险段进行了现地勘察,紧贴民兵遂行防汛抢险任务实际,围绕情况预想、组织指挥、兵力编成、任务部署和各种保障等,对现地进行了明确,结合现地勘察完成了分区总体方案、配套方案的拟制,合理调整了指挥编组,对全市险工险段、塘坝、河道、涵闸制险方案进行了明确细化。

【党委班子岗位练兵考核】 11月7日起,分区利用12天时间,组织分区首长机关全体干部和各人武部主官,围绕党委班子岗位练兵考核和司令部建设考评有关内容,先后组织了作战计算、作战标图、战斗构想、参谋作业系统操作授课辅导,参照省军区考核模式,进行了专题作业练习,促进了训练落实,为考核奠定了基础。

【"学、训、整"活动】 1月15日~2月25日,军分区采取统一计划、分级组织、集中考核的方法,深入开展"学、训、整"活动。2月25日,将全区干部战士职工非现役公勤人员集中到市民兵训练基地,先后进行了理论考核、军容风纪检查和队列会操。通过"学、训、整"活动,增强了条令法规意识,强化了纪律观念,锤炼了作风,正规了"四个秩序"。

【驾驶员和车管干部教育整顿】 4月20日~27日,组织全区驾驶员和车管(分管)干部在市民兵训练基地进行了封闭式集中教育整训。教育整训紧紧围绕省军区整训方案明确的具体内容,结合分区实际,按照动员教育、法规学习、专题授课、集中讨论、理论和技能考核、对照检查、制定整改措施七个步骤组织实施,重点突出查思想、查作风、查纪律、查管理、查技能五个主题。期间,邀请国家交通事故研究专家、徐州市交巡警支队事故大队领导围绕徐州地区道路、高速公路状况,全面分析道路事故形成的原因,结合实践传授如何预防交通事故的经验和体会等进行授课辅导;观看《漠视生命的代价》、《血与泪的警示》以及全国典型交通事故案例录像片,组织参观事故车辆实体;对8名军容风纪不合格的驾驶员、3台车容不整的车辆,责令限时整改;对5起军车违章违纪行为进行通报和处理。通过整训,强化了驾驶员和车管(分管)干部队伍的职责意识,增长了条令条例和法规知识,规范了车辆管理秩序,消除了一批隐患苗头,为预防车辆交通事故打下了坚实的基础。

【规范化办公现场观摩】 7月25日,在云龙区、睢宁县人武部组织了规范化办公现场观摩。分区首长、机关科(室)负责人、人武部(干休所)主官、分管领导共53人参加。观摩以条令条例和规章制度为依据,以整治办公场所、整改工作环境、整肃军容风纪等为主要内容,通过经验介绍、现场观摩、研讨交流等,进一步统一了思想、理清了思路、确立了标准,明确了要求。

【军容风纪专项整治】 8月中旬至10月中旬,以深化贯彻落实新的共同条令为主线,按照"突出重点、严格查纠、狠抓养成"的思路,在全区开展了军容风纪专项整治活动。重点查纠了军容风纪不严整、上下班秩序不正规、车辆管理不严格、军人证件管理不严格、8小以外和营区以外人员管控不得力、办公秩序不规范的问题。通过整治,集中解决了官兵条令意识淡化、着装仪容不整、行为举止不端、作风形象不好等问题,强化了官兵军人意识和纪律观念。

【安全教育整顿】 10月份,根据省军区统一部署,分区结合自身实际和工作特点,按照"集中抓教育、逐项查问题、扎实抓整改、整体上台阶"的思路,深入开展了安全教育整顿。期间,围绕省军区教育整顿方案中明确的九个方面49个具体问题和各单位查找的问题、隐患整改情况,司政后组成联合工作组,集中1周时间,进行了"拉网式"的安全检查。共抽问(考)干部76名、战士27名、驾驶员31名,调阅各类会议记录、登记统计63本,发放调查问卷219份,督促整治4类21个倾向性问题,消除31个各类隐患苗头,清理3户不符合条件的沿街店面租赁户,拆除除警备纠察车辆外擅自安装的27部车辆警报装置,责成2个问题整改不及时的单位写出检查报告,较好地保证了教育整顿效果。

【民兵组织整顿】 根据省军区《关于做好民兵预备役部队整组工作的通知》要求,结合地区实际,按照"紧贴任务、对口编配,建用管一致、编训配结合"的思路,采取全面调查摸底、科学制定方案、全程督导监控的方法,积极探索新形势下民兵整组的方法路子,扎实抓了民兵整组工作。认真抓了兵员编组,采取"纵向到底、横向到边"方式,抓好潜力调研、集训论证和布局调整,使编组质量逐步提高;抓了合成化民兵应急救援分队建设,调整编组兵员,补充装备器材,巩固建设成果;突出抓好民兵作战队伍建设,对民兵防空团重新进行充实调整,配套组建相应的指挥保障分队,明确了防空团机关的人员配备及编组方法;坚持整建结合,抓好典型宣传,贾汪区马庄村民兵营被表彰为"全国民兵工作先进单位"。

【《徐州市军事志》出版】 根据军事志编纂(续修)工作相关规定和军地专家评审组的终审意见,调整了《徐州市军事志》篇目结构;删去了超现地域的有关部分;增加了战备工作、古战场遗址简介等必需部分;突出了重要战事、军事人物等重点内容;重新编写了人民防空内容;征集翻拍了图片照片等资料。10月份,《徐州市军事志》内部版出版。全书分上、下两册,前冠"序、凡例、概述、大事记",中设13篇,后收"附录",约200余万字。

【民兵政治工作】 10月上旬,协调召开徐州市委常委议军会,研究出台了《关于贯彻<民兵政治工作规定>的措施》、《关于加强新形势下国防教育工作的实施意见》、《关于进一步加强基层人民武装工作和专职人民武装干部队伍建设的实施意见》,从制度机制上进一步规范了军地双向兼职、党委议军、述职考评、专武任免等工作,推进了党管武装工作的质量和层次,主要做法得到省军区首长的肯定并转发。把国防教育经费纳入市财政保障范围,实行国防教育办公室军地合署办公等制度,由市委宣传部增配一名副处级干部专门负责国防教育工作,接受军分区领导;党报党刊、电视台、广播电台每月无偿开办一期国防教育专栏,进一步理顺了关系,促进了全民国防教育落实。积极研究探索当前加强基层专武干部队伍建设现状,转发了铜山区人武部加强基层专武干部的做法。

【涉军维权】 认真贯彻军区宜春会议及省军地平安建设和涉军维权工作座谈会精神,8月份,协调徐州市中级人民法院在军分区成立了"拥军维权司法服务站",选聘驻徐部队29名人员担任庭外调解员,各县(市、区)普遍建立了"一组一站一庭"维权工作机构,为推进全市涉军维权工作开辟了"绿色通道",搭建了新平台。全年,协调解决军区交办的涉军维权纠纷和案件7起,解决25名干部子女就学、7名家属就业问题,做法被总政、军区转发。

【优秀典型宣传引导】 认真贯彻省军区基层建设座谈会精神,着力在抓基层打基础上下功夫,认真抓了"党管武装好书记"推荐表彰工作,市委曹书记被军区表彰为"党管武装好书记",邳州市委书记冯其谱、泉山区委书记张引被省表彰为"党管武装好书记";指导马庄村民兵营加强基础设施建设,马庄村民兵营被国家表彰为"全国基层民兵预备役工作先进单位"。总结挖掘了徐州市社会化拥军,沛县大屯煤电公司兴武强企一肩挑、建设民兵应急连,云龙区坚持"六个纳入"机制推动后备力量建设创新发展,贾汪区马庄民兵营打造特色文化、树立民兵品牌等先进群体,和市(县)党管武装好书记,邳州市曹迎军倪振娥夫妇致富不忘拥军,云龙区"老妈妈拥军服务队"等先进个人的事迹,在《解放军报》、《中国国防报》、《人民前线》等新闻媒体和总政、军区政工刊物上作了宣传报道,促进了基层民兵政治工作落实和创新发展。

(胡绍武)

【人事劳动社会化改革】 按照省军区的统一部署,积极推进第五批退休职工移交安置工作。组织开展了分区军队职工档案审定工作,对拟退休移交职工档案进行了整理装订,汇总上报了待移交人员花名册和移交安置审定表,接受了省军区工作组对驻徐部队第五批退休移交职工档案的审核。汇总上报了全区人事劳动实力,对分区职工社保、医保基数和住房公积金缴存情况进行了核查,并完成了年度职工工资晋级调整,养老保险、住房公积金划账和收缴工作。

【营区消防安全排查】 根据年初分区首长办公会精神,组织开展了"消防安全检查和消防安全知识讲座"专题活动,邀请徐州市消防支队防火专业人员利用视频会议系统来分区授课,分区机关、人武部、干休所、生活区物业及住户代表,150余人收听收看了讲座。会同军动、生活区物业对营房营院和重点目标进行了排查,对发现的问题及时进行了整改。同时编印了《防火安全知识手册》30余册下发各部门及各团单位,并组织了学习。活动结束后将开展情况书面报告了省军区。为进一步抓好营区消防安全工作落实,协调生活区物业公司及业主委员会,自筹资金在消防设施不完善的楼道内增配了消防器材,向广大住户发放防火常识宣传单200余张,营造良好地群防群护氛围。年底前,分区专题召开常委会,研究部署年度安全管理收尾工作。

【军人保障卡常态化运行推广】 2011年以来,先后圆满完成了分区军人保障卡启用、运行以及深化升级有关工作。成立了分区军人保障卡管理办公室,对分区本级和两个干休所军人保障卡管理设备及软件进行了安装调试。规范运行程序,较好地完成了分区军人保障卡发放登记和新增人员数据的采集、录入、上报，进一步规范家属、子女军人保障卡上报流程。根据省军区卡办下发的25种文档资料模板印制了本级保障卡业务登记表册，完善卡办软件资料归档管理。组织分区后勤财务、被装、营房、卫生及两个干休所卡办人员参加了“省军区军人保障卡深化应用教学法培训”会议，按照上级通知要求，顺利完成卡办及各业务系统深化应用升级有关工作，使分区军人保障卡工作全面实现深化应用常态化运行。

【“部财区管”试点】 从4月10日正式受领省军区“部财区管”改革试点任务至5月24日“部财区管”改革试点现场会圆满成功召开，前后53天的时间，分工作准备、动员部署、试点实施三个阶段，为全省军分区人武部系统探索科学管财的新模式、新机制，提供了示范引导。按照计划，抽调人员成立财务结算室、清理收缴了账目、规范运行操作流程、整理财务档案，完成了既定目标，达到了预期效果，促进了军分区人武部全面建设发展。不断摸索方法路子，解决了改革过程中遇到的新情况、新问题，为全面实行扫清障碍。6月15日的《人民前线报》发表题为《胸怀责任步子急》的文章，对军分区“部财区管”改革工作推行情况进行了专题报道。

【运输保障】 以车辆和驾驶员管理为重点，认真抓了年度审验和车辆号牌清查。根据年度审验工作安排，4月份，委托空军汽车团车辆检测站对全区55台车辆进行了上线检测和环保检测。通过检测，比较全面地掌握了全区车辆安全技术性能情况。6月份组织对全区正在使用的车辆号牌进行逐一检查核对。从检查情况看，各单位军车号牌使用、管理比较规范，没发现有随意更换车辆、更换军车号牌、出租出借地方政府、企事业单位等严重违纪现象，把军车号牌管理工作落到了实处。

【审计工作】 以提高经费使用效益为目标，狠抓了审计监督工作。根据中央军委《关于进一步加强军队审计工作的意见》，围绕加强党委管审、议审、对审计的组织领导作出的新规定及突出强调的审计结果运用要进入纪检监察制度、审计意见落实要进入考核评价体系、审计决定执行要进入事务公开范围的文件精神进行了认真学习，为全面建设现代后勤和逐步推开的“四分一全”监督模式在分区的落实打下了坚实基础。狠抓工程建设审计。协调省军区审计处对铜山民兵训练基地办公楼外立面工程进行了审计，委托徐州正邦工程造价咨询有限公司对结算室办公室整修、装备仓库及首长宿舍楼改造、人武部相关工程建设共计8项决算进行了审计，有效地节省了经费，提高了经费使用效益。

【军需保障】 会同地方公安、工商等职能部门联合抓了军服管理专项整治活动。2月份，组织召开了军服管理成员单位协调会，就如何抓好徐州市的军服管理工作积极献言献策，并印发座谈会简报。3月7日，与市公安局、工商局、文广部门、驻徐部队共同组织了“军服管理军地联合执法”行动，3月8日的《都市晨报》对整治行动进行了宣传报道。结合“3·15”活动，全市共利用11个宣传点，组织70余人参加宣传教育活动，制作了90余块展板，印发了1000多份宣传手册和2000多份公开信，组织对100多家销售网点进行自查自纠，上万人次直接接受咨询宣传，协调徐州市电视台、广播电台、都市晨报、彭城晚报等多家媒体进行报道，维护了军人形象和军服穿着的严肃性，收到了良好效果。 （赵　浩）

驻徐部队

【胡锦涛“七一”重要讲话精神学习活动】 2011年，73061部队坚持把学习贯彻胡锦涛“七一”重要讲话作为重大政治任务，坚持大事大抓、强势推进。各级认真研究学习贯彻措施，专门召开政工会进行部署，明确学习的主要阶段、具体内容和基本要求，并结合思想作风教育整顿活动贯穿全年抓。7月1日，组织官兵集中收看大会实况转播。遴选3名优秀政治教员组成宣讲组，深入海训场、执勤点、干休所巡回宣讲，让讲话精神第一时间走进官兵。统一为每名党员购买讲话单行本，对出差、集训、休假等人员，采取送课上门、寄送材料、集中补课等方式，一人不漏地抓好传达学习。团以上党委机关和基层党组织专门安排时间，集中学习讨论。紧紧围绕军委明确的“五个深刻理解”、“四个坚定”的要求，区分3个阶段、6个专题、2项实践活动深化学习。采取集体过党日、四级联动的形式，由部队领导集中串讲解读讲话中的新思想新观点新论断。各单位团以上领导为部队宣讲辅导51场次，集中培训426名基层理论骨干。在军队政工网开设专栏，组织官兵在线学习交流，点击量达到2.9万余次，发帖跟帖1500余条。组织官兵参观党史军史馆、驻地传统教育基地，开展“学讲话、明职责”实践活动，把学习成果转化为深入贯彻主题主线重大战略思想的实际行动。

（王铁军　刘　尧　蔡爱荣）

【“学党史、知党恩、听党话、跟党走”活动】 9月13日～14日，部队以庆祝建党90周年为契机，突出抓好党史军史学习教育，开展“学党史、知党恩、听党话、跟党走”活动，组织党史军史“读、写、讲、看、唱、演”。召开“传承红色基因、强化军魂意识”经验交流会，主要安排经验介绍、红色访谈会、红色舞台剧、汇报发言、首长讲话等内容，做法被军区转发。通过活动，构建“场、馆、室”为主的硬环境，指导各单位建好军史广场、军史馆、营连荣誉室；构建“歌、魂、气”为主的软环境，指导部队提炼师旅团魂、唱响师旅团歌；构建“网、坛、媒”为主的新环境，专门建成网上军史馆，发挥军营政工网、教育讲坛和广播电视的学习教育作用；构建“学、讲、做”为主的实践环境，引导官兵把学习革命历史焕发出的政治热情，转化为扎根军营干事业、履行使命作贡献的强大动力。

（王铁军　刘　尧　赵朝涛）

【拥政爱民活动】 部队紧紧围绕地方经济建设规划和目标，主动协调、积极支援，开展“热爱第二故乡、建设第二故乡”拥政爱民活动。春节前筹措经费12万余元，粮、油1.5万余公斤，走访慰问300余户军烈属、困难群众和下岗职工家庭；6个基层连队与驻地6所中小学建立共建关系，先后投入经费20余万元，资助500余名贫困学生；3月份和4月份，组织4000余名官兵参加地方植树造林活动，共植树育苗2万余株；先后选派310名素质好、文化程度高的官兵担任校外辅导员，协助80余所学校搞好爱国主义教育和思想政治工作；积极配合驻地党政机关24批、2000余人次到部队过"军事日"，搞好国防教育。（王铁军　刘　尧　汤向阳）

【司法行政工作】　坚持围绕部队实际，突出法律人才培养、法制教育宣讲、维护官兵及其家属合法权益等方面开展司法行政工作，取得明显成效。全年组织1073人参加3204科次法律专业自考，协调32人报名参加司法考试；先后2次为入营新兵和即将退役老兵进行专题法制辅导，参加教育人数达4万余人次。7月至9月，结合部队暑期百日安全竞赛活动，抓好以政治纪律为主要内容的法制教育，确保"三个不出"。发文规范基层"148"法律咨询"七项制度"，通过电话抽查、定期检查、书面汇报等形式，确保军营"148"法律咨询热线常态运转，各级军营"148"热线共受理官兵咨询500余人次。全年结合"双送"活动和蹲点现场解答官兵涉法疑问170余人次。10月份，在南京军区法院组织的法制教育授课比赛中，获得1个二等奖、2个三等奖的优异成绩。

（王铁军　刘　尧　黄　琛）

【信访工作】　围绕确保"两会"顺利召开、节日等重要时期，积极做好日常来信来访工作，共接待上访人员40多批70余人次，其中重访10多批20余人次。部队成立专项治理协调领导小组，把应急信访工作列入常委会、首长办公会的议事日程，具体指导和解决工作中存在的问题，对个别重大信访问题和信访老户，主要领导亲自过问，研究具体解决办法。各部队也成立包干小组，指定一名常委具体负责，对重信重访户实行领导包案。对个别干部长期滞留部队问题，领导亲自出面与地方有关部门协调，多次做家人工作，得到妥善解决。利用政工信息网的资源优势做好信访工作，在各部队政工主页上开设"政委（主任）谈心"栏目，开通"投诉信箱"，随时受理官兵和群众反映的问题。

（王铁军　刘　尧　黄　琛）

【典型宣传】　2011年，73061部队加大对李晓钰、邓彪、袁超、李小龙、王伟和"王杰班"、"枪王群体"等重大典型学习宣传力度，依靠典型引领推动部队建设。9月21日，隆重召开南京军区授予李晓钰荣誉称号命名大会，军区领导宣读授予李晓钰"新时期模范基层党支部书记"荣誉称号命令并颁发二级英模勋章，中共徐州市委书记曹新平到会并讲话。年内，李晓钰被中组部表彰为"全国优秀党务工作者"，所属73106部队被总政治部表彰为"全军人才培养先进单位"，73071部队"红三连"党支部被总政治部表彰为"全军先进基层党组织"，"王杰班"与时俱进践行"两不怕"精神的做法被总政治部转发，优秀班长李小龙被四总部表彰为"爱军精武标兵"。（王铁军　刘　尧　刘　勇）

武警徐州市支队

【概况】　中国人民武装警察部队徐州市支队（简称徐州支队）于1983年1月重新组建，正团级。支队机关设司令部、政治处、后勤处，下辖2个大队，1个教导队，14个建制中队。主要担负2所监狱，8个看守所的看押、看守任务和徐州市委市政府警卫、城市武装巡逻、处置突发事件以及反恐怖等任务。2011年，徐州支队坚持以能力建设和先进性建设为主线，着力提高党的建设科学化水平，胜利召开支队第四次党代表大会。集中开展"加强党性修养、锤炼思想作风"教育整顿活动，强力推进"八个方面问题"专项整治。认真贯彻总部党委"一个决定、两个细则"，深入开展民主集中制学习教育活动，注重依靠根本制度规范运转党委工作，党委抓大事、把方向的能力进一步增强。协调召开第二次市委议警会议，一次性解决信息化和反恐装备建设经费缺口450万元，并将支队的市财政年度预算由原来的175万元增加到320万元，有效提升支队现代化建设水平，支队的经验做法被总队转发。持续加强风气建设，广泛开展"读书思廉"活动，积极推行名额、比例、条件、结果"四公开"，实行实名制推荐，设立"民主信箱"，畅通民主渠道。2011年，先后调整干部58人、选拔代理排长19名、发展党员97人、选送学兵79人，均进行阳光操作，使上下满意、官兵服气。支队党委先后3次召开党委议中心会议，7次利用办公会研究解决执勤中的难题，做到学上情与摸下情、定期议与及时议、全面议与专题议相结合，并以会议纪要形式下发部队指导中心工作。坚持大小交班、及时讲评执勤情况，借鉴兄弟单位事故教训，剖析执勤中存在的问题，制定完善整改措施，先后整治了12处执勤隐患。支人被武警总部表彰为"连续18年预防事故案件工作先进单位"。着眼制胜有把握，突出新兵集训、勤训轮换、预提士官集训、特战分队集训，加大三人应急小组、营区三防和机动中队演练以及"卫士11"演示和抽组训练，先后3次围绕处突和抢险救灾组织实兵演练，有力提升部队遂行任务能力。支队《兵力抽组方案》被总队定为模板，下发全总队学习借鉴。

总部副司令员何映华莅临徐州参观指导

【思想政治建设】 认真学习胡主席主题主线重大战略思想、“七一”重要讲话和党的十七届六中全会精神,坚持以党的创新理论武装头脑。大力开展主题教育、“三尊三爱”、“四查四看”、“四个正确对待”等教育活动,结合建党90周年,配合开展“讲红色故事”、文艺演出、红色电影放映、“文化拥军”书画展、“支队精神”征集等以“红色文化”为主题的系列活动,丰富了官兵业余文化生活。严密组织心理咨询和法律服务活动,确保10余名身体患病、考学落榜、家庭涉法和重要敏感时期官兵思想稳定。高标准抓好警营政治环境建设,努力营造拴心留人、励志成才的环境。积极开展拥政爱民、扶贫帮困、“爱心包裹”捐助等活动。认真做好任务中政治工作,坚持主动跟进、积极作为,部队保持旺盛斗志和高昂士气。33名官兵立功,支队政治处被总队表彰为先进政治处,支队被总队表彰为新闻工作先进单位,政工网用稿先进单位。

【部队管理】 2011年,支队投入580余万元,购买更新的反恐装备器材,完成支队机关、六县(市、区)中队信息化建设和所属10个执勤单位钢网墙安装。严密组织“条令学习月”活动,增强机关按条令指导、部队按条令运转、官兵按条令规范的自觉性。持续开展“五个过一遍”活动,先后对梳理出来的安全意识淡化、自我防护能力弱等19个方面软硬问题进行集中整治。全面落实总队“泰州会议”精神,以落实机关、基层两个正规化管理规定为载体,深入开展“暑期百日安全”、“转变工作作风、密切内部关系”作风纪律教育整顿以及以解决忧患意识不强、落实制度不严等“十种现象”为主要内容的专项整治等活动,召开睢宁中队正规化管理教育观摩会,部队正规化、精细化建设水平进一步提升。评比表彰支队“十佳优秀士官”,每人给予千元奖励,部队争先创优的意识更强。认真组织新兵“三查一除”,严格落实“个别人”排查分析和教育转化制度,加强对重要岗位和重大临时勤务官兵的政治考核,确保内部纯洁巩固。

徐州支队举行丛林搜捕演练

【后勤保障】 坚持“面向基层、加强管理、深化改革、提高效益、服务中心”的工作思路,修订完善各类战备保障预案,与地方大中型超市、军供部门签订物资保障协议,完善供应渠道,综合保障能力得到明显提升。按照“立足财力可能,突出保障重点,科学配置资源”的原则,严把预算、执行、审核、决算等关口。组织开展整治虚假发票的专项活动,重点对基层任期满两年的士官司务长进行岗位轮换和离任审计工作。全面推进后勤精细化管理,严格落实伙食管理五项制度,17个伙食点官兵伙食满意率达95%以上。广泛开展岗位练兵活动,先后开展5期司务长集体办公,4期驾驶员、卫生员、军械员、炊事员等专业兵复训,后勤保障队伍的专业素质得到提高。以睢宁中队建设为样板,带动和辐射正建、待建的一大队和教导队、四中队、贾汪中队、新沂中队等新营房建设,力争3至5年使支队硬件建设有质的变化。扎实搞好卫生防病工作,今年来先后下基层巡诊16次,受到基层官兵好评。

【基层建设】 注重深化总队“三级主官《纲要》集训”成效,扎实开展“大练基本功”活动,培养一批按纲抓建的“明白人”、“实干家”。深入开展创先争优活动,基层党组织和广大党员示范带头作用显著增强,一中队、睢宁中队党支部被总队表彰为先进基层党组织,郑勇、余飞被总队表彰为优秀共产党员,巴昆仑、程盛国被总队表彰为优秀党务工作者。严格落实蹲点、调研、帮建规定,实行“常委包片、股队挂钩”责任制,先后对4个基层党委、支部进行重点帮扶,12批(次)组织党委常委和机关干部下基层蹲点90天,基层党委、支部自建能力得到提高。一大队被总队表彰为先进大队,睢宁中队被总队表彰为标兵中队,一中队、新沂市中队和连续五年未进入先进的徐州市中队被总队表彰为先进中队。大力开展“优秀带兵干部”评比活动,充分调动一线带兵人的工作积极性,睢宁中队队长余飞、一中队队长郑勇被总队表彰为“优秀带兵干部”,并分别记二等功和三等功。

【支队第四次党代会】 8月29日~30日,徐州市支队第四次党代表大会隆重召开。支队机关,各大、中队的76名党代表出席会议。会议审议通过支队第三届党委工作报告和支队纪律检查委员会工作报告,选举产生支队第四届党委委员和新的纪委委员。

【议警会议】 10月8日,中共徐州市委召开市委常委议警会议,一次性解决支队信息化和反恐装备建设经费缺口450万元,并将支队市财政年度预算由原来的175万元增加到320万元,推动了支队现代化建设水平有效提升,为高标准高质量完成中心工作任务奠定坚实的基础。

【正规化管理教育观摩会】 7月19日,支队在睢宁中队召开正规化管理教育观摩会,机关全体干部、大(中)队主官参加,对部队执勤、训练、文化和生活设施进行统一规范,部队正规化、精细化建设水平进一步提升。

【余飞荣立二等功】 余飞,男,汉族,1978年2月出生,1997年12月入伍,2007年2月调入睢宁县中队履行中队长职责。任职以来,余飞始终不忘组织的培养,以高度的事业心和强烈的责任感,立足本职,勤勉敬业,扎实工作,积极作为,锐意进取,带领中队官兵较好地完成各项任务。所带中队连续5

年被总队评为“基层建设先进中队”，连续4年被总队评为“廉政建设先进单位”和“先进基层党组织”，2009年~2011年被总队评为“基层建设标兵中队”，荣立总队“集体二等功”1次、“集体三等功”1次、“集体嘉奖”1次。由于工作成绩突出，余飞先后被总队评为“优秀带兵干部”、“廉洁自律先进个人”和“优秀共产党员”，荣立个人二等功1次、三等功2次。

【警卫勤务】 周密部署临时勤务，相继完成火车站春运执勤、泰山庙会执勤、贾汪区茱萸寺落成典礼维护现场秩序任务、“2011中国徐州第十四届投资洽谈会暨第五届汉文化旅游节”开幕式现场机动备勤任务和“国宝兽首展”现场执勤任务，先后担负“101、115、1101、1103、1108、1112、107”专列现场警戒和机动备勤任务；完成元旦、春节、中秋、国庆重大节日、“六·四”、“七·五”敏感期和徐州市党代会以及美国“占领华尔街”运动机动备勤任务。 （曹希龙）

人民防空

【组织指挥建设】 指挥机构齐全完备，战时人防指挥机构实名率达到100%。组织人口疏散隐蔽演练，开展全市大中院校、中小学校疏散演习，全市30余万学生参加了演练。加强重要经济目标防护工作，进行了重要经济目标防护演练和观摩。完成机动指挥所建设，试点安装了多媒体警报器，视频监控信息建设取得新进展。所辖县（市）区加强信息通信建设，进行警报控制系统改造。

【人防工程建设】 市重点工程韩山隧道建设全线展开进入快速实施阶段。市重点工程淮海地下停车场改造竣工投入启用。人防工程面积大幅增长，市区人防工程竣工、新开工、新立项面积分别完成省局下达任务的146.46%、371.5%、168.64%。各县（市）、铜山区超额完成省市下达指标。加强工程竣工验收管理，成立市人防工程防护质量监督站。维护管理制度健全，全市人防工程优良率67%、合格率97%。

【法制建设】 健全重大行政处罚和行政许可备案审查等制度，出台了重大项目决策论证合法性审核备案制度、领导干部学法用法述法制度。理顺执法体制，完善监督体系，充实一线执法人员力量，每月召开行政执法调度会。推行政务公开，组织业务培训，开展行政权力目录清理，进行行政执法案卷评查，迎接在徐省市人大代表的专项视察。

【专业队建设】 市政府、徐州军分区出台《关于加强人防专业队建设的意见》，市人防办召开专业队整组训练工作会，下发年度整组工作意见和组训计划，完成了专业队伍组建工作。大抓专业队训练和技能培训，对全市各专业队组织了点验和训练大检查，开展了专业队骨干培训，组建人防应急救援直属队，组织重要经济目标专业队防护演习观摩活动，进行人防专业队业务技能比武。

【民防工作进社区】 围绕“进得去、留得住、看得见、用得上”的总体要求，按照“十落实”的工作标准，突出“抓普及、抓典型、抓检查、抓考核”四大环节，大力开展民防社区工作站规范化建设工作，全市主城区民防工作站率达50%。开展社区民防特色活动，组织民防工作站站长业务培训，开展社区民防志愿者骨干素质拓展训练，利用“512”防灾减灾日、“519”警报试鸣日，组织建站社区开展应急疏散演练、应急救援技能培训、防灾减灾宣传等活动。召开民防工作进社区推进会，制定《徐州民防社区工作考核办法》。联合徐州军分区司令部和市民政局，出台《关于加强基层人防（民防）建设的意见》，明确各地街道增挂人防办、社区建设民防站的要求，形成市、县（市）区、街道（镇）、社区四级人防工作管理体制，为社区民防工作的健康、持续发展提供组织保障。积极探索民防工作向学校的延伸，在全市中、小学校开展创建“防空防灾自护教育示范学校”活动、“防空防灾关爱你我”为主题的青少年自护DV大赛。

【工程效益管理】 制定工程效益管理方案，加大招商引资力度，提升了人防疏散基地的三大效益，特别是项目的经济效益。制定自建工程项目管理单位重大事项报告制度，建立经营管理目标考核办法，彭城广场、东站、施工处等自建项目管理单位融入经济社会发展中发挥出作为。2011年全市人防工程开发利用率77%，为社会提供就业岗位2851个、车位13179个，平战结合创造经济效益1.3亿元。

【人防工程疏散基地避难场所标识标注】 市政府办公室召开专题协调会，市、县、区行动一致，先后完成方案拟定、清查摸底、任务梳理、规范标准、采购招标等工作，进行人防工程标识标注牌的安装，全市已建在用人防工程以及自建或参建的疏散基地、应急避难场所、地下商场（过街道）、防空林等标识标注工作全部完成。重视标识标注长效机制建设，加强标识牌的日常维管，制定管理规定，明确了管理责任。对新建人防工程，从审批开始就与建设单位签订工程标注协议，落实了标注责任。 （拾乙方）

城乡建设与管理

综 述

【概况】 2011年,徐州市区(含铜山、贾汪区),建成区面积249平方公里,道路面积3168.83万平方米,人均城市道路面积17.66平方米;供水总量20474.63万立方米,供水管道长度2621.13公里,污水排放总量19286万立方米,污水处理总量16692万立方米,排水管道密度4.13公里/平方公里,污水处理率87.23%,污水处理厂集中处理率86.55%;人均公园绿地面积14.18平方米,建成区园林绿地面积10142公顷,建成区绿化覆盖面积10375公顷,建成区绿化覆盖率41.67%,建成区绿地率40.73%;生活垃圾无害化处理率86.58%,人口密度4198人/平方公里,燃气普及率78.49%。市城乡建设局荣获江苏省住房城乡建设统计先进单位、2010-2011年度全省建设工程质量安全监管先进集体、"十一五"全省勘察设计管理工作先进集体、江苏省公共机构"十一五"节能先进单位、2011年度全省建筑行业管理先进单位、2011年度市安全生产优秀单位等20项荣誉。

【城建重点工程】 2011年,188项城建重点工程顺利推进,开工172项,开工率91.5%,竣工88项,占已开工项目的51.2%,其他跨年度项目有序推进。高铁生态商务区一期、音乐厅、奎山公园敞园改造、彭祖名人园、三环南路绿化提升、中山路省级示范路等标志性工程建成竣工,奥体中心、三环东路高架等重大工程开工建设。老城区空间梳理加快推进,新城区组团功能不断完善,集聚力逐步增强,城市面貌显著改善,特大型区域性中心城市地位进一步巩固。

【棚户区改造】 2011年,408万平方米棚户区改造一期工程顺利完成,全年完成棚改拆迁91万平方米,新建定销房2500套,超额完成省下达的目标任务。在此基础上,380余万平方米二期棚户区改造工程正式启动。

【村镇建设】 2011年,加快基础设施建设步伐,强化镇区建设管理,成功申创省级环境整治试点村、省级生活污水相对集中处理示范村等多个示范项目,获省补资金3719万元,居全省第一。全面启动全市村庄环境整治工作,争取省第一批引导资金3840万元,春节前完成208个村庄环境整治任务。开展中心镇创建达标工作,第一批17个镇考核工作基本结束。

【燃气供热管理】 2011年,建立应急气源储备机制,液化天然气储备站建成使用;完善加气站建站布局和供气结构,加气站布局和建设纳入市建设规划；推进铜山跨越发展，铜山区与主城区管道燃气实现互联互通；强化对燃气、供热安全管理，加强安全调度和管网巡查，严厉打击偷盗燃气行为，燃气、热力供应安全、充足。全年共对7处燃气工程项目进行定点，完成4处燃气工程项目的图纸审查，批准2家燃气工程项目开工，参与28处燃气工程或小区燃气项目的验收工作，并完成32件燃气工程项目行政许可审批工作的具体实施。组织6次全市燃气专项安全检查，组织稽查活动147次，取缔违法站（点）37家。对全市23家商场、大型超市和市场中所销售燃气器具实施安全检查110余次，完成102家燃气器具品牌的公告；组织110家经销商完成气源适配性检测。

【建筑业管理】 推进立法工作，启动实施《徐州市建筑装饰装修条例》，出台《关于进一步加快建筑业发展的意见》和《徐州市政府投资重点工程项目代建办法》等规范性文件，编印《徐州市城乡建设现行执法依据汇编》。加强局规范性文件制定管理，审核并报送备案规范性文件6件，备案审核率100%。牢记“依法行政、执法为民”宗旨，强化对建筑工程的监管，坚持执法与服务的有机结合，尽力将违法行为消灭在萌芽状态，减少对社会公共利益造成的危害。实施行政处罚案件15起，其中重大行政处罚11起，维护了徐州市区建筑市场的正常秩序。坚持廉洁、文明执法，克服干扰，提高办案时效，一般案件从立案到送达行政处罚决定书不超过15天，复杂特殊案件不超过30天。

【维权维稳】 开展综合治理和平安建设，推进平安机关、平安工地、平安拆迁创建工作，被评为全市综治先进单位。贯彻“预防在先、发现在早、处置在小”要求，做好隐患排查、矛盾化解工作。落实“一岗双责”，开展“三解三促”活动，坚持领导干部定期接访和带案下访。畅通信访渠道，“12345”服务热线二级平台组建开通。及时受理群众诉求，共处理来信205件，接待来访163批、1612人次，做到件件有着落，事事有结果，办信率、接访率100%，妥善处置多起群体性上访事件，被市委、市政府评为2006－2010年度信访工作先进单位。充实清欠队伍，完善清欠工作长效管理机制，共接待农民工上访685批次、2600余人，解决农民工工资8125万元，未出现进京赴省集访现象和民工讨薪恶性事件。（朱宏森）

国土资源管理

【概况】 2011年，全市国土资源系统推进“双保”工程，规范管理，优化服务，主动作为，努力破解资源瓶颈和发展制约，发挥了国土资源服务和保障发展的支撑作用。全市共争取各类农业用地计划25150亩，组织报批各类用地50155亩。市区挂牌运作土地17宗11440.8亩，成交总金额114.1亿元。构建土地执法长效机制，建立起科学的分类考核机制，严肃查处整改违法用地，实现卫片执法检查“零约谈、零问责”目标。土地规划修编、数字城市建设、地籍规范化建设等基础业务加强，开展创先争优活动，队伍作风和机关效能提升。加大保障性住房土地供应力度，中低价位、中小套型普通商品房和限价住房、经济适用房、廉租房及各类棚户区改造用房供地规模达8424亩，约占全市房地产供地总面积的78%。提高土地登记效率和服务水平，妥善处理一批历史遗留办证问题，全年办理各类土地登记70921件，75%以上的土地证办理实现立等可取，市国土局登记处荣获“省级青年文明号”称号。9个基层所被省厅评为“优秀国土资源所”。7月31日，国土资源部在北京召开野外科学观测研究基地评审会议，徐州市被批准为黄淮海采煤塌陷地综合利用野外科技示范基地。

【发展用地保障】 用足用活用好各项政策，千方百计争取用地空间。全市共争取各类农用地计划25150亩，其中正常下达6520亩、单独选址4251亩、点供计划3217亩、增减挂钩5140亩、采煤塌陷地复垦置换6022亩。组织报批各类用地50155亩，实际供地40099亩，均创历史新高，保证了全市重点工程、重大项目和民生工程用地需求。加大土地开发复垦力度，全市耕地占补平衡项目库备案项目47个，建设总规模8960亩，实现新增耕地6207亩，为落实全市耕地“占一补一”制度奠定基础。

【耕地保护】 市政府与各县（市）区政府签订土地管理目标任务书，市国土局与各县（市）区局签订耕地保护责任书，在耕地保有量和基本农田保护面积、查处土地违法违规行为、维护农民权益等方面明确目标任务和责任，确保全市基本农田保护面积不低于841万亩，耕地保有量不低于892.4万亩。全市耕地保护责任目标履行情况顺利通过省政府检查考核。

【采煤塌陷地复垦】 全面完成采煤塌陷地复垦置换任务，复垦置换建设用地指标6022亩，并优先用于全市重点工程和重大项目建设，市国土局荣获2010年度全市振兴徐州老工业基地创新实践奖一等奖。积极争取将工矿废弃地复垦盘活列入国土资源部试点项目，规范稳妥推进城乡建设用地增减挂钩，全市完成挂钩复垦项目130个，实现新增耕地12775.7亩，为挂钩试点以来最多的一年。实施“万顷良田”建设工程试点，新沂市试点安置区一期工程全部封顶，部分住房已具备入住条件。

【土地市场】 成功举办徐州(上海)地产投资推介会,土地市场运行总体呈现出较好的稳定性和延续性。市区累计收储土地29宗4836亩,超额完成年度收储土地4500亩的计划任务。市区挂牌成交土地117宗11440.8亩,成交总金额114.1亿元,其中经营性用地80宗6044.8亩、成交金额100.91亿元,工业用地37宗5396亩、成交金额13.53亿元。完善投融资平台建设,落实市委、市政府下达的年度融资任务,保障了亿吨大港、彭城欢乐世界、物资市场、八里家居市场等一批重大项目建设资金需求。

【征地补偿】 落实征地补偿和基本生活社会保障制度,提请市政府出台《关于调整征地补偿标准的通知》。全市征地补偿标准在原有基础上提高25%左右,比省规定标准提高约10%,结合经济社会发展和物价水平,建立每2~3年调整1次的动态调整机制。

【国土资源执法监察】 发挥早发现、早制止、早查处的执法联动机制,全年共计执法巡查520余次,及时发现、有效制止各类土地违法行为130余件,立案查处土地违法案件70宗,下达处罚决定书53宗,有效遏制违法用地蔓延和反弹的趋势。推进2010年度土地矿产卫片执法检查工作,采取驻地督察、约谈问责、挂牌督办、公开曝光及确定重点管理镇等有力措施,强力推进违法违规用地查处整改,实现全市"零约谈,零问责"的目标。继续开展"土地执法模范单位"创建活动,丰县荣获全省创建模范县"四连冠",邳州市被评为全省土地执法创建先进县。

【矿产资源管理】 开展新一轮矿产资源开发整合,煤矿资源整合和开发利用布局成效明显。进一步规范采矿权审批和市场化运作,建成矿业权有形市场,全市矿产资源补偿费征收入库5570万元,市本级超额50%完成省厅下达的任务。加快矿地一体化管理信息系统的研发与应用,实现矿产资源管理和土地开发利用协调发展。加大重点矿种勘查力度,积极争取部省地勘项目资金3165万元。

【地质灾害防治】 编制徐州市2011年度地质灾害防治方案及"十二五"突发地质灾害应急体系建设规划,将133个隐患点纳入群测群防体系。加大地质环境恢复治理力度,珠山、岠山项目被省厅评为优良工程。依法开展矿山地质环境恢复治理保证金收缴工作,全市累计收缴保证金3735万元。

【基础工作】 市级土地利用总体规划成果顺利通过部审查,县乡级土地利用总体规划全部通过省政府审批。率先编制完成《山体特殊保护区划定方案》并在全省范围内推广执行。全市集体土地确权登记发证工作有序开展,国土资源"一张图"工程建设稳步推进,"批供用补查"国土资源监管平台启动建设,数字徐州地理空间框架通过省级预验收。构建市县乡互通互联的全市国土资源网络系统,建立国土资源数据中心,数据处理和存储能力进一步增强。完善电子政务平台功能,推进电子政务升级,与市电子政务内网实现互联互通。

【依法行政】 制定2011年度依法行政和法治建设工作年度计划,将责任和任务分解落实到全局各个工作环节。全面开展治理重信重访活动,及时排查梳理信访隐患,实行局领导包案处理,全年受理日常来信394件、接访90起160余人次,来信与上年同期相比减少13%,来访量基本持平。法制建设成效显著,全省国土资源法制工作会议在徐州召开,市国土局荣获"全市法制宣传教育工作先进单位"称号,并作为全市唯一一家市级机关作典型发言。 (吕一品)

城市规划

【概况】 2011年,徐州市规划局以科学发展观为指导,认真贯彻全省城乡规划工作会议精神,牢牢抓住振兴徐州老工业基地、东陇海城市圈和融入长三角发展机遇,以全市"三重一大"项目为中心,加快推进区域性中心城市建设。加强规划编制引领,强化规划管理,提高规划执法水平。不断提升规划编制质量,创造性的开展工作,编制完成的徐州市城市色彩规划荣获全国第六届"色彩中国"城市色彩规划应用奖;编制完成的江苏省住房建设规划编制技术导则(试行),顺利通过专家论证。

【城乡规划编制】 2011年,启动城市总体规划修改的前期工作,开展多个专题研究。围绕三重一大项目建设,编制完成各专业专项规划。编制完成"十二五"城市建设规划;围绕重点城建工程项目,组织编制并完成轨道交通一、二、四号线沿线控制规划、高铁生态商务区规划;围绕推动城市发展,积极促进城市建设,编制完成徐州市城市空间特色规划、徐州市山林红线专项规划、主城区加油加气站专项规划、主城区停车场专项规划、徐州市主城区慢行交通规划、徐州市公交线场十二五规划、主城区疏导点专项规划、徐州市社区公共服务设施布局规划、徐州市主城区小学与幼儿园布局规划、徐州市钢铁煤化工集聚区规划、徐州市主城区体育设施规划和徐商路(泉山段)沿线用地控制规划等专项规划;围绕重大基础设施项目,组织编制完成奥体中心规划设计、市民活动中心规划设计。服务城建重点工程和为民办实事工程,紧贴项目编制建设规划。服务景观绿化工程,引导乡村旅游产业发展,做好潘安湖马庄村农家乐规划的编制;服务环境整治工程,提升城市环境档次,修改完成三环西路沿线综合整治规划、二环西路段庄广场至湖北路沿街整治规划、淮海西路段庄广场至三环西路沿街整治规划、中山南路示范路综合整治规划、民主路牌楼至和平路沿街整治规划等修建性详细规划;服务商贸文化工程,加强城市历史文化与风景名胜资源的保护开发,完成老徐州历史文化片区规划、徐州市回龙窝历史街区规划、徐州历史文化名城保护规划、徐州市近代优秀建筑保护规划和徐州户部山历史文化街区综合整治规划等修建性详细规划;服务为民办实事工程,推进生态园林城市建设，加强古黄河沿岸绿化、新城区道路及公园绿化和街头绿地的规划编制，为市区新增绿地1000余公顷。有序推进小城镇建设发展，做好重点中心镇控制性详细规划。完成邳州市赵墩镇、燕子埠镇、四户镇、岔河镇、贾汪区汴塘镇、沛县魏庙镇、张庄镇、安国镇等8个镇区的控制性详细规划及街道城市设计。

【规划管理】 2011年，坚持民主科学，提升城乡规划决策水平。深入实施徐州市规划委员会制度，凡市区重要建设项目和重要区域建设项目均上报市规委会集体审议，全年共召开规委会13次，研究规划55项，表决43项，并充分发挥建设部驻徐督察员的监督作用，保障了城市规划的法制化和科学化。各项建设项目的规划审批，坚持局业务会集体议事制度，同时引入纪检监察制度，促进了规划管理的民主化、规范化。强化保障房建设，推进棚户区改造规划实施。统筹推进各类保障房建设，加强规划实施，做好第5期经济适用房、疾控中心北地块棚户区改造工程、津浦棚户区改造工程、鹰裘皮革地块、姚庄南地块、下洪地块、小朱庄地块、啤酒厂南区地块、津浦东路地块等定销房的修建性详细规划的方案审查管理，保障全市棚户区改造和保障性住房建设的稳步推进。依法实施城乡规划管理，提高行政管理效能。坚持依法调整容积率，所有容积率调整均按照规定程序办理；完成建设部卫星图斑核查176件，没有发现一例违规现象；强化规划批后管理，认真做好建设工程项目跟踪管理和竣工规划核实工作，全年组织验收64件，对违反规划的项目限期整改到位，维护了规划管理的权威性。加大违法建设认定，推动城市管理进步。发挥数字化城市管理平台作用，以数字化城管创建为抓手，制订《徐州市规划局数字化城管系统平台的管理的有关规定》和《各区违法建设防控拆除工作情况考核细则》；完成全市存量违法建设普查工作，全年共认定违法建筑面积约76万平方米，有效遏制违法建设的发生；深入开展行政执法队伍规范化建设星级单位创建工作，徐州市城市管理规划监察大队被省厅认定为行政执法队伍规范化建设三星级单位。

【规划监督】 2011年，完善法制建设，严格执法监督。认真做好立法调研，起草《徐州市城乡规划条例》（草案）和《徐州市私有住房规划建设管理办法》（草案），并上报市人大。认真组织执法培训学习，全年培训执法人员400人次，有效提升全市规划人员的执法水平；认真处理行政复议和行政诉讼案件，全年共受理行政处罚预审14件，审理行政复议案件8件，提出行政复议答复案件7件，代理行政诉讼案件32件，胜诉32件。积极办理提案、建议，接受人大、政协监督。积极回复人大建议和政协提案，实行"分管领导牵头、局办公室协调、责任处室落实"，全年共答复人大建议35件、政协提案55件，办理满意率为100%，被评为市"人大、政协提案、建议办理先进单位"。全面落实规划公示制度和政府信息公开制度，接受社会监督。全年在《徐州日报》上发布公示通告102起，在局规划展示中心公示规划方案102块，公示说明板102块，接待群众参观人数4600人次，采纳群众意见和建议28条，主动公开信息21件，答复群众依申请公开信息8件，保证规划公示制度和政府信息公开制度的运转。

【信息化建设】 2011年，加强基础测绘，完善测绘资料，提供高质量测绘服务。组织开展全市第2阶段地下管线普查，完成地下管线外业测量5025公里，四等水准测量668公里，建立徐州市地下管线信息系统；组织完成基础控制测量项目的全部外业测量，完成二等水准测量800公里，做好大地水准面精化计算，建成GPS连续运行卫星网络参考站。加强城市建设档案管理，档案管理和利用水平再上新台阶。更新档案管理设备，建立电子档案接收系统，加大城市建设档案收集力度，全年共接收城建档案25597卷；加大基础资料编修力度，编辑、出版《徐州市城市建设大事记》等6本资料，拍摄《徐州2011》电视专题片。2011年，徐州市城建档案馆被确定为省级示范城建档案馆。（吴洪敏）

建筑业

【概况】 2011年，建筑业发展势头强劲。建筑业总产值达984亿元，增长300多亿元，同比增长44.7%。建筑企业集中度进一步提高，竞争力进一步增强，全市1148家建筑企业中二级以上469家，其中总产值超10亿元11家，40亿元3家，50亿元2家。建筑业对徐州GDP的贡献率保持7%以上，占地方税收21%以上。建筑业科技创新步伐不断加快，2项国家级工法获通过，填补徐州市属建筑企业国家级工法的空白。完成拆迁318万平方米。

【工程质量管理】 2011年，加强工程质量管理，促进工程质量提升，突出抓好保障性住房和校舍安全工程质量。15个项目获省"扬子杯"优质工程奖，矿大图文信息中心项目被评为"国家优质工程"。扎实推进"住宅工程质量分户验收网上公示制度"，通知率100%。积极探索聘请业主代表为义务质量监督员参与住宅质量监督，维护广大业主知情权、参与权，确保群众合法利益不受侵害，住宅质量投诉率同比下降21%。努力提高检测水平，增加检测技术装备，增强检测能力,检测中心在全省率先研发出5000吨全堆载整套静压实验设备。在全省水泥物理性能竞赛中,荣获团体第一、地基基础检测(小应变)竞赛获团体第三。

【建筑市场监管】 2011年,实施"两场联动"机制,依法查处和有效遏制各种违法违约行为,进一步规范建筑市场秩序,健全建筑市场信用体系,营造诚实守信的市场环境,对存在不良信用行为的28家企业给予缓发《信用手册》的处罚。

【招投标监管】 2011年,改善招投标服务设施,建成并启用3000平方米的交易中心,建立"在徐投标企业信用库",积极推行电子化招投标,实现标书电子化、评委异地化、评标远程化、监察实时化和管理网络化。开标现场满足网上视频直播条件。市区全年共监管发包工程(标段)775个,工程造价186.22亿元,通过公开招投标为建设单位节约资金约6.62亿元,降低率6.9%。

【安全生产】 2011年,加强对建筑工地的安全巡查和专项检查,对施工现场危险源进行专项治理,实行深基坑工程节点验收制度,开展文明工地、安全质量标准化和平安工地创建活动,创建市级文明工地219项、省级文明工地102项、国家"AAA级安全文明标准化诚信工地"实现零的突破。全市建筑施工安全生产保持平稳态势,再获省"年度质量安全监管先进集体"和"市安全生产优秀单位"。

【建筑节能】 2011年,强化新建建筑节能全过程监管,加快推进可再生能源建筑应用,完成新建节能建筑763.97万平方米。建筑节能标准执行率达100%。建设局获省"十一五"公共机构节能先进单位、省"十一五"墙材革新工作先进单位。加强科技成果推广和科研工作,25个项目列入住建部科技项目计划,创历史新高。加强勘察设计行业监管,勘察设计水平有较大提高,22个项目获省优秀勘察设计奖、5项工程被评为省精品建筑,获奖数量仅居宁、苏、锡3市之后。创建省级无障碍环境建设示范城市取得阶段性成效,通过终期验收。

志愿者介绍节能窗材

【抗震设防】 2011年,抓好抗震防灾规划的编制,在全省率先完成市、县级抗震防灾规划的编制任务,强化理顺新建工程抗震设防审查工作,开展农村民居防震安全示范工程,扎实推进中小学校舍抗震安全工程,保证校舍安全工程的质量和进度。

【工程造价管理】 2011年,贯彻执行《工程造价咨询企业管理办法》,认真开展造价咨询企业资质就位受理、审核、上报工作,有效监管工程造价咨询企业的执业行为和执业质量;开展造价咨询企业咨询成果质量专项检查。工程造价咨询行业呈稳步发展态势,全市共有造价咨询企业41家,其中2011年新成立4家;全市拥有造价师547人,造价员3521人。全市共完成各类工程造价咨询业务项目4341项,工程造价咨询标的额为326.78亿元。其中,工程量清单和招标控制价编制613项,编制总金额83.71亿元;工程结算编审3302项,咨询标的额52.22亿元,核减总金额18.56亿元,审减率30.25%;工程造价全过程管理与服务162项,咨询标的额10.85亿元。全市造价咨询收入4742.32万元。

(朱宏森)

新城区建设

【概况】 2011年,是新城区"十二五"建设的开局之年。新城区积极应对国家宏观调控,紧紧围绕"突出公共服务功能、完善生活配套设施、促进人气商气集聚"的工作思路,突出抓好"三重一大",有效实施重大项目带动战略,着力提升和完善城市功能,不断增强人口和产业的集聚力。全年累计完成投资94.36亿元,其中,社会开发类项目完成投资85.4亿元,新城区直接投资建设4.49亿元,征地拆迁4.47亿元。争取农转用指标3085亩,实施拆迁30万平方米,建成道路8.05公里、竣工安置小区13万平方米,新增城市绿化44.94公顷。新开工房地产项目149.25万平方米,新竣工122.24万平方米;启动功能配套项目110.25万平方米,竣工8.5万平方米;开工物流产业项目8.22万平方米,竣工1.52万平方米。

【规划管理】 2011年,完成新城区控规修编、潘塘街道办事处片区规划、新城区旅游发展规划编制和论证;完成淮海国际汽车博览城、总部经济园以及新城区燃气、供热、环卫设施、综合防灾等专项规划成果设计。办理选址意见书9件,用地面积92.47万平方米;办理规划用地许可证19件,用地面积148.04万平方米;办理工程建设规划许可证31件,建筑面积138.99万平方米。

【项目建设】 2011年,市政设施启动华山路、泰山路、明正路、元和路北段、新安路续建、太行路东延、体育路、清风路、16路、新元大道、潇湘路、丽水路、彭祖大道、太行路等道路建设。其中潇湘路、清风路、16路、彭祖大道、太行路等8.05公里道路建设完成。昆仑大道、丽水路公交首末站相继竣工，昆仑大道公交首末站投入使用；首批15辆出租车已购置到位，200辆公共自行车投入使用。景观绿化新城区全年新增绿化面积44.94公顷。以建设“山水新城、绿色新城、生态新城”为目标，完成人民河口绿地公园一期、古黄河防护绿地一期、顺堤河二期、珠江路快速通道等景观工程。

【社会投资】 2011年，新城区社会投资项目已累计开工464.81万平方米，累计竣工量199.06万平方米。全年新开工房地产项目149.25万平方米，竣工122.24万平方米。其中绿地商务城、龙域中央未来城、国信龙湖世家、国信上城、雍景新城、龙湖国际等项目按计划分期施工，维维L7地块一期10万平方米进行桩基，上海建工G1－3地块完成桩基及土方开挖工程，进入基础施工。物流产业园区8.2万平方米物流配送项目开工建设。其中，苏宁电器物流中心一期5.8万平方米，研发楼、资材库封顶，行政办公楼、配送中心开始施工。交广汽车项目两个汽车展厅竣工。苏烟专线技改项目一期约540亩土地摘牌，开始方案设计。功能性项目：奥体中心项目体育场、球类馆、综合训练馆、游泳馆及商业设施进行基础施工，地下车库进入主体施工阶段。中心医院新城区分院开工建设。绿地皇冠假日酒店客房、商务办公楼、宴会厅已主体封顶，进行幕墙施工、内部装修和室外工程施工。大龙湖水街项目38栋单体建筑主体封顶，进行内外装饰工程。中茵商业广场3、4、5号楼桩基已完成，进行基坑土方工程。1、2号楼进行桩基施工。移动信息港项目一次结构施工完工，进行二次结构施工。

【行政许可】 2011年，制定《新城区挖掘、占用城市道路及绿地行政许可实施办法》，全年办理施工许可27项，挖掘、占用城市道路和绿化许可32项。审定故黄河防护绿地、人民河河口绿地公园、连霍高速防护绿地、吉田商务广场、国信龙湖世家等景观绿化工程设计方案7项，中茵龙湖国际、恒基雍景新城等市政工程设计方案4项以及恒基雍景新城阳台封闭方案。在各项工程实施过程中进行跟踪把关，对施工过程中发现的问题及时调整，确保景观效果。

【质量监督】 2011年，监督工程质量49项，累计工程面积205万平方米，总造价52亿元。2011年新监工程44项，面积160万平方米；跨年工程5项，面积26万平方米。组织质量监督300余次，发出质量整改通知书53份、监督抽检通知书85份停工通知书15份。

【安全监督】 2011年，监督建设工程88项；累计工程面积329.79万平方米，工程总价436059.25万元；其中2011年受理备案29项工程，面积为89.96万平方米，工程总价148156.7万元；监督巡查或抽查共计623次；进行开工前安全条件复查29次；全年组织安全生产大检查4次，共计查出隐患67条，下发局部停工通知1份；起重机械安装告知受理132台；拆卸告知受理59台；查封塔吊3台；开展专项治理检查以及企业自查自纠活动4次。全年11项工程被评为市级文明工地、8项工程被评为省级文明工地。

【征地拆迁安置】 2011年，征地工作报征土地1600余亩，保障徐烟技改等重大项目和大韩、张屯、塘坊等保障房用地需求。拆迁工作围绕中心医院新城区分院、奥体中心等功能性项目和塘坊农贸市场等民生项目实施拆迁，总计拆除建筑面积5万平方米。安置房建设优化安置房建设方案，在茶庵安置区二期、塘坊安置区二期、小韩安置区采用多层和小高层相结合形式，丰富新城区城市空间形态，提高安置房建筑质量标准。茶庵安置小区二期工程桩基施工已完成，小韩安置区一期和塘坊安置区二期正在分别进行施工图设计和总平面设计方案调整。

【招商引资】 2011年，新城区总部经济园成功引入江苏银行、莱商银行、淮海农商行、永旭置业、天裕集团等总部办公项目集聚发展。物流产业园内苏宁电器全面启动建设；恩华医药物流配送中心项目顺利签约，淮海国际汽车博览城成功引进沃尔沃、进口现代、讴歌、雷克萨斯、路虎、奔驰等进口品牌汽车物流项目，物流产业园逐步形成以进口品牌汽车展销及医疗、食品、电器为一体的产业发展体系。科教创新园内生物芯片北京国家研究中心淮海分中心框架协议已经签订，食品安全检测联合实验室即将开展科研项目，博奥独立医学实验室即将启动；上海中锐集团教育服务外包基地及国际双语学校正在积极对接。文化创意园内汉风温泉文化城策划方案正在编制，将打造成为集文化创意、艺术展示、休闲娱乐为一体的综合文化休闲项目。印尼力宝、菲律宾万国置业、华润置地、浙江开元、上海新城控股、福州万象置业、常州常发集团等国内外知名企业积极编制投资开发方案，开展投资洽谈，新城区投资集聚力日益增强。

【商贸服务】 2011年，新城区核心区内已有20家中小型商业服务项目投入经营。其中，新城区第一家市级现代服务业集聚区吉田商务广场全面建成，首批国际贸易、房产评估、建筑工程、商贸物流、科技服务等企业办公项目正式入驻，西式餐饮、美容美体、休闲娱乐、金融网点等11个配套项目即将进驻，百惠家美时精品超市率先投入运营。市民中心下沉式广场餐饮、超市、健身、酒吧、KTV等商业服务项目日益完善，已成为行政办公区独具特色的商业服务中心。绿地商务城蓝海首批中小型商贸、科技、建材、食品、能源、化工等企业办公项目已经入驻，国际花都社区生活超市、净菜超市、餐饮、药店、美容、通信等配套服务商业相继启动经营。未来城、龙湖世家、汉源国际华城等社区生活配套项目积极完善。

【资金筹集】 2011年，新城区不断拓宽融资渠道，多元化筹集资金，保障建设资金需求。一方面加大土地出让步伐，全年共挂牌出让土地13宗1525亩，成交额20.6亿元。同时多渠道争取银行授信资金。新城区国资公司积极同国开行、兴业银行、平安银行、建设银行、深发展、华夏银行等多家金融机构保持合作,全年筹措建设资金7.18亿元。

【财税管理】 2011年,新城区实现财政总收入为5.59亿元,一般预算收入4.99亿元,比上年增长58.9%,房地产行业所占比例正逐年下降,总部经济、生活物流、汽车展销、教育培训、科技研发、金融保险、咨询服务、文化传媒、旅游休闲等现代服务业加速发展,新城区税源范围不断扩大。

【城市管理】 2011年,以综合整治为突破口,推行综合养护管理,有效维护新城区良好环境秩序。新购置1辆15吨垃圾压缩车,增加10处临时垃圾收运点,垃圾收运工作做到日产日清。强制拆除人才家园、绿地国际花都、国信龙湖世家等3个小区11处阳光房、300余平方米;拆除绿地商务城、人才家园西门、顺堤河东、清风路60余处等违章建筑,共计1000平方米,共现场制止新建各类违法建筑30余起。工程渣土整治,与各施工单位签订市容环境卫生责任书并监督施工单位履行市容环境卫生责任。实行24小时昼夜巡查制,及时查处偷倒、乱倒建筑垃圾、运输车辆沿途撒漏,对于偷倒、乱倒建筑垃圾、沿途撒漏的行为,责令进行清理或承担垃圾清理的费用。综合养护作业对新城区360万平方米绿地养护、189万平方米道路保洁、36条道路设施(包括排水)综合管养作业。全年共移植绿化15000平方米,补铺草坪5000平方米,补植模纹、地被30000万平方米,有效提升新城区绿化形象。生活垃圾收运实现点(垃圾容器)对点(垃圾收集车)密闭对接收集运输(垃圾不二次落地)和日产日清,全年共收运生活垃圾21500立方米。市政设施维护重点突击实施雨(污)水管网清淤工作,确保汛期排水畅通;实施昆仑大道、汉风路、元和路、新安路等22条道路设施整修工作,全年共修复16526平方米;实施了缺失(毁损)窨井盖修复和补齐工作,共修复补齐378处。 (王旻浩)

园林建设

【概况】 2011年,全市园林系统围绕建设充满魅力的生态园林城市,大力实施精品工程,改善城市环境面貌,彰显山水城市的特质,提高城市品位和档次,实现"十二五"良好开局。奎山公园等一批精品工程建成开放,云龙湖珠山景区、云龙山敞园改造、徐州植物园建设等一批重大功能性项目顺利推进。全年共完成新增改造绿地1530公顷,其中荒山绿化、新增林地930公顷,新增、改造绿地600公顷;完成立体绿化13.94万平方米。评出市区绿化养护管理达标居住区(单位)185个。其中,评选出绿化养护管理精品居住区(单位)13个,丰县左岸人家等20个居住区被评为"徐州市园林式居住区",睢宁中学北校区等18个单位被评为"徐州市园林式单位"。超额完成国家森林城市、全国文明城市和全面小康社会的各项绿化指标。2011年,市区绿化覆盖率、绿地率分别达到41.3%、38.11%,人均公园绿地面积达到15.24平方米。其中,绿化覆盖率全省排第7位,比上年提升2位。1月18日,原市园林技术工程处、市园林建设管理处更名为市园林工程质量监督管理处、市公园(广场)养护管理中心。4月27日,《光明日报》刊发徐州市公园敞园开放、还绿于民的报道。12月《江苏风景园林》以《创新开放式公园管理模式 提升城市景观和群众满意度》为题,对徐州市管理模式全面推介,并加编者按。

【《徐州市城市重点绿地保护条例》施行】 经省人大常委会批准,《徐州市城市重点绿地保护条例》自1月1日起正式施行,第一批3大类51块、1500公顷重点绿地保护名录已经市政府批准公布,一道保护城市绿地的"铁篱笆"牢固筑立。

【《徐州市市区公共绿地养护管理办法(试行)》实施】 2011年4月23日,《徐州市市区公共绿地养护管理办法(试行)》经市政府批准正式印发实施。按照"政府主导、分级管理、市场化运作"的养护管理体制,全面完成云龙湖风景区、云龙公园、彭祖园、市民广场、奎山公园等新一轮市场化养护招标,实行绿化养护、保安、保洁一体化招标管护机制,管理工作持续优化,基本实现了让老百姓满意、让市政府放心的初衷目标。

【《双拥》雕塑全国获奖】 2011年5月28日,全国城市雕塑建设指导委员会公布"2010年度全国优秀城市雕塑建设项目",徐州市《双拥》雕塑获优秀奖,徐州市市政园林局获优秀组织奖。

【科研项目】 2011年6月28日,《巨紫荆在徐州地区的引种驯化》、《徐州市城市园林绿化现状遥感调查及城市绿化管理信息系统的开发》、《徐州市采煤塌陷区湿地公园建设关键技术研究》、《徐州市城区石灰岩山地风景林构建关键技术研究》等科研项目通过市科技局验收。同时,《徐州市彩叶树种引进与推广技术研究》获20万元市级科研项目计划科研项目资助。

【《城市园林绿化资源调查技术规程》颁布】 2011年9月16日,江苏省徐州质量技术监督局、徐州市市政园林局颁布徐州市地方性标准《城市园林绿化资源调查技术规程》(DB/T506-2011),至此,市已出台涉及园林绿化设计、栽植、质量验收、养护管理等方面的5项地方性标准。

【徐州市荣获第七届省园博会特等奖】 2011年9月26日—10月26日第七届江苏省园艺博览会在宿迁举行,徐州市参加造园艺术展、插花、盆景、书画摄影、园林花卉和植物新品种展。其中,市展园"方寸天堂"以别具匠心的设计、精心精细的施工荣获造园艺术特等奖,徐州市人民政府获突出贡献奖,其他花事活动共获奖12项。

【奎山公园敞园开放】 2011年,10月1日,奎山公园敞园改造正式对外开放,公园以"劝学、励志"为主题,是继快哉亭公园、云龙公园、彭祖园、百果园之后，市建成开放的又一开放式公园。

【精品工程】 2011年10月12日，中国风景园林学会公布2011年度中国风景园林学会优秀园林绿化工程评比结果，市云龙公园绿化景观工程、百果园景观绿化工程、彭祖园敞园改造、楚河南岸景观改造工程Ⅱ、Ⅲ标段获金奖。省住房和城乡建设厅表彰高品质城市空间、精品建筑和优秀风景园林示范项目，市云龙公园、湖东路杏花村、汉文化景区榜上有名。12月19日，江苏省风景园林协会表彰2011年度风景园林协会园林绿化优秀工程，市新城区1、2号路景观绿化工程、彭祖园改造工程、滨湖西园绿化景观工程、云龙湖湖中路景观改造工程、九龙湖公园改造工程一标、二标等6项工程获奖。

园博会徐州市展园“方寸天堂”

【云龙湖风景区被列为国家级服务业标准化试点项目】 2011年10月21日，国家标准化委员会公布2011年度国家级服务业标准化试点项目名单，市云龙湖风景区、马陵山风景区旅游业标准化试点项目名列其中。 （王文东）

城市管理

【概况】 2011年，全市城管系统紧紧围绕全市“三重一大”、振兴徐州老工业基地和全市城市管理工作会议的总体部署，坚持“以人为本、民生优先、服务发展”的宗旨，构建“百姓城管、科学城管、法治城管”新理念，落实以“街长、片长”为载体的网格化管理新机制，开展五项综合整治活动，加强城区道路、公交场站、城市照明、环卫保洁等体系建设，推进城建重点工程、为民办实事和政府工作报告等目标任务落实，淮海东路、中山南路跨入“省级市容管理示范路”行列，雁群生活垃圾处理场通过国家一级无害化填埋场考核验收，市城管局被省全面推进依法行政工作领导小组办公室、省法制办联合表彰为“2011年度全省城市管理行政执法工作先进集体”。市城管执法支队正式挂牌成立，沛县、邳州市、贾汪区等11支执法大队顺利通过省厅“三星级”考核验收。

【市容环境综合整治】 2011年，围绕市委提出的“治违、治堵、治脏、治乱、治暗”等专项治理要求，在城区组织实施“三站一中心”、占道夜市烧烤、重点道路及城市出入口等7项整治活动。加大对47个马路市场和27个便民疏导点的管理，完成光明路、煤建路等4处便民疏导点设施更新、提档升级，取缔孟家沟、西苑中路等6个马路市场。推进环卫保洁市场化全覆盖，推行“双班作业制”、“一日两清扫”和“15分钟保洁法”，探索推广马路市场、摊点群“垃圾不落地”试点经验。推进户外广告整治，依法拆除31条道路、369处、3万平方米不符合规划设置要求的户外广告设施，对111条街巷门头店招进行集中整治。完成机场路、徐丰路等7条道路和77条小街巷路灯的安装改造。在市区创建渣土运输信用考核、资质核查和招投标管理机制。强化“两场两路”执法管理，加大新城区综合管养执法力度，推行洗车场星级管理，城区人居环境质量显著提升。

【数字化管理】 2011年，探索以“街长、片长”为载体的网格化管理新机制，采取“试点先行、统一模式、整体推进”的办法，将市区31个街道办事处的333条路段、225个社区，划分成为47个“片”、224个“分片”、385个“责任路段”，分别配备片长、分片长、街长及路段协管人员等3000人，基本实现管理全覆盖、无缝隙，考核点评、奖勤罚懒、责任倒查、公示监督等机制初步形成。启动运行数字化城市管理监督指挥系统，排查各类案件5.4万余条，结案率稳步提升。

【省、市级市容管理示范路创建】 2011年，以“精心、精细、精致、精品”为目标，全力推进淮海东路、中山南路省级市容管理示范路创建工作，整治沿街建筑外立面6万平方米；拆除违建28处、1800平方米；新建港湾式公交站台13个，更换新型果皮箱300个，安装门牌518块，道路改造参照高速公路标准，按15年使用期限设计，建成双向6车、局部7车道，两条道路的市容景观和品质形象跨入“省级市容管理示范路”行列。搭建市级市容管理示范路创建平台，制订并下发《徐州市示范路建设指导意见》，各县(市)区17条道路通过市级市容管理示范路考核验收。

【城市基础服务】 2011年，立足创新创优、打造精品，高效完成道路畅通、宜居环境、功能完善等15项城建重点工程和为民办实事项目。组织实施中山南路、淮海东路、复兴南路等6条主要道路的路面拓宽出新、路口渠化改造、各类杆线入地、沿街立面美化、广告店招规范等整治工作。加快推进照明体系建设，推广绿色照明，完成高速公路至市区连接线、机场路、塔东路等4550套路灯安装改造工作，市区主要道路亮灯率达98%以上。做好公交场站建设管理，新建不锈钢候车亭69座、灯箱式站名牌51座、杆式站名牌142根、安装候车坐凳78个。多管齐下缓解“停车难”问题，实施《徐州市市区机动车停放服务收费管理办法》，城区新增机动车停车泊位3670个、非机动车停放点50处。以“路平、牙齐、桥美”为目标，维养路面6.7万余平方米。督促、指导各区强力推进3

个失地农民就业疏导点建设,完成市区125座街头报亭的更新改造工作。

【生活垃圾一体化】 2011年,借助全市乡镇科学发展分类考核,制定乡镇环境卫生考核办法,细化考核细则,大力推进“户分类、组保洁、村收集、镇转运、县(市)集中处理”的生活垃圾一体化处理模式。铜山区城管局率先完成环卫专业规划编制工作,初步建成区、镇、村三位一体生活垃圾收运体系。积极争取省级资金支持,全市25个乡镇垃圾中转站获得专项补助经费450万元。加快中心镇达标创建步伐,督促、指导30个镇开展沿街楼体外立面粉刷出新、门头店招规范、违法建设拆除、占道摊点清理等活动。成功实施生活垃圾处理费征收改革,后三季度累计征收生活垃圾处理费2290万元。做好垃圾无害化处理工作,强化垃圾发电厂日常运行监管,雁群垃圾场顺利通过省厅一级无害化处理场考评、验收,年度市区无害化处理生活垃圾43万余吨。 (吕茂松)

·徐州港华燃气·

【概况】 徐州港华燃气有限公司是香港中华煤气有限公司与徐州燃气总公司在2004年合资组建的以经营管道燃气为主的企业。公司投资总额为2.45亿元人民币,其中香港中华煤气有限公司占股份80%,是徐州市区唯一经营管道燃气和“西气东输”徐州天然气利用工程项目法人单位,同时拥有睢宁县及丰县的管道燃气经营权。承担辖区范围内居民和工商业户的管道燃气供应,以及1200公里地下燃气管网的各项业务,全市有30多万户居民、400家工商业用户。公司有天然气门站和CNG加气母站各一座,设计日供气能力120万立方米;10万立方米储气柜1座,LNG站4座,设计液化天然气储备能力1200立方米。全市分布中压调压站3座,中低压调压站(箱)317座;地下管网总长1132公里,其中高压16公里,中压219公里,低压897公里。借助国家西气东输工程,截至2011年,徐州港华连续实施天然气置换工程,并最终淘汰焦炉煤气,全面进入天然气时代。2006~2011年度,公司连续被江苏省消费者协会和徐州市消费者协会评选为“诚信单位”称号。2011~2012年度,获得江苏省燃气热力协会“江苏省燃气行业优质服务明星企业”称号。

【客户服务】 2011年,公司全面建立高科技网络,TCIS系统(客户服务管理平台)和SCADA系统(燃气管理数据采集与监控系统),打造先进的服务体系和管网安全运行体系,构建高效、便捷的燃气发展平台。同时投入大量资金,全面参照香港中华煤气编制的《国内合资公司地上、地下管道及设施的设计、施工及维修指引》开展工程和质量管理,并实现OHSAS18001:2007(职业健康安全管理体系)认证。截至2011年底,累计服务超过1000小时,充分体现“以客为尊、以人为本”的服务理念。公司全面推行SQS(优质服务计划)、5S管理活动和推动学习文化计划。公司每年投入培训资金100万元,在各部门中设立革新小组,80%以上员工参与其中。

【安全生产管理】 2011年,公司积极推广安全文化,提升安全生产意识。加强管网巡查,制订供气应急调峰机制,确保燃气储配系统安全运作;加强员工的安全培训,开展多种形式的安全文化推广与宣传活动;制订事故紧急应变预案,做好重、特大事故的处理与防范工作。公司严格落实企业安全生产责任制,制定公司各级安全岗位职责;年初公司与各部门签订安全生产责任书,并定期对安全生产责任制落实情况进行考核。落实《中华人民共和国安全生产法》和安监总局相关规定,主要负责人、安全管理人员、各种作业人员100%持证上岗,并实施年度安全考核。公司职工接受内外部安全培训及演练共计10267学时,1848人次,考核合格率100%。公司累计投入各项安全资金约6287万元,其中管网改造投入约4510万元,燃气表改造出户投入资金约1679万元。公司先后举行管网燃气泄漏、客户抢修、场站及办公区域灭火及消防疏散紧急事故应急演练14次,414人次参加了演练。定期入户安检累计成功到访民用客户146498户,到访率98.3%,重点对隐患户进行检查与整改。排查客户一级隐患48124户,整改39669户,整改率为82.43%。工商客户成功到访率100%,一级隐患整改率100%。公司每季度制作一期HSE资讯,组织员工开展有奖安全知识竞赛、消防安全技能比赛,并通过张贴标语、悬挂横幅、利用展板等方式对员工进行安全文化的推广活动。利用物业、社区等社会力量的支持,以“客户关注小组”形式,对客户进行安全教育;利用110联动、119消防日、安全月、老小区分表改造等活动,组织人员深入社区、广场等进行安全宣传教育活动,发放客户安全用气资料。集团连年荣获市安委会授予的“优秀安全先进企业”,荣获“市消防安全管理先进单位”称号。

【老旧管网改造和老小区燃气表出户】 2011年,公司制定老旧管网改造计划,投资3亿元对全市老旧管网、调压站、阀门、水井等附属设施进行逐批次改造,配合市政施工,同步进行,以彻底消除安全隐患。公司自2009年与市政府老小区改造工程同步配套实施老小区燃气管网、室内管、煤气表和附属设施更新改造工程,累计投入8000万元将10万户室内燃气表移至户外集中安装,大大降低了老小区居民的安全用气风险。

【供气保障】 2011年,公司完成LNG应急调峰站一期工程的建设,应急调峰能力为72万立方米,为全市安全供气提供有力的保障。公司成立专职抢险抢修队伍,解决突发性事故的发生,实行每日24小时值班制,并投入巨资,为抢险抢修组配备先进的抢险车辆及检测仪器设备。对管网违章占压现象,公司协调有关部门予以拆除或进行管网改造。

(徐 彦)

市委书记曹新平视察棚户区改造

房地产业

房地产管理

【概况】 2011年,全市住房保障和房管系统认真履行职责,坚持依法行政,文明优质服务,完成全年的各项工作任务,实现全市住房保障和房管事业又好又快发展。全市房地产累计投资214.85亿元,同比减少9.15%;新开工面积803.93万平方米,同比减少19.6%。房地产住宅投资196.93亿元,同比减少1.46%;住宅新开工面积733.29万平方米,同比减少14.9%。落实私房政策工作,调查处理40余户,发放补偿费17户、23.54万元。市住房保障和房管局被市委、市政府表彰为城市管理工作先进单位,被市委表彰为全市创建"勤廉徐州"先进集体,被市政府表彰为市棚户区改造、综合治税、安全生产、政务督查、市政协提案办理先进单位,被省住建厅表彰为统计先进单位,房产登记交易中心被市委表彰为全市信访工作先进,宣武集团党委被市委表彰为先进基层党组织,综合治理被表彰为全市先进,宣武市场管理服务部被团中央和住建部命名为国家级青年文明号,置换中心业务部创成为省级青年文明号,1人被市文明委命名表彰为徐州市第三批服务标兵。

【房改工作】 2011年,全市出售直管公有住房596套,建筑面积2.6万平方米,售房款798.12万元。直管公房现有11648户、建筑面积54.51万平方米,其中住宅11117户,建筑面积43.17万平方米;非住宅511户,建筑面积11.34万平方米。核准市区68个单位出售公有住房3859套,建筑面积18.34万平方米;核准市区42个单位579人的申请购房补贴,核准补贴金额781.05万元。全年直管公房非住宅租约共签订416户,建筑面积59318平方米,其中鼓楼区租约续签137户、建筑面积22920平方米,云龙区租约续签194户、建筑面积29284平方米,泉山区租约续签85户、建筑面积7114平方米。全年共完成住宅租金收入623.54万元,非住宅租金全年收入1172.52万元。

【房屋安全管理】 2011年,共投入450余万元修建房屋71处、576间、9579.72平方米,其中云龙区抢修房屋18处、170余间、2500平方米,鼓楼区抢修房屋17处、260余间、4400平方米,泉山区抢修房屋23处、110余间、2200平方米,确保汛期房屋住用安全。加强公共场所房屋安全管理。明确物业管理区域内房屋改造装饰装修结构安全的管理责任,参加全市中小学校舍安全工程,对亿吨大港打桩施工影响周边民房、刘集中学教学楼因煤矿塌陷产生沉降、开裂等进行鉴定。查处、制止拆改房屋结构行为216起,责令业主恢复原墙体结构32起。

【白蚁防治】 2011年,实施白蚁预防750万平方米,完成市重点项目及民生项目预防76项。实施房屋装饰装修预防业务,预防面积25576平方米;实施房屋白蚁及害虫灭治39家,灭治面积30818平方米。完成省下达的世行白蚁饵剂监控系统安装任务。根据国家环保部履约办和省环保厅工作指导小组办公室关于《中国白蚁防治氯丹灭蚁灵替代示范项目》的推进实施计划,市白蚁防治所对中国矿业大学、工程兵指挥学院、徐钢小区等完成地上型饵站5087套、对泉山美墅、鑫雅园等11个小区完成地下型饵站10677套,对7个小区更换检测棒24366组;铜山白蚁所完成地下型饵站4104套,更换检测棒6219组;新沂白蚁所完成地下型饵站4183套,更换检测棒2691组;邳州白蚁所完成地下型饵站2016套。徐州市白蚁防治管理处被表彰为全国、全省行业先进。

【房屋安全鉴定】 2011年,按照《江苏省房屋安全鉴定机构考核及评分标准》,从机构设立、专职专业人员配备、仪器设备配置、制度建设、鉴定文书、行政管理等6大方面53条具体内容进行准备,并对县(市)区鉴定机构进行考核指导。经省厅考核专家组考核验收后,市房屋安全鉴定处获优秀格次,各县(市)区分获合格、基本合格。完成各类房屋安全鉴定253项、393幢,鉴定面积26万平方米,房屋司法鉴定17项。徐州市房屋安全鉴定处分别被省厅和省房协表彰为先进单位。

【住房保障】 2011年,省政府下达徐州市住房保障任务为,新增公共租赁住房8000套(间)、经济适用住房4000套、廉租住房1000套、发放廉租住房租赁补贴2010户。出台《关于大专院校建设教师周转住房(公共租赁住房)的实施意见》(徐政发〔2011〕78号),鼓励大专院校利用自有土地建设公共租赁住房,用于解决本校新就业人员的住房问题。市住房保障和房管局与市国土局联合下发《关于切实落实保障性安居工程建设用地的通知》,确保任务的落实。在保障对象上,调整收入标准和住房标准,扩大保障面。按照住房保障政策规定,对2010年实物配租的廉租房住户进行资格年审。在保障房建设中,牢牢抓住“布局选址、规划设计、工程建设”3个关键环节,打造一批精品工程。在选址上,按照“均衡布局、交通方便、配套完善、环境宜居”的原则,将保障性住房规划布局在交通便利、基础及配套设施较为完善的区域。在规划设计上,严格按照商品房小区的标准,选择一流的设计单位,融入“混合社区”和“次街生活”等最新的设计理念,避免社会阶层隔离。在工程建设上,严把工程质量关,严格执行基本建设程序,落实项目法人制、招投标制、合同制、工程监理制,市监察和审计部门实行全过程监督检查和跟踪审计,确保工程质量。坚持“向上争取一块、财政投入一块、市场融资一块”,多措并举、科学运作,为保障性安居工程建设提供资金保障。争取国家、省补助资金和扶持政策;根据住房保障发展规划和年度计划要求,将公共租赁住房、廉租住房保障资金纳入年度预算,统筹安排好各项住房保障资金;住房公积金增值收益在提取贷款风险准备金和管理费用后,全部用于保障性住房建设,并按时下拨到县(市、区);从土地出让净收益中按10%比例提取住房保障资金,不能满足需要的,再由财政予以安排。市政府市长办公会议多次听取保障房建设进度情况汇报并进行部署,对进度慢的县区提出要求。市成立开展保障性住房建设专项效能监察工作领导小组,明确各成员单位的职责分工,并定期召开联席会议,研究全市保障性住房建设重大问题。定期组织督查,针对督查中发现的问题,运用监察建议、约谈和行政问责等工作方式,督促责任单位和部门抓好工作整改,加快推进保障性住房建设。全市共开工建设公共租赁住房8691间(套),完成目标任务的108.64%;开工建设经济适用住房4106套,完成目标任务的102.65%;开工建设廉租住房1008套,完成目标任务的100.8%;发放廉租住房租赁补贴2336户,完成目标任务的116.22%。其中市区开工建设公共租赁房、廉租房3530套,经济适用房2100套,发放租赁补贴575户;县(市)区共开工建设公共租赁房、廉租房6169间(套),经济适用房2006套,发放廉租住房补助1761户,均超额完成省政府下达的任务。

(周平泉)

房地产市场

【概况】 2011年,是国家、省、市房地产市场调控力度最大的一年。市贯彻落实国家、省房地产调控政策，相继出台《关于进一步做好房地产市场调控工作促进房地产市场平稳健康发展的通知》（徐政发〔2011〕44 号）、《关于贯彻执行普通商品住房限购政策有关问题的通知》（徐政发〔2011〕50 号）、《关于成立市房地产市场调控工作领导小组的通知》（徐政发〔2011〕51 号）、《关于做好市区房地产市场监督检查工作的通知》（徐政发〔2011〕52 号）、《关于印发 < 徐州市新建普通商品住房销售价格备案规定 > 的通知》（徐政发〔2011〕55 号）等房地产市场调控文件，发挥市房地产市场调控领导小组办公室的作用，实施市区普通商品住房限购和价格备案、商品房销售信息公开制度，控制房贷发放、提高首付比例、取消二手房交易税收优惠等政策，完善房地产市场监测分析，实现信息互通。房管部门联合相关部门对市区 53 家开发公司 60 个楼盘逐一督查和整改“回头看”，查处 11 家违法违规预售整改不到位的开发企业，遏制投资性和投机性购房，实现商品住房价格增幅调控目标。2011 年，全市房产市场供应同比略有增长，销量同比小幅下降，房产销售均价增幅回落，房产市场实现平稳健康发展。5 月份实行限购政策和价格备案制度，加强市场监管。全年主城区商品房销售 325.47 万平方米，同比增长 1.90%；销售均价 5717 元/平方米，同比增长 10.18%。其中商品住房销售 268.95 万平方米（其中定销商品住房 58.69 万平方米），同比增长 2.25%；销售均价 5535 元/平方米，同比增长 10.92%；普通商品住房销售 232.78 万平方米，同比下降 0.87%；销售均价 5201 元/平方米，同比增长 5.01%。徐州市城市居民家庭人均可支配收入增幅为 14.5%，因此，徐州市区新建普通商品住房价格增幅低于城市居民家庭人均可支配收入增幅，完成了年初制定的房价控制目标。

【市场运行】 2011 年，受国家、省、市调控政策的影响，商品住房销量有下降趋势，由于 5 月 1 日实行限购政策，开发商大量放盘，部分购房需求者也搭乘限购末班车，积极入市，致使商品住房销售量在 4 月出现猛增。5 月后，由于部分楼盘的特点和性质，销量虽略有增加，但全年商品住房的销量增幅和价格增幅同比呈回落趋势。2011 年，全市批准销售、累计可售、销售的商品房面积分别为 915.41 万平方米、1000.93 万平方米、662.67 万平方米，同比分别增长 9.71%、42.70% 和下降 10.67%。其中，主城区商品房批准预售 491.44 万平方米，同比增长 37.49%，其中商品住房 392.06 万平方米，同比增长 40.17%。市主城区存量住房交易面积、交易均价分别为 69.31 万平方米、3856 元/平方米，同比分别下降 19.65%、增长 9.67%。

【数字房管建设】 2011 年，按照住建部《房地产市场信息系统技术规范》要求，市商品房网备等 7 大系统建设基本完成。市主城区 3 层以上楼房的信息已入库 11000 栋、90 万卷房产档案、2200 万张档案图片信息扫描录入数据库，共为税务和银行部门出具房产证明 39309 件，出具限购证明 8337 件，为公检法部门提供房产查询 4720 余人次。

【房屋登记】 2011 年，按照《物权法》、《房屋登记办法》和《徐州市房屋登记条例》要求，建成运行新的房屋权属登记管理系统，完善登记业务和管理流程。从 6 月 1 日起正式启用房屋登记新系统，开辟立等可取业务专区，对预购商品房预告登记、预购商品房抵押预告登记、房屋所有权转让预告登记、房屋所有权抵押预告登记、预购商品房抵押注销等 5 项业务做到立等可取，办证速度明显加快，方便了办事群众。组织全市 207 名符合考核条件的房屋登记人员分 3 期进行培训，并统一参加全国考试。房屋登记簿的电子信息实现同城和异地同时备份，确保了数据安全。全年市区共办理各类权属登记 104334 件，建筑面积 1243.49 万平方米；办理房地产抵押 32541 宗，抵押登记额 219.27 亿元。

【个人住房信息系统】 2011 年，按照住建部、省住建厅的部署，本着“整体规划、统一平台、统一标准、资源共享”的原则，开始建立覆盖全市并逐步与省、部联网的个人住房信息系统，规范全市个人住房信息基础数据标准，为促进房地产市场持续稳定健康发展提供基础信息和决策依据。5 月份，全市个人住房信息系统建设全面启动。6 月中旬，市房管局赴各县（市）、铜山区、贾汪区进行个人住房信息系统建设业务督导；7 月，进行个人住房信息系统测试，完成软硬件设备的安装调试；8 月，全部完成各县区网络布线，测试完善个人住房信息系统；9 月，睢宁、贾汪、铜山等先后开通个人住房信息系统网络平台。

【房产档案管理】 2011年,房产档案馆共接收房产档案资料95943卷,为产权管理和社会各界提供档案利用59376卷,出具有关证明48168份,对已拆迁房屋档案进行原档案号注销、新编号、调库298卷,整理汇总1980、90年代房产产权产籍图(底图)5000份。全面完成房产档案电子扫描,共入库155562卷。完成与各商业银行、公检法司等部门的档案查询工作连接的前期准备工作,达到档案资源信息共享。5月1日起,开发应用“居民家庭拥有住房查询证明”系统,为徐州市限购政策把好关。共接受限购证明查询8337份,利用馆藏档案为公检法等部门提供查询5330人次,协助税务机关查询个人所得税相关资料32978人次,为各银行及公积金管理中心提供2套房认定6331人次。6月,协助教育部门为“小升初”提供房产档案信息查询522份。通过指导,邳州房产档案室通过省三级城建档案馆(室)的等级考核。完成《徐州房地契证选编》的编辑整理初稿。

【住房置业担保】 2011年,共办理住房贷款担保业务9117户,担保贷款额21.14亿元。承办长三角城市住房担保行业第五次联席会议,20多个城市的代表参加了会议。

【房产测绘】 2011年,共完成房产登记发证配图39401件,建筑面积450万平方米,商品房面积测算714万平方米。房产测绘实行测绘成果终身制和错误追究制,徐州市宏伟测绘制图公司顺利通过ISO质量认证年检。 (周平泉)

物业管理

【概况】 2011年,办理23家开发企业的前期物业招投标和备案手续,为16个住宅项目办理了验收手续。老居民小区整治收尾工作基本完成,整治后的老小区推进长效管理机制。全年共核准44个单位使用已购公有住房维修基金利息181.17万元,为5个商品房小区提取物业维修基金6万余元,满足住宅小区公共部位和共用设施设备的维修需要。

【“三位一体”管理新机制】 2011年,推行街道社区、业主委员会、物业企业“三位一体”管理新机制。按照“市级指导、区级主抓、以块为主、条块结合、先行试点、全面推广”的原则,将推行“三位一体”新机制纳入对区政府和街道办事处的城市管理工作考核,较好地发挥办事处的主导作用,推进新机制的落实。全年市区新增“三位一体”的小区33个。推进物业服务行业黑名单制度。通过自下而上的考核,召开半年情况通报会,集体约谈企业主要负责人,督促限期整改到位,有效地规范物业服务行为。全年有3家物业企业被列入“黑名单”,27家被记入不良行为档案。

【物业品牌培育】 2011年,物业企业资质审批实行权力网上公开透明运行,全年审批物业服务企业资质51家,核定三级资质59家。结合企业创建,初审并向住建部、住建厅推荐一级和二级资质物业企业,共有2家升为一级企业,8家升为二级企业;召开全市物业服务项目创优现场会,指导规范创优工作,共创成1个全国示范、5个省优和22个市优物业管理项目。对市17个优秀物业企业、优秀管理处主任、优秀员工等先进典型进行系列宣传。在全国、全省物业管理改革发展30周年表彰活动中,市分别有1个企业、3名个人和8个单位、15名个人受到表彰。 (周平泉)

环境保护

综 述

【空气环境质量】 2011年度市区环境空气质量达到和优于Ⅱ级的天数累计为335天（占总天数的比例为91.8%），与2010年持平。市区二氧化硫、二氧化氮、可吸入颗粒物年平均浓度均达到环境空气质量二级标准。空气中二氧化硫浓度均值为0.045毫克/立方米，比2010年上升2.3%；二氧化氮浓度均值为0.029毫克/立方米，比2010年上升11.5%；可吸入颗粒物浓度均值为0.086毫克/立方米，比2010年下降2.3%。

【水环境质量】 饮用水水质。2011年，全市县级以上集中式饮用水水源地水质未发现超标现象。地表水水质。2011年，全市南水北调和淮河流域9个重点断面水质，据省环境监测中心发布的2011年度《江苏省水环境质量月报》显示，南水北调的复新河沙庄桥、沛沿河李集桥、不牢河蔺家坝、京杭运河张楼、房亭河单集闸和徐沙河沙集西闸以及淮河流域的奎河黄桥、房亭河东贺村闸共8个断面达标率为100%，淮河流域的沭河邵店桥断面达标率为83.3%。与2010年相比，沛县沛沿河李集桥断面水质达标率下降13.3%，丰县复新河沙庄桥断面水质达标率由0提高到70%，其余断面达标率分别提高了20%～30%。

【“国家环境保护模范城”创建成功】 2011年5月24日，国家环保部正式授予徐州市“国家环境保护模范城市”称号，是全国第一个通过国家环保模范城市新指标体系验收并命名的城市，在全国树立了资源型城市成功转型的先例，实现了环境优化发展，呈现了经济高位增长、污染持续下降、社会和谐发展的新局面，昔日煤城实现了由灰到绿的靓丽转身。

【环保科研】 徐州市环境保护科学研究所承担的江苏省环保科研课题“沛沿河水环境质量改善技术研发”，于2011年10月顺利通过了课题验收评审会。“徐州市环境监控中心与农药、化肥减施示范基地项目”向国家发改委申报；“资源节约和环境保护2012年中央预算内投资备选项目”顺利通过了徐州市发改委和江苏省发改委的评审和筛选，已经上报到国家发改委进行评审。环保科研成果的进展为环境治理工作提供了技术支撑，也有力促进了徐州市经济、社会与环境的协调发展。

【建设项目环境管理】 2011年，徐州市环保局大力实施“阳光环保”工程，打造环保“绿色之窗”服务品牌，进一步简化程序、压缩时限，服务全市“三重一大"项目,"亿吨大港"输港公路、"欢乐谷"等一批工程顺利实施。同时引导各开发区优化产业结构,严格环境准入要求,提高建设项目环评和"三同时"执行率,督促各开发区加大环保投入,完善环境基础设施,提升环境支撑能力。徐州经济开发区、徐州高新技术开发区完成了区域回顾性环境影响评价。环保窗口连续8年被市政府行政服务中心评为"五星级窗口"和"优质服务窗口"、"绿色之窗"。

【环保服务】 先后向国家、省争取污染物减排、农村环境整治等环保资金1.33亿元,所获资金额度位居全省第一。协调国家省环保部门对徐州市亿吨大港、彭城欢乐大世界、多晶硅等重大项目进行了环评审批。服务招商引资,开展包挂服务、上门服务、预约服务、跟踪服务,全年共服务审批全市招商引资项目215个。完成了淮海经济区规划、东陇海产业带规划编制中的环保工作。先后编制了"十二五"环保总体规划、专项规划共8个。全面完成了国家森林城市、生态园林城市、全国文明城市涉及的环保任务。参与城市管理、功能区划、城区企业搬迁、化工行业整治、生态建设等全市重点工作,完成调研报告10余份。

【环保行政】 全年办理上级领导信箱信件439件,按期办结了15件人大建议、政协提案以及社情民意转办单,办结率、满意率均为100%。承担的3项年度为民办实事项目,均已完成并超出预期目标。全面推行政务公开和行政权力网上运行,正式更新改版启用了徐州环保网站,实现了各类环境信息的及时发布、更新与共享。通过中国徐州政务大厅网络平台,实施了环评网上审批,推进行政审批改革,环保审批事项入驻率、现场办结率均为100%。全力打造学习型党组织,建设学习型干部队伍。深入开展创先争优活动,紧密联系实际,开展反腐倡廉教育,大力加强作风、行风建设,党风廉政建设得到进一步加强,树立了环保部门的良好形象。强化执法队伍业务建设,依法行政通过考核,全年公开各类环保信息686条,强化保密工作管理,全年未发生失泄密事件。

【绿色创建】 继续抓好绿色学校、绿色社区、绿色家庭、环境教育基地"四创建"工作。泉山和鼓楼有2个社区被评为省级绿色社区。云龙、泉山和开发区有9家被评为市级绿色社区。云龙区有4家被评为市级绿色家庭。开发区组织全区两镇三办的环保负责人参加绿色社区环保培训,参观省、市级的绿色社区,交流先进经验,提升环境管理意识。有10个学校被评为省级绿色学校、15个学校被评为市级绿色学校,丰县、邳州、云龙、泉山走在全市绿色学校创建的前列。铜山区成立了村级环保联盟,全面推进农村环保员试点工作。继续开展环境教育基地的创建和评选工作,使环境教育基地成为全市环境教育的有效载体。 (田绍宁 王 蓬)

环境监测

【污染源监测】 综合2011年度监督监测情况,徐州市废水国控企业除一家转产关闭外,年度企业监测率为100%,全年综合排放达标率为100%,监测废水污染因子中COD排放达标率为100%。废气企业除3家长期关停外,其他45家废气污染源全年企业监测率为100%,全年综合排放达标率为94%,二氧化硫达标率为100%。城镇生活污水处理厂全部正常运行,COD排放浓度达标率为100%,排放量趋于稳定状态。

【重点污染源】 徐州市有重点污染源81家,其中18家废水污染源、48家废气污染源(根据省环境监测中心要求,8家30万千瓦以上机组企业第四季度起由省环境监测中心监测,市环境监测站暂停监测)和15家城市污水处理厂。根据环保部有关部门关于国控重点污染源监测工作的要求,每季度对全市国控重点污染源进行监测。根据执行的排放标准和监测技术规范确定监测项目。废水监测项目包括pH值、化学需氧量、氨氮和流量等4个必测项目及行业特征污染物;废气监测项目包括二氧化硫(部分水泥行业只测颗粒物)和流量两个必测项目及行业特征污染物;污水处理厂监测项目包括《城镇污水处理厂排放标准》(GB18918-2002)中表1和表2中部分必测项目及选测项目。

徐州市"废水"重点污染源(2011)

序号	行政区	企业名称
1	市区	徐州市润源造纸厂
2	丰县	徐州泛达制革有限公司
3	铜山	徐州市向阳造纸厂
4	铜山	铜山县鸿顺造纸厂
5	铜山	江苏欣欣集团公司
6	铜山	徐州星光纸业有限公司
7	睢宁	徐州南海皮厂有限公司
8	睢宁	江苏世纪天虹纺织有限公司
9	睢宁	江苏苏醇酒业有限公司
10	贾汪	徐州市新星纸业有限公司
11	贾汪	江苏彭城集团染整有限公司
12	贾汪	徐州中建纸业有限公司
13	贾汪	徐州市天瑞纸业有限公司
14	新沂	江苏晋煤恒盛化工有限公司
15	新沂	江苏花厅酒业有限公司
16	新沂	江苏新大纸业有限公司
17	新沂	江苏晋煤恒盛化工有限公司
18	新沂	江苏恒鑫化工有限公司

徐州市“废气”重点污染源(2011)

序号	行政区	企业名称
1	市区	圣戈班(徐州)管道有限公司
2	市区	徐州第二钢铁有限公司
3	市区	徐州坝山环保热电有限公司
4	市区	徐州南区热电有限责任公司
5	市区	徐州华美坑口环保热电有限公司
6	市区	徐州金山桥热电有限公司
7	市区	徐州西区环保热电有限公司
8	丰县	丰县鑫源生物质环保热电有限公司
9	丰县	徐州邦裕铸造有限公司
10	丰县	徐州胜海铸造有限公司
11	沛县	上海能源股份有限公司发电厂
12	沛县	上海大屯能源股份有限公司发电厂热电分厂
13	沛县	徐州龙固坑口矸石发电有限公司
14	沛县	沛县坑口环保热电有限公司
15	沛县	徐州天成热电有限公司
16	铜山	徐州华润电力有限公司
17	铜山	徐州华鑫发电有限公司
18	铜山	国华徐州发电有限公司
19	铜山	徐州伟天化工有限公司
20	铜山	淮海中联水泥有限公司
21	铜山	徐州垞城电力有限责任公司
22	铜山	徐州东亚钢铁有限公司
23	铜山	铜山县新汇热电有限公司
24	铜山	江苏龙远钢铁有限公司
25	铜山	铜山华润电力有限公司
26	铜山	铜山县利国钢铁有限公司
27	铜山	铜山县兴达冶炼铸造有限公司
28	铜山	徐州聚成铸造科技有限公司
29	铜山	徐州利国镇北钢铁厂
30	铜山	徐州牛头山钢铁有限公司
31	铜山	徐州荣阳钢铁厂
32	铜山	徐州市东南钢铁工业有限公司
33	铜山	徐州市荣辉钢铁有限公司
34	铜山	徐州泰发特钢科技有限公司
35	贾汪	江苏阚山发电有限公司
36	贾汪	徐州中联水泥有限公司
37	贾汪	徐州建平环保热电有限公司
38	贾汪	江苏徐矿综合利用发电有限公司
39	贾汪	徐州东方热电有限公司
40	贾汪	徐州天能姚庄煤矸石热电有限公司
41	贾汪	徐州博丰钢铁有限公司
42	贾汪	徐州成日钢铁有限公司
43	新沂	江苏晋煤恒盛化肥有限公司
44	新沂	新沂通新生物质环保热电有限公司
45	新沂	新沂市东区热电有限责任公司
46	新沂	新沂市阳光热电有限公司
47	邳州	江苏徐塘发电有限责任公司
48	邳州	徐州华隆热电有限公司

(田绍宁　王　蓬)

环境监察

【概况】 组织实施了突出环境问题集中整治行动、重金属企业专项整治等10项环保专项行动,关闭和集中整治了92家涉重企业,完成了全市62家企业的强制性清洁生产审核任务。制订了《徐州市环境信访污染举报工作考核办法》,按时办结了1314件环境信访,全年未发生重大环境信访案件。出台了徐州市重点企业环境管理规范,对全市重点企业实施了高标准严要求的规范化管理,完善了重点污染源在线监控系统,并实行全程监测监督。建成了机动车尾气监控平台,全市大气、水监测自动站新增至21个,危废处置中心一期工程基本建成,市环境监控中心已完成选址、可研报批(立项)等所有前期工作。

【排污征费】 对市本级企业进行了申报培训,严格审核企业申报的数据,并逐一录入数据库。及时调度各县区的排污申报进度,纠正各县区上报数据库中的错误。组织专人对全市的数据进行反复审核,圆满完成了徐州市2011年度的排污申报年报的汇总工作,并按照规定时间向省厅及时上报。全年市本级解缴排污费2490万元。

【环境信访举报查处】 针对铜山区比较突出的炼焦钢铁问题,开展重点整治,全面取缔辖区内的改良焦、土法烧结和不符合产业政策的小钢铁,对江苏龙远钢铁有限公司给予行政处罚并限期搬迁。对重型机械有限公司等4家企业,按照要求下达了限期整改通知,4家企业对照存在问题及整改要求,已完成整改。全年共处理上级信访转办案件22件,全部及时妥善处理。

【污染源在线监控】 2011年根据省环保厅要求部署,完成了徐州市新一轮81家国(省)控重点水污染源企业在线监控系统现场端仪器的安装、联网和验收工作(除14家不具安装和验收条件外),并通过了省厅检查组对市国控重点源在线监控系统现场端的每个季度一次的例行检查,对发现的问题进行了整改督办。实施了国控重点污染源责任包干制度。对部分国控污染源数采仪和监控平台进行了升级改造工作。

(田绍宁 王 蓬)

污染防治

【大气污染联防联控】 组织编制《徐州市"十二五"大气污染联防联控规划》,印发《徐州市"十二五"蓝天工程实施方案》,下达《徐州市2011年度蓝天工程工作任务》,一是强化工业污染治理。对位于主城区内的36家小工业企业实施关闭;对徐州环宇焦化有限公司等6个大气污染严重的企业实施关停搬迁;列入废气治理的6家重点企业,3家已建成调试,另外3家钢铁企业的烧结机高效脱硫工程已完成设计方案编制和土地征用。二是有效防治机动车排气污染。修改完善《徐州市机动车排气污染管理办法》,印发《徐州市油气回收工作方案》。按照市政府《机动车环保检验机构发展规划》(2011~2015)第一阶段的建设要求,11个机动车环保检测站、39条检测线已全部建成,全市有103.29万辆机动车环保检测率达83.15%,实现机动车排气监测县(市)、区全覆盖。建设了机动车排气污染监控平台,检测场站在线监控率达到了100%。油气回收工作已经启动,中石油、中海油有4座加油站已完成油气回收管线布置。同时按市政府要求,起草了《徐州市油气回收综合治理项目财政资金补助方案》上报市政府待批。三是大力控制扬尘污染。出台《市政府关于规范工程渣土运输管理的意见》、《徐州市城市环境卫生作业规范》、《徐州市重要绿地保护条例》和《徐州市市区公共绿地养护管理办法(试行)》等一系列控制各类扬尘污染的政策性法规和规范性文件,严格控制建筑施工扬尘污染,依法关闭了北区17家小港口码头,道路冲洒水作业率始终保持在95%以上,城市绿化覆盖率达到41.28%,城市绿地率达到38.11%。四是全面实施秸秆禁烧。从市到乡镇(办事处)都分别成立秸秆禁烧指挥机构,分别制定了夏秋季节禁烧工作方案,建立起严格的奖惩制度和责任追究制度。同时强化源头管理,推进秸秆综合利用,坚持"疏""堵"结合,以"疏"为主的原则,基本杜绝了重点区域无大面积焚烧秸秆现象发生。五是强化餐饮业油烟环境监管。开展餐饮业环境综合整治百日行动以及取缔占道烧烤集中整治活动,下发《关于开展占道夜市烧烤集中整治暨伏羊节期间市容环境整治活动的通知》,重点整治在居民楼下经营且经营面积在38平方米以下的小餐饮,取缔了污染较重的餐饮业36家,取缔占道烧烤及烧烤类占道摊点100余个。六是强化能力建设。市区共设有6个空气自动站,由省市共同投资配置了1套细颗粒物、2套臭氧及一氧化碳分析仪器,安装在黄河新村自动站。7月,市环保局向省环保厅提交了试运行验收报告。市气象部门对徐州市近50年雾霾天气现象进行普查,制订了徐州市灰霾监测预警实施方案,提出了徐州市大气污染全因子观测站的选址原则和仪器功能定位,正着手准备雾霾天气产生机理及预报技术的研究。

【重点企业清洁生产审核】 一是重点行业企业环保核查工作。按照《省环保厅转发环保部办公厅关于开展现有钢铁生产企业环保核查工作的通知》和《省环保厅转发环保部关于开展稀土企业环保核查工作的通知》的要求,组织对全市钢铁、稀土企业进行了全面排查,并召开专题会议,将核查要求全面传达到相关企业。全市共有钢铁生产企业27家,对照8条主要核查内容检查,都存在一些环境问题。全市稀土企业共8家,其中沛县1家、邳州市7家,均按照《稀土企业环境保护核查办法》,组织了资料和现场核查,并将核查相关材料按时上报省环保厅。二是上市公司环保核查工作。贯彻落实市委、市政府加快区域经济发展、做大做强企业的战略决策,推进徐州市上市融资工作再上新台阶,主动与企业沟通、与上级部门协调,在优化服务的同时,按照环保部有关文件和省厅要求,严把环保关,做到高质量、高标准,不留隐患。根据企业申请和省厅组织、委托,先后对徐工集团、江苏万邦生化医药股份有限公司和徐州中联水泥有限公司等17家企业的上市及再融资申请材料和生产现场进行了环保核查。三是推进重点企业清洁生产审核。根据环保部《关于深入推进重点企业清洁生产的通知》要求,针对到2015年,要对全市282家涉及5个重金属污染防治重点行业、7个产能过剩行业和其他行业的重点企业的要求,制定了清洁生产推行年度计划和实施方案。实施清洁生产审核重点企业62家,已全部与咨询机构签订咨询合同,审核工作正在实施。已有11家企业完成了清洁生产审核验收,19家涉重和化工企业清洁生产方案实施评估,其他企业将在年底完成验收。四是加强化工园区环境管理。对新沂、邳州、睢宁和贾汪等4个化工园区入驻企业数量、污染防治设施的配套建设及运行和园区环保基础设施建设等环境管理情况进行了全面调查,查找、分析存在问题,为推进全市化工园区整治,规范环境管理,提出了建议和整改措施。同时组织开展了主城区化工企业现状调查,为市政府加快化工行业转型升级提供决策依据。

【突出环境问题集中整治】 一是参与制定突出环境问题集中整治行动工作方案,突出整治重点,细化整治任务,明确整治责任。二是配合有关部门有效解决了铜山区利国镇非法炼焦、土法烧结和小型炼铁的问题,取缔了利国天马改良焦厂、王勇改良焦厂等13家改良焦项目,关闭了所有土法烧结。对荣阳钢铁、利国村钢铁、牛头山钢铁、铜利铸造等多家300立方米以下高炉实施关闭、拆除。三是解决环境热点难点和企业突出环境问题。对群众反映强烈、舆论重点关注、久拖未决的突出环境问题,明确阶段目标,协调各方力量,实施重点突破,认真化解解决。针对"恩华三药"、"徐工重型"存在的问题,制定整改方案并组织实施,2

家企业已完成整改。

【重金属污染综合防治】 一是组织编制了重金属污染综合防治规划。结合徐州市具体情况，确定了徐州市重金属污染综合防治规划的近远期目标和指标体系，抓住重点区域、重点行业和重点企业，将全市92家涉重企业全部纳入规划范围，并在严格分区、优化结构、加强监管等方面提出针对性的工程和措施。同时，编制实施了《2011年全市重金属污染综合整治实施方案》，已上报市政府批复实施。二是强化保障措施。市政府成立重金属污染综合整治工作领导小组，市长张敬华担任组长。明确属地政府管理责任，强化职能部门监管，严格督查考核，将整治情况纳入年度科学发展综合考核体系，严格实行"一票否决"制度，杜绝各类事故发生。三是开展涉重污染专项整治。市政府专门召开了全市重金属污染防治工作会议，以责任状形式将整治工作的目标任务分解落实到各相关部门和县（市）区政府，将全市涉重企业分为三类实施集中整治，已关闭49家，要求限期停产整治26家企业中，8家已经拆除，3家基本整改到位，其余正在落实整改或长期停产。

【北区环境综合整治】 为深入推进北区环境综合整治工作，彻底改善全市环境质量，按照《市政府办公室关于印发〈2010年鼓楼辖区环保问题突出小工业企业整治工作方案〉的通知》精神，在关闭首批35家小工业企业的基础上，经继续排查、核实，又排出148家小工业企业列入2011～2012年度整治计划。

【固体（危险）废弃物环境管理】 为加强环境监管，强化环境管理，4月份环境科技与辐射管理处和放射性与危险废物管理处就行政许可、转移联单办理、行政处罚及现场预审等方面工作进行交接，从而形成一个齐抓共管的局面。结合全市实际情况，2011年上报危废重点源企业51家，其中国家级重点源企业6家，省级重点源企业19家，市级重点源企业26家。审批跨地区转移3家，审批本地转移18家，对全市51家重点企业进行一一排查，发现问题及时提出整改意见。2011年全市污水处理厂产生的污泥没有发生随意倾倒和非法转移出本行政区的环境污染行为。市辖区内的奎河污水处理厂、三八河污水处理厂、开发区污水处理厂、荆马河污水处理厂等4家污水处理厂产生的水处理污泥全部送至建平环保热电有限公司焚烧处置，规范化处置率100%。

【固体废弃物综合利用和处置】 制定了《徐州市危险废物规范化管理工作实施方案》和《徐州市危险废物监管重点源名单》，确定了全市53家危险废物监管重点源企业，其中危险废物产生量大于100吨的重点源企业9家，产生量10～100吨的重点源企业17家，产生量1～10吨的重点源企业25家，危险废物经营单位2家。2011年处理300余家医疗机构的医疗废弃物2600吨，纳入服务范围的医疗机构已经覆盖全市医疗机构85%。全年完成工业危险废弃物现场勘验单位140家，签订处置协议380家，其中新签协议67家、续签协议55家，签订一次性协议9家。

【放射性环境安全管理】 一是严格执行审批制度，依法行政。2011年，共审批核技术应用项目环境影响登记表15份、预审电磁辐射环境影响报告书（表）19份。发放辐射安全许可证6份，并全部组织了发证前的现场审查。已发证339份，其中59家涉源单位、249家射线装置使用单位（注销了31家用源单位的许可证），许可证发放率达到100%，核技术应用项目环保验收298家，验收率基本达到100%。审批7家单位购买放射源30枚，省内转移备案5家企业的8个放射源。二是加大监督检查力度，确保环境安全。为确保全市辐射环境安全，不发生放射源丢失、被盗等辐射事故，于4月份开展了放射源安全专项检查，共检查涉源单位58家，检查率100%，涉源单位放射源使用和暂存场所基本上建立了在线监控系统和采取了防火防盗的措施，能确保放射源安全使用。针对部分单位存在放射工作人员培训不到位等问题，要求其限期整改，存在的问题在限期内全部整改到位，整改到位率达100%。联合县（市）、区环保部门共对210家射线装置使用单位进行了检查，检查率达到100%。为落实环保部对危险废物进行规范化管理的要求，开展规范化管理现场检查60余厂次，着重检查危险重点监管源单位危险废物转移审批及转移联单、管理计划、环境应急预案和危险废物标识制度执行情况。要求危险废物重点监管源单位必须规范建设危险废物贮存场所，切实做好防雨、防渗、防扬散等环境污染防治措施。基本实现了危险废物管理的规范化、制度化、常态化。三是开展辐射环境监测工作，应对突发事故。根据江苏省辐射环境监测管理站下达的《2011年江苏省辐射环境质量监测实施计划》的工作要求，分别于4月、9月采集国控及省控断面水样、气溶胶样、土壤与重点饮用水水源地样品送省辐射环境监测监督管理站进行监测，对已取得辐射安全许可单位开展了监督性监测工作，共监测190余家单位。3月11日，日本福岛核电站因地震遭到严重破坏，造成大量的放射性物质泄露。按照统一部署，于12日晚12点连续开展了环境空气辐射应急监测工作，每天定时监测环境空气中的瞬时辐射剂量率和采集空气中的气溶胶，并将气溶胶样片及时送至省辐射站分析，此项应急监测工作持续了34天。同时，根据省辐射站4月1日下发的《关于应对日本地震应急监测的通知》要求，4月7日完成了国控点土壤和水体采样和送检工作。配合省辐射站全面完成了外部核事故应急监测工作。四是妥善处置废源，确保辐射安全。配合省城市放射性废物库对徐州市6家用源单位的26枚废旧或闲置放射源进行了收储。至年末，全市辖区内无长期闲置、废旧放射源。五是调解纠纷，强化应急机制。随着全市经济社会的发展，移动通信基站、变电站、输变电线路等电磁辐射设备（设施）越来越多的出现在居民小区、医院、学校等环境敏感点周围，引发了一些电磁辐射方面的环境投诉。在接到投诉后，执法人员均及时奔赴现场进行查处，向居民宣传电磁辐射的相关知识，将可能出现的纠纷上访事件及时消解。

（田绍宁　王　蓬）

水 务

水利工程建设管理

【重点水利工程建设】 东调南下沂沭邳、中运河骆马湖工程全部完成，并通过竣工验收；湖西大堤加固续建工程完成；黄墩湖滞洪区安全建设徐洪河4座跨河桥梁及避洪楼工程全部完成；大型泵站更新改造项目中郑集河泵站已经完成，湖西泵站基本完成；世行贷款故黄河洼地治理工程完成投资3200万元，完成年度任务；中小河流治理项目中获批的12条中已有8条全部完成，其中竣工验收4条；其余4条也已基本完成，完成投资1.77亿元，超额完成1.6亿元建设任务。区域水利治理工程顺利推进，共完成投资5699万元，工程全部开工建设。

【南水北调工程】 南水北调工程累计完成投资18亿元，骆马湖水资源控制闸已建成并交付使用，南四湖水资源控制工程姚楼河闸已建成，杨官屯河闸、大沙河闸全部完工；邳州站、睢宁二站、徐洪河影响处理、沿运闸洞漏水处理等工程均全部完成年度任务，其中邳州站工程完成投资1.36亿元，超额5%，徐洪河影响处理工程完成投资7344万元，超额25%；截污导流工程完成全部建设任务，累计完成投资7.25亿元，工程全线通水，运行养护工作已经展开；丰、沛、睢、新四县(市)尾水导流工程前期工作有序推进，新沂市尾水导流工程已经正式开工建设。

【城市水利工程】 云龙湖水质提升工程完成供水管线铺设11.3公里，具备补水条件。三八河水环境治理工程河道清淤全部完成，黄山大沟泵站工程完成基坑开挖，完成年度建设任务。九里湖水系贯通拾屯河治理拾西村排水工程已完工并投入使用，发挥了工程效益，九里湖补水及拾屯河治理工程也已完成。结转小沿河水源地保护2010年度工程全部完成，2011年度工程也已经完成安装、生态水草种植等年度计划任务。

【治淮工程建设】 全面完成投资2.34亿元的年度建设任务。通过BOT、TOT方式在城区建成7座污水处理厂，完成58公里污水管网铺设，总投资8.23亿元，市区日处理污水量从原来的29.5万吨提升到49.5万吨，污水集中处理率达到85%以上。

【农村水利建设】 全年完成农村水利投资8.5亿元，完成土方8081万立方米，开挖疏浚农村河道土方4965.8万立方米，新建改造泵站510处、13325千瓦，新建防渗渠道341.2公里，配套小沟以上建筑物5037座，均超额完成省厅下达任务。农村河道疏浚整治完成土方4966万立方米，占计划任务的

110.7%,其中:疏浚县乡河道304条、完成土方3167万立方米,整治村庄河塘2442条(个),涉及514个行政村。农村饮水安全工程计划解决51.21万人,总投资2.19亿元,已基本完成。灌区节水改造与节水示范项目完成投资1500万元,水土保持项目完成投资1059万元,小型农田水利工程项目完成投资1.98亿元,旱改水项目完成投资4500万元,均完成年度建设任务。实施并完成2010年度小型农田水利建设重点县及专项工程,总投资1.99亿元。

【工程管理】 在全省率先出台《徐州市水利系统文明建设工地评审管理办法》,水利工程建设管理水平进一步提升,中运河骆马湖堤防加固、沂沭邳治理工程先后获得"淮委文明工地"和"江苏省文明工地"称号。推进农民用水协会建设,全市组建农民用水协会4个。加强地表水(环境)功能区管理,对全市21条河道的45个重点水功能区监测断面每月进行水质检测,并编制水功能区月报。加强河湖健康评价,设置河道"河长",建立长效管理机制。贯彻落实新的《水土保持法》,成立水土保持办公室,出台《徐州市生产建设项目水土保持监督管理办法》。完成水库移民安置工程建设。高度重视安全生产,加强组织建设和制度建设,开展安全生产大检查,多次举办安全生产知识培训,组织消防和水上救生演练,水利系统安全生产形势良好,市水务局连续10年被评为市安全生产优秀单位。 (顾宏威)

水资源管理

【概况】 全面落实最严格的水资源管理制度,严格实施取水许可制度,组织了江苏中能等15个取水项目的审批或审核,选择徐州华润电力有限公司尝试开展建设项目水资源论证后评估工作。开展全市水资源管理信息系统建设与案例编制,并组织各县(市)、贾汪区监测点和部分县监测中心的建设,完成了徐州全市近200个站点的安装与调试,完成《徐州市水资源总量控制监测站点的查勘与施工方案》的编制工作。深入推进节水型社会建设,顺利通过建设部节水型城市复核,全市完成节水型企业(单位)9家,节水型社区3家,节水型灌区2家,节水减排示范项目10个,节水型学校1家;铜山区顺利通过省厅全省水资源管理示范区验收。

【水政执法】 大力开展立法调研和普法宣传,做好重大事项社会稳定风险评估和省际边界水事矛盾纠纷排查协调工作。立法项目《徐州市市区排水管理办法》已上报市政府;修订并重新公布市水务局18项依法行政有关制度;做好重大事项社会稳定风险评估和省际边界水事矛盾纠纷排查协调工作。加大水行政执法力度,整合执法力量,坚持协同作战,组织河湖采砂专项整治行动40次,打击各类涉砂船只200条,击毁采砂机具580台套,全市水事秩序明显好转。

【水资源费、南水北调基金征收】 采取有效措施,保障两费征收。通过用水户走访和召开座谈会等多种形式,主动做好水资源费征收政策的宣传工作,加大执法力度,严格执法程序,加强检查督查力度,加强对各县(市)、区水资源费征收情况的督查,解决实际困难,督促足额征收,健全完善收费考核激励机制,确保水资源费等应收尽收。全年全市共征收水资源费5854万元,超额完成省厅下达任务;南水北调基金2455.8万元,除邳州市外,全部完成省厅下达任务。同时切实加强农业水费的收缴工作,严格执行水价政策。及时做好发票的换版工作,规范发票使用管理,保证新旧水费发票顺利过渡,全市水费收取率进一步提高。

【水源地保护】 全面推进小沿河水源地保护工程建设,实施水源地一、二级保护区范围内河道清淤、产业结构调整和排水沟建设、两岸灌排水系调整等工程建设,安装全封闭防护围栏和宣传警示牌,在河道内种植生态水草、安装曝气装置等生态防护措施,提高了小沿河水源地的水体自净能力,有效改善了水体水质。制定水源地突发性水污染事件应急预案和应急保障措施,安排专人每天定时对市区供水的主要水功能区进行巡查,一旦发现水体污染现象,及时登记上报。同时成立了一支由80人组成的专业应急抢险队伍。 (顾宏威)

供排水管理

【供用水安全保障工程】 实施城市安全供水工程,兴建加压泵站,疏通管网瓶颈,提标改造地表水厂,顺利完成市区区域供水管道改铺设、主城区老小区供水管网改造、刘湾水厂净水工艺改造等建设任务,完成投资1.1亿元,城区日供水能力比原来提高了10万吨,有效保障了城市居民生活。加强饮用水源地保护,小沿河饮用水源地累计投入治理资金3亿元,水质达标率连续7年100%。加强水质监测,改善局部地区水压,保证供好供足水,城市高层住户用水问题得到有效解决,群众投诉率下降47%。

【城市供水】 2011年,徐州首创水务有限公司实现售水7600万吨,同比增加400万吨;实现利润1705万元,同比增加505万元;水费回收率98%。新扩建检测项目11项,方法变更扩项6项,生活饮用水检测能力由原来的92项增加到103项,全年监测源水102点次,出厂水及管网水42项,全分析212点次,管网水简分析1208点次、小区加压85点次,全年水质综合合格率99%;全年无重大人员伤亡、重大水质事故,首创水务公司荣获"江苏省放心消费示范单位"称号。全年完成龙泉花园等18个老小区的改造,惠及居民11891户,社会满意率较上年提高47%。

【城市排水能力建设】 全面开展汛前检查,增建市区11处水雨情遥测站点,在媒体公布市区15处易积水地段,明确局机关干部责任范围和目标任务。针对市委党校、四院附近易积水受淹情况,应急打通原酒厂排水沟,增做部分收水井,确保排涝畅通。加强市区排水管理,疏通下水道400公里,清挖窨井2万多座、污泥1.2万立方米,维修保养泵站14座、截污闸门90孔,保证沟管畅通和排水设备随时启动。针对市区河道防洪排涝标准相对较高而排水管网不足一年一遇的窘状,在暴雨天气预报发布后立即进入临战状态,统筹调度闸站、管网、河道,预降水位、强化监控,汛期几次强降雨均未给群众正常生产生活带来明显影响。

【供排水监测】 2011年,共计完成供水水质监测244样次,完成年度计划的102%。对市区160家二次供水责任单位272个水池(箱)的清洗、消毒情况进行检查,共计清洗、消毒水池(箱)3.6万立方米。全年共完成排水水质监测1578样次,数据准确率为100%。进一步规范对市区7个污水处理厂水质水量和生产运营的监督和考核,继续对各污水处理企业派驻监管代表,强化监管工作。市区7座污水处理厂处理污水14852万吨,COD消减量28415万吨,NH_3-N消减量3320万吨。其中荆马河污水处理厂一期处理污水3545万吨,二期处理污水944万吨;奎河污水处理厂处理污水5909万吨;三八河污水处理厂一期处理污水1092万吨,二期处理污水752万吨;新城区污水处理厂处理污水323万吨,龙亭污水处理厂处理污水1058万吨,西区污水处理厂处理污水215万吨,开发区污水处理厂处理污水1013万吨。2011年共监管污泥处置焚烧26万吨。 (顾宏威)

防汛防旱

【概况】 2011年全市降雨总体偏少。1~12月,全市平均降雨量720.6毫米,较多年平均值838.6毫米,偏少14%。其中,汛期(5~9月)平均降水量545.7毫米,较多年平均值636.1毫米偏少14%,属偏枯年型,与上年汛期降水量基本持平;前期降水偏少,土壤干旱,后期降水略偏多。汛期最大点降雨为铜山区蔺家坝闸636.1毫米,最小点为新沂市阿湖水库436.6毫米。除8月份全市平均降雨量比多年同期降雨偏多外,其他月份均偏少,尤其是6月份偏少达一半。全市暴雨过程较少,全市最大日降雨量为123.2毫米(7月18日),出现在睢宁县大王集镇。汛后10~12月,全市平均降水量121.8毫米,较多年同期平均82.4毫米偏多48%。受上半年降雨偏少影响,全市7个县(市)、区均不同程度遭受干旱,在田作物最大受旱面积共564.9万亩,其中248.9万亩受旱严重,干枯面积19万亩。

【防汛工程安全大检查】 坚持早部署、抓落实、重御防,2月下旬开始,按照省防指部署,徐州市对汛前检查工作做到早部署、细安排。按照"更严、更细、更实"的要求,周密组织,对各类水利工程进行全面检查。在各地自查基础上,市防指分别对市直和各县、(市)区重点险工隐患进行了检查。所有检查项目都明确了行政负责人和技术负责人,基本达到了"查清、查全、查实"的要求。

【防汛防旱准备】 对各类险工患段、病险涵闸站及重要防洪排涝设施,层层分解防汛抢险责任,逐一落实防汛抢险行政责任人和技术责任人。防汛责任人名单分别在《新华日报》、《徐州日报》进行了公布,接受社会监督。储备防汛抢险物资,市级储备到位编织袋75.7万只,土工布5.27万平方米等一批防汛抢险物资。市防指会同预备役高炮五团组织60人进行为期一周的培训、演练。徐州军分区也对以民兵为主的抢险兵力作了周密安排,并组织了培训演练,确保汛期拉得出、打得响。

【抗旱】 面对2010年汛末以来60年不遇四季连旱,市水务局落实责任、科学调度、坚持督导,保证全市城乡居民生活、工农业生产和交通航运用水。积极协调省防指和流域机构,省管皂河、沙集等站上年以来共向徐州市翻水9.3亿立方米方,流域机构向下级湖补水5000万立方米。加强市管工程调度,强化用水管理,制定沿运地区抗旱水源应急调度方案,保证了特大干旱时期京杭运河徐州段的通航,保证了徐州粮食生产连续8年丰收。从2010年秋季抗旱以来,市、县累计翻水27.2亿立方米,投入抗旱资金2.65亿元,其中争取国家和省补助资金4410万元。 (顾宏威)

水利科技与改革

【水利科技创新】 开展学术交流和技术咨询服务,实施省级科技项目4项、资金130万元,申报重大水利科研需求项目60项、资金7000余万元,《七里沟岩溶水源地四氯化碳污染修复技术应用》获省优秀科技成果二等奖,市水务局被省厅评为水利科技先进单位。完成水利普查所有对象的名录清点、登记造册、空间底图数据标载和GPS数据采集、复核等,完成水土保持野外52个调查单元的勾绘工作,水利普查各阶段工作均按时间节点、规定内容和要求整体推进。

【水务一体化管理】 在2010年8月成立市水务局基础上,2011年,铜山区、丰县、睢宁县、贾汪区、新沂市五县区水务局相继挂牌,加上原已改为水务局的沛县、邳州市,全市范围内彻底实现水务一体化。坚持抓多元化投入机制建设,在加大市财政投入的基础上,搭建市场化投融资平台,组建了徐州市新水国有资产经营有限公司,通过优化组合稳定性较好的水利存量资产,累计融资5亿元,有力推动了水务工程建设。以前投入水务行业的资金1年不超过1亿元,2011年达到了6亿元。徐州市水务一体化管理工作得到各级领导充分肯定,并在全省推广经验,《人民日报》用半个版面、《中国水利报》头版均进行了介绍。 (顾宏威)

前3位、江苏省开发区前10位，再次荣获全市科学发展综合考核一等奖。全区实现业务总收入1665亿元，增长31%，其中工业销售收入1212亿元，增长30%；实现地区生产总值360亿元，增长27%，增幅高于全市13.8个百分点，其中工业增加值314亿元，增长27.2%，增幅高于全市9.5个百分点；完成财政总收入70亿元（不含基金），增长76%，其中一般预算收入29.1亿元，税收占比94.8%，增长80%，增幅高于全市36.9个百分点；完成固定资产投资185亿元（不含房地产），增长26%，其中工业投资143亿元，增长30%，增幅高于全市20个百分点；实现自营进出口总额29.6亿美元，增长34%，占全市总量的45.6%。

【城建项目】 2011年，实施列入“三重一大”的重大城建和基础设施项目56项，完成投资85亿元，增长127.8%。高铁国际生态商务区一期项目快速推进，金龙湖小镇、君廷五星级酒店等城市综合体，美的城等高端住宅以及月星环球商业中心、高铁时代广场、瑞隆总部广场、欧蓓莎国际商城、软件园、佛教文化景区等项目有力有序实施。生态环保持续加强。大庙中心镇创建全面展开，南水北调尾水导流、中水回用等重点环保工程顺利通过验收，国家级生态工业示范园区创建规划通过国家环境保护部专家组审查，建成17家省市级园林式单位和居住区，成为江苏省首批低碳经济试点园区。扎实推进节能减排，万元GDP能耗不断下降，全年工业用电量增幅低于规模以上工业增加值增幅7.6个百分点。开展城乡环境综合整治行动，推行数字化城管系统，开发区城市面貌日趋改观。

【产业项目建设】 2011年，实施列入“三重一大”的重大产业项目36项，完成投资105亿元，增长34%，完成年度计划的103%。新上徐工3万台挖机、智能化装载机、混凝土搅拌机，卡特大型挖掘机、大型底盘，中能硅业四期3.6万吨多晶硅，协鑫硅材料三期3.4万吨铸锭，晶旺光电LED芯片，中润光能太阳能电池组件等一批大体量项目，并完成年度建设任务；协鑫光电蓝宝石衬底、苏煤矿山设备、荧茂触摸屏、斗山发动机、海伦哲专用车辆等一批重点项目竣工投产。全区新开工业厂房面积360万平方米，占全市总量的一半以上。

【转型升级】 2011年，主导产业规模继续壮大，装备制造、新能源实现销售收入653亿元、214亿元，分别增长16.7%、32%，各占全市总量的32%、21%。现代服务业实现营业收入448亿元，增长37%，占全市总量的20%，在业务总收入中占比27%，较上年提高1个百分点。都市农业提质增效，发展高效设施农业，建成有机蔬菜生态园、金针菇生产基地、浅水藕种植基地、优质皇冠梨基地、良种猪规模养殖基地和种鸭现代化智能孵化基地等，其中有机蔬菜生态园被认定为全市第一批现代农业科技园，全年实现农业收入5.33亿元。高新技术产业量质并举，新认定高新技术企业15家，总量达到40家，高新技术企业实现产值636亿元，占工业总产值的比重达52.4%，比上年提高1个百分点。大企业培育成效明显，徐工集团、徐州协鑫向世界级企业迈进，新增销售收入超亿元工业企业7家，总量达60家，新增超百亿企业2家，总量达到3家，新增超70亿企业2家；新增超亿元服务业企业10家，总量达32家，新增超10亿服务业企业5家。60家亿元以上工业企业销售收入占规模以上工业企业销售总收入的比重达到94.2%。

【招商引资】 2011年，全区新批外资项目25个，增资外资项目9个，共计34个，总投资20亿美元，合同利用外资8.2亿美元，实际到账外资5.71亿美元，完成市下达任务的114%，占全市总量的39%，位列全省开发区第九位，比上年前进了一个位次；在新批外资项目中，装备制造和新能源项目11个，总投资5亿美元；现代服务业项目10个，总投资4.6亿美元，全年新注册2000万元以上内资企业26家，比上年增加10家。

【科技创新】 2011年，以企业为主体的全社会研发投入23.5亿元，占GDP的比重上升到6.5%，比上年提高0.5个百分点。开发区用于扶持奖励企业科技创新的资金达6.4亿元，占全市总量的30%以上；本土规模以上工业企业研发机构覆盖率达到74.5%，在全市领先。进一步加强生产力促进中心、徐工研究院等技术研发平台建设，组织实施各类重大科技攻关项目40余项，全区新增创新型企业9家，总量达到15家。申请专利和授权分别达920件、540件，其中申请发明专利197件，创历史之最。徐工建机、基础工程、赛摩集团等3家企业获省级知识产权管理标准化示范单位，中能硅业、浩通新材料获批建设企业院士工作站，徐工集团德国研发中心纳入全省国际合作框架。开发区相继成为省机器人产业基地、省软件信息服务产业园、省“两化融合”示范区、省高层次人才创新创业基地、省知识产权试点园区、省工程机械优质产品生产示范区等。招才引智工作日益深化，设立了1000万元人才发展专项资金，引进各类硕士博士人才300余人，新增国家“千人计划”2人，新增省“双创引进计划”3人，获批“双百”人才项目资助5个，成功跻身全省人才工作先进区行列。

【社会事业】 2011年，实施列入“三重一大”的重大为民办实事项目25项，及时足额发放失地农民生活费7500万元，新增城镇就业6000人，农民人均纯收入达到11300元，增长12.9%。分类提高失地农民生活费标准，发放尊老金比全省发放年龄提前10年，80岁以上老人发放金额标准高于全市20%。覆盖城乡居民的社会保障体系进一步健全，职工养老、医疗两大保险以及“新农保”、“新农合”参保覆盖率持续提高，“低保”、“五保”全面提标。在建安置房160万平方米，竣工上房50万平方米。教育现代化创建工作成绩斐然，受到省考核验收组领导和专家的高度评价。以解决群众出行难问题为重点，组建开发区公交公司，累计开通19条城市公交线路；以解决群众买菜难问题为重点，规划建设一批农贸市场和商贸街区，市内首家三星级标准的东贺农贸市场、市区单体面积最大的西贺农贸市场以及上山商贸街、泰隆商业街等建成使用;以解决群众就医难问题为重点,建设徐医附院东院、第一人民医院仁慈分院等。 (郭兆瑞)

徐州高新技术开发区

【概况】 2011年,徐州高新技术产业开发区(以下简称徐州高新区)以创建国家高新区为统领,围绕“徐州高新区、南部主城区”的发展定位,同心同德、锐意进取,现代优势产业进一步集聚、科技支撑能力进一步增强,城市承载水平进一步提高,综合实力跃居全省省级开发区第10位,其中科技创新能力位居第5位,管理能力位居第8位。相继荣获“2011中国最具发展潜力园区”前十强、“十二五”中国十大产业集聚区、江苏省两化融合示范基地等荣誉称号。全年全区实现业务总收入850亿元,同比增长39%;其中工业企业销售收入560亿元,同比增长50.6%,占业务总收入的68%。高新技术产业收入292亿元,占全部工业销售收入的52.1%,同比增长79.7%。完成地区生产总值(GDP)196亿元,同比增长35.2%。财政总收入28.92亿元,同比增长26.5%;一般预算收入14.18亿元,同比增长30.6%。实现全社会固定资产投资130亿元,同比增长14.7%;其中工业项目固定资产投入90亿元,占全社会投入69.2%。累计外贸出口额1.3亿美元,同比增长36%;实际到账外资1.52亿美元,同比增长15倍。

【基础设施建设】 2011年,徐州高新区围绕产业发展和国家高新区创建工作,坚持把科学规划作为统筹区域发展的龙头,先后邀请矿业大学设计院编制了徐州高新技术产业基地规划暨国家安全科技产业园、大学生创业园产业化基地规划;邀请同济大学对珠江路企业总部经济带进行城市设计,编制高新区商务办公区修建性详细规划,修改、调整高新区综合服务中心方案。在合理规划的基础上,重点实施了道路、绿化、雨污等8项基础设施工程,总投资约3.3亿元,其中城区污水应急工程是徐州市同类污水提升泵站建设中建设工期最短的工程,工程进度和质量多次受到有关部门表扬;高新技术产业园区基础设施建设和高新区总部大厦建设工程也高效有序地进行。

【招商引资】 2011年,徐州高新区始终把环境建设和强化服务作为招商选资工作的着力点,创新招商方式,将大项目、新兴产业项目、区域优势项目、产业特色项目作为招商选资工作的重点。高新区组织参加了深圳文博会、西安经贸洽谈会、深圳高新技术产品交易会等投资促进活动,承办2011中国(徐州)物联网产业高峰论坛、2011徐州第十四届投资洽谈会。全区共签项目19个,投资总额146.03亿元,完成全年任务146%,其中内资项目13个,累计投资135.74亿元,外资项目6个,累计投资1.585亿美元。

【产业结构】 2011年,主导产业特色明显、集聚发展。工程机械、车辆制造、电子信息等主导产业特色鲜明、优势突出,产业集聚度达到85%;美驰车桥、爱斯科耐磨件、约翰迪尔、肯纳金属4家世界500强和全国最大高速数控冲床研发制造基地徐锻集团、拥有全国最大吨位铝镁合金压铸生产线的徐航压铸、国内民营工程机械行业前3强中最具成长性的徐挖机械等一批核心龙头企业在徐州高新区快速壮大;新能源、新医药以及智能矿山安全物联网等特色产业的发展,对徐州高新区加快产业转型升级和加快国家高新区创建起到推动作用。

【项目建设】 2011年,徐州高新区始终将项目建设工作放在中心位置,采取手续前置、载体支撑、服务引领、特事特办等举措,推进一批大项目、优势项目、高科技项目的建设。项目建设呈现出了“三多三大”的良好发展态势。全年累计落地项目共145个,总投资达332亿元。徐工重卡、压力机械、鑫虹光电等6个项目单体投资额均超过了20亿元。协鑫二期、云意电气二期、恩华药业等投资规模大、科技含量高的高新技术项目为高新区的产业提升以全面支持。为促进项目尽快落地,高新区积极协助有关部门做好项目用地拆迁工作和重大项目点供地指标申报工作。组织两批拆迁活动,第一批拆迁项目27个,占地3000余亩;第二批拆迁项目19个。徐工重卡等重点项目的点供地材料已完成,项目的国家立项也在同步进行。

【科技创新】 全年共申报各类专利771个,专利总数和发明专利总数分别比上年增长348%、195%;申报国家火炬计划、国家星火计划、国家重点新产品项目13家,获批国家火炬项目5家、国家星火项目3家、国家高新技术企业9家,省级企业院士工作站2家,省级工程技术中心7家。高新区各类研发机构数量占到了全市总量的1/3。发挥人才在科技创新中的主体作用,2人被批准为“省333工程第二层次培养对象”,6人被省人才办批准为“省双创培育计划第三层次培育对象”,2人被评为“徐州市优秀人才和拔尖人才”。全年累计举办各类公益性人才招聘会8场,参会企业185家,提供就业岗位4000多个,签订意向用工协议3600余份。高新区作为市优先推荐单位,向省申报了区域性博士后创新实践基地和省级高层次人才创新创业示范基地。为加快科技创新载体建设,徐州高新区规划建设大学生创业园产业化基地,并成功招引近百家企业;与国家安全生产科学研究院达成了共建国家安全科技产业园协议并启动建设;与华中科技大学等5家高校联合成立了“5+1”科技创新联盟;与教育部科技发展中心联合建设了科技部蓝火计划科技成果转化中心,40余家企业与高校完成了科技创新对接;报请市政府批准成立高新区科技局和科技创业服务中心、生产力促进中心。

【现代服务业】 2011年,做大做强现代物流、国际贸易、休闲旅游、文化创意、现代商贸等服务业重点产业,加快推进服务业重点功能区开发建设,发展各具特色的服务业块状经济,全面提升服务业的规模、档次和水平,不断增强服务业的整体优势和综合竞争力。现代服务业是继三大产业之后，徐州高新区着力打造的又一大主导产业，在烟草物流、国药控股等现代服务业项目相继竣工投产后，现代服务业又迎来了快速发展的阶段。投资10亿元的南洋国际商城年内竣工，徐州水利设计院、聚盛家居广场、软件动漫产业园一批物流、创意产业项目进展较快，现代服务业已成为支撑徐州高新区发展的支柱产业之一。

【城中村改造】 2011年，开工建设安置小区4个，面积141万平方米，其中56万平方米年底前交付使用。由区国资公司融资投资建设的3个安置小区，完成投资6.65亿元。望城岗安置小区总投资9200万元，多层安置房面积5万平方米，安置居民313户，已竣工交付。凤凰山安置小区二期总投资11.26亿元，总建筑面积51万平方米，可安置居民2000户，51万平方米安置房已开工建设。凤凰山安置小区三期工程总投资10.62亿元，总建筑面积55万平方米，可安置居民2119户。拖龙山安置小区总投资16.64亿元，总建筑面积80万平方米。一期20多万平方米的多层安置房主体封顶。

（张士瑞）

丰县经济开发区

【概况】 2011年，全区实现地区生产总值101.63亿元、业务总收入440亿元、财政收入10.17亿元、一般预算收入8.46亿元，三次产业结构调整到3.3:62.5:34.2。区内丰城镇连续5年获得“徐州市十强镇”称号。

【基础设施建设】 2011年，完成丰邑大道、通惠路、丰成盐化工人流和物流通道、健康路、经五路、丰沛河大桥等“六路一桥”工程。实施经一路1000米污水管网、东城路、纬二路污水管网和“一站一场”工程。启动的拆迁项目共有6个，已拆迁面积23万平方米，累计共清理土地3000余亩。实施栖凤园C座工程，开工面积12万平方米；实施栖凤园D座工程，首期开工10万平方米；实施20万平方米的安置小区建设。

【项目建设】 2011年，共引进重点项目38个，总投资87.33亿元。其中重点工业项目19个，总投资51.4亿元；商贸物流项目6个，总投资10.4亿元；基础设施建设项目9个，总投资11.24亿元；房地产开发工程4个，总投资14.29亿元。列入县“三重一大”项目共10个，建滔能源、福丰纺织、吉林森工、速利达、百事利一大批民营企业规模优势和集聚效应初步显现。

【招商引资】 2011年，共引进项目18个，协议投资额48.94亿元。其中签约（开工）项目有徐州中远置业有限公司投资4.6亿元的栖凤大酒店项目、香港名气通电讯有限公司利用外资150万美元建设开发区弱电管网项目等7个，协议投资额8.59亿元，形成煤盐化工、电动三轮车、食品及副产品加工、木材加工、机械制造、纺织服装等支柱产业。

【商贸物流】 2011年，老城区东关丰县温州国际购物城、南关苏鲁豫皖果蔬批发市场、苏鲁豫皖物资市场、北关民族商厦建成运营，北关伊斯兰民族风情园各项前期工作顺利启动，西关木业家居市场提档升级，新城区金都国际三期工程、同仁居大酒店二期工程、东安物流等服务业项目快速建设，中国电动车城、木业商城、苏鲁豫皖果蔬批发市场、金都商城成功创建省市级服务业集聚区。

【社会事业】 2011年，建设高标准的闫庄新农村小区，周庙、张五楼等7个村开展农村环境连片综合整治，建设水泥路5.49公里。新型农村社会养老保险扩面工作完成14752人，农民参保率达100%，发放抚恤金108万元，发放五保户补助金63万元，发放低保资金470余万元，发放城市低保资金145余万元，投入185万元完成了敬老院的建设。

（王瑞海）

沛县经济开发区

【概况】 2011年，区内业务总收入、财政收入分别为632亿元、19亿元，分别增长119%、62%；实际到账注册外资额、自营出口额分别为1.32亿美元、2.4亿美元，分别增长154%、354%。获“全国农产品加工业示范基地”称号，省批准设立江苏绿色食品产业园。并成立江苏省冶金行业协会铝业分会。

【项目建设】 2011年，新签约项目15个，计划投资51.7亿元，其中亿元以上项目12个，计划投资49.7亿元；重点在谈项目19个，计划投资149.2亿元。科洋光电、丰源铝业、宝亿制鞋、佳汉纺织等9个项目整合挖潜、扩能增资15亿元。在建工业项目26个，计划投资额133亿元，2011年投资额68亿元，其中中宇一期、中强一期、上海能源铝板带等项目竣工投产；华丰二期、沃德一期等续建项目按节点推进；汉铝铝材、晶宝光电、润丽光能等12个新开工项目快速推进；真心食品、联盟果汁、沛县科技园等3个新签约项目开工。总投资33亿元的23项城建重点工程稳步推进，其中总长10公里的“五横三纵”8条道路建成通车，总投资7150万元的污水处理项目竣工运营，路网、电网、管网、绿网逐步完善。

【转型升级】 2011年，主导产业铝加工产业已集聚总投资100亿元的10个重大项目，形成电解铝—铝板带—铝箔、电解铝—铝棒—铝型材、再生铝—铝型材等产业链；农产品加工产业已集聚总投资63亿元的85家重点企业，建成生态肉鸭、果蔬罐头、食品加工三大产业链。新兴产业新签约投资10亿元的晶宝光电LED蓝宝石晶体及切片、投资7.2亿元的超精细硅片切割钢丝、投资5亿元的润丽光能晶硅铸锭及切片等项目，形成物理法多晶硅坯料、铸锭、切片、电池片、电池组件的光伏产业链，以晶宝光电、科洋光电为骨干的LED

和LCD产业链进一步完善。完成发明专利申请32件,专利授权63件,获批7个高新技术产品;引进9名创新创业领军型人才;设立沛县首家院士工作站;华宇电子实现在直径55mm的码盘上获得16位之多的“绝对信息”,各项技术指标达到国际水平;中强光伏在去除磷、硼元素上实现重大突破,多晶硅的纯度和光电转化率有质的飞跃;丰源铝业、华宇电子、芭田复合肥等7家企业被认定为省科技型中小企业。联通再生铝、亿佳保温器皿实现主辅分离,上海能源铝板带完成服务外包。

【社会事业】 2011年,安置房建设工程,投资1.2亿元、建筑面积8万平方米的腾飞和金诚安置小区的一期工程已经完工,二期工程快速推进。就业促进工程,相继创办开发区就业网、企业群、求职群和村企服务群,发布用工信息300余条,安置劳动力6000余名;全面推行工资集体协商制度,一线职工的合法权益得到有效维护;全年培训农民工1200人次,消除失地农民“零就业”家庭。民生保障工程,社区集体资产有效增值、社区可支配资金不断增加,开发区惠民医院投入使用,新农保参保缴费人数8828人,全面完成脱贫任务。平安创建工程,打击盗窃、违建、违种等行为,化解拆迁安置、征地补偿、环境污染等重点舆情;安全生产大检查取得实效;完成技防入户工程。环境整治工程,重点治整园区容貌、马路市场和门头牌,清除了各类出店经营户36家、拆除简易棚11处、清除沿路野广告350处。 (刘天堂)

睢宁经济开发区

【概况】 2011年,在全省开发区综合排名评比中前进24个位次,从全省第四板块的下游冲进第三板块的中游。先后荣获徐州市2011年度“三重一大”项目建设先进单位、徐州市高层次人才创新创业基地、睢宁县2011年度跨越发展目标综合考核一等奖,被国家评为“魅力2011－中国最佳投资环境开发区”。一般预算收入1.78亿元,规模以上工业总产值101.23亿元,分别比上年同期增长33.12%、71.40%;全社会固定资产投资达到55亿元,比上年增长63.70%;税收总额完成1.9亿元,同比增长153.33%。全区共注册外资企业15家、注册资金13895万美元,实际到账外资4800万美元,其中纳入实体考核项目9家,自营出口额4000万美元,分别完成目标任务的实体个数的450%、实际到账外资的192%、自营出口额的133%。

【基础设施建设】 2011年,共完成约11.5公里道路的铺设工作。其中,红光路、菁华北路、永学西路的建设,完善了开发区北部的路网体系;睢邳南路、龙河路、金桥路完善了开发区西部的路网体系;安康路的提档建设工作提升的开发区中心区的城市形象,增强了城市对外交通的能力。“绿化亮化”工程总投资3000万元,完成幸福西路、前进西路、白塘河、大红灯笼广场、彩虹广场、金城广场等共计16万平方米的绿化工程及2000米道路亮化工程。完成康盛管业配套污水管网约4.8公里的铺设工作,协助海德鞋业完成厂区内土方整理及临时道路铺设;完成总部经济大楼桩基施工;工业污水处理厂项目已于5月17日竣工进水运行;完成王营中小企业园内管网铺设;完成苏源路(原104国道)雨污水管网铺设;完成商务会所、国际汽车城临时便道铺设工作;服务外包园一期3.5万平方米主体已全面结束。民生实事工程完成邱胡村南北砂石路铺设的铺设工作;苏源社区村部门前主干道管网埋设及道路拓宽工作;王营小区内管网道路铺设工作;经一路亮化工作解决居民出行难问题。启动苏源村部、金城商业街、金桥墓地等项目建设。拆迁714户,共17万平方米,新增整理用地800多亩,为开发区加快建设预留发展空间。开发区共投入20亿元资金助推城建和基础设施建设。

【招商引资】 2011年,全年完成招商引资86亿元,完成年度任务的430%;新开工项目21个,完成任务的140%;实现固定资产投入24.2亿元,完成任务161%;新增工商注册资本金任务3亿元,实收资本金8.6亿元,实际到帐外资5400万美元;总部经济企业12家,引进税款3200万元,均超额完成全年任务。招商项目规模、质量实现重大突破,全年落地项目中,投资额在亿元以上项目10个;招商引资工业项目的科技水平高,品牌产品多,千百度鞋业、宾宝鞋业、美国骆驼鞋业、九旭药业等企业落户;实现由粗放招商向精细招商、由招商引资向招商选资转变的重大突破,一改往年项目规模小、投资强度低、科技含量低的现象。

【项目建设】 2011年,共举办企业家座谈会9次,实行“一个项目、一个政策、一套班子、一顶帐篷、一张推进表”的“五个一”机制,切实发挥协调服务职能,全方位、全过程靠前服务,全力打造优质服务品牌。全年实现客商零投诉,密切了政企关系,实现了政企良性互动和经济社会的和谐发展。累计实施新上、结转、技改的工业、综合服务业项目共39个,完成投资约25亿元。其中:工业项目33个,完成投资额21.3亿元;商贸项目6个,完成投资额3.7亿元;已完成竣工项目25个,实现新增固定资产投入24.8亿元,完成年度任务的(15亿元)161%;项目建设完成竣工项目25个,完成年度任务(12个)的208%。重点推进的兴宁皮业、江苏康盛一期和二期、千百度鞋业一期、中发水务等重大项目竣工;金港国际、荣盛大酒店、服务外包园等一批重大综合服务业项目竣工;星星家电、太庚新材料、神龙巨力、粤海制革、东信纺织等一批老项目的工业再造、技改升级完成;海德鞋业、动感鞋业、奇力机械、国际汽车城、九旭药业等科技含量高的项目开工建设。全年共为区内企业成功申报各类政策扶持、技术改造等资金1720万元。 (张　明)

邳州经济开发区

【概况】 邳州经济开发区2006年5月被江苏省政府批准为

省级开发区，开发区规划总面积72.3平方公里，分为北部和东部两个园区。北部园区为主园区，位于邳州主城区的西北部，规划面积42平方公里；东部园区位于主城区的东部，为开发区高新技术产业园，规划面积30.3平方公里。东部园区重点发展城市矿产、机械制造、生物医药三大主导产业，春兴合金、军霞健身器材、三仪生物等产业项目建成投产，2010年循环经济产业园入围国家发改委城市矿产第二批示范基地。北部园区重点发展煤化工、新能源新材料、板材家具三大主导产业，沂州焦化、博康光刻胶等产业企业落户。2011年，全区实现业务总收入643.6亿元，一般预算收入17.8亿元，自营出口额2.52亿美元，实际到帐外资11640万美元，基础设施投入19.92亿元。

【基础设施建设】 2011年，对接清华大学城市规划设计院等单位，编制开发区总体规划、各类专项规划以及主导产业发展规划。开发区总体规划形成最终成果，并报省住建厅组织专家论证。行政核心区详细规划设计方案中期成果编制完成。各项专业规划及主导产业发展规划加快编制，其中雨污排水规划和煤化工园区规划已完成。1号路南延工程、恒山北路已竣工并投入使用，官湖河戴林桥主桥已竣工，邳南供电站投入运行。投资1亿元的戴圩污水处理厂计划于下年4月投入使用。

【招商引资】 2011年，全区新签约亿元以上项目21个，投资总额70亿元，投资10亿元的子午线轮胎项目、投资7亿元的博康光刻胶二期、投资7亿元的甲醇汽油、投资3亿元的合成氨、投资3000万美元的永联纺织等重大项目成功签约。完成到账外资11640万美元，位居徐州市省级开发区前列。

【项目建设】 2011年，全区竣工投产的重大产业项目7个，投资总额31亿元。投资8亿元的新春兴合金一期、投资7亿元的军霞健身器材一期、投资5亿元的汉威能源、投资3亿元杰特化纤一期、投资3亿元的博康光刻胶一期、投资3亿元的宝盛新田农业机械一期、投资2亿元的富合汽车一期全部建成投产。在建设的项目有5个，分别为投资5亿元的海天石化、投资3亿元的沂州港口、投资2亿元的宁波新环磁钢、投资2亿元的强雳家居二期项目。投资15亿元的考伯斯煤焦油一体化项目、投资20亿元的国能生物分布式发电项目等重大产业项目正在推进，力争项目早日落户。

【产业布局】 开发区作为邳州市重大产业项目集聚区，按照"布局集中、用地集约、产业集聚"要求，重点发展环保化工（煤化工）等六大产业，环保化工产业（煤化工）初具规模。依托邳州港及周边丰富的煤炭资源，以及境内丰富的水、电资源优势，发展煤化工产业。投资23亿元的沂州煤焦化一期已建成投产，年产焦碳260万吨，副产甲醇30万吨，形成甲醇深加工、煤焦油深加工和粗苯深加工三大产业链系列。已建成投产的环保化工产业项目主要有恒鑫化工、盛安化工、沂州15万吨甲醇项目等。已经落户的项目主要有投资15亿元的考伯斯煤焦油一体化项目、投资7亿元的甲醇汽油项目、投资3亿元的沂州10万吨合成氨项目。新材料新能源产业正在兴起。投资3亿元的博康光刻胶一期项目已经建成投产，二期项目全面开工建设，项目全面建成投产后年产值达20亿元以上，同时吸引国内外光刻胶企业入驻开发区，打造开发区的博康高新技术产业园。汉能控股集团总投资148亿元的太阳能薄膜电池制造和光伏发电项目落户，国能生物发电开始建设，汉威能源、凯维新材料等项目建成投产。板材家具产业基础雄厚。邳州板材家具产业是江苏省重点扶持的产业集群之一，是全国优质人造板生产基地，位居全国四大板材加工基地之首。重点企业有盛和木业、美林森木业和中集木业等，中集木业是国内最大的集装箱底板制造企业。开发区家具产业已成规模，金凤凰家具、鑫美景家具、耀邦家具博览中心等一批知名家具企业已经落户，国家级人造板及家具检验检测中心建成并投入运营。机械制造产业规模急剧扩张。机械制造产业主要有三元杆塔、富合汽车、海格力斯、军霞健身器材、瑞隆液压件。军霞健身器材产业园、大长实扩大产能、富合汽车二期、海格力斯桩机扩建、南方永磁等项目正在建设。城市矿产产业异军突起。循环经济产业园以龙头企业江苏新春兴再生资源有限公司为核心，2015年前建成覆盖全省并延伸全国的废铅酸蓄电池回收网络，年回收各类废铅酸电池200万吨；年产再生铅150万吨以上，年产蓄电池4000万千伏安，年产再生塑料6万吨，入驻企业20余家，总投资100亿元，年销售收入500亿元，实现税收20亿元，资源综合利用水平达到国际领先水平。投资13亿元的春兴合金一期建成投产，投资10亿元的金象冶金也将搬迁进园区，投资12亿元的江苏双登电池也将落户园区。生物技术和新医药产业起步。总投资5亿元的三仪生命科学产业园，规划建筑面积15万平方米，一期工程微生态液体深层发酵车间已通过国家农业部验收，进入产业化和商业化运营。

（*石　磊*）

新沂经济开发区

【概况】 2011年，实现业务总收入625.1亿元，比上年同期增长111.2%；工业产品销售收入510.3亿元，同比增长92.7%；规模以上工业增加值105.7亿元，同比增长60.6%；财政总收入32.1亿元，其中地方一般预算收入15.8亿元，同比分别增加113.9%、113.1%；进出口总额28259万美元，同比增长24.2%。全年到账外资11579.84万美元，创造全市、全区到账外资规模的新纪录。5月11日，中国纺织工业协会"一步法异收缩混纤丝产业化成套技术与应用"鉴定会在新沂经济开发区举行。9月15日，国务院参事、中科院可持续发展战略研究组组长、首席科学家、社会战略学会名誉理事长牛文元，率社会战略专业委员会的专家、学者，考察新沂经济开发区经济社会发展情况。9月17日，国家"十二五"科技支撑计划"双动力智能型双臂手系列化救援机械产品研制"项目启动仪式暨中国应急救援装备技术及产业化研讨会在新沂经济开发区举行。

【基础设施建设】 2011年,园区项目承载能力进一步增强,完成基础设施投入10.95亿元,实施了四大工程。"道路畅通"工程,上海路下穿徐连高速公路延伸段工程基本竣工;完成大桥西路延伸段动迁工程;市府西路、广东路两条道路规划方案通过专家论证。"道路综合治理"工程,全长6公里的浙江路、海南路等园区6条道路综合整治工程全面完成。"环境提升工程",完成西琅墩引河入新戴运河节制闸工程,神井大道、马陵山西路等道路绿化、美化、亮化工程,中心区及化工园2个污水集控池工程以及10公里污水管网综合整治工程。"项目建设配套"工程,滨河花园一期、220千伏柳沟变电所及配电网工程投入使用,科技成果转化中心通过省科技厅检查验收。

【项目建设】 2011年,全区竣工项目38个,完成固定资产投资60.97亿元;在建项目68个,总投资140.93亿元。在项目建设中,坚持传统产业高新化与新兴产业规模化并重,产业提档升级步伐不断加快。传统产业方面:晋煤恒盛公司完成入库税收11606万元,并成功跻身中国民营企业制造业500强;花厅生物科技公司入库税收10557万元,继续保持强劲的发展势头;蓝丰生化公司30万吨离子膜烧碱项目开工建设,将进一步做大做强新沂市盐化工产业板块;八达公司的双动力智能型救援工程机械产品,被列入国家"十二五"科技支撑项目并获得课题经费1440万元。新兴产业方面:斯尔克公司"一步法异收缩混纤丝产业化成套技术与应用",获中国纺织工业协会科学技术奖一等奖;必康新医药产业综合体项目总投资超50亿元,体量大、科技含量高、产业带动性强。金瑞汽车城、中石化油库等一批物流服务业项目加速了现代服务业的发展步伐。按照"特色强区"的战略和"选新、选优"的指导原则,高起点、高标准建设"江苏新沂高分子及硅材料产业园",2011年实现业务总收入82.4亿元,工业总产值74.3亿元。

【招商引资】 2011年,招商引资项目103个,协议投资额248亿元,其中工业项目89个,三产服务业项目14个,签约亿元以上项目30个。新增内资企业67家,新增内资企业注册资本5.05亿元;新批外商投资企业10家,实际到帐注册外资11579.84万美元。投资11.2亿元的蓝丰生化30万吨离子膜烧碱项目开工建设,将进一步做大做强园区盐化工产业板块;投资50亿元的必康新医药产业综合体项目投资体量大、科技含量高、产业带动性强,对于进一步优化区产业结构,提升科学发展水平,将产生积极的推动作用;金瑞汽车城、中石化50万吨油库等一批物流服务业项目引进建设,加速现代服务业的发展步伐。

【科技创新】 2011年,不断强化区内企业与国内外40多家院校、科研院所的战略合作,进一步推动企业院士工作站、博士后科研工作站、各级工程技术研究中心等技术研发平台建设,被省经信委、商务厅、科技厅等部门命名为"省区域性博士后创新实践基地"、"省统计达标开发区"、"省两化融合试验区"。新增永诚化工企业院士工作站1家,新认定徐州市级以上企业工程技术中心12家,开始区已拥有企业院士工作站3家、国家级博士后科研工作站2家、省级博士后工作站7家,国家级重点高新技术企业3家、省市级重点高新技术企业10家、省级创新型企业10家,成为新沂市科技研发孵化、技术创新体系培育的中心。区内斯尔克差别化公司被评为省中小企业创新能力建设示范企业,并荣获中国纺织工业协会科学技术奖一等奖;花厅生物科技公司获批省循环经济示范企业,晋煤恒盛、汉菱生物2家企业获省级节能减排科技创新示范企业。

【社会事业】 2011年,按照新的征地补偿标准,全年累计兑现农民土地补偿款10924.89万元,比原标准提高32%;新型合作医疗参保人数15400余人,参保率达100%,比上年提高3个百分点;"新农保"上缴保费111.6万元,同比提高85%;发放农村低保金404户39万元,60周岁以上基础养老金47.6万元;帮助企业招录新员工7600多名,签订工资专项集体合同企业有45家,职工权益得到有效维护;滨河花园一期工程安置动迁群众130户,同时新增建设用地140.52亩。企业安全生产管理水平得到明显提高,全年组织安全生产大检查12次,排查安全隐患185处。治安信访维稳工作进一步加强,设立信访接待中心和区司法调解中心,保障和促进全区经济社会各项事业的顺利发展。

【管理与服务】 2011年,初步建立起与市场经济和国际惯例接轨的管理体系和制度,成为苏北第一家通过质量、环境和职业健康与安全三项管理体系认证的园区。构建自动化OA办公系统及行政审批网上运行平台,持之以恒地实施授权代办、保姆式服务和"一卡通"、"绿卡清"制度,完善项目审批"一条龙"服务、项目建设全方位服务和投产企业终身化服务的全方位服务体系,形成"尊商、亲商、爱商、安商、扶商、富商"的软环境。

【发展规划】 "十二五"期间,中心区加快推动纺织服装、机械加工、轻工食品等传统产业做大做强,巩固优势地位,加快推进斯尔克差别化、低成本碳纤维、亚华高光膜等项目为代表的新材料产业,以八达重工双动力智能型系列化救援机械产品为代表的高端装备制造业。中心商务区定位现代化新城区,不断完善科教文卫、金融商贸、行政服务、生态居住功能,着力推进物流产业园、农资交易市场、汽车交易城等专业市场建设,实现现代物流品牌化。精细化工产业园积极承载生物化工、医药化工、农化工等产业项目,全力推行和实施花厅酒业"三零排放"及"负能酿造"、恒盛化肥二氧化碳回收等项目建设,形成循环经济产业集群,实现循环经济产业化,打造苏北最大精细化工产业基地。新墨河以西片区加速培育新能源、新材料、新医药等新兴产业,围绕必康新医药产业综合体为核心的新医药产业，实现新兴产业规模化，凝聚发展后劲。新戴运河产业带突出发挥水运优势，科学制定港口规划，围绕华宏特钢项目，大力发展重型机械、特种钢材、新能源等为主的临港产业。继续实施企业上市“531”工程，以优质项目、优良产品、优势企业吸纳发展资本，加快利民化工、斯尔克纺织、华信塑业等企业的上市步伐，力争更多的企业上市融资。（王秀峰）

徐州工业园区

【概况】 徐州工业园区总体规划面积111平方公里，一期规划面积13.8平方公里，二期规划面积76平方公里，年内管辖面积28.2平方公里。下辖6个社区，总人口1.85万人。2011年，注册工商企业208家。全年实现业务总收入96亿元，同比增长60%；完成一般预算收入1.286亿元，同比增长75%；完成实际到账外资3830万美元，同比增长46%；完成自营出口额7260万美元，同比增长13.8%；新增列统企业5家，列统企业总数达到21家，列统企业实现产值90亿元，同比增长61%；新增市级以上工程技术研究中心10家，原有的16家列统企业已有13家设立研发机构，累计已有2家省级工程技术研究中心、12家市级工程技术研究中心；新增工商注册企业33家，增资6家，累计新增工商注册资本金7.6亿元。企业上市工作摆上议事日程，力争8年内将永鹏科技培育成贾汪本地第一家上市公司。

【基础设施建设】 2011年，基础设施建设累计投入超2亿元，加快“完善东区、美化中区、开发西区”的建设步伐。道路工程方面总投入约2500万元，完成徐轮路南段道路工程、温州路西延段道路工程、新泉路园区段道路改造提升工程、老贾韩路园区段道路改造提升工程以及园区交通信号灯和路标工程。绿化工程方面总投入约4800万元，完成310国道两侧绿化改造提升工程、206国道两侧绿化改造提升工程、温州大道、苏州大道西延、新泉北路、天工路的绿化工程等。供水工程方面总投入约300万元，完成东区、西区自来水管网改造提升工程。其他工程方面，投资6000万元的徐州原创型科技园工程已建成；投资4000万元的西区污水处理厂工程已具备运行条件；投资1200万元的园区学校工程已投入使用；投资7000万元的山景家园一期工程竣工，庄庄社区全部安置完毕，并留有剩余，投资8000万元的山景家园二期工程开工建设。

【招商引资】 2011年，累计新签约项目17个，合同利用园外资金45.5亿元；全年共实施5000万元以上项目（含结转项目）34个，计划投资额60.4亿元，完成投资额28.4亿元，其中亿元以上项目24个，计划投资额52.8亿元，完成投资额23.4亿元。园区中心商务区已与山东金柱建设集团签订整体开发协议，土地已经进入挂牌程序；总建筑面积10万平方米的徐州市首家原创性企业创业园建设进展顺利，一期工程13栋建筑面积5万平方米厂房投入使用，签约的6家企业陆续入驻，创业园已被认定为省级科技创业园。

【社会事业】 2011年，在完成南庄、庄庄两个社区5361人的失地农民纳保工作上，岗子和韩场两个社区6814人的失地农民纳保工作已经启动实施；安置房建设一期工程（21栋楼房，6.5万平方米）全部投入使用，二期工程（21栋楼房，6.3万平方米）开工建设；率先启动的庄庄社区整体拆迁安置全面结束，白集社区屯头村庄已完成评估；徐州工业园区学校已竣工投入使用。（鹿存星）

泉山经济开发区

【概况】 江苏徐州泉山经济开发区位于徐州市的西北部，距市中心10公里，距陇海铁路3公里，距京杭大运河14公里；东临徐丰公路，西、北连接京福高速，是徐州市主城区连接丰县、沛县及铜山区西北部的枢纽，徐州市西通皖北、北挺鲁南的咽喉要冲和重要门户。其前身是1999年市委市政府决策规划成立的徐州市城北园林风景区。2002年5月，根据发展需要，撤销徐州市城北园林风景区，批准成立徐州市城北开发区，委托原九里区人民政府筹建和管理。2010年10月，区划调整划归泉山区。2012年3月26日被省人民政府批准为省级开发区。按照“超前规划、引领未来”的原则，对园区战略定位、发展目标、功能布局和配套设施进行整体规划，园区总规划面积30.42平方公里、起步区13平方公里。

【基础设施建设】 按照总体规划的要求，园区基础设施建设本着“高标准设计、一次性投入”的原则，在道路建设同时，给排水、通信、热、气等管网一步到位。年初规划的兴隆路、腾达路中段、顺达路、矿南路、顺堤路、兴隆路北延段等6条道路年底顺利竣工通车，其他辅助设施也在快速推进中。

【发展战略】 实施围绕“一个中心，抓好两个重点，实现三个提升，发展四大产业”的发展战略。围绕一个中心，即争取用3～5年的时间把开发区建成徐州一流省级开发区。抓好两个重点，即招商引资和园区建设两个重点。实现三个提升，即实现园区功能提升、效益提升、运行水平提升。发展四大产业，即重点发展以物联网技术应用为代表的高新技术产业、以综合物流为重点的物流业、以高端地产开发为主导的休闲宜居旅游业、以特种装备为基础的先进制造业。

（泉开办）

农　业

综　述

【概况】　2011年,全市农业系统认真落实各项强农惠农政策,努力克服自然灾害影响,积极应对农产品市场剧烈波动,大力实施农业提档升级行动计划,狠抓高效设施农业“1+5工程”,全市农业经济呈现“粮食持续增产,产业持续增效,农民持续增收”的良好态势。全年实现农业总产值902.9亿元(含林业二产),增长15.98%;农业增加值433.5亿元(含林业二产),增长11.1%;农民人均纯收入9490元,增长19.3%。省市下达的各项指标任务均按期完成,部分指标超额完成,继续保持徐州农业“全省第一,全国领先”的位置。一是粮食生产实现八连增。全年粮食播种面积1090.89万亩,总产91.5亿斤,增产3.48亿斤,增量、增幅分别居全省第一位和第二位,创徐州粮食总产历史最高纪录,实现粮食产量“八连增”。水稻、玉米单产创历史新高,分别突破550公斤和400公斤。小麦、玉米、花生万亩高产创建示范片分别达到650公斤、800公斤和450公斤,创全省最高纪录。徐州市粮食生产获省通报表扬,睢宁县、邳州市被国务院评为全国粮食生产先进县。二是高效农业保持全省第一。经省农委认定,全市累计完成高效农业面积516.19万亩,占耕地比重59.28%;新增设施农业面积20.21万亩,累计达157万亩,占耕地的比重17.89%,新增面积、总面积和高效农业占比均位居全省第一。全市果树面积稳定在145万亩,高效果树面积达到83万亩,其中果树面积、果品产量、产值继续保持全省领先。全市桑园面积稳定在11.6万亩,全年生产蚕茧7510吨,均位居全省第三位。畜禽饲养量保持全省第一。全年出栏肉牛9.82万头、肉羊472万只、家禽38660万只、肉兔3203万只,同比增长53%、30%、88%和1%,肉禽、肉牛、肉羊、肉兔出栏均全省第一;奶牛存栏7.03万头,同比增长1.6%,居全省首位。全市水产养殖面积39.6万亩,高效渔业面积占比达65.2%;新增设施渔业面积1.38万亩,设施渔业面积占比13.47%,全省排名保持第七位。全市2011年度未发生重大农产品质量安全事件和重大动物疫情。三是农业产业化水平得到新提升。新增国家级农业产业化龙头企业1家、省级10家。全市县级以上规模农业龙头企业发展到639家,规模居全省第二位,其中国家级5家、省级35家、市级177家、县级385家;全年县级以上龙头企业销售收入1079亿元,同比增长26.8%。带动农户数量154.2万户,同比增长12.9%,分别居全省第一和第二位。全市农产品出口3.1亿美元。全省28个超千万美元的县(市),徐州市占有

4席，分别是邳州市、丰县、沛县、睢宁县，其中邳州市以1.8653亿美元位居全省第一。全省农产品出口额前100位企业中徐州市占有13席，其中徐州黎明、三友、大丰食品有限公司分列第8、10、12位。四是农业生态环境呈现新面貌。经省林业局验收，全市完成绿化造林面积12.9万亩，其中“二次进军荒山”绿化面积3.5万亩，建成省级绿化示范村83个，森林覆盖率达到31.3%，继续保持全省第一。创建国家森林城市38项指标全面完成，顺利通过国家林业局专家组核验评估。石灰岩地区造林作为全国新经验推广，市林业局被全国绿委、人社部、国家林业局评为全国造林绿化先进集体。新建“一池三改”户用沼气工程9550户、规模畜禽养殖场沼气治理工程81处、秸秆气化集中供气工程10处、农村沼气乡村服务网点36个。新增“三品”851个，完成省定任务600%，累计认证“三品”2028个；新增“三品”基地面积21.5万亩，累计718.3万亩，占耕地比重81.76%，“三品”总数与“三品”基地占耕地比重两项指标均居全省第一。五是现代农业园区和特色基地建设形成新优势。沛县成功获批国家级现代农业示范区和首批国家级农业产业化示范基地。新增四个省级农业产业园区，成功创建两个国家级“一村一品”示范镇村。新增3个“江苏省现代特色产业基地”、7个“江苏省现代农业示范村”。全市基本建成农产品加工集中区15个，4家被命名为首批省级农产品加工集中区，两项数量均居全省第一。六是农业科教工作成效显著。在全省首创开展农民培训工程讲师团培训，选拔了一批有技术、会讲课的优秀培训推广人才。累积开展农业实用技术培训72万人次，职业农民和农业信息化技能培训1.6万人，近3000人获得了国家农业相关行业职业资格证书，增强了农民务农本领、创业能力和职业技能。启动“五有”乡镇农技推广综合服务中心建设，全市10个镇级中心获得全省百强乡镇农技推广综合服务中心称号。扩大农业科技入户实施规模。全市承担麦稻等22个农业科技入户工程项目和2个渔业项目，遍及全市2216个村，培育20400户。七是农产品质量监管工作稳步推进。按照《省农委关于开展2011年全省农产品质量安全整治行动的通知》要求，围绕蔬菜农药残留、畜产品“瘦肉精”、生鲜乳违禁物质、兽药及饲料质量安全、农资打假专项整治及种子执法等工作重点，制定监管整治方案，加大整治力度，取得了积极成效。全市对所有监测范围内的生猪、肉牛养殖场(户)、屠宰场按规定比例抽检，全市已抽检瘦肉精样品31284个，除一车被处理的河南生猪外，其余均为阴性。对农资经营户进行全面检查，共出动6600多人次，检查农资生产经营企业4000多家，查处问题318起，查获违法农资4.96万公斤，涉及金额453.6万元，立案查处80起。

(王本奉)

【新农村建设】 新农村建设的步伐明显加快。市县两级农工办充分发挥新农村建设办公室的职能作用，在已达标的260个示范村中，深入开展“经济发展好、农民生活好、社会风气好、村庄环境好、村委班子好”等“五好”示范村创建活动，促进达标示范村提档升级。坚持把“五杯竞赛”活动作为推动面上新农村建设的重要抓手，广泛发动，认真组织，全市有90%以上的村参加了竞赛活动，推动新农村建设向纵深发展。2011年，全市新建达标示范村和环境综合整治示范村共投入资金近亿元，50个新农村示范村和100个环境综合整治示范村的年度创建任务全面达标，24个新农村先进村受到省命名表彰。完成农村劳动力培训7万人，新增农村劳动力转移就业6.4万人，乡镇工业、规模工业、私营个体企业主要指标全省领先，农民收入有六成左右来自二、三产业发展和劳务工资。2011年，全市农民人均纯收入达到9490元，增长19.3%，连续8年保持两位数以上增长。

【中心镇创建】 全面深入推进中心镇建设。30个集中创建镇规划建设水平明显提高，城镇面貌明显改观，城镇生态环境明显提升，城镇生态环境明显增强。市财政拿出3000万元作为专项基金支持创建镇编制规划，引进清华大学、浙江大学等一批高水平的规划团队，高起点、高标准、高质量编制完成30个集中创建镇的总体规划和专项规划。各地严格按照镇域规划扎实有序推进创建工作，古色古香的明清古镇窑湾、微山湖畔的钢铁大镇利国、生态宜居的历史文化名镇汉王等一批各具特色的中心镇初具雏形。同时积极组织开展镇区绿化“百日会战”和“五整治、五提升”活动，创建镇面貌得到明显改善，镇区品位显著提升。开展“重点项目建设推进年”活动，30个中心镇完成基础设施、社会事业、生产服务三大类建设项目225个，投入资金65.5亿元，城镇承载能力显著增强，为第一批中心镇达标验收奠定了坚实基础。

【农村三大管理】 紧紧围绕抓好惠农政策落实，不断加大工作力度，“三大管理”规范化水平进一步提高。一是全面落实一事一议财政奖补政策。各地认真落实村民议事制度，充分发挥农民群众的主体作用，科学合理地确定奖补村和奖补项目。按照工作推动抓进度、项目建设抓质量、资金管理抓规范、工作方法抓创新的思路，全市统一了奖补道路建设质量标准，建立健全了群众监督、行政监督及专业监督机制，探索完善了奖补道路管护措施，群众满意度进一步提高。2011年建设完成一事一议财政奖补项目1216个，项目总投资2.8亿元，受益人口284万人，有6个县(市)区获省一、二、三等奖，奖励资金770万元。二是土地承包管理进一步规范，流转机制进一步健全。围绕做好土地承包确权发证的扫尾工作，加强问题的调研分析，做好土地承包确权和清册完善，土地承包经营权证入户率和土地承包档案管理水平有了新的提高。全市114个镇全面建立土地流转交易服务中心，各项配套制度进一步完善，在规范土地流转行为、推进农地股份合作方面发挥了积极作用。全年新增土地流转面积40.1万亩，土地入股总面积达到30万亩，新增农业适度规模经营面积62.8万亩，完成省定任务的130.9%。三是农村集体资产财务规范化管理水平进一步提高，村级经济实力明显增强。开展“十镇推进、百村示范、千村达标”活动，村级“四有一责”建设扎实推进，全市有1512个村达到省定2012年“四有一责”建设目标，提前1年完成建设任务。村级集体经济发展步伐明显加快,年内,全市2428个村集体经营性收入达到9.8亿元,村均40.4万元,增长31.7%。农村集体财务规范化、法制化建设水平进一步提高,农村“三资四化”管理机制逐步完善,全市有127个镇(涉农办事处)、2123个村全面达到了“三资四化”要求的“五个一”建设标准,219个省定经济薄弱村债务化解全面完成。

【合作组织建设】 积极推进农民专业合作组织提档升级。继续深入开展“五好”合作社创建活动,积极组建联社,扶持合作社做大做强,有力促进了合作社的提档升级。全市新增工商登记合作社1597家,累计达6653家,达到“五好合作社”标准的突破500家,成员总数143.6万个,工商登记成员数120.7万个,成员总数、工商登记成员数位列全省第一,84家合作社被评为江苏省首批“五好”农民专业合作社示范社。推进“农校对接”、“农超对接”,年内,实现供货143万斤,获得了良好的社会效益和经济效益。合作社带动农民增收的能力明显增强,入社农户收入平均比其他农户高20%以上,成员人均从合作社直接得到收益达到1800元以上。全市农村工作会议上对30家农民专业合作示范社进行了表彰。积极促进土地股份合作组织健康发展。坚持把推进农村土地股份合作作为增加农民收入、发展高效规模农业的重要平台,不断加强指导、强化服务、规范运作,通过典型带动、允许申报合作社项目、参加五好合作社评选等措施,进一步调动各地组建发展农地股份合作社的积极性。全市累计建立土地股份合作社384个,比上年增加40个,入股面积30.02万亩,比上年增加5万亩,吸纳农户11.7万个,比上年增加0.6万户。三是积极开展农民资金互助自查自纠工作。根据市政府打击非法集资专项行动工作会议和徐政发〔2011〕54号文件精神,起草下发了《关于做好全市农民资金互助组织自查自纠工作的通知》(徐委农〔2011〕28号),对全市所有在民政部门登记的农民资金互助组织提出了具体的自查自纠工作要求,并指导各地结合工作实际建立完善日常监管措施和长效监管机制。截至年底,全市经县(市、区)农工办批准,在县(市、区)民政部门等级的农民资金互助合作社共71家,发展会员1.7万人,筹集资金3.1亿元,其中社员股金1.6亿元,互助资金1.5亿元,吸纳其他资金70万元。累计投放资金3.34亿元,其中投放社员资金3.31亿元,总计投放9657户,计10728笔。

【农村扶贫开发】 围绕25万建档立卡贫困农户和77个经济薄弱村脱贫任务,全市共投入各类帮扶资金13.4亿元,77个省定经济薄弱村全部达到“八有”和集体经营性收入5万元以上的目标。一是产业化扶贫水平得到进一步提升。严格按照项目落实到村、到户的原则,围绕区域优势,确立和编报脱贫项目,做到“村村有项目、户户有经营、人人有收入”,产业扶贫取得明显成效。全年利用省财政奖补资金7177万元,编制产业项目464个,项目覆盖103个镇、857个村;市财政补助资金410万人,编报实施项目31个;省、市后方帮扶单位协调实施帮扶项目414个。二是贫困劳动力培训质量得到提高。全市共投入培训资金862万元,116个扶贫培训定点机构开办474期培训班,培训贫困劳动力17685人,转移就业17030人,转移就业率96%以上,超额完成省定的17250人的培训任务,就业人员人均月收入达到1500元以上。全年开展410期农村实用技术培训班,培训农村贫困劳动力2万余人次。三是挂钩帮扶措施得到落实。继续对沛县、邳州、新沂、铜山和贾汪区(睢宁县和丰县为省派队员)派出扶贫工作队,5名处级领导担任扶贫队长并兼任驻地的副县(市)区长,36名副科级以上职务的机关干部担任经济薄弱村的扶贫工作指导员并兼任驻地镇副书记或副镇长。87家市帮扶单位到位帮扶资金893万元,实施帮扶项目137个,项目覆盖88个经济薄弱村;省委驻丰县、睢宁扶贫工作队投入帮扶资金2.8亿元(含协调项目资金2.6亿元),实施帮扶项目83个,有效带动了贫困农户脱贫致富。四是扶贫小额贷款发放得到进一步加大。为加快脱贫攻坚进程,用足用好扶贫小额贷款惠农政策,最大限度满足贫困农户发展产业项目对资金的需求,在2010年发放6.5亿元的基础上,2011年将发放任务调整到8亿元。按照明确任务、加强调度、会议推进的步骤,保证了发放任务的超额完成。全年发放扶贫小额贷款9.2亿元,完成市定年度发放任务的115.3%,有6.5万户贫困农户受益。五是扶贫互助合作社工作得到进一步规范。2011年,按照省在沭阳县召开的贫困村互助资金试点工作会议精神,结合徐州市实际,共确定了51个扶贫互助社试点村,占全省的37.5%,已有3998户农户加入互助社,互助资金总额达2260万元,向1096户发放互助金993万元,有效促进了经济薄弱村和贫困农户脱贫。

【政策性农业保险】 多措并举,强力推进徐州市农业保险工作再上新台阶。提出以县(市、区)为单位,主要种植业参保品种承保面在90%以上,能繁母猪、奶牛保险做到应保尽保;高效农业保险(含能繁母猪和奶牛)保费收入要达到总保费收入的25%以上,其中设施农业保险保费收入要达到主要种植业保费收入的20%以上的年度工作目标。围绕上述目标,加大督查考核力度,确保工作健康开展。2011年,全市有3个县(区)被评为全国和省级农业保险示范县。注重宣讲,农业保险工作的政策引导作用进一步深入扩大。为进一步提高广大干部群众对农业保险政策的知晓率,扩大政策的影响力。市农保办将6月20日~至7月20日定为农业保险政策宣传月,努力做到政策进村入户,家喻户晓,深入人心。市举办2期培训班,对312名镇以上从事农业保险工作的业务人员进行政策和业务知识培训,各县(市、区)分别举办1期培训班,对2500多名村级从业人员集中进行了政策和业务知识培训,使业务员不断掌握新的农险政策,提高业务技能和服务水平。用好政策,农业保险在农业生产中的保障作用进一步增强。2011年,全市保费总收入达到2.8亿元,主要种植业参保品种综合承保面达到92.6%。其中,高效农业保险覆盖面达到22%,设施农业保险面积扩大到23.2万亩,设施农业保费收入占主要种植业保费收入的37.5%,均超额完成省、市下达的目标任务,参保农户基本达到全覆盖。全市共承保小麦、水稻、玉米等主要种植业品种面积937.65万亩,比上年增99.25万亩,主要种植业参保品种综合承保面达到92.6%。承保能繁母猪38.7万头,比上年增15.66万头。全市有65.33万亩小麦、15.6万亩水稻、12.3万亩玉米和5632亩设施大棚及2.44万头能繁母猪、386头奶牛因灾获得保险理赔,理赔资金1.17亿元,是农户自交保费的1.95倍,受灾农户的利益得到有效保障。积极探索,承保畜禽死亡后无害化集中处理试点取得初步成效。指导沛县、睢宁县分别建设了1个病死畜禽无害化处理厂,对保险病死畜禽实施无害化集中处理试点。睢宁县无害化处理厂,5月17日投入运营到12月底,共接报案465起,死亡能繁母猪512头,理赔51.2万元,比上年同期少赔1386头、138.6万元;沛县无害化处理厂7月份开始运营到12月底,共接报案179起,死亡能繁母猪189头,支付理赔资金18.9万元,比去年同期少赔付1091头、109.1万元。去除政策和市场因素,死亡率和赔付率都大幅度下降,不仅有效杜绝了病死畜禽流向市场、传播疫病,还实现了废物利用,维护了区域肉食品卫生安全和群众健康。

【休闲观光农业建设】 2011年,全市休闲农业以高效生态建设和促进农民增收致富为出发点,打造精品,建成了一批特色鲜明的精品休闲农业项目。全市休闲农业新增投资5.38亿元,新建各类休闲农业景区(点)57个。其中,"江苏最具魅力乡村"1个,国家"四星级休闲农业园区"1个。长期从业人员3.67万人,带动农民就业近9.15万人。接待游客125万人次,综合收入17.23亿元。休闲观光已经成为农民增收的新亮点。一是坚持科学规划,着力打造特色鲜明内涵丰富的休闲农业精品工程。依托风景名胜、山水田园、民俗文化、生态环境、特色产业等优势资源,坚持打造以徐州市区为核心,以县(市)区行政中心所在镇区为支点,"一圈四沿(沿山、沿湖、沿河、沿东陇海线)"的休闲农业发展格局,科学引领各地坚持高起点规划、高标准开发建设,突出特色,打造精品优质工程。全市先后开发建设了月亮湾生态园、应氏葡萄酒庄园、华锋国际农业博览园、第一田休闲农业园等一批精品休闲农业园区。二是围绕新农村建设,推进休闲农业园区和"农家乐"专业村建设。休闲农业是农业产业化的重要组成部分,已成为社会主义新农村建设中一个崭新的亮点。2011年,坚持把休闲农业作为优化产业结构、延长农业产业链和带动农村二、三产业协调发展的一项重要内容来抓,在资金使用和项目开发上,注重"五个结合",即休闲观光农业与农业田间工程、农业资源开发项目、丰富农业文化、扶持主导产业、招商引资结合起来,协调整合农林、水利、土地、开发、旅游等支农项目资金资金和资源,加大休闲农业景区建设力度,着力打造"山、河、湖、园、村"五位一体的休闲农业体系。三是加强宣传推介,用市场营销手段经营休闲农业和乡村旅游产品。一方面,注重开展专项促销活动,通过举办休闲农业专场推介会、印发宣传彩页、宣传画册、多媒体等多种形式,加强休闲农业产品宣传。另一方面,采取多种模式进行宣传推介。先后联合农业部魅力乡村网站、《新华日报》、《徐州日报》、徐州电视台、徐州广播电台,多次组织开展采风宣传活动,重点宣传了"江苏最具魅力乡村"——铜山区汉王村、"全国四星级休闲观光农业景点"——月亮湾生态园和国庆黄金周全市各地发挥休闲农业优势,组织开展乡村旅游情况。各地举办了独具地方特色的农业节会活动,展示企业形象、促进文化交流、沟通产销渠道,促进了休闲观光农业的健康发展。

【农业招商引资】 全年实现农业招商引资125亿元,其中外资1.6亿元。市委农工办牵头组织并成功举办了2011中国徐州(上海)现代农业投资推介会,参与客商达150人,签约项目32个,协议资金达43.7亿元。国家级龙头企业呈现出迅猛增长的强劲势头。2011年,全市5家国家级农业产业化龙头企业共完成销售额251亿元,比上年增加59亿元;带动农户22.3万户,比上年增加11.3万户,国家级农业产业化龙头企业在增强全市农产品竞争能力、提升农业产业化经营水平方面发挥了积极作用。2011年,江苏东宝粮油集团成功获批第五批国家级龙头企业。

【矿乡关系协调】 强化协调,村庄搬迁稳妥推进。始终坚持把压煤村庄搬迁作为矿地关系协调工作的重中之重,采取有力措施加以推进。年初制定的7个村庄的搬迁任务圆满完成。其中,沛县龙固镇杨圩子村、铜山区刘集镇丁场村11、12组已迁入新居;沛县鹿楼镇辛黄家村、赵古楼村和安国镇周田村5层楼房主体工程已全面完工;沛县杨屯镇张庄村、铜山区郑集镇小李庄村2层带院民居基本完工,农民生产生活条件得到极大改善。关注民生,防汛越冬措施扎实。塌陷区防汛度汛和安全越冬工作,事关群众生命财产安全,事关矿区社会和谐稳定,在汛期和入冬之前,市矿乡办及时下发《关于认真开展采煤塌陷区汛前安全大检查的通知》和《关于认真做好采煤塌陷区越冬工作检查的通知》,积极协调组织地矿双方及时落实安全防范和救助措施,实现了塌陷区的平稳度汛和安全越冬,全市没有发生一起责任事故。立足稳定,矿地矛盾调处有力。对各类矿地矛盾的协调处理,市农工办始终坚持标本兼治、注重预防的原则。一年来,共接待群众来访10余起,50人次,先后协调处理了徐矿集团庞庄矿新建洗煤厂煤矸石经营权、沛县大屯煤电公司孔庄煤矿煤泥经营权等纠纷,有效化解了矿地矛盾,维护了矿区社会的和谐稳定。建章立制,协调工作规范有序。按照稳定、维权、发展的工作要求,进一步建立健全了协调工作机构,强化协调工作责任,督促地方和煤矿企业建立健全定期协商会议制度,形成正常高效、畅通无阻的矿地双方沟通渠道。同时,将征迁资金管理工作作为全年工作目标考核的重要内容,加强监督检查,一年来,没有发现任何平调、挤占和挪用征迁资金的行为。

(张学胜 韩志峰)

种植业

【概况】 2011年,全市粮食播种面积1090.89万亩,比上年增加19.81万亩;全年粮食总产突破450万吨,达到455.3万吨,比上年增加15.11万吨,创徐州粮食总产历史最高纪录,粮食总量居全省第二位,比上年提升一个位次。

【粮食生产】 全市围绕"粮食安全、农业增效、农民增收"的总体思路,认真落实扶持粮食生产政策,加大粮食品种结构调整力度,狠抓抗灾应变措施的落实,开展高产增效创建活动,夺取了全年粮食生产丰收。一是落实惠农政策。国家和省加大对粮食生产的扶持力度,各地高度重视,严格按照补贴政策要求,狠抓落实,取得明显成效,调动了广大农民生产积极性。2011年全市落实水稻直补面积272.52万亩,每亩补贴20元,发放到户补贴资金5450.57万元。落实农资增支补贴面积722.15万亩,每亩补贴81.5元,发放到户补贴资金58856.75万元。全市登记造册小麦、水稻、玉米、棉花良种补贴总面积1245.6万亩,补贴资金14017.16万元。全市累计落实粮棉补贴资金达到77767.87万元,比上年增加8387.51万元,农民人均获得政策性补贴达到120元,比上年增加13元。二是推广新品种新技术。重点围绕《优质粮食产业化发展规划》,加快优质高产良种和先进实用技术的推广应用,促进了粮食生产水平的提高。小麦重点扩大应用徐麦99、烟农19、淮麦20、徐麦30等优质中强筋小麦品种,面积达到360万亩,占小麦播种面积的70%。水稻重点推广连粳6号、连粳7号、中稻1号等高产优质品种,粳稻达国优三级以上品种面积占85%,耐抗水稻条纹叶枯病品种面积占80%。玉米重点推广应用了郑单958、苏玉20、苏玉10等高产品种,主要品种面积比例达到75%以上。全市重点推广了小麦机械播种、稻棵套播麦、麦秸机械还田轻简稻作技术、水稻旱育秧、测土配方施肥、玉米机械条播、病虫草害综合防治等实用新技术,促进了粮食大面积平衡增产。三是抓高产创建典型。全市粮棉油高产增效创建万亩示范片增加到58个,争取项目资金1500万元。建成水稻示范片34个,平均单产达到676.6公斤,比大面积水稻单产亩增122.1公斤,增产22.2%;小麦示范片15个,平均单产达到556.7公斤,比大面积小麦单产亩增180.7公斤,增产48.06%;玉米示范片7个,平均单产达到763.6公斤,比大面积玉米单产亩增358.5公斤,增产88.5%。通过开展万亩高产增效创建活动,建成了一批小麦、水稻、玉米万亩高产示范典型,带动了大面积平衡增产。夏熟小麦铜山柳新农场、邳州邢楼2个万亩示范片通过省专家组的验收,平均亩产分别达到644.8公斤和610公斤,再创全省小麦高产创建单产新纪录。秋熟玉米丰县范楼万亩示范片通过省级专家验收,平均单产达到817.5公斤,验收单产再创全省新高。新沂高流花生万亩示范片通过省级专家验收,平均单产达到450.3公斤,验收单产再获全省第一。全市粮棉油高产创建通过省级专家实产验收,产量达标万亩示范片达到8个,创造了省内小麦、玉米、花生万亩高产创建单产新纪录。四是粮食生产持续增产。粮食生产在夏熟遭遇特大旱灾、产量略有减产的情况下,紧紧围绕全年粮食增产目标,认真落实"以秋补夏"措施,取得明显成效,全市粮食生产实现了"八连增",达到"三个突破":粮食播种面积1090.89万亩,粮食总产突破450万吨大关,达到455.3万吨,创徐州粮食总产历史最高纪录,居全省第二位,比上年提升一个位次;水稻单产突破550公斤,达到554.5公斤;玉米单产突破400公斤,达到405.1公斤。睢宁县、邳州市被国务院表彰为全国粮食先进县,铜山区、新沂市被省政府表彰为全国粮食先进县。

【棉花生产】 棉花播种面积44.1万亩,比上年减1.2万亩;皮棉单产平均达71.6公斤,比上年增加0.2公斤;总产达63.14万担,比上年减少1.46万担。受国际市场影响,棉花收购价格回落至正常价位,全市籽棉平均价格每公斤7.6元左右,比上年下降4.2元。

【花生生产】 全市花生面积37.83万亩,比上年减少2万亩。6月~9月份,降雨量正常,花生渍害较轻,单产达277.5公斤,比上年增加0.5公斤;总产10.5万吨,比上年减少0.5万吨。花生价格稳步提高,干果花生每公斤平均价格10元左右,比上年提高1.6元。

【园区建设】 铜山国家级现代农业示范区,完成总体规划设计,并通过省级专家认定,计划安排重点建设项目26项,总投资额14.8亿元。完成新增高效农业面积6.5万亩,其中设施农业面积3万亩,新建现代农业基地20余个。建成标准化畜禽规模养殖场28个,生态养殖示范场10个,高效渔业和特种养殖面积分别达到7.6万亩和11万亩。新入园区的较大企业有10余家,示范区拥有维维、中天、胜阳等国家级农业龙头企业3家、省级龙头企业5家、市级龙头企业28家。新增认定省级现代农业产业园4个,全市省级现代农业产业园达到6个,累计投入资金12.08亿元,其中财政投入4100万元,企业投入9.32亿元,其他投入2.35亿元。产业园生产总值达到29.76亿元,实现利润13.77亿元。园区共引进科技项目20项,培训农民2.26万人次,园区辐射带动规模达13.3万亩,辐射带动农户4.2万户,带动农民户均增收累计9685.5元。

【设施农业】 2011年,全市设施农业面积占耕地面积的比重达到17.89%,高出全省近6个百分点,全市设施农业新增面积、总面积和耕地占比继续保持全省第一。集约化育苗技术快速发展,全市蔬菜工厂化育苗中心达46家,中小型蔬菜穴盘育苗中心95家,年供苗能力15.5亿株,可保证55万亩设施基地用苗,供苗率占35%。设施农业亩均效益1.12万元,总效益175亿元,重点乡镇设施农业对农民人均收入的贡献额都在3000元以上,带动农户60万户以上,吸纳农村劳动力80万人,设施农业已成为农民收入中稳定而有效的增长点,主要呈现以下特点:一是规模"大"。全市已形成环城区40万亩设施蔬菜,黄河故道沿线50万亩设施瓜果菜,东部沿陇海线40万亩设施花、设施瓜菜,西北部30万亩设施瓜菜四大优势产业基地。二是效益"好"。全市钢架大棚亩均效益达到9298元,日光温室亩均效益达到19791元,分别为露地栽培的5倍和10倍。三是结构“优”。设施结构优,全市日光温室的比重占新增设施面积的45%。产品结构优。时令新鲜设施西甜瓜,苹果、油桃等设施果品面积、设施花卉面积总面积已扩大到28.9万亩。工厂化食用菌周生产迅速发展,新增栽培面积35万平方米,总面积达到47万平方米,年产量达到1亿斤,栽培品种走向高端化,杏鲍菇、海鲜菇、白金针菇成为主导品种。四是档次“高”。全市基本形成了保温控墒有日光温室、大棚,防病控虫有避雨设施、套袋技术、防虫网,节水利用有喷滴灌设备,防灼晒有遮阳网,防霜冻有保温毯等,农业生产可控性明显提高。铜山区汉王月亮湾等基地应用了3G物联网智能化系统。五是机制“新”。在确立农民投入主体、生产主体、效益主体的同时,突出经营机制创新,注重市场化运作、产业化提升,农业招商引资力度不断加大,吸引了一批农业产业化龙头企业从事设施农业的流通、加工和种苗开发,带动广大农户发展生产。六是功能“广”。突出发展生态农业、观光农业,不断拓展农业功能,全市涌现出一批以花卉、鲜果为发展主体,集观光旅游、休闲采摘、农业体验、生态餐饮为一体的综合性设施农业示范园,成为设施农业发展的新趋向、新领地、新亮点。

【高效农业】 全市新增高效农业面积107万亩以上,高效农业面积发展到578万亩左右,高效农业面积占全市耕地面积的64.36%。全市高效农业面积占耕地面积比重、高效农业总效益、新增效益等指标均居全省首位。根据生态资源优势和农业产业基础,将加快推进高效农业规模化的重点,定位在突出打造设施蔬菜产业、优质食用菌产业、出口特菜产业、出口白蒜产业、花卉苗木产业和早熟苔蒜产业六大集群。

【蔬菜生产】 全市蔬菜播种面积595万亩,与上年基本持平。全年在田各类蔬菜包括大蒜、洋葱、设施蔬菜、露地蔬菜、特菜等330万亩。蔬菜平均亩产2350公斤,总产量达到1300万吨。

【食用菌、花卉苗木、中药材】 全年食用菌总产达8亿公斤,花卉苗木、中药材面积共计达40万亩。高标准高档次设施栽培食用菌,产销两旺,势头强劲;双孢菇、杏孢菇、木耳等中高档新品种发展迅速。食用菌价格一直在高位运行,平均价格达到每公斤3.5元。食用菌总产值35亿元。销售各类花卉苗木22000万株(支、束、盆),平均销售价格每株5.9元,交易额达到13亿元。 (王本奉)

林牧渔业

·林果业·

【概况】 2011年,全市完成造林面积12.9万亩,森林覆盖率达31.3%,继续保持全省第一。完成国债防护林5.6万亩,全面完成丰县、沛县两个村庄绿化整体推进县以及83个新农村绿化示范村建设。林业社会总产值达到333亿元。。创建国家森林城市38项指标全面完成,顺利通过国家林业局专家组核验评估。

【重点绿化工程】 圆满完成“二次进军荒山”绿化二期工程建设任务,造林3.5万亩,栽植各类乔木378万株,成活率达90%,绿化效果显著。

【有害生物防治】 全市有效防治有害生物面积24.5万亩,防治率90%以上。特别是在第三代杨舟蛾和美国白蛾防治工作中,在全省首次开展飞机防治试验示范,取得了较好的示范效果,为全省推广飞机防治提供了经验。

【资源保护】 强化森林防火基础建设,连续24年无重大森林火灾;加强林业有害生物防治,成灾率比省下达控制指标低0.8个千分点;2011年,全市共发生林业行政案件472起,查处469起,查处率为99.3%,罚款100.43万元,没收木材1538.2立方米,补种树木40185株,行政处罚546人次。生态公益林确权发证,应发53800亩,截至目前全部发放,发证率达100%;《徐州市市区山林红线划定规划》已经市政府第45次常务会议审议通过,并报市人大常委会备案。本次纳入市区红线保护区的山林面积约9.8万亩,比2005版规划增加2.2万亩。

【果树产业】 2011年,全市果树面积145万亩,果品总收入32亿元,同比增长13%,果农人均增收1200元,全市人均增收70元。全市全年新增高效果树面积8万亩,达到82.7万亩。更新完善丰县宋楼镇红富士苹果等9个万亩优质高效果品生产基地,园区良种率90%以上,优质果率80%以上,亩产值4700元以上。

【木材加工业】 全市木材加工业年总产量750万方,总产值220亿元,位居全省第一。为32家企业申报林业贷款中央财政贴息资金共计1554.3万元。2011年,全市林业规费征收总额达710万元,市区26万元,全额上缴市财政专户,完成全年计划104%。 (王本奉)

·畜牧业·

【概况】 2011年,全市畜产品产量全面增长。全市出栏生猪500.84万头、肉牛6.31万头、肉羊391.55万只、家禽25950.73万只、肉兔3210.5万只,分别比2010年增长8.7%、11.4%、7.9%、26.1%和0.94%;奶牛存栏7.28万头,比2010年增长5.21%;肉、蛋、奶产量分别为95.71万吨、52.15万吨、28.10万吨,分别比2010年增长8.14%、7.24%、5.23%。

【重点扶持项目】 一是标准化规模养殖、高效畜牧业项目。全市共计97个生猪、33个家禽、6个奶牛、4个肉羊标准化规模养殖场(小区)项目获财政经费扶持,项目资金达5205万元。二是奶牛良种补贴项目。全市4.1万头奶牛实施良种补贴项目,项目资金122万元。三是生猪良种、饲养补贴项目。全市24.1万头能繁母猪实施良种补贴项目,项目资金964万元。全市44.17万头能繁母猪实施饲养补贴项目,项目资金4417万元。

【规模养殖】 全市规模养殖场总数达38442个,新增市级以上规模养殖场1816个,新增省级规模养殖场170个。新增大型规模场40个,其中新增万头猪场6个、50万只肉禽场33个、10万只蛋禽场1个,生猪、奶牛规模养殖比例分别达81.9%、85.1%,比2010年分别提高了6个、2个百分点。

【标准化养殖】 开展畜牧生态健康养殖、标准化养殖、动物防疫规范达标、畜禽良种化示范创建。全市新增农业部畜禽标准化示范场1家,省、市级生态健康养殖示范场60家,省级动物防疫规范达标示范场50家,省级畜禽良种化示范场14家。

【重大动物疫病防控】 开展春季、夏季和秋冬季动物防疫集中行动,制定方案、部署落实、督促检查,严格按照抗体检测水平评判防疫效果。年终组织开展全年动物防疫工作大检查,兑现责任状。继续保持无重大动物疫情的良好态势,实现了市政府既定的"力争不发生、确保不流行"的奋斗目标。

【畜产品安全监管】 开展了以"瘦肉精"专项整治为重点的三项整治行动。开展兽药饲料生产经营企业和规模养殖场(户)拉网式检查,开展检疫监督大检查,加大对屠宰场、规模养猪场生猪的抽检力度。抽检样品29669个,合格数量29636个,合格率99.9%。在三项整治行动中,全市共出动执法人员6164人次,检查单位数量5039个,共立案查处案件22起,涉案金额33.7万元,罚没金额4.5万元。

(王本奉)

·渔业·

【概况】 2011年,全市水产品总产量17.504万吨,比上年增长2.75%;放养水面39.59万亩,比上年增长2.72%;高效渔业面积25.05万亩,比上年增长21.07%;设施渔业面积5.2万亩,比上年增长36.13%;观赏鱼养殖面积303万平方米,比上年增长19.1%,继续保持全省第一;全市渔业产值40.6亿元。

【渔业安全】 全年共检验机动渔船4407艘,发放2010年柴油补贴款2373.57万元;参保渔民2093人,实交保险费18.93万元;受理理赔案件2起,获赔偿金1万元。全市开展了渔业安全生产专项整治行动2次,开展安全生产检查4次,清理违章船只6条,消除了安全生产隐患,保障了徐州市渔业安全生产的正常开展。

【产品质量监管】 规范水产苗种管理,开展水产苗种专项执法以及两次全市范围的水产品质量安全督查及专项整治等工作,确保了全市水产品的质量安全。2011年,部、省、市三级水产品质量检测中心,对全市22个水产养殖场、7个水产品市场的产地环境、水产苗种、水产品进行了抽检,抽检样品94个,抽检合格率达100%,位于全省前列。

【重点工程项目】 打造高效渔业平台,重点实施省级高效设施渔业项目和徐州市现代农业"2020"工程项目。睢宁县龙池甲鱼养殖场、丰县江河水产科技发展有限公司、沛县龙飞水产养殖场3单位均按徐州市现代农业"2020"工程实施方案的内容和序时进度完成任务。

【渔业科技】 利用渔业科技入户平台,搞好科技入户培训,开展渔民素质提升行动。一是推广高效模式。根据本地资源特点及市场发展需要,重点示范推广了藕田泥鳅养殖、设施泥鳅、大水面设施网箱养殖等一批具有本地特色、技术成熟、养殖成功、当地影响大、养殖效益高的典型模式。二是培育典型示范。2011年,铜山区培育典型示范户420户,平均亩效益2655元,平均亩效益过2000元,增效幅度都在20%以上。三是科技突破发展瓶颈。睢宁县、铜山区与苏州大学联合,分别在睢宁邱集、铜山刘集解决了泥鳅人工繁殖问题,两地分别繁育鳅苗8000万尾、7200万尾。 (王本奉)

·蚕桑业·

【概况】 2011年,全市桑园面积11.6万亩,占全省桑园面积比例约为15%,列全省第三。全年饲养蚕种19.5万张,生产蚕茧7509.6吨。睢宁、铜山两县9.5万亩,占全市80%以上,均列全省前十位,均被列为国家蚕业体系建设示范基地县。单产、质量、效益稳步上升,平均张种产量达到40公斤以上,上茧率85%以上,解舒率60%以上,亩桑收入超过4000元,一些重点村亩桑收入超过5500元。徐州、新沂两家蚕种场根据市场变化,以质量为中心,主动调整生产布局,强化技术管理,蚕种质量稳中有升,全年生产蚕种8.5万张,省检合格率达到99.2%。

【加工企业】 加工企业管理水平逐步提高,设备更新改造投入较大,技术管理得到加强,产品数量、质量稳定提高。多数生丝达到4A级以上,部分达到5A级,产业行情达到近年来较高水平,经济效益得到提升。 (王本奉)

农业机械化

【概况】 2011年,徐州市农机部门认真贯彻落实《农业机械化促进法》等法律法规,坚持"立足大农业,发展大农机,服务新农村"的发展战略,求实创新,扎实工作,农机化事业实现了又好又快地发展。2011年全市农机化投入6.4亿元,农机具总动力达591万千瓦,较上年增加28万千瓦。新增和更新大中型拖拉机2171台,保有量1.63万台;新增水稻插秧机1524台,保有量6269台;新增稻麦联合收割机844台,保有量1.4万台,其中高性能联合收割机2289台;新增秸秆还田机2078台,保有量10898台;新增玉米收获机315台,保有量2404台;新增高效植保机械3526台、大棚卷帘机1250台、水产养殖机械2802台。拥有农用飞机6架,农用运输车9.9万辆,各种配套农机具32万部。全市农业综合机械化水平、主要粮食生产机械化水平分别提高到73%和82%,粮食生产主要环节基本实现了机械化。

【补贴政策实施】 2011年,全市农民和服务组织直接享受中央及省级财政补贴资金1.5亿余元。全市办理农民购置财政补贴机具5.7万台,受益农户和服务组织达3万余户,拉动农村直接投资4.5亿余元。全市农机部门进一步强化农机购置补贴管理工作,市、县农机部门分别召开专题会议部署补贴管理工作,市农机局与各县局签定了农机购置补贴管理工作责任状。规范操作程序,实行"阳光操作"和"两个公示"制度,确保补贴政策执行到位。

【水稻种植机械化】 2011年,全市新增插秧机1524台(其中新增乘坐式插秧机390台),完成省局下达目标任务的210%。乘坐式插秧机增量是历年总和的1.5倍。机插秧面积达到141.6万亩,机插率达到51%,比2010年提高11个百分点。新增机插秧合作组织18个,涌现新的机插秧大户110户。无纺布育秧技术得到大面积应用。加强重点机插示范村、示范镇建设,水稻种植机械化水平≥80%的乡镇达29个、村40个。2011年全市机插水稻产量平均达到每亩598.3公斤,比手栽水稻高33.85公斤,比直播水稻高172.9公斤。新沂市水稻机械化种植水平达83%,在全市率先基本实现了水稻种植机械化。

【玉米生产机械化】 大力发展玉米生产机械化,结合推广保护性耕作技术,逐步探索出了适宜当地的玉米板茬播种——玉米机收——秸秆机械化还田——小麦免耕播种的"一条龙"作业技术模式和玉米生产机械化技术路线。2011年,全市新增玉米播种机3795台、玉米收获机356台,玉米种植和收获机械化水平分别达65%和53%;玉米板板茬播种面积达到65万亩,玉米秸秆还田面积110万亩。建成玉米播种机械化示范村192个、玉米收获机械化示范村167个。丰县在全省率先基本实现了玉米生产机械化。

【秸秆机械化还田与利用】 全市农机部门把秸秆机械化还田作为重点工作,以建设秸秆机械化还田示范县、推进县为抓手,狠抓秸秆机械化还田工作。明确秸秆机械化还田重点区域、技术路线和保障措施。徐州市六县和贾汪区被列为省秸秆机械化还田示范县和推进县。市农机推广站联合生产企业研发了具有多项发明专利的系列秸秆还田机。明确规定重点区域作业的联合收割机必须安装和启用秸秆切碎装置,作业留茬高度不得高于15厘米。制定了小麦水、旱田秸秆还田、水稻秸秆还田和玉米秸秆还田等不同形式的技术路线。2011年,全市新增秸秆还田机械2078台、秸秆气化炉3458台,完成秸秆机械化还田面积289万亩,其中,麦秸秆机械化还田198万亩、稻秸秆机械化还田面积91万亩,秸秆机械化还田率达38%,较上年提升8个百分点。

【特色农机推广】 全市各级农机部门紧紧围绕高效农业规模化,加快先进适用新机具的开发和推广步伐,推动农机化发展由产中向产前、产后延伸,由主要粮食作物向经济作物、设施农业和林牧渔业拓展。市农机推广站研发了秸秆固化成型机、洋葱收获机、电动温室管理机等一批新机具,在农业生产中深受农民青睐。开展土壤机械化深松技术田间试验示范,推广深松机230台,完成土壤深松面积18万亩。高效设施农业机械示范推广扎实推进,2011年,全市新增高效植保机械4159台、大棚卷帘机1831台、田园管理机423台、粮食烘干机18台、简易保鲜库388台、果树修剪机383台、微灌设备328台、水产养殖机械2851台、离心泵2.8万台。开展土壤机械化深松技术田间试验示范,完成土壤深松面积18万亩。

【农用航空技术应用】 积极发展农用航空技术应用,努力拓展农用航空服务领域。2011年,新购飞机1架、代管飞机1架、农用航空站的可用Y5B飞机达到6架。完成了济南军区空军司令部杨庙机场续签、机场使用许可证换发、单位性质确定、机场安全评估、适航证年检和非经营通用航空活动登记证换发等工作。积极发展农用航空技术应用,努力拓展农用航空服务领域。先后为黄河滩灭蝗、农场小麦飞防和徐州市杨树白蛾和杨舟蛾飞防等作业,飞防作业910小时,农林化作业飞行136万亩,促进了徐州市新农村建设。累计安全飞行1727小时。

徐州农用航空站运5B飞机为水稻大田植保作业

【服务合作组织建设】 积极扶持发展新增了一批具有鲜明特色的农机专业合作社。2011年共新增农机专业合作社56个,全市经工商部门注册登记的农机专业合作社共有180

个,其中丰县、沛县、新沂市、铜山区已实现每个乡镇拥有1个农机专业合作社的目标。积极组织开展星级农机专业合作社评比活动,共评比出星级专业合社44个,其中三星级农机专业合作社25个,四星级农机专业合作社13个,推荐上报五星级农机专业合作社6个。建立了2个省级和5个市级农机合作社规范化建设示范点。加快"明星大户"的培育发展和"明星农机经纪人"的扶持,全市发展"明星大户"121户和"明星农机经纪人"119人,扶持发展农机大户765个。

【农机服务】 全市各级农机部门积极搞好机具准备,科学组织,合理调度,及时组织抢收抢种,基本满足了农户的用机需求,加快了收种进度。积极开展夏秋农机优质服务月活动,成立了农机应急维修和安全生产检查小分队巡回服务,开通24小时农机服务热线电话,公开服务承诺。积极组织机具为烈军属户、困难户和种田大户等提供"三优"服务。特别突出为农村外出务工人员做好机械化收种服务保障工作,促进农村劳动力转移和农民增收。加快"平安农机通"推广使用工作。市农机局、江苏移动徐州分公司、沛县政府联合在沛县举办了"徐州市暨沛县农机跨区作业出征及"平安农机通"卡发放仪式",现场设立了跨区作业机械检审区、作业证发放区、平安农机通卡办理区和双优加油卡服务区,为出征机手现场提供各项服务。市农机局还与各县(市)、区农机主管局签订了"平安农机通"推广使用工作责任状。2011年全市发展"平安农机通"用户38940户。还积极与徐州中石油公司沟通协调,积极做好农机"双优"加油卡办理发放工作,发放"双优加油卡"4578张,充值使用金额2265.2万元,确保农业生产顺利进行。

水稻机械化插秧作业

【教育培训】 加强基层农机推广人员培训,举办了3期基层农机推广人员培训班。积极实施农村劳动力转移农机培训阳光工程项目,培训农机从业人员550名。加大职业技能鉴定工作力度,抓好"五个结合",积极拓展鉴定领域,扩展变形运输机驾驶员、插秧机操作手、电焊工等工种鉴定。2010年全市完成农机职业技能培训鉴定4057人,居全省第一位。加强基层农机技术推广人员培训,举办各类农机培训班289期,培训各类农机人员2.5万人次。

【跨区作业】 强化跨区作业组织管理,签订《农机跨区作业证发放管理责任状》,加强跨区作业中介服务组织的培育和引导,培育跨区作业中介组织529个。全市组织5万余名机手、1.1万余台次联合收割机到全国23个省市跨区作业,创收5亿元。全市共引进外省市联合收割机8000余台。全市通过各项农机服务,完成农机化作业总收入达17.7亿元。市农机局连年被评为"全国农机跨区作业先进单位"。

【农机大市场建设】 市农机局招商引资项目—徐州农机大市场建设工程,为市重点建设工程。市农机局、经济技术开发区和银地农机公司共同举办现代农机流通服务平台新闻发布会。国家行业协会、农机生产与流通企业、农机合作社、农机部门和新闻媒体代表等1200余人与会。现代农机流通服务平台依托即将开业的徐州银地农机汽车大市场构建,服务于徐州及整个淮海地区的大农业经济。银地农机汽车大市场由中国星星集团投资建设,占地面积450亩,建筑面积57万平方米,一期工程已完工,12月底试营业。市场规划了农机产品交易区、农机产品展示区、4S店品牌专卖区、金融担保服务中心、仓储物流中心等十大区域,标志着徐州乃至淮海经济区农机汽车市场从此迈进"品牌集群"时代。

【依法行政】 一是明确农机部门行政权力。按照市政府统一安排,根据法律、法规、规章有关规定,市、县农机局完成了农机部门行政权力清理,市局行政权力43项(县局42项),其中行政许可5项(县局4项)、行政处罚23项、行政征收2项、行政强制1项、行政确认1项、行政其他11项。二是加强制度建设。基本健全了依法行政工作制度,制订了领导干部学法制度1项、行政决策程序制度6项、政府信息公开制度有8项、规范行政执法工作制度11项、行政监督制度5项、防范化解社会矛盾制度3项。三是增强依法行政观念。主要领导亲自抓依法行政工作,农机政策法规工作列入农机化考核目标,依法行政工作列入年度绩效考核指标体系,依法行政已成为本部门工作基本准则。四是抓好农机法规学习宣传。开展了新修改《徐州市农业机械安全监督管理条例》(2010年12月1日起实施)、《省政府关于促进农业机械化和农机工业又好又快发展的实施意见》的学习宣传,印发了新修改的《徐州市农业机械安全监督管理条例》2000册。五是做好行政权力网上运行工作。市农机局全部行政权力已可以在市政务大厅运行,在外网公开了法律依据、受理条件、办理流程、承诺时限等具体事项;在内网运行的行政权力通过外网显示运行情况,接受社会各界监督;行政审批事项已进驻行政服务中心综合窗口。六是开展农机行政执法案卷评查。对各地农机部门和市农机监理所的行政许可、行政处罚案卷进行了评查。农机行政执法人员在行政执法中做到公正、文明执法,2011年全市实施农机行政处罚430起,未发生违法违规行为,未发生行政复议和行政诉讼。

【安全生产】 一是全面落实农机安全生产责任。建立健全监督检查机制、农机安全生产责任追究制。市、县、镇、农机手之间层层签订了《农机安全生产工作责任状》,落实安全生产责任。二是加强农机安全生产教育。充分利用新闻媒体大力宣传农机安全生产知识,印发了《农机作业安全须知》和《给农机驾驶员的一封信》。三是落实安全隐患治理措施。积极开展农机专项整治活动,制定农机安全隐患排查治理工作方案,认真排查治理事故隐患,并进行全面整改。四是开展农机安全生产专项整治。积极开展"安全生产月"和大忙农机安全生产检查活动,突出抓好上道路拖拉机专项整治。五是加强拖拉机、变型拖拉机源头管理。加强变拖安全监管工作。严把拖拉机、变型拖拉机、联合收割机注册登记、年度检验关,坚决杜绝超标准入户。2011年,全市共年检拖拉机21999台,其中年检变拖20838台;联合收割机注册769台,年检4327台。六是积极开展新一轮"平安农机"创建活动。落实创建投入,创新机制,整合资源,提高创建质量和水平,全市农机安全生产形势明显好转。

【质量监督与维修行业管理】 全市开展了"农机质量管理年"、"农机行业放心消费创建"、"农机3·15"及"送农机下乡"等活动。打击各种制售假冒伪劣农机产品等坑农害农行为,加强了对农机生产、销售、维修网点的检查与整顿力度,切实维护了农机消费者的合法权益。依法加强农机维修行业管理,2011年农机维修网点新发放《农机维修合格证》33个,全市农机维修网点经农机部门审批已取得《农业机械维修技术合格证》,并通过"全国农机维修管理信息系统"网络直通车上报的持证数已达945个,全市农机维修网点有效持证率达90%,维修网点的管理已逐步走上法制化、规范化的管理轨道。

【"十二五"农机化发展规划】 徐州市发改委和农机局联合印发了《关于印发徐州市"十二五"农业机械化发展规划的通知》(徐发改规划发〔2011〕413号),提出到2015年,徐州市农业生产综合机械化水平达78%,其中主要粮食作物生产机械化水平达到85%,水稻和玉米生产基本实现机械化,全市基本实现粮食生产机械化;全市农业劳动力占全社会从业人员比重低于23%,全市农机化发展总体进入高级阶段。到2020全市农业生产综合机械化水平达到85%,基本实现农业生产全面机械化。《规划》强调"十二五"期间要重点组织实施十项农机化工程:一是主要粮食作物生产机械化工程;二是现代高效设施农业机械化推进工程;三是秸秆还田与综合利用机械化发展工程;四是农机合作组织建设工程;五是农机装备结构优化工程;六是农用航空技术应用工程;七是农机科技创新工程;八是农机公共服务能力提升工程;九是农机科技人才培训工程;十是"平安农机"创建工程。

徐州市农业机械化各项主要指标一览表(2011)

指　标	单　位	2010年	2011年
1.1.机耕面积	千公顷	637.73	655.78
2.机播面积	千公顷	413.29	461.78
其中:小麦机播面积	千公顷	275.05	278.96
水稻机插面积	千公顷	52.95	95.62
玉米机播面积	千公顷	71.4	93.94
3.机电灌溉面积	千公顷	380.35	394.33
4.机械植保面积	千公顷	625.67	652.29
5.机械收获面积	千公顷	505.42	551.83
其中:小麦机收面积	千公顷	287.21	290.48
水稻机收面积	千公顷	172.23	178.32
玉米机收面积	千公顷	40.92	62.92
6.机械深施化肥面积	千公顷	93.62	95.39
7.机械化秸秆还田面积	千公顷	176.13	194.76
8.农机跨区作业面积	千公顷	705.86	686.68
9.保护性耕作面积	千公顷	38	36
10.机械初加工农产品数量	万　吨	315.82	310.59
11.农机运输作业量	万吨公里	28415	27953
12.农用飞机作业面积	千公顷	13.5	11.6

徐州市农机化服务组织构成表(2011)

项　目	单位	徐州市	丰县	沛县	睢宁县	新沂市	邳州市	铜山区	贾汪区	市区
一、农机化作业服务组织	个	1236	198	342	189	81	251	153	8	14
其中:1. 拥有农机原值20－50万元(含20万元)的	个	425	35	64	46	58	185	30	1	6
2. 拥有农机原值50万元以上的	个	197	18	31	31	23	66	21	7	0
3. 农机专业合作社	个	239	34	31	78	22	23	44	7	0
二、农机户	个	196885	22850	34380	40310	38834	27970	28100	3235	1206
其中:农机作业服务专业户	个	7639	1340	1219	2268	750	1950	112	0	0
三、农机修理厂及维修点	个	953	110	209	213	168	124	86	31	12
其中:1. 二级修理点	个	45	2	1	2	29	6	4	1	0
2. 三级修理点	个	690	108	130	114	116	99	81	30	12
3. 专项修理点	个	190	0	50	97	23	19	1	0	0
四、农机经销机构		0	0	0	0	0	0	0	0	0
1. 农机经销企业	个	18	0	6	6	3	3	0	0	0
2. 农机经销点	个	548	80	62	30	120	108	120	23	5
五、农机供油站(点)	个	230	25	56	0	98	23	6	15	7

徐州市农业机械拥有量表(2011)

项　目	单位	徐州市	丰县	沛县	睢宁县	新沂市	邳州市	铜山区	贾汪区	市区
一、农业机械总动力	万千瓦	591.70	73.80	89.13	96.96	72.60	111.12	98.80	34.27	15.02
1. 柴油发动机动力	万千瓦	504.26	52.29	67.76	86.86	67.52	100.39	88.95	26.79	13.70
2. 汽油发动机动力	万千瓦	8.74	2.30	0.72	1.22	1.21	2.14	0.88	0.15	0.12
3. 电动机动力	万千瓦	78.69	19.20	20.65	8.88	3.87	8.59	8.96	7.33	1.18
二、拖拉机	台	284499	36240	29580	55426	42812	58647	48963	11962	869
1. 大中型	台	16329	2340	2060	2496	2672	1832	3463	907	559
(1)其中:轮式	台	15381	2340	2060	2496	2672	1832	2650	772	554
(2)其中:58.8千瓦及以上	台	4517	1465	422	591	162	378	1010	294	195
2. 小型	台	268170	33900	27520	52930	40140	56815	45500	11055	310
其中:手扶式	台	249362	33900	26120	38050	39425	56450	45500	9789	128
三、种植业机械										
(一)耕整地及种植机械										
1. 机引犁	台	69635	9600	9140	12449	6323	24220	3422	4580	1

续表

项 目	单 位	徐州市	丰 县	沛 县	睢宁县	新沂市	邳州市	铜山区	贾汪区	市 区
2. 旋耕机	台	195866	23520	24566	34985	22105	45240	38266	7146	38
3. 机引耙	台	9495	3560	343	1395	1977	1120	1100	0	0
4. 播种机	台	55580	19100	8643	3759	9146	6985	5517	2245	185
其中:精量半精量播种机	台	33131	11500	4085	2997	2656	6520	3983	1280	110
免耕播种机	台	22449	7600	4558	762	6490	465	1534	965	75
5. 水稻插秧机	台	6269	277	874	955	1779	960	1188	233	3
6. 化肥深施机	台	2084	0	734	56	0	642	142	510	0
7. 秸秆粉碎还田机	台	10898	3120	1032	1525	1319	1617	1715	520	50
(二)农用排灌机械										
1. 排灌动力机械	台	64354	13920	19502	5788	3952	14740	3769	2460	223
2. 农用水泵	台	93609	36140	30329	8653	3952	8425	3660	2268	182
3. 节水灌溉类机械	台	22464	3600	401	322	2760	13420	1050	910	1
(三)植保机械										
机动喷雾(粉)机	台	33705	12220	4633	5615	2740	5477	2453	552	15
(四)收获机械										
联合收获机	台	16594	2272	2165	3034	2235	3047	2630	815	396
其中:稻麦联合收获机	台	14190	1445	1969	2624	1836	2804	2406	730	376
玉米联合收获机	台	2404	827	196	410	399	243	224	85	20
(五)脱粒烘干机械										
1. 机动脱粒机	台	19137	12000	5162	40	587	242	350	710	46
2. 谷物烘干机	台	80	8	16	36	7	8	5	0	0
(六)设施农业设备										
温室	百平方米	102940	8008	32800	28740	3125	2600	23400	1500	2717
四、农副产品初加工作业机械	台	21757	6990	2729	2994	2374	3299	2340	852	179
其中:1. 粮食加工机械	台	15533	4520	1988	1967	1919	2245	2067	662	165
2. 油料加工机械	台	3882	1210	532	763	366	684	179	141	7
3. 棉花加工机械	台	2124	1100	209	264	89	312	94	49	7
五、畜牧养殖机械	台	8404	3105	642	1536	159	1980	805	61	116
六、农用运输车	辆	99850	13910	24143	16739	6013	9230	21230	5078	3503

(张 威 商守先)

农业科研

【概况】 2011年,徐州市农业科学院共申报各级各类科研课题50项,其中国家级4项,省级33项,市级13项。承担在研课题103项,新上课题46项,争取合同经费3189.1万元,到账1688.05万元。"优质高产多抗粳稻新品种徐稻4号的选育与应用"成果,获得徐州市科技进步一等奖。国家行业计划"甘薯标准化栽培技术"项目,国家"948"项目"甘薯产业发展新技术的引进和产业化"等顺利通过国家验收。省"科技帮扶、整村推进"及"特种出口蔬菜(牛蒡、山药)根结线虫病的发生规律与防治技术研究"、"徐花13号花生高产高效无公害栽培研究"等项目,市"转基因抗虫棉新组合选育与徐杂3号的高效种植技术"、"甘薯茎线虫病综合防治技术研究与环保型农药的推广利用"等项目顺利通过验收。申报的农业部重点实验室"甘薯生物学与遗传育种重点实验室"获批准;与江苏师范大学联合申报"服务国家甘薯产业技术体系特殊需求博士人才培养点",通过国务院学位委员会第一轮评审和第二轮答辩。组织申报并通过审(鉴)定主要农作物新品种5个(徐麦31、徐豆18获得国审,徐薯28、徐紫薯3号获得国鉴,徐薯29获省鉴);申请新品种权保护5项(徐91068A、69优8号、徐紫薯3号、徐棉21号、徐豆18);申请专利13项,获得授权专利6项(甘薯丛生芽诱导的培养基,大蒜试管多头蒜诱导的培养基,一种成功率高的甘薯远缘杂交育种方法,薯枣成形器、包装盒"山药大全"、薯糕系列食品生产方法、);获得江苏省成果鉴定2项(转基因抗虫棉徐杂3号及高产抗病苏棉20号的选育与应用、高产抗病广适应夏大豆徐豆14选育及应用);发表论文65篇,其中学报级26篇。承担了国家现代农业产业技术体系项目国家甘薯产业技术研发中心建设任务,赢得了1位首席科学家、5个岗位专家、5个综合试验站站长席位。

【"三农"服务】 紧紧围绕科技服务"三农"这个宗旨,充分发挥专家众多、技术力量雄厚的优势,着力在贴近农业、贴近农村、贴近农民上下功夫,大力实施中国农科院与河北省政府百名博士兴百县和江苏省政府"挂县强农富民工程"及省院"科技帮扶整村推进"项目,选派科技副镇长,挂职支援地方农业发展。开展"农业科学技术镇村行"活动,"脱贫攻坚"派员任沛县河口镇副书记,负责扶贫工作。争取省农委专业合作社扶持资金20万元。充分发挥甘薯产业技术研发中心的作用,首席科学家和5个岗位专家的足迹遍及全国甘薯产区,针对生产上存在的技术问题进行技术队伍培训、田间指导,获得农业部的好评。结合5个国家农业产业技术体系综合试验站的建设目标和要求,遴选了26个县、市作为定向、定点的科技服务县。在试验示范新品种新技术新产品等科技成果的同时,着力开展高效无公害栽培技术,以解决现代农业发展难题的关键技术,并开展配套栽培技术示范、高产、超高产创建工作。

【科技开发】 开发总收入3000余万元,纯利润640万元,实现了全年科技开发工作预期目标。保留"徐农"种业经营资质,动员职工积极投资入股,策划徐农种业公司增资扩股3000万元的目标。水稻种子经营继续显示出优势。全年经销农作物种子近800万斤,效益500余万元。联合上规模,出效益。进行跟踪服务,做好育种家和原种种子的提供,配合公司加大宣传力度,提高转让品种的市场覆盖率。各业务单位立足做大做强,采取统一制种计划、分别落实基地,统一质量监督(包括南繁鉴定),统一包装、统一价格销售。平台建设进展明显。完成24份农作物种子生产许可证的申报工作,江苏徐农种业科技有限公司荣获江苏省种业协会"诚信种子企业"称号。

【科研基地建设】 重点加强了"徐州现代农业试验示范基地"、办公区改造扩建的科技研发中心建设和甘薯科研设施的条件改善工作。在距院本部10公里的大庙村新征1050亩试验田,建设"徐州现代农业试验示范基地"。已有500亩土地拿到了国土部门的批文,即可办理土地证。该基地主要用于现代农业新品种、新装备、新技术和优势农作物育种、栽培、植物保护、土壤肥料等学科的研究试验与展示,以及国家甘薯研究中心的研究成果展示等。在现有办公区西侧,筹建拥有综合实验区、办公区和国际甘薯交流中心的科技创新中心。这项工程建设占地78亩,建筑面积38300平方米,已于10月8日正式开工,计划两年内建成,建成投入使用共需投资1.2亿元。利用国家甘薯改良中心二期建设平台,新增仪器设备总价近400万元。

【人才队伍建设】 年内,引进硕士研究生2人,博士后研究生1人、中国科学院博士1名。利用"江苏徐州甘薯研究中心博士后科研工作站"的平台招收一名博士进站工作,另有一名博士即将进站。自主培养毕业硕士研究生3名,在中国农科院、徐州师范大学在读和新招收硕士生4名。先后选派3人赴韩国、美国和国际马铃薯中心学习先进技术、开展合作研究、引进优异品种资源。 (孙明芳)

农业资源开发

【概况】 2011年,全市农业综合开发总投资43756.37万元,其中财政资金31633.70万元,自筹资金(含投工投劳)和银行贷款12122.67万元。完成国家农业综合开发土地治理项目、国家农业综合开发产业化项目、国家开发农业综合开发高标准农田建设示范项目及省级黄河故道农业综合开发项目、省级采煤塌陷地农业综合开发项目、省级丘陵山区农业综合开发项目等。治理面积22173.34公顷,建设产业化项目26个。项目涉及丰县、沛县、睢宁县、邳州市、新沂市、铜山区、贾汪区、泉山区和徐州经济技术开发区9个县(市、区)。

徐州市2011年度农业综合开发项目投资汇总表

项目类别	治理面积（公顷）	主导产业	投资（万元）		主要建设内容
			总投资	其中财政投资	
土地治理项目	1190.00	粮食蔬菜	19869.39	17730.00	排灌站69座，机电井940眼，输变线路75.58公里，开挖疏浚河道407.7公里，衬砌渠道202.98公里，渠系建筑物8682座，喷灌360公顷，微灌133.34公顷，机耕路210.36公里，造林513.34公顷，技术培训15935人次，示范推广3093.34公顷
黄河故道开发项目	4866.67	设施蔬菜 优质林果 特色瓜菜	5710.70	4777.70	灌排站32座，井115眼，桥241座，农电线路30.13公里，开挖疏浚河道53.07公里、沟渠59公里，修筑衬砌渠道43.89公里，水泥路26.07公里，砂石路106.69公里，移动喷灌机32台，造林13.5万株
采煤塌陷地开发项目	3333.34	优质稻麦 观光农业 经济林果	3750.00	3300.00	灌排站40座，机电井19眼，输电线路17.4公里，开挖疏浚河道37.154万方，修筑、衬砌渠道54.09公里，渠系建筑物898座，田间道路83.88公里，造林6.37万株，科技培训4820人次，新技术推广18项，新品种推广586.67公顷
丘陵山区开发项目	2073.33	经济林果 花卉苗木 特色蔬菜 生态观光	8924.00	3518.00	坝14座，桥53座，涵278座，农电线路29.9公里，井67座，包装、生产线4条，水泥路44.27公里，砂石路37.73公里，林网133.67公顷，林果986.67公顷，推广新技术17项，引进新品种16个，培训1760人次
产业化经营项目		农产品收购与加工	5502.28	2308.00	建设生产厂房7459平方米，购置生产设备57台套，种植设施蔬菜160公顷、有机甘薯66.67公顷，出栏商品羊0.25万只，虫子鸡3万只，狐貂1万只；为20个产业化经营项目提供1478万元贷款贴息
合　计	22173.34		43756.37	31633.70	

【国家农业开发土地治理项目】 项目涉及丰县、沛县、睢宁县、邳州市、新沂市和铜山区、贾汪区，中低产田改造面积11900公顷，总投资为19869.39万元，其中财政投资17730万元，群众自筹2139.39万元（含投资投劳）。项目工程建设共衬砌渠道202.98公里，修建排灌站69座，开挖疏浚河道407.7公里，新打及配套机电井940眼，配套渠系建筑物8682座，喷滴灌面积533.34公顷，农电线路75.58公里，机耕路210.36公里，造林（含防护林）513.34公顷；技术培训15935人次，示范推广面积3093.34公顷。国家农业综合开发土地治理项目坚持以改善基本生产条件为重点，实行综合治理，综合开发，取得了显著成效：新增灌溉面积4126.67公顷，改善灌溉面积5686.67公顷，新增除涝面积2193.34公顷，改善除涝面积4926.67公顷，新增节水灌溉面积5473.34公顷，新增农田林网防护面积6040公顷，扩大良种种植面积1633.33公顷，控制水土流失面积3020公顷，新增优质农产品种植面积7380公顷。增强了主要农产品生产能力，其中，新增优质粮食生产能力1011.7万公斤、蔬菜生产能力7462万公斤，其他农产品生产能力980万公斤，新增种植业总产值21969.82万元，项目区农民收入增加总额达9009.55万元。

徐州市2011年国家农业综合开发土地治理项目分县、镇投资任务表

单位	总投资(万元)	财政投资(万元)						自筹	治理面积(公顷)	建设内容	主导产业
		小计	中央	地方配套							
				小计	省级	市级	县级				
丰县	3433.82	2922	1461	1461	1387.95		73.05	511.82	2033.34		
孙楼镇	784.34	672	336	336	319.2		16.8	112.34	533.34	排灌站3座,机电井62眼,输变电线路16.61公里,开挖疏浚河道25.3公里,渠系建筑物473座,喷灌150公顷,机耕路40.26公里,造林4.71万株,技术培训1200人次,示范推广700公顷	粮菜
常店镇	462	420	210	210	199.5		10.5	42	333.33		粮菜
师寨镇	554.4	504	252	252	239.4		12.6	50.4	400		粮菜
梁寨镇(高标准)	1381.08	1200	600	600	570		30	181.08	666.67	机电井40眼,输变电线路2.5公里,开挖疏浚河道37.85公里,渠系建筑450座,喷灌66.67公顷,造林1.58万株,培训1175人次,示范推广180公顷	粮菜
首羡、佳丰(两类结合项目)	252	126	63	63	59.85		3.15	126	100	机电井6眼,开挖疏浚河道10公里,渠系建筑物21座,机耕路3.72公里,造林1998株,技术培训500人次,示范推广33.34公顷,购良种14万公斤	粮菜
沛县	4289.18	3804	1902	1902	1806.9		95.1	485.18	2733.34		
敬安镇	998.24	840	420	420	399		21	158.24	666.67	机电井112眼,开挖疏浚河道18.9公里,渠系建筑物331座,机耕路20.25公里,造林2万株,技术培训1000人次,示范推广150公顷	蔬菜
朱寨镇	1030.51	924	462	462	438.9		23.1	106.51	733.33	排灌站5座,输电线路6公里,开挖疏浚河道15.2公里,渠系建筑物549座,机耕路22.5公里,造林2万株,技术培训700人次,示范推广266.67公顷	粮菜
湖西农场(高标准)	1336.43	1200	600	600	570		30	136.43	666.67	排灌站16座,输电线路3.24公里,开挖疏浚河道23.2公里,渠系建筑物190座,田间干道28.6公里,造林2万株,技术培训1120人次,示范推广266.67公顷	粮食
张庄镇(增量)	924	840	420	420	399		21	84	666.67	排灌站3座,机电井68眼,输电线路3公里,开挖疏浚河道21.15公里,渠系建筑物191座,微灌33.34公顷,机耕路24.82公里,造林333.34公顷	粮菜
铜山区	3036	2760	1380	1380	1242	69	69	276	1233.34		

续表

单 位	总投资(万元)	财政投资(万元)						自筹	治理面积(公顷)	建设内容	主导产业
		小计	中央	地方配套							
				小计	省级	市级	县级				
棠张镇	924	840	420	420	378	21	21	84	666.67	排灌站3座,机电井305眼,输电线路7.76公里,开挖疏浚河道39.45公里,渠系建筑物381座,微灌750公顷,机耕路20公里,造林1.4万株。培训1420人次,示范推广666.67公顷	蔬菜
大许镇(增量,高标准)	2112	1920	960	960	864	48	48	192	1066.67	排灌站10座,输电线路6公里,开挖疏浚河道39.4公里,渠系建筑物1378座,硬质路11.35公里,造林2.82万株	粮食
新沂市	4021.39	3618	1809	1809	1718.55	0	90.45	403.39	2300		
阿湖镇	741.67	672	336	336	319.2		16.8	69.67	533.33	排灌站1座,机电井11眼,输电线路1.55公里,开挖疏浚河道26.47公里,渠系建筑物422座,微灌20公顷,机耕路28.68公里,造林4.03万株。培训840人次,示范推广146.67公顷	粮食
双塘镇	463.85	420	210	210	199.5		10.5	43.85	333.33		粮菜
时集镇(高标准)	1353	1200	600	600	570		30	153	666.67	排灌站4座,输电线路0.5公里,开挖疏浚河道29.25公里,渠系建筑物899座,田间干道27.38公里,造林3.55万株。培训1040人次,推广233.34公顷	
邵店、宗凌(农民合作社)	139.55	126	63	63	59.85		3.15	13.55	100	机电井2眼,开挖疏浚河道3.05公里,渠系建筑物15座,机耕路4.77公里,造林1560株。培训200人次,示范推广20公顷	
时集镇(增量)	1323.32	1200	600	600	570		30	123.32	666.67	排灌站4座,输电线路0.8公里,开挖疏浚河道39.95公里,渠系建筑物663座,田间干道21.89公里,造林3.55万株	
邳州市	4026	3660	1830	1830	1738.5		91.5	366	2333.34		
邹庄镇	924	840	420	420	399		21	84	666.67	机电井100眼,输电线路9公里,开挖疏浚河道8.75公里,渠系建筑物443座,喷灌140公顷,微灌73.34公顷,机耕路22.76公里,造林6.25万株。培训3744人次,示范推广633.34公顷	粮菜
四户镇	462	420	210	210	199.5		10.5	42	333.33		
碾庄镇(高标准)	1320	1200	600	600	570		30	120	666.67	排灌站7座,机电井5眼,输电线路8公里,开挖疏浚河道8.33公里,渠系建筑物619座,田间道路26.45公里,造林4.9万株。培训1096人次,示范推广266.67公顷	

续表

单　位	总投资(万元)	财政投资(万元)						自筹	治理面积(公顷)	建设内容	主导产业
		小计	中央	地方配套							
				小计	省级	市级	县级				
新河镇(增量)	1320	1200	600	600	570		30	120	666.67	排灌站6座,机电井21眼,输电线路9公里,开挖疏浚河道46公里,渠系建筑物456座,田间道路26.9公里,造林33.34公顷	
贾汪区	1063	966	483	483	434.7	48.3		97	766.67		
塔山镇	924	840	420	420	378	42		84	666.67	排灌站7座,机电井80眼,开挖疏浚河道12.11公里,渠系建筑物966座,机耕路19.37公里,造林4万株。培训1600人次,示范推广200公顷	
耿集镇(贾汪绿议合作社)	139	126	63	63	56.7	6.3		13	100	机电井128眼,输变线路1.62公里,开挖疏浚河道2.91公里,渠系建筑物235座,机耕路3.23公里。培训300人次,示范推广33.34公顷	
徐州市合计	19869.39	17730	8865	8865	8328.6	117	419.1	2139.39	11900		

【国家农业开发产业化经营项目】 经营项目31个,主要分为国家农业综合开发财政补助项目和国家农业综合开发贷款贴息项目两大类。总计财政投资2308万元,其中中央财政资金1441万元、省级财政资金841万元、市级财政资金8.75万元、县级财政资金17.25万元。一是国家农业开发产业化财政补助项目,总投资3024.28万元,财政补助投资830万元(中央财政资金425万元,省级配套资金389万元,市级配套资金8.75万元,县级配套资金43.375万元),共计11个项目,分别为农产品加工项目2个、农业专业经济合作组织建设项目9个。主要是建设生产厂房8102平方米,全库和冷冻库1875平方米,钢架网室22812.5立方米,智能温室1000平方米,钢管薄膜大棚133400平方米,日光温室40082平方米,畜禽舍10460平方米,购置生产设备76台套、冷机组1台套等。通过项目建设,共实现年新增生产能力:干鲜果97万公斤、蔬菜58587.08万公斤、花卉20万枝、水产品397.17万公斤、肉1216.63万公斤、蛋632.5万公斤、奶1236.61万公斤,加工转化农产品66776.7万公斤,农产品交易额26000万公斤,年新增总产值882044.3万元,年新增增加值247973.07万元,年新增利税44819.25万元,直接带动农户255633户,带动农民增收56853.74万元,新增就业23868人,其中转移农村劳动力就业20697人;二是国家农业开发产业化财政贴息项目20个,财政贴息1478万元,分为中央财政贴息项目10个、财政贴息1026万元,省级财政贴息项目10个、财政贴息452万元。20个项目建成后,年新增生产能力:蔬菜500万公斤,加工转化农产品84400万公斤,农产品交易额218140万元,新增总产值737591万元,新增增加值107244万元,新增利税32882万元,直接受益农户114547户,直接受益农业人口1393087人,直接受益农民年收入增加总额43621万元,新增就业33026人。

徐州市2011年度农业综合开发产业化经营财政补助项目投资任务表

单位:万元

项目名称	建设单位	建设地点	主要建设内容	总投资	项目建设投资(万元)	财政投资(万元)
丰县5000吨速冻蔬菜加工扩建项目	徐州凯宇食品加工有限公司	丰县经济开发区	生产车间1602平方米、速冻冷库1357平方米、购置生产设备5台套	1023.69	714.18	120.00

续表

项目名称	建设单位	建设地点	主要建设内容	总投资	项目建设投资（万元）	财政投资（万元）
沛县年新增3000吨出口水果罐头加工改扩建项目	徐州大丰食品有限公司	沛县农产品加工园区	改建生产厂房3000平方米，购置生产设备40台套	774.39	608.00	120.00
贾汪区3万只生态虫子鸡养殖基地新建项目	贾汪区崮岘养殖专业合作社	贾汪区贾汪镇	建鸡舍2000平方米、山坡围网3000米、虫子房480平方米	178.00	160.00	70.00
丰县1000万袋食用菌种植基地扩建项目	丰县果都食用菌专业合作社	丰县大沙河镇	日光育菌温室6栋3060平方米、育菌培养室6栋2022平方米	263.80	222.98	60.00
丰县500万袋毛木耳菌种基地扩建项目	丰县苏农食用菌专业合作社	丰县师寨镇	建设恒温发菌车间2000平方米，购置生产设备10台套	246.00	209.00	60.00
沛县年繁育出栏1万只狐貉养殖基地扩建项目	沛县华夏狐业专业合作社	沛县大屯镇	新建狐舍3000平方米，冷库1座300平方，购置冷机组1台套等	239.20	200.00	60.00
沛县年产1万吨设施蔬菜种植基地扩建项目	沛县云泉蔬菜专业合作社	沛县沛城镇	新建日光温室35000平方米，过路涵7座，供电线路1340米	210.00	200.00	60.00
铜山区2500只商品羊养殖扩建项目	徐州东鑫养羊专业合作社	铜山区张集镇	羊舍1680平米，羊产房200平米，管护房100平米以及购买设备3台套	220.00	206.00	70.00
新沂市1700吨绿色时鲜果蔬种植基地扩建项目	新沂市富景生态果蔬专业合作社	新沂市棋盘镇	建造钢管薄膜大棚133400平米，生产设备6台套及相关配套设施	226.20	206.20	70.00
邳州市1500吨速溶银杏晶体茶加工新建项目	邳州同源果蔬种植专业合作社	邳州市铁富镇	新建生产车间1500平方米，仓库200平方米，购置生产设备12台套等	423.00	169.00	70.00

【采煤塌陷地农业开发项目】 项目涉及沛县、铜山区、贾汪区、泉山区、经济技术开发区11个镇20个行政村，治理面积3333.34公顷。项目总投资3750万元，其中财政投资3300万元，单位及农民自筹资金450万元，财政资金全部为无偿。采煤塌陷地农业综合开发项目建设，坚持以经济效益、社会效益和生态效益并重的原则，把恢复农业基本生产条件与综合利用结合起来，实现土地资源的可持续利用。坚持以科技为先导，以增加农业收入为目标，建成集高效农业、水产养殖、经济林果等农业示范区。根据以上原则和要求，水利措施方面，主要建设机电排灌站45座，机电井19座，变电线路17.4公里，衬砌防渗渠道37.35公里，节水闸、涵、渡槽、中小沟桥等渠系建筑物887座；农业措施方面，修建机耕路73.64公里；林业措施方面，营造农田防护林6.321万株；科技措施方面，新品种示范593.34公顷，新技术推广18项，项目区农民的技术培训4980人次。本年度全市采煤塌陷地农业综合开发项目效益明显：新增粮食1256.47万公斤，新增总产值8012.53万元。

徐州市2011年度农业综合开发产业化经营贴息项目资金安排表

县别	项目单位名称	项目名称	财政贴息资金(万元)		
			中央	省级	合计
丰县	徐州佳合食品有限公司	丰县4000万只肉鸭加工原料收购流动资金贷款贴息项目	106		106
	徐州林家铺子食品有限公司	丰县7000吨水果罐头加工流动资金贷款贴息项目		35	35
	江苏君乐宝乳业有限公司	丰县5万吨乳品加工流动资金贷款贴息项目		90	90
沛县	徐州虹达蔬菜食品有限公司	沛县年产5000吨脱水蔬菜加工原料收购流动资金贷款贴息项目	88		88
	徐州联益生物科技开发有限公司	沛县2300吨出口宠物食品原料加工收购流动资金贷款贴息项目	106		106
	沛县春光粮食有限公司	沛县10万吨优质稻米加工原料收购贷款贴息项目		36	36
邳州市	徐州清华蒜业有限公司	邳州市1万吨高蒜酸氨酶大蒜片加工原料收购流动资金贷款贴息项目	106		106
	徐州盛和木业有限公司	邳州市50万平方米阻燃防虫功能型实木复合地板技改固定资产贷款贴息项目	110		110
	徐州国伟食品有限公司	邳州市1万吨大蒜保鲜与深加工原料收购贴息项目		30	30
	徐州绿之宝银杏制品有限公司	邳州市1万吨保鲜银杏出口新建流动资金贷款贴息项目		44	44
新沂市	新沂鲁花浓香花生油有限公司	新沂市10万吨花生油原料收购流动资金贷款贴息项目	106		106
	北方农副产品批发市场有限公司	新沂市2万吨果蔬收购保鲜流动资金贷款贴息项目	71		71
	新沂市骆马湖水产品科技有限公司	新沂市4000吨水产品加工扩建流动资金贷款贴息项目		25	25
铜山区	徐州精艺成食品有限公司	铜山区1400万只肉鸭加工原料收购流动资金贷款贴息项目	106		106
	徐州中天棉业集团有限公司	铜山区35000吨棉花收购流动资金贷款贴息项目		90	90
	徐州彭升面粉有限公司	铜山区15万吨小麦加工原材料收购流动资金贷款贴息项目		25	25
贾汪区	徐州市丰裕饲料科技有限公司	贾汪区15万吨饲料加工原料收购流动资金贷款贴息项目	97		97
	徐州龙兴农牧科技发展有限公司	贾汪区5000吨食用菌种植原料收购流动资金贷款贴息项目		20	20
市直	徐州源洋商贸发展有限公司	泉山区100万吨农副产品物流中心改扩建固定资产贷款贴息项目	130		130
	江苏淮海蔬菜批发交易市场有限公司	鼓楼区2万吨蔬菜收购流动资金贷款贴息项目		57	57
合计		20个	1026	452	1478

徐州市2011年度采煤塌陷地农业综合开发项目一览表

单位：公顷、万元

县别	建设单位	建设地点	治理面积（公顷）	金额（万元）		主导产业	主要建设内容	新增粮食（万公斤）	新增总产值（万元）
				合计	其中：财政资金				
	安国镇	张双楼、蔡家村、冠英村	333.34	375	330	休闲观光农业	排灌站5座，机电井3眼，输电线路1.4公里，开挖疏浚河道5.665万方，衬砌渠道11.84公里，渠系建筑物331座，田间道路16.99公里，造林2.57万株，科技培训1800人次，新技术推广5项，新品种推广1300公顷		
沛县	杨屯镇	刘屯、西仲山	266.67	300	264	优质稻麦	排灌站5座，开挖疏浚河道3.509万方，渠道5.74公里，渠系建筑物65座，道路8.1公里，造林0.52万株，培训700人次，新技术推广2项，新品种推广33.34公顷	229.3	3478.78
	大屯镇	关庄、宋庄、丰乐村	333.33	375	330	优质稻麦	排灌站5座，开挖疏浚河道6.1万方，衬砌渠道8.54公里，渠系建筑物66座，道路8.39公里，造林0.9万株，培训500人次，新技术推广1项，新品种推广33.34公顷		
	合　计		933.34	1050	924				
	刘集镇	棉布村	400	450	396	优质稻麦	排灌站4座，输电线路2公里，开挖河道2.5万方，衬砌渠道7公里，渠系建筑物145座，道路13.44公里，培训500人次，新技术推广2项，新品种推广40公顷		
铜山县	柳新镇	魏庄村	266.67	300	264	优质稻麦	排灌站5座，衬砌渠道5.4公里，渠系建筑物80座，田间道路5.07公里，科技培训600人次，新技术推广1项，新品种推广53.34公顷	275.97	1518.75
	利国镇	谭家村	266.67	300	264	优质稻麦	排灌站1座，机电井8眼，输电线路3公里，河道7.2万方，渠道0.5公里，渠系建筑物29座，道路4.84公里，培训400人次，技术推广1项，新品种推广23.34公顷		
	合计		933.34	1050	924				
	紫庄镇	岐山、临运、杜楼村	400	450	396	优质稻麦	排灌站7座，开挖疏浚河道0.92万方，修筑、衬砌渠道10.54公里，渠系建筑物371座，田间道路9.7公里，造林1.2万株，科技培训220人次，新技术推广4项		
贾汪区	大吴镇	大吴村	266.67	300	264	优质稻麦	排灌站2座，输电线路2.5公里，河道1.7万方，埋设管道372公顷，渠系建筑物41座，田间道路7.08公里，造林0.6万株，科技培训200人次，新技术推广2项	365	1240
	青山泉	青山泉、八丁村	266.67	300	264	优质稻麦	排灌站1座，机电井1眼，输电线路4公里，河道2.18万方，埋设管道40公顷，渠系建筑物26座，道路6.46公里，造林0.4万株，培训200人次，新技术推广2项		
	合计		933.34	1050	924				

续表

县别	建设单位	建设地点	治理面积(公顷)	金额(万元)		主导产业	主要建设内容	新增粮食(万公斤)	新增总产值(万元)
				合计	其中:财政资金				
泉山区	庞庄办事处	新建、张庄村	266.67	300	264	优质稻麦	排灌站1座,机电井7眼,输电线路3公里,河道2.38万方,渠道3.7公里,渠系建筑物54座,道路5.75公里,造林1万株,培训500人次,新品种推广166.67公顷	304.5	800
开发区	大黄山	大黄山村	266.67	300	264	经济林果	排灌站4座,输电线路1.5公里,开挖疏浚河道5万方,修筑、衬砌渠道9.37公里,渠系建筑物70座,田间道路3.75公里,造林0.4万株,科技培训400人次,新技术推广1项,新品种推广13.34公顷	81.7	975
合计			3333.36	3750	3300			1256.47	8012.53

【丘陵山区农业开发项目】 项目涉及邳州市、新沂市、铜山区、贾汪区4个县(市、区),建设规模2073.34公顷。其中,高标准农田366.67公顷,总投资8924万元,含省财政投资3200万元、市县级财政配套资金318万元、群众自筹5406万元。全市丘陵山区农业综合开发紧密结合农业产业化结构调整和产业化经营要求,围绕丘陵山区农业产业化升级,突出以优质粮、经济林果、优质经济林果、花卉苗木及生态农业、旅游观光农业为内容的农业开发基地建设,共拦水塘坝7座,生产桥45座,沙石质生产路10.572公里,水泥生产路42.59公里,农电线路14.5公里,深水机电井及高压泵站19座,轻型机电井45座,泵房11座,渠系配套建筑物122座等,通过综合开发,新增农田林网335公顷、果园778.67公顷,引进推广新品种14公顷、新技术12项,技术培训农民1760人次,项目区新增产量16950吨,新增产值24631.4万元,新增利税3032万元,带动农民增收4410户,安排农民就业3161人,项目区农民年收入增加总额7441.3万元。

徐州市2011年度丘陵山区农业综合开发项目任务及投资计划表

县别	项目名称	承担单位	建设地点	主导产业	主要建设内容	建设规模(公顷)	其中高标准农田	总投资(万元)			
								合计	省财政	市县配套	自筹
新沂市	大圣桃业优质果品基地	新沂市大圣桃业专业合作社	高流镇老范村	经济林果	农桥3座、涵洞12座、农电线路3公里、深水井6眼、轻型井6眼、变压器1台、土方6万方。简易冷库1座、分级包装生产线2条、硬质道路1.7万平米、砂石路1.2万平米。林网12.67公顷。新栽桃园100公顷,整地栽植管护100公顷,新技术推广2项,培训150人次,引进新品种3项	200	146.67	660	300	30	330
	马陵春有机茶基地	马陵春茶场	马陵山林场	茶	拦水坝2座、护坡1座、漫水坝2座、农桥2座、涵洞8座、农电线路4公里、节水灌溉1500公顷、深水井2眼、土方25万方。茶园方霜冻设施1500公顷、茶叶加工生产线1条、简易分级包装线1条。硬质道路1.202万平米、彩砖人行道1500平米。林网12.67公顷,新栽植茶园33.34公顷、整地栽植管护13.34公顷。新技术推广2项,培训150人次,引进新品种3项	200	86.67	1100	300	30	770

续表

县别	项目名称	承担单位	建设地点	主导产业	主要建设内容	建设规模（公顷）	其中高标准农田	总投资（万元）			
								合计	省财政	市县配套	自筹
新沂市	鼎圣果业优质果品基地	鼎圣果业专业合作社	种畜场	经济林果	农桥2座、涵洞9座、农电线路1.5公里、维修泵房1座、节水灌溉36.670公顷、土方7万方。硬质道路1万平米、砂石路0.75万平米。林网150公顷。新栽植桃园580公顷，整地栽植管护920公顷，新技术示范推广2项，技术培训80人次，引进新品种2项	100		330	150	15	165
	马陵山观光农业基地	钟吾园林绿化工程公司	马陵山林场	经济林果	农桥2座、涵洞9座、护坡1座、喷灌机12台套、土方20万方。硬质道路1.776万平米。林网150公顷。新栽植苗木林果53.34公顷，整地栽植管护53.34公顷，新技术示范推广2项，技术培训80人次，引进新品种2项	100		550	150	15	385
	春生花卉苗木基地	春生鲜花专业合作社	棋盘镇白草村	花卉苗木	农桥3座、涵洞8座、深水井1眼、农电线路2公里、土方4万方。硬质道路0.7万平米、砂石路0.425万平米。林网6公顷。钢架大棚6.67公顷、连栋大棚2公顷。新技术推广1项，培训100人次，引进新品种2项	86.67		286	130	13	143
	天润观光农业基地	天润园艺有限公司	双塘镇圣泉湖南侧	花卉苗木	农桥2座、涵洞8座、深水井1眼、农电线路2公里、土方6万方。硬质道路0.813万平米。林网4.67公顷。新栽植苗木33.34公顷。新技术示范推广1项，技术培训50人次，引进新品种2项	66.67		367	100	10	257
	石涧观光农业基地	新沂市园林建设工程有限公司	高流镇石涧村	花卉苗木	农桥4座、涵洞6座、护坡1座、农电线路1公里、土方6万方。硬质道路0.954万平米。林网70公顷。新栽植苗木40公顷。新技术示范推广1项，技术培训50人次，引进新品种2项	66.67		367	100	10	257
	科技示范	南京农业大学园艺学院						20	20		
	小计					820.01	233.34	3680	1250	123	2307
贾汪区	大洞山生态观光林果基地	贾汪区洞泉山果树种植专业合作社	贾汪镇峀岘村	经济林果	拦水坝1座、蓄水池6座、机井及配套2眼、过路涵11座、农电线路4千米、输水管道4千米、移动喷灌33.34公顷、土壤改良66.67公顷、水泥路5.805公里、登山步道1公里、砂石路2公里、生态林补植83.34公顷、果树栽植66.67公顷、技术推广2项、技术培训200人次	200		770	350	35	385

续表

县别	项目名称	承担单位	建设地点	主导产业	主要建设内容	建设规模(公顷)	其中高标准农田	总投资(万元)			
								合计	省财政	市县配套	自筹
贾汪区	汴塘镇许阳优质葡萄种植基地	贾汪区叶蓬苗木专业合作社	汴塘镇许阳村	林果优质粮	机井及配套1眼、农电线路1千米、轻型井20眼、农桥14座、过路涵56座、喷灌20公顷、开挖沟渠5公里、平田整地132公顷、温室大棚72公顷、葡萄棚架33.34公顷、水泥路2.682公里、砂石路5.953公里、防护林26.67公顷、栽植葡萄40公顷、技术推广2项、培训200人次	200	133.34	660	300	30	330
	小计					400	133.34	1430	650	65	715
铜山区	荣盛优质高效玫瑰示范园	荣盛玫瑰种植专业合作社	张集镇姥庙村	花卉苗木	蓄水池维修3座、拦水坝2座、机井2眼、灌排管道3公里、输变电路配套1公里、变压器1台套、护路截洪沟3公里、塘坝清淤2.25万方、农桥6座、过路涵43座、小沟跌水5座、喷滴灌26.67公顷、梯埂0.2公里、硬质路3.44公里、砂石路5公里;林网10公顷;玫瑰栽植133.34公顷、新品种示范推广0.67公顷;新技术示范推广1项、培训200人次	200		660	300	30	330
	大山优质果品基地	学义果品专业合作社	柳泉镇高皇、大冯村	优质果品	新建集水窖4座、灌排管道2公里、机电井2眼、轻型井4眼、输变电线路2.6公里、变压器2台套、开挖土石方5.4万方、农桥2座、过路涵7座、梯梗0.76公里、水泥路3.2公里、砂石路0.785公里、林网6.67公顷、新栽核桃33.34公顷、葡萄56.67公顷、新品种示范推广2公顷、新技术1项、培训200人次	133.34		440	200	20	220
	白塔生态农业观光园	吕梁旅游开发有限公司	伊庄镇白塔村	生态观光	新建拦水坝1座、排灌站1座、新打轻型井15眼、机井维修1眼、灌排管道7.65公里、输变电线路1.8公里、变压器1台套、、护路截洪沟2.5公里、土石方工程24.8万方、农桥8座、过路涵25座、小沟跌水5座、中沟渡槽1座、梯梗1公里、平田整地133.34公顷、水泥路3.95公里、砂石路3.43公里、林网10公顷、新栽桃树86.67公顷、樱桃13.34公顷、杏33.34公顷、新品种示范推广4公顷、新技术1项、培训300人次	200		1100	300	30	770
	小计					533.34		2200	800	80	1320

续表

县别	项目名称	承担单位	建设地点	主导产业	主要建设内容	建设规模（公顷）	其中高标准农田	总投资（万元）			
								合计	省财政	市县配套	自筹
邳州市	铁富镇绿化树种繁育生产基地	耘硕农业发展有限公司	铁富镇半店村	经济林果	新建塘坝1座，打120m深水井1眼并配套，平板桥2座，过路涵42座，架设动力电线1.6公里。铺设UPVC灌溉管道5500米。新建拦水坝1座，维修利用拦水坝1座。疏通沟渠开挖土石方4.4万方。钢架大棚12公顷，整地和改良土壤52.67公顷，铺设硬质路面1.06公里。砂石路3.3公里。林网5公顷，新植优质桃树30.4公顷，建设新品种示范园30公顷	100		587	160	16	411
	占城镇优质林果基地	裕翠峰农业发展有限公司	占城镇石匣村	经济林果	开挖排水沟8.6千米，整理道路7.24千米，老塘坝扩容2座，开挖土石方13.9万方，新建塘坝1座，打机井2眼及配套设备2台套，100KVA变压器1台，高压线路1.9千米，铺设进出水管道7.08千米，蓄水池1座，建溢流涵洞1座，排水涵洞1座，穿路涵洞20座，修建砂石路7.242公里，配套农田林网8公顷，新植果树80公顷	120		697	190	19	488
	戴庄镇林下养殖基地	石屋山养鸡专业合作社	戴庄镇依宿村	畜禽养殖	开挖排水沟3.6千米，整理道路3.24千米，开挖土石方3.67万方，打机井1眼及配套设备1台套，50KVA变压器1台，高压线路2千米，铺设进出水管道1.5千米，蓄水池3座，建平板桥4座，穿路涵洞12座，建保温鸡舍18座，建高2米铁丝围网7500米，修建混凝土路面0.75公里，砂石路3.24公里，配套农田林网6.67公顷	100		330	150	15	165
	小计					320		1614	500	50	1064
	全市合计					2073.35	366.68	8924	3200	318	5406

【黄河故道综合开发高效农业生产基地建设项目】 项目共选定11个项目区，分别位于丰县王沟镇、宋楼镇和大沙河镇，沛县的杨屯国镇和鹿楼镇，铜山区的何桥镇、房村镇和大彭镇，睢宁县的古邳镇和魏集镇，邳州市的八路镇，泉山区苏山街道办事处，项目区涉及12个镇、1个办事处、32个行政村、人口78812人。总投资5791.4万元，其中财政资金4777.7万元，群众自筹资金1013.7万元；计划开发治理面积4866.67公顷。完成新建和改建排灌站32座，新打机电井64眼，开挖疏浚沟渠206.2公里，完成土方120.28万方，变压器3台，架设输变电线路30.13公里，衬砌渠道42.69公里，完成渠系配套建筑物1038座，铺设田间道路137.67公里，完成防护林11.715万株、经济林1.78万株。新品种、新技术示范推广30项、816.67公顷，完成技术培训11300人天。通过开发，实现新增灌溉面积1420.67公顷，新增节水灌溉面积1922.67公顷，新增排涝面积1065.67公顷，建设成高标准农田2466.67公顷，增加优质果品800公顷、优质瓜菜1733.34公顷、优质粮食1533.34公顷、优质浅水藕466.67公顷、优质牧草333.34公顷，增加粮食综合生产能力28007吨。

【农业开发高标准农田建设项目】 市农业综合开发部门按照市委市政府加快现代农业发展的目标要求，强化高标准农田建设，把投资标准提高到每亩1200元左右，进行统一规划、连片治理、整体开发，高标准配套农田基础设施。同时，以省业务部门下达的7866.67公顷高标准农田示范项目为带动，提升其他土地治理项目建设标准。全年度投入农业综合开发财政资金18887万元，完成高标准农田建设任务14120公顷，高标准农田建设项目区全部做到了规模连片，集中开发，路相通、渠相连、林成网，旱能灌、涝能排。（陈玉岭）

工 业

综 述

【概况】 2011年,全市规模工业实现总产值6912.6亿元,增长43.6%;工业总产值迈上6000亿元大关。其中,5县(市)累计完成工业产值3052.57亿元,增长56.88%;市区(含铜山区)工业完成产值3860亿元,增长32.3%。完成工业增加值1802亿元,增长17.9%,居全省第3位,高于全省平均水平4.1个百分点。实现销售收入、利税、利润6903.4亿元、1133.79亿元和635.02亿元,分别增长44.26%、45.74%和51.61%。全市36个工业大类行业中,有35个实现两位数增长,新增能源、煤盐化工、物流、工程机械4个千亿元产业,其中装备制造、食品及农副产品加工、能源、煤盐化工、冶金、建材六大千亿元产业实现总产值6815亿元,占全市工业总产值的98.6%。全年新增规模以上工业企业186个,总数达2650家,新增企业完成产值301.54亿元,增长1.9倍,拉动全市规模以上工业产值增长4.1个百分点。全市规模以上工业经济效益综合指数为35.62,比上年提高15.64点。全市新增百亿元工业企业3家,总数达7家;新增海伦哲、徐工H股、云意电气3只股票,上市企业总数达7家、股票8只,居苏北首位。全年工业投资1216.22亿元、增长21.6%,占固定资产投资的比重为55.3%。滚动实施亿元以上项目313项,总投资1592.6亿元,其中136项竣工投产,2011年完成投资756.3亿元,新增销售收入650亿元。单位GDP能耗下降3.68%,全面完成3.5%的年度计划,降幅超过全省平均水平0.16个百分点,居全省第7位,较2010年上升3位。

【装备制造业】 2011年,全市规模以上装备制造企业660家,产值突破2000亿元大关,达2068.60亿元,同比增长41%,占全市规模以上工业产值的30%,其中工程机械单项首次超千亿元;实现利税315.91亿元,增长53.59%。全市销售收入超亿元的装备制造企业346家、超5亿元76家、超10亿元23家。徐工斗山年产5万台发动机、卡特彼勒年产2万台大型挖掘机等一批大项目陆续建成。以工程机械为主的装备制造产品成为全市出口量最大的商品,起重车、压路机、履带起重机、筑路机及平地机、前铲装载机出口量全国领先,其中起重车年销售量连续4年居全球首位。全年装备制造业出口11.8亿美元,增长66.4%,其中,徐工集团工程机械产品出口额就达10.86亿美元,占全市装备出口总量的92%。

【食品及农副产品加工业】 2011年,

全市食品及农副产品加工业规模企业1010家，实现产值1612.5亿元，占全市规模工业总产值的23.3%。基本形成了饮料加工、林木加工、棉丝加工、粮油加工、畜禽加工、果蔬加工以及烟草等主导产业。全年共生产卷烟320万标箱、板材1600万立方米、乳制品62万吨、软饮料92万吨、纱79万吨、布11000万米、服装22617万件。重点企业维维集团产值205亿元，增长33.7%；徐州卷烟厂155亿元，增长16%。纺织行业（含鞋帽、服装）规模企业316家，实现产值376.58亿元，占全市规模工业总产值的5.45%。形成了棉纺织、毛纺织、麻纺织、丝织以及服装等九大产品门类。作为淮海经济区最大的高档牛仔布生产企业——中天棉业，实现产值18.83亿元，增长16.7%；中国最大的包芯纱生产企业——天虹时代纺织公司，实现产值13.93亿元，增长49.4%；江苏波司登服装公司实现产值6.07亿元，增长18.7%。木材加工（含家具）规模企业490家，实现产值666.41亿元，占全市规模工业总产值的9.64%。主要产品包括实木家具、胶合板、木线条、木工板、刨花板、建筑模板等10大系列40余个品种。生产家具69.09万件、人造板1787.23万立方米。产品主要销往全国各地，并出口日本、韩国、新加坡、伊拉克、美国、欧洲、中东等国家和地区。重点企业江苏胜阳木业实现产值38.3亿元，增长64.5%；徐州德庆木业实现产值9.39亿元，增长66.3%等。

【能源产业】 2011年，全市能源产业规模企业69家，实现产值1017亿元，占全市工业总产值的15%，煤炭行业规模企业11家，煤炭产量3300万吨（本地2100万吨、异地1200万吨），完成产值303.33亿元，增长11.63%，其中徐矿154亿元、大屯101亿元。电力行业规模企业19家，装机容量达到1100万千瓦，发电454亿千瓦时，完成产值158.52亿元，增长8.44%，其中铜山华润完成产值29亿元，阚山电厂完成产值25亿元。新能源行业规模企业30家，以光伏为主，形成了“太阳能级多晶硅——硅锭——硅片——电池片——电池组件——光伏电站”完整产业链。中能多晶硅产量3万吨、产值75.8亿元，产能达到6.5万吨；协鑫硅材料硅锭产量1.8万吨、硅片2.26亿片，产值104.5亿元，硅锭产能达到8GW（4万吨）、切片规模1.25GW（3.9亿片）；艾德、容纳、中宇生产太阳能电池组件100兆瓦，产值10.8亿元。

【化工产业】 2011年，全市化工产业规模企业339家，实现产值1291.67亿元，占全市工业总产值的18.7%。全年共生产焦炭474.24万吨、甲醇62.08万吨、烧碱5.1万吨、PVC6.27万吨、化肥52.73万吨、农药原药11.97万吨。重点企业天裕能源产值57亿元，增长109.6%；沂州煤焦化36亿元，增长152%；恒盛化肥29亿元，增长42%；伟天化工25亿元，增长97%。

【冶金产业】 2011年，全市冶金产业规模企业98家，实现产值533.42亿元，占全市规模工业总产值的7.72%，主要包括钢铁、铅锌、铝、铜等多个行业。全年共生产生铁337.64万吨、粗钢186.27万吨、钢材292万吨、铝材20.05万吨。15家中炼钢、炼铁企业。产能过百万吨的企业为东南、东亚、成日、宝丰、兴达5家。现有产能：生铁1200万吨、粗钢900万吨、钢材800万吨。其中，东南钢铁产值55亿元，增长145%；东亚钢铁31.4亿元，增长57.8%。铝加工企业34家，主要包括1家电解铝企业，现有电解铝产能10万吨、铝材25万吨。其他，主要包括1家大型铅锌企业——江苏新春兴再生资源有限公司等16家有色金属企业，2011年产值26.58亿元。

【建材产业】 2011年，全市建材产业规模企业232家，实现产值292亿元，占全市规模工业总产值的4.3%，主要产品为水泥、玻璃及其制品。水泥行业规模企业53家，其中旋窑企业4家（淮海中联有限公司、徐州中联水泥有限公司、徐州龙山水泥有限公司、徐州白水泥有限公司）。全市熟料产能1200万吨，粉磨能力4500万吨。全年水泥产量2850万吨，位居全省第一。其中，徐州中联水泥有限公司（贾汪境内）。现有2条10000吨/日熟料生产线，2011年产值10.85亿元，增长16.1%；徐州淮海中联水泥有限公司（铜山县境内），现有两条5000吨/日水泥熟料生产线，2011年产值21.6亿元，增长11.7%；徐州龙山水泥有限公司（贾汪境内），现有2条5000吨/日水泥熟料生产线。2011年产值4.9亿元。

【医药产业】 2011年，全市医药产业规模企业49家，实现产值177.8亿元，占全市规模工业总产值的2.57%。主要产品为力药西注射液、福尔利注射液、思利舒片剂、硝酸咪康唑、胰岛素、六味地黄丸、水针剂等。重点企业江苏万邦生化实现产值9.69亿元，增长24.4%；江苏恩华药业实现产值7.08亿元，增长22.7%。

【物流产业】 2011年，全市物流产业营业收入突破千亿大关，达到1087.5亿元，增长31.6%；物流增长指数提升至全省第2位；物流综合指数位居全省第6位，与排名在前的南通同属全省物流综合水平较好的城市之一；物流行业基础条件位居第4位（仅次于苏州、南京、无锡），高于全省平均水平。重点园区建设进展加快，八里家居全年完成投资6亿元，金驹物流园全年完成投资5亿元，货运配载及加工厂房、配套堆场道路、水电及设备安装基本完成；新城区生活物流园、苏宁电器物流已全部进入地面施工、交广国际汽车城、御马酒业总部物流中心、沃尔沃汽车物流中心主体等一批重点物流项目进展顺利。

【企业培育】 大企业培育成效显著。徐州市结合实际制定了“十二五”期间千百亿企业培育目标，出台了《中共徐州市委 徐州市人民政府关于培育营业收入千百亿工业企业（集团）的实施意见（试行）》（徐委发〔2011〕37号），重点培育扶持38家大企业（集团）。徐工集团、徐州卷烟厂、维维集团和徐矿集团4家超百亿企业发展态势良好，综合竞争力不断提升；顺利完成大屯煤电、协鑫硅材料、卡特彼勒（徐州）3家企业产值超百亿年度培育目标。扎实做好超百亿大集团企业和后备企业动态指标调度及统计工作,认真落实超百亿大集团大企业月报监控制度,确保企业基础数据及时真实有效,为领导决策提供详实经济信息和运行指标依据。扎实做好企业管理创新工作,认真组织徐州市级管理创新企业的申报评审认定工作。评定市级管理创新先进企业12家,省级管理创新先进企业5家(徐工、徐矿(示范企业)维维、中能、宗申)。

【企业上市】 2011年,新增海伦哲、徐工H股、云意电气3只股票,上市公司总数达到7家、股票8家,居苏北首位;创业板上市公司达到3家,居苏北首位。

【科技创新】 新增市级(含)以上企业技术中心452家、总数达到560家,同比增长418.5%,总量居全省首位,其中徐航压铸、创导空调等6家企业被认定为省级企业技术中心,省级以上企业技术中心总数达到43家。徐工重型"160吨至1200吨大型全地面起重机研发与产业化"项目纳入2011年国家重大科技成果转化项目计划,获专项扶持资金3500万元。徐州软件园被认定为国家级科技企业孵化器;矿山物联网被列入省十大科技创新工程,两项示范工程通过国家验收,全省唯一的国家级物联网工程实验室落户徐州市。组织实施徐工集团QUY2000履带起重机、压力机械大吨位模锻液压机等31项省级新产品新技术开发项目,徐工集团TY900型运梁车、恩华药业卡巴拉汀及其胶囊等9项省级创新能力建设项目,中天仕名"无漏料行进式稳流冷却机"等7项省级质量攻关项目。

【节能降耗】 通过强化责任考核、加快推进节能技术进步、强化执法检查、组织高耗能企业限产轮休等有效措施,完善节能评估审查制度,严把能耗增长源头关。加大落后产能淘汰力度,关停一批规模以下的"两高一低"企业,利用节能的倒逼机制推动产业结构战略性调整。着力推进节能技术进步,加快节能技改和新技术新产品推广应用步伐,在全市年耗能3000吨标准煤以上企业组织实施节能改造工程,重点做好余热余压利用、锅炉窑炉改造、能量系统优化等技改项目。全市节能降耗工作进展良好,全省排名前进3位。单位GDP能耗下降3.68%,全面完成3.5%的年度计划,降幅超过全省平均水平0.16个百分点,居全省第7位,较2010年前进3位。落后产能加速淘汰,提前3个月完成国家和省下达目标任务。

(张恒学 邓传奇)

2011年徐州市规模工业主要指标分行业完成情况

单位:亿元

	规模企业个数	工业总产值			销售收入			利税			利润		
		绝对值	增幅(%)	占比	绝对值	增幅(%)	占比	绝对值	增幅(%)	占比	绝对值	增幅(%)	占比
全市	2650	6912.63	44.51		6903.41	44.26		1133.79	45.74		635.03	51.61	
机械	660	2068.60	41	29.92	2049.58	42.97	29.69	295.06	56.64	26.02	195.02	58.88	30.71
食品	300	813.90	35.45	11.77	811.78	36.86	11.76	221.91	28.18	19.57	77.76	35.7	12.25
煤炭	11	303.33	11.63	4.39	308.03	13.75	4.46	67.39	14.39	5.94	34.80	16.97	5.48
冶金	98	533.42	37.61	7.72	543.13	39.73	7.87	72.21	68.76	6.37	39.79	77.13	6.27
化工	339	1291.67	73.21	18.69	1269.77	69.27	18.39	191.46	56.93	16.89	128.19	61.21	20.19
电力	19	158.52	8.44	2.29	162.35	7.37	2.35	4.64	-61.54	0.41	-1.51	转亏	-0.24
建材	232	327.68	42.08	4.74	323.90	40.55	4.69	50.81	56.57	4.48	30.00	67.46	4.72
纺织	316	376.58	37.84	5.45	369.67	39.47	5.35	54.09	38.84	4.77	32.06	35.27	5.05
木材加工	490	666.41	43.42	9.64	689.38	49.93	9.99	123.72	64.44	10.91	68.53	66.7	10.79
医药	49	177.80	89.27	2.57	184.00	82.28	2.67	27.66	82.23	2.44	15.73	103.31	2.48
其他	136	194.73	46.58	2.82	191.79	35.47	2.78	24.84	31.78	2.19	14.64	38.48	2.31

2011年12月份规模工业主要指标完成情况及产品产量

		单 位	当月	增幅(%)	累计	增幅(%)
增加值		亿 元	169.02	18.5	1802.29	17.9
产值		亿 元	667.89	45.25	6912.63	43.58
销售收入		亿 元	—	—	6903.41	44.26
利税		亿 元	—	—	1133.79	45.74
利润		亿 元	—	—	635.03	51.61
企业单位数		个	—	—	2650	—
经济效益综合指数		%	—	—	353.62	15.64
亏损企业		个	—	—	58	41.5
亏损企业亏损总额		亿 元	—	—	14.25	212.2
主要产品产量	原煤	万 吨	146.51	-11.23	2025.16	-2.27
	发电量	亿千瓦时	39.3	-2.81	453.66	3.49
	发酵酒精	千 升	16999	41.39	177538	7.33
	卷烟	亿 支	18.08	-0.25	320.04	5.04
	纱	万 吨	6.37	39.73	79.1	10
	布	万 米	929	-22	11064	3
	轻革	万平方米	27.41	-35.76	582.02	-7.7
	人造板	万立方米	250.81	105	1787.2	44.67
	化肥(折100%)	万 吨	4.23	7.3	52.73	9.73
	树脂	万 吨	0.23	-78.64	6.27	6.1
	合成洗涤剂	万 吨	0.14	111	1.78	23.3
	轮胎外胎	万 条	12.13	-23	175.8	9.92
	水泥	万 吨	219.9	8.8	2850.3	7.13
	生铁	万 吨	19.7	-33.2	337.64	5.68
	铝材	万 吨	1.46	18.2	20.05	15.4
	水泥专用设备	万 吨	0.18	16.21	3.32	33.66
	挖掘、铲土运输机械	台	2886	90	23895	57.1
	混凝土机械	台	66	4.76	814	57.1

装备制造业

·徐州工程机械集团有限公司·

【概况】 2011年，徐工集团顶住工程机械市场持续回落的重重压力，以“三放两控一遏制”的创新思路应对冲击，全力攻击市场，扎实推进变革，推进自主创新和结构调整，推进国际化开拓和全国、全球战略布局，再次冲破压力，逆势迎来宝贵发展契机，历史性突破营业收入870亿元的关口，保持了行业第一的位置，实现了“十二五”良好开局。集团全年实现营业收入871亿元，增长32%。与2010年同口径相比(不含退出股权企业)，增长40%以上。实现利税55.9亿元，增长12.8%；实现利润42亿元，增长12.5%；出口总额10.8亿美元，增长116.7%；产品综合毛利率达到16.64%，比上年提高0.87个百分点；公司综合经济效益指数达到333.5，比上年提高5.2个百分点。工资总额增长了25个百分点。徐工重型公司继续高举排头兵大旗，全力推动“三大战役”和“三高一大”产品战略,聚焦市场和用户,提升质量,改进服务,用户美誉度在不断提高,以全年销售收入220亿元,利润26.7亿元,产品销量19478台,汽车起重机份额连续9年世界第一,移动式起重机综合排名进位全球第二。徐工科技公司深化营销扎根工程,启动质量扎根工程,重点打造6项营销基础管理,强化战略客户联盟和风险管控,主打核心零部件和大吨位装载机等战略新品并取得显著突破,实现了营业收入80亿元、利润7.1亿元的跨越。其中装载机以远高于行业增幅的速度,实现销量2万台的历史性突破。科技公司的振兴和发展是上年的一大亮点。徐工建机公司加快成套性混凝土机械整合,发力混凝土泵车增长,全面提升各系统队伍的能力,实现了销售收入33亿元的长足进步。徐工挖机公司全面对标顶级企业,全力提升技术创新能力、精益制造能力和渠道扩张能力,重点突破,开拓成长,实现销量从3000台到近6000台的突破,规模继续翻番增长,形象和竞争力大幅度提升。徐工液压件公司、筑路公司规模首破10亿元大关,迈上做强做大的重要台阶。徐工随车起重机公司、基础公司、南京公司均突破了6亿~7亿元规模,具备了大发展的基础。特机公司、重庆公司也都实现了较大的规模增幅。铁装公司以高铁施工设备为开端,积极拓宽产品领域,迈出了产业步伐。

徐工智能化生产线

【自主创新】 徐工集团高度重视核心技术研发突破,加大在技术创新上的投入,技术创新体系得到了巩固和完善,公司自主创新和技术研发进入重要收获期。表现尤为突出的是徐工集团,全年获得授权专利396项,其中发明专利18项,为2010年全年授权量的1.5倍。全地面起重机关键技术开发与产业化、步履式山地挖掘机两个项目均获得国家科技进步二等奖,这是徐工集团在国家科技大奖领域的重大突破。列入公司2011年预算计划的科研项目180项,已完成132项。12个项目获得中国机械工业科技进步奖。申报省级以上科技项目108项,其中82项获得政府立项,获得财政资金支持近6000万元。1200吨全地面起重机、2000吨履带起重机、12吨装载机等“三高一大”产品完成鉴定并批量销售,均打破了国外企业全球垄断。3000吨级履带起重机投产并被国家科技部纳入863计划项目,将获得4000万元政府资金支持;90吨挖掘机、自制底盘泵车、搅拌车及成套混凝土机械、千吨级起重机及挖掘机油缸成功推出。江苏徐州工程机械研究院积极推进关键技术、核心技术研究,共完成试验项目322项,申报专利163项,推进了系列全新门类的调研和开发推出。徐工集团国家级企业技术中心在国家发改委2011年度评价结果中继续位居工程机械行业第1位。徐工机械获得国家级高新技术企业资质,徐工集团被国家工信部授予江苏省唯一、首批中国技术创新示范企业。

【海外拓展】 国际化步履坚实。进出口公司与各制造企业协同共进,通过优化业务职能,强化一线团队,强化大客户的抢抓和大项目的带动,积极拓展海外渠道,支撑起外销业绩跨越式提升,推动徐工集团出口总额迈上了10亿美元的重要台阶,达到10.8亿美元,增长116.7%;徐工品牌主机出口11339台,增长114%,持续位居行业出口第一位置。在传统门类、优势市场继续巩固的同时,挖掘机、履带起重机、混凝土泵车、挖掘装载机、重卡等11类新兴产品实现海外销量、销售额均翻番或十几倍以上的突破性增长。尤其在委内瑞拉市场,徐工集团一单拿下6025台产品、总价值7.45亿美元的行业第一出口大单;通过V58项目管理拉动,全力保障3批、3981台产品的出口发车;继续拿下印度履带起重机项目、玻利维亚道路机械项目等一批总价值在2000万美元以上的大订单,在全球工程机械市场形成了极大的冲击力和影响力。

【产业布局】 在制造基地布局和技改实施方面,2011年徐工集团投资项目33项,实际完成投资额53.9亿元,计划完成率120.9%,增长262.9%。大吨位起重机、装载机、挖掘机、混凝土泵送机械、搅拌机械基地建设进展顺利,巴西、上海临港、新疆和重卡基地即将开工建设,印尼、南非、东欧、印度等基地项目正抓紧调研。在研发布局方面,江苏徐州工程机械研究院加快建设,南京研究院揭牌设立;以购并的德国FT公司、荷兰AMCA公司两家液压元件系统研制企业为基础,加紧建设和运行欧洲研发中心;徐工斗山发动机公司实现小批量发动机下线,取得了国家各类认证,具备了批量生产配套的条件能力;徐工集团高端液压元件、新型变速箱、高端电控系统、四轮一带等核心零部件的批量产出及配套也在策划推进。在全新产业布局方面,徐工集团签署了江苏凯宫重工增资扩股并成为第一大股东的协议,开始全面进入大型盾构装备行业;徐工集团新开发了大型矿用自卸车和大型掘进机等产品,凿岩台车方案通过评审,快速进入矿山机械、煤炭机械和凿岩机械领域;积极调研准备加快进入海工装备、水利机械等高端装备领域。

【调整变革】 徐工集团“汉风计划”变革项目经过历时7个月的上下讨论、反复酝酿,上年11月开始落地实施。总部架构调整基本完成,以市场为导向的各事业部变革有序推进,总部部门与试点事业部核心职能及流程持续优化,推动徐工集团形成新的、适应“十二五”战略和世界顶级企业要求的管控和运行模式。金桥项目在8个月之内完成了国家、省市及香港各监管机构等34轮所有审批,全球路演推介及发行上市准备于上年10月之前已全部就绪,但由于全球资本市场和香港股票市场形势恶化的影响,徐工集团出于形势和保护国有股东利益的考虑,果断决定推迟发行。发行工作仍在坚定不移地推进,力争把握2012年发行窗口,择机完成H股发行上市。上年12月完成公司债券首期发行,募集资金30亿元,将择机推进后期的20多亿发行。

【平台建设】 采购平台建设逐步深化。2011年,供应公司通过大宗物料集中采购,实现降本1.3亿元;20批2432台套大宗技改设备集中采购,实现降本8589万元;IT设备集中采购,节约2000万元。金融平台全面完善。融资租赁公司全年融资租赁销售产品11339台,增强了主机销售扩张的协同。徐工集团与国家开发银行、中国银行、中国进出口银行等国家级总行形成"总对总"级战略合作。成立公信资产管理公司、投资公司和广联租赁公司,财务公司、物流公司在加紧筹建中,构建新的金融财务运作功能,形成后市场服务的全新板块和能力。全价值链信息平台初步建成。被国家两部委列为重点产业振兴项目的信息化整体提升工程上年在7家公司上线,完成上市公司全部覆盖,精益研发与协同设计平台、营销服务信息化工程等启动。营销服务平台功能增强。与中核建、中建材、五矿集团等一批央企大客户形成了战略联盟。400全国客服热线全年处理用户服务信息10万余条,提升了徐工集团服务统一的形象。内控审计显现效果。继续完善徐工集团内控制度,做好内部控制有效性测试,评价发现的88项控制缺陷全部解决落实。完成内审项目30项,发现问题点145个,降本增效2100万元;审计重大在建工程项目12项,审减工程成本2175万元,审减率为15%。精益六西格玛二期项目顺利完成,共实施了278个项目,取得了1.8亿元的有形财务收益,获得绿带与黑带认证的人员分别达170人和24人;三期316个项目加紧实施。徐工集团被市政府授予首届徐州市市长质量奖、被国家质监总局授予全国质量工作先进单位。（刘　刚）

·徐州市机电建材资产经营公司·

【概况】 2011年,徐州市机电建材资产经营公司列统口径企业实现工业总产值65720万元,同比增长11.6%;实现销售收入64500万元,同比增长15.18%;实现利税5480万元,同比增长1.78%;实现利润2510万元。

【项目建设】 徐州压力机械有限公司在铜山经济开发区的迁建有序推进,完成投资440万元。计划的"三通一平"、围墙以及施工准备工作已经完成。中材装备徐州重型机械公司在徐州经济开发区的新厂项目启动,正在进行厂区道路施工、厂房基桩施工,完成投资12000万元。计划2012年上半年6800平方米厂房主体工程竣工,完成投资20000万元。

【科技项目】 "日产万吨新型干法水泥清洁生产成套装备研发及产业化"申报江苏省重大成果转化项目成功,获1000万元资金资助;"5000T热模数控液压机"、"大吨位棒料温校液压机"申报江苏省重点技术创新项目,"大型高效粉磨设备TRP160辊压机开发"、"3000T管件成型液压机"、"大型提升容器研发"列入徐州市2011年重点技术创新项目;申报成功专利48个,其中授权国家实用新型专利7个。"大型水泥生产系统节能降耗关键技术应用"获得江苏省科技进步三等奖,同时"工业及城市废弃物在水泥窑资源化利用关键技术和装备制造"通过了江苏省科技支撑计划的项目验收。

【改革改制】 一是12家空壳流通企业涉及150余名职工,在全面进行情况摸底、成本测算以及与职工的沟通工作的基础上,形成并完善了整体安置方案,报经市政府国企改革改制领导小组获批准。二是开展徐州防水材料厂与江苏锦宸集团进行收购重组的一系列工作。经过多方努力,双方达成资产收购、职工安置等问题的协议。在履行完毕方案论证、职工大会通过、维稳风险评估报告和相关程序性工作的基础上,改制方案已获得了市政府国企改革改制领导小组同意。进入实质性实施阶段。（徐卫平）

食品和农副产品加工业

·维维集团·

【概况】 2011年,维维集团实现销售收入201.75亿元,同比增长33%;利税19.42亿元,同比增长42%;利润总额13.98亿元,同比增长39%。再次荣登"中国企业500强",荣获中国食品安全十强企业、中国食品安全最具社会责任感企业、食品安全示范单位、全国食品工业优秀龙头食品企业、江苏省十佳优秀企业。截止2011年底,维维已掌控终端店近10万家,建成乡镇形象店2万多家。维维积极引进科技人才,现有含博士、硕士在内的各类科技人员3000多人,设立了国家级博士后科研流动站,组建了省级"营养与功能食品研究开发中心"。维维在大豆学科方面的研究,已达到国际先进水平。

【质量管理】 加强原料采购、工艺提升和管理优化,以确保产品品质。一是在"中国大豆之乡"黑龙江省绥化市投巨资建设非转基因优质大豆收储转运中心,以确保主要原材料的天然、纯净、优质、营养。二是通过引进新设备、新工艺,提高产品生产的自动化水平,为生产质量过硬的产品提供强有力的保障。三是以市长质量奖为契机,提升管理能力,把卓越绩效准则运用到日常生产经营中。同时,维维推行内部深度承包,把质量目标层层分解,责任到人,落实到每一个生产环节,做到时时跟踪,日日总结,月月考核,将质量管理与员工收入直接挂钩,真正把质量管理抓实、抓牢。

【节能降耗】 对耗能高的设备进行技术改造和工艺改造,通过提高生产效率、降低能源消耗、减少废水排放、促进循环经济以及变废为宝等措施为企业带来超值收益。一是对蒸汽及凝结水系统节能技术进行改造。通过增加疏水系统和空气排除系统,减少压力损失;安装破真空器以避免真空破坏、延长换热器寿命;安装排空气阀,提高重启速度;捋顺凝结水余压次序,避免非同程流;充分闪蒸利用高温凝结水余热。二是对饮料车间冷却水进行循环利用。新上饮料车间注塑机、空压机、吹瓶机及生产工艺所需求的冷却水量为1000吨/小时,建设冷却水循环利用系统一套,包括冷水塔12台,总量500kW制冷机3组,水泵23台,2000立方蓄水池1个,变频供水系统1套,碳钢联合平台1座,有效节约并利用水和余热。三是安装机电节能与能源管理控制系统。通过安装1000KVA节电机5台,800KVA节电机2台,500KVA节电机2台,建设能源管理控制系统,有效节约了电能。年内,维维圆满完成年节能任务10000吨标煤。

【优化布局】 一是以豆奶粉、乳品饮料为龙头,以白酒产业为着力点,以休闲食品、粮油副食为有效补充的综合性食品制造业集群厚积薄发,成为公司跨越式发展的稳固基石。二是强势整合、产业延伸,“大资源”集群快速增长。为改变单一煤炭洗选业务模式,优化资产结构,公司以3.9亿元对价购买下乌海市西部煤化工公司100%股权,拥有了独立的炼焦作业能力,实现了与下游产业协同发展,增加了新的利润增长点。西部煤化仅10月～12月就实现销售收入2.95亿元,成为集团“大资源”板块的新的亮点。乌海正兴煤化公司在上年虽然受当地长富煤矿透水事故的影响,仅有6个月的生产期,仍实现销售收入2.57亿元,同比增长11.73%;生产原煤95.6万吨,入洗原煤87.2万吨。在完善辅助生产系统、进行设备设施投资的同时,新建了8104综采工作面,为生产提升夯实了基础。恒源矿业完成了潘河钼矿详查地质报告,探明钼矿储量资源总量56096吨,取得了较为理想的选矿技术指标。徽县庚辛矿业的黑水沟金矿详查项目开始工程施工。新疆维维能源公司的煤炭销售工作已全面展开。三是商业物流成为集团多元化发展的一个新方向。地产板块中,徐州市北京路18号“盛世年华”项目完成了最后一期楼盘销售,工程收尾工作进展顺利。总部东侧的龙湖湾项目前期筹备工作基本就绪,现已进场开始地基施工。维维置业的新沂市无锡工业园住宅项目已完成注册登记、环境评估。九里粮食物流园项目被列入鼓楼区政府重大项目。10月,小南湖湖畔“苏公馆”正式运营。维维商城改造项目完成了部分拆除与加固工程,进行了国内知名商业地产项目和徐州周边市场的调研。维维产业园包装彩印业务也进入良性运营的轨道,完成了CI系统设计、改版质量管理体系,抓好承包与落实,全年生产普箱654万套、彩箱447万件,充分发挥了主营配套功用。国际贸易公司全年完成销售收入4.1亿元,较好地进行现货经营,严谨的把控了期货风险。四是推陈出新,优化产品结构。枝江酒业新推出三款“百年”韵系列白酒覆盖中高端市场,全年新品销售已突破5000万元。茗酒坊的两款“汉元”酒也同样创造了不俗的销售业绩。嚼益嚼营养棒的橙子口味已推向市场,蓝莓口味完成了试产。广为消费者喜爱的花生奶在利乐包的基础上,新推塑瓶装。核桃牛奶和八宝粥的上市标志着集团在粗粮领域的进一步延伸。

(纪红云)

·徐州绿健乳业·

【概况】 2011,全公司实现销售收入同比增加4367.2万元,增幅10.5%;利润同比增加1003.2万元,增幅151.5%。固定资产原值21081万元,比上年同期增加870万元,增幅4.3%。职工年人均收入(含内退职工)比上年增加5207.85元,增幅22.7%。乳品厂顺利通过全国乳业QS重新准入验收、乳品HACCP体系、质量9000体系以及环境14000体系认证审核;脱水菜公司在省内同行业中首家通过美国FDA体系认证。

【奶牛养殖】 认真落实《防疫管理规范》,完善防疫网络、程序和应急预案,根据季节防疫重点,全群及时注射疫苗。加强养牛环境的管理,牛体卫生明显改善。重点加强了产后牛、围产期牛、月子牛、犊牛的精细管理,犊牛成活率大幅提升。严格监控操作规程的执行,通过强化培训、考核改进,挤奶效率提高,牛奶质量有所提升。实施了CPM软件和线性鉴定项目,与DHI、TMR技术有机结合,保证了牛群营养供给。细致开展牛病预防和巡诊,降低了乳房炎、酸中毒等发病率。

【奶农技术服务】 开展生鲜乳安全及奶畜养殖等方面的法律法规教育,广泛宣传、逐家确认,提高奶农的依法运作和食品安全意识。强化对饲养管理的指导、督促和整顿。强调消毒防疫工作,为奶农提供技术支持;开展拉网式综合大检查,整顿养牛环境,改善设备卫生,提高饲草料质量。加强供奶户资质验证梳理,理清奶源源头;增置原料乳检测设备。适时上调生鲜乳收购价格,保障奶农利益和养牛积极性。帮助、扶持奶源基地的规模化养殖,进一步提升奶源质量和管理水平。强化奶牛技术服务,在例行培训、技术诊治的基础上,组织技术骨干进行季度巡回授课。全年共出诊8578头次,组织会诊近百头次,治愈率达98%以上。

【市场管理和开拓】 乳品厂紧紧围绕市场落实经营措施,不断掀起销售高潮,销量大幅增加。一是注重宣传策划,确立宣传重点,采取直面宣传与各媒体相结合,营造了“饮奶喝绿健”的消费氛围。二是实施“有人群处则有绿健”的战略,重点完善了外围销售网络,有效扩线上量,拓展了外围市场。三是加强了订送奶队伍的管理,提高订奶员的销售执行力和效率。四是增强营销队伍的服务意识,及时满足诉求,增进消费关系,助推销售。脱水菜公司应对“过山车”式的市场行情,审时度势,抓产量、保质量,多签单、抢市场,取得了较好的销售业绩。以通过美国FDA认证为契机,积极开发国内外市场,增加了客户,拓展了渠道。

【产品开发】 紧跟市场开展产品研发。以酸奶、巴氏奶等系列产品为重点，研发上市3种儿童特供系列牛奶、3种纸杯酸牛奶、2种塑杯酸牛奶，形成销售增长点。优化了塑杯产品配方。根据国家标准化法律法规，开展了产品标准的修订、申报、备案工作。在乳衍生产品及乳深层次研究方面初步开展工作。技术革新及基建改造。牧业方面，“CPM软件应用”和“线性鉴定”两项科研课题已见成效，成为生产中必要的技术和管理手段。成立了“胎衣不下、产后瘫”专项攻关组，多方反复论证，采用有效方法，现发病率已低于正常值。完成了牛舍、产房、化粪池及饲料车间等系列改造工程。上马了太阳能及加热系统。工业方面，乳品厂围绕两大车间进行全自动CIP、酸奶灌装线、冷库、烘房、锅炉及高压配电室等20项工艺改造，改善环境、提高效率、降低成本。引进安装灌装设备；新建大冷库一座，上马了一条瓶装生产线和预刷瓶生产线等，提高了生产能力。完善了检测中心，增置千余万元检测设备，从硬件上保障了质量安全。脱水菜公司根据生产需要，引进了色选机及X光机，升级色选设备，提高了质量和效率。成功申报了“徐州市乳品质量安全检测技术”项目。加强与高校院所的战略合作，与南京农大、医科大就“功能性乳品”项目进行了交流、合作。与徐州工程学院、徐州工业职业技术学院联合申报省级功能性乳品工程技术研发中心。

（高立可）

煤炭工业

·徐州矿务集团有限公司·

【概况】 2011年，徐矿集团营业总收入236.29亿元，比上年增加28.29亿元，增长13.6%；实现利润10.16亿元，同比增长26.38%；全集团净资产收益率7.84%，同比增加1.34个百分点；资本保值增值率108.27%。截至2011年底，全集团资产总额369.12亿元，比上年末增加66.67亿元，增长22%。

【本质安全型企业创建】 坚持“人本至尊，生命至上”的生产经营原则，正确处理安全与生产的关系，按核定产能的90%下达指导性计划，推行集中休息定时生产，优先配强安全生产管理力量，生产组织趋向从容宽松。推行“科技+素质”管理模式，以前所未有的力度同步推进系统优化与装备升级，投入11亿元实施“20推”项目，更新大型装备60余台套，减人提效保安效果明显，基本实现“一井两面”或“一井一面”的生产格局，现场采掘人员平均减少30%左右，总体单进水平提高了26.8%，生产事故影响时间平均下降了87%，原煤全员工效5.43吨/工，采煤机械化程度达96.46%，掘进装载机械化程度为100%。创造性实施变化管理，全面排查安全隐患，超前防范各类自然灾害，杜绝了重大事故发生。赋予标准化创建新内涵，严格执行“三不四停”安全否决制度，倒逼矿井正规生产、标准作业。实行全员安全风险台阶奖，安全利益杠杆作用明显。积极推进科技创新，地热治理和利用等4项技术分别达到国际和国内领先水平。经一年超常规奋战，安全基础增强，安全形势逐步稳定好转，全集团原煤百万吨死亡率0.141，其中徐州本部为0.107，创历史最好水平。

【产业结构调整】 空间布局基本形成。高标准建设的年产500万吨的郭家河煤矿通过国家发改委核准，容光、花秋、兴隆和新安等4对矿井试运转；年产150万吨的榆树田矿奠基开工，俄矿400万吨及夏阔坦、源兴、永辉、百贯沟等矿井改扩建正在进行；铁煤盛源、赛尔三矿通过验收。2011年全集团生产煤炭2119万吨，其中异地产量1193万吨，实现了产量外主内辅的顺转、空间布局“1+3”的裂变。产业结构趋向优化。阿克苏电厂两台机组相继并网发电，参股的桐梓电厂已完成投资11.7亿元、完成总投资的25%，与阿克苏地区行署签订了建设俄矿2×66万千瓦坑口电厂、阿克苏二期2×66万千瓦机组协议，参股国电哈密2×100万千瓦坑口电厂和克拉玛依2×35万千瓦热电厂建设，2011年共计发电67亿度。义安130万吨煤焦化项目已建成投产，长青煤化工项目完成形象进度，塔城40亿立方米煤制天然气及2000万吨配套煤矿项目奠基。库俄铁路全线开通，徐州煤矿装备研发制造项目搬迁基本结束，工程公司全年收入达23.5亿元，华美房地产效益提升，“3+3”的产业格局得到实质性优化。各实业公司经营水平也明显提升，实现了整体盈利。

【改革改制】 把改革创新作为增强企业内源动力的根本途径，强力推进体制机制和科技管理创新。改制上市工作历经8年起伏之后再次启动，已完成可研论证阶段各项工作，与华泰证券签订了整体服务及长期战略合作协议，重组阶段工作全面展开。成立了陕甘区域性子公司，实施省运销公司改制，3家直属医院合作重组工作有序推进，集团机关改革顶层设计已形成草案，重组新河与义安开发管理处、韩桥开发管理处与水泥厂、权台实业与物业、广龙公司与庞庄物业、生活公司与工贸中心等单位，资源在重组中进一步优化。本部矿井全面推行自营管理，充分调动了各单位生产经营的积极性和创造性。深入开展经营秩序和“小金库”专项整治活动，整改问题2063项，查处“小金库”60个，完善了相关管理制度，形成了较为规范的风险防控体系。企业信息化建设取得新突破，完成了第二代办公自动化系统建设，夹河矿“感知矿山”物联网一期示范工程投入运行。

【企业管理】 坚持内外增长双驱动，异地盈利单位增加、盈利能力增强，其中秦源、郭家河、天山公司3家单位利润总额为9.44亿元，赛尔公司实现了盈亏持平。本部矿井通过调整产品结构，煤炭入洗率达到81.17%，精煤产量达476万吨，改造和新建的3个电厂创造了劣质煤市场，全年结构性增收10.4亿元，实现了煤炭减产不减收，其中张双楼矿成为徐矿历史上第一个实现利润突破10亿元的矿井，庞庄、三河尖矿利润也都突破了5亿元。技术劳务输出效益逐年提高，

2011年劳务产量达4800万吨,创利2.02亿元。全力实施节能减排工作,2011年完成节能工程56项,累计投资9633万元,全年综合能源消费量比计划下降1.12万吨标准煤,“十一五”期间节能85.35万吨标准煤,国家发改委公告徐矿完成“十一五”目标的1707%,被评为全国节能减排先进单位,履行了企业绿色发展的承诺。

【和谐矿区建设】 经过3年的奋力攻坚,棚改工程接近尾声,圆了几代矿工的住房梦,累计新增住房215万平方米,人均增加20多平方米,为职工特别是低收入群体创造至少20亿元的财产性收入,成为省市棚改示范工程。在岗职工收入实现六连增,人均每年增长5000元以上,上年突破6万元,同比增长17.5%。提高职称津贴、工龄补贴和内退职工生活费标准,发放物价补贴和井下艰苦岗位津贴3.499亿元,实实在在让职工得实惠。通过异地创业和对口支援等形式,新增就业岗位3200多个,稳妥分流安置权台矿2932名职工。加大劳务派遣工留转比例,全年留转1283人,做到能留尽留。井下垂深超过50米的斜巷全部安装架空乘人装置,高温头面投巨资安装降温系统,改善单身职工住宿条件,全面推行营养餐,重视职业健康保护,劳动光荣、劳动体面真正得以体现。扎实做好信访稳定和矛盾调处、征迁和地矿关系协调、工会群团、女工计生和离退管工作,继续开展扶贫济困助学活动,累计发放救济慰问金944.3万元。 (王裕甲)

·大屯煤电集团公司·

【概况】 2011年,大屯煤电公司坚持“稳中求进、实中求效、创新发展、做精做强”的工作方针,紧紧抓住“安全、发展、民生”3件大事,精心谋划发展战略,加快产业结构调整,强化经营管理,认真履行社会责任,取得了丰硕成果。原煤产量、发电量、电解铝产量、铁路货运量、机械制修量均超计划完成;营业收入首次超百亿元,利润指标实现历史最好水平,同比分别提高了19%和29%,实现了国有资产保值增值;在矿井深部开采、地质条件复杂等不利因素下,实现了安全“零”死亡目标;企业党建、思想政治工作、工团工作、企业文化建设均取得优异成绩,企业形象和影响力逐步提升,先后荣获“央视财经50·十佳责任公司”、“全国质量管理小组活动优秀企业”、“全国煤炭工业科技创新先进企业”、“全国煤矿职业安全健康先进单位”等称号。《人民日报》、《中国煤炭报》、《中国能源报》、人民网、中国环保网络电视台等新闻媒体先后采访、报道了大屯公司的经验和做法。

【发展战略】 公司制定了“十二五”发展战略规划,确定了“12531”发展战略目标,即突出一个煤炭主业,立足内外两地发展,发展煤炭、电力、铝业、机械制造和现代服务业(物流、技术、培训)五大板块,实现资产总额、煤炭产能、利润三项指标翻一番,把公司建成国内一流的综合性能源企业。大力实施外延式扩张战略,按照“近、中、远”同步推进战略,加快“走出去”发展步伐,通过收购、兼并等资本运作手段进行入股、合资等多形式开发煤炭资源,与山西阳泉达成了再建一个新大屯的合作意愿,在2011年9月9日举办的第六届中国中部投资贸易博览会阳泉市招商引资项目签约仪式上,与盂县签署了鑫磊电石循环经济园区建设框架协议。积极实施内涵式增长战略,推进经营模式转型,由生产管理型向经营效益型转变;推进产业结构转型,构建“大专业、大物流、大培训”;推进重点项目建设,各项重点工程均完成时间节点要求。大力提升科技创新能力,一批重点科研项目取得突破,公司技术中心荣获徐州市“优秀国家级工业企业研发机构”称号。

【安全生产】 积极创建“安保型”企业,强化安全措施落实,实现了安全“零”死亡目标,所属徐庄煤矿、孔庄煤矿、龙东煤矿分别实现安全生产超9周年、5周年和3周年。煤矿“六大系统”基本完善,井下紧急避险系统建设走在全国前列,先后承办了江苏煤矿突发重大水害事故应急救援演练、中煤集团公司和江苏省煤矿井下紧急避险系统建设推进会、江苏省煤矿安全生产“六个十佳”表彰会;加强安全质量标准化建设,投入专项资金2208万元,建成了一批重点工程和亮点工程,改善了职工作业环境,徐庄煤矿、孔庄煤矿、龙东煤矿被评为国家级安全质量标准化矿井,集团公司被评为江苏省和中煤集团公司安全质量标准化企业;强化现场安全管理,组织开展了煤矿系统优化诊断、专项治理等活动,安全监督检查和考核力度不断加大,党管安全责任和班组管理落实到位,及时消除了现场安全隐患和不安全行为。

【环境友好型企业建设】 积极建设环境友好型企业,采用湖泥充填等方法大力推进采煤塌陷地复垦,投入资金26353.8万元,正在进行复垦4052.59亩,续签复垦协议190亩,重新启动了2006年遗留597.78亩复垦工程,竣工验收717亩,复垦后适宜农作物种植;大力发展循环经济,强化“三废”综合利用,资源综合利用率达到国内先进水平,投入2360.3万元开展节能环保项目25项,超额完成地方政府及中煤集团公司下达的节能环保目标,被中煤集团公司评为“十一五”节能减排优秀企业。

【和谐矿地关系建设】 营造和谐共赢的矿地关系，全年缴纳各类税费16.35亿元，安置大中专毕业生、复转军人和技校毕业生679人，支援地方用电4000多万千瓦时，用于义务教育和幼教投入1600多万元，向地方各类基金会捐款145万元，有近500名团员青年加入中华造血干细胞资料库，4人成功捐献造血干细胞，被徐州市授予“最具爱心慈善捐赠企业”。

【民生工程】 公司坚持发展成果惠及职工，投入巨额资金用于改善职工生活。开工建设了公司历史上规模最大的安居工程，总投资20多亿元，总建筑面积100万平方米，兴建拥有近7000套住房的新城嘉苑职工住宅小区，并且仅用了不到9个月时间，实现先期40栋高层住宅楼提前封顶。同时，利用国家政策争取到再建3000套保障房的批复，将从根本上解决职工住房难的问题。先后投入1400万元对中心区供暖管网进行了改造，投资1.7亿元建设新城嘉苑小区、行政研发中心的双回路供暖系统，积极打造宜居的生活环境。关心职工身心健康，每年组织对全体职工进行一次体检，重新修订了职工补充医疗保险办法，提高医疗报销比例和上限，减轻了患重大疾病职工的医疗负担，公司中心医院成为中国煤矿尘肺病防治基金会华东地区唯一的定点医院。关心困难职工及家属的生活，深入开展扶贫济困送温暖活动，发放慰问及助病、助学、助困款2200多万元，妥善解决了家属工养老保险、残疾人家属最低生活保障、四方铝业公司职工住房补贴等多年难以解决的历史遗留问题。关心老职工生活。开办了老年大学，添置学习、锻炼、小餐桌等设施，为老职工活动创造了舒适、优美的环境。注重满足职工精神文化需求，先后举办“和谐大屯”民俗活动、职工声乐比赛、职工卡拉OK电视大赛以及群众喜闻乐见的拔河、踢毽子、乒乓球赛等形式多样的活动，丰富了大屯职工的生活。 （游庆来）

·中煤第五建设有限公司·

【概况】 2011年，中煤第五建设有限公司按照“打造专业化矿建公司”的战略定位，坚定“模式化、机械化、标准化、专业化”“四化”发展方向，实现营业收入完成54.29亿元；井巷进尺完成10万米。公司承建的山东龙固矿井及选煤厂工程荣获“鲁班奖”；8项工程荣获“太阳杯”，10项工程被评为“全国煤炭行业优质工程”。4家单位被评为“煤炭行业优秀施工企业”，2个工程处荣获“煤炭行业优秀等级处”、57个施工队荣获“部级优秀等级队”称号。

【企业管理】 2011年，公司深入推进“四化”建设，提升企业管理水平和发展能力。一是推进模式化管理，施行矿建以及安装、打钻冻结、地铁施工等模式化标准，科学配置项目班子、施工队伍、设备工艺、管理方式及地面设施，提升了项目管理水平。二是推进机械化建设，购置立井、斜井、平巷施工大型装备500多台套，重点在斜井、岩石平斜巷施工中推广应用综掘新设备，提高了施工生产能力。三是推进标准化建设，坚持安全质量标准化建设和创建安保型企业三年行动工作主线，层层落实安全责任，提升安全管理水平；推行84个要害场所岗位的“手指口述”安全确认法，规范管理行为和操作行为，夯实了安全管理基础。四是推进专业化建设，实施“三年登高计划”，打造建设经营者、专业管理者、专业技术人才、技术工人四支一流人才队伍，增强了企业核心竞争力。

【国际工程】 完成印度金道尔公司3个煤田的三维地震勘探；施工印度电钢帕尔巴特普尔煤矿2号斜井已完成360米；施工越南河林煤矿井筒装备及永久井架安装工程已基本完成，树立了良好的国际工程施工形象。

【科技创新】 全年完成专利受理40件，其中发明专利20件。获得国家级工法4项、行业级工法17项；《深立井工作面预注浆施工方法》荣获中施企协科技创新成果一等奖，《千米立井液压凿井设备综合配套施工技术》等3项成果获二等奖。

【信息化建设】 推进综合项目管理系统建设，完成64个项目的合同管理、质量管理、安全管理、设备管理、物资管理、成本管理等模块的流程梳理、人员培训等工作，项目管理系统转入常态信息化建设进程；瓦斯远程监控、人员定位、“六大系统”信息采集等信息化项目建设有序推进，在19个项目部建设了视频监控系统，提高了项目管理水平和安全保障能力。 （刘荣伟）

电力工业

·徐州供电公司·

【概况】 徐州供电公司为国家特大型供电企业，隶属江苏省电力公司。徐州电网以500千伏、220千伏电网为主网架。已形成东、西部分区运行的规划格局。其中，东部片区形成以500千伏岱山变电站为支撑的新沂、邳州环网，同时与连云港、宿迁电网相连接；徐州西部片区以500千伏三堡、任庄变电站为中心，形成市区220千伏（含贾汪、铜山）双环网，及环绕丰沛两县地区的环网。各县（市、区）形成了以220千伏变电站为核心的110千伏辐射性网络。截至2011年底，徐州电网共有35千伏及以上变电站209座、变压器容量2099万千伏安。其中，500千伏变电站3座、开关站1座，主变14台、容量450万千伏安；220千伏26座，主变49台、容量772万千伏安。35千伏及以上线路477条、7218公里，其中500千伏线路21条、1056.17公里；220千伏线路84条、1916公里。担负着国家电网“西电东送”、华东电网“北电南供”以及为徐州市六县五区331.7万电力客户供电的任务。2011年，徐州市全社会用电量287.30亿千瓦时，同比增长16.79%；企业供电量255.15亿千瓦时，同比增长19.64%；售电量233.74亿千瓦时，同比增长19.69%。总量位居全省第6,苏北第1,增幅位居全省第3;营业户数331.7万户,比上年末增加10.1万户,同比增长3.14%;容量2695.50万千瓦,比上年末增长12.74%;电网最高负荷495.39万千瓦,同比增长12.67%。公司荣获市委、市政府2010年度发展目标考核暨机关绩效考评总结表彰“三服务三满意”一等奖。

【“五大”体系建设】 江苏电力公司作为国家电网公司“五大”体系建设试点单位,于年初正式启动“大规划、大建设、大运行、大检修、大营销”体制机制改革,徐州供电公司严格按照江苏电力公司统一部署的方案,将公司原有15个职能部室、16个二级单位,调整为10个职能部室、11个二级机构。7月28日,省公司建设分公司徐州项目管理处正式揭牌。8月2日,徐州供电公司与省公司检修分公司徐州检修分部签订移交协议,省公司检修分公司徐州检修分部实现了独立运营。

【经营管理】 公司于3月20日顺利实现SG-ERP系统上线,完成资产、项目迁移以及业务组织单元调整等工作。努力降损增效,着力防范经营风险。制定专门“工作方案”、健全管理网络、调整职责分工,开展全面的线损理论计算,出台更为严厉的“线损考核办法”,实行全部线路、台片线损的分区间“通报考核”。开展了计量装置密封性改造。加大了反窃电力度,查处违约、窃电763起。降损管理取得初步成效。加强营销稽查工作,拓展稽查内涵,注重整改成效,全年共排查、整改问题1056条。精心组织开展专项稽查、营销专业工作互查,以稽查、互查为抓手,有力地夯实了营销管理基础。同时,加强电费回收工作,全年电费回收实现了“双结零”目标。

【安全生产】 加强安全管理体系建设,圆满完成“十个不发生”目标。在加强日常安全管理的基础上,公司领导班子突出抓好“四抓四保”,即:抓领导干部“到岗到位”保证履职、尽责,抓“安措”标准化保证风险“可控、在控”,抓监督监察保证制度执行有力,抓考核处罚保证问题及时整改。连续实现了5个安全生产考核周期,被市政府、省电监办、省公司分别表彰为“安全生产先进单位”。

【电网建设】 年初,市委书记曹新平、市长张敬华主持召开电网建设协调会,张敬华亲自担任电力建设领导小组组长。在徐州市主要领导推动下,主城区供电规划站址及通道资源全部纳入了徐州市“十二五”规划“控制性详规”,年度重点电网建设项目全部纳入了全市“三重一大”及“为民办实事”重大基础设施建设项目。完成了徐州境内“锡盟—南京”特高压工程等项目前期工作。220千伏杨台变扩建等8项重点工程全面开工建设;岱山500千伏升压等17项输变电工程全部建成投运。

【500千伏岱山升压输变电工程建成投运】 岱山升压输变电工程是江苏省电力公司积极响应省委、省政府加快苏北振兴、大力建设东陇海产业带的号召而作出的重大举措。对满足苏北地区电力供应和电厂送出,为电网分层分区运行创造条件,并为徐州电厂“上大压小”机组提供系统接入点。500千伏岱山升压变电站工程于2011年3月10日开工,10月20日竣工,11月下旬举行了启动投运仪式。

【“电动汽车充电桩”亮相徐州】 安装电动汽车充电设施,是国家电网公司响应国家节能减排政策,实施低碳经济、倡导清洁能源,推广普及环保电动汽车产业发展的体现。2011年,公司在徐州市区共安装50个充电桩。

【优质服务】 公司履行“四个服务”宗旨,以贯彻新“三个十条”为契机,深入开展“绿色电能,创新奉献”主题活动,优质服务绩效显著提升,获得全国“电力供应与服务用户满意企业”称号。围绕振兴徐州老工业基地战略实施,与全市“三重一大”项目签订“挂钩服务协议”,实施“四个一”服务,在服务中能硅业扩建、中央商圈建设、棚户区改造等重点任务中多次获得政府通报表彰。公司进一步拓展服务内涵,开展“重要客户用电状况诊断”专项服务,为客户量身订做“用电状况诊断方案”1982份,指导客户开展安全用电、节约用电、有序用电。在迎峰度夏期间,公司精心编制有序用电方案,加强与政府、客户的沟通,加强舆论引导,在执行中做到“精准有效、快上快下”,共启动有序用电34次,最大错峰负荷50万千瓦,涉及企业8568户次,确保了平稳有序。

【队伍建设】 公司本着“拓宽干部选拔渠道、增加干部选用透明度、提高干部任用公信力”的原则,制定出台了“干部公开竞聘管理办法”,引入社会专业机构,公开竞聘选拔干部和管理人员,进行全过程、各环节的公开公示、阳光操作,营造了风清气正的选人用人氛围。深入推进班组“5S”管理和标准化建设,主业和农电班组全部通过了省公司标准化班组检查验收,激活了企业管理的基本单元。深入推进“双元制”大比武活动,以岗位培训、岗位练兵、岗位奉献,促进员工岗位成才。一年来,公司层面共开展技能竞赛9项,17人次在省公司技能竞赛中获得表彰,3名员工参加了国网公司技能竞赛,并获得“团体第一”等优异成绩。

【企业文化】 扎实开展“五统一”企业文化建设的“传播、落地、品牌”等活动,推进企业文化在班组“落地”,开展了班组文化建设成果发布和评选。以宣传贯彻国网公司核心价值观为主线,以文化心,以文塑形,培育员工正确的价值导向。公司建成了“三室一中心”文化阵地(文化室、廉政教育室、安全教育室,职工文体活动中心)。实现了品牌标识必要项目使用率、应用规范率两个100%目标。 (解庆东)

·国华徐州发电有限公司·

【生产经营】 2月22日,公司召开“攻坚二百天,决战保投产”誓师动员大会;年中,进行“决战一百天,确保双投产”的再动员、再发动,全体员工以“决战保双投、创国优金奖”为目标,牢牢抓住“三线”关键工程,集中力量解决跨越京沪高铁等难点问题,两台机组实现了厂用电受电、机组酸洗、水压试验、锅炉点火、稳压吹管、整套启动全部一次成功,主机和重要辅机无震动超标、超温现象,锅炉“四管”焊接及金属监督工作创造了国内同类机组最优记录。环保设施与主机同步投运,技术参数符合设计要求,发电煤耗、汽机真空严密性等性能指数居国内同类型机组领先水平;两台机组在一个月内全部高质量地通过168小时满负荷试运,#2机组从开始整套启动到完成168小时满负荷试运仅用了15天,创造了国华基建新纪录。“上大压小”工程圆满竣工,公司总装机容量达到244万千瓦,重新回到江苏电网骨干电厂行列,极大地改善了企业经营状况、增强企业竞争力。面对严峻的经营形势和巨大的经营压力,坚持“争取政策、策略替代、度电必争、优化结构、效益优先”的电量营销策略,7、8号机组设备利用小时争取到了5250小时,22万机组全年实际完成26.6亿千瓦时,完成省经贸委年度计划的115%,完成国华公司年度计划的112%;关停机组电量指标得以合理延长,增加电量计划33.88亿千瓦时,全年实际完成替代交易电量40.06亿千瓦时。同时,创新替代发电模式,组织神华煤158万吨用于以煤加电,化解替代交易困难风险,实现利润2.64亿元。上网电价在2011年4月上调7.5元/MWh的基础上,12月1日起又上调33.62元/MWh,为全省调整幅度最大的发电企业,公司上网电价长期偏低的问题得到彻底解决。按照“依托神华、立足地方、多层体系、长期稳定”的燃料供应思路,进一步固化神华煤东部运输通道,与济南铁路局、日照港合作打通东部第二运输通道,确保两台百万机组投产后安全供煤;开展神华煤与淮南、皖北的煤炭置换,提高燃煤应急保障能力。

【安全生产】 宣传贯彻国发23号文件、电发11号文件和神华集团、国华公司“安全1号文件”精神,面对生产、基建、检修等诸多风险叠加的严峻局面,大力推进本安体系和NOSA五星管理体系建设,首次成为本安体系二级企业,顺利通过NOSA四星复审;严格“三票三制”管理,加强安全生产大检查和隐患排查治理,巩固设备可靠性水平,22万机组实现零“非停”目标,是建厂38年以来的第一次。加强安健环宣示系统建设,员工安全防范意识和事故处理能力得到增强。加强承包商安全管理,加强高危风险作业管理,推行“一、二、三、二十四”安全管理模式,开展综合治理、消防交通安全的“铜墙铁壁”工程,为基建安全保驾护航。2011年,公司实现全年安全无事故,连续安全生产11周年,创造了4222天的安全新纪录。

【改革创新】 以改革创新为动力,以规范管理为手段,以百万机组生产准备为契机,以“突出价值取向、强化生产职能”为原则,加强以改革发展为主题的舆论宣传,梳理业务流程,调整组织机构,优化职能管理,启动定岗定编工作,编制机构、薪酬、人员配置、劳务用工等改革方案,完善薪酬激励约束机制,打破按人均核定奖金的分配方法,积极推进分配制度改革,推广应用工作量工资分配办法,修订并实施《薪酬实施细则》、《转岗培训管理办法》等制度,组织后勤人员回流生产,试点大部门管理模式,成功解决了“百万工程”生产人员短缺等难题。持续优化管控体系,完成复核修订细则240个。组织对内控评价流程1083个关键控制点的自查。加大对制度依从性的检查,拓宽监督监察范围,提出管理中存在的风险与问题24项,管理建议25条,下发管理建议书8份,进行闭环管理,及时纠正了管理偏差以及各类不规范行为。完善风险管理机制,梳理出5大类43个风险,实现了对重大风险的实时监控。强化了过程招投标监督管理,维护了企业利益。后勤保障部加强内部整合。铸锻公司克服诸多困难,满足公司煤炭转运、饮水、洗衣、保洁、商品供应等需求,管理水平持续提升。

【徐电品牌】 检修公司为员工提供发挥才能的舞台,尽显品牌优势。在百万机组建设中,检修公司投入骨干力量,应用对外检修获得的宝贵经验,促进了百万机组的振动、锅炉焊接质量等指标达到国内先进水平。特别是在试运的关键阶段,又组织百万机组消缺大会战,为“百万工程”顺利竣工做出贡献。贵来咋到验电默在外部检修市场开拓中,全年完成20台次机组定检(其中A级检修3台次),各项工程均未发生安全与质量问题,国华浙能公司百万机组A级检修后连续安全运行180天,再次实现了百万机组A修全优工程的佳绩。试验中心完成了外部10余台机组调试、试验任务,外部市场收入600万元。此外,检修公司还对国华神宁烯烃、孟津、呼伦贝尔等电厂提供了技术支持。安监中心全年共完成各类项目69项,完成其他重要工作17项,管理指标完成率达到100%。全面完成了国华公司安健环监察信息平台建设与维护工作。

(李　萌)

·华润徐州电力有限公司·

【概况】 2011年,华润徐州公司完成发电量68.33亿千瓦时,实现销售收入23.97亿元,完成利税总额1.24亿元。铜山公司完成发电量118.56亿千瓦时,实现销售收入40.49亿元,完成利税总额0.41亿元。公司获得“江苏省电力节能减

三期百万机组

排先进单位”、“江苏省安全生产诚信企业”、“十一五全省污染减排先进企业”、“江苏省2011年度电力迎峰度夏工作有功单位”、“江苏省节水型企业”“徐州市节水先进单位”“徐州市安全生产优秀单位”等荣誉称号,公司党委荣获国资委党委授予的“中央企业党建带团建工作先进单位”称号。

【安全生产】 徐州华润电力有限公司紧紧围绕年度安全生产的目标,加大安全生产管理力度。大力开展季节性、隐患排查等各类安全文明生产检查,提高生产现场事故防范能力;成立反违章组织机构,建立公司、部门、班组、个人违章档案,开展“反违章活动”;深入开展安全性评价活动。通过以上活动的开展,公司三期2台百万机组实现了4台次连续安全稳定运行100天,其中#6机组实现了1台次连续安全运行200天。

【设备治理】 全年共实施305C、405C、103A、203A、501B、601D六次计划检修,12次调停检修,充分利用检修机会消除了设备危险点,提升了设备的健康水平;公司加大技术改造力度,全年共实施一期机组DCS改造、集控室改造、烟囱防腐改造、脱硫取消旁路改造、凝汽器铜管更换、水塔填料更换、锅炉中高再改造等120多项技术改造工作,重点解决了生产系统中的技术难题和设备隐患,提高了机组效率和节能能力。 (翟正芳)

冶金工业

·徐州铁矿集团·

【概况】 2011年,徐州铁矿集团完成铁原矿75.18万吨,同比增长14.5%;成品矿42.65万吨,同比增长15.9%;生铁9.30万吨,同比增长6.5%;球团15.7万吨,同比增长82.5%。工业总产值完成11.14亿元,同比增长39.8%。销售收入完成11.79亿元,同比增长40.48%;实现利税2.25亿元,同比增长26%;实现利润1.16亿元(净利润8845.8万元),同比增长9.5%。在册职工年平均收入突破4万元,达43561元(人均可支配年收入为34413元),同比增长39.08%。集团公关完成的调研报告《全尾砂胶结充填工程可行性研究报告》获得2011年度全国冶金行业优秀工程咨询成果一等奖。

【技术创新】 通过与马鞍山矿山研究院合作,优化采矿方法,改浅孔溜矿法为现在的空场法嗣后胶结充填,尽可能保证矿产资源回收,采矿回采率达89.5%。通过与长沙矿冶设计研究院合作,对选矿工艺进行优化,提高选矿回收率,选矿回收率达到89%。此外在反井钻机的应用、选矿高压辊磨机的应用、铜金选厂脱水系统改造以及吴庄残矿回收机和反掘巷道工程等方面,都取得了显著成就。加强科技投入,推进新技术、新设备、新工艺的应用。共投入1200余万元购进铲运机、装载机、挖掘机等设备。其中,吴庄矿2台活塞空压机的运用,实现了空压机房无人值守,大幅度减少工资性支出和维护成本;镇北二期工程建设方面,随着电气设备和4台套200D43×5水泵机组投入运行,彻底解决二期工程排水问题,同时也标志着镇北二期工程供电系统、排水系统均达到设计要求。推广新技术、新工艺,对原有装备进行升级改造。智能感知矿山物联网人员定位系统被列为徐州市重点实验项目。通过与南京航空航天大学、中国矿业大学的通力合作,项目进展较为顺利,已实现井下人员定位系统的全覆盖,12月9日通过国家安监总局专家组初步验收。

【“走出去创业,引进来发展”战略】 不断延伸外出创业的规模和范围。先后与广东台山核电项目部签订重砼骨料加工合同,承揽徐州大王庙铁矿采掘工程,年增加收入300万元;矿机公司在保障集团生产的前提下,积极改进铸球工艺,以质量占领市场,全年外销铸球500吨,商贸公司也在走出去方面做了有益尝试,开拓生铁销售业务,年销售生铁909.55吨,实现收入388万元。在引进来发展方面,10月份与中国新兴能源装备公司签订意向合同,拟共同投资2亿元,兴建年生产能力120万吨的新型球团炉一座,预计建成后,年增加销售收入13亿元。

【安全目标管理】 标准化建设扎实推进。制定并下发了安全生产标准化工作实施方案,吴庄矿、镇北矿结合本单位实际进行了细化,制订了工作细则,并紧紧围绕既定的工作目标,分阶段、分步骤地开展了建设工作。建立健全安全生产标准化管理制度。根据《安全生产标准化规范》及《金属非金属地下矿山安全生产标准化评分办法》,制定了《徐州铁矿集团有限公司安全生产标准化系统管理制度》,共建立制度102项,并汇编成册,做到有章可循。通过标准化的建设,井下主运巷、机房、硐室等地点整洁美观,给职工提供了安全、舒适、温馨的工作环境。在巩固已达省级安全生产标准化企业成果的同时,现场标准化由大巷、机房等地向支巷、采掘工作面和地表企业延伸。

【“双增双节”活动】 吴庄矿充分发挥工程技术人员的作用,依托科技和设备投入,提高工作效率。镇北矿在二期工程、巷道掘进、采空区充填、出矿等工作中,广泛开展技术革新和合理化建议活动收到良好效果。选矿厂加强设备管理维护，不断进行技术更新，工艺流程改造，在对辊机、螺旋机改造、尾砂工程改造等工程技改中成效显著。铜金选厂积极进行工艺流程改造，通过安装TT－30陶瓷过滤机，增加产量，提高质量。晟源公司严把质量关，始终掌握原材料价格的运行趋势，适时购进材料，从源头上控制生产成本。华鑫烧结厂以市场为导向，积极采用灵活的经营策略，合理调控原材料和产品的库存量。金盾公司积极组织镇江韦岗工程队、南京梅山工程队广泛开展技术革新和提合理化建议活动，试行新工艺，取得了较好效果。矿机公司扎实开展"革新挖潜"活动，对铸造工段井式铸件回火炉进行技改，年节电3万元。商贸公司强化成本管理，节能降耗成效显著。供销处依托市场，把握行情，强化管理，努力增加产品销售收入。汽车队在节能降耗上做文章，努力降低吨公里油耗，单位成本明显降低，全年节支59万元。（张汝鹏）

建材工业

·淮海中联水泥有限公司·

【概况】 淮海中联水泥有限公司（以下简称"淮海中联"）是中国建材集团有限公司水泥业务板块——中国联合水泥集团有限公司的核心企业，投资设立连云港中联水泥有限公司、宿迁中联水泥有限公司、阜阳中联水泥有限公司。2011年，淮海中联与3个子公司合计生产水泥571.52万吨，销售水泥571.75万吨。在全国建材行业第二十六次质量管理会议上，淮海中联以及管理区内各企业，共有11个项目获得全国建材行业质量管理优秀证书。

江苏省省长罗志军视察淮海控股集团

【安全生产】 坚持安全质量第一原则，把安全生产提高到安全经营的高度，把安全质量管理作为企业的生命，贯彻到生产经营各环节，常抓不懈，形成多方位、多层次、全过程的控制体系，继续保持良好的安全生产形势，全年没有发生轻伤以上工伤事故，全面完成徐州市签订的安全责任状目标。公司"四全安全管理模式在企业的创新与应用"获中联淮海区管理创新成果二等奖。

【市场营销】 根据市场需求不断提高产品的适应性。围绕高端用户、重点工程，研发生产高性能水泥熟料，提升品牌形象和产品竞争力。加强与用户沟通和信息互动，定期走访重点用户，确保产品提供满足市场及客户需求。拓展延伸服务，研究产品性能特点和使用过程中可能遇到的问题，为用户使用产品提供技术指导。在工程市场开发方面，实现了区域内重点工程市场全面进入，重点工程开发取得完胜。开拓国际市场，全年实现水泥出口近13万吨。根据连云港田湾核电项目建设需求，继续组织进行了3批次共13万吨核电低碱熟料的生产。

【信息化建设】 以办公自动化OA系统为平台，推进区域综合管理水平，依托ERM、销发系统建设，促进提高核心业务的精细化管理水平。2011年，淮海中联被国家信息化部和建材行业授予"水泥行业信息化和工业化融化示范企业"称号，"水泥销发系统的研发与应用"荣获全国建材行业技术革新奖"三等奖"。

【和谐企业构建】 公司秉承中国建材集团"善用资源，服务建设"的核心理念，以"三宽"、"三力"的企业文化为导向，积极探索新形势下加强精神文明建设的新举措、新方法，不断丰富和深化精神文明建设的内涵，采取多种形式，积极开展争创"文明单位、文明班组、文明职工"活动，努力促进公司精神文明建设工作上新的台阶。按照中国建材集团有限公司和中国联合水泥有限公司企业文化建设的总体要求，结合单位实际，有计划、有步骤地抓好公司企业文化建设工作，使中联水泥"诚信务实、团结向上"的企业精神与"创新、绩效、和谐、责任"的企业文化根植于员工心中，并转化为员工的自觉行动，不断提升凝聚力和向心力。扎实开展好"四好"班子创建工作和民主管理、民主监督工作，提高各层面服务效益增长的积极性和创造性；认真做好厂务公开，研究建立员工与企业共成长的载体和平台，不断丰富"关心员工就是关心生产力"的理念内涵和工作内容，开展好困难帮扶工作，营造出了企业和谐氛围。（刘　森）

烟草工业

·徐州卷烟厂·

【概况】 徐州卷烟厂取得工业总产值、入库税费双超100亿元的佳绩，其中工业总产值154.6亿元，同比增长16.4%；入库税费112.3亿元，同比增长25.5%。全年累计生产卷烟64万箱（含出口烟1620箱），同比增长5.04%。其中，苏烟系列43万箱，同比增长112%，苏烟商业批发销售收入位居行业第14位。制丝线综合达标率98.6%，同比提高0.22%；卷包设备有效作业率95.22%，同比提高5.2%；卷接包平均得分99.2分，抽检合格率100%，卷烟制造过程能力西格玛水平超过3.6，成品配送准确率100%。

【基础管理】 认真组织开展内审、管理评审工作,积极推进绩效管理体系建设,不断加大现场管理力度,主要对标指标达到近年最好水平。在与行业水平可比的42项指标中,有30项指标达到行业平均水平,其中7项指标达到行业先进水平;在创优20项主要经济指标中,有13项指标达标。主要原辅材料消耗稳步下降,烟叶单耗35.19公斤,降幅1.18%;嘴棒消耗10536.83支/箱,降幅0.03%;单箱残烟0.34公斤,降幅19.5%;万元产值综合能耗6.53千克标煤,万支卷烟综合能耗3.79千克标煤,同比分别降低18.4%、4.0%,完成省公司下达的控制目标。

【技术创新】《提高松散回潮工序西格玛水平值》获得省公司优秀QC成果第一名和国家局一等奖;"加强工艺研究和管理,降低卷烟单箱消耗"获得江苏中烟联合攻关项目一等奖;"碎片梗丝膨胀(ESS)应用技术研究"项目实现企业国家局项目零的突破。"前沿"、"求是"两个QC小组被授予"全国优秀质量管理小组"称号。多台高速机组投入使用,单机组单班生产能力超百箱。企业相继完成2组PROTOS-M5卷接机组和GDX6S软盒包装机组的安装、调试和设备交验,1组PROTOS-M5机组的设备安装定位。年底,投产使用4组PROTOS-M5—GDX6S,1组PROTOS-M5—FOCKE-FXS等5组高速软盒包装机组生产线,单机组单班生产能力实现超百箱。企业的卷接包装技术已经达到世界领先水平。另外,2011年11月企业与中国烟草技术中心、上海烟机签订了ZB28型高速包装机组样机试用协议。

【多元化经营】 创新集团实现主营业务收入6.55亿元,实现税前利润1.79亿元,同比增长7.29%。华艺集团实现产值2.5亿元,销售收入2.27亿元,实现税利4636万元,其中利润2529万元。现代农业生态园建设完成了第一期50余种常青及落叶树木种植工作,修通了园区的主要道路,电力设施架设到位。红杉树房地产"华府天地"项楼盘项目施工已经全面展开。

【"十二五"易地技改项目】 根据"高起点规划、高水平设计、高质量施工、高标准管理"的建设要求,"十二五"技改工程3月份完成项目总体规划设计的招标工作;7月份基本确定了总体规划设计方案;8月份完成厂区景观、建筑物外形及外立面设计招标;10月份完成了安全预评价和部分土地招拍挂及用地指标;11月份完成了总体规划设计方案;12月份,完成了初步设计方案概算审核、省公司内部评审和消防评审。新厂区的围墙已经建设,具备了开工奠基条件。

【江苏格瑞实业有限责任公司平稳转入】 企业认真贯彻国家局、省公司关于撤并格瑞公司的通知精神,坚持以保持稳定为前提,以统一员工思想为保障,以ERP业务整合为依托,顺利地完成了思想动员、机构重组、人员调整、流程再造、手续办理等工作,实现了人员、业务、财务的无缝对接。2011年1月1日,格瑞公司的全部资产、负债正式合并到江苏中烟工业有限责任公司,原格瑞公司员工整建制并入徐州卷烟厂。 (徐 珂)

化工医药橡胶工业

·江苏恩华药业股份有限公司·

【概况】 2011年,公司实现营业收入158,749.97万元、净利润(归属于上市公司股东)10,564.71万元,分别比去年同期增长了22.06%、38.22%。顺利通过了ISO14001环境管理体系的复认证工作,实现"三废"的达标排放。完成了硝酸益康唑、加巴喷丁、氟马西尼、萘普生等产品在韩国的系列注册文件制作,配合国外客户完成对公司加巴喷丁、益康唑、非诺贝特等产品的现场审计工作。通过与国际合作伙伴的合作交流,进一步加快公司进入国际市场的步伐。

【科研管理】 公司技术中心主要从事中枢神经系统药物领域的研究和开发,通过多年的运营完善,形成了以自主研发为主,以技术引进为辅,产学研相结合的技术创新体系,以开发具有自主知识产权的原创药物和三类新药为主。在研项目进展顺利,重点项目均取得了重要的阶段性进展成果。2011年度,公司共获得生产批件6项,获科技重大专项立项3项。公司顺利通过了江苏省科学技术厅、江苏省财政厅、江苏省国家税务局、江苏省地方税务局联合组织的高新技术企业复审,并获得由以上单位联合颁发的《高新技术企业证书》。

【知识产权标准化公司创建】 公司于2009年参加了江苏省企业知识产权管理标准化示范创建工作,并于2011年通过验收,并被评为"江苏省知识产权标准化示范先进单位"。自开展企业知识产权标准化示范创建工作以来,企业认真贯彻实施江苏省地方标准《企业知识产权管理规范》,规范了企业知识产权工作,促进了企业技术创新和形成自主知识产权,推动了企业加强对知识产权的管理、保护和运用。2011年度,公司共获得发明专利授权5项,一项专利获得2011年第七届江苏省专利项目奖"优秀奖"。 (何 玲)

·江苏万邦生化医药股份有限公司·

【概况】 2011年,公司实现主营业务收入8亿余元,同比增长20%;实现净利润约9000万元,同比增加89%;累计经营活动现金流为8000多万元,同比增加55%。

【产品开发】 2011年度,公司取得批件8个,其中新药证书1个,注册批件3个,标准颁布件3个,补充申请1个。在研项目也按计划取得进展。新立项9个项目;2个重点项目,匹伐他汀和非布司他也进展顺利。其中,匹伐他汀原料于6月9日获得新药证书及注册批件,于6月14日获得注册批件;

非布司他顺利完成临床试验，于9月国内第2家报产受理。生物药品研发上，重组赖脯胰岛素原料与制剂申报临床研究被受理；重组人胰岛素、甘精胰岛素进展顺利。拓展部门共接洽、评估国内外合作机会超过60个；深入调研和洽谈的超过30个。产业公司开会论证的超过10个；立项超过5个，达成合作意向书/框架协议（含补充协议）超过5个；最终签约3个。

2011年度取得批件的药品明细表

序列	名 称	规 格	
1	匹伐他汀钙新药证书	原料	新药证书
2	匹伐他汀钙注册批件及附件	原料	注册批件
3	匹伐他汀钙片注册批件及附件	1mg;2mg	注册批件
4	精蛋白重组人胰岛素混合注射液（30/70）注册批件及附件	10ml:400单位	注册批件
5	二甲双胍格列本脲片（Ⅰ）标准颁布件	二甲双胍250mg，格列本脲1.25mg	标准颁布件
6	替米沙坦片标准颁布件	40mg	标准颁布件
7	西洛他唑胶囊标准颁布件	50mg	标准颁布件
8	环磷腺苷葡胺注射液（变更原料药产地－西安力邦葡甲胺）补充申请备案件	2ml:30mg，2ml:60mg，10ml:150mg	补充批件

【生产管理】 万邦制剂按时完成了生产任务，同比产量增长15.5%，收率提高2.7%，成本节约235万元，库存周转提前2天。同时，还完成了口服固体制剂车间的新版GMP认证现场检查；按照欧盟标准完成了对检测中心的改造；2月，匹伐他汀钙片及30R重组人胰岛素混合注射液同时通过国家药监局新药批准前检查；较国家要求，提前完成全部产品电子监管码实施工作；配合新厂房建设，完成了34个DQ、31个FAT;4个产品工艺获得提升：格列美脲直接压片法工艺改进、西洛他唑胶囊工艺改进、4个冻干品种冻干参数及澄清度提高、胰岛素标准提高。万邦金桥全年总投料量2405T，比预算多5T，同比减少4.8%，胰岛素精粉累计入库329公斤。3类新药匹伐他汀钙率先通过新版GMP认证，实现上市，全年共产出2.7公斤。格列美脲工艺变更补充申请获批，并通过新版GMP检查，真正实现自产，全年产出16公斤。万邦复临销售收入过5000万元，完成预算95%，同比增长27%。完成净利润1000余万元，完成预算119%，同比增19%。芦荟胶囊一次成品率提高至89.04%，同比提高0.85个百分点。公司整体GMP复认证一次性通过。凯茂生物完成营业收入约4000万元，完成预算71%，同比增17%；完成净利润近700万元，完成预算49%，同比增38%。通过了INVIMA认证，获得政府资助资金229万元。此外，单抗项目按照进度计划顺利推进；金山项目顺利开工。朝晖药业销售过亿，同比增加16.9%。公司完成了乙酰谷酰胺注射液、去乙酰毛花苷（西地兰）注射液的工艺改进，完成贝美格注射液的变更工艺的补充申请且通过现场检查；完成那格列奈片、比卡鲁胺片的药品再注册；完成仿制药卡培他滨片、新药左舒必利原料及片的大生产转化，完成清洁生产的年检及水平衡的验收。EHS方面，配合复星医药H股上市，完成国家环保部的环保现场核查工作；完成化学合成车间工艺废气吸收装置的安装；完善员工职业健康档案，与江苏通标职业卫生技术服务有限公司签订室内空气质量检查委托合同；开展安全标准化工作，与徐州工程咨询中心签订《安全标准化三级达标咨询》合同。

【市场营销】 2011年，万邦营销完成全年公司下达指标的90%。顺利完成朝晖药业的托管工作，实现了业务的顺利交接，朝晖营销中心销售额实现1亿5000万余元，完成任务的97%，同比增长10%。营销的管理体系得到完善与加强。截至2011年底，营销队伍人数超过1000人。“5R”管理思想在万邦营销得到进一步推广，队伍的专业化推广能力得到进一步加强。

【技术项目】 2011年，制剂和原料两个项目共计举行40余次招投标，近200家供应商调研或现场考察，起草和签批约200余份各类文件。截至2011年底，已完成主要设备设施的合同签订工作，并陆续到场；项目主体完工，正按照计划进行相关设备、净化、公用工程安装工程。结合现代项目管理和公司内控体系要求，进一步建立和完善项目管理体系，并逐步应用于新建项目；配合新建制剂项目建设标准需要，从硬件和软件按照GMP标准完成现有检测中心改造项目；配合研发进展需要，完成原有化学合成车间适应性改造，保证法舒地尔等新品的后期研发需要；按照公司规划要求，推进重组人胰岛素产业化原料项目（二期）的实施。已完成前期设计URS的审批和设计招投标工作。此外，获得批准执行市级新兴产业基金项目；获得江苏省企业信息化示范企业称号，并取得资助74.8万元。 （王 猛）

·徐轮橡胶有限公司·

【概况】 中外合资徐州徐轮橡胶有限公司位于徐州工业园

区内,占地800亩,注册资金1亿元,是国内大型的工程胎、农业胎、叉车胎和汽车轮胎生产基地。公司现有员工3400人,其中工程技术人员420人。综合生产能力235万套轮胎,其中,工程轮胎30万套;大农用胎70万套,工业胎60万套。全年实现销售收入30亿元,自营出口8000万美元。综合实力排行业15位,跨入世界轮胎行业75强。产品已形成工程机械轮胎、农业轮胎、工业车辆轮胎、载重轮胎、轻型载重轮胎、实芯胎7大系列400多个产品规格。"甲"牌系列产品连续10年被江苏省名牌产品认定委员会认定为"江苏名牌产品"。并与国际纽芬兰、约翰迪尔,国内徐工、一拖、福田、南汽等著名公司建立了稳定配套关系,产品畅销国内各个省市及美国、西欧和澳新市场。企业通过了ISO9001:2000标准质量体系认证、美国质量DOT和中国强制性产品CCC认证。

纺织工业

【概况】 徐州纺织控股(集团)有限责任公司是1998年经市委、市政府批准成立的实施资产经营管理体制改革试点单位。公司原下辖江苏银宇三联集团有限公司、徐州帘子布厂、徐州毛纺厂、徐州针织总厂、徐州三环产业用布厂等12家全资及控股工业企业、3家商业企业和3家事业单位。公司原主要产品有纱、布、绒冠牌天鹅绒、金鼎牌精纺呢绒、飞达牌帘子布等,现产品主要有三环牌造纸毛毯等。2011年12月底,经身份转换后,公司现有职工1074人,其中在职职工1074人。徐州三环产业用布厂作为集团唯一正常生产的企业,全年完成工业总产值7290万元,同比增长10.81%;销售收入8208万元,增长8.1%;主要产品工业用呢完成717吨,增长17.93%;出口交货值完成1129万元,增长24.48%。实现利税323.4万元,其中利润35.4万元。

【企业改制】 全公司15家工业企业有8家企业改制程序已经完成,依法宣告终结,6家正在依法清算中、1家还未进入改制程序。8家终结企业分别是徐州国信印染实业公司、色织总厂、淮海服装厂、鞋厂和工艺服装厂、东方制衣厂、帆布厂、羊毛衫厂,共安置职工7641人,占纺织系统应安置职工总数25011人的30.55%。6家进入改制程序、正在清算的单位,分别是银宇三联集团公司、帘子布厂、针织总厂、毛纺厂、被单厂、猛男制衣集团等,涉及职工14382人,占纺织系统职工总数的57.5%。改制方案业经市政府批准,尚未进入改制程序的单位有1家徐州工业用呢厂(三环产业用布厂)。涉及职工1369人,占纺织系统职工总数的5.47%。3家商业企业有2家已经进入改制程序,1家正在积极推进。已经进入改制程序的有2家,分别是纺织工业供销公司和纺织经贸公司,需要安置职工359人,占纺织系统职工总数的1.44%。改制预案还未通过职代会审议的单位有1家,是纺织品贸易总公司(纺站),涉及职工552人,占纺织系统职工总数的2.21%。6家事业单位有3家列入改制计划,分别是纺织局幼儿园、纺织局劳动就业管理处和纺织科学研究所(已经注销),涉及职工48人,占纺织系统职工总数的0.19%。尚未列入改制计划的事业单位有3家。分别是纺织技工学校、纺织工人医院、纺织品质量检测所(人员在机关工作),涉及职工176人,占职工总数的0.7%。

【信访维稳】 公司党委将信访维稳工作作为全年工作的重中之重,把信访工作重心下移。领导班子成员深入基层,继续实行信访维稳"五包",走访基层信访重点人员,宣传政策法规,进行思想沟通,消除隔阂,化解矛盾,把矛盾化解在初始状态。加强下属各单位的信访基础工作和信访队伍建设。进一步健全从登记、受理、交办、督办、回复的制度,完善了基层的信息网络,畅通信访渠道,强化信访责任追究。全年公司各级上访累计53批,同比下降27.40%,332人次,同比上升68.53%;进京上访1批1人次(劝返未登记)、赴省1批,1人次,去市上访4批,与上年相同,65人次,同比上升20.37%;到公司来访47批,同比下降31.88%,265人次,同比上升85.31%。从上访情况分析,大部分到公司、去市上访为重复上访,且主要是涉及无政策依据和虽有政策依据但职工所在单位暂时困难无能力解决等遗留问题。

【徐州三环工业用呢厂搬迁】 10月26日,徐州纺织控股集团公司举行徐州三环工业用呢厂搬迁及改扩建工程项目开工建设典礼仪式,副市长李坚参加了活动。始建于1981年的徐州三环产业用布厂是国有中型企业、江苏省高新技术企业。主要生产工业用造纸毛毯、过滤布、皮革毡套、螺旋干网等产业用纺织品,年产量800吨,产值、收入过亿元。根据市委、市政府的要求,三环厂搬迁改扩建项目选址在城北开发区时代大道北侧,占地163.35亩,项目分两期实施,一期工程主要是实现企业顺利搬迁,总投资1.59亿元,其中建设和改造资金约需1.18亿元(建筑工程费3665万元,设备购置费5978万元,搬迁安装费349万元,其他费用1767万元),建筑面积40526平方米。建成后形成年产高、中档工业造纸毛毯1100吨的生产能力,预计实现销售收入1.5亿元,利税2390万元。

(葛孝满)

睢宁县农业委员会

坤特种苗

设施蔬菜

设施蔬菜大棚

荣誉证书

江苏省睢宁县：

被评为全国粮食生产先进单位。

特颁此证，以资鼓励。

二〇一一年十二月

2011 年，睢宁县农委紧抓粮食生产不放松，围绕高效规模农业，科学引导，实现了全县粮食增产、农业增效、农民增收的目标。

粮食播种面积稳中有增。全县实现粮食作物播种面积 220 万亩左右。其中，小麦 112.8 万亩，水稻 48.82 万亩，玉米 30 万亩。平均单产 394 公斤，总产 8.8 亿公斤，粮食生产实现八连增，第五次获得全国粮食生产先进县称号，首次被国务院表彰。新闻稿《睢宁“农田托管”破解种粮困局》于 2011 年 8 月 25 日被《农民日报》头版头条报道。省农委，市委、市政府均对此予以充分肯定。

高效农业快速发展。全县新增高效农业面积 12.5 万亩，新增设施农业面积 7.19 万亩。高效农业面积达到 74.1 万亩，设施农业面积达到 16.91 万亩。通过规模化种植、标准化生产、商品化处理、品牌化销售、产业化经营的“五化”创建规范，实现“六个百分之百”，即 100%生产资料统购统供、100%种苗统育统供、100%病虫害统防统治、100%产品商品化处理、100%品牌化销售、100%符合食品安全国家标准；项目区土地产出率提高 10%以上，节本增效 15%以上。被省政府授予“全省发展高效设施农业先进县”。

邳州市国土资源局

2011年，邳州市国土资源局以“保发展、保红线”为目标，以创建江苏省“土地执法模范市”为抓手，贯彻落实“守土有责、护土有方、动土有据、用土有依”的原则，创新管理措施，规范管理秩序，提升管理水平，为邳州市经济社会发展提供了有力的土地资源保障。

局长　邵晓旭

征地报批工作实现徐州率先。共组织上报14个批次和9宗单独选址批次，征收土地面积8834.42亩，确保邳州市30多个工业重大产业项目和城建重点工程项目用地的同时，解决了大批遗留问题。建成国土执法长效机制。通过开展土地执法春季大检查、秋季回头看等活动，建成执法立体监督机制、动态巡查责任机制、土地违法违规行为预警机制、联动机制和联席会议制度、协作配合机制、报告制度等国土执法“六大机制”。全市涉地信访落后的局面得到改变。召开涉地信访问题交办、督办、会办、调度等会议10余次，实行四套班子领导包挂制度，开展涉地信访积案集中化解月等活动，涉地信访化解率95%以上。土地增减挂钩工作取得重大突破。实施部门联动、阳光操作，2010年、2008年和2007年共21个项目土地2412.51亩通过省厅验收；新建安置房23.8万平方米，安置群众1746户，实现了“三年项目一年完成”的目标。土地成交额实现历史之最。成交地块80宗4210.15亩，成交额突破30亿。加快矿业管理科技化、矿业权市场规范化建设。对17个矿井安装监控点，通过挂牌方式出让采矿权6宗。实现基础业务信息化管理。邳州市成功创建为江苏省土地执法先进市，在2011年邳州市12次党代会上，全系统有8家单位被邳州市委授予“先进党组织”荣誉称号。

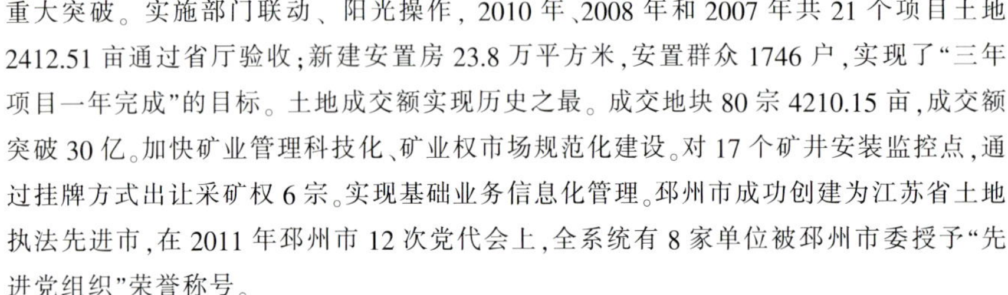

局长邵晓旭向中央联合调查组现场汇报邳州车辐山镇城乡建设用地增减挂钩工作情况

邳州市委书记冯其谱在局领导陪同下深入企业调研解困

局领导深入燕子埠现场调研用地情况

加强党风廉政建设大会

国土资源法律宣传深入校园

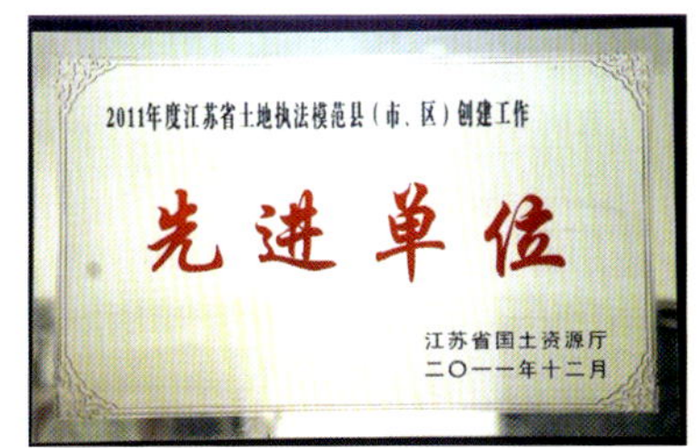

创建江苏省土地执法模范市三级干部大会

邳州市港上镇港中社区

省军区首长检查指导港中村民兵工作

党支部书记　冯锡汉

中组部杨局长检查港中村党建工作

港中社区座落在国家级银杏博览园和国家级农业旅游示范点主景区。全村2868人，1600亩耕地，2010年工农业总产值1.60亿元，集体经济收入380万元，农民人均收入11306元，2011年底集体积累资金达到600万元。

近年来，在徐州市劳动模范、徐州市人大代表、港中村（"五星"村）书记 冯锡汉带领下，港中村建成天下银杏第一村。银杏苗、叶、果、银杏食品、银杏盆景畅销海内外，银杏产业产值达5000万元。投资480万元建成8大专业市场，成为苏北、鲁南重要商品集散地。发展集体企业12家，年纯收入380万元。港中社区先后荣获江苏省"先进基层党组织"、"全省关心下一代先进集体"、"民主法治示范社区"、"江苏省文明村"、 "农村集体财务规范化管理示范村"、"全国和谐示范社区"、"促进中国新农村建设示范单位"、"中国农村改革典型村"等荣誉称号。

省委组织部部务委员、研究室主任李敏在银杏博览园参观指导

徐州市委常委、市纪委书记陈美行指导港中村勤廉双述工作

中纪委刘处长查看港中村勤廉双述资料

港中村惠民工程

工程名称	内　容	投资额
甘泉工程	连续15年为全体村民全年提供免费饮用自来水。	15万元
幸福工程	连续15年为全体村民全年提供免费洗浴。	10万元
减负工程	连续第15年为全体村民垫付2012年度一事一议和水利水费。	8万元
医疗保障工程	连续4年为全体村民办理农村合作医疗。	13万元
拥军助学工程	连续15年为入伍新兵、新入学大学生每人奖励2000元。	2万元
老党员关爱工程	连续10年为建国前老党员每人每年补助3000元，为60岁以上曾在村任职（不享受任何补助）的老党员每人每年补助1000元。	3万元
道路通达工程	硬化村内道路1万平方米，确保精品工程。	54万元
农田水利工程	硬化田间道路2万平方米，修砌港齐路700米、港合路排灌渠道800米、村西总排水400米。	360万元
市场美化工程	新建市场4座仿古式过街门。	60万元
中秋团圆工程	连续4年免费为全体村民发放中秋团圆月饼。	8万元
春节送温暖工程	连续4年免费为全体村民发放春节放心肉。	8万元
文明新风尚工程	进一步提升港中村知名度和影响力，培育新农村、新农民、新风尚，全力争创“全国文明村”，建成后为村民人均发放400元奖金。	80万元

邳州市工商行政管理局

党组书记、局长　刘军

江苏省工商局局长余义和到邳州调研工作

2011 年，邳州工商局紧紧围绕“跨越发展、富民强市”的发展主题，坚持“服务发展是第一要务、监管执法是第一责任”，以落实红盾执法服务责任制为主线，以“效能建设年”为主题，以“五项服务、五项执法”为主要内容，以全面落实红盾执法服务责任制为平台，以加强队伍建设为保障，全力服务市委提出的“三重一大”和“八项工程”，推进红盾四大示范岗位建设，发扬昂扬向上、心无旁骛的水杉精神，凸显工商行政管理职能作用，着眼大局、明确方向，突出重点、统筹兼顾，全力助推经济社会科学发展，各项工作迈上新台阶，呈现出了内和外顺、务实创新的良好局面。被省司法厅评为全省法制宣传教育先进单位，被徐州市授予行政权力网上公开透明运行示范单位，相继被邳州市委、市政府评为品牌创建先进单位、开发区和工业集中区建设发展先进单位和食品安全工作先进单位。在民主评议政风行风工作中，工商部门位列参评单位第一名，是徐州工商系统县级工商局在地方评议中获得的唯一一个第一，取得了历史性最好成绩。

执法人员现场指导群众识假辨假知识

江苏省工商局第五期“品牌管理师”培训班在邳州举办

邳州市八路镇祠堂村

——富美和谐祠堂

书记　杜祥忠

主任　徐玉朋

祠堂村新农村是省、徐州市探索村庄缩并、实现集约发展的先导区，是统筹城乡发展、推进新农村建设的示范区。全村原有18个自然村、25个村民小组、1272户，社会人口4763人。通过村庄缩并，共节约耕地2360亩，人均增加耕地面积0.5亩，村民每年人均增加收入500多元，同时为城市建设项目提供土地指标1157亩。配套建设的“一站两市七中心”，已全部投入使用，村民足不出村就可享受城里人的生活，初步实现了农业发展集约化、农民住房现代化、农村生活城市化。

新村迁入后，深入开展“五星争创”和“双培双带”主题实践活动，鼓励党员带头致富，带领身边群众致富，形成“人人赚钱有门路，家家户户奔小康”的可喜局面。全村有设施大棚60亩，养猪存栏100头以上20户，养鸡1000只以上的68户，养鸭1000只以上40户，大牲畜存栏有2000头，投资200万元以上的板材企业有3家、100万元以上的2家、50万元以上的4家。全村农民人均纯收入达到7640元，比上年增长1060元。2011年9月被江苏省评为“省级卫生村”，2012年3月被江苏省命名为“美好乡村示范村”。

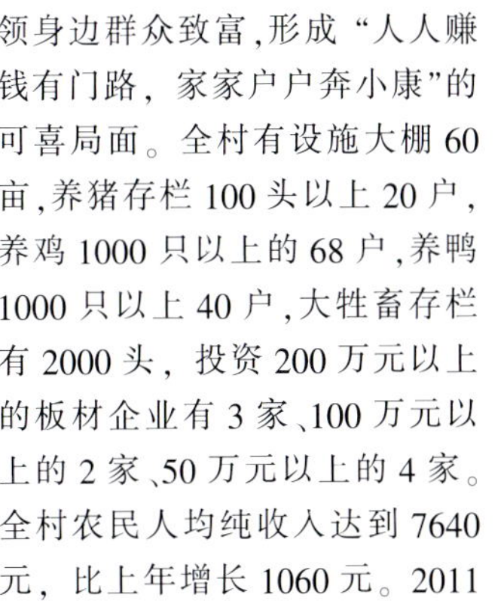

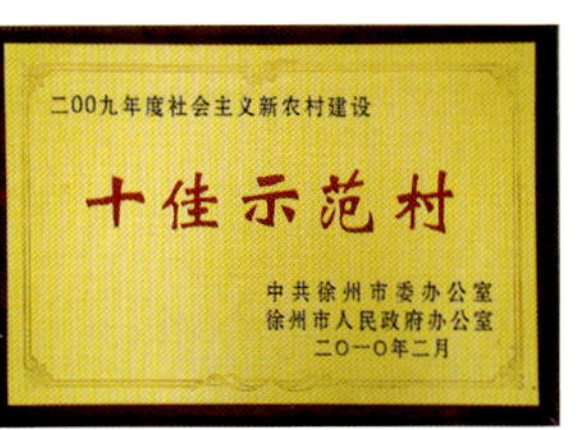

邳州市八义集镇八集村

八集村(徐州市五星村)党总支书记　朱希田

领导班子规划美好未来

八集村座落在邳州市八义集镇中心,陇海铁路穿境而过。2004 年由 4 个行政村合并而成,面积 9.6 平方公里,辖 31 个村民小组,2780 户,12600 人,拥有耕地 8630 亩。八集村支柱产业有板材深加工、化工公司、铸造业、商贸业、设施农业、农业养殖业等。尤其铸造业年产值 1.3 亿元,利税 3000 万元。服装商贸城占地 15000 平方米,共有商户 800 余家,日客流量近万人,日成交量百万余元。板材深加工具有相当规模。2009 年全村社会总产值 3.1 亿元,农民纯收入 8230 元。近年来,村两委认真落实建设社会主义新农村方针,修水泥路 6 条、25000 平方米,修下水道 4000 米,安装路灯 516 盏,完成邳州市委提出的村村通、路路明工程;新建树人小区 45000 平方米、八一小区 10000 多平方米,容纳住户 200 余户;有线电视入户率达 90%以上,合作医疗参保率 100%,全村改厕 2604 座,村容村貌焕然一新。八集村多次被邳州市委、市政府、镇党委评为新农村建设先进村,社会治安综合治理、发展民营经济一等奖,小城镇建设先进村。总支部书记朱希田被徐州市授予五星级支部书记,是邳州市人大代表、邳州市党代表。

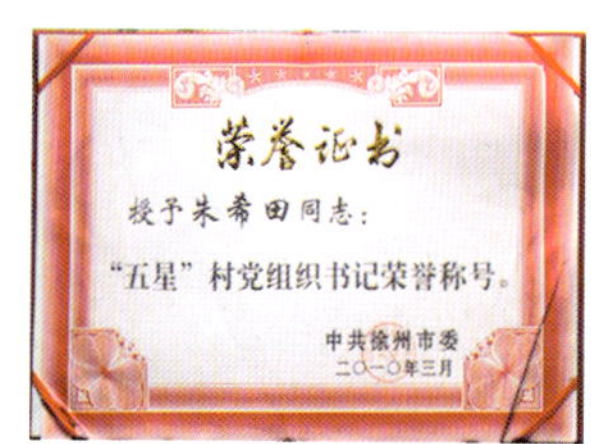

邳州市陈楼果园

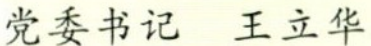

党委书记　王立华

党委副书记、主任　郑宁

邳州市陈楼果园建于1957年，主要种植桃、梨、板栗、葡萄、银杏等经济作物。近年来，果园真抓实干，科学制定发展措施，形成了三大中心特色产业。一是是突出果业。以四园六区为重点，增加科技投入，提高科技含量，形成“大沂河”牌水蜜桃、夏黑葡萄等品牌。被国家农业部定为无公害果品生产基地、国家级桃产业体系试验示范基地等。二是是突出个私经济。以江山木业有限公司为龙头，果园企业规模不断扩大，转型升级步伐不断加快，经济效益与社会效益凸显，新增加就业人数达1000人。三是发展观光旅游服务业。积极改造果园面貌及职工果农的生产生活条件，完善生态园和农家乐等配套工程，全力打造生态旅游产业链。连续2次成功举办邳州市桃花节，接纳国内外游客15万人次。

领导班子

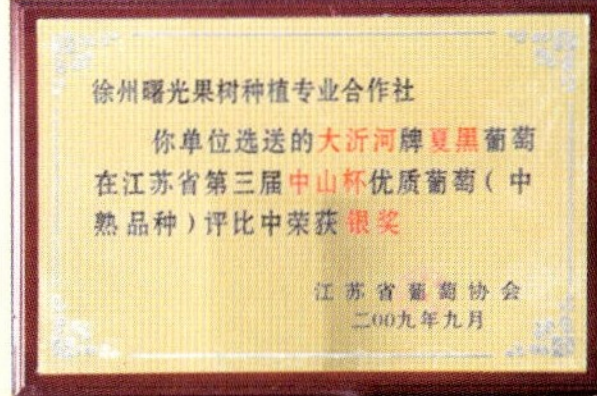

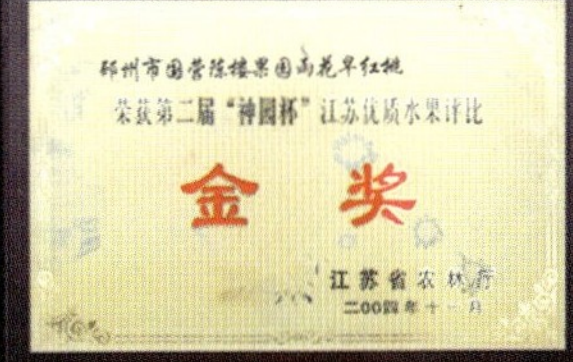

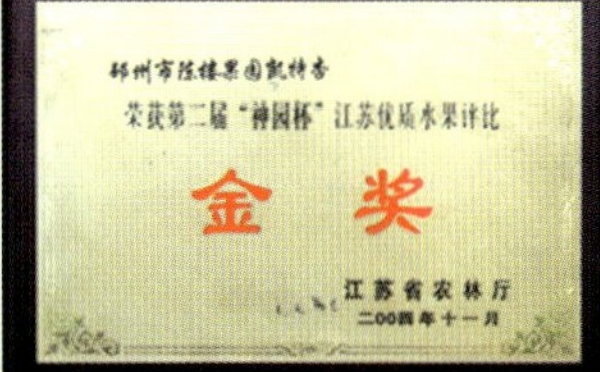

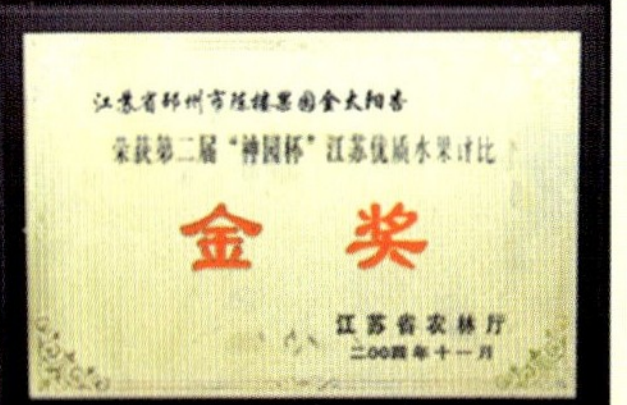

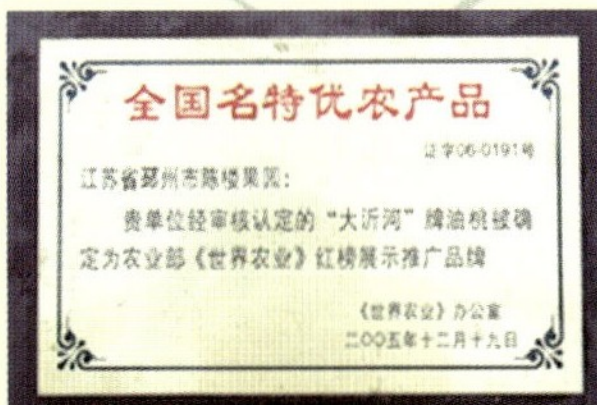

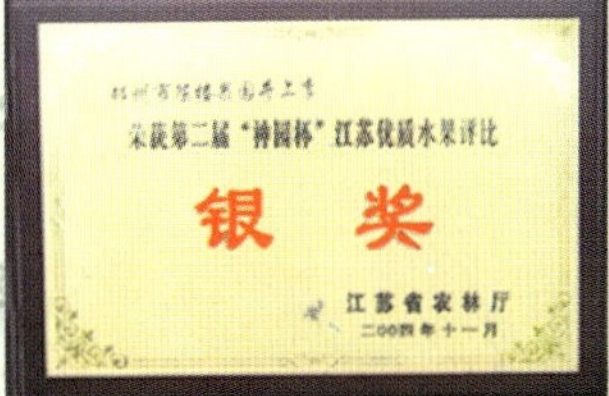

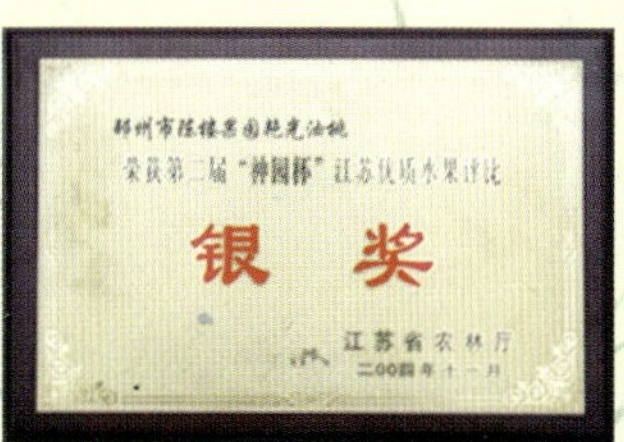

邳州市四户镇石羊村

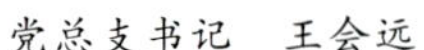
党总支书记　王会远

村主任　陈计友

团结奋斗的领导集体

石羊村位于四户镇西部，面积6平方公里，耕地面积6500亩，人口5100人，辖5个自然村、15个村民小组。近年来，全村高效农业快速发展，新建蔬菜大棚1000亩，新建养殖小区2个、养殖场5座。整治土地800亩，开挖配套排水沟8000米，清理整治沟渠3000米。新农村建设成效显著，完成董家、张家两个自然村323户的拆迁改建工作，农户顺利入住新区，完成率98%以上。改造自来水两次，连续6年实现正常供水；改厕860座；修建11座桥梁涵洞；兴修1条水泥路、路面8000平方米，沙石路面4条；投资210万元，筹建1个新社区服务中心；自筹资金40万元，扩建石羊小学12间教室；村容村貌显著改善，群众生活水平显著提高。

邳州市委书记冯其谱在四户镇石羊村现场调研土地增减挂钩项目建设

石羊小学

新民居工程

新农村建设

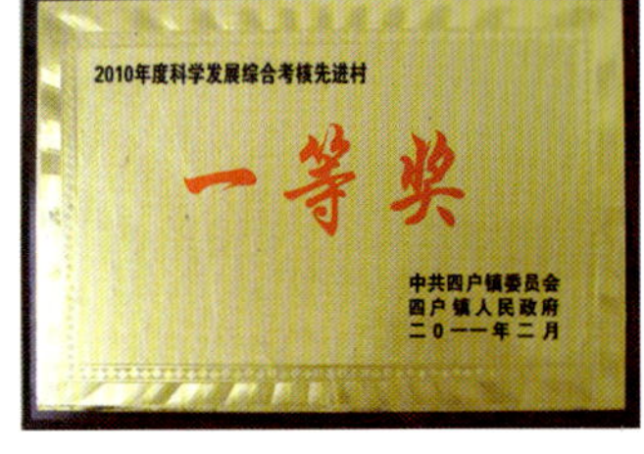

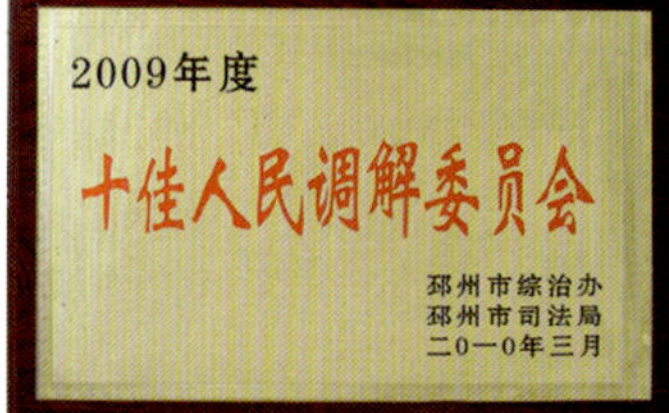

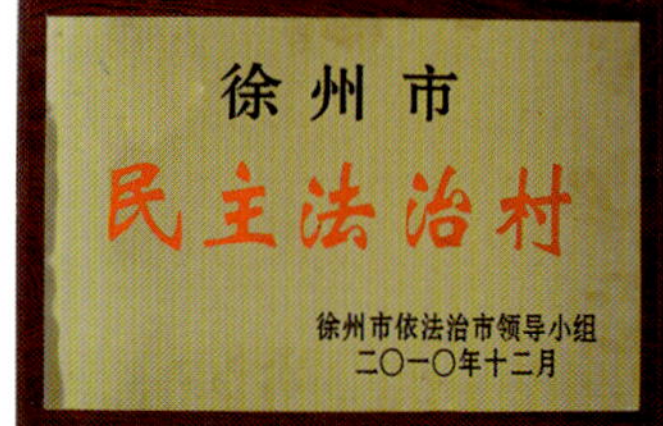

新沂市委农村工作办公室

全市村级公益事业一事一议财政奖补会议

农保工作人员实地核查小麦受损面积和程度

一事一议财政奖补项目验收

2011 年，新沂市委农工办（扶贫办）认真贯彻落实中央和省、市关于“三农”工作的决策部署，以服务“三农”为重点，积极研究和落实相关政策措施，继续深化农村各项改革，不断加快社会主义新农村建设，认真抓好中心镇创建达标工作，整体工作按照年初既定的目标顺利实施，取得了一定成效。先后荣获全省一事一议财政奖补项目二等奖、全省农业科普宣传工作先进单位、全省扶贫系统县级先进集体、徐州市农工办工作优秀奖等光荣称号。

鲜花种植高效设施大棚

扶贫开发项目

农业产业化龙头企业——新沂市骆马湖水产品科技有限公司特种养殖基地

无锡—新沂工业园管理委员会

中共中央政治局委员、中央书记处书记、中央组织部部长李源潮(时任江苏省委书记)到园区视察。

江苏省委书记、省人大常委会主任罗志军同志(时任江苏省省长)来园区视察

原江苏省委书记梁保华到园区视察

江苏省委常委、省委组织部部长石泰峰到园区视察

无锡—新沂工业园是无锡新区和新沂市响应省政府南北挂钩共建开发区会议精神,在省级开发区—江苏新沂经济开发区平台上,合作共建的一个开发园区。2006年12月21日,工业园举行了揭牌仪式。工业园以"市场运作、封闭管理、优势互补、合作双赢"为原则,力争用10年时间建成东陇海线先进制造业集聚区、苏鲁边界区域物流集散区、苏北地区和谐宜人示范区。成立以来,已累计投入资金20.5亿元用于基础设施建设;累计引进二三产项目126个,建成投产46个,涉及总投资208.5亿元,到账注册资本45.15亿元,其中外资到账8500万美元,国信地产、容纳科技、高创风电和五星级的江南国际大酒店等一批现代工业、服务业项目入驻园区。工业园的开发建设始终保持在全省共建园区前列,先后被省人事厅授予"东陇海留学生创业园",被省发改委授予"低碳经济试点单位",2009、2010年连续两年被评为"南北共建先进单位"。

2011年,工业园紧紧围绕"打造南北共建第一园"的目标,全面推进工业园和沭东新城的开发建设,无锡新区先后委派13名业务骨干常驻园区,两地主要领导定期到园区检

徐州市委书记曹新平到园区视察

徐州市市长朱民视察华信塑业

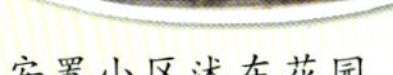

安置小区沭东花园

国信地产

江苏容纳光伏有限公司车间

查指导，各项指标优于以往。园区内资项目注册资金10.5亿，实际到账注册外资3622万美元，产业转移资金3.5亿，注册项目20个，工业产品销售收入45.01亿，规模以上工业增加值7.66亿，地方一般预算收入1.45亿元。基础设施建设共投入资金4.86亿，首期9层1.6万平方米人才公寓主体建成，投资2.5亿元的5星级江南国际大酒店开始内部装潢，70万平方米的绿化工程完工，21条32公里道路建成通车，29万平方米安居房开工建设，19万平方米安居房交付使用，青年公寓、基督教堂、北沟敬老院、北沟镇中心幼儿园2.2万平方米土建工程相继完工，园区承载能力不断提高。制定《归国留学人员创业孵化政策》、《创新创业人才引进政策》，全力打造东陇海留学生创业园和沭东智慧新城。积极对接国家、省有关科技扶持政策，推进产学研结合，先后帮助企业建立博士后站1个；引进硕士以上人才31个，其中省政府认定的创新、创业人才2人、归国留学人员5人；申请发明专利15个，实现科技成果转化3项，一个科技引领的创新型园区开始起步。2012年，无锡-新沂工业园将紧紧围绕“产业培育突破年”这一主题，充分发挥合作共建优势，努力担当起建设东陇海线上第三大城市、第三大工业城市的新引擎。

园区标准厂房

建设中的五星级江南国际大酒店

江苏容纳光伏科技有限公司办公楼

安置小区凤凰苑

园区道路

沂园

新沂市窑湾镇

省委书记罗志军视察古镇窑湾

镇党委书记吴军陪同领导视察古镇建设

镇党委书记　吴军

镇长　倪浩

千年水乡古镇——窑湾位于新沂市西南方向，处在京杭大运河与骆马湖交汇处，三面环水，素有“黄金水道金三角”和“苏北小上海”之称。辖21个行政村，近7万人口，行政区划面积116平方公里。曾获得徐州市中心镇创建先进镇、乡镇科学发展分类考核一等奖，徐州市旅游工作先进集体、社会治安综合治理工作先进集体等荣誉。先后被命名为江苏省历史文化名镇、全国乡村旅游最佳目的地、全国特色景观旅游名镇，徐州市首批十佳重点中心镇。2011年度通过了4A级景区初评。

南哨门广场

近年来，窑湾镇咬定中国大运河第一古镇的奋斗目标，以古镇保护开发为中心，大力加强“文化窑湾、生态窑湾、活力窑湾、和谐窑湾、魅力窑湾”建设，推动了古镇跨越发展。先后投入5亿元，完成了古镇一期、二期工程，打造出吴家大院、赵兴隆酱园店、民俗史话馆、北门锁钥、后河景观等一批景点，并于2011年10月正式对外开放。围绕“四园三区两带”着力发展区域特色产业。做精旅游商品产业园，建设以绿豆烧酒、甜油、水产品等为代表的独具特色的旅游购物市场，已经进驻食品加工企业15家，总投资6亿元；做靓滨湖美食园，充分发挥窑湾水资源和水产品资源优势，在骆马湖西大堤沿线、刘宅段建设集饮食、娱乐、休闲、观光为一体的美食园，现已建成6家企业；培育休闲度假区，在古镇大道与中运河大堤交汇地带，重点培育一批具有高层次、高品位的星级酒店和旅游度假村，其中由香港润泰国际有限公司投资兴建的润泰国际旅游度假村已经签约；精心构建中运河景观带，使中运河景观带与古镇融为一体；加快古镇大道两侧的高效农业观光带建设，着力发展采摘园、观光园，打造古镇旅游新亮点。

繁荣的古镇文化

窑湾古镇后河景观

赵兴隆酱园店

新沂市港头镇新圩村

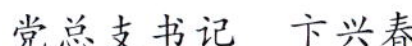

党总支书记　卞兴春

村两委班子

新圩村位于港头镇政府驻地北一公里处，连霍高速公路、瓦港公路、新戴河、老墨河从境内穿过。全村面积6.21平方公里，耕地面积4200余亩，有8个自然村，9个村民小组，960户，3670人。先后获得"全国文明村"、"江苏省文明村"、"江苏省文明村标兵"、"省乡村社区服务标准化试范点"、"省康居示范村"、"省社会主义新农村建设示范村"、"徐州市十佳新农村建设示范村"、"徐州市先进基层党组织"、"徐州市勤廉双述试范点"、"徐州市新风杯奖"、"新沂市村民自治模范村"等荣誉称号。老墨河牌黄瓜被评为徐州市名牌产品。

2011年，新圩村以增加农民收入为核心，以提高村民生产生活质量为重点，以民主管理为手段，大力发展新产业，建设新家园，打造新风貌，走出了一条精神文明、物质文明、政治文明、生态文明建设共同发展之路。村集体经济总收入达20万元，全村人均纯收入10080元。新农村建设成效显著。至2011年底，已建成联体二层居民楼和单体别墅共计460户、多层居民楼100户，全部入住。区内道路、桥、排水、自来水厂、污水处理、秸秆气站、网络视讯、数字电视、绿化等公共设施一应俱全，人居环境优越；建成的老年公寓，可安置困难户和孤寡老人110人。村民致富工程快速推进。全村发展第五代寿光大棚450栋、中档大棚300栋、钢架大棚400栋。在原有的苏北鸿运达肉牛养殖场基础上，仍按照"公司+农户+基地"的经营模式，2011年新增肉牛养殖户70户，户均年收入2~5万元。新增特种养殖小区4个。以土地股份、资金互助、蔬菜专业三大合作组织为依托，解决了规模高效用地、村民创业致富资金缺乏等问题，蔬菜流通市场规模不断扩大。

新圩村腰鼓队

国家农业综合开发项目——寿光五代大棚

绿色食品基地一角

肉牛养殖场

养殖场一角

新区鸟瞰图

村综合服务中心

秸秆气站

崛起在徐海大地上的新兴高校

徐州幼儿师范高等专科学校

XUZHOU KINDERGARTEN TEACHERS COLLEGE

徐州幼儿师范高等专科学校前身为徐州幼儿师范学校，始建于1984年，经过一代代幼师人的艰苦努力，学校以鲜明的办学特色、丰硕的教育成果、和谐的人文环境，完善的设施设备，于2011年4月，经教育部批准独立升格为一所公立高等专科学校，成为苏鲁豫皖接壤地区唯一一所幼儿师范专科学校。学校占地面积340亩，校舍建筑面积9.96万平方米。设有学前教育系、外语系、音舞系、美术系及基础部，开办学前教育、英语教育、音乐教育、美术教育、特殊教育、音乐表演、舞蹈表演、装饰设计、动漫设计与制作、旅游英语等十个专业，形成了以学前教育为主打专业，以艺术教育为特色专业，以幼教集团为品牌的办学格局。所培养的学生连年就业率100%，呈现供不应求的局面。学校先后被评为全国教育系统先进集体、全国模范职工之家、江苏省文明单位、江苏省先进基层党组织、江苏省德育先进单位、江苏省艺术教育先进集体、江苏省群众体育先进单位、江苏省爱国卫生先进单位、江苏省“社会尊师重教”先进集体、江苏省巾帼文明示范岗明星岗、江苏省平安校园等。

学校始终坚持质量立校、科研兴校、专家治校、名师执教、开放合作的办学理念。专任教师中高级职称39.29%；具有硕士及以上学历（含学位）32.14%，博士生2人。拥有省特级教师、省“333高层次人才培养工程”中青年科学技术带头人、徐州市优秀专家、名教师、拔尖人才、江苏师范大学兼职硕士生导师等。学校坚持开放办学理念，不断推进国际化办学进程。

学校依托艺术教育的专业优势，凭借科学规范的训练方法，提升学生的艺术专长。培养了一大批才艺兼备、出类拔萃的幼教人才。有省青春创业风云人物、全国优秀大学生村官、立足基层的业务骨干，扎根农村的幼儿园管理人才，在幼儿教育、艺术教育以及中小学等领域取得了令人瞩目的成绩。

学校敢为人先，勇于创新，坚持以服务为宗旨，以就业为导向，产学研结合，实现了幼儿园集团化发展。2003年成立徐州幼师幼教集团，在附属幼儿园的基础上先后创办了16所幼儿园及亲子园。幼教集团每年接纳见实习学生2000余人次，为学校毕业生提供了200多个就业岗位。

二十多年来，在各级领导的亲切关怀和大力支持下，学校志存高远、科学规划，勇于开拓、积极创新，取得了令人瞩目的成绩。面对当今全国幼教事业蓬勃发展的大好形势，肩负着幼教事业赋予我们的光荣的历史使命，幼师人以一流的精神、一流的气魄、一流的追求、一流的业绩，争创江苏第一、全国一流、中国幼教第一品牌！

教学楼

音乐厅

音乐厅内景

体育场

悟生园

江苏省徐州技师学院

机电工程系设计成果展览

海信空调教学车间揭牌仪式

江苏省徐州技师学院占地面积34.7公顷，建筑面积20.03万平方米。拥有教学楼7栋、综合实训楼2栋、标准化运动场3个、学生公寓5栋。图书馆藏书13.8万册。2011年，教育经费投入6394万元。毕业2868人，其中，中级工1118人，高级工1589人，技师161人，毕业生就业率100%；招生3314人，其中，中级工1197人，高级工1709人，技师149人，高职259人；社会培训11112人次；在校生9114人。有教职工511人，其中文化技术理论教师231人、生产实习指导教师118人、一体化教师89人；兼职教师153人。5月，获全国商业服务业校企合作与人才培养优秀院校称号；6月，获中国职工教育和职业培训协会优秀会员单位称号；12月，获职业学校技能大赛先进单位称号，被评为全国职业教育改革发展示范学校。12月18日，第六届全国信息技术应用水平大赛在北京科技大学举行，31个省级赛区、322个参赛城市、1168所参赛院校，150000人参加比赛，进入全国决赛的学生代表有1031名，学院机电工程系学生杨康摘取二维CAD机械设计一等奖桂冠，唐建强等多名同学获得三等奖，唐建成老师荣获最佳指导教师奖。

徐州市高技能人才公共实训基地揭牌

数控实训车间

学院运动会

学院综合楼

徐州工业职业技术学院

徐州工业职业技术学院占地1100亩，校舍建筑面积31.3万平方米；拥有固定资产67357万元，其中教学设备总值6918万元。有教职工678人，其中专任教师540人，专任教授12人，副教授212人。有国家级专家和考评员19人，全国高职高专专业指导委员会主任、副主任8人，江苏省高校名师2人，全国化工职业教育教学名师3人，"333"工程第三层次培养对象1人，省级青蓝工程优秀教师8人，江苏省优秀教学团队2个。学院开设42个专业，其中省级示范专业1个、省级品牌专业2个、省级特色专业2个，国家精品课程2门、省级精品课程6门；有省、市级研发中心13个。2011年7月，学院被省教育厅和财政厅确定为省级示范高职院建设单位。12月18日，徐州工业职业技术学院第一届理事会成立，标志着学院"多方参与、共同建设、多元评价"的办学体制机制改革全面展开，省示范高职院建设取得突破性进展。2011年，拥有在校生11000余人。

2011年，学院获专利授权49项(其中发明专利5项)，共向企业转让专利技术3项；立项纵向省市项目25项，立项横向课题26项；发表学术论文被SCI、EI检索30篇；有3个工程技术研究开发中心获得徐州市科技局立项，5个实验室获得徐州市科技局重点实验室立项；获省教学成果一等奖1项，徐州市科技进步一等奖1项。在2011年全国职业院校技能大赛上，学院获团体一等奖；在第三届全国高职高专环保类专业环境监测技能大赛上获团体一等奖，个人全能一等奖1项、二等奖1项；在2011年全国化学检验工技能大赛上获得团体一等奖，个人一等奖2项、二等奖1项；在第四届"南化杯"全国化工检修钳工职业技能大赛上，获高职组团体二等奖、个人全能一等奖1项、二等奖1项；在第四届全国石油和化工行业化工仪表维修工(学生组)决赛上，获团体三等奖；在2011年全国石油和化工行业"南化杯"有机合成工、化工总控工技能竞赛上，获团体二等奖、三等奖。年内，学院先后荣获"省大学生创业教育示范校"、"省平安校园"、"省教育收费规范高校"、"省职业院校技能大赛先进单位"等荣誉称号。

学校承担的全省高师分院学科协作组工作会议

省教育评估院到校评估学校培训工作

徐州高等师范学校

定期开展教学基本功比赛，提升教师素养

徐州高等师范学校占地近200亩，建筑面积6万多平方米。设置五年制师范类文、理、英语、信息技术、美术、音乐、幼教专业及五年制高职类计算机网络与应用、电脑美术、日语、韩语、动漫等12个专业。拥有计算机房、多媒体语音实验室、心理实验室、音乐实验室、微格教室、多媒体教室等十几个专用教室以及卫星电视接收系统、校园微机管理网络、音乐美术综合艺术楼、标准化田径场、功能齐全的体育馆。学校现有藏书20余万册，报刊杂志600余种。现有教职工222人，其中副教授以上职称68人，硕士以上学位人数78人，特级教师6人，拔尖人才、优秀专家40余人。

2011年，学校有在校生3300多人，72个教学班。为加强专业建设，2011年学校重新进行了系部调整，形成了中文系、外语系、数理系、艺术系、教育科学部、体育部、现代教育技术中心四系两部一中心的建制，同时成立了15个教研室。一流的师资、扎实的素质教育、严谨求实的校风营造了丰厚的精神土壤和深邃的文化底蕴，也塑造着各类高质量的人才。

一流的师资、扎实的素质教育、严谨求实的校风

师生参与各项大型比赛均取得佳绩

市教育局领导徐保卫在校教代会上讲话

江苏师大校长、教授徐放鸣的讲座揭开“大家讲坛”序幕

整齐专注的校会

校长、党委书记　秦晓华

以诚信为核心精神的校领导班子

徐州高级中学

徐州高级中学占地面积 6.34 公顷，建筑面积 5.96 万平方米，拥有篮球场 10 个、标准足球场 1 个、400 米塑胶跑道 1 条和 20 个乒乓球台。图书馆藏书近 20 万册。2011 年，教育经费投入 5138 万元。毕业 1459 人，其中初中 641 人，高中 818 人；招生 1235 人，其中，初中 480 人，高中 755 人；在校生 4102 人。有在职教职工 356 人，包括专任教师 302 人，其中教授级中学高级教师 2 人，特级教师 5 人，高级教师 142 人，全国优秀教师 1 人，省人民教育家培养对象 1 人，市劳动模范 4 人，市级青年骨干教师 12 人，市名教师 7 人。学校先后获得省学生军事训练工作先进单位、省模范职工之家、市自学考试工作先进单位、局教代会制度创建达标单位、市教育系统“五五”普法工作先进集体等荣誉称号。

奋勇争先的运动会

北校区塑胶篮球场

南校区校园

江蘇省運河中學

江苏省运河中学位于古城邳州，1920 年创办于邳城镇，初名为邳县甲种师范讲习所。1928 年招收中学班，改名为邳县初级中学。1956 年扩建高中班，命名为邳县运河中学，是邳县第一所完全中学。1978 年邳县人民政府将其更名为邳县中学。1980 年被江苏省人民政府确定为省重点中学。2003 年经江苏省教育厅批准，命名为江苏省运河中学。2004 年晋升为江苏省四星级普通高中。现一校三区，占地 600 余亩，有 208 个教学班，在校学生超过 1.5 万人，教职工 720 多人，专任教师 580 多人。教师合格率 100%，硬件设施全省一流。近几年高考、中考质量连续稳居徐州市前列。学校先后被授予江苏省文明单位、江苏省德育先进学校、江苏省现代教育技术示范学校、全国绿色学校创建活动先进学校、全国青少年法制宣传教育工作先进集体、江苏省教育科技工会工作先进集体、江苏省体育先进学校、江苏省法制宣传教育先进单位等光荣称号。

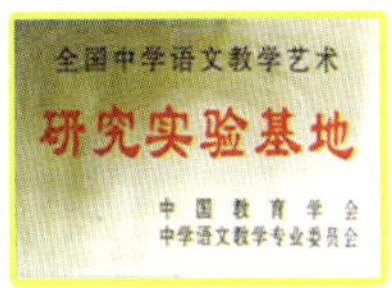

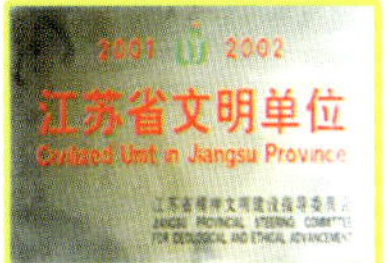

江苏省四星级普通高中

江苏省教育厅

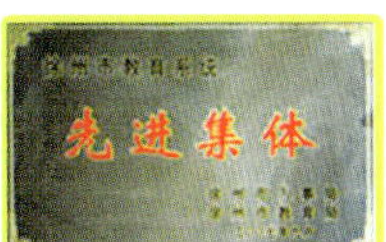

校长　户振球

丰县华山中学

省长李学勇莅临考察调研

丰县校长发展报告会在华山中学召开，图为国家督学郭福昌作报告

校长　王居春

丰县华山中学创办于 1958 年，2005 年通过省三星级高中验收，2011 年通过省三星级高中复审。学校现有专任教师 247 人，其中本科学历者 238 人，中、高级教师 163 人，市级学科带头人 2 人，县级学科带头人 9 人，各类名教师、青年骨干教师 15 人。学校还先后培养出了县教研室教研员 4 人。现有 49 个教学班，在校学生 3120 人。学校占地面积 78600 平方米，拥有功能完备的实验楼、图书楼、配备一流的多媒体教学楼、市"A"级食堂标准的师生餐厅和 400 米塑胶跑道的综合体育场。学校先后获得江苏省绿色学校、江苏省平安校园、省创建文明校园先进单位、市德育工作先进单位、市花园式学校、市先进党支部、县先进单位、丰县模范学校、县高考成绩优秀奖等一系列省市县级荣誉。

学校校本培训

航天专家魏继友工程师为师生做报告

邳州市疾病预防控制中心

徐州市人大代表视察邳州市疾控中心

走进行风热线

下乡帮扶

在街头开展防病宣传活动

邳州市疾病预防控制中心成立于2004年12月，是在原卫生防疫站和皮肤病性病防治所基础上组建的全民事业单位，是政府实施重大传染病预防控制的专业机构，主要承担全市疾病预防控制、突发公共卫生事件应急处置、疫情及健康相关因素监测与控制等工作。现有在职职工87名，其中卫技人员56人，占64.5%。中心拥有各类检测仪器设备139台(套)，其中原子吸收仪、气相色谱仪、离子色谱仪等大型高精仪器设备14台(套)，A类仪器设备配置率达97.4%，A类检验项目开展率91.5%；建有艾滋病初筛实验室、疟疾中心镜检室、痰结核杆菌培养室等专业实验室，并具有职业卫生技术服务、职业健康监护、实验室计量认定等资质，能够较好地满足公共卫生监测及技术服务的需求。先后获得江苏省疾病预防控制工作先进集体、江苏省农村饮水监测工作先进单位、江苏省疾控信息报道先进集体、江苏省地方病防治工作先进单位、江苏省疾控基本信息填报先进单位、徐州市疾病预防控制工作先进集体、邳州市先进基层党支部和邳州市政府表彰的卫生工作先进单位等荣誉称号。

江苏省丰县经济开发区管理委员会

开发区党工委书记罗德清调研高新技术产业园

2011年，丰县经济开发区实现地区生产总值101.63亿元、业务总收入440亿元、财政收入10.17亿元、一般预算收入8.46亿元，三次产业结构调整到3.3∶62.5∶34.2，连续五年获得"徐州市十强镇"称号。项目建设强势推进。共引进重点项目38个，总投资87.33亿元。招商引资成效显著。共引进项目18个，协议投资额48.94亿元。商贸物流转型升级。老城区东关丰县温州国际购物城、南关苏鲁豫皖果蔬批发市场、苏鲁豫皖物资市场、北关民族商厦建成运营，北关伊斯兰民族风情园各项前期工作顺利启动，西关木业家居市场提档升级，新城区金都国际三期工程、同仁居大酒店二期工程、东安物流等服务业项目快速建设，中国电动车城、木业商城、苏鲁豫皖果蔬批发市场、金都商城成功创建省市级服务业集聚区。

管委会主任渠渊深入企业调研

环境优雅的农民安居小区

四星级大酒店—同仁居大酒店

邳州市卫生进修学校

邳州市卫生局副局长、校长　朱友明

邳州卫校始建于1958年，是一所以培养初级卫生技术人员为主的中等卫生专业学校，是徐州市基层卫生人员的培训基地。学校占地面积8500平方米，建有教学楼、综合楼3680平方米，学生宿舍及餐厅1200平方米。拥有固定资产600多万元。现有教职工40余人，其中高、中级职称20人。配有先进的多媒体教学系统和心肺听诊系统等教学设备，教学手段先进。学校连续多年被徐州市委、市政府授予“文明单位”，被邳州市委、市政府授予“先进单位”。

近年来，邳州卫校坚持以科学发展观为指导，求新、求变、求发展，办学规模不断扩大，办学形式更加多样，教学质量进一步提高，办学层次不断提升，实现了又好又快的发展。作为省教育厅批准设立的高等教育校外教学点，学校先后与江苏职工医科大学、徐州医学院联合举办临床医学和护理等专业的大专班、本科班。学校长期和苏州医药科技学校、江苏常州技师学院医药校区和山东泰安卫校联合举办医药、护理等专业。经省卫生厅、教育厅批准，与宿迁卫校联合招生卫生保健和护理两个专业。连续多年招生人数稳居徐州六县(市)第一。2011年，在校学生突破1000人，实现了新的跨越、新的发展、新的突破。

邳州市东方学校

2011 年投入使用的新教学楼

邳州市东方学校成立于 2003 年，是徐州市最具影响力的专业高考补习学校之一。学校占地近 70 亩，教学楼、宿舍楼、餐厅、实验室等基础设施齐全，足以满足 2500 名学生的学习和生活之用。学校实行科学、规范、严谨、务实的封闭式管理，拥有一套针对复读学生完整细致的管理方案。拥有学科齐全的教师队伍，教师均拥有丰富的教育教学管理经验，其中有徐州市中心组成员 3 人，邳州市中心组成员 8 人；获得“江苏省优质课”一、二等奖的 4 名，江苏省高考命题人才库成员 4 人，获得徐州市“青年优秀骨干教师”、“青年学科带头人”称号及徐州市“优质课”一等奖的 20 余人。

学校成立 8 年来，共向国家输送了 7000 余名本科生，连续 8 年总均分高居邳州市各所学校之首，共有近 400 人被北京大学、中国人民大学、南京大学、浙江大学、西安交通大学等名牌高校录取。2008 年高考，我校考生徐海鹏喜获邳州市高考状元，被北京大学录取。2011 年高考，东方学校本科上线 1157 人，创历史新高，连续两年突破 1000 人大关，过线人数在徐州各所学校中名列前茅。为此被邳州市市委、市政府授予“邳州市高考突出贡献奖”。学校突出的教学成果和先进的教育教学经验被《新华日报》、《徐州日报》、《扬子晚报》等多家新闻媒体报道。先后荣获徐州市民办教育先进单位、徐州消费者满意单位、徐州市先进社会组织、邳州教学先进单位等称号。在取得突出成绩的同时，学校也十分注意树立良好的社会形象，积极回报社会。每年都为家庭困难的学生减免学费，投放一批资金作为“助学金”。并积极参加社会爱心救助活动，东方学校师生累计捐款超过 30 万元，救助残疾、贫困人士超过 10 位。仅 2011 年，东方学校投入人民币 10 万元，对 50 名贫困学生以及周边 70 余户贫困家庭进行资助和慰问。

2011 年获得邳州市高考突出贡献奖

邳州市高中教学质量突出贡献奖

100000元

中共邳州市委
邳州市人民政府

2011 年因高考成绩突出获得市政府奖金 100000 元。

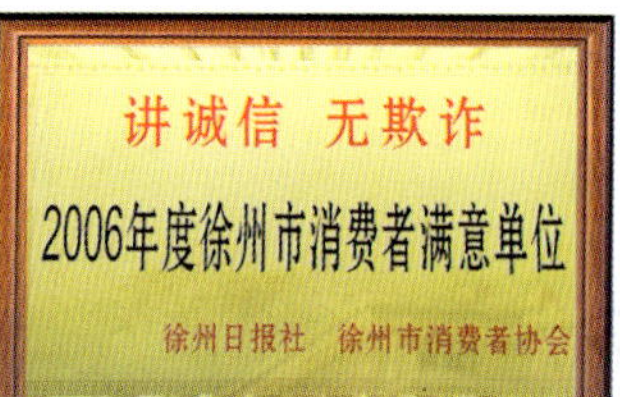

电话：0516-86230569 0516-86580288

地址：邳州市徐海公路新大桥收费站北 200 米闫家街道

新沂市高级中学

省教育厅副厅长胡金波到校调研

校长　丁金华

书记　杨顺成

徐州市委常委、新沂市委书记陈德荣到校调研

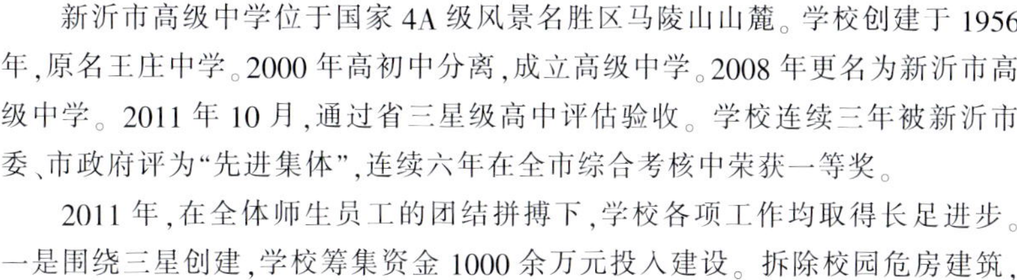

新沂市高级中学位于国家4A级风景名胜区马陵山山麓。学校创建于1956年，原名王庄中学。2000年高初中分离，成立高级中学。2008年更名为新沂市高级中学。2011年10月，通过省三星级高中评估验收。学校连续三年被新沂市委、市政府评为“先进集体”，连续六年在全市综合考核中荣获一等奖。

2011年，在全体师生员工的团结拼搏下，学校各项工作均取得长足进步。一是围绕三星创建，学校筹集资金1000余万元投入建设。拆除校园危房建筑，建成宽敞明亮的阅览室；购买图书11.4万册，征订报刊300多种；装配足量的理化生实验室，添置各种先进的教辅设备；铺设1900平方米的草坪，新植1300多株绿化苗木；规划校园新布局，开工建设5000平方米的综合楼。二是围绕内涵发展，建设素质高、品德高、水平高的教师队伍。培养出市级学科骨干30余名，评选出校级名师44人；践行实效课堂，提升课堂效益，在三星级验收中，15位教师课堂教学均取得了满意成效，87.3%的优课率成为创建工作的一大亮点。三是围绕素质教育，坚持德育为先、全面发展的教育理念。通过各类教育活动，培养学生优秀品质；通过各种实践活动，锻炼学生各项能力；通过艺体特色教学，挖掘学生潜力。2011年，学校被新沂市委授予“先进党支部”光荣称号，被市教育局评为“十佳和谐校园”、“十佳文明校园”。

徐州市教育局局长强国、新沂市市长赵立群到校视察

省评估院专家组对学校进行三星级评估验收

广播操

徐州文化产业集团

市委书记曹新平到园区指导工作

市委常委、宣传部长张彤到园区调研

市委书记曹新平到园区调研淮海展交中心施工进度

徐州文化产业集团有限公司是苏北地区和淮海经济区规模最大的综合性文化产业集团。集团自成立以来，按照市委、市政府的要求，将文化资产运营，文化产业项目经营管理、投资建设，文化艺术交流活动策划、服务等作为主要发展方向，积极整合徐州文化产业资源，努力打造淮海经济区最有影响力的文化产业交流平台。同时，肩负国有资产保值增值与引领徐州及淮海经济区文化产业发展方向的重任。

坚持品牌与精品两大发展战略。努力为徐州乃至整个淮海经济区搭建展示与交流的平台，打造精品产业项目，发展更为深度的战略合作。2011年1月举办的“江苏徐州首届全国文物艺术品展销会”，汇集了全国104家文物店近10万件艺术品，近万人观展，成交总额达2000余万元。2011年6月成功举办“彭城夏荫—萧平教授书画精品展”，展出的山水、花鸟、人物及书法作品100余件，均是其集大成之精品。同年7月，成功举办“十竹斋2011徐州首届艺术品拍卖会”，共拍出作品678件，成交额达2463万，创造了徐州市拍卖市场成交新纪录。

争取高端合作、创新发展空间。积极争取与“国字头”、“中字号”单位合作，推动文化产业重点项目建设。高标准推进中山堂改扩建工程，建成后的中山堂将与实力雄厚的中影公司联手合作，拓宽多元化经营范围，打造涵盖电影放映、舞台演出、网络游戏、品牌休闲等项目的多功能文化娱乐消费中心。同时，紧密依托云龙区政府，强力推动“淮海经济区艺术品展示交易中心”与中国艺术研究院合作共建“中国艺术研究院淮海经济区(徐州)艺术研究基地，力求以高标准、高质量的设计方案实现项目形象的完美转变，打造淮海经济区一流的精品工程。

创新发展模式，振兴文化产业繁荣。集团将根据现代化企业的发展模式，进一步推进企业改革发展，建立机制灵活、高效的现代化企业运营体制，通过资源整合及战略投资者引进，形成规模化、集约化的现代企业，成为全市文化产业的中坚力量。

有限公司

拍卖会预展现场

萧平书画展开幕式

首届拍卖会现场

徐州文物商店礼品——仿铜香薰

徐州文物商店礼品——拓片

徐州文物商店礼品——剪纸

徐州文物商店礼品——鎏金兽型砚

徐州文物商店礼品——玉龙

江苏徐州首届全国文物艺术品展销会

中国人民解放军

院长　李平

政委　杨应军

九七医院是徐州医学院和蚌埠医学院附属医院，是一所综合性的“三级甲等”医院。医院多次被总部和军区评为“为部队服务先进单位”，连续三年获得全军和军区“白求恩杯优质服务竞赛优胜单位”；被军区评为“培养人才先进单位”、“干部医疗保健先进单位”、“海训先进单位”、“先进医院”、“后勤训练先进单位”等；消化内科先后被全国表彰为“全国三八红旗集体”、“全国巾帼文明岗”，荣立集体二等功1次。

医院科室齐全，现有37个专业科室，床位1000张；人才济济，拥有高级技术职称70余人，其中硕士以上学历60余人，军区122工程人才4名。拥有烧伤外科专科中心、消化内镜诊疗中心、创伤修复中心、麻醉中心和腹部创伤中心5个军区专科专病中心。烧伤外科系徐州医学院硕士生授权点。消化内科、肿瘤内科、普通外科、肾内科、急诊科、卫生事业管理、护理系徐州医学院硕士研究生带教点，有硕士生导师10人，兼职教授、副教授20多人。医院在本地区有较大优势的学科和技术项目主要有：烧伤科的重度烧伤救治、消化内科的肿瘤综合治疗、骨科的营养皮瓣修复创面、心胸外科的体外循环心脏手术、泌尿外科的肾肿瘤治疗、神经外科的重型颅脑外伤救治、普通外科的微创控制损伤手术和理疗科的高压氧治疗、心内科的心血管介入疗法、实验科的生物免疫技术、急诊科中毒的综合治疗等。医院不断加大医疗设施和设备建设，拥有PET-CT、1.5T核磁共振、双源CT等1.5亿多元的先进设备，拥有现代化的病房大楼、新内科病房楼、门诊医技楼等配备精良的医疗设施。

医院鸟瞰图

第九七医院

医院全景

医院外科病房大楼

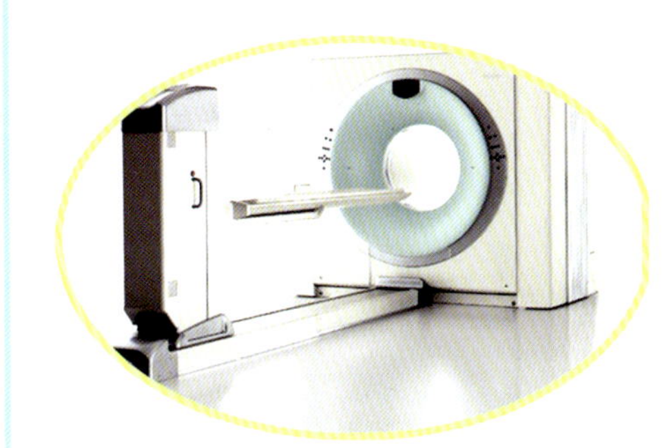
PET-CT

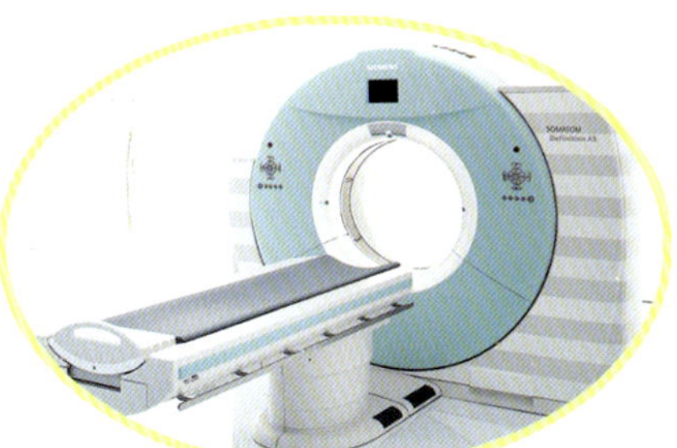
双源 CT

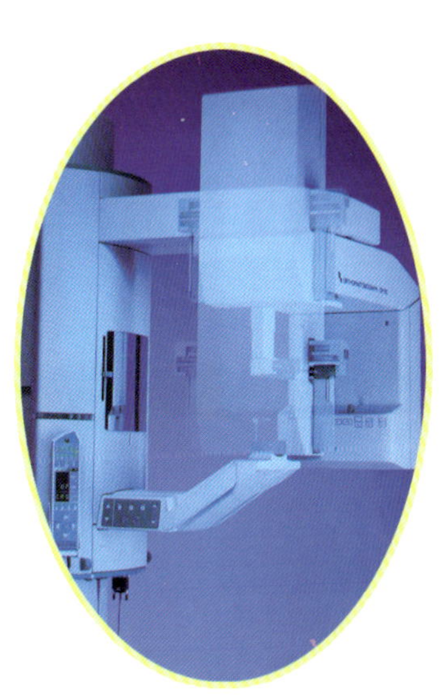
数字化牙科曲面断层全景 X 光机

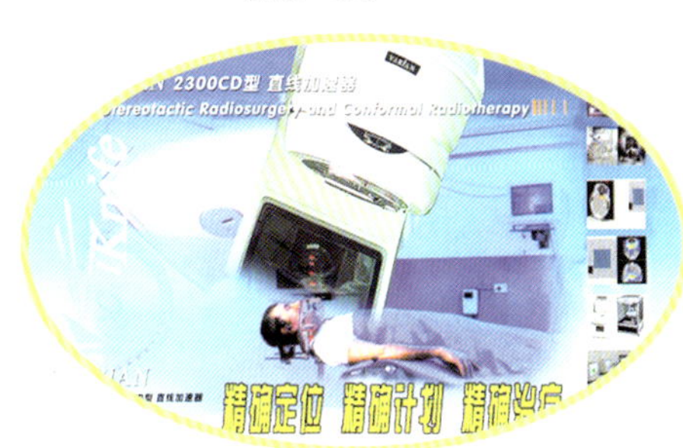

2300CD 直线加速器

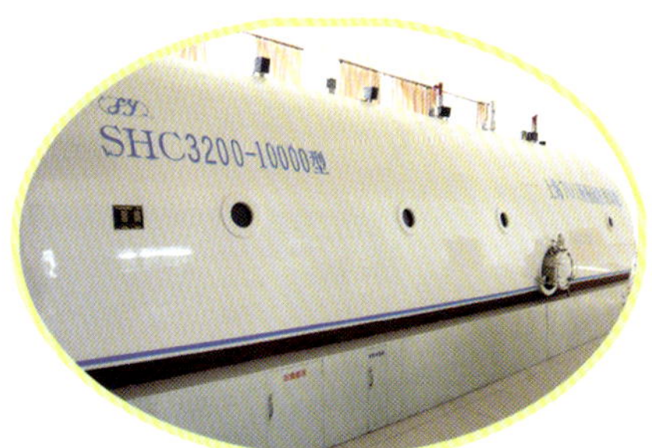

高压氧舱

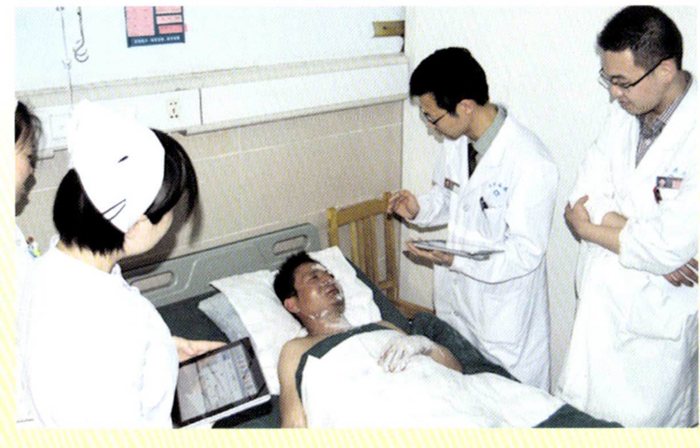
移动医护工作站数字化的医疗服务

舒适的候诊环境

徐州市肿瘤医院
徐州市第三人民医院

2012 年全国肿瘤防治宣传周(徐州)启动仪式

徐州市肿瘤医院、徐州市第三人民医院,江苏大学附属徐州医院,同时又称为徐州市职业病医院、南京医科大学教学医院、徐州医学院教学医院、中国预防医学科学院国家中毒控制中心徐州医院。

医院占地 1.73 万平方米,建筑面积 6.37 万平方米,拥有 CT、核磁、PET、直线加速器等万元以上的先进诊疗设备 300 余台,开放床位 1150 张。现有在职职工 1166 人,其中高级职称 170 余人,中级职称 360 余人,博士、硕士研究生 70 余人。医院设有 21 个病区、34 个临床科室及 11 个医技科室,拥有肿瘤、乳腺、微创、心脏、高血压、中毒、泌尿外、内分泌、骨显微外科等多个特色专科和徐州市中毒控制研究所、徐州市泌尿外科研究所、徐州市肿瘤防治研究所、江苏大学徐州心血管病研究所 4 个研究所,设有中国医学科学院肿瘤医院徐州会诊中心、徐州市微创技术中心、徐州市毒物检验中心、徐州市临床药学研究中心等 4 个诊疗中心和徐州市职业病诊断、职业病健康监护 2 个诊疗机构。

医院注重技术创新,大力发展医学重点学科。其中,肿瘤专业是徐州市医学重点学科,成立了徐州市第一家具有现代化规模的放疗中心,率先在徐州市开展直线加速器治疗恶性肿瘤工作;成立了徐州市肿瘤防治研究所、徐州市抗癌之友俱乐部等,形成了肿瘤的医、教、研、防一体化;采取肿瘤疾病的手术、放疗、化疗、介入治疗、生物治疗、中医中药治疗等多学科、多手段、多层次综合治疗方法,为肿瘤患者提供高水平的全面诊疗服务。医院还与北京阜外心血管病医院、北京宣武医院、上海胸科医院、上海复旦大学附属中山医院建立了密切技术协作关系,定期邀请国内知名专家定期或随时来院为患者诊疗,使周边地区肿瘤病人足不出市就能享受到国内一流专家的诊疗服务。

肿瘤远程会诊

3G 肿瘤联合会诊

肿瘤特需门诊

徐州市儿童医院

服务台

徐州市儿童医院占地面积40亩，建筑面积4.7万平方米，开放床位近1000张，拥有职工900余人，设置18个临床科室、12个医技科室、23个职能科室，是淮海经济区规模最大、技术力量最强，集医、教、研、防为一体的三级综合性儿童专科医院，是中国医院管理学会儿童医院管理分会的成员单位、江苏省儿童医院管理分会副主委单位。

2011年，医院顺利通过了“三级儿童专科医院”的评审工作。全年医院门诊人数74万人次，出院病人4.7万余人次。4个一级临床科室(内科、外科、康复科和重症医学科)全部通过了徐州市重点专科审核。先后荣获“江苏省医疗服务先进单位”、“江苏省爱国卫生先进单位”、“江苏省先进基层党组织”、“江苏省行风先进集体”、“江苏省用户满意服务明星单位”、“徐州市优质护理服务先进单位”、“徐州市人民满意医院”等荣誉。有30余人分别担任省、市医学会专业委员会主委、副主委、委员。受聘于各医学院校的正、副教授22人，讲师40余人。

儿童医院输液室的圣诞节特别活动

输液室的小课桌

基础功能训练

内科大楼全景

新生儿微创手术

徐州市第六人民医院

"2011 内涵建设年"总结表彰暨 2012 医政工作会议

铜山区副区长房浩参加徐州六院 2012 春节团拜会

徐州市第六人民医院(徐州市铜山区人民医院)位于徐州市淮海西路,交通便利,环境优美。作为江苏省人民医院技术支持医院、徐州医学院教学医院,是一家拥有 60 多年历史的徐州市城镇职工、居民医保定点医院,铜山区新农合定点医院,铜山区职工医保定点医院,是全区唯一一所集医疗、预防、科研、教学为一体的二级甲等综合医院。现有在职职工 622 人,其中高级职称 64 人,硕士研究生 13 人,徐州市拔尖人才 2 名,医学院聘任兼职副教授 26 人。拥有 16 排西门子螺旋 CT、飞利浦 IU22 彩超、DR、体外碎石机等大型医疗设备。拥有胸外科、检验科 2 个市重点专科,医疗碎石中心、血管外科、糖尿病专科、中医科 4 个特色科室。住院部设有 13 个病区,设置病床 560 张。

2011 年,医院大力开展争先创优活动,坚持"科技兴院,人才强院"的发展战略,致力打造"仁爱、敬业、务实、进取"的医院品牌。全年住院 13657 人次,出院 13563 人次,床位使用率 90.9%。病人综合满意度 98％以上。业务收入再次突破亿元大关。先后荣获"徐州百姓最信赖医院"、"徐州市人民满意医院"、"徐州市优质服务单位"、"徐州市人民满意医疗服务窗口"等称号。

"送医到您身边,健康伴您永远"
大型义诊活动

整装待发的 120 急救车

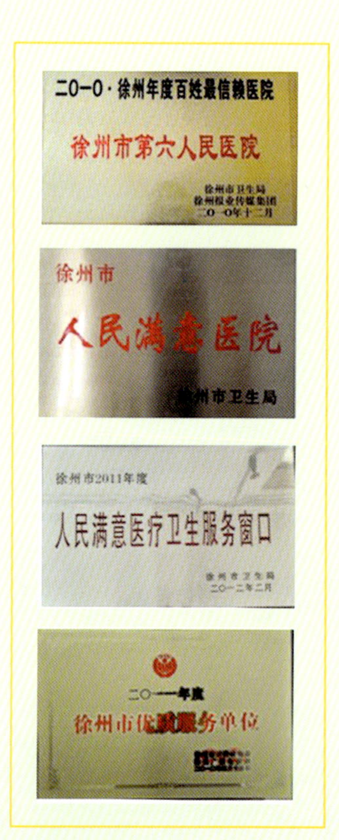

徐州市老年病医院

院长　李　翔

徐州市老年病医院血管外科中心创建于2002年，中心拥有一批省内享有盛誉的专家学者，在临床实践中形成自己的医疗专科特色的优势，是徐州地区唯一一家血管外科中心。

中心下设血管静脉组、血管动脉组、血管介入组、血管瘤组。现有9名血管外科医师，正主任医师2名，副主任医师2名，主治医师3名，住院医师3名，其中博士生1名，研究生2名。综合病房以普外科为主，以周围血管外科为重，现有床位50余张，使用率在90%以上。拥有DSA机、造影机各一台、英国、德国、意大利产新型激光治疗仪3台、氩激光治疗仪2台、多普勒动脉听诊仪。启用新建4间现代化手术室，在原有的4台进口激光治疗仪的基础上新增一台中型DSA机，是苏北地区首家诊治动脉病用DSA杂交手术室的血管外科中心。

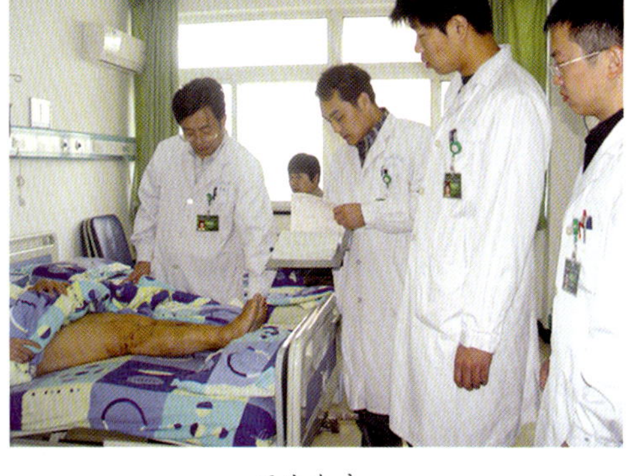

医生查房

中心与国内血管外科创始人孙建民、张培华、将米尔教授保持了合作和联系，引进国外新型激光治疗仪，治疗下肢静脉曲张和老烂腿，填补了徐州市激光治疗下肢静脉曲张技术的空白，激光联合手术治疗下肢静脉反流性溃疡的临床研究与国内、世界先进医疗技术同步发展。对下肢动脉硬化闭塞症、周围动脉栓塞、深静脉血栓形成、血管瘤、血管畸形等症的新术式的治疗，也取得良好效果。中心每年收治700余例下肢静脉瓣膜功能不全病人。下肢静脉返流性溃疡±10%。激光联合手术治疗下肢静脉曲张至2012年12月共收治病人5080例。其中下肢返流性溃疡298例。

该中心已成功举办多次淮海经济区血管外科治疗新进展大型学术会议及手术演示会，荣获市级新技术引进奖、科研成果奖四项，发表省级国家级论文26篇。获市成果进步奖二等奖一项。新技术引进奖二项。申报省课题一项。在今年7月份上海召开全国血管外科会议，中心有三人当选为组委会委员。

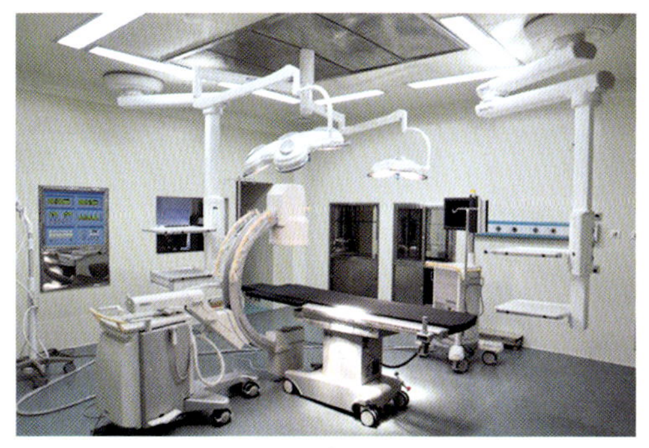

杂交手术室

目前中心加强学科建设并与全国各大医院联姻，提高医生诊疗水平，培养高尖端人才队伍，鼓励青年医生读研读博，参加国家级以上学术活动，将血管外科中心做大、做强，实现为每一位患者提供一流服务、一流技术、一流设备的目标，今年被评为徐州市重点专科。

下肢静脉曲张微创手术

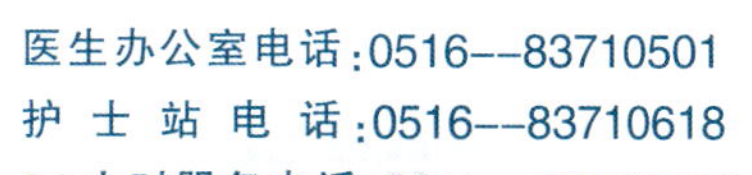

医生办公室电话：0516--83710501
护 士 站 电 话：0516--83710618
24小时服务电话：0516--83710596 18952140857
地址：徐州市中山路奎中巷10号（泛亚大厦西50米）

邳州市中医院

省民政厅厅长吴洪彪在邳州市委书记冯其谱等陪同下到院视察大病救助工作

省卫生厅副厅长、省中医药管理局局长陈亦江到院视察工作

邳州市中医院始建于1965年，是二级甲等中医医院、爱婴医院、南京中医药大学教学医院，邳州市中医医疗、教学、科研中心。现有职工630人，其中高级职称37人，中级职称111人，硕士研究生14人。医院占地面积30150平方米，建筑面积48100平方米，医疗用房43900平方米，固定资产16000万元。拥有核磁共振机、十六排CT、DR、GE彩超，全自动生化分析仪、腹腔镜、关节镜、电子胃肠镜、呼吸机等价值万元以上的设备100多台(套)。先后引进医院信息管理系统(HIS)、门诊挂号"一卡通"、影像科室PAS系统、检验科LIS系统、健康体检管理系统以及智能化监控系统。开放床位410张，开设17个病区，设有14个临床一级科室，城乡中医医疗体系初步建成。医院新老院区齐头并进，二期15000平方米病房大楼全面竣工，将于2012年投入使用。

部分中药自制制剂

2011年，医院加快实施科技兴院战略，科研能力进一步增长，有5个科室申报省、市重点中医专科，20多人次30多篇医学论文在省级以上医学专业杂志发表。全年医院门诊325480人次，出院病人18295人次，手术4436例次，比上一年增加35%以上。医院在国家中医药管理局中医医疗质量年验收活动中获得并列全省第二的好成绩，成功创建"国家中医药先进单位"。被评为"徐州市人民满意医院"、"徐州市文明单位"，邳州市"优秀基层党组织"，邳州市"卫生工作先进单位"、"中医药工作先进单位"。内科被徐州市文明办评为第三批"十佳服务集体"，外科获江苏省总工会"模范职工小家"荣誉称号。

GE超16排螺旋CT

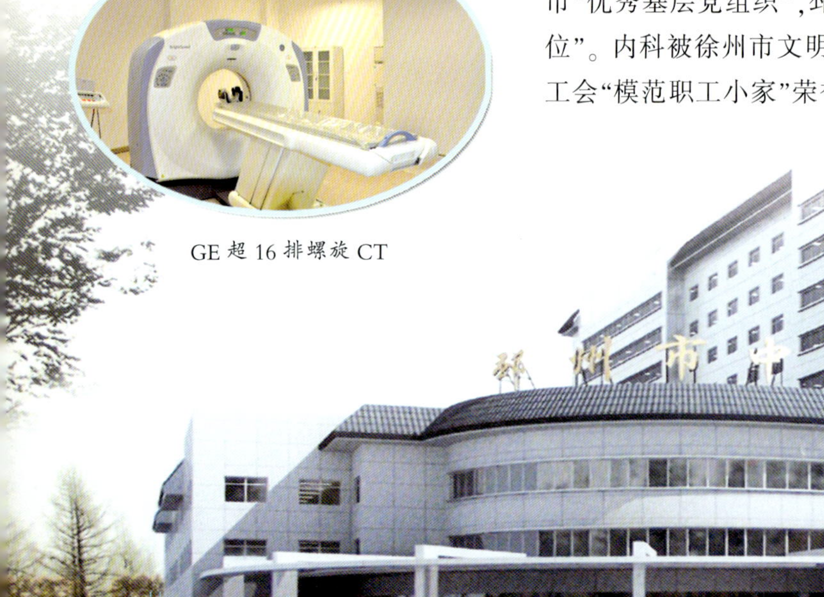

门诊病房综合楼

邳州市人民医院

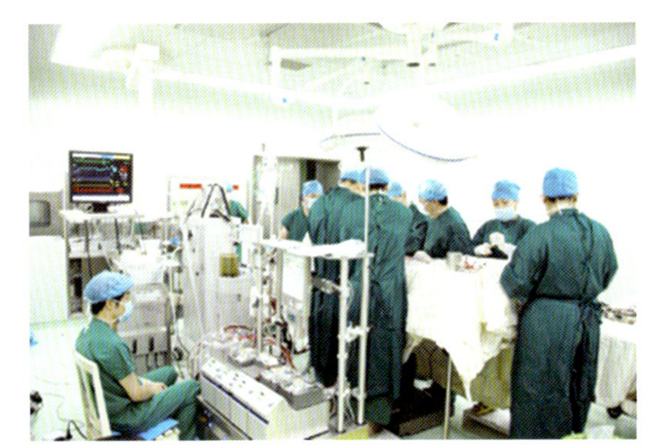

体外循环心脏手术

志愿者走进敬老院

温情护理

邳州市人民医院是一所集医疗、教学、科研、预防、急救、保健和康复于一体的二级甲等综合性医院，徐州医学院教学医院、徐州医学院附属医院集团医院，东南大学中大医院心血管诊疗中心合作单位、国家级“爱婴医院”。现设临床、医技科室35个，核编床位980张，医疗高峰期最高开放床位近1500张。医院占地面积180亩，建筑用房8.8万平方米，固定资产6.7亿元。现有正式职工1004人，其中高级技术职称人员125人、中级职称人员335人，研究生学历25人，市级拔尖人才3名，省跨世纪“333人才工程”成员1名，江苏省专业委员会委员3人，徐州市医学会专业副主任委员6人，徐州市医学会各专业委员27人。拥有螺旋CT、核磁共振仪、大C型臂数字减影血管造影机(DSA)、直接数字化摄片系统(DR)、准分子激光近视治疗仪、直线加速器等国内外先进仪器设备300余台(套)。2011年，医院又先后购置了德国西门子1.5T核磁共振仪和飞利浦iCT。2010年、2011年，医院凭借在运营规模、医疗技术、经济资源三个方面的优势，先后两次入选全国县级医院百强行列，综合评分分别名列第38位、第31位。2011年，医院各项质量、技术、效率、效益指标继续保持全省二级医院领先水平，被江苏省卫生厅评定为徐州市唯一一家二级医院晋升三级医院试点单位。

庆祝建党90周年活动

新区医院规划图

新沂市中医院

院长、书记　辛昂

新沂市中医院始建于1958年，现已建成人才合理、科室齐全、设备优良、中医药特色突出、中西医合并发展的集医疗、教学、科研、康复、保健为一体的现代化综合性二级甲等中医院。医院秉承“和谐、厚德、传承、创新”的医院精神和“健康所系、生命相托、责任重于泰山”的医院使命，长期坚持“以病人为中心，以病人满意为目标”，为全市及周边地区人民群众提供优质、高效的医疗卫生服务。先后荣获“全国百姓放心示范医院”、卫生部“颅内血肿微创清除术协作医院”、“省模范职工之家”、“省文明医院”、“省文明行业示范点”、“徐州市平安医院”、“徐州市卫生行风建设管理先进集体”及“徐州市十佳医院”等荣誉称号。

医院现有职工486人，其中中高级人才近百名，徐州市知名中医数名，开设床位500张，年门急诊34万余人次，年收治住院病人18000余人次，主要业务指标及综合实力居徐州县级中医院前列。医院拥有28个临床专科，其中心脑血管科、肛肠科、骨伤科、妇科为徐州市重点专科，肾病糖尿病专科、肝胆科、脾胃病科、结石科为市级重点专科。拥有核磁共振成像系统、全身多排螺旋CT机等100余件(套)现代化诊疗设备。近年来成功开展了腹腔镜下胆囊切除、甲状腺摘除、子宫肌瘤切除等手术，其中经脐入路单孔腹腔镜技术在普外和妇科的应用填补了该项技术的地区空白，在省内处于领先地位。钬激光碎石、经皮肾穿刺取石、气压弹道碎石、超声震波碎石以及中药排石等五位一体碎石术，成功为数千患者成功解除病痛。医院“120”急救中心，本着“有急必到，有病必治，有伤必医，有求必应，免费出车，免费拨打”的服务宗旨，10余年来共出车12万余次，抢救各种急危重症病人10万余人次。

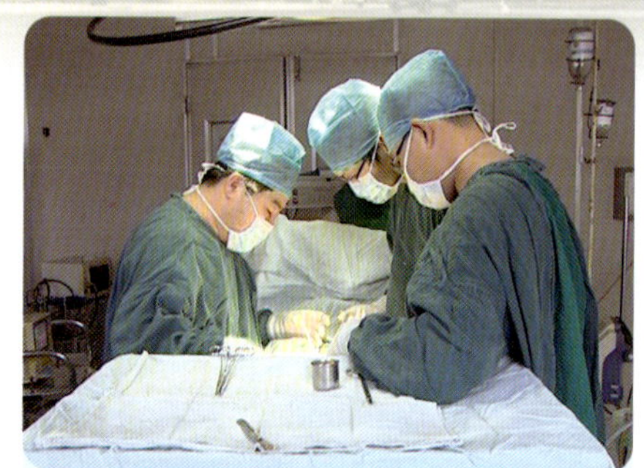

五位一体碎石术

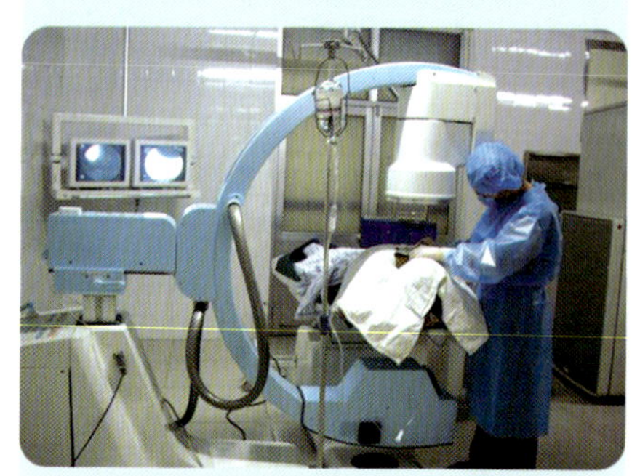

射频热凝靶点技术治疗颈腰椎间盘突出症

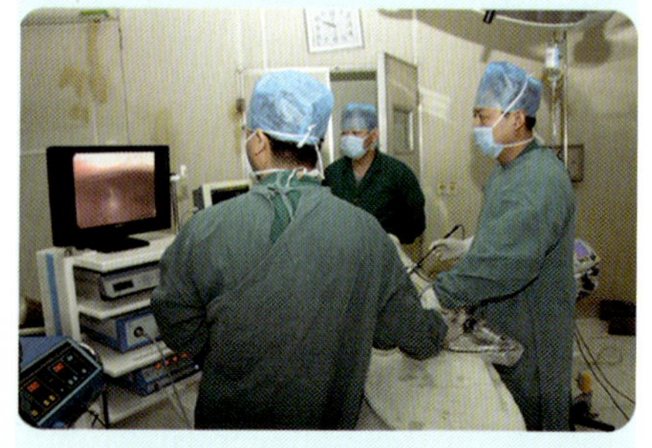

省内领先技术—单孔腹腔镜在外科手术中运用

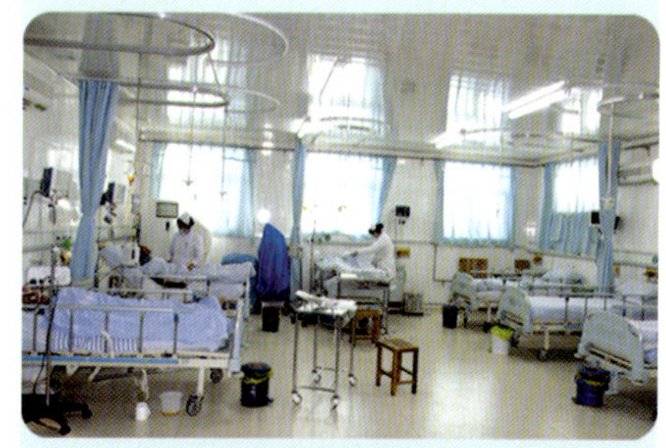

科学规范的重症监护室

中国建设银行
China Construction Bank

徐州分行

行长肖作华接受徐州广播电视台采访

中国建设银行股份有限公司拥有广泛的客户基础，与多个大型企业集团及中国经济战略性行业的主导企业保持银行业务联系，营销网络覆盖全国的主要地区，设有约14250家分支机构，在香港、新加坡、法兰克福、约翰内斯堡和首尔设有海外分行，在纽约和伦敦设有代表处，并在香港拥有中国建设银行(亚洲)有限公司。中国建设银行徐州分行是中国建设银行总行重点支持发展的中心城市行，辖1个营业部、13个支行、27个分理处和22个储蓄所，共有员工1470人。

2011年，徐州分行全力推进12356工程，即围绕当地一流银行目标，坚持保平安、增份额两手抓，落实三个服务机制，推进基础客户、基本帐户、基础收入、基础管理、基层机构及负责人管理等五基工程，抓好合规、客户、转型、创新、精细管理、队伍建设等六大措施，实现了持续稳重快迅发展。各项存款余额309亿元，贷款201亿元，存贷比64.98%，比四大行平均水平高近14个百分点；其他主要业务指标均位居金融同业前列，特别是贷款新增25亿元，余额在全市第一家突破200亿元大关，连续4年保持同业第一。被市人行评为五大行中唯一一家执行政策A级单位，荣获徐州市最佳私人银行、徐州市中小企业金融服务先进集体、四大行唯一的"徐州市三服务三满意"评比一等奖，获得省建行系统和徐州同业唯一的全国级文明单位荣誉称号，多名员工荣获全国金融系统五一劳动奖章、省建行十大杰出青年等荣誉称号。

市委常委、常务副市长邹徐文到行视察指导

举办全国文明单位揭牌仪式

获市银行业"三个办法一个指引"知识竞赛第一名

开展"学雷锋，树新风"志愿者活动

月度工作推进会

纪念建党九十周年座谈会

中国银行 徐州分行
BANK OF CHINA XUZHOU BRANCH

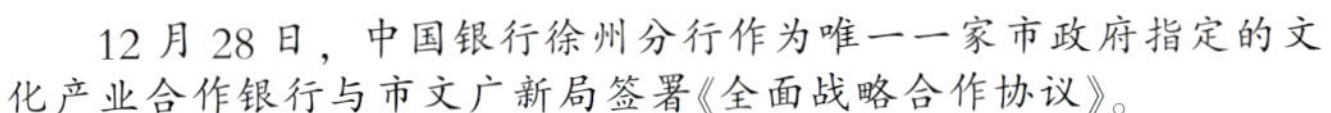

12月28日，中国银行徐州分行作为唯一一家市政府指定的文化产业合作银行与市文广新局签署《全面战略合作协议》。

6月13日，在徐州分行的推动下，中国银行总行与徐工集团在北京签署《全面战略合作协议》。

中国银行股份有限公司徐州分行秉承“追求卓越”的核心价值观、以“诚信、绩效、责任、创新、和谐”为企业文化，在创新中不断发展。2011年6月6日，中国银行江苏省IT蓝图项目投产取得圆满成功。同日，全辖400多台终端设备一次性切换升级成功，实现“成功切换、正常营业、风险可控”预期目标。徐州分行成功完成IT蓝图上线任务，在业务发展和内部管理方面都取得了长足的进步，为更优质高效的服务客户提供了有力的技术支持。徐州分行大力开展文明优质服务，落实“全员、全过程、全方位”的服务体系建设，在服务管理、评价体系建设、投诉管理、提升客户满意度等方面取得了明显成效。荣获市政府2010年度“三服务三满意”一等奖，是徐州五大行中唯一获得该奖项的单位；被江苏省财贸轻纺工会授予“江苏省金融监管机构模范职工之家”称号；被省人行授予2010-2011年度“江苏省人民币流通满意工程”先进单位、“现金清点中心”先进单位和2011年度“江苏省银行业金融机构先进现金整点中心”称号；被市人行授予“现金管理”、“反假人民币管理”、“同城票据交换”先进单位、“人民币综合管理”先进单位。在徐州市“诚信兴商”外汇知识竞赛勇夺团体和个人“一等奖”；在“国库经收业务知识竞赛”中获得团体优胜奖。市行营业部和铜山支行营业部被授予“江苏省巾帼文明示范岗”，青年路支行大堂经理郑芳获得2011年度总行级文化规范服务“明星大堂经理——魅力之星”。

5月21日，在徐州市首届出国金融博览会颁奖典礼上，中国银行徐州分行荣获“最佳出国金融服务银行”。

10月10日，中国银行徐州分行代表队在市“诚信兴商”外汇知识竞赛上荣获个人和团体一等奖。

PICC中国人保财险徐州市分公司

团结奋进的领导班子

诉讼案件巡回调解点在人保理赔中心落成

中国人保财险徐州市分公司坚持以“做人民满意的保险公司”为共同愿景，传承“诚信立业、稳健经营、创造卓越、回报社会”价值理念，践行“人民保险造福人民”的庄严承诺，为徐州各界及全市人民提供包括车险、财产险、意外险、责任险、信用险、农险在内的六大类百十种保险服务，在谋求公司发展中积极承担社会责任，实现了经济效益与社会效益的“双丰收”。2011年，累计承担保险责任3714亿元，支付赔款3.4亿元。连续12年首席承保徐州市政府公务用车，为徐州市三分之一的机动车辆提供全方位的保险服务；为徐州市新大项目和大型企业提供防灾防损服务和建工险、企财险等保险服务，2011年与政府签订了安全生产责任险的首席承保合同，为化工、矿山、交通等高危企业提供风险保障；作为政策性农险主要承办机构，扎实做好主要粮棉油作物、能繁母猪和奶牛保险，推进政策性高效农业、设施农业保险试点工作，推广小额家财险、短期意外伤害险等保险服务，2011年共为42.6万农户支付农险赔款5534万元，有力地支持了社会主义新农村建设。创新客户服务的理念和举措，推出“万元以下不涉及人伤案件一小时通知赔付”、“客户信息自主查询”等特色增值服务，推行首问负责制、限时答复等措施，部分月份实现客户零投诉。先后荣获“省模范职工之家”、“省精神文明建设工作先进单位”、“消费者信得过单位”、“2011品牌徐州标杆企业”、“2011年农业示范县创建组织奖”等荣誉，同时蝉联三届“江苏省质量奖(服务类)”，是徐州市唯一一家获得此奖项的服务类企业。

云龙营业厅

关爱留守儿童

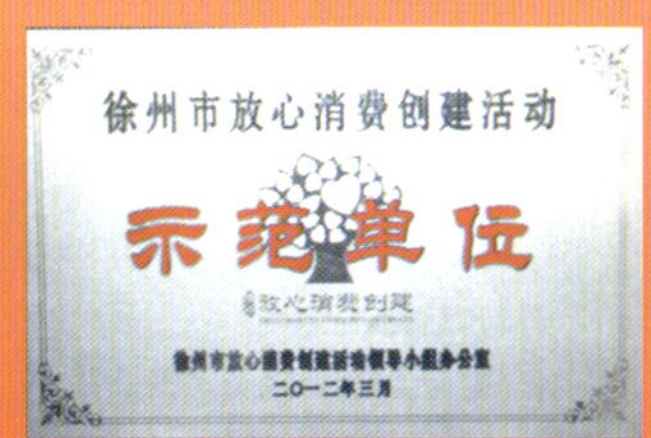

中国邮政储蓄

2011年，中国邮政储蓄银行徐州市分行注重能力建设，新建设了个人VIP理财中心，全市邮政储蓄网点达到232个，累计建成信用村390个，ATM设备总量达到272台；累计发放银行卡400万张，拥有客户数超过500万户。相继开办了一手住房按揭贷款、经营车辆按揭贷款、个人综合消费贷款、保理、保函等新业务，开通了徐州观音机场、徐州火车站、徐州高铁站VIP贵宾通道。截至2011年末，居民储蓄存款余额达到227.56亿元；对公存款余额32.80亿元；个人贷款业务结余28.71亿元，不良率0.40%；小企业贷款结余4.16亿元；批发类贷款新增19亿元；全年销售人民币理财产品14.09亿元，销售基金11.87亿元，销售国债1.10亿元；代发新农保200万户、代发社保10万户，月均代发金额1.6亿余元。连续四年在邮储银行江苏省分行绩效综合考评中名列前茅，被评为"2011年度诚信经营示范企业"、"徐州市最受消费者信赖的十佳企业"，荣获"徐州市零投诉企业"等称号。

徐州市分行大力服务"三农"、服务中小企业、服务地方经济发展。在"春雨行动"、"送金融知识、送贷款下乡"等行动基础上，联合徐州市委组织部在全市开展"助千个支部创业、帮万名党员致富"活动，发挥党员使用贷款创业致富的示范带动作用。积极实施"青年创业贷款"、"大学生村官创业富民"贷款，为农村经济发展注入大量资金；优化流程、创新产品，开展了"访千企，助百家"活动，助力中小企业发展；积极投放项目贷款，支持全市"三重一大"项目和民生工程。2010年–2011年连续两年在徐州市委市政府年度绩效考评中荣获"三服务三满意"一等奖。因服务"三农"业绩突出，被《经济日报》、《光明日报》、《农民日报》、《人民画报》等中央媒体采访并向全国报道；"支持大学生村官创业富民"事迹，受到中组部、人保部、民政部等国家六部委领导的充分肯定。"好借好还小额贷款"被江苏省文明办评为"江苏省第三批优质服务品牌"，是全省金融系统唯一一家，并被评为"民生金融惠民"工程典型示范行。

市人大代表视察

联合徐州市委组织部开展"助千个支部创业、帮万名党员致富"活动

举办成长型中小企业融资对接会

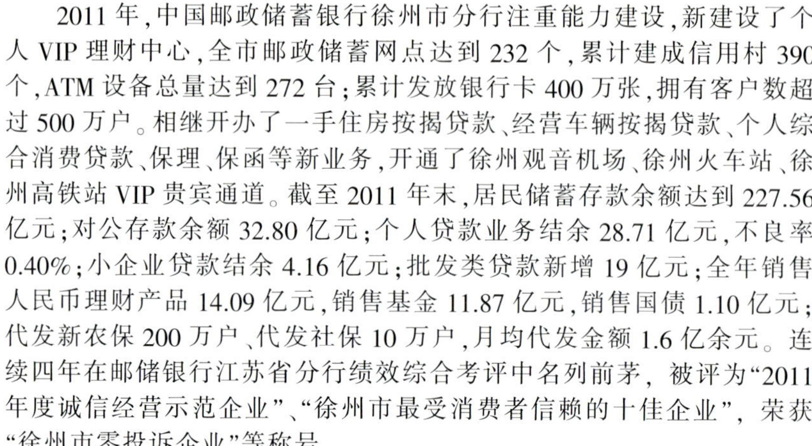

特惠商户联盟及特惠专刊发行启动仪式

举办"幸福创富路，邮储伴您行"2011中国邮政储蓄银行创富大赛徐州赛区启动仪式

举办"邮储银行 感恩有

银行徐州市分行

“国债服务年”活动启动仪式

“沛县大学生村官创富先锋队”获得江苏赛区总决赛冠军

举办绿卡通 VIP 卡首发仪式

团参加邮储银行江苏省分行创先争优表彰会

开展“送金融知识下乡”活动

举办行风监督顾问联谊活动

年行庆音乐会

建设“邮储银行希望工程班”

滨湖支行暨市分行 VIP 大客户中心开业

江苏银行 BANK OF JIANGSU 睢宁支行 Sui Ning Sub Branch

融你我 融无限

江苏银行是江苏省内最大的地方性股份制商业银行，现有营业网点500余家，设立了上海、深圳、北京和杭州4家省外分行，广州分行近期开业，跨区域发展迈出实质性步伐。江苏银行睢宁支行于2009年12月26日成立，现有员工17人，其中本科以上学历占97%，是一支团结、拼搏、和谐、向上的团队。

融入你我生活 融创无限未来

特色业务推荐

江苏银行"我的卡"彩照信用卡——我的爱，随身带

您可以挑选自己满意的写真照、婚纱照、生活照、可爱宝宝的照片，自行设计个性十足的信用卡卡面，将感情融入卡片，彰显个性色彩。让您的最爱陪伴您身边，随时与周围的人分享您的幸福和快乐，做一个让人羡慕的时尚达人。免收任何制作费用，并有专属的个性积分礼品。

聚宝借记卡——聚财汇宝通天下

聚宝借记卡先存款后支用，不得透支，无需任何担保。聚宝借记卡在江苏银行ATM机和柜面存取款均不收取交易手续费，包括开卡费、小额账户管理费用等。

江苏银行公务卡——尊贵优惠，申请简便

江苏银行公务卡是江苏银行向国家机关及企事业单位员工发行的可用于单位公务消费和个人消费的信用卡。该卡享有六免：免年费、免溢缴款(非信用额度取现)手续费、免短信费、免息还款最长56天、免担保、银联自动设备免跨行手续费等优惠。签约支付宝，可直接在支付宝平台上支付。

聚宝财富——吉祥三宝，财富升级

江苏银行理财宝是针对个人客户推出的一项理财业务。特点：高收益性，自动理财，手续简便。

"天天宝"——通知转存，"循环"升息

根据您与我行约定的一天或七天通知存款，自动划转理财资金，实现大额资金的较高利息收益。

"月月宝"—定期转存，"合理"升息

根据您与我行约定的活期账户保留金额，将活期账户余额超过约定金额的部分自动转存定期存款，使您的资金获得较高利息收益。

"升息宝"——智能转存，"升升"不息

遇到中国人民银行调高人民币整存整取存款利率时，根据既定计算公式对"升息宝"签约客户定期存款按利息收益最大化进行转存。

★ 办理个人网上银行，足不出户，轻松理财，实时交纳相关罚款等费用。

★ 多银行无缝接入、跨行转账实时到账、操作流程简单易用、费率减免优惠到家—"多快好省"就用江苏银行网银互联。登陆江苏银行个人网银，即可"一点接入、多点对接"，实现网银小额同城、异地跨行转账7×24小时实时到账，一点式管理各个银行账户等功能，同时江苏银行目前执行网银互联、跨行汇款手续费全免。

★ 办理企事业及个体工商户对公结算、电汇、安装银联POS机、老板通(刷卡手续费全额返还)、网上银行等支付业务。

地址：江苏省睢宁县八一东路5号(交通局大楼一、二层)

支行客服热线：88307001 88307001 网址：http://www.jsbchina.cn

业务发展部（公司存款、贷款、票据业务、国际业务）：88307000

综合管理部（个人贷款、信用卡、理财、基金、保险）：88307008

营 业 部(公司、个人开户、存款、结算业务)：88307111(传真)

中国移动徐州分公司

2011 年 5 月，徐州新城区信息港项目正式开工。

2011 年 7 月，徐州移动淮海路营业厅与徐州下水道四班结对共建仪式在市水务局举行。

2011 年 10 月，徐州移动荣获档案工作最高等级“五星级档案馆”称号。

2011 年 2 月，参加全市纪念城镇妇女“巾帼建功”20 周年活动的徐州移动代表队。

中国移动通信集团江苏有限公司徐州分公司（简称徐州移动）作为徐州地区规模最大、效益最好、发展最快的通信运营商，下辖丰县、沛县、邳州、睢宁、新沂 5 个县级分公司和市区、铜山、贾汪 3 个营销单位，客户规模超过 550 万，运营收入连续多年保持 20%以上的增长。

徐州移动已建成覆盖范围广、通信质量高、业务丰富、服务一流的移动通信网，网络覆盖率达 100%。同时，拥有“全球通”、“动感地带”、“神州行”三大产品品牌，全市各类营销网点 1500 多家，覆盖全市所有乡镇，形成面向客户的三级营销服务网络。 公司不断追求客户满意服务，开展了“满意 100”等主题服务活动，有效提升了服务质量和客户感知。公司先后获得全国用户满意服务明星企业、全国用户满意电信服务明星企业、江苏省文明单位、江苏省服务质量奖、江苏省用户满意电信服务明星企业、江苏省质量管理小组活动优秀企业等荣誉。

面向未来，公司将继续秉承“正德厚生、臻于至善”的企业核心价值观，不断追求“客户满意服务”，全面实施“服务与业务双领先”战略，争做世界一流通信企业。

2011 年 4 月，徐州市暨沛县农机跨区作业出征及“平安农机通”卡发放仪式在沛县举行。

中国联通徐州分公司

党委书记、总经理　周刚

省通信管理局局长苏少林视察徐州联通

党委书记、总经理周刚做客徐州电视台

中国联合网络通信有限公司徐州市分公司(简称“徐州联通”)是中国联通的地市级分支机构,承担徐州市五县五区以及新城区、开发区的各类通信业务经营和管理任务,主要经营移动通信业务、固定通信业务,国内、国际通信设施服务业务,数据通信业务、网络接入业务和各类电信增值业务,与通信信息业务相关的系统集成业务等。公司秉承“创新改变世界”的理念,全面实施“3G领先与一体化创新战略”,全力加快WCDMA网络和光纤网络建设,实现业界内网络领先、服务领先、业务提供能力领先的目标。

近年来,徐州联通的资产、人员、用户和收入规模明显扩大,用户总数超过120万户,其中3G用户超过20万户、宽带用户突破12万户,企业综合实力得到明显提升。2011年,公司实施宽带承诺服务,率先推出“联通家庭宽带市区24小时装机、修障,延时双倍赔付”的社会服务承诺,同时诚聘社会百名监督员,开创“联通开放日”,客户感知明显提升。5月29日,在中国质量万里行对徐州地区200个行业的暗访中,徐州联通是徐州唯一一家被中国质量万里行检查组评定为A+企业,被评为“2011年服务质量先进企业”。年内,公司荣获江苏省“诚信单位”、徐州市“诚信单位”、徐州市“2011年度通信行业3G网络首选品牌”等荣誉称号。

国内首档3G互动体验节目“沃的下午茶”7月1日起在徐州电视台《第一消费》栏目中播出

徐州联通被中国质量万里行检查组评定为A+企业,被评为“2011年服务质量先进企业”

荣获徐州市2010年度“诚信经营明星企业”

新联通,心联通,感恩2011客户答谢会

徐州高速铁路投资有限公司

徐州高速铁路投资有限公司成立于2008年5月,注册资本6亿元,是隶属于市政府的国有独资公司。公司的基本职能是按照现代企业制度和规范的法人治理结构,在市场化运作的框架下,主要负责京沪高速铁路、郑徐客运专线征地拆迁,地方铁路、高铁徐州东站站区土地整理及配套设施建设,徐州"亿吨大港"顺堤河作业区码头项目建设等。

高铁公司自成立以来,得到了市委市政府、主管部门以及相关单位的大力支持。公司围绕"第一年打基础、第二年上台阶、第三年求突破"的发展目标,各项工作取得了阶段性进展,较好地完成了上级赋予的各项任务。2010年8月高铁公司出资15000万元,注册成立子公司——"徐州高铁港务投资有限公司";2011年5月与江苏徐州港务(集团)有限公司共同增资扩股,变更公司注册资本为40000万元;6月,出资500万元,注册成立子公司——"徐州高铁时代资产经营管理有限公司",主要负责徐州高铁站地下停车场及高铁站区广告经营管理等。高铁公司按照"借得来、用得好、还得上"的要求,本着"长、短期相结合,以中长期为主;项目贷款与其它融资方式相结合,以项目贷款为主"的总体思路,以融资成本最低化为目标,多渠道、多形式筹措资金,为高铁站区和"亿吨大港"建设提供了资金保障。截至2011年底,累计接受银行授信46.41亿元,完全满足了工程建设需要;公司总资产达85.7亿元,总负债26.6亿元,资产负债率31%。下一步,公司将本着"做实主业(融资)、适当拓展产业"的总体思路,在原有职能、经营范围的基础上,做好资金、资本、资产的合理规范运作,努力将高铁公司打造成集融资、投资、资产经营管理为一体的专业性投资公司。

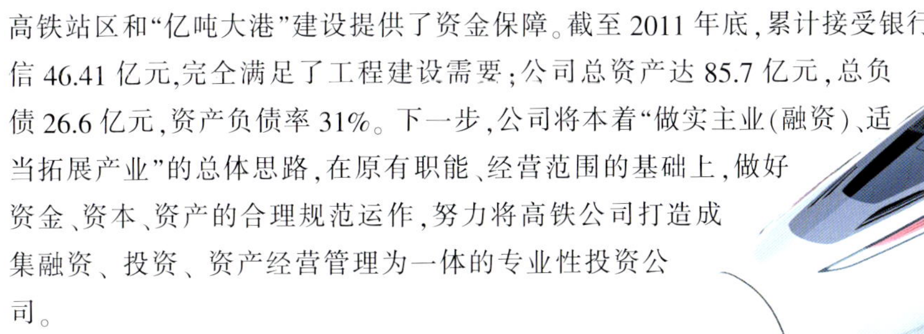

徐州市安徽

会长蒋振华向原中央军委纪委副书记、解放军总后勤部副政委、商会高级顾问董宜胜中将，中国军事医学科学院原政委、商会高级顾问边兆明将军汇报商会工作。

会长蒋振华向原中央军委委员、解放军后勤部部长、商会高级顾问王克上将汇报商会建设和发展工作。

徐州市安徽企业商会是经安徽省人民政府及徐州市民政局正式批准成立的非盈利性社会法人团体，是安徽人在徐州投资、交流、合作、发展的窗口和平台。商会有会员企业206家，范围涉及房地产、商贸、机械制造、金融、投资、文化传媒、节能环保、物流、建筑、餐饮等诸多领域。商会秉承"弘扬徽商、传承创新、和谐共赢、服务社会"的宗旨，坚持"团结、协作、共赢，公开、公平、公正"的处事原则，团结广大在徐徽商，严格遵守国家法律、法规、政策，不断加强会员企业与政府的联系，充分发挥商会的桥梁纽带作用，沟通信息，资源共享，通过发展会员，千方百计为会员服务，维护会员的合法权益，不断增强商会内部的凝聚力，扩大外部的影响力；立足徐州，回报徐皖，大力弘扬先辈徽商重社稷、知荣辱、晓礼节、守道义、倡和谐、谋发展的高尚精神，精诚团结、厚德包容、自强拼搏、以众服众、汇通天下、服务奉献，推动徐皖两地经济社会发展，深化两地交流工作。

会　　长：蒋振华
执行会长：王　军
常务副会长：宗　剑、王　锟、张　宁、董祥吟、李晓峰、陈体峰、张胜利、丁　辉、刘甲铭、胡洪彬、李　剑、王清君、陈东泰
副 会 长：左申业、孙　杰、张开金、吴祥斌、朱正伟、牛　光、杜长亭、王　昕、徐　永、刘世永、朱树军、姬　瑜、刘红涛、陈小虎、张海亮、王瑞香

解放军总后勤部原副政委、商会高级顾问董宜胜中将，安徽省人民政府原副省长、省人大常委会原副主任、商会高级顾问吴昌期，中共徐州市委常委、副书记李荣启，安徽省人大常委会原副主任、安徽国际徽商交流协会会长、商会高级顾问周本立，徐州市人民政府副市长周宝纯，商会首届会长蒋振华为商会揭牌。

商会会长蒋振华在商会成立庆典大会上致答谢辞。

企业商会

会长蒋振华、常务副会长陈体峰与南京军区原政委方祖岐上将合影。

会长蒋振华与安徽省人大常委会原主任孟富林举杯共祝商会明天更美好。

执行会长王军、常务副会长王锟、张宁、李晓峰和安徽省委原书记卢荣景在一起。

会长蒋振华与安徽省人民政府原副省长、人大常委会原副主任、商会高级顾问吴昌期，安徽省人大常委会原副主任、安徽国际徽商交流协会会长、商会高级顾问周本立合影。

会长蒋振华和解放军总后勤部原副部长、商会高级顾问温光春中将及解放军石家庄机械化步兵指挥学院李令中政委在一起。

会长蒋振华与江苏省政协常委、省工商联副主席、"合肥之友"江苏理事会理事长、苏宁环球集团董事长、江苏省安徽商会创会会长张桂平在一起。

会长蒋振华和江苏黄埔再生资源有限公司董事长、江苏省安徽商会会长陈光标合影。

中国太平洋财产保险股份有限公司
——徐州中心支公司

总公司销售总监、江苏分公司总经理孙海洋在徐州和徐州市委书记曹新平亲切交谈

党委书记、总经理　刘忠贺

2011年，中国太平洋财产保险股份有限公司徐州中心支公司抢抓机遇，奋勇争先，实现了保费规模突破6亿元的好成绩，同时在品牌建设、队伍建设、企业文化建设等方面都取得了较好的成绩，成为太保系统的标杆型公司。全年共实现保费收入6.19亿元，同比增长26%，占市场份额24.15%。其中，车险保费收入5.51亿元，同比增长25%；非车险保费收入6828万元，同比增长26.4%，综合费用率28.36%，综合赔付率52.92%，综合成本率81.27%，实现利润9100万元。年内，辖内8家支公司中有6家支公司在全辖排名进入前十，其中铜山和邳州两家支公司一直保持前两名。在总公司开展的"风起云涌战六月、如火如荼'增'领先"车险主题销售活动中，在竞赛小组中排名第一，并荣获全国三等奖。6月，徐州中心支公司顺利通过中华质量万里行促进会对服务质量的明查暗访。11月底，公司客户服务中心以绝对优势荣获太平洋产险系统"全国十佳服务团队"。全年太保产险徐州中支公司获得多项荣誉，在太保集团成立20年大会上，荣获太平洋产险系统全国"十强中支公司"、铜山支公司获"二十五强支公司"，其中《***** 车辆保险项目》和《***** 公司保险项目》两项业务荣获第十届百名销售精英"太平洋之星"重大项目开拓提名奖。11月，客户服务部荣登太保产险系统全国"十佳服务团队"。在分公司年终表彰会上，荣获江苏分公司先进集体。获得徐州市2011年"行业首选品牌"、徐州市"三服务三满意"二等奖。

总经理刘忠贺参加太平洋保险集团20周年司庆表彰会

团结奋进的领导班子

2011年工作会议

党员活动

公司团员参加市青年志愿者活动

市福利院献爱心

荣获太平洋产险系统“十强中支公司”

扶贫助困

徐州储运有限责任公司

605仓储中心

总经理　张广群

徐州储运有限责任公司始建于1953年，原为国家大型战备及民用物资储备库。2002年6月改制为股份制企业，专门从事第三方物流服务，为社会公共性物流平台，同时也是中国储备棉管理总公司和棉花交易市场重点仓库。公司现有在岗职工300余人，占地总面积623亩，库房总面积18万平方米，自有铁路专用线二条、各类货运车辆、起重、装卸、衡器设备等共计72辆(台)。公司下辖单位有仓储分公司、徐州香山物流实业有限责任公司、徐州家电市场、资产运营管理分公司等。

仓储分公司下辖601、602、605三大物流中心，储存面积达15万平方米。601、602物流中心地处市区东部，公路水运极其便利，毗邻徐州经济开发区，连接鼓楼区最大的生产资料市场。605物流中心地处市区西北三环路内侧，为徐州与豫皖物流连接的前沿地带，与徐州西部经济发展战略悉悉相关。

铁路、公路运输分公司下辖铁路中转运输公司、铁路物资托运公司和汽车运输公司，为社会提供铁路和集装箱到发，公路干线运输、区域配送以及铁、公、水多式联运服务，年吞吐能力在50万吨以上。

饮食服务公司下辖地处铁路客运徐州站旁的储运宾馆、翠园快捷宾馆和香山物流宾馆，共有床位600余张。徐州家电市场营业面积21000平方米，100余家家电批发零售商及百惠家美时超市入驻经营。

徐州香山物流实业有限责任公司(简称香山物流园)，地处市东三环，为徐州储运有限责任公司独家投资兴建，紧邻徐州经济开发区和城市东部6大专业批发市场以及储运公司601、602物流中心和铁路专用线，交通便利，位置优越，物流资源丰富。园区已建仓储面积3万余平方米，2万吨冷库在建，大型停车场、物流交易区已投入使用，总规划占地面积560亩，投资8亿元。香山物流园将围绕“依托现实、统一规划、立足优势、整合资源、协调发展、典型示范”的原则，通过香山品牌建设带动整合物流行业发展，建成淮海经济区规模最大、功能最全、服务能力最强的公、铁、水物流资源集聚基地和全国范围内典型的工程机械集聚区。

职工生日送蛋糕

职工拔河比赛

铁路专用线

徐州港华燃气有限公司

热情受理群众诉求

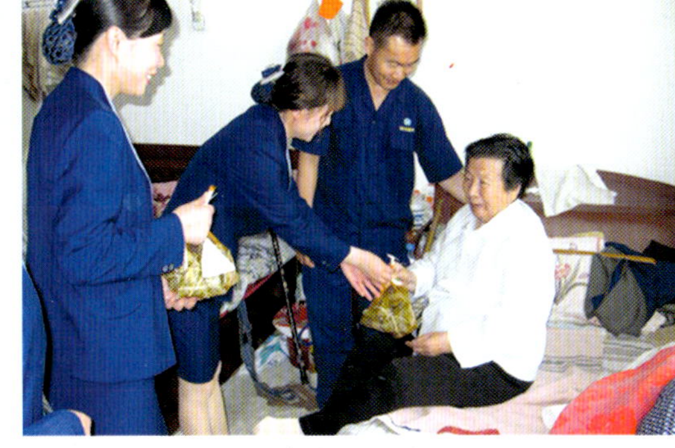

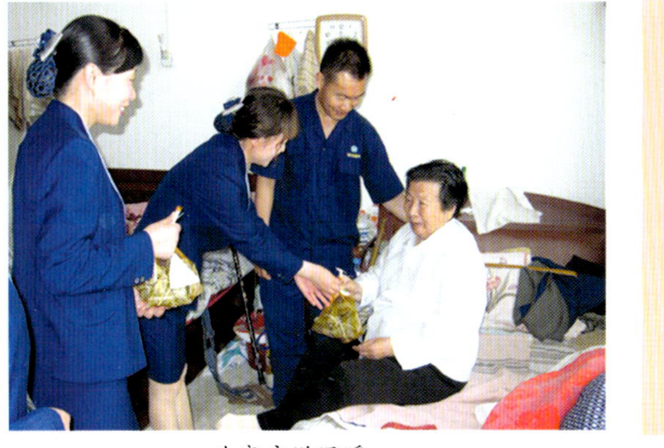

为客户送温暖

徐州港华燃气有限公司是香港中华煤气有限公司与徐州燃气总公司在2004年合资组建的以经营管道燃气为主的企业，是徐州市区唯一经营管道燃气和“西气东输”徐州天然气利用工程项目法人单位。投资总额为2.45亿元人民币，其中香港中华煤气有限公司占股份的80%。公司承担辖区范围内居民和工商业户的管道燃气供应，以及1200公里地下燃气管网的各项业务，同时拥有睢宁县及丰县的管道燃气经营权。目前，公司在全市拥有居民用户30多万户、工商业用户约400家。

徐州港华秉承香港中华煤气150年悠久历史的服务经验，倡导“以客为尊、持续革新”的服务理念，为客户供应安全可靠的燃气，并提供亲切、专业和高效率的服务，同时致力保护和改善环境。借助国家西气东输工程，经过连续几年的努力，2010年徐州港华在徐州市实施完成了天然气置换工程。徐州市最终淘汰焦炉煤气，全面进入天然气时代。这对改变城市能源结构、减少环境污染、提高市民生活质量、促进全市经济发展起到了重要推动作用。公司连年荣获市安委会授予的“优秀安全先进企业”称号。2006-2011年度，连续被江苏省及徐州市消费者协会评为“诚信单位”。2011-2012年度，获得江苏省燃气热力协会“江苏省燃气行业优质服务明显企业”称号。

现代化监控室

免费上门服务

紧急抢修演练

安全检查

徐州东南钢铁工业有限公司

董事长　王爱钦

领导班子

徐州东南钢铁工业有限公司是一家实力雄厚、发展迅猛的民营企业。自2003年创办以来，在董事长王爱钦的带领下，始终秉承“引领淮海地区钢铁进步潮流，推动徐州经济社会和谐发展”的宗旨，坚持“高标准、高起点、高速度”的发展战略，走多元化经营的发展模式，上规模、上档次，不断做强做大，已经成长为集钢铁生产、房地产开发、铁矿开采和国内外贸易为一体的现代化集团公司，为徐州市经济建设及社会进步作出了突出的贡献。

公司总部位于徐州钢铁铸造工业集聚区，现有职工4000余人，总资产46亿元，下辖4家子公司和7个分厂。公司拥有1座1280立方米炼铁高炉、2座550立方米炼铁高炉以及与之相配套的转炉、制氧、轧钢、烧结、球团、石灰等先进生产线，年产棒材、钢坯、螺纹钢和线材300万吨，利税超亿元。产品畅销苏、鲁、豫、皖等10余省（市），螺纹钢出口远销至南美地区国家。

轧钢

1280立方米高炉

信息业

信息化建设

【两化融合】 徐州工业机器人产业园被认定为省级“两化融合”示范基地，徐州软件园被省经信委认定为省级软件和信息服务产业园，徐州高新技术开发区、新沂经济开发区分别被评为省“两化融合”示范园区、省“两化融合”试验园区。全市共有3家企业获得省级两化融合示范企业认定，13家企业获得省级两化融合试点企业，其中徐工集团被国家工信部认定为“两化融合”示范企业，世纪天虹、恩化药业被认定为省级两化融合示范企业；夹河煤矿物联网示范工程一期工程通过国家验收，为打造全国物联网示范区，推动矿山物联网从核心技术向产业化成果转化打下坚定基础。积极协调省电信、移动、联通公司和市政府签署“十二五”战略合作协议，稳步推进“三网融和”。

【农村信息化应用基地建设】 加快推进农业现代化、信息化进程，加快推进农业信息技术应用水平，拓展农村电子商务发展平台，推动涉农信息网络公开。5月，睢宁县沙集镇被认定为全省第一个农村信息化技术应用示范基地（苏经信信推〔2011〕1147号）。12月，邳州市宿羊山镇和铜山区三堡镇分别被认定为经济发展领域和社会发展领域的“江苏省农村信息化应用示范基地”。

【软件产业】 软件业营业收入达23亿元，同比翻番，全年新增双软认定企业19家，徐州市已通过双软认定的企业达55家。另外组织30多家企业积极准备下一轮申报。徐州软件园三期工程于2011年底封顶，徐州软件园发展有限公司组建完成，徐州软件园管委会获批，被省科技厅认定为省级软件园、省级科技产业园，被省发改委认定为省级现代服务业集聚区，被省经信委认定为省级软件和信息服务产业园。重点企业江苏集群、东兴高科、万事达、雷奥医疗等4家企业主营业务收入分别超亿元。

【信息安全】 落实网络信息安全制度，维护网络信息安全流动。各级党政机关计算机信息网络安全重点保护单位要实行信息网络安全领导负责制。定期组织信息网络安全法律法规和相关知识的教育培训，切实保障本单位信息网络安全。对照《江苏省文明城市测评》有关内容，加大检查力度，发现问题，及时督促整改。指导网络运营商对网络环境严格监测和管理。积极协调各电信运营商、通信行业协会等单位，为各有关网站开通博客、微博、论坛等提供技术支撑和保障。政府信息系统安全总体运行良

好,全年没有重大信息安全事件发生,政府网站及重要信息系统安全事件能及时处置。（张恒学）

通信服务业

·中国电信徐州分公司·

【概况】 2011年是电信全业务运营,实现规模发展的关键年,徐州分公司充分发挥全业务运营优势,聚焦重点业务,优化资源配置,实施面向市场和客户感知的差异化融合发展策略,持续推进“四项转变”有效实现“四项提升”,以融合应用带动天翼、宽带、iTV、e家各项业务同步发展;加快ICT融合产品、信息化项目等转型业务发展,全面提升核心竞争力;持续优化号百业务和收入结构,创新号百经营模式;聚焦3G应用场景,深入挖掘客户价值,促进移动增值业务快速发展,在数字城管、财政e通、电子政务和“智慧小区”建设等取得明显成效,融合发展创历史新高。全年实现业务收入14.44亿元。在省公司KPI考核中,以104.88分名列苏北第一。

【网络安全】 重点关注网络安全,加大现场管理力度,进一步夯实网络管理基础,确保网络和信息安全。组织完成无线网、核心网的升级5次,完成全区600多个电信产权铁塔的巡检整治工作;对6个155群路、102条长途跨域政企客户电路进行优化;关停、替换老旧高耗能设备849台,缩容25.50万线,全年节省用电516万度;AP软件升级完成478个,提高了WiFi网络的安全性。开展了“满意宽带”、“畅快光网”、“精彩无线”、政企客户“一户一档”等专项活动,同时完善各种应急预案并组织演练,应急保障能力不断提高。在全省行业应用支撑技能竞赛中夺得团体一等奖和最佳组织奖。

【服务质量提升】 一是完善服务质量管控体系框架,规范服务质量管控体系建设,制定《宽带服务测评手册》、《服务稽查管理办法》,组建稽查队伍,形成常态的服务质量稽查机制。二是扎实开展“创先争优,为民服务”活动,通过“三亮”“三比”“三评”活动,在营业窗口实行“五统一”的服务;在宽带上打造装得放心、用得开心、修得省心、续得舒心、宽带宽心“五心”服务,重点提升服务窗口、装维能力和透明消费等方面的服务能力,大幅提升宽带服务的满意度。三是社会渠道建设取得突破,全区新建社会渠道1726家,明确责任,不断提升营销人员全业务服务能力。为社会渠道提供一站式服务,简化办理流程,缩短办理时间,提升客户感知。四是开展业务支撑专项活动,为提升全业务经营能力和用户满意度提供网络和技术保障。五是开展投诉指标专项提升活动,认真落实客户投诉处理工作,通过3.15专项整治等活动和日常受理客户投诉,加强维护客户权益。分公司营业中心被授予“全国五一巾帼标兵岗”。

【基础管理】 一是全面推进绩效创新,激发员工的工作热情。在绩效创新评比活动中,被评为一等奖的7个部门,绩效上浮30%,有效地提高了工作效率。二是建立健全安全生产责任制,狠抓机房防火安全、行车安全、资金安全和线路施工维护安全。配合公安部门,打击各类破坏通信设施案件和针对电信业务的智能犯罪活动,深入推进法律风险防范体系建设。三是进一步推进财务转型升级制度,强化资产管理。盘活房屋,租赁收入达1022.97万元;翻新利用终端设备,节约采购资金330余万元;通过节能降耗、设备缩容、技术创新等多项措施,节省用电516万度,节约电费443万元。扎实开展内控审计,完成审计项目2744项,审计金额4.52亿元,审减不合理工程费1699.4万元。四是完善惩防体系建设,开展8个重点环节反腐倡廉建设督查,建立系统有效的反腐倡廉防范机制。五是常年坚持管理、科技创新项目的征集、评审和表彰活动。年内获得全国通信行业优秀QC小组称号1项、省优秀QC小组称号3项、省公司优秀QC小组成果二等奖1项、三等奖2项,研发项目数量居全省第三位。六是推进和谐企业建设。旨在帮助员工减轻因特殊危难、重病造成的经济困难,成立员工互助基金会;全区168个农村支局的“四小建设”全部改造完毕,改善了员工的生活、工作条件。

【翼支付消费】 翼支付是中国电信推出的一项服务。天翼手机集成校企一卡通、公交卡、行业卡、银行卡等多项应用,向用户提供方便、快捷、全方位的移动支付服务。翼支付银行卡应用以手机替代传统的银行卡进行消费。2011年,分公司为进一步便捷用户消费,积极打造翼支付消费环境,与全市多家商户签订电信消费协议,主要包括积分消费、刷卡消费和示卡打折等几个方面,年内共计开通翼支付消费联盟商家305家,其中购物类的有87家、餐饮类的78家、示卡打折商家60家、休闲娱乐商家80家。5月公交卡“翼机通”也在全市公交车推广使用。（张建军）

·中国移动江苏公司徐州分公司·

【概况】 2011年,中国移动通信集团江苏有限公司徐州分公司(简称徐州移动)进一步加强存量保有与新增拓展,强化市场协同,策略应对竞争,优化调整渠道结构,推进全面服务质量管理,健全投诉管控与认责考核体系,全面启动流程优化与管理工作。年内,公司客户规模突破550万,用户净增总量位居全省第2位,净增市场份额位居全省第5位。行业主导地位进一步巩固,全业务转型有效推进,实现了从规模化向价值化的转型跨越。

【“无线城市”建设】 “无线智慧城市”门户平台活跃用户十余万户。成功承建徐州市政府12345服务热线项目,实现全省首个地市级的12345市长热线项目的签约,也是全省首个实现人员外包的市长热线项目;与贾汪区人民政府合作建设贾汪区技防监控系统项目;与解放军第九十七医院合作拓展移动医疗信息化项目;与徐州师范大学达成“一卡通”项目合作协议,深化校企合作新模式。

【资源配置优化】 落实“精确规划、精确建设、精确运维”要求，提升网络运营效率。以客户感知为中心整治网络质量短板，弱覆盖解决率居全省第三。实施TD网络深度覆盖。综合运用无机房基站、共建共享、一体化机房、简易抱杆等手段，两个月内完成高铁沿线基站施工，率先在全省完成高铁专网的开通。加大对手机涉黄、垃圾短信等焦点、难点问题的整治力度，打造绿色健康网络。全面落实“五条禁令”，强化客户信息安全防护体系建设。

【管理效能提升】 适应发展需要，强化组织保障，明晰战略方向，面向全业务转型加快统筹布局。均衡人力资源结构，实施“雏鹰计划”、“嵌入式培训”新模式，为员工能力提升、职级晋升搭建平台。职能部门管理人员挂靠营业厅支撑服务，实施绩效挂钩考核。扎实推进档案管理，严格档案收集与整理流程，经现场测评获得企业档案工作最高等级“五星级档案馆”荣誉称号，授予“十一五”期间档案工作先进集体荣誉称号。强化风险防控与内部监督，强化风险防控与内部监督。

(范 凯)

·中国联合网络通信有限公司徐州市分公司·

【市场拓展】 2011年，公司循序渐进开展返乡市场、回城市场、3G倍增、聚类市场和特殊人群市场等专项活动，3G新增发展量创历史新高；推出“宽带亮剑2011”活动，宽带发展创下历史新高；配合“3·15”活动，公开城区家宽服务的承诺，进一步提升宽带保有率和用户满意度。按照行业条线进行市场拓展的集团政企客户营销体系基本形成；以行业应用为抓手，带动政企客户整体转网的营销理念得到了普及与强化；各类基础数据台帐、维系和欠费管理、客户经理日常销售行为管控等基础管理工作迈上了新台阶，重要客户拓展获得标志性突破。在徐州各区、县开展政企对接推进信息化建设交流会，配合市政府成功举办“信息化与工业化融合发展高层论坛”。截至2011年底，中国联合网络通信有限公司徐州分公司拥有在网用户超过100万。

【网络保障】 重点加强移动网络和宽带光纤网络接入、传输能力建设。加快3G网络建设进度的同时，持续提升2G网络规模、大力推进固网宽带提速改造，打造多层次、立体化的网络优势。在网络优化方面，完成徐州境内高铁、高速公路的专题优化，其中高铁优化方案，被总部作为全国样板段进行经验交流和推广；制定详细的实施方案，开展“精品网会战”活动，网络覆盖指标已达精品网要求；开展建筑物覆盖情况摸底调查，加大力度进行室分优化和深度覆盖优化，对已建室分进行再次测试和优化，提升网络点指标，切实改善客户感知，同时对所有大型小区的覆盖情况进行摸底，推动大型小区深度覆盖建设。

【客户服务】 努力形成为民、利民、便民的服务常态。以提升客户感知为出发点，加强基础管理和团队建设，打造学习型组织，深入推进大服务体系建设，在公司内部开展了“提升企业形象 提升客户感知”的专项活动，建立客户感知保障体系。加大维系管理、培训及考核力度，规范和梳理各环节的业务流程，大幅度提高维系效能。通过业务流程再造，总计形成10个业务流程，主要有端口释放流程、小区扩容补盲流程、拆迁小区后续服务流程等；通过用户投诉、聘请社会监督员、开放日活动等发现公司服务、产品中的缺陷点；通过营销准备阶段的缺陷预防、营销过程中的服务补救以及营销后期的问题追溯三个方面，对公司经营发展中存在的问题具备预防、补救和追溯、定责的能力。2011年总计向省公司提交缺陷消除提案31起，徐州公司获得全省缺陷提交评比三等奖，获得个人奖9例。开展丰富多彩的惠民活动。2月，通过惠民体验式营销，让回城打工的人们以其非常优惠的政策体验到联通的新网络。3月，积极参加“3·15”全国消费者权益日系列活动，获得“2010年度诚信经营明星企业”、“中央企业青年文明号”等殊荣。同期，新沂、邳州等县分公司也荣获当地“消费者信得过单位”等诸多荣誉称号。4月份与市总工会联合开展了“帮扶随你行”活动，不仅帮助了很多社会上的特殊群体，更让广大老百姓看到了徐州联通勇于担当社会责任的良好形象。另外，还有“校园迎新晚会”、“校园十佳歌手大赛”、“矿大网球赛”以及“校花校草徐州赛”等，进一步加强与高校的互动。

(王建军)

·铁通徐州分公司·

【基础管理】 一是通过对日控制、周分析、月总结等工作的不断完善，确保了经营工作的有序推进。二是通过规范各项业务装机、故障时限，对超时限纳入日控，严格考核超时限和越级投诉，狠抓接通率，使服务质量有一定的提升，客服接通率稳定在90%以上。三是充分利用监控手段，坚持开展定期抽查，及时纠正服务行为，促进营业窗口服务形象的不断提升。

【电缆线路整治】 2011年，先后更换、整治电缆交接箱160处、电缆分线盒800个、整治电缆150个区段，更换电缆50KM，整治接头包300处，故障率明显降低。同时，公司上半年还加强了对动环监控设备、城域网等设备的巡检力度，发现不良及时处理，先后5次配合厂家对不良设备进整治；对使用年限较长、存有安全隐患的开关电源进行了更换。

【工程管理】 2011年，公司共立项120项工程，投资1400万元。公司加强了对工程立项和工程施工的管理工作，将原每周一次的立项会议改为每周三次召开，并且对零小和集团工程做到随时审批，尽量满足一线经营单位的需求，工程立项通过后，加大了对工程进度和施工质量的管理工作，尽量合理加快施工进度、缩短工程周期，早日投入使用，缓解一线经营单位的压力。

(刘 真)

交通　物流　邮政

水路交通综述

【概况】 2011年,全市交通运输系统突出构建综合交通运输体系和服务特大型区域性中心城市两大主题,全面加快交通重点工程建设,提升行业监管和运输服务水平,推进交通党风廉政建设和体制机制改革,全面完成年度各项目标任务,实现"十二五"良好开局。完成交通建设投资48.7亿元,超额完成年度目标任务。其中,地方交通项目获部省投资支持的力度居全省前列。

【公路建设】 宿新高速公路徐州段超额完成年度计划。321省道沛丰公路沛县段、323省道邳州东北绕城段、249省道新沂至宿迁段等干线公路建成通车。路网连接公路建设强势推进,投资规模超过公路投资总量的50%,其中,新沂西互通连接线、吕梁风景区连接公路、沛县丰乐作业区疏港公路、邳州棠台公路等项目相继建成,徐贾快速通道主体工程基本完成,三环东路高架快速路顺利举行开工奠基仪式。建设农村公路413公里,桥梁116座。

【铁路建设】 京沪高铁徐州段顺利实施并于6月30日开通运行。京沪高铁徐州站区正式交付使用,建设速度和质量走在京沪全线24座城市的前列。

【水运建设】 "亿吨大港"全力推进,顺堤河作业区一期工程疏港公路和疏港航道全部建成,码头和桥梁工程按计划有序推进,疏港公路二期工程手续办理完毕,具备开工条件。航道建设有序推进,湖西航道一期工程克服前期协调内容多、征地拆迁任务重等困难,按计划顺利实施。新开辟至太仓、张家港两条集装箱航线,吞吐量完成2万标箱,比上年增长5倍。

【站埠建设】 高铁客运东站建设全面启动,沛县汽车站建成,徐州汽车客运南站、丰县客运站、睢宁汽车站启动主体工程施工,建成农村客运站9个、城乡一体化候车亭262个。

【城乡客运】 2011年,逐步完善"江苏快客"、"江苏快货"、"江苏快修"品牌创建工作,104辆客车通过"江苏快客"复核,新增"江苏快货"线路19条、"江苏快修"企业2家,2家维修企业被交通运输部认证为"绿色汽修"企业。更新高、中级客车314台。在部分驾校新增C5培训资质,为残疾人学车提供人性化服务。提请市政府出台《关于加快推进徐州市城乡客运统筹发展的实施意见》,制定全市城乡客运一体化发展规划。新开通客运班车行政村10个,全市所有行政村通达客运班车。"镇村公交"开局良好,新沂、邳州、沛县、铜山等地10个乡镇开通镇村公交。客运站联网售票系统不断完善，18个农村客运站实现联网售票，200个联网代售点统一标识体系。

【运输市场建设】 物流基地建设。推动宝通、金驹、香山、宏康等交通物流基地建设和运营，争取省厅投资补助1050万元，带动社会投资25.8亿元，推动了市交通物流业发展。新培育3个农村交通物流示范点，提升农村物流网络化服务水平。《徐州国家公路运输枢纽总体规划》通过部、省审查，新确定一批交通物流基地项目。推进甩挂运输试点，宏康物流被列入省甩挂运输试点企业。运输企业转型。引导客运企业进行资源整合，6家客运企业完成整合，22条线路、38辆客车完成整合置换，10条线路、56部客车完成车辆收购，实现公司化经营，客运资源进一步向优势骨干企业集中。

【交通行业监管】 交通规划编制。完成"十二五"综合交通运输体系发展规划和淮海经济区核心区交通一体化规划编制工作，协助相关部门完成徐州东陇海产业带规划编制。科学编制《徐州市区缓解交通拥堵对策方案》，提出6方面缓解交通拥堵措施。对接省干线公路网规划调整，争取对地方经济社会发展具有重要意义的公路项目纳入规划。公路航道养护管理。开展公路养护和路域环境综合整治，拆除非法高炮广告384个，封闭非法搭接道口327处，全市干线公路优良路率达99.1%，一级公路养护机械化率达90%以上，完成迎国检工作，为江苏夺冠作出贡献，市交通运输局被表彰为"十一五"全省公路养护管理有功单位，市公路管理处被表彰为"十一五"全省公路养护管理优秀单位第一名。改善航道里程25.24公里，航闸通行能力增强。改革和法治建设。乡镇交通运输综合执法改革工作取得突破，得到省交通运输厅肯定。水上统一执法改革稳步推进，完成"徐州市水上执法支队"挂牌有关工作。完成原城市客运管理处整体划入运管处的整合工作，理顺城市客运管理体制。在全省率先成立交通工程质量监督处，推动县级监督机构组建，完善市质监管理体制。完成《徐州市航道管理条例》修订工作，交通依法行政水平不断提升，市交通运输局被命名为2012—2013年市级依法行政示范点和市行政权力网上公开透明运行示范单位。交通建设市场监管。省交通行业招标评标中心徐州分中心和远程异地评标系统建成并投入使用，全市交通建设市场开放规范、公平有序。狠抓在建工程管理，开展"平安工地"创建，交通建设项目质量监督覆盖面100%。交通安全生产监管。开展"安全达标"工程和"平安交通示范点"创建。在全省交通运输系统率先出台《安全监督管理标准及考评细则》，强化企业安全生产主体责任和交通管理部门安全监管主体责任。成功应对60年一遇的严重旱情，维护京杭运河南北水上运输大动脉的全线畅通。公路超限超载治理。在全省率先制定《非法超限超载车辆长效治理工作实施意见》，建立政府主导、多部门参与的长效治超工作机制。率先推行"关联处罚，会签放车"制度，建成不停车超限检测系统，开展多部门、跨区域的联合治超行动。全年查处超限超载车辆10424辆，卸驳载24万余吨，平均超限率由年初的9.13%降至6.11%，超限运输现象得到有效遏制。完成市区66个小码头的拆迁工作，优化港口岸线资源，码头港口经营持证率全面提升，港口管理日益规范。

【科技信息建设】 科技成果运用。《宿新高速公路高烈度区抗震综合技术》被评为江苏省"两创三比"活动质量创新工作十大成果。在公路养护中开展高性能半柔性路面再生技术应用研究，并在全省首次推广使用。信息系统改造。市—县纵向网和市—县视频会议系统建设顺利启动。运管处开发使用运输行业信息预警和行政许可网上预受理系统、综合从业人员考试系统，提高服务效率。海事局推动100吨以上机动船舶安装海事自动识别系统工作，检验安装201艘。公路处建立执法车辆GPS内网运行平台，航道处完善"文明行业创建电子台帐软件系统"，港口局完成市港口管理信息系统一期工程。监控系统建设。局应急指挥中心完成运管、公路和航道381个监控点的信号接入工作，提高行业监管和应急处置能力。新增42个主要路段视频监控点，实现对市区范围内重点路段和重点场站的科技监控覆盖。全市重点营运车辆GPS安装率达到100%，在线率稳定在96%以上。构建水上交通安全监控系统工程，开展京杭运河徐州段电视监控一期工程建设，对船闸视频监控进行了改造升级，推广应用船舶GPS系统。服务热线运行。96196交通服务热线经过1年的运行，社会影响力扩大，全年受理各类来电3781件。96520服务热线网上投诉系统完成升级改造，实现多功能的融合。

【行业文明创建】 2011年，以"服务人民，奉献社会"为宗旨，深入开展文明行业、文明单位的创建活动，提高全行业文明执法、规范管理、优质服务的整体水平。按照市委统一部署，参与创建全国文明城市迎检工作，完成阶段性创建任务。全系统涌现省文明行业1个，省创建文明行业工作先进行业2个，省文明单位1家，省精神文明建设工作先进单位10家。在全行业中开展"十佳服务集体"和"百名服务标兵"评选活动，在省厅组织的十大服务品牌评选中，"亲情驿站"品牌名列总分第一。淮西客运站荣获"全国巾帼文明岗"称号，市航道处刘集船闸和市公路处工程总公司桥梁工程处获全国交通建设系统"工人先锋号"称号，铜山区公路站孟庄工区荣获全国模范道班，市铁路办被江苏省总工会授予"五·一"劳动奖状。

（阚志勇 程革生）

公路运输

【概况】 徐州公路运输集团有限责任公司（简称徐运集团）始建于1948年12月，从专营道路运输业做起，发展为经营道路客运、汽车服务、仓储物流、资产经营、旅游、驾驶员培训等几大产业的现代服务业企业集团。目前下辖近30家公司，在全国道路运输百强诚信企业排名第40位，是江苏省大型道路运输企业、徐州市道路运输龙头企业。2011年完成总营业收入20.35亿元,比上年增长37.45%。全年共上缴税费2275万元,上缴各项社会保险统筹金3315万元。截至年底,徐运集团旗下已开通运营二级以上客运站9个及多个乡镇客运站,其中一级客运站4个,二级客运站5个。运营客运线路408条,其中省际班线224条,市际班线114条,县际班线68条。全公司共有营运客车819辆,营运货车39辆,在用车辆成新率为64.36%。全年完成旅客发运量1963.99万人次,客运周转量23.17亿人公里,分别比上年增长15.46%和10.49%。公司行车安全4项考核指标均优于部颁标准,被市政府评为"安全生产优秀单位",被市安委会评为全市"消防工作先进单位"。在"全国道路客运科技助力行动"竞赛活动中,被评为"科技应用先进企业"。

【服务网络】 2011年,集团公司统一协调组织,客运业在市场竞争中发挥规模优势,制定经营策略,扩大市场份额。客运业营业收入突破5亿元大关,创历史新高。不断扩大售票网络覆盖面。在有条件的乡镇设立联网售票点,与电信、邮政合作开展售票业务,将合作售票网络从"镇镇通"向"村村通"拓展。用现代信息技术方便旅客购票及班次查询。5月1日集团公司门户网站开通,实现客运班线及客票互联网实时查询,6月底开通手机售票业务,满足旅客不出家门即可订票的需求。延伸服务终端。各车站开展各种营销活动,在寒暑假、黄金周到院校设立临时售票点,方便学生购票。在客流高峰期,延长车票预售期,利用网站、短信、海报、传单等多种方式扩大宣传,开展包车业务。

【产业升级】 2011年,集团公司为增强客运业的竞争力,推进场站建设,进行车辆更新,实施线路公司化改造,提高信息化服务能力,配合主管部门整合线路资源。汽车南站标准化改造开工,丰县城中客运站经过1年的紧张施工于12月启用,丰县新城区客运站奠基开工建设,沛县汽车客运北站建设工程完工开业,睢宁汽车站改造工程完工投入使用。全年更新营运客车107辆,机动运力由28辆增加到40辆,完成徐州至济宁、北路邳州2条线路26台车辆的公司化改造。12月,沛县龙固、敬安两镇开通镇村公交,公司正式进入镇村公交客运市场。全年集团公司共有22条市际客运班线及61台车辆涉及线路整合,通过与其他经营单位进行线路置换,完成整合工作;汽车南站接收原在食品城发车的9条省际农公班线20余台车辆进站。

【信息化建设】 2011年,集团公司升级改造自主研发的联网售票系统、客运票价里程查询、班次票务网上实时查询、快件运价查询及网上跟踪等核心业务系统,深化计算机协同办公系统(OA)的应用等;在对所有运营车辆安装车载GPS系统,实现车辆运营实时监控的基础上,对153台符合条件的公营车辆安装G-BOS(客车智慧运营系统),并制定《集团公司G-BOS系统运营管理办法》和《客运分公司G-BOS营运系统考核管理办法》,明确系统的管理、考核、奖罚各项规定及操作使用规范。通过G-BOS系统对驾驶员操作行为数据收集整理,纠正不良驾驶操作行为,监督运行过程,既促进行车安全,又大幅降低消耗。

【汽车销售和服务】 2011年,全年销售汽车11427辆,汽车销售收入13.44亿元,分别比上年增长35.02%和50.34%;汽车保修93997辆次,收入7740.8万元,分别比上年增长27.13%和37.93%。汽车服务业多项投资开花结果。一汽大众金源4S店,于元月9日正式开业,1年来销售汽车1376辆,维修车辆4260辆次。法国"雷诺"金诺4S店,3月20日正式开业,至年底销售汽车343辆,维修车辆2510辆次。上汽大众金路4S店,12月2日正式开业。上汽大众沛县和丰县二级网点相继开业,恒运4S店、金茂4S店在5县(市)的销售网点布局初步实现。通过渗透县区市场,获得新的订单和客户,全年县区新车销售占比增长。改善服务环境,提升品牌形象,金茂一汽大众4S店进行"绿色汽修"改造,更新现代设备仪器,改进排水排气系统,实现汽修环境零污染,项目通过省交通厅审核,金茂公司成为徐州市首批"绿色汽修"企业。恒运公司改扩建钣喷车间,增添新设备,扩建洗车场,添置道路救援专用车,将服务范围多方位覆盖,满足客户多种服务需求。金茂4S店、恒运4S店分别被一汽大众、上汽大众评为"五星级经销商"。

【物流产业】 2011年,物流业全面发展,零担运输网络建设取得进展,仓储功能建设快速推进,快件运输效益提升。为更加贴近客户,增强市场控制力,在市区新增宣武市场、食品城、东兴物资市场3个配货站点,各县公司在以车站为依托建立配货站的同时,还在重点乡镇设点布局,市、县、乡镇三级网点建设初步建立,为货物运输集散建立根据地。七里沟物流园区完善仓储、专线运输、中转配送、园区配套管理等服务功能,提升园区货运站功能,强化集散能力,创新增收模式。快件运输9个快件部网络化运营结构成熟,在完善网内代收运费、代收货款、运费月结、中转托运等功能中,通过各快件部之间的线上结算,提高工作效率,提升服务质量。全年完成零担货物收发185万件,运输货物5995吨,运输周转量为384.81万吨公里,比上年增长59.4%。快件全年运量71.48万件。

【附属产业】 2011年,资产经营业在统一管理体制、规范出租管理及招租程序、独立核算的基础上,加大租赁价格管理力度,对到期的出租房屋进行市场调研,合理制定房屋出租标的,保证租赁收益按市场规律稳步提升。徐运旅行社于7月份正式运营,并分别成立徐运旅行社各县区分部,标志着集团公司由旅游运输全面进入旅游行业。"徐运旅游"将旅游业务与包车业务互为补充,开通徐州至台儿庄一日游、邳州至北京五日游,拓展旅游班线运输市场。3月将原客运驾校经营权收回,按照一级驾校标准进行升级改造,并更名为徐运驾校,12月1日开业正式运营。升级改造后的徐运驾校拥有理论教室、电化教室、计算机理论学习室、模拟驾驶学习机等先进教学设施设备,租用50亩土地建成实训场地。开

始招收学员，并准备申请一级驾校资质。（陆 宁）

铁路运输

·徐州站·

【概况】 徐州站位于京沪、陇海两大干线交汇点，地处苏、鲁、豫、皖四省交界处，是全国铁路43个较大客运站之一，为上海铁路局客运一等直属站，担负着徐州及周边地区每年1300万人次的旅客发送任务，日均周转旅客7万余人。车站居于江苏省西北部，徐州市云龙区境内，中心里程为京沪线k803+023、陇海线k223+891，下辖徐州南、窑场站两个中间站。设站长办公室、安全科、客运科、财务科、劳人科、信息技术科6个行政科室和1个党群工作办公室，有客运、运转、设备和徐州东站4个生产车间，共有干部职工1021人。徐州站主站房启用于1996年9月，2008年9月起开工改造，2011年3月施工完毕，主楼8层，建筑面积3.3万平方米，无柱风雨棚4.6万平方米，站内有9台10线、10个候车室，候车室面积共9851平方米，采用高架进站、线上候车、地道出站的流程方式组织旅客运输，同时容纳1万人候车。站内设有旅客、行包、邮政3个地下通道，售票大厅设有30个售票窗口、10台自助售票机，在市区及周边地区设有77个售票联网点。徐州站先后荣获"全国五一劳动奖状"、"全国精神文明建设工作先进单位"、"全国模范职工之家"、"全国铁路文明单位"、铁道部"文明车站"、上海铁路局"模范职工之家"等荣誉称号，连续五年被评为"江苏省文明单位"。2011年，又获得"全国文明单位"、铁道部"文明车站"、上海铁路局2011年春运"创先争优"立功竞赛活动先进集体和"平安单位"等多项殊荣。

【旅客列车简况】 2011年8月28日，调整旅客列车运行图后，徐州站共办理直通旅客列车84对，管内旅客列车10对，行包直达特快1对，回空列车2.5对，共计97.5对195列。按列车等级划分：动车组8对，直达特快客车6对，特快行邮1对，特快列车15对，快速列车50对，普客列车15对，终到回空列车2.5对，其中始发终到旅客列车11.5对。按运行方向分类：南北方向33对，西南方向19对，西北方向11对，东南方向2对，东北方向4对，东西方向14.5对。新图换挂机车：直通列车换挂机车79列，始发终到列车24列，总计182台次。徐州南站办理列车141对。窑场站办理列车95对。

【安全生产】 2011年，坚持"规范管理、强化基础、盯控关键"的思路，车站加强安全教育。采取事故案例警示、集中学习和专题讨论等形式，开展"从事故中警醒、从挫折中奋起"主题教育活动，促使全站干部职工牢固树立"三点共识"和"三个重中之重"意识。抓好整章建制。借助高铁开通契机，建立健全规章制度95个、岗位安全责任制175个和应急预案28项等，实施模块化教学和职工岗位等级管理，规范安全管理。深化标准化创建，开展标准化车间、行车室、岗位和调车作业标准化创建及年度练功比武等活动，严格作业标准化月、季度验收，提高车站标准化作业水平。强化过程控制，突出接发列车、施工组织和劳动安全等9项安全关键，逐一制定落实控制措施，加强安全关键卡控。重新修订《安全逐级负责制》、《干部现场安全检查量化制度》等，全年，各级干部现场检查3760人次，下发安全隐患通知书156个、"两违"通知书894个。深化安全主题活动，深入开展安全突出隐患专项整治、安全大检查和大整改等主题活动，发现解决安全问题224个。截至12月31日，车站实现安全生产6327天，实现17个安全年。

【服务质量】 2011年，车站开展服务旅客创先争优活动。树立服务新理念，以"我为优质服务进一言"征文、"没有旅客的不对，只有我们的不足"大讨论等为载体，强化"以服务为宗旨、待旅客如亲人"的新理念树立；通过佩戴党员标志、公布作业标准和服务承诺等方式，提升干部职工自觉服务意识。加强业务培训，制定落实客运业务年度培训计划，建立班提问、周学习、月考试、季抽考制度，采取军训、礼仪讲座和机场宾馆参观学习等多种手段，全面提高职工业务技能。开展"特色"服务，以满足旅客多样性需求为出发点，开展"顺心导购"、"爱心接力"和"顺心助行"等服务，最大限度方便旅客。坚持"作业高标准、趟趟上满水"，保证每日近140列2340余辆客车用水需求。加强客服设施设备和静态标识等维修保养，为旅客提供舒适、温馨和便捷的候车环境。强化问题整治，突出客运作业标准执行、旅客乘降组织和客服设施设备使用等重点，开展专项自查活动，对34项问题逐一落实责任，集中整治，客运服务质量提高。一年来，车站杜绝责任路风投诉，共为旅客做好事420余件，收到旅客表扬信86件，锦旗、牌匾67块（幅），新闻媒体表扬53次，倾心打造了旅客的"顺心"驿站。

【运输收入】 2011年，路局下达发送人和运输收入任务，徐州站分别较上年实际完成增加16.2%、35.3%。车站扩大营销宣传，采取修订营销奖励办法、健全"大客户"档案、开展高铁专题营销、发挥客票代售点和旅行社辐射作用等措施，加大营销宣传，实现引流上线。优化售票组织，实行客流淡、旺季弹性售票班制，保证高峰时段，开满窗口售票，满足社会需求；做好运能利用分析，加强窗口售票指导和"三高"客票推介，全力增运创收。强化成本控制，针对成本压缩、预算调整和刚性支出加大等实际，车站完善财务内控制度，强化全面预算管理，制定下发2011年度成本计划，开展月季经济活动分析和"小金库"专项治理活动，严控无预算、超计划支出。突出"煤、水、电"等支出大户管理，细化落实节支降耗、修旧利废措施，确保实现成本控制目标。全年，车站发送旅客1295.05万人，比上年同期增长9.08%；完成运输收入124492.87万元，比上年同期增长28.21%，均创历史新高；成本控制在预算之内。（张玉杯）

·徐州北站·

【概况】 徐州北站是上海铁路局路网性特等编组站。主要办理京沪、陇海4个方向列车到达、解编、出发业务和整车、集装箱货运业务。设6个行政科室和1个党群办公室,下辖6个车间、5个中间站。在岗1623人,其中女职工226人,在岗干部159人。具有高级职称5人,中级职称46人,初级职称63人。站场场型为双向三级六场,并配有子场、交换场、辅助场、地区场。车站上下行均为TW-2型自动化驼峰,采用双推单溜方式,设有减速顶7171个。拥有2个货场,总面积924725平方米,仓库12座,站台11座,装卸线22条,装卸线有效长5295米。22家专用线(专用铁路)。拥有固定资产10102万元。2011年徐州北编组站日均办理辆数完成21646辆,其中10月30日办理辆数完成25595辆,创下8年来新高。至年末,实现安全生产1280天。 (李军华)

2011年徐州北站主要指标完成情况表

项目	单位	计划	实绩	完成%
货物发送	万吨	445	437.9	98.4
运输收入	万元	39800	35380.2	88.9
装车	车	73000	70084	96.0
卸车	车	—	301759	—
货车静载重	吨/车	61.0	62.5	102.5
中转时间	小时	6.0	7.6	78.9
停留时间	小时	14.5	15.0	96.7

·京沪高铁徐州东站·

【概况】 京沪高铁2011年6月30日开通。高铁徐州东站位于徐州站以东10公里,为线侧式站房,主体2层,局部2层,总建筑面积为14984平方米,最高峰聚集人数2500人/小时。站场规模为13台15线,其中基本站台1座,正线2条;站台雨棚为无柱风雨棚,长437米,为树枝状钢梁结构。结合进出站流线模式,站内设天桥一座、出站地道一座。售票大厅设有13个售票窗口和11台自助售票机。京沪高铁徐州东站是京沪高铁七大主要站区之一,工程总投资约68亿元。徐州东站北距北京692公里、南距上海626公里,处于京沪高铁中间位置。特殊的区位优势,使高铁徐州东站成为京沪高铁沿线唯一开通始发动车的地级城市。自6月30日开通至12月31日,徐州东站累计发送旅客136.89万人,日均7400人。

【旅客列车简况】 徐州东站共办理列车79对,其中旅客列车74对(时速300公里动车组60对,时速250公里动车组14对),回空、动检列车5对。京沪高铁新图实行高峰日、周末、日常分号图:高峰期按基本图满图运行,开行74对动车组列车;日常和周末抽线运行,周末开行68对动车组列车,日常开行61对动车组列车。高峰期为春暑运、黄金周、小长假运输期限,周末为周五至周日,日常为周一至周四。

京沪高铁徐州东站列车时刻表(2011)

车次	类型	始发站—终点站	到站时间	查询站	开车时间	全程(时间)
Z52	直达特快	南通—北京	00:38	徐州站	00:48	1325公里(12小时32分)
Z51	直达特快	北京—南通	01:57	徐州站	02:09	1325公里(12小时34分)
D352	动车组	徐州东—北京南	始发站	徐州站	07:40	692公里(3小时54分)
G246/G247	高速动车	徐州东—青岛	始发站	徐州站	08:03	682公里(4小时43分)
G61	高速动车	济南西—杭州	08:09	徐州站	08:11	1081公里(4小时51分)
G202	高速动车	南京南—北京南	08:21	徐州站	08:23	1023公里(4小时29分)
D5431	动车组	徐州东—温州南	始发站	徐州站	08:25	1229公里(8小时49分)
D361	动车组	济南西—上海虹桥	08:42	徐州站	08:44	912公里(5小时2分)
G204	高速动车	南京南—北京南	08:49	徐州站	08:51	1023公里(4小时27分)
D356	动车组	南京南—北京南	08:56	徐州站	08:58	1023公里(6小时50分)
D363	动车组	济南西—上海虹桥	09:05	徐州站	09:07	912公里(5小时20分)
G206	高速动车	南京南—北京南	09:10	徐州站	09:13	1023公里(4小时22分)

车次	类型	始发站—终点站	到站时间	查询站	开车时间	全程(时间)
G51	高速动车	天津西—杭州	09:39	徐州站	09:41	1382 公里(6 小时 1 分)
G222/G223	高速动车	上海虹桥—青岛	09:42	徐州站	09:44	1308 公里(6 小时 25 分)
G104	高速动车	上海虹桥—北京南	09:47	徐州站	09:49	1318 公里(5 小时 30 分)
G106	高速动车	上海虹桥—北京南	10:04	徐州站	10:06	1318 公里(5 小时 35 分)
G32	高速动车	杭州—北京南	10:47	徐州站	10:49	1487 公里(6 小时 23 分)
G31	高速动车	北京南—杭州	10:49	徐州站	10:51	1487 公里(6 小时 20 分)
G224/G221	高速动车	青岛—上海虹桥	10:56	徐州站	10:58	1308 公里(6 小时 38 分)
D316	动车组	上海虹桥—北京南	10:57	徐州站	10:59	1318 公里(7 小时 56 分)
D294/D291	动车组	郑州—上海虹桥	11:06	徐州站	11:08	990 公里(7 小时 23 分)
D325	动车组	天津西—上海虹桥	10:44	徐州站	11:08	1213 公里(8 小时 7 分)
D282/D283	动车组	上海虹桥—郑州	11:16	徐州站	11:28	990 公里(6 小时 52 分)
G34	高速动车	杭州—北京南	11:28	徐州站	11:30	1487 公里(6 小时 41 分)
D294/D291	动车组	郑州—上海虹桥	11:25	徐州站	11:39	990 公里(7 小时 23 分)
D282/D283	动车组	上海虹桥—郑州	11:44	徐州站	11:46	990 公里(6 小时 52 分)
G113	高速动车	北京南—上海虹桥	11:48	徐州站	11:50	1318 公里(5 小时 24 分)
D286/D287	动车组	上海虹桥—郑州	11:38	徐州站	11:53	990 公里(7 小时 4 分)
D365	动车组	北京南—福州	11:57	徐州站	11:59	2223 公里(14 小时 55 分)
D286/D287	动车组	上海虹桥—郑州	12:09	徐州站	12:11	990 公里(7 小时 4 分)
G230/G231	高速动车	上海虹桥—青岛	12:16	徐州站	12:22	1308 公里(6 小时 35 分)
G116	高速动车	上海虹桥—北京南	12:28	徐州站	12:30	1318 公里(5 小时 30 分)
G33	高速动车	北京南—杭州	12:30	徐州站	12:37	1487 公里(6 小时 40 分)
G52	高速动车	杭州—天津西	12:42	徐州站	12:44	1382 公里(5 小时 53 分)
G118	高速动车	上海虹桥—北京南	12:47	徐州站	12:49	1318 公里(5 小时 23 分)
D315	动车组	北京南—上海虹桥	12:43	徐州站	12:54	1318 公里(8 小时 54 分)
D318	动车组	上海虹桥—北京南	12:54	徐州站	13:07	1318 公里(9 小时 1 分)
G121	高速动车	北京南—上海虹桥	13:13	徐州站	13:15	1318 公里(5 小时 24 分)
G122	高速动车	上海虹桥—北京南	13:28	徐州站	13:30	1318 公里(5 小时 29 分)
G232/G229	高速动车	青岛—上海虹桥	13:27	徐州站	13:36	1308 公里(6 小时 46 分)
G124	高速动车	上海虹桥—北京南	13:35	徐州站	13:37	1318 公里(5 小时 30 分)
G214	高速动车	上海虹桥—天津西	13:40	徐州站	13:42	1213 公里(5 小时 2 分)
G123	高速动车	北京南—上海虹桥	13:41	徐州站	13:44	1318 公里(5 小时 27 分)
G35	高速动车	北京南—杭州	13:50	徐州站	13:55	1487 公里(6 小时 19 分)
G126	高速动车	上海虹桥—北京南	13:58	徐州站	14:00	1318 公里(5 小时 31 分)
G128	高速动车	上海虹桥—北京南	14:16	徐州站	14:18	1318 公里(5 小时 23 分)
D317	动车组	北京南—上海虹桥	14:18	徐州站	14:25	1318 公里(8 小时 49 分)
G129	高速动车	北京南—上海虹桥	14:28	徐州站	14:31	1318 公里(5 小时 24 分)
D320	动车组	上海虹桥—北京南	14:36	徐州站	14:38	1318 公里(8 小时 42 分)

车次	类型	始发站—终点站	到站时间	查询站	开车时间	全程(时间)
G211	高速动车	天津西—上海虹桥	14:47	徐州站	14:49	1213 公里(5 小时 14 分)
G130	高速动车	上海虹桥—北京南	14:48	徐州站	14:50	1318 公里(5 小时 30 分)
G131	高速动车	北京南—上海虹桥	14:53	徐州站	14:55	1318 公里(5 小时 31 分)
D258/D259	动车组	郑州—济南	15:06	徐州站	15:11	653 公里(5 小时 21 分)
G135	高速动车	北京南—上海虹桥	15:24	徐州站	15:26	1318 公里(5 小时 24 分)
G136	高速动车	上海虹桥—北京南	15:31	徐州站	15:33	1318 公里(5 小时 30 分)
G137	高速动车	北京南—上海虹桥	15:34	徐州站	15:37	1318 公里(5 小时 24 分)
G138	高速动车	上海虹桥—北京南	15:37	徐州站	15:39	1318 公里(5 小时 30 分)
G40	高速动车	杭州—北京南	15:42	徐州站	15:44	1487 公里(6 小时 30 分)
D258/D259	动车组	郑州—济南	15:29	徐州站	15:50	653 公里(5 小时 21 分)
D319	动车组	北京南—上海虹桥	16:36	徐州站	16:38	1318 公里(8 小时 51 分)
G226/G227	高速动车	上海虹桥—青岛	16:48	徐州站	16:50	1308 公里(6 小时 57 分)
G213	高速动车	天津西—上海虹桥	16:49	徐州站	16:52	1213 公里(5 小时 2 分)
G37	高速动车	北京南—杭州	16:54	徐州站	16:56	1487 公里(6 小时 31 分)
G143	高速动车	北京南—上海虹桥	17:00	徐州站	17:02	1318 公里(5 小时 23 分)
G42	高速动车	杭州—北京南	17:01	徐州站	17:03	1487 公里(6 小时 24 分)
D284/D281	动车组	郑州—上海虹桥	17:15	徐州站	17:17	990 公里(6 小时 45 分)
D362	动车组	上海虹桥—济南西	17:07	徐州站	17:35	912 公里(6 小时 8 分)
G147	高速动车	北京南—上海虹桥	17:28	徐州站	17:36	1318 公里(5 小时 30 分)
G39	高速动车	北京南—杭州	17:41	徐州站	17:43	1487 公里(6 小时 32 分)
D284/D281	动车组	郑州—上海虹桥	17:33	徐州站	17:48	990 公里(6 小时 45 分)
D366	动车组	福州—北京南	17:42	徐州站	17:50	2223 公里(15 小时 20 分)
D288/D285	动车组	郑州—上海虹桥	17:47	徐州站	17:52	990 公里(7 小时 32 分)
G228/G225	高速动车	青岛—上海虹桥	17:52	徐州站	17:55	1308 公里(6 小时 31 分)
G150	高速动车	上海虹桥—北京南	17:55	徐州站	17:57	1318 公里(5 小时 28 分)
G53	高速动车	天津西—杭州	17:58	徐州站	18:00	1382 公里(6 小时 0 分)
D326	动车组	上海虹桥—天津西	18:05	徐州站	18:07	1213 公里(8 小时 5 分)
G41	高速动车	北京南—杭州	18:09	徐州站	18:11	1487 公里(6 小时 30 分)
G54	高速动车	杭州—天津西	18:16	徐州站	18:22	1382 公里(6 小时 0 分)
D288/D285	动车组	郑州—上海虹桥	18:09	徐州站	18:22	990 公里(7 小时 32 分)
G154	高速动车	上海虹桥—北京南	18:42	徐州站	18:44	1318 公里(5 小时 24 分)
G156	高速动车	上海虹桥—北京南	18:50	徐州站	18:52	1318 公里(5 小时 23 分)
G151	高速动车	北京南—上海虹桥	19:00	徐州站	19:02	1318 公里(5 小时 30 分)
G234/G235	高速动车	上海虹桥—青岛	19:01	徐州站	19:03	1308 公里(6 小时 31 分)
G153	高速动车	北京南—上海虹桥	19:04	徐州站	19:07	1318 公里(5 小时 30 分)
G43	高速动车	北京南—杭州	19:09	徐州站	19:12	1487 公里(6 小时 22 分)
G155	高速动车	北京南—上海虹桥	19:22	徐州站	19:24	1318 公里(5 小时 47 分)

车次	类型	始发站—终点站	到站时间	查询站	开车时间	全程(时间)
G242	高速动车	徐州东—济南西	始发站	徐州站	19:25	286 公里(1 小时 52 分)
G216	高速动车	上海虹桥—天津西	19:35	徐州站	19:37	1213 公里(5 小时 7 分)
G157	高速动车	北京南—上海虹桥	19:55	徐州站	19:58	1318 公里(5 小时 30 分)
G44	高速动车	杭州—北京南	20:13	徐州站	20:15	1487 公里(6 小时 38 分)
D292/D293	动车组	上海虹桥—郑州	20:08	徐州站	20:20	990 公里(7 小时 10 分)
G162	高速动车	上海虹桥—北京南	20:20	徐州站	20:22	1318 公里(5 小时 30 分)
D257/D260	动车组	济南—郑州	20:22	徐州站	20:29	653 公里(5 小时 23 分)
G164	高速动车	上海虹桥—北京南	20:32	徐州站	20:34	1318 公里(5 小时 30 分)
G236/G233	高速动车	青岛—上海虹桥	20:37	徐州站	20:40	1308 公里(6 小时 36 分)
D292/D293	动车组	上海虹桥—郑州	20:38	徐州站	20:41	990 公里(7 小时 10 分)
D257/D260	动车组	济南—郑州	20:46	徐州站	20:49	653 公里(5 小时 23 分)
G163	高速动车	北京南—上海虹桥	20:54	徐州站	20:56	1318 公里(5 小时 25 分)
G201	高速动车	北京南—南京南	21:06	徐州站	21:08	1023 公里(4 小时 24 分)
G203	高速动车	北京南—南京南	21:22	徐州站	21:24	1023 公里(4 小时 21 分)
G62	高速动车	杭州—济南西	21:25	徐州站	21:27	1081 公里(4 小时 53 分)
D355	动车组	北京南—南京南	21:29	徐州站	21:31	1023 公里(6 小时 39 分)
G205	高速动车	北京南—南京南	21:35	徐州站	21:39	1023 公里(4 小时 25 分)
D364	动车组	上海虹桥—济南西	21:53	徐州站	21:55	912 公里(5 小时 7 分)
D5432	动车组	温州南—徐州	22:02	徐州站	22:17	1244 公里(10 小时 15 分)

高铁站公交线路

线路	起点运营时间	终点运营时间	沿线停靠站点
10 路	文化宫 5:50 至 21:20	徐州高铁站 6:25 至 22:20	文化宫、火车东站(蓝天大楼)、天桥东、王杰部队、九七医院、小坝山、液压件厂、城建家园、东甸子、东方医院、医学院、君廷湖畔、科技大厦、徐州东站北、徐州东站
26 路	机电高职校 5:30 至 18:00	火车站 6:30 至 19:00	机电高职校、师大贾汪分校、七中路口、泉东村、新工区、泉西村、新夏路口、东方热电厂、贾汪工业园、韩场、鹿庄、韩园、蔡庄、老大吴、建平、新大吴、解台(招呼站)、虎山、大黄山矿一院、大黄山、工人村、清洁产业园、徐州东站、科技大厦、医学院、东甸子、九七医院(单向)、火车站
32 路	彭城饭店 6:30 至 19:30	徐州高铁站 6:40 至 19:00	徐州东站、金龙湖、和平路东口、云龙区政府、绿地世纪城、铁路民祥园、民祥园、民富园北门、金狮小区、袁桥(民主南路)、开明市场、中国人寿北、九州大厦、彭城饭店
72 路	铜山区政府 6:00 至 18:50	徐州高铁站 6:40 至 19:10	铜山区政府、康乐园、铜山中医院、新区国税局、新区邮电局、师范学校、师大新校、文沃市场、风华南苑、风华园、矿业大学、侯山窝、奎园西门、奎园北门、农副产品市场、陶瓷市场、汽车南站、技工学校、汽车南站东门、汽配城、机场路口、东兴物资市场、楚王陵、三环路口、民富园西门、民富园、绿地世纪城西、云龙区政府、和平路东口、金龙湖、徐州高铁站(同时开通汽车南站至高铁徐州东站的 72 路区间车)

线路	起点运营时间	终点运营时间	沿线停靠站点
80 路	火车站 5:40 至 19:10	大庙 5:40 至 19:10	火车站、天桥东、九七医院、东甸子、医学院、科技大厦、徐州高铁站、佟村、清洁产业园、大庙医院、侯集中学、大庙
112 路	鼓楼生态园 6:40 至 18:30	徐州高铁站 7:00 至 19:00	鼓楼生态园、奔腾大道路口、华夏集团、马场村、鼓楼区政府、港南小区、建材中专、地质五队宿舍、堤北市场、下淀桥西、下淀瑞博医院、二九宿舍、木材市场、家电市场、杨庄、二十四中、基桩公司、鼓楼法院、金山桥大厦、桃园小区、仁慈医院、蟠桃花园、蟠桃花园二村、城置国际花园城、君廷湖畔、科技大厦、高铁站北、徐州高铁站

【高铁商务区规划】 2008 年初，徐州市委、市政府就决定打造高铁生态商务区，最终确定美国柏诚规划设计公司提出的设计方案，并进行后续的控制性详细规划设计，使整个站区基本达到了多种交通方式的有序衔接，车流人流立体化、无交叉的设计要求。高铁生态商务区核心区由“一轴三心五片区”组成，规划面积为 5.2 平方公里。“一轴”即以站区为起点的东西主轴线中央大道；“三心”即东部高铁枢纽核心、中部商务中心、西部金龙湖公共服务中心；“五片区”即高铁枢纽服务区、中部商务集聚区、南部居住生活区、金龙湖综合区和总部基地经济区。

【京沪高铁“标杆站”】 高铁徐州站房外立面采用中空玻璃，起到隔热保暖的良好效果。站房建设采用地源热泵的处理方式，共打井 243 眼，深度达 120 米，根据水循环和地下 100 米内土壤温度，按季节进行加温和降温的热冷交换，冬季用于采暖，夏季用于制冷，充分体现节能环保。西广场装有太阳能光伏板，利用太阳能发电满足西广场景观用电照明。在广场内设置雨水回收系统，将雨水汇集到收集池里，通过专业设备过滤，用于广场绿化浇灌。徐州高铁站区节能环保的设计理念及建设在京沪全线独树一帜，成为京沪高铁“标杆站”。

高铁列车停靠徐州东站基本站台

【2011 中国高铁城市经济峰会】 2011 年 8 月 30 日，由中国交通运输协会、徐州市政府、中国国际物流节组委会共同举办的“2011 中国高铁城市经济峰会暨中国物流万里行活动”在徐州召开。“2011 中国(徐州)高铁城市经济高峰会”以“高铁推动城市经济发展”为主题，来自全国的 200 多位专家学者和投融资机构、物流业企业负责人齐聚徐州，与徐州市的政府、企业共同探讨，如何抓住高铁给徐州带来的发展机遇，加快产业结构调整，转变经济发展方式，改善投资环境，吸引更多的资金、人才和优质项目落户徐州等。中国物流万里行专家考察组和参会代表对徐州经济开发区、高铁商务区、徐州重工等园区、企业进行了深入考察，对徐州物流发展给予了充分的肯定。 （张玉杯）

水上运输

【概况】 徐州港是交通部确定的全国 28 个主要内河港口和全国内河十大枢纽港之一，国家煤炭运输体系中的重要转运港，徐州交通枢纽的重要组成部分和长江三角洲地区综合运输体系的重要物流节点。徐港集团年均实现货物吞吐量 2000 万吨以上。集团下辖万寨港、邳州港、双楼港、孟家沟港、龙宇港 5 个港口，金港大酒店和徐港能源公司等多个经营实体，建有年交易量 500 万吨以上、全国四大煤炭市场之一的江苏煤炭市场。徐港集团由提供单一的装卸服务发展成为以内河物流业务为支撑，现代物流商务功能提升为延伸，集码头装卸、仓储保管、多式联运、加工配送、市场交易、信息服务、物流金融和电子商务等物流服务功能为一体的综合性现代内河港口物流中心，成为江苏省重点物流企业集团和国家 4A 级大型综合型物流企业集团。

【生产经营】 2011 年，国家宏观调控力度加大，煤炭市场需求疲软，进口煤炭、海进江煤炭和铁路直达煤炭持续增加，政府加强对城区段港口的整治。调整经营策略，及时调整货种结构，巩固和扩大资源渠道，全年完成煤炭进港量 1425 万吨，为计划的 105.79%，实现稳定增长。做好城区段港口清理整治工作，按要求做好万寨港汽车进发煤业务停止、孟家沟港煤炭业务退出、龙宇港关闭，妥善做好员工的安置和设施的拆除，对港口业务进行调整和转型，周密部署集团内和其他被整治的中小港口客户及资源的转移和对接，将因港口整治而减少的量效损失降至最低。抓紧抓实抓好国家应急煤炭收储工作，开辟专门货场，增加相关设施，加强同淮北矿业集团和徐州矿务集团两大储备企业的沟通，顺利完成 45

万吨的煤炭储备,超过储备计划5万吨,成为全国首家完成储备任务的单位。

【物流战略】 2011年,集团公司被列为徐州市培育50亿元现代服务业企业,被国家税务总局确定为第7批试点物流企业,享受相关优惠政策,集团公司转型发展的政策空间趋好。拓宽同"沿海、沿江、沿河"港口合作的深度与广度,与镇江港务集团联合召开徐州地区矿石市场推介会,与长航凤凰股份有限公司签署战略合作协议,与沿海沿江港口建立信息沟通渠道和"海江河"联运的物流业务合作关系,为港口综合商贸物流业务的开展奠定基础。与中国煤炭运销协会、市煤管办合作组建徐州华东煤炭交易市场有限公司。加速推进顺堤河作业区建设,合作成立徐州高铁港务投资有限公司,全年政府配套的相关工程已基本完工。做好国家煤炭应急储备基地堆场改造方案的申报工作,通过国家发改委专家组的审核,列入国家煤炭应急储备点改造项目中央预算补助计划。

【内部改革】 2011年,推进三项制度改革,重点加强干部人事制度改革,加大中高层管理人员的竞聘力度,推广和深化计件工资制,激发广大一线职工的工作积极性,提高工作效率。重视安全和环保工作,贯彻落实"一岗双责制",开展好各类安全活动,夯实安全基础工作,全年安全生产形势总体保持平稳。加大环保投入,加强环保考核,在全集团范围内推进清洁生产认证工作,环境保护水平日益提高。落实全面预算管理,加强对集团各分、子公司财务指标的考核、分析及监督;拓宽融资渠道,多方面筹集资金,保证重大工程建设、对外合作投资及煤炭贸易经营的资金需求。加强质量管理,对ISO9001质量管理体系文件进行全面的修订,通过专家复审。设备管理、节能降耗、后勤保障等各项工作均取得较好成效。 (崔 琳)

航空运输

【概况】 2011年,顺利开通台湾直飞航线,红燕服务创建为国家级巾帼文明岗,国际货运通过验收,南航艾维飞行驾校开展训练,培训中心提升等级。观音机场运营的航线有台北、香港、北京、上海、广州、深圳、长沙、海口、成都、大连、厦门、福州、杭州、三亚、贵阳、沈阳、呼和浩特、昆明、重庆、哈尔滨、武汉、南宁等22条,广州、深圳航班达到每天两班。北京、上海航班由于受高铁影响,减少至每天一班。昆明航班达到每周11班,台北、长沙、海口、厦门、三亚、成都、大连、哈尔滨等航班达到每天一班,香港航班每周三班。全年完成航班起降8269架次,同比增长15.3%;完成旅客吞吐量846267人次,同比增长28.5%;完成货运量4933.9吨,同比增长31.0%。

国家级巾帼文明岗－红燕服务队

【安全运行】 2011年,安全运行取得新进步,确保第十四个安全年。飞行保障有力。航管、地保、运输、安保、物业及公安、航油等单位加强指挥协调,全年保障各类飞行1.1万架次,保证良好的运行秩序,确保运行安全。通过安全审计。1月份正式启动安全审计迎审工作,学习审计标准,进行对标找着,加强软硬件建设,到其他机场学习经验,并请民航江苏监管局给予指导帮助,6月29日以97.62的高分顺利通过民航安全审计。11月8日通过民航江苏监管局进行的安全审计整改情况复查,标志着机场安全管理水平得到进一步提高。加强安全基础管理。执行安全生产责任制;坚持每月进行安全教育,针对每月特点,明确教育内容;重申安全生产讲评会的内容和程序,对讲评会提出的问题进行跟踪督促整改,并将整改情况采取多种形式通报;加强安全生产巡查,安全办派人跟班巡查。开展多种形式的安全活动。6月份开展安全生产月;10月份开展管理干部安全培训。加强应急救援演练。11月15日与省卫生部门联合开展综合应急救援演练。

【航线市场】 2011年,恢复和开通台北、昆明、哈尔滨、重庆、贵阳、南宁、武汉等航线,年内运行的航线达到22条,航线总量排全省第3位。应对京沪高铁,保持北京、上海航线不断线,加大宣传促销力度,积极争取航空公司出台优惠政策,加强与旅行社合作,针对性设计旅游产品。突出加强台北航班宣传促销。配合市旅游部门在台湾开展旅游推荐活动,宣传台北航线,邀请台湾地区旅行社来徐州及周边考察,吸引台湾游客来徐旅游。走访徐州及周边台商、台企,加强沟通联系,出台优惠票价,提供优质服务,吸引赴台散客。与省内及周边城市资质旅行社加强合作,开发旅游客源。扩大售票网络,完善网上订票系统。推进城市候机楼建设。2011年启用宿州、睢宁、新沂、邳州、枣庄等城市候机楼,增强对周边城市及县区的服务辐射功能。

【口岸开放】 2011年,成功开通台北航线。3月28日成功开通直飞台北航线,由东航执行。11月1日起,成功引进台湾复兴航空公司,徐台航班达到每天一班。地区航班保障情况良好。香港航班共运行308架次,运送旅客3.3万人次,平均客座率70%左右。徐台航班共运行248架次,运送旅客2.6万人次,平均客座率70%。加快联检单位设施建设,加强与联检单位协调配合。联检单位办公大楼已经交付使用,改善了办公、生活条件,为做好口岸保障工作奠定基础。市口岸办协调,定期召开联席会议,及时沟通情况,增进理解,及时通报航班变动情况,发挥良好的口岸作用。推进国际货运开放。国际货运处于6月份建设完成并投入试运行,取得1类货运代理资质,培训员工具备国际货运业务资格。9月通过徐州联检单位的预验收,10月20日通过民航华东局行业验收,10月27日通过江苏国检业务验收,12月15日通过南京海关验收。争取开通泰国航线。4月,在泰国诗琳通公主访问徐州时,机场向其表达开通泰国航线的请求。事后,徐州市外事办向泰国驻上海总领事馆专题转达请求开通泰国航线的函。

【改扩建工程】 2011年,完成候机楼改造、货运处建设、公安分局改建、消防楼、航管楼外立面改造及环境提升等工程,改善机场环境,提升保障功能。配餐车间建设,开展2期扩建的前期工作,完成预可研报告编制修订。争取改扩建补贴资金,全年到位资金4100多万元,保障改扩建工程进展。

【非航空产业】 2011年,非航空产业收入达到898万元。其中,贵宾室收入605万元,候机楼商业收入135万元,广告收入158万元,是通航以来的最好水平。 (李德超)

管道运输

【概况】 管道储运公司是中国石化集团从事油气储运的专业化管理企业。基地位于江苏省徐州市,创建于1975年2月17日,始称华东输油管线指挥部。1978年9月经石油工业部批准,改称华东输油管理局。1998年6月石油、石化两大集团公司重组,成立中国石化集团管道储运公司。截至2011年底,管道储运公司管辖原油管道38条,全长6503千米,油罐总罐容2642万立方米,30万吨级原油码头6座,业务范围涉及北京、天津、河北、山东、江苏、河南、安徽、浙江、上海、湖北、湖南、江西、广西、广东14个省、自治区和直辖市,担负着胜利、中原、河南等油田的原油以及部分进口原油的输送任务,为燕山石化、齐鲁石化、上海石化、金陵石化、扬子石化、镇海石化、安庆石化、九江石化等21个长江中下游及华北、东南沿海地区的炼油、化工企业输转原油。资产总计551亿元,在册职工8254人。2011年,在中国企业文化管理年会上,管道储运公司被中国文化管理学会企业文化管理专业委员会授予中国企业文化建设先进单位称号。

【输油量连续2年超亿吨】 2011年,管道储运公司组织输油生产,执行调度指令,优化运行方式,发挥新建管线、码头和油库的作用,全年输油1.08亿吨,同比增加500多万吨,输油量再创历史新高,连续2年超亿吨。输油生产安全平稳低耗运行,全面完成总部下达的节能考核指标,被股份公司评为2011年度炼油“比学赶帮超”优胜单位。

【连续12年被评为安全生产先进单位】 2011年,管道储运公司开展“我要安全”主题活动,落实安全生产责任制,强化领导干部带班制度,切实做好隐患排查整治。通过查找身边“十大薄弱环节”、“书记说安全”演讲比赛、推荐“安全卫士”、HSE宣传教育培训等多种形式,增强职工安全意识。做好车辆运行管理,全年安全行车2170万公里。加强直接作业环节的安全监管,全年安全输送凝析油94万吨。安全生产形势总体保持平稳,连续12年实现安全生产,被集团公司评为安全生产先进单位。连续3年被徐州市评为安全生产优秀单位。

【日照至仪征原油管道工程】 2011年10月13日,中国目前管径最大、输量最多、技术最先进的日照至仪征原油管道及配套工程1次投产成功。该工程是国家发改委批准建设的中国石化重点工程,包括设计里程为390公里的输油管道、商业储备基地和原油码头建设工程。原油管道北起山东日照,南达江苏仪征,管径914毫米,近期设计年输量为2000万吨,远期设计年输油量为3600万吨。工程于2010年3月26日开工。它的建成投产对于提高中国石化能源保障能力,满足南京地区和沿江炼化企业能源需求意义重大。

【湛江至北海原油管道工程】 2011年10月23日,湛江至北海原油管道工程建成投产。湛江至北海原油管道是北海炼油基地改造项目的配套工程之一,也是中国石化在华南地区优化原油资源配置的重要组成部分。该管道起点为广东湛江,终点为广西北海,全长198公里,途经广东、广西的3市18镇,全线设3座输油站,设计年输油量1000万吨。

【亚洲最大的原油码头建成投产】 2011年10月27日,大榭岛45万吨级原油码头投产成功。大榭岛原油码头是目前亚洲最大的原油接卸码头,设计年通过能力1800万吨,码头长度为490米,采用“蝶”形布置,高桩墩式结构。它的建成投产,将进一步完善长三角洲地区原油运输体系,适应中国原油日益增长的需求及国际船舶大型化的需要,有效降低运输成本。

【册子岛商储及二期储油罐建成投产】 2011年11月25日，册子岛油库商储及2期的15座储油罐正式投入运行。投产后，册子岛油库总储备能力达到205万方。原油进库依托舟山石化30万吨级码头，出库依托册子岛油库外输系统，通过甬沪宁管道，经镇海中转油库送至上海、南京及长江中上游地区的炼化企业，对加强原油中转调控能力、有效缓解炼油企业加工不足、促进市场经营平稳运行等起到积极的推动作用。

大榭岛码头卸油作业现场

【甬沪宁和仪长管道工程】 2011年，由管道储运公司组织建设的甬沪宁原油管网工程和仪长原油管道工程，是进入21世纪后中国石化投资建设的重大项目，在石化管道建设发展史上具有里程碑意义。这两项工程的全面建成投产，为保障中国石化炼化企业原油资源供应发挥重要作用，产生显著的经济效益。3月29日，集团公司组织了正式竣工验收并颁发竣工验收证书。

【原油试验环道项目】 2011年12月23日，管道储运公司原油试验环道工程建设项目通过交工验收，标志着具有国内先进水平的管道综合实验平台正式建成。原油试验环道是中国石化股份公司的重点科研项目，主要有2座原油拱顶储罐、5台输油泵机组、冷水机房、空压机房、综合试验楼、室内试验环道和900米室外环道等设施。主要用于原油输送工艺试验、管道停输再启动、管道结蜡规律、不同土壤环境管道散热和土壤温度场分布规律等研究工作。

【节能减排】 2011年，管道储运公司高度重视节能减排，落实中国石化绿色低碳战略的工作要求，在全公司范围组织开展以“节能我行动、低碳新生活”为主题的节能宣传活动。切实抓好输油用能的宏观控制和成熟节能技术的实施，进一步加强对主要耗能设备的维护和运行管理，不断挖潜增效，提高能源利用水平，全面完成总部下达的节能考核指标。推进燃料原油替代工作进程，截至年底已有10条管线的23个站场使用天然气或蒸汽替代燃料原油，全年共替代燃料原油3.28万吨，替代效益7670万元。

【管道数字化建设】 2011年，管道储运公司分别在新建的日仪线和在役的中洛线开展数字化建设试点工作，收集整理各类数据百万条，开发应用数字站场、智能调控管理等一批新技术，在国内管道行业达到领先水平。已运行27年的中洛线从传统模式进入全程数字化管理新阶段。

【海底管道抢修演练】 2011年11月12日，管道储运公司在交通部上海打捞局的黄浦江码头举行首次海底管道抢修演练，目的是为了检验海底管道抢修单位的快速反应能力及抢修能力。海底管道抢修属于水下特种作业，参加此次抢修演练的人员来自中海油海洋工程公司。目前管道储运公司运行管理3条海底管道，总长144.5公里。

【科技成果】 2011年，管道储运公司重视发挥科技创新的支撑引领作用，开展科技攻关活动，推进新技术应用，提升管道技术水平。有3项科技成果荣获2011年度中国石化科技进步奖。其中，《长输管道内检测技术研究》和《川气东送管道工程技术》两个项目获一等奖，《管道泄漏检测技术》项目获二等奖。此外，还有合成减阻剂的助催化剂等3个项目研究成果的创新点获得国家专利授权。

管道公司内检测项目组在进行技术调试

【中央企业技术能手】 2011年12月，由国务院国资委与国家外国专家局联合主办，国家外国专家局培训中心承办的“中央企业项目管理技能大赛”在广州举行。经过初赛和复决赛，由管道储运公司职工司刚强、陈学武、杜华东组成的中国石化集团1队，在42家央企72支参赛队伍中荣获团体三等奖，3人获国务院国资委授予的“中央企业技术能手”称号，为中国石化集团公司赢得荣誉。

【定向钻穿越岩石层施工工法】 2011年，管道储运公司组织实施并撰写的《水平定向钻穿越长距离岩石层施工工法》荣获2009至2010年度集团公司级工程建设工法殊荣。该工法针对长距离岩石层、软硬地层交错等复杂地质条件下定向钻穿越遇到的实际困难，总结施工经验，优化技术方案，其关键技术达到国内领先水平。通过在川气东送、仪长、日仪等管道工程建设中的应用，穿越成功率达100%，创造2项世界纪录和4项中国企业新纪录。 （周先锋）

城市公共交通

【公交服务】 2011年，组织研究“公交优先”发展政策，报请市政府通过《关于加快实施公交优先有关问题的会议纪要》，会同财政局出台《徐州市公交优先发展专项资金管理实施意见》，争取公交优先发展专项资金5000万元。全年完成客运量3亿人次；完成营运班次300万次；完好车率、工作车率分别为97%和95%；更新车辆200台；开辟、调整线路16条。公交有限公司荣誉董事长朱植训荣获中国交通客运行业“十大杰出管理者”称号；公司顺利通过江苏省用户满意服务明星企业复评。64路驾驶员王培墩荣获“2011年徐州市文明职工”称号，46路驾驶员佟辉获“彭城好人奖”。全年购置新车200台，用于更新10路、63路、专1路、51路、11附、65路、81路、838路、109路、199路、87路、13路、28路、30路、102路等15条线路。开辟新线3条：63路、112路、专2路；调整线路13条：7路、10路、11附、13附、26路、32路、56路、62路、72路、80路、82路、91路、95路。开辟1条新线、调整5条线路进入高铁站区，全力保障旅客安全快捷出行，每天运营500个班次，日均运载高铁旅客近4000人次。实现高铁、经济开发区、铜山新区等各组团片区与主城区有效衔接。制定《徐州市城市公交行业服务规范》，开展城市客运行业“服务质量规范年”活动，公交服务满意率大幅提升。

【出租汽车】 2011年，出台《徐州市城市客运出租汽车行业发展顶层设计框架》，制定《市区出租汽车更新及承包人变更工作指导意见》，提请市政府印发《关于促进出租汽车行业健康发展的指导意见》，理清行业发展政策。开展出租车经营秩序“百日整治”等专项行动，市场秩序明显好转。出台《徐州市城市客运出租汽车服务质量规范》，实现车容车貌“七统一”，行业形象明显改观。更新出租汽车856台，新安装GPS出租车1583台。 （阚志勇　程革生）

物流业

【概况】 2011年，物流企业发展迅速，物流需求规模不断扩大，物流服务水平显著提高，物流发展环境逐步改善，企业经济效益和社会效益不断提高，徐州市物流业进入从传统物流向现代物流转型与升级的新阶段。全市物流产业营业收入突破千亿大关，达到1087.5亿元、增长31.6%；物流增长指数提升至全省第2位；物流综合指数位居全省第6位，与排名在前的南通同属全省物流综合水平较好的城市之一；物流行业基础条件位居第4位（仅次于苏州、南京、无锡），高于全省平均水平，物流增长指数位居第6位。至“十一五”末，全市铁路、公路、水运、航空和管道五种运输方式完成货物运输量分别为9944万吨、14758万吨、2548万吨、377万吨、9977万吨，分别是2005年的6.7倍、2.4倍、2.9倍、2.9倍和1.8倍，整体规模实现快速增长。重点园区建设进展加快，八里家居全年完成投资6亿元，金驹物流园全年完成投资5亿元，货运配载及加工厂房、配套堆场道路、水电及设备安装基本完成；新城区生活物流园、苏宁电器物流已全部进入地面施工，交广国际汽车城、御马酒业总部物流中心、沃尔沃汽车物流中心主体等一批重点物流项目进展顺利。

【产业规模】 2011年，全市物流产业营业收入突破1000亿元，达到1087.5亿元。其中超10亿元14家（徐工集团物资营销公司、中石化储运公司、东方运销实业集团、徐州医药、港务集团、中国汽配城、宝通物流、创新烟草物流等）；超亿元企业超30家，重点企业的发展质量和综合效益得到显著提升。

【物流业态】 2011年，全市物流业态日趋成熟完善。以徐工集团物资供应公司、宏康物流、丸全外运为代表的生产资料物流；以徐州医药、恩华和润、润东医药等公司为代表医药物流；以宝通物流、淮海物流园等为代表的综合物流基地；以金驹物流园、锦禾物流园为代表的钢铁物流等多种业态竞相发展。此外，烟草物流、管道物流、铁路物流、港口物流、冷链物流等专项物流业态日趋成熟，集聚能力不断提升。

【重大物流项目】 2011年，徐州在淮海经济区物流中心城市的重要地位日益凸显，成为国内外大型物流企业拓展的必争之地，众多知名大型物流企业在徐州落户。雨润全球农副产品采购中心、中国八里国际家居博览中心、苏宁电器物流、美的安得物流、亿吨大港等一批旗舰型龙头物流项目正在加快推进，粮食物流园、宁波中通陆路物流港、工程机械博览中心等项目加快落地实施，为全市物流产业积蓄了发展后劲。

【物流集聚效应】 2011年，一批各具特色的物流基地发展迅速，包括依托高速公路或铁路等交通枢纽以及徐州经济开发区，建设物流服务功能较全、辐射范围较广的综合性物流基地；依托内河港口和航空港，建设从事多式联运和货物中转等业务的临港物流基地；依托专业商贸市场，建设主要提供商品储运、配送等配套物流服务的商贸物流基地；依托保税区，建设以区域性物流服务为主要业务的保税物流基地等。这些基地辐射范围广、集聚效应强，为产业和物流业互动发展提供了不可或缺的载体平台。

【物流发展规划】 加快构建布局合理、技术先进、便捷高效、安全有序，与全市经济社会发展相适应、具有区域龙头地位的现代物流服务体系；力争全市物流业营业收入年均增长20%以上，确保“十二五”末产业规模突破2000亿元，物流综合效率明显提高；全市规模超亿元的物流企业达到100家，其中超百亿元的5家，超50亿元的20家；“十二五”期间，徐州将重点发展煤炭、钢材、建材、工程机械设备等生产资料物流，以及食品、医药、烟草等生活资料物流；进一步优化物流业布局，引导物流企业向城市外围物流园区集中，加快推进“亿吨大港”物流基地、苏山物流基地、空港物流基地、新城生活物流基地、铜山物流园、高铁物流园等重点园区建设，积极发展沿运河临港物流集聚带建设、北三环物流集聚带和西三环物流集聚带；创新物流业态，不断提高第三方物流层次和水平，积极发展第四方物流；加快物流公共信息平台建设，推动物流业运作一体化、技术电子化、服务标准化、管理信息化发展。 （张恒学）

邮 政

【概况】 2011 年，徐州邮政局全年业务收入完成全年计划指标的 103%，同比增长 20.8%。全年完成信函业务量 4769.7 万件，包裹业务量 16.5 万件，平常印刷品业务量 527.7 万件，报刊业务量 1.5 亿份，实现总包交换量 724.7 万袋，汽车邮运量 398.5 万袋，铁路邮运 3.6 亿袋公里，公路邮运 4.8 亿袋公里，纯转量 137.7 万袋。综合服务满意度稳步提升，在全省服务检查评比中名列前茅。全年未发生重大安全生产事故和重大"三类"案件。市邮政荣获"徐州市模范和谐企业"、徐州市"勤廉徐州"先进单位等荣誉称号。《对基于风险控制的基层邮政企业关键环节监督制约的探讨》一文获中国邮政集团公司纪检监察工作交流研讨评比一等奖。

【服务"三农"】 2011 年，围绕"连锁经营 + 信息助推 + 配送到户 + 科技服务 + 公益平台"的农村物流新模式，全市邮政全面推进"苏邮惠民"连锁公共服务平台建设，服务徐州社会主义新农村建设，提升邮政品牌形象和企业价值。"苏邮惠民"连锁公共服务平台持续优化，全年共建成社区便民店 206 个，加盟店 896 个，基本实现城乡、社区的全覆盖，为服务三农工作提供平台支撑。全年配送农资 4.8 万吨，方便农民用肥。服务范围持续拓展，在配送农资、快消品等基础上，为广大农民提供水、电、煤、移动、电信、联通的"六大类"缴费服务、购买汽车票、火车票、飞机票、即开型体彩服务、"中邮快购"网上代购服务、通信类充值卡、电费充值卡、中邮快购卡等卡销售服务、邮品订购等各类邮政服务。继续实施送科技下乡工程，利用"苏邮惠民"连锁公共服务平台，组织农业技术员、厂家技术员为农民举办培训班和大型农业科技知识讲座，同时开展"送电影下乡"等活动，以群众喜闻乐见的方式推广农技知识。

【服务能力建设】 2011 年，为改善邮政对外服务形象，为客户提供温馨、舒适的用邮环境，全市邮政共组织建设工程 154 个，其中网点改造 74 处，建成邮政金融标准网点 28 个，仓储分拨中心 6 处。在城区推广大平面作业模式，在农村支局推行投递中心支局管理模式，有效提升投递服务质量，缩短投递时限。增开徐州至枣庄、徐州至蚌埠等汽车邮路，把部分区内邮路纳入到干线邮路时限管理系统，优化作业流程，提高网路生产效率。完成新农保信息管理等系统的开发，建立"徐州邮政扁平化管控培训平台"，为全区所有网点"职工小家"配备电脑设备，将 OA 办公网系统、多媒体发布系统延伸至每个支局，提升市、县管控、培训、调度能力，实现信息化与生产管理的有效衔接。

【服务质量】 2011 年，策划开展"管理服务提升年"、"为民服务创先争优"活动。推进"员工素质提升工程"，提升员工服务意识和服务综合素质。制定《徐州邮政局营业服务现场管理规范》等 9 个服务规范制度，开展"服务规范服务礼仪形象实训"等系列活动，以机制完善、活动开展强势拉动邮政服务质量不断提高。在全省开展的"神秘人检查"等活动中，徐州网点得分始终位居全省前列。围绕"客户是亲人，满意在邮政"的"为民服务创先争优"活动主题和活动要求，创新推进"为民服务创先争优"各项活动的落地。

【管理创新】 2011 年，经过实践、积淀、总结，徐州局建立基于承担社会责任的企业文化，即确立以"实现员工个人价值、企业价值和社会价值的和谐共进"为核心价值观，明确以"把承担社会责任纳入企业长远发展战略"来要求和提升企业社会价值；以"有为有位"来要求和提升员工个人价值；以"三个必须"（即各经营单位收入增幅必须超过全省平均增幅；各项收入成本率必须低于全省平均水平，确保效益型增长；各项省公司确立的关键管理指标完成情况必须高于全省平均水平）理念来要求和提升企业价值。确立"理念引领思路、机制释放活力、活动助推发展"的徐州邮政工作方法，指引各项要求的实施。申报的《基于承担社会责任的邮政企业文化建设》荣获了第七届全国邮政企业管理现代化创新成果二等奖，全国交通企业管理创新成果二等奖。

【服务经济文化事业】 2011 年，利用邮政信函传媒助力中小企业寻找客户，借助较为完备、准确的数据库资源，制作针对性更强的数据库商函，帮助中小企业与客户的一对一的营销关系，助推销售；利用邮储网上银行为中小企业提供网上金融服务，使中小企业足不出户即可完成账户查询、资金归集、网上转账、网上理财等多种安全便捷的服务；利用代收货款、电子商务速递、中邮快货、国际邮递贸易服务等服务为中小企业提供全方位物流服务，解决中小企业产品流通难的问题；联合刊社，在全市组织开展"邮政进校园公益讲座"等活动，进一步推进校园文化发展。积极与矿大等高校沟通，通过建设"大学生邮局"等方式，为高校学生提供社会实践等机会。参加"爱心包裹"活动，完成市委、市政府交办的任务。

（马正辉）

商贸服务业

商　业

【概况】　继续实施“家电下乡”和家电、汽车以旧换新等政策,完善“万村千乡市场工程”,城乡市场协调发展,城乡消费同步提升。2011年,全市城镇消费品零售额890.61亿元,增长17.8%;乡村消费品零售额226.93亿元,增长18.1%。全市社会消费品零售总额达到1117.54亿元,同比增长17.9%,增幅全省第一。全市批发零售业消费品零售额996.11亿元,同比增长18.3%,占全市零售额的89.1%。

【限额以上企业】　全市限额以上单位累计实现零售额598.12亿元,同比增长38.7%。其中,建筑及装潢材料增长32.2%,石油及制品增长27.2%,金银珠宝增长54.2%,化妆品增长41.8%;汽车类实现零售额214.86亿元,增长48.9%,占限额以上单位零售总额的比重达35.9%,拉动了社会消费品零售额增长3.8个百分点。

【商务综合执法】　2011年,共组织商务行政执法检查2100次,出动执法检查人员17648人次,依法查处案件293起,下发责令整改通知书425份,收缴违法屠宰生猪产品3100公斤,收缴假冒伪劣酒类产品23197瓶,收缴罚没款28.8万元。

【徐州中央百大区域集团】　2011年,徐州区域集团紧紧围绕着加快发展中央百货和国际广场两个中心任务,加快发展方式的转变,加大结构调整和营销组合、服务提升的强度,加大工程建设、项目拆迁、招商规划的力度,加快人才储备培养和管理创新的速度,在百货业绩提升、国际广场开发建设两个版块取得了重大突破。通过营销推广与宣传,与各大银行合作,携手推出了17次银行卡刷卡送券活动,有效聚集了人气,吸储高端客群。不断加强经营过程管理与费用控制,加大资金管理和成本考核的力度,重点关注财务管理后台的分析功能和监督作用,建立科学有效的责任预算、分解与核算体系。公司新引进攻而美、百世吉、圣迪奥等111个品牌,形象提升234个品牌,淘汰78个品牌,新引进品牌共创效2772.97万元,新引进品牌8个进入百万品牌之列。全年16个节点合计销售平均增幅43%,特别在1月20日“恢弘61载”店庆活动中,创造6353万元的销售业绩,实现了单体店单日销售、营业部单日销售、单品单柜单日销售和单日经济数据的四大突破,再次刷新了苏北地区单体店坪效最高历史纪录。中央百货实现销售11.19亿元,利润5616.58万元,创造了历史最好纪录。

徐州中央国际广场拆迁工作全面结束。仅用了6.7亿元拆迁资金,完成需7.6亿的拆迁量。抢占规划和招商定位的先机,影院签下市中心3公里之内独此一家IMAX巨幕,抢占了招商定位的先机,确定了冰场的运营。完成影院幸福蓝海、冰场奥地利AST、酒店威培斯三大业态的签约,与香奈尔、GUCCI、杰尼亚初步洽谈,与BHG精品超市开展洽谈,开始ZARA、星巴克的平面落位。2011年10月28日、11月16日,公司分别与新沂市政府、邳州市政府签订了意向开发框架协议,该协议的签订,标志着中央国际广场迈出了对外拓展的第一步,为徐州区域集团的持续发展奠定了良好的基础。12月15日,B地块完成了主体结构的封底,并举行了盛大的封底仪式。

【徐州宣武集团】 徐州宣武集团有限公司成立于1985年,已发展为宣武商贸城、宣武西市场、宣武南市场三大经营区域,占地100亩,建筑面积26万平方米,商铺8000间,从业人员3万人,辐射淮海经济区1.2亿人口,是苏北地区规模最大的日用工业品批发市场,在全国排名第六位,江苏省排名第二位,为徐州市龙头市场,先后荣获中国商业信用企业、百家诚信建设示范市场、中国商品交易市场五星级市场、全国质量服务信誉AAA级市场、江苏省文明诚信市场、徐州市先进基层党组织、零投诉单位等荣誉上百项,连续多年被认定为省、市重合同守信用企业,并被评定为市知名商标。2011年,宣武集团坚持"安全、稳定、效益、繁荣"的企业方针,实现交易额135亿元,同比增长10%。市场被市委市政府确定为超百亿元重点培育市场,并由市、区领导挂钩帮扶。公司组织调研考察组对全国知名大市场进行调研,广泛学习吸收引进先进管理经验,大力营造亲商、扶商、助商、富商的经营环境。3月,公司开展了主题为"抓服务促和谐,保稳定促增长"的优质服务月活动,立足服务百姓、服务工薪消费,积极引导扶持业户做大做强,大力发展厂家直销、总经销、总代理,引进季节性商品入场经营,全年新增经营大户62户,引进安置季节商品临商1354户,减少中间流转环节,丰富商品结构,降低销售价格。专门腾出商贸城高层商办房为业户储备货物,杜绝了因上货不及时出现经营断档现象。加强诚信建设,严格按照《江苏省市场标准化管理办法》规范市场管理,净化消费环境,约束规范业户经营行为。3·15期间,联合云龙工商分局在市场内开展消费维权系列活动,宣传市场诚信经营。公司和市委宣传部、云龙区政府、报业传媒集团主办"宣武集团杯"金秋购物节活动,并举行业户诚信签名仪式,提升市场诚信形象。大力推进安全文化建设,先后开展"安康杯"竞赛、消防安全"四个能力"建设、安全生产月、安全生产示范班组创建、"清剿火患"战役、119消防宣传、安全文化示范企业创建等安全生产创先争优系列主题活动。加大安全投入,参加火灾公众责任险,调节火灾风险,对消防设施进行检测,与专业消防维保公司签订维保合同,对灭火器进行更新换药,做好室外消防管网的保暖工作及营业房装修,消防设施改动施工,确保消防设施的完好有效。在原有交通志愿者服务队的基础上,公司抽派精干力量组建交通服务队,经云龙交巡警大队培训后上岗,并与云龙大队形成有效联动,拓展服务范围,全天候进行交通疏导,得到云龙大队领导、过往车辆和行人的充分肯定。年度荣获省"安康杯"竞赛优胜企业、劳动保障诚信示范企业,市先进基层党组织、消防安全管理工作先进单位、平安市场创建先进单位、二十强民营企业、模范和谐企业等称号,被住建部、团中央联合表彰授予全国青年文明号称号。 (张木森)

外贸服务

【概况】 2011年,全市国际服务贸易进出口3.07亿美元,同比增长43.35%,增幅居全省第七位。其中出口0.46亿美元,同比增长114.84%,增幅居全省第二位;进口2.61亿美元,同比增长35.47%,增幅居全省第九位。

【服务外包】 2011年,全市共实现在岸服务外包合同额1.66亿元,同比增长102.44%,执行额1.46亿元,同比增长224.44%;离岸服务外包合同额1051.47万美元,同比增长951.47%,执行额951.61万美元,同比增长851.61%,合同额及执行额增幅均居全省首位。其中离岸服务外包执行额还居苏北首位,超过扬州和泰州,居全省第7位。

【载体建设】 经江苏省商务厅评选,徐州英才教育培训中心被认定为江苏省国际服务外包人才培训基地;经省教育厅和省商务厅评选,徐州工程学院被认定为江苏省地方高校计算机学院培养服务外包人才试点工作学校;经江苏省商务厅评选,徐州工程学院被认定为江苏省商务服务平台。

【技术进出口】 2011年,全市技术引进大幅增加。全年技术进口31个,比上年增加26个,合同金额7611.83万美元。其中专有技术的许可或转让6个,合同金额5777.86万美元,占75.91%;专利技术许可或转让1个,合同金额262.5万美元,占3.45%;技术咨询和技术服务13个,合同金额205.37万美元,占2.7%;计算机软件进口9个,合同金额149.23万美元,占1.96%;其他涉及上述引进技术的合资合作生产2个,合同金额1216.87万美元,占15.99%。从进口来源地看,美国、以色列、台湾、法国、意大利占前五位,分别占67.84%、14.98%、8.19%、3.91%、3.59%。 (张木森)

餐饮业

【概况】 2011年9月,市商务局在全市开展了一场打击使用地沟油的活动。10月4日,在中山饭店召开"全市餐饮企业杜绝使用地沟油签订承诺书大会",市餐饮协会与全市百家大中型餐饮企业签订了承诺书。每个节假日前,市餐饮协会均下发文件,号召餐饮企业守法文明经营,确保食品卫生安全工作万无一失,同时做好市区餐饮市场运行的监测。2011年,全市住宿餐饮业零售额121.43亿元,同比增长14.1%。

【烹饪技术交流】 3月18日,市烹饪技术协会组织参加在江阴举行的“第三届中国江鲜养殖(控毒)河豚美食节暨第三届中国养殖(控毒)河豚鱼烹饪技艺大赛”观摩学习交流活动,并参加了“河豚文化论坛交流会”。5月20日,协会组织参加了在江苏溧阳举办的“第七届天目湖美食节暨溧阳农家菜烹饪大赛”观摩交流活动。此项活动推动了徐州市“农家菜”中小型餐馆的派生发展和提高。10月18日~20日,烹饪协会到云南昆明参加了国家商务部、云南省政府、中国烹饪协会共同主办的“第廿一届中国厨师节暨首届滇池·泛亚国际美食节”活动,徐州金悦餐饮服务公司曹念炎董事长荣获大会颁发的中国餐饮业最高奖“中华金厨奖”,江苏万世同仁集团刘大勇副总裁荣获“企业家突出贡献奖”。11月11日~12日,协会组团参加了在江阴举办的“‘吃在北国’首届中国名宴展示暨私房菜烹饪技能大赛”活动,徐州饭店的“彭祖养生宴”及其他几位参赛选手均获得金奖。

【2011·中国(徐州)彭祖伏羊节】 7月14日,“2011·中国(徐州)彭祖伏羊节”开幕式在沛县东北国际大酒店举行,实现了市县联动。彭祖圣火传递遍及淮海经济区11个市县,行程3000公里,省商务厅、省烹饪协会和南京、苏州、无锡、泰州、连云港、淮安、宿迁等地餐饮界同仁,商务部负责人及外省市餐饮界代表、新闻媒体携手出席了开幕式。省内外餐饮业同行和外地游客3万人与徐州市民一起共享伏羊美食,共话徐州发展。伏羊节期间,市区汉城和县区会场分别开展了丰富多彩的特色活动,厨师健身运动会、全国室内攀岩比赛等,现场每天有地方戏曲、舞蹈、武术、老年健身比赛、红歌大赛,民俗、布艺、绘画、剪纸等。活动持续到7月24日,全市共实现餐饮收入4.2亿元,创下历史纪录。《国际日报》、香港文汇网、中国江苏网等200余家媒体对伏羊节盛况进行了宣传报导。

【《徐州伏羊精品菜点》】 为反映近几年来伏羊节成果,进一步弘扬彭祖饮食文化,协会专门组织烹饪大师、名师编纂了《徐州伏羊精品菜点》一书。上半年,完成《徐州伏羊精品菜点》编纂、出版、发行工作。该书由中国烹饪大师张涛任主编,原市政协副主席、学者赵彭城作序,图片精美、中英文对照,发行5000册。 (王承训)

粮 食

【概况】 2011年,全市粮食部门贯彻落实国家、省、市粮食方针政策,正确分析准确把握国际国内粮食供求和价格变化形势,着力抓好粮食购销和保供稳价,加快粮食流通产业发展,积极实施放心粮油工程,依法开展粮食市场监管,“十二五”粮食流通产业发展实现良好开局。

【粮食购销经营】 全市粮食部门始终把做好粮食购销调控作为重中之重,特别是在小麦托市收购难以启动的情况下,加强形势分析和科学研判,做好市场信息服务,协调、争取到夏季小麦自营收购县级财政粮食共同担保资金6900万元和农发行信贷资金14.7亿元,有效解决了收购资金瓶颈问题,夏粮收购呈现出“价格平稳、秩序良好”的格局。全年全市国有粮食购销企业共收购粮食173.76万吨,销售206.84万吨,直接促进农民增收3.5亿元左右。

【粮食安全保供】 年初上报了《我市粮油市场供应工作情况的专题汇报》,下发了《做好市场粮油供应工作的通知》,完善了粮食应急具体工作预案,建立了逐日监测市场粮油价格动态工作制度等8项措施,落实市级食用油储备863吨,有效保证了突发粮食应急事件全市粮油的有效供给。组织企业参加省内粮食产销衔接洽谈会,与无锡、南京两市签订产销协议35.2万吨,实际完成产销17万吨,并在无锡米市设立成品粮销售窗口2个。积极开展创建全国“百强军供站”活动,完成年度计划114%。

【仓储设施建设】 制定下发《徐州市“十二五”粮食流通发展规划》,明确“十二五”全市粮食流通工作的总体目标和主要任务。完成粮食物流、骨干库建设和仓房维修改造投资资金8096.5万元,其中争取省级以上财政资金1440万元,新增仓容13万吨,维修改造仓容28万吨,中心骨干库3年建设规划任务圆满收官。市区粮食物流园区项目选址工作取得重大突破,市委、市政府主要领导对项目选址工作分别作出重要批示,项目选址定在万寨港并纳入全市2012年重大项目投资计划。沛县和新沂粮食现代物流中心建设有序推进,一期工程基本建成。

【粮食产业发展】 粮油加工业快速发展,全市93家列统企业实现工业总产值155.93亿元、销售收入153.64亿元、利税5.28亿元,分别增长17.8%、22.3%和60.4%,新增全国放心粮油示范企业4家、省级名牌1个、市级龙头企业3家。中粮沛县饲料项目开工建设,中粮新沂饲料项目完成选址和注册。加强安全生产和储粮安全管理工作,落实安全生产责任,认真排查治理安全生产隐患,开展储粮安全检查,确保生产安全。开展徐州奎屯两地粮食行业对口支援活动,签订了《对口支援合作框架协议书》。

【粮食企业改革】 召开了全市国有粮食购销企业改革发展工作会议。邳州与中储粮江苏分公司联合组建的企业运行良好,在粮食购销经营等方面成效明显;沛县沛丰粮油总公司+子(分)公司改革运作模式初见成效;贾汪完善了新一轮股份制运作办法,监管更加规范有效。市直单位改革深入推进,将新建大庙南库划归徐州国家粮食储备库经营管理;平稳将隆盛公司、三招、新纪元大酒店整体并入徐州粮油食品总厂;市粮油连锁中心改制工作顺利过渡,内债清偿基本结束;电子技术学校和职工医院寻求生存与合作取得新进展。

【粮食市场监管】 制定了《2011年粮食系统依法行政工作

要点》，出台《徐州市粮食局行政执法规程》等8项制度，大力推行粮食行政权力网上公开透明运行。开展粮食库存清仓查库工作，抽查省、县级储备粮承储企业17家，抽检粮食6.6万吨，经查承储企业帐实相符、帐帐相符。开展全市食用植物油库存检查，对全市社会食用植物油库存调查摸底。经省局食用油库存检查组检查，市辖区内的市级储备油库存情况符合国家局规定要求。开展粮食收购秩序等专项监督检查，累计办理粮食收购许可537户，确保了粮食收购市场规范有序。全年共接各类举报案件23起，做到问题有登记、处理有结果、事事有回复。加强市粮油质量检测所建设，新添100余万元仪器设备，组织开展了地方储备粮及军供粮等政策性粮食质量监测以及粮食收获质量调查和品质测报工作。

【放心粮油工程】 放心粮油工程列入2011年全市为民办实事工程。市政府成立了由分管市长为组长的创建放心粮油工程领导小组，出台了《关于开展"创建放心粮油工程"建设实施意见》，并以奖代补方式给予创建活动财政资金扶持；铜山区、鼓楼区、云龙区、泉山区政府成立了由区政府分管领导为组长的创建领导组织，保障了创建工作扎实推进。在学习借鉴外地经验做法的基础上，制定了创建放心粮油工程"五放心"具体管理标准、评审办法、监管措施以及《采购粮油入库验收制度》等制度，统一制作了放心粮油专业店的门头字号以及制度牌，有效规范了创建工作。坚持创建标准，从调查摸底的321家粮店（超市）中遴选出31家作为重点培育对象，经反复检查、整改提升，最后评审出全市首批放心粮油工程创建单位30家并举行了授牌仪式，圆满完成阶段性创建工作任务。 （朱希银　黄　银）

供销合作商业

【概况】 全系统实现消费品零售额突破200亿元，位居全省第一，完成年度目标的122.5%；利润1.4亿元，同比增长51.1%，完成年度目标的116%，主要经济指标总量和增速继续保持全省同行业前列。大力实施"项目强社"战略，共完成项目投资额14.8亿元、招商引资额10.9亿元。丰县工业品步行街等28个项目已完工；铜山南洋国际商城新增投资额1.1亿元，主体工程全面完工；沛县供销社建成7个项目，实现项目投资额3.3亿元、招商引资2.6亿元，被省供销社评为"项目建设优胜单位"。转型升级步伐加快，全国供销总社、市供销社、铜山区供销社等联合组建的铜山农村小额贷款公司，即将投入运营；新沂市供销社华扬成品油公司建成8个加油站；邳州金色谷公司等7个项目获得全国和省"新网工程"400余万元专项资金。龙头企业实力增强。市供销投资控股集团公司位居全国供销合作社系统大中型企业集团第六位；源洋公司全年实现市场交易额突破70亿元，并被认定为"省级重点农产品批发市场"；新沂农资市场交易额列全省供销系统同类市场第一位；徐州市物华再生资源回收利用有限公司股权转让和增资工作顺利完成，成为全市再生资源回收利用龙头企业；徐州德利客公司、沛县富乐康公司被全国总社评为"供销合作社农业产业化重点龙头企业"。徐州市供销社被中华全国供销合作总社评为"'五五'法制宣传教育先进集体"；被市委、市政府评为"招商引资先进单位"、"平安机关创建先进单位"；被江苏省供销社评为"全省供销合作社系统综合业绩考评特等奖"，实现了"五连冠"。此外，铜山区供销社、徐州源洋商贸发展有限公司等单位共获得34个单项奖励，奖项总数持续保持全省市级社领先。

【基层建设】 基层社"三位一体"建设快速推进，全系统完成基层社"三位一体"建设42个，完成年度任务的105%。4月，市政府在沛县召开了全市基层社"三位一体"暨项目建设现场推进会。邳州、贾汪成立了农村合作经济组织联合会。全系统共发展农民专业合作社示范社118个，其中省级30个、市级33个。徐州市农产品流通经纪人协会荣获"全国优秀农产品经纪人协会二等奖"。全系统共创建为农服务社108个，完成年度目标的108%，其中三星级社37个。

【农业服务组织建设】 全系统实现连锁销售额268.5亿元，同比增长31.3%，完成年度目标的111.9%。全系统配送中心总数达到37个，配送网点覆盖全市89%的行政村。供销合作社投资兴办、领办的农产品市场总数达到40个，实现交易额111.1亿元，同比增长36.7%。源洋公司、邳州宿羊山大蒜批发交易市场被省社评为"十大市场"。全系统完成农资销售额突破100亿元，同比增长22.2%，完成年度任务的109.7%。2011年度全系统共储备救灾农药600吨，涉及杀虫、杀菌、除草等7个常规品种，总价值1302.9万元。认真落实省长李学勇在草庙村驻村住户调研时作出的重要指示，积极参与全市高效设施农业产业体系建设，加快推进农产品产销对接，着力帮助农民解决种难、卖贱问题。市供销社、县供销社和公司联动，圆满解决了邳州邹庄镇百万斤大白菜滞销难题，避免了"菜贱伤农"。加快农民专业合作联社平价店（直销店）建设，绿色家园公司20家平价店通过省物价局、财政厅验收，并获得省财政补助资金200万元。

【流通网络建设】 扎实推进"放心消费"、平安市场创建活动，实施食品、农资等"放心工程"，切实加强食品安全工作。市供销社圆满完成了"建设十大农产品市场"、"创建100家为农服务社（中心）"2项为民办实事任务。沛县朱王庄供销农贸大市场等10个农产品市场累计完成投资总额4.2亿元、招商引资额3.8亿元；完成了"完善消费服务网络"、"加强市场物价调控"2项政府工作报告分解任务。沛县供销社承担了全县农产品市场、为农服务社建设等职能；邳州市供销社承担了20个苏果超市便民店、30个村级农资超市建设工作；铜山区供销社承担了"双十工程"为民办实事任务；丰县供销社承担了创建放心消费店为民办实事任务。牢固树立和谐发展的理念，组织开展"安全生产月"、"平安机关"创建、领导包案和"阳光信访"等专项活动，努力打造安全稳定的发展环境。 （林　海）

生产资料商业

·物资集团·

【概况】 2011年,徐州区域生产资料市场继续领跑徐州同类市场,年成交额125.8亿元,同比增长9.3%,市场摊位出租率为100%。徐州诚坤金属材料市场逐步确立淮海经济区钢材市场龙头地位,截至年底,徐州诚坤金属材料市场商住楼出租率达98.9%,交易大楼出租率达85%,仅下半年市场新增进驻客户90多户,市场成交额实现80亿元,经营业绩有较大幅度提升。新建室内库和剪切加工车间6000多平方米,1-6、4-16两条开卷平板机剪切生产线建成投产,货场转运电轨车投入运行。物资市场的提档升级项目作为徐州市2011年"三重一大"项目和徐州市城建重点工程,受到市委书记、市长的关注,新物资市场规划设计方案通过市委、市政府审批,引起了社会广泛关注,广大业户普遍对新市场充满信心。

【市场建设】 物资市场提档升级项目有序推进。注册成立国有独资公司"徐州市物资集团有限责任公司",注册资金2亿元,负责两个新市场的建设与运营。下淀新区域生产资料市场一期用地283亩,总建筑面积26万平方米;苏山新木材市场总用地170亩,一期工程用地90亩,建筑面积5.8万平方米。12月11日,市长张敬华参加木材市场开工奠基典礼,新木材市场一期工程总投资1.5亿元,截至年底,已完成投资9800万元;同时下淀新区域生产资料市场已完成市场东部80亩一期用地范围的拆迁工作。制定了《项目管理制度》、《工程项目跟踪审计实施办法》等各项制度;项目管理、跟踪审计、工程监理以及纪检部门参与工程建设全过程,监督项目计划的落实。

【企业改革】 2011年,物资集团下属生资公司、德诚公司、华远公司3家破产企业完成清产核资工作,妥善解决了职工安置、补偿金申请发放和劳动关系处理等关系职工切身利益的后续问题,并筹措资金对汽车销售公司解除劳动合同的职工进行了经济补偿和合理安置。同时,集团调查摸底,梳理历史遗留问题,会同市国资委研究制定出物资系统整体解困方案。协调有关银行,对下淀木材市场被查封的3宗土地进行资产回购,保证新物资市场建设用地完整。

【稳定工作】 落实信访工作制度,健全领导接待制度和督查机制,畅通信访渠道。全年共接访15批次、180人次,主要领导接访5起、信访6起,通过阳光信访转来3起,回复率100%,全系统无一例去省进京上访。积极筹措资金,妥善解决退休职工的医疗保险和发放下岗职工生活费问题。积极开展献爱心、送温暖活动。全年工会共筹集慰问款5.6万元,慰问困难职工18户;组织干部职工开展扶贫济困"一日捐"活动,共捐善款6178元。 (雷勇成)

医药商业

·徐州医药股份有限公司·

【概况】 全年完成销售收入8.26亿元,比上年同期增长4.69%;公司毛利率6.54%,比上年同期增加1.31个百分点。全年经济指标呈现3个特点:一是销售稳定;二是实现了南京总部提出的目标;三是医药分公司和中药饮片厂齐头并进,均完成年度计划。

分公司销售实绩、增幅所占比重排序表

(单位:万元)

单位	实绩	同比增长 %	比重 %	排序
药品营销中心	69511.47	14.50	84.19	1
中药饮片厂	7158.43	28.94	8.67	2
贾汪分公司	5066.55	-56.24	6.13	3
淮西分公司	829.37	-19.04	1.01	4
合计	82565.83	4.69		

【市场拓展】 精心打造具有徐州医药股份有限公司特色的销售平台。探索与医院合作建设信息系统,通过第三方平台的应用,实现医疗机构与商业公司之间的数据传输,帮助医院解决复杂繁琐的入库流程、发票录入等问题。拓展社区医疗市场,建立终端销售队伍,做好基本药物的配送工作,搭建广阔的网络资源。在做好南京医药中药线整合的同时,继续做大做强中药饮片,一手抓整合,一手抓生产,做好小包装生产和品牌工作;积极配合南京医药中药线整合工作,筹备建好饮片煎药服务中心。

【第三方物流企业资质】 7月中旬,省药监局对公司申请的药品第三方物流情况进行了全面检查验收,公司顺利成为全省第四家药品第三方物流企业。10月,徐州医药股份有限公司又取得了开展冷藏药品第三方物流业务的资质。

【WMS系统上线】 为提高公司仓库管理的现代化、信息化、自动化水平,规范仓库作业流程,公司WMS仓库管理系统9月9日成功上线。验收、拣货、复核、发运、养护、盘点、移库、报损报溢等仓库各环节的工作都实现了信息化作业。

(刘 露)

石 油

·中国石油化工江苏徐州分公司·

【概况】 2011年,世界经济复苏乏力,国际油价跌宕起伏,资源供应总体偏紧，特别是第四季度以来柴油短缺严重，保供压力巨大。徐州石油分公司坚持以市场为导向，以效益为中心，较好地完成了年度目标任务。全年实现成品油经营量79万吨，销售规模位列全省第4位，同比增长5.6%，全省第2位；零售量同比增长21%，全省第1位；非油品销售规模位列全省第4位。累计持卡消费比重41.6%，全省排名第3位；97号汽油比重20%，全省排名第1位。“我要安全”意识深入人心，在“比学赶帮超”、“为民服务创先争优”活动中逐步形成了具有徐州特色的企业文化。

【油品经营】 面对年初结构性欠量的不利开局，全体员工坚定信心，拓市增量，实现了“速度指标确保争先、总量指标奋力进位、结构指标有力提升”的目标定位。总量规模超越南通、无锡，位列全省第4位；终端销售比重98.6%，全省排名第3位；与中油相对市场份额4.6，继续领先全省。零售抓住重点，实现规模与结构同升。零售规模跨越65万吨，升至全省第3位，万吨级加油站达到9座；97号汽油销售比重持续增长，年末达到26.6%，增幅全省第1位。直销做实经营，实现规范与效果并进。新开发客户157家，稳定了基本市场，保持了应有的规模地位。非油品加长短板，实现规模与效益双提升。提高开店率，年末便利店数量达到135座，同比增加27座。加强燃油宝等重点商品销售，毛利率达到全省上游水平。润滑油立足终端，实现排名与质量共长。首次撬动“美孚”大客户，全年新增终端客户160家，增量近400吨，润滑油终端完成率122%，全省排名第1位。

【安全管理】 强化“过程控制远比结果控制更为重要”的工作理念，坚持“把事故变为故事，把教训变成教材”，开展未遂事故共享，提高员工分析安全隐患、解决安全问题的能力。深入推进“我要安全”主题活动，开展了“平安春节”竞赛、消防灭火技能竞赛、“安全生产月”及“接卸油强化月”、查找“十大薄弱环节”等主题活动，强化安全意识。深入推行“五查五看”工作法，严格履行“七想七不干”作业现场工作要求，开展设备大检查、加油机防作弊系统铅封检查、HSE自查、夏季安全夜查等专项检查，严格落实“六必”检查等各项制度执行，完善视频监控使用规定。严抓质量管理，践行“每一滴油都是承诺”。成立安全督查办公室，为安全督查运营工作提供强大保障；出台加油站“七防”措施，安全制度管理日趋完善；提高技防水平，加强视频监控、CK报警器等技防设施维护管理，全年共投入安防资金165万元，为安全监督提供了物质保障。

【营销网点建设】 以优化网络建设和提升油站形象为重点，网络发展工作稳步推进。一方面抓好重点区域发展工作，加快落实新城区、经济开发区和重点县级城区网点新建、迁建规划定位；另一方面抓好网点收购，填补区域网络布局缺陷。改进工作方法，细化时间节点，加快抢滩布点，加快市县两级城区资源储备，全年新增站点8座，完成改造并恢复营业站8座，完成邳州二站、华升站非油品旗舰店改造，提升了网络发展内涵。全年单站加油量4400吨，同比增加23个百分点。苏北成品油管道配套油库—新安油库一期工程完成奠基，进入实质开工阶段。

【基层基础管理】 推进县级公司体制机制改革，明确职责，挖掘潜力。县公司安全责任、团队协作、争先进位、精细管理、提升自我和超越发展意识不断提高，经营管理呈现出良好发展态势。以职业、敬业、专业为导向，走出一条特色的人才培养之路。开设领导干部大讲堂，提高干部综合素养；开展客户经理营销培训，打造顺应市场、适应客户的专业化客户经理队伍；建立客户经理胜任力模型，以季度述职为手段加强行销过程监管；强化一线员工“三段式”培训，推行“师傅带徒弟”模式，加强员工岗位操作技能培训引导，中级工人数达到343名、高级工人数达到432名，中、高级工人数占一线操作员工总数的近50%，比例继续保持全省第一。分公司连续两年获得省公司职业技能竞赛和技术比武综合团体奖。

（黄海燕）

盐 业

【概况】 2011年，全市销售盐产品78511吨，完成省公司年计划116%。其中，销售小包装食盐25954吨，完成省公司年计划100%。销售收入22659.97万元，完成年计划的119.26%。其中非盐商品收入12051.08万元，完成年计划的132.28%。利润567.32万元，完成年计划的135.7%。

【盐政执法】 市盐务局先后出台《关于严格做好盐政罚没财物和涉案无主财物处理工作的通知》、《关于调整盐业违法案件举报费标准及查办涉盐重大刑事案件有功人员奖励标准的通知》等一系列文件，并在全市范围内开展盐业执法案卷评查活动，进一步规范盐政执法基础工作。积极主动与公安、检察、法院和工商、卫生、质监等部门联系，开展经常性的工作配合。继续强化省际边界协调工作，认真贯彻落实苏鲁盐政合作论坛济宁会议精神，坚持联手协作打击，共建长效合作机制，进一步稳定边界地区食盐市场秩序。全市盐政机关共查处涉盐违法案件1441起，同比上升13.7%。移交司法机关追究刑事责任案件2起，涉案3人，其中判刑1人，取保候审2人。截获贩运私盐车辆11辆，查获违法盐产品403.43吨，罚没款53.03万元。邳州市盐务局(公司)充分利用公安驻局工作优势，采取“严打、重罚”的管理方针，全年共查处盐业违法案件468起，没收盐68.58吨，罚款216443元。睢宁、沛县等盐务局(公司)根据人员安排、气候情况、市场特点和私盐违法分子活动规律，每月集中一两个时段进行市场清理。全市没有发生重大食盐安全事件。食盐合格率、合格食盐覆盖率、合格食盐食用率都超过了国家和省标准，处于苏北和苏鲁豫皖接壤地区前列。除丰县、沛县(高碘地区)外，其他县(市)、区都通过了消除碘缺乏危害目标省级考核。

【市场营销】 加大产品结构调整力度,加强250克绿标盐及品种盐宣传营销力度,从5月起全面推行绿标盐、品种盐。由于盐业改革影响,工业盐量价齐跌,对公司工业盐销量和利润形成巨大冲击。市盐业公司继续建立健全工业盐客户经理制,建立详细的客户台帐,分析工业盐用户的购货规律,及时调整营销策略,稳定工业盐用户,稳定销售量。3月16日,受不明谣言影响,徐州市出现食盐抢购风波。市盐业公司通过限量供应,积极调运,电视直播,发布短信,报纸及时公布正面引导信息等手段,只用一天半时间迅速平息了全市食盐抢购风潮,确保全市食盐市场稳定。

【非盐经济】 完善《非盐经营考核及奖励办法》,全员工资和销售非盐业绩挂钩,一线非盐销售人员工资100%与非盐销售业绩挂钩,主营客户经理、领导干部、二线管理工资30%与非盐销售业绩挂钩。积极依托连锁门店阵地,利用网络渠道,加大非盐产品铺货力度。徐州区域公司已建成二家酒庄,连锁集采的今世缘系列酒、郎酒、澳洲干红、味精、海强洗衣粉等产品在徐州区域范围内全面铺货。建立非盐专业销售队伍,市区营销部成立了酒水事业部、调味品事业部、团购部,积极向大中专院校、机关、部队、学校、企事业单位、酒店及超市等大客户开展酒类、酱醋类等销售工作。与中国联通徐州分公司签署战略合作协议,开展全面合作。

【连锁门店建设】 徐州区域公司按照"全面访销,电话订货,全面配送,直达终端"的要求,全面推动直配直送和食盐流通现代化建设工作。规范店面管理和软件建设,统一门头和货柜,进行规范化经营。积极实施门店承包经营,加大奖惩力度,规避门店经营风险。9月22日,徐州区域公司首批24家门店统一开业,全年徐州区域内建成使用连锁门店39家,经营情况良好。依托门店阵地,全面开展直配直送工作,直配直送率达到90%以上。全面建立客户经理制,加强对零售点的控制。建立详细的客户关系档案,为企业经营管理,配送管理,ERP各项信息工作做好基础工作。 (朱羽川)

烟草专卖

【概况】 全年销售卷烟272550箱,同比增长1.3%;实现税利10.1亿元(工挂前)、利润5.95亿元,同比分别增长19.5%和23.9%,创历史最好水平。全年卷烟单条售价68.10元,同比增加7.32元;低焦油卷烟5264箱,同比增长251%,实现了年销量同比翻番的目标。全年三类以上卷烟销量排名前15位品牌共销售75334箱,同比增长194%;销售收入(含税)排名前15位品牌销售110615箱,同比增长113%。以"三维五率"为重要指标,按周跟踪"七匹狼"品牌卷烟销售变化情况,"七匹狼"品牌社会认可度稳步提高,全年销售"七匹狼"系列卷烟2403箱,同比增长19.8%。

【专卖监管】 相继开展了"冬季会战"、"闪电9号"和"闪电10号"市场集中专项整治活动,取得了显著战果。全市查获各类涉烟违法案件5854起,查获涉案卷烟3913.06件,罚没款333.22万元,查获50条以上贩藏窝点案件819起,查获案值5万元以上案件98起,创下历史新高。协助司法机关依法拘留犯罪嫌疑人90人,判刑53人。侦破4起符合国标网络案件,分别是直属分局4·09案件,丰县局7·10案件,睢宁县局1·04案件和丰县局8·01案件。直属分局7·13利用传真、互联网贩售假烟网络案件,在国家局、公安部召开的网络案件交办会上顺利交办。市烟草局被市委、市政府授予"法治城市创建工作先进单位",邳州、新沂、睢宁、丰县4家县级局被确定为"徐州市依法行政示范点",在市政府组织的全市案卷评查活动中,市局的行政处罚卷宗荣获处罚类第一名,铜山局的许可卷宗荣获许可类第二名。

【科技创新】 以科技创新项目为主线,抓好《烟草专卖大要案侦办实务》和《烟草商业企业卷烟送货服务规范》精品项目推进工作,《绩效考核体系研究》、《笼车改造项目研究》荣获省局科技项目及创新成果三等奖;在省局QC小组活动评选中,《移动办公平台建设研究》、《笼车改造》荣获二等奖,《案件审理自动化处理软件研究》、《影像资料在现场执法中的应用研究》荣获三等奖。《设立银行"网订专区"拓宽烟草网订渠道》和《"卷烟零售户关系"评价与应用体系的构建》2篇文章在《营销界》杂志发表,《中国烟草》专题宣传了市局(公司)的创新管理案例。全面改造信息中心和物流中心两处机房,更换新PC机150台和部分网络设备,升级改造了全系统视频会议系统,完善了分拣系统的接口数据传输规则,提高了分拣效率。增加1条百兆线路,提升网上订货的效率;增加电话订货系统的电话呼入功能,升级短信平台的功能,加强对零售客户的信息反馈。实施专卖管理信息系统,初步形成了4+1(市场管理、案件管理、内管工作、综合信息加证件管理)的专卖信息系统体系。

【市场建设】 全市全年标准店共退出49户,增补27户,开展标准店推广活动37次,涵盖13个工业企业的16个品牌、30个规格。开展"网订月月奖"促销活动,扩大农行营业网点设置"网订专区",网上订货比例由43%提高到78%,超额完成预定目标。市局在全省物流技能比武竞赛中获得团体第三名,《烟草商业企业卷烟送货服务规范》被国家局作为行业标准立项,国家局在徐州召开了项目启动会议。

【文化建设】 宣传贯彻江苏烟草商业企业精神,全面推进"大风同心"企业文化建设,以"烟语风歌谱新篇"为主题,相继开展了系列企业文化活动,组建小分队巡回宣讲15场。加强企业文化载体建设,市局企业文化中心和各县级局企业文化室建成并投入使用。深入开展办事公开、民主管理等"三项工作"。全系统主动公开事项2598条,实施三项工作项目30个,其中公开招标4个,公开招标项目数占比13.33%,金额占比81.98%。 (张 琳)

对外及港澳台经济贸易

外 资

【概况】 2011年,全市新批外商投资项目218个,同比增长6.86%,增幅居全省第2位;协议注册外资25.84亿美元,同比增长36.53%,增幅居全省第2位;实际到账注册总量实现两年翻番,在全省排位前进了两个位次,同比增长44.65%,增幅位居全省第二。

【重点区域招商】 2011年,全市上下按照"巩固港资、主攻台资、突破欧盟"的对外招商战略,有针对性地开展了高密度的小分队招商和专业化招商活动。全市新批港、台资和欧盟项目178个,占新批大陆以外资金项目总量的81.65%,同比增长6.58%;港、台资和欧盟企业协议注册20.49亿美元、实际到账注册12.04亿美元,分别占全市总量的79.31%和82.14%。

【主导产业外资利用】 2011年,全市六大主导产业外资项目203个,比上年同期增加11个,占全市新批外资项目总数的93.11%,其协议注册外资和实际到账注册外资均占全市总量的80%左右。

【重大项目发展】 全市共引进投资总额3000万美元以上的大项目25个,比上年同期减少3个,位于苏北第3位;实际到帐注册外资在1000万美元以上的项目35个,到帐注册外资9.27亿美元,同比增长55.53%,比上年同期提高27.08个百分点。 (张木森)

外 经

【概况】 2011年,全市共有经营主体16家,其中具有对外劳务合作经营资质的企业2家,新增1家。全市新签外经合同额和完成外经营业额分别为1.45亿美元和1.64亿美元,同比增长14.61%和14.45%。境外投资超过1.2亿美元,同比增幅6.6倍,居全省第二位。

【境外投资】 2011年,新批境外投资项目10个,投资额近12100万美元。其中,徐州光环钢管有限公司、江苏马鸣湖酒业有限公司、江苏富祥木业股份有限公司、徐州瑞隆机械工业发展有限公司、徐州黎明食品有限公司投资额均超过500万美元。投资国别涉及亚洲、欧洲、美洲等地区。投资领域涉及机械制造、食品加工、木业等。徐州市境外投资企业首次登陆美国。

【对外工程承包】 全市对外工程承包在建项目16个,其中超过500万美元的大项目9个;在谈项目12个,其中超过500万美元的大项目6个。中孟巴

矿二期等一大批外经项目如期实施。（张木森）

外　贸

【概况】 2011年，全市进出口63.1亿美元，同比增长51.7%，增幅居全省第二位。其中，自营出口完成41.59亿美元，总量保持苏北第一，同比增长58%，增幅位居全省第二；进口21.5亿美元，同比增长40.6%，增幅居全省第二位。

【县域出口】 2011年，全市11家考核单位自营出口均超1亿美元，其中徐州经济技术开发区出口额最大，完成13.35亿美元；沛县出口增幅最大，同比增长244.54%，完成计划的265.26%。

【出口企业】 2011年，全市重点企业出口30.83亿美元，增幅78.9%，占全市出口74.1%，比上年同期提高8.6个百分点。自营出口过亿美元的企业3家，分别是徐州工程机械集团进出口公司、徐州金石彭源稀土材料厂、江苏艾德太阳能科技有限公司；自营出口1000万美元以上的重点企业85家，比2010年增加34家。2011年有出口实绩的企业818家，其中145家企业出口实现了零的突破，形成新的增长点。

【主导产品出口】 机电、农产品、板材等重点商品出口大幅增长。机电产品出口18.1亿美元，同比增长56%；其中工程机械出口9.7亿美元，同比增长66.7%，光伏产品出口下降，达到1.6亿美元。农产品出口3.12亿美元，同比下降17.2%；其中大蒜出口2.2亿美元，同比下降28.8%，胶合板出口5.1亿美元，同比增长25%。（张木森）

徐州海关

【概况】 徐州海关以促进地方外向型经济健康发展为己任，全力支持地方经济社会发展。提高窗口建设和服务水平。明确窗口的设置规范，完善窗口软硬件设施，建立首问负责制，对通关流程各环节进行实时跟踪监督，定期对业务操作效率进行评估，限时办结，促进各项业务高效运作。推广"属地申报，口岸验放"便捷通关模式，降低企业通关成本和物流成本。加强与上海、连云港等口岸海关联系，拓展通关时空，减少中间环节，提高通关效率；积极推进海关业务网络化、电子化进程，开通税款网上支付(担保)、电子支付功能。主动服务企业。走访开发区、邳州、新沂、邳州、丰县、睢宁、贾汪等政府和大型骨干企业50余次，召开重点进出口企业座谈会，听取企业的意见建议，积极指导企业用好用足国家优惠政策，解决企业通关、监管、减免税等实际困难；建立重点企业海关联络员制度、关领导挂钩联系制度等，建立顺畅的关企沟通平台。2011年，累计审批减免税货物1.17亿美元，有力地支持地方外向型企业的发展。加大重点企业、重点项目的服务力度。年内扶持徐工集团出口委内瑞拉7.45亿美元工程机械出口项目；提前介入保税物流中心(B型)谋划，多次组织人员赴实地和省内外保税物流中心进行调研和学习考察，为地方政府提供具体的建议意见；安排海关通关专家为江苏中能硅业科技发展有限公司3期增资扩产项目和徐州海天石化有限公司设备进口，提供减免税、归类审核个性化服务。发挥海关统计的监测预警功能，努力服务地区外经贸工作。积极开展统计预警分析，并将统计分析和风险预警信息直接向企业传递；为企业办理海关监管设备抵押贷款审批，为30多家企业出具海关统计数据证明，组织专人加强出口舱单核销，加快出口退税单证签发速度，缓解企业的资金压力。积极建言献策为地方党政决策服务。对徐州市开放型经济发展中的热点难点问题进行研究，深入分析预测，寻找应对措施，为地方及时调整产业结构和经济布局提供决策参考。

【税收征管】 徐州海关坚持以综合治税为核心，完善岗位操作规范，统一执法程序，积极开展预归类、预审价、原产地预确定研究。主动深入主要税源企业调研，改进海关监管与服务，加强商品归类和减免税审批管理，进一步优化税收各项指标，提高税收征管质量。2011年，实现税收入库总额16.12亿元，其中关税4.4亿元、进口环节税11.72亿元，同比分别增长27.63%、61.74%、18.26%，圆满完成了南京海关下达的税收任务。

【加工贸易监管】 建立健全内外勤联系配合机制，优化海关监管资源，加强对加工贸易和减免税业务的实际监管，坚持首办验厂制度，认真做好常规核查、核销工作。完善企业分类管理，开展企业类别动态调整；完善企业守法管理，落实企业"守法便利"原则；通过风险分析，提高监管效率，创新监管模式，规范企业对边角料、残次品的处置；通过政策宣讲，强化加工贸易核销申请的规范申报。2011年，办理加工贸易电子手册备案151份，备案金额3.91亿美元。

【打击走私】 坚持以打促税，始终保持打私高压态势；坚持规范执法、文明执法，突出关警深度融合，优化关警协调配合机制；定期召开联席会议，充分发挥打私工作的综合效应。不断加强与地方公、检、法等单位的联系配合，全面发挥打私综合治理职能，努力形成打私合力，切实维护徐州地区进出口贸易秩序。全年共立案侦办刑事案件1起，抓获犯罪嫌疑人2名，案值457万元，涉税131万元；办结行政案件13起，案值11584.3万元，涉税151.8万元，罚没入库294.5万元，补缴税款5.3万元。

【货运监管】 2011年，监管进出口货物13.2万吨、货值10.4亿美元；监管集装箱8462标箱，货运量6.7万吨；办理进出口报关单4687份。

【旅检监管】 全力保障机场旅检工作，大力支持观音机场货运业务申报。在人力资源紧张的情况下，成立了机场办事处筹备处，全力保障每周7天的旅检任务。2011年，监管观音机场进出境航班564架次，旅客62645人次，查获违禁书籍104本，征收税款13万余元。（胥鹏扬）

检验检疫

【概况】 倾情扶持"三重一大"。加大对徐州市重点区域、重点工程、重点企业、重大项目的支持力度，组织人员到开发区、新沂市、丰县、睢宁县等重点区域和徐州卷烟厂、徐工集团、卡特彼勒、协鑫硅材料等重点企业调研；现场指导，帮助宿羊山镇6家大蒜骨干企业顺利实施GAP认证；主动介入、促成徐工集团签署总值7.8亿美元出口混凝土泵车V58项目；在检务部门设立"三重一大"项目专用报检受理窗口。检地合作提档升级。与开发区管委会签署《创新实践推动产业发展合作备忘录》、《推进出口工程机械产业集聚示范区建设合作备忘录》；全力推动出口农产品安全示范区和示范基地建设，建成国家级示范区1个、省级示范区1个、省级示范基地3个；成立了江苏检验检疫协会徐州地区胶合板专业组。口岸建设取得进展。建成口岸病原体和常见有毒有害快速检测实验室，微生物、理化和媒介生物监测实验室，实现了现场查验、实验室检测、疫病控制等功能一体化；完善口岸卫生检疫设施建设和设备；与卫生、公安、环保、海关、边防及机场等相关部门健全联合工作机制，4次组织口岸突发甲流疫情应急处置、卫生处理药物中毒事故应对演练。全年共检验检疫出入境货物报检35799批，货值262189万美元，与上年同比分别增长14.98%和19.38%；接受集装箱检疫报检4073标箱；签发各类检验检疫证单49653份，比上年同期增长10.22%；签发普惠制产地证4000份，签证金额26638万美元，与上年同期相比份数下降7.75%、金额增长3.68%；新增注册报检单位594家，新增注册报检员19人，新增产地证注册企业86家。

【行政执法】 截获进出境疫情疫病26种、41种次，首次检出芒果果核象甲和桔小实蝇；开展执法督查专项活动，加大对胶合板、玩具、服装、危险品包装等产品质量安全风险监测力度；检出进口棉花短重177批，短少金额157.7万美元；检出危险品包装使用不合格3批；完善旅检疫情检出考核机制，机场口岸全年截获违禁物342批，同比增长466%。全年共取得一类把关成效4件，二类把关成效65件，三类把关成效437件。实施了打击非法添加和滥用食品添加剂、瘦肉精专项整治、进口假红酒专项整治工作；强化出口食品原料基地监管，对65家进出口食品企业食品原辅材料的存放、使用和管理进行了检查；加强备案基地监管，清查取消备案基地62块、面积15.61万亩。

【科技强检】 组织修订了《科技工作管理办法》等4个文件，加大了科技工作奖惩力度；组织编写了《徐州检验检疫局"十二五"期间科技振兴计划》，明确了基本要求和工作目标；加强了与徐州市科技局的沟通合作，签署了两局合作备忘录。修改完善《实验室安全卫生管理规则》；食品化矿实验室通过省局Ⅱ级实验室的考核；与徐州师范大学化学化工学院签订了检、学、研基地共建协议。

【创新便捷通关模式】 2011年，徐州检验检疫局与黄岛检验检疫局通过签署《建立加强区域合作促进通关便利化合作机制备忘录》，实施运行徐州—黄岛特色报检通关机制。全年共签发徐州黄岛特色通关证明3000批，为进出口企业节约通关成本20万元。

【首个国家级出口农产品质量安全示范区建成】 11月30日，邳州宿羊山镇出口大蒜示范区通过国家质检总局验收，成为徐州市首个国家级出口食品农产品质量安全示范区。宿羊山镇是徐州市白蒜主产区，大蒜种植面积达10万亩，是全国最大的白蒜出口创汇基地，被誉为"中国大蒜第一镇"。自创建工作启动以来，大蒜产业迅猛发展，出口产品遍及世界100多个国家和地区，未发生一起产品质量安全事故。

【检验检疫局与开发区签署合作备忘录】 5月5日下午，《徐州出入境检验检疫局与徐州经济开发区管理委员会创新实践推动产业发展的合作备忘录》签署仪式在开发区科技大厦会议室举行。双方商定成立"合作协调工作领导小组"，每年召开2次会议，共同研究推进备忘录事项的落实。

【"送法到企业、普惠县区行"宣讲活动】 3月至5月，徐州检验检疫局加大对徐州市重点区域、重点工程、重点企业、重大项目的支持力度，实施"送法到企业、普惠县区行"宣讲活动。通过现场宣讲的方式向县区的进出口企业、外贸主管部门重点宣传各类检验检疫法律法规、各种检验检疫要求、各类原产地优惠政策。

【科技振兴计划】 8月12日，徐州检验检疫局"科技振兴计划"启动仪式在徐州市开元宾馆举行。会议总结回顾了徐州检验检疫局科技工作开展的情况，分析了科技工作面临的机遇和挑战，明确了"十二五"期间科技工作的努力方向和中心任务。启动仪式上，徐州检验检疫局分别与徐州市科技局、省工业品检测中心签署了合作备忘录。

【首批法国引进祖代种鸡隔离检疫】 12月3日，12926只从法国进口的海赛克斯祖代种鸡抵达徐州市铜山区伊庄镇倪园村——江苏联农畜禽有限责任公司隔离场。本批祖代种鸡系首次从法国引进。在为期30天的隔离检疫期里，徐州检验检疫人员严格按照国家总局第122号令及《江苏检验检疫局检验监督工作规范进境禽类种蛋分册》的要求开展工作，严格坚持对人员、物品的出入管理，严格坚持对废弃物及病死鸡尸体进行无害化处理，做好驻场监管及取送样工作，顺利完成种鸡隔离检疫工作。（赵忠超）

旅游业

综述

【概况】 2011年,徐州市旅游总收入282亿元,同比增长23%,接待国内外游客2476万人次,同比增长19.9%。其中接待国内游客2457.31万人次,同比增长19.9%,国内旅游收入264.83亿元,同比增长22.7%;接待入境游客18.22万人次,同比增长15.1%,外汇收入1.875亿美元,同比增长22.3%,旅游经济继续保持较快的增长态势。

【旅游规划】 10月26日市政府常务会审议通过《徐州市旅游发展总体规划》。规划确定了在“一区、两板块、三带”的总体空间布局思路基础上,提出要以主城区为核心,进一步强化资源整合、产业集聚、板块联动,引领徐州牢固确立在淮海经济区的旅游休闲度假中心、宗教文化体验中心、商旅购物娱乐中心、旅游交通集散中心、旅游人才培养中心等地位,有力推进徐州打造区域旅游中心城市和国内一流、国际知名的旅游目的地。在此基础上,徐州市又成功编制了“十二五”旅游专项规划并通过专家评审。

【项目建设】 2011年,徐州市在建旅游项目达81个,总投资77.5亿元,其中重点项目37个,总投资40.5亿元,年内竣工的项目23个。总投资60亿元的彭城欢乐世界旅游综合体项目当年完成投资10.1亿元,配套设施建设和乐园主体工程全面启动;总投资15亿元的沛县千岛湿地年内完成投资6.5亿元;占地5500亩的骆马湖度假区和窑湾古镇项目年度完成投资5亿元。此外,贾汪大洞山茱萸寺于2011年9月28日建成开放,市开发区蟠桃山佛教文化景区宝莲寺项目完成,铜山吕梁山景区总投资5亿元的忆江南农业生态园项目基本完成土地流转;投资5亿元的凤冠山景区项目已到位资金3000万元,土地整理全面启动;故黄河两岸绿化工程全部完成。

【品牌提升】 以旅游景区等级评定等质量标准化建设为抓手,完善景区的服务设施,提升景区品质。徐州市的A级景区由2010年的26家增长至41家,四星级乡村旅游示范点由2家增长到16家,旅游星级饭店由48家增长到85家;新增国家4A级景区1家;3A级景区5家,省自驾游基地2家,生态旅游示范区1家,新增4家四星级乡村旅游点和1家自驾游基地。新沂窑湾古镇被评为第二批全国特色旅游名镇。

【乡村旅游节庆活动】 2011年,徐州市各县(市)、区旅游部门开展了贾汪区“走进生态谷·情醉桃花源”——贾汪万亩桃花欢乐游活动、贾汪区“石榴节”、第三届生态新沂旅游文化节、铜山区首届徐州吕梁旅游文化节、首届沛县千岛湿地文化节、丰县第十二届梨花节、丰县红富士苹果节、睢宁县举办“睢宁菜系 睢宁菜”——睢宁美食节、邳州市大运河文化旅游节、邳州国际银杏节、中国邳州第二届桃花节、邳州第三届板栗节、邳州港草莓节等各种乡村旅游节庆活动。（有 昆）

旅游资源

【徐州汉文化景区】 国家4A级旅游景区，位于徐州市区东部，东起三环路，南至陇海线，西接津浦线，北迄骆驼山，总占地面积1400多亩。汉文化景区分为汉代物质文化遗存展示区和汉传佛教游览区。汉代物质文化遗存展示区主要以“两汉文化”——狮子山楚王陵、汉兵马俑、汉画长廊、羊鬼山展亭（王后陵）、水下兵马俑博物馆、刘氏宗祠为代表。汉传佛教游览区主要包括竹林寺、观音阁、静检法师纪念堂、南北山门、钟鼓楼等。景区呈现了一部立体的汉代史，成为集“两汉三绝”为一体、全国范围内最具代表性、国内外著名的汉文化旅游中心之一。为了进一步挖掘汉代非物质文化的内涵，生动形象地展示汉代灿烂文化，增强文化旅游的体验性和互动性，景区专门实施了“非物质文化遗存体验区”和汉文化景区三期工程。工程项目以汉画像石为主要载体，力图借助现代声、光、电技术，集中展示汉代政治、经济、文化、民俗，展现汉代现实生活场景，使游人身临其境，增添文化特色。

【淮海战役烈士纪念塔园林】 国家4A级旅游景区。位于徐州市泉山区境内的凤凰山东麓。1959年筹建，1965年11月建成开放。园林占地77万平方米，设置大小花坛200多个，种植雪松、侧柏、银杏、红枫、桂花、梅花等珍贵树木10万余株，分别有东、北、南门。园林内有淮海战役烈士纪念塔、纪念馆，总前委群雕，国防园和淮海战役碑林5大主体建筑，及青年湖、青年广场、中心花坛、粟裕将军骨灰撒放处和胡耀邦植树处等景点。2007年7月开馆的淮海战役烈士纪念馆新馆，是国内规模最大、展示手段最先进的陆战博物馆。先后被国务院批准为全国重点烈士纪念建筑物保护单位、民政部命名为全国爱国主义教育基地、国家教委等6部委命名为全国中小学爱国主义教育基地、中宣部命名为全国爱国主义教育示范基地。

【云龙湖风景名胜区】 景区位于徐州市区南部，是以人文和自然山水风光为特色的风景区，1984年被批准为省级风景名胜区，2005年被评为国家4A级景区。景区分为云龙山水景区、凤凰览古景区、玉带探幽景区、拉犁春秋景区和汉王风情景区，主要景点有云龙湖、云龙山、放鹤亭、兴化寺、观景台、刘备泉、挂剑台、苏公塔、杏花村、索滑道、汉画像石馆、水上世界、小南湖生态观光区、拉犁山汉墓、玉带河风光带和拔剑泉等。

【云龙山】 国家4A级景区，位于徐州市云龙湖风景区内。云龙山是苏北一带的名山，长3公里，海拔142米，有九节山头组成，南北走向，蜿蜒如龙，因山上常有云雾缭绕而得名。山上巨石嶙峋，林壑幽美，易于登览。宋代苏东坡在徐州任太守时，常登山览胜，醉卧山石，写并书有“放鹤亭记”碑文现存山中。山上主要风景点有放鹤亭、招鹤亭、饮鹤泉、碑廊；东麓兴化寺内有大石佛，西麓大士岩有石造观音像，云龙书院内有东坡石床、黄茅岗摩崖石刻。近年将一些古迹整修一新，重建了卧牛泉，扩大了招鹤亭平台。

【彭祖园】 国家4A级景区。江苏省一级园林、徐州新八景之一。位于徐州市南郊马棚山，是徐州云龙湖风景区的重要景点之一，原为果园，1976年筹建时称南郊公园，1985年建成开放。因徐州古称大彭氏国，又有彭祖这位精通导引、善烹饪的长寿长者，故易名彭祖园，以象征徐州的悠久历史和古远文明。彭祖园占地520亩，是一个自然景观与人文景观兼备、以动物观赏与植物观赏为主要内容、游览与休息相结合的大型综合性公园，由彭祖文化游览景区、不老潭景区、名人文化景区、樱花林景区、徐州动物园、徐州游乐园组成。2010年，徐州市再次对景区进行了“开敞式、便民性及景观生态化”的全面改造。改造后的彭祖园，在实现免费开放的同时，从景观质量、服务设施、文化氛围营造等多个方面促进了园区整体提档升级。

【云龙湖水上世界】 国家4A级景区。主体建筑是坐落在云龙湖湖心岛上的亚洲最大的淡水鱼水族馆。展出了来自世界35个国家和地区的150多种珍贵鱼种。景区包含淡水鱼水族馆、标本馆、玉雕馆3个部分，其中淡水鱼水族馆主要包括互动的多媒体区、淡水生态厅、热带雨林区、神秘文化区、珍稀鱼类区、海底隧道、4D动感影院7个部分。

【马陵山风景区】 国家4A级景区，省级自然保护区。位于新沂市区南20公里处，面积约60平方公里。马陵山，古人也称为陵山、马岭山，主峰海拔为91.8米，是一条低山丘陵，山体基岩主要由白垩系王氏组（K2W）紫红色砂岩、泥岩、页岩、砂砾岩、砾岩的陆相盆地沉积构成。景区山清水秀，花香鸟语,生物资源十分丰富,其中植物107科316属521种,鸟类15目37科152种。主要景点有司吾清晓、峰山公园、三仙洞、三真岩洞、龙台、老虎窝、马陵古道、全潮律院、禅堂、龙泉夜雨、翰林墓、乾隆行宫、司吾古国遗址、张震将军所书碑文的宿北大战纪念碑亭等。其中,司吾清晓有明代诗人徐维超、何九州分别作有《司吾清晓》记人史料,三仙洞有清代文学家蒲松龄于康熙九年游马陵山三仙洞所作《三仙》收入《聊斋志异》。

【沛县汉城】 国家4A级景区,位于沛城中心,占地34公顷,建筑面积2.5万平方米,是一座集古典建筑精华与现代造园艺术为一体的综合性公园。该园由南京市园林局设计,南京市园林经济开发总公司承建,1995年5月8日奠基,1996年6月12日建成开放。汉城公园共有绿地215亩,树木80余种2万余株,四季常青,三季有花,空气清新,景色宜人。汉宫区是汉城公园的主景区,占地面积3.5万平方米,主要由汉魂宫、汉阙、望楼、长廊、东西配殿、仙人承露台、沛宫及例殿等汉建筑群组成。高大雄浑的汉魂宫是汉宫区主体建筑,建筑面积1920平方米,长35.4米、宽26米、高24.47米,矗立在浑厚的台基上。一层四周镶嵌青石浮雕、镌刻汉画像石图案,底层设计有表演大厅。二层为《刘邦坐殿》,蜡塑群像栩栩如生。三层绘有《刘邦车马出行图》。汉魂宫东西两侧为诗词和捐资碑廊,建筑面积400平方米。沛宫殿东西两侧浮雕再现了刘邦3年灭秦、5年剪楚的波澜壮阔的历史场面。汉城集游、娱、购、食、住、行于一体,形成了"城中之城"的格局。区内歌风台、汉高祖原庙、汉街、沛公大酒店、汉城公园等一大批仿汉建筑环绕文化广场遥相呼应,蔚为壮观。公园由汉宫区、少儿游戏区、青年娱乐区、老年休闲区、水面活动区及温室盆景园6大景区20多个景点组成。

【龟山汉墓】 国家3A级旅游景区。位于徐州西北约5公里九里区旅游区内龟山西麓,为西汉第六代楚王刘注的夫妻合葬墓。墓葬东西长83米,南北最宽处达33米,总面积达700余平方米,几乎将整个山体掏空。共有15间大小配套、主次分明的墓室,卧室、客厅、马厩、厨房一应俱全,井然有序,俨然是一座宏伟的地下宫殿。龟山汉墓以山为陵,因山为葬,且全部为人工开凿而成的两座并列相通的合葬墓,其中南为楚襄王刘注墓,北为其夫人之墓,两墓均为横穴连洞式,墓葬开口处在龟山西麓,呈喇叭状,有南北两条各长56米的平行甬道,沿中线开凿最大偏差仅有5毫米,精度达到1/10000,南北甬道之间相距19米,夹角为20秒,误差仅为1/16000,每条甬道有26块重达6~7吨的塞石封堵。此墓工程之浩大、雕凿之精细、气势之雄伟,实为世界罕见、中华一绝。

【泉山森林公园】 国家3A级旅游景区。位于市区南部,总面积3500余亩,由5座山峰组成。公园自然景观优美,动植物资源丰富,誉称"自然氧吧",具有"绿、奇、秀、幽、野"的特色,是省级环保教育和科普教育基地。景点有鸟悦园、"果老洞"、古典仿竹风格的龙泉桥、植物园、苏东坡赞誉为"满岗乱石如群羊"的石羊坡、龙吟阁,还有滑草场、迷你高尔夫球练习场、羽毛球场、网球场、旱冰场、射箭场等户外运动场所。

【戏马台】 国家3A级旅游景区。公元前206年,项羽灭秦后自立为西楚霸王,定都彭城(即今徐州),于城南的南山上,构筑丛台,以观戏马、演武和阅兵等,故名。戏马台布局依山岗地形,逐步上递,错落有致。经山门,照壁上有"拔山盖世"篆刻大字。东侧高台基上,置有铜铸巨鼎1座,上镌"霸业雄风"。鼎呈长方形,双耳四足重6.5吨,高2.25米,长1.91米,宽1.51米。鼎腹铸有歌颂项羽历史功绩的《戏马台鼎铭》铭文1篇。前区为两组宏伟的仿古皇家建筑群,以丰富的资料展示西楚霸王悲壮的一生,包括雄风殿、巨鹿大战、霸王别姬、鸿门宴、定都彭城等展室;后区依山就势,设计为百米长廊,长廊以古来咏台诗词,当今书法大家笔迹勒石镶壁,既能陶冶游人性情,又使人在游览中受到教益。景区内遍植名木异卉,更有霸业雄风鼎、重九台、乌骓槽、系马桩、项王武库、人杰鬼雄石等诸景点缀其间,使戏马台景区疏密有致,尉为大观。

【艾山九龙风景区】 国家4A级旅游景区,江苏省省级风景名胜区。位于苏鲁两省交界、邳州市北部铁富镇境内,方圆20平方公里。因传说远古时代遍山生艾,且每60年出一次神艾而得名。景区四季气候怡人,风景优美,既有湖光山色之自然美景,又有宗教古迹之人文景观。春天万亩桃花芳艳四射,夏天山中槐香沁人心脾,秋天满山遍野层林尽染,冬天松柏常青碧绿四海,拥有九龙脊、九龙涧、凤凰台、橡树林、石婆沟、黑风潭、燕子树、仙人湖等众多的自然景观以及美丽动人的传说。景区人文景观既有春秋时期的艾王城遗址、三国时期徐庶隐居之"徐庶洞"、唐宋时期的古战场"黑风口"、明清时期的奶奶庙等历史遗址,又有汉阙山门广场、望龙亭、艾王阁、御笔亭、华严寺、少林寺下院——铁佛寺(铁佛殿内供奉国内最大的铁佛,高16.8米)、汉白玉浮雕——如意大道(全长958米)、六度门(全国第二大石牌坊)、佛手、佛脚印、转经筒、百子戏弥勒、净心池、九龙佛塔等浓郁的民俗、宗教景观。

【岠山风景区】 位于邳州市八路镇,是邳州市境内第一大山。最高峰海拔204米,环山40里,大小山峰9座。岠山古叫峄阳山,晋称葛峄山,明代改为岠山。岠山风景秀丽,古迹众多。山林植物以松柏为主,杂以水杉、栗子、核桃、柿树、刺槐、黄连木、楝树、银杏、黄桶等近百种乡土特色树种,斑斓瑰丽。历史文化古迹有明代周谊所撰写的《葛峄山赋》碑文;东晋道教理论家、医学家、炼丹家葛洪当年在此炼丹留下炼丹亭、炼丹井,葛洪炼丹井井水清澈甘甜,终年不干;三国英雄吕布失守徐州,败走下邳,取道岠山留下的吕布栈道,吕布吊死地白门楼就在岠山脚下;康熙行宫等遗存。红色旅游经典景点、"江苏省爱国主义教育基地"小萝卜头纪念馆坐落在风光优美的岠山北麓。

【土山古镇景区】 国家3A级旅游景区。土山是一个有着2000多年历史的文化名镇，是著名的三国古战场，因《三国演义》第二十五回“屯土山关公约三事”而驰名中外。明朝天顺三年（公元1460年）为纪念与孔子齐名被称之为武圣关公的忠、信、义、勇精神，于土山之首建关帝庙一座，是全国第四、江苏省建筑面积最大、保存最完好的关帝庙，庙内有钟楼、鼓楼、马迹亭以及关公当年的磨刀石、拴马桩、马迹印、张辽跪印等古迹，被江苏省批准为历史文物重点保护单位。古镇景区除关帝庙外，还有古护城河、明清小街、浴德池、沈家大院、魏家布庄、王家大楼、天主教堂等10多处明清建筑及中央苏区江西省常委兼保卫局长娄梦侠烈士墓、中共邳县县委的秘密联络点和淮海战役粟裕将军的前沿指挥所等革命遗址。

【王杰纪念馆】 为纪念在地雷实爆演练中毅然扑向突然引爆的地雷，用自己的鲜血和生命，掩护了在场的12名民兵和人武干部的王杰烈士而建。纪念馆位于邳州市东郊——张楼办事处，面积1.5万平方米，主要景点有展览室、王杰像、王杰牺牲处、王杰墓、王杰牺牲纪念亭、题词碑墙等，是国家、江苏省重点烈士纪念建筑物保护单位。

【淮海战役碾庄战斗纪念馆】 坐落在碾庄圩战斗所在地碾庄镇，距邳州市区15公里。为纪念淮海战役第一阶段的关键之战碾庄圩战斗的胜利，缅怀碾庄革命烈士而建。纪念馆北面正中耸立着18.5米高的纪念碑，大理石浮雕碑座“支前”、“战斗”、“冲锋”、“胜利”4座浮雕围绕四面。碑的正面有刘少奇题写的“浩气长存”4个镏金大字。主要景点有展室、纪念碑、碑林、广场、南门战场、黄百韬指挥所、黄百韬被击毙处等。

【李可染艺术馆】 国家3A级旅游景区，位于徐州市建国东路广大北巷16号。老馆占地面积300平方米，建筑面积120平方米，由“李可染旧居”和李可染艺术馆两部分组成。室内陈设朴素淡雅，古色古香，依如故旧。李可染艺术馆新馆占地面积4810平方米，建筑面积2829平方米，整体两层局部三层，由李可染生平陈列厅、李可染作品展示厅、综合展览厅、学术会议厅和室外庭院组成。

【徐州民俗博物馆】 国家2A级旅游景区，位于徐州市中心户部山上，占地6000余平方米，建筑面积2700多平方米，有古民居160多间，展示民俗文物1000多件。依明清古民居而设，是一座以收藏、展示、研究徐州地区民俗文物及民俗文化为主的专题性博物馆。展示分徐州古民居展示、生产和生活展示、婚嫁和生育展示、民间艺术和工艺展示、地方戏曲和曲艺展示以及民俗、民风、民间绝活演展等6大部分。

【点石园石刻艺术馆】 国家3A级旅游景区。占地10余亩，主体面积达2600余平方米。是以石刻艺术为载体，集砖雕、木雕为一体的专题展馆。馆内珍藏大小石雕、木雕、砖雕2000余件，年代上至西汉、下至清代，跨越2000余年；珍藏碑刻50余件，有历代帝王的御碑、封疆大吏、翰林状元的书法以及圣旨碑，功德碑、题名碑、记事碑等，以及形态各异的石狮200余件。

【大洞山风景区】 位于贾汪区境内，距徐州市区28公里，距贾汪主城区3公里，紧邻310、206国道，景区内有海拔361米的徐州第一高峰，万亩石榴园、万亩桃园、千亩督公湖等景观。景区林木众多，绿意盎然，有大小湖泊10余个，湖水面积2000余亩；自然景观众多，文化底蕴丰厚，有天然观音洞、云雾洞、古生物化石群、惟妙惟肖的石羊坡及优质泉水等景观；有茱萸寺、玄德庙、泰山奶奶庙等名刹遗址近10处。大洞山南麓的茱萸寺是国内五大佛教道场之一的药师佛道场。2009年3月31日恢复重建，于2011年9月28日开光。整座寺院占地面积160亩，建筑面积6000平方米，总铺装面积11000平方米，其中寺前广场面积5300平方米。整个寺庙群落以中轴线为依托，在主轴线上依次建设寺前广场、山门、钟楼、鼓楼、天王殿、大雄宝殿、药师佛殿。

大洞山风景区

【窑湾古镇】 2011年，古镇开发共投入资金1亿元，疏通后河及护城河1000多米，架设景观桥5座；实施了后河两岸的仿古房建设，共修建房屋500多间，修复面积10000多平方米。正在建设游客接待中心的生态式停车场1.5万平方米，建成景区内生态停车场1.7万平方米，完成建设游客服务中心一座，新建三星级厕所3座；栽植树木1万多棵，绿化面积5000多平方米；铺设道路1500米；在完善吴家大院、赵信隆酱园店、东典当、窑湾典当博物馆的基础上，新建窑湾民俗史话馆、大清窑湾邮局、文革印象馆、马南圃书画艺术馆，南哨门、界牌楼、北门锁钥，使景区景点达到10个以上。同时大力整顿镇容镇貌，因地制宜改造或建设景区宾馆、饭店，创造良好景区环境。景区2011年10月1日正式对外开放，十一黄金周完成接待12万人次，创造收入25万元。2011年11月11日，窑湾古镇顺利通过国家4A级景区初步验收。

【大沙河果都生态园】 大沙河果都生态园是丰县百里生态农业观光带的核心组成部分，位于风景秀丽的大沙河两岸，南北长520米，东西宽6400米，占地333公顷，主体由果都大观园、千亩红富士苹果自摘园、千亩白酥梨自摘园三分部组成。园内具有多处自然景观和文化景观,既有宫保府、大观楼、汉代帝王馆、李卫墓、李氏五通碑等历史景观;又有儿童乐园、百花园、凉亭、曲桥、假山、葡萄长廊、青春广场、科技馆、大观小厨、人工湖、钓鱼岛等现代景点,同时利用园区内的良好的自然乡村环境,结合人文历史、民俗风情,农业文化果品生态,辅之游乐设施,建设了农业种植体验,果品自摘、赏花、赏果观赏的自摘区和农业科普教育区,为游客提供了较大的参与观赏空间,使游客在观赏过程中,即了解人文历史,又参与体验农业生产和田园劳动。

【银杏博览园】 国家3A级旅游景区,国家级农业旅游示范点,江苏省首批精品乡村旅游点,位于邳州市北部,是集观光、娱乐、健身、度假和科研等多种功能为一体的生态森林公园。园内银杏成片种植面积达35万亩,占整个邳州银杏资源的90%,是中国五大银杏基地之一。其中核心区面积3万亩,有百年以上的银杏古树1万多棵,千年以上的银杏树10多棵。银杏姊妹园是博览园的园中之园,占地300亩,保存着全国罕见的“古银杏群落”,因两棵高大浓密的姊妹树而得名。园内还有诗碑园、隐兵园、三官庙遗址、抗战树、联姻树、千手观音树等知名景点。

【千岛湿地景区】 位于沛县微山湖西岸,京杭大运河两侧,项目规划占地面积18.3平方公里,主要由千屿湿地、文化湿地和农耕湿地3个片区组成。北片区位于大屯镇丰乐村周围,中片区位于沛城镇李集村周围,南片区位于胡寨镇刘岭村。千屿湿地面积约6.5平方公里,主要结合现有水面开阔,岛屿众多的资源条件,打造沛县“千岛湖”湿地景观,其景观物质是“乡野、自然、水世界”。主要由“阡陌印象”、“苇风荷香”、“千岛风情”、“水歌渔乡”、“曲岸鸣禽”、“千帆激浪”等景点组成。文化湿地面积约8.3平方公里,主要利用现状广阔土地资源,打造汉文化、红色抗战文化、渔家文化、生态文化等体验项目,将文化元素融入休闲娱乐活动之中,形成以湿地环境为背景、以休闲文化为重点的文化湿地。农耕湿地面积约3.5平方公里,结合生态农业技术,进行花卉苗圃种植和科技农业展示,让游客领略大自然的神奇力量和科技的无限潜力,并感受最纯朴的农家风情,其景观特质是“五彩、原生态”。主要由“奇瓜异果园”、“生态蔬菜馆”、“农家游乐”、“水上竞技”等内容组成。8月,千岛湿地景区被评为省级湿地公园,12月,被评为江苏省四星级乡村旅游点。

(有　昆)

市场开发

【旅游宣传】 加强主流媒体宣传。精心策划制作徐州旅游形象宣传片,斥资近1000万在中央电视台投放旅游宣传广告,1月28日,中央电视台中文国际频道《远方的家》推出45分钟的徐州专题旅游节目。5月,徐州市组织全市各县(市、区)旅游局、旅游景区(点)、市区部分旅游星级饭店、旅行社等旅游企业,在步行街举办以“美在家乡”为主题的首个中国旅游日宣传咨询活动。9月20日起在央视一套和新闻频道《新闻30分》栏目中隔天播出,以“楚风汉韵,南秀北雄”为主题,时长10秒钟的宣传片。联合县(市)、区在中国旅游报、华东旅游报等专业媒体集中10个版面刊发徐州旅游专版。拓展高铁市场,在京沪高铁沿线6座旅游客源城市开展系列推介活动,在上海、南京高铁站区投放视频和平面广告。加大对台旅游推广力度。抓住徐州与台湾扩大通航的契机,邀请包括台湾东南旅行社、雄狮旅行社在内的3个批次的台湾旅行商和媒体考察团来徐实地踩线,组织4次赴台旅游推介活动,与台湾旅游商业同业公会签订《徐台旅游合作框架协议》,与台湾东森集团缔结旅游战略合作关系。

【旅游招商】 一是建立和完善旅游招商体系。汇集徐州市旅游招商项目,精选93个具有发展潜力、旅游资源良好的旅游项目,精心编制《徐州旅游项目招商指南》,在徐州市旅游局网站上开辟专栏宣传推介徐州市重点旅游招商项目,指导各县(市)区认真编制旅游项目招商手册。各县(市)区也积极筹备成立旅游开发公司,承担本地区旅游项目招商和建设的任务。沛县成立“旅游产业招商局”,新沂成立“马陵山旅游发展有限公司”、“骆马湖旅游发展有限公司”,贾汪成立“徐州都市旅游投资发展有限公司”,铜山区成立“徐州吕梁旅游发展有限公司”,形成了较为完善的旅游招商体系。二是组织招商活动。10月11日,徐州市在上海成功举办旅游专题招商推介会,长三角地区60余家投资商和上海春秋等30余家大型旅行商的负责人应邀参加会议。邳州岠山景区、沛县中华汉城等22个旅游项目在会上签约,签约项目总投资219.78亿元,其中到位资金172.58亿元,利用外资6680万美元,其中总投资超过10亿元的项目共有6个。10月份,成功引进了全国百强、全省10强社,且有对台业务资质的江苏舜天海外旅游公司在徐州市设立分公司。

【旅游服饰展示大赛】 4月,徐州市组织参加江苏省旅游局在苏州工业园区国际博览中心举办的全省旅游服饰展示大赛。汉文化景区、淮海战役纪念塔园林景区、龟山汉墓景区和开元名都大酒店、最佳西方友谊宾馆、汉元宾馆、汉天假日酒店等7家旅游企业参加了景区职业装、酒店职业装的展示。汉文化景区、龟山汉墓景区在赛博会期间进行了“汉风霓裳”的汉服秀表演。

【“徐州名特优旅游商品”评选活动】 10月10日，市旅游局、市旅游业协会举办了徐州名特优旅游商品评选活动。此次旅游商品评选征集作品1000余件，奖项分为民间工艺、美术文化、纪念品、土特产等4类。其中，张桂英民间工艺品等48件作品荣获“徐州名特优旅游商品”。

【第五届汉文化旅游节】 10月，市旅游局成功举办第五届汉文化旅游节。期间，精心筹划了“台湾旅行商淮海行”暨“高铁沿线城市百家旅行商看徐州”旅游推介会、“放飞世界欢乐徐州”广场文艺活动启动仪式、“台湾旅行商淮海行”活动、“高铁沿线城市百家旅行商看徐州”活动、“精彩徐州”旅游摄影作品展、徐州旅游商品展、“魅力新徐州 精彩大旅游”导游技能大赛等系列旅游活动，并指导各县(市、区)旅游部门开展了形式多样的特色旅游活动，来自台湾、淮海经济区核心区和高铁沿线城市旅游主管部门、旅行社和新闻媒体的近200名宾客参加旅游节活动。

【旅游信息平台建设】 2011年，共编撰印发13期《徐州旅游》报，积极运用徐州政府网、徐州旅游网、网络发言人平台等各种渠道，展示徐州旅游发展新面貌和新成就。(有 昆)

行业管理

【概况】 在旅游行业开展“徐州市诚信旅行社”、“徐州市十强旅行社”、“徐州市地接十强旅行社”、“徐州市十强旅游星级饭店”创建评比活动。通过树立行业标杆和典型，带动全市旅游服务水平的整体提升充分发挥旅游投诉网络机制平台。全年，共接到旅游投诉咨询76件，案件得到及时处理和办结。并走访有关企业，了解投诉案件，提高办结率。维护旅游者和旅游企业的权益，为旅游者和旅游企业挽回经济损失近20万元。全年实现投诉办理满意率100%。

【市场监管】 抓好徐州市旅游服务质量和市场秩序的监管工作，保护旅游者合法权益，维护旅游市场秩序。在2011年旅游市场整顿工作中，加大检查力度，着重解决部分旅行社不按规定与旅客签订规范旅游合同、不履行合同约定内容、在旅游行程中强迫或变相强迫旅游者参加自费项目和购物等违法违规行为，重点查处一批旅行社挂靠承包、超范围经营等行为。将检查情况以简报形式通报至各旅行社，并在《徐州旅游网》公告栏上进行公示，向旅行社负责人发送15条手机短信，警示他们规范旅游经营业务。游客满意率达到96%。加大旅游市场检查力度，全年对100多家旅行社网站进行检查，检查发出10余家旅行社在网站中涉嫌违规的旅游广告，并予以制止。全年随机检查100多家旅行社以及20余家旅行社服务网点，发现5家旅行社服务网点未进行备案，限期补办相关手续。全年多次对旅游市场进行联合执法检查，出动150余人次。

【安全管理】 市旅游局起草《徐州市旅游突发公共事件应急预案》，及时发布预警信息，积极应对突发事件。指导旅游企业做好日常性、季度性、突发性、重大节日的安全生产工作。向全市A级景区下发了创建工作方案，制定报建工作计划，创建覆盖率达到100%，在旅游市场检查、饭店复核等工作中，将安全检查贯穿始终，保障了全市旅游生产服务平稳运行，全年无重大旅游安全事故。市旅游局连续12年被市政府评为安全先进单位。

【专业培训】 2011年，共举办6期旅游产业发展专家讲座，邀请国内旅游知名专家主讲。针对旅游行业管理层人员邀请江苏省旅游局局长袁丁、国家旅游局法规司司长周久才、旅游专家魏小安等到徐举办旅游产业发展专家讲座。针对旅游从业情况，邀请徐州市委党校教授张凯举办徐州旅游业发展与中心旅游城市打造的专题讲座、邀请中国矿业大学外文学院院长刘韶方对参加英语等级考试的旅游企业员工进行专题培训、邀请江苏省金牌导游张海红对新取得导游资格证的导游开展岗前专题培训、邀请徐州师范大学和市旅游学校老师对参加2011年导游资格考试的考生开展考前培训。举办“魅力新徐州、精彩大旅游——2011年徐州导游业务技能大赛”，促进导游队伍服务水平的提高。

【导游管理】 从3月初~4月底，分7期对全市2233名符合导游年审条件的导游，进行年审培训，通过专题培训、导游信息输入、导游档案的规范整理，加强对全市持证导游的动态管理。组织开展导游等级考试的报名工作和出境游领队的年审换证考核。徐州市共有7名初级导游报考中级导游，21名中级导游报考高级导游，7名领队参加领队年审换证。在导游年审的基础上创新导游管理模式，逐步建立完善导游电子档案，更加科学地组织导游参加必要的各种培训。在徐州市与苏高新签订在徐州建设彭城欢乐世界主题旅游项目后，积极与苏高新联系，为苏高新提早培育欢乐世界储备人才，牵线搭桥使徐州的大中专院校与苏高新开展校企联合活动。为徐州主题公园建设打造坚实的人才基础。(有 昆)

金融业

银 行

·综述·

【概况】 2011年末,全市金融机构人民币存款余额2980.99亿元,比年初增加361.74亿元,增长13.25%,增速较2009年下降7.9个百分点。其中,单位存款余额1416.48亿元,比年初增加181.14亿元,同比少增78.58亿元;居民储蓄存款余额1502.67亿元,比年初增加178.02亿元,同比少增6.61亿元。物价水平维持高位,存款实际利率偏低的状况,理财产品、民间融资等高收益投资产品分流企业和居民存款。

2011年末,全市金融机构人民币贷款余额1734.84亿元,比年初增加303.12亿元,增长21.12%,与上年持平,增速较2010年下降5.71个百分点。在稳健货币政策的推动下,各项贷款向常态回归,全市人民币各项贷款平稳增长,维持在历史较高水平。从期限来看,全市短期贷款增长快于中长期贷款增长。年末,短期贷款余额969.09亿元,比年初增加180.09亿元,同比多增10.62亿元;中长期贷款余额687.28亿元,比年初增加92.59亿元,同比少增78.87亿元。从贷款投向来看,信贷投向持续向“三农”、制造业、中小企业等实体经济领域集中。年末,全市人民币涉农贷款余额为677.96亿元,比年初增加97.79亿元,占同期全市新增贷款总量(不含票据融资)的32.96%,较上年同期提高3.14个百分点。全市本外币制造业贷款余额为421.92亿元,比年初增加109.44亿元,同比多增39.36亿元,占新增贷款总量的40.94%,较上年同期提高20.38个百分点,位列同期各行业贷款增量首位。全市中小企业贷款新增136.27亿元,占企业贷款增量的76.50%,较上年同期提高3.20个百分点。其中,小型企业贷款累计增加84.42亿元,占全部企业贷款新增总量的47.39%,同比提高1.03个百分点。

年末,徐州市金融机构外汇各项存款余额为36133万美元,比年初增加859万美元,同比少增6265万美元。外汇各项贷款余额为14679万美元,比年初减少1566万美元,同比少增10270万美元。其中,贸易融资余额为14670万美元,比年初减少1571万美元,同比少增11030万美元。

2011年,金融机构本外币业务实现利润56.85亿元,同比增长33.39%。年末,全市银行业金融机构不良贷款余额28.68亿元,比年初减少24.78亿元;不良贷款率为1.64%,比年初下降2.05个百分点。

【货币信贷】 一是拓展货币政策传导新思路,助推地方经济金融平稳较快发展。出台《2011 年徐州市货币信贷工作指导意见》,坚持“有保有压,有扶有控”,按照“保证总盘子,争取大盘子,管好小盘子”的思路,加快优化信贷结构,加大金融对经济结构战略调整的支持力度,促进地方经济转型升级和健康、稳定、可持续发展。组织实施债务融资工具余额倍增计划,将 2011 年确定为“非信贷融资工具推进年”,推动市政府成立徐州市发行非金融企业债务直接融资工具工作领导小组。举办徐州非信贷融资工具培训班,牵头召开全市非信贷融资工具协调推进会、非信贷融资推进会暨现场签约仪式。至 12 月末,成功发行 63 亿元中期票据,居全省第 4 位。会同市中小企业局出台《中小企业融资困难报告办法》,定期组织召开由市政府督查室、担保公司等多部门参加的联合会办座谈会,为融资困难企业联合会诊。二是畅通政银企合作新通道,实现信贷结构调整新进展。加大对重点领域金融支持力度,启动实施“千企入库”、“百项顾问”和金融支持“百千万工程”等“三大工程”,对接新兴产业倍增、服务业提速和传统产业升级“三大计划”,帮助更多企业进入全省融资“千企入库”工程。指导开展“一对多”、“多对一”融资服务活动 16 场。2011 年,全市“三重一大”项目融资合同及意向已落实到位资金超过 260 亿元,“四大千亿”产业贷款余额 519.4 亿元,比年初增加近百亿元。加大金融顾问帮扶力度,强化金融顾问队伍建设、考核评价制度建设、政银企共建活动建设“三项机制”,推动中小企业金融服务向县域推进、向基层推进、向小微企业倾斜。至 12 月末,全市中小企业金融顾问增加到 426 名,包挂服务企业 1946 家;全市各级金融顾问通过深入结对包挂企业和电话方式提供服务 1.6 万人次,累计为 416 家中小企业提供各类融资 219.56 亿元。1 月 ~ 12 月,全市新增中小企业贷款 136.27 亿元,占全部企业贷款新增总量的 85.81%。开展科技金融综合服务试验区试点工作,推动金融机构在徐州市设立科技支行和科技贷款审批中心。提请政府职能部门建立金融机构科技贷款补偿奖励机制,指导各金融机构完成 2010 年度小企业贷款增长风险补偿和科技贷款增长补偿的申报工作。三是打造“普惠金融”新机制,不断增强金融扶弱功能。启动实施“民生金融创业惠民工程”,金融支持覆盖到“三农”、就业、助学、扶贫、安居等民生领域。引导农村金融机构加快推动构建多层次、广覆盖、可持续、低成本的农村金融服务体系,至 12 月末,全市涉农贷款余额 677.96 亿元,比年初增加 97.79 亿元,增幅 16.86%。大力推动妇女小额担保贷款,5 月和 11 月联合市妇联召开全市妇女创业贷款推进工作座谈会,探索贷款手段创新。全年累计发放妇女创业贷款 4200 余万元,直接和间接带动 6000 多名妇女快速创业和顺利就业。推动农村青年创业贷款工作,选取丰县信用联社作为示范点,2011 年发放农村青年创业贷款 1181 笔、10470 万元,支持近 2000 户农村青年成就创业梦想。精心打造“大学生村官 + 创业基金 + 信用培育 + 创业贷款”的“四位一体”工作推动模式,累计发放大学生村官创业富民贷款 2803 万元,贷款余额 2694 万元,支持创业项目 343 个,贷款满足率达 94%。探索金融支持保障房建设途径,将保障房建设列入信贷支持重点,组织融资对接,着力满足融资需求。扩大小额担保贷款与助学贷款业务覆盖面,2011 年,全市小额担保贷款余额 0.83 亿元,累计发放 3.08 亿元,直接和间接带动就业人数 2.52 万人次;全市助学贷款余额 1.9 亿元,帮助 3 千余名贫困新生圆了大学梦,助学贷款规模和增长幅度均位于全省前列。

【金融稳定】 一是健全机制,优化金融生态环境。加强金融稳定协调机制建设,健全金融风险监测预警制度。充分发挥内外联动的金融稳定协调机制作用,通过协调小组会议、联络员会议、经济金融形势分析会和行长联席会议“四会制度”,及时协调解决影响金融平稳运行的重大事项和难点问题。会同有关部门开展打击非法集资专项行动、融资性担保机构规范整顿等重点工作。探索开展金融机构和农村小额贷款公司现场评估工作,对辖内睢宁农村合作银行和沛县九鼎农村小额贷款公司开展了现场评估。强化对地方法人金融机构的风险监测,结合差别存款准备金动态调整要求,督促其进一步做好信贷风险防范工作。出台《新设银行业机构金融管理与服务集中申报办理操作规程》和《银行业金融机构执行人民银行政策情况评价实施办法》,建立金融业重大事项报告制度。组织做好省级金融机构、苏南农村商业银行在徐新设分支机构加入人民银行金融管理与服务体系工作。完成了市级主要银行机构综合评价。继续推动地方政府开展金融生态县创建活动,开展辖内县(市)金融生态状况测评,并向市委市政府专题汇报。新沂市、睢宁县被评为“江苏省金融生态示范县”,丰县、沛县被评为“江苏省金融生态达标县”,“金融生态达标县”覆盖率达 80%;铜山区被评为“江苏省金融生态达标区”。继续推进信用村镇创建活动,2011 年,全市创建信用镇 59 个、信用村 1435 个,覆盖面分别为 53% 和 63%。全市连续 7 年金融逃废债落实率 100%。推进新一轮平安金融创建工作,创建达标率 100%、优秀率 10%,中心支行被市委市政府授予综合治理及平安系列创建工作先进单位。二是稳妥有序推进辖区金融改革,推动金融业发展壮大。配合政府做好农村信用社改制组行工作,市郊联社已获准筹建淮海农村商业银行;其他 4 家农村信用社的各项监管指标正逐步改善。支持培育竞争性金融市场,主动协助市政府实施“引银入徐”战略,推动省级股份制商业银行、苏南农村商业银行在徐设立分支机构。年内,有 14 家银行在徐设立分支机构,24 家小额贷款公司、3 家村镇银行等新型金融机构挂牌成立。

【外汇管理】 继续推进外汇综合柜员制改革,细化前台办理、后台监测的业务操作流程,大大缩短了业务审批时间,受到企业的一致好评。分阶段分层次推进货物贸易外汇管理制度改革工作,编制“货物贸易外汇改革试点工作推进一览表”,指导进出口企业签署《货物贸易外汇收支业务办理确认书》,督促外汇指定银行与企业的新系统上线测试。大力推动跨境人民币结算试点工作,规范跨境人民币结算数据报送口径,组织第二批跨境贸易人民币出口企业试点。2011 年,全市跨境人民币结算金额达 60.1 亿元,其中跨境货物贸易出口实收人民币金额18.06亿元,居全省第3位。深入做好外商投资企业和境外投资年检工作,年检通过率均为100%。深化主体监管框架改革,初步实施全口径经常项目外汇主体监管,完善了货物贸易外汇收支快速反馈机制;推出贸易信贷超期限风险提示制度,预防非主观违规行为的发生。不断加大打击热钱流入力度,对外商投资企业资本金结汇业务、银行结售汇业务进行了现场检查。2011年,外汇检查共立案14起,结案14起,收缴罚没款309.1万元。 (赵 腾)

·中国人民银行徐州市中心支行·

【金融服务】 一是加强统计研究工作。整合经济调查资源,先后增加社会融资规模、外向型企业汇率变动承受能力、民间融资等3项新的制度调查,进一步强化了与微观经济主体的联系沟通机制。探索社会融资规模统计制度,建立了4大类42个指标的统计体系,力求全面反映实体经济的融资规模。建立《徐州市金融统计数据公布制度》,有效规范了数据公布的时间、方式等。密切跟踪经济金融形势变化,广泛深入地开展调研分析和信息上报工作,使调查研究真正起到金融运行"温度计"和"传感器"的作用。二是加强现代化支付体系建设。推动市政府转发《人民银行徐州市中心支行关于推广应用支付密码的意见》,在全市推广支付密码器近5000台。全方位多层次推进"快通工程"建设,农村地区银行营业网点现已全部纳入同城票据交换系统。探索银行卡助农取款业务发展,深入乡镇开展实地调研,建立了规范指导机制、责任落实机制和风险防控机制。推广支票授信业务成效明显,45家中小企业与银行达成支票授信协议。完成徐州市新旧版票据过渡各项工作。联合公安等部门召开全市银行卡安全管理工作联席会议,力促银行卡市场健康有序发展。三是加强国库服务与监管。组织全辖完成国库管理信息系统统计分析模块(TMIS)、国库会计核算系统(TBS)升级改造工作。建立徐州市储蓄类国债管理工作考评计分台账。组织国库集中收付代理银行资格认定工作,制发《徐州市地方国库集中收付代理银行资格认定工作实施办法》,认定铜山信用联社非税收入收缴代理银行资格、中国银行徐州分行地方国库集中支付代理银行资格。四是加强货币发行与现金管理。开展银行业机构间相互取现业务,继续实施人民币流通满意工程,扩大纸币兑换硬币自助服务范围,开展ATM机配款自动存储冠字号码试点工作。制发《纪念币发行管理暂行办法》,加强对纪念币发行的管理。联合市金融办、公安局、宣传部、法院、检察院等18家单位成立全市反假货币联席会议制度。召开了徐州市首届反假机具产品展示会,选取丰县开展农村地区反假货币"壁垒工程"。开展反假培训工作,推进"两师"队伍建设。五是加强信用体系建设。推动市政府转发《人民银行徐州市中心支行关于开展中小企业信用体系实验区建设的实施意见》,成立由人民银行牵头、政府相关部门和单位组成的中小企业信用体系试验区建设领导小组。担保机构信用评级工作取得突破性进展,全辖63家担保机构参加第三方信用评级,较2010年增加96.87%。推广外部信用评级结果的应用,指导企业参与第三方信用评级和信用企业创建,主动筛选并向银行推荐有资金需求的评级企业。协调市综合治税办公室征集工商、税务、公用事业信息,有效提高了非银行信用信息采集效率。开发"个人信用报告查询辅助系统",有效防止个人身份信息泄露,查询效率提高近70%。六是加强反洗钱监管。初步建立以"风险为本"的监管体系,继续对金融机构实行差别化监管,有针对性地选定3家金融机构开展了现场执法检查。完成3年内走访辖内所有金融机构的工作任务。加大反洗钱非现场监管力度,建立动态日常监管台账。强化专项监管,全面启动新设金融机构反洗钱监管专项行动,组织开展农联社系统反洗钱义务履行情况、非银行业金融机构分支机构分布与监管专项调查。

【行政执法】 2011年,严格按照依法行政的有关程序,对辖内12家金融机构的33个网点进行人民币收付业务检查,1个经营流通人民币企业进行专项检查,编发执法检查意见书13份,对违规单位视情节轻重进行了限期整改、通报批评等处理。开展金融统计执法检查,对辖内8家金融机构进行了复查和现场检查,对6万多个指标进行核对,并采取措施促进整改。开展储蓄类国债承(代)销机构现场检查工作,对江苏银行徐州分行2011年度国债业务进行了现场检查。联合公安机关组织召开徐州市银行卡安全管理工作联席会。2011年全辖共开展行政执法检查57次,其中中心支行机关开展51次,共对外实施行政处罚15件(含外管14件),收缴行政罚款311.1万元(含外管309.1万元),未引发一起行政争议。 (赵 腾)

·徐州银监分局·

【概况】 2011年,徐州银监分局结合分局和辖内银行业实际,明确全年工作范围、目标和重点,创新运用多种监管手段,有效防范和化解各类金融风险,着力提高银行监管有效性,三项主要监管事项推动有序,初步实现了新要求和新目标,主要风险防控有力,加强风险管理更加注重针对性和主动性,金融体系建设稳步推进,辖内金融改革实现了新进展和新突破,监管手段不断探索优化,监管效能建设继续保持连续性和有效性,基础性金融服务不断加强,薄弱领域金融服务呈现普惠性和专业性，执行力建设持续推进，内部管理机制建设逐渐规范化和制度化，各项工作取得了显著成效。

【重点事项】 辖内16家地方政府平台贷款转为一般公司类贷款，全市有贷款的平台公司19家，比年初减少4家，贷款余额95.63亿元，不良贷款率为0.27%，辖内平台贷款风险总体可控，运行良好；截至11月末，从银行机构报送的数据来看，按新规要求走款比例为73.17%，从分局现场检查数据来看，全辖机构按新规要求走款比例为98.09%；2011年已修订补正的中长期贷款（含平台）合同金额47.34亿元，占比71.0%；份数87份，占比34.12%。

【改制组行】 丰县、贾汪区、铜山区、沛县4家困难农联社各项关键指标年度进步度和指标值达到历史最好水平。2家联社改制工作已经江苏银监局批准启动，2联社各项指标均已基本达标。徐州淮海农商行、新沂农商行已批准开业，华夏银行、招商银行2家股份制银行成功进驻，2家村镇银行顺利开业，1家村镇银行筹备工作业已启动。1家财务公司组建工作正式进入操作阶段。全市已有各类银行机构达33家，金融服务水平和整体竞争力明显增强。

【风险防范】 分局打非工作获国务院处置办充分肯定，指出“徐州的处置非法集资活动方法就很好，江苏各地要借鉴徐州的方法”，并专门编发工作简报推广徐州整治举措。开展“三讲一促”活动、落实《员工违规违章行为记分考核办法》、开展“案防任务完成情况、发现问题整改情况、内部审计效果”三项督查，实施“案件防控考核与单位达标升级、高管任职资格考评、行政许可、业务拓展挂钩”的四项挂钩机制，案件防控工作实现连续4年无新发案件目标，主要做法被省、会平台多次刊登。探索信息科技风险监管体系，确立“提高认识程度，健全组织架构，完善内控制约，强化应急管理，加强技防人防，开展风险评估，建立风险体系”的信息科技监管思路和计划。定期开展新设机构监管走访，面对面沟通探讨发展中遇见的新问题、新方法，传递当期监管政策。强化联动监管。加强与无锡、苏州、莱芜分局监管配合，同时针对中小机构内部监督能力不足的现状，与机构内审合规部门加强联动借助其自身力量，提升了内控监管实效。

【金融服务】 按照“推动设立－积极完善－突出特色”的思路，完善和深化小企业专营机构和“六项机制”建设，已设立小微企业服务专营机构9个，特色支行15家，科技支行2家。进一步推动实施“阳光信贷”，将“阳光信贷”推进工作与监管评级、高管考核、市场准入事项相挂钩的监管政策，村镇覆盖面已达到85.7%，建档面达到80.6%，授信面为74.8%。

（胡明星）

·中国农业发展银行徐州市分行·

【概况】 2011年，全行账面利润1.55亿元，同比增加5684万元，增幅达58%，其中经营性利润1.1亿元。69个支行账面利润突破千万元大关。等级行创建保持稳定水平，铜山支行为标兵行，营业部、邳州、贾汪支行为一级行，其余支行为二级行。在全省县支行行长进步分考评排名中，邳州支行人均新增利润指标排名第6，贾汪支行、铜山支行人均新增企事业单位存款分别排名第5和第10。在省行各专业条线考核中，风险管理、财务会计、内部审计、平台建设等工作排名靠前，刘伟、冯勇分别被评为全省风险管理条线、资金计划条线岗位标兵。

【信贷支农】 2011年，对徐州市分行而言是托市收购政策实施6年来首次因粮价上涨而无法执行，给全行业务经营带来了严峻挑战。对此，该行迅速将主体业务运行轨道由“托市”向“自营”转移。夏收期间采取积极措施，累计筹集粮食共同担保基金1.55亿元。铜山支行率先协调地方财政缴纳3000万元担保基金，丰县和睢宁支行在地方财政比较困难的情况下分别争取800万元和500万元财政资金支持。在此基础上投放自主收购贷款13.5亿元，累计购入小麦6.3亿公斤，贷款投放量和收购量居全省前列，为历年之最，确保了主体业务规模不萎缩，有效履行了农发行的基本职能。下半年，针对小麦行情不容乐观的局势，拟定了“以秋补夏”的措施，多次与市粮食局深入协商秋收工作，积极审慎支持秋粮收购，审批投放秋季自主收购贷款1.16亿元，支持企业收购秋粮0.5亿公斤。2011年，随着总行对水利和新农村建设贷款相关管理办法的出台，中长期贷款管理和营销的政策有大幅调整，面临着保全维护老的中长期贷款和营销新的中长期项目的双重压力，尤其是新项目营销在贷款主体、还款来源等方面的要求更高、更严，使全行的发展面临很大挑战。市行客户等相关部门和基层行按照新政要求准备材料，反复修改完善，并先后10余次到省行请示汇报，寻求支持，确保在贷款申报、审批过程中少走弯路。全年新投放了8个中长期项目，累放中长期项目贷款7.87亿元，年末贷款余额达15.04亿元，较2010年增加5.83亿元。

【企事业单位存款】 2011年，在经营绩效考核办法中，将企事业单位存款的分值设定为29分，较2010年增加4分；在县支行行长目标责任书中将企事业单位存款分数扩大到18分，高出二级分行行长目标责任书同类指标3分，并将省行存款任务指标分解落实至县支行。相继开展了“存款百日竞赛”、评比“存款组织之星”、“存款促进月”等活动，有力促进了存款组织工作的开展。年末企事业单位日均存款达11.7亿元，较年初增加4.51亿元，增长62.7%，超额完成省行任务1.5亿元。

【不良清降】 2011年，省行下达的现金清收任务为800万元，同时明确要求该行的存量不良贷款2012年要全部处置完毕。为提高工作成效，徐州市分行将清收工作重点放在政府推动上，以项目营销、地方金融生态县创建为契机，经过省市县行三级联动，成功促请睢宁县和丰县两地政府拿出财政专项资金1500万元消化清收粮食不良贷款,促成邳州市政府收储了邳州棉麻公司两块土地使用权,财政筹措资金2280万元用于归还所欠不良贷款本息。睢宁县棉麻总公司6437.47万元不良贷款顺利核销。全年不良贷款下降9530万元,居全省第一。(熊大磊)

·中国工商银行徐州分行·

【概况】 2011年,工行徐州分行持续推进经营转型,加快创新发展,强化风险管理,完成了全年各项目标任务,各项业务保持了较好的发展势头。人民币各项存款余额368.46亿元,四行占比26.7%,列第二;比年初增加23.99亿元,四行占比49.4%,列第二。其中,对公存款余额159.05亿元,四行占比26.9%,跃居四行第一;储蓄存款余额209.41亿元,四行占比26.5%,列第二。人民币各项贷款余额170.84亿元,比年初增加17.66亿元。实现拨备前账面利润7.4亿元,中间业务账面收入4.06亿元。综合考评列全省第六位,绩效等级B+,同比提升两个等级。

【客户服务】 全年法人有贷户比年初增加49户;新开机构客户51户;公司无贷户增加3800户;小企业新开122户;个人客户比年初新增52.12万户。服务水平不断提升,与徐工集团签订总行级战略合作协议,开办银企互联业务,成功办理徐工集团供应链融资。承销发行徐矿集团12亿元中期票据,开通银企互联系统,签约了徐矿住房公积金归集管理系统合作项目。与徐州医保中心签订全面业务合作协议。与徐州人社局签订“社会保障卡合作协议”。与铜山区新农保成功签约。为徐州地税局系统提供代发工资业务服务。与徐州报业集团达成收款管家合作协议,实现收款管家业务在报业传媒领域的突破。为中石化管道公司、73061部队、徐州军分区等重点客户开通了银企互联业务,客户规模的不断扩大及一批重点客户的成功突破,为全行市场竞争力提升奠定了坚实的基础。

【经营转型】 持续推进投行信用、结算、信用卡、贵金属四大产品线建设,产品创利增效能力不断增强。中间业务收入占营业净收入的比重,由上年同期的27.95%提高到34.14%。信用业务总量274.3亿元,比年初增加72.31亿元;其中,表外信用总量103亿元,比年初增加55.32亿元。个贷余额75.93亿元,占贷款总额的44%,其中,个人经营贷款和消费贷款占全部个人贷款的48.72%。邳州官湖板材产业集群,睢宁八里钢材市场、江苏煤炭市场等产业集群、专业市场模式化、特色化经营不断深入,小企业贷款余额37.6亿元,占全部贷款的22%。办理徐工、徐矿等集团上下游客户供应链融资10.16亿元。累计办理票据贴现27.72亿元,实现利息收入1805万元,同比增幅102.35%。信用卡透支余额22亿元,实现递延前收入2.07亿元。实现人民币对公结算业务收入2878万元,四行占比27.63%,同比提升9.63个百分点;实现个人结算业务收入1548万元,四行占比50.62%,同比提高6.15个百分点。大力推进贵金属销售,实现收入1068万元,四行占比60.12%,同比提高20.66个百分点。

【管理创新】 一是改革创新持续推进。实现城区网点“业务管理”扁平化,整合城区6家支行内设机构。组建市场拓展部和离退休人员管理部。开展业务类员工职务评聘,拓宽员工晋升通道。8个新建、迁址网点对外营业;通过网点功能提升,全行84个网点中有73个网点已办理对公业务。二是服务工作有了新改变。深入开展“服务价值年”、“改革流程、改进服务年”活动,把服务工作摆放到全行经营发展的突出位置,开展标杆网点建设工作、岗位练兵活动、中年员工振兴计划等。三是风险防控体系不断健全。坚持审慎稳健的信用风险政策,全年退转潜在风险贷款2.99亿元,完成省行下达计划的158.61%,保持了信贷业务健康稳定发展。深入开展“两禁一严控”、“无差错,无违规”等活动,抓好11个重要风险点治理,保持对违规行为高压态势。开展“廉洁从业、合规经营”主题教育活动,全面推进《员工行为守则》、《员工禁止性规定》和《员工违规行为处理规定》的培训及员工行为动态排查,员工的内控、案防意识及自我保护意识有了提高。(寇万胜)

·中国农业银行股份有限公司徐州分行·

【概况】 2011年,全行出台各种推进措施,努力激发全行经营潜力,促进了各项工作的有序开展。一是储蓄存款增长份额第一。至12月末,全行各项存款余额452.19亿元,其中储蓄存款比年初增加17.64亿元,居四行第一位,全行个人资金增量32.3亿元(个人存款增量+理财产品增量),与上年持平。市行营业部、贾汪支行分别完成市行下达年末调整任务的113.82%、106.41%。铜山支行、市分行营业部各项存款(含理财产品)分别迈上100亿元和50亿元台阶,铜山支行成为苏北金融系统首家存款超百亿元的县级支行,并分别获得省行储蓄存款工作先进单位和对公存款工作先进单位称号。但全行对公存款依然没有扭负,年末余额136.79亿元,比年初下降28.51亿元。二是中间业务大幅提升。至12月末,实现中间业务收入3.18亿元,同比增加1.01亿元,增幅达47%,比上年高10.5个百分点。三是新增投放同业居前。12月末,全行贷款余额169.94亿元,比年初增加26.22亿元,同比多增0.13亿元。其中,法人实体贷款余额96.79亿元(剔除贴现),较年初增加10.54亿元;个人贷款余额59.81亿元(不含卡透支),较年初增长8.97亿元。贷款增量四行占比29.31%,居第一位;全省系统内占比为4.1%,比2010年提高1.2个百分点。全行授信法人客户159户,比年初增加12户,全部为优良客户。法人中有信用余额的客户124户,其中优良客户122户,比年初增加15户。实体贷款投放客户增加22户,其中丰县、邳州市、沛县支行分别增加7户、6户、4户。不良贷款余额0.99亿元,比年初下降0.33亿元,占比0.58%,比年初下降0.34个百分点,不良贷款实现“双降”;累计退出潜在风险客户贷款4050万元,完成省行任务的135%;人民币到期贷款现金收回率100%,较省分行下达任务(99%)高出1个百分点。四是盈利能力显著增强。至12月末,实现拨备后利润9.23亿元,同比增加3.52亿元,增幅达61.64%,完成省分行任务的125.88%,全省排名第5位。实现经济增加值4.65亿元,人均经济增加值21.56万元,完成省行任务的140%。经济资本回报率达43.82%,全省排第3名,完成省行任务的126%。存贷综合利差4.74%,完成省行任务的112%,全省排名第4位。五是基础建设持续推进。持续开展"加强内部管理、下沉管理重心"工作,开展学锦丰找差距活动,营业网点精细化管理能力得到有效提升。运营后台监管、作业、现金、响应、本外币清算、档案六大后台中心建设加快。稳步推进集中授权、集中作业试点。加强会计监管、信贷风险预警、内控合规监测等系统应用,实现风险提示常态化。推行柜员等级管理,提高柜员队伍整体素质;深入开展治理机关"庸懒散"活动和"学规定、强素质、做表率"等活动。一批先进单位和个人脱颖而出,先后获得市级、省级乃至国家级先进单位或奖项,创先争优氛围进一步形成。

【信贷投放】 至年底,徐州分行本外币法人贷款余额106.42亿元,比年初增长15.42亿元,增幅为17%。其中法人实体贷款余额96.78亿元,比年初增加10.54亿元,增幅12.2%;贴现贷款余额9.64亿元,比年初增长4.87亿元;人民币小企业贷款余额9.61亿元,比年初增加6.58亿元,完成全年任务的164.5%。一是加强法人客户营销,客户数量实现较快增长。全年组织开展了有效法人客户营销竞赛和授信客户营销竞赛活动,法人客户拓展工作取得了初步成效,全年新拓展授信客户48户,同比增加21户。至12月末,全行法人实体贷款客户126户,比年初增加20户;法人实体授信客户163户,比年初增加19户;新拓展小企业授信客户39户,小企业客户总数达到84户。二是加大重点客户营销,合作关系不断深化。全年累计投放法人贷款61.99亿元(含收回再贷),新增法人实体贷款投放37.3亿元,其中大部分投向重点客户。核心客户营销业绩得到提升,年初确定的28户核心客户贷款增加14.3亿元,实现中间业务收入4835万元。与区域性龙头企业合作不断深化;与水泥行业龙头企业建立主办行关系,业务份额不断提高;与新能源龙头企业业务合作范围不断拓宽;与全市纳税50强企业开展业务合作的有43家,占比达到86%。三是加强项目储备工作,为贷款投放奠定基础。成功营销了亿吨大港、保利鑫城、华润置地、万达广场、中央国际广场等市场竞争激烈的大项目。同时加快项目储备进度,共储备各类项目和客户近70个,涉及融资额度约181.85亿元,其中项目贷款储备43个,金额153.52亿元;相对成熟近期拟上报项目有12个,拟申报额度约20.7亿元。

【电子银行】 2011年,全行电子银行业务健康发展。贷记卡客户总数为103684户,比年初增加25301户,完成年度任务的72.28%,全省排名第9位。在苏北5行中,新增客户量远超于其他4行,完成任务比仅低于宿迁分行位于第2位。12月底个人电子银行客户总数为1284808户,比年初增加592785户,完成省行年度任务的109.66%。其中,网上银行注册K宝客户306061户,年度新增160254户,同比多增44588户,任务完成比100.16%,全省排名第9。个人短信通注册438862户,年度新增215659户,同比多增98573户,任务完成比116.57%,全省排名第5;个人手机银行注册192173户,年度新增145407户,同比多增102936户,任务完成比93.21%,全省排名第9。下半年现场营销活动的广泛开展,有效促进了个人电子银行客户的增长。企业电子银行客户数为10593户,比年初增加7660户,完成年度任务的134.43%。其中,网上银行非普及版注册客户4968户,年度新增1781户,同比多增653户,年度任务完成率为77.43%,全省排名第9;企业短信通签约2221户,年度新增723年度任务完成率为26.29%,全省排名第11;电子商务客户快速发展。至12月末,电子商务折算后为44户,完成省分行任务220%,居全省首位,同业排名第1。将电子商务客户的拓展摆放在显著地位,通过沛县烟草公司电子商务B2B、B2C项目的成功上线,有效推动了各行的烟草电子商务项目。其中丰县支行、邳州支行、睢宁支行、新沂支行辖区的烟草公司都成功开通了烟草电子商务B2B、B2C项目。电子渠道交易量占比。12月末电子渠道交易量占比为75.12%,同比增加14.26%,比年度任务指标高3个百分点。加大自助设备投放和管理力度,全年新增现金自助设备63台,上线运营现金自助设备346台,其中ATM机151台,CRS195台。自助设备渠道业务占比达41.68%,较好的分流了柜面业务,缓解柜面压力。年累计自助设备无故障运行率为97.72%,比上年提高了4个百分点。实现自助设备手续费收入2645万元,比上年同期增加530万元,增幅达25%。

【服务三农】 2011年,该行以服务农村、支持农业、推动地方产业经济发展、促进城乡共同繁荣为己任,加大对农业产业龙头的资金投入,不断增强与辖内集团客户、产业集群客户、具有行业特色企业的合作关系和支持农户发展。一是法人高价值客户占比大幅提升。年初,农村产业金融条线管辖信贷客户69户,其中高价值客户占比75%。至年末,所辖信贷客户数量为110户,其中高价值客户占比79%,比年初提升了4个百分点,比任务数多出2个百分点。二是三级核心客户群建设不断深入。2011年,纳入省级以上核心客户群的客户4户,其中总行1户,为新沂鲁花浓香花生油有限公司;省分行3户,分别为维维食品饮料股份有限公司和徐州福润禽业有限公司、徐州中央国际广场置业有限公司。共确立市分行核心客户7户,除有总省行3户外,另有徐州黎明食品有限公司、徐州安德利果蔬汁有限公司、江苏时代天勤彩色包装有限公司、徐州东方运销实业集团有限公司4家企业被纳入市分行核心客户群,提早完成了核心客户群建设目标。三是与龙头企业合作范围扩大。一方面在合作面上比上年有大幅增长。在2010年30家省级以上龙头企业中,与农行有各类业务往来的为20家,服务覆盖率为66.6%。而对于2011年的40家省级以上龙头企业,充分以已有20家为合作基础,将新增的10家省级龙头作为营销目标,力争将服务覆盖率进一步扩大。从实际情况看,已实际开展合作30家,服务覆盖率扩大到75%,完成省分行任务103%。另一方面业务合作范围不断拓宽。信贷业务合作客户数量大幅增加,包括存贷款、结算、批零联动业务在内的综合业务合作龙头企业,约占合作面的50%,充分体现了银企互惠双赢的合作宗旨。四是探索出一条农行农户金融业务发展的新路子。2011年,农户小额贷款业务涉及徐州地区的89个乡镇,396个行政村,5户以上贷款的行政村180个。入户调查5000余户农户资料,授信客户4000余户,累计授信1.8亿元。全年累计发放农户贷款3068户,发放贷款总量1.47亿元;累计收回贷款3023户,金额1.13亿元;实现利息收入879万元,中间业务收入约100万元。至年末,全行存量农户小额贷款2899户,余额1.39亿元,比年初增3355万元,完成全年计划的112%;执行利率平均上浮49%。不良贷款3户,金额13.9万元,不良率0.01%。惠农卡累计发卡19.8万张,比年初增3105张,完成全年计划6.21%。各项指标综合排名列全省第8~10位。

【中间业务】 至12月末,实现中间业务收入3.18亿元,同比增加1.01亿元,增幅达47%,比上年高10.5个百分点。其中部分指标完成较好,如国际业务收入、信用卡收入、个人类业务收入分别达到全年任务的120.98%、112.73%和100.73%;国际结算首次突破10亿美元,总量达10.5亿美元,较上年同期增长8299万美元;个人电子银行客户数为128.6万户,比年初增加58.7万户,完成省行任务的117.5%;企业电子银行客户数为14965户,比年初增加7660户,完成省行任务的134.4%;电子商务44户,完成省行任务的220%,居全省首位;电子渠道交易量占比为75.12%,同比增加14.26%,比任务指标高3个百分点;新发卡量54.3万张,新发卡账户余额34.3亿元,全省系统内占比分别为6.69%和7.7%。市分行营业部、沛县支行、丰县支行中间业务收入均完成市分行下达的年度任务指标;铜山支行中间业务收入7310万元,占全市总量的22.3%,增幅比全市高23个百分点。

(王延门)

·中国银行徐州分行·

【概况】 2011年,中国银行徐州分行围绕省行"决胜百亿、决战蓝图、提升'三力'(即可持续发展力、核心竞争力、软实力)"的工作目标,全行上下齐心协力,开拓创新,完成了各项工作目标。截至年末,本外币各项存款余额308.03亿元,较年初新增57.28亿元,新增量徐州地区四大行第一;人民币各项贷款余额172.72亿元,较年初新增24.21亿元;实现中间业务收入2.91亿元,同比增幅38.95%;实现拨备前利润6.67万元,同比增长1.55亿元,增幅32.20%,增幅高于全省平均增幅6.88个百分点。扣除政策性因素,实际贷款不良率为0.56%,比年初下降了0.2个百分点,本外币不良贷款拨备覆盖率为229.50%,比年初提升48.24个百分点。国际贸易结算量累计27.07亿美元,同比增幅50.36%,增幅排名全省第二,市场份额43.33%。

【业务发展】 完成蓝图投产上线,上线后系统运行平稳,各项业务开展顺利,实现"成功切换、正常营业、风险可控"预期目标。创新产品运用能力进一步增强。年内,通过表外、海外融资等产品合计"创造规模"46.36亿元,带动跨境人民币结算量29.28亿元,叙做跨境人民币预付款保函14.48亿元,通过企业理财、发债业务等支持企业发展,叙做理财业务102亿元。对大集团服务能力进一步提升。推进徐工集团与总行签订战略合作协议,启动徐工集团个人购买工程机械按揭。与徐州海关、徐工集团、徐矿集团、圣戈班、协鑫、徐州报业集团、中国矿业大学、徐州师范大学等分别建立全面战略合作关系。

【经营管理】 一是持续推动"行心工程"的落实,包括配送午餐、设立爱心基金、办理"一揽子"医疗保障、实施"等级柜员制"等,定期开展工会活动,不定期组织与各类员工的座谈,举办"压力舒缓"培训等内容。"行心工程"满意度在2010年大幅提升的基础上,2011年又提升了8.8个百分点。"职工之家"兴建并开馆,先进的健身、娱乐设施,丰富的书籍、电子设备,成为员工的精神文化生活的温馨家园。按照省行行长室提出的"使行心工程建设逐步从满足员工关怀性需求,转向关注员工深层次需求的满足"的要求,协助各支行出台“行心工程”方案，在了解员工诉求的基础上，实施个性化的“行心工程”。二是建立长效人才培养机制，制定了徐州分行人才队伍建设中长期规划。实施等级柜员制，提升基层员工工资水平。针对经营管理类人才培养的“2020”工程已进入第二阶段，入选的20名经营性支行行长助理在市行挂职锻炼，并且已投入与中国矿业大学联合举办的MBA培训班。针对专业技术类岗位和技能操作类岗位的“3030”工程即将启动。三是深入推进内控防案，健全问责机制。完善问责工作组织、制度，对违规问题及时启动问责；完善纪检监察工作机制，监察、法规整合，健全了支行专兼职纪检监察队伍。四是强化风险管理。密切关注重点预警授信资产，加强对信贷资金的使用监管，隔离高利率借贷与授信客户、员工之间联系，加强案件风险排查和业务检查力度，强化责任管理和问责。

【服务地方经济】 一是加强信贷投放，发挥海内外一体化优势，合理创造规模。面对复杂的外部环境，徐州中行贯彻徐州市经济发展战略，加大信贷资源在徐州地区的有效投放，发挥积极、有效的资金配置职能，支持地方经济发展，贷存比一直保持在较高水平，充分用足稳健货币政策下的贷款规模。发挥海内外一体化的优势，创新产品、联动海外，利用海外人民币资金满足境内重点出口客户短期融资需求，有效降低融资价格，在信贷规模紧张的背景下利用产品的组合创新为企业解决融资难的问题。2011年公司金融板块创造了系统内五个全省第一，即海外直贷单笔收益率最高、人民币协议融资和票利宝单笔金额最高、跨境人民币预付款保函全省首笔及金额最高、资本项下付款汇利达全省首笔。二是注重产品创新，增强产品综合运用能力，满足企业需求。研究挖掘企业新经济形势下的多元化金融需求，推行“表单式营销，菜单式管理”的立体营销管理模式，不断寻找新产品运用与企业需求的最佳切入点，不仅实现了规模替代性产品的快速复制与落地，而且实现了公司授信产品、国际结算产品、资金业务产品的立体交叉销售。三是服务民生，大力支持“三重一大”建设，着力支持能源、食品、煤盐化工、冶金、建材、工程机械、光伏光电等产业的转型发展，跟进企业发展步伐，打造产业链的金融服务、扶持“走出去”的企业的海外项目。紧跟城市建设步伐，为重大基础设施项目提供支持，通过加大对政府融资平台、民生项目和中小企业的信贷投放，支持全市经济的建设和发展。近年来，累计为地方政府融资平台提供授信22.9亿元，截至年末，地方政府融资平台贷款余额14.72亿元，市场份额13.72%，位于同业前列。在信贷资金紧张、利率上扬的环境下，徐州中行仍积极支持符合政策的个人住房贷款、棚户区改造以及经济适用房的建设。为中国矿业大学、徐州师范大学、徐州工业职业技术学院等高校提供各类金融服务。从2002年至今为中国矿业大学、徐州师范大学等高校发放国家助学贷款3.26万笔，累计金额1.8亿元；为中国矿大大学、徐州师范大学投入建设“校园一卡通”项目。加强对“三农”人群的支持，针对“三农”人群发放了“益农卡”、“富农卡”，提供资费上的优惠和网点上的共享，为农民、进城务工人员真正带来实惠。同时，大力支持大学生村官创业，已发放94笔授信，累计贷款余额980.5万元。四是支持中小企业发展，多途径解决融资困难。截至年末，中小企业贷款余额12.76亿元，较年初新增4.62亿元，全行中小企业授信客户225户，较年初新增107户。根据中小企业经营发展需求，多方位为中小企业提供调整市场定位、规划融资战略的政策和产品支持，加速了信贷资金向社会效益好、科技含量高、还款意愿强的中小企业倾斜。同时，主动联系担保机构为中小企业提供担保，以缓解中小企业缺乏优质担保条件的难题。中行已准入多家担保公司，与中行签定了银保合作协议，极大程度上拓宽了中小企业的融资渠道，提升了中小企业的融资规模和能力。针对全市大型企业较多的经济特点，研究开发“1+N”供应链融资产品，已投入应用了“徐工通宝”产品，促进全市从事机械配套的中小企业发展。（沈晶晶）

·建设银行徐州分行·

【概况】 2011年，建设银行徐州分行立足地方、依托地方、服务地方，积极转变发展方式，主动调整业务结构，不断提升经营管理能力。年末，各项存款余额309亿元、贷款201亿元，存贷比64.98%、比四大行平均水平高近14个百分点，其他主要业务指标均位居金融同业前列，特别是贷款新增25亿元，余额在全市第一家突破200亿元大关，连续第四年保持同业第一。2011年，分行营业部获“全国文明单位”荣誉称号，为全市金融系统唯一一家。

【支持经济发展】 一是主动作为，全力争取政策倾斜。根据全市产业转型升级要求，以“三重一大”等项目为载体，主动寻找并优选项目，先后与县（市）区及市中小企业联合会等机构开展银政企座谈会，主动与政府部门对接，了解有关项目信息并及时跟进提供综合金融服务；进一步完善平行作业机制，充实申报团队，对不同客户新增授信制订差别化的授信方案，授信审批通过率位居省建行系统前列；加强与上级行沟通，定期向上级行汇报，邀请审批部门、审批人实地调研，争取更多的权限下放，争取更多的信贷资源。二是优化结构，全力保证发展需求。将重点基础设施、小企业、民生领域、涉农领域、先进制造业等列入优先支持范围,同时抓住产业结构升级的先导产业和支柱产业,做好战略性新兴产业的前瞻性研究和项目储备;对实体领域实行规模专项配置、下限计划管理,确保贷款投向"弃虚取实",重点支持政府融资平台承建的基础设施项目、保障房、教育卫生行业、新农村建设以及装备制造业;推荐国内保理等供应链融资产品,解决了一批商贸物流企业资金需求,国内保理业务新增3.2亿元,对传统流动资金贷款的替代率在省建行系统内最高;2011年度,累计投放人民币非贴现贷款130亿元、同比多投31亿元,小企业贷款已超过30亿元,小企业客户数量、贷款余额均创历史最好水平,并连续四年被市政府授予"小企业金融服务先进单位"荣誉称号。三是积极创新,全力发挥综合金融服务优势。成功推出股权收益权类、票据收益权、信托受益权、委托贷款型等理财产品,包括融资租赁、中小企业集合票据、集合信托计划等多种新型银行类产品,以及短期融资券、中期票据的承销和发行、境内外资本市场IPO、再融资及私募发行等债务融资服务,为客户融资达30余亿元,通过多层次、多渠道的非信贷金融服务释放信贷规模,加大支持经济发展的力度。

【服务功能强化】 一是优化服务渠道。全辖设有网点64个,自助银行及自助区覆盖全市各区县,遍及主要商业街道和社区。推进网点转型及星级网点创建,网点服务功能健全、营业环境舒适、各种标识完备和设施齐全,客户满意度大幅提高。二是提高服务效率。从客户最为关心的等待时间、柜台交易速度、理财服务、有序排队、客户满意度等细节入手,建立个人业务顾问工作区,将部分高柜业务转到低柜、封闭型转为开放型,柜面服务快速、高效、准确;实行相对灵活的弹性排班,根据客户流变化情况,及时调整服务窗口、柜员临柜,减少客户等待时间,缓解高峰时段排队等待现象;改进后台支持,将内部服务和集中处理的账务统一由后台人员处理,有效释放柜面服务资源,提高服务资源利用率。三是提升服务质量。牢固树立"客户至上、注重细节"的服务理念,逐步建立客户的标准化服务和差别化服务机制。同时,成立私人银行,配备专业理财服务人员,选调员工参加全国金融理财师培训和资格考试,提高理财师专业化水平。此外,建立多渠道客户投诉便捷途径,比如95533客户服务热线、建行网站热点问题服务、行领导客户接待日、营业厅大堂经理坐堂服务等,及时有效解决客户疑难问题。在市级国库集中支付中,凭借优质高效的金融服务,保持无差错、无投诉、无案件记录,在市级国库集中支付综合服务评比中荣获第一名。提升资产质量。以开展的"表外业务管理年"为契机,加强不良资产"双控"、强化全面风险管理、推进信贷结构调整,年末不良贷款额为18366万元,不良贷款率0.91%。一是健全工作机制。严格总分行审批权限内授信项目的《授信业务风险评价意见》和《评估报告》过堂会制度,上报材料集体研究审定;在评估中心增设《授信业务风险评价意见》初审岗,对市、县区支行风险经理出具的《授信业务风险评价意见》进行审查把关。二是加强风险分类管理。开展政府融资平台、房地产、钢贸行业客户贷款分类重检,特别针对2011年钢材价格波动大,钢贸行业整体经营下滑的状况,为防范系统性风险,及时组织开展分类重检,涉及客户33户、信贷余额2.76亿元,对其中18户经营情况不稳定、利润下滑、资金流动性不强的客户下调了分类结果,涉及信贷余额1.84亿元。三是提升资产保全水平。全年以现金方式收回不良贷款本金5064.2万元,利息1365.06万元;处置无本有息项目362笔,金额4049万元;回收已核销资产119.31万元;累计处置非信不良资产1170万元。

【风险防控】 2011年,人行综合考评中获五大商业银行唯一一家A级单位称号。一是组织案件防控专题教育活动,细化案防工作目标责任,开展全行员工不参与非法高息借贷承诺活动,邀请当地公安部门开展非法民间集资全行员工主题警示教育大会,增强全行员工合规经营、按章操作意识。二是组织业务风险点排查活动,加强印章、授信、票据、柜面操作等业务风险排查,开展柜员尾箱突击检查活动、覆盖面达到100%;组织授信业务风险排查,防范信贷部位风险;开展"检查检查者"活动,重点对全年各类检查中发现问题进行回头看,严格整改、严肃问责。三是组织全体员工行为专项排查活动,排查覆盖全行员工、覆盖员工全天候活动,并严格落实员工行为动态管理,严肃请销假管理纪律,严格执行基层机构负责人、纪检监察特派员每日双线报告制度,并强化"一关心一排查"活动,落实关爱员工与从严治行、谈心谈话与风险提示、自查互查与单位排查、行为排查与业务排查、家庭走访与外部走访"五结合"的要求,一旦发现传闻、疑点,严肃核实、严格整改,严格落实排查活动相关管理责任 (郭　杰)

·交通银行徐州分行·

【概况】 2011年,交通银行徐州分行贯彻落实总行"跑赢大市、争先进位"发展要求和省分行"三驾马车齐发力、三维比较争进位"发展策略,坚持"以客户为中心、以存款为重心、以利润为核心,以创新求突破、以改革促发展、以绩效增福祉"的工作思路,全面提高经营管理水平,主要业务健康平稳发展。截至年末,人民币各项存款余额197.41亿元,较年初新增7.35亿元;人民币各项贷款余额150.32亿元,较年初新增17.18亿元;零售贷款余额36.55亿元,较年初增加9.67亿元,在总贷款中占比达到24.31%,较年初提升4.11个百分点;累计完成国际结算8.33亿美元,同比增长30.59%;电子银行分流率达到67.3%,较年初提升6.07个百分点,电子银行作为结算主渠道的地位进一步巩固。2011年,新设第一家县域支行——新沂支行。

【业务发展】 一是夯实公司业务基础。深化与已上线的系统和平台的合作,加大重点客户的高层营销力度;成功竞得开发区财政局国库集中支付系统代理资格。成功存管海伦哲IPO资金;与国开行联合牵头晶旺光电银团贷款;联合交银租赁为徐工租赁授信30亿元。推广新系统、新产品。顺利完成徐工租赁租金缴付系统开发上线和“银检通”系统上线；与徐港集团成功签约供应链核心企业。二是推动个金业务转型。以“超越计划”为重点，以代发工资、三方存管、收单业务为突破口，稳步扩大个金基础客户群；加大沃德客户和私人银行客户的提升力度。贯彻“一个交行、一个客户”服务理念，加强条线联动，大力拓展代发工资客户。加快发展收单业务、银行卡业务，提高结算类收入在个金中收中的占比，改善中收结构。三是创新国际业务营销。重点营销国际业务大户，提高结算量和业务量。加强国际业务新产品推广。办理海外代付、国内证代付、出口风险参与、离岸业务等新业务。开展个人外汇业务优惠活动，个人跨境汇出款大幅增长。四是加快零贷业务发展。加大零贷资源投入力度。将信贷资源向零贷业务倾斜，保障零售贷款投放。增加零贷网点数量，开办零贷业务的支行达到14家。加快推进小企业“百分之一”工程，从全市筛选优质中小企业，开展针对性营销。成功举办房地产商和汽车经销商合作推介会。五是保持电银业务优势。持续推进电子化分流。开发上线交通罚款联网缴费系统，并在同业中首家推出电子渠道缴费服务，为客户提供多渠道服务。抓好自助银行建设和自助设备投放。离行式自助银行已达到13家，自助设备达到186台，在同业中处于领先地位。在总行2011年度“电子银行十佳辖行”评选中，荣获“电子银行十佳辖行”称号。

志愿者为市民服务

【风险管理】 一是加强授信条线的分析指导。严格审查，审慎审批，在控制信贷风险的前提下提高审查效率，保证资产业务健康快速发展。以内外部检查为契机，开展政府融资平台贷款自查、信贷“回头看”，夯实授信管理基础。二是加强风险条线的风险防控开展集团客户、经营性物业贷款、抵押贷款、民营企业贷款风险排查，不断提高风险管理水平。持续提升受托支付比例。发挥专职合规审查员作用，规范法律合规管理。三是加强会计条线的制度执行。完善会计人员管理机制，加强会计主管和检查辅导员管理，加强培训、考试和考核。健全会计检查制度，跟踪业务重点环节，加大检查力度，落实有效整改，完善责任追究，保障制度执行力。四是强化财务管理的合规运行。规范财务管理，修订财审会细则，调整财审会审议范围，强化民主理财。严格执行集中采购制度，保证采购工作合规开展。开展小金库专项治理，加强宣讲、提示和检查，严格执行费用管理制度。五是加大纪检监察的执行力度。深入开展反腐倡廉教育。提高全行干部员工反腐倡廉和遵纪守规的自觉性。扎实开展案件防控、深化执行年及治理商业贿赂专项工作。开展反欺诈、执法检查以及员工行为管控专项行动。六是加大“三防一保”保障力度。全员动员抓好安全防范工作，落实安全责任横向到边、纵向到底的要求。强化员工的安全意识、风险意识和责任意识。持续深入开展创建平安交行活动，全面提升安全管理水平。2011年，交通银行徐州分行成功实现全年无案件、无事故、安全运营。在华东审计部内控审计中，多年来首次被评为A级，综合得分为90分，也是历年来最高，管理和营运水平达到了一个更高的层次。 （刘　辰　吴晓松）

·江苏银行徐州分行·

【概况】 至2011年末，全行各项存款余额286.68亿元，比年初增加17.45亿元，在全市金融机构中存款余额占比9.54%；各项贷款余额192.25亿元，比年初增加23.55亿元，其中，个人贷款余额21.9亿元，比年初增加5.2亿元，500万元以下小企业贷款余额17.88亿元，比年初增加5.62亿元；按五级分类，不良贷款余额2.23亿元，比年初增加171万元，不良贷款占比1.16%，比年初下降0.15个百分点；实现拨备前利润63643万元，实现中间业务净收入9807万元；实现国际业务结算量12.09亿美元，结售汇量10.65亿美元。6月，江苏银行徐州分行牵头组建的徐州泉山区韩山棚户区改造项目银团贷款被中国银行业协会授予“最佳交易奖”，是全国唯一一家由地方银行牵头的获奖项目。12月，该行被中国金融思想政治工作研究会评为“全国金融系统思想政治工作先进单位”，也是江苏银行系统内唯一获奖单位。

【科技支行成立】 4月，江苏银行徐州分行设立苏北地区首家科技支行，是服务于科技型、创新型企业的科技金融专营机构。在开业现场，江苏银行徐州科技支行与20家科技型企业签订贷款协议，授信金额达1.47亿元。近年来，江苏银行徐州分行紧跟地方“科技兴市”发展战略和产业结构调整要求，将新能源、新材料、新物流、新医药等创新科技型企业作为授信首选目标，科学引导资金投向，加大信贷投入力度，实现了自身效益、经济效益和社会效益的良性循环。三年来，累计向140余家科技创新型企业投放资金180亿元，已授信余额95亿元，贷款余额48亿元。

【产品创新】 4月，江苏银行徐州分行抓住科技支行成立契机，与徐州市科技局、紫金保险公司合作，专为全市科技型中小企业量身订做了科技型小企业履约保证保险贷款，企业可不提供抵质押、担保或反担保，贷款风险由企业与保险公司、银行、财政共同承担，适应科技型企业发展。同时，针对县域特色产业聚集，探索小企业业务要件式审批和批量化生产。在对丰县电动车产业进行充分调研后，组建了电动车行业小企业授信业务项目包，实行总体授信，单户上报，单户授信敞口金额控制在50万元~300万元。通过授信条件量化模型,提高授信审批速度,进一步突出区域经济特色,实行差别化发展。(高　猛)

·中国邮政储蓄银行徐州市分行·

【概况】 至2011年末,居民储蓄存款余额达到227亿元;累计发放各项贷款超100亿元,全力支持地方经济发展,服务“三农”;全年代理保险销售128312万元,销售人民币理财产品140866万元,销售基金118700万元,销售国债10972万元。新建个人VIP理财中心,全市邮政储蓄网点达到232个,累计建成信用村390个,ATM设备总量达到272台;累计发放银行卡400万张,拥有客户数超过500万户。相继开办了一手住房按揭贷款、经营车辆按揭贷款、个人综合消费贷款、保理、保函等新业务。开通了徐州观音机场、徐州火车站、徐州高铁站VIP贵宾通道。

【服务地方经济】 充分发挥网络优势,大力服务“三农”、服务中小企业、服务地方经济发展。在“春雨行动”、“送金融知识、送贷款下乡”等活动基础上,联合徐州市委组织部在全市开展“助千个支部创业、帮万名党员致富”活动,发挥党员使用贷款创业致富的示范带动作用;开展了“创富大赛”徐州赛区活动,报名人数超过1400人;选送的“沛县大学生村官创业先锋队”在“创富大赛”江苏赛区荣获一等奖和“最佳社会贡献奖”。实施“青年创业贷款”、“大学生村官创业富民”贷款,为农村经济发展注入大量资金;优化流程、创新产品,开展了“访千企,助百家”活动,助力中小企业发展;投放项目贷款,支持全市“三重一大”项目和民生工程。服务“三农”和支持“三重一大”分别入围了“振兴徐州老工业基地”的“创新实践奖”评选。

【强化管理】 落实责任制,签订综合治理、安全保卫目标责任书;健全应急预案,完善以“两防”为主要内容的应急预案并进行了模拟演练,增强突发事件的处理能力;开展安保知识及法制教育,完善安保台账,加强金库、运钞车、网点的检查管理力度,促进了安全生产。各资金安全管理条线扎实开展日常管理履职活动,协作开展“操作风险排查”、“案件风险排查”和“扫盲点、抓落实”专项内控管理等系列活动,提高了各岗履职检查能力。强化基础管理,完善二级支行管理体系,设计并督导启用《综合管理台账》等五个管理本簿,切实明确了支行履职检查要求。(刘伟伟)

保　险

·综述·

【概况】 2011年,徐州市保险业结合徐州发展实际,在经济补偿、资金融通、社会管理、防灾防损、分散风险、优化资源配置、保障经济运行、维护社会稳定和增加财政收入等方面取得了新成绩,实现了新突破。2011年,全市实现保费收入90.08亿元,同比增长10.02%。其中,产险实现保费收入24.47亿元,同比增长25.67%;寿险实现保费收入65.61亿元,同比增长7.08%;中介代理业务及营销业务实现较快增长。保险行业总体发展势头平稳,保费规模继续在苏北地市位列第一。2011年,全市保险业累计向地方纳税超亿元,成为地方财富创造的新兴增长极。

【保险机构拓展】 全年新增英大泰和人寿、长城人寿、信诚人寿、利安人寿、永诚财产等5家保险机构,全市保险公司总数达到了49家。其中,财产险公司21家,人身险公司28家;中资保险公司43家,外资保险公司6家;地方法人保险专业代理公司及分支机构9家,保险兼业代理人机构400余家,保险营销人员2.1万人。全市保险业形成财产险与人身险公司互补发展,中外资公司同台竞技,保险公司与专业中介公司携手合作,综合性公司和健康、养老等专业保险机构同赢共竞的市场格局。

【保险服务】 全市保险业承担社会风险保险金额为83675881.5万元,增加25134685万元,同比增长17%。保险服务更加多样化、个性化。财产险保费收入贡献度较上年增长3.2个百分点;车辆险、交强险成为产险市场的突出亮点。全市人身险保险主要涵盖意外险、医疗险、健康险、养老险、分红险、投资连接保险等;各类寿险品种中,健康险和意外险等短期险种仍保持了较快的增长速度。截至年底,全市赔款及给付保险金20.93亿元,同比增长28.13%。其中:财产险公司赔款支付保险金9.89亿元,人身险公司赔款及给付保险金11.04亿元。全市开办种植业、养殖业、高效设施农业险种13个。全年农险保费收入2.64亿元,赔付1.5亿元,共有42.5万户次农户受益。

【保险行业监管】 一、打造行业自律长效工程,规范市场秩序。2011年,市保险协会通过完善保险行业自律的组织体系、制度体系和执行体系,进一步加强行业自律的基础工作。一是夯实产险自律工作。对行业自律公约进行清理并制订了《徐州市保险行业机动车辆保险自律公约补充协定》、《徐州市财产保险车险行业理赔公约(2011版)》、《徐州市车险行业自律公约(2011版)》、《徐州市非车险行业自律公约(2011版)》等。为弥补监管力量不足的缺陷,达到延伸“监管之手”的目标,引入第三方介入行业自律检查,提高了自律检查的权威性与公正性。通过定期和不定期地组织检查与抽查,取缔了6家非法挂牌和代理网点。二是强化寿险自律工作。根据全市寿险市场现状及存在的问题,确立了以抓好保险营销员管理和规范银保市场秩序为重点的行业自律工作,下发《关于开展整顿营销队伍持证管理工作的通知》。在接近一年的时间里,各寿险机构先后开展自查自纠、系统数据清理、整改存在问题等工作。针对存在问题较多的15家公司,分别下达整改函,并约谈了部分公司的领导。同时,借助江苏保监局、江苏省保险行业协会《关于开展江苏省人身险公司保险营销队伍持证管理自律检查的通知》(苏保协发〔2011〕56号)的出台,进一步巩固清理成果,保障整顿成效。二、深化中介行业自律工作。根据江苏保监局关于进一步完善保险行业协会专业中介自律组织功能建设的意见,抓好专业中介的自律管理工作。在建立健全组织的基础上,将中介机构纳入到保险行业自律管理的范畴之内,提升了全市中介专业代理法人机构信息化和网络化建设。三、打造诚信服务工程。以“诚信建设年”活动为主线,加快推进“保险主体信用、保险消费者信用”二位一体的保险信用体系建设。重点围绕“关爱消费者、关爱理赔客户、关爱保险营销员、关爱社会、关爱公益”五大主题活动,以“3·15”活动为起点,将诚信建设同行业的业务发展相结合,同从业人员的职业道德及法制教育相结合,同公司的内控管理相结合,树立“诚信为本、操守为重”的行业风向标,切实保护了保险消费者的合法利益。四、加强部门合作。一是探索服务民生新途径。多部门合力推出“道路交通事故保险理赔处理一体化工作”新机制,全市15家产险公司以驻点定岗或设立办公室的形式全员参与,会同交巡警部门与医院、120救护中心、司法鉴定中心以及有关部门实现连线服务,与交通巡回法庭、人民调解工作室、银行实现合署办公,让交通事故双方当事人享受一站式理赔服务。二是强化重点领域新合作。在开展农业保险工作过程中,保险行业与市农委、农工办等部门协同合作,确保全市农险工作富有成效、扎实推进。保险行业还与市财政局、农机监理所等部门协同配合,下发了《关于做好2011年全市农机保险工作的通知》、《关于进一步做好全市农机保险工作的通知》等文件,保障了全市2万余台农机,降低农机主的投保成本。五、积极服务“三农”。在传统保险产品的基础上,全面启动开展安全生产责任保险、环境污染责任保险,共为100余家企业提供了超10亿元的风险保障,有效维护了地方经济发展和人民生产生活的安全。

·中国人民财产保险公司徐州市分公司·

【概况】 2011年,人保财险公司徐州市分公司围绕“转方式促发展,强合规增效益”工作主基调,立足新起点,面对新挑战,明确新目标,竭尽全力地抓发展抢市场,精耕细作地抓管理增效益,循序渐进地推进重点工作,促进了公司持续快速发展。全年累计实现保费收入8.31亿元,同比增长25.78%,市场份额32.44%,有效发挥市场主导引领作用,业务发展再创历史新高。其中,车险业务稳中求快在全省保持较高增速,率先完成年度计划;电销新兴渠道全面落地,并初见成效。非车险业务加快提速发展,多项数据和指标完成情况均排在全省前列,实现了规模和效益双赢的跨越式发展的良好局面。农险业务首破亿元大关,超省分公司年初保费收入挑战计划,拉动整体业务的快速增长。全年,共处理赔案36591万件,同比增加16.42%;直接赔款支出2.2亿元,同比上升26.28%,其中车险案件处理率100.65%,万元以下一小时通知赔付率98.75%。4月,人保财险徐州市分公司被授予2010年江苏省质量奖,这是该司自2004年设立此奖项以来连续三届获此荣誉,也是此次省质量奖评选中徐州地区唯一一家获此殊荣的服务业单位。

【人保财险鼓楼支公司保费规模过亿】 人保财险鼓楼支公司围绕“转方式促发展、强合规增效益”的工作主基调,进一步转变思想观念,坚定信心,抢抓机遇,多措并举扩大业务领域,不断优化业务结构,提高业务质量,通过有效的激励机制,最大限度地调动全员的工作积极性,推动了公司快速、健康发展。截至11月4日,该支公司保费收入突破亿元,成为苏北地区首家亿元规模的保险支公司,实现了历史性的突破。

【抗旱保苗保险】 2010年秋季以来,全市持续干旱少雨,406万亩小麦受旱,其中轻旱面积227万亩,重旱面积161万亩,干枯面积18万亩。公司成立了抗旱保苗工作领导小组,启动了灾害预警预案,对全市受灾报案情况进行调度;对已报案的受灾农田采取限时查勘的方法,确保第一时间查勘现场,提醒保户及时进行灌溉自救尽可能挽回损失。公司还会同市农险试点领导小组相关单位对全市抗旱工作进行了实地调研,并多次召开农险领导小组联席会议,就全市旱情与各成员单位进行了沟通协调,通报信息,研究对策,确保各个相关单位都能够及时做好应对旱情的准备。

【政策性农业保险】 2011年该司加快农网站点建设,完善农险承保、理赔制度和流程,提升理赔速度,提高服务水平,收到良好的效果。至9月,徐州人保财险政策性农业保险发展规模创出开办5年来的新高,较上年同期增长36.83%,位居全省系统第二。一是秋收作物承保面扩大。至7月底,大部分秋收作物承保工作结束,各单位种植业承保面及金额较上年均有所提高。二是新险种成功试点。丰县支公司在全辖首先试点棉花种植保险,为12个镇承保了棉花作物保险。三是高效设施农业有了长足发展。2011年全辖共承保高效设施农业4.3万亩。在8月初时该司就提前超额完成了省分公司下达的年度挑战计划。

【服务水平提升】 公司在全辖实施了柜员制。自5月1日起,在徐州地区任何一家人保财险的营业网点购买保险的客户都可以一次排队交费出单,一站式服务极大地减少了客户等待、排队的时间。以总公司“服务年”为契机,以“做人民满意的保险公司”为共同愿景,不断规范客户服务的流程和标准,丰富客户服务的内涵和内容,创新客户服务的理念和举措,推出了“万元以下无人伤案件一小时通知赔付”、“客户信息自主查询”等特色增值服务。

【探索病死母猪无害化处理新模式】 为加强能繁母猪风险管控,防范道德风险,人保财险沛县支公司探索能繁母猪无害化处理新模式。7月初由该县农工办牵头,联合华夏狐业成立的华夏疫畜无害化处理场正式运营,专门负责病死能繁母猪的高温消毒、处理、加工制成养狐饲料的工作,并在电视、广播等媒体上对这一新模式进行了广泛宣传,细化、规范了处理流程,严防病死猪肉流入市场。农户报案后,查勘人员对病死母猪进行查勘,并立即联系处理场人员通过全封闭的无害化处理专用车辆进行运送并处理。处理场建有专门档案,安排专人负责登记,并配备摄像头由沛县支公司负责对处理各环节进行全程监控。

【网络销售签下第一单】 4月27日,某客户成功办理徐州车险网络销售第一单,标志着继车险电销之后,人保财险徐州市分公司车险网络销售渠道正式投入运营。公司高度重视网络销售这一新兴渠道,下一步将充分发挥其开放、互动、精准、易评估、低成本的渠道优势,按照“高起点、高标准、高效率”要求,抓好落地服务工作,优化资源配置,“集全司之力,打造网销第一品牌”。

【云龙区法院在公司理赔中心设巡回审判点】 随着公司业务规模扩大和保险客户维权观念的增强,保险合同类诉讼案件数量连年大幅增长,极大地增加了保险主体的经营压力。为了加大诉讼案件的调解力度,实施“诉调对接、以调为主”的多元化保险纠纷调解机制,多次与云龙法院、保险协会沟通交流,在理赔中心设立巡回审判点和巡回调解点。通过就地受理、就地调解、就地开庭和就地宣判的方式对保险合同纠纷案件中较为集中、常见的争议进行审理,用当事人“听得懂、看得见、信得过、靠得住”的方式解决纠纷,不断提高调解撤诉率。邀请各保险主体旁听审判,就如何确定案件中的法律适用意见进行讨论,力争统一裁判尺度,从而降低保险诉讼案件的整体赔付。6月10日,徐州市云龙区人民法院巡回审判点、徐州市保险行业协会巡回调解点在中国人保财险徐州市分公司理赔中心揭牌。

【秋季作物灾害查勘】 9月份,徐州市铜山区多个乡镇农作物受龙卷风、病虫害袭击,多户农民损失严重。为确保尽快赔付到户,人保财险铜山支公司迅速行动,建立专人联动机制,做好防灾减损工作,积极应对灾害造成的农险损失。一是接报案后积极和市公司农险部、区农办一起组织查勘,第一时间赶赴现场确认灾情、清点损失,收集现场第一手资料,以便准确掌握灾害变化情况。二是安排专人收集灾情的有关信息,主动向政府了解灾害变化情况,并提前告知理赔相关条款,按农险理赔实务操作规程组织人员,做好理赔准备工作。三是争取当地政府支持,联合乡镇各级农办人员、各村党员干部组织动员农户、对受灾农田现场测量、收割、称重、测产、确定损失程度。

【典型案例】 2008年12月11日,孙某在人保财险沛县支公司投保了人身意外综合险。2009年6月18日,孙某乘坐苏CE7505货车,在杭金衢高速公路上发生追尾相撞事故,造成孙某重伤。经查勘,此次事故属于保险责任范围,2011年4月28日,公司全额给付保险金人民币12万元。

徐州东南钢铁工业有限公司于2009年3月22日在人保财险徐州经济开发区支公司投保了团体人身意外伤害保险。2010年3月1日,该公司职工厉某在上班时不慎从机动三轮车上摔落死亡。经查勘,此次事故属于保险责任范围,2011年3月30日公司给付保险金人民币195328.41元。

2010年7月31日,江苏徐塘发电责任有限公司在市人保财险投保了。10月27日上午,江苏徐塘发电责任有限公司53号磨煤机发生机损事故。该保单为联共保单,2011年12月31日,市人保财险公司按所占35%份额实赔人民币298053.00元。

徐州建涛能源有限公司于2011年3月21日在人保财险徐州经济开发区支公司为员工投保了雇主责任保险。5月3日,该公司职工赵某在观察炉顶水管漏水的情况时,不慎从7米高处坠落死亡。经查勘,此次事故属于保险责任范围,10月17日公司赔付人民币299800元。

徐州公路运输集团有限责任公司于2010年5月28日在人保泉山公司为665辆大客车投保了道路客运承运人责任保险。2011年5月13日,赵某驾驶该集团公司卧铺客车苏C25899号发生事故,造成3乘客死亡,2乘客受伤。经查勘,此次事故属于保险责任范围,2011年12月21日市人保财险赔付人民币840788.17元。

徐州国华徐州发电有限公司于2011年1月25日在市人保公司投保了雇主责任险(涉外)。5月15日,该公司职工王某在宁海出差的时候感到身体不适,被送至医院抢救无效死亡。经查勘,此次事故属于保险责任范围,2011年6月20日公司赔付人民币20万元。

2011年1月14日,徐州徐轮橡胶有限公司在市人保财险投保了财产一切险。8月18日,该公司因雷暴雨天气供电线路发生故障,造成正在生产的轮胎因压力不足报废。经查勘,此次事故属于保险责任范围,12月31日公司赔付人民币330163.57元。

(李　丹)

·中国人寿保险公司徐州市分公司·

【概况】 中国人寿徐州市分公司全辖共有17个营业单位,拥有近7000人的营销服务队伍。2011年公司实现总保费收入25.4亿元,市场份额42%,保费总量位居淮海经济区第一位。公司在全市范围内建立了近30个系统联网的服务柜面，并在行业内率先开展了“驻村代表”服务制，在全市城乡共设有120个销售服务机构，500个驻村服务工作点，有7000名销售服务人员在社区、农村、学校、厂矿和企事业单位服务。

【客户服务】 大力推进客户服务活动，2011年陆续推出第五届“客户服务节”登山活动、“国寿大讲堂”健康知识讲座、举办“爱心助孤”活动、大型保险丛书赠阅活动、国寿健康咨询日、国寿鹤卡VIP免费体检服务等系列活动，树立了良好的企业和社会形象。

【社会责任承担】 十一五期间，公司累计给付各类分红金、企业年金、个人养老金、子女教育婚嫁金及保险满期金超过30亿元，累计处理人身意外伤残、重大疾病救治等各类理赔案件达181239件，累计支付赔款3.94亿元。仅2011年，公司发放保险分红金和企业年金35789万元，给付子女教育金1500多万元，给付各类保险金共计6.34亿元，共处类各类赔案近42000件，支付赔款9466万元，有效减轻了受灾出险单位和个人的经济负担，促进了社会的祥和安定。

【“福禄鑫尊”产品】 中国人寿推出“福禄鑫尊”分红型系列产品，兼具理财和保障功能，同时可附加重疾险和保费豁免保险。可以满足客户多种需求，该产品投保范围非常广，从出生30天以上至60周岁以下，身体健康者均可作为被保险人，交款方式分为3年、5年、10年。此款产品有四大特点：一是满期还本。即被保险人生存至满75周岁的年生效对应日，公司按满期保险金额返还满期保险金。二是身故保障。即被保险人在保险期间内身故，公司按身故保险金额给付身故保险金。三是生存返还。自本合同生效之日起，被保险人生存至每满两个保单年度的年生效对应日，公司按基本保险金额的10%给付生存保险金。四是享受分红。即在符合保险监管机构规定的前提下，中国人寿每年根据上一会计年度分红保险业务的实际经营状况确定红利分配方案。如果公司确定合同有红利分配，则该红利将分配给投保人。

（张筱林）

·中国平安财产保险股份有限公司徐州中心支公司·

【概况】 徐州中心支公司于12月12日提前19天完成3.31亿元全年任务，共完成保费3.55亿元。各险种均同比增长25%以上，COR达成89.2%。三大渠道超额完成计划，各渠道增长率30%以上，在业务发展的同时，业务品质得到进一步提高。四级机构发展有成效，全部跃升为经营类机构，整体达成率为106%，业务增速高于市公司6个百分点，实现了快速发展，其中丰县、睢宁、新沂规模已达到平安总公司经营二类机构标准。人才队伍建设加快，三级机构核心岗位到岗率100%，人员稳定，关键岗位流失率低。公司各项基础管理工作到位，渠道化稳健推进，新实现车行、银渠四级机构业务全覆盖。5月18日，公司完成了新职场的顺利搬迁，打造一流办公环境，客服能力大幅提升。

【理赔大案】 1月23日，客户魏某出险，公司赔付309083元。

3月9日，客户韩某出险，公司赔付301300元。

7月24日，客户桑某出险，公司赔付300000元。

9月19日，客户王某出险，我司赔付300000元。

4月25日，客户张某出险，公司赔付284015.37元。

4月18日，客户许某出险，公司赔付281800元。

2月11日，客户张某出险，公司赔付266461.92元。

2月8日，客户孙某出险，公司赔付260980.8元。

8月23日，客户高某出险，公司赔付200950元。

1月2日，客户沛县大屯矿区中大注浆工程有限公司出险，公司赔付415000元。

1月8日，客户沛县东光铸造有限公司出险，公司赔付247940元。

7月23日，客户徐州金盟钢材贸易有限公司出险，公司赔付242763元。

8月19日，客户徐州易隆电力燃料有限公司出险，公司赔付220000元。

1月26日，客户新沂市平达化工有限公司出险，公司赔付213060.91元。

9月8日，客户微山华茂实业有限公司出险，公司赔付201464元。

（赵小婕）

·中国太平洋财产保险公司徐州中心支公司·

【概况】 2011年，太保财险徐州中心支公司共实现保费收入6.19亿元，同比增长26%，市场份额24.15%。其中车险保费收入5.51亿元，同比增长25%。非车险保费收入6828万元，同比增长26.4%，综合费用率28.36%，综合赔付率52.92%，综合成本率81.27%，实现利润9100万。徐州辖内8家支公司中有6家在全辖排名进入前10，其中铜山和邳州两家支公司一直保持前两名。邳州支公司全年业务量超过7000万，列江苏全辖第一名。铜山支公司业务发展不断提速，全年车险6565万。新沂支公司全年保费达到4500万，市场份额稳步提升。开发区支公司抢抓机遇，业务增幅达到120%，被评为省公司先进。睢宁支公司稳健增长，非车险超过480万，发展成效显著。丰县支公司和沛县支公司双超3000万保费大关，当地市场占比稳中有升。贾汪支公司保费也达到2100余万，发展势头强劲。2011年太保产险徐州中支公司在太保集团成立20年司庆大会上，荣获太平洋产险系统全国“十强中支公司”称号。11月，客户服务部又荣获太保产险系统全国“十佳服务团队”称号。

【车险主题销售活动】 在总公司开展的“风起云涌战六月、如火如荼‘增’领先”车险主题销售活动中，全体干部员工攻坚克难,最终以同比增长50%的幅度,实现了当月车险总量5444万元,增量1723万元的成绩,在竞赛小组中排名第一,荣获此次全国竞赛的三等奖。

【服务创新】 一方面加大服务窗口的软硬件建设,增加投入力度,及时更换窗口岗位的硬件设施。鉴于徐州公司理赔中心狭小拥挤的现状,为彻底解决上门客户停车难等现实问题,公司重新选址,严格根据大公司品牌形象要求,建设标准服务窗口;在机构建设中,积极筹集资金,按照VI系统的要求,先后对除新沂以外的所有机构进行全新改造,使太保对外形象得到了提升。此外,通过建立健全内外部监督、评价机制,着力提升从业人员的综合素质和专业化管理服务能力。在做实基础服务项目的同时,开展服务创新活动,想尽一切办法为客户提供一个舒心、周到、完善的客户服务,如开展了"炎炎夏日送清凉"和"保险夜市"业务,均为徐州业内首创。

【典型案例】 沛县某纺织有限公司投保财产综合险,3月19日该公司发生火灾造成单位内三台机器设备、车间以及半成品严重受损。参照第三方公估公司定损,最终公司于7月1日赔款474629.06元。

江苏某化工有限公司投保机器损坏险,6月22日该公司发生事故导致压缩机曲轴断裂。经查勘,属于保险责任,参照第三方公估公司定损,公司于12月7日赔款金额798877.27元。

滕某投保财产综合险,4月28日在山西省阳泉市作业时,发生山体塌方,保险标的整体被掩埋。参照第三方公估公司定损,公司2012年1月19日赔付被保险人780000元。

(周建新)

证券　典当

【证券业】 至2011年末,徐州市上市企业已达到8家,当年新增1家。资本市场融资49.2亿元,其中首发新股上市企业1家,融资4.2亿元,发行公司债券企业2家,融资45亿元。有12家证券公司在徐州市设立19家证券营业部,当年新增5家,证券营业部已覆盖到铜山新区、新沂市、邳州市、沛县。全市股民达到36.1万户,年证券交易额2263亿元。

(杨明德)

【典当业】 2011年,全行业以《典当管理办法》为准绳,积极服务于小微企业,稳健开展典当业务。至年末,全市17家典当行及4家分公司,累计注册资本2.4亿元。共发生典当业务4863笔,典当总额4.6亿元,上缴税金108.3万元,利润总额1106.7万元,从业人数160人。从总体情况看,各典当企业都比较重视风险控制和做大做强,从而有利于全行业平稳健康发展。

(年鉴处)

·江苏恒丰典当有限公司·

【概况】 2011年,江苏恒丰典当有限公司严格按照《典当管理办法》的具体规定,办理每一笔典当业务,力争使典当经营合法化,内部管理规范化,行业形象社会化。至年末,公司资产总额2635万元,较上年增长40%;负债总额1万元,同比下降328万元;资产净额2634万元,较上年增加70%;实现利润82万元。全年共办理典当、续当97笔,典当总额为9200万元,其中动产质押总额3500万元;房地产抵押总额1730万元;财产权利质押总额3970万元;年末典当贷款余额2411万元。经营过程中无不良记录,绝当率为1%,治安涉案0人次。针对2011年徐州地区典当业的经营现状,公司先后撰写出来《新春寄语》、《盖茂森先生苏北之行彰显睿智》、《刍议典当行经营的现实选择》等多篇文章上报省有关部门,并在《江苏典当》予以刊发,《刍议典当行经营的现实选择》一文被全国同行业杂志相继转载。

【风险管控】 2011年以来,公司按照上级监管部门的年度工作要求,结合自身业务发展实际,适时制定出年度工作目标,辩证地看待生存与发展的相互关系,立足"在生存中求发展,在发展中求安全,用安全经营推进企业规模扩张"。同时,公司在更新观念、转变思路、强化管理和严控风险的基础上,充分发挥典当行"方便、灵活、快捷"的经营优势,不断为小微企业、工商业主和社区居民提供优质高效的融金服务。对符合典当条件、流动性强且资金需求量不太大的当户,采取当日考察、当日办结的方式,使典当资金加速周转,活化了资金结构,有力地促进了当地经济的发展。公司始终选择稳健自保的经营策略,把当前调查作为风险控制的关键,使典当业务风险关口前移,确保当金安全运营,使之"放得出、收得回、有效益"。在当票使用与管理方面,公司本着"重要凭证,重点管理,慎重使用"的原则,采取"专人管理、换人复核、专柜保管、领取销号"的方式,妥善使用和保管当票,全年未出现当票丢失、超范围使用当票等现象。一定程度上发挥出典当业为银行拾遗补缺的特殊服务功能。

【业务培训】 年初以来,公司为进一步加大内部管理,确保总、分公司安全运营、稳健发展。总公司全年对员工采取以会代训形式进行法律法规和业务培训,推动典当业务合法经营,严控风险。针对恒昌分公司异地经营的现状,公司特聘请熟悉金融业务的2名行长作为负责人,确保典当业务正常开展。至12月末,总、分公司的11名员工参加典当从业人员培训的6名,占全部人员的55%。

(吴铭舜)

财政 税务

财 政

【概况】 2011年,全市财政系统围绕“六个注重”、“八项工程”和“三重一大”,强化财政管理,深化财政改革,圆满完成全年各项目标任务。全市GDP超3000亿元,公共财政预算收入超300亿元,首次迈进全国“双三”城市行列。全市财政总收入和公共财政预算收入分别完成822.38亿元和318.42亿元,分别增长27.1%和43.3%。公共财政预算收入总量位居全省第6、苏北第1,增幅全省第2。全市公共财政预算支出454.2亿元,增长39.5%。全市用于民生及社会事业发展的支出达341.50亿元,占一般预算支出的比重75.2%,“三农”、教育、科技等支出增长均符合法定要求,增幅高于一般预算支出增幅,筹集、拨付城建重点工程、“三重一大”及水务项目建设资金38.91亿元,促进全市经济平稳较快增长。2011年,全市财政部门全面深入开展综合治税,大力加强精细化管理,优化收支结构,预算执行总体情况良好。徐州市被省政府授予“财政收入新增贡献先进单位”,连续5年获此殊荣;丰县、沛县、睢宁县、邳州市、新沂市分别荣获“财政收入增收表彰单位”称号。

【财源建设】 一是多级增长格局初步显现。传统优势行业对税收的支撑作用进一步巩固,烟草、机械、电力、煤炭、管道运输等行业贡献税收占税收收入比重达40%;新兴税源不断壮大,新兴产业对税收增长拉动作用持续提升,中能硅业、协鑫硅材料等新能源产业、商贸物流等现代服务业对税收增长的贡献率有所提高,达46.7%。二是县区收入增势强劲。市本级公共财政预算收入完成83.96亿元,增长31.2%;区级完成101.11亿元,增长43.6%;县级完成133.35亿元,增长52%,高于全市8.7个百分点,铜山区公共财政预算收入突破40亿元,邳州市、沛县公共财政预算收入都超过了30亿元。三是综合治税成效突出。个体及零散税收社会化委托代征全面推进,开展建筑房地产业税收专项整治,推广税控机3300台,采集涉税信息152万条,处理疑点信息11万余条,查补税款4.1亿元。邳州市财政局组织专项整治,挖潜税收8300万元。泉山区财政局率先建成了区级综合治税信息平台。丰县、鼓楼区、云龙区财政局全面推进个体和零散税收社会化代征。四是非税收入征管有序。建立了土地收储、挂牌、成交和收缴进度台账,强化宗地核算,土地出让金收缴平稳有序。非税收入完成81.29亿元,增长68.4%。国有资本经营收入入库29.47亿元。

【支持经济发展】 一是支持经济转型升级。市财政筹措拨付支持企业发展资金16.79亿元,其中安排资金3.5亿元,设立战略性新兴产业发展专项资金、创业贷款担保基金、千百亿工业企业培育专项资金、现代服务业发展专项资金、科技创新专项资金等,全力支持高新技术产业跨越发展、传统产业加速调整、创新型经济培育。鼓楼区财政局开展金融招商,参与组建嘉诚股权投资基金,为区域税源经济发展助力。二是优化财税环境。全面落实中央、省扶持企业发展各项优惠政策,全市减免税收46亿元。支持工程机械、板材加工等优势产品出口,出口退税18亿元。鼓励再生资源利用和文化产业发展,审核并办理一般增值税退税2亿元。组织开展非营利组织免税资格认定工作,48家非营利组织获得免税资格。组织高新技术企业认定,全年36家企业被认定为高新技术企业。支持融资平台融资,新盛、高铁、新城区三家融资平台全年实现融资36.63亿元。三是支持县区经济发展。贯彻落实推进徐州经济技术开发区提档升级、铜山跨越、突破睢宁和丰县崛起等区域发展财政扶持政策,拨付县区各项补助资金11亿元。五县(市)公共财政预算收入增幅位居全省前列,徐州经济技术开发区实现跳跃式发展,公共财政预算收入接近30亿元,是2005年的12倍。

【保障民生】 一是支持民生民计改善。全市社会保障支出46.43亿元,增长24.1%。市财政安排和争取省补助资金10.3亿元,保证市区20.8万名退休人员按时足额领取养老金;投入再就业资金1.1亿元,建立普惠制的就业培训体系;安排各项补助资金1.5亿元,用于落实新农合及城镇居民医保补助标准提高、基本药物制度实施、发放困难群体一次性物价补贴、推进大学生自主创业、实施尊老金制度等一系列惠民政策;城乡低保标准每人每月提高到370元和210元;配合人保部门,全面启动事业单位绩效工资改革。丰县财政局推进药物卫生制度改革。二是推进农业现代化进程。全面落实财政支农“三个重点、三个确保”政策,全市预算内农林水事务支出61.77亿元,增长41.2%。筹措资金2.7亿元,完成“二次进军荒山”山地造林3.5万亩;高效设施农业建设投入1.6亿元、农业综合开发投入3.27亿元,支持建设高效农业499万亩、改造中低产田33.4万亩;通过“一折通”兑付涉农补贴7.83亿元,600余万农民受益;安排村级经费2.5亿元,村均9.5万元;落实“家电下乡”政策,拨付家电下乡补贴资金9000万元。作为全市唯一的省级试点单位,沛县财政局扎实推进了新型农村社区建设。三是推进文教事业发展。全市教育支出90.16亿元,增长47.2%。完善和落实义务教育经费保障机制,义务教育学校预算内生均公用经费提高到小学550元、初中750元;市财政安排资金4480万元支持校园安保工作;设立专项资金2000万元,支持实施学前教育普及提高工程。采取以奖代补方式推动农村偏远学校教师公租房建设。支持文化场馆运转及免费开放、文化艺术下乡、文艺团体转企改制、群众体育和其他文化体育事业发展,全市文体事业投入4.4亿元。支持科技创新、推动科技进步,全市科技投入10.35亿元,增长127.8%。四是支持人居环境改善。生态环境及为民办实事支出78.97亿元,增长24.1%。市财政筹措拨付城建重点工程资金15.1亿元、争取上级财政资金26亿元,有力保障了三环南路绿化,徐贾快速通道,淮海路、中山路省级示范路等重大基础设施项目建设。云龙区财政局首创社区道路建设“一事一议”奖补办法。拨付治淮资金1.93亿元,污水处理厂运行经费1.26亿元,节能减排资金7588万元。安排廉租住房和公共租赁住房建设专项资金2.4亿元,争取中央、省专项资金2亿元,安排城市棚户区改造资金2.5亿元,支持保障性住房建设,棚改一期工程安置6万多户棚户区居民,人均居住面积从10平方米增加到20平方米。

【财政改革】 一是完善部门预算制度。构建涵盖1284个项目、年度间滚动对比的部门预算项目库,建立支出进度月调度会议、月通报制度,基金预算首次纳入部门预算网上编制系统。睢宁县财政局实行“参与式预算”,预算编制时广泛听取群众意见。二是完善国库集中支付制度。在全省率先升级预算执行系统,建立集中支付拨款实时短信反馈系统,实行财政预算资金网上拨款新办法,市本级103家部门446家基层预算单位,集中支付11万笔88亿元。开展财政账户清理整顿,全市撤并财政账户217个。邳州市财政局探索试行使用存量财政资金引导金融服务发展的办法。贾汪区财政局率先实施了区级国库集中支付改革,其他区也取得了积极进展。三是完善政府采购制度。制定相关政府采购优惠措施,鼓励和支持大学生创业企业。中国财经报在头版头条作了报道。推动“政府采购融资通”中小企业贷款业务,使用贷款额度近600万元。政府采购评审专家实现在线培训。会同市检察院实施政府采购廉洁资格审查。全市完成政府采购预算52亿元,节约10%。睢宁县财政局试行公务用车定点加油价格听证制度,探索完善政府采购评标办法。四是预算绩效管理成效初显。在全省率先探索绩效运行跟踪监控,把50万元以上专项资金全部纳入绩效管理项目库。500万元以上重点专项资金实施项目预算绩效目标管理,评价项目84个17.5亿元。事前提出并审核绩效目标、事中进行绩效拨款管理、事后开展绩效评价,把绩效评价结果作为以后年度预算安排的重要依据。徐州市预算绩效管理工作先后在2011年全省财政工作会议、全省财政绩效管理工作会议上做典型经验介绍。铜山区财政局出台了绩效管理实施细则,开展了农村小公益桥梁建设等项目预算绩效目标管理试点。五是财政监督取得实效。精心组织开展“小金库”专项治理,复查、重点检查1202家单位,发现12家单位14个小金库3358万元,及时进行了处理。组织重大检查96次,查处违规、违纪资金5.68亿元。六是行政事业单位资产管理得到强化。推进公房租赁公开竞拍工作,泉山区率先进行了试点。贾汪区行政事业单位资产管理工作获振兴徐州老工业基地创新实践奖,是全市财政系统唯一获此殊荣的事项。

【财政管理】 一是建立财政资金管理制度体系。出台了《徐州市财政专项资金管理办法》、《现代服务业发展专项引导资金管理办法》等近20项专项资金管理制度，初步构建专项资金管理制度体系。制定了《徐州市财政专项资金绩效管理办法（试行）》等规范性文件。提请市政府出台了《市级行政事业单位部分通用资产配置预算标准（试行）》等制度。二是推进财政法制建设。出台重大决策管理六项制度，构建财政重大决策制度体系。建立行政指导工作制度，印发了《行政指导工作意见》、《非税收入征管监督检查行政指导办法》和《行政事业单位国有资产处置行政指导办法》。财政法治建设取得重大进展，市财政局被评为“全国法制宣传教育先进集体”，沛县财政局被评为“全省财政政策法规工作先进单位”，新沂市财政局被表彰为“全省法治财政建设先进单位”。三是强化依法理财意识。按季度编辑《徐州财政工作通报》3期3600份，呈送到每一位市人大代表和政协委员手中，局领导班子成员带队，分赴各县（市）、区办理人大代表建议、政协委员提案45件，上门听取代表、委员的意见和建议，邀请109位市人大代表、市政协委员担任政府采购评标专家、政府采购监督员、财政绩效评价专家和财政科研专家，促进依法理财、公开透明。四是加强会计人才管理。组织各类会计、注册会计师、珠算培训、考试、比赛10余万人次，较好适应了全市经济社会发展对会计人才的需求。徐州市选手代表江苏省参加全国第三届珠心算比赛，获得学前组团体一等奖，包揽3个个人一等奖，是江苏省参加全国比赛的最好成绩。

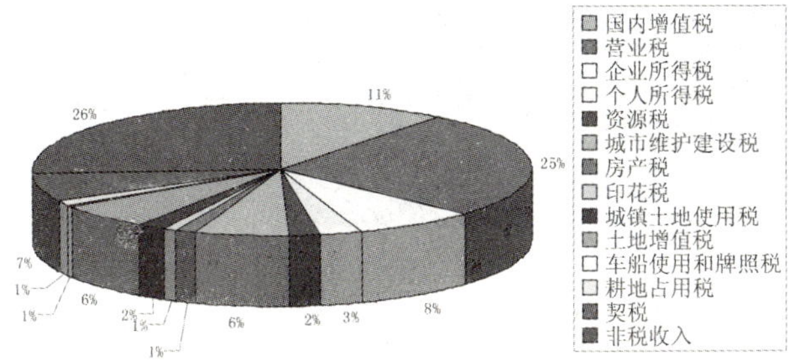

2011年徐州市一般预算收入构成情况

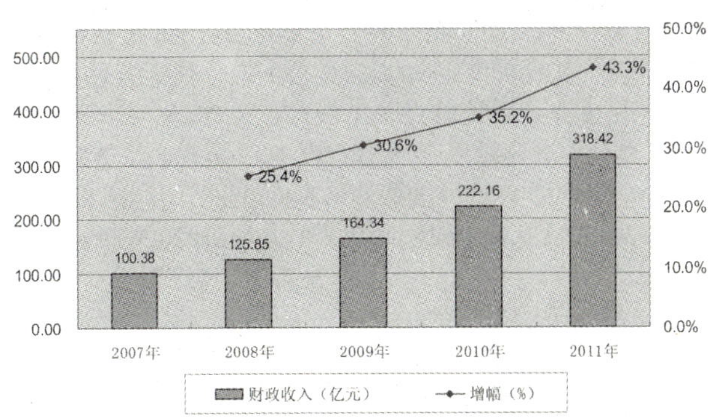

2007～2011年徐州市一般预算收入及增幅情况

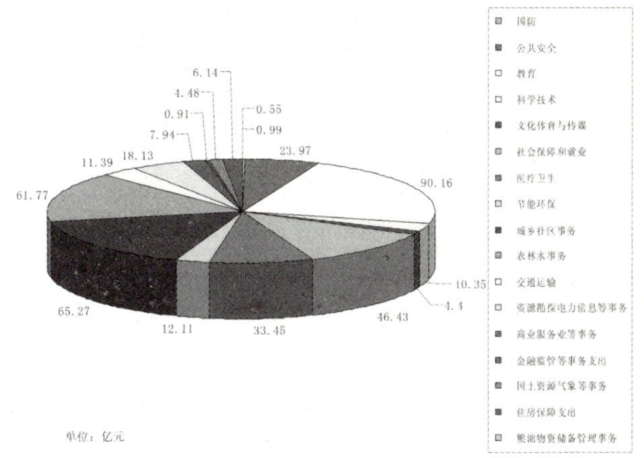

2011年徐州市一般预算支出构成情况

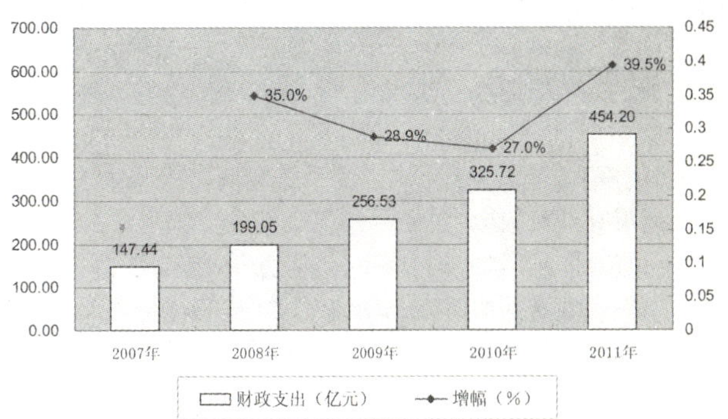

2007～2011年徐州市一般预算支出规模及增长情况

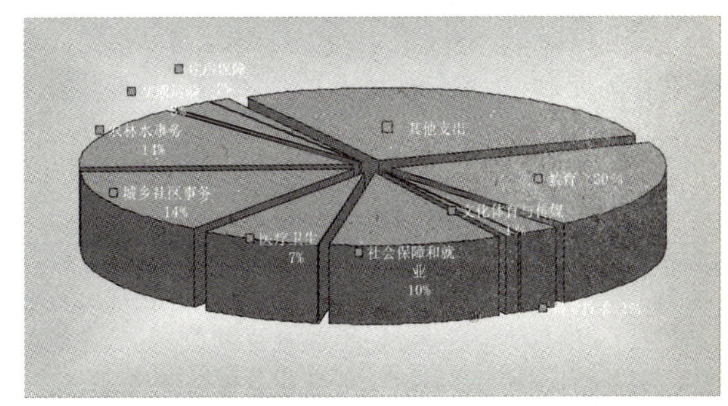

2011年全市财政民生支出结构情况

（韩冬梅 张驰 朱永强 刘毅）

国 税

【概况】 2011年，全市国税系统充分发挥税收聚财、调控与服务职能，坚持依法治税，强化税源税基控管，各项国税工作得到了长足发展。国税总收入达到283.62亿元，同比增收48.02亿元，增长20.38%，收入总量、增幅均位居全省第五位，一般预算收入51.95亿元，增长21.61%，市直一般预算收入9.65亿元，增长9.37%。税收服务效应持续放大，累计办理结构性减税近56.23亿元,依法行政水平持续提升,税收征管模式持续完善,纳税服务持续优化,干部队伍建设持续推进,市国税局被中央文明委表彰为“全国文明单位”,5人分别被授予全国“五一劳动奖章”、全国“五一巾帼标兵”和“江苏省劳动模范”称号。

新兴产业推进会

【服务经济】 充分发挥税收优惠政策导向功能,先后组织了税企高层互动对接会、服务新兴产业推进会、“送政策、促转型、惠民生、助发展”系列专题宣传服务活动,支持新兴产业跨越发展。编制九大门类、十余个行业《税收优惠政策汇编》并免费发放给纳税人。建立实施“政策解读会暨发布人制度”,举办了新《发票管理办法》、所得税汇缴、鼓励科技创新、房地产行业所得税、出口退税政策与办税流程等20余次大型政策解读会,上万户纳税人免费参与,政策确定性服务明显增强。围绕市委市政府中心工作和“三重一大”项目部署,及时从税收角度分析反映宏观经济和微观经济运行情况,税收政策执行经济效应逐步凸显。全面落实各项结构性减税政策,累计办理结构性减税近56.23亿元,其中办理出口货物退(免)税21.6亿元,同比增长42%。

【依法治税】 加强执法监督,编写《执法风险预警指南》,运用自主开发的《徐州市国税局税收执法风险管理系统》,实现对执法行为的自动监控和考核;执行规范性文件制定和备案规定,有效降低基层执法风险。强化税务稽查,共组织自查、检查各类案件3660件,查结3636件,查补收入共计2.60亿元,调减亏损1.1亿元。开展发票违法犯罪专项治理,查处违法受票企业125户、查实非法发票1.27万份,打掉虚开团伙2个,抓获发票犯罪嫌疑人24人,移诉8人,捣毁印制窝点10个,缴获假发票145.45万份。开展民政福利企业税收专项整治工作,加大稽查案件监督,市局共审结重大税务案件27件,补缴税款3603万元、罚款1145万元,移交司法机关追究刑事责任8件。

【税收征管】 强化数据情报管理,已形成涉及全市28家政府部门共65类涉税交换信息,收集整理税收数据信息情报近5000万笔,采集发票数据近2000万张。优化风险特征指标建设,构建20个风险特征指标,总结风险管理案例21个,全年风险应对成效达到3.6亿元。加强各税种专业化管理,在增值税管理上,加大行业评估力度,全年评估入库税收2.55亿元,调减留抵、亏损1.73亿元;在所得税管理上,推行市局与县局分级管理模式,建立健全所得税专业化管理的架构;在进出口税收管理上,加强退税预警分析,深化出口退税分类管理和退税评估。强化税收基础管理,大力推行普通发票网络开具,网络开票纳税人已达9682户。全面推进个体税收社会化委托代征工作,代征总户数达4.6万户。推进大企业个性化服务创新,建立税企高层互动制度,重点对大企业战略决策的制订与实施提供政策确定性服务,解决大企业国内并购、海外投资、境外融资等重点问题50余项,涉及税款2.4亿元。深化国际税收管理,拓展反避税新领域,在对扣缴义务人异地税收进行追征、中外联合办学特许权使用费征收等六大新领域实现新突破;探索非居民税收新领域,全市非居民税收实现入库1.33亿元,同比增长31.68%。

【纳税服务】 健全纳税服务机构,各县市(区)局均挂牌成立纳税服务科,配备人员专司纳税服务工作。组建市局咨询解读专家团队,统一扎口对外宣传解读工作。抓好办税服务

厅标准化建设,制定下发服务厅规范化建设实施标准和服务标识规范手册,统一全市3类25种内外部标识,召开办税服务厅标准化建设现场观摩会,市县两级10个办税服务厅全部完成了标准化建设。强化信息平台建设,开通国税短信平台,全年累计发送税法宣传、涉税通知公告短信26.8万条。配置12套自助办税终端,覆盖全市10个办税服务厅及市政府行政服务中心,提供全天候自助办税服务,市国税局成为徐州市唯一实现提供24小时自助服务的行政执法部门。抓好省局网上办税系统试点及上线推广工作,集中力量办好12366纳税服务热线,及时做好远程坐席、分局联络员的配置工作,全年共受理纳税人来电42946个,平均接通率达到96.1%,回复率达到100%,构建了具有徐州国税特色的纳税服务体系。 (朱向忠 董琳 陆长磊)

地税

【组织收入】 一是收入快速稳定增长。全系统组织各项收入316.4亿元,同比增收83亿元,增长36%。其中税收收入

217.6亿元,同比增收59.7亿元,增长37.8%;社保费收入完成80.6亿元,同比增收16.7亿元,增长26%;其他基金费(含教育费附加)收入完成18.2亿元,同比增收6.6亿元,增长57%。其中省级税收完成7.6亿元,同比增加2.1亿元,增长38%;市县级税收完成210亿元,同比增加57.6亿元,增长38%。两级收入均超进度,分别完成127%、122%。税收总量全省排名第六,增幅排名第四。二是主体税种增收拉动明显。营业税占比居各税种之首,为41%,拉动税收上升18个百分点;个税、契税占比均为10%,且只有该两税种的增幅在20%以下,分别为19%、7%,分别拉动税收上升2个百分点、1个百分点;企业所得税、城建税占比均为9%,分别拉动税收上升3个百分点;土地增值税占比9%,增长125%,增幅位居各税种之首,拉动税收上升7个百分点。三是区域税收增长协调性增强。市区完成税收120.2亿元,同比增加29.1亿元,增长32%;县区完成税收97.4亿元,同比增加30.6亿元,增长46%。县区增幅高于全市8个百分点,高于市区14个百分点,增量贡献率高于市区2个百分点。县区增速领跑全市,与上年同期相比,县区增速逐渐印证地方经济发展轨迹。四是形成"二产平稳、三产提升"税收新格局。致力产业结构优化升级,大力推进经济结构战略性调整,逐步提高发展的全面性、协调性、可持续性,因此二产、三产税收比重趋于合理,三产税收仍然处于主体地位,而且比重进一步提高,三产完成税收111.1亿元,同比增加35.4亿元,增长47%,税收占比58%,比同期提高2个百分点;二产完成税收81.1亿元,同比增加21.8亿元,增长37%,税收占比42%,比同期下降2个百分点。五是"三重一大"加快推进。建筑业税收稳步增长;楼市调控,房地产税收增长趋缓。建筑业税收完成39.8亿元,同比增长43%,税收占比为21%,较上年同期持平;房地产业税收完成51.6亿元,同比增长55%,税收占比27%,增幅及占比分别高于上年6个百分点、2个百分点。六是工业税源进一步巩固。工业税收完成41.2亿元,同比增长31%,税收占比为21%,较上年同期下降1个百分点,其中采矿业、制造业分别增长28%、37%;现代服务业税收完成25.7亿元,同比增长71%,增幅居各行业之首,税收占比13%,高于上年2个百分点。七是用足税收优惠政策。立足发展大局,充分发挥税收职能作用,共处理审批类减免1899项次,减免税收831万元;备案类减免2440项次,减免税收12.97亿元;自行申报类5项,减免税收25.6亿元。2011年共为34户企业研发费用加计扣除3.23亿元,为16家高新技术企业减免税收3.41亿元。八是税收集聚效应显著。重点税源对收入增长推动作用加强,税收500百万以上的企业有492户,合计缴纳税款96.2亿元,占税收总量的44%,同比增加38.9亿元,增收贡献率达65%,拉动税收增长25个百分点。税收500万以上企业户数比2010年增加104户。

【行业分析】 房地产业、建筑业、制造业三大行业仍然保持税收支柱地位,分别占税收总量的27%、21%、15%。二产所含行业占比发生细微变化,工业占二产税收的51%,占比高于建筑业2个百分点,较上年同期下降2个百分点。三产仍以房地产业税收为主,其次是现代服务业、金融业、交通运输业。房地产业税收占三产比重为46%,同比提高了2个百分点,现代服务业占三产比重为23%,同比提高了3个百分点。房地产业税收完成51.6亿元,同比增加18.3亿元,增长55%,房地产业主体税种为营业税、土地增值税,其中营业税完成30.3亿元,占房地产税收59%,土地增值税完成14.9亿元,占房地产税29%,分别拉动营业税上升29个百分点、24个百分点。在房地产业调控的背景下,房地产业税收增幅仍然高于2010年6个百分点,营业税仍然是主要动因,对房地产业的增收贡献率为52%,但土地增值税的高幅增长对房地产业的贡献功不可没,贡献率也高达43%。房地产业税收在1000万以上的企业有107户,合计缴纳税款27.5亿元,同比增加15.4亿元。建筑业税收完成39.8亿元,同比增加12亿元,增长43%,其中营业税完成27.5亿元,拉动建筑业上升31个百分点,其次是个人所得税和企业所得税,分别拉动建筑业上升6个百分点、3个百分点。2011年下半年,建筑业税收增幅呈现不断上升的趋势,主要是徐州市围绕转变经济发展方式、改善民生、加强基础设施建设等方面,组织实施一批事关全局和长远发展的重大工程和项目,建筑业存量贡献明显。建筑业平均增幅为39%,虽然总体增长呈上升趋势,但较2010年稍显缓慢。2011年,房产新政、加息和提高银行准备金率等一系列政策措施,对房地产业的抑制作用逐步显现,与之密切相关的建筑业必将受其影响。建筑业税收在200万以上的企业有318户,合计缴纳税款16.2亿元,同比增加9.7亿元。工业税收完成41.2亿元,同比增加9.8亿元,增长31%。徐州市加快信息技术在工业领域的渗透应用,提高工业自动化、智能化和管理现代化水平,促进制造业向高端发展。制造业税收完成28.8亿元,同比增加7.9亿元,增长37%,其中制造业企业所得税、城建税、个税分别增加2.9亿元、3.1亿元、1亿元。

【税种分析】 营业税增幅达47%,主要依赖于房地产业、建筑业的增长,同时租赁和商务服务业贡献不容小觑,三行业分别贡献了33%、31%、27%,合计拉动营业税上升42个百分点。从具体税目看,9个税目均呈上升趋势,增幅在30%以上的有建筑业、金融保险业、服务业、转让无形资产、销售不动产五个行业。企业所得税2011年增幅呈倒V型发展,5月增幅达到最高点为76%,之后一直为下滑趋势,其中工业企业经济效益持续改善,带来制造业企业所得税的较快增长,工业税收增长54%,其中制造业同比增长49%,制造业拉动企业所得税上升19个百分点,贡献最大。其次是建筑业和采矿业,两行业分别贡献了20%、17%,合计拉动企业所得税上升9个百分点。个人所得税结构有所调整,工资薪金所得继续占据主导地位,但个税新政实施后,贡献度与上年相比有所下降。该税目完成个税10.4亿元,占个税比重为48%,较同期下降4个百分点。利股红所得完成个税4.6亿元,同比增加1.9亿元。资源税增长因素主要是徐州市煤炭、黄沙、石英石(砂)、粘土和建筑用石等资源丰富,矿物集团、大屯煤电公司的煤炭资源、新沂的黄沙等资源充足,为资源税征收提供了充足的税源基础。房产税和城镇土地使用税增幅分别高于上年6个百分点、18个百分点,针对房土两税税源基础薄弱特点,全面开展税源数据清理工作,加强税源信息比对,组织了针对上市公司、金融保险行业、央企的全面调查工作,共调查121户,调增房产原值77738万元。城建税增收原因:一是在烟草和重型机械行业销售收入的增加影响下,制造业增收城建税3.1亿元;二是房地产业经济控中求稳,增收城建税0.6亿元;三是外资企业扩围完成城建税1.5亿元。同时加强税源比对,保证了税款足额入库。印花税增长的主要原因是企业经营稳定,产销量稳中有升,其中制造业、批发零售业、房地产业三行业合计增收了0.5亿元,增收贡献率达66%。土地增值税增幅达125%,上升的主要因素是预征率的提高和清算工作的开展,以及非限购地区房地产市场依然活跃增收税款,其次是铜山经济开发区国有资产经营有限公司转让土地使用权等一次性因素增收税款。房地产业完成土地增值税14.9亿元,拉动土地增值税上升88个百分点。2011年共完成清算入库税款2.8亿元。车船税增长的原因:一是加大车船税代扣管理力度,二是新增车辆增加税款。在进行货物运输业自开票纳税人发票资格年审时,加强了对车船税缴纳情况的审核,规定凡未缴纳车船税的一律不予办理年审手续,采取该措施有力地促进了车船税的征收。

市局领导为大学生村官赠送金钥匙

【经济类型分析】 一是内资企业总量处绝对地位,但占比份额下降。内资企业完成税收145.7亿元,同比增长35%,占税收比重的76%,较上年同期下降4个百分点。国有、集体企业税收贡献份额总体呈现逐年下降态势。国有、集体企业入库税收23亿元,占税收比重的12%,比上年回落了6个百分点。全市民营经济快速发展,为内资企业注入了活力。股份公司和私营企业合计完成121.5亿元,占比较上年提高2个百分点。二是外资企业规模不断扩大,税收贡献度增大。近年来随着统一内外资企业税收政策,徐州市外向型经济高速发展,徐州经济技术开发区升格为国家级开发区,中德合作东方鲁尔工业园启动实施,利用外资规模不断扩大,税收结构呈现多元化发展态势。外商投资企业完成税收8.7亿元,占比5%,较上年提高1个百分点。三是就业规模持续扩大,个体经营税收活力明显增强。徐州市荣获首届"中国创业之城"称号,为个体经营提供了广阔的发展空间,个体经营企业入库税收37.7亿元,占比20%,较上年提高3个百分点。

【纳税服务】 一是服务发展卓有成效。以主动税政服务经济发展,严格落实各项税收优惠政策,各类税收优惠38.66亿元,贯彻新个人所得税法工作经验在省局所得税年度工作会议上交流发言。深化"一线工作法",推出挂点服务,全市所有副科级以上领导干部每人联系一家重点企业,为企业发展排忧解难。开展个性化纳税服务,为徐工集团等高新技术企业、走出去企业落实研发费用加计扣除等政策。二是服务纳税人便捷高效。合理划分办税厅区域,科学优化办税流程,全省服务厅规范化建设现场会在徐召开。创新推进ETO移动税务服务系统,被纳入省局"十二五"规划。研发"一户式"电子档案管理系统,高效对接省局大集中系统及影印系统。开发POS缴税通,形成了以网上申报为主的"一主五辅"多元化征缴体系。铜山局纳服中心被表彰为全国"三八"红旗集体,贾汪局纳服中心被表彰为全国"巾帼建功先进集体"。着力打造办税服务厅、12366热线、地税网站及"纳税人之家"四大平台。广泛深入地开展税收宣传活动,构建集电视、报纸、电台、网络等"六位一体"的宣传网络,在市级以上新闻媒体发表稿件1236篇,其中省级以上728篇,《中国税务报》159篇,17个项目获得总局和省局等表彰。完善涉税舆情应急反应机制,应用舆情应对分析处理平台,加强涉税舆情的监控与引导。三是服务保障提质增效。创新工作实行项目化管理,2个项目得到省局表彰,8个创新项目在省局立项。围绕组织收入和"三个一流"工程,全年在省部级以上核心刊物发表调研文章30多篇,4篇调研文章被省社科联、国际税收研究会、省局科研所评为优秀论文奖。强化经费预算管理和保障,改进和优化会统核算,推进条形码固定资产管理。提高公文运转效率,市局机关档案室荣获全市"'十一五'档案管理工作先进集体"称号,7家县(市、区)局被省档案局授予"四星级"档案管理单位。开展督查督办,加强安全保密管理,优化后勤保障,规范劳务用工,做好信访工作,确保安全、稳定、高效。

【管理改革】 年初,江苏省地税局将徐州地税局作为全省5家实施税源专业化管理改革的试点单位,徐州地税把改革作为实现税务管理现代化的关键举措,坚持在探索中求发展,在创新中求突破,初步构建了税源专业化管理新模式,成为参与规则制定的先行者,掌握了改革的主动权和话语权。一是思路转变快。通过更新理念请进来,带着问题走出去,以考促学强技能,注重宣传扩影响等措施,先后举办4次大型培训,11次巡回辅导,发表相关文章230多篇,系统上下凝聚共识,形成合力。二是体制机制新。通过管理方式协作化,分级分类科学化,机构设置扁平化,支撑手段信息化,评估稽查专业化,构建了税源专业化新格局,初步实现了"办税更加方便,税收更加公平,征管质量提高,人力资源优化,执法风险减少，税收稳步增加”六大目标。沛县地税局、邳州地税局在改革中率先突破，为全市专业化管理改革提供了经验。三是风险管理实。开展12个行业风险模型建设，编印《行业税收风险识别指引》，组织模型竞赛，睢宁局、铜山局参加省局数据模型竞赛，分别获得一等奖和二等奖，风险管理平台模块运用走在全省前列，数据推送2956户次。充分利用风险识别成果，统筹风险推送。评查入库税款5.62亿元，户数较上年同期减少1210户，下降43.3%，金额较上年同期增加3.02亿元，增长105.6%。四是稽查打击准。成立风险领导小组，按照涉税风险高低确定稽查对象，按行业分设稽查分支机构，实施分类分级稽查，全年共检查190户，查前评审318户，查补入库税款1.42亿元，督促企业自查补缴税款1.22亿元，稽查入库税款全省第三，查处500万以上大要案14件，其中1000万以上的8件，检查精准度显著提高。五是科技支撑强。运用云计算平台，深化信息安全，完善基础设施运维，安全等级实现二级等保，科技支撑能力显著增强，丰县局安全评估检查报告被市政府信安办经验推广。

【依法治税】　一是法治建设成效明显。全市地税系统切实加强税收法治建设，深入推进依法行政，依法行政理念逐步确立，法治税务体制初步构建，税收执法制度日益完善，依法行政能力不断提高，合法权益保护积极有效，税收法治环境持续改善，保障了税收法律法规的正确贯彻实施和各项税收职能的实现，促进了税法遵从度的不断提升。规范行政处罚自由裁量权、税收执法风险防范、推行说理式执法文书、创建依法行政信息平台等工作成效明显，市局连续两届被省政府确认为“省级依法行政示范单位”，3家基层单位被省局表彰为“依法行政示范单位”，2个基层单位被市政府授予“依法行政示范单位”。法治城市创建、规范执法、法制宣传、案卷评查等工作受到地方政府及上级部门表彰。研发的税收执法督察工作平台，代表省局在总局演示汇报受好评。二是行业监控逐步加强。行业风险模型建设卓有成效，公路货运业企业所得税风险模型入选省局十大优秀项目。强化重点税源数据审核，被省局评为数据质量先进单位。对建筑业税收实行项目化管理，经验在省局交流发言。运行房地产一体化征收系统，全年共调增税款1638万元，征收税款6亿多元。强化房屋租赁市场管理，房屋租赁税收实现1.06亿元，增长69%。旅馆、餐饮、广告、旅游等行业管理办法逐步完善。耕地占用税、契税信息监控逐步加强。创新“1132”非税收入征管新模式，获省局专项评比一等奖。三是综合治税稳步推进。获取综合治税数据582万条，推送疑点信息1.7万条，入库税款3.27亿元。市区设置了个体委托代征大厅和代征点，所有县区的城区及个体特色产业集中区，均实现了委托代征。四是发票改革成效明显。开展发票专项检查，改革发票兑奖机制，联合公安机关建立长效打击假发票机制，抓获制、售假发票犯罪嫌疑人14人，涉案金额高达484.49亿元。开发地税发票手机验证系统，方便了真假发票的识别。

【省长李学勇调研徐州地税】　2011年3月22日，江苏省委副书记、省长李学勇在徐州市委书记曹新平、市长张敬华等陪同下，到徐州地税局调研。此次调研是李学勇首次走进全省地税系统征管一线。调研过程中，李学勇先视察了徐州地税办税服务厅，观看了“勤廉测评预警系统”宣传片，参观了市局廉政文化室，查看了惩防体系建设有关资料。对徐州地税纳税服务体系建设和廉政建设工作给予了充分肯定，并提出要求：一是要进一步坚持依法治税，规范税收征管，努力为国家和地方建设聚财源，为百姓谋福祉，全力服务经济发展方式转变；二是要进一步加大对新能源、新工艺、新产品等高新技术产业的政策扶持力度，加快推动企业转型升级，促进产业结构优化；三是进一步依法加强对“两高”及产能过剩行业的税收征管，发挥税收政策引导作用，促进企业节能减排；四是要进一步创新举措，加强干部队伍建设，深化惩防体系建设，狠抓党风廉政建设，为各项工作的圆满完成提供强有力的人力保障。

江苏省委副书记、省长李学勇莅临徐州地税调研

（王龙军　刘明志　闫士亮　高煜）

综合经济管理

发展与改革

【概况】 2011年,徐州市发展和改革委员会紧紧围绕市委、市政府中心工作,结合工作职能,突出思路创新和工作方法创新,狠抓有效投入,加快结构调整,为全市推进"三重一大",深化改革开放、保障和改善民生,全力推动经济转型、城市转型、生态转型和社会转型,保持经济社会又好又快发展作出了积极贡献。修订完善发改委《重大行政决策程序规定》、《法治建设依法行政工作考核办法》等10多项规章制度,安排业务人员参加省、市举办的各类法制培训班5次。全面提高行政效能。推进项目审批制度创新,开展"零距离审批服务"活动,对彭城欢乐世界、市奥体中心、棚户区改造等市重大建设项目实行超前对接、零距离服务,对全市74个城建重点工程中的道路和绿化项目的建议书首次推行"合并同类项审批",分两次一揽子审批了项目建议书,为项目前期工作加快推进创造了条件。发改委3项行政审批事项全部入驻市行政服务中心,全部实行网上公开透明运行。全年市发改委通过窗口受理项目总共328件,其中审批项目128件,核准项目95件,备案项目105件,按时办结率100%。确保市委、市政府会议纪要落实100%,市委、市政府主要领导批示及省委书记、省长、市委书记、市长信箱信件按期办理回复率达到100%,机关效能进一步提升。加强政务信息公开透明工作。通过政府信息公开网站,累计公开各类政府信息302条。

【规划编制与实施】 组织编制《徐州市国民经济和社会发展第十二个五年规划纲要》,于2011年1月25日经徐州市十四届人大四次会议审议批准,徐州市政府以徐政发[2011]20号文件颁布实施;贯彻落实市委、市政府"东进战略",委托国家开发银行江苏分行编制《徐州东陇海产业带发展规划》,经过前期调研、征求意见和修改完善已经完成;扎实推进"十二五"专项规划编制工作,完成《徐州市"十二五"工业经济发展规划》、《徐州市高端装备制造"十二五"发展规划》、《徐州市"十二五"资源综合利用发电规划(2011—2015)》、《徐州市"十二五"循环经济规划》、《徐州市农业和农村经济发展"十二五"规划》等规划;徐州市轨道交通建设规划于11月份上报国家发改委。

【重大项目建设】 2011年,发挥职能作用,对重大项目加强协调调度力度,及时掌握项目进度,并向市委、市政府提出分析建议。年度实施的140项重大项目完成投资649.5亿元,超出计划592.8亿元9.6个百分点,较上年高出4.4个百分点。三环东路高架快速路、南水北调东线一期徐洪河影响工程、徐工集团挖掘机规模化建设、徐工大吨位全地面起重机及特种起重机产业化基地技改、徐州师范大学科技园(文化创意产业园)、中国(徐州)国际家居博览中心、中华老字号街区、彭城欢乐世界、大龙湖水街、第五期经济适用房廉租房和公共租房、中心医院新城区分院一期工程等90项开工建设,开工率为93.8%,较上年高出0.1个百分点。亿吨大港、宿新高速公路徐州段、徐贾快速通道、湖西航道整治一期工程、徐工混凝土机械产业化基地技改、中能硅业四期多晶硅、高铁站区建设、绿地商务城、金驹现代物流园二期、吕梁风景区建设、徐州工程学院本科院校达标工程等132项完成或超额完成年度计划,其中国华徐州发电有限公司上大压小工程、上海大屯能源股份有限公司高精度铝板带、徐工大功率柴油发动机、徐州协鑫光电蓝宝石衬底、台湾荧茂光学股份有限公司触摸屏及保护镜片生产、徐州中联水泥有限公司二线及余热发电等35项已竣工。40项前期项目推进明显。新沂市尾水导流工程、江苏翔盟精密铸造有限公司铸件项目、江苏宗申集团新能源汽车、江苏鑫诚电动车科技发展有限公司电动车加工、苏山物流园等5项推进较快,年内开工建设;军用机场搬迁工程立项准备材料已完成,已报军委和总参;计划总投资约100亿元人民币的徐州雨润农副产品全球采购中心于12月7日正式签约;锡盟－南京特高压交流输变电工程(徐州段)前期手续已办结,待国家发改委核准;新沂市煤基清洁能源一期项目列入江苏、山西两省能源合作框架,国信公司、晋煤集团及新沂市政府签订三方合作框架协议,项目可研报告已编制完成;徐矿集团2×350MW(CFB)低热值煤综合利用热电联产项目开展前期工作请示已上报省发改委;中国(徐州)国际家居博览中心二期工程农用地批转手续审批通过;丰县氯碱、江苏红旗物流有限公司综合物流中心等项目前期手续办结,正筹备开工建设;三环北路高架快速路、三环西路高架快速路方案设计已完成。徐州观音机场二期扩建工程等其他项目取得一定程度的进展。

【产业结构优化】 2011年,装备制造、食品及农副产品加工和能源产业分别完成产值2068亿元、1612亿元和1017亿元,顺利实现江苏省委、省政府提出的徐州老工业基地振兴千亿元产业发展目标;煤盐化工成为徐州市又一个千亿元产业。服务业的快速发展,实现增加值1440.06亿元,增长14.5%,增速高于全省3.4个百分点。高新技术产业产值达2000亿元,占规模以上工业产值比重达28%以上,同比增长89%,增幅位居全省首位;战略性新兴产业产值达到1770亿元,同比增长80%以上,超额完成年初市政府工作报告制定的目标任务。

引导和推动工业项目建设。国华徐州发电公司2×100万千瓦机组建设工程获得国家发改委核准(发改能源[2011]850号),该项目的成功获批使得徐州市电力工业在淘汰大量落后产能后装机容量首次突破1000万千瓦大关,达1103万千瓦,巩固和提高了徐州作为江苏省“北电南送”火力发电基地地位;丰县晖泽光伏能源有限公司20MWP和中晖光伏能源有限公司3.8MWP新型农业厂房屋顶光伏电站投入运营;江苏省瑞丰盐业有限公司焦炉煤气综合利用热电联产项目、贾汪区东方热电公司燃气轮机热电项目分别取得省发改委核准批复;徐州港务集团通过国家发改委审核,成为江苏省唯一的国家煤炭应急储备点企业,巩固了徐州煤炭物流基地的优势地位;以江苏春兴合金(集团)有限公司为投资主体的邳州市循环经济产业园再生铅产业集聚区成为第二批国家级“城市矿产”示范基地15家之一。

加快企业技术创新和园区建设。贯彻市政府《关于加快企业研发机构建设意见》的精神,开展企业研发机构建设认定工作,规划3年建设目标。徐州市感知矿山物联网工程实验室被国家发改委认定为国家级工程实验室,成为省内物联网领域唯一获国家发改委认定的国家级研发机构,在世界范围内首次实现矿山人员环境实时感知。夹河煤矿示范工程通过了国家安监总局的验收,即将进行二期推广示范。新获批组建省级研发机构3家,市级企业研发机构158家。目前,徐州市市级企业研发机构已由上年末的309家增加到现在的1503家,总数翻两番,95%的本土大中型企业和43%的规模以上工业企业建立市级以上企业研发机构,提前完成年度目标任务,8个县(市)区已实现本土大中型企业市级研发机构全覆盖。创新型园区建设取得重大进展,徐州高新区已通过初步验收,有望获批国家级高新区;中美(徐州)创新科技示范园、徐州工业园科技创业园等项目启动实施;大学科技园提档升级成效明显,矿大科技园通过国家大学科技园绩效考核有望进入国家大学科技园A级行列,徐师范大学科技园已被认定为省级大学科技园。

推进服务业加速发展。拟定《关于培育营业收入50亿元以上服务业企业(集团)的实施意见(试行)》、《关于进一步加快我市现代服务业集聚区提档升级的意见》和《关于推进制造业企业分离发展现代服务业的实施意见》,报经市同意后分别下发,为全市服务业发展营造更宽松的政策环境。采取措施重点培育润东、徐工进出口等服务业大企业集约、集聚、集团化发展,全市新增50亿元服务业企业3家;现代服务业集聚区建设和主辅分离工作进展顺利,全年现代服务业集聚区达到50个,集聚服务业企业3727家,13家集聚区实施提档升级;67家企业完成主辅分离工作;列入今年市重大项目计划中服务业大项目进展顺利,全市服务业投资力度不断加大,投资结构进一步优化。以规划引领服务农业发展。拟定完成《徐州市农业和农村经济发展“十二五”规划》上报市政府审定;会同市有关部门组织申报新沂灌区项目、高标准粮田建设、农村户用沼气和服务网点建设等多项农业项目,共争取国家资金近2.4亿元,其中44项农村饮水安全工程项目获得省以上资金1.23亿元,将解决50万农民和农村学校学生的饮水安全问题。

【项目融资】 2011年,市发改委牵头会同市有关部门积极争取国家和省级资金支持,一批交通、水利等基础设施项目和煤矿棚户区改造工程、污水垃圾处理设施、教育医疗等民生项目纳入中央预算内投资计划或省级资金补助计划。初步统计,全年共计争取国家、省各类投资约21.2亿元,争取项目个数和资金总数继续在全省保持领先水平。其中,徐州市企业债券发行工作取得历史性突破,中能硅业和经济开发区发债工作已经国家发改委批复同意,中能硅业11月成功发债15亿元,新盛公司申报材料国家发改委已经完成审核;徐州港务集团通过国家发改委审核,获得中央预算内投资补助资金6000万元,有力助推徐州市亿吨大港建设;以江苏春兴合金(集团)有限公司为投资主体的邳州市循环经济产业园再生铅产业集聚区成为江苏省唯一一家获得国家补助资金2亿元企业,首批补助资金1亿元已到位;煤矿棚户区改造配套基础设施工程争取中央投资5168万元,至此该工程已累计争取中央预算内资金2.15亿元;丁万河污水处理厂一期工程等5个淮河流域水污染治理项目获得中央预算内投资4840万元;徐州市生活垃圾收运体系等5项城镇污水垃圾处理设施项目争取中央预算内资金3400万元;市供水安全保障工程等6项城市供水设施建设和重点镇基础设施建设项目获得中央预算内资金3900万元,其中市供水安全保障工程获得供水管网建设与改造专项补助资金1200万元;云龙区法院审判法庭等10项公检法司设施建设项目获得中央补助资金2823万元;公路水运建设项目获得中央投资及省级补助资金44452.5万元,其中中央投资1295万元,省公路改造资金20097万元,省交通建设资金16309.5万元,农村公路专项建设资金6751万元。

【城市轨道交通建设】 2011年,城市轨道交通建设前期研究工作启动早,先后完成轨道交通线网规划、轨道交通近期建设规划的编制和地质灾害评价、拆迁安置专题研究、投融资方案等相关支撑性文件。3月,徐州市轨道交通建设规划上报省发改委,市发改委经与省发改委密切汇报沟通,7月底,省发改委组织全国知名专家对规划进行预审,设计单位根据专家意见修改完善后经市委市政府审批,11月份,省发改委正式行文将规划上报国家发改委,标志着徐州市城市轨道建设规划报批进入国家层面。

【资源型城市转型】 2011年,精心组织并配合做好贾汪区资源枯竭城市申报,连续多次"北上南下"汇报衔接,于11月顺利通过国家发改委批准(发改东北【2011】2420号),使得徐州市贾汪区成为江苏唯一国家级资源枯竭城市,同时成为全省唯一享受国家转移支付补助资金的政策项目,创造全省对上争取工作的新范例,破解国家对江苏省专项转移支付的瓶颈。贾汪区因此成为县级财政中享受财政部转移支付单笔数额最大的地区。

【民生项目】 2011年,加强协调调度,掌握项目进度,为民办9大类56件实事工作进展顺利。其中,煤矿棚户区改造工程累计获得中央预算内资金2.15亿元,大部分项目已竣工投入使用。全市人民普遍关注的徐州市轨道建设规划顺利通过省发改委审查,申报材料已上报至国家发改委。

【经济运行分析监测】 2011年,继续坚持经济运行分析例会制度,并将参会部门扩大到20余家,不断提升运行分析的针对性、时效性和前瞻性,及时向市委、市政府和省发改委上报月度运行分析,季度、半年分析均顺利通过市委、市人大和市政府有关会议审议并作为全市经济运行的权威信息在政府门户网站和主要媒体公布。全年印发《经济动态》89期,向市委、市政府编报各类信息220条,被采用近百条,其中《关于积极培育和发展我市新能源汽车产业的建议》、《楚王山历史文化景区亟需关注保护》等多篇信息得到领导批示和市相关部门的充分肯定。

【苏北发展和南北挂钩】 2011年,完成江苏省苏北发展投资推介会参会任务,会上全市共推介项目118个,总投资额达1078.24亿元,其中投资额30亿元以上项目6个,投资额10亿元以上项目20个。南北挂钩工作进展顺利,徐州市与无锡市2011年度挂钩合作协议书经两市政府主要领导签署,协议在经济合作、两市交流、社会事业、开发区共建、县区挂钩等6个方面签订21条合作内容,涉及全市15个部门。无锡在两市挂钩共建园区方面,加大资金投入和专职工作人员投入。徐州市无锡新区——新沂工业园区、无锡锡山——丰县工业园区、宜兴——沛县工业园被评为年度先进单位,分别名列全省第二、第五和第七;徐州市睢宁——江阴工业园、无锡——贾汪工业园、锡邳工业园4个共建园区也全部考核合格。

【西部开发和对口支援工作】 2011年,徐州市对重庆市云阳县、陕西省铜川市经济社会发展一如既往地给予支持和帮助,加强与中西部地区的经济协作与交流,组织30余家企业参加2011年第十五届"西洽会",签订项目34个,签约金额62.57亿元,对口援助铜川、云阳的资金全部到账。

【招商引资和境外投资】 2011年,先后组织参与"2011中国徐州深圳、香港招商周"、"中国徐州第十四届投资洽谈会"等大型综合招商活动,大力宣传推介徐州,强化项目合作,加快本地产业与跨国企业、国内大公司的对接,提高全市利用外资的质量和效益。两次活动中共有67个项目上台签约,总投资额649.8亿元人民币,其中外资项目38个,利用外资

额16.62亿美元。先后向国家和省发改委转报36个徐工集团境外投资项目,投资项目涉及研发中心建设、国际客户服务中心建设、海外融资租赁、境外工程机械企业股权并购等多个领域。对徐工集团的项目报批跟踪服务,多次进京向国家和省发改委进行汇报和衔接,促成36个项目在最短的时间内全部获批。同时,做好徐州光环钢管、吉森木业等企业在美国和非洲赤道新几内亚开展境外投资活动项目的各项报批服务工作。据省发改委统计,全市境外投资项目中方协议投资额共计15.8亿美元,全市境外投资项目数及中方协议投资额分别占全省总数的34.58%和56.02%,取得历史性突破。

【社会事业项目与医改】 2011年,全年为徐州市28个社会事业建设项目共争取中央预算内投资和省预算内统筹资金5350万元;顺利完成医药卫生体制改革工作任务,深入推进城乡基层医疗卫生机构综合改革,初步建立基层医疗卫生机构投入保障机制,政府办基层医疗卫生机构基本药物制度覆盖率达到100%,提前半年实现基本药物制度在徐州市的全覆盖。

【县(市)区科学发展考核评价】 2011年,广泛征求意见建议,与市委、市政府重点工作相衔接,确保考核体系更加科学完善,完成2010年度县(市)区科学发展评价考核工作。铜山区、沛县、泉山区、徐州经济技术开发区获全市科学发展目标综合考核一等奖,邳州市、睢宁县、新沂市、云龙区、鼓楼区获二等奖,贾汪区、丰县获三等奖,高铁商务区、新城区获完成任务奖。

【百强县(市)区评定】 2011年,在中郡县域经济研究所第十一届全国县域经济基本竞争力与县域科学发展评价中,徐州市共有4县(市)进入全国县域经济百强县(市),其中新沂市是首次进入,位列第86位,铜山区、邳州市及沛县分别位列第53位、67位和77位,较上年分别提升13位、13位和7位。

【小康社会建设】 2011年,按照市委、市政府总体要求,加大对各项指标考核力度,定期调度指标完成情况,及时提出对策建议。经过全市上下的共同努力,以市为单位如期达到省定全面小康社会的四大类18项25个指标要求,在苏北率先基本建成全面小康社会,顺利完成这一全市人民关注的大事。 (陈志华)

国有资产管理

【概况】 2011年,是实施"十二五"规划的开局之年。市国资委以科学发展为主题,以加快转变经济发展方式为主线,切实把握出资人职责定位,围绕市委、市政府"三重一大"和加快振兴徐州老工业基地工作部署,大力推进国企发展和改革,统筹谋划国资监管工作,切实加强企业党的建设,锐意进取,开拓创新,各项工作取得明显成效。全年列入统计的9户市属国有企业实现主营业务收入399.87亿元,比上年增长51.68%;实现利润总额42.59亿元,比上年增长12.2%;国家所有者权益154.47亿元,比年初增长12.3%。将所有者权益中非当年经营积累因素剔除后,当年国有资产保值增值率为112.3%,连续7年实现所有者权益增长10%以上。

【重点国有企业发展】 2011年,落实振兴徐州老工业基地政策,大力支持重点市属企业发展,充分发挥其在市委、市政府确定的重大产业项目、重大城建项目、重大基础设施项目、改革发展稳定大事等"三重一大"项目中的主导作用,充分发挥国有企业的先行先试、龙头带动和骨干保障作用。

全力支持徐工集团发展,做大做强装备制造业龙头。参与市委、市政府支持徐工集团发展意见的调研、起草工作,研究提出徐工集团管理层股权激励工作方案,完成徐工机械增发H股及国有股减持方案审核上报工作。徐工机械增发H股方案已经证监会批准,在港发行工作准备就绪,因欧债危机加剧,国际金融市场动荡,资本市场低迷,将择机发行,推进徐工集团与兵器集团开展战略合作,在重要项目推进、资本项目运作等诸多领域,协同配合,成效显著;支持徐工集团在巴西建立生产基地,批复同意徐工集团对德国Fluitronics公司(FT公司)实施并购和对荷兰昂马凯液压设备有限公司(AMCA公司)增资,丰富企业产品线,提高企业竞争能力;支持徐工集团开展与金融机构和央企、外企的战略合作,打造广阔的融资平台和国内外市场,审核同意徐工集团发行40亿元中期票据事项。徐工集团在世界工程机械行业排名又历史性地上升到第7位,在全省唯一入选"2011年国家技术创新示范企业",企业正向着"十二五"实现营业收入千亿元、国际化、世界级目标迈进。

调整国有资产布局,将海鸥集团国有产权划入国投集团。此举一方面有利于海鸥集团借助国投集团的优势,培育新的经济增长点,实现长远持续发展;另一方面有利于国投集团扩大资产规模、优化资产结构,进一步做大做强,更好地承担起市委、市政府交付的"三重一大"建设任务。国投集团全面超额完成各项经济指标,顺利完成轨道交通融资可行性研究报告,轨道交通项目已由省发改委上报国家发改委待批;完成华兴公司股权变更工作,其承建的民心工程"汉之源"拆迁定销房项目顺利通过验收并交付使用,已为1900余户业主办理上房手续。

推进物资市场提档升级,打造全国有影响的生产资料大市场。国资委出资2600万元打包处置DAC公司本息2.95亿元债权,为推进物资市场提档升级起到关键性作用。出资8240万元注册成立徐州市物资集团有限责任公司,并会同物资集团研究提出物资市场历史遗留问题处理方案。新木材市场和新物资市场规划设计方案经市委、市政府批准,正有序推进。物资市场提档升级实施"三场联动",新木材市场于12月11日开工奠基,预计在2013年底前完成,即把庆云桥生产资料市场搬迁至下淀木材市场,下淀木材市场搬迁到泉山区苏山商贸物流园。市场搬迁工作实行先建后迁,尽可能减少对业户经营的影响。庆云桥生产资料市场经营仍然保持龙头地位,市场摊位出租率仍然为100%,全年成交额预计达120亿元,同比增长4.3%,连续10年蝉联淮海经济区生资市场第一名。

围绕国家级对外开放航空口岸建设,做大做强观音机场。支持观音机场积极应对“高铁”挑战,加大航线开辟力度,继3月28日对台直航后,11月1日台湾复兴航空公司执行的徐州至台北航线也正式开通,徐台航班达到每天一班的密度。努力开拓周边市场,启用宿州、睢宁、新沂、邳州等城市候机楼,增强对周边城市及县区的服务辐射功能,强化徐州交通枢纽的地位,促进徐州经济国际化的进程。观音机场开通徐州至北京、广州、深圳、成都4条航线上的航空邮路,填补徐州市航空邮运业务的空白。实施铁矿集团吴庄矿物联网示范工程项目,积极推进矿山安全生产升级换代。矿山物联网被列入省10大科技创新工程,在世界范围内首次实现矿山人员环境实时感知。吴庄铁矿“基于全无线井下人员精确定位系统”,12月9日通过国家安全生产监督管理总局组织的鉴定,总体技术达到国际先进水平。做优九州园林公司和搬迁扩建徐州工业用呢厂。九州园林绿化工程有限公司为市园林资产经营公司的全资子公司,资质较高,经营情况较好,具备发展壮大、做大做强的条件。国资委积极推进以九州园林公司为基础,整合市政园林局所属其他企业,成立九州园林集团公司工作。为推进徐州工业用呢厂“退城入园”,支持徐州三环工业用呢科技有限公司引入广州四通投资有限公司、湖州中环投资有限公司和自然人李善良增资扩股,注册资本由原1317万元增至8888万元。整体搬迁工作有序推进,城北开发区新厂区已开工建设。

【市属企业改革改制】 2011年,在全面完成市属362家企业改革改制任务的基础上,坚持靠大联强,积极推进中小型企业改革。对每个改制企业从项目调研到拟订方案、组织研讨论证、财务审计、资产评估以及寻找、确定合作伙伴等,实施全过程监督、指导。凡涉改事项全部进行社会稳定风险评估,努力从源头上预防和化解社会矛盾。

积极推进国企改制重组。市机电建材公司所属防水材料厂,因环保原因在市区无经营场所,且企业欠职工集资款项较大,企业包袱沉重,租用市郊万寨村土地维持经营。经考察,决定引进锦宸集团帮助企业发展和偿还职工内债,以确保防水材料厂可持续发展。为加快推进市商务局所属江苏外贸包装徐州储运公司改制工作,7月8日向市商务局下达《督办单》,帮助解决改制过程中遇到的各种问题;其后,市改革办组织成员单位论证通过并批复该公司改制方案。全力推进蓝天商业大楼改制工作,报请市政府批准蓝天商业大楼引资改制方案,鉴于原拟受让方南京中商、深圳茂业已退出,目前正在寻找战略投资者。为加快推进徐工集团下属铸锻总公司破产工作,会同市人保局认真抓好5家已改制企业社保分户工作,组织论证铸锻总公司破产方案,研究职工安置标准和探讨已改制企业要求一并安置等问题,已取得阶段性成果。

依法有序推进企业破产清算工作。徐州塑料一厂和市商务局所属12家流通企业,经市中院裁定破产。国资委指定责任人作为清算组成员,指导各企业破产清算组工作,市商务局12家企业中的9家企业因财产不足以支付破产费用而依法提前终结。完成塑料一厂破产重组验收工作。抓好困难和破产关闭国有、集体企业的后续安置。国资委牵头审核第五批困难和破产关闭的国有集体企业45家、1566名退休人员医疗保险,其中28家已经市政府批准办理,另17家继续调查核实。拟定市机电建材、轻工公司所属15家空壳企业职工安置方案,经市政府批准后统筹处理。抓好债务打包工作。天宝集团启动政策性破产程序以来,信达公司江苏分公司一直对其拥有的7998.52万元抵押债权紧追不舍,不仅不同意天宝集团政策性破产项目,其还向信达公司总部提出采取法律手段追索该债权。支持徐州市大学生创业园建设,赴宁与信达公司江苏分公司沟通、商谈,以400万元回购信达资产管理公司的天宝集团抵押债权。与东方资产管理公司南京办事处协调,以280万元终结其拥有的天宝集团本息2336万元的2笔债权,并妥善处理压力机械为原特汽总厂担保的100万元的债务问题。排查机关办企业情况,启动解决国企职教幼教退休教师待遇问题有关工作。对37家市直机关单位办企业情况进行清查摸底,市商务局等16家单位所属企业共计51家,其余21家单位无企业。根据国务院国资委和省政府国资委的通知要求,与市财政局、市教育局、市人保局等部门密切配合,制定工作预案,启动解决国有企业职教幼教退休教师待遇问题工作。

【国资监管】 2011年,加强国有资产监管的制度建设。围绕健全国有资产监管体系,制定下发《徐州市市属国有企业投资管理暂行办法》、《徐州市市属国有企业外派监事会工作规则》和《徐州市市属国有企业资产损失责任追究暂行办法》,强化国资监管。加强国有资产产权管理基础工作。加强产权管理基础信息工作和产权登记年检工作,严格执行国有产权进场交易,严格规范企业国有产权转让行为。加大对不良资产处置的规范管理,特别是对企业搬迁中不可搬迁资产的规范管理,实现废弃资产的再生收益1115万元。加强企业国有资产评估的监管,从程序上和结果上把好国有资产评估的质量关。全年完成审核的企业国有资产评估项目20个,其中核准12项,备案8项。经审核,评估资产总额15.52亿元,增值率15.17%。加强国有资本收益收缴工作。探索国有资本经营预算管理工作,会同市财政局做好2010年度企业国有资本收益支出预算管理。收缴2009年度和2010年度国有资本收益10.7亿元。加强企业经营业绩考核和收入分配管理。考核兑现4家监管企业和7家政府投资公司经营管理者2010年度薪酬,下达各企业2011年度经营业绩考核指标,与政府投资公司签订《考核目标责任书》,进一步激励和约束其经营性行为。面对国家在货币政策、房地产政策等方面出台一系列宏观调控措施,央行3次上调存贷款基准利率。纳入国资委考核和薪酬管理的7家投资公司克服困难,完成年度考核目标任务。7家投资公司全年完成融资43.05亿元,实现投资40.05亿元。承担市政府"汉之源"拆迁定销房建设、城中村危旧房改造、新城区基础设施建设、"亿吨大港"顺河作业区一期码头建设、城市水利基础设施建设、云泉山庄改扩建工程、新木材市场土地收购整理等重大项目,都完成工程进度。截至12月底,7家投资公司资产总额达414.46亿元,比上年增长28.17%;所有者权益210.78亿元,比上年增长39.35%;资产负债率为50.86%。根据《徐州市市属国有企业工资总额预算管理试行办法》,完成对监管企业2010年度的工资清算,下达2011年度工资总额预算计划并跟踪检查执行情况,为落实市政府制订的"十二五"期间实现居民收入6年倍增计划提供保障。加强对企业2010年度国有资本保值增值的确认工作。根据《企业国有资本保值结果确认暂行办法》,以各企业审计后的2010年度财务决算报表为基础,剔除所有者权益中非经营积累因素,对各企业2010年度国有资本保值增值结果进行分析确认。经认真审核测算,2010年度市属国有企业国有资本保值增值率达120.46%。加强市属企业监事会管理工作。组织监事会参加监管企业的董事会、经理办公会、经济运行分析会和年度总结大会,通过参加企业的重要活动掌握情况,加强对企业的监管。7-10月份,对9家监管企业开展内部控制制度专项检查,形成专题报告。针对检查中发现的问题,及时给各企业下达提醒函并督促整改。为更好地推进监事会工作,编印《监事会情况通报》。严把市部分行政区划调整资产移交关。落实市部分行政区划调整资产划转工作方案,在做好原九里区街道办事处、学校及事业单位资产移交的基础上,全面完成九里区机关、九里湖开发公司、塑料七厂等单位的资产移交工作,有效防止国有资产流失。

【企业维稳】 2011年,历经建党90周年、十七届六中全会和省、市党代会召开等诸多大事,围绕保民生促和谐主题,从落实领导包案制度、建立维稳督查制度、完善维稳机制和强化维稳措施入手,全力做好维稳工作,并派员到市人民来访接待中心接待群众上访,做好日常的职工来访接待。共接待职工来访150批次、3000人次。加大信访接待和问题处理力度,按期办结各类信箱、市长重要督办单及信访局转办等案件27件。做好铁矿集团维稳工作,派员驻厂,沟通对话,解释政策,化解矛盾,保证铁矿集团生产运行和安全稳定。针对天通公司退休人员长期集访的医保问题,主动协调徐工集团与天通公司进行10多次谈判,达成财务、企业搬迁等一揽子协议,解决天通公司退休职工医保问题,维护了企业和社会的稳定。 (戴传东)

中小企业管理

【概况】 2011年,全市中小企业应对融资环境偏紧、市场环境严峻等多重挑战,创新举措、狠抓落实,扎实推动项目建设、全民创业、企业融资、服务体系等重点工作,总体保持稳中求进的良好发展态势。截至年底,市登记注册个体私营企业34万家。中小企业发展突出呈现"三个领先(乡镇工业、规模工业、个私发展增速全省领先)、三个加快(转型升级、融资担保、项目建设步伐加快)、三个向好(全民创业、政策环境、服务平台建设持续向好)、三个突破(专业市场融资担保平台建设、小微企业进规模培育、招商引资工作取得重大突破)"的特点。三个领先,截至年底,全市乡镇工业累计实现增加值1550亿元、营业收入6000亿元、利润总额450亿元,同比分别增长47.45%、44.61%和51%,分别高于全省平均增幅22、21.5和21.7个百分点,增幅均为全省第一。全市规模以上中小企业累计实现销售收入5100亿元、利税总额880亿元,利润总额470亿元,同比分别增长52.5%、55.8%和75.6%,分别高于全省平均24.6、23.1和42个百分点,3项指标增幅均居全省之首。全市新增私营个体户数6.5万,新增注册资本803.04亿元,分别同比增长11.2%、37.5%;新增私营企业2.2万户,同比增长17.8%;新增注册资本758.36亿元,同比增长37.9%。三个加快,民营经济转型升级步伐加快。全市民营和中小企业共拥有中国名牌产品3个、省名牌产品55个,分别占全市总量的75%和56%;拥有中国驰名商标4件、省著名商标41件,分别占全市总量的67%和62%。全市通过省级认定中小企业专利新产品65个,省级科技型中小企业86家,省中小企业创新能力建设示范企业9家;全市销售收入20亿元以上民营企业达到20家,其中维维集团、润东两家企业进入"江苏省百强民营企业";年销售规模超10亿元的大型专业市场已经达到12家,其中徐州宣武集团有限公司、徐州诚坤金属材料市场有限公司、徐州金地商都五金机电城3个专业市场年销售收入均超过100亿元,带动数万家商户发展,对促进相关产业发展和市场流通形成有力支撑。融资性担保行业发展加快。全市取得经营许可证的融资性担保机构达到65家(独立机构64家,分支机构1家),其中64家独立机构注册资本达到46.5亿元,位居苏北第一。其中政府注资的机构达到15家,国有资本达8.9亿元,分别占总数的19%和17.8%,均位居全省前列。专业市场融资平台成为构成主体,重点服务钢贸、物流等专业市场,共有16家,其中服务钢贸物流市场11家,年担保贷款规模超40亿,扶持经营户近4000多家,带动就业近2万人。专业市场担保机构数量、实力、融资担保能力均处于全省领先。县区项目建设加快。全市共滚动实施固定资产投资5000万元以上项目520个,完成投资额220.6亿元,同比分别增长10.7%和12.2%。其中市外投资项目分别占项目总量和投资额的41%和53%。新上亿元以上项目189个,完成投资139.3亿元,同比分别增长10.8%和18.5%。三个向好,全民创业氛围空前浓厚。大学生创业成为新亮点。市区大学生创业企业总数已达800多家,聚集全国70多所大学的5000多名学生来徐发展,新增创业型企业中,大学生占比超过30%;矿大科技园、师大科技园、大学生创业园等创业基地迅速发展壮大,其中徐州大学生创业园上半年在园企业注册资本由2490.10万元增长至5302.11万元,涨幅达到112.93%,徐州已成为国内大学生创业首选之地。创业企业总量实现新突破。全市共新开业私营企业10078户,私营企业注册资本500到1000万元的有4479户,1000万元到1亿元的有3695户,亿元以上的有122户,同比分别增长43.74%、49.6%和45.24%。创业企业质量有新提高。电子信息、软件开发、文化传媒等创新型企业成为创业主体,本土创业企业比重进一步提升,创业成功率不断提高,徐州市大学生创业园中70%的企业实现盈利。政策环境逐步向好。10月12日,温家宝总理主持国务院常务会议,研究确定支持小微企业发展的金融、财税9项政策措施。11月2日,省政府出台《关于改善中小企业经营环境的政策意见》(苏政发[2011]153号文),在加强对小微企业信贷支持、改进中小企业融资环境、规范和促进民间借贷健康发展、减轻企业税费负担、支持战略性新兴产业发展等方面出台18条扶持政策。市出台《关于进一步改善经营环境促进中小企业健康发展的意见》(徐政发〔2011〕121号文),进一步加大对符合国家产业和环保政策、能够吸纳就业的科技、服务和加工业等中小企业的支持力度,引导和帮助小微企业稳健经营、增强盈利能力和发展后劲。服务平台建设更加向好。市先后成立以"三会"(徐州市民营经济促进会、中小企业信用担保协会、中小企业教育培训协会)、"三中心"(中小企业服务中心、招商服务中心、民营经济投诉中心)、"三站"(中小企业网站、科技教育服务站、乡镇企业建材质监站)、"一团"(全民创业专家顾问团)、"一线"(24小时创业服务热线)为核心的民营经济和中小企业服务平台,在融资担保、创业指导、政策咨询、教育培训和投诉监管等方面提供全方位服务。各县(市)区中小企业服务平台建设也呈现良好发展势头,邳州市成立的邳州人造板技术服务平台、丰县成立的江苏心实肥业中小企业技术服务平台都成为当地中小企业孵化创新和市场拓展的重要载体。全市共有各类中小企业服务平台22家,其中列入省级"十二五"规划的6家。三个突破,专业市场融资担保平台建设取得重大突破。加快专业市场融资性服务平台建设,促进市诚坤钢贸、金驹物流、锦禾物流、金地五金等15家大型专业市场快速发展。全市16家融资性担保公司配套为大型专业市场提供融资支撑,年融资能力超60亿元,实际融资规模50亿元,为市场1000多家经营户提供融资,带动就业2万人。徐州市专业市场融资性担保公司数量、资本实力、融资规模均居全省第一。小微企业进规模培育工程取得重大突破。培育小微企业,大力实施成长型中小企业调度、扶持工作,加快小微企业进规模培育步伐,全年新增规模以上企业300家,产业主要分布于机械、电子、冶金、建材、纺织以及木材加工业等几大支柱行业,对全市民营经济的发展起着重要的支撑作用,成为带动全市经济发展的新生力量。招商引资取得重大突破。引进亿元以上项目19个,占全市亿元以上企业总数15.8%,引进资金22.26亿元,平均每个项目注册1.17亿元,项目建成后,年可担保融资200亿元,扶持中小企业超1万家,带动就业10万人。

【打造年交易额千亿元区域专业大市场】 2011年,加快发展钢贸、装备、煤炭、农副产品加工等专业大市场,徐州已形成诚坤钢贸、金驹物流、锦禾物流、金地五金等15家大型专业市场。这些大型专业市场涉及钢铁贸易、汽车交易、装备贸易、煤炭贸易、农副产品贸易等行业,促进了物流、交通、金融等服务业发展。大型专业市场年交易额超1000亿元、平均每个市场的年交易额达86.5亿元,大型专业市场驻进商户5200余家,年上缴税收42亿元,带动就业2.1万人。解决物资局等下岗职工就业4000余人,间接带动房地产、物流、交通运输、金融等新兴服务业发展。市场半径覆盖淮海经济区,徐州市成为淮海经济区交易额最大的区域物流中心。融资性担保公司成为解决大型专业市场融资的平台。市积极促进融资性担保公司发展,打造大型专业市场的融资服务平台,全市专业市场融资担保公司达到16家,公司数量居全省第一。引导规范经营,融资担保公司平均注册资本超亿元,资本实力居全省第三。发挥融资平台作用,年均为专业市场融资48亿元,融资规模居全省第一。

融资担保公司与专业市场对应合作一览表

专业市场	融资担保公司
睢宁八里钢材商城 (三期建成后钢材销售量可达600万吨,可实现年销售收入120亿元)	江苏银瑞担保有限公司 江苏江信投资担保有限公司 徐州银祥投资担保公司
金地五金机电城	江苏苏盟融资担保公司 徐州方祥投资担保有限公司 江苏江信投资担保有限公司 国恒融资担保公司
诚坤钢材市场 (年交易量200多万吨,实现交易额100亿元左右)	徐州方祥投资担保有限公司 国恒融资担保公司
睢宁沪钢钢材城 (钢材吞吐量200万吨以上,实现年交易额100亿元人民币)	徐州银祥投资担保公司 徐州方祥投资担保有限公司
金驹物流园 (预计年总产值达到100亿元,年贡献利税3亿元)	国恒融资担保公司
睢宁孟家沟钢材 (市场总投资7.5亿,年销售额60亿以上)	贾盟投资担保发展有限公司
申鑫建材市场 (年总吞吐量为200万吨,年创税收6000多万元,实现净利润5000万元)	徐州万盈担保有限公司
铜山玻璃制品加工市场 (行业年销售额达到10亿元以上)	万达融资担保公司
睢宁八里机电金属产业园 (销售收入达18.1亿元,利税3.8亿元)	江苏江信投资担保有限公司

续表

徐州龙太钢铁物流市场（交易额400亿元，实现年税利8亿元）	龙扬融资担保有限公司
丰县种鸭养殖及农副产品加工业（鸭业产值突破30亿元）	银鸭融资担保有限公司
金山桥开发区锦禾物流园（公司2010年关联企业钢材联合销售规模超过50亿元）	金久融资担保有限公司
江苏国创建材市场（年销售额达到20亿元）	徐州国锦融资担保有限公司
贾汪金属综合贸易中心（预计投入运营后，年销售额可达100亿元以上）	江苏中捷融资担保有限公司
铜山机械装备制造业（固定资产投资达131.5亿元，实现销售收入92亿元，占全区工业收入的84.9%）	徐州高新担保有限公司

【徐州汽配城申报国开发行低息贷款8.5亿元】 2011年，市中小企业局把徐州汽配城作为下岗职工创业平台重点培育，创新举措，强化力度，积极推荐徐州汽配城申报“中国创业示范基地”，荣获首批“中国创业之城”荣誉称号，徐州汽配城董事长李宝俊被授予“中国创业领军人物”荣誉称号。为扩大徐州汽配城创业带动能力，积极协助向国家开发行申请低息贷款，先后3次向国家开发行汇报情况，精心编制《徐州汽配城申报国家开发贷款申报材料》。国家开发行同意授信徐州汽配城8.5亿元开发贷款，国开行已形成会议纪要。其中7亿元贷款周期9年，利息远低于同期银行贷款利息，另外1.5亿元贷款按年度滚动续贷。贷款资金到位后，将进一步提升徐州汽配城创业容纳能力，直接带动近万人创业，有力促进徐州市全民创业。

【融资性担保公司监管】 2011年，为规范融资性担保公司经营行为，防范金融风险，维护社会稳定，局强化措施切实加强融资性担保公司监管工作，研究出台《徐州市融资性担保公司监管工作指引》，市融资性担保机构没有一家出现经营风险，也没有一家公司违法被查处，监管工作被省经信委和国家审计署南京特派办认可。提高准入门槛。新设融资性担保机构注册资本不得低于人民币1亿元，为实缴货币资本，来源真实合法。法人股必须占注册资本的50%以上（不含50%），且出资比例最大发起人为法人。对法人股出资人限定较高条件，要求实力雄厚，持续经营2年以上。有充足的货币资金、持续的出资能力以及风险承受能力。加强现场检查。现场检查分为常规性现场检查和专项现场检查两种方式。市中小局负责城区的融资担保公司监管，每月对每一个担保机构必须现场检查1次；各县（市）中小局负责本辖区的融资性担保机构监管，每月对每一个担保机构必须现场检查1次，并将检查报告报市局备案，市局按照不低于30%比例进行抽查。重点检查业务开展和资金使用情况，并形成监管记录。建立监管档案和计分制度，将不达标的担保机构作为重点监管对象。实行经营许可证动态管理。融资性担保机构经营许可证实行年检制度，年度监管计分70分以上的担保公司方可申请许可证年检，通过许可证年检的担保公司持许可证副本到工商行政管理部门办理工商年检手续。为切实加强动态管理，原则上按照每年10%的比例进行淘汰，对营业不规范、涉嫌非法集资等现象的机构不给予年检。强化非现场动态监管。探索建立融资性担保公司注册资本金银行托管制度，制定托管办法，设定托管比例，每个月由监管银行部门提供报表；建立融资性担保公司业务信息管理系统，要求担保机构按月上报业务、管理和风险情况，进行持续实时监测；建立对融资性担保公司的信用评级制度，将评级结果及相关信息纳入人民银行征信系统。建立重大风险报告制度。要求融资性担保公司在重大风险事件发生3小时内向监管部门报告简要情况，12小时内报告具体情况。重大风险事件具体包括引发群体性事件的；发生担保诈骗、金额可能达到其净资5%以上的担保代偿或投资损失的；重大债权到期未获清偿致使其流动性困难的，或已无力清偿到期债务的；主要资产被查封、扣押、冻结的；因涉嫌违法违规被行政机关、司法机关立案调查的等9项内容。强化高管人员监管。建立担保公司董事、监事、高级管理人员的任职资格管理档案。对拟任董事、监事及高级管理人员必须参加任职资格培训取得任职资格。建立高管人员谈话制度，对有违规违法现象或苗头的担保公司高管，每月约谈1次。

【“三大工程”建设】 2011年，市中小企业局贯彻落实振兴徐州老工业基地战略部署，紧紧围绕“三重一大”，切实抓好“三大工程”（钢贸物流市场“千亿工程”、重点产业集群“千亿工程”、大学生创业企业“亿元工程”）建设，促进全市中小企业好中求快。钢贸物流市场“千亿工程”：全市已形成诚坤钢贸、金驹物流、锦禾物流、金地五金等15家大型钢贸专业市场。局紧紧围绕打造年交易额千亿钢贸物流市场的目标，构筑融资性担保公司融资平台，支撑钢贸市场发展。全市16家融资性担保公司配套为大型专业市场提供融资支撑，年融资能力超60亿元，实际融资规模50亿元，为市场1000多家经营户提供融资，带动就业2万人。市专业市场融资性担保公司数量、资本实力、融资规模均居全省第一。重点产业集群“千亿工程”：培育工程机械、板材、农副产品加工等10个重点产业集群，力争年销售收入总规模超1000亿元，全部进入江苏省100家重点培育产业集群之列。加大政策扶持力度，确保80%以上省级扶持资金用于工程机械等10家重点产业集群，40%以上省级扶持资金用于重点产业集群的龙头型企业。推动工程机械、农副产品加工等产业加快产业升级步伐,力争一批龙头型企业装备水平、销售收入走在全国前列。大学生创业企业“亿元工程”:优选大学生创业园10家创业企业,建立完善大学生创业企业帮扶机制,切实帮助大学生创业企业解决发展过程中遇到的突出困难与问题。成立大学生创业企业挂钩帮扶领导小组,局主要负责人任组长,分管局长任副组长,处室负责人任成员,制定具体帮扶方案,力争为10家大学生创业企业解决创业资金1000万元,帮助开拓市场2000万元,2家企业进入江苏省高成长型创业企业,10家企业年销售总收入超亿元。

【招商引资】 2011年,加大招商引资工作力度,招商引资取得重大突破,引进亿元以上项目19个,占全市注册资本亿元以上企业总数15.8%,引进资金22.26亿元,实现徐州“招大引强”重大突破。引进的19个亿元以上重点项目皆为资金实力雄厚的融资担保企业,平均注册资本1.17亿元,为市中小企业和专业市场发展提供融资服务。项目全部投入运营后,年可担保融资达到200亿元,将扶持市中小企业超万家,带动就业10万人。项目的落成,将加快市中小企业转型升级步伐,加快优势企业上规模、上水平,促进“振兴徐州老工业基地”的战略实施。

附:

招商引资亿元以上项目名单

1. 江苏银瑞担保有限公司(注册资本2.18亿元)
2. 江苏万恒融资担保有限公司(注册资本1.8亿元)
3. 江苏龙扬融资担保有限公司(注册资本1.66亿元)
4. 沛县诚和信用担保有限公司(注册资本1.28亿元)
5. 江苏苏商投资担保有限公司(注册资本1.1亿元)
6. 江苏银河汇担保有限公司(注册资本1.1亿元)
7. 徐州方祥投资担保有限公司(注册资本1.049亿元)
8. 江苏天创投资担保有限公司(注册资本1.02亿元)
9. 江苏江信投资担保有限公司(注册资本1.01亿元)
10. 江苏中捷融资担保有限公司(注册资本1.01亿元)
11. 徐州万盈担保有限公司(注册资本1.01亿元)
12. 徐州市新盛建设发展投资有限公司(注册资本1亿元)
13. 徐州苏兴担保有限公司(注册资本1亿元)
14. 徐州联兴担保有限公司(注册资本1亿元)
15. 新沂市企业信用担保有限公司(注册资1亿元)
16. 睢宁县兴企担保有限公司(注册资本1亿元)
17. 沛县私营企业贷款有限公司公司(注册资本1亿元)
18. 江苏润翔融资担保有限公司(注册资本1亿元)
19. 江苏汇泉融资担保发展有限公司(注册资本1亿元)

【新增规模以上企业突破300家】 2011年,全市新增营业收入2000万元以上的规模以上工业企业突破300家,同比增长10.6%,主要分布于机械、电子、冶金、建材、纺织以及木材加工业等几大支柱行业。规模以上中小企业发展尤为迅猛,总数量占到全市工业企业总量的3%左右,销售收入比重达到全市工业企业总数的50%,规模以上中小企业的发展速度超过30%,比全市工业企业增速高出近10个百分点。规模以上中小工业实现销售收入、利税总额、利润总额3项指标增幅均居全省之首。

【民营经济转型升级】 2011年,市民营经济面临前所未有的机遇和挑战,也迎来加快转变发展方式、加速转型升级的新阶段。过去“国大民小”、“市强县弱”的格局正在悄然发生着变化,民营经济转型升级步伐加快。民营经济带动县域经济腾飞。上半年全市共滚动实施固定资产投资5000万元以上项目520个,完成投资额220.6亿元,同比分别增长10.7%和12.2%。其中市外投资项目分别占项目总量和投资额的41%和53%。以中小企业为主体的民营经济日渐成为县域经济更好更快发展的生力军,在县域经济层面上已呈全面领跑之势,有效改善多年来“市强县弱”的被动格局,对沛县、新沂、铜山、邳州4县迈入全国百强县行列做出重大贡献。民营企业规模实力不断壮大。全市民营企业对市经济贡献率已超过70%,年销售收入20亿元以上的企业数已达20家,其中50亿元以上3家,100亿元以上2家,维维集团、润东两家企业进入“江苏省百强民营企业”。专业市场超10亿元的12家,其中超20亿元的9家,超50亿元5家,超100亿元的3家。民营科技企业快速发展。骨干中小科技型企业已成为全市经济发展中最有活力的企业。全市通过省级认定中小企业专利新产品65个,省级科技型中小企业26家,省中小企业创新能力建设示范企业9家。规模以上工业增速领跑全省。全市2769家规模以上中小企业,1至9月份累计实现销售收3792.8亿元、利税总额632.9亿元,利润总额329.5亿元,同比分别增长53.5%、56.1%和75.8%,保持平稳较快增长态势,各项指标增幅保持全省第一,总量主体指标全省第五。民营企业上市融资势头正劲。全市已经形成上市企业梯度发展格局,海伦哲、利民化工首发上市申请成功,云意电子报省证监局辅导备案,另有6家企业已启动上市计划,正按序时进度加快推进,这些进入上市培育期的企业全是民营企业。下一步,将排出重点企业进行跟踪培育,进一步加大扶持服务和汇报争取力度,确保全年新增企业上市融资4家、总数达到8家,启动上市10家以上。

【融资性担保行业及从业人员八条禁令】 2011年,为促进徐州市融资性担保行业健康发展,规范行业从业行为,维护担保市场秩序,保护担保机构、从业人员以及担保客户的合法权益,特制定本禁令:

一、严禁从事吸收公众存款或变相吸收公众存款等非法集资活动;

二、严禁放高利贷或变相放高利贷等扰乱国家金融秩序的活动;

三、严禁从事金融诈骗、合同诈骗等违法活动;

四、严禁从事《融资性担保公司管理暂行办法》禁止的其他业务活动和未经监管部门批准的业务活动;

五、严禁抽逃资本、虚假出资等违法活动;

六、严禁帐外经营等行为,特别帐目混乱、做假帐或银行对帐单做假等行为;

七、严禁未经批准进行各种方式广告宣传,尤其不准利用媒体或其他方式虚假宣传;

八、严禁向监管部门、金融机构、客户提供虚假文件、证件及有关材料。

对违反上述“八条禁令”的融资性担保机构或从业人员,视情节轻重,依据有关法律、法规、规章进行处罚,构成犯罪的,依法追究刑事责任。

【政府融资平台】 2011年,按照国家有关政策法规,设立政府控股或参股的融资性担保机构作为政府融资平台。全市12家政府融资平台取得《融资性担保公司经营许可证》,充分发挥融资杠杆作用撬动信贷资金,成为市融资性担保行业的主体力量。资本实力显著增强。全市取得《融资性担保公司经营许可证》的12家政府融资平台,注册总资本8.89亿元,国有资本持股8亿元,机构数量和注册总资本占全市融资性担保公司总数近20%。政府融资平台平均注册资本7500万元,高于全市平均近10%。业务规模稳步扩大。今年一季度,12家政府注资担保机构当年新增担保贷款占全市总数的45%,月均担保余额占全市总数的48%,成为全市融资性担保业务的重要主体。银保合作更加深入。12家政府注资的担保机构与合作银行平均签约数达到6家,平均签约放大倍数为5倍以上,实际放大倍数接近4倍,均高于其他担保机构。风控水平较高。12家政府注资的融资性担保机构全部完成第三方信用评级,80%以上机构取得A级以上信用评级,普遍重视反担保设置,6家机构纳入再担保体系,代偿发生率较低。注册资本金全部实收到位,94%的资产为流动性资产,上年提取未到期责任准备金、担保赔偿准备金全部到位,代偿损失率为2/10000。行业社会效益显著。政府注资的融资平台,坚持社会效益最大化为宗旨,融取资金主要用于基础设施、市政工程、中小企业等社会公益性建设。主要服务对象是以中小企业特别是小企业,支持市老工业基地振兴。在通胀高起、信贷紧缩的宏观背景下,成为解决中小企业融资难的重要渠道。

【打击非法集资专题工作会议】 4月22日10点,市中小企业局召开打击非法集资专题工作会议,主要目的是贯彻落实徐州市打击非法集资专项会议精神,研究部署融资性担保公司打击非法集资工作方案,进一步加强监管,规范经营,促进融资性担保公司健康发展。会议决定采取切实可行的措施打击非法集资。开展融资性担保公司专项执法检查活动,重点检查资金使用、业务开展,发现非法集资线索,立即向公安机关转报;加大非法集资宣传力度,邀请公安、检察院、法院专家对融资性担保公司法定代表人讲解法律知识;要求融资性担保公司在营业地点显著位置张贴《非法集资警示标志》;研究制定《徐州市融资性担保公司监督管理办法》和《关于促进融资性担保公司发展的意见》;委托专业会计师事务所对60家机构进行专项财务审计,审计报告作为打击非法集资的重要材料。

【融资性担保机构管理人员培训】 为贯彻落实国家7部委出台的《融资性担保公司管理暂行办法》,4月15日~17日,市中小企业局举办全市融资性担保机构管理人员培训班,取得多项培训成果。市60余家取得经营许可证的融资性担保机构100余位负责人和管理人员全部参加培训活动。邀请北京大学、中国社科院等10多位专家、教授进行讲解授课,其中博士生导师2名,教授和博士后5名。北京大学科技部博士后工作站副主任、博士生导师吴昌峡对培训活动给予极高评价。培训涵盖《担保行业发展回顾》、《担保机构建设和经营管理》、《担保新政策及配套文件宣传解读》、《担保项目操作管理和案例分析》、《担保创新与新形式下担保机构的发展机会》等多项内容,发放《融资担保行业政策汇编》等学习教材,是市融资担保行业有史以来最为全面系统的一次行业管理培训。

【融资性担保公司法定代表人任职资格规定】 2011年,徐州市为加强对融资性担保机构法定代表人任职资格管理,促进融资性担保行业合法、稳健运行,根据《中华人民共和国公司法》、《融资性担保公司管理暂行办法》、《融资性担保公司董事、监事、高级管理人员任职资格管理暂行办法》(中国银监会2010年第6号令)等有关规定,制定融资性担保机构法定代表人任职资格规定:融资性担保公司法定代表人应当具备以下条件:(一)具有完全民事行为能力;(二)遵纪守法,诚实守信,勤勉尽职,具有良好的职业操守、品行和声誉;(三)具有全日制大学本科(含)以上学历;(四)从事担保或金融工作三年以上,或从事相关行业工作五年以上;(五)通过监管部门组织或认可的任职资格考试;(六)了解所任职务的职责,熟悉任职机构的管理框架、盈利模式,熟知任职机构的内控制度,具备与所任职务相适应的风险管理能力。下列人员不得担任融资性担保公司法定代表人:(一)有故意或重大过失犯罪记录的;(二)因违反职业操守或者工作严重失职给所任职的机构造成重大损失或者恶劣影响的;(三)最近五年担任因违法经营而被撤销、接管、合并、宣告破产或者吊销营业执照的机构的法定代表人、董事、监事、高级管理人员,并负有个人责任的;(四)曾在履行工作职责时有提供虚假信息等违反诚信原则行为,或指使、参与所任职机构对抗依法监管或案件查处,情节严重的;(五)被取消法定代表人、董事、监事、高级管理人员任职资格或禁止从事担保或金融行业工作的年限未满的;(六)提交虚假申请材料或明知不具备本细则规定的任职资格条件,采用欺骗、贿赂等不正当手段获得任职资格核准的;(七)个人或配偶有10万元以上(含10万元)到期未偿还债务的;(八)在其他经济组织担任职务;(九)法律、法规规定的其他情形。 (张兴旺)

工商行政管理

【概况】 2011年,徐州工商系统紧扣“推进跨越发展,建设美好徐州”主题,深化创先争优活动,深入推进红盾执法服务责任制,科学履职,务实奋进,工商系统首次在全市绩效考核考评中进入“优秀等次”。在民主评议政风行风工作中,工商部门位列参评单位第三名,实现历史性突破。相继被评为全市“为民办实事”、“法治城市创建”、“创建勤廉徐州”先进单位。全市新发展私营企业 14365 户、新增注册资金 280.9 亿元,同比分别增长 17.5%、36.7%;新发展个体工商户 33434 户、新增资金数额 27.6 亿元,同比分别增长 9.1%、34.5%;全市私营个体企业新增就业人员 17.5 万人,带动就业总数 150 万人。全市新发展外商投资企业 225 户、新增注册资本 17.58 亿美元,新增企业户均注册资本同比增长 44.4%。全市新申请注册商标达 3256 件,再创历史新高,“淮海”商标成为市第 8 件驰名商标。

【民生服务】 2011 年,紧贴中心工作,倾力服务发展。制定出台《关于充分发挥工商行政管理职能作用进一步促进高效农业规模化发展的意见》、《关于进一步发挥工商职能服务全市外向型经济发展的意见》、《关于鼓励和引导民间投资健康发展的意见》等一系列配套扶持措施。按照全市绩效考核工作要求,及时制定《年度大项工作目标分解计划》。着眼改善民生,支持创业就业。持续扩大基层登记管理权限,城区工商分局全部获得 200 万元以下内资公司制企业登记授权,方便了市场主体就近办理市场准入手续。全面推行网上登记辅助系统,加强与投资创业主体的双向交流、互动答疑。着力鼓励培育新兴创业主体,推行无障碍创业服务,促进全市大学生、大学生村官和农民网商创业。各级工商机关和私个协会通过开展“银企双赢、创先争优”融资服务主题活动,累计帮助小微企业融资超过 100 亿元。助推外向发展,扩大外资规模。严格外商投资企业登记注册职权划分,全面推行双向联络员制度,进一步放大窗口登记权限,确保 95% 以上的业务都能在窗口完成审批。成功帮助开发区获得国家工商总局外商投资登记授权,全系统基本构建“授权登记 + 远程核准”双轨运行登记服务体系,为全市外向型经济发展开辟了新通道。强化出资监管,提高全市外资利用率,市外商投资实际到帐率位列苏北第一。支持自主创新,深化商标战略。及时报请市政府印发《关于深化商标战略推进自主创新的实施意见》,深入开展“走进大企业,共铸大品牌”和“商标战略我先行”系列活动,推行著名商标、知名商标企业商标管理员认证,建立商标战略联盟和徐州商标圈 QQ 群,开展商标管理特色工商所创建活动,基层商标发展和监管能力明显提升。关注城乡统筹,服务农村发展。支持农民“抱团”发展,全市新发展农民专业合作社 1607 户,出资总额 58.86 亿元,同比增长 27.98%,成员总数达 128.61 万人,比年初增长 88.1%。针对睢宁沙集镇东风村网商经营实际,市局专门现场办公,提出“一个总体目标、四项服务原则、四条基本措施”的工作要求,以促进网商发展为载体,创造性实现了把“四大示范岗”融为四位一体建设的新模式,《中国工商报》给予报道。

【管理创新】 2011 年,坚持把参与社会管理创新作为根本要求,经济运行环境秩序显著改观。全面开展无照经营清理整治“见底行动”,专题召开全市无照经营综合治理推进会,省局领导到会指导。深化平安市场创建,突出做好农贸市场规范整治工作,为徐州获得“全国文明城市”提名资格和通过省级卫生城市复检作出贡献。加强民间融资行为监管,共清理登记各类企业 585 家,有力维护全市金融秩序和社会稳定。促请市政府在全市开展“无传销社区(村)创建活动,共查办传销案件 14 起,取缔传销窝点 11 个,遣散传销人员 274 人,并在全省率先查结一起“网络传销”案件。开展安全生产、扫黄打非、二手车经营行为、旅游市场秩序等监管。坚持把构建专业执法体制当成重要手段,依法行政能力水平扎实提升。全系统基本构建行政处罚权相对集中行使、案源线索集中管理和执法课题集中攻关的执法办案专业化机制,有效提高执法效能和执法形象。开展“打假冒、保名优、促发展”、公共服务行业不正当竞争整治、商业贿赂治理等一系列专项行动,立案查处各类经济违法案件 4606 件、实现执罚预算 3007.48 万元。市局被表彰为全省工商系统打击侵犯知识产权和打击制售假冒伪劣商品专项行动先进集体。

【安全消费】 2011 年,放心消费创建纵深推进。围绕“推进放心消费,建设美好徐州”主题,着力构建“365 天天天放心消费,360 行行行放心消费”维权新格局,放心消费创建活动知晓度和认同度分别达 84.4%、99.3%,消费者申(投)诉处理率达 100%、满意率达 95%。市顺利通过省放心消费创建阶段性测评检查,并高分进入全省先进行列。维权网络体系日趋健全。全市农村行政村共建成 12315 联络站 2234 个,“一会两站”覆盖率实现 100%,规范达标率达到 50% 以上。全市已在各类商场、超市、市场、企业、景区等建立消费维权联络站 1690 家,覆盖率达 96.8%。校园“消费维权服务站”创建工作突出,得到省局领导充分肯定。社会维权工作强化创新。在全省建立首家“企业诚信经营教育基地”,启动“放心消费进校园”活动,扩大消费维权工作的覆盖面。在全省率先开展美容美发、健身两个行业的格式条款备案工作,立案查处违法案件 16 件。针对银行业服务质量开展消费者满意度调查,促使市银行业协会以及 14 家大型银行,公开向社会做出 16 项服务承诺。

【队伍建设】 2011 年,深入推进红盾执法服务责任制,基层业务工作转型进展顺利。全系统在更大范围、更深领域、更高层次上深入推进红盾执法服务责任制,围绕建立一个组织体系、制定一个操作规范、出台一个考核办法、打造一个高效团队、形成一个长效机制的“五个一”总体要求,在着力打造服务发展、科学监管、高效便民、规范履职、展示形象“五大平台”方面取得全新进展。已初步构建市局、县级局、工商所三级纵向指挥执行机制,机关、部门、单位内部横向配合联动机制,为规范、科学、高效履行职能提供了制度体制保障。全系统所有基层工商所全部配齐和改善执法车辆、计算机等装备,所有基层主官和监管执法一线人员、内勤全部进行分层分类业务培训，促使基层业务工作的软硬件建设同步提升。继续深化创先争优活动，工商部门作风绩效显著提升。全市各级工商机关结合“党徽耀红盾”主题，自7月份起相继组织开展食品安全宣传月、服务创业就业推进月、驰名著名知名商标培育月、红盾秋风护农月、无照经营查处取缔专项执法月、企业和消费者维权互动月等“工商服务发展主题月”活动，切实做到立足地方实际、突出实践特色，注重梯次推进、坚持统筹安排，强化措施落实、讲求工作实效。组织全市工商系统扎实推动民主评议行风政风工作与推进民主监督相结合、与创新评议方式相结合、与提高工作绩效相结合、与改进工作作风相结合，全面开展“大走访”活动，努力从群众最不满意的地方改起，从群众最需要的地方做起，从群众最欢迎的事情干起。切实做好市县两级机构改革工作，干部队伍管理更加科学。按照新“三定”方案和省编办、省工商局要求，高效规范、积极稳妥地完成相关机构撤销划转和人员分流工作。基层工商所升格工作顺利推进，对符合条件的52名基层工商所(分局)长提任了副科级。围绕加强基层建设，严格升降级管理制度，扎实做好星级工商所创建工作，12个工商所被评为省级文明工商所。严格加强各项基础管理，事业发展保障扎实有力。深入推进廉政与监管风险防范，在全省工商系统率先研发应用“行风与廉政风险电子监察预警系统”，扎实推动党务政务局务公开和行政权力网上公开透明运行与电子监察相结合。构建预防职务犯罪工作机制，与市检察院联合出台《关于共同开展预防职务犯罪工作实施意见》，扎实推进检察建议落实和案件查办工作。着力强化行政权力运行实时监控，运用“制度＋科技”手段，建立健全信息公开、管理、控制机制，有效规范干部职工执法服务行为。目前，全系统对涉及人、财、物事项的重点、热点问题进行全面、及时、准确公开，干群之间信任程度继续提升。政府信息公开工作持续深化，在全市64个职能部门参加的考核中取得了第一名的好成绩。各级工商机关厉行勤俭节约，认真执行党政机关国内公务接待、公务用车等管理规定，扎实开展“公车”和“小金库”治理，从严控制公务费用支出，全系统全年缩减公务用车购置、运行经费及公务接待经费近200万元。

【依法登记】 2011年，全市共新增内资企业730户、新增注册资本1001645.1万元；共新增私营企业9469户、新增注册资本2291118.69万元；共新增个体工商户29743户、新增资金数额242559.17万元；共新增农民专业合作社1254户、新增出资总额458189.91万元。优化服务举措，提升服务效能。响应省局关于开展主题创建活动的要求，制定《关于在全市工商系统开展“党徽耀红盾”系列活动，争创“红盾服务创业示范岗”的实施方案》。在全市范围内实现登记标准“四统一”(统一登记程序、收件标准、审查要求和公示内容)、政务信息“六公开”(公开登记法律依据、提交材料规范、登记办事流程、登记收费标准、党员身份和人员工号以及业务监督电话)。督促各单位规范行政收费，更新窗口收费公示；还在驻市行政服务中心工商窗口安装“窗口服务评价系统”，主动接受申办人、有关部门和社会公众的监督。率先在邳州局试点开展登记注册工作ISO9001质量管理体系认证系统。推行高效便捷优质服务。进一步深化登记“首问负责”、“一次性告知”制度，进一步推行“一审一核”制度，提高窗口工作效率，对重大、急办项目采取即时办理。积极试点推行网上登记辅助系统，邳州局采用QQ、UC等中文视频聊天工具的方式与服务对象进行“面对面”互动交流；同时云龙工商分局、邳州工商局还进一步创建“微博网上工商”，利用网上微博不受时间限制、自由、活泼、互动性强的特点，即时发布最新登记注册动态，与企业互动答疑，实行“一对一”的深度交流。自微博开通以来，已发微博366篇，先后答复600多次的网友咨询，已得到3527人关注，并得到新浪官方的实名认证。贴心服务市各类企业发展。对市重点项目建设，当好企业的参谋和向导，立足工商职能及时帮助企业办实事、解难事。服务市“三重一大”项目建设，辅导彭城欢乐世界项目投资主体“苏州高新徐州投资发展有限公司”的设立登记；协助作好2家市政府交办的改制企业的变更工作；服务招商银行、兴业银行、华夏银行等3家外来银行分支机构进驻徐州的登记注册工作；协助江苏中矿智慧有限公司、矿大科技园有限公司两家政府重点支持企业办理公司登记。拓宽市场主体融资渠道服务，支持企业进行资本运作，有效拓宽出资融资渠道，大力推动股权出质质押融资工作，积极帮助市场主体盘活股权资本、强化融资功能，截至11月中旬，全市共办理股权出质登记416笔，股权出质88.22亿元，帮助企业成功融资351.1亿元。推动市全民创业就业工作，加快实施创业富民就业惠民工程。8月在全市开展“服务创业就业推进月”活动，该活动以改善民生、构建和谐徐州为目标，以培育创业主体、扩大就业群体为重点，着力提高创业意识，增强创业能力，改善创业环境，拓展创业空间，加快构建政策扶持、创业培训、创业服务“三位一体”的工作机制，重点扶持高校毕业生、复转军人和青年、下岗失业人员、返乡农民工、妇女、残疾人等社会群体积极创业，使更多的劳动者成为创业者，以创业促发展、促创新、促就业、促和谐，突出抓好政策扶持、优化服务、加强培训3个方面的工作。全市共开展为企业、个体户上门服务1684人次；开展创业就业培训16次，培训人员7000人次；指导企业个体填写各类申请书2964人次；为选择个体创业的经营者办理个体工商户登记2694户，创业直接带动3994人就业；仅8月份，全市共新增私营企业从业人员9226人、带动1.4万余户农民就业。将注册资本200万以下企业下放辖区工商分局管理，方便企业辖区登记，节约社会成本和行政成本。严格窗口服务规范，督促各单位规范行政收费，更新窗口收费公示；同时还在驻市行政服务中心工商窗口安装“窗口服务评价系统”，主动接受申办人、有关部门和社会公众的监督；加强对开发区企业的服务工作。参加省局开发区登记注册工作经验交流会，总结并汇报了徐州局立足企业登记职能，服务开发区发展工作情况。强化依法登记，规范各类市场主体。开展对市投、融资企业的专项整治。撰写《徐州市投、融资企业发展情况的调研报告》报徐州市委、市政府，并按照市委、市政府统一部署以及《徐州工商局打击非法集资专项行动工作方案》的通知(徐工商[2011]69号)要求,开展全市投融资企业的清理整顿工作,要求全市注册部门按照有关法律、法规要求,严把投、融资企业的市场主体准入关,从严对融投资中介机构登记注册的审查。按照省局"关于继续开展清理整顿自然人重复设立1人公司工作"的要求,全市共清查自然人重复设立的一人公司67家,已规范企业15家,其余均已及时设置了二级警示管理、通知相关责任人限期规范登记,并已将企业名单移交监管部门,规范之前暂缓通过年检,限制办理除公司类型、股东变更或公司注销登记以外的其他登记。规范对相关企业的登记管理。规范对租用军队房地产作为企业住所的企业登记审查。布置市区生产性旧金属收购业禁区的登记管理工作。

【商品质量监管】 2011年,全系统共受理消费者各类电话27294件。其中咨询24327件、申诉1446件、举报491件、涉及其他1030件。到期申诉案件已办结1437件,申诉办结率为100%,申诉转立案率6%;举报案件立案率100%,到期已办结476件,举报办结率100%;申诉案件调解1437件,成功调解1294件,申诉案件调解成功率90%,调解争议金额1628.12万元,为消费者挽回经济损失258.10万元。强化企业自律,推进企业经营诚信体系建设。采取事后通报与事前预警并举的方式,适时向被投诉数量较多或问题相对突出的相关行业和企业进行通报,以引起对问题的高度重视,便于整改和规范。某些行业存在的突出问题,采取约谈、定期沟通和召开与相关行业协会的联系会议等方式,指导行业协会加强行业内企业经营行为的管理,提高对经营者的维权责任意识,对吸费手机,超市、商场,电信、皮革制品、电动自行车、服装、蚕丝被、汽车配件等行业进行召开座谈会,加强对他们经营行为的管理,不断提高维权责任意识。开展依法监督和指导经营者履行进货查验和索证索票义务,督促指导经营者建立健全进销台账制度,依法监督经营者履行法定质量义务,依法监督经营者履行不合格商品主动退市和修理、更换、退货以及赔偿的义务,教育引导经营者建立健全商品质量自律制度。加强专项检查力度,打击假冒伪劣。开展汽车销售行为和汽车配件、建材、"家电下乡"市场专项整治依法严厉打击以"家电下乡"名义销售不合格和假冒伪劣商品等违法行为,加大市场巡查力度,发现案件及时查处,对消费者举报、投诉以及消费者反映强烈的消费热点行业,加大流通领域商品质量整治力度。把握监管方向和重点,有针对性地开展检测工作。开展对计算机、插头插座、油漆、纸巾纸、水泥、涂料、电动车、珠宝、服装等商品品种的监测,已完成抽样检测772个批次,其中不合格255个批次,已依法对其进行行政处罚。加强农村商品交易市场专项执法检查,全力保障"家电下乡"政策落实到位。围绕家用电器、建材、装饰材料等新农村建设重点商品,开展商品市场专项执法检查,对农村配送、送货下乡和农村集市等特点,加大电视机、洗衣机、电冰箱等"家电下乡"商品、摩托车和农村建材等商品的监管,检查其来源是否合法、标识是否齐全、质量是否合格、经营行为是否规范、售后服务义务是否得到切实履行,确保农村商品市场规范有序。开展房地产、汽车销售行为及汽车配件质量等专项执法活动。开展"吸费"手机专项执法整治,净化通讯市场环境。加强商品质量监测,确保流通领域商品质量监管到位。开展对食品、皮革制品、服装、学生用品、钢材、电线电缆、眼镜、成品油、染发剂、儿童玩具、汽车配件、家具等商品品种的监测。在对不合格产品进行行政处罚的同时,并以通报、约谈等形式加强与问题产品较多企业的沟通,帮助企业整改,从源头上维护消费者合法权益。

【12315维权】 2011年,开展"红盾消费维权示范岗"创建活动。制定下发《全市工商系统深入推进创建"红盾消费维权示范岗"工作方案》、《全市工商系统12315平台建设达标标准》。消保处将"红盾消费维权示范岗"的主要内容、"12315"服务承诺、各县级局咨询、申诉、举报电话号码等信息,在市电视台播出,在各大报纸上刊登。在3.15国际消费者权益保护日活动现场,全系统向全市消费者做出"亮牌上岗、全程受理、加速调解、加强督导、及时预警、延伸网络、提高技能、注重实效"等八项创建服务承诺。市局还通过徐州广播电台行风热线栏目,徐州电视台"315"晚会,以及徐州电视台新闻频道、第一百姓栏目组的专题采访等多种媒体形式,向社会公开创建要求、创建承诺,主动接受社会监督和评判。全市各直属局、分局也都按照市局要求,以新闻通报会、在媒体上开辟专栏、在12315受理平台及相关岗位张贴承诺内容、设置示范岗标示、共产党员挂牌上岗等形式,宣传示范岗创建要求和创建承诺,形成比较浓厚的创建氛围。加强12315窗口建设。全市各直属局陆续实施对指挥中心建设的升级改造,对门头、办公区域等进行形象设计和建设,配置"12315"专线坐席,明确专人负责,确保"12315"热线畅通。在软件建设方面,市局制定的《全市工商系统12315平台建设达标标准》,提出全市12315品牌示范工程建设总体目标:加强窗口建设,实现零距离服务;加强执法规范,实现零距离维权;加强考核回访,实现零距离监督。丰县局专门成立"红盾执法服务综合指挥中心",把12315信息网络建设列入丰县局达标创建工作,研发"红盾执法服务综合指挥中心"操作流程软件。提升12315工作效能。推行"市局直接分流、基层办理反馈、县区局督查督办"的运转模式,形成系统内部纵向联动、横向互通的高效运作机制。全市12315平台电话一次性接通率明显提高,已经有5个直属局连续3个月的抽查在80%以上。接入率的提升也促进消费者对12315品牌认同度的提高,全市受理的消费者申诉举报1801件,同比增长15.56%。其中睢宁局平台电话受理量增长了200%以上。丰县局部分月度受理量实现倍增。新沂局加强对政府信箱、消费者来信、来访、传真、互联网留言等消费申诉举报信息的采集。指定专门人员,负责对新沂政府网、新沂城市论坛等在本地区影响较大的网站的联络、回复工作。建立上下联动、快速反应、限时受理的高效运作机制,确保所有申投诉一个工作日内进入12315网络系统集中分流转办,实现消费者申诉举报无遗留、零差错。贾汪局提出对于影响较大的群投

群诉等应出现场的申诉举报，城区10分钟、农村30分钟内到达现场处理。对孤寡老人、重症病人、伤残人员、青少年学生、外地游客等弱势群体的申诉举报实行限时现场维权或上门维权。推进"12315"行政执法体系"四个平台"建设。规范"12315"联络站消费维权平台，在全市农村行政村共建立2234个12315联络站，"一会两站"覆盖率实现100%，规范达标率达到50%以上。泉山分局为提高"一会两站"工作人员的业务能力，采取培训会议、专题讲座、案例讨论等形式，以工商所、办事处设消协分会为基点，对社区投诉站的工作人员进行了全员业务培训，做到每一个上岗的调解员都能够掌握相关的业务知识及技能。采取巡回培训制度，逐步做到从事消费维权工作的人员都能够接受专业的培训。邳州局在对"一会两站"工作人员进行轮训的基础上拓宽渠道，采用"手机短信"形式指导"一会两站"开展工作，使工作人员在实践中提升业务能力，提高工作效率。全市已经在各类商场、超市、市场、企业、景区等建立消费维权联络站1690家，覆盖率达96.8%。与徐州市教育局、徐州市消费者协会共同起草并下发《关于在全市中小学、幼儿园设立消费维权站》文件，市政府将此项工作列入全市5月份重大工作。5月28日，在青年路小学召开全市校园"消费维权服务站"授牌仪式，市政府及各区政府领导，工商、教育部门负责同志、市区中小学校长参加授牌仪式。6月1日前各"消费维权服务站"按照学校归属地由辖区直属局、分局设立，并遵循"谁建站谁管理"的原则开展日常工作，目前全市已设立校园"消费维权服务站"1242家。江苏省人民政府官网对徐州开展此项工作的情况进行了全程报道。通过开展课堂教学、图片展览、商品识别、知识竞赛、课堂辩论、学生演讲、有奖征文、商场体验以及编排消费维权校园歌舞等一系列教学活动，进一步搭建学校和工商部门的联系平台，对青少年进行生动、直观、形式多样的消费教育。

【食品安全监管】 2011年，全市工商系统自上而下建立健全流通环节食品安全监管组织领导体系，落实主要负责同志负总责、分管负责同志具体抓、各有关职能部门和基层工商部门具体落实的工作机制。制定实施《徐州工商行政管理局基层分局（所）流通环节食品安全监管规范》等制度。制定督查方案，会同各级纪检监察和行政督查部门，突出重点时段、重点商品、重点区域，加强督促检查，查找存在问题，提出整改措施。特别是在流通环节食品安全监管中全面推行廉政与监管风险防控工作机制，加强对重点环节、重点人群和重点部位的监控。开展规范食品经营主体资格专项执法检查，对全市食品经营主体进行调查摸底，做到户数清、底数明。全市流通环节食品经营总户数22556户，其中企业2765户、个体工商户19791户、乳制品经营户5730户、经营婴幼儿配方乳粉经营户1439户。全市全年共发放《食品流通许可证》18553户。针对流通环节食品的不同来源、不同生产方式以及不同风险度，划分不同监管类别，合理设定监督检查频次、重点等内容，强化分类指导和分类监管。建立食品经营户食品安全信用档案，并实行一户一档、微机管理，做到记录真实、内容详实、更新及时。对季节性食品、节日性食品以及政府关注、消费者关心的重点食品，制定抽检计划，加大抽查频次。全市工商系统共检测各类食品5740批次，其中不合格189批次，合格率96.7%；开展快速检测4212批次，其中不合格185批次，合格率95.6%。组织开展农村食品市场专项整治执法行动等6项专项执法行动，重点突出重点时段、重点品种、重点区域以及重点行为的专项整治。全市工商部门共出动执法人员24792人次；检查食品经营户89910户次，其中，检查乳制品经营户18094户次，检查食用油经营户25914户次，检查酒类经营户43042户次，检查食品添加剂经营户716户次，查处无照食品经营户479户。全市各级工商机关共查处流通环节食品类违法案件270件，案值141.96万元；罚没入库126.92万元；为消费者挽回经济损失177.25万元。开展食品安全规范化监管基层工商分局（所）创建活动。研究制定《徐州工商系统食品安全规范化监管基层工商分局（所）创建实施办法》、《徐州工商系统食品安全规范化监管基层工商分局（所）创建考评标准》、《徐州工商行政管理局基层分局（所）流通环节食品安全监管规范》等一系列制度规范，编制《食品安全监管操作手册》，编创了基层工商分局（所）食品安全日常监管动漫教学片。10月20日，徐州作为省局"提高食品安全监管效能将集中执法行动推向深入"现场会徐州分会场，介绍了徐州基层食品安全监管规范化工作的初步成果。编创制作的食品安全规范化监管动漫教学片被省局在全省工商系统进行推广并被市局评为"全市工商系统2011年度工作创新一等奖"。

【个私和企业经济监管】 2011年，组织上门验照，服务进万家。贯彻落实市局《关于进一步发挥工商行政管理职能全力服务经济发展方式转变的意见》，送法、送政策上门，9万余户工商户受益。全面开展内资企业年检网上申报。全市已年检各类企业45493户，（应检51081户）占应检89%。徐州局本级已检7516户，（应检8606户）占应检87%。全市应参加验照个体工商户129970户（上年已验照数加今年新发展数），实际验照102699户，验照率79%，比上年提高5个百分点。全市内资企业年检全部实行网上申报，共网上年检45493户，网上年检率95%以上；其中局本级100%。建立"年检示范岗"。在服务态度上，推行文明办公，使用文明用语，待人热情，服务周到；在履行职责上，深化年检"首问负责"、"一次性告知"制度，对办理的事项不属于职责范围的，耐心解释，并尽力给予指导和帮助；在廉洁自律上认真执行各项廉洁自律的条款规定，严于律己，廉洁年检。实现年检窗口零投诉。落实好"安全生产年"工作，根据省局《关于认真落实好"安全生产年"活动及开展对非法违法生产经营建设行为进行专项整治的通知》精神，全面开展打击非法违法生产经营建设行为专项行动，共检查5类重热点行业2529家，出动检查2493人次，出动检查车辆968台次，对存在安全隐患的4家企业、前置许可过期2家企业、前置许可失效的10家企业、前置审批不完备的5家企业下达责令限期整改通知书，取缔无照经营21家、黑网吧1家，立案查处5家，停产整顿11家,共拆除加油机4台、没收油罐6个、水泥灌浇油罐7个。下发《徐州工商局打击非法集资专项行动工作方案》,对管辖范围内符合检查条件的企业和个体工商户等有无非法集资情况进行拉网式全面摸排,填报《企业自查情况表》和《个体工商户自查情况表》,共检查对象1976户,收回自查排查表1502份;取缔47户无照经营,撤换门牌字号不规范行为101块,查处规范违法违规融资广告宣传79起,清理违法违章融资广告宣传105处,下达限期责令整改通知书193份,整改企业131户。开展"清理无证无照经营见底行动",5月份,在云龙分局召开查处取缔无证无照经营现场推进会,8月份,开展查处取缔无照经营专项执法月活动,共出动执法车辆720余辆次,执法人员3400余人次,共查处各类无证无照经营行为3850户,其中:餐饮行业2772户,占72%,互联网上网服务行业346户,占9%,其他行业732户,占19%;下达限期办照通知书1450余份,引导办照1065户;下达取缔通知书826份。查处各类涉及无照经营案件305起。做好医疗废弃物专项检查工作。开展"医疗废物管理专项整治行动",全系统共出动执法人员2100余人(次),执法车辆520辆(次),共取缔从事回收加工经营医疗废物的无证、无照经营户140余户,规范236户,没收并无害化处置清理出来的医疗废物140余吨。

【"黑网吧"整治】 2011年,下发《关于寒假节日期间开展查处黑网吧专项整治行动的通知》,共出动执法检查人员1268人次、执法车辆340台次,检查各类网吧经营户846户,其中规范经营52户、取缔"黑网吧"31户,立案查处13户,没收电脑211套(台)。开展全市规范校园周边秩序、查处取缔黑网吧"护蕾月"专项整治行动。发挥取缔黑网吧"六项机制"作用,引导困难户和残疾人规范合法经营,对于"钉子户"黑网吧,通过市无证无照经营工作联席会议依法予以取缔,校园周边秩序得到规范。

【外资企业监管】 2011年,全市共有外商投资企业1761户,累计投资总额417.59亿美元,注册资本230.92亿美元,外方认缴183.18亿美元,分别比去年同期增长12.38%、35.7%、35.66%、39.86%。在外资登记窗口实现登记标准"四统一"政务信息"六公开",在行政服务大厅利用电子显示屏、触摸屏等多种形式,将外资企业注册的依据、事项、条件、程序、收费标准等应公开事项全部公开,方便企业办理登记注册,自觉接受有关部门和社会公众的监督。推行高效便捷优质服务。深化登记"首问负责"、"一次性告知"制度,推行"一审一核"制度,提高窗口工作效率,各县(市)、区局紧密结合"四大示范岗"建设实践活动,把为外商投资企业"办实事、解难题、做好事"作为重点,贯彻活动始终,施行服务新举措,铜山局推出的午间值班制度、贾汪局建立特事特办机制、邳州局对重点项目开辟绿色通道,做到登记时间从快,服务质量从优。建立健全"三重一大项目服务绿色通道",对市重点项目建设,当好参谋和向导,在企业申请名称核准或立项、报批阶段,指定专人,事前介入,跟踪服务,对涉及工商部门的业务问题提出指导性意见。贯彻实施《外国企业常驻代表机构登记管理条例》。突出行政指导,支持外商投资企业做大做强。共帮助31家外商投资企业将名称登记为冠省级以上行政区划的名称。注重发挥政策和资源优势,全力助推外商投资企业多元发展,支持外商投资企业跨行业、跨领域多样化经营。创新登记工作机制,加强对窗口一线人员的授权,由以往的"窗口受理"向"窗口办理"转变,1-10月新登记法人外商投资企业163户,投资总额23.46亿美元,注册资金14.69亿美元,外方认缴13.69亿美元。分别比去年同期增长29.37%、62.62%、52.93%、68.84%,通过授权开业变更等各项登记在窗口的办结率约达93%,优化企业登记流程,缩短服务距离,提高政审批效率。利用股权质押行政职能,共为4家外资企业办理质押手续、筹措资金4212万美元。徐州海伦哲专用车辆股份有限公司于今年4月在深交所首发上市,首次募集资金4.2亿元,是市第一家外商投资企业创业板上市的公司。局推出外商投资企业年检的重大改革,将过去的统一到市局年检,变成由市局委托辖区各县(市)、区工商局办理,云龙分局、沛县局、丰县局等还对辖区内外资企业联络员进行集中培训,边操作边讲解,在实际操作中进行直接辅导,解决实际问题。全年全市实际参检外商投资企业1057户,其中法人企业503户,外商投资企业分支机构554户,参检户数占应检户数的86.3%。1057户全部通过网上年检,网检率100%。参检外商投资法人企业中有132家企业销售收入在5000万元以上,其中超亿元的外商投资企业有90家,超10亿元的外商投资企业有16家。对出资期限即将到期的企业,发放提醒出资通知书,及时进行提醒;强化市外资企业出资监管,共发出提醒出资通知书106份,限期出资通知书29份,约谈企业负责人58人次,催缴出资5427.5万美元。

【徐州经济开发区获得外资登记管理授权】 2011年,徐州经济开发区外向型经济发展迅猛,外资项目源源不断地涌入,且项目规模持续扩大,为方便外商投资企业登记注册和属地监管,帮助徐州经济开发区分局申请外商投资企业的登记管理权,经过省局外资处和局的指导帮助和积极争取,9月23日,国家工商总局正式授予徐州经济开发区分局外资企业登记管理权。投资徐州经济开发区的外商投资企业不必再往返省、市工商部门,可在徐州经济开发区分局直接办理,大大缩短外资登记的流程时间,优化市场准入,进一步促进徐州经济开发区外向型经济的健康发展。此次徐州经济开发区分局获国家工商总局外资企业登记管理授权,标志着市工商行政管理机关多年致力构造的"授权登记+远程核准"双轨运行的登记服务体系的形成。

【商标培育】 2011年,全市新申请商标3526件;申请地理商标1件;申报中国驰名商标4件;申报省著名商标41件;认定市知名商标91件;立案查处商标侵权及制售假冒伪劣商品案件216件,涉案金额1632.46万元。目前全市拥有有效注册商标12108件,其中驰名商标8件、著名商标101件、知名商标264件。制定下发《2011年全市工商系统商标监督管理工作意见》。发展"地理标志"商标，建立以"睢宁苔干"、"邳州银杏"、"窑湾绿豆烧"、"大洞山石榴"、"铜山韭黄"、"沛县"等为代表的10个地理标志培育点。推行知(著)名商标企业商标管理员认证制度，全市227家知名商标企业和88家著名商标企业，通过企业申报、推荐，工商部门组织培训后，企业选派1人作为企业负责商标工作联络员，分别加入知名商标战略联盟QQ群和著名商标战略联盟QQ群。深化"双打"执法行动，加大商标专用权的保护力度。全系统共出动执法人员24277人次，检查各类经营主体66162家；先后立案查处徐州球墨铸管有限公司侵犯"迪普"注册商标专用权的案，案值694.13万元，罚没款700万元；侵犯"金龙鱼"注册商标专用权的商品的案件，案值近16万元；销售假冒"LV"产品案；全年共查处商标侵权及制售假冒伪劣商品案件194件，涉案金额1105.5余万元，罚没款912.3余万元，移送司法机关案件3件；受理和处理消费者申诉和举报3859件，为企业、消费者挽回经济损失970.45万元。开展商标使用情况检查，规范企业商标行为。对全市322家知(著、驰)名商标企业的商标使用情况进行专项检查，规范商标使用管理中的失当行为106起。建立重点商标保护名录，将徐工、维维等19家重点企业的21件商标列为重点保护。指导"淮海"商标申报中国驰名商标；查处丰县金淮海电动车辆厂侵犯其"淮海"商标专用权一案。市局还先后3次协同中轻海鸥洗涤用品有限公司远赴安徽、吉林等地打击当地侵犯"海鸥"商标专用权的行为。局被省局评为双打先进单位，被市政府评为"全市打击侵权假冒专项行动工作样板单位"。加强对知名商标、知名企业和知识产权的保护，查办侵犯"迎驾"、"四特"、"立邦"、"旺旺"等注册商标持有人合法权益的"傍名牌"案件28件，有效的保护企业的合法权益。

【广告市场监管】 2011年，采取多种形式开展广告法律、法规宣传。利用"3.15"和4.26两个节日，散发宣传资料2600余份，接受现场咨询1500人次。针对媒体发布虚假违法广告问题，及时组织媒体单位进行行政约见，广泛宣传广告法律法规。组织广告监管干部参加广告培训提升综合素质，通过学习和相互交流，广告执法人员的法律意识和执法水平得到提高。做好广告经营资格年度检查工作，对领取《广告经营许可证》的10户广告经营单位进行广告经营资格检查，检查率达100%，年检通过率100%；做好广告审查员培训工作，培训广告审查员118人次，从审查源头上设置防止虚假违法广告流向社会的"防护网"；做好户外广告发布内容审查工作，发放户外广告发布登记证1183件，从发布源头上杜绝虚假违法广告。开展各类专项整治行动，严厉打击各类虚假违法广告行为的发生。下发《关于下发<全市虚假违法广告集中整治方案〉的通知》等4个文件，对全市范围内的虚假违法药品、保健食品、医疗、化妆品、美容服务等虚假违法广告进行了专项整治。严厉打击虚假违法融资户外广告，促进全市经济金融市场和谐稳定。对户外广告、店招(牌)等户外广告也进行集中整治。采取每日眼看、手翻、耳听等手段进行监测，每月按时向省局报送广告监测情况统计表及监测分析。全年共监测广告2590条次，出动执法人员1405人次，车辆167台次，检查经营户560户次，检查户外广512条次，没收非法印刷品广告22360张，查处广告违法案件198件，对发布虚假违法广告的媒体和广告经营单位进行行政约见368次，发出责令整改通知书136份。按照《江苏省2011年虚假违法广告专项工作实施意见》的要求，与市委宣传部、市监察局等15个部门联合下发《徐州市虚假违法广告专项整治工作联席会议制度》，明确各部门在虚假违法广告整治工作中的职责。加强对广告协会(分会)工作的指导，有计划的指导广告协会会员开展学习交流，增强广告协会的凝聚力，引导广告经营单位自律争优，做大做强，促进广告行业的健康发展。

【红盾护农保春耕专项执法】 2011年，以"红盾强农惠农示范岗"创建为切入点，认真落实"红盾执法服务责任制"，以创新监管与服务为突破口，不断转变监管方式、拓展监管领域，改善监管手段、提高监管效能。局被省局评为全省农资监管工作先进集体。开展"红盾强农惠农示范岗"创建活动，全面做好服务"三农"发展工作。共检查农资经营主体6310户，取缔无照经营92户，查处制售假冒伪劣种子、肥料、农药案件146件，案值89万元；受理投诉25件，为农民挽回经济损失48万元。推进省、市、县3级"农资经营示范店"创建活动。各地按照标准条件，对全市农资经营企业(户)进行认真指导和规范，推进三级农资经营示范店的建设。全市共有279家县级农资经营示范店，52家市级农资经营示范店，18家省级农资经营示范店。全市红盾护农行动共立案查处826起农资领域案件。

【市场信用建设】 2011年，全市72%的市场开展场内经营户的信用评定工作。开展平安市场创建活动。继续以"食品安全"和"放心消费"为主题，积极发挥平安市场创建的牵头协调作用，不断巩固创建成果。开展文明诚信市场创建活动，2月份，会同市文明办对各地申报推荐的65个单位进行检查验收，57个单位通过了市级文明诚信市场验收。3月份，会同相关部门对县区申报的平安市场进行检查验收，并联合市综治办共同表彰命名244家"2010年度平安市场(超市、商场)"。

【网络监管基础建设】 2011年，及时完善数据库，夯实网络监管基础，认真开展人工数据比对、录入，已核实网络经营企业5823家，实现二版软件的实时查询。同时，创新监管方式，切实维护广大网络消费者合法权益。上半年，成功解决一起假冒西门子公司官方维修网站的投诉。

【合同监管】 2011年，以创建合同监管示范工商所为抓手，全面落实基层工商分局合同工作规则；以建立合同指导站为依托，构筑涉农合同帮扶网络，全市157个乡镇建站数量达100%；已复查各级重守企业达2230余家，认定2010年度市级重守企业778家;以整治合同格式条款为举措,组织开展全市中介及装饰装潢企业和美容美发健身行业的合同格式条款备案工作;全市共办理抵押物登记760件,为企业融资借款金额达91亿元;办理拍卖备案413场次,委托合同517份,委托金融7.7亿元,拍卖确认书503份;查处违法案件29件,涉案金额114万元,举办合同法律法规学习班共310期。

【公平交易执法】 2011年,先后组织开展打击"傍名牌"不正当竞争行为、公共服务行业专项治理等7项执法行动。全年共查办各类案件4606件,有效地整顿和规范市场经济秩序。全面推进执法办案专业化建设,增强对市场秩序的控制力,更加高效加强市场监管。按照省局深化执法专业化建设工作要求,全面推进执法办案专业化建设工作,实行专业化执法办案体制。推行行政处罚权相对集中行使。制定下发《关于在市局机关加强执法办案专业化建设的若干意见》。以沛县局为试点,通过建立县局、基层分局两级红盾执法指挥中心实现全局执法动态联动,以自行开发的红盾执法联动软件和案件线索管理软件为保障,以案件线索统一管理制度、基层分局和县局经检中队定点联系挂靠制度、执法人员动态立档评级制度等为抓手,着力构建客观有效、反应快速的长效动态执法机制,提高工商系统整体执法和服务效能。推行案源线索集中管理。制定下发《立案备案管理办法(试行)》和《江苏省案源线索管理办法(试行)》两个管理办法,规定市局机关案源线索和城区立案备案由公平交易监督处集中管理。全年市局集中归集、分流案源线索66起,并对案件管辖权所涉及的"联办案件"、"提升管辖"、"下移管辖"、"移送管辖"、"指定管辖"等方面制定争议解决规则。沛县局自主设计开发案源线索集中管理系统软件,定期对案源线索材料和执法动态进行分析整理,对反映出来的热点、难点问题以及对问题重大、涉及面广、比较复杂的案源线索,适时组织开展专项执法行动。治理商业贿赂工作共计查办商业贿赂案件11件。

【直销监管】 2011年,继续完善打击传销长效机制,深化无传销社区创建工作。及时对"全市打击传销工作领导小组成员"进行调整,同时在各县(市)区全部建立打击传销专业队的基础上,明确工作职责,严格值班制度,落实经费保障,促使打击传销工作实现实时监控、快速反应、常态管理。其中新沂局取缔传销窝点两处,教育、遣散传销人员46名,查处一起以"哈药"名义从事传销活动的案件,将组织者移送司法机关,并通过电视台对查处情况向社会发布警示。与综治、公安等部门联合下发《关于印发<徐州市打击传销和创建"无传销社区(村)"工作考核办法>的通知》,对各地创建"无传销社区(村)"也已进行了考核验收,实现市政府确定的创建"无传销社区(村)"工作目标。健全直销监管机制,促进行业健康发展。根据《徐州工商行政管理系统直销监督管理办法》的要求,辖区直销监管部门均建立直销企业服务网点和经营网点的监管档案,上半年,对各辖区直销企业服务网点及非直销经营网点进行专项检查,同时严格落实省局规定设立直销监管台账及报备规定,各类报备共计108次。

【"扫黄打非"专项行动】 2011年,全市共出动执法人员800余次,执法车辆500余辆,检查各类出版物经营单位800多家。6月,根据《江苏省打击非法"网络共享"网站及设备产品专项治理行动实施方案的通知》要求,组织开展专项治理行动,共出动检查人员150人次,检查通达等电子市场70余家市场主体,查缴非法"网络共享"类境外卫星接收设备电视棒25个,立案查处2件。

【放心消费创建活动】 2011年,全市放心消费创建工作紧紧围绕省创建办和市委市政府的决策部署,以改善民生为核心,以开展主题活动为载体,以政府为民办实事为抓手,以省测评达标验收为动力,进一步整合资源,丰富内容,深化措施,创建活动不断向纵深推进,在省创建办综合测评中,市创建工作取了较好的成绩,进入全省先进行列。市工商局被市委、市政府表彰为"为民办实事先进单位"。重新调整全市创建工作领导小组,成员单位由28家调增为33家。与各县(市)区政府和相关部门联系协调,对创建任务和创建职责进行重新划分。纳入实事工程,增强创建责任。作为政府的民心工程,市委市政府连续第4年将放心消费创建活动列入政府为民办实事工程,并列入全市科学发展考核评价体系,在评价体系中,将创建工作重心由城区向县市倾斜,县市的创建工作分值为由2分调增为3分。注重强化督查指导,细化目标责任。4月份,抽调成员单位人员组成两个工作组,对全市创建工作情况进行督查指导,针对各县(市)、区创建工作现状完善创建措施。下半年又召开全市创建工作座谈会和协调会,将工作任务进行进一步细化分解,针对存在的问题进行了分类指导、整改提高。把握主流媒体宣传,在徐州日报、彭城晚报、徐州电台开辟放心消费365行动计划专栏,全市共开辟广播电视报刊专栏14个,媒体宣传报道86篇。联合新闻媒体开展放心消费创建大型新闻行动,通过徐州电视台、徐州人民广播电台、中国淮海网、徐州报业集团等多家媒体联动,开辟十大消费纠纷热点追踪、放心消费创建新闻会客厅、"放心消费创建"品牌展示等专题栏目;举办"推进放心消费,建设美好徐州"特色晚会,对维权典型案例和纠纷热点进行深刻点评,对荣获2010年度省级放心消费创建活动先进县(市)区和省级先进示范单位、行业、区域进行表彰颁奖,创建核心成员单位农委、工商、商务、卫生、质监、药监等部门的领导坐镇会客厅,针对食品等行业的社会热点问题进行现场答疑等;举行"3·15"大型广场咨询活动,举行徐州市"百家企业放心消费诚信联盟签约"和"放心消费万名志愿者在行动"签名仪式。共设立宣传咨询服务点230个,展出宣传展板258块,受理投诉348件次,为消费者挽回经济损失38.6万元。各县(市)区结合辖区特点,将放心消费创建的宣传融入到形式多样喜闻乐见的娱乐活动之中,睢宁县柳琴剧团、老年大学等文艺演出团体将创建工作的重点内容改编成小品、柳琴戏等节目中,通过文艺传播放心消费创建理念。云龙区开展放心消费知识竞赛,泉山、鼓楼、贾汪等单位充分利用户外墙面，制作放心消费创建知识长廊，图文并茂，将创建意义、消费知识、消费维权等内容融入到简单明了的画面之中，做到画中有话。铜山、丰县、沛县、邳州、新沂等地结合文明城市创建等内容，在主城区、主干道等地设立了大型公益广告。召开全市创建机构负责人和创建成员单位联络员会议，详细阐述惠民实事征集的目的、意义和要求，并下发相关的文件。全市梳理出符合要求的惠民实事20件上报省创建办，最终有市政府将放心消费纳入科学发展评价体系、云龙区农贸市场提档升级确保"菜篮子"放心工程、邳州（宿羊山镇）实施大蒜商标战略促进放心消费创建等7件被列入全省典型惠民实事。延伸创建主题活动，确定365行动计划。上半年在全市范围内集中开展"推进放心消费·建设美好徐州"主题活动。活动主要围绕全市集贸市场、超市以及与百姓生活密切相关的重点行业，按照市场（商场）、行业等创建标准，深入开展创建工作，重点培育20%市场和20%超市作为创建标杆，并在与百姓生活密切相关的粮油、肉类、蔬菜、盐业、酒水、农机、农资、通信、家具装饰、客运交通、机动车维修等16个行业中继续深化创建工作。下半年继续延伸主题活动，开展"放心消费365行动计划"。各县（市）区按照全市创建工作的计划和部署，相继召开创建工作推进会，进一步深化措施，开展各具特色的专题活动。泉山区以企业为主体，以农贸市场为载体，开展创建食品安全的"六大放心保障工程"，为深化放心消费创建工作开辟一条新生之路。云龙区突出"365天，天天放心消费；360行，行行放心消费"的创建目标，开展"幸福云龙·放心消费"活动，实现"围绕中心、服务大局、赢在企业、惠及百姓"的美好愿望。铜山、沛县、邳州等地紧紧围绕食品、农资、家具装饰、农机等热点行业，制订经营户诚信公约和服务规范，企业自律意识和文明服务质量不断提高。全市新培育省级先进示范企业30个、行业3个、区域14个，市级先进示范企业55个、行业18个、区域34个。开展双十双百工程，丰富为民办实事。在全市开展食品、药品、医疗器械、肉类、酒水、农资、家电、夏日饮料、中秋节、春节10大专项整治，创建粮油、肉类、蔬菜、酒水、盐业、农机农资、通信、装饰、机动车维修、旅游等10大放心消费先进行业，在全市培育100个放心消费先进示范集贸市场和放心消费100个先进示范商场（超市）。市农委开展市级农业产业化龙头企业认定工作，促进现代农业提档升级，共培育县级以上规模农业龙头企业达601家，累计完成新建设施农业蔬菜基地20余万亩，重点规模畜禽养殖场57个；市商务局加大放心肉体系建设，全市屠宰达标企业49家；市粮食局开展放心粮油创建，在工商营业执照、食品流通许可证、从业人员健康证3证齐全的321家粮油经营零售店（超市）中，培育30家粮油店为放心粮油创建单位；市药监局深入推进放心早餐工程，市区30家早餐经营单位已经进入统一供货、统一设备、统一价格、统一管理的良性循环；市工商局在全市367个集贸市场和312个商场超市中，共培育放心消费先进示范集贸市场104个、放心消费先进示范超市（商场）106个；各县（市）区加大市场投入与改造，新建和改造农贸市场28个。11月14日至16日，省放心消费创建测评组分为3个现场组、1个资料组、1个民调组，对徐州市2007年以来放心消费创建工作进行阶段性全面测评。通过查看全市的创建工作台帐，抽查沛县、云龙区2个县（市）区和市盐业、供水、装饰装修商会3个行业，以及乡镇、社区、商场、学校和服务经营企业23家单位。省测评组共同评议的结论是："徐州市的放心消费创建工作，政府高度重视，创建工作扎实，创建成效显著"，最终得出徐州市放心消费创建阶段性测评的得分为980分，市放心消费创建工作顺利通过省创建测评组的测评验收。（尤敦生）

质量技术监督

【概况】 2011年，全市质监系统围绕全市经济社会发展中心和"两个率先"，认真履职，科学监管，在提升质量水平、保障质量安全、增强惠民实效等方面取得新进展。市政府召开全市质量工作会议，市长颁授首届市长质量奖，徐工集团工程机械股份有限公司和江苏中烟工业有限责任公司徐州卷烟厂2家单位为"2010年徐州市市长质量奖"获奖单位。创建全国质量兴市先进市活动通过省级验收，全面达标，标志着市质量振兴工作达到一个新水平；市政府被评为全省质量兴市先进单位。《质量报告》在全国率先进入政府工作层面，政府发文、专题部署，16个部门联合编撰，有效提高"含金量"，成为分析质量形势与政策研究的参考。"五个一"工程成为市质监部门集聚优势资源，服务扶持区域性产业提升质量的重要载体，对接的8大区域性产业新培育1个市长质量奖、1个省级卓越绩效管理孵化基地、48个名牌产品，推进80个标准化项目，建树20个计量标杆，企业产业的管理基础及质量竞争力得以增强。1月9～10日，徐州质监局代表队参加全省系统执法打假大比武竞赛活动，获得第三名，5名同志被评为优秀选手；销售假冒电力变压器产品案，被评为全省质监系统稽查执法优秀案件。3月，徐州质量技术监督局法规处许庆军同志被授予全国质检系统"五五"普法先进个人称号。4月，国家网架及钢结构质检中心王浩同志被国家质检总局授予"全国质量监督检验检疫工作先进个人"荣誉称号。8月31日，全国"质量月"活动启动仪式暨苏浙皖赣沪质量表彰大会在上海市召开，维维食品饮料股份有限公司生产的"维维"牌豆奶粉荣获首批"苏浙皖赣沪名牌产品50佳"荣誉称号，该公司孙欣同志荣获"苏浙皖赣沪地区质量工作先进个人"荣誉称号。9月20日，徐工集团荣获"2009—2010年度全国质量工作先进单位"称号。

【中国网格结构企业高峰论坛】 2011年1月23日，中国网格结构企业高峰论坛在徐举行。论坛由中国钢结构协会空间结构分会主办，国家网架质检中心、徐州飞虹网架建设有限公司共同承办，分会30余名专家出席会议，就空间结构行业发展方向、质量控制、科技研发等进行深入交流研讨，并对国家网架质检中心建设发展给予高度评价并寄予厚望。

【《2010年度徐州市质量报告》】 2011年1月10日,16个部门首次联合编制《报告》,对市4大领域、10大行业、8类重点产品及11个县(市)、区的质量工作成效及存在问题进行分析,提出对策建议,数据较以往更翔实、范围更宽泛、分析更全面。《报告》显示市质量总体水平上升。产品质量指数96.57,同比增长2.27;工程质量全部达标,全年无严重工程质量事故;服务质量提升,中心商圈集聚效应进一步增强;环境空气质量提升全国最快,生态效应明显。

【名牌培育】 2011年,徐州经济技术开发区工程机械产业集群被评为首批江苏区域名牌,也是首批省级优质产品生产示范区。培育认定省、市名牌产品及质量奖94个,全国质量工作先进单位、江苏区域名牌、卓越绩效管理孵化基地各1个。技术标准和科技研发"同频共振",在新能源、新材料等新兴产业将32项知识产权转化为标准;"感知矿山"标准化战略紧跟市政府发展规划,在制订系列产品标准、组建标准化联盟、申报标准化项目、搭建标准体系、争取标准"话语权"等方面取得新进展,标准的先导性作用得以体现。主持或参与制订15项国标、行标,使市一些企业的先进技术规范融入国家标准。云龙湖、马陵山、窑湾古镇风景区等3个国家级、省级旅游服务标准化试点项目立项,推动旅游业加快向标准化和品牌化方向发展。

【公共检测】 2011年,建成南院检验检测基地、国家林产品质检中心、省级农化产品质检中心、市级食用菌加工食品质量安全技术服务中心,全市质监系统共拥有3个国家质检中心、2个国家公检实验室、8个省检测中心,基本覆盖市优势特色产业,综合检测能力保持在苏北、淮海经济区领先。全市质监系统在质量检测、技术标准、行政管理等多个领域开展科技创新活动,组织申报科研项目36项,获准立项26项,其中国家级7项、省级8项,结题11项,3项成果获得江苏省质量技术监督技术成果奖,1项被推荐为国家总局科技兴检奖,获得7项国家专利,项目的数量和质量全省系统领先,在网架及钢结构产品关键技术和工程质量检测方法、乳制品掺假检测、采煤机电缆弯曲性能等学术领域取得了"全国发言权"。

【产品质量监管】 2011年,产品质量监督抽查合格率保持较高水平。全年共监督抽查136种产品2846批次,平均合格率为95.08%,与上年基本持平;其中,省级抽查合格率为96.28%,比上年提高1.13%。工业产品总体质量水平稳步提升,工程机械、水泥、人造板、电子电器、煤炭等主导产品质量较好;与百姓生活密切相关的食品及食品相关产品、农资产品合格率较上年有所提高。"双打"、"百日清新居"、"汽车轮胎"、"黑心棉"防控等专项行动成效明显,3个案件列入国家质检总局50个"双打"成果展案例。

【食品监管】 2011年,细化"三位一体"综合监管的"闭环"机制,"三位一体"监管效果明显,实现"六个提升"。食品企业教育培训、厂长经理质检员培训及考核逐步制度化,首次在食品生产企业组织质量安全应急演练活动,增强企业的首责意识和道德诚信素养。充实完善管理范本及记录表式,使企业贯彻相关法规及要求,制度更实用、记录更规范。组织开展人大代表视察食品生产、食品质量安全论坛、"市民看企业、监督零距离"、食品安全知识随电影"三进"等活动,食品生产安全监管工作在社会不同层面提高认识、达成共识。对全市食品生产企业、产品类别实施"半年全覆盖"抽查,共抽查食品1005批次,合格975批次,合格率为97.01%,同比提升近1个百分点。

【特种设备监管】 2011年,监管重心向解决重点设备、关键问题转变,管理手段向行政许可科学化、规范化转变,监管手段向"抓企业监管促标准化管理、抓设备监管促隐患整改"转变,"三个转变"较好保障了监管成效。完成气瓶"一瓶一码"工作,全市77家气体充装站安装条码40万余只,实现气瓶安全档案及充装记录电子化管理,位居全省前列。指导2517家单位推行标准化管理,提高安全保障水平。

【计量惠民】 2011年,"两免费"计量检定工作向计划生育指导部门和社会福利机构延伸,覆盖面更加宽泛。共免费检定162家集贸市场15934台件计量器具,182家乡镇医疗卫生机构、2625个村卫生室9113台件计量器具,166家计划生育指导站及福利机构559台件计量器具,免收费用300万元。开展"计量伴车行"行动,新建6项计量标准,对42家4S店83台件汽车安全性能检测设备进行检定校准。对市2家企业生产的7000余只热量表进行首检。省矿用安全监测仪器计量中心检测业务向豫皖晋陕等地发展,共检测30余家煤矿企业5000余台件矿用计量器具,提高了安全防护能力。

【标准富民】 2011年,建成国家级奶牛、肉鸭,省级异育银鲫、瘦肉型猪、设施蔬菜、日光能温室、食用菌标准化示范区,7个示范区的经济效益及农民收入均有较大幅度增长;新沂市获批成为全省首批8个创建农业标准化综合示范县(市)之一;立项2个、发布实施6项省级地方标准。全市共有25种农产品完善标准体系,51个示范区发挥增产、增收效益,农业标准化水平在全省保持领先。

【维权助民】 2011年,秉持一年365天、天天为民服务的理念,12365平台以流程管理为主线,完善业务受理、处理、转交办和保密等制度,增加资料储备,设立专线语音提示,规范工作程序,建成了集"咨询服务窗口、申诉接待中心、举报受理平台"为一体的服务平台,群众维权更加便利。全年共受理举报投诉及咨询1017件,办结率98.9%,为消费者挽回直接经济损失160万余元。

【"感知矿山"标准化】 2011年,跟踪"感知矿山"物联网发展前沿,初步搭建起标准体系框架,69家"感知矿山"产业联盟成员单位发布实施37项产品标准,27项标准获得煤炭行业标准立项,2项重要技术标准研究获省科技厅立项。用标准引导新兴产业成长的新路径逐渐明朗。

【能效对标】 2011年,指导企业通过科学的计量手段和完善的计量管理推进节能降耗,新增7家通过计量确认的企业,重点耗能企业能源计量器具配备率达98.9%以上。在水泥、化工行业选择16家重点耗能企业,对使用的高耗能设备进行能耗测试、对标判定,指导企业改造、升级设备90台套,通过采用先进的节能技术,实现年节约标煤1.2万吨,节约资金600万元。

【锅炉"双达标"】 2011年,制定并发布实施省级地方标准《燃煤电站锅炉节能监测》(DB32/T 1840－2011),对电站锅炉节能监测检查内容及要求、测试项目、测试方法、考核指标、结果评价做出规定。完成202台锅炉能效测试工作,出具《高耗能特种设备节能诊断书》,对125台不符合能效指标的锅炉提出改进措施,淘汰改造高耗能小锅炉69台;加强对锅炉水处理工作的监督指导,完成392台锅炉水处理检验工作。组织专家开展锅炉节能燃烧、换热、能量回收等节能新技术研究,在145台锅炉推广应用,实现年节约燃煤12000余吨、降低运行成本1000万余元。

【循环经济标准化】 2011年,邳州市再生铅产业作为首批国家级循环经济标准化试点项目,通过3年建设,完善循环经济标准体系,主导制订国家标准5项,企业产品标准占体系标准总数的67.2%,标准覆盖率达到96.3%;年节标煤2.5万吨,减排7万吨含铅酸液、1万吨二氧化硫;实现循环经济保护资源、循环再利用的目标,以全省最高分100.5分通过验收。

【技术机构检测】 2011年,全市系统投入资金475万元,争取上级及系统外资金支持120万元,建成南院检验检测基地、国家林产品质检中心、省级农化产品质检中心、市级食用菌加工食品质量安全技术服务中心;市质检所、市纤检所、市信息中心搬迁至检验检测基地;检测范围拓展到国家实验室认可项目957项、省级资质认定项目1960项、计量标准826项,基本覆盖徐州市优势特色产业,检测环境、装备水平、人员素质、业务收入均得到快速提升,综合检测能力在苏北、淮海经济区领先。国家及省质检中心积极参加本行业国标、行标制修订等学术活动,提高了影响力;相关检测项目参加NIL国际比对、CNAS能力验证,比对结果均为满意。

【"两免费"计量检定工作】 2011年,坚持对集贸市场和镇村还向计划生育指导部门和社会福利机构延伸,覆盖面更加宽泛。共免费检定162家集贸市场15934台件计量器具,182家乡镇医疗卫生机构、2625个村卫生室9113台件计量器具,166家计划生育指导站及福利机构559台件计量器具,免收费用300万元。在市区22个集贸市场设立公示栏,计量器具检定信息"一目了然",便于广大群众共同监督。

(马东风)

食品药品监督管理

【概况】 2011年,以机构改革为契机,以确保公众饮食用药安全为己任,紧紧围绕年初工作会议制定的"一二三四"(便民早餐示范店一件实事项目,机构改革和事权划分两项改革大事,餐饮、保健食品、药品三大专项行动,远程监管、宣传、教育培训、检验监测四项重点工作)目标任务,坚持机构改革、监督管理"两手抓",实现机构改革编制、人员"两到位",食品药品安全"两确保",队伍素质、监管效能"两提升"。在全省率先设置餐饮保化行政编制执法队伍,主城区3个区局单独建制、独立设置,不良反应监测中心率先开展工作,建立全省首个不良反应监测专家委员会。被市委、市政府授予2009至2010年度法治城市创建工作先进单位、法治信息工作先进单位、政府门户网站内容保障工作先进单位、政府信息公开工作先进单位局;被省局表彰为"打假保名牌"先进单位和"药品安全专项整治工作先进单位",连续5年获得"重大案件查处工作先进单位"称号;被省全面推进依法行政工作领导小组办公室授予"依法行政示范点信息直报工作先进单位";被省局表彰为"创建文明行业工作标兵单位"。

【机构改革】 2011年,为确保食品安全监管职能及时调整到位,促进队伍建设、人员整合,综合经费来源、编制性质等各方面因素,市委市政府作出"撤销贾汪分局,增设食品化妆品稽查处"的决定。4月25日,顺利完成市级餐饮服务食品安全、保化监管机构设置和相关职能交接工作。推进县(市)级食品药品监管机构改革,相继出台市区两级食品药品监管职能划分办法、县级以下食品药品监管机构设置的指导性意见等相关文件。各县(市)局均已明确职能调整,完成行政机构设置工作。新沂局、邳州局、睢宁局已完成食品安全监管职能的交接、监管队伍整合工作,其他各县(市)局的队伍整合和职能调整工作正在稳步推进。鼓楼、云龙、泉山、贾汪区食品药品监管机构独立设置工作已完成,监管职能和人员队伍已调整到位。

【餐饮食品安全整治】 2011年,制定《徐州市餐饮服务环节严厉打击食品非法添加和滥用食品添加剂专项整治行动实施方案》和《徐州市2011年餐饮服务环节地沟油和餐具消毒专项整治工作方案》,开展以地沟油、餐具消毒及打击食品非法添加和滥用食品添加剂为主要内容的餐饮服务环节食品安全专项整治"飓风"行动,落实餐饮食品采购索证索票、进货查验、使用台账制度和食品添加剂"五专"管理,制作添加剂公告和不采购、不使用"地沟油"等食品安全承诺书、添加剂公告免费发放给餐饮单位张贴,对提供自制饮料、自制调味料的餐饮服务单位和集体用餐配送单位食品添加剂使用情况进行风险监测。全市共出动执法人员12898人次,出动执法车辆3624车次,检查餐饮服务单位9508户次,抽检餐饮环节食用油20批次、水产品10批次、调味料75批、鲜榨果汁44批,对矿业大学等5家餐饮单位从业人员进行业务知识培训316人次。

【保健食品安全整治】 2011年,对一些不法厂商通过健康讲座等形式推销"保健食品"坑害百姓等社会关注的热点问题,在全市启动保健食品专项整治"清源"行动。提请市政府办公室印发保健食品专项整治"清源"行动方案,明确政府和职能部门的目标责任;加强与工商、卫生、公安等部门横向联系;加大宣传教育力度;落实保健食品生产经营企业主体责任,保障专项行动的有序推进;开展保健食品风险监测和调研活动,建立企业监管工作档案,进一步规范保健食品企业生产经营行为。共出动1538人次,检查保化生产经营单位413家,检查品种287个,抽检涉及改善睡眠、调节血压等6大类71批次保健食品。

【药品生产安全监管】 2011年,对高风险产品加强飞行检查的基础上,以贯彻落实新版GMP为契机,抓学习培训、提高监管能力,抓监督检查、落实制度措施,确保不出现源头在徐州的重大药品安全事故。开展实施新版GMP宣传引导和培训工作,促进辖区内生产企业全面准确解读新版药品GMP知识,并与实际生产有机结合,推动新版GMP的实施。突出特药监管,结合药品生产经营许可审查、GMP、GSP认证检查、跟踪检查等监管措施,严格落实特药生产经营管理要求,确保特药检查生产企业每月至少1次、定点批发企业每季至少1次,确保特殊药品生产经营源头可溯、流向可控。

【基本药物质量监管】 2011年,完成基本药物电子监管赋码工作,落实基本药物中标品种报备制度,建立基本药物生产、配送企业及品种档案,开展非注射剂类基本药物生产工艺及处方核查工作,在保证飞行检查覆盖率100%的基础上,日常监督检查每年不少于两次,确保不发生源头在徐州的药害事件。市现有基本药物生产企业12家,其中3家生产企业停产暂不实施电子监管赋码工作,9家基本药物生产企业共有125个品规中标;7家基本药物配送企业配送品种500余品规,配送保供率达97%以上。

【医疗器械监管】 2011年,以"器械安全,健康人生"质量年主题活动为主线,以落实《医疗器械生产质量管理规范(试行)》契机,重点加强对生产企业薄弱环节的监管,督促企业加强医疗器械产品质量管理,开展新颁布标准和业务技能培训,强化内部责任落实。对市管66家医疗器械生产企业、217家一般医疗器械产品经营企业,30家高风险产品经营企业进行日常监管,并对高风险医疗器械生产企业,实施突击检查4次,跟踪检查2次,专项检查2次,提出整改意见20条,做到生产企业年检查覆盖率100%、经营企业年检查覆盖率60%(其中重点经营企业年检查覆盖率100%)。

【药品安全专项整治】 2011年,以药品安全质量大检查"荡涤行动"为主线,明确"抓责任、强监管、整秩序"三大任务,围绕大案要案查处、专项整治工作和基本药物抽验3个重点,严厉打击制售假冒国内外知名品牌药械产品、无证生产经营药械和通过互联网发布广告、寄递等途径违法销售药品等违法行为。全力推进和指导大案要案的查处,市局查办的"7·21"假药案件全面告破,抓捕犯罪嫌疑人10人,查获涉案药品保健品39个品种、包装盒及标签40万份,涉案金额2000万元。新沂、睢宁、沛县、丰县、邳州等也相继破获被公安部或省局列为重点督办制售假冒药品、医疗器械案件,药品市场环境得到净化。全市共出动执法人员10138人次,检查涉药单位2982家,办理案件564件。

【"规范(合格)药房"创建】 2011年,根据《关于开展徐州市医疗机构"规范(合格)药房"创建活动的通知》等一系列工作方案要求,制定医疗机构"规范(合格)药房"验收评定标准细则,召开全市二级以上医疗机构规范合格药房创建现场会,观摩徐州市中医院、徐州市中心医院规范药房创建工作做法和成效,对医疗机构药房在组织与制度、人员与培训、设施与设备、购进与验收、储存与养护、调配与使用等方面进行督查指导和模拟验收,徐州市电视台、徐州日报、彭城晚报对本次"规范(合格)药房"验收工作进行全程跟踪报道。全市21家二级以上医疗机构规范(合格)药房创建工作通过省检查组的现场检查验收。

【城市社区"两网"创建】 2011年,组织鼓楼、云龙、泉山申报参加江苏省城市社区"两网"示范区创建活动,召开全市城市社区"两网"示范区创建活动工作会议,并组织各区到创建工作先进地区进行现场交流观摩学习。实行药品"网格化"监管模式,建立各区药品经营企业档案,在城市街道社区聘请药品安全协管员37人、信息员232人,深入街道、社区现场讲解安全合理用药知识、发放宣传资料,营造创建工作氛围。督促指导各区根据《江苏省城市社区"两网"建设示范区验收细则(试行)》标准,逐条、逐项分解工作目标,明确责任主体,制定进度计划,落实工作措施,通过省组织的药品"两网"创建工作中期评估验收。

【药品经营远程监管】 2011年,召开市区药品批发零售经营企业负责人会议,分批、分期对18家批发企业和市区331

家药品经营企业质量负责人进行药店远程电子监管知识培训。配置网络服务器、防火墙等软硬件设施设备,督促指导对药品流通单位配置相应设备并与局网络接口兼容,实现数据和信息共享。随机抽查药品品种与药品购进、储存、销售相关数据进行比对等,提高企业质量管理意识和责任意识。强化对各批发公司经营的血液制品、疫苗、中药注射剂及第二类精神药品等4大类产品电子监管情况进行在线数据采集,确保重点品种药品的来源可溯、流向可控。主城区311家药品零售门店已全部安装远程电子监控,实现电子监控全覆盖。

【“餐饮早餐示范店”创建】 2011年,餐饮监管是局接手的新职能,在充分调研、反复论证的基础上选取创建“便民早餐示范店”作为开启餐饮监管工作的切入点。市委市政府把“便民早餐示范店”建设列为2011年为人民群众办好9大类56实事之一。局按照先行试点、逐步拓展的工作思路,精心组织、狠抓落实,通过广泛宣传发动、出台实施方案、制定标准规范、督促检查指导、整改规范提档升级、督查验收授牌等程序,推进创建工作进程,完成30家“便民早餐示范店”为民办实事建设工作目标,并及时兑现每店2万元的政府奖励资金,以一块“便民早餐示范店”小牌子推动徐州早餐市场的变革,实现经济社会综合效应的一举“多赢”。

【食品药品检验监测】 2011年,以实验室资质计量认证评审为契机,完善药品检验质量管理体系文件,完善检验内部管理机制,投入120万元购置2台全自动高效液相色谱仪、1台红外分光光度计等药品检验设备,检验监测能力得到提升;在省局组织的药品实验室比对实验和盲样测定评比中取得较好成绩。根据年初抽检工作计划,合理分配日常监督抽验、监督性抽验、国家和省级基本药物评价性抽验等四类药品抽验计划,把握重点环节和重点品种,提高抽验科学性和靶向性。全年共完成药品抽样1526批,其中常规抽验776批,国家基本药物和省增补品种519批,省评价性品种230批;食品抽检613批次,其中实验室检测211批,快检402批,保健食品32批次。

【药品不良反应监测】 2011年,经市编办核准,局成立了“徐州市药品不良反应监测中心”,承担全市药品(含医疗器械)不良反应资料的收集、管理、上报等工作。对市区中心医院等13家二级以上医疗机构不良反应监测情况调研,掌握基本药物、药品、医疗器械重点品种风险监测工作关键点。作为省药品不良反应中心首批新网络试点试运行4家单位之一,在全省率先成立徐州市药品不良反应专家委员会,完成徐州市公安局监所支队8个拘留所药物滥用上报系统用户注册和使用培训工作。全市注册药品不良反应和药物滥用网上直报终端用户768家,全年共上报ADR报告5402份,居全省第三位。

【食品安全应急保障】 2011年,修订、完善餐饮服务环节食品安全事故应急预案,明确责任分工,建立完善应急处置机制。加强对重大活动餐饮服务食品安全监管保障体系、机制和方式手段的学习研究,实行以监督带演练、边学边练的工作模式,提高应急人员现场处置和检测能力,确保餐饮服务环节食品安全事故得到及时有效处理。督促指导泉山区、铜山区成功处置柳新镇某学校食物中毒事件。完成市政府创意68文化周、台湾重要来宾等16次重大活动期间食品安全保障工作。

【投诉举报和违法广告监管】 2011年,发挥社会监督作用,坚持领导带班值班制度,保持投诉举报通讯电话24小时畅通,保证投诉举报能“打得通、接得到、处理的及时”,做到“有报必接,有接必登,有登必查,有查必果”的工作承诺。全年共受理药品投诉举报案件100起、协查函件26件、学校食堂食品安全投诉1起;监测药品广告1365件,向工商局移送违法广告156件,提请省局暂停销售品种16个、警示消费品种4个,对两家继续销售暂停销售药品的药店进行立案查处。

【食品药品监管宣传】 2011年,通过食品药品监管工作网站、简报、专报、报刊、电视等新闻媒体搞好日常信息宣传,普及食品药品安全常识,发布食品药品安全信息,加强教育警示引导。组织开展3.15、科普周、食品安全宣传周、“药品安全用药月”等大型广场宣传,通过走进行风热线、电台“路瑶说健康”栏目、网络新闻发言人平台等向社会广泛宣传药品、餐饮、保健食品、化妆品相关知识,引导群众客观理性看待食品药品安全问题,营造全社会关心、支持食品药品监管工作的良好氛围。2011年,局网站发布食品药品监管信息515条,组织广场宣传活动7次,上报食品药品监管信息284条,其中国家局网站采用9条,市政府门户网站采用186条,省局网站采用79条,编印《食品药品监管》信息简报12期,徐州日报、都市晨报、彭城晚报和电视台、广播电台刊播我局新闻信息157篇次。 (张善永)

安全生产管理

【概况】 2011年,全市共发生各类事故1547起、死亡406人,同比分别下降13.2%和1.2%。亿元GDP死亡率、工矿商贸就业人员10万人生产安全事故死亡率、煤矿百万吨死亡率3项相对指标全部控制在国家考核指标范围内。

【安全生产责任体系建设】 强化“一岗双责”责任制,对全体副市长、副秘书长进行安全生产目标考核。细化部门监管责任,根据《全市各级人民政府、有关部门和单位安全生产职责暂行规定》,将安全生产监管职能分解到39个部门和单位。层层分解责任,年初将安全生产控制指标下达到各县(市)、区政府以及市有关企事业单位,签订责任书,严格实行目标管理。严格责任追究,认真执行“一票否决”、“行政问责”和“司法追究”制,严肃查处各类安全生产事故,严格落实事故挂牌督办制度,市政府挂牌督办安全生产事故7起,全部办结完毕。

【安全隐患排查治理】 开展安全生产大检查,排查治理安全隐患,共查出各类隐患16897条,整改15748条,整改率93.2%。将隐患排查治理制度化、常态化,建立健全重大隐患分级管理、重大危险源分级监控和跟踪督促整改机制。做到隐患排查深入细致、不留死角;整改过程从严从细、坚决果断,责任、措施、资金、时限和预案"五个到位"。市政府对14家存在重大安全隐患的单位下达了挂牌督办通知,逐一向每家单位下达《监察意见书》督促整改,14家单位已整改销号。

【打击非法违法生产经营】 严厉打击非法违法生产经营建设行为,共查处无证或证照不全从事建设、生产、经营行为189起,其他非法违法建设、生产、经营行为633起,累计排查危害铁路沿线环境安全隐患企业或居民建筑24处。在省政府的统一部署下,配合省煤监局,对徐州东部矿区水患严重的6对矿井实施整体关闭。

【安全生产宣传教育】 开展了"安全生产月"、"安康杯"、"青年安全生产示范岗"等宣传活动,广泛普及安全生产知识。利用新闻媒体开辟专题节目10余个,营造"关爱生命、关注安全"的良好氛围。扎实开展安全培训,11家三级安全培训机构共培训三项岗位人员28688人,其中特种作业人员18720人,企业主要负责人和安全管理人员9968人。

【企业标准化建设】 5家危险化学品生产企业进入"三级标准化"申报考评程序;14家烟花爆竹批发企业达到二级标准;华润天能煤电公司、丰县李堂矿业有限公司所属各煤矿,均达到"一级标准化"矿井要求;5家机械制造企业获得国家二级以上标准化审批;3家冶金企业成为"二级标准化"省级试点单位。 (孙 叶)

物价管理

【概况】 2011年,全市价格系统坚持以科学发展观为统领,紧紧围绕"保增长、保企业、保民生、保稳定"工作大局,切实加强价格宏观调控,积极推进资源价格改革,大力解决民生价费矛盾,整顿规范市场价格秩序,保持价格总水平基本稳定,开展一系列卓有成效的民生价格工作。以价格调控为中心,保持价格总水平基本稳定;推进全市平价商店建设,稳定市民"菜篮子"价格;推进资源环境价格改革,服务全市经济健康快速发展;加强民生价费监管,减轻社会负担;整顿规范市场价格行为,营造良好的价费环境;加强价格监督检查,维护市场价格秩序。各项价格工作取得积极成效,全市CPI涨幅为5.2%,低于全省平均水平0.1个百分点,完成全年调控目标。

【居民消费价格运行分析】 2011年,八大类价格中,食品类价格涨幅最高,全年平均上涨11.5%,拉动居民消费价格总指数(CPI)上涨3.15个百分点;家庭设备用品及维修服务类价格,全年平均上涨7.0%,拉动总指数上涨0.43个百分点;衣着类全年平均上涨6.5%,拉动总指数上涨0.51个百分点。价格下跌的是娱乐教育文化用品及服务类、交通和通讯类。全年平均下跌0.8%和0.7%,分别带动总指数下降0.10和0.08个百分点。主要大类价格上涨情况:食品类价格。其中,肉禽及其制品价格上涨21.3%,拉动总指数上涨1.09个百分点,成为食品类中对CPI上涨拉动最大的因素。在外用膳食品全年平均上涨11.3%,拉动总指数上涨0.85个百分点,是食品类中对CPI拉动第二大的因素。其中,主食上涨14.4%,炒菜上涨6.3%,地方小吃上涨23.7%。食品类中对总指数拉动第3位的因素是粮食,全年平均上涨16.4%,拉动CPI上涨0.31个百分点。对总指数拉动第4位的是干鲜瓜果,全年平均上涨14.0%,拉动CPI上涨0.28个百分点。肉禽及其制品,猪、牛、羊肉等食用畜肉及副产品价格累计上涨26.0%;鸡、鸭等禽类价格累计上涨13.8%;加工肉禽价格累计上涨13.1%。从肉禽及其制品价格各月同比涨幅来看,前7个月涨幅逐渐攀升,从1月份同比上涨7.4%,持续上涨至7月份34.3%的高点。随着稳定物价调控措施的不断出台、平价农贸市场不断设立、肉禽市场供应量的不断增加,从8月开始,肉禽及其制品价格同比涨幅逐渐回落,12月份涨幅回落至17.5%。全年鲜菜价格同比指数有5个月高于100,有7个月低于100。从年初开始,鲜菜价格同比指数呈上升趋势,至6、7月份,鲜菜价格同比指数达到135.1和134.3的高点,而后受大量本地应季菜上市和市区平价农贸市场建设推进等因素影响,鲜菜价格同比指数持续回落。全年鲜菜类平均价格下降1%,拉动CPI下降0.03个百分点。干鲜瓜果价格也基本呈现先涨后降的态势,由于徐州以外地水果、干果为主,干鲜瓜果类价格回落幅度低于鲜菜类价格,仍呈较快上涨态势。干鲜瓜果价格平均上涨14.0%,拉动CPI上涨0.28个百分点。其中,苹果、梨、香蕉、葡萄等鲜瓜果类价格平均上涨13.6%,核桃、红枣、花生等干瓜果类价格平均上涨16.1%。家庭设备用品及维修服务类价格平均上涨7.0%,拉动总指数上涨0.43个百分点。涨幅居八大类涨幅的第二位,仅低于食品类涨幅。家庭设备用品价格上涨的原因主要是木材、金属、纺织等上游原材料价格上涨,以及受生产工人工资上涨等多方面因素影响。其中,家具价格上涨15.8%,电器等家庭设备价格上涨3.9%,灯具等室内饰品价格上涨9.6%,床上用品价格上涨9.8%。衣着类价格平均上涨6.5%,拉动总指数上涨0.51个百分点,涨幅居八大类第三位。棉花、化纤、蚕丝、羊毛等主要纺织原料价格持续上涨,工人工资普遍提高,纺织服装、鞋帽企业的生产成本也明显提高。受季节性波动、商家促销、新款上市等因素影响,衣着类价格有一定的波动性,但各月价格均比去年同期有所增长。

【价格调控】 2011年,全面贯彻市政府稳定消费品市场价格保障群众基本生活各项措施，将价格调控作为全年价格工作的首要任务，加强市场调控监管，稳定主副食品价格，保障群众基本生活。扩大食品监测范围，增加采样点，健全以民生价格为主的价格监测网络，通过136个价格监测点，24小时测报关系群众生活的67种主副食品价格，向政府实行日报告制度。密切关注与群众生活密切相关的粮油、肉禽蛋、蔬菜价格走势，为政府提供科学的决策依据。联合市统计部门建立定期会商机制和部门信息资源共享机制，定期召开价格形势分析例会，正确研判物价走势，为政府决策当好参谋。提高价格监测数据的针对性和有效性，共同把握全市物价运行态势，为政府科学决策提供详实、可靠的价格数据。除国家统一安排和省政府确定的调价项目外，暂停出台市政府事权范围内的涨价项目，避免因政府提价项目的集中出台，影响市场价格总水平过快上涨。会同市民政、财政部门落实好补贴政策，根据省、市关于向城镇低保家庭发放基本生活消费品临时价格补贴机制的要求，对优抚对象、城乡低保对象、农村五保供养对象及特殊困难人群，以及城市“三无”老人和孤儿等低收入群体发放价格临时补贴。安排专项资金，对大中专院校家庭经济困难学生及学生食堂、农村寄宿制学校学生进行补贴，在确保大中专院校学生食堂饭菜质量的前提下，保持其价格基本稳定。健全价格新闻披露机制，在报刊、网络等主流媒体，及时、主动发布权威价格信息，合理引导消费预期。正确发挥新闻媒体的舆论导向作用，宣传政府在保障供给、稳定价格、保障低收入群众基本生活上采取的措施，客观分析价格变动趋势，准确阐释价格政策，澄清不实信息，稳定社会预期，对哄抬物价的典型案例进行曝光，发挥价格信息的引导、监管和约束作用。

【平价商店建设】 2011年，依托江苏都市厨房电子商务有限公司在市区居民集住区建设“食e家”蔬菜直销平价连锁店。该公司通过自建蔬菜生产基地，与农民经济合作联社签订直销合同，实现“产销对接，减少环节；电子商务，降存降耗；统一配送，统一价格”，着力保证零售价格低于同品同质价格平均数15－20%。依托市供销社下设的徐州市绿色家园商贸有限公司在市区居民集住区建设“徐州市绿色家园平价店”。该公司充分利用供销社连锁店和农民专业合作组织的资源优势，努力实现农产品自产直销。依托淮海蔬菜批发交易市场有限公司在市区部分居民小区建立蔬菜平价店。该公司利用蔬菜进货渠道优势，实现低价惠民。依托市区大型农贸市场设立平价集贸市场。已有东苑农贸市场、惠民农贸市场、袁桥农贸市场、苏北农贸市场和苏山农贸市场通过省考核验收，符合徐州市平价集贸市场挂牌条件。依托地方优势在县(市)、贾汪区建设平价商店。一方面，蔬菜新鲜、价低，平抑物价效果明显。由于平价商店销售的蔬菜大多由本地蔬菜基地组织提供，减少了许多中间环节，价格优势明显，部分品种低于市场30%以上。在平价商店的带动下，周边市场部分常见蔬菜品种价格也小幅下降。另一方面，平价店布局合理，面积扩大，菜品增加，能够更好地满足市民需要。平价商店大多建在社区周边，方便了居民选购；惠民等农贸市场平价经营面积已超过省物价局规定的1000平方米的要求，同时各平价店增加了平价蔬菜品种，由原来的20个左右扩大到最多80多个品种。蔬菜销售量成倍增加，产销购三方实现多赢。平价商店所销售的农产品种类多、质量好，比一般市场更加新鲜、安全，同时坚持“薄利多销”，吸引了大量市民前去选购，部分平价商店每天的销量比原来增加近1倍。

【服务经济发展】 2011年，疏导冬季居民采暖用汽销售价格。遵循合理补偿成本、促进节约用热、坚持公平负担的原则，同时充分考虑到居民的承受能力，2011～2012年冬季采暖期，市区居民集中采暖用汽销售价格为170元/吨，其中政府补贴20元/吨。热力生产企业与居民小区供暖单位实际结算(含税)价格维持上年水平，即：8公斤压力150元/吨；5公斤压力145元/吨。对非居民用蒸汽进行阶梯式汽价改革，引导资源有效配置。按照市政府《关于市区居民采暖用汽结算价格调整和非居民用汽阶梯式价格改革有关问题的会议纪要》精神，制定了非居民用汽实行阶梯式价格政策，按热用户日均实际用汽量占供用双方开户合同约定量的比例分级加价，日均用汽量按月平均计算，对非居民用汽实行阶梯式价格后，任何热力生产企业不得另外与热用户保留或新签订网损及其他名目的加价协议，规范热力生产企业的收费行为。调整东站、高铁地下停车场收费标准，疏导价格矛盾，适应社会车辆巨增、疏导车流需要，本着运用价格杠杆高效利用泊位资源原则，对东站和高铁站区地下停车场实行计时计费差别收费政策。贯彻成品油价格政策，控制连锁反应。根据国家成品油调整政策要求，努力控制连锁反应，加强成品油市场动态调查，切实及时反映成品油市场供求及变化趋势，为领导决策服务，维护成品油市场的稳定。做好市场跟踪调查、按时上报成品油价格调整对下游用户的影响和市场反映情况，联系中石化、中石油等经营企业，认真应对价格频繁波动，努力控制连锁反应。

【民生价费监管】 2011年，认真贯彻教育收费政策。对学前教育收费和高中国际课程班收费情况进一步规范。在春季开学时对市区公办幼儿园、中小学和部分民办学校的收费公示情况开展督察活动时，重点对变化的政策内容进行重点强调，把春秋两季市区公办幼儿园、民办中小学、部分民办高中的收费项目、标准在相关媒体予以公示。集中清理涉民收费项目标准，治理规范涉民收费。根据《省物价局省财政厅关于治理规范涉及民生收费的通知》精神，在全市范围内开展治理规范涉及民生收费工作。重点治理：全市所有行政机关、事业单位、代行政府职能的社会团体及其他组织，在提供行政管理、服务过程中，向公民收取的行政事业性收费；纳入政府定价管理的，垄断性、强制性服务行业在提供服务过程中向公民收取的经营服务性收费；社会、群众反映强烈、问题突出的其他重要的涉民收费，切实减轻群众负担，

【价费环境管理】 2011年，实施房价备案制度，规范房地产

市场价格行为。制定、出台《徐州市新建普通商品住房销售价格备案实施细则》,召开全市百家房地产开发企业明码标价提醒会,全面启动市商品房价格备案工作。要求全市各级价格部门严格执行房价备案措施,切实强化商品房价格监管。市全年共完成备案项目44家,面积276.6万平方米,核减虚高金额34.32亿元,每平方米约核减1240.89元。规范各类涉房收费,降低房地产开发成本。对城市商品房建设使用过程中涉及水、电、气、暖和有线电视等垄断行业收费问题进行调研,治理规范。强化对依托行政职能的强制服务、中介服务的经营性收费行为的监管。按照保本微利的原则,结合近年来试行情况,针对不同建设类别,分类明确新建商品房有线电视配套费标准,将有线电视配套相关费用计入房价,防止开发企业"价外加价"。规范整顿酒店客房市场,促进旅游酒店客房发展。会同市旅游局、工商行政管理局,联合下发《关于规范酒店客房市场价格行为的通知》,提出规范酒店客房市场价格行为的具体意见。召开全市三星级以上酒店负责人座谈会,传达国家、省、市文件精神,分析市旅游酒店市场价格动态,布置市规范店客房市场价格管理工作任务;对重点时段、重点地区三星级及以上酒店客房价格实行调价备案制度。科学制定船舶交易服务收费政策,促进亿吨大港建设。从促进徐州亿吨大港的建设和发展,加快船舶交易市场的培育和扩展的角度考虑,在政策许可的情况下,同意市华顺船舶交易有限公司申请核准船舶交易服务费标准暂由该公司根据市场行情,按照从低取费的原则自行确定。

【民生价格管理】 2011年,开展重点行业价格监督检查,运用价格杠杆改善民生。开展涉农、医疗等重点行业价格监督检查,组织开展涉农收费检查,重点检查化肥价格、粮食收购价格执行情况,以及农村教育、医疗、建房等领域收费情况,落实国家强农惠农政策,促进农业农村发展。组织开展医药价格专项检查,落实各项医药价格管理政策,规范政策调整期间医药价格秩序,保证医药卫生体制改革顺利推进,减轻群众不合理医疗负担。从严打击价格违法,处置价格异动。组织力量对市区10大农贸市场和120家超市、卖场实施实时动态监管,重点打击不法经营者利用节日、自然灾害之机跟风涨价,哄抬物价或结成价格联盟串通涨价等价格违法行为,确保市场价格秩序稳定。3月份碘盐抢购风波中,对个别食盐销售商趁机哄抬价格,牟取暴利的行为,快速启动食用盐价格异动应急监测,第一时间组织执法力量对超市、零售商店进行全面检查,及时提醒各级盐业公司及经营者严格执行政府定价,维护全市食盐销售市场价格稳定。拓宽民生价格利益诉求渠道,维护人民群众合法权益。加大价格举报受理平台建设力度,健全以电话、信件、电子邮件为主要渠道的举报接收网络,确保12358举报电话24小时专人值守,对人民群众的投诉举报,热情受理,快速办理,妥善处理。全市各级价格举报中心(站)共受理各类价格举报和咨询1330件,已办结1318件,办结率99.1%,所有办结案件已全部回复,回复率100%;实行经济制裁总额103.23万元,其中:退还用户95.07万元,没收违法所得5.93万元,罚款2.23万元。

(刘　茜)

住房公积金管理

【概况】 2011年,市公积金中心紧紧围绕"创造一流业绩、奉献一流服务、打造一流团队"目标,强化资金运营,规范业务运作,注重资金监管,不断提质增效,超额完成年度各项目标任务。全市归集住房公积金36.22亿元,同比增长20.83%;其中,市本级归集21.54亿元,同比增长21.05%;管理部归集14.68亿元,同比增长20.51%。全市270772名职工提取住房公积金15.74亿元,同比增长8.01%;其中,市本级提取10.41亿元,同比增长7.05%;管理部提取5.33亿元,同比增长9.95%。全市放发住房公积金贷款34.05亿元,同比增长17.32%;其中,市本级发放贷款23.27亿元,同比增长13.37%;管理部发放贷款10.78亿元,同比增长26.87%。全市实现增值收益1.72亿元,同比增长1.18%;其中,市本级实现增值收益1.15亿元,管理部实现增值收益0.57亿元。全市资金运用率为94.26%,同比增长1.89个百分点;其中,市本级资金运用率为108.69%,同比增长4.59个百分点;管理部资金运用率为72.36%,同比下降1.23个百分点。贷款逾期率为0.04‰,同比降低0.01个千分点。截至12月31日,全市累计归集公积金195.54亿元,归集余额115.84亿元,累计提取79.70亿元,累计发放公积金贷款160.54亿元,公积金贷款余额104.98亿元。中心被徐州市人民政府评为"2010年度全市政府信息公开工作先进单位"、"徐州市2010年度部门政府信息公开工作绩效考核优秀单位",被省住建厅评为"全省建设系统信息化工作先进单位"。

【省住房公积金工作分析会】 2011年7月29日,全省住房公积金工作分析会在徐州召开,省住房保障和城乡建设厅副厅长刘大威出席会议并讲话,全省各市及各行业住房公积金管理中心主任参加。会议总结上半年全省住房公积金管理工作情况,对下一阶段住房公积金管理工作进行安排部署。

【管委会二届二次会议】 2011年4月28日,徐州市住房公积金管理委员会召开二届二次会议。副市长王昊、市政府副秘书长王怀深以及第二届住房公积金管理委员会委员共20人参加会议。会议听取市公积金中心2010年工作报告和市财政局对市公积金中心2010年住房公积金归集使用计划执行情况及2011年归集使用计划的意见说明,审议并通过《徐州市2010年度住房公积金归集使用计划执行情况及2011年住房公积金归集使用计划》和徐州市住房公积金政策调整的相关建议,并就扎实做好下一步住房公积金管理工作进行安排部署。

【住房公积金个人住房贷款调整】 2011年5月1日起,对市住房公积金个人住房贷款政策作如下调整:办理第2套住房公积金个人住房贷款,购房款首付比例不低于50%,贷款利率不低于同期首套住房公积金个人住房贷款利率的1.1倍;停止发放第3套及以上住房公积金个人住房贷款;住房公积金贷款中职工家庭住房套数,根据借款人在市住房公积金管理系统中的贷款信息记录进行认定,其他情况不予认定;市公积金中心应根据资金运作情况,合理安排贷款放款进度;2011年5月1日之前已受理的贷款,仍按原政策执行。

【调整缴存基数】 徐州市住房公积金管理委员会下发《关于调整2011年度住房公积金缴存基数的通知》(徐公积金委[2011]2号),从2011年7月1日起,调整2011年度职工住房公积金缴存基数。住房公积金缴存基数为职工本人2010年度月平均工资总额。职工月平均工资总额计算口径:职工月平均工资总额=职工本人年工资总额÷实际发放工资月数。职工本人年工资总额是指各单位在一年内直接支付给本单位职工本人的劳动报酬总额。2010年新参加工作的职工,以其2010年实际发放工资的月份计算月平均工资。2011年1月至6月新参加工作的职工,以职工次月工资总额为缴存基数计算个人与单位住房公积金缴存额。2010年新调入的职工,以调入后工作的实际月份计算月平均工资。2011年1月至6月新调入的职工,以职工调入当月工资为基数,计算个人与单位住房公积金月缴存额。缴存比例:市行政机关、事业单位的职工和单位的住房公积金缴存比例仍各为10%,其他单位(含自收自支事业单位)仍各为8%—12%。职工个人住房公积金的缴存比例应与单位为职工缴存住房公积金的比例保持一致。住房公积金缴存比例未达到8%的,应在本次调整基数的同时调整比例。外商投资企业的缴存比例可按市政府相关文件执行。1998年11月30日后参加工作的职工,住房公积金缴存比例和基数除按以上政策执行外,单位另为职工逐月缴存的住房补贴比例仍为13%,纳入住房公积金统一管理,补贴基数与住房公积金缴存基数相同。

【文明服务】 规范服务行为,推行"三声(来有迎声、问有答声、走有送声)、四心(接待热心、解释耐心、办事细心、接受意见虚心)、五到位(宣传到位、告知到位、受理到位、传递到位、办结到位)、六不让(不让服务对象受到冷落、不让不文明行为在身上发生、不让受理材料在手中延误、不让职责在岗位上削弱、不让业务差错在工作中出现、不让中心形象受到损害)"服务;改进业务流程,简化办理程序,缩短办理时限,住房公积金提取、贷款时限分别由《住房公积金管理条例》规定的3天和15天办结,缩短为随到随办、即时办结;设立综合业务办理窗口,实行"一站式"服务,方便群众办理业务,提高办事效率;全面落实办事公开制、挂牌上岗制、岗位责任制、首问负责制、一次性告知制、服务承诺制、限时办结制、AB角制等;推行上门服务、预约服务、延时服务等便民措施,全面开展"周六你休息、我服务"活动;全面升级改造服务大厅,优化服务环境,完善服务设施,营造温馨舒适的办公氛围。

(张凤军　徐　斌)

无线电管理

【概况】 2011年,市无线电管理局全面推动频率台站管理、监测检测业务、行政执法和电磁环境保护等各项无线电管理工作的开展。在振兴徐州老工业基地活动中,充分发挥无线电频率资源的保障作用,做好重大项目和重点工程的无线电保障。完成全市人防、电力系统无线电台站专项核查工作。进一步加强基础技术设施的规范化管理,完善内部绩效考核,被徐州市委、市政府评为创建"勤廉徐州"先进集体;以创先争优为目标,在信息宣传方面创新思路,连续3年被评为江苏省无线电管理宣传工作先进单位;被市科协表彰为"徐州市第二十三届科普宣传周先进集体"。

【基础设施建设】 2011年,市无线电管理局进一步加强基础技术设施的规范化管理。年初制定上报年度技术设施规范化建设计划表,同时根据计划安排,安装完成省局配发的标牌和制度版;更换一期固定站的相关配套设施。根据规范化要求,加强日常管理制度的落实,对一、二期站和仪器陈列室、设备管理室、电波监测室、托管机房等的规范化工作进行了完善。一、二期固定站和仪器室安装了监控系统,在仪器室加装防静电地板,进一步完善充电系统,配备监控系统专用计算机和设备管理专用计算机。

【重点项目保障】 2011年,坚持服务徐州市委政府中心工作、服务徐州市经济社会发展大局、服务徐州老工业基地振兴的工作要求,保障城建重点工程和重点企业的频率需求。协调省局解决市重点企业江苏中能硅业科技发展有限公司以及江苏協鑫硅材料科技发展有限公司组网频率需求。牵头成立"市京沪高铁苏北段无线电频率保护工作协调小组",把频率边界协调的重点工作放在京沪高铁苏北段无线电频率保护工作上,会同铁路徐州办事处、移动公司的技术人员对在京沪高铁先导段江苏徐州境内存在的7个GSM-R基站覆盖范围内的干扰展开排查,解决辖区内个别移动基站对高铁GSM-R频率的干扰,保证GSM-R基站的正常通信。

【无线电频率台站管理】 2011年,依法对全市无线电台站进行行政许可。全年共受理申请39个,审批行政许可事项39个,办理各类新设电台1420部,换发电台执照1246部,报废各类电台98部。核查到期各类固定台(站)31部。截至年底,市各类无线电发射设备数量已达641万,比上年同期增长44万。电信、移动等通信运营商总共基站已达9884个。全年征收频率占用费101万余元,达到年度应征收频率占用费的98%以上。

【无线电监测】 2011年,做好设备检测和专项监测任务。加强航空导航、铁路列调、森林防火、消防、公安、广播电视等重点频段的频率保护,定期对重点频率开展监测、监听工作,认真做好监测数据的采集、整理、分析、统计。全年共完成5

个超短波频段和国家下达的12个3G频段监测任务，累计监测时间5245小时。累计完成2家单位的预指配频率监测工作。同时通过各种监测手段，努力维护空中电波秩序，查实9个不明信号，查处干扰10起。共检测无线电发射设备352部，其中固定台70部，移动台249部，基站33部。为维护苏北地区空中电波秩序、促进通信事业的发展奠定良好基础。

【行政执法】 2011年，按照消除干扰、维护秩序、保障安全、宣惩结合的工作思路，加大查处卫星电视干扰器的执法力度。全年累计外出行政执法50次，其中查处卫星干扰器21次，查处私设电台3次，受理群众投诉举报40件(次)，做到投诉举报件件有答复。查处违规设台单位2家，全部处理并结案。违规单位自行拆除非法干扰器3部，收缴并移交公安部门涉案(考试作弊)笔记本电脑3部，数传设备2套，接收机36部，对讲机4部，手机6部，协调广电部门，解决卫星电视干扰10次。

【重点通讯保障】 2011年，按照省局和市政府统一部署，市无线电管理局全年累计完成2011年研究生考试、高中学业测试、江苏省公务员考试、2011年全国会计专业技术资格考试、高考、全国一级建造师资格考试、徐州国家司法考试、徐州地区成人高考、二级建造师考试等12起反利用无线电考试作弊保障工作。累计出动人员150余人次，共发现作弊信号9个，查获4个，干扰压制5个。

无线电科普进校园

【对外宣传】 2011年，深化无线电管理宣传工作。全年累计在各类各级媒体上发表稿件共130篇；国家级刊物发表50篇，其中专业论文10篇；被评为江苏省无线电管理宣传工作先进单位。5月参加2011年全国科技活动周暨徐州市第二十三届科普宣传周活动，被市科协评为科普宣传周活动先进集体。9月份全国宣传月期间，采取召开座谈会，走访设台用户和无线电发射设备销售商6家，组织现场宣传等形式，加大宣传工作力度。在两份杂志开辟无线电管理宣传专栏，在市电视台"新闻综合"、"经济生活"2个频道拉滚无线电管理宣传标语，通过三大运营商发送无线电宣传手机短信50余万条。上铁徐州站、徐州东站，观音机场，三大运营商等主要设台单位通过悬挂宣传横幅、利用电子显示屏显示无线电管理口号、标语等方式参与宣传。在各类活动中共分发《无线电管理宣传手册》1000余册、《无线电科普宣传手册》800余册、《青少年无线电科普手册》200余册、无线电宣传广告纸杯3000余个、无线电宣传广告鼠标垫500余个。

【公安和地震系统无线电台站专项核查】 2011年，按照省局工作部署，结合市实际，开展公安、地震系统无线电台站专项核查工作。下发《关于开展全市公安系统无线电台站核查工作的通知》(徐无管〔2011〕27号)，与市地震局联合下发《关于开展全市地震系统无线电台站核查工作的通知》(徐无管〔2011〕30号)，指导两系统部署和配合核查，开展自查工作。组织全市公安系统各县(市)区、各支队的分管负责人台站核查专项工作培训。经核查及时掌握了公安、地震系统台站的变更情况，为省局重新调整规划400MHZ频率打下基础，保证现有数据库向国家数据库过渡打下良好基础。

(赵若宇)

统　计

【概况】 2011年，市统计系统着力推进统计"四大工程"建设，力促统计能力、数据质量和公信力"三个提高"，攻坚克难、主动作为、开拓创新、拼搏奋进，各项工作取得显著成绩，主要数据质量不断攀升，大部分专业在省局年度专业评比中获奖，统计整体工作走在全省前列，为全市科学发展和"两个率先"提供坚强的统计保障。通过全面抓实统计数据质量管理，狠抓制度建设、业务培训、联审联控、调研评估、汇报衔接等工作，全方位提高统计数据的匹配性、结构性、支撑性和趋势性，数据质量得到肯定，整体数据全面反映经济社会发展成果。全市主要经济指标增速高于全省平均水平，多数指标增幅居全省前列。全市实现地区生产总值3551.65亿元，增长13.5%；规上工业增加值1802.29亿元，增长17.9%；固定资产投资完成额2200.99亿元，同比增长22.2%；社会消费品零售总额1141.54亿元，增长17.9%；财政一般预算收入318.42亿元，增长43.3%；高新技术产业产值增长88.5%，占全市规上工业产值比重比上年提高8.2个百分点；全市城镇居民人均可支配收入19206元，增长14.6%；农民人均纯收入9490元，增长19.3%；万元GDP综合能耗下降3.68%，完成省下达目标；居民消费价格涨幅低于全省平均水平。

【统计基础建设】 制定"双基"规范化建设三年规划和乡镇统计工作规范化建设考评办法，通过发挥示范镇(街道)、企业的示范带动作用，推动全市镇级和"三上"企业统计工作实现统一规范。同时按照国家、省要求，对系统自身、全市"三上"企业以及基本单位名录库全部进行自查自纠，并将1000余家无从业资格证的"三上"企业统计人员全部纳入培训考试计划，主要数据质量检查工作得到省局核查组充分认可。以抓好服务业统计和统计监测为核心，着力推进部门统计基础建设，建立季度部门统计联席会议制度和部门统计调查与数据质量评估制度，建立完善部门统计工作考核和协调联动机制，切实提高部门统计在GDP核算以及重点统计监测中的重要作用。

【统计数据质量管理】 全面抓实统计数据质量管理，制定下发《徐州统计数据质量评估办法》，研究制定质量控制办法，将部门数据作为评估各地发展的支撑依据；认真分析研究GDP核算与主要数据评估指标，及时与部门沟通，做好对上汇报衔接；着眼于提升GDP核算的部门支撑力，建立GDP核算部门基础数据月度监测制度，修订《部门综合统计报表制度》；制定《服务业集团统计报表制度》、《服务业统计调查工作实施方案》以及"三上"企业研发机构调查制度等，统计调查制度进一步深化和细化；先后开展百家重点贸易企业统计、城乡住户调查、能源统计和"四大工程"等培训41次，共培训近4000人次。

【统计监测评价】 发挥统计部门牵头汇总、审核把关和业务指导作用，着力抓好全面小康、"八项工程"、科学发展考核评价等重点监测工作，全面参与县(市)区科学发展综合目标考核、市级机关绩效考核和乡镇科学发展分类考核等考核评价工作。市全面小康社会建设4大类25个指标中24个指标达到或超过目标值，总体指标达标率为96%，剩余1个未达标指标目标实现程度均达到98.9%，在苏北率先实现以市为单位全面达小康目标。科学发展评价综合指数继续保持苏北领先地位。在全省较早研究制定全市"八项工程"、基本实现现代化统计监测实施办法，适时启动全市"八项工程"统计监测工作。

【统计调查】 依法组织实施GDP核算、农业、工业、贸易、投资、能源等年定报以及价格、住户、服务业、规模以下工业、R&D资源清查、保障房建设等40项统计调查。围绕各级领导和民众关注的热点问题，利用CATI电话调查系统等多种调查方式，组织开展人民群众对科学发展成果满意度调查、市级机关和单位服务对象满意度调查、物价上涨对市民生活影响调查等20余项专项调查和社情民意调查，位居全省前列，搭建政府与民众沟通的桥梁。

【统计分析服务】 通过《统计月报》、《统计要览》、《统计年鉴》、《统计专报》和"两会"、党代会统计服务专刊等统计产品以及各类统计分析资料，通过定期召开经济运行统计新闻发布会等形式，将统计产品广泛服务于政府决策和民众参政议政的各个领域；定期召开分析例会深入分析月度、季度、年度经济运行情况，围绕党委政府中心工作、"三重一大"、老工业基地振兴、重点经济领域等开展专题调研工作，就发展中存在的突出问题、苗头性问题及时撰写统计分析供领导决策参考。市局队全年撰写统计分析210篇，市委市政府两办采用50篇，印发《统计专报》、《统计分析资料》35期，召开经济运行统计新闻发布会7次，统计外网点击率达270余万次，全年统计分析被市委市政府主要领导批示13篇以上。

【统计方法改革】 以企业一套表为核心的"四大工程"建设是上年以来国家局全力推动的"第一号任务"，是推动统计工作走向规范统一、公开透明的重大举措。市按照国家、省统一部署要求，高度重视、提前谋划，举全市统计系统之力扎实推进该项工作。市政府成立以常务副市长为组长的"四大工程"建设领导小组，召开全市企业一套表统计改革工作会议，下发文件部署推动，并将推进"四大工程"所需经费纳入年度财政预算；市统计局成立以局长为组长的"四大工程"建设推进工作小组，制定周密的"企业一套表"实施工作方案，建立一级抓一级、层层抓落实的推进工作机制。选取统计调查单位较多的铜山区开展试点工作，对制度、流程、软件、硬件、能力进行全方位的检验与完善，历时两个月，经两次实战检验，顺利实施全部试点单位的数据采集和网上直报工作，数据上报率和直验率均达到"企业一套表"试点工作要求。经严格审核，认真比对、核实和确认，基本建成以基本单位名录库为基础，涵盖全市5156家"三上"企业和房地产开发企业的统一调查单位库，实现"先有库、再有数"和"不进库、不出数"。加大培训力度，开展基本单位名录库、企业一套表工作培训，邀请省局专家来徐授课，全面系统讲解统计"四大工程"总体情况和平台建设情况。深入县(市)区、乡镇、企业全面开展调研工作，有针对性地加强企业网络硬件环境和统计队伍建设，为全市全面实施企业一套表网上直报奠定基础。

【统计法制建设】 立足依法治统，制定《统计行政执法效能后评估制度》等4项柔性执法工作制度；推进统计法进党校活动，市局主要领导为市委党校2011年秋季县处级干部进修班学员作"统计知识和统计法"专题讲座；立足"12·4"法制宣传日、12·8统计法颁布日、"10·20"世界统计日和第六次全国人口普查、主要数据质量检查等重点工作开展，利用媒体、网站、户外广告牌、横幅、一封信、告知书等多种形式广泛进行法制宣传工作，营造全社会"理解统计、支持统计、配合统计"的良好氛围；积极开展统计执法检查，共开展统计执法检查34次，发现并处理统计违法行为单位9家。

【统计行风建设】 结合全市"创先争优"活动，以创建徐州统计优质品牌为着力点，大力弘扬"求实、创新、严谨、奉献"的统计行风；按照国家局提出的统计核心价值观，加强徐州统计文化建设，增强凝聚力；严格执行党风廉政建设责任制，建立行之有效的行风建设制度约束体系；研究制定《县(市)区统计工作综合考核办法(试行)》和《局队工作绩效考核办法(试行)》，力争通过量化考核、奖惩结合，强化全系统的工作责任意识、主动作为意识和创新创优意识，有效推动统计工作的全面开展。 (卢川川)

审　计

【概　况】 2011年，全市共审计656个单位，查出违规及管理不规范金额28.6亿元，管理不规范金额46.8亿元，核减并节约财政支出13.6亿元；各级审计机关共向地方和上级党政机关提交审计报告和信息2750篇，被采用或批示1209篇(次)。审计项目连续4年被评为审计署地方表彰项目和优秀项目；信息化工作在审计署获奖349篇；省厅专门发文号召全省审计机关学习贾汪审计经验；刘家义审计长批示向全国审计人员荐读沛县审计局魏明坤撰写的《审计人员要有“归零”意识》一文，是审计机关成立28年来的第一次。

【财政审计】 对政府财政收支运行轨迹实施全面审计监督，促进财政资金管理、使用的科学化和规范化。突出重点对象审计，以财税部门为首要审计对象，将国土、建设、房管、教育、民政、社保等有非税收入筹集和专项资金分配权以及其他具有执收执罚职能的部门和单位作为重点审计对象。并在审计工作报告中披露人防费、配套费等9项资金的审计情况，市人大常委会形成重要问题审议意见，提请市政府责成相关部门加大欠费清缴力度。突出财政绩效审计，以财政审计“真实、合法、绩效”三位一体为目标，从资金和项目的使用状况和效果出发，追溯项目立项、决策程序是否合规合理，进而上升到对权力的监督和制约。市直政府性基金预算执行绩效审计分析报告得到市委、市政府主要领导批示，直接增加政府偿债准备金5亿元。突出审计整改落实，绘制详细的审计整改流程图。在全市优秀审计项目评比中，要求审计整改情况得分占总分比重达10%。针对土地出让金逾期欠缴金额大的问题，连续3年在工作报告中反映，并采取下达审计告知函、冻结欠缴单位在国土局办理事项等措施，助力收缴土地出让金96亿元。

【固定资产投资审计】 全面开展对重大投资项目、重大民生工程和重大生态环境建设项目的跟踪审计。全程参与跟踪审计的各个控制点，重点突出对工程招标、合同审查、设计变更签证等环节的监督。开展京沪高铁徐州站区建设工程、棚户区改造等34个项目的跟踪审计，工程总送审金额为22.8亿元，审减2.6亿元，其中老居民小区整治跟踪审计核减3902.77万元，审减率达25.44%。全市审计机关在172项重点工程建设项目跟踪审计工作中，从机制、制度和管理等方面提出214条审计意见和建议，有143条被采纳，促进政府和有关部门建立健全规章制度6项。其中，关于规范工程专项治理的审计建议，促成市政府出台了《关于进一步加快建筑业发展的意见》。通过采取提交专报、查处违规违纪问题、宣传审计法规和审计程序等措施，广泛提高工程参建各方对投资审计的认识。全市各县(市)、区政府均出台了《政府投资项目跟踪审计监督办法》、《关于进一步加强和规范建筑工程造价审计监督的意见》等文件。

【经济责任审计】 全年共开展12名县(市、区)长、书记在内的146名领导干部的经济责任审计，实现县区领导干部的轮审。工作中注重“标本兼治、综合治理、惩防并举、注重预防”的方法。编写知识读本，加强教育引导。编写《徐州市党政领导干部和国有企业领导人员任期经济责任审计知识读本》，对全市市直部门单位主管会计进行审计知识专题培训，有效提高领导干部对经济责任审计工作的认识和财务人员的业务素质。制定评价体系，强化惩治约束。率先在全省出台《县级党政领导干部经济责任审计评价体系》，审计人员根据该体系可以客观公正评价县级党政领导干部在任期内的经济工作、经济管理、法律法规和政策执行以及廉洁自律等。创新审计方法，完善制度规范。创新提出“一线、二评、三权、四制、五指标”的审计思路，以及“四统一”的经济责任审计组织方式，确保了审计范围、程序、方法、处理和评价等关键环节原则上保持一致。

【专项资金审计】 全市审计机关紧紧围绕新农村建设、社会事业和关系群众切身利益问题，开展重点资金和项目审计和审计调查，促进落实政策的和完善制度。开展“一条鞭”项目审计，开展地方政府性债务、养老保险基金等11个行业性项目资金审计。局被评为全省地方政府性债务审计组织工作先进单位，实施的宿迁市本级政府性债务审计项目被评为审计署优秀审计项目。关注民生资金使用绩效，开展新型农村合作医疗基金、政策性农业保险资金等57个民生资金的绩效审计。在政策性农业保险绩效审计调查中，针对虚假理赔、开设假“一折通”等问题，向市委、市政府提交审计专报，并向中国人保徐州分公司和睢宁纪委移送案件线索，督促问题的整改。注重发挥“审、帮、促”的作用，全市各级审计机关在开展的210个专项资金和项目审计中，上报的信息和报告被领导批示157篇次，促进相关部门制订整改措施179条。其中，市局关于建立淮河流域及南水北调沿线主要河流控制断面水质达标责任制等审计建议，促成市政府出台《市政府关于实行重点断面水质达标风险抵押金制度的通知》。

【国有企业审计】 按照“强化管理、推动改革、维护安全、促进发展”的要求，强化审计服务职能，推动企业健康发展。促进企业深化改革，对新盛、国投、新水等6个国有资产经营有限公司进行考核审计；对徐工轮胎有限公司等16家企业的破产改制费用、搬迁损失补偿费情况进行审计(调查)，促进节约财政资金1.47亿元。维护国有资产安全，结合市商贸局原负责人经济责任审计中发现的问题，向市政府提交《徐州市商贸局挤占国有股本分红用于行政经费支出》的审计专报，市政府作出批示并主持召开会议研究部署行政单位持有国有股本问题，避免国有资产的流失。帮助企业解决困难，鼓楼区审计局在对某国有企业审计中，帮助被审企业清理应收房租欠款300万元，使被审企业度过经营难关。(涂永泉)

科学技术

自然科学

【高新技术与新兴产业】 加强高新技术企业培育扶持力度,新增35家省级以上高新技术企业,累计增长60%。全年全市高新技术产业产值达2000亿元,同比增长89%,高于全省平均增幅60个百分点,占规模以上工业产值的比重达28.9%。加快培育新兴产业,设立2000万元的新兴产业专项资金,重点资助扶持新兴产业企业项目,新兴产业产值达1855亿元,同比增长117%。重点推进物联网产业发展,推动南京航空航天大学、利国铁矿、中矿智慧合作成立了股份制企业,组织利国铁矿和夹河煤矿两个"感知矿山"技术示范工程并通过国家安监总局的验收,在世界范围内首次实现了矿山人员环境实时感知,被列入省十大科技创新工程之一,全市物联网产业实现产值486亿元,同比增长91.1%。

【企业研发机构建设】 着眼于提高自主创新能力,以加大企业研发能力建设为突破口,积极推进企业科技创新。在全省率先启动企业研发机构建设工程,召开了全市加快推进企业研发机构建设工作会议,研究制定了企业研发机构建设奖励政策,市政府出台了《关于加强企业研发机构建设的意见》,设立了分管领导月调度机制和科技、发改、经信、人保等部门协调联合推进机制。全年新建市级企业研发机构1432家,新增7家院士工作站、28家省级工程技术中心。截至年底,全市拥有国家级研发机构17家、省级研发机构199家、市级企业研发机构1888家,总数比上年翻两番,100%的本土大中型企业和47%的规模以上工业企业建立了市级以上企业研发机构。

【创新型园区建设】 以资源集中、产业聚集为方向,大力推进高新区建设。徐州市在高新区内规划建设了徐州国家安全科技产业园、徐州市大学生创业园产业基地、省级留学人员创业园、中国高校技术转移中心徐州中心等一批科技创新载体。8月初,徐州高新区通过了科技部专家组的初步验收。加快徐州经济开发区转型升级。徐州经济技术开发区积极吸引创新资源,与美国麦克唐纳集团、切诺基国际投资公司借鉴美国北卡三角科技园成功经验,合作建设中美(徐州)创新科技示范园,重点发展科技创新、总部经济、高端商务等成长型产业。综合实力跃居全省前10位,成为苏北唯一的低碳经济试点园区。大学科技园提档升级成效明显,中国矿大科技园通过国家大学科技园绩效考核,有望进入国家大学科技园A级行列;徐师大大学科技园被认定为省级大学科技园,并启动申报国家大学科技园工作。积极开展产学研活动。参加第三届中国江苏产学研合作成果展示洽谈会,在2011年中国徐州第十四届投资洽谈会上,成功举办中科院徐州成果对接会和物联网产业发展推介会,建立校企联盟160家,全年举办产学研活动240余场。

【科技投入体系】 全市财政性科技投入大幅增长,全社会投入稳步增加。全社会科技研发(R&D)投入将达到53亿元,占GDP比重达到1.6%。拓宽科技金融投入方式,启动实施了科技银行对科技型中小企业科技贷款工作,全年为科技企业发放贷款3400万元;设立500万元徐州市科技成果转化风险补偿专项资金,用于支持科技型中小企业科技成果转化贷款风险补偿。争取外部科技源绩效明显,全年共争取国家、省级科技项目440项,同比增长67%,争取项目资金2.69亿元,同比增长93%,项目数和资金数均创历史新高。

【农村科技】 深入实施科技富民强县专项行动计划,睢宁、沛县获得国家科技富民强县试点专项支持,丰县获得江苏省科技富民强县试点专项支持。扎实推进农业优良品种培育工程,全年培育农业优质高产高效新品种5个,累计推广种植面积10000亩以上。加快现代农业科技园区建设,新建市农业科技园区15家、市农业科技示范村3个,新增省级农业科技型企业6家。全市建成农村科技服务超市分店7家、便利店15家,全年全市获得省以上项目82项,争取项目经费1525万元,其中获得国家科技计划40项,经费约490万元,获省级科技计划42项,经费1035万元。农村科技服务成效凸显,"品种示范、专家咨询、网络服务、技术培训"等多形式、多功能服务成效显著。邳州大蒜产业分店、贾汪蔬菜产业分店成为服务当地产业的品牌店,受到省科技厅高度赞赏。农村科技创新服务能力大幅提升。

【知识产权与科技成果转化】 以建设知识产权强市为目标,大力培育自主知识产权,促进专利成果产业化。组织实施"企业专利申请倍增计划",专利产出大幅提升,全年专利申请量14729件,企业专利申请量4645件,专利授权量6821件,发明专利申请量4876件,增幅分列全省第8、10、7、6位。争取省重大成果转化项目大幅提高,立项7项,争取资金7100万元,比上年增长137%。知识产权保护力度不断加大,积极开展"双打"专项执法行动,共立案查处假冒专利案件70件,是上年度的9倍,立案数位居全省第3位。

(张　薇)

哲学社会科学

【学会建设】 2011年,全市社科学术团体发展到83家,社科研究与宣传普及队伍扩大到3万余人,社科成果数量和质量跃居全省第三位,市社科联连续11次被评为全国先进社科联。年内,主要抓5项工作。一是对全市83家社科类学会开展全面调研。按照学科分六大组进行调研,召开14场座谈会,调研取得的成果对学会发展起到决策性作用。二是为给各学会年检提供方便,派人在老城区办公20天,全市共有81家社科类学会参加年检,年检合格80家。学会年检合格率接近99%。三是审批成立了徐州市市场信用研究会等3家新学会,批准筹备市行政管理学会、市杂文学会、市全民健身研究会、市运河支队研究会、市文化创意产业研究会。市企业品牌研究会更名为市品牌研究会。指导市教育学会等8家学会进行换届。全年参加指导各类学会研究会组织的年会、理论研讨会、学术交流会等活动46次。四是评选表彰13家优秀学会及21名学会优秀工作者。五是举办秘书长培训班,对全市83家学会研究会秘书长进行全面系统培训,会后组织部分秘书长赴韩国考察。

【理论研究】 围绕制定实施徐州"十二五"发展规划,积极组织专家学者进行前期研究,先后中标近20个课题;协助市旅游局制定《徐州市旅游产业发展规划纲要》,形成3万多字的研究成果上报市政府;组织专家学者以"三重一大"为龙头,开展徐州经济转型研究,形成200多项研究成果,其中,精选省内外专家学者82篇优秀成果结集出版《转型之道》论文集。组织申报江苏省2011年度社科应用精品工程,收报成果125项,经过专家评审推荐25项成果参评;参与全市重点工程建设,组织专家对徐州文庙恢复工程进行前期调研论证,形成的建议已被市委市政府采纳,进入搬迁实施阶段。市检察官协会全年撰写各类理论研讨文章近千篇,被国家级刊物采用169篇;市教育学会在十一五省市级课题中有一项获得"江苏省基础教育教学成果特等奖";市税务学会着力抓好重点课题调研任务,在《徐州税务调研》刊物上发表65篇理论文章;市审计学会征集选送50余篇优秀审计论文报送中国审计学会;市工商学会全年组织撰写各类研讨文章300余篇,有50余篇在省级以上刊物发表;市建设会计学会全年共立项50个会计科研课题;市苏轼研究会参加了"全国第十七届苏轼学术研讨会",向大会提交研究论文7篇并在学术交流大会上作了发言;市统战理论研究会共收到论文、调研报告800余篇,3篇论文分别获得江苏省统战理论研究会一、二、三等奖。

【学术平台】 一是召开建党90周年学术成果发布会。通过前期发动,共收到各方面论文194篇,经专家评审委员会认真评选,有74篇分别获得一、二等奖和优秀论文奖,收录《党建之光》论文集。二是继续组织专家深入开展"社科专家五行"活动。2011年重点开展社科专家淮海行活动,社科专家深入安徽、山东等开展咨询和研讨,专家组成员淮海学院院长沈正平、沈山等教授还承担20多项国家级和市县级政府委托的课题。三是参加省社科联举办的2011年学术大会。共收到成果65项,组织专家评审推荐,获一等奖1项、二等奖4项,优秀奖4项。市金融学会等6家科研机构专家学者及获奖作者参加省学术大会。四是应邀参加"宁镇扬"同城化论坛。适时组织协调专家学者进行徐州都市圈同城化的前期研究。五是组织部分学会参加全国大中城市社科联会议。六是指导和推动各学会研究会广泛深入地开展学术活动。市陶行知研究会在徐州工程学院召开了纪念陶行知先生诞辰120周年大会,进一步弘扬了陶行知思想和精神;市体改研究会举办了《转型:政府与市场》论坛;市法学会邀请东南大学法学院院长周佑勇做了题为《新形势下加强法治政府建设的主要问题和对策》的报告。

【科普宣传】 积极配合市有关部门实施科普行动计划,围绕提高全社会人文素质和文明程度,开展各项科普活动。重点开展七个方面工作。以"传播中华文明,建设美好徐州"为主题,组织社科界开展了52项社科普及系列活动和62场徐州人文社科讲坛讲座活动,带动各类学会和社科组织把社会科学的普及推向了深入。完成第十届社科优秀成果评奖工作。共收申报成果506项,评出奖项150项。其中,一等奖16项,二等奖52项,三等奖82项,待政府发文表彰。先后召开3次座谈会,确定在全市建立2家省级和11个市级社科普及基地并对徐州市法学会等13家科普基地先进单位进行表彰。通过加强调度指导,这些科普基地较好地发挥了基础性作用。创建徐州市社会科学网站。建站半年来,点击率达到2万多次。指导全市50多家社科类报刊杂的出版发行工作。市审计学会编写出版了《徐州市党政领导干部和国有企业领导人员任期经济责任审计知识读本》;市彭祖文化研究会出版了《彭祖养生长寿之术》等专著完善了彭祖菜系;市经济学会组织编写了《现代农业经济管理》农民培训教材;市家庭教育研究会启动了家庭教育十二五规划编写工作。全年编发市社科联会刊《淮海文汇》6期、《徐州社科专报》15期。

【社科基础建设】 坚持从资源整合入手,围绕构建徐州社科强市这个总体目标,创造性地进行载体和平台建设,初步构建了新时期社会科学可持续发展的运作机制。一是加强社科队伍建设。主持并参与全市优秀专家、拔尖人才和省333人才推荐评选工作,推荐24名优秀专家和拔尖人才,享受政府津贴。二是严格执行绩效考核制度。年初,上报全年24项工作目标任务,按照各部室工作职能把每项任务分解到人,年终考评取得优异成绩。三是调整领导班子成员分工。四是修订徐州市社科优秀成果评奖办法。五是加强成果转化,推荐全市社科成果参评徐州市老工业基地创新评奖,推荐成果18项,获奖12项。六是上报市委市政府并被市编办批准成立徐州市社会科学院,增加2名编制、两间办公用房、若干办公经费,在第十届社科优秀成果颁奖大会举行挂牌仪式。

(孙法亮)

科　协

【专项督查】 年初,提出2011年是市委40号文件和市委办100号文件的"贯彻落实年"。5月下旬,由市委办、督查室牵头,市科协配合,组成3个督察组,采取召开座谈会、调阅相关台账、现场察看等方式,深入各县(市)区以及市农委、市卫生局、市交通运输局、市环保局、徐州广播电视台等市直机关单位进行现场督查。督查工作结束后,3个督查组及时召开碰头会,认真梳理各地各单位工作中的成功做法以及存在的主要问题,形成了客观真实的督查工作报告。经市领导签批,市委督查室在8月初向各县(市)区、市直有关部门单位,正式印发了《关于对徐委〔2010〕40号文件贯彻落实情况的督查通报》。

【第九届徐州科技论坛】 联合有关部门单位,主办了以"推进创新驱动,建设智慧徐州"为主题的第九届徐州科技论坛活动。邀请中国工程院常务副院长、党组副书记潘云鹤院士,作了题为"物联网与信息化的发展趋势"的主题学术报告,全市相关方面的领导、专家和科技工作者1200多人聆听报告。论坛面向全市广大科技工作者围绕13个方面的选题,组织征集了论文211篇,经论坛学术委员会严格评审,80篇论文分获一、三、三等奖。活动期间,还组织物联网科技展示活动,邀请物联网技术研发、生产企业参展并进行项目洽谈与合作交流。同时,紧紧围绕论坛主题,以协办学会为单位,相继组织开展了一系列专题分论坛活动。

【第二届淮海科学技术奖评审】 5月6日,淮海科学技术奖办公室组织召开了第二届淮海科学技术奖颁奖大会暨第三届淮海科学技术奖申报工作会议。会议对第二届淮海科学技术奖的15项一等奖、37项二等奖、35项三等奖进行了表彰,同时下发了《关于开展第三届淮海科学技术奖组织申报工作的通知》。并将第二届"淮奖"获奖成果报送国家奖励工作办公室,被编入2011年中国科学技术奖励年鉴。

【科普示范县(市)区建设】 年初,组织各县(市)区科协在沛县召开创建工作现场推进会。3月初,对参与创建全国科普示范的6个县(市)区,对照创建标准逐项检查,及时指出问题和不足,责令认真做好整改工作,顺利通过省科协代中国科协组织实施的检查验收。在5月底召开的中国科协第八次全国代表大会上,丰县、沛县、新沂市、铜山区、云龙区、泉山区荣获"全国科普示范县(市)区"称号。下半年,邳州市、睢宁县、贾汪区、鼓楼区等4个县区开展创建省级科普示范县(市)区工作,年底顺利通过省科协组织的检查验收。自此,所属10个县(市)区全部荣获全省、全国科普示范县(市)区。

【《徐州市青年科技奖评选表彰办法》修订工作】 积极和市委组织部、市人力资源和社会保障局沟通协调,对《徐州市青年科技奖评选表彰办法》进行座谈讨论,反复修改。文件初稿形成后,报送市委市政府并认真做好有关解释说明工作。最终由市委办公室、市政府办公室正式予以转发全市各部门各单位遵照执行。

【专家库建设】 市科协坚持"分工负责,逐级申报,层层把关”的基本原则,严格遵照遴选标准,按照理工、农、医、综合交叉的传统分类,经过权威专家评审,聘任丁三青等152人为首批“徐州市高层次科技专家库”专家。专家库建设实行动态管理,确保专家库信息管理系统硬件、网络设施及数据库系统的正常运行,对专家库专家进行快速检索,及时为市委市政府的科学决策、企业信息咨询、农村信息指导以及行业、学科间的相互联络协作提供服务。 (董大周)

气象服务

【主要气象灾害及其影响】 1. 干旱。2011年1月滴雨未落,加重了始于2010年秋季的干旱,冬旱持续到2月下旬中期,2月26~28日的雨雪缓解了旱情。3月、4月降雨仍然显著偏少,3月底普遍出现春旱,春旱持续到5月上旬,5月9~10日全市普降大到暴雨,春旱得到缓解,此后又持续多晴少雨的天气,6月份再度出现干旱(初夏旱)。冬旱、春旱和初夏旱不仅影响了小麦的正常生长发育和夏种的进行,还导致京杭大运河出现枯水时段,造成大量船舶滞留;淮河江苏段水位也出现历史记载水位的最低值,并出现断流;微山湖、骆马湖、洪泽湖降至死水位,省防指启动淮北地区三级抗旱应急响应。2. 寒潮大风。2011年共出现6次寒潮和3次大风过程,其中10月24日寒潮造成了25日全市出现了初霜,使得初霜提前到来5天,11月19日~12月8日的20天里,频繁出现了4次寒潮,这在历史上是不多见的。3. 大雪和道路结冰。2月9日傍晚到10日早晨,全市普降中到大雪,积雪深度3~6厘米,受积雪影响,高速公路实行三级管制。2月13日傍晚到14日早晨普降小雪,由于气温偏低,造成道路结冰,发生多起车辆追尾事故。2月28日下午到夜里普降大雪,积雪深度1~8厘米(徐州市区8厘米),受积雪影响,高速公路在不同路段实行二级或三级管制,市内交通影响不大。4. 持续阴雨低温寡照。9月5~19日持续阴雨寡照天气,17~23日持续低温,持续的低温阴雨寡照,对秋熟作物的灌浆和成熟造成严重的不利影响,其中16~25日的10日中,水稻灌浆速度仅为0.29克/天,比前10天的平均灌浆速度下降了0.43克/天。部分田块稻穗上半部还出现了白穗死亡现象,对水稻高产有明显影响。5. 暴雨。2011年共有3次暴雨过程,分别出现在7月10日、8月25~26日和9月7日。9月7日的暴雨造成睢宁县的内涝和徐州城区的严重积水,7日傍晚市内交通一度瘫痪。6. 强对流(雷雨、大风、强雷电、冰雹、龙卷等)。2011年是强对流比较弱和少的年份,没有发生较大范围的强对流天气过程。8月12日下午,贾汪区塔山镇张场村遭受雷雨狂风袭击,大风刮倒大树,砸坏房屋,成片的设施蔬菜大棚被损毁。

【预报服务】 全年共发布重要天气报告107期,直报市委、市政府主要领导的决策服务专报5期,预警信号29期,向市委、市政府领导发送决策服务短信740多条,向防指、交通、水利、国土、农业、建设、安监等18家职能部门领导发送决策气象预警短信2万多条。每天发布各类天气信息60多次,全年发布公共气象短信1400多万条。

【人工增雨】 2011年,制定了《徐州市人工影响天气作业点选址建设技术规范》,编制了《徐州市人影作业手册》,在全市建设了13个人影标准化作业点,先后实施了7次人工增雨(雪)作业,为抗御1950年以来的特大气象干旱发挥了重要作用,中央电视台进行了3次报道。 (牛传坡)

地震工作

【监测预报】 着力加强地震监测台网建设。先后完成贾汪地震台和睢宁地震台测震仪器安装,使市级测震台网子台数达到16个,观测精度达到1.0级。完成市数字地震台网中心两部流动测震无线电台和沛县、新沂、铜山共计10部超短波无线电手持台的无线电台设置申请及设备检测工作。建立地震台网运行质量分析制度。建立地震台网运行质量问题分析会议制度,定期组织有关人员召开会议研究分析存在问题,认真落实整改措施。组织专业技术人员先后20余次下台站进行日常维护管理,分别完成丰县苏23井气象3要素仪器更新、邳州台气象3要素的维修、贾汪大洞山台石英摆的调试维护、睢宁岚山测震台仪器维修等工作。通过加强维护管理,全市测震、前兆观测仪器运行率均达到95%以上,其中贾汪石英摆、新沂和邳州体应变台的运行率达到了98%以上,睢宁02井、丰县23井、新沂和邳州体应变台等前兆观测数据资料纳入到省局地方前兆网管理。依法解决地震观测环境保护问题。进一步加大了地震观测环境保护工作的力度,先后对两起危害地震台站观测环境的事件作出了及时处理,对个别达不到监测要求的宏观观测点进行了调整。坚持震情月、季度、年度会商制度。认真落实震情分析研判制度,做到定期会商与紧急会商相结合,及时分析处理各种地震监测信息和异常信息,并上报市政府和省地震局。不断强化地震异常情况核实工作。突出抓好震情跟踪工作,对3处异常实施严密跟踪监视,其中徐州动物园动物习性异常和新沂嶂苍水井水位异常等两份地震异常核实报告得到市委书记曹新平的签批。特别是丰县大沙河镇宗村水井异常,持续了半个月之久,市局与丰县地震局做到天天跟踪,实时监测,全面掌握了水井异常资料,最后经过国家局地下流体学科组专家现场落实，查清了异常原因，得出了“非地震异常”的结论。

【灾害预防】 一是抗震设防管理工作成效明显。通过不断加大建设工程抗震设防要求管理力度，认真细致地实施建设工程抗震设防要求管理行政执法，全市各工程建设单位依法实施建设工程抗震设防管理的意识不断增强。所有建设工程抗震设防要求管理均实行了“窗口”审批，实现了“一站式”服务。全年共完成了徐州市人力资源综合楼等13个建设工程的地震危险与安全性评价工作，完成建设工程抗震设防审查42项，建设工程抗震设防执法检查50余次，抗震设防审查和实施地震安评的项目个数都较往年有了较大幅度的提高。二是地震安全示范社区建设与管理工作有序推进。为进一步提升徐州市地震安全示范社区的建设水平，市局结合向示范社区授牌的时机，对其维护管理工作进行检查指导，增强了各社区完善抗震避震措施、发挥科普教育等功能。进一步加强对新沂市地震安全示范社区创建指导工作，年内完成了一县一示范社区的建设任务。三是加强乡镇民居抗震设防指导工作。随着城市化进程的加快，徐州市村镇建设也进入到快速的发展时期，市地震局主动配合建设主管部门，安排专门人员进乡镇，下到煤矿塌陷区改造和新农村建设的工地现场，指导农村民居抗震工作。全市各县市区均已建成了2个抗震示范点，示范农户达到1000余户，为推进全市的农村民居抗震工作起到较好的促进作用。

【地震应急救援】 5月12日上午，市政府成功举行了首次全市防震减灾应急救援综合演练。市防震减灾工作联席会议成员单位负责人、各县（市）区政府及相关部门负责人、全市应急管理培训班的学员和徐州工程学院部分师生共计1500余人参加了演练。省苏南地震应急协作联动区联席会议轮值单位派代表到现场观摩。演练过程中，部门间配合密切，演练脚可操作性强，演练内容安排比较紧凑，衔接互动比较顺畅，桌面推演比较成功，对促进全社会积极开展地震应急救援综合演练活动具有较强的指导意义。另外，还以市应急管理委员会名下发《市应急委关于转发国家地震局 <地震应急演练指南> 的通知》的通知，进一步规范各类地震应急演练活动的开展。各县（市）区也结合5月份“防震减灾宣传强化月”活动，组织学校、企业、社区开展各种规模的地震应急救援演练，均取得了较好的效果。进一步加强地震应急管理工作。制定《市地震局应急物资装备管理规定》、《市地震局应急物资装备一览表》，严格应急物资装备出入库登记制度，并对市地震局现场工作队的有关人员进行了调整，制定下发《关于调整市地震局地震现场工作队组成人员及职责的通知》。依照《徐州市地震应急预案》和相关规定，制定下发《徐州市地震应急工作方案》，在上年全面修订完善地震应急预案的基础上，结合各地在地震应急处置中出现的新情况、新问题，对部分单位的地震应急预案进行了修订。提升地震应急保障能力。依据省局下发的地震应急保障装备建设标准，市局向市政府上报了《关于加强徐州市地震现场指挥部应急装备建设的请示》，申请专项经费，购置了供电系统、照明系统、通讯系统、信号显示系统及生活保障系统等应急装备，使市地震局应急物资储备达到并超过了省的要求标准。

【宣传教育】 市地震科普馆建成开放。通过将近半年时间的建设，徐州市首家地震科普馆于7月28日建设完成并向社会公众开放。截至2011年底，共接待社会公众参观人数达到3000余人。“防震减灾宣传强化月”活动成效明显。5月份是市地震局确定的第三个“防震减灾宣传强化月”。全市地震系统紧紧围绕“防灾减灾从我做起”这一主题，通过利用悬挂横幅、展出图板、散发宣传材料、播放录音、现场咨询、举办讲座等形式，开展了形式多样的现场宣传活动。全市共发放防震减灾科普知识宣传简报40000多份、防震减灾科普知识图书8000多册、发送手机短信80000多条、制作宣传条幅200多条，广场宣传咨询活动10余次，制作防震减灾科普知识展板150多块（次）、实施电视专题报道10余条，报纸、电台专访20余次，防震减灾科普知识讲座4次。联合市主要新闻单位开展经常性宣传教育工作。与徐州日报社、徐州电视台和徐州广播电台等新闻单位联合采取专栏报道、专家访谈、“行风热线”、公益广告等形式广泛实施科普宣传教育，其中徐州日报社刊发了30个专题，徐州电视台播发了4期专题访谈和6期专题片，徐州广播电台每天3个时段播发防震减灾宣传公益广告。另外，《江苏省防震减灾条例》于2011年12月1日起施行，为积极推进条例在徐州市全面贯彻落实，专题组织了《江苏省防震减灾条例》宣传活动。11月18日，邀请省局副巡视员龚寿荣来徐为全市地震工作人员作了专题辅导。12月1日，采取统一组织、全市联动的方法，采取广场宣传、媒体专访等形式，在全市范围内开展了全方位立体宣传活动。加强群测群防网络建设与管理。积极推进地震宏观测报网、地震灾情速报网、地震知识宣传网和防震减灾助理员“三网一员”建设。全市各乡镇、办事处及部分村、社区建立了防震减灾助理员和地震灾情速报员队伍。加强防震减灾志愿者队伍建设。联合共青团徐州市委下发了《关于组建地震应急青年志愿者队伍的通知》的通知，制定下发了《志愿者队伍章程》，对原有的全市7个防震减灾志愿者站进行了检查和培训。还新成立了徐州医学院麻醉学院志愿者站，注册人数增加了200人。（岳　林）

·江苏省地质矿产局第五地质大队·

【概况】 江苏省地质矿产局第五地质大队成立于1958年，主管部门为江苏省地质矿产勘查局，是驻徐州的综合性地质勘查单位，主要从事基础地质调查、地质矿产勘查，地质灾害勘察评估与治理，工程地质、水文地质、环境地质勘察，测绘和岩土理化测试，地基处理及基础施工等业务。2011年，全队有各类专业技术人员、经济与管理人员300多人，其中具有高级和中级职称技术人员127人，拥有各类技术装备500余台（套），各类地质资料5200多档；各项资质18个，其中甲级/一级资质6个。

【矿产勘查】 加大地质找矿力度,全年累计完成地质找矿钻探工作量7471.68米。加强立项与攻关,积极争取局、厅地勘基金,新沂双塘多金属矿普查和丰县张河铁矿项目分别获得省级年度地勘资金,为矿产勘查工作的持续开展奠定了基础。自我登记矿产勘查项目取得阶段性成果,年内提交3份铁矿详查报告,其中铜山区利国铜山岛、沛县新庄两处可供开采利用的小型矿产地,铁矿资源储量549.8万吨。

【矿山地质监测服务】 开展矿山地质环境保护与恢复治理方案编制工作,在矿山储量开采监理的同时,积极开展矿山地质环境监理、监测工作,服务矿山80余处。承担的大屯能源股份有限公司姚桥、龙东、孔庄和徐庄等4个大型煤矿地质环境保护与治理恢复方案,编制成果一次性获得国土资源部组织的专家组审查、认定。针对邳州市石膏矿区塌陷地质灾害频发的问题,在塌陷机理研究的基础上,完成了塌陷点地质灾害治理设计,并启动了石膏矿塌陷地质灾害应急防治方案的编制工作。

【工程地质鉴定】 地质五队积极为重要建设工程、重大基础设施项目提供压覆矿产资源调查鉴定,对徐州市主城区及经济技术开发区、城南规划区压覆矿产资源情况统一调查鉴定,建立信息系统,加快审批周期,提高行政效率。此外,在建设场地稳定性评价、地质灾害评估、地质灾害治理等地质环境服务领域,均取得良好的环境和社会效益。

【地质延伸业】 工程勘察、桩基施工和测试业是传统地质工作的拓展和延伸。全年完成连徐客运专线初测等公路以及铁路勘察工作量约5000延米;完成云龙区民富路和经一路等重点市政工程,新沂市沭头河治理、睢宁县庆安水库库区及移民安置区基础设施建设等水利重点工程勘察;完成金驹物流园、中能硅业、新沂地表水厂一期等大型工程的勘察任务;与江苏省地震工程研究院合作开展徐州活断层探测项目,完成进尺约1200延米。桩基施工立足徐州本土,先后完成下洪尚景园棚户区改造安置房桩基工程、鼓楼区民生服务中心基坑支护工程、恒基雍景新城大龙湖基坑支护工程、徐州工程学院三期综合教学楼桩基工程等具有代表性的市重点项目。同时,先后派出两批人员赴印度从事工程技术服务,为拓展海外基础工作作出有益探索。

【科技发展】 首次在徐州地区成功应用长螺旋钻孔灌注桩工艺,推广应用了钻孔桩后压浆技术。全年有9人取得高级职称(含转评),10人取得中级职称。增设总工程师办公室,成立队专业技术委员会。8个项目/报告获得省地矿局优秀科技成果、优秀勘测设计及文明工地荣誉。有关资质顺利通过年检,地质灾害治理工程勘查、设计、监理资质全面晋级,岩土测试中心通过一类岩土实验室资质评审。

【徐州大光涂料厂】 徐州大光涂料厂创建于1985年,为原地矿部投资的重点化工单位,是省地矿局第五地质大队主管的国有独资企业。已成长为国内工程机械涂料的主要供应商,占有国内工程机械油漆25%左右的市场份额,是我国《工程机械涂料》化工行业标准起草单位之一。产品畅销全国大中型工程机械厂家,在柳州、洛阳、泰安、潍坊、临沂、沈阳等地均设有办事处。2004年"大光油漆"被省技术质量监督局评定为江苏省涂料行业唯一的"质量信得过企业和产品"称号,连续13年被评为徐州市免检产品,是"江苏省名牌产品"、"徐州市名牌产品"。曾被省级机关团工委命名为"2010年度省级机关青年文明号",获省地矿局2010年度先进集体等荣誉。随着生产规模的扩大,原有厂房和设备制约企业的进一步发展,根据市政府关于化工企业"退城入园"的相关要求,经省地矿局同意,地质五队在徐州工业园区(贾汪)购置土地80亩,重新规划和建设新的现代化厂区。2011年底,完成了该项目的规划、设计、相关手续的审批及基建招标准备等前期工作。新厂区建设投产后,年产量可达到1.8万吨以上。

【徐州太平洋印务有限公司】 徐州太平洋印务有限公司是省地矿局第五地质大队主管的国有独资企业,坐落于徐州经济技术开发区,占地面积24000余平方米,为淮海经济区大型书刊、商务、彩色包装综合印刷企业。公司是市政府采购印刷定点单位,拥有自营进出口权。公司拥有现代化厂房、规范化管理,拥有多套进口设备,贯彻ISO9001国际质量管理体系,能提供从印前设计、印刷及印后加工等一站式服务。2007年获全国质量诚信奖、江苏省质量信得过企业等荣誉,2010年获第二届全国印刷行业职业技能大赛二等奖,2009年、2011年均被江苏省新闻出版局评为出版物印刷优站级单位,为江苏省明星企业、徐州市印刷行业协会副会长单位。2011年,公司提供包装服务的合作企业主要为三大类:以金种子酒业、洋河酒业、青啤集团为代表的酒类业;以娃哈哈集团、维维集团以及徐州地方名优特产品为代表的饮料食品业;以鲁南制药、万邦药业为代表的医药业。书刊印刷,为庆祝建党90周年,印制完成了中共党史出版社出版的《老报刊说党史》、《永远的丰碑》、《沛县红色交通线》等红色书籍,完成了徐州市区军事志书及市县年鉴的印制,承印了中国矿业大学出版社出版的《如何吃得更安全》等社会关注的热点书籍,以及由中国文联出版社出版的《邳州历史文化丛书》等一批地方史料书籍;承印的期刊杂志业务涉猎部分院校以及政协、党建、史志、统战、环境科技、苏轼研究、报业集团等。商务印刷涵盖产品画册、宣传样本、手提袋、DM广告单、宣传单页、折页、挂历和台历等业务,其中外贸业务触及澳大利亚、波兰和加拿大等国。

(欧阳敏)

教 育

综 述

【概况】 2011年,徐州市有各级各类学校1786所,在校生166.9万人。其中幼儿园540所,在园幼儿33.8万人;特殊教育学校13所,在校生6013人;小学856所,在校生57.1万人;初中244所,在校生29.1万人;普通高中82所,在校生17.1万人;中等职业技术学校35所,在校生10.7万人;在徐高校8所(不含军事院校),在校生17.2万人。基础教育教职工9.8万人,其中小学34165人、中学46848人、学前教育17217人、特殊教育552人。全市学前教育入园率达到96%,义务教育入学率100%、巩固率达到99%以上,高中阶段教育毛入学率达到93.6%,残疾儿童入学率达到98%。推动学前教育普及提高,市政府出台《关于加快学前教育改革发展的实施意见》,每年安排2000万元专项资金,对学前教育给予奖补,全市新(改)建幼儿园106所,创建省优质园74所、市优质园75所。实施义务教育阶段学校标准化建设,全市98%的中小学实现办学标准化。促进普通高中优质特色发展,创建四星级高中2所、三星级高中2所。推进中小学校舍安全工程建设,重建、加固开工99.5万平方米,占年度计划的119.5%。实施农村偏远学校教师公租房建设工程,全市7个县(市、区)完成试点建设项目374套、3.5万平方米。实施"龙芯"电脑工程,为662所农村小学建设"龙芯"多媒体互动教室900余个。进一步规范办学行为,深入实施素质教育,加强青少年道德教育、文明养成教育和心理健康教育。加强体教结合工作,徐州市中小学篮球、排球、足球、毽球等代表队在全国、全省赛事中取得优异成绩,在省高校新生身体素质检测中,徐州生源连续4年排名全省第一。强化质量目标管理,推进课程改革和教学改革,2011年全市高考在参考人数减少1.23万人、全省二本以上招生计划减少2000人的情况下,全市二本以上上线率、高考录取率稳步提高。职业教育和高等教育优化发展。市政府出台《关于大力发展中等职业教育的决定》,全市新增国家级职业教育改革发展示范学校3所、省四星级中等职业学校2所,省级品牌特色专业10个。在2011年全省职业学校技能大赛中,徐州市获金牌37块、银牌82块、铜牌112块,综合成绩全省第三,一举超过无锡、常州等职教强市。成功举办第五届淮海网络职业教育节。幼师成功升专,生物工程职业技术学院去"筹"进展顺利,进一步壮大了高等教育阵容。加快终身教育体系建设,创建省级社区教育实验区2个、社区教育中心4个,开展就业培训、劳动力转移培训、农民创业与实用技术培训等36万人次。教师队伍建设成效显著。全年完成15000余人、18个项目的国家、省、市级师资培训,5000多名教师、班主任参加网络培训,2000多名校长、骨干教师参加高端培训和高级研修。推荐评选省“人民教育家”培养对象3人,推荐教授级高级教师17人,培养市名师、名校长、学科带头人、青年优秀骨干教师等211人,1783名教师晋升高级职称。加强师德师风建设,开展“学生、家长最喜爱的教师”评选活动和“十佳师德模范”、“师德先进个人”、“师德建设先进集体”表彰活动。教育惠民举措扎实落实。在免收学杂费、教科书费的基础上,为全市义务教育阶段学生免费提供作业本,实现真正意义的免费义务教育。对困难家庭子女接受学前教育每人每年资助1000元,为21867名农村义务教育寄宿生发放生活补助2152.7万元,为29186名贫困普高学生发放助学金4377.9万元。依法保障弱势群体受教育权利,全市农村留守儿童、外来务工人员子女义务教育入学率达到100%,残疾儿童入学率达到98%。

【第三批依法治校示范校评选】 根据学校自主申报、县(市、区)教育(文教体、社会事业)局推荐,市教育局考评组在认真审阅学校申报材料的基础上,通过听取汇报、查阅台账、教师访谈、学生问卷等形式组织实地考评。综合材料评审和实地考评成绩,评选出依法治校示范校,并从中择优推荐参评省级依法治校示范校,发挥典型示范辐射作用。年内,26所学校被评为市第三批依法治校示范校,22所学校被评为省依法治校示范校。

【现代学校制度建设】 按照国家、省《中长期教育改革和发展规划纲要》的要求,积极推进现代学校制度建设。各级各类学校把依法制订或修订学校章程作为建立现代学校制度的重要抓手,理顺和完善学校内部治理结构,形成学校决策权、执行权、监督权相分离、相制衡的机制,依法落实办学自主权。进一步推进学校现有规章制度的清理规范工作,逐步形成以学校章程为统领的健全规范的管理制度体系。

省长李学勇莅临考察调研徐州教育工作

【督导评估考核】 5月8~13日,徐州市各县(市、区)政府接受省政府教育督导团2010年度教育工作督导评估和考核。为做好迎检工作,市、县两级教育督导部门上下联动,积极筹备。召开不同层次的会议,统一思想认识,把该督导当作对全市各县(市、区)政府教育工作的全面检查,当作促进政府增加教育投入、解决教育难点问题的重要契机。从2010年10月起,市政府教育督导团就着手调研,积极向市政府汇报。市长张敬华、副市长孔海燕等领导高度重视,市政府召开动员大会,督导团印发督查通报,把县(市、区)教育指标列表排名,存在问题逐项通报。各地积极响应,协调动员各部门,查找问题,落实责任;精心准备迎检材料,发现问题及时向政府汇报,与各部门联系,一些多年悬而未决的问题得到解决。

【舆情监测】 11月24日,市教育局组织召开网络舆情应对工作会议。会议向全市教育系统宣传工作者讲解当前形势下网络舆情的特点、规律和应对策略,为相关部门化解矛盾、消除不良影响提供经验借鉴和理论依据。建立传统媒体及网络媒体的监测机制,安排专人对重点传媒进行拉网式扫描监控,发现问题及时跟踪了解和干预,向领导报送《舆情监测报告》,向下级部门发送《舆情监测简报》,全年累计发布舆情监测报告和舆情监测简报25期。

【教育乱收费治理】 市教育局继续坚持教育收费公示制度,加大对教育乱收费的查处力度。通过徐州电视台、广播电台、主要报刊、互联网等新闻媒体向社会公示徐州市中小学校收费政策和标准,公布投诉举报电话,主动接受社会监督;继续参与《行风热线》栏目,局领导和有关处室负责人9次走进演播室,现场解答群众的疑难问题;参加徐州市政府开通的中国徐州淮海网在线答疑活动。组织春秋季开学期间规范收费工作检查,市“治联办”组织成员单位分组对全市中小学规范办学、教育收费情况,采取听取汇报、查看票据、集中座谈、个别了解、实地查看、暗访群众等方式进行检查,并对检查情况以市“治联办”名义发放通报。着重抓好教辅资料的征订、有偿家教和乱收费治理3个方面的工作。年内,共收到各类信访件48起,办结48起,查处违纪违规收费金额15.8万元,清退违规收费15.8万元,4人受通报批评;3人受到党纪政纪处分。

【“践行师德创先争优”主题实践活动】 市教育局在全市教育系统深入开展“践行师德创先争优、争做优秀教师、办人民满意教育”主题实践活动。认真贯彻全市基层党组织和党员创先争优活动推进会和省教育厅、省委教育工委“践行师德、创先争优”主题实践活动动员大会精神,在市委教工委、市教育局领导下,筹备、召开全市教育系统“践行师德创先争优、争做优秀教师、办人民满意教育”主题实践活动动员大会,制订《全市教育系统“践行师德创先争优、争做优秀教师、办人民满意教育”主题实践活动实施意见》、《徐州市教师师德标准》等文件,认真组织落实,开展师德承诺活动。针对本单位教职工思想道德建设中的突出问题和学生家长和社会关注的师德建设中的重点问题,组织党组织和党员公开师德承诺,公开岗位职责规范,党员佩戴党员形象标识挂牌上岗,接受群众监督。在局直属学校党员中开展每一名教师党员每学年上好一堂示范课、写好一篇校本科研论文、转化一名后进生、写好一篇学校党组织建设议案、写实一年的党性锻炼小结“五个一”活动。并制订考核标准,结合年度综合督导进行年度考核。

【中小学校舍安全工程】 2011年,市教育局超额完成全市校舍安全工程年度建设计划,各项工作按照省、市要求有序推进。7月,制定《加强校安工程质量和安全管理的意见》,在全市范围内开展校安工程质量、工地现场安全管理的检查活动。12月,再一次在全市范围内对所有校安工程进行质量安全检查。年内,徐州市接受省校安工程4次督查检查、省审计厅2次包干督查及省住建厅质量安全专项检查,检查组对徐州市加快工程进度和自行组织校安工程质量安全检查的做法、全面细致的检查方式和详实资料记录给予充分肯定。根据12月底全国校安工程信息月报的数据,徐州市校安工程加固和重建项目的开工面积187.9万平方米,占3年规划的77.6%,竣工面积132.3万平方米,占3年规划的54.6%。2011年,全市开工99.5万平方米,其中新建80万平方米,加固19.5万平方米,总开工面积占年度计划的119.5%。至年底,加固项目基本竣工,新建项目竣工率60%。

【农村偏远学校教师公租房建设启动】 3月,市教育局全面启动农村偏远学校教师公租房建设工程。市政府办公室下发《徐州市农村偏远学校教师公租房建设方案》(徐政办发〔2011〕25号),市教育局、财政局、建设局、房管局等部门联合编制《农村偏远学校教师公租房三年建设规划》,制定《教师公租房管理使用意见》、《教师公租房设计方案的推荐意见》和《教师公租房标识的设计意见》等。按照年初计划,2011年全市7个试点乡镇计划建设教师公租房374套,总面积22187平方米,项目总占地面积1.6公顷。至年底,邳州市的公租房已经投入使用,其他6个试点项目也已基本竣工。

【绩效考核方案完善和奖励性绩效工资发放】 2011年,市教育局完善义务教育学校绩效考核方案,完成奖励性绩效工资发放工作。多次召开座谈会、走访基层学校,广泛调研,认真测算,积极听取教职工意见,完善绩效考核指导意见。指导各县(市、区)、局直属学校完善本地区、本单位绩效考核方案,构建合理、科学、清晰、规范的奖励性绩效工资分配机制。

【教师资格认定】 年内,市教育局指导全市各县(市、区)开展本级教师资格认定,认定教师资格3656人。其中,幼儿园958人,小学1852人,初中846人。开展市本级教师资格认定,接待上万人次咨询,千余人次来访,认定教师资格2070人,其中高中1897人,中等职业学校170人,中等职业学校实习指导教师3人。完成教师资格认定个人信息行政审批中心网上办公系统录入和网上公开材料传送工作。

【职称评审】 全年4次组织对申报职称的3069名教师进行教学能力测试;同时对全市3060人的近万篇论文进行鉴定;接收、审查近3000份个人申报材料,组织4次不同系列和级别评审工作。至年底,全市共通过各类职称评审2082人,其中中学高级1646人,中学中级164人,中职中级72人,中职高级137人,高校中级63人,推荐教授级中学高级教师17人。

【教师素质提高工程】 以第六批“名师工程”和第八批“青蓝工程”的评选为引导,加大力度实施“教师素质提高工程”。评选出刘裕来等9名校长为徐州市名校长,蔡梅等22名教师为徐州市名教师,许亚冰等81名教师为徐州市学科带头人,范海凤等30名教师为徐州市青年名教师,王健宁等69名教师为徐州市青年优秀骨干教师。推选赵伟、张安义、张振华3人为省“人民教育家”培养工程第二批培养对象。经江苏省教授级中学高级教师任职资格评审委员会评审,秦晓华等10位教师通过教授级中学高级教师评审,推荐刘巨达、李本松、黄宏珍3位校长参加“长三角中小学名校长联合培训”,为优秀教师、校长脱颖而出和稳步发展拓宽渠道。

【教师学历达标率提升】 2011年,通过开展多渠道的中小学教师学历培训工作,小学、初中教师本科率及高中教师的研究生(硕士)比率进一步提升。与2010年相比,小学教师专科以上学历比率提升7%,初中教师本科率提升10%。积极鼓励在职中学教师攻读教育硕士、职业学校专业教师攻读工程硕士、小学教师攻读本科学历。组织教师通过“中国教师继续教育网”参加义务教育阶段学历提高网络培训。结合县(市、区)教育现代化验收,与相关地区教育局协商制定提升计划,落实教师学历培训任务。

【“支教项目”和“支疆项目”】 2011年起,市教育局组织实施第二轮省“千校万师支援农村教育工程”,无锡、扬州120所支教学校及徐州市160所支教学校,对口支援徐州市280所受援学校,确定学校对口交流关系,受援学校和支教学校建立“理念共享、资源共享、方法共享、成果共享”的交流机制,促进城乡学校均衡发展。年内,徐州市选派初、高中共9位教师前往新疆奎屯市一中和奎屯市高级中学支教,暑期组织名师分3批赴奎屯市开展送教活动。专家组通过开办讲座、召开座谈会等方式,就新课程改革、教育现代化、高效课堂、改善和加强学校管理、教师专业化发展、校园文化建设等与当地教育部门进行广泛、深入交流。9~10月,奎屯市教育局先后组织2批40余名校干到徐州学习、考察。前来考察的学校分别与徐州市推荐的星级高中、示范初中和实验小学、幼儿园签署共建友好学校的协议。至年底,奎屯市每所学校在徐州市均有友好学校,两地通过“友好学校”建设,加强交流,增进友谊。

【国际交流】 2011年,徐州市教育国际交流工作有序开展,积极推进校际间国际合作与交流。市特殊教育中心组团参加德国第五届聋人青少年体育比赛,参观德国特殊教育学校,就双方建立友好学校关系事宜进行交流,取得预期效果。应“国立台中教育大学”校长杨思伟先生邀请,徐州幼儿师范高等专科学校校长张祥华等6人赴台考察访问。7月,徐州市第十三中学组团赴新西兰旺格努伊学校交流访问;11月,徐州市第五中学、运河中学接待美国北卡罗莱纳州教育代表团。徐州市第一中学、徐州市第十三中学、运河高师、青年路小学4所学校荣获“2009－2010年度江苏省教育国际合作交流先进学校”称号。

【教育投入】 2011年,全市地方教育经费为1119975.80万元,比上年的861176.80万元增加258799.00万元,增长30.05%。全市财政性教育经费为971609.10万元,比上年725292.80万元(同口径)增加246316.30万元,增长33.96%。社会团体和公民个人办学经费0.53亿元,占总投入的0.47%;社会捐集资办学经费0.22亿元,占总投入的0.20%;事业收入12.08亿元,占总投入的10.79%;其他收入2亿元,占总投入的1.79%。

【学生文明养成教育】 市教育局通过多种形式加强中小学生的文明养成教育。5月和9月,分别组织人员对学校的养成教育工作进行察访,及时与淮塔、博物馆等校外教育基地联系,面向社会聘请200名志愿者担任徐州市学生文明养成教育校外监督员,多方了解学生校外文明行为,将检查结果计入学校综合督导考核。根据市文明委《关于印发“学会文明走路、学会文明开车、学会文明说话”主题实践活动方案的通知》,徐州市教育局联合徐州市公安局、徐州市报业传媒集团、徐州市广播电视台联合举办徐州市“顺路网杯”千名少年儿童文明交通绘画、寄语大赛,共收到2000多幅绘画作品,近万条文明寄语。10月13日,市教育局联合市文明办、报业传媒集团在全市开展“中小学生着装礼仪风采”比赛,进一步规范学生行为,展现学生精神风貌。全市30所学校分获夏装、春秋装、运动装最佳或优秀奖。

【首批科普教育基地命名】 根据省科协开展科普教育基地认定工作的通知精神,徐州市教育局、市科协、市科技局联合下发文件,对申请报批的科普教育基地进行审核,铜山区张集职业高级中学、邳州市车辐山中等专业学校、贾汪区少年宫、鼓楼区青少年素质教育基地等21家单位被命名为徐州市首批科普教育基地。

【教育现代化标准化建设】 在各级政府的大力支持和帮助下,各地教育主管部门、各校对照标准查找差距及薄弱环节,加大教育投入,加快标准化建设的步伐。丰县、睢宁、新沂、开发区参加验收,参加验收的学校均达到标准,标志着徐州市义务教育阶段教育现代化标准化工作全面完成。

【名特优教师引领教师专业化工作】 通过“名师讲堂”、“名师在线”、公开课、示范课等形式,让名优教师上“示范课”、“下水课”、“观摩课”,积极与年轻教师结对子,为年轻教师的快速成长发挥传、帮、带作用,引领教师专业化发展。围绕提高教学质量,抓好“师德、师风、师能”建设,通过各种途径引导教师远离“职业倦怠”和“有偿家教”等不正之风。暑期,针对新课程标准和教学要求,组织初、高中各学科教师近12000人参加市级集中培训,各县(市、区)结合本地实际进行二级全员培训。做到教学改革推进一步、教师培训跟进一步,引导和帮助教师理解课改精神、落实课改要求,转变教学观念、创新教学方法。

【公共基础课程比赛】 组织公共基础课程市级比赛。全市142名选手参加比赛,评出28个市级示范课,84个市级研究课。5月26～29日,全省13个大市的近250名职业学校教师选手在南京省教科院进行10个科目的公共基础课程“两课”评比活动。经专家材料评审、现场说课和答辩,徐州市推送的17位选手取得4个省级示范课、10个省级研究课的优异成绩。在全省排名中,徐州市的省级示范课并列第五,省级研究课并列第四,总成绩并列第四。

【专业技能课比赛】 全市150名选手参加12大类市级比赛,经过4天的激烈角逐,推出37名选手准备参加省级比赛。赛前,职成教研室分别于10月18日、11月7日、11月18日对选手进行编写教案、说课、答辩3个环节的培训。9位教师获省级示范课,全省位列第四;24位教师获省级研究课,全省位列第二。

【语言资源有声数据库建设】 年内,徐州市在苏北率先启动徐州地区语言资源有声数据库建设工作。徐州地区下设丰县、沛县、新沂市、邳州市、睢宁县、贾汪区、市区7个语言资源采集点,按照《中国语言资源有声数据库建设调查方案》要求,各选出老年发音人(1940至1950年出生)、青年发音人(1970至1980年出生)、地方普通话发音人共7人。各地通过面向社会征集、社区动员、召开座谈会、候选人自我介绍、专家排查等环节,遴选出了李家祯(徐州市区老年发音人)等30多位世居当地且语言洪亮清晰的发音人。2010年12月至2011年3月,专家组在徐州市电教馆对7地的发音人进行集中采录,并于年中进行分类归档、录音复审、标注转写等工作。至年底,全市语言资源有声数据库建设工作基本完成。各地语委工作部门在语言资源有声数据库的建设中加强与文化部门的配合,收集以本地方言为载体的民谣、说唱、戏曲等地方语言文化资源,拓展了语言文字工作的外延。

【首次课改优质课评选】 3月4日～25日,组织开展徐州市中小学课堂教学改革优质课评选活动。69所试点学校各推荐一位教师参赛,共计41人获奖,其中一等奖15人,二等奖16人,三等奖10人。

【承办全国教师个人课题研讨会】 11月,市教育局承办全国教师个人课题研讨会。来自全国18个省、市350多人参加会议,市教科所在大会上专题介绍徐州市教师个人课题管理经验,获得好评。2011 年,全市教师申报市第三批教师个人课题6000 余项,经过初审和复审,确定 5533 项。年内,完成2010 年教师个人课题结题 2021 项,结题率为 65%,其中 248 人获奖。教师个人课题全部实行博客管理。

【"国学与教育"研究专项课题设立】 2011 年,市教科所为解决有些人对中国传统文化的误解和学校德育工作存在的问题,设立"国学与教育"研究专项课题。全市 96 所中小学申报"国学与教育"研究实验学校,经审核批准 78 所,经过半年多的实地考察,从中确立 9 所重点实验学校。年内,分别举办"国学与教育"校长培训班一期,80 人参加;教师培训班三期,每期 60 人参加。4 月,在淮海堂组织"国学与教育"公益论坛,邀请加拿大华裔学者和徐州市文化学者登台演讲,全市校长、教科室主任和骨干教师近千人参加会议。

【普通高校招生】 2011 年,全市高考考生 74188 人。通过高考,录取 54561 人,其中本科录取 17422 人,专科录取 37139 人,向空军航空大学输送 5 名飞行学员。

【中考招生】 2011 年,全市初中应届毕业生共计 10.5 万人参加中考,高中阶段教育各类学校招生共计录取新生约 9.8 万人,升学率达到 93.3%;其中普通高中招生 5 万人;中等职业技术学校招生 4.8 万人。

【自学考试】 组织 5.15 万人参加自学考试。考试包括 4 次高等教育自学考试,2 次增考,2 次中英合作考试,2 次助学专业考试,2 次专接本考试。上半年考生 13922 人,下半年考生 16687 人,增考 6258 人,助学专业考试 12414 人,专接本考试 2231 人。其中,新生约占 38%,在校大中专学生约占 57%。2011 年,共有 1140 名社会考生获得专科或本科毕业证书。

【非学历证书考试】 年内,11.59 万人参加非学历证书考试。其中,全国计算机等级考试(NCRE)59028 人,书法水平等级考试 45155 人,教师资格证书教育学、心理学考试 9403 人,其他各类证书考试 2337 人,合计 115923 人。

【大学英语四、六级考试】 2011 年,市自考办组织 2 次高校大学英语四级、六级考试。全市共有 118267 名高校大学生参加考试(其中 209 人参加俄语、日语、法语、德语考试),分别在中国矿业大学、徐州师范大学、徐州医学院、徐州工程学院、徐州空军学院、徐州高等师范学校等 17 个考点进行。

【教师资格证书考试】 2011 年,徐州市 9403 人参加教师资格证书教育学、心理学考试。省教育考试院、市教育局领导分别对各考点的考试组织工作进行巡视、监督、指导。

【中考理化生实验技能考查】 4 月 27 日 ~29 日,全市举行中考理化生实验技能考查。会考办认真研究制定考查工作计划,部署考查工作安排及注意事项,对考查工作进行精心组织。全市 98827 名初三年级学生参加考查,其中 97487 人合格。

【中考信息技术考查】 5 月,全市举行中考信息技术考查。考前,市会考办对市区及县(市、区)各考点学校微机室设备进行全面检查,按照规定程序逐一检测,指导考点学校教师熟练掌握考试及考务软件的安装和运行;对县(市、区)会考办负责人和信息技术课教师进行多次培训,明确考试程序及考试纪律要求。2011 年参加中考信息技术考查的考生 105029 人,设置考点 268 个,考场 303 个,实现考查工作"零差错"的目标。

【成人高校招生】 2011 年,全市成考报名人数比 2010 年增加 20%,超额完成成考报名人数的增幅,居全省第一。全市成人高考报名 26778 人,其中报考高中起点升专科(高职)13131 人,占 49%;报考高中起点升本科 1615 人,占 6%;报考专科起点升本科 12032 人,占 45%。录取新生 20690 人,总录取率 77.3%,其中高中起点升专科(高职)录取 10040 人,占 48.5%;高中起点升本科录取 1125 人,占 5.5%;专科起点升本科录取 9525 人,占 46%。

【治安主题系列教育活动】 年初,以"强化安全意识,提高避险能力"为主题,开展一次疏散演练、进行一次专门安全教育、布置一份安全隐患排查作业"安全教育日"活动,以提高学生的自救自护能力,增强安全意识;5 月 9 日 ~15 日,全市各级教育部门、各级各类学校以多种形式开展防灾减灾宣传教育活动,进行隐患排查和应急演练,组织参加防灾减灾网络征文,有针对性地动员全体员工关注身边各类灾害风险,提高防灾减灾意识和自救、互救能力;5 月 ~6 月,全市教育系统开展"安全生产月"活动。

【校车安全大检查】 12 月 12 日下午,丰县首羡镇一辆号牌为苏 CR1836 的私营客车从首羡镇中心小学接送 49 名学生回家。17 时 45 分,当车辆由南往北行至首羡镇张后屯村附近一条村道时,侧翻滑入路边水沟,导致车内 15 人死亡、8 人受伤。12 月 13 日,市教育局组织召开全市基础教育系统校车大检查紧急会议。会议通报了丰县接送学生车辆事故有关情况,部署对全市接送学生车辆再次进行安全大检查工作,印发《关于立即开展校车安全大检查的紧急通知》。市教育局要求全市各级各类学校切实加强中小学幼儿园接送学生和幼儿的车辆管理,全面调研中小学生和幼儿上下学出行方式,开展交通安全教育,营造宣传氛围,主动配合相关部门打击不规范的社会车辆接送中小学生和幼儿上下学行为。全市各级各类学校进一步强化交通安全教育,配合有关部门开展拉网式检查,确保不发生类似事故。

【学校装备建设】 3 月,出台《关于进一步加强教育技术装备工作的意见》。暑期,在撷秀中学搬迁过程中,为学校制定教学装备总体配备项目方案,在装备选型、采购、合同签订、安装验收等各环节,指导学校合理选择、规范采购、严把质量关、监督供应商认真履行合同,如期完成700万元装备任务。在沛县、贾汪区、徐州经济技术开发区教育现代化创建中,提供各类技术咨询,完成大量教学装备计划编制、型号选择、采购安装、装备管理等工作。全年完成30所直属学校800万元的装备任务。

【第四届网络读书活动】 5月~10月,装备站广泛发动全市中小学师生参加第四届网络读书活动。共征集师生征文近3万篇,比2010年增长1.4倍。其中,11篇获省级金奖,22篇获省级银奖,23篇获省级铜奖;市装备站获优秀管理奖。获奖数在全省排名第五。

【网络体系建设】 完成徐州教育城域网三期扩容,电信出口带宽已达3GB;中心机房完成双回路供电线路改造,提升城域网中心供电安全保障;实现三大基础运营商接入学校内网互联互通,徐州教育城域网结构得到优化。加强县(市、区)网络中心建设,指导协助邳州市建设独立的教育城域网并实现市县互联。积极配合县区域教育现代化省级验收,配合局安保处完成直属学校校园监控信号的网络转换和传输工作,配合局办公室做好电子政务和徐州教育网技术维护工作。发挥电教馆设备的负载均衡作用,协助招办完成年内11万考生的网上报名工作;布署SSLVPN的应用,方便机关用户访问内网资源。

【远程网络教研】 4月8日,徐州铜山—南京浦口"小学数学交互式电子白板课堂教学应用"网络远程交流研讨活动分别在徐州铜山实验小学与南京浦口新世纪小学举行。活动在南京浦口新世纪小学赵太花老师和铜山实验小学翟翠红老师执教的二年级数学《认识角》一课中拉开序幕,两地教师分别通过网络收看对方教师的课程,对双方在各个教学环节的处理进行交流,南京市成贤街小学副校长王学琪和徐州市铜山区教研员朱开玉进行精彩点评。11月,根据省电化教育馆统一安排,徐州市民主路小学等7所中小学,分别与上海、浙江的14所学校进行网络结对。

【电教资源建设】 先后举办校园电视编导高级培训班、全市校园电视研讨会及各县(市、区)教育电视制作人员培训会等活动。继续开展优秀校园电视作品评比活动,年内有近40件作品参加评比,推荐9件作品参加全国校园电视评比,其中3件作品获金奖。徐州校园电视网成功改版,用户可以通过徐州校园电视网收看中国教育电视台各个频道的电视节目,丰富徐州教育服务平台的资源;开通《我拍我秀》和《DV技术》两个新栏目,鼓励中小学教师和学生自导、自拍、自编电视作品上传,促进中小学校园电视应用水平不断提升。年内完成50节小学科学、初中地理、幼儿综合课的电教优质课评比工作,有力地促进中小学和幼儿园教师媒体设计能力的提高。

【"一校一品"推进会】 4月28日,徐州市中小学校"一校一品"推进会在徐州市段庄第二小学举行。与会代表观摩段庄第二小学的射箭普及操、射箭艺术特色操、射箭特色课及射箭运动训练等项目,听取学校校园文化创建的专题介绍。江苏省体育局青少年处处长姜海林参加活动并对观摩活动点评,高度赞赏徐州市开展的中小学校"一校一品"活动。截至年底,全市基本实现中小学校"一校一品"发展的全覆盖。

【"每天锻炼一小时"校园体育推进活动】 8月16日,市教育局在电信大楼召开由各县(市、区)教育(文教体、社会事业)局分管局长和局直属学校分管校长参加的"每天锻炼一小时"校园体育活动推进电视电话会议。10月,在云龙区举办"每天锻炼一小时"校园体育活动推进会暨中小学生运动会;11月,在贾汪区举办阳光体育节趣味运动会。

【师德师风建设】 2月起,市教育系统全面开展"用实绩回答'三问'、靠素质创先争优"主题教育实践活动。在全市教职工中广泛深入开展"三问三比三争三满意"教育实践活动(一是"传道授业,我会什么?"一比学习,争当学习型优秀教师,让领导和同事满意;二是"关爱学生,我做什么?"一比教学,争当教育教学中坚骨干,让学生和学校满意;三是"为人师表,我凭什么?"一比师德,争当师德师风模范个人,让家长和社会满意)。开展"践行师德创先争优,争做优秀教师,办人民满意教育"主题教育活动。基层各单位精心制定活动方案,召开动员大会,通过"爱生格言"征集、师德巡讲报告、师德演讲比赛、师德承诺等系列活动,开展专题教育;通过开展"学生最喜欢教师"评选活动,着力解决群众反映强烈的突出问题。

【教代会"达标创优"活动】 认真贯彻《关于开展教代会制度建设"达标创优"活动的通知》要求,全面落实《徐州市中小学教职工代表大会工作规程》,年内,近半数学校召开了教代会。全面提高校务公开的质量,规范公开内容、公开形式、公开时间,坚持定期公开与随时公开相结合,做到常规性工作定期公开、阶段性工作逐步公开、临时性问题和热点问题随时公开。经调查,基层各单位教职工对校务公开满意率均在85%以上。

【树立青少年学生学习榜样】 推荐徐州市新长征突击手1名,市优秀团干部1名;推荐省优秀少先队辅导员2名,市优秀少先队辅导员3名,市优秀少先队志愿辅导员1名,市关心少先队好校长2名,市社会实践先进工作者8名;100名教师获教育局"关心支持奖"荣誉。

【"关工委常态化建设合格单位"创建】 2011年,市教育局关工委不断加强组织建设,推动创建"关工委常态化建设合格单位"活动。全市5县5区及市局关工委进行组织调整,把有责任心、有能力、工作热情高、相对比较年轻、刚从领导岗位退下来的人员充实到领导班子,配齐关工委工作人员。

开展创建省教育系统“关工委常态化建设合格单位”活动，通过自评申报、考核测评、召开专题会议、组织专家检查验收，对符合标准的单位汇总上报。市教育局被命名为首批省“关工委常态化建设合格单位”。沛县、新沂市、云龙区、鼓楼区、泉山区教育(文教体)局关工委被命名为江苏省首批“关工委工作常态化建设合格县(市)区”。

【“五老”关爱团作用发挥】 年内，局关工委组织273位老教师成立20个“五老”关爱分团，分别到云龙区、鼓楼区、泉山区，深入社区、学校，开展青少年喜闻乐见的各种教育活动。他们为青少年生活上解困，学习上补差，心理上疏导，活动上指导。组织老职工编写法制讲座教材，对青少年进行遵纪守法教育。云龙区文教体局关工委与云龙区法院联合开展“法制教育进校园”活动，聘请云龙区法院少年庭庭长王颖，面对面为学生“以案说法”，宣讲《刑法》和青少年自我保护知识，开设“少年模拟法庭”，对未成年人进行鲜活、生动、深刻的法制教育。聘请492位“五老”成员担任法制宣讲员，利用法制教育图片巡回展览、自办法制小报等多种形式，提高青少年法制意识，增强青少年学法、知法、守法的自觉性。

【信访工作】 2011年，市教育局受理来访58批，355人次。其中，个访43批，127人次；集访7批，220人次；收到来信142件，其中具名信41件，初信138件，重信4件；省、市等上级要结果11件，全部办结；领导阅批73件，占全部信访量的41.7%；查处信访老户6件，结案3件；立案自办130件，全部结案。

【群众性教科研课题研究】 年初，市教育学会对“十一五”课题作认真清理，抓好课题结题工作。在县(市、区)学会协助下，至年底，2/3的课题已经结题，其中1项课题获江苏省基础教育教学成果特等奖、长三角首届浙、沪、苏教育科研特等奖，2项课题获省、县级资金补助。7项省、市级课题进入权威智库，服务“徐州百师”研究，其研究成果被选入徐州发展蓝皮书供领导决策参考。18项课题成果在省学会年会上参展交流。年内，28项课题经省学会专家组批准立项，市教育学会接收申报“十二五”立项课题57项，并发文予以确认。

(曹昭海)

基础教育

【概况】 2011年，徐州市在基本普及基础教育之后，加快推进教育现代化，基础教育优质均衡初见成效。制订《2011年徐州市教育基础建设考核细则》，加强对各地教育现代化创建工作的督促检查；编制学前教育发展五年规划，全面启动学前教育三年行动计划，实施农村学前教育普及提高工程和优质幼儿园创建工程；持续推进义务教育阶段学校标准化建设，全市98%以上的中小学实现办学标准化；稳步推进义务教育优质均衡发展示范区试点建设，铜山区全面实施城乡学校提档升级工程；促进普通高中优质特色发展，积极启动普通高中课程基地建设，普通高中教育整体水平快速提升。2011年，徐州市有幼儿园540所，在园幼儿33.8万人；特殊教育学校13所，在校生6013人；小学856所，在校生57.1万人；初中244所，在校生29.1万人；普通高中82所，在校生17.1万人；基础教育教职工98782人，其中小学34165人、中学46848人、学前教育17217人、特殊教育552人。全市学前教育入园率达到96%，义务教育入学率100%、巩固率达到99%以上，高中阶段教育毛入学率达到93.6%，残疾儿童入学率达到98%。市教育局大力实施教育重点工程，加强教育基础建设，教育改革发展环境和办学条件持续改善。继续实施中小学校舍安全工程，超额完成省定节点任务；继续实施“龙芯”电脑工程，农村学校办学条件进一步改善；实施农村偏远学校教师公租房建设工程和教育市政重点工程，学校办学条件显著改善。强化质量目标管理，完善考核奖惩机制，推进课程改革和课堂教学改革，课堂教学效率显著提高，基础教育教学质量不断提升。年内，全市新增四星级高中2所、三星级高中2所，4所学校通过省星级复审；全市新(改)建幼儿园106所，创建省优质园74所、市优质园75所。徐州一中申报国家教育体制改革试点项目普通高中“拔尖创新人才培养方式改革”试点学校获得通过，成为全省14个试点学校之一。

【学前教育】 2011年，全市共有幼儿园540所，其中省优质幼儿园182所，市优质幼儿园231所；在园幼儿约33.8万人，较“十五”末增加13万人，学前幼儿入园率达到95%以上，较2005年提高18个百分点。市财政及各县(市、区)财政划拨专项经费，用于幼儿园建设工程。全市全年投入1亿多元用于新建、改扩建幼儿园。市财政从2011年起每年设立2000万元专项经费，对完成年度学前教育发展任务的县(市、区)，对新建、改建的公办幼儿园以及新创建的省级优质幼儿园分别给予奖补。自收自支或差额拨款的事业局幼儿园，由财政给予定额补助，保障正常运转。从秋季学期开始，建立家庭贫困幼儿资助体系，确定在园儿童总数的12%为资助对象，资助标准每人每年1000元。幼儿园整体办园条件明显改善，办园质量明显提升，优质园集团化发展形成特色。全市学前教育正朝着“管理规范化、办园多元化、设施标准化、保教优质化”的方向加快发展。但是徐州市学前教育还存在不少困难和问题，根据省提出的1万人口1所幼儿园的规划要求，全市常住人口为858万人，幼儿园缺口300所；按照省优质园率70%的标准，省优质幼儿园缺口近400所。

【小学特色教育】 推进学校特色建设。至年底，全市已形成一批具有影响力的可持续发展特色学校、科技特色学校、弘扬传统文化特色学校、艺术特色学校、绿色学校、体育传统项目学校等。10月，在北京市举办的可持续发展国际论坛上，徐州市有8所中小学被评为联合国教科文组织可持续发展实验学校。

【义务教育优质均衡发展】 2011年,全市各县(市、区)根据省推进县域义务教育优质均衡发展规划、目标任务,制订并落实全市义务教育优质均衡发展规划。规划要求到2012年底,全市各县(市、区)实现县域义务教育基本均衡发展;到2018年前,各县(市、区)实现县域义务教育优质均衡发展,并通过省级人民政府认定。年内,全面启动全市义务教育优质均衡改革发展示范区创建工作。

【初中阶段学校办学和招生行为规范】 2011年,市教育局进一步规范初中阶段学校办学行为和招生行为,提高依法办学水平。做好民办改制学校收归公办后招生办法及施教区调整的调研论证工作,确保招生工作规范有序和社会稳定。年内,全市17所改制初中学校,14所恢复为公办初中,3所规范为民办初中。

【普通高中星级创建】 3月,省教育厅公布晋星学校名单,沛县歌风中学、沛县新华中学、睢宁县菁华学校3所民办学校进入省三星级高中行列。新沂市一中、睢宁县李集中学、新沂市高级中学、睢宁县宁海外国语学校分别申报晋升省四星、三星级高中。丰县华山中学、丰县宋楼中学、丰县顺河中学、徐州贾汪中学4所学校接受省三星级高中复审,全部顺利通过。

【特殊教育】 5月,徐州市教育局下达2011年特殊教育发展指导性计划,继续巩固残疾儿童少年入学率,确保三类残疾儿童少年入学率不低于97%,学前残疾儿童入园率一年不低于60%。并对这一计划的执行情况进行检查,对现有的特殊教育学校合理安排布局,基本形成以特殊教育学校为骨干,以大量随班就读和适量特殊教育班为主体的办学格局。2011年,全市共有残疾儿童少年在校生9327人,三类残疾儿童少年入学率为97%。有特殊教育学校11所,学生数2885人;在小学随班就读学生4851,在中学随班就读学生1591人。特教教师485人。全市特殊教育学校均通过视导评估。全市10所公办特殊教育学校均通过标准化验收。

【市机关一幼完成园址搬迁过渡】 暑期,机关一幼整体搬迁至建国东路杨家巷4号(原商业局幼儿园),完成向新建幼儿园搬迁的过渡。按市政府城区改造规划,机关一幼校园拆迁,与中华老字号街区建设同步,在原园址附近新建一所符合现代化标准的公办幼儿园,重建项目正审批立项。

【市机关二幼兴建新园工程】 配合城市拆迁改造工程,市机关二幼将迁入新址。新园位于景色秀丽的彭祖园东北角,占地面积为1.42公顷,拟建2座教学楼,18个幼儿班、5个亲子班,配有标准化教室、寝室、风雨操场、幼儿感官室、科学发现室、美工室、彩绘室、乐器室、舞蹈房、游泳池、幼儿厨房体验室、录播室、幼儿影院等现代化设施。新园工程被市政府定为徐州市2011年重点建设工程,将于2012年6月交付使用。

【徐州一中获清华大学“新百年计划”推荐资格】 徐州一中因近10年为清华大学提供一大批优秀毕业生,被授予“清华大学优质生源基地”。10月22日,清华大学确定全国221所中学获2012年清华大学自主选拔“新百年领军计划”推荐资格,徐州一中名列其中。校长王志勇应清华大学邀请,参加2012年清华大学自主选拔“新百年计划”系列活动。

【侯集高中新疆班】 侯集高中于2010年接受承办的徐州市首批内地新疆班学生经过一年的学习,圆满完成预科学习任务,顺利进入高中阶段学习。办学过程中,学校定期召开新疆班工作会议,探索“分合管理模式”,提升新疆班办学档次。在学习、住宿、饮食等各方面,学校为他们配备现代化的硬件软件设施,提升新疆班办学档次;出台一系列的规章制度,建立管理档案,各项管理措施到位;精心安排肉孜节、古尔邦节、春节、中秋节、国庆节等传统节日活动,让孩子们在异地他乡过上愉快的节日;强化汉语口语训练,与校青年志愿者协会开展学生结对子互帮互助活动,提高新疆班学生的汉语口语会话能力,将汉语口语考试纳入期末汉语文考试范围。

【徐州二中公开课首用网络视频直播】 3月2日,徐州市首次用网络视频直播公开课。公开课由史蕊、孙亦涛、张先云3位教师在学校微格教室面向全市开设,市教研室教研员和市直各校教师通过网络直播视频听课并进行教学研讨。听课的教研员、教师对这种形式的公开课给予高度评价。网络视频教研使更多教师参与听课、沟通和交流。

【市十三中张柯获国际机器人大赛金奖】 10月6日,市十三中八年级学生张柯在北师大天津附中勇夺第十三届国际机器人奥林匹克中国区竞赛中学组挑战赛金牌和障碍赛银牌。这是迄今徐州市在国际机器人奥林匹克中国区竞赛中取得的最好成绩。12月17日,张柯又代表中国参加在印度尼西亚雅加达举办的第十三届国际机器人奥林匹克竞赛的国际决赛。

【市十三中米睿获全国初中英语课展评一等奖】 10月26日,米睿老师参加第五届全国初中英语教师教学基本功大赛,以优异成绩获得优秀课展评一等奖。比赛由国家基础教育实验中心外语教育研究中心主办,在陕西西安举行,来自全国35个省(自治区、直辖市)的优秀英语教师参加了比赛。

【彭城培智学校主办国际特殊教育教师培训班】 8月20日~23日,由彭城培智学校主办、徐州市特殊教育中心承办的国际特殊教育教师培训班在特教中心举行。徐州市区和各县(市)200余名特殊教育工作者参加培训。培训班聘请美国专家Tom和台湾、香港著名特殊教育教师郭色娇、谢淑芬,分别从自闭症儿童的教学策略、怎样为自闭症儿童制订课程及对残障儿童的性教育等方面展开培训。培训课程安排紧凑,课堂气氛活跃,为参培教师注入了新知识,收到令人满意的效果。

(曹昭海)

职业教育和社会教育

【概况】 2011年,徐州市5.8万初中毕业生升入各级各类职业学校,普职比例大体相当。在徐职业学校招生近4万人,在校生保持在13万人以上。

【技能大赛】 年内,徐州市成功举办职业学校技能大赛。比赛设13大类58个项目,覆盖全市职业院校所有骨干专业,促进职业教育教学水平全面提高。在2011年全省职业学校技能大赛中,徐州市取得总分全省第三、江北第一的好成绩。

【职业教育优化发展】 市政府制定出台《优化发展职业教育行动计划》,全面推进"十二五"期间全市职业教育优化发展。徐州经贸高职校、财经高职校、技师学院成功进入全国职业教育改革发展示范学校行列,徐州机电工程学校、贾汪中专校创建成为省四星级和省高水平示范性职业学校。市教育局根据产业发展对技能型人才的需求,加大专业调整力度。主动对接、超前对接、科学对接"三大基地"、"四大产业",着力办好为先进制造业、现代服务业、商贸旅游业发展服务的工程机械、数控技术、机电一体化、电子电工、财经、旅游、生物技术、现代农业等专业。创建国家财政支持的实训基地1个,省高水平示范性实训基地4个,省品牌专业、特色专业10个,市品牌专业、特色专业34个。

【现代农民教育工程】 2011年,市教育局完成农村劳动力转移培训6.5万人。其中"两后双百"2.8万人;农村实用技术培训30多万人次,完成中青年农民技能学历双提升5500人;退役士兵培训3512人,其中学历教育89人,中高级培训1326人,短期培训2065人,复学20人。

【老年教育】 2011年,按老年人年入校率8%的要求,完成全年任务的110.9%。全市老年大学(学校)和各类社区教育机构共开展各类老年教育培训近60万人次。年内,新成立徐州经济技术开发区老年大学,全市五县(市)五区老年教育网络已基本形成。

【四级社会教育培训网络建设】 2011年,市——县(市、区)——乡镇(街道)——行政村(居委会)社区教育和成人教育、老年教育的四级教育培训网络正在逐步形成,以社区教育为抓手,积极构建终身教育体系的工作正在稳步推进。省、市级乡镇(街道)社区教育中心占乡镇(街道)总数的比例分别达到14%和70%,依托乡镇成人教育中心校创建的省、市级农科教结合示范基地占乡镇总数的比例分别达到15%和50%。

【民办教育培训机构审批】 按照《民办教育促进法》和《民办教育促进法实施条例》所规定的材料要求和审批程序审批民办教育培训机构。对申请材料进行全面审查,并进行实地查看,对照规定要求,提出评议意见,报局领导决策。全年有22家个人或单位申请举办教育培训机构,经严格审查,审批6家,其中英语培训机构3家,艺术教育培训机构1家,其他教育培训机构2家。

【非法办学查处】 年内,市教育局针对群众反映突出的违规办学等问题,进行认真查处,严格规范民办教育秩序。按照局发《关于严禁面向中小学生举办学科类竞赛及以竞赛名义举办培训班的通知》和《关于开展非学历教育培训机构违规办学专项治理工作的意见》,要求各非学历教育培训机构深入开展自查自纠,对发现的问题及时整改。同时组织有关人员与市工商、物价、新闻媒体等部门联合执法,多次进行检查,在寒、暑假期间加大查处频率和力度,协调媒体对无证办学单位予以曝光,共检查30多家违规办学单位,取缔非法办学单位3家,规范民办教育培训市场。

【技工教育】 2011年,徐州市技工院校招生10147人,其中技师、预备技师390人,高级工4172人;毕业6907人,当年就业率98.5%;在校生23936人。教职工1505人,其中文化技术理论教师803人,生产实习指导教师244人,一体化教师533人。全年培训社会人员16286人。

【徐州技师学院申建国家示范校】 11月3日,教育部颁发《教育部办公厅、人力资源社会保障部办公厅、财政部办公厅关于公布"国家中等职业教育改革发展示范学校建设计划"第二批立项建设学校名单的通知》(教职成厅〔2011〕4号),江苏省徐州技师学院成功入选。

【技工院校教学管理规范评估】 11月25日,徐州市开展技工院校教学管理规范评估工作。根据《江苏省技工院校教学管理规范》(苏人社规〔2010〕5号)和《江苏省技工院校教学管理规范评估细则》(苏人社函〔2011〕245号)的评估标准与要求,通过查阅资料、查看现场、随堂听课、集中评议、市级初评、省级评估,江苏省徐州技师学院、江苏工贸技师学院和徐州工程机械高级技工学校被评为江苏省技工院校教学管理示范院校。

【"创示范专业、讲精品课程、做教学名师"活动】 2011年,市人保局在全市技工院校深入开展"创示范专业、讲精品课程、做教学名师"活动。经过院校申报、专家评审、实地考察和网上公示,评出市级示范专业27个;江苏省徐州技师学院"焊接加工"专业被评为江苏省技工院校示范专业,徐州机电高级技工学校"电力拖动控制线路与技能训练"课程、徐州工程机械高级技工学校"工程机械装配工艺与技能训练"课程、江苏工贸技师学院"焊工工艺"课程、江苏省徐州技师学院"焊工工艺学"课程被评为江苏省技工院校精品课程。

【徐州机电工程高职校南校区挂牌】 8月28日,徐州中等专业学校正式挂牌“江苏省徐州机电工程高职校城南校区”。第一期进校学生290余人,开设数控、机电一体化及焊接技术等专业。

【经贸高职校成功申建国家示范学校】 11月3日,学校被国家教育部、人力资源社会保障部、财政部确定为“国家中等职业教育改革发展示范学校建设计划”第二批立项建设学校。在两年的建设期内,学校将利用中央财政1100万元、省财政330万元以及自筹资金计2700万元,建设物流服务与管理、会计电算化、计算机应用、汽车运用与维修等4个重点专业和校内学生创业园、校园文化2个特色项目。

【市政府与省农委签订共建生物工程职业学院协议】 4月6日,徐州市人民政府和江苏省农委签订《共建徐州生物工程职业技术学院协议书》。根据协议,市政府将学院列为市“十二五”重点建设的高职院校,为加快学院改革与发展创造良好条件和环境;支持学院积极参与地方产学研合作。省农委将学院建设发展纳入全省农业教育培训、农业科技推广总体规划,在农业科技项目安排、科技平台建设等方面加大对学院的资助力度。双方支持学院教育教学改革,在人才培养、专业建设、科技平台建设、学生就业等方面为学院创造良好的政策环境和工作条件。

【财经高职校成为国家立项建设示范学校】 10月20日,教育部、人力资源社会保障部、财政部联合发文通知,学校被确定为“国家中等职业教育改革发展示范学校建设计划”第二批立项建设学校。

【徐工培训学院项目启动】 12月31日,“徐工集团年产10万台整车重卡项目补充协议”签约仪式在徐州高新经济技术开发区举行。该《补充协议》是对1月28日徐工集团与铜山经济开发区管委会签订的《徐工集团汽车产业基地建设项目协议书》的重要补充。“徐工集团汽车产业基地建设项目”由徐工集团重卡、人才家园、徐工培训学院3部分组成。2项协议的签订,标志着“徐工集团汽车产业基地建设项目”的正式启动,也标志着学校新校区建设进程迈出实质性的一步。

【青少年宫打造“农民工子女公益学校”品牌】 3月,全市首家“农民工子女公益学校”在市青少年宫成立。青少年宫面向农民工子女和特困学生开设舞蹈、绘画、声乐、写作、机器人、英语等6个专业的公益班,至年底,500人次参加免费培训。年内,为来自县区边远学校培训辅导师资1000余人;举办“先锋旗帜,伴我飞翔”党日共建活动,为50余名农民工子女学员送上冬季礼物;开展“爱心360°—农民工子女嘉年华”活动,为300名民工子女送上新年礼物和祝福。

【市少工委开展争当“四好少年”主题教育活动】 3月~5月,少工委组织少先队辅导员和少先队员开展“红领巾心向党、争当四好少年”主题教育活动。各校通过队日活动、出黑板报等,让少年儿童理解党、团、队之间特殊而亲密关系;鼓励少先队大、中、小队制定争创“四好少年”集体计划,使少先队员朝着“四好少年”方向努力;各校在六一前开展争当“四好少年”队列比赛及主题队会大赛。全市1200余名队员被表彰为省级“四好少年”,2374名少先队员被评为市级“四好少年”。

【市关工委开展“十个一”系列教育活动】 以纪念建党90周年为契机,全市中小学广泛开展“十个一”系列教育活动。即组织一次党史报告会,读一本红色经典书籍,编写一本记述党史百件大事的宣传册,组织一次征文比赛和演讲大赛,写一篇歌颂党的心得体会,看一场《建党伟业》电影,做一件报党恩的好事,采访慰问一次老党员,开展一次红色旅游等。全市组织“五老”宣讲员1.28万人,编写材料2.36万篇,受教育青少年达百万之多。

【市关工委创建首批小海燕校外教育示范书屋】 5月31日,市关工委以庆祝六一国际儿童节为契机,举行小海燕校外教育示范书屋授牌捐赠仪式。徐州市创建首批22家小海燕校外教育示范书屋(基地),市关工委捐赠电脑44台、体育器材44套、图书5400多册,总价值达30多万元。市委常委、组织部长戚锡生出席命名仪式并讲话。至年底,全市已建校外辅导站(点)3269个,参加辅导的“五老”9855人。

(曹昭海)

师范教育

【概况】 2011年,徐州市师范布局调整愈加合理,各高师多元办学、错位发展格局日趋明朗。徐州幼儿高等师范专科学校举行挂牌仪式,成功升格为专科层次学校,迈入高校行列。运河高等师范学校抓好内功,进一步彰显乡村师范特色,徐州高等师范学校定位做精师范、做强培训,努力实现教师教育职前职后一体化。各高师积极进行系部调整,打造名优教师队伍。通过多种途径,利用各种平台促进教师参加学历提升,教师高层次学历比例迅猛增加。年内,3所师范学生语数外3科实行统一测试,学生基础学科素质有明显提高。各高师进一步强化学科建设,升学就业渠道进一步拓宽,“5+2”专升本成绩优异,录取率全省领先。各高师积极组织学生参加省大学生艺术节等国家、省、市级艺术展演活动,获得多项荣誉。各高师充分发挥省级教师培训基地功能,圆满完成国家级、省市级各类培训项目,顺利通过省中小学教师省级培训质量评价。

【名优教师队伍建设】 2011年,学校名优教师队伍建设不断加强。在徐州市名优教师评比中6位教师榜上有名,保持在市教育局直属学校中的优势地位。在第27个教师节,高青老师被评为徐州市师德先进个人,郁光磊老师被评为“学生最喜爱的教师”,陈萍老师被评为江苏省第四期“333工程”培养对象。

【徐高师教师培训职能成功过渡】 年内,学校先后主办7个省级培训项目,培训项目与培训对象进一步扩大。其中,省义务教育培训专家团队小学数学高级研修班、省农村义务教育初中校长提高培训班、省特级教师后备高级研修班等3个项目的成功举办,标志着学校完成了小学师训干训向中学师训干训的圆满过渡。

【运高师实施人才强校战略】 8月,学校制订《师资队伍建设规划》,坚持引进、培养和使用并举,努力建设高学历、高职称和高素质教师队伍。继续加强师德教育和师风建设,完善名特优教师培养管理机制,落实专业培训,提高教师学历层次。对青年教师培养,从政策、资金和环境上予以进一步的倾斜,定目标,勤指导,多督促,压担子,定时定期考核。支持中青年教师多形式、多渠道到高校进修学习,攻读硕士、博士学位。积极开展校本培训和学习活动,了解、掌握高等教育规律,提升教育教学的理念,研究改进教育教学方式方法,努力使全校教师在“师范性”与“学术性”的结合上达到与高等教育相适应的水平。

【运高师开展“送培到镇”活动】 11月,运河高等师范学校主动发挥师范学校对地方基础教育的引领和辐射作用,开展“送培到镇”活动。11月23日、30日,12月7日、14日、21日,汤华、尹慧、王艳歌、侯器等老师先后5次深入邳州市碾庄镇中心小学,对来自全镇各校的70余位教师进行现代教育技术和学科教学整合主题培训。培训要求学员完成“四个一”作品,即:一节45分钟课的信息化教学设计,一节45分钟课的多媒体课件、网络课件或专题网站,建立一个教学博客,在博客上发表培训日记、学习心得、技术总结、教学叙事等,培训达到预期目的,受到基层学校和参训教师欢迎。

(曹昭海)

高等教育

【概况】 截至年底,在徐高校总占地848.5公顷,建筑面积413.6万平方米,固定资产总值71.5亿元。博士学位授予点85个,硕士学位授予点347个,本科专业252个,专科专业213个。在职教职工10970人,其中专任教师7124人,具有高级职称3092人。各类在校生176673人,其中全日制本专科学生120260人,博士硕士研究生12570人,成人在校生43537人,留学生306人。

【维护稳定】 2011年,市教育局采取积极措施,加强大学生思想政治工作,维护高校稳定。在市政府的领导下,协调各高校做好高校食堂与农口有关部门联系,积极做好校社对接,建立食堂蔬菜直供机制。为及时深入了解在徐高校学生对创业、就业的态度和创业现状,与市政府办信息处联合组织开展大学生创业、就业情况网上调查。根据市政府及有关部门的指示精神,调查了解大学生宗教信仰等方面的情况,做好大学生思想政治工作。

【学生资助工作】 市教育局通过宣传、培训、调研,指导和督促各地认真做好学生资助工作。成立学生资助管理中心,扎实推进生源地助学贷款工作。借助新闻媒体和网络,积极开展政策宣传,在“徐州教育网”举办关于生源地助学贷款政策的视频节目。指导和督促各县(市、区)教育行政部门资助中心做好贷款各项任务的落实。召开预申请培训工作会议,组织做好市区高中生源地贷款的预申工作。年内,全市(含县区)为37078名贫困生办理生源地助学贷款2亿元。及时进行生源地助学贷款调研。加大工作人员培训力度,协调做好2010年学生资助工作绩效考核的情况收集及上报工作。全市有5个县(市、区)资助中心获得表彰。

【在徐高校交流与联系】 2011年,市教育局继续建立和完善高校有关部门联席会议制度。抓好高校办公室主任联谊会、教务处长座谈会和成教院长座谈会等,定期通报徐州高等教育有关情况,加强各学校交流与沟通。完善网络课程建设平台,实现教学资源共享;开展“名师讲坛”工作,邀请国内外著名学者到徐讲学,开阔学生视野,提高受益面。召开徐州高校教学联合体图书馆馆长年会暨服务与管理创新交流会,促进各校的交流,推动在徐高校实现更深层次的资源共享。

(曹昭海)

·中国矿业大学·

【概况】 中国矿业大学是教育部直属全国重点大学,是国家“211工程”和“985优势学科创新平台项目”重点建设高校,是教育部与江苏省人民政府、国家安全生产监督管理总局共建高校。经过一百多年的发展,学校已经形成以工科为主、以矿业为特色,理、工、文、管、法、经、教育等多学科协调发展的学科专业体系。学校占地294.2公顷(文昌校区103.7公顷,南湖校区190.5公顷),校舍建筑面积130余万平方米;固定资产总值241360万元;图书馆藏书226万册。拥有教职工3106人,其中专任教师1553人;专任教师中,正高级职称284人,副高级职称467人,博士生导师250人,硕士生导师905人;中国工程院院士12人(含外聘6人),160人享受国务院颁发的政府特殊津贴。学校设有研究生院和22个学院,62个本科专业。设有16个一级学科博士点,35个一级学科硕士点,13个二级学科博士点,9个二级学科硕士点,9个专业学位授权点;1个一级学科国家重点学科,8个二级学科国家重点学科,1个国家重点(培育)学科,7个省一级学科重点学科(其中4个省一级学科国家重点学科培育建设点),9个省重点学科(其中4个省国家重点学科培育建设点),4个部级重点学科,12个博士后科研流动站。有2个国家重点实验室,1个国家地方联合工程实验室,2个国家工程研究中心和1个国家级大学科技园(2009年9月被科技部批准为国家首批、江苏省唯一一所“大学生创业见习基地”试点单位),18个其他省部级重点实验室和工程(技术)研究中心。2个国家级教学实验示范中心,8个省级教学实验示范中心。全日制在校生33732人,其中研究生6866人(博士生1109人,研究生5757人),全日制普通本科生26742人,留学生124人。毕业本科生6481名、研究生1569名,总就业率达到98%;招收本科生6565名、研究生2247名、留学生45名。2011年,学校获全国毕业生就业典型经验高校、全国高等学校创业教育研究与实践先进单位、全国工程硕士研究生教育创新院校、江苏省高校毕业生就业工作先进集体、江苏省科技工作先进高校、江苏省教育国际合作交流先进学校、江苏高校节能工作先进单位、江苏省和谐校园等称号。

【创新创业教育】 2011年,学校创新创业教育富有成效。获全国百篇优秀博士学位论文提名奖1篇、江苏省优秀博士学位论文5篇、优秀硕士学位论文8篇。学生获省级以上奖励360余项,实用新型专利授权540余项,1人获得中国青少年科技创新奖,1人当选江苏省“大学生创新之星”。

【科技平台建设】 2011年,学校投入2200万元建设多个省部级以上科研平台和校级公共学术平台。获准建设“矿山物联网应用技术国家地方联合工程实验室”、“国家煤加工与洁净化工程技术研究中心”和“深部煤炭资源开采教育部重点实验室”;学校成立“中澳矿业研究中心”等5个校级科研平台。获准建设2个江苏省实验教学示范中心,被列为教育部“卓越工程师教育培养计划”试点高校,通过江苏省创业教育示范校验收。

【科技成果】 年内,获国家科技奖励7项;获省部级科技奖励和社会力量设奖118项。获科研经费5.72亿元,其中纵向经费突破1亿元,首次获得国家社科基金重大项目。获江苏省“十一五”重大科技成果奖励成绩显著高等学校称号和江苏省科技工作先进高校称号。

【教科研】 教师发表SCI期刊论文240篇,SSCI期刊论文8篇,授权发明专利88项,“973计划”、“863计划”、“国家科技支撑计划”、国家重大专项均有立项。获省级教学成果特等奖1项、二等奖2项,省级精品教材11部。

【学科布局结构优化】 年内,学校自行审核增列6个博士和15个硕士学位授权一级学科通过国家审批,新增3个省一级重点学科。稳步推进“211工程”三期和“985优势学科创新平台项目”建设。积极依托“江苏高校优势学科建设工程”,落实省部共建项目,使学校获得的省优势学科项目达到5个,已获专项资金5680万元。启动“矿业工程”等“江苏高校优势学科”一期建设项目,学科布局结构进一步优化。

【师资队伍建设】 2011年,师资队伍建设加大“引进”与培养的力度,实现新的突破。引进中国工程院院士卢耀如教授和“长江学者特聘教授”、国家杰出青年基金获得者吴立新教授全职到校工作;全年引进教师97人,其中教授4人。重视青年教师队伍建设,选拔29名教师出国研修。高层次人才培养扎实有效,新增1个教育部创新团队、1个江苏省高校科技创新团队,10人入选教育部新世纪优秀人才支持计划,25人入选江苏省第四批“333工程”。1人获得全国五一劳动奖章,1人入选国家教学名师,1人被评为全国教育系统职业道德标兵。学校入选江苏省人才强校工作首批试点单位。

【全球首个“旅游孔子学院”成立】 4月9日,中国矿业大学旅游孔子学院(格里菲斯大学旅游孔子学院)在澳大利亚东部昆士兰州揭牌。中共中央政治局常委、全国政协主席贾庆林出席揭牌仪式并致辞。该学院是全球首个“旅游孔子学院”,由中国矿业大学与澳大利亚格里菲斯大学合作成立。

【国际交流合作】 年内,新增2个中外合作办学项目;成立国际学院,进一步整合国际化教育资源;加入中美清洁能源联合研究中心清洁煤技术联盟。获得江苏省教育国际合作交流先进学校称号。

【产学研合作】 年内,学校与10家企业单位签订合作协议,合作建立“同大研究院”、“阳泉煤炭地下气化产业示范基地”等平台。首次承接国家安全生产监督管理总局的大规模培训任务,承担全国煤矿万名总工程师培训工作,全年举办9期培训班,培训煤矿高层次管理人员近900人。成功举办“产学研合作教育高层论坛”,牵头组建“高水平行业特色大学优质资源共享联盟”。

【管理制度改革】 2011年,学校扎实推进管理制度改革。首次实施九学期制,推进人才培养模式改革。研究制订《中国矿业大学学术委员会章程》,调研相关高校“大部制”和“学部制”改革经验。完善学校财务分级管理制度,加强审计工作和招投标管理,提高资金使用效益。理顺校办产业管理体制,进一步规范经营性资产的运作和管理。

·徐州师范大学·

【概况】 2011年,徐州师范大学有泉山、云龙、奎园、贾汪4个校区,校舍总面积81.2万平方米,图书馆藏书近250万册。有专任教师1388人,其中教授225人(博士生导师34人)、副教授474人,具有博士学位的391人。省级优秀教学团队2个。在校研究生、普通全日制本科生近30000人。设有22个专业学院以及继续教育学院和科文学院(独立学院)。有本科专业66个、一级学科硕士点26个、专业硕士学位授权点5个,并具有以同等学力申请硕士学位授予权和硕士研究生推免权。学校有国家级特色专业建设点4个,国家级精品课程2门,国家级教学团队1个;有省级品牌、特色专业20个,省级精品(优秀)课程47门(次),省级精品教材10种;拥有省级人才培养模式创新实验基地1个,“中地共建”

实验室项目15项,省级实验教学示范中心12个。有省部级重点实验室和哲学社会科学重点研究基地等科研平台10余个,建有省级大学科技园(文化创意产业园)和技术转移中心。2011年,学校获批江苏高校优势学科建设工程一期项目4项,获评一级学科省重点学科1个、培育学科4个;获得国家基金项目56项,其中重大项目2项;获批省高校哲学社会科学校外研究基地1个,省决策咨询研究基地1个。获得教育部高等学校科学研究优秀成果奖、教育部第四届全国教育科学研究优秀成果奖、江苏省科学技术进步奖等多项科研奖励;1部教材入选教育部普通高等教育精品教材;获得省级教学成果奖37项,获省高等教育教学成果奖3项,其中特等奖取得历史性突破。学校被授予第三批全国文明单位荣誉称号。学生在第十二届"挑战杯"全国大学生课外学术科技作品竞赛中获得二等奖1项、专项比赛奖3项;获得第二届全国大学生数学竞赛三等奖、中国机器人大赛二等奖、第十五届全国多媒体教育软件大奖赛一等奖、中国大学生女子足球锦标赛第三名等多项荣誉。11月,教育部复函江苏省人民政府,同意徐州师范大学更名为江苏师范大学。

【全国政协副主席厉无畏到校视察】 5月12日,全国政协副主席、著名经济学家厉无畏教授到学校视察工作。在听取党委书记徐放鸣和校长任平所作的关于学校校情和大学科技园(文化创意产业园)建设情况汇报后,厉无畏指出,学校抓住了当前国家大力发展创意产业的有利时机,下一步应结合自身实际,着力将文化创意产业园办出特色,办出水平。希望学校加强素质教育,培养更多创新型人才,积极服务于地方经济发展和文化建设。视察结束后,厉无畏为学校师生作了题为《"十二五"规划与发展创意产业、促进经济发展方式的转变》的学术报告。

【徐州师范大学连云港校区成立】 学校与连云港市人民政府、连云港师范高等专科学校多次召开合作办学推进会,确定"一区三院"合作办学的战略构想。10月11日,徐州师范大学连云港校区揭牌仪式暨新生开学典礼在连云港师专举行。连云港市市委书记李强、市长杨省世、市委宣传部长张光东、副市长杨莉,徐州师范大学党委书记徐放鸣、校长任平、副校长方忠及连云港师范高等专科学校党委书记滕士涛、校长钱进出席典礼。连云港校区499名新生参加典礼。

【学术活动】 举办或承办中国马克思哲学高峰论坛、中国现当代文学研究问题意识与学术创新研讨会、第四届全国高等语文教学研讨会、江苏省微生物学会年会等高级别会议,成功举办中小学经典诵读教育骨干教师国家级培训班、"国培计划"骨干教师研修班和中西部项目培训班等国家级培训活动。

【首个境外科技创新团队引进】 12月14日,徐州师范大学举行首个境外高水平科技创新团队引进签约仪式。中国工程院院士范滇元教授,"新型光学功能材料与器件"境外高水平科技创新团队带头人、新加坡南洋理工大学唐定远教授,校党委书记徐放鸣、校长任平、副校长周汝光出席。科技创新团队成员新加坡南洋理工大学章建博士、美国康奈尔大学赵鹭明博士、澳大利亚国立大学杨志勇博士参加签约仪式。唐定远教授团队主要从事激光和先进功能材料研究,在激光技术、光电功能材料、光学陶瓷功能材料等多个领域有着国际领先的科研成果,并在新型光学功能材料和器件方面具有世界一流的产业化水平。

【中国——巴基斯坦教育文化研究中心设立】 3月,徐州师范大学正式成立中国—巴基斯坦教育文化研究中心,以充分发挥高等学校在人才培养、科学研究、文化交流等方面的重要作用,为江苏与巴基斯坦进一步加强全面合作作出贡献。中心成立后,得到巴基斯坦方的大力支持和肯定,巴基斯坦巴利亚大学、信息技术大学等高校领导先后到校参观访问,并与学校签订合作备忘录;旁遮普大学等高校也向中心发出访问邀请。中心已编纂出版《巴基斯坦研究论文汇编》,设立专项委托项目,并与中科院亚太研究所、北京大学巴基斯坦研究中心等国内研究机构建立联系。5月19日,应巴基斯坦驻华大使馆邀请,校长任平出席由中国人民对外友好协会与巴基斯坦驻华大使馆共同举办的庆祝中国—巴基斯坦建交60周年招待会。

【大学科技园奠基】 9月16日,徐州师范大学科技园(文化创意产业园)正式接受省级大学科技园评估验收。省评估专家组经过现场考察、质询、讨论,一致认为大学科技园建园理念鲜明,办园思路清晰,战略定位有前瞻性,建设举措有创新性,发展目标明确,功能定位准确,各项政策完善,配套服务功能齐全,已达到省大学科技园的认定条件,同意通过省级评估验收。9月19日,省科学技术厅、省教育厅下发《关于认定徐州师范大学科技园为省级大学科技园的通知》(苏科高〔2011〕261号)。12月28日,徐州师范大学科技园暨中茵南郊商业广场举行开工奠基仪式,市领导曹新平、张敬华、刘忠达、庄华平、邹徐文、夏文达、王昊,校领导徐放鸣、任平、何保全、岑红,中茵集团董事长高建荣出席仪式并为工程开工奠基。

【与经济技术开发区合作筹建徐州国际学校】 1月8日,徐州师范大学与经济技术开发区正式签约合作筹建徐州国际学校。5月27日,国际学校举办首场招生咨询会。全国高级中学校长委员会理事、原苏州中学校长倪振民,镇江市国际学校暨镇江市外国语学校副校长周慰以及学校科技园相关负责人到场接受咨询。建校第一年,国际学校招生主要面向高中学生,与镇江市国际学校联合办学,学生在镇江市国际学校学习一年,待2012年徐州国际学校建设成熟后返回就读。

【"校友培爱"奖助学金】 2011年,为完善"奖、勤、贷、助、补、减、免"一体的助困助学体系,促进大学生成长成才,学校先后引入"校友培爱"奖助学金、国华奖学金、江苏昆山"中国金谷·花桥国际商务城"助学金和江苏海协教育基金会宁峰钢铁有限公司助学金。"校友培爱"奖助学金由校友捐资设立,每年投入奖学金10万元、助学金5万元。国华奖学金由国华集团联合徐州市慈善总会设立,每年奖助金额各为10万元。"花桥国际商务城"奖助学金由江苏昆山花桥经济开发区设立,每年在省内外高校投入100万元,旨在鼓励学生到商务城就业创业。宁峰钢铁有限公司助学金由江苏海协教育基金会、宁峰钢铁有限公司设立,每年投入10万元。

·徐州医学院·

【概况】 2011年,徐州医学院设有4个校区,17个院系(部),11所附属医院。有18个本科专业,麻醉学、临床医学、医学影像学、药学专业为国家级特色专业建设点;41个硕士学位授予点,临床医学、基础医学、药学、生物学、公共卫生与预防医学为一级学科硕士学位授予点,具有硕士生推免资格。学校有教职工1100多名;有2名教师入选省"333工程"第二层次培养对象,2名教师入选省"双创计划"引进人才,2名教师入选江苏省特聘教授。新进校教职工46人,新增院聘教授1名、"徐州医学院优秀人才"6名;72人取得高级专业技术职务任职资格,其中教授6人,副教授60人;委托或定向培养博士研究生11人、硕士研究生2人。2011年,录取本专科新生2735人(含定向专科生341人)、研究生477人(含硕士推免生25人)、独立招收博士后10名,研究生课程进修班招收297人,成人教育学生2736人、留学生48人,接受新疆籍岗前培训班学员33人。学校有国家级重点学科建设培育点1个、国家级特色专业建设点4个、国家级人才培养模式创新实验区1个、国家级教学团队1个;省级重点学科6个、省级医学重点学科3个、省级重点临床专科16个,省级重点实验室4个,省级特色品牌专业6个、省级精品课程9门、省级精品教材(立项)13部,省级人才培养模式创新实验基地1个、省级实验教学示范中心7个,省级优秀学科梯队1个、省级科技创新团队5个、省级优秀教学团队1个。2011年设立博士后科研工作站。学校有2个校外教学点被评为江苏省高校成人教育优秀校外教学点。2001年以来,学校连续11年名列全国高等医学院校综合实力50强。

【研究生工作改革】 完成研究生公共课改革,举办研究生导师培训班,有效促进研究生导师指导水平的提高。实行研究生毕业论文双盲评审,通过率为99.2%。获得江苏省研究生优秀论文3篇。2011届全日制研究生学位授予率为99.4%。学校顺利进入教育部临床医学专业(英语授课)留学生招生计划名单,成立国际教育学院,已招收来自尼泊尔、巴基斯坦、孟加拉、科摩罗等国家的留学生。成功获批设立汉语水平培训考试考点(HSK),成为"国家汉办"在淮海经济区高校设立的首个考点。

【专业建设】 新增药物制剂专业、理科门类专业医学信息学。医学影像学、药学专业省级特色专业建设点以优良成绩通过验收。开展专业认证工作,护理学专业顺利接受教育部专业认证专家组的现场考察。学校受教育部委托已经开始组织制定全国麻醉学专业认证标准。

【学科建设及科研水平取得新突破】 学科和博士单位建设及科技工作取得新突破。生物学成为省优势学科,临床医学成为省级重点学科;与南京军区总医院联合培养博士后,获得国家博士后资助计划2项。徐医附院博士后科研工作站正式建立并开始招生。顺利通过省学位办组织的"建博"中期检查。全年共获科研项目111项,累计获得纵向经费1097.2万元,其中包括国家自然科学基金项目23项,经费761万元;省部级项目11项,经费104万元;连续6年获得省科技创新团队,连续5年获得教育部新世纪人才支持计划;获国家科技进步二等奖1项、中华医学科技奖二等奖1项、省科技进步奖二等奖1项、省医学科技奖二等奖2项、省教育厅重大项目3项;SCI收录论文66篇;组织申报专利21项。学校被省政府授予"'十一五'获重大科技成果奖励成绩显著高等学校"荣誉称号。成功获批省肿瘤生物治疗科技公共服务平台、省肿瘤生物治疗研究所和市新药创制与临床试验工程技术研究中心;成功申报生物新医药科技产业园。

【教学科研】 2011年,获江苏省高等教育教学成果奖6项,其中"麻醉学人才培养模式的创新与实践"项目获得特等奖,是学校在该项目上的历史性突破;获江苏省高教学会第十次高等教育科学研究成果奖三等奖3项,获江苏省高校教学管理研究会优秀论文评选3项,获中华医学会2011年度优秀教学论文4项。在教学研究方面,获得全国教育科学规划2011年度课题3项(立项1项),获江苏省高等教育教改研究课题5项(其中重点项目1项,一般项目4项),获江苏省高教学会"十二五"高等教育科学研究规划课题1项和江苏省现代教育技术研究课题4项;开展了学校2011年度教学课题申报评审工作,共有28项课题获得立项。

【师资队伍建设】 年内,先后出台《关于进一步加强人才队伍建设的决定》、《关于进一步加强师资队伍建设的实施意见》等一系列政策措施,拟定《徐州医学院优秀人才引进办法(试行)》,实施"青年教师培养工程",师资队伍层次得到提高,结构不断优化。

【国际合作与交流】 逐步推进与国(境)外高校、科研机构联合培养学生计划和学生国际交流计划,与英国伦敦大学、哈德斯菲尔德大学在护理学和药学专业的联合办学项目中取得突破。与哈德斯菲尔德大学签订合作谅解备忘录,首批护理学专业学生有望2012年赴英学习。开展外事秘书(兼职)业务培训工作。成立港澳台办公室,加强相关政策法规的学习。年内,共有教师和学生近70人次出国(境)参加学术会议、进修和考察交流;接待外宾和海外校友访问近30人次;先后邀请30余位海外校友回校访问讲学。

·工程兵学院·

【思想政治建设】 2011年,学院开展多项活动,持续加强思想政治建设。以学习胡锦涛总书记"七一"重要讲话和党的十七届六中全会精神为主要内容,扎实推进创新理论建设。以"坚定理想信念,忠实履行使命"为主题,持续抓好当代革命军人核心价值观培育。开展"加强党性修养,锤炼思想作风"教育整顿活动,举办党委(支部)书记集训,举行庆祝建党90周年系列活动。持续推动"开路先锋"文化建设,文化品牌影响力不断扩大,文化对各项工作的引领渗透逐步增强,安全文化、演习文化创新发展。圆满完成剑门关"八一"爱民学校援教援建任务,成立"乐务"爱心服务队,受到军地媒体的广泛好评。

【教学改革】 年内,学院大力加强学科建设,从教材、教法、教研等方面推进教学改革。狠抓人才培养顶层设计,制订完善各类专业人才培养方案。大力加强学科专业建设,"2110工程"二期建设检查验收取得优异成绩,三期工程申报工作进展顺利。稳步推进各类教材建设,顺利完成总部任务,研究生教材专项建设取得较大突破。精心组织教学法比武,提高全体教员上好案例课、研讨课、情景课的积极性。持续加强课堂教学质量评估,全年听课738人次,评估教员169人,占全部授课教员的84.9%。大力拓展函授办学,新建函授站2个。

【学术交流与科研创新】 筹办"装备指挥与运用学组第二届年会",组织200余人次外出参加各类学术交流,邀请国防大学、军事科学院和工程兵科研院所等10余名专家到院讲学,顺利接待了美国陆军工程兵代表团参观访问。拓宽科研立项渠道,立项课题大幅增加;全年有14项科研成果获军队科技进步奖,1项成果获全军军事科研优秀成果二等奖,2项成果获国防军事教育优秀成果奖。出版专著15部,发表论文400余篇,其中在核心期刊发表31篇,被"三大检索"收录10篇;《工程兵学术》所载文章被《军事期刊论文索引》收录数量再创新高,占刊发总数的53.3%。

【综合保障能力提升】 有效整合工程兵训练模拟系统,全面升级工程兵战术训练中心,建设图书馆机要阅览室,启动智能图书管理系统建设。不断创新服务保障方式,探索形成"学院主导、统分结合、军民兼容、联勤一体"的实践性教学综合保障模式。坚持党委理财,科学编制年度经费预算,加大大宗物资集中采购力度,严格落实联审会签制度和公务卡结算规定,经费管理进一步规范。不断完善饮食保障社会化改革,重新遴选餐饮保障公司,健全监督管理措施,稳定饮食质量。2011年,学院被评为原军训和兵种部"十一五"期间后勤管理先进单位。

【重点工程建设】 年内,新建弹药库顺利竣工,教勤大队住房整治、油库改扩建、学员楼改造工程圆满完成,通用汽车库如期开工,南营区二期后续工程、幼儿园改扩建工程有效推进。有偿服务工作有序开展。圆满承办总参军事交通运输油料现场会。学院被评为"全军生态营区"、总参"十一五"期间军事交通运输工作先进单位。

【专题教育】 年内,学院多次组织专题教育活动,使安全稳定基础更加牢固。高度关注意识形态领域的复杂斗争,针对境内外敌对势力的渗透破坏和西亚、北非的动荡局势,及时传达学习上级指示,集中组织专题教育,严格落实"八个坚决防止"和"六个严禁"要求,确保全院官兵思想稳定和集中统一。坚持依法从严治校,扎实开展"学法规、抓养成、正秩序、保稳定"和"警示性法制教育旬"等活动,不断增强全院官兵的条令意识和法纪观念。认真贯彻落实上级安全稳定电视电话会议精神,突出抓好"五个重点分析掌控",严格落实安全管理制度,定期开展安全形势分析,先后组织9次安全工作综合检查,排除安全隐患50多处。开发建设人员、车辆信息化管理系统,提高管理工作效率。扎实开展经常性保密教育检查,及时消除失泄密隐患。学院被总参军训部评为安全工作红旗单位。

·徐州空军学院·

【教学科研】 2011年,学院遵循"突出岗位针对性、体现知识先进性和强化专业实用性"的思路,大力加强课程建设和教学改革。"航空弹药勤务"被评为军队院校优质课程。政治理论课教学制定了党的创新理论"三进入"规划,开展"优质一门课"评比,强化育人效果。组织任职教育教学专题立项结题验收,25项教学专题通过验收进入课堂。及时跟踪部队装备发展和岗位任职需求,编写完成12部教材,使教学内容更有针对性。组织开展军事案例建设,5个项目被总部批准立项,1个案例被评为全军优秀军事案例。

【军事教育课题研究】 年内,学院开展了60项院级军事教育课题研究。根据"出思想、出观念、出思路"的总体要求,着眼新型作战保障人才培养和任职教育转型发展新理念、新目标、新途径,开展"新理念引领新发展暨推进教育转型"研讨活动,聘请校外专家到院进行专题讲座,开展32项指定性、28项自选性院级军事教育课题的研究工作,为学院教育转型奠定理论基础。

【综合素质训练】 组织2011级新学员进行军政基础集中强化训练和野外驻训,切实打牢学员的军政基础素质。组织本科学员到部队进行专业教学,实施专业技能和组训能力训练与考核,强化各类学员的专业素质。实施"新剑-11"毕业综合演练,切实提高学员的专业保障水平和岗位任职能力。年内,学员参加各类学科竞赛,获国际级奖励3项、国家级奖励62项。

【学位与研究生教育】 组织开展新增硕士学位授权点申报,新增2个硕士学位授权一级学科。创新导师管理机制,制定《研究生导师科研课题立项管理办法》,开展导师课题立项,完善以科研任务为主导的导师责任制。创新学位论文工作模式,制定《进一步加强学位论文工作的意见》。年内,获全军优秀硕士学位论文1篇、空军优秀硕士学位论文3篇。

【教学训练基础设施建设】 按照"基础实验室'中心化'、专业实验室'综合化'和作战实验室'一体化'"的思路,完成基础实验室标准化整改建设和"2110工程"二期重点实验室建设。大力推进训练模拟器材和训练场地场所配套建设,建成了400米标准塑胶田径运动场、军人心理行为训练场和队列训练场。加大教学信息资源建设力度,新增纸质图书1.5万册,数字信息资源6万亿字节。

·徐州工程学院·

【概况】 2011年,徐州工程学院占地132.7公顷,校舍建筑面积51万多平方米,拥有固定资产12亿元,教学仪器设备总值1.1亿元。设有14个二级学院和成人教育学院,40个本科专业。有全日制本专科在校生19300余人,专任教师1044人,其中高级职称教师343人。2011年招收学生5494人,2011届毕业生就业率达98%。有国家级一类特色专业建设点2个,省级重点建设学科3个,省级特色专业及建设点6个,省级人才培养模式创新实验基地1个,省级教学团队1个,省级实验教学示范中心及建设点5个,省级精品课程10门,省级精品教材15部。有省级高校重点建设实验室2个,省、市级工程技术中心19个,省"青蓝工程"科技创新团队1个。与美国、俄罗斯、法国、澳大利亚等15个国家的17所高校建立合作关系,完成中外合作办学项目10个。学校被遴选为国家"卓越工程师教育培养计划"实施高校,应用型人才培养特色进一步凸显。学校获评省高等学校和谐校园、教育系统法制宣传教育先进单位,民盟支部获省民盟先进集体,关工委获省关心下一代先进集体,11名教师分获省先进工作者、省高校思想政治教育工作先进个人、市巾帼建功先进工作者等荣誉称号。学校"淮海地区非物质文化遗产数字资源库"获教育部专题特色数据库建设立项;信息化和数字化校园建设获省高等学校信息化建设优秀单位荣誉称号。

【"专业建设推进年"活动】 年内,学校将2011年定为"专业建设推进年",以专业建设为主线,深入推进教育教学改革,取得丰硕成果。"高分子材料与工程"等5个本科专业获得教育部批准;思想政治理论课程、公共体育课程和军事理论课程通过省教育厅组织的考核;获批省级实验教学示范中心建设项目2个;获省高等教育教学成果一、二等奖各1项,省精品教材6部,省教改项目6项,省级优秀多媒体教材一、二等奖各1项。学校入选省地方高校计算机学院培养服务外包人才试点项目学校和省语言文字规范化示范校,成为在徐高校唯一的省国际商务人才培训服务平台。

【科研】 主办、承办"我国农业环境问题学术研讨会"、"财务管理和会计学国家级特色专业建设研讨会"、"第二届博爱建筑安全论坛"等多个高水平学术会议;召开第二次科研工作会议,邀请国内外知名专家到校讲学40余场。获得各类科研计划立项115项,其中以第一单位获批国家自然科学基金项目3项,国家社会科学基金项目1项。获各类科技进步奖与社科成果奖38项。科研平台建设成效显著,获批"十二五"省重点建设学科3个,省高校重点建设实验室2个,新增市级工程技术研究中心7个、市级重点实验室9个。

【合作办学】 年内,学校先后与市经济技术开发区、鼓楼区、丰县人民政府等洽谈签订战略合作协议。挂牌成立"苏北农村发展研究院"、"徐州市现代物流发展研究院",与国家生物芯片工程技术中心合作共建的"生物芯片国家工程研究中心食品安全工程实验室"进展顺利。与企业合作申报省、市工程技术研究中心14个,合作申报各类科技计划项目近百项。学校再获市"振兴徐州老工业基地创新创意奖"。

【师资建设"四大提升工程"】 2011年,学校继续推进师资队伍建设"四大提升工程",优化师资结构,提升教师水平。选拔18名英语教师赴英国培训,23名中青年管理干部和学术骨干赴美国培训。20名青年教师攻读博士学位,15名中青年骨干教师被推选为教授培育对象,推荐4名教师到重点高校做访问学者。引进教授1人,博士6人;晋升正高职称8人,副高职称39人;1人被聘任为中国煤炭工业技术委员会矿区环境保护专家委员会委员,新增"333工程"第三层次选拔对象7人。

【创业教育】 11月,学校创新创业工作被教育部简报(2011.第一版)进行了单篇专题报道。年内,学校创新创业教育和招生就业工作成效显著:学校成为江苏省大学生创业教育示范校建设推进会唯一现场考察单位;徐州创新创业教育学院挂靠学校;学生在2010年全省普通高校本科毕业设计(论文)评优中获二等奖1项、三等奖4项,在省级以上各类学科竞赛中获奖37项。成人教育教学质量不断提高,获批省成人高等教育特色专业建设点2个、省成人高等教育精品课程3门。

【"非遗"进校园获教育部奖】 11月,《"非遗"进校园,打造异彩纷呈的校园文化—徐州工程学院依托区域文化传承民间文化共建校园文化纪实》获教育部"校园文化建设"优秀奖。学校以非物质文化遗产挖掘、研究与传承为重点,推进"非遗"进校园、进教材、进课堂,发挥文化传承功能。"淮海地区非物质文化遗产研究中心"成为省普通高校人文社科校外研究基地;徐州动漫艺术协会、徐州市工艺美术学会先后成立并挂靠学校。

【中心校区三期建设】 中心校区三期工程占地9.4公顷,主要包括综合教学楼、行政办公楼、图书馆和大学生活动中心,建筑面积9万多平方米。学校着力推进工程现场施工,行政楼、大学生活动中心已封顶,图书馆已建至4层,综合教学楼主楼基础已完成、裙楼已建至3层。学校再获市重大项目先进单位荣誉称号,一期工程三个标段分获省“扬子杯”优质工程奖。

【对外交流与合作】 年内,学校获市政府办公室颁发的“对外交流成果奖”。学校坚持“引进来,走出去”,开展多层次、宽领域的国际交流与合作。成功举办第二届国际化战略研讨会,对推进国际化战略作出总结和部署;接待美国北卡罗莱纳州立大学、法国圣太田高等商学院、俄罗斯圣彼得堡电工大学等代表团;派遣公务访问团3组17人次,随省教育厅出访人员4人,7名教师赴国际友好学校研修学习。有3名教师和1名校领导入选省高校优秀中青年教师和校长境外研修计划,1名教师获得省政府留学基金。校际合作取得新成果,在不断深化与俄罗斯圣彼得堡电工大学、法国圣太田高等商学院和韩国忠州大学合作的同时,与美国加州长滩州立大学建立友好合作关系。

·徐州市广播电视大学·

【概况】 2011年,徐州市广播电视大学占地6.25公顷,校舍建筑面积6.80万平方米。拥有固定资产6432万元,教学仪器和试验设备资产总值1739万元。图书馆藏书8.3万余册,各种期刊500余种。有多媒体教室和各类实验室79个,校外实习基地22个。学校设有机电工程系、电子信息工程系、经贸系、公共基础教学部、现代远程高等教育中心、社区学院6个系(院、部、中心)和35个本、专科专业。有教职工200人,其中专任教师109人,教授2人,副教授50人。在校生总数4567人。

【主办淮海经济区远程教育协会年会】 9月22日~23日,学校主办了淮海经济区远程教育协会第十六届年会暨第二届淮海论坛。中央电大党委书记阮智勇、江苏电大党委书记彭坤明、徐州市副市长孔海燕、沛县县委书记冯兴振等到会。来自山东、河南、安徽和江苏四省的14所地市级电大、33所县级电大的116名代表参加会议。阮智勇、孔海燕、彭坤明先后在开幕式上讲话,对淮海经济区远程教育协会第十六届年会暨第二届淮海论坛的召开表示祝贺,充分肯定协会成立15年来,为加快区域内现代远程教育事业的发展、促进区域内电大联合与协作、探索开放大学教育与社区教育发展规律以及资源共享、优势互补方面做出的积极贡献。

【退役士兵高等学历教育】 3月12日,学校举行2011年春季徐州市退役士兵高等学历教育开学典礼,春季班全体学员参加。退役士兵高等学历教育是省、市、区三级政府组织实施的一项优抚惠民工程,是党和政府的民生工程之一,体现各级民政部门对退役士兵的关爱。为了确保该项工作的有序推进,学校出台《退役士兵高等学历教育工作实施意见》。该项工作自2009年冬面向泉山区、鼓楼区、云龙区、经济技术开发区开展。

【“师生读书节”开幕式】 4月7日,学校举行“师生读书节”开幕式暨首场报告会。活动旨在弘扬中华民族的优秀文化和道德观念,引导广大师生多读书、读好书,提高师生文化素质,丰富师生知识底蕴,营造浓厚的校园文化氛围。徐州师范大学党委书记徐放鸣教授为师生们作了题为《儒家经典中的审美智慧》的精彩报告。

·江苏建筑职业技术学院·

【概况】 2011年,江苏建筑职业技术学院占地72公顷,建筑面积36万平方米,固定资产60693.2万元,教学设备总值12468.8万元。图书馆建筑面积3.6万平方米,藏书59.76万册。学院有2个中央财政支持建设的实训基地,5个实验实训中心,86个专业实训室,1个能够颁发50种职业资格证书的国家职业技能鉴定站,在上海、南京、杭州、济南、徐州等地建有336个稳定的校外实习实训基地。学院设有16个教学单位,共有52个专业及专业方向,其中建筑工程技术、建筑装饰工程技术、供热通风与空调工程技术、矿井建设4个专业为国家示范重点专业,机电一体化技术、道路桥梁工程技术2个专业为省级示范重点专业。有省级品牌专业3个、特色专业6个;有国家级精品课程9门、省级精品课程16门。学院是国家建设行业技能型紧缺人才示范性培养培训基地、江苏建筑职教集团理事长单位、淮海经济区高职院校协作会秘书长单位。有在校学生16106人,其中全日制专科生12244人,成人专科生3862人。共毕业4926人,专科就业率99.34%。全年共招收各类学生5950人,其中1654人为成人专科生。有教职工720人,其中专任教师502人;有教授37人,副教授212人。有国家优秀教学团队1个、省“六大人才高峰”高层次人才培养学术团队3个,有1个江苏省高职高专院校中唯一的“青蓝工程”科技创新团队。有享受国务院特殊津贴专家1人、国家教学名师1人、全国优秀教师2人、省教学名师2人、省“青蓝工程”中青年学术带头人和优秀青年骨干教师培养对象17人、省“333工程”人才培养对象3人、省突出贡献的中青年专家2人,12人担任教育部高职高专教学指导委员会委员。2011年,获国家级教学成果奖1项、省级教学成果奖6项(其中特等奖2项);承担的省部级、市厅级科研项目90余项,获得省市科技进步奖19项。学院学报被评为首届中国高校优秀期刊、全国职业技术院校“十佳”学报和核心期刊。学院获省师资队伍建设工作先进高校、科技工作先进高校、大学生就业工作先进单位等荣誉称号。

【学校更名为“江苏建筑职业技术学院”】 1月,经江苏省人民政府批准,学校由原来的“徐州建筑职业技术学院”更名为

"江苏建筑职业技术学院"。5月8日,学校召开更名信息发布会,来自教育部、住建处、省教育厅、省住建厅、徐州市人民政府的相关领导参会。徐州市人民政府为学校铸赠"更名纪念鼎",新校牌为著名学者、书法家、书法教育家欧阳中石题写。

【国家示范性高职建设项目获优秀】 6月,学院国家示范高职院校建设项目在省级验收中以98分的高分获得优秀。3月,受江苏省教育厅、财政厅委托,以上海师范大学校长李进教授为组长,上海市教育科学研究院副院长马树超、江苏省教育厅高教处处长徐子敏、无锡职业技术学院院长戴勇等为成员的专家组一行9人对学校国家示范高职院校建设项目进行验收。3月28日学院将验收材料提交教育部,6月20日教育部、财政部联合发文公布验收结果,学院获得98分的优异成绩,评定为优秀。

【教育部人才培养工作评估】 10月18~20日,学院迎来教育部高职高专人才培养工作评估。学院始终坚持"以评促建、以评促改、以评促管、评建结合、重在建设"的指导方针,融评建工作与常规教学工作于一体,把评建工作与教学质量监控有机结合,实现评建工作常态化,强化内涵建设,取得显著成效。评估专家通过听取汇报、查阅资料、走访实训基地、听课、与学生交谈等多种方式,全方位了解学校人才培养实施情况。在评估情况反馈会上,专家组对学校人才培养工作给予较高评价。

【新图书馆项目建设】 4月,学校新图书馆在前期充分调研和准备的基础上,分别完成了施工单位、监理单位的公开招标工作,施工、监理单位已正式开工。新图书馆位于学校西校区整体规划的中心位置,主体为五层框架结构,建筑面积约为28000平方米,是西校区教学、科研的重要基础设施。建成后将成为学校标志性建筑,成为西校区文献存储中心、信息交流中心、数字化文献汇集中心、文化交流中心、学生课外学习中心。

【"学校公共建筑节能监管体系"建设项目获国家立项】 8月,学院的"学校公共建筑节能监管体系"建设项目被国家住建部、教育部、财政部批准正式立项。该项目从2010年9月启动,经过充分调研和论证,制定切实可行的实施方案,2011年6月上旬上报省建设厅、教育厅、财政厅初评并获推荐。2011年6月下旬正式向国家住建部、教育部、财政部申报,7月通过了专家组评审,8月被批准正式立项,并获得中央财政400万元建设补助资金的支持(财建〔2011〕669号)。

【招生就业】 2011年,学院新生报到人数实现三年连续增长,连续6年被评为省大学生就业工作先进单位。年内,学院实际注册报到4296人,新生报到率达到93.96%。录取分数线稳步提高,理科、文科、海外本科直通车录取分数线分别排在全省第8、第17位、第1位,8个专业超过三本录取分数线。学院推进招生考试制度改革,首次开展自主单独招生工作。支援西部,开展少数民族预科生招生工作,有74名预科生在南昌工学院学习,49名学生在校内学习。截至12月14日,2011届毕业生就业率为99.34%,就业协议率为95.03%,专业对口率有较大幅度提高。

【对外交流与合作】 成功主办职教集团2011年年会,选举产生新一任理事长。在日照职教学院主持召开淮海经济区高职教育协作会第三次年会,接受协作会学校38名教师、干部到学校培训和挂职。为枣庄科技职院68名教师举办"教学基本能力和课程开发"培训。组织考察圣彼得堡国立建筑大学、莫斯科大学、圣彼得堡城市建筑群,并与圣彼得堡国立建筑大学达成加强交流和深化合作的意向,开辟欧洲高校联系通道,拓展办学空间,深化国际合作。加强校友联络与合作,新成立广西校友分会,召开校友会一届三次理事会。高质量承办国台办立项项目一"苏台高等职业教育研讨会",台湾21所科技大学和台资企业代表、省内28所高职院校领导出席会议。与来访的韩国忠州大学签署合作协议,承办全国煤炭行业职业教育教学指导委员会成立大会。年内接待86家学校、企业来访。

·徐州工业职业技术学院·

【概况】 徐州工业职业技术学院占地74公顷,建筑面积31.3万平方米。固定资产67357万元,其中教学设备总值6918万元。图书馆建筑面积2.4万平方米,藏书70万册。学院设有化学工程技术学院、机电工程技术学院、信息管理技术学院、材料工程系、思想政治教育与研究部、体育教学部、继续教育学院等7个院系(部),开设42个专业;有省级示范专业1个、省级品牌专业2个、省级特色专业2个,国家精品课程2门、省级精品课程6门,有省级研发中心2个、市级研发中心2个。2011年在校生11141人,其中普通专科生10952人,成人教育专科生189人。共毕业4149人,就业率为98.5%。全年共招收各类学生3868人,其中普通专科生3821人,成人教育专科生47人。学院有教职工678人,专任教师540人;其中专任教授10人,副教授212人。有国家级专家和考评员19人,全国高职高专专业指导委员会主任、副主任8人,江苏省高校名师2人,全国化工职业教育教学名师3人,省级"青蓝工程"优秀教师8人,江苏省优秀教学团队2个。年内,学院获省平安校园、省教育收费规范高校、省职业院校技能大赛先进单位等称号,学院申报的"公共体育课程211教学模式的探讨与实践"荣获江苏省2011年高等教育教学成果一等奖。

【被确定为省级示范高职院校立项建设单位】 7月15日,学院被省教育厅和财政厅确定为"2011年省级示范性高等职业院校立项建设单位"(苏教高〔2011〕23号)。未来3年,学院将以"建成四方联动四合作办学体制机制、人才培养模式、实训基地、服务基地的示范"为目标,大力推进"产教园、创业园”、4个校中厂、6个厂中校、4个双主体二级学院等项目的建设，全面推进学院办学体制机制建设、专业建设与人才培养模式改革、师资队伍与能力建设、社会服务能力建设。

【获评省大学生创业教育示范校】 1月，经省教育厅评审，学院被评为省大学生创业教育示范校。学院逐步构建独具特色的“六化”创业教育体系：创业教育保障机制制度化、创业教育立体化、创业教育社会化、创业教育层次化、创业教育激励措施多样化。形成创业教育的基本理念：坚持围绕高素质高技能专门人才培养目标，开展创业教育；坚持以就业为导向的人才培养方向，实施创业教育；坚持以学生个性化差异为出发点，搭建创业平台，有力促进探索创业教育的新途径，不断提升创业教育水平。

【获徐州市科技进步一等奖】 年内，在市政府组织的2011年度徐州市科技进步奖评审活动中，学院的“高粘性纯酚醛树脂的开发”项目获市科技进步奖一等奖。项目主要完成人为：周立雪、王德堂、冷士良、刘晔、肖先举、乔卉莹、朱新春。该项目成果丰硕，拥有3个授权的发明专利，发表10余篇学术论文，产品进行了中试并在企业生产，取得了良好的经济和社会效益。

【“工院杯”技能大赛】 11月19日，学院联合徐工集团科技有限公司、徐州市职业技能鉴定中心等7家企事业单位共同举办的2011“工院杯”操作技能大赛在学院机电实训中心举行。大赛包括钳工、车工、维修电工、AutoCAD(制图员)、数控车工、数控铣工等6个工种，含各企业入职一年的60余名青年员工在内，共有207名选手参赛。

【第一届理事会成立】 12月18日，徐州工业职业技术学院第一届理事会成立大会隆重举行。来自江苏、上海、安徽、浙江等省市160余家理事单位共400余名代表参加会议，徐州市政府，省机械、化工、材料、塑料、橡胶行业协会领导等出席大会。大会审议通过《徐州工业职业技术学院理事会章程》，以及理事长、常务副理事长、副理事长、理事、秘书长等人员名单，副市长孔海燕当选理事长。理事会的成立标志着学院“多方参与、共同建设、多元评价”的办学体制机制改革全面展开，省示范高职院建设取得突破性进展。

【奖助学工作】 年内，学院先后开展国家奖学金、国家励志奖学金、优秀毕业生、校级先进班集体以及校内奖学金的评比工作，有力推动学院的校风、班风、学风建设。累计发放各类奖助学金1150余万元，办理生源地贷款692.4万元，补偿学费、代偿国家助学贷款62.16万元，减免学费24.91万元，发放勤工助学工资11.65万元。

【获得32项专利授权】 年内，学院共获得专利授权32项。其中发明专利2项，学生专利2项；共向企业转让专利技术3项。学院还申报了35项专利，其中发明专利11项。2011年申报发明专利的数量是2010年的2倍，学院的专利申报和授权继续保持较高的数量和水准。

【技能大赛获奖】 在教育部、天津市政府、人力资源和社会保障部、共青团中央等共同举办的2011年全国职业院校技能大赛上，学院“三网融合与网络优化”代表队作为江苏二队参加大赛，夺得团体一等奖；在第三届全国高职高专环保类专业环境监测技能大赛中，学院获团体一等奖，个人全能一等奖、二等奖各1个；在第四届“南化杯”全国化工检修钳工职业技能大赛中，获高职组团体二等奖，学生荣获个人全能一等奖1个、二等奖2个；在第四届全国石油和化工行业化工仪表维修工(学生组)决赛中，荣获团体三等奖；在省教育厅主办、省高校招生就业指导服务中心承办的“花桥国际商务城杯”江苏省第六届大学生职业规划大赛中，参赛学生分别获得分赛区一、二、三等奖，1名学生荣获“职业规划之星”称号，学院获得省就(创)业知识竞赛优秀组织奖；在2011年全国石油和化工行业“南化杯”有机合成工、化工总控工技能竞赛中，分获团体二等奖、三等奖；在江苏省第三届大学生艺术展演活动评选中，学院舞蹈类作品荣获一等奖，书法篆刻、艺术教育论文等作品荣获二等奖5项、三等奖2项。

·徐州幼儿高等师范专科学校·

【概况】 2011年4月，经教育部批准，徐州幼儿师范学校升格为徐州幼儿师范高等专科学校，成为江苏省第一所幼儿师范专科院校。学校占地22.7公顷，建筑面积9.96万平方米，实验实训室344个，计算机1392台，钢琴、数码钢琴773台，纸质图书27.3万册，电子图书22万册，视听资料2238件。包括学前教育系、外语系、音乐舞蹈系、美术系、基础部6个系，设有学前教育、英语教育、音乐教育、美术教育、特殊教育、舞蹈教育6个专业。有在校学生4551人；教职工331人，其中专任教师192人，高级职称占总数39.29%，具有硕士及以上学历(含学位)占32.14%，博士研究生2人，硕士研究生38人，教授1人，副教授86人；189人获得大学教师资格证。拥有省特级教师、省“333高层次人才培养工程”中青年科学技术带头人、徐州市优秀专家、名教师、拔尖人才、徐州师范大学兼职硕士生导师21人；聘请10位学前教育专家、知名学者为客座教授。2011年，学校承担各级课题235项，其中国家级课题1项，省级课题17项，市级课题117项。教师共发表论文、作品185篇(幅)，编写著作17部。学校成立的江苏教育科学研究院徐州学前教育研究培训中心、徐州幼儿教师培训中心，已成为苏北地区幼儿教师的培养和培训基地。学校荣获江苏省先进基层党组织、中国教育学会“十一五”国家课题心理教育百校工程科研基地等称号。

【师德建设】 5月26日，学校隆重举行“践行师德创先争优、争做优秀教师、办人民满意教育”师德承诺大会。校长张祥华代表学校向社会、家长、师生郑重承诺：加强教职工师德教育，强化学校师风校风建设，认真落实师德建设的各项举措及目标任务,建立和完善师德师风学习教育制度、考核表彰制度和整改制度,办好人民满意的教育。签字仪式在综合楼大厅举行,全体教职员工在《师德承诺书》上签字,对师德师风作出庄严承诺,接受学生、家长、社会的监督。9月23日,学校举办师德师风演讲比赛,11名参赛教师结合自己的工作实际和感想、体会,满怀激情讲述了幼师人对教育事业的热爱,进一步体现敬业爱生、教书育人、无私奉献、以身立教的美好师德,诠释了新时期师德的深刻内涵。

学校获得全国教育系统先进集体

【汉藏伙伴联谊活动】 9月8日,学校学前教育系举办汉藏伙伴联谊活动。在联谊活动上,藏族伙伴和汉族伙伴互相交流,互赠祝福,气氛热烈。为使藏族同学尽快适应内地学习生活,学校实施成长伙伴机制,充分发挥高年级汉族同学的引领带动作用,和藏族同学结成一帮一成长伙伴,在互帮互助、取长补短中共同成长。

【首届高招录取工作】 9月12~13日,学校迎来首届高中起点三年制大专新生。学校高度重视,各部门通力合作做好迎新工作。报到现场设立户口办理、行李保管、费用收缴、校医咨询、绿色通道等工作点,还为贫困生准备了"爱心助学大礼包"。首届800名高中起点专科师范生顺利入学。

【"升专"揭牌仪式】 10月12日,学校升专揭牌仪式隆重举行。教育部师范司司长许涛、省教育厅厅长沈健、徐州市市委书记曹新平、市长张敬华、市人大主任刘忠达、市政协主席庄华平等各级领导参加揭牌仪式,仪式由副市长孔海燕主持。市委常委、宣传部部长张彤为陈鹤琴雕像揭幕。

【承接国家级幼儿园骨干教师培训】 10月18日,国家级幼儿园骨干教师培训班在学校开班。学校聘请大陆和台湾地区学前教育专家授课,为学员们讲解国内外学前教育发展的现状;精心设计特色实践性课程。学员观摩了幼儿园、亲子园,就幼儿园环境创设、幼儿园教育活动的设计与方法、学前儿童学习与发展的观察与评估、幼儿教育实践反思与评价、社区幼儿教育的指导等问题进行深入探讨。

【洞山校区扩建工程】 11月30日,学校召开"洞山校区扩建工程"启动大会。徐州市教育局领导、建筑专家、学校领导班子成员和中层干部参加会议。会议明确了洞山校区扩建工程建设项目整体规划及生活区规划方案、实施步骤和前期日程安排。洞山校区位于洞山北侧和东坡,总占地面积9.9公顷,分为三期建设,预计2014年完成。

【学前教育入选教育部项目】 12月底,教育部公布"高等职业学校提升专业服务产业发展能力"项目批复省份规划名单,学校学前教育专业成功入选。此次重点建设专业申报工作于2011年10月启动,学校领导高度重视,教务处、学前教育系通力合作,形成比较完备的学前教育专业建设方案和申报材料。省教育厅初审通过,经教育部专家组审核评定,最终获得批准,400万建设经费已经划拨到位。

·九州职业技术学院·

【概况】 九州职业技术学院创建于1993年,是江苏省第一所经省政府批准的民办高校。学院占地15.8公顷,建筑面积13.31万平方米,有可容纳6000名学生规模的教室、实验室、图书馆、学术报告厅、食堂、学生公寓、运动场、文体馆等设施,累计投资逾2亿元人民币,其中教学仪器设备总值2913万元。图书馆藏书22.37万册。设有机电工程、土木工程、经济与管理、计算机工程、人文与社会科学等5个系,专业设置以工科为主,覆盖文、法、经、管等5个门类、30个高职专业。2011年,在校生5391人,生源以江苏为主,同时面向安徽、山东、河南、河北、山西等省招生,报到新生1631人,2011届毕业生就业率为99.81%。有专兼职教师400余人,其中专任教师222人,具有教授、副教授职称的教师比例为40%。年内,董事长邢凯在"中国骄傲·第12届中国时代新闻人物"颁奖盛典中被评为"中国骄傲·第12届中国时代十大功勋人物"。

【第四届董事会一次会议】 11月12日,学院第四届董事会一次会议圆满闭幕。会议审议通过董事会、院行政、财务工作报告;推举邢凯任第四届董事会董事长,侯德润、郭育光、刘钰任董事会顾问,陈引亮、姜同凯、朱浩熙、王慈任董事会副董事长,项振英任董事会秘书长;由邢凯、陈引亮、姜同凯、朱浩熙、王慈、项振英、朱涛7人组成第四届董事会执行局。执行局将执行董事会的决议、履行董事会相关职权。董事会聘任徐州教育局局长强国担任第四届监事会主席,铜山区副区长房浩担任副主席。

【2011年"九州之星"颁奖大会】 6月16日,学院召开第三届"九州之星"颁奖大会,表彰就业、创业突出的九州毕业生。董事长邢凯等院领导为葛春来、孔丹阳、何晶、顾雷、曹飞、郁蒙、韩亚、桂海松、万航洋、周亚峰等2011年"九州之星"颁发奖杯和荣誉证书。学院坚持对毕业生跟踪调查,邀请创业成功的毕业生回母校作报告,向学弟、学妹传授创业经验。

2011年“九州之星”代表、靠助学贷款完成三年学业的2007届毕业生葛春来,创立南京豪翼贸易有限公司,任总经理,公司资产200多万元,员工20多人,年纯收入50多万元,在南京同类公司中业绩靠前。大会激发了九州学子的创业热情,形成浓厚的创新创业氛围。

【“专接本”班毕业典礼】 6月1日,学院召开2011届“专接本”班毕业典礼暨总结表彰大会。大会表彰审计学09本科孟长虹等20位获得学士学位的同学。“专接本”全称为“在籍专科学生接读自学考试本科”,由专科院校和省教育厅指定的本科院校合办。“专接本”毕业生达到考核要求,可获得主考院校学士学位。孟长虹等是学院首届“专接本”班通过在学院学习拿到主考院校颁学士学位的学生。

【2012届毕业生就业双选会】 9月25日,学院2012届毕业生就业双选会在院文体活动中心圆满结束。双选会共有120余家用人单位参加,提供就业岗位1000余个,签订意向性协议学生800余人。

【2项课题获省级立项】 年内,学院有2项课题获得省级立项。在苏教高〔2011〕29号文《省教育厅关于公布2011年江苏省高等教育教改立项研究课题评选结果的通知》中,赵慧娟老师的“关于PLC课程以项目为载体理论实践一体化教学模式的研究”被列为一般课题项目。在苏教社政〔2011〕3号文《省教育厅关于公布2011年度高校哲学社会基金项目的通知》中,财务处处长张道响的“民办高校财务管理(制度)研究”被列为财务专项课题项目。

(曹昭海)

·江苏省徐州技师学院·

【概况】 2011年,江苏省徐州技师学院占地面积34.7公顷,建筑面积20.03万平方米。拥有教学楼7栋、综合实训楼2栋、标准化运动场3个、学生公寓5栋。图书馆藏书13.8万册。全年教育经费投入6394万元。毕业2868人,其中中级工1118人,高级工1589人,技师161人,毕业生就业率100%;招生3314人,其中中级工1197人,高级工1709人,技师149人,高职259人,现有在校生9114人。社会培训11112人次。教职工511人,其中文化技术理论教师231人,生产实习指导教师118人,一体化教师89人,兼职教师153人。年内,荣获全国商业服务业校企合作与人才培养优秀院校、中国职工教育和职业培训协会优秀会员单位,获职业学校技能大赛先进单位等称号,被评为全国中等职业教育改革发展示范学校。

【校企合作论坛】 11月3日,学院举行校企合作论坛。论坛邀请了合作企业领导及生源地校长100余人,与学校共同探讨校企合作深入发展之路,在搭建校企合作平台,服务地方经济发展,实现校企双赢等方面达成了共识。

【徐州市高技能人才公共实训鉴定基地揭牌】 11月4日,徐州市委常委、常务副市长邹徐文亲临徐州技师学院院,举行徐州市高技能人才公共实训鉴定基地揭牌仪式。徐州技师学院已经建成并对外承担社会培训任务的公共实训鉴定基地,包括数控实训中心、机电实训中心、烹饪实训中心、信息实训中心、焊接实训中心、汽车实训中心共6个综合性实训中心,其中机电实训中心为省级高技能人才培训基地。

【“美驰杯”第三届技能节】 11月2日至12月2日,学院举办“美驰杯”第三届技能节。技能节以“展技能风采、谱青春华章、重校企合作、促全面发展”为主题,共有2147名选手参加了49个项目的技能竞赛,竞赛内容包括网络技术、数控技术、机电技术、焊接技术、汽车技术、烹饪技术、玉雕技术、汽车驾驶技术等项目。共有24个班级获得团体奖,338名师生获得个人奖,在全院范围内营造出“爱专业、强技能”的良好氛围。

【获全国信息技术应用水平大赛一等奖】 12月18日,第六届全国信息技术应用水平大赛在北京科技大学举行,本届大赛共有31个省级赛区、322个参赛城市、1168所参赛院校,参赛人数超过150000人,进入全国决赛的学生代表有1031名。机电工程系学生杨康在竞赛中脱颖而出,摘取二维CAD机械设计一等奖桂冠,唐建强等多名同学获得三等奖,唐建成老师荣获最佳指导教师奖。

(曹玉彦)

文　化

综　述

【概况】 3月28日，市文联四届十三次全委会在李可染艺术馆报告厅举行，40多位市文联委员及各区委、院校、企业宣传部相关负责人参加会议。9月29日，市舞蹈家协会第四次会员代表大会召开。选举产生了市舞蹈家协会第四届主席团和理事会，主席曹曙林，副主席王婷、刘毅、薛黔星、唐玉兰、王敏、关玉、王晗。9月30日，市戏剧家协会第六次会员代表大会召开。选举产生了市戏剧家协会第六届主席团和理事会，主席韩如海，副主席王晓红、李雪梅、吴海燕、张文静、邵建伟、武爱苹、高之荣、燕凌。市文联所属11个文艺家协会，每个协会国家级会员数、作品获奖数，在全省均排在前三四位，并夺得10多项国家级大奖，市文联被省文联授予先进单位称号。徐州市成功举办第四届江苏曲艺“芦花奖”评选及颁奖大型晚会，争取设立了“政府文艺奖”，编撰出版了大型文献图册《履迹——徐州文联60年》，李可染艺术馆获评国家AAA级景区等。圆满完成“2011年江苏省戏剧节”、“江苏省音舞节”对徐剧（节）目的审查验收工作，其中省柳琴剧团现代柳琴戏《枣花》被省文化厅确定为2011年江苏省舞台艺术精品工程签约剧目；成功举办“2011书画徐州年展”、“连云港书画交流展”、“江苏省国画院学术交流展”、“宁夏银川书画交流展”等书画交流活动。圆满完成“2011年徐州市党政军迎春团拜会”文艺演出，成功举办“庆祝中国共产党建党90周年徐州市第三届小戏小品大赛”。　（朱　辉）

【文化市场管理】 开展网吧“单改连”工作。全市网吧“单改连”签约工作全面提前完成，市区及各县（市）、区网吧“单改连”签约率达100%，加快了全市网吧行业规模化、品牌化、连锁化发展步伐。加大文化市场监管力度，定期开展集中整治行动，全年共组织各类执法检查4449人次，检查网吧经营场所2409家次，电子游戏经营场所231家次，音像经营单位116家次，歌舞娱乐场所291家次，有效监管营业性演出23次。受理举报54件，立案31件，取缔无证经营场所24个，责令停业整顿17家，收缴各类非法音像制品15005张，收缴各类违禁电子游戏机28台。

【文化体制改革】 全面完成市县文化行政管理机构改革任务。市级组建成立徐州市文化广电新闻出版局，各县（市）、铜山区、贾汪区组建成立文化广电新闻出版与体育局。加快推进市、县文化行政综合执法机构改革，市级已组建成立徐州市文化行政综合执法支队，新沂市率先组建成立文化行政综合执法大队。指导推进县级经营性文化事业单位及文艺院团转企改制,新沂市完成文艺院团改制任务、注册成立新沂市柳琴剧团有限公司。深化国有文化企业改革。实施徐州演艺集团内部机制改革,研究制定文艺院团内部机制转换实施方案,改革用人机制、工作机制和分配机制,提升演艺集团市场开拓能力和演出经营能力。推动徐州文化产业集团引进战略投资,推进中山堂改造项目建设,实现文化投资主体多元化。

【文化产业招商】 5月,按照市委、市政府统一部署,文广新局组织全市40余位企业家参加第七届中国(深圳)国际文化产业博览会。在徐州文化产业推介恳谈会上,共推出文化创意产业、软件动漫产业、文化旅游业等招商项目41个,项目总投资达243.96亿元。7月7日,组织文化产业项目参加2011徐州(无锡)新兴产业暨招才引智恳谈会,共签约文化产业项目(文化创意及动漫)6个,总资金达49.1亿元,占整个恳谈会项目签约总资金的73%,其中中国视觉工业创新产业园项目一项就达32亿,成为全市近年来单体投资规模最大的文化产业项目之一。 (苏 牧)

【李可染艺术馆获评国家AAA级旅游景区】 9月,市文联启动李可染艺术馆创建国家AAA级旅游景区申报工作,11月顺利通过省旅游局的验收并授牌。该馆自2007年建成开放后,全面打造"为民馆"、"利民馆"和"现代馆",实现了资源共享大众化、合作空间拓展化、公共服务社会化、藏品收藏规模化、学术研究专业化、展览运作人性化、硬件设备现代化的目标,逐步形成了服务方式多样,艺术层次分明、辐射带动强劲、龙头作用明显的新格局。先后获2009年中国建筑学会创作大奖、省级文物保护单位、江苏省爱国主义教育基地、徐州市爱国主义教育基地等称号。2011年,艺术馆先后举办了26次美术书法摄影展和近20次艺术报告会、讨论会,接待观众近10万人次。

【镇村文联成立】 1月25日,经市文联指导并批准,棋盘镇文学艺术界联合会成立,为徐州市首家镇级文联。棋盘镇文艺联合会下设文学、音乐、舞蹈、戏剧、书画、民间艺术等6个协会。11月24日,经市文联指导并批准,贾汪区青山泉镇马庄村文学艺术界联合会成立,为苏北首个村级文联,联合会下设音乐、舞蹈、曲艺、书画、民俗等5个协会。 (朱 辉)

文学艺术

【文艺创作】 市文联所属各文艺家协会共出版、发表、上演、展出各类文艺作品3000余件(次),获省以上奖励的作品200余件(次),其中获全国性奖项80余件(次)。

文学 市作协会员在地市级以上刊物发表作品约500余篇(首),出版专著近10部,其中刘叶炜长篇小说《富矿》、崔铁君长篇小说《国风》、薛峰中篇小说《沙漠综合症》、薛有津长篇小说《浊血》等作品在省内外引起广泛好评。

戏剧 柳琴小戏《拾荒女跳井》参加"第二届全国文化奖"小戏大赛,获多项大奖。柳琴小戏《前方后方》获"第八届中国博兴杯小戏大赛"剧目一等奖,张晶、梁进获表演一等奖。柳琴现代戏《枣花》入选江苏省2011年度舞台艺术精品工程"十台资助剧目"。小品《买骨头》获江苏省第七届小戏小品大赛入围奖。王晓红获"第三届江苏省中青年德艺双馨文艺工作者"殊荣。

音乐 李祥东获江苏电视台《早安江苏》栏目群众文化进社区节目展演一等奖;吴广川作词的歌曲《向往大草原》获内蒙古文联草原颂征词一等奖,《红井》获北京市庆祝中国共产党建党90周年证词活动金奖,歌曲《总觉得和你亲》获感动中国金奖;王守胜《中国速度》、《我会忘了你》入围2012央视青歌赛;魏颖慧获"感动铁路"全路职工文艺汇演优秀表演奖;钱丹获上海铁路公安局庆祝建党90周年文艺汇演优秀表演奖。

美术 全市10件作品入选"庆祝中国共产党成立90周年江苏省美术书法展",4件获优秀奖(最高奖);8件作品入选第六届江苏省水彩(粉)画作品展,2件获优秀奖(最高奖);吴江作品《高林苍露》、高洪啸作品《月亮山麓》入选"中国美术家协会会员中国画精品展"。

曲艺 在第四届江苏曲艺"芦花奖"评奖活动中,徐州曲艺共摘得7枝"芦花",刘立武获终身成就奖,王勇、魏晓娟获表演奖,戈娟、徐荧获新人奖,于雅琳获理论奖,徐州琴书《魂系校园》获得节目奖,获奖总数超越历届,省内名列前茅。陈国平的相声《买房记》分别获得"西岗杯"全国相声作品大赛50强入围奖、"中华颂"第三届全国小戏小品曲艺大赛"优秀演员奖";相声《革命家史》获庆祝建党90周年全国相声作品大赛三等奖;戈娟论文获《全国文化大视野》一等奖;于雅琳论文获得第二届中国曲艺高峰论坛优秀论文奖。

舞蹈 在第六届"小荷风采"全国少儿舞蹈展演中,王晗创编的芭蕾群舞《我们爱跳舞》荣获"小荷之星"金奖,王晗获优秀编导奖;薛黔星、关玉创作的群舞《我和芭比娃娃》、《又见映山红》荣获"小荷之秀"银奖。

民俗活动丰富多彩

民间文艺 高振华编辑的《中国木板年画——拾零卷》获中国木板年画抢救与保护工作贡献奖,并出席人民大会堂表彰大会;艾夫胜获"党旗在我心中"全国红色故事征文、演讲大赛故事表演优秀奖,齐运喜获新故事创作优秀奖和"迎春花"奖;在第六届中国民间工艺品博览会上徐州民间艺术家获2个金奖、6个银奖。

摄影 冯洪明作品《酿》获"李锦记杯"全国摄影大赛特等奖;王建宝作品《美丽的东湖》获"发现东湖"全国摄影大赛优秀奖,《古坊人家》获第二届中国古建筑全国摄影大赛优秀奖,《走过的岁月》获"大别山风情"全国摄影大赛优秀奖,《周庄夜话》获"夜画周庄"全国摄影大赛优秀奖;巩福利作品《追捕》获淮安全国摄影大赛优秀奖;韩志明作品《严阵以待》获公安部庆祝建党90周年摄影大赛一等奖。在"光辉的节日——江苏省庆祝中国共产党成立90周年大型摄影作品巡回展览"中,全市16人共32幅作品入选参展。

书法 在全国第十届书法篆刻作品展中,提俊丰、鹿守璋获优秀奖,陆振永获提名奖,8人入展;在全国首届手卷展中,11人入展;在中国书协会员优秀作品展中,17人入展;在全国第三届"林散之奖"书法展中,李守银获优秀奖,6人入展;在"邓石如奖"全国书法作品展中,提俊峰获优秀奖,2人入展;在省妇女书法展中,7人获奖,52人入展,列全省第一。

电视艺术 程文圃编剧的电视连续剧《妈妈的罗曼史》4月在江苏卫视首播;王海波获省摄协"德艺双馨电视艺术工作者"荣誉称号;电视文艺晚会《双拥情》获全国电视文艺奖三等奖,电视栏目剧《生死母子情》获全国电视栏目剧评比二等奖,电视栏目剧《法警的故事》获全国电视栏目剧评比最佳女演员提名奖。

动漫 在省文联和省广播电影电视局联合主办的"优漫杯·江苏省首届原创动漫艺术大赛"中,市动漫协会选送的《徐州云龙山传说》获最佳连环漫画奖,三维动画片《少年彭祖》主题歌获最佳动画歌曲奖提名奖,徐州经贸高等职业学校获院校组最佳组织奖,是徐州市本土动漫作品第一次在省级大赛中获奖。

【《履迹——徐州文联60年》图册】 大型文献图册《履迹——徐州文联60年》经过近一年筹备、征集和编撰,8月由江苏凤凰出版社出版发行。该书计65万余字,近750幅图片,全面记录了60年来徐州文艺事业不平凡的历程和瞩目成就,是研究当代徐州文艺史的宝贵资料。市文联还相继编辑出版了《六十一瞥》、《未诲庵忆往录》2本图书,记录了文联老领导辛原和佟苏丹从事文艺和文联工作的历程。编辑出版文学刊物《大风》2011年第1~3期。编辑出版文学刊物《乡风》2011年第1~4期。

【金云钟网络红片《幸福》摄影作品研讨会】 6月,市摄影家金云钟一张名为《幸福》的照片网上蹿红,引起热议。照片中蕴含的真情深深的触动了每一个观看这幅作品的读者,2天内转发近8万次,评论1万余条。6月19日,市文联、市摄影家协会在李可染艺术馆举行了金云钟网络红片《幸福》摄影作品研讨会。金云钟向影友介绍了摄影作品《幸福》的创作经历和体会,知名摄影家及专家学者对作品展开了热烈的讨论。

【"唱响时代"音乐创作讲座】 11月19日,市音乐家协会在李可染艺术馆举办"唱响时代"徐州市音乐家协会音乐创作讲座。邀请省音协副主席、秘书长,国家一级作曲何山教授在李可染艺术馆三楼报告厅为百余名音乐主创人员讲授音乐理论和音乐创作知识。

【庆祝建党90周年系列活动】 5月,市文联组织了庆祝中国共产党成立90周年徐州美术书法大展,200余件美术书法作品,记录、再现、歌颂90年来经济、政治、文化和社会建设等方面所取得的伟大成就。6月,举办"城市美景大家拍"摄影作品展,100余幅优秀摄影作品,从不同视角见证城市建设的巨大变迁,记录绿色徐州优美的生态环境和山水风光,反映了独具魅力的人文景观;市曲协以曲艺特色项目开展"曲艺进校园"活动,把"山东快书"、"徐州琴书"课程带进大学校园。

【振兴徐州老工业基地百名文艺家专题采风活动】 2008年开始,市文联围绕市委、市政府关于振兴徐州老工业基地的决策部署,连续4年开展振兴徐州老工业基地百名文艺家专题采风活动。2011年,市文联先后组织2次规模较大的文艺家专题创作采风活动。6月,组织全市40余位文艺家走进江苏鹏举集团;7月,组织全市50余位文艺家深入江苏三仪生物工程有限公司生产一线体验火热生活,创作优秀作品;同时,各协会也深入厂矿、企业等地,组织开展了一系列创作采风活动。整个采风活动共创作书画作品300余幅,摄影作品500余幅,文学作品20余篇,现场演出20余场次。

【第四届江苏曲艺"芦花奖"颁奖活动】 9月24日晚,由省文联、市委宣传部、省曲协主办,市文联、市曲协承办的第四届江苏曲艺"芦花奖"颁奖晚会在徐州音乐厅举行。54位获奖者分别荣获江苏曲艺"芦花奖"表演奖、新人奖、节目奖、音乐奖、文学奖、理论奖、终身成就奖等7个奖项。颁奖晚会荟萃了全省曲艺界的名家名品和新秀新作。国内著名的曲艺表演艺术家姜昆、大兵、盛小云、韩兰成、杨鲁平、黄霞芬、陈峰宁以及江苏曲艺界各路名家和获奖演员等,给观众带来了难忘的艺术节目。

【第三届"青岛啤酒杯"声乐器乐大赛】 3~10月,市文联举办了第三届"青岛啤酒杯"声乐器乐大赛暨第十八届全国、全省推新人大赛,近2000名选手参加了市级比赛,500余名选手参加了省级比赛,近100名选手被推选参加全国推新人大赛,30余名选手获全国十佳。

【"天山南北徐州人"宣传采访活动】 12月,市委牵头,市文联、市作家协会共同组织一批知名作家和媒体记者,组成"天山南北徐州人"采访团,以"天山南北徐州人"为主题,远赴新疆进行采访宣传活动。在近一个月的采访中,采访团一行从徐州至乌鲁木齐,从乌鲁木齐又分别至库尔勒、库车、呼图壁、石河子、奎屯等天山南北,行程两万余公里,围绕政府援疆、企业家、支边人员三条线，全面挖掘报道徐州市援疆干部事迹，采访个人典型及重点企业达50余个。采访活动引起了新疆多家地方媒体的广泛关注和报道，徐州报业传媒集团三报一网开辟专栏、专页，采取多种表现手法呈现徐州人援疆的感人画卷。

【书法展览系列活动】 为促进中国书法名城建设，2011年，市文联组织了一系列书法展览活动。2月25日，在李可染艺术馆举办了"绿健杯"首届徐州老年书法展，展出老年书法作品180余幅。3月5日，在李可染艺术馆举办了首届徐州市妇女书法展，展出徐州市女子书法作品100余幅。10月23日，在李可染艺术馆举办了徐州市首届教师书法展，展出教师书法作品近300幅，在开幕式上市书协主席团成员将精心创作的书法作品捐赠给市内的10所学校。10月28日，在徐州艺术馆举办了书画徐州第五届年展，"徐州书画作品邀请展"、"连云港市中国画、版画作品展"、"张剑华(惺一)工笔画作品展"同时展出。

【艺术考级】 3月和8月，市音协分别组织参加了2011年中国音协和省音协音乐考级工作，全市2000余名考生参加了考试。4月25日，市舞协组织参加了2011年省舞协舞蹈考级工作，全市近千名考生参加了考试。10月23日，市文联承办的国家级、省级书画考级活动在西苑二小和商业中专举行，全市近3000名考生参加了考试，考生以中小学生为主，考级内容有书法和绘画，书法分软笔和硬笔书法，绘画分素描、色彩、国画、儿童画等。

【徐州市书法家协会赴日本交流】 11月10~16日，应日本半田市政府之邀，徐州市书法家协会11人组团赴日本进行书法交流活动。这是新中国成立以来徐州市首次以官方名义组团赴日本书法交流。在半田市中日书法家交流笔会上，徐州市书法家现场书法表演，得到日本书道同仁及社会各界的高度赞誉。市书协代表团还在京都、大阪、横滨、东京、名古屋等地进行了文化交流。

【苏州·徐州交流书法展】 5月23日，徐州市文联和苏州市文联共同主办、两地书协共同承办的"新彭城书派"中国书法名城徐州书法篆刻作品展(苏州巡展)在苏州美术馆举行。展览是继2010年苏州书法在徐州巡展后的一次交流展出，共展出徐州市书法家精品力作113幅。两市有关领导和嘉宾300余人参加了开幕式。

【"水墨新维度"绘画作品展】 12月，市委宣传部、市文广新局、市文联共同承办了"水墨新维度——朱振庚、赵绪成、周京新、张正民作品展"在李可染艺术馆开展。此次参展的4位艺术家都出生在徐州市，展出的40余幅作品创作个性多样，表现手法各异，以独特的艺术感悟和绘画语言，充满激情地演绎了美轮美奂的水墨世界。 (朱 辉)

群众文化

【群众文化创作】 在"庆祝中国共产党建党90周年——'五彩昆山，水墨玉峰'江苏省美术书法摄影作品大展"中，徐州市入选作品27件，数量位列全省第三，获金奖2个、银奖1个、铜奖5个，8件作品作为"江苏省2011'春雨工程'——全国文化志愿者边疆行文化援疆活动"的一部分，全部无偿捐赠给新疆伊犁哈萨克自治州文化馆。省"新红歌"作品大赛中，徐州文化馆《你的微笑》、沛县文化馆《一片春光一片歌》获得创作银奖和表演银奖，睢宁县文广新局《有这样一些人》获铜奖。"庆祝中国共产党成立90周年江苏省第六届农民美术书法作品大赛"活动中，共获一等奖1个、二等奖2个、三等奖2个、优秀奖4个，徐州文化馆评为优秀组织奖。

【群众文化活动】 深入开展"动感彭城"广场文化活动，在完成重大节假日广场文艺演出的基础上，组织"传统戏曲进社区"、"颂歌献给党"、"乡村文化舞彭城"等专题演出，全年共组织文艺演出33场，超额完成全年计划任务。举办第八届徐州市"五星工程奖"和"第十届徐州市农民歌手大赛"等活动，参赛数量和质量较往年均有大幅提升，推出了一大批新人新作。全年全市共完成送戏610场、送电影29774场、送图书29.8万册，其中市直文艺团体送戏下乡310场。

【文艺惠民活动】 春节前夕，市文联举办"虎年春联送万家"活动，向市人大、政协代表和市级各机关赠送春联千余张；组织百名书法家在市区、社区、超市义务为广大市民书写春联10万张。八一建军节前夕，曲艺、美术家协会走进军营，曲艺家表演精彩的曲艺节目，美术家向部队赠送美术作品，并现场为军营绘制了《春常在》、《观海听松图》、《松谷泉声》等3幅作品。市曲协先后3次走进徐州工业职业技术学院，并在矿大成功举办"曲艺鉴赏"讲座。各文艺家协会多次组织文艺工作者深入厂矿、军营、社区开展惠民展演、展览等活动。

【公共文化服务体系建设】 2011年，全市图书馆和文化馆建设显著加强，现已全面实行免费开放。在"全国第三次文化馆评估定级"工作中，徐州市共9个文化馆中有8个参加了此次评估定级，沛县、邳州市、新沂市和铜山区文化馆被命名为国家一级馆；徐州文化馆、睢宁县文化馆、丰县文化馆和贾汪区文化馆被命名为国家二级文化馆。 (苏 牧)

广播电视

【节目管理】 严格新闻抽查制度，坚持半年一次对市、县各台的新闻节目和宣传管理纪律随机抽查；定期开展净化荧屏声频和抵制低俗之风专项暗访检查活动，及时通报结果并下达整改通知书;进一步强化节目内容的常态监管,促进质量提升。开展节目评议工作,强化视听评议员队伍,重点加强了新闻类、综艺类、医药类节目的监看评议,全年共编发《徐州收听收看》12 期。探索以评选活动带动栏目、节目建设的方法、途径,使评选的过程成为为节目服务的过程、改进和创新节目的过程。组织评选全市新闻、社教、文艺、播音主持、彩虹(外宣)类节目 208 件,评选出一等奖 22 件,二等奖 20 件,三等奖 73 件;推荐报送省级参评作品,获省级奖项 49 件,其中一等奖 8 件,二等奖 11 件,三等奖 30 件,获奖数量大幅提升;开展广播电视"三十佳"评选活动。

【执法整治】 市局协同市综治办对全市 2010 年度申报的 45 个"无小耳朵社区和乡镇"创建先进单位考核验收,违规销售、安装、使用"小耳朵"的问题得到有效遏制;开展非法卫星电视集中整治行动,全年共查处群众举报线索 312 起,查处非法销售窝点、摊点 57 处,收缴非法卫星接收设备 5242 套;严格规范广告播放秩序,全年共向各相关播出机构发出违规整改通知单 21 份,查处群众举报投诉 4 起,诫勉谈话 1 起。

【有线电视数字化工作】 全年全市有线电视用户已达到 241.19 万户,行政入户率为 86.98%,全市农村有线电视新增用户 21.59 万户,完成市委、市政府为民办实事任务的 143.93%。继续按照"政府领导、广电实施、社会参与、群众认可、整体转换、市场运作"24 字方针和过渡时间表的要求,围绕"有线电视数字化、数字电视互动化、互动电视规模化"的发展战略,按照"先易后难,分片整转,逐步完善,稳步推进"的工作思路推进数字化改造。全年全市新发展有线数字用户近 30 万户,全市有线电视数字化率达 30.36%。

【电影管理】 数字影院建设稳步推进。邳州市和沛县建成并投放使用,贾汪建成试运营,睢宁建成 1 座、待建 1 座,丰县、新沂、铜山进入选址招商阶段,计划 2012 年底全部完成县区至少 1 个数字影院的建设任务,实现省政府提出的消灭全省数字多厅影院空白县的目标。严格管理"农村电影放映工程"场次补贴专项预拨资金,确保了农村公益电影放映工作的有序开展。

(苏　牧)

·徐州广播电视台·

【概况】 徐州广播电视台是集广播、电视、报纸、网站和有线网络于一体的综合性媒体,现有广播频率 4 个(自办 3 个,与贾汪台合作 1 个)、电视频道 4 个和有线电视网络、徐州广播电视报、中国淮海网、移动多媒体电视播出平台、徐州音乐厅和江苏光线传媒公司。4 个广播频率是新闻广播、交通广播、文艺广播、调频 916,平均每天播出 96 个小时,信号覆盖 6500 万人;4 个电视频道是新闻综合频道、经济生活频道、文艺影视频道、公共频道,平均每天播出 80 小时,无线信号覆盖人口 1000 万以上,市区有线电视用户 32 万余户,数字电视用户 30 万户以上,新闻综合频道、经济生活频道、文艺影视频道和公共频道在 6 县(市)和贾汪区有线电视网播出。央视索福瑞主办的《收视中国》2011 年第四期刊文《吴风汉韵,各擅所长》对 2010 年江苏地级市电视市场收视统计显示:徐州台 2010 年市场份额超过 25%,遥遥领先于全国地级市城市台 15.5% 的平均标准,并超过了各省级频道和外地卫视,仅次于中央级频道。

【新闻宣传】 2011 年的主题宣传可以概括为"纪念、展示、跨越、责任"4 个主题词。围绕"纪念",开展"红心向党歌飞扬"系列红歌大赛、《辛亥革命与徐州》大型纪录片等节目。围绕"展示",开展"飞越新徐州"大型航拍活动立体展示城市巨变,《决战"三重一大"》、《群星谱》、《花开彭城》等系列报道。围绕"跨越",在党代会期间推出《开局之年看转型》、《科学发展再跨越》等主题报道。围绕"责任",开展全市创建文明城市、环保模范城、双拥模范城七连冠、江苏精神等宣传活动,慈善徐州、文化发展等专项宣传。

【对外宣传】 积极与中央电视台开展联动,加盟央视新闻稿件"直传联盟"和节目"直播联盟",13 篇广播稿件被《中国之声》采用、8 篇在《新闻和报纸摘要》播出,发稿数量在全国 332 家省市电台中排名第 26 位;电视稿件在中央电视台、中央广播电台、中国国际广播电台以及江苏电视台等主流媒体刊播徐州新闻 400 多条,淮海网通过央视网、人民网等大型网站发布新闻 1000 多条;"寻找:天南地北徐州人"大型外宣采访活动受到各界赞赏。中央电视台《东方时空》、《新闻直播间》、《共同关注》等栏目联动徐州电视台对徐州市外来务工人员张景和及其孙女张欣欣幸福故事的报道,引起全国范围内的"幸福大讨论";《安徽小伙被电击烧伤,急需"熊猫血"救助》的新闻行动引发央视及多家卫视的连续报道,宣传和弘扬了"有情有义"的徐州精神;中央台经济频道品牌栏目《经济信息联播》和《第一时间》把徐州电视台摄制的《聚焦中央经济工作会议:网购冲击实体店,电子商务成淘金赢家》、《探访"淘宝村"》两组系列报道作为主打新闻推出,时长均近 6 分钟。徐州电视台与深圳卫视合作,在深圳卫视播出的 60 分钟互动节目《饭没了秀》徐州专场,创下全国卫视黄金时段第 6 名的最好佳绩。

【广告经营转型】 2011 年,全年实现经营收入 4.12 亿元。广告结构进一步优化,药品保健品等医疗保健行业在广告中占比持续下降,通讯、商业、快速消费品、家电、金融等行业占比明显提升,广告营销队伍实现从媒体资源销售向媒体顾问和营销顾问的转型,广告管理实现从粗疏管理向科学考核的转型。2011 年成功签约美的电器为新闻综合频道战略合作伙伴、开办"联通沃的下午茶"等,开创利用频道资源影响力及介入式销售的广告新模式。

【技术改进】 播出机房完成技术升级,完成 600 平方米大演播室改造、100 平方米演播室设备更新工程。引进 10 讯道数字高清电视转播车,标志着电视制作迈入高清时代。徐州广播电视台媒体数据库和徐州网络视听平台两个项目成功争取省文化发展基金扶持,新城区广电中心建设、中波发射台迁建工程顺利推进。

【精品栏目】 2011年全台获省级政府奖作品37件,比上年增加12件。《张慧帮你问》与湖南卫视的《天天向上》、辽宁卫视的《王刚讲故事》、深圳卫视的《郎眼财经》等省级卫视栏目同获"2011十大品牌电视栏目"称号;《徐州夜新闻》、《爱心徐州》获江苏省"十大名优栏目"称号。江苏光线投拍电视连续剧《小小飞虎队》、《敌后便衣队》、《女枪》等,其中《小小飞虎队》荣获江苏省电视金凤凰奖电视剧一等奖,受到中宣部领导好评,被国家广电总局推荐为庆祝建党90周年优秀剧目,登陆央视播出,排名央视全年收视率第3位;电视电影《哑母回家》在第三届全国新农村电视艺术节颁奖典礼上荣获好作品奖。

【徐州市第四届慈善晚会】 1月8日,市委、市政府主办、徐州广播电视台与市慈善总会、市民政局共同承办的徐州市第四届慈善晚会在新城区会议中心大礼堂举行。晚会以"爱满彭城"为主题,现场募集善款2800多万元。晚会特别设立"徐州慈善奖",表彰为徐州慈善事业作出突出贡献的团体和个人。

【"周行一善 感动徐州"大型电视慈善行动】 4月14日,徐州广播电视台和市慈善总会联合举办的"周行一善 感动徐州"大型电视慈善行动正式启动。活动旨在进一步加强慈善宣传,发展慈善事业,弘扬慈善文化,在全社会营造浓厚的慈善氛围,让慈善意识深入民心、扎根社会。"周行一善"的救助对象是徐州市范围内的孤、老、病、残以及遭遇天灾、人祸造成生活困难,需要关爱的人群。每周一位被救助者获得由爱心企业、人士提供的5000元现金资助及其他爱心捐助。"周行一善"以专栏形式在经济生活频道《第一百姓》节目中播出。

【徐州春季购物节】 4月12日,徐州广播电视台主办的2011徐州春季购物节暨2011珠宝婚纱尚品发布会在600平米演播大厅拉开帷幕。春季购物节以"活力徐州、购物之都"为主题,以快乐购物、快乐消费为主线,持续开展20天,全市百家商家企业共同参与,包括吃、住、行、游、购、娱等各方面,并设立了时尚汽车、台湾旅游、名贵珠宝等大奖。

【春季房展会】 4月22~24日,徐州广播电视台主办的徐州市春季房展会在国际会展中心举行。34家品牌企业、40余家品质楼盘加盟,提供房源近万套。在楼市调控背景下,房展会吸引10多万市民前来选房、购房,发放宣传材料10万余份,意向登记人数3.5万人次,现场成交110余套。

【中国徐州第十届汽车节】 4月30日至5月2日,徐州广播电视台主办的中国徐州第十届汽车节在锦禾物流园举行。参展厂商共60家,车型500多款,人流量突破8万人次。3天共计销售汽车2246辆,成交金额达3.36亿元,比第九届汽车节增加0.26亿元,增幅8%。

【徐州音乐厅投入使用】 6月26日,作为徐州市重点工程和民心工程的徐州音乐厅正式迎宾。徐州音乐厅是徐州市新的文化地标,位于徐州市区云龙湖北岸,三面环湖,造型为徐州市市花紫薇,设有座位近1000个,由徐州广播电视台和北京驱动公司共同成立的徐州音乐厅运营管理有限公司经营管理。

徐州音乐厅

【2011中国淮海职业教育节】 由市委、市政府主办,徐州广播电视台和市教育局、市人力资源和社会保障局联合承办的2011中国淮海职业教育节6月25日启动。与以往不同的是,本次职教节在活动形式上实行重大创新,取消了地面展会,改为电视、网络展示。活动持续至7月20日。

【徐州秋季购物节】 9月12日,徐州秋季购物节在彭城壹号广场启幕。购物节是徐州广播电视台响应市委、市政府号召,为推动徐州商贸物流千亿产业又好又快发展而创新策划的年度购物盛会。本次购物节以"活力徐州、购物之都"为主题,集合百货家电、建材超市、餐饮娱乐等行业的100家商业企业加盟。

【第七届金秋国际汽车展】 徐州广播电视台和徐州经济技术开发区、徐州市高速铁路暨高铁站区建设指挥部联合主办的第七届金秋国际汽车展9月30日~10月4日在徐州经济技术开发区锦禾物流园举行。共销售新车2537辆,成交金额3.71亿元,同比分别增长11%和24%。

【"一城山水两汉风"晚会】 10月28日,徐州广播电视台承办的中国徐州第十四届投资洽谈会暨第五届汉文化旅游节开幕式主题晚会"一城山水两汉风"晚会在徐州云龙湖畔举行。晚会以"山水徐州"为切入点,通过《山水人和》、《汉韵飘香》、《活力炫彩》和《邀约世界》等篇章,全方位展示出徐州市丰厚的人文内涵、多彩的生态风貌、辉煌的发展成就和昂扬的城市精神,传递出徐州激越跳动的时代脉搏。

【徐州第七届住宅产业博览会】 10月22~23日，徐州广播电视台主办的徐州第七届住宅产业博览会在徐州国际会展中心举行。30家房地产开发企业、40多个楼盘参展，参加展会的市民超过10万人次。 （朱 贺）

新闻出版

【农家书屋管理】 全市农家书屋出版物更新工作全面完成，共运用国家农家书屋奖励金343.68万元，更新714家。进一步完善农家书屋工程信息管理系统，充分利用现代科技管理平台，输入全市2232家农家书屋信息，建立信息资源共享的机制。11月，围绕“图书借阅制度”、“图书管理员职责”、“图书损坏赔偿制度”、“图书需求登记制度”等内容，对全市370名农家书屋管理员进行培训，统一规范全市“农家书屋”图书借阅登记台账、图书需求登记簿。

【出版市场执法】 加强对印刷复制企业的巡查和跟踪，发现问题及时查处。通过年检，暂缓年度核验印刷企业25家，不予年度核验印刷企业14家，坚决取缔无证照从事印刷经营活动的地下窝点。开展“杜绝虚假报道、增强责任、加强新闻职业道德建设”专项教育活动并在全市开展记者站专项治理行动，及时查处了各类违禁报刊和各种非法小报。

【版权管理】 “4·26”世界知识产权日宣传活动期间，组织开展了2011年侵权盗版及非法出版物集中销毁和“2011绿书签行动”系列宣传活动。开展“打击侵犯知识产权和制售假冒伪劣商品专项行动”，先后查办了“万松中文网”、“加林软件网”、“小说520网”、“忘尘中文网”、“点墨中文网”等侵犯著作权案件9宗，抓获犯罪嫌疑人39名，涉案金额达680万元，查获涉嫌侵犯著作权文字作品19852部，涉嫌盗版图书2万余册、涉嫌侵权盗版软件8000余套。加快推进软件正版化工作，截至10月底，全市10个县(市)、区级机关软件正版化工作全面完成。

【扫黄打非】 按照《徐州市2011年“扫黄打非”行动方案》要求，指导各县(市)、区制定本级“扫黄打非”行动方案，与各责任单位签订“扫黄打非”责任状，作为年终奖惩依据。加强网上“扫黄打非”工作示范区建设，对辖区内《彭城视窗》、《中国淮海网》等29个比较大的网站主动监管，安排专人每天浏览网站内容，切实做到早发现、早处置，防止侵权盗版案件的发生。加大出版物市场监管力度，全年共检查各类出版物发行网点4600余家次，出动检查车辆2300余辆次，检查人员11400余人次，查缴各类非法、盗版图书6万余册，非法报纸2万余份，取缔无证摊点28个，查处刑事案件8起、行政案件6起。2011年度，徐州市文广新局被评为全省“扫黄打非”目标考核优秀单位，同时获得全省网上“扫黄打非”示范区建设工作一等奖。 （苏 牧）

文博考古

【文化遗产保护】 全市共有全国重点文物保护单位5处(24个点)、省级文物保护单位24处、市县级文物保护单位268处。开展第三次全国文物普查工作，遴选第五批市级文物保护单位；入选江苏省“首批大运河沿线重点文物抢救保护工程项目”的户部山古建筑群——余家大院、翟家大院保护维修工程和窑湾明清古建筑群——赵信隆酱园店修缮工程顺利通过验收。徐州汉楚王墓群被列入“江苏大遗址”，全省仅8个遗址被列入其中；成功组建徐州市首批文物专家库，为徐州文博工作提供专业指导、决策咨询和司法鉴定；加强文物安全工作，成功办结了中央国际广场置业有限公司破坏崔家小院文物案件，破获睢宁省级文物保护单位双孤堆被盗案件，另外，配合公安部门鉴定文物违法案件3起、鉴定文物51件(套)，严厉打击了文物违法犯罪活动的嚣张气焰。

徐州汉画像石

【非物质文化遗产保护】 徐州饣它汤工艺、睢宁鲤鱼戏花篮、汉王拔剑泉、马扒泉传说、薛桥草编、铜山北派少林拳、邳州舞狮、东路柳琴和新沂草桥柳编等9个项目成功入选“江苏省第三批非物质文化遗产名录”，入选数量居全省第三；邳州市(农民画、剪纸)成功入选文化部命名的“中国民间文化艺术之乡”；圆满完成国家级第四批非物质文化遗产代表性传承人的申报工作和市级第一批非物质文化遗产传习所和第二批非物质文化遗产代表性传承人的申报命名工作。组织开展徐州市非物质文化遗产进校园、进军营活动。组织非遗项目和传承人参加“第七届中国(深圳)国际文化博览会”、“第三届中国成都国际非物质文化遗产节”等交流展演活动。 （苏 牧）

报 纸

【概况】 2011年，徐州报业传媒集团各媒体紧跟市委、市政府主要工作部署，深入推进“创先争优”和“推动跨越发展、建设美好徐州”两项主题教育活动的宣传。推进“三重一大”主题宣传，采取多种形式，开设《科学发展、创先争优》、《推动跨越发展、建设美好徐州》、《决战“三重一大”主题报道》、《三重一大·我在现场》等专栏。为了迎接全国文明城市创建检查验收,集团各媒体推出“美丽绽放——创建全国文明城市系列宣传”,营造创建浓郁氛围。晚报、晨报开通城市管理系列热线,重点对“治脏”、“治违”、“治堵”、“治乱”、“治暗”深入报道。做好市十一次党代会的宣传,通过开设相关栏目,刊登系列评论员文章和典型经验报道等形式,进一步宣传会议精神、解读报告。坚持“三个文明”建设一起抓,报业经营连续多年实现两位数增长,综合实力在淮海经济区20家地市报中遥遥领先,在全省地市报中名列第四,江北第一,跻身全国地市报第一方阵,被中国地市报研究会命名为“中国地市报报业发展50强”。2011年荣获江苏省文明单位标兵、徐州市2009~2010年度法治城市创建工作先进单位称号、徐州市“十一五”文化建设工作先进集体称号。

【“走转改”活动】 中宣部等五部委部署在新闻战线开展“走基层、转作风、改文风”活动,徐州报业传媒集团迅速落实。9月6日,集团召开全体采编人员会议,交流体会,进一步部署“走基层、转作风、改文风”活动。为推动新闻工作切实将群众观点、群众路线体现在新闻宣传实践中,促进记者深入基层、深入群众制度化、常态化,徐州报业传媒集团专门成立活动领导小组,制定活动实施方案。开展“百名记者进社区活动”,每名记者挂钩一个社区,开展采访和调研;三报编委会成员结合媒体特点,每人建立一个基层联系点,深入基层蹲点调研,带领记者到联系点采访;把挂钩帮扶村贾汪区崮岘村作为集团“走基层、转作风、改文风”培训基地,定期组织采编人员与村民同吃同住同劳动,结对子、解难题。

【徐州市第十一次党代会纪念特刊】 9月15日、16日,在中国共产党徐州市第十一次代表大会召开之际,晚报、晨报分别推出纪念特刊,迎接党代会的召开。晚报推出的“七彩阳光”特刊,彩色16版,创意新颖,从多个方面报道了(2006~2011)5年来徐州的巨大变化。晨报8版“徐州新蓝图”特刊,版面设计大气,报道内容丰富,配合盛会召开,集中反映大会议程,宣传会议精神,报道市民愿景,全面反映建设成就,振奋市民精神,歌舞人心,为党代会召开营造出喜庆氛围。

【“寻访海外徐州人”大型采访征文】 由都市晨报社、美加澳新出国服务有限公司共同主办的美加澳新杯“寻访海外徐州人”大型采访征文10月27日启动,跟随海外徐州人的脚步体验异国的不同文化。活动持续到2012年10月底。活动以“寻访海外徐州人”为主题,征集、寻找在世界各地学习、工作的徐州人,讲述他们在海外的生活故事、游子情怀或独特人生经历,传递他们的感悟与心声,使更多的徐州人通过海外老乡们的笔触和镜头,了解徐州人在异国他乡的生活状态,并通过他们更深入了解异国的文化与风土人情。

【首届全国文物艺术品展销会】 1月8日,由徐州市委宣传部、徐州报业传媒集团、市文广新局、市文联等单位主办,徐州艺术馆、徐州文化产业集团、徐州文物商店承办策划运作的“江苏·徐州首届全国文物艺术品展销会”在徐州艺术馆开幕。参加展销会的有北京和上海的文物商店、天津文物公司、陕西省文物总店、辽宁省文物总店、甘肃文物总店等31家文物单位,有60家玉雕厂家、高档玉器经销商,13家台湾古玩经销商。展销会共汇集近10万件陶瓷、玉器、书画、杂项等各类文物艺术品,从几千元的民间藏品到上百万元的国宝级精品皆有,首日即吸引3000余人前来“淘宝”。

【中国徐州网获《互联网出版许可证》】 2月21日,中国徐州网获得国家新闻出版总署颁发的《互联网出版许可证》。此后,中国徐州网可以根据发展需要,开展互联网图书、互联网报纸、互联网杂志、手机出版物、互联网音像出版物等领域的服务业务,进一步促进集团数字报业的整体发展。

【国际旅游小姐大赛徐州赛区总决赛】 3月11日晚,“金郡中央杯”2011国际旅游小姐徐州赛区总决赛暨徐州旅游形象大使选拔赛决赛在中山大舞台落幕。国际旅游小姐比赛于1949创办,与环球小姐大赛、世界小姐大赛并称为世界三大赛事,已先后在80多个国家举办,并在中国成功运作了6年。此次活动由市旅游局、团市委、徐州报业传媒集团主办,金郡中央总冠名,华厦集团、力宝城、开甲地产协办,戴梦得、韩氏食品、家园集团、巴黎婚纱、西楚酒业、百事通广告支持,并由《徐州日报》、《彭城晚报》、《都市晨报》、中国徐州网、彭客网、《领跑生活》杂志等媒体参与报道。经过两个多小时的角逐,郑慧莹夺得冠军,赵慧卿、程超分别获得亚军和季军,她们同时获得徐州市旅游形象大使称号。大赛还产生了7个单项奖,10名佳丽同时获得徐州市旅游小姐称号。

【“春天的故事——来自名镇(村)的报告”大型采访活动】 为加快推进全市镇域经济发展方式转变,为全市中心镇创建营造热烈氛围,徐州日报4月启动“春天的故事——来自名镇(村)的报告”大型采访活动。徐州日报记者巡回走进全市115个镇(场),走访各乡镇、厂矿、企业,走到田间地头,走进农户家中;与县(市)区和乡镇领导面对面、与企业老总面对面、与农民朋友面对面,深入采访、挖掘各地政治文明、物质文明、精神文明、生态文明建设中的亮点,以专栏、专题、专版形式,全面深入地报道新农村建设的新进展、新经验、新举措,向读者实景展示新农村建设中的新事物、新风尚、新面貌,立体鲜活地呈现出新农村各项文明建设的新思路、新方法和新成就。

【大型公益招聘会】 为庆祝《都市晨报》创刊10周年,5月7日,徐州报业传媒集团在徐州艺术馆二楼平台举办大型公益招聘会,万余名读者参加了活动。招聘会由徐州报业传媒集团、市人力资源和社会保障局联合主办,都市晨报社、淮海人才市场承办。共有近400家单位进场招聘,提供约5000个就业岗位。招聘会主要面向应往届大中专毕业生、技术工人、务工农民、下岗职工等,免收入场费。参加招聘的企业既有金鹰国际购物中心、宗申集团、绿健乳业等大型企业,也有不少优秀的民营企业。招聘的岗位覆盖机械器械、生物化工、IT、食品餐饮、房产金融、教育培训、装饰建材、汽车商业等众多行业。市人保局等相关部门还开展了现场咨询活动,在社会保障、就业政策、自主创业、权益保护等方面,为企业及求职者提供咨询服务。

【"汉韵佳人"总决赛】 5月21日下午,由徐州市慈善总会、彭城晚报社和江苏国辉集团共同主办,徐州报业营销策划有限公司和江苏国辉文化传媒有限公司联合承办的"国辉杯·2011汉韵佳人暨徐州慈善形象大使评选"全国总决赛在和平戏院举办。经过活力装、个人才艺秀、晚礼装等多个环节,近4个小时的比赛,孔维娜、陆通、江亦轩3位选手分获冠、亚、季军,10个单项奖和5名优秀奖也同时产生。前3名和单项奖得主13人皆成为"准徐州慈善形象大使"。

【海内外艺术家精品展】 6月10日上午,由市委宣传部、徐州报业传媒集团、市文广新局、长江文化产业集团共同主办的"庆祝建党90周年海内外艺术家精品展、交流笔会暨传统文化与经济社会发展高端对话"开幕式在徐州艺术馆举行。活动的主题是"继承革命精神、建设美好徐州"。邀请了在书画艺术、文化和社会发展等领域有较高建树的海内外及徐州本地知名艺术家、学者,以书画的形式庆祝中国共产党90华诞,并通过高端对话,启迪智慧,寻求徐州文化及经济社会发展的新思路。

【徐州首届民间收藏艺术节】 由久隆长岛冠名,市委宣传部、徐州报业传媒集团、市文广新局、市文联主办,徐州艺术馆、徐州收藏家协会承办,徐州淮塔管理局、徐州博物馆、徐州奇石收藏协会、苏州玉石文化行业协会等协办的"徐州首届民间收藏艺术节",6月3日在徐州艺术馆开展。在徐州艺术馆一楼举办徐州知名收藏家个人书画收藏展、明清状元翰林书法展以及苏帮玉雕精品展,二楼进行民间收藏品交流大会和央视寻宝专家鉴宝活动,三楼举办民间收藏精品展。开展6天吸引观众8万人。

故黄河畔竞风流

【"首创杯"第二届龙舟赛】 6月6日上午,由市委市级机关工委、团市委、市水务局、徐州报业传媒集团共同举办的"徐州市首届端午民俗文化节暨'首创杯'第二届龙舟大赛",在故黄河举办。共有21支队伍参赛,其中男队16支、女队5支。经过近一个小时的激烈角逐,男子队前3名为国基城邦代表队、公安局代表队和宣武集团代表队,女子队前3名为体育局代表队、首创水务代表队和九州大学代表队。

【徐州报业全媒体数字出版平台入选总署项目库】 由徐州报业网络传播有限公司代表集团向国家新闻出版总署报送的"徐州报业全媒体数字出版平台"项目,获得了总署的审核批准,成为徐州地区唯一入选新闻出版改革发展项目库的入库项目。规划中的"徐州报业全媒体数字系统出版平台"项目选址在徐州报业传媒集团内,项目预计总投资3000万元人民币,是基于网络、手机、户外视屏、电子纸移动报等多种媒体形态为主要传输渠道,传统纸媒进行充分参与融合的传媒平台。项目包含一个集现场直播、节目制作、网络传播为一体的多功能演播室;一个集网络、手机报、多媒体数字报、电子纸移动报、户外视屏等比较完备的全媒体产品方阵,同时,该项目还将对应整合集团各媒体前沿采编人员、组建一个不低于200人的全媒体采编团队,构建一个将平面媒体、手机和互联网、户外视屏等媒介进行紧密融合、实时互动的全新媒体资讯服务平台。

【"徐商论坛"报告会】 7月2日,由徐商研究会和徐州报业传媒集团联合主办的"2011徐商论坛"系列活动——"融资有道,化危为机"报告会,在徐州艺术馆举行。报告会特邀中国社科院中小企业研究中心吴瑕教授主讲。"徐商论坛"是由徐州市徐商研究会、徐州报业传媒集团联合打造的徐州市经济界、企业界的年度盛会,目的是帮助徐州中小企业、徐商会员企业突破发展中的困局、谋求更快发展。

【中国·徐州首届国际动漫艺术节】 7月29日,由北京电影学院、中国动漫研究院、徐州市人民政府主办,北京电影学院动画学院、徐州市委宣传部、市教育局、市文广新局、徐州报业传媒集团承办,徐州艺术馆执行,徐州市动漫艺术协会等协办,江苏国信地产全程支持的"中国·徐州首届国际动漫艺术节"在徐州艺术馆开幕。本届动漫节以"展现动漫艺术魅力、窥探未来发展趋势"为主题,以打造大规模、娱乐性、专业性和最具人气的动漫展会为目标,汇集国际知名漫画家珍贵的第一手动漫资料,国内著名艺术院校动画学院的手稿、拍摄角色及场景实物,并有动漫制作体验区、第三代数字电影展映区等新颖的互动活动。本届国际动漫节持续至9月29日结束,历时两个月。开幕当天,有5000人次进馆参观。

【2011爱心助学活动】 8月24日下午,由徐州报业传媒集团、市慈善总会等单位联合举办的2011爱心助学活动助学金发放仪式,在徐州艺术馆举行,195名贫困学子领到助学金。2011年是爱心助学活动开展的第8年,经过精心策划,

共推出8大系列活动:爱心助学基金成员单位座谈会、“回访受助学子毕业生”采访活动、寻访寒门学子、“一对一”帮扶见面会、徐商会“一帮一”认捐活动、徐州高分学子公益报告会、商场零售业一元捐及报纸零售一日捐等。活动自7月5日启动以来,迅速在社会上引起广泛关注和参与,广大爱心市民和企事业单位踊跃加入助学行列,掀起新一轮爱心助学热潮。在一个多月的时间里,共募集助学金约100万元。8年来,爱心助学活动共募集助学资金800多万元,资助1200多名贫困学生走进大学。

【第八届读者节】 11月6日上午,徐州报业传媒集团第八届读者节现场活动在徐州艺术馆举办。本届读者节自10月26日启动以来,先后开展了征集“市民记者”、评选“金牌读者”、“走进读者”、系列优惠订报、“读者购物节”等11项系列活动。在6日的活动现场,进行了“彭城好人”、“金牌读者”表彰、报业集团挂钩扶贫捐赠项目、市相关职能部门为读者提供咨询、读者免费健康体检、趣味运动会以及丰富多彩的文艺演出、达人秀表演等活动。11月8日记者节,集团三报一网分别推出了“读者节特刊”。

【“汉韵佳人”全国总决赛】 11月19日下午,由4省13市50余家媒体联合打造,中国“汉韵佳人”全国总决赛组委会主办,徐州报业传媒集团承办,泰州梅兰春酒厂有限公司冠名的“梅兰春杯”2011汉韵佳人全国总决赛在徐州音乐厅落幕。来自商丘、亳州、淮北、淮安、宿迁、泰州等分赛区的22名佳丽,通过汉服展示、泳装展示、知识问答、才艺展示、晚装展示等环节的比赛,展示美丽和智慧。最终徐州赛区选手郑慧莹、泰州赛区选手郑楚楚、商丘赛区选手付雪莹分获冠、亚、季军。另评出7个单项奖。

【《彭城人文读本丛书》出版发行】 11月28日上午,由市委书记曹新平作序、徐州报业传媒集团策划的《彭城人文读本丛书》新书发布会暨媒体在文化传承发展中的作用研讨会在徐州艺术馆举行。来自市委宣传部、在徐高校、作家协会、史志学会、民俗学会、收藏家协会等单位的20多位专家、学者、教授齐聚一堂,为徐州传统文化的传承和发展出谋划策。徐州报业传媒集团向部分学校进行了赠书。《彭城人文读本丛书》依托彭城晚报金牌版块“徐州地理”专版,由彭城晚报主任编辑张瑾担任主编,6位作者参与创作,经徐州报业传媒集团旗下公司徐州凤凰传媒有限公司策划,最终由凤凰出版社出版。丛书第一辑共计8本,总计150万字。该套丛书不仅汇集了彭城晚报“徐州地理”专版从2004年开设8年来的优秀作品,还集结了热爱徐州文化的老中青三代的研究成果。8本丛书分别是《徐州手记》,为编辑张瑾采访手记;《徐州老物件》为“徐州地理”专版作品集结;《徐州老行当》由作者蓝承林和画家曹成龙创作;《徐州门户奎山》、《绝对彭城》为徐州史志学会副会长李世明专著;《彭城丽影录》为青年作家吕峰专著;《故道听风》为铜山档案馆、铜山作协主席赵杰专著;《戏马听风》为诗词学会王玉书编注。丛书内容从生活细微之处切入,涉及到过往徐州的民俗、街巷、变迁、历史、军事、人物等各个方面,是热爱家乡徐州、宣传家乡徐州的好教材。

【徐州网络发言人平台上线】 徐州网上的徐州网络发言人平台于12月1日正式上线。徐州网络发言人平台由网络发言人专题页面和徐州论坛的专属区域组成。专题页面上集合网民最新的咨询帖和相关部门有关阳光政务建设方面的资讯。徐州论坛上的专属区域根据部门属性划分为“市属单位”、“部省属单位”及“辖市区”三个范围,分列各职能单位专区;在每个职能单位专区中,开辟了各单位的职责公告。各单位的网络发言人回复或解答网友的咨询后,均在该回复帖前标注“已回复”的字样,徐州网将统计各部门的回复和解答情况及时上报。

【彭城老年网开通】 由市老龄协会主办、集团属下彭客网承办的公益性网站——彭城老年网经过4个月的紧张筹备,12月底正式开通。彭城老年网以“传递老龄新闻资讯、引领老年时尚潮流、构建老年精神家园、搭建老年互动平台”为宗旨,是全市第一个把论坛延伸到每一个居民社区的老年网站。网站开设了老龄新闻、老龄视野、政策法规、老年维权、健康养生、科学饮食、休闲旅游等板块栏目,重点关注徐州市社会、社区及居家养老的现状和问题,及时反映老年人的合理诉求,大力宣传尊老孝亲方面的好人好事,积极促进形成尊老、敬老、养老、助老的良好风气。老年人通过网站不仅能够及时了解国内外老年资讯和徐州最新养老政策、老年活动消息,以及所居住社区发生的各种新鲜事;也可通过博客和论坛的形式上传发表文章、书画、摄影等作品,展示自己多方面的才华。

(王 军)

史志工作

【党史编研】 做好《中共徐州历史大记事》(1978－2008)编修工作。落实专人负责,积极查找资料,经过多次打磨甄选,形成4000余条39万余字的初稿。编辑《永远的丰碑—徐州市革命遗址遗迹巡礼》。经多次审读、校改,于11份出版发行。开展《中共徐州地方史》第三卷资料征集工作。年初,启动徐州地方党史第三卷资料征集工作,制定征集方案,面向社会广泛征集资料。推进县(市)区地方党史二卷本编写工作。8月上旬,在邳州市组织召开全市县(市)区党史二卷本编写工作推进会,下发《关于加快推进县(市)区地方党史二卷编写工作的意见》(徐史志办〔2011〕10号)的通知,进一步推动徐州地方党史二卷本编写工作。

【新一轮编修地方志工作】 加快修志工作进度,组建编写班子,挑选业务骨干组成3个编辑室,分别承编市志总纂编写任务,制定严谨的工作制度和每月工作任务分解表,定期召开调度会,积极推进市志总纂工作,共完成11篇志稿86万字的总纂任务。根据省方志办要求,及时完成《江苏援建志》

徐州篇4万字的编纂、报送工作。认真做好《江苏省志·徐州市县概况》志稿评审工作,并搜集整理照片100余幅,报送65幅。6月上旬,组织召开志稿评审会,评审市县概况志稿,提出修改意见。加强对县(市)区修志及各部门志书志稿指导、评审工作。多次深入各县(市)区地方志办公室、市机关部门等单位指导业务工作。对各部门报送的志书和志稿,认真进行评审,共评审《铜山区志》、《云龙区志》、《泉山区志》、《鼓楼区志》等篇目和《徐州电力志》60万字的志稿;指导《徐州卫生志》编修和人大、发改委、人防办等单位志稿资料的修改工作。10月中旬,组织召开全市县(市)区二轮修志工作调度会,进一步推动全市二轮修志工作。

【年鉴编纂】 《徐州年鉴·2011卷》编纂工作按照出精品的要求,扎实推进,创新编纂栏目,于11月份完成100万字年鉴稿件的征集、编写、校改及出版工作。同时加强对县(市)区年鉴编纂工作的指导。多次深入县(市)区调研,指导年鉴编纂工作,结合各单位实际,及时对编纂人员进行业务培训,促进了县(市)区年鉴编纂水平的提高。3月底,在新沂组织召开全市年鉴工作会议,进一步推动全市年鉴编纂创新发展。

【宣传教育】 创新宣传载体,办好《徐州史志》刊物和史志网站。与各县(市)区合作出版《徐州史志》杂志4期,发行1万余份,党史专刊1期,发行近5000册。不断丰富史志网站内容,开辟专栏,全面展示90年来党的奋斗历程和光辉成就。积极开展建党90周年纪念活动。积极组织开展纪念中国共产党成立90周年一系列的活动。一是组织开展纪念中国共产党成立90周年征文活动;二是配合新闻媒体积极宣传徐州党史人物和党史事件;三是会同市级机关工委等有关部门,开展党史知识竞赛活动;四是与市文明办、市教育局等部门联合开展了"学党史、唱赞歌、树美德"教育实践活动;五是召开全市党史系统建党90周年理论研讨会;六是积极开展党史宣传教育进机关、进社区,进学校、进企业、进农村、进军营等"六进"活动,主动分送3500余册史志书籍到社区、企业、学校及机关部门等单位。认真做好徐州革命历史陈列馆的筹建工作。根据3月26日市委常委会关于筹建徐州市革命历史陈列馆的有关精神和全市党史工作会议的有关部署要求,认真筹备组织召开徐州市革命历史陈列馆筹建工作领导小组会议。并按照领导小组会议工作责任分工,积极抓好革命历史陈列馆所需的文物史料的征集和布展大纲的起草规划工作。

(董志军)

档　案

【概况】 截至年底,徐州市档案局(馆)馆藏档案资料25万多卷(册、件),比2010年底增长45.34%,馆藏结构、门类进一步优化丰富。在江苏省珍贵档案文献评选中,市档案馆申报的《民国时期徐州地方报创刊号汇集》入选《江苏珍贵档案文献名录》。全年共接待档案利用者1889人次,提供档案资料利用16535卷,复制档案资料6114张。深化"三联四促"主题实践活动,与泉山区火花办事处卧牛村结对共建,卧牛村档案工作被省档案局命名为"社会主义新农村建设档案工作示范村",村档案室通过省三星级认定。徐州市档案局连续五年被市委、市政府表彰为"勤廉徐州"先进单位。

【档案资源建设】 开展"档案资源建设推进年"活动。依法开展到期档案接收工作,强化指导,确保进馆档案质量,共接收市直机关62家单位15031卷档案;加强区划调整工作中的档案接收工作,确保档案无丢失、无损坏,接收原徐州市九里区60家单位档案55174卷(件),其中文书档案19283卷、34269件,专门档案13951件,声像实物档案1622件,印章档案995枚;做好市委宣传部照片底片档案整理、目录编制、录入工作,全年共整理市委宣传部移交的照片底片档案1万张。大力开展档案征集工作,征集到谈小五等一批名人档案、作品,全年累计征集各类档案资料291件。

【依法治档】 在《徐州市档案条例》颁布实施五周年之际,市档案局邀请市人大常委会委员对全市贯彻落实《徐州市档案条例》情况开展了执法调研。5月底6月初,市人大常委会委员在副主任李君超带领下,深入徐州市和贾汪区、邳州市档案馆及一些专业档案机构进行视察,视察组对条例的执行情况逐条分析,对法规的修改提出了建议,向人大主任会议做了专题汇报。在"五五"普法工作中,徐州市档案局被江苏省档案局表彰为"'五五'普法先进单位"。

【档案安全体系建设】 健全管理制度。强化安全责任意识,修订完善库房管理、开放利用、信息安全等制度,制定安全及突发事件应急预案;加强制度执行情况的督查和安全现场检查,及时整改存在的隐患。完善安全设施。全面检查库房安全设施,完成库房动力电增容工程,启用精密空调系统;更新温湿度监控系统软件,监控库房温湿度并做好记录分析;督促协调建设和管理部门完善消防系统。注重档案实体和信息安全。严格执行档案资料入库前消毒、除尘灭菌工作制度,对122个全宗、386个目录、35416卷(册)盒档案资料进行了消毒和除尘灭菌;加强档案案卷利用过程的监控,严格履行未开放档案利用的审批手续。建设档案电子数据的同城备份基地,对市国土局和县(市、区)重要档案数据进行同城备份;在调研省内外重要档案数据异地异质备份工作开展情况的基础上,初步形成了与省局捆绑进行异地备份的意见。加强计算机安全管理,严格实行内外网物理隔离,增配计算机21台(套)。加强国家重点档案的抢救和保护,对目录数据库进行补充修改完善,新增目录124797条;全年完成80万页的原文数字化加工。开展建国前文书档案案卷质量普查工作,逐卷逐页检查建国前文书档案4989卷,新建了统计台账,其中,档案破损程度不同的818卷档案被列入"十二五"重点保护抢救范围。

【基层档案建设】 加强对基层档案工作的监督指导，制定《徐州市档案事业发展"十二五"规划》，并由徐州市委、市政府"两办"印发。与市人保局联合表彰了全市"十一五"档案工作先进集体51家和档案先进工作者91名。加强县(市)、区档案馆的业务指导，云龙区档案馆通过国家二级档案馆测评，成为苏北地区主城区中第一个通过国家二级馆测评的档案馆；加强基层档案室业务指导，全年共63家单位通过相关等级的认定，其中五星级5家，四星级23家，三星级11家；65家单位通过了相关等级的复查认定。开展档案业务培训，培训档案人员岗位培训班2期、265人；与苏州大学联合举办了继续教育培训班，培训97人；组织9名学员参加全国档案人员继续教育培训班。全年推荐、认定副研究馆员4人、馆员16人、助理馆员27人、管理员1人。

【档案服务功能建设】 树立"大档案、大服务"观念，全面加强档案服务功能建设。指导10家镇、村示范点创建，其中5镇4村得到省档案局的命名；规范指导全市南水北调征地拆迁移民档案，顺利通过省档案局和省南水北调办组织的检查验收；按照全市林权制度改革工作的要求，加强档案管理，通过省农林厅的验收；开展农产品质量安全档案的建档工作试点，省档案局以现场观摩会的形式向全省推广。市档案局和沛县档案局关于沛县农产品质量安全档案工作创新实践成果被江苏省档案局评为最佳创新案例和优秀科技成果二等奖。规范全市社会保险档案的管理。指导培育5家民营企业星级档案示范工作，1家通过省四星级测评。徐州经济技术开发区档案管理经过指导，通过省四星级标准认定。

【档案信息资源开发利用】 抓住热点策划专题宣传活动，充分彰显档案"资政惠民"作用。参与建党90周年纪念活动，及时在大众传媒上刊登征集通告，开展地方党史档案资料专项征集活动，征集有价值党史资料20件(册)；接待社会各界来馆参观展览，全年共接待团体参观19批、1800人次，接待个人参观349人次；在徐州档案网站上举办了《光辉之旅》和《英雄儿女 浩气长存》2期展览，累计浏览人数1000余人。编印《徐州十年大事辑览》(约16万字)、《徐州珍档荟萃》，编制2011年月度大事记12期；完成徐州原地市级党政主要领导孙家正、于广洲、徐鸣等在徐州工作期间形成的档案资料的汇编工作，共计17册，约300万字；编制"彭城印迹——珍贵档案史料展览"展览画册，在全省档案文化精品评选中获二等奖；成立《江苏档案精品集徐州卷》编纂委员会，制定编写方案和大纲，对市档案馆和各县、(市)区档案馆的精品档案进行普查，确定编写范围。 (魏 鹏)

图书馆

【中国矿业大学图文信息中心】 2011年接待读者总量293万人次，借还书总量112万册；文昌馆入藏中外文期刊1986种5864册(其中文摘137册)。南湖馆加工过刊5000册。完成馆际互借、文献传递6000份。全年完成了11147名毕业生离校工作及8000多名新生入馆教育，开展了27次电子资源讲座。与校宣传部等单位联合举办了第十届读书节，全校2万余名师生参加了活动，"名师名家报告会"和"红色经典·中华记忆"系列活动在师生中收到了良好效果。完成查新课题492个(其中国内课题264，国内外查新课题227，国外查新课题1个)，比上一年度增加58.9%；查收查引872个，比上一年度增加了39.1%，提供18410条文献记录，比上一年度增长35%。完成苏北地区文献互借2800多份，学位论文采集2000份，转换、收割1300份。矿物岩石图像样本数据库850条，矿业工程数据库中会议论文数据库数据3000条，矿业工程数据库中会议论文数据库数据3000余条；矿业信息剪报数据库数据2020条；多媒体视频数据库数据600条；建设低碳新能源数据库并收录数据1200条。完成了2011年~2012年度外文图书招标；2012年度中外文期刊招标。2011年实际使用文献经费突破1000万元；中文图书年购置突破10万册；引进了SCI外文数据库、电子资源数据库达到62个。全年购置中文图书33977种、103383册，使用经费3304157.47元；原版外文图书使用经费194610.6元，购置外文图书257种；购置中文报刊2839种，使用经费590791.28元，外文期刊196种，使用经费1364592.00元；共购买中文数据库32个，使用经费1362734，外文数据库30个，3630902.5元；选购中文电子书93万种，外文电子书4.3万种。纸质资源和电子资源互补挂接，形成了比较完备的资源保障体系，为学校各学科的跨越式发展提供必要的基础条件。

全面落实和部署数据中心相关的网络安全产品的测试和招标工作。在完成对数据中心相关安全产品WAF、漏洞扫描、IPS等得测试的同时，完成了上述产品的招标和部署工作。落实有关CNGI2项目相关建设，全面部署CNGI项目中IPV6建设。IPV6接入的用户数已达到10000人。通过对重点公共机房的改进，使纯IPV6接入计算机超过600台，超过CNGI的要求，建成了基于真实源地址验证技术的可信任校园试验网以及SAVI和SAVA等的部署。完成了汇文4.5系统升级，包括web书目检索4.5升级。2011年，中国教育科研网授予学校为城市节点单位。2011年，江苏省高校网络专业技术委员会授予学校网络中心"江苏省高等学校信息化建设优秀单位奖"。

4月15日，组织召开苏北地区"JALIS十五年回顾与展望研讨会"，来自苏北地区20所高校图书馆的馆长及JALIS项目负责人共计36人参加了会议。10月13日，"高水平行业特色大学优质资源共享联盟"图书馆馆长工作会议在图书中心召开，会议就高水平行业特色大学联盟图书文献资料开放共享的相关问题进行讨论。来自东北林业大学、中国石油大学(华东)、中国地质大学(武汉)等11所高水平行业特色大学优质资源共享联盟高校的图书馆负责人及相关人员参加了会议。全年完成了馆内科研立项32项，其中重点项目5项，泛技术小组项目4项，一般项目23项，于12月已全部通过验收。 (丁建华)

【徐州师范大学图书馆】 至2011年底,徐州师范大学图书馆共有馆舍总面积2.5万平方米,职工120人,其中正高级职称4人,副高级职称17人。馆藏文献总量7115129册(件),其中纸质文献2329378册。全年使用文献购置费730万元,购置图书38269册(件),报刊2697种,接受捐赠图书2421册,购置中外文数据库32个,自建特色数据库5个。全年外借文献290431册(件),接待阅览读者753816人次;传递文献710余册(篇)次;构建新生入学教育测试题库,组织开展新生入学教育22场次,开展"一小时数据库系列讲座"28场次,为本科生、研究生开设"信息检索与利用"公选课。加强多元化的信息服务,开展了科技查新、学科化服务、论文查实、网上参考咨询等工作。改革管理模式,提高服务水平,实现"一门式"管理服务,优化了读者服务业务岗位的工作流程,提高了工作效率,节省了人力资源,延长了开放时间,读者在服务总台可以享受到借还图书、证件办理、参考咨询等一站式服务。优化人员分配,调整机构设置,完成新一轮岗位竞聘。此次聘任工作有两大亮点:一是按照大力建设数字图书馆的战略目标新组建了数字化建设部,提高了数字化建设的保障能力。二是针对敬文馆实行大开放、大流通的"一门式"服务的需要,重组业务机构,撤销原学科文献部、贾汪读者服务部,成立敬文读者服务部、专业文献服务部,按照业务性质重组库室,理顺了工作关系,调动了工作人员的积极性,达到了"优化人员配置,革新管理模式,充分激发活力,提高服务质量"的改革目标。完善规章制度,强化岗位意识,重新修订并出台了《徐州师范大学图书馆考勤与请假暂行规定》,实行馆、部两级考核相结合的办法,有效增强了工作人员的岗位责任意识,提高了工作积极性和服务质量。2011年度还按照新的管理模式修订了《徐州师范大学书刊借阅管理办法》。作为徐州高校区域教学联合体牵头单位,徐州师范大学图书馆联合在徐9所高校及宿迁学院,开展了数字资源联合引进、服务平台共同搭建、服务项目合作开发、人力资源联合培训、设备资源共同享用等共建共享活动,取得了可喜的成绩。加强古籍保护,2011年被评为江苏省古籍保护先进单位。重视文化建设,相继开展了"爱心书屋"、"师大文库"、"敬文讲坛"等一系列活动,彰显了图书馆浓郁的文化氛围。学位点建设工作取得重大突破,由管理学院、计算机科学与技术学院、图书馆共同申报的一级学科"管理科学与工程"硕士点已经获批,图书馆有3位老师获得硕士研究生导师资格,着手准备"信息资源管理方向"2012年的研究生招生工作。科研力量不断加强,获省教育厅高校哲学社会科学研究项目2项;获校级科研项目3项,其中重点项目1项;获江苏省第三届图书馆学情报学学术成果奖一等奖1项、二等奖3项、三等奖2项;2011年公开发表学术论文19篇。

(朱　烨)

民间收藏

【徐州集邮首届生肖文化节】 1月5日至2月28日,徐州市集邮协会在集邮公司营业大厅举办"徐州集邮首届生肖文化节",活动期间有《辛卯年》邮票首发式、生肖集邮文化知识讲座、"玉兔迎春2011"新年主题营销、校园生肖集邮展览等一系列活动,并刻制纪念戳1枚。

【第27届亚洲国际集邮展览丰县巡邮活动】 9月22日,中国2011第27届亚洲国际集邮展览丰县巡邮活动暨《汉风道韵》邮资明信片、《丰县印象》专题邮册首发式在丰县举行。亚洲集邮联合会是由亚洲和大洋洲部分国家及地区于1974年发起成立的区域性国际集邮组织,有成员组织31个。为配合亚展丰县巡邮活动,进一步宣扬人文丰县,丰县邮政策划设计制作出《汉风道韵》系列邮资明信片和《丰县印象》专题邮册,作为独具丰县文化特色的城市名片,从不同侧面、不同角度展示了丰县独特的历史文化风貌。

【专题邮集获亚洲大奖】 11月10日,徐州市集邮协会组织副秘书长以上人员参加第27届无锡亚洲国际集邮展览。邢建旭的《羽毛》获大镀金奖加特别奖,是青少年类最高奖;蔡敬贤的《新中国旧币值普通邮票》获银奖;胡志立的《中国邮政专用邮资图普通邮资封片目录(2010)》获银奖。

【市邮协获省"先进集邮协会"称号】 5月10日,在江苏省集邮协会七届三次理事会上,徐州市集邮协会荣获江苏省"先进集邮协会"称号,是苏北五个地市(徐州、淮安、盐城、连云港、宿迁)中唯一获此殊荣的集邮协会。 (胡志立)

【钱币收藏】 2011年,钱币学会以《江苏钱币》、《安徽钱币》、《徐州钱币》为平台,宣传钱币文化,介绍研究成果,撰写文章60余篇。为纪念中国共产党成立90周年和纪念辛亥革命100周年,《徐州钱币》开辟了专栏,刊出了九篇纪念文章。6月,徐州艺术馆举办大型"徐州市首届民间收藏艺术节"展览,邀请钱币学会参加。王荣成展出了先秦及秦汉钱币,有贝币、刀币、布币、圜钱、蚁鼻钱、半两、五铢及王莽钱币,品种丰富,不乏珍品。吴世东展出各种花钱,有吉语花钱、仙佛花钱、神灵花钱、刻花花钱,一些是宋元花钱,相当罕稀。国庆节期间,徐州报业集团、徐州收藏家协会组织"金秋彭城民间收藏交流展",朱淑建展出了近千枚银元,有辛亥革命银币系列、江南省造银币系列、袁大头系列等;周铭智展出了历代货币,从先秦的刀、布到清民的制钱、铜元。(吴　进)

卫　生

综　述

【概况】　2011年，全市医药卫生体制改革工作有序推进；基本药物制度实现在政府办基层医疗机构的全覆盖；新型农村合作医疗保障水平不断提升，基层医疗机构综合改革工作不断深入；重大疾病防治成效显著，卫生应急能力和水平不断提高；城市社区卫生工作和农村卫生工作取得新进展；基层医疗卫生机构基础建设进一步加强；卫生法制与监督工作取得新成绩。徐州市作为区域性医疗中心初步形成。

【卫生科教】　全市卫生系统新增32名省333培养对象，2名江苏省医学领军人才、7名重点人才。组织实施全市第二轮“医学重点学科建设与医学重点人才培养”工作，确定10个“优势学科建设单位”、17名“医学领军人才培养对象”。完成在岗乡村医生中专学历补偿教育6225人，农村卫生技术人员培训1400人，城市社区卫生服务人员培训1222人。做好卫生系统专业技术人员的继续医学教育工作，全年累计完成继续医学教育20000多人次。承担省级以上科研课题10项，获得省级科技进步奖12项。

【中医中药】　加强中医临床重点专科建设，新增国家“十二五”重点专科建设单位3个、省级中医临床重点专科1个，省级乡镇卫生院示范中医科建设单位2家、省级中医示范社区卫生服务中心建设单位2家。开展中医药进农村、进社区活动，基层中医药工作不断加强。邳州市荣获“全国农村中医药工作先进单位”称号。深入开展以“发挥中医药特色优势”为主题的中医医院管理年活动，市中医院及各县（市）、区中医院分别通过国家和省级评估验收。

【基本药物制度】　全市所有政府办基层医疗卫生机构实现基本药物制度全覆盖，鼓楼区、泉山区等地以购买服务的办法，在非政府办社区卫生服务中心（乡镇卫生院）实施基本药物零差率销售。全市各地累计采购和使用基本药物9.96亿元，为群众减少药品费用支出3.7亿元，基本药物价格降幅平均达到37.44%；乡镇卫生院门诊、住院次均费用和村卫生室门诊次均费用分别控制在62.57元、1824.1元和30.53元，同比下降4.98%、8.48%和14.89%，基层门诊人次和住院人次分别上升0.69%和1.55%。（曹同春）

公共卫生

【基本公共卫生服务】　全市人均基本

公共卫生服务补助25元。组织实施10大类41项基本公共卫生服务项目,全市已累计建立合格居民电子健康档案665万余份;免费实施儿童免疫规划,疫苗接种率保持在95%以上;登记建档管理重性精神病人7246人;高血压、糖尿病管理人数分别为46.4万和8.9万人,为44.13万名65岁以上老年人开展了免费体检;完成农村孕产妇实施住院分娩补助58892人,免费实施农村妇女口服叶酸预防神经管缺陷项目92502人次;完成33859人的农村妇女"两癌"筛查工作。

【疾病预防控制】 全市甲乙类传染病报告发病率为105.66/10万,比上年同期减少15.56%,传染病发病率继续稳定在较低水平。全面落实重大传染病和重点疾病预防控制措施,全市未发生重大传染病疫情。开展碘缺乏病、地氟病、地砷病等重点地方病防治终期评估工作。组织开展30余期共4900余人次突发公共卫生事件培训和应急处置演练。承办"江苏省民用航空器模拟飞行事故紧急医学救援应急演练"活动,卫生应急能力建设有效加强。

【食品安全协调和卫生监管】 建立健全食品安全投诉举报、事故报告、信息公开和应急预案等制度,提高食品安全事故处置能力和风险监测能力。及时制定食品安全专项整治工作方案,组织开展"地沟油"、"问题乳粉"清查清缴和"瘦肉精"专项整治行动。加强生活饮用水及涉水产品、公共场所、消毒产品、职业卫生、学校卫生、传染病防治、医疗广告等监督检查。贾汪区、铜山区、新沂市、邳州市、沛县、丰县等地卫生监督体系建设通过省级评估验收。

【爱国卫生运动】 顺利通过省级卫生城、"灭鼠灭蟑灭蝇"先进城市复查工作。开展城乡环境卫生整洁行动,沛县大屯镇、徐州经济开发区大庙镇被评为省级卫生镇,丰县华山镇小史楼村等52村被评为省级卫生村。新增农村无害化卫生户厕150441户,完成年度改厕任务的125.4%。

【妇幼保健】 加强妇幼保健服务体系建设,医疗保健机构产、儿科条件进一步改善,孕产妇死亡率、婴儿死亡率和出生缺陷发生率显著下降。集中开展整治"两非"专项行动,严格依法执业监管,实行"两非"信息通报制度,专项行动取得积极进展。 (曹同春)

基层卫生

【基层医疗卫生】 2011年全市新农合人口参合率99.48%,筹资标准230元。全市97.80%的参合住院病人在市、县、镇三级定点医疗机构住院治疗,纳入规范管理。全市住院实际补偿比达到50%以上,县镇两级定点医疗机构政策补偿比已经达到70%以上,住院补偿封顶线提高到10万元。实施农村儿童重大疾病救治保障,对129例农村儿童白血病和先天性心脏病给予重大疾病救治补偿。贾汪区通过"江苏省农民健康工程先进区"验收。邳州市碾庄镇卫生院、铜山区利国镇卫生院、丰县梁寨镇卫生院、新沂市阿湖镇卫生院、贾汪区大吴镇卫生院、睢宁县高作镇卫生院、邳州市炮车镇卫生院、沛县敬安镇卫生院8家单位创建成为省示范乡镇卫生院,全市新增22个市级示范乡镇卫生院。新建和改扩建标准化村卫生室267个,完成1万多名乡村医生的转岗培训任务。先后完成县级卫生监督机构、急救中心、医院及中心乡镇卫生院建设等项目申报工作。开展国家和省示范社区卫生服务中心创建活动,鼓楼区琵琶社区卫生服务中心荣获"全国示范社区卫生服务中心"称号,全市创建成省示范社区卫生服务中心2个。建立社区家庭责任医师制度,已签订居民家庭服务合同40712份。2011年,全市社区卫生服务机构年门急诊达到176.2万人次;门诊均次费用54.1元,较三级医院低70%。市政府出台《关于建立健全基层医疗卫生机构补偿机制的实施意见》,省、市编制部门核定徐州市政府办基层医疗卫生机构131个、编制10377人。经公开选拔、择优聘任院长累计达到114人,竞聘上岗职工10277人,分流超编人员1660人。市有关部门制定印发《徐州市公共卫生与基层医疗卫生事业单位绩效考核工作指导意见》。

市委书记曹新平调研社区卫生工作

【公立医院改革】 不断推进基层医疗卫生机构综合改革工作,市肿瘤医院、睢宁县人民医院作为试点单位,有序推进各项改革任务的落实。市卫生局制定下发了徐州市医疗机构设置规划,着力加强薄弱区域和薄弱领域能力建设。在全市公立医院全面推广惠民便民服务措施,优化诊疗流程和服务,建立与基层医疗机构协作机制,逐步形成基层首诊、分级医疗、双向转诊、上下联动的医疗服务模式。2011年为受援医院重点培养了各类急需人才300多人次,帮助县级医院从技术、人才、设备等方面加强专科建设40多个。

【卫生信息化建设】 徐州市居民健康档案、慢性病管理信息系统、居民个人健康主页与社区卫生服务机构信息管理系统(HIS)有效整合,并纳入妇幼保健、预防接种、卫生应急等公共卫生专项系统;拓展基本药物监管和综合查询功能,与新农合、职工和居民医保信息系统形成有效对接。 (曹同春)

医政管理

【概况】　全市诊疗服务量突破3000万人次，医疗服务辐射能力进一步增强。市肿瘤医院、市儿童医院、市传染病院、市东方医院和徐矿总医院通过省卫生厅三级医院验收，邳州市人民医院成为徐州市首家县级医院创建三级医院的试点单位。全市三级医院数量居全省第二位。全市新增省级临床重点专科或临床重点专科建设单位科室10个，全市省级临床重点专科数量达到30个。徐医附院急诊科通过国家临床重点专科建设项目初审。市中医院心内科通过国家级重点专科评审，针灸科、皮肤科、护理学通过国家级重点专科建设单位验收。徐医附院东院、市中心医院新城区分院的顺利开工建设，市第一人民医院的迁建将进一步巩固徐州市作为区域性医疗中心的地位。在全市三级医院、县级医院全面实施“优质护理服务示范工程”活动，获全国“优质护理服务示范工程”活动先进病房1家、全国“优质护理服务示范工程”活动先进个人2人。

【行风建设】　在全行业持续深入开展“争创人民满意医院、争做人民满意医生”、“三好一满意”窗口服务单位活动，共评选“人民满意医疗卫生服务窗口”和“医德好、医风正、医术精”标兵科室115家，“人民满意医疗卫生工作者”和标兵个人171名。深入推进创先争优活动，获得卫生部表彰优秀共产党员1名，获得省卫生厅表彰的“先进基层党组织”5个、优秀共产党员4名、优秀党务工作者6名。沛县人民医院赵佳凤和市疾控中心余加席分别被评为“江苏省十佳健康卫士”和“我最喜爱的健康卫士”。　（曹同春）

主要医疗机构

【徐州市第一人民医院】　2011年，共完成门诊量79.4万人，同比增长5.2%；出院病人2.9万人、手术例数1.13万人、平均住院日12.9天，业务收入4.7亿元。出院病人总体满意度98%。12月28日在仁慈医院挂牌成立市一院东院，组建市鼓楼区九里社区卫生服务中心，设立市一院北山门诊部，逐步形成第一医院集团化发展的新格局。2011年，眼科在省重点专科的基础上，又被确定为市优势学科，年门诊量

达16万余人次，眼科最高日门诊量达900人次以上。肾内科腹膜透析中心被省卫生厅确定为苏北片省级区域腹膜透析指导中心。获评市领军人才2名；获得国家自然科学基金资助项目1项，获准市科技计划项目4项；获市政府科技进奖7项，其中二等奖2项、三等奖5项；获卫生厅新技术引进奖2项，市新技术引进奖16项，发表SCI论文3篇，核心期刊65篇。斥资2500万元，购置新二代双源CT、GEV8四维彩超等多台大型医疗设备。充分发扬公益事业的优良传统，继续开展“防盲治盲”、“微笑列车”和“明天计划”项目。至年底，已免费为近4000名贫困儿童进行了唇腭裂手术，为140名孤残儿童做了康复手术，为万余名患者免费实施了白内障手术。

【徐州医学院附属医院】　2011年，门诊工作量150万以上，同比增长15.81%；出院病人数7万余人次，同比增长13.02%；手术人次2.43万人次，同比增长17.54%；出院病人平均住院日11.9天，同比缩短4.03%；全年药占比45.76%，同比下降0.5%。荣获“2011卫生改革创新医院”称号和“江苏省城乡医院对口支援工作先进集体”称号。获得国家自然科学基金6项、省厅级课题15项、市级课题13项。获得中华医学二等奖1项、省政府科技进步二等奖1项、江苏医学二等奖2项、省新技术引进奖7项、市政府科技进步奖15项。发表论文400余篇，著作3部，其中SCI发表论文40篇。3人荣获“江苏省优秀医学人才”称号（苏北仅此3人）。2人被评为江苏省医学领军人才与创新团队带头人；6人被评为江苏省医学重点人才；6人被确定为第一批徐州市“医学领军人才培养对象”。10名博士进入医院博士后流动站工作。麻醉科、血液科、神经外科被评为江苏省“科教兴卫工程”医学重点学科。泌尿外科、介入放射科被确定为江苏省“科教兴卫工程”科技创新团队。感染性疾病科、肾脏内科、消化内科、骨科被确定为省级临床重点专科，至此医院已有16个。肿瘤生物治疗在一年内获得江苏省肿瘤生物治疗重点实验室、江苏省肿瘤生物治疗科技服务中心、江苏省肿瘤生物治疗研究所等6个省级称号。肾脏内科被确定为苏北地区省级腹膜透析指导中心。急救中心报国家级重点

临床已获省厅批准,待待卫生部最后审核。3个科室被确定为第一批徐州市“医学优势学科建设单位”。5个实验室获批徐州市重点实验室。年内,投入5500余万元,购置了DSA、磁共振、ECT、数字乳腺机等976台(件)医疗设备,其中10万元以上设备57台(件)。

【徐州市肿瘤医院】 2011年3月,医院通过江苏省卫生厅三级医院的验收,被确定为三级医院。医院占地47.86亩,建筑面积6.5万平方米,有职工855人;高级职称专业技术人员171名;医学博士、硕士近60名;江苏大学、南京医科大学、徐州医学院兼职教授、副教授、硕士生导师70余人。徐州市肿瘤医院核定床位1100张,其中肿瘤专科床位500张,综合科室床位600张,重症监护床位26张(ICU床位16张、专科监护床位10张)。设有21个病区、30个临床科室、7个医技科室。拥有中毒科、乳腺科、化疗科、放疗科、泌尿外科等5个徐州市重点专科,麻醉科、内分泌科、医学影像科等3个徐州市重点专科建设单位;拥有徐州市肿瘤研究所、徐州市泌尿外科研究所、徐州市微创技术中心、徐州市职业病院、徐州市中毒控制研究所。江苏大学徐州心血管病研究所设在该院。2011年完成门诊量68.9万人次,同比增长19%;完成出院病人量2.4万人次,与上年基本持平,县区病人增长36%。完成手术量6809例次,其中甲类手术1141例次,同比增长28.6%;实现业务收入3.34亿,比2010年增加611万元。

【徐州市中心医院】 徐州市中心医院在职职工2219人,其中高级职称443人,中级职称492人,博士、硕士研究生288人,徐州市优秀专家、拔尖人才43人,博士、硕士生导师26人,省级以上学会主任委员、副主任委员32人。开设47个临床科室、17个医技科室。其中,省级临床重点专科8个(2011年新增省重点专科4个),市级临床重点学(专)科21个,徐州市优势学科建设单位2个。2011年先后被批准为卫生部脑卒中干预筛查基地、卫生部内镜培训中心、国际微笑列车定点单位、徐州市司法鉴定中心。2011年共完成门诊量165.7万人次,同比增长28.7%,其中急诊量9.29万人次,同比增长13.5%;出院病人数7.4万人次,同比增长9.2%;平均住院日11.1天,同比减少0.5天;住院手术例次数1.94万例次,同比增长2.8%;总手术3.3万例次,同比增加3.5%;总收入12.7亿元,同比增17%;出院病人数位列全省第三。

12月18日 徐州市中心医院荣获“全国2011改革创新医院”荣誉称号

【徐州市中医院】 医院在职职工1016人,其中高级专业技术人员141人,国家、省、市级名医20人,省333工程重点人才2人,拔尖人才2人,医学博士、硕士研究生51人。医院门诊设28个临床科室、15个医技科室、80个专科专病门诊,住院部设22个病区,开放1075张病床,年住院病人逾2.3万人次,年门诊量120万人次。医院拥有1个国家级重点专科——心血管科,1个国家级重点专科协作学科——肛肠科,2个省级示范专科——心血管科和肛肠科,4个省级重点专科——心血管科、针灸科、肛肠科和皮肤科以及5个市级重点专科。医院开展冬病夏治三伏贴、内病外治特色活动突破2万人次,膏方节突破2800料。启动中医进社区大型义诊系列活动,组织健康教育讲座100场。

【徐州市妇幼保健院】 医院占地面积16368平方米,建筑面积44800平方米,总资产3亿元。在职职工742人,其中卫技人员604人,高级职称111人,中级职称216人,江苏省“333”工程培养对象2人,博士生1人,硕士生18人,徐州医学院硕士生导师5人,兼职副教授12人,兼职讲师13人。设有临床、保健、医技科室61个,其中一级科室19个,二级科室42个。妇产科为徐州市首批医学优势学科建设单位,病理产科、产前诊断中心、生育技术科为市级临床重点专科。编制床位700张,开放床位606张,拥有螺旋CT机、四维彩超、全自动生化分析仪、全自动电化学发光仪、数字乳腺X线摄影系统、数字化X射线摄影系统、宫腔镜、腹腔镜等先进的诊疗设备。2011年,门诊量68.2万人次,出院病人2.5万人次,年分娩7千余人次。

【徐州市儿童医院】 医院年门诊量74万人次,出院病人4.7万余人次,与淮海经济区17县、市、区农合办签定了定点医疗协议,辐射范围相当于4个徐州市,辐射范围内的群众均可享受该地区农合政策。该院受聘于各医学院校的正、副教授22人,讲师50余人。近3年来先后获得省、市科技进步和新技术引进奖及科研立项40余项,在国内外及省级专业医学杂志发表论文300余篇。该院设置4个一级临床科室(内科、外科、康复科和重症医学科)全部通过了徐州市重点专科审核。新生儿外科年内获评江苏省临床重点专科。医院拥有菲利浦16排CT、医用X线摄影系统(双板DR)、眼科广域成像系统、全自动生化分析仪等百万元以上设备,另有万元以上设备几百余件(台),设备总值超亿元。

(曹同春)

体 育

综 述

【概况】 2011年,全市体育系统围绕深入实施全民健身计划,加快推进体育强市建设,取得了新的成绩和进步。省运会筹备工作稳步推进,开工建设了奥体中心工程。群众体育工作深入开展,市政府颁布了《全民健身实施计划》,完成了1661个行政村健身点提档升级任务,新增各级社会体育指导员1600余人。竞技体育实力不断提升,全市注册运动员2500多名,徐州籍运动员3人4次获得世界冠军。体育产业日趋繁荣,全年发行体育彩票8.99亿元,成功争取首批省级体育产业引导资金300万元。体育竞赛更加活跃,引进了中国男子篮球职业联赛,成立了江苏国立雄狮男子篮球俱乐部。依法行政水平进一步提升,行政权力网上公开运行工作进展有序、全年网上审批1344件,被评为全市优秀单位。顺利开通"12345"公共服务热线,主动公开政府信息1000余条,不断强化体育工作的透明度和服务意识。体育宣传工作取得新成效,成立信息中心和体育记者协会,建立完善新闻发言人制度和网络发言人制度,四篇(幅)稿件荣获省体育好新闻奖,改版体育局网站,编印18期简报。

(张自军)

第18届省运会筹备

【市领导调研筹备工作】 4月27日,市委常委、宣传部长邹徐文召开第十八届省运会开幕式座谈会。会议明确要成立一个工作班子,确立一个目标和定位,加强学习考察,及早启动开幕式筹备工作,确保办一场高水平、有特色、有创新的开幕式。8月4日,市长张敬华主持召开市长办公会,专题调度第十八届省运会相关筹备工作。会议要求认真做好备战和训练工作,加强同上级体育部门的协调沟通,科学合理确定在徐竞赛项目;认真落实"市队县办"工作,抓紧出台教练员、运动员相关优待政策,同时加强管理和投入,强化运动员、教练员的培养和引进;全力抓好奥体中心项目建设,按照时间节点,倒排工期,高标准高质量加以推进;精心筹备好开幕式和各项宣传工作,着重突出徐州特色,科学制定营销模式,合理进行宣传推广。9月7日,市人大副主任李君超率市人大省运会视察组调研筹备江苏省第十八届运动会工作推进情况,听取了市政府关于省运会筹备情况的报告,实地查看了奥体中心建设和市队校办点棠张中学女排训练,并提出许多建议和意见。

【备战训练】 2月25日,市政府办公室印发《关于加强徐州市第十八届省运会备战训练工作的通知》。《通知要求》认真办好省队市办项目,深化体教结合工作、深入推进市队县办工作,扩大市队校办,统筹社会训练资源,加强运动员队伍建设,提高教练员队伍素质,切实提高训练质量。我市承办3支省队市办项目,分别是:橄榄球队(女子)、篮球队(女子青年组)和省队市办三线训练点项目乒乓球队。各县(市)区承办的市队如下:丰县,举重及手球(男子乙组);沛县,散打及技巧;睢宁县,自行车及手球(女子乙组);邳州市,乒乓球;新沂市,手球(男子甲组);铜山区,排球及手球(女子甲组);贾汪区,拳击。2月26日,市政府成立徐州市第十八届省运会备战训练工作领导小组,副市长段雄任组长,市政府副秘书长王志华、市体育局局长李跃华任副组长,市体育局、教育局、公安局、财政局、编办,各县(市)区政府分管负责同志为成员。8月中旬以后,各县(市)区政府主要负责人相继召开办公会,研究市队县办工作。通过加强组织领导,加大经费投入,改善训练条件,建立健全激励机制等措施,提升业余训练水平。

【奥体中心开工建设】 徐州奥体中心项目总用地面积709亩,总建筑面积24万平米,预计投资16.45亿元,项目包括体育场、综合训练馆、游泳跳水馆和球类馆,以及地下商业区、地下车库等附属设施。2011年6月开工建设,截至12月底,累计开挖土方30多万方,占完成土方总量的42%;疏干井完成169口,降水井完成298口,轻型井点完成15套、620米;完成混凝土浇筑3万立方米,钢筋5000吨。此外,标识系统、弱电智能化系统、景观工程、泳池水处理系统、冰场制冰系统、泳池工艺系统等均已进行深化设计并经过多轮专家论证。

(张自军)

群众体育

【全民健身实施计划颁布】 8月3日,市政府颁布《徐州市全民健身实施计划(2011-2015年)》,对"十二五"期间全市全民健身事业发展目标和工作措施等提出明确要求。《实施计划》分为四大部分、共17条。第一部分是指导思想和发展目标,共2条;第二部分和第三部分是主要措施,共11条,包括大力完善全民健身公共服务体系和积极推进各类人群体育协调发展;第四部分是切实加强对全民健身工作的领导,共4条。

【多项国家级群体比赛承办工作】 2月10日~14日,2011年"铸本杯"全国业余围棋精英赛在徐举行,来自全国各地43支代表队的200名业余围棋选手参赛。4月17日,中国·新沂首届环骆马湖自行车公路赛在新沂市举行,来自全国22个省、自治区、直辖市以及部分外籍选手,共计484名自行车爱好者参加了比赛。5月1日~2日,第四届全国双节棍邀请赛在徐举行,来自全国各地24支代表队的225名运动员参加。五一期间,第二届中国·邳州海峡两岸象棋赛举行,来自台湾和徐州市、邳州市等各地选手参加,特级国际大师柳大华、国际特级大师徐天红和来自台湾的特级国际大师马仲威举行盲棋和车轮战表演赛。6月18日至19日,全国健身交际舞大赛在新沂市举行,安徽省等12支代表队获得优秀组织奖,河北张家口等12支代表队获得精神文明奖,南通如皋市体育舞蹈运动协会代表一队获得团体舞第一名,其他各个组别的冠军被安徽省和山东济南、青岛等代表队收入囊中。9月6日~8日,全国拔河新星系列赛新沂站比赛举行,共有25支代表队的300多名运动员参加。9月23日~27日,全国老年人太极拳(剑)交流活动在徐举办,来自全国各地的22个老年选手代表队335人参加交流活动,徐州市老年人体育协会获特别贡献奖。10月1日至2日,2011华东国际标准舞蹈节暨徐州首届体育舞蹈城市锦标赛在徐州市举行,来自广州、山东、安徽等地的32支代表队,近千名运动员、专家集聚徐州交流。10月17日~21日,全国毽球锦标赛在新沂市举行,来自全国9省1市2个地区39支代表队的400余名运动员参加。10月26日~28日,第二十七届苏鲁豫皖老年人门球赛在徐举行,来自菏泽、商丘、枣庄、阜阳、南京、连云港及徐州的15支代表队150多名老年人参加这次赛事。

【全民健身活动】 以"全民健身与省运同行"为主题,突出"办精彩省运,送百姓健康"服务理念,以元旦健身长跑和全民健身日系列活动为重点,组织开展丰富多彩的群众体育活动100多项次。先后开展了元旦健身长跑、"迎新年"跆拳道展示及义务培训、"迎新年"门球比赛、"迎新年"冬泳大展示、"百城青年迎青奥"长跑活动徐州开跑仪式等活动。8月8日,全民健身日系列活动启动,3000名市民和机关干部在市体育馆表演了集体广播操、啦啦操、健身腰鼓、养生拂尘、少儿体育舞蹈、手杖操、健身气功、全健排舞等健身项目。

【健身设施完善】 完成1661个行政村健身点提档升级任务,铜山区率先实现全覆盖目标。以构建"10分钟健身圈"为目标,积极开展城市社区健身基础数据统计,研究拟制了健身圈建设项目计划。新建了西苑体育公园、贾汪区体育健康广场、金山桥碧螺山体育公园等3个体育公园,贾汪区体育健康广场被评为省级全民健身示范工程。调查摸底捐建全民健身设施器材使用情况，印发公益性全民健身设施器材使用监督管理规定，进一步明晰各级责任，强化监管职责，提升使用效能。

【第三次全国体质监测工作】 2010年，国家体育总局联合九部委开展第三次全国国民体质监测工作。市体育局会同教育局、科技局、民政局、财政局、农委、卫生局、统计局、总工会、民族宗教事务局等九部门，在全市开展监测工作。本次监测工作自2010年1月启动，至2010年6月数据分析结束，历时近半年时间。监测人群涵盖徐州市六县五区，共测定2754人，其中有效样本2739人(男1354人，女1385人)，年龄跨度分为3岁~6岁幼儿组、20岁~59岁的成年组、60岁~69岁的老年组。监测结果表明:3岁~6岁组男孩体质总合格率为97.6%，其中优秀率达17.8%；女孩体质总合格率达96.8%，其中优秀率达15.5%。儿童组总体合格率高于2005年水平，优秀率低于2005年水平。20岁~59岁组男子体质总合格率为95.5%，女子体质总合格率达95.4%，总体合格率较2005年均有所上升。60岁~69岁组男子体质总合格率为83.0%，女子体质总合格率达91.7%；女性合格率比2005年提高4.2个百分点，但是男子组体质合格率较2005年有较大幅度的降低。

【舞动乡村活动】 睢宁县王集镇利用近年来修建的健身路径，组织开展“舞动乡村”活动。2011年10月9日《人民日报》给予深度报道后，“舞动乡村”活动受到全镇群众的热烈响应，带来了积极影响:一是群众的上访量明显减少。王集镇曾是上访重灾区，每年有很多农民到各级上访，自从开展“舞动乡村”农民健身舞活动以后，该镇实现去京、赴省、上市、来县、到镇信访的零登记。二是干群、邻里关系更加和谐融洽。镇、村干部通过“舞动乡村”活动这个平台，认真听取群众心声，充分了解社情民意，并用说、教、唱、跳的形式向群众宣传大政方针，解决了群众关心的实际问题，缓解了干群矛盾，促进了干群和谐，融洽了邻里关系。三是推进了农村基层党风廉政建设。这项活动不仅让老百姓舞出好身材、唱出好心情，也促进了村干部改进作风、勤政为民、廉洁履职，实现了农村基层党风廉政建设与经济社会发展的良性互动、协调发展，并使村民在参与过程中实现自我管理和约束，有效实现了民情在一线了解，矛盾在一线化解，难题在一线破解。四是提升了农民的幸福指数。跳健身舞已经成为王集镇群众每天晚上的“必修课”，群众们以高度热情参与这一活动，通过唱红歌、跳健身操、打球、下棋，让老百姓舞出了好身体、唱出了好心情，幸福指数得到了提升。

(张自军)

竞技体育

【3人4次获得世界冠军】 5月15日，徐州籍选手许昕在第51届世界乒乓球锦标赛男子双打决赛中，携手马龙以4比1战胜奥运会、世锦赛双料冠军组合马琳/陈玘，夺得自己首个单项世界冠军；11月6日，2011年乒乓球团体世界杯在德国马格德堡落幕，许昕力助中国队连续第四次夺得该项赛事的冠军。10月11日，在土耳其举行的第11届世界武术锦标赛上，徐州籍运动员张凯勇夺男子组长拳冠军，成为江苏省第一位武术世界冠军。10月14日，徐州籍运动员黄磊在土耳其举行的第11届武术世锦赛上，获得男子90公斤级冠军。

【世界大学生运动会获4金】 8月12日到23日，第26届世界大学生运动会在深圳举行，徐州市有7名大学生运动员参加，许昕、李菲、李婷等3人取得4金1银。其中许昕一人独得乒乓球男团、男双、男单3枚金牌，李菲力助中国队以45比38战胜乌克兰队夺得女子佩剑团体冠军，李婷携手郭露在网球女双中屈居亚军。

【省级以上比赛成绩】 2月1日，在第七届亚冬会自由式滑雪女子空中技巧决赛中，徐州籍选手张鑫以151.45分的绝对优势夺冠。2月20日，2010－2011赛季自由式滑雪世界杯各站比赛结束，徐州籍选手齐广璞获得男子空中技巧项目排名第一的好成绩，荣膺年度总冠军。4月23日，徐州市山地自行车选手任成远在南非彼得马里茨堡举行的世界杯赛场勇夺桂冠。10月18日~22日，李菲分别获得第七届全国城市运动会女子佩剑个人和团体2枚金牌。11月17日，芈昱廷在第二届全国智运会上以八战全胜的战绩蝉联围棋少年个人赛冠军，为江苏代表团在本届大赛上夺得第二枚金牌。参加24项省级年度竞赛取得金牌127枚、奖牌361枚、总分3627分，金牌数和奖牌数均列全省第一位。

【全国以上体育竞赛承办】 5月25日~28日，2011年全国女子武术散打锦标赛在徐举行，来自各省、自治区、直辖市、行业体协、体育院校的31支代表队、111名运动员参赛，6月1日~7日，全国女子篮球U16比赛在徐举行，来自全国各地的14支代表队近200名运动员参加。在9月6日举行的2011年国际女排超级对抗赛中，江苏女排对阵俄罗斯劲旅萨姆罗多科女排，最终以3:2取胜。9月16日~9月24日，2011年全国击剑冠军赛总决赛在徐举行，比赛共设男女花剑、重剑、佩剑团体和个人12个项目，来自全国各地的53支代表队600多名运动员参加，徐州籍运动员刘强获得男子重剑个人桂冠，李菲包揽女子佩剑个人和团体2项冠军。12月23日和30日，中国男子篮球职业联赛两场比赛在徐举行，江苏中天钢铁队分别对阵上海队和辽宁队，取得一胜一负的战绩，比分为96:98、122:118。

(张自军)

2011年度江苏省青少年阳光体育联赛徐州市冠军表

项目	组别	性别	项目	姓 名	成绩
射击	青年	男	50米步枪3x20成绩	李浩哲	671.0
		男	10米气步枪60发成绩	李浩哲	692.4
	少年	男	25米手枪速射60发成绩	仲 鑫	569－10
		女	10米气步枪40发成绩	贾赟翰	389－28
	青年	女	气步枪	陈 晨	
		女	气手枪	车晓婷	
		女	运动手枪	车晓婷	
	青年	男	速射	仲 鑫	
		男	8、6秒团体	仲 鑫 汪 鑫 潘俊辰	
		男	气步枪团体	王文轩 刚 政 刘昊哲	
		女	气手枪	蒋 君	
游泳(冠军赛)	少甲	女	200米蝶泳	梁昕妍	02:21.64
		男	400米自由泳	路明宇	04:38.26
		男	1500米自由泳	路明宇	18:11.26
		男	200米蝶泳	严钧文	02:21.58
		女	400米自由泳	刘姿雯	04:43.57
		女	100米蝶泳	谷函校	01:06.59
		女	100米蛙泳	刘姿雯	01:17.11
		女	200米蛙泳	刘姿雯	02:49.07
		女	4×100米混合泳接力	牟宇晴 王海乔 谷函校 乔雨涵	04:41.20
	儿乙	男	400米自由泳	王逸轩	05:01.78
举重	青年	女	75＋Kg级	李亚芬	158Kg
	少甲	男	94Kg级	独单一	275Kg
	少乙	男	44Kg级	胡康宁	118Kg
		女	58Kg级	刘梦雅	147Kg
		女	63Kg级	王春瑶	150Kg
跳水	少年	男	三米板	宋兆楷	473.45
	儿乙	男	全能	刘尹铄	404.85
		男	一米板	刘尹铄	147.2
		女	台	马雨辰	166.4
	儿丙	女	全能	周凡煜	478.2
		女	一米板	周凡煜	240.85
		女	台	周凡煜	237.35

续表

项目	组别	性别	项目	姓 名	成绩
篮球	少甲	女		张 冉 张婷婷 赵 娟 陈 洁 王亚其 支婉晴 梁 爽 王语涵 李雨璠 王 琳 周佳丽 张越越 陈梦源	
摔跤	少甲	女	72kg	刘 霜	
		男	84kg	范俊龙	
		男	100kg	郭 威	
网球	少乙	男	团体	郭嘉欣 胡添已 蒋天鑫 何佳峻	
	儿乙 少乙	女	单打	李宗钰	
		男	团体	胡功宇 王文轩 王秋霖 王晨臣	
		女	团体	李宗钰 郝雨欣 乔天琦	
拳击	甲组	男	64Kg 级	张 浩	
		男	－81Kg 级	孙 振	
	乙组	男	55Kg 级	聂泽龙	
		男	61Kg 级	吕 野	
		男	66Kg 级	于志笃	
沙排	甲组	女		刘 月 靖 帏	
	乙组	女		张文琦 王一鸣	
柔道	少甲	男	66 公斤级	林 雨	
	少乙	男	81 公斤级	王介委	
		男	90 公斤级	张 杰	
		女	56 公斤级	吕纯然	

续表

<table>
<tr><th>项目</th><th>组别</th><th>性别</th><th>项目</th><th>姓　名</th><th>成绩</th></tr>
<tr><td rowspan="2">套路</td><td rowspan="2">少乙</td><td>男</td><td>枪剑小全能</td><td>张钲浩</td><td></td></tr>
<tr><td>女</td><td>刀棍小全能</td><td>刘　然</td><td></td></tr>
<tr><td rowspan="8">击剑</td><td rowspan="2">甲组</td><td>男</td><td>佩剑团体</td><td>方伟杰
周　琛
王　笑
王政杰</td><td></td></tr>
<tr><td>男</td><td>佩剑个人</td><td>李聚通</td><td></td></tr>
<tr><td>乙组</td><td>男</td><td>佩剑团体</td><td>冯慧聪
刘尧奇
张　帅
宋安恺</td><td></td></tr>
<tr><td rowspan="4">儿童</td><td>男</td><td>重剑团体</td><td>杜佳明
时永琪
王文浩
轩　建</td><td></td></tr>
<tr><td>女</td><td>佩剑团体</td><td>冯亚妮
纪　冉
李　畅
臧宇琪</td><td></td></tr>
<tr><td>女</td><td>佩剑个人</td><td>臧宇琪</td><td></td></tr>
<tr><td>男</td><td>花剑团体</td><td>曹　杰
刘聪聪
王　坤
王　硕</td><td></td></tr>
<tr><td rowspan="6">蹦床</td><td rowspan="3">甲组</td><td>男</td><td>团体</td><td>李子木
刘佳霖</td><td></td></tr>
<tr><td>女</td><td>团体</td><td>吴俊慧
徐可新</td><td></td></tr>
<tr><td>男</td><td>单跳个人</td><td>王常名</td><td></td></tr>
<tr><td rowspan="2">乙组</td><td>男</td><td>团体</td><td>康　宁
冯存昂</td><td></td></tr>
<tr><td>男</td><td>个人</td><td>冯存昂</td><td></td></tr>
<tr><td>丙组</td><td>女</td><td>团体</td><td>任泽惠
唐菲阳</td><td></td></tr>
<tr><td rowspan="2">技巧</td><td>少儿</td><td>女</td><td>女双全能套</td><td>张迢明
王艺燃</td><td></td></tr>
<tr><td>少儿</td><td>男</td><td>男四全能套</td><td>蒋　恒
李政乐
王汉斌
周　坦</td><td></td></tr>
<tr><td rowspan="2">散打</td><td rowspan="2">乙组</td><td>男</td><td>52 公斤级</td><td>张　璇</td><td></td></tr>
<tr><td>男</td><td>56 公斤级</td><td>赵子祥</td><td></td></tr>
</table>

续表

<table>
<tr><th>项目</th><th>组别</th><th>性别</th><th>项目</th><th>姓　名</th><th>成绩</th></tr>
<tr><td rowspan="8">体操</td><td>甲组</td><td>女</td><td>跳马</td><td>张雯萱</td><td></td></tr>
<tr><td rowspan="6">乙组</td><td>男</td><td>团体</td><td>杨和衡
吕善跃
季庾恒
陈科宇
梅润锜
汪均益</td><td></td></tr>
<tr><td>男</td><td>单杠</td><td>侍　聪</td><td></td></tr>
<tr><td>女</td><td>全能</td><td>史博雅</td><td></td></tr>
<tr><td>女</td><td>跳马</td><td>邵雨航</td><td></td></tr>
<tr><td>女</td><td>高低杠</td><td>史博雅</td><td></td></tr>
<tr><td>女</td><td>平衡木</td><td>史博雅</td><td></td></tr>
<tr><td>丙组</td><td>女</td><td>团体</td><td>段蔼芬
周嘉欣
彭晨铭
丁雅琦
蒋天星</td><td></td></tr>
<tr><td>排球</td><td>乙组</td><td>男</td><td></td><td>乔雷雨
姚　猛
耿　亮
林　森
耿国庆
马富强
刘培博
张　旭
王　康
李　寒
王　聪</td><td></td></tr>
<tr><td rowspan="7">田径</td><td rowspan="5">青年</td><td>男</td><td>1500 米</td><td>朱　铜</td><td>4:07.86</td></tr>
<tr><td>男</td><td>3000 米障碍</td><td>俞晓逸</td><td>10:07.75</td></tr>
<tr><td>男</td><td>跳高</td><td>张　野</td><td>2.06</td></tr>
<tr><td>女</td><td>2000 米障碍</td><td>蒋晓晓</td><td>7:12.09</td></tr>
<tr><td>女</td><td>链球</td><td>樊倩倩</td><td>27.29</td></tr>
<tr><td>甲组</td><td>男</td><td>链球</td><td>陈　聪</td><td>43.36</td></tr>
<tr><td>乙组</td><td>男</td><td>铅球</td><td>孟俊宇</td><td>13.86</td></tr>
<tr><td rowspan="3">乒乓球</td><td>少甲</td><td>男</td><td>单打</td><td>张煜东</td><td></td></tr>
<tr><td>少乙</td><td>女</td><td>单打</td><td>蔡一铭</td><td></td></tr>
<tr><td>儿甲</td><td>女</td><td>团体</td><td>葛　瑶
郝　好
吴易轩</td><td></td></tr>
</table>

续表

项目	组别	性别	项目	姓　名	成绩
游泳	少甲	女	100 米蝶泳	梁昕妍	01:05.59
		女	200 米蝶泳	梁昕妍	02:25.18
	少乙	女	200 米蝶泳	查　雪	02:30.57
	儿甲	男	1500 米自由泳	路明宇	18:32.35
		男	400 米个人混合泳	严钧文	05:23.07
		男	200 米蝶泳	严钧文	02:32.10
		女	100 米仰泳	牟宇晴	01:10.18
		女	200 米仰泳	牟宇晴	02:30.07
		女	4×100 米混合泳接力	牟宇晴 王海乔 谷函校 乔雨涵	04:47.10
	儿乙	男	蝶泳全能	王逸轩	2831
赛艇	甲组	男	M 6000 米 1X	张齐齐	28:48.1
		女	W 2000 米 1X	于梦琪	09:38.6
	乙组	女	4000 米 2X	杨　蒙	16:43.8
		女	1000 米 2X	曹迎迎	03:46.0
飞碟	青年	男	双向	娄力文	
	少年	男	双向	朱子钰	
		男	双多向	朱冠宇	
		女	双向	刘　莉	
射箭	乙组	男	单轮全能个人	张立鲤	
		男	单轮全能团体	张立鲤 魏志国 宗靖智	
		女	单轮全能个人	张雪茜	
		女	单轮全能团体	张雪茜 何宇晴 李怡娜	
跆拳道	乙组	男	50kg	李海威	
		男	56kg	张笑生	
		男	70kg	王　旭	
		男	70 + kg	李　贝	
		女	44kg	赵晓朵	
		女	60 + kg	戚成林	
	丙组	男	50kg	史丰闻	

(张自军)

体育经济

【体育彩票销量再创新高】 全年销售体育彩票 89933 万元，位居全省第六位；同比增长 67.90%，增幅排名全省第四。邳州市、新沂市销量双双过亿，分别达到 11222 万元、10313 万元。丰县和睢宁县同比增幅分别达到 205.36% 和 138.31%，名列全省前两位。

【三项目获得省级体育产业引导资金支持】 健美丽人先生俱乐部铜山新区店开发项目、山鹰休闲健身会所开发项目和徐州军霞健身器材有限公司的年产 100 万套健身器材生产线技改项目等 3 个项目顺利通过省级体育产业发展引导资金验收，每个项目获得 100 万元资助。 (张自军)

奎河沿岸风景

社会生活

人民生活

【城市居民人均收入】 2011年,徐州市城市居民人均家庭总收入26428.88元,较上年增加3111.96元,增长13.4%。其中人均可支配收入23880.54元,较上年增加2921.68元,增长13.9%。在家庭总收入构成中,四项收入全面增长。(一)人均工资性收入增长14.3%,拉动总收入增长8.1个百分点。2011年是"十二五"开局之年,徐州市采取稳定就业、增加补贴等措施促进城市职工增收。城市居民人均工资性收入15138.46元,比上年增长14.3%;占家庭总收入的比重为57.3%,拉动总收入增长8.1个百分点。工资性收入仍是居民可支配收入的主体。主要原因:一是部分企业经营状况好转,企业职工待遇得到提高;二是部分单位津补贴提高,公职人员工资收入有所增加;三是事业单位的工资改革基本到位,职级津贴和绩效工资兑现。(二)人均财产性收入增长12.2%,拉动总收入增长0.3个百分点。徐州市城市居民人均财产性收入630.86元,较上年增加68.84元,增长12.2%,占家庭总收入的比重为2.4%,拉动总收入增长0.3个百分点。其中,居民人均利息收入472.3元,增长2.1倍,主要原因:一是2011年国家多次提高了存贷款利率,居民存款利息收入得到了提高;二是经济发展向好,居民投资获利增多。(三)人均经营净收入增长45.9%,拉动总收入增长3.2个百分点。徐州市城市居民人均经营净收入2352.59元,较上年增加740.34元,增长45.9%,占家庭总收入的比重为8.9%,拉动总收入增长3.2个百分点。人均经营净收入是居民可支配收入增长的一个重要因素。主要原因:一是徐州市逐步完善

徐州市城市居民收入构成表(2011)

	2011年(元)	增幅(%)	拉动总收入增长(百分点)
家庭总收入	26428.88	13.4	13.4
其中:可支配收入	23880.54	13.9	--
一、工资性收入	15138.46	14.3	8.1
其中:工资及补贴收入	14758.17	15.5	8.5
二、经营净收入	2352.59	45.9	3.2
三、财产性收入	630.86	12.2	0.3
其中:利息收入	472.3	213.6	1.4
四、转移性收入	8303.97	5.2	1.8

了就业和创业体系,切实减轻了个体工商户的创业负担和经营成本;二是全年总体经济持续发展,为个体经营户提供了较好的创收空间。(四)居民转移性收入增长5.2%,拉动总收入增长1.8个百分点。徐州市城市居民人均转移性收入8306.97元,较上年增加407.1元,增长5.2%,占家庭总收入的比重为31.4%;拉动总收入增长1.8个百分点。其中,2011年徐州市人均离退休6247.37元,增长4.1%。

【城市居民消费性支出】 2011年,徐州市城市居民家庭人均消费支出为15011.94元,较上年增长14.1%,增速比上年提高4.2个百分点。从居民消费的构成看,"八大类"消费支出除交通和通信减少以外,其他七大类消费都有不同程度的增长。(一)消费结构与上年基本一致,消费热点较上年有所改变。受到物价、政府消费刺激政策等因素的影响,2011年徐州市城市居民消费热点转向食品类和教育文化娱乐服务。其中,食品类支出比重较上年同期增长了0.6个百分点,家庭设备用品及服务类支出比重较去年同期增长了0.5个百分点,医疗保健类支出比重较上年同期下降了0.7个百分点,交通和通信类支出比重下降了5.8个百分点。教育文化娱乐服务支出比重增长了4.9个百分点。(二)价格因素推动衣、食、住、基本生活消费支出增加,但并未影响购买力的增长。徐州城市居民医疗保健类消费保持平稳增长,交通和通信类消费下降,食品类消费、衣着类消费、居住类消费均呈现增长势头。全年城市居民人均食品支出5223.63元,较上年增长6.2%;人均衣着支出1538.47元,增长7.9%;人均居住支出1359.57元,增长12.7%。价格上涨是徐州城市居民吃、穿、住、基本生活消费增长的主要推动因素。2011年,徐州城市居民食品和衣着消费中大部分商品的消费数量有所增长,消费单价提升明显。食品方面,如人均粮食、肉类、禽类、鱼的消费单价支出比上年增长17.4%、29.9%、17.0%、12.6%,消费数量分别比增长3.9%、3.9%、4.8%和14.9%。衣着方面,人均新购服装和鞋类购买数量比上年有一定幅度的增长,购买单价分别比上年提高8.8%和7.5%,鞋类的消费数量比上年增长4.6%。在物价上涨的大环境下,徐州市城市居民对各类商品的人均消费数量依然有所增长,可见物价的上涨并没有影响居民购买力的增长趋势。(三)生活现代化程度提高,消费方式日益多样化。家电、移动电话、家用电脑等现代化设备消费需求旺盛,城市居民生活现代化程度提高。2011年,家电"以旧换新"政策的继续实施进一步释放了居民家庭设备更新换代的潜在需求,人均家庭设备用品及服务支出1156.12元,较上年增长21.5%,其中,包括电冰箱、空调、微波炉等家电设备在内的耐用消费品支出578.88元,增长36.6%。通信技术的发展使移动电话的功能不断拓展,越来越多的居民家庭倾向于购买多功能、高档次的通信设备。2011年,徐州市每百户接入互联网的手机达17.68部,是上年的9倍。物质条件的改善和观念的转变促进了居民消费模式的改变。网络技术、电子商务和现代物流的发展使市场交易逐步摆脱了时间和空间的制约,信息化设备的普及为消费方式的现代化提供了基础条件,居民家庭网上购物的现象日益普遍。居民人均通过互联网购买商品或服务支出19.38元,增幅达到47.8%。(四)保值性商品受青睐,金银珠宝消费增势强劲。2011年,徐州城市居民无论是投资还是消费都更加强调"保值"的理念。一方面,面对步步攀升的物价和不断贬值的货币,居民家庭更加倾向于将手中富余的资金投入到未来能保值增值的商品中,古玩字画等艺术品交易日渐活跃,选择投资金银制品和金条的家庭也不在少数。另一方面,随着国际金价高位运行,国内金银价格也快速上涨,黄金珠宝的消费日趋火热,尤其是2012年春节与元旦相邻较近,两个节日的消费能力在2011年底集中释放,黄金消费则成为节日消费的重头戏。2011年,徐州城市居民人均购买金银珠宝饰品支出147.88元,较上年增长86.1%。

徐州市城市居民消费支出构成表(2011)

	2011年(元)	增幅(%)	拉动消费支出增长(百分点)	构成(%)
消费支出	15011.9	14.1	14.1	100.00
其中:服务性消费支出	4098.33	29.8	7.2	27.3
一、食品	5223.63	16.2	5.5	34.8
其中:粮油类	669.73	19.9	0.8	4.5
肉禽蛋水产品类	1248.97	24.9	1.9	8.3
在外饮食	1296.91	23.5	1.9	8.6
二、衣着	1538.47	7.9	0.9	10.3
三、居住	1359.57	12.7	1.2	9.1
其中:住房装潢支出	367.94	17.6	0.4	2.5
四、家庭设备用品及服务	1156.12	21.5	1.6	7.7
其中:耐用消费品	578.88	36.6	1.2	3.9
五、医疗保健	939.93	2.3	0.2	6.3
六、交通和通信	1617.72	-25.6	-4.2	10.8
其中:家庭交通工具	580.36	-43.1	-3.4	3.9
车辆用燃料及零配件	247.66	76.6	0.8	1.7
通信工具	97.38	15.9	0.1	0.7
通信服务	358.71	-34.8	-1.5	2.4
七、教育文化娱乐服务	2451.4	63.6	7.2	16.3
其中:文化娱乐用品	543.68	32.0	1.0	3.6
文化娱乐服务	673.83	72.1	2.2	4.5
教育	1233.88	77.5	4.1	8.2
八、其他商品和服务	725.1	50.8	1.9	4.8
1.金银珠宝饰品	147.88	86.1	0.5	1.0

(高惠媛)

【全市农民收入持续增长】 据农村住户抽样调查,2011年全市农民人均纯收入9490元,比2010年(7955元)增加1535元,增长19.3%(扣除物价因素实际增长13.7%),较之"十一五"期间年平均增幅12.4%,提高了6.9个百分点。(一)工资性收入显著增长,支撑农民收入快速增长。2011年,全市农民人均工资性收入4221元,比上年增加625元、增长17.4%。工资性收入占农民人均纯收入的比重44.5%,对农民人均纯收入增长的贡献达41%。其中,农民就地务工人均收入1489元,比上年增加287元、增长23.9%,占工资性收入的比重35.3%;农民外出打工人均收入2402元,比上年增加401元、增长20%,占工资性收入的比重56.9%。无论是外出务工还是本地非农务工,工资水平普遍提高,农民工权益得到较好保护,共同推动了工资性收入的较快增长。(二)家庭经营收入快速增长,成为拉动农民收入增长的主要因素。随着各项支农惠农政策的进一步发展和落实,全市农民家庭经营性收入呈现快速增长的态势。2011年,全市农民人均家庭经营纯收入4588元,比上年增加758元、增长19.8%,对农民纯收入的贡献率为49.5%,比上年同期47.5%的贡献率高2个百分点。分产业来看:农民从事一产得到的人均纯收入3132元,比上年增加522元,增长20%;二产人均纯收入539元,增长9.7%;三产人均纯收入917元,增加188元、增长25.8%。(三)财产性、转移性收入快速增长成为农民增收的新亮点。2011年,全市农民人均财产性纯收入196元,比上年增加59元,增长43%,在农民人均纯收入四项构成中所占比重为2%。利息、租金及转让土地承包经营权收入是农民财产性收入增加的重要来源。近年来,农民通过转包、出租、互换、转让、股份合作等多种形式流转土地承包经营权,发展适度规模经营,农民通过转让土地承包经营权增加的收入增速较快,人均为37元;农户购买农机具数量增加,除满足自身需要之外还对外出租,人均房屋和农机具等租金收入为56元;人均股息红利收入为24元;以上三项收入的增长量均比上年超过1倍多。2011年,全市农民人均转移性纯收入485元,比上年增加92元,增长23.6%,在农民人均纯收入四项构成中所占比重为5.1%。其中,人均获粮食直补、购置和更新大型农机具补贴、良种补贴等政策性补贴收入161元,增长69%,占人均纯收入的1.7%,比上年提高0.5个百分点。

【制约农民收入持续增长的因素分析】 (一)新生代农民工抵御风险能力差。虽然新生代农民工文化水平较父辈有了很大提高,但大多仍然局限于初中教育,接受劳动技能、职业教育的较少,劳动技能薄弱,不适应劳动力市场需求的问题十分突出,在就业市场上处于劣势;同时经营投资理念落后、创业意识和投资意识淡薄,接受现代农业经营模式和现代农业科技知识速度慢。随着城市产业由劳动密集型向知识密集型转化,新型产业需要具有相对高知识的产业工人,缺乏转岗就业技能的农民工,转移就业领域将越来越窄,转移就业难度不断增大。(二)农业生产资料价格居高不下,影响农业生产效益。虽然2011年农产品价格上涨对农民增收起到了积极的促进作用,但是农业生产成本的上升又一定程度上遏制了农民增收。以小麦为例,一亩小麦生产资料投入达450元左右,机器耕、种、收,共花近100元,浇水约60元,化肥约220元,农药约60元,6公斤种子约10元,按小麦亩产400公斤算,生产资料成本就抵消了毛收入的50%以上。(三)农村季节性劳动力严重短缺,对农业生产持续稳定发展产生较大的不利影响。随着市场经济的发展,农村中大量有技术、有能力的青壮年劳动力向城市或城镇转移,家中留下了一些老弱病残和儿童,不能从事繁重的农业劳动,不利于农业的精耕细作,不利于稳定农业的基础地位,从长远看,不利于农业生产的持续稳定发展,也必将制约农民收入的稳定增长。(四)农业结构不尽合理,特色农业、优势产业不强,农民增收渠道狭窄。近年来,各级政府围绕农民增收,采取各种措施狠抓农业结构调整,取得了一定成效,但由于对市场缺乏前瞻性的认识和运作,农业结构依然不尽合理,存在着特色农业不强不大,规模小,辐射带动作用不够,产品质量不高,大宗产品少,名特优产品比例低,缺乏市场竞争力。一村一品,一地一品未能有效形成,订单农业较少,种植结构仍然以传统的小麦和玉米为主,设施农业和高效农业比例依然较低,规模较小,区域经济优势不明显,农业对农民收入增长乏力。(五)家庭经营、二、三产业发展缓慢,吸纳就业能力弱。全市农村家庭经营二、三产业发展比较弱势,大多仍然处于个体经营的方式,做大做强的观念还相对淡薄。2011年全市农民人均家庭经营二三产业纯收入为1456元,占纯收入的比重仅为15.3%,还有很大的发展空间。

【全市农村消费规模不断扩大】 2011年,全市农村消费品零售总额达226.93亿元,比上年增加34.75亿元、增长18.1%,是2006年农村消费品零售总额的4.2倍,年均增长33.4%;全市农村居民人均总支出9491元,比上年增加1312元,增长16%,是2006年的1.9倍,年均增长13.3%,其中全市农村居民人均生活消费支出5973元,比上年增加757元,增长14.5%,是2006年的1.85倍,年均增长13.2%。在农村总消费规模和人均支出迅速增长的过程中,消费结构发生了较为明显的变化。体现在农民具体的生活消费结构中,各项消费支出均有增长,但增长程度有很大差异,各项消费所占比重有涨有落。

从人均消费支出的增长速度分析,2011年居第一位的是文教娱乐类,人均消费支出1103元,5年内年均增长18.8%;居第二位的是家庭设备品及用品类,人均消费支出315元,年均增长18.2%;居第三位的是衣着类,人均消费支出490元,年均增长16.1%;居第四位的是居住类,2011年人均消费支出855元,年均增长14.7%;居第五位的是交通通讯类,消费支出650元,年均增长13.4%;居第六位的是食品类,人均消费支出2170元,年均增长10.7%;居第七位的是医疗保健类,人均消费支出310元,年均增长6%。从农民生活消费结构分析,表现为"五升二降","五升"为2011年农民人均文教娱乐类消费占农民生活消费支出的比重为18.5%,比2006年提高了4个百分点;家庭设备及用品类消费占农民生活消费支出的比重为5.3%,比2006年提高了1.1个百分点;衣着类消费占农民生活消费支出的比重为8.2%,比2006年提高了1个百分点;居住类消费占农民生活消费支出的比重为14.3%,比2006年提高了1个百分点;交通通讯类消费占农民生活消费支出的比重为10.9%,比2006年提高了0.2个百分点。"二降"为2011年食品类消费占农民生活消费支出的比重(恩格尔系数)为36.3%,比2006年下降了4.7个百分点;医疗保健类消费占农民生活消费支出的比重为5.2%,比2006年略降了0.4个百分点。

从农村生活消费支出的结构比重来看,到了2011年,食品和衣着消费仍是农村最重要、最基本的消费,所占农民生活消费支出的比重分别为36.3%和8.2%,但消费数额没有随着收入的快速增加而高幅增长,食品消费和衣着消费的年均增速分别低于农民纯收入年均增速8.7和6.4个百分点,说明农村在实现整体小康的过程中,农民食品和衣着消费水平达到了一个相对稳定的程度。居住类消费所占比重14.3%,是仅次于食品和文娱消费的第三重要支出,上升幅度较大,在农民纯收入快速增长时期,居住类消费更是增势强劲,年均增速高达14.7%。说明全市农村在实现小康过程中,居住消费是农村居民在基本消费需求满足后的消费热点,是急需得到优化升级的消费项目,这方面的消费会随着收入的增加而相应得到提高。文教娱乐消费和医疗保健消费所占比重18.5%和5.2%,是经济社会全面发展的过程中,农村居民提高自身素质和健康水平的需要,消费数据和所占比重呈现较快增长态势。交通通讯消费所占比重为10.9%,年均增长幅度很大,这表明农村与外界的交流越来越广泛,农村获得信息的渠道也越来越多元化。

【农村消费市场的潜力预估分析】 总体上看,现阶段徐州市农村消费市场与城市消费市场相比,存在着整体购买力弱、消费水平低、消费结构单一、消费环境差等特点。在这样的市场环境中,从徐州市农村经济发展水平和农民收入增长情况分析,对徐州市农村消费市场的潜力可做如下推断:一是消费扩张,原来占有率低的消费品,会更为普及,比如计算机、音响、摄像机、吸尘器;二是消费升级,比如手机、彩电、冰箱、洗衣机等的升级换代,原来的旧房屋升级改建新房;三是既消费扩张又消费升级,比如生活用汽车,很可能普及率大幅度增加。预计大部分消费品会既有量的扩张,又有质的提升。从各项具体消费类型来看,除食品类消费平稳增长外,第一位的应是居住消费,动力在于住房是新建家庭的首备条件,当前农村适龄人口达到较高水平,对住房数量要求是刚性的。第二位的应是交通通讯消费,随着现代化农业体系的建立和农村居民流动性的增加,对信息的需求会相应增加,直接影响到对生产和生活用交通及通讯工具的使用频率的提高,可以预测在今后一段时期内交通通讯类消费仍将保持较快增幅。第三位的应是文教娱乐和医疗保健消费,目前农民的消费观念正在悄悄地发生变化,已经有相当数量的人认为文教娱乐和医疗保健消费是在为改善生存条件提高生活质量打基础。教育消费是为了挣钱,面临日趋激烈的市场竞争,教育投资显得尤为重要,其中儿女的智力投资更为需要;保健消费是为了省钱,家庭保健已被不少家庭列为重要消费项目之一,保健实际上是为明天的就医省钱和储蓄。

【制约农村居民消费的因素分析】 (一)农民收入水平仍然较低,对农村居民消费的支撑有限。2011年徐州市农民收入绝对值在全省排第10位,比收入水平最高的苏州市低7736元,比全省平均水平低1315元,在省内农民收入水平悬殊明显的条件下,收入作为支撑消费的基础能力明显偏低。2011年徐州市城镇居民人均可支配收入19206元,是农民人均纯收入的2倍,两者差距和上年基本持平,在此前提下,城市消费和农村消费的动能是不一样的。在农民收入有所增长,但增速明显低于全市经济发展的前提下,农民消费的欲望被遏制,农村消费的动能被化解。(二)农村消费比城镇消费承受了更大的压力。对照2011年以来的月度CPI数据就会发现,每个月份农村物价上涨速度都明显高于城市,这意味着,农村居民承受着更重的通胀压力。农村养老普及率远远低于城市,农民用于养老的预期消费是客观存在的,农民必须把收入的一部分储存起来,为年老之后的生活做准备;当前农民的教育消费观念变化明显,最主要的对儿女教育投资成本和占家庭消费支出的比重都在逐年增加,农民收入的一部分用于当前教育消费和预期教育消费也是客观存在的。农村居民的预期消费压力明显高于城市居民。(三)在基础设施建设上城乡差距日渐拉大。从基础设施建设来看,全国农村与城市的公共基础设施建设差距平均在10年以上。不完善的农村基础设施建设,在相当程度上使得农村巨大的消费潜力难以发挥。农户家庭的大件耐用消费品中很多处于闲置状态,尤以电冰箱、洗衣机、空调等家电用品严重。正是由于这种不完善的消费环境制约了农民消费模式的演进。例如,从农村洗衣机的使用来看,由于农村下水道建设跟不上,污水排放这一问题很难解决,这也是制约农村洗衣机普及的重要因素;从农村交通运输来看,由于道路养护不及时,部分路段的路况已处于损毁状态,影响农民运输经营和消费活动,同时由于连接乡村和城市的道路上设置了过多的收费站,直接增加了农民外出成本,很大程度上削减了农民外出消费的积极性,这在短时期内的显现是农民消费增长乏力,在长时期内来看实际上是对农民外出接受新思想的限制,在深层次上会进一步拉大农民与城市居民的差距。(何 蕾)

【婚姻登记】 2011年,按照民政部发布实施的《婚姻登记机关等级评定标准》,进一步提升各县(市)区婚姻登记工作水平和服务能力,满足新时期社会公众对婚姻家庭工作的服务需求。一是提升服务能力。各婚姻登记机关通过为当事人提供温馨的登记环境、便捷的服务设施、优质的登记服务,树立婚姻登记机关良好的窗口形象。婚姻登记场所基本做到环境舒适、分区合理、标识醒目、设施完善,婚姻登记员统一着装、挂牌上岗、举止得体、文明用语。举办2期婚姻登记员培训班,进一步提高婚姻登记业务水平、行政执法素质。二是规范内部管理。积极开展婚姻登记工作政务公开、收费公开、监督公开,通过网络、咨询电话等便于公众查询的方式公开婚姻登记机关办公时间、地点、流程等事项。积极为社会公众提供婚姻登记便捷服务,确保在节假日正常为婚姻登记当事人办理婚姻登记。三是加快信息联网。按照省民政厅统一部署,加强婚姻登记数据录入工作,建立婚姻登记数据库,实现全省数据交换与共享。据统计,2011 年全市共办理结婚登记 8 万对,登记合格率为 100%。

【文明祭扫】 清明节前后为群众祭扫活动的高峰期,也是封建迷信活动的易发期。各级建立了政府牵头,民政、公安、交通、林业、工商、建设等部门密切配合,围绕"文明祭扫、平安清明",大力开展移风易俗文明祭祀活动。各公墓管理处大力推广鲜花祭祀、"家庭追思会"、"网上祭祀"等文明健康节俭的祭祀方式;各殡葬监察执法单位加大对封建迷信丧葬用品销售的查处力度;利用报纸、广播、电视、板报等多种形式,广泛宣传国家和省、市颁布的有关殡葬法规,做到家喻户晓,充分调动和发挥群众的参与热情,维护好城市优美、卫生、文明、健康的生活环境。祭扫期间,各级制定应急预案,落实应急值守、重特大事故报告制度,明确分工,强化责任,做到苗头性问题处置及时妥当、措施得力有效。清明节期间全市共接待祭扫群众 520 万余人次,疏导车辆约 33 万辆,全市参与清明祭扫保障的工作人员 2300 余人。 (张弥雷)

社会救助

【城乡低保提标】 根据最低生活保障标准自然增长机制,综合考虑城乡居民收入增幅和物价上涨等因素,继续提高全市城乡低保标准。7 月 1 日起主城区农村居民低保标准由原来每人每月 155 元提至每人每月 230 元,各县(市)、铜山区、贾汪区农村居民低保参照执行,不低于每人每月 210 元;城市低保标准由原来的每人每月 320 元,提至每人每月 370 元。纳入低保的残疾人、单身人员和 70 周岁以上老人的保障标准,由每人每月 384 元相应提高到 444 元,纳入低保的困难企业军转干部本人的保障标准由每人每月 480 元提高到 555 元。城乡低保标准增幅分别为 15.6% 和 48.4%,新标准居苏北领先地位,达到苏中水平。

【困难群众救助】 2011 年,全市纳入城市最低生活保障 19156 户、43352 人,支出城市低保资金 9642.77 万元,比上年增长 5.6%,月人均 187 元,比上年增长 16.6%;全市纳入农村最低生活保障 109499 户、244538 人,支出农村低保资金 35234.05 万元,比上年增长 24.9%,月人均 142 元,比上年增长 26.8%。全市临时救助困难群众 3470 人次,支出救助资金 751.31 万元。救助无固定收入的重度残疾人 18168 人次,支出救助资金 4610.92 万元。城市医疗救助 87247 人次,民政部门资助参加城市居民基本医疗保险 47777 人次,共支出 291.95 万元,比上年增长 12.1%;农村医疗救助 319938 人次,民政部门资助参加合作医疗 284934 人次,共支出 1283.86 万元,比上年增长 8.9%。

【困难群众临时物价补贴】 针对物价不断上涨、城镇居民消费价格指数持续上升的实际情况,市民政局适时向市政府请示,及时调整完善了物价上涨动态补贴机制,从 7 月起物价补贴实行按月发放,确保低保家庭生活水平不因为物价上涨而降低。CPI 上涨幅度超过平均每月 3% ~5%,补贴标准按照当地低保标准的 1/12 发放;CPI 上涨幅度超过平均每月 5%,补贴标准按照当地低保标准的 1/8 发放。物价补贴确保在 CPI 指数发布后 30 天内足额发放到位。

【五保供养】 各县(市)区落实农村五保供养标准自然增长机制,按照不低于农民人均纯收入的 50% 提高供养标准,确保随当地农民生活水平的提高而相应提高。7 月 1 日起,全市五保分散供养标准达到每人每年 2400 ~ 3000 元、集中供养标准达到每人每年 3900 ~ 5800 元。全市农村五保集中供养 25567 人,支出 7969.72 万元,比上年增长 24.33%;农村五保分散供养 11534 人,支出 4655.1 万元,比上年减少 5.55%。市民政局组织五保对象复核和敬老院达标升级普查验收活动,完成农村"关爱工程"34 个敬老院辅助设施项目和 500 张床位建设任务,五保集中供养率达到 67%。

【经常性社会捐助】 按照民政部《关于进一步开展经常性社会捐助活动的意见》和上级通知精神,充分利用经常性社会捐助工作服务网,广泛动员社会力量,为贫困群众送温暖、献爱心。2011 年接收"一日捐"捐款 460.1 万元,扶贫济困捐款 4965.46 万元,收捐赠衣物 28434 件,捐物折合人民币 164.1 万元,募集款物创历史新高。

【救灾减灾】 2011 年,全市先后发生暴风、冰雹、雨涝等各种自然灾害 11 次,其中 6 次风雹灾害,2 次洪涝灾害,2 次旱灾,1 次低温冷冻灾害,农作物受灾面积 40167 公顷,成灾面积 30208 公顷,绝收面积 8727 公顷,倒塌房屋 114 户 270 间,损坏房屋 633 间,直接经济损失 19643.3 万元,其中农业经济损失 17621.7 万元,家庭损失 1171.6 万元,受灾人口 823865 人。市民政局在第一时间查核上报灾情,协调争取救灾资金 1933 万元。帮助受灾困难群众安全越冬,市、县(市、区)两级按照 1∶1 的比例筹集 200 万元,制作救灾棉被 10000 余床。年度共筹集救灾资金 2600 余万元,其中争取省级救灾款 2208 万元,市级救灾资金 100 万元,救助灾民 35 万余人,有效及时地保障受灾群众的基本生活。

【防灾减灾应急演练】 "5·12 全国防灾减灾日"期间,全市各级组织开展形式多样的防灾减灾应急演练。贾汪区民政局联合人防办(地震局)、教育局组织全区中小学校长在区实验小学召开地震应急演练现场观摩会,随着警报声响起,学生按照预定好的方案疏散,1500 余名学生在 1 分 30 秒内全部从三层楼的教学楼安全疏散撤离到操场,整个演练活动组织有力,井然有序,忙而不乱,学生撤离迅速、教师保障有力,达到了预期目的。睢宁县民政局联合水利局在庆安镇举行了防汛抢险演练,组织武警、特警、公安、民政、卫生等100余名抢险队员和当地300余名群众参加;丰县民政局联合教育局、地震局在全县中小学生中开展了“防灾减灾”知识竞赛活动,并在东关小学、东渡中学、华山中学举行了防震防火演练;新沂市民政局联合教育局、地震局在各中小学校纷纷动员广大师生参与开展地震应急、逃生疏散演练活动。通过开展防灾减灾应急演练,切实增强了人民群众防灾减灾意识,提升了避灾自救能力。

【福康行动】 按照市委、市政府《关于2011年为人民群众办好9大类56件实事的意见》(徐委发〔2011〕9号)要求,8月1日起,市民政局联合市卫生局、市财政局在全市范围组织开展“福康行动”,全市共筹集600万元,按照每人不低于150元的标准免费为全市农村五保对象进行健康体检,10月底全面完成,全市共有3.7万名五保老人参加免费健康体检,参检率达到98%。同时为农村敬老院添置基本医疗设备和常用药品,组织健康宣传,对重大病患者给予救助性治疗等,这项活动被中央媒体称为全国首创。

【综合减灾示范社区创建】 2011年,全市新创建6个国家级、4个省级综合减灾示范社区,总数居全省第一,实现历史性突破。分别是徐州市鼓楼区琵琶街道殷庄社区(国家级、省级)、徐州丰县凤城镇栖凤园社区(国家级、省级)、徐州市沛县敬安镇敬安社区(国家级、省级)、徐州市铜山区铜山镇驿城社区(国家级、省级)、徐州市睢宁县沙集镇和平社区(国家级、省级)、徐州新沂市港头镇新圩社区(国家级、省级)、徐州市鼓楼区琵琶街道琵琶社区(省级)、徐州市泉山区泰山街道泰山社区(省级)、徐州市沛县沛城镇香城社区(省级)、徐州市经济开发区金山桥街道石桥社区(省级)。

【医疗救助扩面提标】 2011年12月,市政府出台《徐州市城乡困难医疗救助实施办法》(徐政规〔2011〕11号),文件扩大了城乡困难群众医疗范围,新增加参核人员、农村儿童白血病和先天性心脏病患者等困难群众;提高了筹资标准,将市、区财政按本市市区人口每人2元的筹集标准提高到4元;不同程度地提高了定点医院的门诊、住院救助标准。新办法于2012年1月1日正式执行。

【特困残疾人生活救助】 2011年12月,市政府出台《关于对特殊困难残疾人实施生活救助的通知》(徐政发〔2011〕142号),对一户多残、依老养残的特殊困难残疾人给予不低于低保标准60%的救助;对盲视力、肢体、智力、精神四类残疾中的一、二级重度残疾人,参照低保标准,补足其差额。于2012年1月1日起实施。 (张弥雷)

社会组织管理

【概况】 依法对超过章程规定的届期而没有换届的社会团体进行行政告诫,并逐一下达敦促换届通知书;对超期严重的20个社会团体下达了责令换届通知,责令其在规定的时限内完成换届工作。对长期无活动、不年检的部分超期严重的社会团体,又不能承诺换届期限的,以及2年以上不参加年检的民办非企业单位,实行退出处理,并于11月份对29家社会组织作出了撤销登记的处罚;在市治理社会团体“小金库”领导小组的领导下,联合市纪检监察、财政、审计等部门,开展社会团体小金库清查治理工作。2011年全市新增依法登记注册社会组织306个,比上年度增加7.3%,其中社会团体92个,民办非企业单位214个;依法注销登记社会团体46个,民办非企业单位99个。至年底,全市登记注册社会组织总数达2900个,其中社会团体1552个,民办非企业单位1348个。

【社会组织评估】 社会组织评估,是指社会组织评估机构依照规范的方法和程序,根据统一的社会组织评估指标体系,对社会组织进行客观、全面的分析和评判。本着抓典型并通过典型引路的思想,依据《徐州市社会组织评估实施办法》,市民政局首先选择在自身规范化建设相对较好、对社会组织评估的重要性认识较高、愿意积极申报评估的社会组织中进行。当年底,市民政局组织专家组共对首批申报的16家全市性社会组织进行了考察评估和等级认定。

【社会组织培育发展中心】 根据省民政厅建立社会组织孵化基地的要求,结合全市实际情况,依托徐州市社区服务中心举办成立了“徐州市社会组织培育发展中心”。其宗旨是加强对社会组织负责人的教育培训,提高其组织规划、组织协调、资金筹措、管理运作、可持续发展能力,进而提升社会组织综合服务能力,为社会管理、社会建设和社会服务提供有力的组织保障。主要承办社会组织负责人、秘书长、会计等人员以及社区社会组织负责人培训工作、社会组织管理工作者培训工作、承办社工人员培训工作和其他培训工作。

(张弥雷)

基层政权和社区建设

【民主选举】 依据《中华人民共和国宪法》、《村民委员会组织法》、《城市居委会组织法》,徐州市从2010年下半年开始第八届村民委员会和第四届社区居委会的换届选举工作,2011年1月底圆满结束,一次选举成功率为99.3%,创历史新高。各地选举工作中,严格按程序和规范操作,由居民自己把那些思想作风好、工作能力强、民主作风好、法制观念强、关心居民、服务居民、热爱社区工作的同志选进村(居)任职。

【居民自治】 各县(市)区依照法律法规,结合本地实际,制定社区居民会议和居民代表会议的具体职责,以及议事规则和议事程序,明确社区居民代表的权利和义务。凡涉及社区发展和社区居民切身利益的重要事项，都要提交社区居民会议或居民代表会议讨论，由居民代表征求所代表居民的意见后，按多数人的意见形成代表会议决定，真正做到“群众的事情群众管，群众的事情群众说了算”，实现真正意义上的居民自治。至年底，全市居民自治率达到97.6%，原铜山县、新沂市被确认为江苏省级村民自治模范县(市)。

【社区建设】 2011年，市委市政府下发《关于全面推进我市社区建设的意见》，把当年确定为全市社区建设工作年，将和谐社区建设工作列入对主城区的科学发展目标考核体系。同时，科学运用城市社区建设的经验，以基层组织、服务网络和服务设施建设为重点，有计划、有步骤的推进农村和谐社区建设。市民政局制定《徐州市和谐社区示范标准》，指导推动全市和谐社区创建活动。全市共有4个社区成为国家级和谐社区，40个社区成为省级和谐社区，162个社区成为市级和谐社区，成为基础设施相对完善，服务功能基本完备、社区活动丰富多彩、居民群众心齐气顺的和谐社区典型。

【社区民生综合服务中心】 2009年以来，市委市政府将每年建设100个社区民生综合服务中心纳入为民办实事工程。市民政局及时将建设任务分配到各县(市)区，并制定社区民生综合服务中心建设标准，在政策层面对社区民生综合服务中心建设进行规范和引导。各地建设热情十分高涨，从加强组织领导，强化工作措施入手，积极推进建设进程，并在资金落实、土地规划、税费减免等方面予以政策倾斜。2011年，各级建成社区民生综合服务中心116个，超额完成任务，并全部达标投入使用。至年底全市已经新建、改扩建330个社区民生综合服务中心，每个中心均设有社区公共服务、社区便民服务、文化娱乐设施、社区体育设施、社区安全设施等部分，“零距离”为居民提供党员管理、民政、社会保障、就业、卫生、计划生育、流动人口管理和服务、文化、教育培训、体育、关爱老人服务等，社区服务居民群众的基础设施明显改善。

(张弥雷)

双拥优抚安置

【全国双拥模范城“七连冠”创建工作】 市委、市政府把确保全国双拥模范城“七连冠”作为事关全市发展改革稳定的大事，各级把争创“七连冠”目标作为一项政治责任，形成全城同创、军地共建的强大合力。全市上下坚持走有徐州特色的双拥工作路子，在政策拥军、科技拥军、智力拥军、法律拥军、文化拥军、行业拥军、社会化拥军方面下足功夫，双拥活动丰富多彩。市委、市政府主要领导亲率慰问团赴舟山慰问执行护航任务凯旋归来的徐州舰；举办纪念淮海战役胜利暨徐州解放62周年“英雄城市双拥情”大型主题活动；摄制播出反映徐州军民融合式发展的10集系列报道《军歌嘹亮》；新双拥碑雕塑荣获全国优秀城市雕塑建设项目“优秀奖”。市军供站高水平圆完成“深入贯彻主题主线重大战略思想，加快全面建设现代化后勤步伐工作会议”的重大军供保障任务，得到中央军委和各大军区领导的充分肯定。11月，徐州市被推荐为全国双拥模范城，新沂市双拥办被推荐为全国爱国拥军模范单位，邳州市曹迎军、倪振娥夫妇被推荐为全国爱国拥军模范，全市双拥创建工作取得重大成果。

【“铜山路双拥模范街”揭牌】 3月30日，徐州市铜山路“双拥模范街”揭牌仪式在工程兵指挥学院礼堂内举行。全国双拥工作领导小组副组长、全国双拥办主任、民政部副部长孙绍聘，省民政厅厅长吴洪彪共同为“双拥模范街”揭牌。铜山路“双拥模范街”西起天桥地下道西入口处，东至汉源大道，全长5.3公里，沿街部队、企事业单位和工商业户较多，双拥资源丰富，双拥历史悠久。2009年以来，铜山路沿街各机关企事业单位、部队和全体军民大力弘扬双拥光荣传统，深入开展争当双拥示范企业、示范工商户、示范单位及涉军服务“优先优质优惠”等拥军活动，探索教育拥军、科技拥军、社区拥军、新型经济组织拥军等新方式，驻徐部队与驻地机关、企业、街道、学校结成共建对子，大力支援地方重点工程和社会公益事业建设，军地双方涌现出一大批富有时代特点、适应形势要求的双拥模范典型，走出了一条“政府主导和社会力量统一，行政推动与群众自发并举，地方政府与驻地部队联手，共建活动与制度建设并重”的特色双拥之路。

【走访慰问徐州舰官兵】 5月9日，在徐州舰第二次护航凯旋之际，市委书记曹新平、市长张敬华亲率由知名企业家、拥军模范代表和有关部门负责人组成的徐州市慰问团一行68人，携带近200万元的慰问金(品)赶赴浙江舟山慰问。徐工集团、徐矿集团、中能集团等知名企业也大力开展名企结名舰双拥共建活动，徐矿集团与徐州舰签订了舰企共建协议，开展了一系列丰富多彩的共建活动。12月16号，“徐州舰”官兵专程来徐，做“远赴亚丁湾、索马里执行国际护航任务”事迹报告。12月31日，市双拥办组织各县(市)区双拥办主任赴舟山，慰问“徐州舰”官兵。

【拥军优属法律维权服务】 为进一步维护国防利益和军人军属合法权益，推进法律拥军工作，7月27日，徐州市中级人民法院设立“拥军维权司法服务站”，聘请29名特邀调解员，为部队官兵提供优质的司法服务和法律支持。近年来，徐州两级法院均成立了维护国防利益和军人军属合法权益合议庭，开辟“绿色通道”，对涉军维权案件实行优先立案、优先调解、优先审理、优先执行，促使涉军维权案件得以妥善化解。8月1日，由云龙区民政局、司法局、黄山街道办事处、江苏彭城律师事务所共同联合成立徐州市拥军优属法律维权服务中心，维护军人军属合法权益。该中心由双拥律师志愿者服务队常驻值班，解答官兵法律咨询，提供无偿法律服务。同时建立了军营法制教育基地，由辖区8家驻地部队分别与8个街道办事处结对共建，定期组织律师、普法讲师团走进军营，通过举办法制讲座，开展法律咨询等方式，为部队官兵送去法律书籍、法律知识、法律服务，切实提高广大官兵们的法律素质和维权意识。

【市双拥工作领导小组成员调整】 11月1日,市委调整徐州市拥军优属拥政爱民领导小组成员。调整后的市拥军工作领导小组由市委副书记、市长张敬华任组长,73061部队副政委凌希,市委副书记李荣启,工程兵学院副政委许红照,徐州军分区政委张晓波,副市长孔海燕,徐州空军学院副政委朱卫东,济空训练基地副政委马东杰任副组长,市委副秘书长张学胜,市政府副秘书长刘宏等39人为成员。领导小组下设办公室,齐飞任办公室主任,王胜方(兼)、方天雄(兼)、储鸿雁任办公室副主任。

【慰烈工程】 由于战争年代受客观条件限制,有部分烈士被散葬在各地。为更好弘扬革命烈士精神,徐州市于2009年10月全面实施以维修烈士纪念设施、迁移散葬烈士墓集中安葬为主要内容的"慰烈工程"。一是以人为本,科学规划。坚持改扩建原有烈士陵园为重点对散葬烈士墓集中迁移,同时尊重烈士亲属意愿,在与其签订协议的基础上,对继续保留散葬烈士墓重新修缮,确保工程顺利推进。二是多渠道筹资,高标准推进工程实施。在发挥地方财政投入主渠道作用的基础上,通过积极争取上级支持、各级福彩公益金投入以及社会各界捐款等方式,全市筹资近亿元,仅用一年多时间把11697名散葬烈士全部实行集中安葬。三是坚持高起点规划,高标准设计,建成一批亮点工程。全市新建、扩建、维修烈士陵园36个(市级以上烈士陵园4个,县级烈士陵园7个,镇级烈士陵园25个),新打造了王杰烈士陵园、碾庄烈士陵园、李超时纪念馆、小萝卜头纪念馆、沛县烈士陵园等一批爱国主义教育基地。四是建管结合,充分发挥烈士纪念设施的爱国主义教育功能。统一制定完善《烈士陵园管理办法》、《园长责任制》、《管理人员责任制》等规章制度,为每个烈士陵园配备了专门管理人员,提升了烈士陵园的管理水平。

【优抚对象抚恤补助标准提高】 6月23日,市民政局会同市财政局调整全市优抚对象抚恤补助标准,确保优抚对象生活水平与经济发展同步提高。其中,主城区残疾军人和"三属"抚恤金在现行标准基础上提高9.8%,义务兵家庭优待金在现行标准基础上提高11.7%,全市带病回乡退伍军人和乡老复员军人在现行标准的基础上每人每月分别提高了40元和60元。各县(市)、铜山和贾汪区根据当地统计部门公布的2010年有关数据,制定本地部分优抚对象的抚恤补助标准。全市共为重点优抚对象和义务兵家庭发放抚恤补助费和优待金23156万元,比2010年增发6186万元。

【优抚对象医疗保障】 各县(市)区组织重点优抚对象参加新型农村合作医疗或居民医疗保险,并为他们办理住院商业医疗保险,所有的参保或参合费用全部由当地财政解决。进一步完善医疗保障办法,以当地城乡社会医疗保障体系为依托,将所有的优抚对象全部纳入困难群众医疗救助范围。各地充分利用医疗救助平台,全面实现了优抚对象"一站式"医疗费即时结算,有效缓解了优抚对象看病贵、报销难的问题,优抚对象住院医疗费在基本医疗保险、商业医疗保险和当地医疗救助后个人自付部分不超过20%。

【残疾鉴定】 市民政局会同市卫生局分别于5月和8月2次组织医学专家,对全市符合条件的284名相关人员进行残疾等级医学鉴定。6月30日~7月1日,省"两参"残情鉴定小组在南京对全市622名涉核退役人员进行残疾等级医学鉴定,66名涉核退役人员评定残疾等级。

【农村籍60周岁退伍军人认定】 根据国家和省关于给部分农村籍退役士兵发放老年生活补助的有关精神,8月初组织对全市1954年11月1日试行义务兵役制至《退役士兵安置条例》实施前入伍、年龄在60周岁以上、未享受到国家定期抚恤补助的农村籍退役士兵的调查、审核、信息采集和数据录入等工作任务,全市共有27260人符合条件。

【抗日老战士疗养】 10月19日,市民政局在市优抚医院举行仪式,欢迎首批28名抗日时期参加革命的老战士入住徐州市优抚医院进行短期疗养。根据抗日老战士身体状况,对于生活有自理能力的,分批集中进行为期12天的专业康复疗养,制定了内容充实的疗养方案。全年共接受2批来自丰县、沛县、睢宁、邳州、新沂和铜山80名抗日老战士,其中年龄最大的91岁、最小的82岁。对241名生活不能自理以及其他不方便集中疗养的抗日老战士,市优抚医院组织医护人员会同当地民政部门上门体检,建立健康档案,送医送药,赠送慰问金和慰问品。

【退役士兵安置】 按照《徐州市市区城镇退役士兵安置工作改革实施意见》(徐政发〔2005〕119号)精神,普遍推行政府指令安置与退役士兵自谋职业相结合,继续深化退役士兵安置改革。2011年全市共接收各类退役士兵4158人,其中指令性安置共503人,市区重点对象51人(含二等功3人),均为10年以上转业士官,落实企业单位安置指标60个,事业单位安置指标14个,8月19日通过"量化积分、公开选岗"完成安置任务。徐矿集团系统职工子女79人,3月份安置完毕;铁路系统子女191人,12月初完成安置手续办理工作。市区城镇退役士兵共484人,3月底全部完成自谋职业补助金发放工作,共发放1075.4万元。继续推进退役士兵职业技能培训工作,全市报名参训3702人,参训率达96.42%,超过省下达的85%指标。其中,中高级培训率62.45%,超过省下达的60%指标,短期培训率37.55%,学历教育2人,复学14人,参训人数、参训率在全省名列前茅。

【退役士兵安置城乡一体化】 为进一步做好新形势下退役士兵安置工作,更好地维护退役士兵的合法权益,根据《中华人民共和国兵役法》、《退伍义务兵安置条例》等法律法规以及国务院、中央军委和省政府有关文件精神,市政府制定下发《关于在全市实施退役士兵城乡一体化安置工作的通知》

(徐政发〔2011〕75号),规定从2010年冬季退役士兵开始,全市实施城乡一体化安置,对符合在徐州市安置条件的农村退役士兵发放一次性安置补助金,发放标准为:市主城区按城镇退役士兵自谋职业补助金标准的50%发放,各县(市)和铜山、贾汪区按城镇退役士兵自谋职业补助金标准的30%发放;从2011年冬季退役士兵开始,市主城区分别按20%、20%、10%的比例逐年提高,各县(市)区分别按25%、25%、20%的比例逐年提高,2013年冬季退役士兵全部与城镇退役士兵持平,实现城乡同一标准。所需经费,主城区仍按6:4的比例由市、区财政分担,其他各县(市)区由本级财政负担。全市2010年冬季农村退役士兵2224人,共发放安置补助金1576.96万元。

【军休干部服务管理】 一是按政策规定做好安置交接工作。2011年,省下达徐州市37名军队离退休干部、15名退休士官和6名残疾士兵的接收安置工作任务。当年实际报到接收安置离退休干部33名、退休士官17名、残疾士兵3名。二是全面落实军休干部"两个待遇"。特别注重提高军休干部的幸福感,精心组织了庆祝建党90周年"党旗在我心中"演讲比赛、军休干部门球比赛、棋牌比赛、健身游园等文体活动和重大节日走访慰问活动等。三是做好军休服务管理系统录入工作。全面完成1334名军休人员、362名无军籍退休退职职工的信息数据采集录入工作。四是推进军休干部房改。8月上旬完成首批264人的核算上报工作,申请房补资金2366万元。五是提高军休服务人员综合能力。与中国矿业大学联合举办"徐州市军休服务管理人员能力建设培训班",开展"六比六看"活动,推行基层责任制,实施"一帮一"服务管理。

(张弥雷)

区划地名

【区划管理】 铜山区划调整后,市民政局会同有关部门和单位开展区划调整区域的行政区域界线补充勘定工作,实地踏勘界线60多公里,实测界线拐点150余处,调解争议地段6处。5月底,鼓楼区、铜山区和泉山区人民政府代表分别在边界走向协议书和行政区域界线附图上签字,行政区域界线补勘工作全面完成;徐州市区划调整后市区范围扩大,区际行政区域界线变化较多,为了满足社会各界的需要,报请市政府同意编制了新版的《徐州市区图》和《徐州政区图》,于2011年6月出版发行。

【地理实体的命名、更名】 市地名委员会2011年共发布地名公告7期,命名地名56处,其中居民点31处、建筑物11处、道路14条。1.在鼓楼区琵琶街道办事处范围内,位于金马路以北、沈孟路以南、滨河小区以西新建的居民区命名为宜居嘉园。2.在鼓楼区琵琶街道办事处范围内,位于殷庄路以西、祥云路以东、朱庄工业园以北新建的居民区命名为泽惠嘉园。3.在鼓楼区九里街道办事处范围内,位于北三环路以南、玉潭实验学校以东、拾东新村以西新建的居民区命名为特教中心教师公寓。4.在鼓楼区黄楼街道办事处范围内,位于复兴北路与镇平街交会处西北隅新建的商住区命名为和信广场。5.在云龙区骆驼山街道办事处范围内,位于郭庄路以北、民祥路以西、东方明珠小区以东新建的居民区命名为尚景名庭。6.在云龙区大郭庄街道街道办事处范围内,位于郭庄路以南、陇海铁路以北、大郭庄街道办事处驻地以东新建的居民区命名为东苑四季雅园。7.在云龙区黄山街道办事处范围内,位于铜山路以南、徐州重型机械厂以东、福苑家园以西新建的居民区命名为先锋家园。8.在泉山区七里沟街道办事处范围内,位于迎宾大道以西、徐州市果园以北、彭城大院以南新建的居民区命名为颐泰嘉园。9.在徐州经济技术开发区范围内,位于荆山引河以东、南起扬山路、北止金港路的新建道路命名为明秀路。10.在鼓楼区九里街道办事处范围内,位于北三环路以南、平山路以西、龟山北路以北新建的居民区命名为汉襄佳苑。11.在鼓楼区铜沛街道办事处范围内,位于九龙湖西路以西、徐州市民航修造厂宿舍以北新建的居民区命名为山水龙瑞小区。12.在鼓楼区环城街道办事处范围内,位于中山北路以东、陇海铁路以北新建的居民区命名为风尚米兰小区。13.在云龙区黄山街道办事处范围内,位于和平大道以北、尚仕名邸以东新建的居民区命名为香溪左岸小区。14.在徐州经济技术开发区庙山镇范围内,位于徐海路以南、振兴大道以西新建的居民区命名为美的城。15.根据《徐州市地名管理条例》有关规定,经市政府批准,对徐州高铁站区13条新建道路予以命名:中央大道、鲲鹏路、站东路、站南路、站北路、站西高架路、东平路、金湖路、翠湖路、玉湖路、鸿达路、鸿畅路、鸿运路。16.在鼓楼区丰财街道办事处范围内,位于广山路以东、东尚润景花园以南、香山物流园以北新建的居民区命名为香荷湾小区。17.在鼓楼区环城街道办事处范围内,位于中山北路与二环北路交会处东南隅新建的居民区命名为鼓楼晶典小区。18.在云龙区大龙湖街道办事处范围内,位于维维大道以南、惠民花园以北新建的居民区命名为龙湖居。19.在泉山区奎山街道办事处范围内,位于解放南路与奎淮路交会处东南隅新建的居民区命名为舜淮府第。20.在泉山区和平街道办事处范围内,位于二环西路以西、徐州市疾控中心以北新建的居民区命名为天瑞华府。21.在泉山区七里沟街道办事处范围内,位于三官庙村以南、奎河以东、新华阳光花园以西新建的居民区命名为叶语田园小区。22.在云龙区大龙湖街道办事处范围内,位于迎宾大道以北、周定路以东、天目路以南新建的居民区命名为龙湖湾。23.在云龙区子房街道办事处范围内,位于津浦东街以南、徐州构件厂以东新建的居民区命名为津东雅苑。24.在云龙区大郭庄街道办事处范围内,位于庆丰路以东、民富园路以南新建的居民区命名为润金城。25.在泉山区永安街道办事处范围内,位于建国西路以南、吴庄村(自然村)以西、富丽花园以南新建的居民区命名为金域华庭。26.在泉山区翟山街道办事处范围内,位于北京路以东、欣欣路以北、津浦铁路以西新建的居民区命名为东南印象城。27.在泉山区段庄街道办事处范围内,位于淮海西路以南、徐州市第六医院以西新建的商办楼命名为金鼎国际大厦。28.在泉山区段庄街道办事处范围内,位于淮海西路以北、二轻路以西新建的商办楼命名为理想大厦。29.在鼓楼区牌楼街道办事处范围内,位于奔腾大道以北、金马路以南、郡望花园以西新建的居民区命名为山南小区。30.在云龙区大龙湖街道办事处范围内,位于大龙湖南岸、天目路以北、商聚路东西两侧新建的商业区命名为沁水湾商业广场。31.在云龙区大龙湖街道办事处范围内,位于汉源大道以东、新安路以北、明正路以西新建的居民区命名为万福世家。32.在泉山区苏山街道办事处范围内,位于汉城西路以北、徐州汉城以西新建的居民区命名为玉潭佳苑。33.在泉山区泰山街道办事处范围内,位于南三环路以北、泉山区人民法院以东新建的居民区命名为龙泉景苑。34.在徐州经济开发区庙山镇范围内,位于汉源大道西侧、金山福地花园以南新建的居民区命名为保利鑫城。35.在徐州经济开发区庙山镇范围内,位于徐海路与长安大道交会处东北隅新建的商业区命名为月星环球商业中心。36.在徐州经济开发区庙山镇范围内,位于长安大道以东、月星环球商业中心以北新建的居住区命名为月星公馆。37.在徐州经济开发区庙山镇范围内,位于徐海路以北、坡里路以东、高新路以西新建的商业区命名为徐州农机汽车大市场。38.在徐州经济开发区庙山镇范围内,位于徐州东站(高铁站)以西、中央大道以南、玉湖路以北新建的商业区命名为绿地之窗商业广场。39.在云龙区彭城街道办事处范围内,位于淮海东路以南、中山南路以东、青年路以北、彭城路以西新建的商业区命名为徐州中央国际广场。40.在云龙区翠屏山街道办事处范围内,位于三八河以南、润金城以北、润金城二期地块以东新建的居民区命名为紫金东郡。41.在云龙区翠屏山街道办事处范围内,位于和平大道以北、香溪左岸小区以东新建的居民区命名为提香湾小区。42.在泉山区永安街道办事处范围内,位于二环西路以东、建国西路以北、纺织路以西新建的商业区命名为恒盛广场。43.在徐州经济技术开发区庙山镇范围内,位于金龙湖西路以东、高铁时代广场以南新建的商办楼命名为裕隆商务大厦。44.在徐州经济开发区庙山镇范围内,位于金龙湖北路与金龙湖西路交会处东南隅新建的商办楼命名为君廷大厦。

【"村改居"试点】 根据全市经济社会发展和加快城市化进程的需要,全市开展"村改居"试点工作。截至年底,鼓楼、云龙、泉山和经济技术开发区所属行政村全部完成"村改居"工作,睢宁县、丰县、沛县把"村改居"与新农村建设和农村社区建设相结合,"村改居"比例达到30%。

【区域行政界线管理】 2011年度,徐州市具体承担"苏皖线"(徐州段)省级行政区域界线的联合检查工作。"苏皖线"涉及丰县、铜山区和睢宁县。市民政局积极制订联检工作方案,实地检查维护界桩,深入界线较为复杂的地段了解界线管理现状,及时调处解决个别区域界线管理方面存在的问题。根据联检情况,丰县民政局对遮蔽"苏皖线"1号界桩的行为进行严肃查处,限期拆除了界桩附近的违章围墙;铜山区民政局发现汉王镇马庄煤矿与淮北市杜集区接壤区域,有涉及近50亩塌陷地的实际界线与界线走向图标示内容不符问题,经铜山区民政局、淮北市杜集区民政局沟通协调,区域涉及的区、镇、村签订了界线走向补充协议书。(张弥雷)

社会福利

【孤儿保障】 7月1日起,徐州市福利机构内养育的孤儿最低养育标准提高到每人每月1100元,社会散居孤儿最低养育标准为每人每月660元。今后按照经济社会发展水平和上年度城镇居民人均可支配收入、农民人均纯收入增长幅度,建立自然增长机制,不断提高孤儿养育标准。各级民政、财政部门建立孤儿基本生活费管理制度,加强监督检查,确保专款专用。按照《中华人民共和国收养法》,依法规范收养行为,全年办理收养登记186例,合格率为100%。

【涉外收养】 坚持"一切为了孩子"的宗旨和"儿童利益优先"的原则,拓宽孤儿收养渠道,不断提高涉外收养工作水平,努力使更多的孤儿回归家庭、融入社会、健康成长。2011年全市涉外收养儿童41名,数量居全省第二;市社会福利院接待涉外收养儿童家长来院回访20批次。3月2日,全省涉外收养工作座谈会在徐州召开,来自徐州、连云港等苏北五市的民政局分管局长、业务处长以及全省32个社会福利机构相关负责人等近70人参加会议。

【养老机构】 2011年,全市60岁以上老年人口约137.66万,占全市总人口的14.2%,城区老年人口约26万,占市区人口的14%。为了满足社会养老服务需求,按照市委市政府《关于加快推进我市老龄事业发展的实施意见》,各级加快公办和社会办养老机构建设步伐。全市在民政部门登记运营(在建)的养老服务机构63家(公办12家、集体3家、民办48家),总床位6400张(含在建),市区46家,床位4310张;公办养老机构床位3400张(含在建),2011年全市新增养老机构13家,新增床位1600张。

【儿童福利院(儿童乐园)】 由国家、省、市三级财政拨款兴建的徐州市儿童福利院(儿童乐园)是民政部"十一五"期间实施的"蓝天计划"项目,又是徐州市委、市政府为民办实事重点工程,建成后将向全市残障儿童免费开放。该项目位于市社会福利院东侧,占地54亩,主体建筑面积13510平方米,总投资6000万元,设计床位630张。功能设置分为五大区域:儿童养育区、康复区、医疗区、教育区和行政办公区。截至年底,儿童福利院项目主体工程及儿童活动大厅全面完工并通过市质检站验收,预计2012年6月1日正式投入使用。

【福利救助项目】 继续实施"明天计划"、"重生行动"、"微笑列车"等专项福利救助项目。"明天计划"即残疾孤儿手术康复明天计划，是民政部从2004年起在全国开展一项大规模的活动，主要为城乡各类社会福利机构中0～18岁具有手术适应症的残疾孤儿进行免费手术矫治和康复。“重生行动”即全国贫困家庭唇腭裂儿童手术康复计划，是民政部与李嘉诚基金会在全国范围内合作实施的大型公益项目，主要资助全国贫困家庭患有唇腭裂及相关畸形、年龄在0～18周岁的未成年人体检、手术、康复的全部费用，并补助其及1名陪护人员的食宿交通费。“微笑列车”唇腭裂修复慈善项目是由美国微笑列车基金会资助、为我国贫困唇腭裂患者提供免费手术、对实施手术的医生进行技术培训的医疗救治项目。市民政局与省民政厅、项目定点医院密切配合，做好宣传发动、组织申报、筛查审核等工作，使贫困残疾儿童尽快得到手术治疗和康复。截至年底，共有54名孤残儿童参加了“明天计划”康复手术治疗，260名患者通过“微笑列车”进行免费手术。

【残儿康复】 2011年争取市慈善总会支持脑瘫、自闭儿童康复费60万元、康复器材50万元，免费救治脑瘫、自闭症社会患儿50名。市社会福利院面向社区开放儿童康复训练，每天接诊量达130人；与意大利“我们的家园”机构达成合作协议，由该机构的儿童康复专家定期来社会福利院开展儿童康复指导工作，传授国际先进的儿童康复理念与技术，提高社会福利院儿童康复水平，更好的为残疾儿童提供服务。

【社会捐助】 市捐助服务中心接收各类捐款4399.3万元、捐赠衣物13626件，资助困难群众35620户，101950人次；新建慈善超市20余家。社会各界认捐善款2500万元，到账2200万元，实施“爱心助孤”、“关爱残儿·共享和谐”慈善救助等项目20余个，支出2000余万元。

【福利事业单位】 徐州民政医院共接诊低保特困患者12162人次，接收治疗“三无”流浪乞讨病人306人，支出医疗救助费用416.3万元，对低保特困病人自费部分减免费用126万元。市爱心医院全年义诊11次，救助患者4.5万人次，为困难群众节省费用420万元。徐州精神病院、广慈医院收治“三无”、流浪乞讨精神病人439人，暴力精神病人110人，投入220多万元购买双层螺旋CT、离心机、电解质分析仪等先进医疗设备，丰富辅助诊疗手段。市社会福利院接收弃婴（儿）188名，接收安置“三无老人”2名，实现涉外收养儿童41名，国内领养2名，选送具备手术适应症孤残儿童到定点医院治疗38名，孤残儿童家庭新增寄养点1个，新增寄养人数30名。市生产管理处鼓励社会力量兴办福利企业，全市共登记福利企业143家，其中新认定福利企业4家，新增残疾人就业岗位126个，安置4920名残疾人就业。

【福利彩票发行】 全市福彩发行工作呈现良好的发展态势，电脑彩票和“刮刮乐”即开彩票、“中福在线”销量均全面超越上年同期，实现了全市福利彩票发行工作连续8年持续增长的良好局面。全年共销售福利彩票6.7亿元，位居全省第六，与上年同期相比增长74.15%，其中电脑彩票50569万元，同比增加21542万元；刮刮乐即开型彩票10007万元，同比增加3391万元；中福在线即开型彩票6496万元，同比增加3624万元。各县（区）销量比上年度均有较大增幅，睢宁县5679万元，增长59.6%；丰县4842万元，增长55.6%；贾汪区3180万元，增长52.6%；沛县5800万元，增长51.6%；铜山区6861万元，增长49.9%；邳州市8820万元，增长41.9%；新沂市7125万元，增长11.4%。（张弥雷）

慈善事业

【中国·徐州两岸四地慈善文化论坛】 近年来，徐州市委、市政府高度重视慈善工作，围绕“不让一个孩子掉队、不让一个贫困学子进不了校门、不让一个棚户迁居特困户买不起住房”的工作思路，强化慈善宣传载体建设，不断加大善款募集力度，着力打造慈善救助品牌，精心培育慈善工作队伍，促进全市慈善事业快速健康可持续发展，走出了一条政府推动、社会参与、各方协作的慈善工作之路。1月8日，徐州市慈善总会、《大公报》（香港）有限公司在开元名都大酒店共同主办“中国·徐州两岸四地慈善文化论坛”，旨在促进两岸四地慈善文化交流，开启两岸四地慈善资源共享、加强多领域合作交流、促进经济社会发展合作等。本次论坛通过了《徐州慈善宣言》。

【第四届慈善晚会】 1月8日晚，由徐州市委、市政府主办，市慈善总会、市民政局、徐州广播电视台共同承办的“爱满彭城”——徐州市第四届慈善晚会在新城区会议中心举行。晚会在充满张力与想象力的3D影像展示中开场，分为《爱·传承》《爱·传递》《爱·希望》3个篇章，讲述着徐州这片土地上爱与爱的接力传递和慈善光芒。晚会举行期间，社会各届踊跃捐款奉献爱心，当场募集善款2817.29万元。晚会颁发了相关慈善奖项。徐州报业传媒集团、徐州工程机械集团有限公司等24家单位获最具爱心慈善捐赠企业和单位奖，滕道春、孙健铭等18人获最具爱心慈善捐赠个人奖，徐州市慈善总会的爱心助孤项目、徐州报业传媒集团的“爱心助学”活动等10个项目获最具影响力慈善项目，郑复生、罗伯特·阿伦塞里等10人获最具爱心慈善行为楷模奖。

【慈善典型】 6月17日，徐州市慈善总会颁发决定对善珍袅音艺术中心予以表彰。善珍袅音艺术中心自2008年9月冠名为徐州市慈善总会善珍袅音艺术中心以来，积极参与各项慈善活动，先后参加徐州电视台举办的“世界儿童日”专场音乐会、江苏卫视直播的“慈善中国行——美丽徐州让世界充满爱”晚会、《感动徐州》演出活动和汶川大地震赈灾义演，连续4年参与市委、市政府主办的大型慈善晚会演出。2月，该中心合唱团获央视音乐频道新春音乐会评选金奖和中国教育电视协会主办的全国青少年才艺电视展金奖。10月12日，江苏省慈善大会在南京隆重举行。徐州工程机械集团股份有限公司、徐州维维集团股份有限公司、徐州矿务集团有限公司入选"最具爱心慈善捐赠企业或单位";徐州市"爱心助孤"入选"最具影响力慈善项目";滕道春、刘修民入选"最具爱心慈善捐赠个人",郑复生、韩汝芬入选"最具爱心慈善行为楷模",尹宝梅入选"优秀慈善工作者"。

【"爱心助孤"项目】 为了改善孤儿群体的生活状况,徐州市于2009年6月全面启动爱心市民自愿结对资助孤儿的慈善项目,将孤儿及因父母一方去世等原因陷入生活困境的儿童纳入结对资助范围,资助金额不低于当地城乡最低生活保障标准。市慈善总会与各县(市)区联动合作,坚持高标准高质量,全面落实动态管理,截至年底,原有4282名孤儿中有471人因超龄停止资助,新增孤儿206名,实际资助孤儿4017人。全年各级慈善机构共发放"爱心助孤"资助金850万元。11月,该项目被评为江苏省"最具影响力的慈善项目",成为全省十大救助品牌之一。

【"慈善助学"项目】 项目主要资助对象是当年高考录取的城乡低保家庭子女或因病因残等致贫的特困家庭子女。全年全市有218名贫困学生获得资助金,资助总额69.98万元。此外,积极与徐州报业传媒集团联手开展"爱心助学"活动,资助贫困学子227名,发放资助金88.88万元;与江苏秉龙慈善基金会联合开展"秉龙助学"活动,资助贫困学生100名,发放资助金17.6万元。 (张弥雷)

老龄工作

【惠老实事项目】 围绕保障老年人合法权益,各级积极为老年群体办实事、办好事。一是建设居家养老服务中心(站)。充分依托社区老年人活动室、民生综合服务中心和敬老院等资源,采取新建、调整、配套、依托、共享等措施,推进居家养老服务中心(站)建设。全市计划建设200个,当年建成276个,其中省级示范站点9个,市级示范站点27个。二是尊老金扩面提标。根据市政府出台的《徐州市高龄老人尊老金发放管理办法》,将全市百岁老人、90~99岁老人每月的尊老金标准分别提高至300元、100元,主城区和其他县(市)区80~89岁老人每月尊老金分别按不低于50元、30元标准发放,各级财政投入资金7500万元,惠及20多万高龄老人。三是推进政府购买服务工作。将政府购买服务作为加快养老服务市场发展的重要抓手,不断丰富服务内容,完善服务制度。全市3000多名符合条件的老人享受政府购买服务。

【市老龄科学研究中心成立】 徐州市老龄科学研究中心由徐州市老龄办和徐州师范大学联合组建。研究中心将整合全市高校和社会各界的研究力量,针对人口老龄化的重点难点问题,开展应用性和前瞻性研究,为推进老龄事业发展和提高老年人的生活质量提供理论、信息和技术支持,为政府和有关部门制定老龄政策和促进老年产业发展提供科学依据。并计划通过3年~5年的努力,建成一个在学术水平、队伍素质、软硬件设施和科研管理、老龄产业孵化方面独树一帜的老龄科学研究中心。3月17日,徐州市老龄科学研究中心成立仪式在徐州师范大学云龙校区举行。副市长、市老龄委主任孔海燕,徐州师范大学党委书记徐放鸣共同为科研中心揭牌。

【市老龄协会】 徐州市老龄协会由涉老组织和从事老龄工作的人员组成,是联系广大老年人、老年组织组成的非营利性社团组织。7月8日,市老龄协会举行成立大会,省人大原副主任、省政府原副省长、省老龄协会会长凌启鸿,省老龄办主任张建平,市政府副市长、市老龄委主任孔海燕,市委原常委、秘书长、市老龄协会新当选会长肖俊,市民政局局长周凡等领导应邀出席会议,大会听取了市老龄协会筹备组关于筹备成立徐州市老龄协会的工作报告和章程起草说明,审议通过了《徐州市老龄协会章程》,选举产生了徐州市老龄协会第一届常务理事和会长、副会长、秘书长。

【主城区政府购买服务对象调整】 根据8月29日市政府"关于民政、残联、老龄办等部门重点工作及重点项目实施情况"调度会精神,对城区政府购买服务对象作了适当调整,即在原政府购买服务一类对象基础上增加70岁以上市级以上劳模、70岁以上优抚对象、70岁以上低保空巢独居老人、60岁以上空巢独居二级以上残疾老人等4类人员。

【老年文体教育】 各级老年体协组织网络进一步健全,基层老年体育活动更加广泛,全市常年参加体育健身的老年人达到50%以上;老年教育工作取得新发展,贯彻执行《徐州市老年教育条例》,市级老年大学办学规模进一步扩大,县(市)区老年大学建成率达到90%,开设专业248个,在校学员超过2万人;部省属单位老年大学、镇(街)老年学校、社区教学辅导站办学条件不断改善;"敬老月"活动期间,举办了"风采老人、快乐老人"评选、"全市老年人太极拳(剑)大赛";在全市开展了"百佳孝星"评选、"尊老敬老先进集体、先进个人"、"老有所为人物"三项评比活动,弘扬尊老爱老的传统美德;组织各类老年人才开展送文艺、送科技、送法律、送卫生、送传统教育等系列活动,鼓励更多的老年人走进课堂、走进广场、走进文体组织,丰富晚年生活。 (张弥雷)

人口和计划生育

【概况】 2011年,全市各级人口计生部门深化人口计生综合改革,创新体制机制,全力攻坚克难,努力降低人口出生率、降低出生人口性别比,保障人口计生工作进位争先,全市人口和计划生育工作呈现良好的发展态势。人口计生政策保障机制不断完善。将人口计生工作作为加分项目纳入县(市)区科学发展综合考核,严格实施考核。实行部门人口计生工作绩效考核,加强企事业单位计划生育属地管理,提高综合治理水平。建立人口计生风险抵押金制度,严肃兑现奖惩。扩大重点管理范围,推动工作平衡开展。制定创建全国人口计生综合改革示范市实施方案,树立新时期人口计生工作标杆。控制出生人口数量过快增长效果明显。全面落实出生实名登记和信息共享制度,有效厘清全市生育底数。集中开展社会抚养费专项清理活动,努力净化生育空间。加大重点管理力度,严肃查处各种违法生育行为,严厉整饬生育秩序。在第四次生育高峰带来政策内生育人数不断攀升的前提下,全市人口出生率同比下降近两个千分点,控制违法生育方面取得明显进步。打击"两非"取得突破,人口结构更加和谐稳定。集中开展整治"两非"专项行动,突出社会广泛宣传,突出群众有奖举报,突出案件查实查结,确保专项行动扎实有效。全年共查结"两非"案件254例,起到了极大地震慑和警示作用。大力实施优生促进工程,全力推进免费婚(孕)前检查,婚检率由2008年的0.43%上升到85%以上,出生缺陷发生率进一步降低,出生人口素质进一步提高。拓展服务关怀,人口计生工作群众满意度不断提升。出台《徐州市农村计划生育家庭奖励补偿办法》,彰显了具有徐州特色的利益导向机制。深入开展"思源工程——生育关怀行动",大力救助计划生育困难家庭。实施新农村新家庭计划,提升农村计划生育家庭发展能力。开展廉政风险防控管理工作,努力打造廉政风险防控管理工作品牌,全年没有发生一起违法侵权恶性案件和重大越级上访事件,市人口计生委被评为全省人口和计划生育信访工作先进集体。综合改革进一步深化,两项创新工作荣获2011年度全省人口计生综合改革创新奖。（杨洪涛）

【社会抚养费专项清理行动】 全市集中6月、7月、8月3个月时间开展社会抚养费专项清理行动。市政府办公室专门下发《关于社会抚养费专项清理工作的实施方案》,对2008年1月1日以来社会抚养费征收行为进行逐案清查,规范建档;逐人核对征收标准、已征数额、使用票据和资金管理情况;纠正处理征收程序不规范、征收标准不合法、票据使用不统一等问题。为确保专项清理工作扎实有效,先后2次进行现场督查指导,6月29日,在邳州市召开全市社会抚养费专项清理工作现场推进会,省人口计生委副主任何小鹏亲临现场,充分肯定了徐州市专项清理工作的主要做法和取得的成绩。

【利益导向政策健全完善】 会同市财政局、法制办等有关部门,对2005年实施的《徐州市农业人口独生子女家庭奖励优惠暂行办法》进行修改完善,以127号市长令的形式制定出台《徐州市农村计划生育家庭奖励补偿办法》,经市政府第45次常务会议讨论通过,自2012年1月1日起施行。《徐州市农村计划生育家庭奖励补偿办法》做到与新农保、城乡低保、新农合等方面的有机衔接,在以独生子女家庭为主的前提下,突出独生女、低保等家庭的奖励优惠,填补了独生子女父母从子女14周岁至享受奖扶特扶前的奖励政策空档;提高了只有一个女孩的独生女父母奖励扶助标准,由每人每年600元提高到每人每年720元,增强利益导向政策的实效性,逐步形成了富有徐州特色的农村计划生育家庭奖励扶助制度。（颜 冬）

【信息化建设提质提速】 以加快人口计生信息管理平台升级为重点,全力推进信息化建设提质提速,《人口计生综合信息平台》顺利实现三库合一。推进信息终端建设,1120个村(社区)接入网络系统,占全市行政村(社区)总数40%。着力提升信息化开发应用能力,开发全市季度综合服务等应用软件。完成徐州人口网站2次改版升级工作,新增政务公开、公众参与、民意调查、12356阳光计生、便民服务、行政权力网上公开透明运行等内容。（耿运良）

【无锡市"徐州籍流动人口计划生育协会"成立】 11月4日,徐州市人口计生委在无锡市成立无锡市"徐州籍流动人口计划生育协会",这是省内地市级首家成立的计划生育协会组织。进一步延伸徐州市计划生育协会工作网络,探索流动人口计划生育服务和管理工作的新路子,协同无锡市为徐州籍在无锡工作、生活的流动人口提供生育、节育和合法权益保障等方面的全程服务、均等化服务,破解流动人口服务难、管理难、维权难的问题,引导流动人口模范遵守国家的法律法规,自觉规范自己的生育行为。无锡市"徐州籍流动人口计划生育协会"主要任务:一是充分发挥流动人口计划生育协会的带头、宣传、服务、监督、交流五大职能作用;二是进一步完善规章制度;三是加强与户籍地和现住地的联系。通过流动人口计生协会这一平台的作用,及时掌握流动人口的情况,与流出地进行信息互通,与流入地进行对接沟通,协调解决流动人口生产、生活、生育方面的困难和矛盾,维护流动人口的合法权益。（朱晓明）

【新农村新家庭计划】 坚持"倡导新风尚、培育新会员、发展新产业、塑造新农民,争创新家庭、建设新农村"的"双新"建设之路,形成融宣传倡导、生育关怀、优质服务、利益导向、村民自治为一体的富有徐州特色的"双新"工作品牌,成为一项政府重视、部门支持、群众受益的实事工程、民心工程。重点指导沛县围绕经济社会发展和新农村建设,充分发挥人口计生公共服务和管理网络优势,把"新农村新家庭计划·幸福工程"作为新时期服务民生,提升农村家庭发展能力、引领群众转变生育观念和生活方式、稳定低生育水平、促进"两降一保"的重要工作,创造性建立了镇村新家庭幸福促进"一会五组"工作载体,成功探索出一条符合新时期人口计生工作要求、服务群众需求的"双新"工作模式。9月28日,市政府在沛县召开全市"双新"工作推进会,总结推广了沛县"一会五组"工作经验,推动全市"双新"工作向纵深发展,进一步发挥"双新"工作在传播生育文明弘扬婚育新风、稳定低生育水平、提高人口素质促进人的全面发展、致富帮扶群众促进新农村建设方面的积极作用。（谈建荣）

【市区免费婚(孕)前检查】 市委、市政府自2009年起在市区全面推进优生促进工程,实行自愿免费婚(孕)前检查。计生、民政、卫生提供一站式服务,将计生宣传、婚前检查、婚姻登记于一体,建立服务型、规范化的婚检制度,使婚姻登记当事人从生理、心理和保健知识上真正享有婚(孕)前保健服务。市人口计生委印制《徐州市婚孕前医学检查指导手册》8万册和优生健康券、婚检健康券等,免费发放给准备结婚的青年男女和准备怀孕的夫妇。2009年婚检9085对、孕前检查7929对,2010年婚检13477对、孕前检查9686对,2011年婚检16019对、孕前检查14459对,婚检率由2008年的0.43%上升到88.13%。通过推进优生促进工程,实行免费婚(孕)前检查,使广大市民了解出生缺陷的危害及预防知识,主动参与免费婚检、优生检测等优生促进服务项目,从而引导青年男女树立科学的婚育观念,改变不良生活方式,远离高危环境,培养健康行为,避免或减少出生缺陷发生。

(周树民)

【人口计生干部队伍职业化建设】 积极争取组织部、人保局、编办等部门的支持,核增1名机关党委专职副书记(正科级)领导职数。徐州市计划生育协会办公室更名为"徐州市计划生育协会",并列入群众团体序列,同时注销了民政局管理的社团法人单位"徐州市计划生育协会",理顺了协会的隶属关系。组织做好全市人口和计划生育系统干部"一证三师"(统计师、社工师、职业医师、生殖健康咨询员证)培训考试工作,成绩明显。全市294名人口计生干部报名参加社工师考试,162名参加培训,其中83人参加助理社工师培训,79人参加中级社工师培训。138名人口计生干部报名参加统计专业考试,其中20名参加统计从业资格考试,38名参加统计初级考试,80名参加统计中级考试。102名人口计生干部参加了生殖健康咨询师职业资格考试。 (郝贵章)

【"思源工程——生育关怀行动"】 市人口计生委联合市民建,创新开展"思源工程——生育关怀行动"这一公益性民生工程,动员广大民建会员、计生协会会员关注计划生育贫困群体,着力帮扶计划生育困难家庭尤其是独生子女伤残或死亡困难家庭,取得了显著社会效益,促进了社会和谐稳定。10月24日,全省"思源工程——生育关怀行动"推进会在徐州市召开。此项活动开展以来,先后建立"思源工程——生育关怀行动"结对帮扶基地9个,大学生村官创业基地6个,留守儿童教育基地4个。累计募集资金883万元,帮扶计划生育家庭8106户;救助计划生育留守儿童6300名;资助计划生育贫困家庭女大学生1680名。协调各类帮扶资金6820万元,落实帮扶项目2015个,受益群众达156万人。

(李　健)

民　族

【省民委领导慰问市侯集中学新疆班师生】 1月13日,省民委副主任王在郑等一行在副局长程绍传的陪同下,到市侯集中学看望新疆班师生并送去慰问金。王在郑对市侯集中学全体教职员工为民族团结进步和民族教育事业辛勤工作表示慰问,并对侯集中学新疆班工作给予充分肯定。

【市民宗局门户网站开通测试】 为适应信息化社会的需要,更好地利用互联网的平台宣传贯彻党和国家的民族宗教方针政策,及时、准确、全面地反映和展示全市民族宗教情况。7月1日,市民族宗教事务局门户网站(www.xzmzzj.gov.cn)开通测试。网站设有新闻中心、政务公开、在线办事、便民服务、徐州民族、徐州宗教、理论与研究、机关建设、政策法规等栏目,为加强徐州民族宗教的对外宣传,社会各界更好地了解全市民族宗教情况提供了一个重要平台。

【民族特需商品定点生产企业座谈会】 8月10日上午,徐州市民族特需商品定点生产企业座谈会召开。市民宗局局长陈冠华,副局长程绍传及丰县、睢宁县、邳州市民宗局有关领导和徐州益客食品有限公司、徐州澳华肉食品有限公司、徐州秦龙民族用品有限公司3家企业负责人近20人参加了座谈。会议就如何推进全市民族特需商品定点生产企业健康、快速发展和落实国家优惠政策等问题进行了深入的研讨。

【泰康清真食品获奖】 9月21日,中国第三届(2011年)清真食品穆斯林用品企业评选活动颁奖仪式在宁夏回族自治区灵武市举行。徐州市"中华老字号"泰康清真食品有限公司获得"清真品牌大众口碑奖"。 (朱　军)

宗　教

【组织百名宗教界人士参观"三重一大"项目】 5月27日,市民局组织百名宗教界代表人士先后参观了彭祖园、市规划馆、高铁徐州站等"三重一大"项目,近距离地感受到了徐州市城市环境日新月异的变化。参观后,召开了"看发展,话同心,共祝徐州更美好"座谈会,宗教界代表人士纷纷畅谈了此次参观活动的感受,通过活动,更加激发了宗教界人士爱国爱教、爱党、爱社会主义的热情。

【市道教协会举办道教知识培训班】 7月20~21日,市道教协会结合全市道教实际,举办了一期道教知识培训班,来自全市各道教场所负责人、道教教职骨干共25人参加了培训。培训班学习中国道教协会《道教教职人员认定办法》、省道教协会《关于"道教教职人员认定办法"实施细则》、国宗局7号令及宫观管理知识,培训取得了良好的效果。

【天主教徐州教区举行"双百"庆典活动】 5月18日上午,天主教徐州教区老主教钱余荣百岁寿辰、耶稣圣心堂建堂百年的"双百"庆典暨王仁雷继任主教大礼弥撒活动在徐州市青年路天主教堂举行。中央统战部、国家宗教局有关领导,中国天主教"一会一团"负责人,省委统战部、省宗教局、省天主教两会及徐州市有关领导参加庆典活动。中央统战部常务副部长朱维群为此次庆典活动发来了贺信。省委统战部部长罗一民在与钱余荣和王仁雷交谈时,希望两位主教继续高举爱国爱教旗帜,坚持独立自主自办原则,做好教区各项工作,维护好教区的和谐稳定。

【宗教团体联席会议召开】 9月23日,市民宗局在青年路天主教堂会议室组织召开了宗教团体联席会议,全市5大宗教7个团体21名秘书长以上负责人和机关有关人员参加了会议。各宗教团体主要负责人汇报了工作,分析了各宗教当前工作形势,并结合年度工作计划和工作中存在的薄弱环节,汇报了下步工作打算。市民宗局局长陈冠华传达学习了中共徐州市委第十一届党代会精神,并针对全市宗教领域存在的主要问题,提出了要毫不动摇地坚持党的领导,努力提高自身工作能力,做教职人员和信教群众的表率等要求。

【贾汪区茱萸寺举行重建落成庆典】 9月28日上午,徐州市贾汪区茱萸寺举行重建落成暨佛像开光庆典。省政协副主席黄因慧,省委统战部副部长、省民委主任(宗教局局长)莫宗通,市领导曹新平、张敬华等参加仪式。国际佛光会世界总会会长、台湾佛光山开山宗长星云大师;中国佛教协会咨议委员会副主席、江苏省佛教协会会长、苏州灵岩山寺方丈明学长老等宗教界人士出席活动。茱萸寺的建成开放,不仅为广大佛教信众又提供了一个设施良好的活动场所,也必将对全市旅游事业的发展,对佛教文化的传播,对和谐社会的构建,起到积极的推动作用。

【星级平安和谐宗教活动场所负责人培训班】 10月27～30日,徐州市举办全市星级平安和谐宗教活动场所负责人培训班,来自全市各县(市)区民宗局的分管领导、市和各县(市)区宗教团体负责人、全市三星级以上平安和谐宗教活动场所负责人等共计130人参加了培训。市社科联主席刘宗尧、市民宗局副局长黄修建和局政法处、宗教处有关负责人分别在培训班上作了徐州经济社会的发展趋势和走势、党的宗教工作基本方针、宗教法律法规和深入开展星级平安和谐宗教活动场所创建活动等四个专题的讲座。通过培训,进一步提高了宗教工作干部、宗教团体负责人和宗教教职人员的综合素质,促进了全市星级平安和谐宗教活动场所创建活动的深入开展。

【宗教活动场所安全管理】 12月29日,市安监局纪委书记林邦国一行四人来市民宗局考核验收2011年度全市宗教活动场所安全管理工作。考核组首先听取了市局对全市宗教活动场所安全管理工作的汇报,对照《徐州市2011年度部门安全生产目标考核细则》查看了台账,并在局长陈冠华、副局长黄修建陪同下,实地察看了云龙山兴化寺、竹林寺等宗教活动场所安全管理工作情况。考核结束后,考核组对市局2011年度宗教活动场所安全工作管理给予了充分肯定,并对2012年度全市宗教活动场所安全管理工作提出了具体希望和要求。（朱　军）

徐州市宗教团体班子成员名单

一、徐州市佛教协会

会　　长:释果光
副 会 长:释耐修　释合愿　释能宣(女)　释能海(女)
秘 书 长:蒋守丰
副秘书长:黄元东　陈刚辉　邱之森　释宏广(女)

二、徐州市伊斯兰教协会

会　　长:马照明
副 会 长:伍跃贤　白茂俊　米丽恩　王安昌
秘 书 长:伍跃贤(兼)
副秘书长:许富强　李　伟　李国柱　金红梅　沙志鹏　王玲莉

三、徐州市天主教爱国会

主　　任:钱余荣
副 主 任:王仁雷　王兰英　许永斌　戴振宝
秘 书 长:王兰英
副秘书长:姜玲玲　雷晓霞　王荣立　王　春　侣庆华　戴宪臣

四、天主教徐州教区(省级宗教团体)

主　　教:王仁雷
神　　甫:石玉灿　许永斌　戴振宝　戴宪臣　王荣立　侣庆华　刘新建

五、徐州市基督教三自爱国会

主席兼秘书长:王朝选
副 主 席:朱友德　张合安　尚培兰
副秘书长:刘开鑫　李桂新　关永芝

六、徐州市基督教协会

会长兼总干事:乔建设
名誉会长:乔振江
副 会 长:张宜敏　尹少华
副总干事:张宜敏　马广俭

七、徐州市道教协会

会长兼秘书长:王中华

副 会 长:刘永钧
副秘书长:丁善良　权纪军　张传文　顾燕华

(朱　军)

残疾人事业

【基础工程建设】 残疾人托养机构、康复中心等重点助残工程建设项目有效推进,残疾人服务设施建设不断完善。各地落实省"苏馨家园"计划,克服时间紧迫、任务繁重、经费缺乏等困难,积极争取党委政府支持,协调相关部门落实公办托养机构建设工作。7个县级公办机构建设任务基本完成。其中,贾汪区已实现运营,并获得省试点补贴。丰县、新沂市已完成工程建设,邳州市整体划拨完成,着手做运营准备工作。丰县创新工作模式,在托养机构隔壁租赁50亩耕地,作为残疾人农疗场所。新建47个镇级托养机构,全市已有71个镇级日托机构,提供托养服务1000余人次。1万平方米的市级公益性残疾人康复中心建设项目工程,已完成项目建设前的各项工作,并被列入2012年城建重点项目计划,并争取到国家发改委特殊支持资金400万余元,是全国地级市残疾人康复工程项目得到国家发改委特别支持的唯一一家。沛县3000余平方米的康复中心已实施装修改造,铜山区康复中心建设已完成选址、立项工作。8家已建成的县级残疾人康复中心,坚持错位发展的原则,采取不同类型的运营模式,不断推进标准化、规范化建设,进一步提升了康复中心的社会效益、规模效应、辐射范围和服务能力。

【助残实事项目】 年度重点助残实事项目全面落实,残疾人民生得到不断改善。市委、市政府将"扶持1000名残疾人就业、免费培训1000名残疾人、为1万名重残人员发放护理补贴、为1000名残疾学生发放教育补贴和为1000户贫困残疾人配备辅助器具及家庭无障碍环境改造"列为2011年为民办实事工程之一。在市、县两级残联和各有关部门的共同推进下,残疾人"五个一"帮扶工程进展顺利,全面超额完成任务。全市共安置残疾人就业2545人,培训残疾人1967人,发放重残护理补贴10017人,为1070户残疾人实施了辅助器具适配及家庭无障碍环境改造,为残疾学生和残疾人家庭子女发放教育补贴和资助1217人次。

【涉残政策】 重残补贴金发放工作取得新突破。市残联联合市财政局、民政局印发《徐州市关于向低保家庭中重度残疾人发放重残补贴金的通知》,并进行了摸底调查。全市符合发放条件人数为17501人,已发放补贴12886人次,补贴金额400万余元。贾汪区、铜山区、睢宁县、丰县、新沂市、邳州市6个县(市、区)均已出台了文件并落实了配套资金。全市特殊困难残疾人、一户多残、依老养残生活救助政策有力推进。市残联做好受助人员信息统计工作。通过调查摸底统计,全市符合发放条件的共有6238人,其中一户多残3610人,依老养残2628人。市本级救助政策已经市政府常务会议研究通过并出台。铜山区、睢宁县、新沂市出台了文件,其中睢宁县和新沂市已经开始发放。丰县在省政策未下达之前,已协调民政先行发放。无固定收入重残人员生活救助政策已重新修订实施。自市政府2010年将重残人员生活救助政策修订后,各县(市)、区也分别修订了本地区的文件,使这一政策在基层得到有效贯彻落实。除落实上述3项政策以外,睢宁县残联争取县委出台了本地残疾人事业发展意见,沛县、新沂市在全市率先出台了农村残疾人参加新农合医疗保险补贴的具体办法。沛县残联与县有关部门联合制定出台了残疾人助学、公益岗位、失业登记、就业服务、生活救助等政策制度。其他各地也注重从本地残疾人实际需求出发,研究制定扶残助残新举措,使全市涉残制度建设实现了进一步突破和完善。

【助残日系列活动】 2011年助残日活动主题是"改善残疾人民生,维护残疾人权益"。徐州市结合全国残疾人技能大赛在江苏省举办、社会关注程度较高的实际,将活动主题具体为"培训促进就业",以市残工委名义制定并印发了助残日系列活动方案。各级残联围绕主题,紧扣残疾人培训、就业和创业,精心组织了形式多样的活动。新沂市召开了纪念《残疾人保障法》颁布实施21周年座谈会,开展了残疾人作品展、助残服务一条街宣传活动。泉山区对30名残疾人进行了创业理念培训。其他县(市、区)也分别通过举办技能培训班、专场招聘会,开展捐赠活动,组织"创业之星"评比,开通服务热线和邀请领导走访慰问等多种形式,向社会各界展示了残疾人的风采和残疾人工作取得的成就。各地还注重以各类活动为载体,充分利用各种媒体和途径,深入开展宣传工作。仅助残日及技能大赛期间,市级以上媒体就刊发残疾人工作信息42篇,播发专题节目30余次。

【重点康复项目】 全市共投入康复经费3300万余元,推进各项康复工作的开展。全市共组织1321名贫困家庭6岁以下残疾儿童进行免费康复训练。市残联积极争取慈善会的支持,多渠道筹集经费,扩大康复训练救助范围,对未纳入残联康复训练项目的200名残疾儿童进行救助。该项工作已成为继白内障复明手术之后,代表徐州市残联康复工作的又一品牌。全面实施"三助一给"和彩金康复救助项目。共对3470名精神病人免费给药,并建立服务卡;免费为187人制作假肢,为444名肢体残疾儿童制作矫形器;完成3451例贫困白内障患者手术任务;发放低视力助视器119人;对7870人(户)残疾人配发辅助器具及家庭无障碍改造。

【基层康复机构建设】 不断深化社区康复服务。各级残联利用社会资源,结合新农村建设,不断推进镇(街道)、村(社区)康复室建设步伐。市残联投资,县区残联按标准配套,对37个镇(街道)、社区(村)康复室进行扶持,全市累计建成镇(街道)康复室107个,配备社区康复协调员1919名。鼓楼区、泉山区、市开发区、睢宁县积极争取,即将完成街道(镇)、社区康复室39个。市、县两级残联对全市1421名康复协调员和技术、管理人员进行了专题培训。市主城区已实现83%的街道建有残疾人康复室,60%以上的社区建有残疾人康复点。铜山区、贾汪区及其他县(市)也在积极推进。各级残联根据省统一部署,完成了涵盖23万余人的康复需求调查工作,并建立了康复需求档案,实现了动态管理。睢宁县康复科被中残联表彰为全国康复工作先进单位,沛县张玉合被表彰为全国康复工作先进个人。

【就业扶贫】 针对全市农村残疾人工作薄弱、农村残疾人生活困难的现状,市残联将扶持农村残疾人脱贫作为2011年度工作重点之一。结合残疾人就业、培训需求调查,通过创建扶贫基地、就业创业基地等多种方式开展帮扶服务工作,取得了良好的成效。全市共参与创建省级扶贫示范基地12个,超出省下达创建任务的3倍。全面完成了对40户农村残疾人实施危房改造的任务。沛县残疾人绿色创业基地被中央扶贫办公示为"全国扶贫工作先进集体",并受到国务院扶贫办和中残联的表彰。全省农村残疾人扶贫工作现场会9月份在沛县召开。就业服务工作扎实有效。全面建立健全就业工作目标考核机制,推进业务服务规范建设。各地以"培训促进就业年"主题活动为抓手,开展就业服务,积极扶持残疾人就业。沛县、睢宁县技能培训扎实有效,受训残疾人获得技能资格证书率高。鼓楼区残联开辟的社区残疾人创业岗,使残疾人在社区实现就近就业,为新形势下安置残疾人就业探索出了一条新路子。全市创建培训促就业基地11个,培训残疾人1959名,安置扶持1699名残疾人就业,超出省下达创建任务的10倍;创建省级盲人保健按摩示范机构4个,是省下达创建任务的2倍;新开办盲人按摩点34个,安置盲人72名,占省下达任务的113%。全市2011年残保金征收入库6392万元,实现了翻番的奋斗目标,增幅列全省第一,在全省残保金征缴工作总结表彰会上作经验介绍。

【残疾人文化体育事业】 全市共向省和国家输送45名优秀运动员。在全国残运会比赛项目中,徐州市运动员在射箭、轮椅击剑、乒乓球、网球等项目中取得了金牌19枚、银牌10枚、铜牌11枚的好成绩,徐州市获得第八届全国残运会突出贡献奖。市残联依托徐州市残疾人广播艺术团,打造出2个立意新颖、表演出色的精品节目,参加了全国残疾人技能大赛颁奖晚会的演出,2个节目分别获得全国特教学校学生艺术汇演二、三等奖,省残联授予突出贡献奖。为省聋人模特队选送了4名聋人模特,参加集训和表演。市特教中心被中国残联命名为特殊艺术培训基地。云龙区、鼓楼区文化进社区活动红红火火,组织残疾人开展读书活动和纳凉晚会,丰富了精神文化生活。云龙区组织高校大学生对辖区内在校残疾学生,开展"畅想明天、畅想未来"等健康有益的辅导活动。鼓楼区残疾人免费为社区民众放电影的事迹被《人民日报》刊登。在江苏省首届聋人书画摄影展上,徐州市参赛作品获得了一、二等奖。

【维权保障】 市残联积极配合市建设局、民政局、老龄委等有关部门,开展了全省无障碍示范城市创建工作;与市司法局、检察院等8家部门联合下发了法律救助工作的实施意见,成立了徐州市残疾人法律救助站。联合市交通局解决了残疾人C2驾照培训问题;为全市符合条件的残疾人发放了燃油补贴;协调沛县政府和大屯煤电公司,在全国率先建立了央企残疾人工作机构,妥善解决了大屯煤电公司456名残疾人各项涉残政策的落实问题。沛县残联和法律援助中心在县、镇、村分别建站设岗,建成覆盖全县325个村(社区)的法援维权网络。实现了从走出家门到提交维权申请半小时内完成的"残疾人半小时法律援助服务圈"。新沂市残联聘请常年法律顾问,为残疾人提供免费的法律服务和援助。2011年,全市残联系统共处理来信来访300余件次,妥善解决了残疾人的合法诉求和实际问题。

【基层组织建设】 市残联落实市委50号文件要求,加大与县(市)、区党委、政府的协调力度,将镇级残联在编专职理事长配备工作作为创新突破的年度重点任务,强力推进。历经3个多月,160名镇级残联专职理事长在全省率先配备到位。其中,公务员109名,全额拨款事业干部51名。市、县、镇、村四级残疾人工作组织体系基本建立。通过以会代训和集中办班等形式,分级分批对基层残联理事长和专职委员进行培训,全面提高了残疾人工作者队伍的业务素质和工作水平。泉山区召开了全区残疾人专职委员工作推进会。云龙区举办了专职委员业务培训班,并对基层残联和社区残协工作进行了考核表彰。各地注重培育并宣传残疾人专职委员先进典型,为残疾人专职委员办理有关保险,引领和调动了基层残疾人工作者的积极性。各地建立健全五类残疾人专门协会,协会工作活跃。市残联智残亲友会工作获得"十一五全国残联智力残疾人及亲友协会工作优秀奖"。严格审核,为全市14万残疾人换发了第二代残疾人证,并做到归档规范、索引科学。

(市残联办公室)

消费者权益保护

【概况】 2011年,徐州市消协围绕"消费与民生"年主题,以维权便民为目标,始终把维权意识、服务理念贯穿消费调解的整个过程,想方设法降低消费者的维权成本,热情对待每件投诉。在受理投诉过程中,注重抓热点难点和群体投诉,综合运用查询、人民调解、诉调对接等手段,以抓事前防范为主,事后处理为辅,把处理关口前移,尽最大努力减少消费者的损失,最大化的发挥消协的调解作用。全年,消协共受理消费者投诉1617件,成功解决1399件,促成企业和解27544件,支持消费者通过司法程序解决8件。12月,徐州市消协被评为"2010~2011年全国消协组织消费维权先进集体"。

(时圣利)

区县(市)

铜山区

【概况】 铜山区环抱徐州市,总面积1989平方公里,总人口130余万人,辖20个镇、1个农场、8个街道办事处、一个省级高新技术开发区,设319个村(居)委会,其中村委会312个、居民委员会7个。境内有微山湖生态旅游区、吕梁山风景区、彭祖故里、楚王山汉墓群、千佛洞、张伯英艺术馆等名胜古迹。2011年,居全国"百强县"第53位。

【综述】 2011年,全区地区生产总值570.57亿元,5年来年均增长25.6%。三产结构由2007年的12.58:55.69:31.73发展为7.7:56.7:35.6。财政总收入由2007年的25.18亿元增加到2011年的88.99亿元,年均增长37.11%;其中公共财政预算(一般预算)收入由10.2亿元增加到41.1亿元,年均增长41.7%,保持苏北第一,进入全省第13位。连续5年进入全国百强县行列。

工业 2011年,全区工业投资290亿元,是2007年的2.4倍。华润电力(三期)、东南钢铁1280立方米高炉、维维产业园、徐航压铸、美驰车桥(二期)等一批重大项目相继建成或开工建设。新型工业化水平迈上新台阶,规模以上工业产值达到1760.97亿元,机械、冶金、食品、能源、车辆制造、电子电器六大主导产业规模和层次进一步提升,荣获"中国工程机械之都"称号。

农业 2011年,铜山区设施农业总面积56万亩,奶牛存栏量4.4万头,保持全省第一,被农业部认定为首批国家级现代农业示范区,获批省级现代农业示范园。农业产业化水平显著提升,维维集团获批国家级农业龙头企业,国家级农业龙头企业个数保持全市第一。全区60%的农户加入各类专业合作社、专业协会,合作组织总数发展到1067家。铜山区连续5年被评为全国粮食生产先进县,连续4年被评为全省高效农业规模化先进县,先后荣获全国农田水利建设先进县、全国林业科技示范县、"中国蔬菜之乡"、"中国优质果品之乡"称号。"农村新五件实事"和新一轮"农村六大实事工程"扎实推进,建成53个市级新农村示范村、99个环境整治示范村,新建改建村综合服务中心172个。全区水利建设投资累计达12.6亿元,解决了33万农村群众的饮水安全问题。新建农村公路291.85公里,改造农村公路危桥81座,新建公益农桥404座。深入开展"清洁城乡、美化家园"活动,"组保洁、村收集、镇运转、区处理"的垃圾收运模式覆盖全区。

招商引资 2011年,铜山区在突出食品、机械、冶金、车辆制造、电子电器等主导产业和“高、大、外”项目的同时,抓住国际金融危机后创新性企业加速发展和布局调整新机遇,改变招商思路,放大招商成效。2011年全区开工项目、合同项目共计156个,投资总额357亿元。其中开工项目107个,计划投资总额238亿元;合同项目49个,计划投资总额118亿元。全区内资实际到帐注册资本106亿元,在全市范围内首超100亿元,完成市政府下达任务的155%,继续高居徐州市各县(市)区之首。2011年新批外资企业27家,实际到账注册外资1.6亿美元,增量、增幅处于全市前列,完成市政府下达任务的127%。

外贸 2011年,铜山区共组织50余家企业分别参加了华交会、广交会等国内外大型活动,全年累计实现进出口总额32847.49万美元,比上年增长113.76%;实现自营出口27457.91万美元,完成市下达年计划的179.4%,比上年增长132.87%,其中外商投资企业实现自营出口4548.02万美元。全力推进辖区外经企业的发展,对外投资与上年相比,有一定幅度的增长,完成年计划的105%,同比增长4.13%;实现营业额1310万美元,完成年计划的109.17%,同比增长8.89%。

现代服务业 2011年,铜山区服务业加快发展,北京路商贸一条街、南京路步行街等一批商贸和功能性项目相继竣工,大学生创业园产业化基地等现代服务业集聚区建设进展顺利。全年社会消费品零售总额突破100亿元,比上年增长18.1%,是2007年的2.3倍。金融业发展迅速,引进10家银行金融机构入驻铜山,信用联社达到组建农村商业银行标准,云意电气股份有限公司成功上市,成为铜山区继维维集团之后又一家上市企业。旅游业蓬勃发展,吕梁、微山湖两大风景区开发全面展开,月亮湾产业园、郡岭庄园被命名为江苏省四星级乡村旅游点。建筑业发展良好,2011年完成总产值194亿元,被省政府命名为“建筑强区”。

城乡建设 2011年安排城建重点工程六大类50项,共投资103亿元。年度应开工45项,实际开工44项。娇山湖景观、珠江路快速通道东段绿化等21项工程顺利完工,焦山河南路建设等22项工程完成序时进度,基本完成年度目标任务。区政府承担的16项市重点工程建设任务全面完成。重大基础设施项目总体建设势头良好,市级重点工程即绕城高速公路出入口6个标段绿化工程和珠江路快速通道东段绿化提升工程,年底前均已完成并通过验收;区级重点工程7项,即保障性住房工程,保利迎宾馆工程,科技创业大厦工程,矿大科教配套区体育场工程,玉泉河广场建设工程,海河路、运河中东路、玉泉河南、北京路西的配套工程,均按序时进度完成任务。扎实推进村庄环境整治行动,三堡镇潘楼村等16个村被评为“江苏省村庄环境整治示范村”,柳新镇孙庄村等4个被村评为“江苏省康居示范村”,棠张镇跃进村等6个村被评为“江苏省农村污水处理设施建设示范村”。

徐州高新技术开发区 2011年,徐州高新技术产业开发区综合实力跃居全省省级开发区第十位,其中科技创新能力位居第五位、管理能力位居第八位。相继荣获“2011中国最具发展潜力园区”前十强、“十二五”中国十大产业集聚区、江苏省两化融合示范基地等荣誉称号。全年累计落地项目共145个,总投资达332亿元。徐工重卡、压力机械、鑫虹光电等6个项目单体投资额均超过20亿元。重点实施了道路、绿化、雨污等8项基础设施工程,总投资约3.3亿元。全年共申报各类专利771个,专利总数和发明专利总数分别比上年增长348%、195%;申报国家火炬计划、国家星火计划、国家重点新产品项目13家,获批国家火炬项目5家、国家星火项目3家、国家高新技术企业9家、省级企业院士工作站2家、省级工程技术中心7家。高新区各类研发机构数量占到了全市总量的三分之一。徐州高新区与国家安全生产科学研究院达成共建国家安全科技产业园协议并启动建设;与华中科技大学等5家高校联合成立了“5+1”科技创新联盟;与教育部科技发展中心联合建设了科技部蓝火计划科技成果转化中心,40余家企业与高校完成了科技创新对接。投资10亿元的南洋国际商城年内竣工,徐州水利设计院、聚盛家居广场、软件动漫产业园等现代服务业成为支撑徐州高新区发展的支柱产业之一。2011年共开工建设安置小区4个,面积达141万平方米。由区国资公司融资投资建设的3个安置小区,当年完成投资6.65亿元。望城岗安置小区总投资9200万元的多层安置房竣工交付,面积约5万平方米,安置居民313户。凤凰山安置小区二期总投资11.26亿元,总建筑面积51万平方米,可安置居民2000户。

交通 50公里农村公路建设6月底全面竣工;20座危桥改造7月底前通车,下半年追加2座计划,也于10月底前完成施工。市、区确定的重点城建交通工程4项,全部实现序时进度。其中,13公里310国道徐州西段(铜山段)改扩建工程及时完成项目报批、征地拆迁,有序组织地面清表、路基开挖以及部分桥涵铺设等,总体工程实现序时进度;中山南路南延(国道连接线)一期工程9月开工,路基和排水、排污管网设施超前推进;拾屯连接线工程,突破各种困难和障碍,完成路基和桥梁预制等工作;棠张镇与机场路连接线(棠马路)铜山段工程10月开工,路基、路面工程基本结束。徐州“亿吨大港”建设,铜山重点承担码头整治和疏港公路二标段建设,11月底两期整治基本结束,疏港公路工程已完成计划。投资1700多万元实施17公里损毁县道大修和中修,提高农村公路通行质量和效率。2011年,全区境内客运量98.9万人次,客运周转量2.967亿人公里;货运量13.9万吨,货运周转量2.42亿吨公里;水路货物运输量2.4万吨,水路货物周转量1.44亿吨公里,港口货物吞吐量5万吨。

环境保护 新增城市绿地800公顷,森林覆盖率由23.04%提高到29.7%,关闭小火电、小水泥、小钢铁企业近200家,全区大气环境质量达到二级及以上的天数349天,城市生活污水集中处理率达到85%以上,饮用水源地水质达标率100%。三堡镇胜阳村被国家环境保护部授予“国家级生态村”称号,实现了徐州地区创建国家级生态村零的突破,年底实现了区内行政村市级生态村的全覆盖。全面启动国家级生态区的创建工作,委托省环科院编制《国家级生态区建设规划》,确保实现建设国家级生态区的目标任务。流域治理工作取得新进展,根据《徐州市重点断面水质达标保护区划分技术规范》的要求，黄桥断面、单集闸断面、蔺家坝新老断面完成综合整治。顺利完成“十一五”治淮工程。上半年利国清源污水处理厂一期支管网工程、新城污水处理厂提标改造工程及龙亭污水处理厂通过环保验收，柳新污水处理厂克服土地问题，顺利恢复建设。

劳动保障 年新增就业人数14000人，新增农村劳动力转移13875人，城镇登记失业率为2.31%。城镇登记失业人员就业再就业6371人，城镇失业人员再就业3941人，就业困难人员再就业718人。全年发放社保补贴447万元，岗位补贴39万元，小额担保贷款163万元。全力促进高校毕业生就业，全年建成市级大学生创业园产业化基地1家，吸纳大学生就业1086人，接收安置“三支一扶”人员18人，通过实施购买基层公共服务岗位安置困难家庭和就业困难高校毕业生30人。企业职工养老保险参保56325人，城镇职工医保参保96799人，城镇居民医保参保77200人，城乡居民养老保险参保37.98万人，失业保险参保56416人，工伤保险参保42067人，生育保险参保32987人。8大保险基金征收5.19亿元，支出5.47亿元，累计结余7.1亿元，争取省补资金1.25亿元。企业退休人员养老金人均提高147元/月，城镇职工医保、城镇居民医保规定范围内医药费用报销比例分别达到80%和50%。

社会生活 2011年，铜山区共保障农村困难群众3.2万人，保障标准每人每月220元，人均月补差117元；共保障城市低保对象2607人，保障标准每人每月370元，人均月补差168元。2011年第32次政府常务会议通过城市低保全覆盖的工作意见，将城市低保范围扩大到全区。五保供养标准达到上年度农民人均纯收入的50%，分散供养标准从每人每年2600元，提高到每人每年3000元，集中供养标准从每人每年5400元，提高到每人每年5500元。供养标准居全市第一。2011年，全区投资554万元建设“关爱工程”，新增床位150张，五保集中供养率达67%。逐步实现以乡镇敬老院集中供养为主体、包户抚养为补充的五保供养形式。取消了救助起付线，实现与新农合、城镇职工基本制度衔接，实行“一站式”结算救助服务。救助比例从上半年的30%提高到50%，农村五保、城市三无对象实行100%救助，门诊上限2000元。救助上限从每人每年10000元提高到40000元。2011年对6500人实施了大病救助，救助支出1000万元，对206人实施了临时救助，救助支出近33万元。城乡最低生活保障线以下的老年人全部纳入保障范围。全区80～100周岁以上老年人每人每月发放50元、100元、300元尊老金；2011年全区共建设32家居家养老服务中心(站)，切实解决了“五保、特困、城乡低保和空巢、独居老人”的生活困难问题。全区民办养老福利机构核定6家，床位700张，进入审批程序4家。年内救助外地转来城市流浪乞讨人员27名，为36名贫困唇腭裂患者办理了免费手术，免除医疗费用28万元。

科技 全年共获批市级以上科技计划项目281项，其中国家级科技计划项目26项、省级科技计划项目39项、市级项目216项。新增国家高新技术企业9家、国家重点新产品1项；新增省重点新产品3项、省级高新技术产品143个；新增60家市级高新技术企业、市高新技术产品52项。共争取上级科技扶持资金2923万元。2011年全区完成高新技术产业产值588亿元，同比增长92.2%，占规模以上工业产值的33.43%；新兴产业产值完成476亿元，同比增长100.4%。新增省级企业院士工作站2家、市级以上工程技术研究中心211家、省企业博士集聚计划10人、省创新企业4家。大中型企业建有研发机构53家，实现大中型企业研发机构全覆盖，规模以上工业企业建有研发机构186家。2011年铜山区共有省级以上研发机构50家，其中省级工程技术研究中心33家，工程中心、技术中心9家，院士工作站3家，博士后科研工作站5家。市级研发机构达294家，其中工程技术研究中心229家。全年组织专利申请3085件、授权1023件，申请量、授权量再创新高，位居徐州市县(市)区榜首。组织申报省重大科技成果转化专项资金项目7项，其中江苏保丰集团公司“小麦新品种徐麦30、保麦1号产业化”项目获省重大科技成果转化专项资金支持，获成果转化专项资金600万元。

教育 全区4到6周岁幼儿入园率94%。义务教育阶段入学率达100%，初中巩固率达99.5%，高中阶段入学率为95.5%。为全区中小学添置多媒体讲台1500套，电脑桌2000套，共投入资金369万元。省教育厅为全区98所村小学配备“龙芯”电脑1960台，多媒体设备98套，投入资金782.4万元。小学图书生均达24.2册，初中图书生均达41.8册，高中图书生均达51.3册，理化实验设备全部达到江苏省教育技术装备二类标准。2011年高考成绩再攀新高，全区二本以上上线3150人，比2010年增加近4个百分点；文化本科上线2883人，比2010年增加4.2%；本科上线率、文化类本科上线率、艺体类本科上线率均居全市首位；语、数、英三科均分及物、化等6科的过B率均居全市第一。张集中专代表队在2011年江苏省职业技能大赛中获得2金4银4铜的成绩。铜山中专参加市技能大赛取得6银6铜的成绩。2010～2011学年度，累计发放各类资助资金2653万元，发放助学贷款1968万元。学前教育的资助工作从2011年秋季学期开始落实，共拨付156万元。

卫生 2011年全区参加新型农村合作医疗人员共109.37万人，参合率达到99.97%，筹资标准由100元提高到230元。2011年，参合群众就诊和补偿182万人次。全区人均基本公共卫生服务补助达到25元。全区累计建立居民健康档案99.4万份，登记建档高血压5.7万人、糖尿病1.2万人；免费实施儿童免疫规划，一类疫苗接种率均达100%；完成农村孕产妇实施住院分娩补助7052人，免费实施农村妇女口服叶酸预防神经管缺陷项目11671人次。全区法定报告传染病总发病率控制在200/10万以下，肠道传染病报告总发病率控制在70/10万以下。常规免疫接种管理不断强化，全区一类疫苗接种率均达100%，结核病防治率达100%。全面落实艾滋病“四免一关怀”政策。全区疟疾病人服药率99.5%，全程服药率100%。2011年婴儿死亡率1.2‰，5岁以下儿童死亡率2.59‰。孕产妇保健覆盖率100%，系统管理率99.13%；7岁以下儿童保健覆盖率

100%,系统管理率为99.65%。全区共完成门诊量349.7万人次;平均病床使用率118%;出院病人平均住院天数6.1天,治愈好转率97.1%;各种辅助检查共105.8万人次。一级护理合格率90%,消毒灭菌合格率100%,一针一管执行率100%,一次性用品毁型率100%。

文化 体育 完成第三次全国文物普查数据库整理校对工作,开展文物普查报告编制。楚王山汉墓群保护规划通过专家论证,并上报国家文物局审批。加强楚王山汉墓群安全保护,设计制定了楚王山汉墓群智能化安防方案。三堡镇燕桥、柳泉镇向阳渠被公布为省级文物保护单位。铜山石刻艺术(汉王石刻)、铜山徐式北派少林拳、汉王拔剑泉与马扒泉的传说、薛桥草编、九里山的传说等5项非遗项目被批准为省级重点保护项目。全区318个行政村新建了体育健身网点,"万村体育健身工程"得到提档升级。全区314家"农家书屋"全面建立信息管理系统,铜山镇驿城村农家书屋被评为省"五星级"书屋,柳新镇魏庄村被评为"四星级"书屋,柳泉镇前亭村被评为"三星级"书屋。全年举办大中型文体活动约300场次。送电影4800场,送戏98场,送图书下乡约18000册,全区文化社团组织增至200余家。全年查处违规网吧36家,取缔无证照游艺厅5家,取缔无证书摊9家,收缴盗版图书6500余册、盗版光盘1600余张(盘)。全区体质检测3055人次,社会体育指导员培训380余人次,参加健身活动63.7万余人次,占全区总人口53%以上。参加全国U15女子篮球竞赛获第三名、获U16女子排球竞标赛第七名,参加省青少年排球比赛获女子甲组第一名、女子乙组第二名、篮球比赛获女子乙组第一名;参加省体育传统项目排球比赛获女子第一名、男子第二名;参加江苏省"省长杯"小学生足球比赛获第二名;参加省夏令营比赛获女子第一名。

国土资源 2011年完成土地报批21个批次,面积11302亩。单独选址项目8个,面积5600余亩。报批农用地面积共计926亩。完成土地登记发证12914宗。实施增减挂钩、采煤塌陷地复垦置换,置换建设用地指标4234亩。签署国有土地收购合同35件,收购面积2393亩,协议收购资金11亿元。征收储备土地面积2743亩。组织国有土地公开出让8个批次、157宗国有建设用地使用权、面积8200亩,实现合同成交价款62.97亿元;出让7个矿段,成交价款2100.93万元。清欠土地出让金1.7亿元。全年发现各类违法违规用地及非法采矿142起、面积4000多亩,下达处罚决定书10件,移送司法机关4宗,处理相关责任人6人。出台《徐州市铜山区设施农业用地审核程序》、《关于调整铜山区城乡建设用地增减挂钩工作实施方案》、《关于加强项目管理严格节约集约用地的意见》、《铜山区存量建设用地调查清理工作实施方案》4个规范性文件。完成全区城镇包括沿湖农场在内的20个镇村232.405平方公里的地籍测量。投资1730万元吕梁风景区抗山头治理一期工程结束。

质量监督 国家级无公害奶牛养殖农业标准化示范区以97分的成绩通过验收;维维集团谷物饮料、复合饮料两个行业标准项目初步完成标准起草工作;乳制品行业名牌培育工作初显成效,2011年新增申报省名牌3个、市名牌4个。淮海中联水泥在全市水泥行业率先通过ISO50000能源管理体系认证。组织申报食用菌、无公害蔬菜2项省级农业标准化示范区建设、2项农业地方标准制订项目、2项标准化良好行为企业试点项目、4项国家标准项目。精创电器、云意电器获批省级标准化良好行为试点企业,《四鼻须鲤鱼种植标准》、《果园种植技术规范》等2项省级农业地方标准获得立项。先后开展电梯、锅炉、气瓶等专项整治,现场监督检查41家,下发安全监察指令书23份,接受特种设备安装、维修、改造告知95份,新增特种设备注册登记95台,动态监管网录入达100%;开展节日市场食品、家电下乡产品、桶装饮用水、电线电缆等专项执法检查32次,接受举报投诉97次,立案查处各类违法案件68件,端掉造假窝点5个。对全区镇级卫生院和村卫生室医用计量器具免费检定,共检定器具1101台件;对全区22家集贸市场的2400多件称重计量器具免费检定,受检率和检定合格率均达100%。

纪检监察 加强对全区政府投资项目招投标工作的全过程监督,在全市第一家对经适房供配电工程进行招投标,节省资金987.9万元。在中心交易平台实现交易930宗,交易总额约68亿元,降低工程造价9369.6万元,节约政府采购资金443万元。加快推进工程建设领域诚信体系建设,对乱作为、不作为、慢作为的现象实施严格的责任追究,行政问责8人。举办各类干部廉政教育培训班39期,培训党员干部4800多人次。设立购物卡(券)廉政专柜,全年上交购物卡金额23万余元。全年共查处各类案件277件,其中经济案件56件,科级干部案件12件,给予党纪处分269人、政纪处分19人,结案率100%,挽回经济损失670余万元。全区纪检监察机关共收信接访295件次,按期办结率100%,实名举报反馈率100%。继续完善具有铜山特色的审理质量保障体系,在全市审理业务评比中获得一等奖。2011年共受理投诉38件,办结率100%,通报效能建设不力单位21家,帮助企业、群众和社会各界解决实际问题17个。

【获"振兴徐州老工业基地创新实践"一等奖】 4月8日,在徐州市委、市政府召开的2010年度"振兴徐州老工业基地创新奖"颁奖大会上,铜山区《成功实施部分区划调整,积极稳妥做好人员划转工作》项目,被评为2010年度"振兴徐州老工业基地创新实践"一等奖。

【中国产业发展能力百强县】 5月21日,由中国产业集群研究院、中国发展战略研究学会联合主办的"2011中国产业发展大会"在北京举行,大会的主题是"产业发展与转型升级"。主办单位第二次发布"中国产业发展能力百强县(市、区)",铜山区入选,位居第14位。

【再入全国县域经济百强县(市)】 8月20日,以"建设幸福县域"为主题的2011年全国县域经济科学发展交流年会在江苏省江阴市召开。中郡县域经济研究所在会上发布了第十一届全国县域经济基本竞争力与县域科学发展评价报告,并揭晓2011全国县域经济百强县(市)名单。铜山区位列第

53位,比上届提升13位。

【四方锅炉取得ASME授权资质证书】 8月12日,江苏四方锅炉有限公司收到美国ASME总部颁发的《ASME“U”(压力容器)“S”(锅炉制造)制造钢印授权证书》。这是自中国特种设备检验院获得美国ASME授权检验后的全国首家取证企业。取得证书和钢印,公司从此可按照ASME标准规范从事锅炉、容器设计、制造及在国际市场销售,标志着在同行业中,公司锅炉和容器产品率先获得通往北美市场的“绿色通行证”。

【首个国家级农业标准化示范区通过验收】 8月11日,铜山“国家级奶牛养殖标准化示范区”项目通过国家验收,标志着铜山区国家级农业标准化示范区取得零的突破。至此,示范区已建成奶牛养殖小区和规模场14个,奶牛存栏5.02万头,饲草种植5万亩,年产鲜奶超过6.5万吨,产值达20亿元。

【维维集团获2011年长三角地区名优食品企业称号】 2011年9月23日,长江三角洲地区(城市)食品(工业)协会联席会在上海召开了长江三角洲地区名优食品颁证大会。铜山区维维集团生产的豆奶粉荣获长江三角洲地区名优食品企业称号。维维集团引进国际先进的生产工艺,对豆奶粉生产线进行技术改造,力求产品性能占领国际前沿,豆奶粉质量实现了质的飞跃。

【维维集团在“中国食品安全年会”上荣获4项大奖】 10月12日,在国务院食品安全委员会办公室和国家发改委共同主办的第九届中国食品安全年会上,铜山区维维集团荣获“中国食品安全突出贡献奖”、“全国食品安全示范单位”、“第九届全国食品安全突出贡献先进人物奖”、“第九届中国食品安全管理先进个人”4项大奖。

【汉王镇获“全国生态文明先进镇”称号】 11月18日,以“创建生态文明先进镇发展”为主题的论坛暨“全国生态文明先进镇”成果发布会在北京京西宾馆举行。铜山区汉王镇从全国1000多家申报单位中脱颖而出,成为21个“全国生态文明先进镇”之一,也是徐州市唯一获此荣誉的乡镇。

【江苏云意电气获A股上市“入场券”】 12月20日,中国证券监督管理委员会创业板发行审核委员会第83次会议审核通过了江苏云意电气股份公司首次发行上市申请,下发了核准其首次公开发行A股的正式批文,云意电气获得了上市“入场券”。这是继维维集团之后铜山区第2家上市企业。该公司此次拟发行2500万股,发行后总股本1亿元。

各镇简况表(2011)

名称	面积(平方公里)	村委会	年末总人口(人)	农业总产值(万元)	工业总产值(万元)	农村经济总收入(万元)	主要农作物产量(吨)				农民人均纯收入(元)
							粮食	棉花	油料	蔬菜	
铜山镇	50	4	157109	3600	31310	3992251	2514	12	0	1328	15115
何桥镇	74	15	50234	12448	10607	42881	26967	0	0	122044.4	8829
黄集镇	83.4	18	57751	14382	11750	135847	49183	232	480	124520	9445
马坡镇	69	12	49704	11477	5744	125554	57005	0	0	102884.36	10003
郑集镇	68	10	50772	9555	10511	194889	44904	150	60	66668.38	10243
柳新镇	85	19	72659	10696	15216	1007366	58015	0	0	28149	15348
刘集镇	83.6	15	64946	16975	6823	257342	39047	389	122	86368	10434
大彭镇	76	14	64981	16000	23203	317455	32710	90	0	58860.5	11026
汉王镇	93	12	53548	6958	11892	60800	21630	28	44	85105	10482
三堡镇	71.57	6	45558	8225	10274	183001	41760	2	15	179385	14115
棠张镇	85	18	57555	7280	9800	130553	27737	82	0	490241.8	12553
张集镇	148	19	78652	14853	9560	462798	57741	1251	259	138014.8	12552
房村镇	136	20	73286	17977	9684	234181	66303	1151	340	64785	9138
伊庄镇	85.6	15	47030	9848	5427	53757	34927	845	368	25401	8734
单集镇	132.1	21	66515	14349	11071	106793	53396	1433	2556	195996.486	8195
徐庄镇	132.59	22	66321	12728	4312	78854	80816	429	710	32167.44	9275

续表

名　称	面积(平方公里)	村委会	年末总人口(人)	农业总产值(万元)	工业总产值(万元)	农村经济总收入(万元)	主要农作物产量(吨)				农民人均纯收入(元)
							粮食	棉花	油料	蔬菜	
大许镇	129	23	82344	15710	8704	89466	60397	650	34	45961.31	8866
茅村镇	83.96	13	70383	7781	13348	146091	33494	31	78	5499	12260
柳泉镇	105.2	17	59160	10860	13491	142658	38834	244	862	41971	12008
利国镇	77.69	11	57315	6520	10550	782310	20257	14	1083	25604.25	15565

组织机构及负责人

中共铜山区委员会

书　　记　周宝纯(至6月)　毕于瑞(6月任)
副 书 记　毕于瑞(至6月)　刘广民(6月任)
　　　　　王民生(至6月)　李淑侠
常　　委　高　斌(至6月)　李学东(至6月)
　　　　　李　健(至6月)　吴昌闪(至6月)
　　　　　杨　勇(6月任)　孙　健(6月任)
　　　　　白有庆(6月任)　杨学军　苗加清(至6月)
　　　　　吴宝剑(至6月)　吴卫东　谢洪标(6月任)
　　　　　汪　宁(6月任)

铜山区人大常委会

主　　任　周宝纯(至6月)
党组书记　周宝纯(至6月)　毕于瑞(6月任)
副 主 任　王民生　李庆敏　汪文如　孟宪康

铜山区人民政府

区　　长　毕于瑞(至6月)
代 区 长　刘广民(6月任)
副 区 长　杨　勇(6月任)　吴卫东　何长征
　　　　　庄学勤　谢洪标(至6月)　巩　伟(6月任)
　　　　　常　乐　房　浩　刘　刚　钱俊方　李新宇
　　　　　杨　明(6月任)　蔡世旺(6月任)

政协铜山区委员会

主　　席　李成金
副 主 席　高　斌　梁裕福　刘广华　崔希荣
　　　　　倪彦秋　王大鹏

中共铜山区纪律检查委员会

书　　记　李　健(至6月)　白有庆(6月任)
副 书 记　朱信友　张广富　徐天瑞
常　　委　胡立伟　赵宝东(至6月)　张玉玲　魏　彦

(赵　杰)

鼓楼区

【概况】　鼓楼区位于徐州市区北半部，是徐州的主城区之一，全区辖琵琶、黄楼、环城、丰财、牌楼、铜沛、九里7个街道办事处，58个社区(村)，总面积59.4平方公里，总人口28.4万人，年常住人口30万人以上。区内有京杭大运河、龟山汉墓、汉城、黄河故道、九里山古战场、古彭城地下城、“五省通衢”牌楼、黄楼、镇河铁牛等众多历史遗迹和文化景点，历史文化悠久。

【综述】　2011年，全区地区生产总值完成134.2亿元，同比增长13.2%；财政总收入完成17.36亿元，增长32.4%，其中一般预算收入完成12.55亿元，增长35.8%；全社会固定资产投资完成160.6亿元，同比增长25.1%，增幅居主城区第一；实现社会消费品零售总额163.8亿元，增长17.8%，增幅居主城区第一；全面完成小康社会四大类25项指标，主要经济指标增幅连续六年高于全省、全市平均水平。争先进位工作超额完成年初确定的赶超任务，地区生产总值总量和增幅超南京秦淮区14.1亿元、1个百分点；财政一般预算收入总量和增幅超镇江京口区0.9亿元、19.6个百分点，两项指标在全省排名中分别提升3位、4位，在全市县(市)区中提升位次最多。

服务业　全区服务业增加值完成87.6亿元，增长18.2%；服务业固定资产投资完成152亿元，增长24.6%；限额以上贸易企业达到280家，实现营业额128亿元。江苏华厦融创集团、金地商都集团营业收入分别突破100亿元、60亿元。香山物流被命名为省级现代服务业集聚区，彭城壹号、龟山民间博物馆等5家园区被命名为市级现代服务业集聚区，金鹰、金地、家乐福等商贸企业迅猛发展，水游城、国华天玺等6个商业综合体加快建设，物资市场、木材市场实施联动搬迁，老牌楼街区加快转型，拉动中心商圈加快北移、城市空间向北延伸。物流产业资源整合加快推进，以金驹物流园、粮食物流园、香山物流为节点的北三环、东三环物流带加快布点。创意68二期启动实施，大学生创业园建成开园，龟山小镇创意园、老化校创意产业园稳步推进。九里山风景区规划编制完成，圣旨博物馆新馆即将开馆；迁建二中、建设文庙历史文化街区正式启动。

招商引资和开放型经济　集中开展各类招商活动77次，达成投资协议57个，协议引资227.3亿元，其中签约亿元以上项目10个，协议引资42.6亿元，美国凯悦、新加坡林增、泰国正大、香港中策、万科集团、苏宁集团、美的集团等23家国内外知名企业先后来区投资兴业。强力推进外资外贸工作，全年累计新增外资企业13家，实际利用外资4279万美元,同比增长21%;自营出口完成1.46亿美元,是市计划的1.9倍,增幅居主城区第一。

房地产业 整合存量资源,完成徐州火柴厂、工业锅炉厂等10宗、1274.5亩土地收储,推进瓦房一二期、鹰球皮革北等9宗、460.5亩土地挂牌上市,商品房开发面积达到157万平方米、竣工面积达到72万平方米。全年完成征收8.9万平方米建设用地,实施总面积56.3万平方米的6395套定销商品房建设,其中润和园已经上房,小朱庄基本完成主体工程,沈孟路定销商品房全面开工建设。

城市建设 全区共实施"三重一大"项目127项,实施城建重点工程64项、完成投资65.8亿元,连续4个季度在全市考核中位居第一。淮海经济区首家文化创意产业园创意68正式揭牌,投资12.1亿元的金驹物流园一期建成开园,红星三期、金地五金、香港德客乐等一批专业市场建成开业。总投资64亿元、建筑面积47万平方米的苏宁商务广场,总投资60亿元、建筑面积150万平方米的八里家居中心全面开工,总投资30亿元、建筑面积40万平方米的鼓楼广场加快实施。城市道路更加通畅,新建和改建天齐南路、中山北路、复兴北路等16条道路,整修改造平山路、解放北路等5座铁路立交桥。新建杨庄、改建苏北2座农贸市场。启动实施九里街道"融入崛起、三年跨越"战略等35件事关鼓楼发展的大事,全年九里办事处税收收入是上年的5.7倍,成为全区投资的热土。

市容管理 强化体制机制建设,在全市率先实行街长、片长和执法人员轮岗制度,建立完善环卫企业化管理、市场化运作机制,"大城管"的综合协调作用得到有效发挥。投入1500万元对32条道路、2.6万平方米的门头字号进行改造,惠及1.5万户商家;民主北路外立面综合整治、公厕旱改水和小型垃圾中转站等重点工程如期完成,淮海东路综合整治顺利通过考核验收,成为首条省级市容管理示范路。在全区建立数字化终端50余台,横向到边、纵向到底的数字化城管网络初步建成。城管执法大队顺利通过省三星级验收。累计投资5000余万元在全市率先实现市场化保洁全覆盖、涉农社区垃圾集中处理,群众对城市环境满意度全市第一。拆除违章建筑22万平方米,城市管理逐步走向精细化、长效化、常态化。

民生幸福 着力构建民生幸福工程六大体系,全面落实"两增两控"各项要求。2011年,城镇居民可支配收入、农民人均纯收入分别完成23881元、10766元,分别增长13.9%、19.5%;城镇基本养老保险、居民医疗保险、职工医疗保险参保率分别达到97%、98%和98%;积极化解重点工程拆迁安置遗留问题,共补办"两证"601户,设立棚户区迁居助困基金,出资193万元帮助16户困难居民购房。美好村庄(社区)建设全面推进,全年整治小街巷28条,安装路灯500余盏,瓦房、李沃、堤北3个社区整治全面完工。全力促进就业再就业,城镇登记失业率控制在2.7%,累计培训失业人员、高校毕业生、被征地农民1720人,城镇新增就业8500人,实现城镇登记失业人员就业、再就业8277人,发放社保补贴1220万元。鼓励和引导全民创业,全区新增注册民营企业800余家,新增注册资本40多亿元。

生态环境 随着产业结构持续优化、基础设施更加完备、工业企业搬迁关闭取得进展,促进了生态环境改善。三次产业结构优化为0.1:34.6:65.3。累计搬迁关闭北区热电、金浦氯碱等工业企业251家,其中大中型企业11家;17家小港口在全市率先提前关闭到位。全年全区单位GDP能耗下降3.96个百分点。投资2亿元完成丁万河、八里大沟、沈孟大沟等河道的截污主管网工程;荆马河治理工程顺利通过验收,是全区首个纳入国家级中小河流整治的项目,争取国家投资2800万元。圆满完成"创模"、"创森"各项目标任务,高标准建成古黄河公园、白云山公园,高水平实施九龙湖公园敞园改造,精心建设14个精品街头绿地和景观工程,淮海经济区首家植物园开工建设,全区建成区绿地面积2049公顷,绿化覆盖率达39.8%。

精神文明 开展学习实践科学发展观、创先争优活动,弘扬"三创三先"新时期江苏精神,精心培育文明创建品牌。文明城市创建圆满完成,建成省、市文明单位19家、文明社区9个、文明行业6个。积极推进公民道德建设,深入开展"寻找身边罗文"活动,认真抓好未成年人思想道德教育,先后被省、市命名为未成年人思想道德建设工作先进区。扎实开展双拥共建活动,在全市率先荣获省双拥模范区五连冠。科学技术普及卓有成效,被评为省科普示范区。

卫生民政 社区卫生服务体系不断完善,基层医药卫生改革三年任务全面完成,在全市率先实现基本药物制度全覆盖,鼓楼医院综合改革实现社会效益、经济效益最大化,琵琶社区卫生服务中心荣获全市唯一一家全国示范社区卫生服务中心荣誉称号。构筑多元化养老体系,建成省、市级示范养老服务中心4个,新建居家养老服务站21个,全年共为6000余名老人发放"尊老金"339.6万元,居家养老"鼓楼模式"受到中央和省、市媒体关注,入围振兴徐州老工业基地创新奖。区级社区服务中心主体完工,新建社区服务平台36个,基本实现全覆盖,累计投资6000余万扎实开展和谐社区创建,先后建成市级以上和谐社区45个。认真落实"两降一保"目标任务,人口自然增长率、出生人口政策符合率、出生人口性别比三项指标全市领先,获省人口协调发展先进区荣誉称号。

科技教育 全区共实施重大科技计划项目5个,建立市级以上研发机构20家,科技进步贡献率达到55%。实现专利授权180件,申请发明专利170件,分别获批国家、省、市级科技计划项目1项、2项、5项。教育工作加快向优质均衡发展。民主实验学校、大马路小学生态园分校、郡望花园幼儿园等6所新建改建小学、幼儿园如期开学;校安工程完成计划的142%,居全市之首;高分通过省区域教育现代化创建评估,被评为全市唯一的省师资队伍建设先进区。

社会稳定 强化社会管理创新,坚持把维护社会稳定作为第一要务,扎实开展平安鼓楼、法治鼓楼建设。累计投资2027万元,加大技防、巡防、设施防投入,基层基础工作不断加强,公众安全感和治安满意度不断提高,连续7年被省委、省政府命名为"社会治安安全区"。应急管理工作全面加强,建立完善了群体性事件和突发事件快速处置机制,区、街"阳光信访"网络平台有效运转,"百日百案"、"三项排查"等专项活动成效明显,实现重大活动和重要敏感时期进京上访零登记,连续3年荣获全市目标考核一等奖。稳评工作位居全市前列,区国家安全人民防线信息平台受到国家和省市肯定,荣获国家"五五"普法先进区荣誉称号。

【鼓楼广场开工奠基】 1月30日,鼓楼核心区龙头项目——鼓楼广场开工奠基。鼓楼广场是徐州市2011年首个开工的重大项目,位于中山北路和二环北路交叉处,由新加坡林增集团和北京银建集团共同投资建设,总投资约20亿元、规划建筑面积40万平方米,项目设计导入国际化先进的建筑规划理念和国际时尚生活理念。建成后的鼓楼广场是一个集五星级酒店、5A级写字楼、购物中心、大型超市、高端住宅于一体,业态领先、品牌高端、设施一流的现代化城市综合体。

【创意68文化产业园】 5月,全国政协副主席厉无畏与徐州市委书记曹新平共同为徐州首个文化创意产业项目——"创意68文化产业园"揭牌。一家纺织企业的旧址,即将成为特色鲜明的创意基地。园区位于民主北路68号,总占地面积59.6亩,建筑面积7.23万平方米,总投资约5亿元。一期工程占地17亩,建筑面积2.3万平方米,已开园;二期占地面积42.6亩,项目实施加快推进。园区已有150家企业入驻,集聚了文化艺术创作、创意策划设计、文化创意培训、大学生创业园等业态,设立了非物质文化遗产开发、艺术创作展示、艺术教育培训、创意设计四大中心,同时先后与高等院校、研究机构建立了产学研战略合作关系,并且成立了江苏省首个市级文化产业协会。

【金驹现代物流园】 金驹物流园由山西晋煤集团投资建设,占地727亩,总投资约12.11亿元,位于鼓楼区北三环物流集聚带,已被列为"徐州市现代服务业集聚区"。5月,园区一期正式投入运营,二期工程全面开工。园区共分为钢材交易区、钢材仓储区、钢材加工区、货运配载区。商务配套区和电子商务平台等六大功能区。已完成钢贸交易区、露天堆场、室内仓库、加工车间等建设项目;金融中心、铁路专用线正式运营,电子信息服务平台进入试运行阶段;园区已签约入住商户300余家,中国银行、会计师事务所、担保公司等金融服务机构进驻园区开始营业。2011年,园区实现交易额50亿元,力争2015年金驹物流园实现交易额超500亿元发展目标,建成淮海经济区规模最大、功能最全、水平最高的现代化物流区域中心。

办事处简况表(2011)

街道名称	面积(平方公里)	居(村)委会个数(个)	年末人口(人)	工业总产值(万元)	商业营业额(万元)	农业总产值(万元)	主要农作物总产量(吨)		农民人均纯收入(元)
							粮食	蔬菜	
黄楼街道办事处	1.8	8	42260	7145	1912310	0	0	0	
环城街道办事处	3.6	9	57782	98736	250010	2878	4039.5	210	14365
丰财街道办事处	9.7	9	66637	128986	177551	0	0	0	10933
琵琶街道办事处	18.8	9	23329	110955	232312	0	0	0	10985
牌楼街道办事处	4.6	5	29391	35641	55403	0	0	0	12306
铜沛街道办事处	7.6	8	36205	122600	176500	0	0	0	11790
九里街道办事处	18.5	9	28354	37502	75000	430	1407	50	10198

组织机构及负责人

中共鼓楼区委

书　记　束志明
副书记　王维峰　岳　敢(6月调离)
　　　　刘广昕(6月由常务副区长转任副书记)
常　委　孙　健(6月调离)　孙宗响(6月免常委)
　　　　平向阳　夏春辉(6月调离)　苗加清(6月调入)
　　　　王晓龙(6月调入)　郭广明　邵长红
　　　　杨大平(6月任常委)　陈　琳(6月调入)

鼓楼区人大常委会

主　任　王家举
副主任　孙宗响(1月任)　张道陵　刘欣然　鞠福其
　　　　路海通　孙大芳

鼓楼区人民政府

区　长　王维峰
副区长　刘广昕(6月由常务副区长转任副书记)
　　　　苗加清(6月调任)　杨大平　刘明钟
　　　　李金豹　孙云静　朱文凤　王自成
　　　　张英见(6月任)　宾　延(副处级、政府党组成员)

政协鼓楼区委员会

主　席　郑群德
副主席　张克俭(1月19日退休)　刘　群

钟　青　李守桃　王盛强　沈　平　王洪岩

鼓楼区纪委

书　记　平向阳(6月转任区委组织部长)

王晓龙(6月任)

副书记　李亚东　孙旭东

(张传暴　龙　森)

云龙区

【概况】 云龙区原名徐州市第三区,始建于1938年5月。新中国建立后,继续沿用原建制,仍为第三区。1955年8月,改称云龙区。云龙区位于徐州市城区东南部,是徐州市主城区之一,为全市行政、文化、交通、商贸、旅游中心。全区总面积118平方公里,人口约30万,辖彭城、子房、黄山、骆驼山、大郭庄、翠屏山、大龙湖、潘塘8个街道办事处,共54个社区、18个行政村。云龙区交通发达,京福、连霍、宁徐高速公路及104国道、徐连一级公路穿境而过,京沪、陇海两大铁路干线在此交汇,毗邻国家民航干线机场——观音机场。商贸优势突出,金融机构集中。辖区有彭城广场、淮海广场两大商业圈和以中国淮海食品城为中心的淮海综合物流园区,区内拥有大型专业批发市场60多个、特色商业街区20多条。云龙区处在徐州特大城市向东、向东南发展的主要方向上,随着规划50平方公里的徐州新城区建设,战略发展优势进一步凸现,将成为徐州新一轮跨越式发展的重要“引擎”。古迹荟萃,名胜林立,尤以汇集徐州汉文化的精髓而闻名于世,拥有被称为“汉代三绝”的西汉彩绘兵马俑、汉画像石和1995年中国十大考古发现之首的狮子山楚王陵,以及云龙山、项羽戏马台、北魏大石佛、放鹤亭、乾隆行宫、李可染故居、博物馆、户部山古民居、民俗文化馆等名胜古迹,其中汉文化景区荣获全国首个“中国环境艺术示范工程”称号,并被评为国家4A级景区,户部山、楚王陵被评为“徐州新八景”,户部山被评为“全国特色文化广场”。名人辈出,近现代著名人士有张大烈、崔道平、李可染、梁中枢、李兰、李海楼、韩席筹、高行素等。

【综述】 2011年实现地区生产总值157.2亿元,增长15.8%;完成财政总收入21.1亿元,其中一般预算收入完成17.3亿元,分别增长28.8%和39.4%。全社会固定资产投资176.2亿元,增长28%;实现服务业增加值124.7亿元,增长17.9%,实际到账注册外资7500万美元,增长56.5%;实现外贸自营出口1.6亿美元,增长46.6%。

服务业 三次产业结构比例优化为1.5∶16.8∶81.7,服务业增加值占地区生产总值比重提高1.2个百分点,新增服务业企业1410家,新增注册资本35.8亿元,纳税超百万元的企业达110家。总投资402亿元的41项重大产业项目进展顺利,大润发超市、升辉建材集聚广场一期等项目建成开业,新增商业面积46万平方米;总投资50亿元、建筑面积52万平方米的中央国际广场主体开工建设;总建筑面积近70万平方米的世茂商业中心、绿地城市广场、地王大厦等一批大型现代商贸综合体即将开业。全区拥有市级现代服务业集聚区7家,其中新增2家、提档升级2家。帝都大厦、泛亚大厦等商务楼宇的业态品质进一步提升;老东门时尚街区开街运营,成为传承老徐州记忆的城市休闲文化精品街区;淮海综合物流园区信息服务平台建成使用,中华老字号街区、中茵南郊宾馆城市综合体等项目开工建设;江苏交广物流中心、苏宁电器淮海物流基地、新城总部经济园、大龙湖水街等项目顺利实施,为加快提升现代服务业发展奠定了坚实基础。科技服务业迅速发展,全区拥有科技型服务业企业500余家、科技园区2家,对经济发展贡献率不断提升。徐师大科技园被批准为省级大学科技园,徐州市大学生创业园被命名为“国家大学生创业示范基地”。金融服务业加快集聚,招商银行徐州分行建成开业,江苏银行、莱商银行、徐州淮海农商银行、徐州邮储银行等区域总部入驻云龙;注册资本超亿元的通汇、信良小额贷款公司落户云龙区,全区注册资本5000万元以上的投资担保机构达到11家。软件动漫业蓬勃发展,暴雪科技、金苹果影视、博瑞视通等动漫软件企业迅速成长壮大,带动知识、技术、信息等智力资源加速汇聚。文化旅游业日益繁荣,淮海文化艺术品展示交易中心、户部山文化城开工建设;李可染故居被评为国家3A级景区,狮子山汉楚王墓群被列入“江苏大遗址”名录;成功承办第五届汉文化国际旅游节,全年旅游景点接待游客260万人次,旅游综合总收入增长23%。

招商引资 突出招大引强、招高引新,不断提高招商引资的质量和效益。坚持政府招商与企业、中介、委托招商相结合,不断完善多层次、宽领域的招商网络。徐州市北京商会云龙分会挂牌成立,政府与企业的交流沟通进一步加强。着力盘活辖区楼宇,全面整合土地资源,全年出让土地16宗1629亩,有效拓展了服务业发展空间。成功承办徐州市文化创意产业投资恳谈会,高质量组织香港、上海、无锡等专题招商活动,引进亿元以上项目7个。总投资30亿元、建筑面积45万平方米的万达广场城市综合体项目顺利落户,亚洲三大零售连锁集团之一的马来西亚百盛百货签约入驻中茵南郊宾馆城市综合体。新增有出口实绩的企业15家,新增年出口额超千万美元的企业5家,外贸出口继续呈现高速发展态势。

城市建设 全年实施城建重点工程38项,完成投资42亿元。和平路东延二期、民富路东延、东方置业广场经一路建成,棠张镇连接线、庆丰路北段完成改造,翠屏山消防站、郭庄路公交首末站主体建成。投资6000余万元,实施民祥农贸市场建设及东苑、黄山农贸市场改造,完成新华巷、石磊巷等19条小街巷路灯安装,居民生活和出行环境有效改善。加快老城改造步伐,完成中心商圈、棚户区改造、道路整治等项目房屋拆迁近50万平方米;下洪尚景园、津东雅苑、四季雅园等45万平方米定销房建设进展顺利,康馨园定销房二期竣工上房,1800多户棚户区居民乔迁新居。加大综合开发力度,全年房地产新开工面积120万平方米,竣工面积70万平方米。全方位服务新城建设,完成土地征用1300余亩,企业及居民搬迁1200余户,安置房建设25万平方米。积极配合新城道路交通、景观绿化、医疗卫生、文化体育等公共服务设施建设,新建道路7条,新增绿化面积30万平方米,奥体中心、中心医院新城分院、大龙湖五星级酒店等项目开工建设,各类开发项目有序推进,新城功能配套进一步完善。

城市管理 完善"大城管"运行机制,以网格化管理为突破,进一步强化"片长、街长"负责制,25名街长、405名城管人员一线定岗执法;健全城市管理快速反应网络,推行数字化城市管理系统,基本实现各类问题"快速发现、精确定责、及时处置、有效监督",城市管理精细化、长效化水平有效提升。加强市容环境综合整治,高标准实施复兴南路、民主南路、大同街及钟鼓楼、青年路教堂周边等综合改造工程,完成21条道路门头店招、3座立交桥、4条示范街巷综合整治。加快推进民祥路便民疏导点建设,规范设置市容疏导点6处,疏导整治马路市场8处、取缔2处;投入600万元,实现环卫保洁市场化运作全覆盖。加大拆违控违力度,实行三级联防巡查,全年拆除各类违建30余万平方米,实现新增违建"零增长"。

生态环境 强化工业污染、建筑工地扬尘和餐饮业油烟专项治理,关停华东铸造总厂等污染企业2家,整治餐饮企业116家;加大农作物秸秆禁烧和综合利用力度,总投资3000万元、占地200亩的秸秆有机生态园项目开工建设。进一步加强水环境治理,三八河截污管网主体工程完工,故黄河洼地治理二期工程、黄山大沟排涝泵站建设顺利实施。高质量完成郭庄路、复兴南路街头绿地建设,全年新增绿地64公顷、城郊造林297公顷,城区绿化覆盖率达41.3%;全区公共绿地和主次干道绿化管护实现市场化运作全覆盖。创建省、市级园林式单位、居住区149个,新增市级绿色社区、学校8个。

社会保障 总投资5.03亿元的民生保障、医疗卫生、社会救助等十大类36项为民办实事项目全面完成。全年新增就业3万人,城镇失业人员就业再就业1.2万人,被征地农民就业1200人,零就业家庭保持动态清零。发放基本生活保障金894万元。全年新增企业养老保险参保1.5万人,居民医保累计参保13.5万人。投入52万元,为全区2450名低保户、特困群众、困难企业退休人员办理了医疗保险;投入120余万元,在全市率先为社区工作者办理了"五险"。加强劳动争议仲裁调解,大力推进劳动监察"两网化"管理,974家企业签订了工资集体协商协议,建制率达100%,全区劳动关系和谐稳定。完善新型社会救助体系,落实城乡低保标准自然增长政策,为850户低保家庭发放低保金470万元;投入690余万元,实施城乡医疗、临时生活困难和重残人员生活救助,提高孤儿、农村五保户生活保障标准,发放临时价格补贴,救助帮扶各类困难群众2400多人。

社会事业 坚持教育优先发展、均衡发展,教育现代化工程扎实推进。积极发展学前教育,新建公办幼儿园2所,创建省、市级优质幼儿园4所;继续完善教育基础设施,投入1460万元,完成校舍安全加固工程1.8万平方米;解放路小学、新城实验学校综合楼建成使用,潘塘中学教学楼迁建工程主体完工。社区文化教育事业蓬勃发展,按照省级标准建成文化资源共享基层服务点37个,在全市率先建设数字化学习社区,黄山街道工院社区获"省社区教育示范社区"称号。和谐社区建设力度不断加大,2011年共完成4个市级和谐社区、12个民生综合服务中心创建工作。加强新城区社会事务管理,投入180万元,高标准建设新城蝶梦社区居委会。顺利完成全区第八届村委会和第四届社区居委会换届选举工作。认真落实拥军优抚政策,积极开展双拥共建工作,铜山路被上级命名为"双拥模范街"。强化人口和计划生育优质服务,创新流动人口服务管理机制,全区低生育水平持续稳定,出生人口素质不断提高。

公共卫生 全面落实"八免一关怀"政策,实现10大类41项国家基本公共卫生服务项目在社区的全覆盖。充分发挥全国中医药先进单位的特色优势,以发展中医药引领社区卫生工作实现跨越式发展。推进医药卫生体制改革,实现了社区卫生服务工作重点从以医疗为主向以公共卫生与基本医疗为主的转变。截至2011年底,全区共销售基本药物2773万元,直接为居民让利1809万元,药品降幅达39.48%,门(急)诊均次费用平均下降19.58%,医药总费用同比下降29.62%,切实减轻了群众医药费用负担。

社会稳定 推进"平安云龙"、"法治云龙"建设,深入开展"打四黑除四害"、"清网行动"等专项整治,八类重点案件发案率同比下降17.8%。全面强化基层基础工作,深入开展"平安先锋"等群众性创建活动;投入300余万元,实施技防设施提档升级,在市区率先建成区级技防监控中心。加大普法宣传教育力度,全面启动"六五"普法工作,开通"12348"服务热线和法律咨询微博,积极帮助群众解决法律问题,被授予"省法制宣传教育先进区"称号。在全市率先建成区级应急管理指挥平台,组建应急处置大队,应急管理工作走上规范化、长效化轨道。

政府建设 自觉接受区人大及其常委会的法律监督、工作监督和区政协的民主监督,与各民主党派、工商联、人民团体的联系进一步密切。全年办理人大代表建议75件、政协委员提案68件,办复率和满意率均为100%,代表建议和委员提案办成率分别达到63%和58%,比上年分别提高9个和8个百分点。严格按照法定权限和程序履行职责,清理确认行政权力事项407项。建立行政执法人员业绩档案,全面落实行政执法责任制,在主城区唯一被评为省级"政府法制工作规范化建设示范单位"。深入开展"创先争优"活动,大力推行"一线工作法",努力做到问题在一线解决,创新在一线体现,成效在一线检验。切实抓好区行政服务中心标准化建设,全面推行"一站式"服务,严格履行首问负责制、服务承诺制、限时办结制。加强网络公共服务平台建设,政府门户网站全新改版,政府信息公开深入推进,主动公开政府信息1580条,有效保障了群众的知情权、监督权和参与权。

办事处简况表(2011)

名称	面积(平方公里)	居委会(个)	年末人口数(人)	农业总产值(万元)	工业总产值(万元)	主要农作物产量(吨)			农民人均纯收入(元)
						粮食	蔬菜	瓜果	
彭城办事处	3.06	14	77628	–	14389	–	–	–	–
子房办事处	5.75	14	67325	–	6967	–	–	–	–
黄山办事处	8.4	11	41679	–	44473	–	–	–	–
骆驼山办事处	4.2	9	40028	–	17420	–	–	–	–
翠屏山办事处	10.5	3	9191	5155	39427	2176	–	–	10850
大郭庄办事处	13.86	3	8754	4876	99557	1835	11232	–	10850
潘塘办事处	23.01	4	10922	13340	6960	29369	13210	–	10850
大龙湖办事处	49.22	14	51595	15670	26243	25141	14151	2005	10850

组织机构及负责人

中共云龙区委

书　记　王安顺
副书记　陈　静(6月任)　杨道君
常　委　李学东(6月任)　李俊军　夏春辉(6月任)
　　　　房润鑫　马　涛(6月任)　徐　伟(6月任)
　　　　陈　锐(6月任)

云龙区人大常委会

主　任　邹彭建
副主任　范兰华　厉建堂　李建位　边大庆

云龙区人民政府

区　长　韩冬梅(3月免)　陈　静(6月任代区长)
副区长　房润鑫　徐　伟　孙统贤　卫道存　魏崇岭
王洪华　马景伟　贺恒松

云龙区政协

主　席　张明生
副主席　汪永恩　蒋政沛　刘奇夫　何立刚　张源辉

中共云龙区纪委

书　记　马　涛(6月任)
副书记　毛红卫　戴铁桥(6月任)

(杜　剑　李　洋)

泉山区

【概况】 泉山区是徐州市3个主城区之一,户籍人口约55万人,面积110平方公里,辖永安、王陵、湖滨、和平、奎山、段庄、翟山、泰山、金山、七里沟、火花、苏山、桃园、庞庄14个街道办事处,105个社区居委会。是徐州市商贸服务中心,初步形成"大学科技园高新技术、环云龙湖高端文化旅游、西部商圈新型商贸服务、七里沟现代商务和物流"四大服务业集聚区。区内有云龙湖、云龙山、泉山森林公园、汉画像石馆、拉犁山汉墓、淮海战役烈士纪念塔、九里湖生态湿地公园等自然和历史文化景观,中国矿业大学、徐州师范大学、徐州医学院、徐州工程学院等10余所大中专院校和科研院所云集辖区。

【综述】 2011年全区地区生产总值完成318.88亿元,增长13.4%;财政总收入完成28.17亿元,增长35.7%,其中一般预算收入完成19.11亿元,增长35.6%;全社会固定资产投资完成172.08亿元,增长24.2%;全社会消费品零售总额223.69亿元,增长17.8%;服务业增加值完成246.28亿元,增长19%,占GDP比重达到77.2%。总量指标市内城区保持领先,速度指标江北城区进位争先。

结构优化　着力推进现代服务业提速增效。整合资源,发挥优势,重点培育"软件研发、服务外包、商务中介、文化动漫、旅游服务、现代物流、金融服务、总部经济"八大现代服务业和以物联网、云计算为代表的新兴服务业。国内百强软件企业中兴通讯、江苏集群、金蝶软件和国内50强服务外包企业中盈蓝海等258家软件、动漫、物联网企业入驻泉山,与世界10强管理系统提供商西班牙奥瑞通用公司、国际知名软件企业爱尔兰CSS公司和IT格林株式会社等5家日本软件企业签订入驻徐州软件园协议。总投资10亿元的智慧徐州云计算数据中心项目启动,将建成国内首家、华东最大的全层次云计算数据平台;"感知矿山"物联网技术通过国家安监总局鉴定,已在夹河煤矿建立示范工程;钢贸物联服务平台、农贸物联网工程、智慧健康物联网中心等项目进展顺利。52集《百吉学堂》成为全国第一部在央视和台湾地区同步播出的原创大型动画片,26集动画片《少年彭祖》在多家省台播出,《楚汉豪侠传》等8部手机游戏上线运行,全年制作《米粒木匠》、《宝贝向前冲》等原创动画片8部、6500分钟。总投资50亿元的苏山商贸物流园一期木材市场开工建设,总投资100亿元的雨润农副产品全球采购中心和总投资10亿元的中通物流项目成功签约。恒茂国际、公交大厦、财富广场等8座楼宇入驻企业纳税均超千万元,全区楼宇企业实现纳税4.68亿元,增长42.1%。商务中介、旅游服务、金融服务实现快速发展,现代服务业形成明显竞争优势。

改革创新 实施财政国库管理、综合治税、医疗卫生体制、城市建设和管理等重点领域和关键环节的改革,建立健全政策引导、规划引领、服务保障等经济发展推进机制,完善领导包挂、行政问责、重点工作责任制和督查督办制度,科学发展的体制机制进一步形成。按照系统化、项目化的要求,精心编制“八项工程”实施方案和项目计划,确保各项工程有序实施。

科技创新 2011年全区新增企业研发机构40家,累计建成53家,其中国家级2家、省级6家,感知矿山物联网实验室成为全省物联网唯一的国家级研发平台,煤加工与洁净化工程研究中心通过科技部认证,6家区内大中型工业企业和19家规模工业企业全部建成研发机构。2011年全区组织实施科技成果转化项目66项、产学研合作项目56项,申报专利1910项、授权1795项,3项专利入选“江苏省百件优质发明专利”;仁安科技、上诺科技等7家企业被认定为“江苏省创新型企业”,宝兴医疗、泰恩电子等10家企业认定为“江苏省民营科技企业”。荣获“2011年全国科技进步先进区”称号。引进高层次创新创业人才56名,其中10人入选省“333工程”培育对象,8人入选省“企业博士集聚计划”,3人入选省“双创计划”,顺利通过省“人才工作先进区”验收。

城市建设 35项城建重点工程进展顺利,完成投资66.3亿元,城区发展空间和服务功能明显提升。九里湖西北湖扩建工程基本完成,小街巷路灯改造、陈庄危桥改造等项目按期竣工,徐商公路拓宽改造、卧牛安置房连接路等工程开工建设,韩山隧道、淮海西路西延、梨园南路加快建设。完成彭城欢乐世界、协鑫五星级酒店、泉山法院西等地块征地工作,整理土地近2000亩。机关二幼、模特艺校、珠山周边等项目完成拆迁扫尾,段庄、姚庄一期等棚户区拆迁完成75%以上,全年拆迁房屋100万平方米;碧水湾二期定销房17万平方米顺利上房,杏山子、七里沟、欧庄50万平方米续建定销房项目主体竣工,4813工厂、玉潭湖、疾控中心北50万平方米新建定销房项目开工建设。

生态环境 实施园林绿化工程,永安广场周边绿地、双山树种更换、西苑休闲公园等项目按期竣工,科技广场完成绿化85%以上,三环南路绿化二期成为亮点工程,全区新增和改造绿地165公顷,城郊造林112公顷。推进云龙湖国家级旅游度假区、九里湖国家级湿地公园申报工作,规划建设卧牛山景区,启动实施故黄河、九里湖、临黄湿地、张小楼湿地水系贯通工程。奎河市区沿线支流水污染整治、小山子和王窑河截污管网、拾西村排水等7项工程通过验收,九里湖引水、拾屯河治理、危桥改造等5项工程全部竣工,生态环境质量明显改善。

城市管理 创新城市管理机制,在全市率先将“片长、街长”网格化管理与落实大城管机制、开展专项整治和服务相结合,进一步提高管理效能;投资2230万元,对全区主次干道、小街巷、道路两侧绿化带和免费公厕实行市场化保洁;综合整治淮海西路西段、二环西路等5条市级示范道路和59条小街巷门头字号;新建、改建垃圾中转站3座,改造公厕4座。大力开展专项整治活动,规范调整湖北路沿街商业经营业态,综合治理夜市烧烤、洗车场等200余家,疏导取缔西苑中路、纺织东路等马路市场4处,城市管理工作保持城区领先。

民生民计 9大类36项为民办实事项目全面落实,成为群众满意工程。农民人均纯收入达12600元,增长12.3%;新增城镇就业21610人、失业人员再就业15600人;新增企业职工养老保险参保13100人,全区居民医疗保险参保21.4万人;新型农村社会保险参保率97%,60周岁以上老年农民基础养老金发放率100%;城镇低保标准每人每月增至370元,农村增至230元,发放各类帮扶救助金895万元,保障了困难群众的基本生活;泉山社区卫生服务中心完成医改任务,和平、泰山等13家非政府办社区卫生服务中心实施药品零差率销售,药品价格平均降幅达41.6%;新建社区居家养老服务站35个,向876名困难独居空巢老人提供政府购买的服务;奎园、雁山、段庄北湖等5个农贸市场投入使用,三官庙农贸市场开工建设,建成农贸市场平价销售区3家、平价超市(商店)15家;在全市率先建立肉菜流通追溯系统,创建省级放心消费示范市场(超市)10家、市级便民早餐示范店10家;张小楼村搬迁遗留问题妥善解决,958户村民汛期前全部上房,确保了采煤塌陷区群众的生命财产安全。

社会安全 扎实推进“平安泉山”、“法治泉山”建设,实施“六五”普法规划,重点加强大调解机制、大防控体系和基层基础建设,街道政法综治中心建成率100%,矛盾纠纷调处成功率98%以上,新增技防商业街5条、技防家庭2300余户,技防监控基本实现全覆盖。切实加强社会管理创新,全面实施重大事项社会风险评估制度,深入开展“百日百案”、“信访积案化解攻坚年”活动,妥善解决了一批信访突出案件,全区进京、赴省、到市上访量明显下降。落实安全责任制和责任追究制,深入开展安全生产、消防安全、食品药品安全、校园安全隐患排查和专项整治活动,全区安全形势保持稳定。

社会事业 坚持教育优先发展、均衡发展,投资745万元,更新配置8所学校现代化教学设备,新建、改建火花学校、史庄小学等6所学校校舍。新建、改建公办幼儿园2所,整顿、关停无证幼儿园23所。新建街道文化站示范点1个、服务点5个、社区文化活动室36个。荣获“全国科普示范区”、“全国全民科学素质工作先进集体”称号。新建民生综合服务中心13个、五星级民生服务中心5个,创建省级和谐社区7个、市级和谐社区6个,泰山社区荣获“全国减灾防灾示范社区”称号。城北社区卫生服务中心被评为省“社区卫生服务示范中心”,被确定为省“流动人口计划生育基本公共服务均等化示范点”。双拥创建通过省级验收。

【徐州雨润农副产品采购中心项目】 12月7日,徐州雨润农副产品全球采购中心项目签约仪式在泉山区举行。该项目是由江苏雨润农产品集团有限公司投资建设,集农副产品展示(展销)交易、冷链物流、仓储、加工配送、电子商务、检验检疫以及配套商务、办公研发、餐饮、酒店、住宿、购物、居住等多功能于一体的综合性食品集散中心。项目计划总投资约

100亿元人民币,预计达产后年交易额200亿元人民币,年利税8亿元人民币,提供直接就业岗位2万个,带动相关行业从业7万余人。项目建成后,将成为淮海经济区规模最大、品种最全、设施最完善、服务最规范、辐射范围最广的绿色、环保、安全的综合性农副产品交易平台。

【泉山区与美国摩根敦市结为友好城区】 10月29日,泉山区与美国西弗吉尼亚州摩根敦市签订友好交流城区备忘录。摩根敦市是美国西弗吉尼亚州北部最大的城市,教育资源丰富。摩根敦市与泉山区在许多领域存在互补性,合作交流的空间十分广阔。

【2011中日国际工业软件产业发展研讨会】 10月29日,由市政府主办,泉山区人民政府、徐州软件园管委会、江苏集群信息产业集团共同承办的2011中日国际工业软件产业发展研讨会暨商务洽谈会在泉山区举行。会议围绕"创新工业软件发展模式,大力推进两化深度融合"的主题,深入研讨工业化和信息化深度融合的现状、趋势及未来走向,关注工业软件发展的新技术、新业态,探索推进工业化和信息化深度融合的新路径、新模式,为政府、软件企业、工业企业、科研机构打造了一个开放式的沟通、交流、学习、进步的平台。研讨会还围绕云计算、物联网、SaaS等软件服务业新模式、新业态以及实现工业软件跨越式发展的新思路、新途径展开研讨。

【雁山等新建农贸市场集中开业】 10月25日,徐州市为民办实事重点工程——雁山、火花等新建农贸市场集中开业庆典仪式在雁山农贸市场举行。近年来,泉山区率先在全市提出农贸市场5年提档升级计划,连续3年将农贸市场建设项目列入全区为民办实事工程,全区农贸市场硬件设施和外部形象的提档升级工作均取得明显成效。雁山、火花和北湖3个标准化新型农贸市场总建筑面积约33000平方米,配套停车场约13000平方米,总投资约1.2亿元。

办事处简况表(2011)

名　称	面积(平方公里)	居委会(个)	年末人口(人)	农业总产值(万元)	工业总产值(万元)	主要农作物产量(吨)			农民人均纯收入(元)
						粮食	蔬菜	瓜果	
永安办事处	3.1	14	82978		14821				14197
王陵办事处	1.95	9	64064						
湖滨办事处	7.3	8	44725		7349				13177
和平办事处	4.5	13	87224		189043				
段庄办事处	2.95	8	41641		34400				15522
奎山办事处	2	5	27790		18240				13768
翟山办事处	6	11	63480	178	41627	532	251		13579
泰山办事处	10.2	8	18029	110	27131				14652
金山办事处	19.7	4	21173	104					14084
七里沟办事处	5	2	4743	251	3736		121		12659
火花办事处	12.5	9(4个村)	27498	3592	24246	1392	598		11782
苏山办事处	12	5(3个村)	18997	1249	3082	1786	2051		11658
庞庄办事处	20	6(4个村)	32104	1951	13567	1150	3990		11400
桃园办事处	4.5	5(2个村)	15580	1668		781	3156		12535

组织机构及负责人

中共泉山区委

书　　记　张　引

副 书 记　蔡成缓　徐思群

常　　委　周亚琳　焦明见(6月免)　吴昌闪(6月任)
　　　　　高　山(6月免)　薛　永　傅正兵(6月免)
　　　　　曹周杰　艾新建(6月免)　赵　杰(6月任)
　　　　　杨冬谷(6月任)　吴以贵(6月任)

泉山区人大常委会

主　　任　张　引

党组书记　张学芳(5月免)

副 主 任　彭书平　程　荣　郑宗宇　袁新海
　　　　　王少年　焦明见(1月任)　梁菁华

泉山区人民政府

区　　长　蔡成缓

副 区 长　高　山(6月免)　薛　永(6月任)　赵　杰

谢德明　姚吉松　李　松　金云女　蒋子彦
毛　军　李　燕(6月任)

政协泉山区委员会

主　　席　阎鲁明
副 主 席　张世凤　杨振海　王先友　张道思
　　　　　陈思田　袁美群

中共泉山区纪委

书　　记　焦明见(6月免)　吴昌闪(6月任)
副 书 记　潘建军(6月免)　程元立(6月任)　黄义山

(迟国兴　韩　贺)

贾汪区

【概况】 贾汪区位于徐州市主城区东北部,地处苏、鲁两省结合部。2011年末全区总人口50.51万人。全区设7个镇、2个办事处、1个经济开发区。城区面积约26.25平方公里,城市总人口约9.5万人。贾汪地区历史悠久,汴塘、大泉、江庄等地远在商周之前就有人类定居。清光绪六年(1880年)夏,洪水剥蚀地面,贾汪境内初现煤苗,清光绪八年(1882年)胡恩燮始在贾汪掘井建矿,贾汪因矿成区。中华民国17年(1928年)贾汪建镇,属江苏省铜山县管辖。1948年11月8日,贾汪解放后,为铜山县人民政府驻地,贾汪为铜山县第一区。1952年铜山县政府迁出,成立徐州市贾汪矿区。此后又经历徐州市郊区贾汪镇、徐州市贾汪镇、徐州市贾汪矿区,直至1965年11月始定为徐州市贾汪区,沿称至今。其间几度更迭。1995年经江苏省人民政府批准,贾汪区享有县级管理职能和权限。贾汪区南部为黄泛冲积平原,地势平坦;北部为丘陵山区,有主要山峰55座,其中大洞山海拔361米,为徐州市境内第一高峰。境内有京杭大运河、不牢河、大寨河、屯头河等主要河流。贾汪物产资源丰富,区内盛产小麦、水稻、山芋、大豆、花生、棉花、干鲜果、林木等,名优产品有大洞山石榴、宗庄蜜桃、汴塘西瓜及青山泉黑色系列产品等;矿产资源有煤、镁、钛、铝、磷矿石、石灰岩、大理石、白云岩、耐火土等。贾汪交通便利,京杭大运河、不牢河横贯东西,为水运枢纽;铁路交通有贾汪至徐州专线,前亭至贾汪专线和夏桥、韩桥、旗山等煤运专线;206国道、310国道纵横交错,京福高速公路穿境而过,区、镇、村公路密如蛛网,四通八达。贾汪境内名胜古迹颇多,有大泉窑址、朱古山钓台子、泉旺头古土墩、焦庄等古文化遗址;有大洞山、督公湖、小南湖、十里花溪等风景名胜;有佛教圣地茱萸寺。贾汪地区已经发现的大型古墓葬有10多处,普通汉墓群多处。

【综述】 2011年,全区实现地区生产总值170.26亿元,按可比价格计算,比上年增长13.8%。其中:第一产业增加值13.37亿元,第二产业增加值92.47亿元,第三产业增加值64.42亿元,分别增长2.0%、15.7%和13.7%。全区人均GDP39674元,按当年汇率折算达6297美元。三次产业结构由上年的8.3∶54.4∶37.3调整为7.9∶54.3∶37.8。全区财政总收入18.85亿元,增长33.1%;一般预算收入11.02亿元,增长51.6%;财政收入占GDP比重为11.1%,比上年提高0.7个百分点。

工业　2011年,全区183家规模以上工业企业完成总产值448.37亿元,增长53.6%;实现销售收入455.94亿元、利税总额49.43亿元、利润29.79亿元,分别增长44.0%、62.2%和88.9%。工业企业产销衔接状况良好,产品销售率98.4%。

农业　2011年,全区实现农林牧渔业总产值24.90亿元,增长20.5%。全年农作物播种面积77.94万亩。其中,粮食面积59.61万亩,单产394公斤,总产量23.51万吨;油料产量0.19万吨,增长14.9%;棉花产量0.12万吨,增长13.2%;水果产量9.05万吨,增长9.4%;肉类产量2.32万吨,增长14.0%。年内,全区生猪出栏量18.30万头,家禽出栏量391.35万羽,分别增长20.4%和32.9%。全区高效规模农业面积达到28.5万亩,比重提高到60%;新增设施农业1.9万亩,设施农业面积扩大到9.7万亩;全区新认证无公害农产品产地29个,认定面积2000公顷。大洞山万亩石榴园成为全国三大石榴园之一,获得"贾汪大洞山石榴"地理标志认证。紫庄、耿集草莓园和汴塘葡萄园、塔山杭椒种植园成为设施农业新亮点。青山泉村、唐庄村、建平村和荒里村被授予"江苏省社会主义新农村建设先进村"荣誉称号。年内,新增大路村、关口村、杏沃村、铙钹村等8个"新农村电气化村"。

国内外贸易　2011年,全区社会消费品零售总额37.91亿元,比上年增长17.5%。服务业实现税收合计3.41亿元,其中批发零售业1.85亿元,占全区服务业税收的54.3%。重大商贸服务业项目相继开工建设,百大购物中心扩建、同乐商业广场等项目奠基,龙栖、天智、花都3家星级酒店主体完工。全区累计实现外贸进出口总额27316万美元,增长90.8%;其中出口10798万美元,增长19.5%。协议利用外资13538万美元,增长46.2%;实际到账注册外资7336万美元,增长44.6%。全区招商引资新签约1000万元以上项目140个,其中亿元以上的项目60个,已开工项目79个,竣工项目20个。

科学技术　2011年末,全区拥有科学技术人员10980人。其中,中高级职称人员4976人。年内,组织申报市级以上各类科技计划项目46项,已获得立项10项。其中,国家星火、火炬项目4个,省苏北科技发展计划项目4个,省级工业支撑计划1个,市级科技计划项目立项5个,市级新兴产业重点项目1个。累计完成发明专利申请278件,完成企业专利申请212件,新增专利授权数303件。

教育　2011年,全区拥有各类学校在校学生64463人,毕业生19196人,拥有教职工5368人,其中专任教师4103人。全年教育支出43532万元,比上年增长36.6%。年内,全区初中毕业生升学率97.2%,比上年提高0.2个百分点。2011年完成学校安全工程新建项目34个共10万平方米,加固面积5万平方米,完成14所幼儿园的新、改扩建任务,顺利通过"省教育现代化先进区"评估验收。玉龙湾小学、幼儿园,徐州工业园学校等一批教学设施先进的现代化学校建成。

卫生 2011年,全区共有卫生机构18个(不含诊所等)。其中:综合医院5家,卫生院7家。共有卫生技术人员1634人,其中执业医师、执业助理医师528人,注册护士644人,药师(士)110人。全年入院人数4.90万人,出院4.85万人。全年医疗卫生支出9299万元,比上年增长131.6%。年末,全区新型农村合作医疗参保32.96万人,参保率100%;新农合补偿款6762万元,拨付城乡医疗救助金301万元。

文化 “六百小培养工程”全年培训青少年学生2万余人次,在全市率先建成10家村级“青少年之家”、5所乡村学校少年宫、1个青少年素质实践基地和1个未成年人成长指导中心;关注弱势未成年人群体工作得到中央及省市领导肯定,紫庄留守儿童工作被央视《焦点访谈》栏目报道;出台《贾汪区文化繁荣行动计划实施方案》,相继建成7个综合性镇级文化站、122个村级文化活动室、122家农家书屋,基本实现村村覆盖;大洞山风景区文化发掘整理有序推进,马庄村民俗旅游开发紧锣密鼓。

城镇建设 2011年,实施6大类39项城建重点工程,完成投资15亿元,建成区面积扩大到20.3平方公里。棚户区改造作为突破城建、改善民生的头号工程,提前一年半完成棚户区拆迁任务。全区累计拆迁70.3万平方米,实施安置房建设项目15个,总面积71.5万平方米。城中村改造全面完成。中央百大、群力二期、老鱼市、同乐等6个片区拆迁23万平方米,超额完成年度计划。70套廉租住房、100套经济适用房即将交付使用,198套公租房基本完工。年末,全区城市园林绿化面积835.78公顷,人均公共绿地面积11.6平方米。实有城市铺装道路46公里,铺装道路面积92万平方米,人均道路拥有面积17.5平方米;城区路灯3726盏,比上年增加868盏。全区市场运作保洁人数533人,实际保洁面积167万平方米,生活垃圾无害化处理量18299吨。山水大道建成通车,光明路、工商北路、利民路等6条涉煤道路竣工通行,城市照明远程监控工程交付使用。参与创建“国家环保模范城市”和“国家森林城市”,年内完成成片造林1.13万亩,更新完善农田林网6.0万亩,四旁植树123万株;以大洞山风景区为重点,高质量完成荒山绿化6400亩,栽植乔木20万棵、花冠类和球类60万株,生态环境得到显著改善和提升,成为全市荒山造林的典范。

人民生活 2011年,全区在岗职工平均工资33362元,同比增长14.5%;城镇居民人均可支配收入18350元,增长17.5%;农村居民人均纯收入10009元,增长18.7%。城乡居民家庭恩格尔系数36.2%,其中:城镇36.0%,农村36.3%。年末,全区城乡居民人均储蓄存款13016元,比上年增加732元。百户家庭电话拥有量243.5部,百户家庭电脑拥有量55.5台。

社会保障 2011年,全区城镇养老、失业、医疗三大保险覆盖面96.5%,比上年提高2.8个百分点。城镇居民医保、新农合、新农保、城乡低保实现应保尽保,为全区7305名纳入社区管理的离退休职工免费体检,为7694名“4050”人员从事个体经营、灵活就业办理社保补贴,全年共为下岗失业职工办理社会保险补贴835万元。救灾、抚恤事业累计支出1030.6万元,城乡最低生活保障支出1018.7万元。新农保参保人数14.1万人,5.2万人领取基础养老金3954万元,12019位80岁以上老人领取尊老金453万元,1840名五保老人基本生活得到保障;被征地农民纳保20517人,全年发放基本生活保障金3653万元。

平安创建 2011年,全区共破获案件758件,八类案件破获率达92.8%。全年共抓获各类违法分子3980人。其中,刑事案件人员572人,下降23.2%。摧毁犯罪团伙39个,共缴获赃款、赃物450万元。刑事案件收案221件,民事纠纷案件收案5409件,结案率分别为98.22%和98.78%。年末,全区人民群众对社会治安的满意率达93%。

【高新技术产业增势】 2011年,实现高新技术产业产值91.72亿元,增长156.2%;高新技术产业产值占规模以上工业总产值比重达20.46%,比上年提高10.2个百分点。

【小康社会建设】 2011年,贾汪区全面小康社会建设四大类18项25个指标中,除R&D占GDP比重与目标值略有差距外,其余24个指标均达到或者超过省定全面小康标准,其中五大核心指标全部达标,顺利通过市级验收。贾汪以区为单位建成全面小康社会。

【旅游资源】 贾汪区以“一山一湖一寺”开发为重点,旅游带动作用日益扩大,同时加快开发生态旅游、休闲观光农业、红色文化旅游等旅游资源。大洞山风景区被省林业局正式批准为“省级森林公园”,是徐州市第二个省级森林公园,也是第一个通过审批的环城森林公园,拥有林地面积1353公顷。茱萸寺完成开光大典,全区旅游人数突破20万人次。

【环境保护】 2011年,全区城市绿化覆盖率40.8%,森林覆盖率22.2%,环境质量综合指数91.2。水域功能区水质达标率100%、环境噪声达标率85.4%;全年COD和二氧化硫排量分别减排1022.93吨和829.18吨;废水中主要污染物大幅下降,工业废气排放总量持续减少。环境空气质量良好天数334天,连续4年超过300天。年内共安排资金502万元,帮助8家企业实施行政关闭,以进一步加快推进节能减排,加快传统产业结构调整和优化升级。

各镇、办事处、工业园区简况表(2011)

名称	面积(平方公里)	行政村(个)	居委会(个)	年末人口(人)	农业总产值(万元)	全社会固定资产投资(万元)	农村经济总收入(万元)	主要农作物产量(吨)				农民人均纯收入(元)	财政收入(万元)
								粮食	棉花	油料	蔬菜		
老矿办	14.27	0	10	43766	614	41132	57018	2450	9	17	209	9215	5661
夏桥办	11.61	0	8	26543	703	41300	59409	978	0	0	129	8300	5135
贾汪镇	79.56	10	2	52390	7126	101303	223147	23059	170	75	1485	8277	20148
青山泉镇	83.66	13	6	58716	9525	423178	1551670	27344	90	263	18520	13091	61227
大吴镇	66.20	11	15	86347	14124	489428	1018396	24794	0	0	9283	13105	55289
紫庄镇	66.68	15	3	50517	41537	39668	236755	42687	0	0	98928	9941	2836
塔山镇	94.68	20	3	69936	37266	90515	98405	46556	531	0	70230	9430	3791
汴塘镇	105.00	18	0	58549	19056	38240	90652	35633	556	688	25372	7179	1713
江庄镇	74.96	11	0	34924	13138	326256	59968	25781	176	1000	24604	9222	24577
工业园区	28.46	0	5	14864	850	295000	1036306	3026	0	0	0	7600	22500
合计	625.08	98	52	496552	143939	1886020	4431726	232308	1532	2043	248760	95360	202877

组织机构及负责人

中共贾汪区委

书　记　吴新福
副书记　曹　志　李　健
常　委　吴　君　朱连芹　吕宣瑞　陶学勤　张秋月
　　　　陈　健

贾汪区人大常委会

主　任　朱蔚荣
副主任　尹明义　孟宪泉　马家福　胡家民

贾汪区政府

区　长　曹　志(代)
副区长　孙清理　董　建　赵俊杰　吴振成　黄　杰
余德池　王　宇　陈贻龙　孟月亮

贾汪区政协

主　席　刘厚远
副主席　周常善　杨文泉　段部军　张建军

区纪委

书　记　张秋月
副书记　吴　强　孙灵芝

(鲁大魁)

丰　县

【概况】 丰县位于徐州市西北部,地处苏、鲁、豫、皖四省七县交界处。辖14个镇、一个林场,360个村民委员会、14个城区居委会。全县总面积1450.2平方公里,全县户籍人口116.49万人。县内人文景观主要有汉皇祖陵园、张道陵纪念馆、李卫纪念馆、李蟠状元碑园、大沙河百里农业观光带等。先后被授予全国粮食生产先进县、全国棉花生产百强县、全国治沙先进县、全国水果生产十强县、全国平原绿化先进县、国家级生态示范区、全国秸秆养羊示范县、全国首批科技工作先进县、全国民族团结模范县等称号,并被联合国粮农组织中国促进会确定为绿色产业示范区。

【综述】 全年实现地区生产总值190.61亿元,按可比价计算同比增长13.4%。其中第一产业增加值40.28亿元,增长5.0%;第二产业86.98亿元,增长16.4%;第三产业63.35亿元,增长15.2%。三次产业结构调整到21.1:45.6:33.2,二三产业占比提高到78.9,比年初提高1.5个百分点。年末全县城市化水平42.9%,比上年提高1.4个百分点。农民人均纯收入8642元,增长19.1%。一般预算收入总量由上年的全省第46位,上升到第42位。

工业 2011年,丰县围绕打造新型生态工业先行区,实施千亿元产业崛起计划,盐煤化工、机械制造、农副产品及木材加工、电动车四大主导产业初步形成,规模企业销售收入占全部规模工业企业的98%,步入工业化中期阶段。全年累计实现工业增加值47.55亿元,同比增长17.8%。新增规模以上工业企业13家,新增个数全市居首,规模企业总数为256家(年销售收入2000万元以上)。全年规模以上工业企业累计实现总产值214.91亿元,同比增长55.7%,实现增加值46.73亿元,同比增长23.2%。全县累计工业用电量5.51亿度,同比增长27.9%。年销售收入超亿元企业26家,佳合食品、华洲铸造、冠华铸造、东大钢构4家企业超5亿元,李堂煤矿、银龙电缆、胜海铸造3家企业超10亿元。李堂煤矿纳税近2亿元,实现年纳税亿元企业零的突破。

农业 2011年,丰县以建设全省特色农业第一县为目标,大力转变农业发展方式、提高农业产业化水平,"三农"工作连年保持粮食增产、农业增效、农民增收、农村发展的强劲态势。全年累计实现种植业总产值57.46亿元,同比增长18.8%。全年粮食总产51.1万吨,同比增长11.1%;蔬菜总产146万吨,增长17.3%;棉花总产1.3万吨,增长18.0%;果品总产57.09万吨,增长9.8%。全年实现畜牧业产值16.69亿元,同比增长22.3%。生猪饲养量99.7万头,比上年增长13.3%;羊饲养量140.13万只,增长23.8%;家禽养殖5307万羽,增长22.6%。全年实现肉类总产量13.43万吨,比上年增长11.8%;禽蛋总产量6.34万吨,增长18.1%。年末,全县拥有农业机械总动力70.4万千瓦,比上年增长3.3%。拥有大中型拖拉机1636台,小型拖拉机16460台,联合收割机1818台。全县农用化肥施用量(折纯)10.51万吨,农药施用量0.21万吨,农村用电量3.08亿千瓦时。年内,省认定设施农业面积17余万亩;优质果品基地发展到10万亩,果品总产量居全省第一,成功创建省级出口果品示范区;蔬菜复种面积80万亩,国家级牛蒡和省级洋葱、薹蒜3个农业标准化示范区通过验收;食用菌发展迅速,被评为"中国毛木耳之乡";建成国家级标准化养殖示范场2个、省级生态健康养殖示范基地42个,种鸭养殖稳居全国第一。规模以上农产品加工企业160家,农民专业合作社发展到805个,农村土地流转面积17.6万亩。丰县被评为全国保护性耕作技术推广示范县、全国玉米生产机械化示范县和江苏省农业保险示范县。

服务业 2011年,丰县按照发展提速、比重提高、结构提升的总体要求,突出抓好区域物流、现代商贸、生态旅游三大服务业板块。全年累计完成社会消费品零售总额59.38亿元,增长17.9%。其中城镇完成29.92亿元,同比增长20.4%;农村完成29.46亿元,同比增长15.3%。年成交额在亿元以上的商品交易市场3家,成交额9.3亿元。金都国际商贸城建成市级服务业集聚区,新增8家制造业企业完成主辅分离,新增限额以上贸易企业40家。实施16项商贸流通重点项目,2011年完成投资6亿元。深化金融生态县创建,先后4次组织银政企签约活动,签约资金46.3亿元。截至年末,全县金融机构存款余额145.62亿元,比年初增加21.86亿元,同比增长16.6%。其中居民储蓄余额为103.88亿元,比年初增加11.46亿元,同比增长12.4%。12月末,全县金融机构贷款余额84.88亿元,比年初增加21.5亿元,同比增长34%。

招商引资和项目建设 2011年,引进外资项目18个,实际注册到账外资4240万美元,完成进出口总额1.11亿美元,徐州润穆食品有限公司获境外投资企业经营权。年内,完成签约项目85个,投资额138.6亿元;3000万元以上在谈项目98个,协议引资额305.7亿元。全年实施重点项目93项,完成投资66.68亿元;其中"三重一大"项目39项,完成投资34.65亿元。永冠铸造二期、胜海机械扩建、心实集团二期等41个项目完工,奔腾橡胶等37个项目加快建设。总投资10.2亿元的生态农业屋顶光伏发电项目完成招商、建设、投产任务,是世界上单体最大的生态农业屋顶光伏发电项目;总投资16亿元的丰成盐化工、总投资12亿元的建滔能源焦化项目1号焦炉、总投资11亿元的福丰纺织项目10万纱锭建设完工;总投资3亿元的君乐宝乳业项目进入设备调试阶段。

园区建设 全年开发区实现地区生产总值101.63亿元,增长63.53%;实现财政收入11.02亿元,增长45.01%;地方一般预算收入8.11亿元,增长88.62%,成为带动全县经济发展的主引擎。

科学技术 2011年,高新技术产业产值完成66亿元,增长80%,占规模以上工业产值比重超过30%。高新技术产业列统企业新增17家、总数为35家,新增个数居全市第一。煤矿井下有害气体安全监控检测工程中心建成,为全省唯一物联网地下应用领域工程中心。年末,全县企事业单位拥有专业技术人员3.17万人,其中中级技术职称以上的1.49万人。累计完成专利申报1178件,其中发明专利325件;专利授权269件,其中发明19件。建成市级以上企业研发机构143家,成立丰县首个企业院士工作站。与徐州工程学院、徐州生物职业技术学院建立长期校地合作关系,被评为全国科普示范县、省知识产权示范县。

城乡建设 2011年,丰县围绕城市生态、人居环境、商贸物流建设,先后实施总投资99.5亿元的四大类42项城建重点工程。累计完成拆迁104.6万平方米、房地产开发249.4万平方米。改造完成胜利小区、荟苑小区、季合园小区,新修改建河滨路、支农路、纬二路、育红巷、公交巷等道路28条,"七横十一纵"的路网格局全面形成,城区面积拓展到35平方公里,城市化率提高到42.9%。欢口、华山、大沙河、赵庄4个重点中心镇加快建设,建成市级新农村示范点38个、省级5个。启动国家生态县创建工作,完成第一批4个镇的农村环境连片综合整治和17个村庄环境综合整治任务。农村通达工程新建公路43公里,改造危桥6座,老城区客运站建成运营,新城区客运站开始桩基施工。投资1.04亿元的火车站与省道321、322连接线工程已完成全线水稳摊铺和桥梁主体工程,形成新的东外环,拉大了城区框架。

社会事业 2011年,丰县10大类40项为民办实事项目基本完成预期目标。21.2万贫困人口、55个省定经济薄弱村全部实现脱贫目标。养老、医疗等五大社会保险参保总人数89.6万人。年末,全县拥有敬老院29所,床位4101张。启动新型农村养老保险,参保人数33.17万人。及时调整提高城乡最低生活保障和五保供养标准。教育现代化、校舍安全工程扎实推进。基层医疗机构综合改革进展顺利。实现国家基本药物制度全覆盖。

发展环境 2011年,丰县启动国家生态县创建工作,完成第一批4个镇的农村环境连片整治和14个村的村庄环境综合整治活动。城区绿地总面积724.3公顷、绿化覆盖率42%;全县森林覆盖率为40%,居全省第一。化学需氧量、二氧化硫等减排约束性指标全面完成。以提高市民素质和城市文明程度为重点，强化历史文化上的“汉风道韵”、丰县人品格上的“有情有义”、环境建设上的“生态文明”、社会管理上的“社会治安最安全地区”和“食品药品生产消费最安全最放心地区”，李影被评为全国道德模范，省文明城市创建实现四连冠。抓好生产安全、道路交通、食品药品等领域的安全监管，妥善处理“12·12”校车事故。

水利 2011年，完成农村河道疏浚整治工程。至3月底，完成总土方585万立方米，工程投资3218万元。完成2010年小型农田水利重点县工程建设。更新改造王沟、赵庄等4镇的78座灌溉泵站、24座涵闸，衬砌渠道7.7公里，改造渠系建筑物42座。完成2处共0.5万亩高效节水灌溉示范工程，工程于6月20日完成，总投资2906万元，改善排涝面积32.87万亩，改善灌溉面积16万亩。实施中央财政新增农资综合补贴旱改水田间工程，在欢口、顺河、师寨三镇发展旱改水面积1万亩，新建防渗渠44公里，改造泵站3座，改造加固小型涵闸1座，拆建小型涵闸1座，新建渠系建筑物1094座，修筑生产路106公里，完成总投资1000万元。完成朱尧桥至老陈楼桥1.5公里堤防达标建设工程，完成投资60万元。抗旱减灾应急工程，争取上级支持资金150万元，全县应急钻打机井175眼、轻型井655眼；同时加大外调水力度，南北两线累计调引外水1.3亿立方米。

教育 2011年，丰县市级以上优质幼儿园、省市实验小学、市标准化学校分别为56所、23所、122所。累计投入1.8亿元，实施校舍安全工程23.9万平方米。年内，丰县有各级各类学校152所，其中公办高级中学8所、职业学校1所、初级中学27所、定点小学110所、聋哑学校1所，民办中小学5所。全县中小学在校学生131684人，其中高中26814人、初中37726人、小学60278人。特殊教育在校生66人，职业中学在校生6800人，幼儿园在园幼儿40528人。义务教育阶段入学率100%，初中巩固率99.8%，高中阶段入学率95%，学前三年幼儿入园率92%。全县有教职工10762人，其中专任教师9324人。教师学历合格率高中97.88%、初中99.54%、小学99.82%。

卫生 2011年，丰县共有卫生机构数530个，卫生技术人员2346人。新型农村合作医疗参合人数93.03万人，参合率为100%。人均筹资标准提高到230元。患病参合农民政策范围内医药费用补偿比，县级为58.99%、镇级为85.24%，实际补偿比分别为53.6%、80.06%。启动县医院新城区分院建设，先期投资2.5亿元，建设总建筑面积10万平方米、住院床位1000张的县人民医院新城区分院。新建华山、宋楼、孙楼、常店等卫生院的门诊、病房楼。对农村孕产妇实行免费补服叶酸和住院分娩补助，为3.3万名农村适龄妇女免费筛查“两癌”，为200名贫困白内障患者实行免费手术，免费为60岁以上老人进行健康体检，改造农村无害化厕所2万户。年末全县卫生服务体系健全率100%。

交通 全年实现增加值6.37亿元，比上年增长13.9%。客货运输快速发展，全社会客运量1990万人，货运量1757万吨，同比分别增长62.7%和35.6%。年末等级公路1803公里，内河港口吞吐量100万吨。开通城市公交车，农班运营车辆40辆，客运总量310万人次。火车站与省道321、322连接工程完成投资3540万元；农村公路危桥改造工程，全年计划6座全部建成，完成投资650万元；全年新建农村公路43公里，其中通公交农村公路12公里，年度完成投资1350万元；丰县新区汽车客运站建设，完成回填土20000余立方米。年底共计完成候车亭70座。

【“关爱生命 安全出行”主题教育活动】 12月17日，丰县“关爱生命，安全出行”主题教育活动启动仪式在丰县人民体育场举行。启动仪式上，全体人员首先向在“12·12”交通事故中遇难的学生默哀。12月12日下午，丰县首羡镇接送镇中心小学47名学生回家，车行至张后屯村附近时，车辆发生侧翻滑入路边水沟，造成15名小学生死亡、11人受伤的重大交通事故，江苏省委省政府、徐州市委市政府、丰县县委县政府立即启动应急预案，做好善后处理工作。事后，对有关单位和领导启动责任追究制，并依法判处肇事司机7年。此次活动要求：提倡文明交通，强化教育培训，加强交巡警队伍建设，加强驾驶员特别是公共交通驾驶员的培训，抓好对学生的安全出行教育。

【第三届全国道德模范李影】 9月22日，丰县女子李影在中宣部、中央文明办、解放军总政治部、全国总工会、共青团中央、全国妇联联合开展的第三届全国道德模范评选活动中，当选第三届全国诚实守信模范。李影1981年1月出生于丰县范楼镇，1998年从丰县到上海打工。2005年10月成为沪太路1170弄(龙潭小区)29号公共厕所管理员。她从大家关注的环境入手，一步一步提高公厕服务水平。顾客特别是老年人如厕后，地面时常会留下尿渍，她自创“跟踪式”保洁法，即每来一位客人，就进行一次打扫。发现公厕便民设施不多，李影自掏腰包在公厕内点起檀香，贴起“小心地滑”的提示，摆上了洗手液，在洗手台下方添置了一个大鱼缸，公厕环境变得整洁生动起来。看到顾客自行车、助动车停放不便，李影自己动手把公厕门前的一片泥地改造成停车点，将废旧长椅修缮成为休息座椅。公厕50米外是龙潭小区居委会便民输液点，许多老人常常举着吊瓶到公厕，李影只要看到举着吊瓶的老人过来，就主动迎上去，将老人扶进厕所。几年下来，李影“望一下、问一声、扶一把、送一程”的服务程序，得到输液老人的称赞。双腿残疾的居民朱祖康住在公厕附近，从他家到公厕20米长的路面坎坷不平，李影就动员丈夫与自己一起，利用正月初一到初三的休息时间，用方砖砌成宽约1米、长约20米的平坦通道。6年来，李影以热心、细心、虚心、耐心、诚心管理公厕。小小公厕荣获闸北区十佳文明窗口称号。李影靠着勤劳与努力入了党，有了上海户籍，还先后获得世博优质服务贡献奖，荣获全国劳动模范、全国优秀农民工等荣誉称号。

【第四次荣获省级文明城市称号】 2012年1月17日，丰县顺利通过省级文明城市复查验收，荣获江苏省文明城市称号。江苏省文明城市每3年评选1次，至此，丰县第四次获得省级文明城市称号。近年来,丰县经济社会得到了长足发展,主要经济指标增幅连续5年高于全省、全市平均水平,全面小康社会建设取得了阶段性成果。在新一轮江苏省文明城市创建过程中,丰县坚持以科学发展观统领指导创建实践,将文明植入经济、政治、文化和社会建设各个方面,以“创建为民、创建惠民、创建促民生”为宗旨,以打造历史文化上的“汉风道韵”、丰县人品格上的“有情有义”,环境建设上的“生态文明”和社会管理上的“社会治安最安全地区”、“食品生产消费最安全最放心地区”4张名片为抓手,扎实推进文明城市创建工作。

【0~6岁贫困家庭残疾儿童康复训练】 4月,县委、县政府2011年为民办实事项目——《丰县0~6岁贫困家庭残疾儿童抢救性康复训练》进入开训阶段。丰县残联组织县儿童保健专家在县妇幼保健站开展对0-6岁贫困家庭残疾儿童筛查工作,符合条件的残疾儿童享受免费康复训练救助,全县共有189名残疾儿童参加筛查评估,确定141名残疾儿童享受《江苏省0~6岁贫困家庭残疾儿童免费抢救性康复训练》项目,其中脑瘫78名、听力言语障碍28名、肢体障碍35名。141名残疾儿童均已进入各类康复机构,进行不少于9个月的免费康复训练。县残联会同有关康复机构,根据每个残疾儿童的自身特点制定康复方案,帮助残疾儿童进行康复治疗,为残疾儿童提供个性化的康复服务,提高他们参与社会生活的能力。

【第二届电动车及零配件展销会】 9月16日,“2011中国·丰县第二届电动车及零配件展销会”在中国电动车城举行。展销会包含产品展示、开幕式、电动车产业报告会、电动车耐力赛等多项活动,来自省市有关部门的领导,以及全国各地110多个国内外电动车行业的重要客商出席活动。人民日报、新华社、中央电视台、农民日报、人民网、江苏电视台、新华日报等近20家新闻媒体对此次活动进行现场报道。9个重大项目在开幕式现场举行了签约仪式。

【农村环境连片整治示范县建设】 全国农村环境连片整治示范工作开展以来,丰县高起点规划,精细化管理,整体化推进,在欢口、凤城、师寨、华山4个镇全部建立了“组保洁、村收集、镇转运、县处理”的农村生活垃圾收集体系,建成日处理60吨镇垃圾中转站4座,农村集中式生活污水处理站2个,行政村垃圾集运房110座,村垃圾收集房3730座,购置大小垃圾转运车570辆,总投资2500万元。11月8日,整治工作顺利通过省考核验收,省考核组专家们对丰县农村环境连片整治示范工作予高度评价,中国环境报、中国财经报等多家媒体对此予以报道推广。

【晖泽公司23.8兆瓦生态农业屋顶光伏电站并网发电】 丰县晖泽光伏能源有限公司23.8兆瓦生态农业屋顶光伏发电项目,总投资6亿元,占地面积60万平米(900亩),食用菌设施农业大棚5822座,大棚屋顶面积31万平方米,项目投产运营后每年可发电3000万千瓦时。此项目太阳电池组件选用18.8兆瓦多晶硅太阳电池组件和5兆瓦薄膜太阳电池组件组合的方案,是世界上单体最大的生态农业屋顶光伏发电项目。该项目于11月1日正式开工建设,12月30日并网发电。项目正常运营后,按每年3000万千瓦时发电量计算,效益高达3200万元,与同等发电量的火电相比每年可节省标煤约11000吨。棚内作物利润按每亩2.5万元计算,每年农业收入达2000万元,明显高于传统模式的大棚种植效益。

【省土地执法模范县四连冠】 2011年,为应对全县经济社会发展和用地“瓶颈”制约的两难命题,县委、县政府将争创省“土地执法模范县”四连冠活动作为扩内需、保增长和振兴徐州老工业基地的重要举措。全县上下“保红线”效果显著,连续4年实现耕地占补平衡有余;“保发展”成效斐然,全县城镇化率由2006年初的27.2%提升到2010年末的41.5%;“促转型”持续深化,节约集约用地新机制基本形成。省国土资源厅通报表彰了2011年度江苏省土地执法模范县(市、区),丰县名列前茅,这是继2008年、2009年、2010年连续三年丰县被授予全省“土地执法模范县”之后再获殊荣,在全市乃至苏北地区,唯丰县连续4年获得此项荣誉。

【“三重一大”项目】 2011年,丰县实施“三重一大”项目39项,实际完成投资34.7亿元。永冠铸造二期、胜海机械扩建、心实集团二期等41个项目完工或基本完工,奔腾橡胶、吉林森工二期等37个项目正在加快建设。总投资16亿元的丰成盐化工、总投资12亿元的建滔能源焦化项目1号焦炉、总投资11亿元的福丰纺织项目10万纱锭建设完工;总投资3亿元的君乐宝乳业项目,设备开始调试;总投资6亿元的生态农业屋顶光伏发电项目并网发电。

【孙楼镇获“全国扶贫先进单位”称号】 2011年,孙楼镇作为徐州市2家受表彰单位之一,荣获由国务院扶贫办颁发的“全国扶贫先进单位”称号。孙楼镇党委对于扶贫工作的核心理念是“九字真经”:动真情、扶真贫、真扶贫。孙楼镇是2005年江苏省确定的重点帮扶镇之一,辖19个行政村,其中有8个村为省定经济薄弱村,占全镇行政村总数的42%;人口5.3万,其中贫困人口10890人,占全镇总人口的21.5%。为彻底改变这一面貌,该镇认真落实党中央、国务院及省委、省政府关于扶贫开发的方针、政策和各项工作部署,立足实际,抢抓机遇,加大投入,艰苦创业,发展现代农业,建设现代农村,培育现代农民,用短短几年时间实现了从贫困镇到经济强镇的历史性跨越。5年来,先后投入各类扶贫资金3.5亿元,发放小额扶贫贷款6000万元,实施帮扶项目26个,全镇人均收入从2005年的3420元发展到2010年的8330元,5年年均增长21%,10782贫困人口实现脱贫,脱贫率99%。

各镇简况表(2011)

名称	面积(平方公里)	村委会(个)	居委会(个)	年末人口(人)	GDP(万元)	主要农作物产量(吨)				农民人均纯收入(元)
						粮食	棉花	油料	蔬菜(瓜)	
凤城镇	61.97	17	8	159631	786692	24145	38			12273
首羡镇	127.76	33		92930	108400	10622	7970	43	600	8616
顺河镇	86.28	22		56907	66145	29653	2910		80	7105
常店镇	77.27	27		63209	72928	45706	840	21	1656	7568
欢口镇	105	27		94623	142474	78313	466.63		2549	10110
师寨镇	104.5	36		82219	82974	64860	601	49	1255	7401
华山镇	104.77	28		84979	105291	26378	429	796	4589	9142
梁寨镇	86.8	20		62079	68889	30198	780	414	2180	7853
范楼镇	116.1	31		79337	78497	42995				7714
孙楼镇	66.08	19		52580	68380	28347	142	8		8894
宋楼镇	122.14	32		90908	123222	25179	162	706	1091	8575
大沙河镇	81.5	19		59753	62862	11125		203	14	9174
王沟镇	126.21	31		102000	99902	57275	583	632	2886	7327
赵庄镇	91	18		69656	71044	28434	2199	106	2152	7386

组织机构及负责人

中共丰县委员会

书　记　赵保华(6月免)　邱　成(6月任)
副书记　郭学习(6月任)　罗德清　赵芝明(扶贫、4月免)　张世祥(4月任)
常　委　孙厚伦(6月免)　李　杰　白有庆(6月免)　张　雷(10月免)　梁　伟　单长丰　何小明　刘从良　张建华　华　莉(6月任)　杜亚峰(6月任)　王贯渠(6月任)

丰县人大常委会

主　任　赵保华(6月免)
副主任　刘　波　洪信来　刘玉成　孙厚伦(1月任)　孙寸贤

丰县人民政府

县　长　邱　成(6月免)　郭学习(6月任)
副县长　李　杰　张　雷(11月免)　单长丰(6月任)　张　斌　宋庆科(5月免)　包金明　毕可伟　徐国良　张　玮　佟广敏　张建华　姚加玉

政协丰县委员会

主　席　史亚林
副主席　刘长春　宓秀云(1月免)　张　健　李建新

中共丰县纪律检查委员会

书　记　白有庆(6月免)　梁　伟(6月任)
副书记　张晓光(3月免)　朱应平　宋庆同(6月任)
常　委　刘慎银　高海侠　谢　辉　张风雷(6月任)

(罗肖嵘)

沛　县

【概况】 沛县位于江苏省西北端,总面积1576平方公里,全县总人口121.74万,辖15个镇,1个经济开发区,324个村民委员会,58个居民委员会。沛县是华东地区最大的煤炭工业基地的重要组成部分,煤储量可均衡开采100年,境内有部、省、市属8对矿井,年产原煤1200万吨,发电装机容量60万千瓦时。沛县已形成铝、盐、煤、电、农产品加工五大支柱产业。沛县既为汉皇刘邦的发迹之地,还是明太祖朱元璋先祖故里,素有“汉汤沐邑,明先世家”之誉,以汉文化发祥地著称四海。境内有歌风台、大风歌碑等省级重点保护文物。

【综述】 2011年,围绕“打造转型升级示范区、建设龙城水乡新沛县”宏伟蓝图,以“全面达小康、百强再进位”为年度总目标,正确处理稳增长、调结构、惠民生、保稳定的关系,经济社会实现又好又快发展。完成地区生产总值376.98亿元,同比增长14.1%;地方一般预算收入31.9亿元,同比增长50.2%;服务业增加值136.1亿元,占GDP比重达36.1%。三次产业比例由2007年的20∶46.1∶33.9优化为15.9∶48∶36.1。完成全社会固定资产投资278.2亿元,同比增长32%;出口总额2.87亿美元,同比增长233.9%;实际利用外资1.07亿美元,同比增长30.4%;社会消费品零售总额107.49亿元,同比增长18%。省定全面小康四大类18项25个指标全面达标,以县为单位在苏北率先建成小康社会。2010年首次跨入全国百强县,2011年跃居第77位。科学发展目标考核进入全市第一方阵,综合实力稳居苏北前列。

农业 全县小麦55万亩,单产403公斤,总产2.36亿公斤;水稻51.6万亩,单产557.3公斤,总产2.91亿公斤;玉米15.8万亩,单产450.1公斤,总产0.66亿公斤;全县粮食平均单产460.1公斤,总产达6.01亿公斤,较上年增0.20亿公斤,全县粮食单产、总产实现8连增。新增高效农业15万亩,新增设施农业面积4.5万亩,其中,新增智能温室3万平方米、连体钢架大棚4万平方米、食用菌工厂化周年栽培设施6万平方米、日光温室面积2.5万亩、钢架大中棚1.6万亩、新建食用菌棚室0.2万亩。全县高效蔬菜年复种面积达95.6万亩,设施农业面积达到33.96万亩,高效设施农业增幅增量全省第一;瓜菜总产量32.5亿公斤,总产值48.75亿元,总效益32.5亿元;总产量、总产值、总效益同比增长2.7亿公斤、0.95亿元、0.23亿元。肉鸭年孵化2.5亿羽、年饲养量达1.8亿羽、年加工肉鸭2亿羽,有20家规模养殖场达到省级生态健康养殖场(基地)标准,建成年效益100万元以上、亩效益3万元以上的规模养鸭小区42个,实现了肉鸭孵化、养殖、加工三个全国第一。全县新增高效设施渔业面积0.4万亩,水产养殖面积达到5万亩,比上年增长8.7%。沛县农产品加工产业园集聚南京雨润、广西桂柳、浙江黄罐、宁波海通等总投资60亿元的龙头企业82家,发展订单农业70万亩,建立基地20万亩,带动农户10万户,人均增收4000余元。2011年申报认证"三品"263个,其中无公害农产品258个、绿色食品4个、有机食品1个,三品累计认证566个,全市第一;新增无公害蔬菜29028亩、无公害果品11299.5亩、绿色食品肉鸭150万羽,验收绿色食品原料稻麦标准化生产基地20万亩、有机食品认证基地0.252万亩,三品基地占比达96%;"沛公"牌牛蒡、"御露"牌葡萄、"草庙"牌长茄、"科秀龙鸭"等7个农产品被认证为江苏名牌农产品。完成造林面积20765.55亩,其中成片造林7612.5亩、四旁植树折算13153.05亩,全县新建农田林网5万亩,完成四旁植树406万株,完成新农村建设40个,新农村新栽绿化乔木5万余株,新增绿地面积45万平方米。全县农合组织发展到1299家,其中新注册12家合作联社,5个扶贫互助社已完成资金注册,入社农户25.72万户,占全县总农户的106%。累计争取各类支农项目资金8253.57万元,增长50.7%。

工业 坚持特色强县、产业兴县,坚定不移促转型,新型工业化取得重大突破,跻身全国产业百强,建成全市传统产业转型升级示范区。2011年跃居中国产业发展能力百强县第24位。主导产业集聚发展。铝加工产业集聚华丰高精铝板带、上海能源高精铝板带、华昌铝型材等12个项目,总投资110亿元;煤盐化工产业集聚天安化工、天成氯碱、中兴化工等19个项目,总投资210亿元;农产品加工产业集聚广西桂柳、南京雨润、徐州中意等85个项目,总投资63亿元。三大主导产业完成产值占规模以上工业总产值比重达52.2%。"3个50%转化"成效显著,电解铝、煤炭和初级农产品资源转化率分别达到25%、40%和80%。新型铝材产业园被批准为江苏省特色产业基地、中国新型铝材产业基地。开发区发展活力不断增强,2011年实现业务总收入632亿元,同比增长120%,被评为长三角最具投资潜力开发区、中国十大诚信开发区、江浙企业家投资中国首选开发区。新兴产业快速崛起。新材料产业已集聚中强光伏、中宇光伏、润丽光能等项目,累计完成投资近50亿元。全县高新技术列统企业达40家,其中新兴产业企业35家。2011年高新技术产业完成产值316亿元,同比增长80%,占规模以上工业产值比重达38.3%;新兴产业完成产值284.22亿元,同比增长110%,占规模以上工业产值比重达34.4%。龙头企业培育实现重大突破。2011年大屯煤电公司营业收入突破100亿元,江苏大屯煤炭贸易有限公司营业收入超68亿元,徐州东方运销实业集团有限公司营业收入突破50亿元,沛县成为全市唯一拥有1家百亿元工业企业和2家50亿元服务业企业的县(区)。完成制造业企业主辅分离20家,实现营业收入1200余万元。建立上市后备企业资源库,入库企业达30家,中意食品进入上市辅导期。

对外贸易 2011年全县新批外商投资企业25家,增资企业3家,协议利用外资4.02亿美元;实际到账注册外资1.461亿美元,完成年计划9740万美元的150%,同比增长78.49%,位居全市第一位。全县新批自营权企业25家,自营出口额完成2.83亿美元,完成市计划的265.26%,同比增长244.52%,完成率位居全市第一位。新签对外承包工程合同额450万美元,完成年计划400万美元的112.5%,同比增长12.5%;完成营业额450万美元,完成年计划400万美元的112.5%,同比增长12.5%。新签在岸服务外包合同额445万元,完成年计划400万元的111%,营业额完成260万元,完成目标任务200万元的130%。徐州大丰食品、顺福食品等18家企业申报技改项目资金、机电产品出口研发项目资金共200多万元。组织美华、塔松等10家企业参加春秋季广交会,组织恒辉编织参加马来西亚展会,共签约外贸合同1000多万美元。徐州王业贸易有限公司等25家企业取得自营进出口权。

城乡建设 投资200亿元,实施8大类165项城乡建设重点工程。全县城镇化率达到45%,比上年提高3个百分点,城区形成35平方公里、35万人口规模。重点打造10平方公里新城核心区,高标准建设了东环路、龙湖大道、沛公西路、红光北路等10条城区道路,构筑了全长46公里的城市核心区路网。新城区开工建设100万平方米的农民安置房,完成40万平方米;大屯煤电公司100万平方米的高档职工住宅,2011年已开工60万平方米。老城区改造焕然一新,完成拆迁面积75.22万平方米,高标准建设了御景龙湾、汇景国际、汉城国际花园、剑桥府邸等14个高档小区,总建筑面积178万平方米。完成阳光三期经济适用住房500套、廉租房104套。铺设供气管网1万米,安装燃气2700户。小城镇商品房竣工面积59万平方米。7个中心镇的镇容镇貌显著提升,城镇功能逐步完善。7月被省政府列入全省村庄建设与环境整治试点县,胡寨镇草庙村等8个村被列为省级试点村,239个村庄被列入《全省美好城乡建设行动计划》。实现开发区与新城区完美对接,建设金诚、腾飞、汉源、锦园盛世4个农民安置小区,总建筑面积22万平方米,可置换出建设用地1000多亩。

环境保护 制定《沛县"十二五"及2011年度主要污染物总量减排实施方案》,确定开发区污水处理厂二期扩建等27项总量控制工程,全面落实工程减排、结构调整减排和管理减排3种减排措施,化学需氧量、氨氮、二氧化硫、氮氧化物削减量均完成年度减排任务。完成《沛县生态县建设规划》修编,全面启动镇级污水处理厂建设和垃圾收运体系建设。围绕徐沛河河水变清,实施规模化畜禽养殖污染综合整治,对城区段沿岸11个排水口全面封堵。新增绿化造林面积1592.8公顷,全县森林覆盖率达到24.7%。城区绿化覆盖率、绿地率、人均公共绿地面积分别达到45%、38.2%、14.6平方米。城区环境空气质量明显改善,达到国家二级标准天数355天。

交通运输 沛县拥有省道110.649公里,农村、公路1806.78公里。农村公路按照行政等级分类,县道282.1公里、乡道673.3公里、村道851.38公里。其中1102.8公里为2003以来新建农村公路,总投资37054.4万元,每万人拥有农村公路约14.8公里,基本实现了"镇镇通、村村通"。占地71亩、投资4000余万元的新城区一级客运站完工。综合整治效果显著,累计查处超限车辆570辆,驳载7487吨,强制切割加高板车32辆,车主自动切割加高板车86辆。规范出租汽车经营行为,对613辆轿车型出租汽车进行计价器的调整、升级,同时印发张贴运价标签1850余张。实施鲜活农产品运输"绿色通道"政策,全年共放行"绿色通道"车辆20421台次,免征车辆通行费39.23万元。

科学技术 组织申报各级各类科技计划项目70余项,已获批市级以上科技项目25项;其中国家重点星火项目1项、国家科技富民强县专项行动计划项目6项、省科技帮扶专项引导资金项目1项、省科技型企业技术创新资金项目2项、省科技创新与成果转化专项引导资金项目4项、省"双创人才"项目2项、省"企业博士积聚计划"项目2项、市级各类计划项目7项;争取资金886万元。新材料产业集聚中强光伏、中宇光伏、润丽光能、压电陶瓷等项目,完成投资近50亿元;新能源产业汇集华润新能源风力发电项目、德国新尼斯公司3万千瓦太阳能光伏电站项目等一批龙头性产业项目。2011年全县高新技术产业完成产值316.7亿元,比上年增长82%,占规模以上工业企业总产值比重达到38.34%。新增专利授权数957件,发明专利申请数476件,企业专利申请数612件。全县439家规模以上工业企业建有市级以上研发机构的298家,占比67.9%,16家本土大中型企业全部建有市级以上研发机构。组织20多家企业与清华大学上海校友会IT财经分会进行了投资洽谈;组织20家企业参加中科院徐州成果对接会,徐州万国生物能源科技有限公司与中科院签订了合作协议;组织10家企业参加第三届中国江苏产学研合作成果展示洽谈会。全县企业与高校院所共建校企连盟32个、共担科技项目38个。11月,顺利通过全国县(市)科技进步考核,连续三次蝉联全国科技进步先进县(市)。

劳动与社会保障 城镇新增就业7711人、城镇失业人员再就业3628人、就业困难人员再就业475人,分别完成全年任务的108.6%、107.9%、148.4%;新增转移农村劳动力人数11980人、服务业从业人员国内培训人数240人、城乡劳动者职业技能培训11958人、创业培训1455人。企业养老保险参保总人数6.91万人、净增缴费人数12859人、农民工参保人数7456人、个体灵活就业人员参保人数35649人,基金征缴收入16757万元,清欠1008万元。城镇职工医疗保险、工伤保险、生育保险参保总人数分别为10.91万人、5.93万人、3.39万人,基金征收分别达到10984万元、3227万元、991万元。失业保险参保总人数7.24万人,基金征缴收入2653万元,参保率96.5%。新农保发放基础养老金12.91万人,参保缴费人数达30.8257万人,收缴保费5600万元。受理劳动争议案件63件,其中立案39件,调解30件,处理人事仲裁案件5件。劳动合同签订率达到98%、企业集体合同签订率90%,劳动合同备案人数6.27万人、集体合同审查数501份、工资集体合同审查数520份。检查发现存在拖欠工资的问题单位15户,涉及职工人数75人,责令补发职工工资4.17万元。检查职业介绍机构23户,责令改正职业中介机构2户。

人事 南北对口培训公务员3人,初任公务员任职培训率100%。新增专业技术人才596人,新增高技能人才37人。审核通过各系列专业技术职称849人次。全县共有25772人参加了年度考核,其中行政机关2652人,事业单位23120人。组织新招录公务员初任培训45人次、基层公务员暨新任职干部培训200余人次、新一轮"5+X"培训2600人次。接收并安置军转干部7名,1名自主择业。

教育 有序推进省教育现代化县创建工作。先后向省市有关部门争取教育经费、各类资金8000余万元。全县各级各类学校共投入技防设施建设资金380万元,安装红外探头158个、监控探头613个、周界报警系统60套。加强社区教育中心设施设备的配备使用,为全县社区教育中心配备桌凳1730套、图书60000册、电脑450台、彩电60台。2011年落实改造校舍50栋,建筑面积56183平方米,投入资金约6400万元。农村初中、中心小学"龙芯"电脑互动教学系统的集成工作基本完成,进入教学应用阶段。创建徐州市义务教育阶段标准化建设合格学校65所小学、16所中学;湖西农场幼儿园通过省优质园验收,全县省优质幼儿园达到24所,县域内城乡之间、校际之间的办学条件达到优质均衡。全县中小学个人课题批准立项935项,继续领先全市各县市区;成功举办徐州市首批"有效教学"研讨现场会。7所学校被评为省市级依法治校示范校,10所学校被确认为江苏省平安校园,12所学校被表彰为"徐州市优秀平安校园"。

文化 大力开展具有沛县特色的"百部电影进千村,百场戏曲惠农民,百台晚会联城乡,百册图书藏农家,百村比武强身体"五百文化惠民工程,全年送戏下乡184场,送电影下乡6200余场,4.1万册图书、3090张光盘配送到农家书屋,更新了108家农家书屋的书橱、阅览桌、阅览椅。完成刘氏会馆装修布展工作。全县15个镇文体站达标工程通过省市验收,完成15个镇文体站文化信息资源共享工程建设。推进“农家书香”工程,对248家农家书屋进行更新,全县324个行政村实现农家书屋全覆盖。新发现有价值文物点120处。检查文化经营单位505家次,责令改正63家次,配合工商局查处无证经营网吧20余家。

体育 全县建成全民健身工程(点)46个,晨晚练点达到400多处,58个居委会新安装了体育器材。对全县324个行政村体育设施提档升级。参加各级比赛共获奖牌173枚,其中金牌62枚、银牌63枚、铜牌48枚。完成2011年江苏省“省长杯”男子初中组足球比赛和徐州市青少年散打比赛的承办任务。参加全国“武术之乡”武术比赛获3金、12银、6铜的好成绩,沛县输送的运动员王磊、唐建与队友在意大利举办的2011技巧世界杯系列赛上勇夺世界冠军,全县世界冠军人数增至22人。举办了万人健身长跑、职工羽毛球、中学生航模、青少年游泳比赛、中泰散打国际邀请赛、“世界华人羽毛球联合会”——沛县友谊邀请赛、苏鲁豫皖第二届跆拳道交流比赛等10多项赛事。举办三级社会体育指导员培训班2期,为1700余名群众进行体质免费监测。

卫生 全县共有94.4万人参加新农合,参合率99.6%,实现了应保尽保;人均筹资标准提高到230元。全县累计补偿154.80万人次,补偿金额17245.87万元,其中门诊补偿2858.9万元、住院补偿14386.97万元,获得万元以上补偿款的参合病人2413人。构建规范的城乡居民健康档案,共建档96.36万份,建档率为77.8%。全县无甲类传染病报告,共报告乙、丙类传染病16种1255例,传染病报告发病率97.02/10万。适龄儿童基础免疫和加强免疫接种率均在95%以上。农村改厕完成3.3万户。全县所有政府办乡镇卫生院和村卫生室全部实施基本药物制度。使用省药品招标采购平台网上采购、配备基本药物,并严格执行零差率销售,实现了基本药物制度全覆盖。门诊均次费用下降19元,降幅39%。孕产妇保健管理建卡率99.6%,孕产妇死亡率为零,婴儿死亡率控制在1.09‰。集中开展餐饮环节的食品安全整顿5次,检查单位410家,责令整改206家。查处违法医疗机构11家。

旅游 举办“沛县汉文化主题一日游”、“8·18沛县乡村旅游启动仪式暨张寨葡萄节”等活动,参加“2011中国徐州(上海)旅游招商推介会”、“2011中国国内旅游交易会”等活动。制作沛县旅游展板、宣传图册、沛县旅游风光扑克牌,编制《沛县旅游招商项目手册》、《沛县乡村旅游指南手册》、《沛县旅游交通地图》,在央视4套打出“刘邦故里、大汉之源,龙城水乡、生态沛县”的形象广告,沿徐沛路、沛丰路、沛屯中心大道、环城路城区入口及高速路口安置旅游形象宣传牌和景区指示牌等,提升沛县旅游形象。制订《沛县旅游服务质量检查实施办法》。杨屯镇昭阳庄阳、大屯镇千岛湿地建成四星级乡村点,朱寨镇科技示范园建成三星级乡村点,沛公园顺利通过国家AAA级旅游景区验收,东北国际大酒店顺利通过三星级旅游涉外饭店验收。

法制建设 全年共排查各类社会矛盾纠纷5237件,受理5119件,调解成功5066件,调解成功率98.96%。全年共办理法律援助案件1215件,其中民事1143件、刑事72件,接待来访5230人次、来电咨询1418人次,为当事人挽回直接经济损失1089万元。全县8类刑事案件破案率87.4%,高于全省平均水平,县公安局连续5年获得省执法质量考评优秀单位。县检察院业务考核位居全市第一。县法院通过在庭审过程中量刑辩论程序,实现了对被告人量刑的公开透明,涉诉矛盾化解全省先进。加强农村中心警务室建设,全县82个农村中心警务室硬件建设达标。对重点农村中心警务室,配备巡逻汽车;监控实现联网,82个中心警务室监控设备全部租用光纤联至辖区派出所监控中心。印制《全县村(社区)综治法治指导员工作手册》,规范开展工作。先后投资3800多万元,镇村新增监控点381处、新增探头668个,城区新增监控点39处、新增探头241个,实行了县重点部位全覆盖;所有监控图像均通过公安四级网络上传至指挥中心。制定出台《沛县机关效能考核办法》、《沛县党政领导干部问责暂行办法》等相关文件,明确3大类19种问责方式和6个方面60种问责情形,共受理行政效能投诉61件,通报3起,协调解决投资纠纷40余起。对35个党群机关,47个司法、行政执法、综合管理部门和25个社会服务单位以及100个基层执法窗口单位,采取“四式综合直评”模式实施民主评议。

计划生育 制定下发《关于加强人口信息资源共享的意见(试行)》,进一步明确卫生、公安、民政、计生等部门职责,加强信息沟通,实现信息资源共享,形成了计生部门主动靠前,其他部门职责明确、积极配合的良好工作局面。将人口和计划生育工作列入2011年科学发展观考核体系,分值6分,并作为“一票否决”指标。加强村级计生队伍建设,工资由镇财政统筹,镇计生站按绩效发放;全县村计生专干391名,均为高中以上学历,其中女专干249名,占63.7%;在全县60%的村级卫生室各聘用了一名女保健医生,解决了部分村“男专干”不便随访问题。下发《关于党员干部职工计划生育清理清查实施意见》,集中开展机关党员干部职工计划生育清理清查,对核查出的违法生育个案,严格落实社会抚养费缴纳、节育措施落实、党政纪处分“三到位”处理。完善计划生育利益导向机制,为198名企业退休职工发放一次性独生子女奖励金47.52万元;兑现1516名农村年满14周岁的独生子女父母奖励金62.8万元;为年满15周岁的独生子女办理人身保障、意外医疗保障、住院医疗保障等,参保人数3130人,总金额12.52万元。对参加2011年高考并被录取为二本及以上的困难家庭独生子女,给予每人2000元的助学帮扶金。从县、镇计划生育公益金中救助计划生育家庭困难人员157人、7.29万元。

社会生活 全县城镇低保对象1845户5520人,占全县非农人口的1.87%,保障标准为370元/月、人,全年共发放低保金1010万元;农村低保对象15487户、32995人,占全县农业人口的3.71%,保障标准为210元/人、月,全年发放低保金4290万元。城乡低保标准比2010年同期增长15%以上。全县830名脱困人员及时退出了低保,符合条件2905人纳入了低保。发放医疗救助金1300万元,救助1400人次。为五保户、低保户缴纳城镇医疗保险、农村新型合作医疗保险,农村困难群众医疗救助与新农合对接平台启动使用。全县有农村敬老院26所、床位4459张。五保分散供养标准提高到每人每年2900元,集中供养标准提高到每人每年4900元,全年发放五保金1200万元。收到“一日捐”等各项慈善捐款350万元,救助282名贫困大学生及51名贫困家庭儿童大病慈善救助等“七助活动”支出250万元。发放优抚金及各类补贴2600万元。完成全县农村60岁以上退役士兵发放老年生活补助身份认定工作。城市“三无”人员保障标准由每人每月450元提高到1000元。实施“微笑列车”、“明天计划”和“重生行动”。救助49名流浪乞讨人员。发展福利企业1家,注销1家,全县福利企业达10家,吸纳280余名残疾人就业。全年发行福利彩票5815余万元,比上年同期增长84%,筹集公益金580余万元。

工商管理 新发展企业811户,变更企业878户;个体工商户新发展3300户,新增注册资本1.6亿元,新增从业人员3441人;农民专业合作社新增275户,总数达1301户。建立15个基层合同指导站,有计划、有步骤地为涉农企业提供法规咨询、合同指导、纠纷调处等服务,培训各类农村经营骨干420余人,帮助8家大型涉农企业办理了营业执照,办理农村经纪合作组织69个。检查食品557批次,送检325批次,承担省、市局安排各类抽检247批次。共查处流通环节食品类违法案件15件,罚没款7.1万元。出动执法人员1241人次,检查食品经营户3611户次,检查各类市场176户次,取缔无照经营户24户。进一步扩大签订“食品安全目标责任书”的覆盖面,全县食品总经销(总代理)28户,全部在工商部门建立了备案登记;食杂店1955户,基本建立了进货台账。培训各类农村经营骨干420余人,帮助8家大型涉农企业办理了营业执照,办理农村经纪合作组织69个。被表彰为全省工商系统“农资监管工作先进集体”、全省工商系统“双打”专项行动先进集体。

广播电视 在全县镇村开展有线电视“示范镇”、“示范村”创建活动,新发展用户3.8万户。加快城区有线电视网络双向化改造,启动城区有线电视数字化整体转换工作。完成紫荆花园、锦绣家园、香颂雅苑、城市花园等小区5000多户的数字电视网络双向化改造。先后在《沛县新闻》中开设“新闻记者百村行”、“身边的好人好官”等栏目;围绕“打造转型升级示范区建设龙城水乡新沛县”的宏伟目标,开办了“建设龙城水乡新沛县——书记局长访谈录”和“建设龙城水乡——我们在行动”专栏;围绕“三重一大”项目建设,开设了“全面达小康,百强再进位”专栏;围绕中心镇创建开设了“中心镇建设”专栏;围绕新农村建设和创建国家现代农业示范区工作开设了“新农村”和“儒雅农家行”专栏等。

审计 完成审计项目87项,审计查出违规金额13426万元、管理不规范金额17415万元,促进增收节支和归还原渠道资金19521万元,其中增加财政收入1042万元、审减工程造价15780万元、归还原渠道资金2699万元。审计促进土地出让金、城市市政公用基础设施配套费、转让收入等44038万元预算收入缴纳入库,促进县地税局将漏征的土地使用税、土地增值税434万元补征入库。完成经济责任审计项目20项,查出各类问题资金9681万元。完成沛公西路、保安学校教学楼、沛公园南门等重点建设项目结算审计47项,实施天津路、大风歌广场等跟踪审计37项,送审金额85260万元,审定金额69480万元,节约建设资金15780万元,综合审减率18.51%。对徐济高速、西绕城、湖西航道、安泰小区等地面附着物审核,核减拆迁补偿资金7941万元。

质量监督 按照省市“食品分类、企业分级、监管分等”的工作方法,制订全县152家食品生产加工企业年度监管计划,组织食品生产企业常规监督检查314家次,发现质量安全隐患105个,责令整改通知并按时回访落实整改情况。开展打击非法使用食品添加物质专项整治行动,出动检查人员200余人次,检查企业90余家,对4家存在严重质量违法行为的企业立案查处。提升特种设备安全监察效能,推动150家使用单位开展标准化管理,签发安全责任告知书136份,接收使用单位自查自纠反馈表158份。开展辖区内侵犯知识产权和制售假冒伪劣商品专项行动,全年共办理“双打”案件9起,其中大要案3起。开展面粉生产企业违法添加过氧化苯甲酰(增白剂)专项检查,共检查面粉生产企业10家,立案查处1起面粉生产企业违法添加过氧化苯甲酰行为。出动稽查人员2380余人次,共立案40起,涉案货值金额200余万元,其中食品案件11起、建材案件9起、农资案件2起、特设案件1起、计量案件3起、其他案件14起。检定各类计量器具15460台(件)。办理各类行政权利事项537条。

【“做好人、做好官”主题教育活动】 开展“做好人、做好官”标准大讨论,面向全县各界有奖征集标准,召开多层次、多形式的座谈会和有关专家教授参加的标准研讨会,最终确立了“做好人、做好官”标准,即孝老爱亲、明礼诚信、乐善好义、厚德爱民、勤廉务实、公道正派。着力推动“做好人、做好官”实践,开展“百家部门千名干部进万户”活动,真正做到“三必访”,即矛盾多、问题多、群众意见大的村、组或班组必访,五保户、贫困户、信访户必访,在乡村、社区、企业有威望的老党员、老干部、创业致富带头人必访,帮助基层解决发展难题220件,帮扶困难群众1800余户,化解信访难题78件,并使之常态化、制度化。开展“做好人、做好官”专题征文活动,共收到稿件2976篇,其中外地稿件27篇,并在《沛县日报》头版陆续刊登征文42篇,举办演讲比赛25场。“中国好人”事迹巡回报告会在沛县各镇巡回报告160余场,张公兰、孙沛丽、刘庆超的感人事迹在各镇机关干部和广大群众中引起了强烈反响。沛县把该项活动作为一个加强和创新社会管理的长期性工作来抓,作为一个打造沛县新时代新形象的品牌来抓,形成一个长效机制。

【中心镇建设】 中心镇创建工作走在全市前列,累计投入60多亿元用于园区、社区、基础设施建设和环境综合整治。在全市镇容镇貌综合整治“百日会战”检查评比中,沛县和大屯镇分别获得第一名;大屯镇入选第三批全国文明村镇,被评为省卫生镇。探索新型农村社区发展路子,以任庄、草庙、胡楼、陈油坊等8个试点社区为突破,突出功能配套、环境整治、产业发展、管理创新,新型农村社区建设特色日益鲜明。沛县被省列为第一批村庄建设与环境整治试点县,获得"市新农村建设综合考核一等奖"。

各镇简况表(2011)

名称	面积(平方公里)	村委会(个)	居委会(个)	年末人口(人)	工业总产值(万元)	主要农作物产量(吨)			农民人均纯收入(元)
						粮食	棉花	油菜	
龙固镇	94	13	9	61038	1002631	32118	48	140	11273
杨屯镇	88	17	4	55071	773157	31787			9866
大屯镇	112	28	7	67305	1214842	44705	2		10803
沛城镇	136	29	19	61552	983473	52534			11345
胡寨镇	158	16	2	37331	203052	40594			9817
魏庙镇	94	17		51630	348842	51640	65	185	9996
五段镇	120	15	1	40278	248631	48700			9685
张庄镇	104	31		100380	221263	51810	200	39	10520
张寨镇	109	29		88103	210105	62655	237	210	9933
敬安镇	78	21	5	63229	760736	30257	135	170	10369
河口镇	82	18		57829	254631	21447	110	135	9920
栖山镇	91	22		58884	214842	31510	220		10035
鹿楼镇	129	24		70755	209052	52964	585		9484
朱寨镇	79	22		60146	254031	36955	240		10055
安国镇	103	27	4	81702	763894	46370	5100		10491

组织机构及负责人

中共沛县县委

书　记　冯兴振
副书记　李晓雷　张金虎(6月免)　王成长(6月任)
常　委　周广春　王子华　胡成彪(6月免)
苏为平(6月免)　李　明(8月免)
闫淑芹(6月免)　张兴涛　王宏亮
揭月华(6月任)　汪国强(6月任)
黄　浩(6月任)

沛县人大常委会

主　任　冯兴振
副主任　胡成彪(6月任)　杨文民　甄承民
吴爱民　吕高骥

沛县人民政府

县　长　李晓雷
副县长　周广春　揭月华　巩　伟(6月免)　贺　伟
宋庆科(3月任)　闫淑芹(6月免)
蒋志刚(挂职)　高　雷　郝敬彬
刘瑞国(扶贫)　马立凯　徐正冲(6月任)

政协沛县委员会

主　席　刘广远
副主席　闫淑芹(6月任)　王嘉亮　李恩长　王素真
徐龙彬　李令军

中共沛县纪律检查委员会

书　记　苏为平(6月免)　汪国强(6月任)
副书记　张世祥　孙益峰
常　委　魏　岩(6月免)　王福兴　苏增彦
吴凤英(6月任)　马　凯(6月任)

(朱晓沛　郑志远　丁　杰)

睢宁县

【概况】 睢宁县位于徐州市南部。全县总面积1773平方公里,人口131万,辖16个镇、一个省级经济开发区。睢宁是全国唯一一个被国家文化部命名的"儿童画之乡",有800多幅作品在国际上获得大奖,其中205幅获得金奖,4幅儿童画陈列在联合国总部。睢宁县历史悠久,圯桥进履、季札挂剑、邹忌讽齐王纳谏、汉高祖刘邦兵败遇救、曹操擒杀吕布在白门楼等故事都发生在境内下邳。出土的金镂玉衣、银镂玉衣、汉画像石、铜牛灯等被国家和省、市文物部门珍藏。

【综述】 2011年,全县地区生产总值完成252.36亿元,同比增长13.8?%,总量在全省排名前进2个位次;全口径财政收入突破41.3亿元,其中公共财政预算收入完成20.2亿元,年均增长55.8%,增幅全省第三、全市第一,总量在全省前进6个位次,连续五年荣获省"财政收入增收表彰县"。规模固定资产投资实现124.7亿元,增长28%,增幅全省第二、全市第一。实施92个总投资464亿元的"三重一大"项目,累计完成投资超百亿元,其中近30个重大产业、重大城建、重大基础设施项目竣工投产或完成年度建设任务。全社会消费品零售总额实现73.75亿元,增长18.1%,增幅全市第一。全县实际利用外资突破1亿美元,增长95.7%,总量在全省前进3个位次,增幅全省第五、全市第二。自营出口完成2.25亿美元,增长1.2倍,增幅全省第二,全市第二,总量在全省前进7个位次。睢宁县有7项指标总量在全省排名实现进位。

工业 2011年,累计完成规模以上工业固定资产投资211.7亿元,星星家电、兴宁皮业等65个重大产业项目建成投产,天虹纺织、南海皮厂等33个企业成功再造。全县规模工业企业235家,实现产值380亿元、利税60.6亿元。销售收入超亿元工业企业76家,净增66家;入库税收超千万元工业企业9家,净增6家。初步形成白色家电、纺织服装、皮革皮具、金属机电、医药化工等"五大产业",全年实现产值266亿元,对全县工业经济贡献度超过70%。高新技术产业产值完成121.6亿元,实现"一年翻番";新兴产业产值完成101.4亿元,实现"一年增两倍"。规模工业企业设立市级以上研发机构超过60%。重化工业比重逐步提升,工业化中期的曙光初步显现。

农业 2011年,全县农业总产值完成95.1亿元,实现"四年翻番"。粮食总产量8.85亿公斤,实现"八连增"。高效设施农业迅速壮大。高效农业80.3万亩,设施农业19.1万亩,规模养殖场(小区)1600余个。适度规模经营面积67.8万亩,占全县耕地面积近一半。农业产业化水平持续提升。广东温氏集团等28个国内外知名农业龙头企业相继落户。县级以上农业龙头企业159家。农民专业合作组织成员近17万户,占农户总数的60%。建成腾博农业、坤特种苗、佳禾稻麦和康源种禽、肉羊研发中心"五大种源基地"。推广规模生态健康养殖,发展农业循环经济,推动了全县畜牧业转型发展。农业基础设施加速完善。累计投入近10亿元,完成小型农田水利、水库除险加固、中小河流治理、高标准农田建设等一大批农业基础设施工程。全县农业发展优势持续巩固,农业现代化进程不断加快。

服务业 2011年,全县服务业增加值完成92.1亿元。商贸服务业繁荣活跃。实施"家电下乡"和"以旧换新"工程,累计销售产品25.7万台(部)。推进"万村千乡市场"工程,建设改造农家店362家。旭旺超市成为国家"万村千乡市场工程"试点企业。金融服务业不断壮大。江苏银行、江阴农商行等相继入驻,全县银行业金融机构达14家。全年存款余额186.9亿元、贷款余额98.3亿元,分别是2007年末的2.5倍和3倍。现代服务业加快发展。推进制造业企业主辅分离,发展新型生产性服务业。睢宁科技创业园创成省级现代服务业集聚区,江苏八里钢铁物流园、老城中央商贸区、金港国际建材家居广场创成市级现代服务业集聚区,累计入驻各类科技和现代服务业企业670余家。电子商务发展迅速,2011年实现营业收入近10亿元。沙集镇成为国家、省农村信息化工作试点。

招商引资 坚持"走出去"。设立招商办公室、驻外招商分局和"主导产业"招商组。在浙江、上海等地共举办50余次大型招商活动。成功"引进来"。先后开工建设项目近400个,累计完成投资近300亿元,康盛管业等47个亿元以上项目相继落户。

对外开放 累计新批外资企业40家,总数53家;实际利用外资2.1亿美元,是前5年总和的2.5倍。千百度鞋业等22个外资项目相继建成投产。鼓励企业自营出口,全县自营出口企业达50家,净增30家;累计完成自营出口3.6亿美元,是前5年总和的8倍。

园区开发 设立宁江工业园、八里金属机电产业园、桃岚化工园、临空产业园、现代农业示范区和沙集电子商务产业园等专业园区,以县经济开发区为龙头,形成"各具特色、优势互补、错位竞争"的七大发展板块。累计投入30亿元用于路桥管网建设,园区基础设施配套面积超过40平方公里。园区业务总收入超过600亿元,其中规模工业产值实现226.8亿元,占全县规模工业产值近60%,园区集聚拉动作用不断增强。沙集再生资源利用产业园、王集食品加工产业园加快筹建。

城市建设 加快老城区改造和新城区开发,累计铺设改造供水管网约125公里、截污管网52公里,城区自来水普及率、污水收集率进一步提升。新改建城区道路超过100公里、桥梁25座,下邳大道等15条道路建成通车。形象品位大幅提升。累计投入近9亿元,先后开工建设"三园八带"等景观工程,初步形成"井"字型城区生态走廊。累计建成城区游园35个,新增绿地461公顷,城区人均公共绿地面积12平方米,超过省级园林城市标准。云河市民广场被评为国家2A级景区。白塘河湿地公园湿地形态基本形成。水袖天桥、喜阙迎宾等景观成为"睢宁地标",花径、徐沙河和中央大街等景观带彰显"睢宁特色"。城市管理更加规范。强化城市管理联合执法,城区秩序明显好转。城区主干道和公厕保洁、园林管护等推行市场化运作,进一步提高养护成效;开展"物业满意年"活动,推广"三位一体"物业管理新模式,城区环境更加美观整洁。宜居宜业新睢宁逐步成为现实。

镇村建设 强化镇容镇貌和农村环境综合整治,开展美好城乡建设行动。累计投入9.5亿元,加快镇垃圾中转站、农贸市场和街头游园等基础设施建设;累计投入11亿元,修建镇村道路2000公里、小型农村公益桥梁400座,疏浚镇村河道1300公里,整治村庄河塘860个,建设农村卫生户厕12.2万座,镇村基础设施加速完善。李集、双沟、庆安、古邳等镇加快创建市级中心镇。建成市级新农村示范村、环境整治示范村超百个。

民生实事 累计投入100亿元,完成150件民生实事工程。实施"人人体检"工程,百万群众享受免费体检;新农合基本实现全覆盖,累计补偿医药费5.8亿元。实施"出门方便"工程,开通5条城区公交线路、40余条农村公交线路;为162条小街小巷安装路灯2800盏。实施"就业创业提升"工程,累计就业再就业培训2万人,农村劳动力培训2.2万人。实施"双百双抚"工程,累计向孤儿、孤寡老人发放生活补助298万元;做好城乡低保提标扩面工作,累计保障23.8万人次。

社会保障 2011年,累计发放各类社会保障资金12.9亿元,是前5年总和的2倍。养老、医疗、失业、工伤、生育五大保险稳步推进,参保人数近80万人。新农保参保人数31.1万人,15.1万名农村老年人领到养老金。累计安排救助救济资金4147万元,救助困难群众近38万人次。发放尊老金1288万元,惠及高龄老人近2.4万人。享受护理补贴、重残补贴、康复生活救助的残疾人达1.1万人。累计建成1600套经济适用房、880套公租房、300套廉租房,发放廉租住房租赁补贴800余万元。

群众生活 2011年,城镇居民人均可支配收入14465元;农民人均纯收入8384元,增长73%;城乡居民储蓄余额128.2亿元。新增城镇就业2.4万人、农村劳动力转移就业8.9万人。实施脱贫攻坚工程,年收入2500元以下贫困人口实现脱贫,顺利完成"消除绝对贫困"的奋斗目标。

精神文明建设 深入开展精神文明创建活动,累计创成市级以上文明行业31个、文明单位22个。推进公民道德素质建设,2人被评为市级以上道德模范,刘光宇、宋玮获"中国好人"称号。制定公务人员问责办法和大众行为规范,推行政风民风"双严管",深入开展"睢宁人民好榜样"、"睢宁干部好榜样"等评选和"诚信五创"活动,逐步形成"守法守信、向上向善"的良好民风。柳琴戏《鸟语花香》获得11项国家级大奖,儿童画上邮票、进两会、入世博,"舞动乡村"活动成为群众文体活动特色品牌,成为基层和谐社会建设有效载体。

社会事业 科技工作取得新成果。专利申请和授权量分别达1827件、590件,完成科技成果120项,荣获全国"科技进步先进县"称号。教育事业再上新台阶。实施"校舍安全"工程,累计投入1.6亿元,新改建校舍16万平方米。推行校长聘任制、教干队伍组合制,被《新华日报》称为"睢宁式教改"。教育教学质量稳步提升,中考成绩连续两年全市领先。文体事业开创新局面,新体育场建成投入使用。在全省率先完成村级"农家书屋"建设。在全市率先完成"农民体育健身工程"建设。卫生事业取得新进步。基层医疗卫生机构综合改革顺利推进。全面实施基本药物制度,让利群众4500余万元。人均基本公共卫生服务经费提高到25元。人口计生工作实现新突破。低生育水平持续稳定,出生人口性别比逐年下降。圆满完成第六次人口普查工作。

社会建设 安全生产保持平稳。加强安全生产监管,深入排查整治隐患,各类事故起数明显减少。社会治安明显好转。强化社会治安基层基础工作,初步建成街面巡逻防控、社区治安防控、单位内部防范、科技监控四大网络,治安防控能力显著增强,连续6年被评为省"社会治安安全县"。信访稳定成效显著。坚持用群众工作统揽信访工作,实施重大事项社会稳定风险评估制度,逐步完善社会矛盾大调解机制,进京去省上访批次、人次分别下降了51%、47%,社会和谐程度持续提升,先后被评为省"信访工作三无县"和"信访工作先进县"。

生态建设 累计投入40亿元,用于环境基础设施建设。建成污水处理厂3座,日处理能力6.3万吨。尾水资源化利用和导流工程加快推进。依法取缔"十五小"、"新五小"企业80余家,关闭采石矿山企业23家、石灰窑和粘土型砖瓦企业117家,全面完成省市下达的节能减排任务。做好沙集西闸国控断面水质稳定达标工作。秸秆禁烧工作连续4年省市领先。实施"进军荒山"等工程,累计造林7.4万亩,全县森林覆盖率达37.3%。城乡生态环境质量越来越好。

【农田托管】 首创"农田托管"生产经营模式,既解决农村劳动力不足的问题,又促进先进品种、技术和机械的推广应用,实现土地的规模化、集约化经营,取得"节本、增产、增效"的良好成效。2011年,全县共托管水稻、小麦、玉米20万亩,亩均节约成本50~160元左右,增产增收150元左右。实现集约生产,释放5万名劳动力,增加农民收入。《农民日报》头版头条对"农田托管"模式进行报道。"农田托管"主要采取以下三种模式:一是全程托管。对于全家外出的农户或是在家无劳动力的农户,对其农田实行全程托管。实行全程机械化作业,包括机耕、施肥、播种、植保、机收等环节都由合作社承担。二是自选式托管。部分农民在家务农因工作量大、劳动力少,需要合作社提供帮助的,由农民自主选择服务项目,并与合作社签订作业合同。合作社根据作业安排,调度机手、机具及时提供作业服务。这是农户采用较多的服务模式。三是流转土地农田承租。合作社通过签订转包合同的方式,承租部分外出村民的农田,由合作社统一经营。

【电子商务】 2011年,睢宁农村电子商务发展迅猛,截至年末,全县共有网商1600余人,开设网店近2300家,年销售额突破7亿元;电子商务应用企业23家,年销售额超过1.3亿元。睢宁县沙集镇成为"中国社会科学院信息化研究中心调研基地",省经信委等四部门授予睢宁县沙集镇东风村"江苏省农村信息化应用示范基地"称号。为在全县范围内加快推广电子商务,睢宁县出台《睢宁县关于加快电子商务发展的暂行意见》等政策文件,为全县电子商务发展提供支持和保障;同时加快规划建设沙集电子商务产业园,通过引导企业入园经营,培育壮大本土电子商务企业,促进电子商务产业集聚发展,形成"镇园合一"的发展新格局。睢宁已形成以沙集家具、八里钢材、李集小饰品、邱集鸭制品等为特色的网商群体,电子商务发展成为睢宁特色产业。

【农村义务教育学生营养改善计划】 2011年,改革学校食堂经营模式。制定《睢宁县中小学食堂经营管理细则》和《睢宁县中小学学校食堂会计核算办法》2个文件,全面开展学校食堂的改制工作。把食堂经营的校方利润,让利于就餐学生。建立科学合理的财务制度。各校成立由校长任组长的领导小组,从上至下,层层加强管理。食堂工作人员和就餐学生人数比例为1:50。所雇人员的雇佣、管理、工资福利等均由食堂责任人根据其具体的工作表现兑现奖罚。同时,加强财务核算,学校总账和现金会计分别担任食堂总账和出纳会计,负责处理食堂的财务工作,做到单独建账,独立核算,定期报账,每月收支结余为零,学校不亏不赢。统一物资采购渠道,保证就餐质量。食堂物资供应依据“统一采购、当天公示、质优价廉”的原则。每天张榜公布购入物品的价格、数量、金额,接受师生的监督。经过改革运营,学生每生每月的生活费大约在110~130元之间,每月在校生活20天,每天标准为6元左右。对一些特困生给予生活费的减免。强化卫生管理,提供良好的就餐环境。学校定期组织全体炊管人员学习法规文件,定期邀请卫生部门业务人员给炊管人员讲课,并接受卫生部门的监督检查。对食堂工作人员定期体检,持证上岗。学校食堂领导小组负责对食堂卫生的检查工作,食堂内部实行分片包干、责任到人的办法。

【“舞动乡村”群众文化体育活动】 2011年,以“舞动乡村”作为新形势下开展群众文化体育工作良好平台和突破口,推动全县群众文化体育工作大发展、大繁荣。建设覆盖城乡的体育健身基础设施网络,打造“10分钟健身圈”和农村“15分钟健身文化圈”,在全县16个镇建成了镇级全民健身中心,在397个行政村(社区)完成“农民体育健身工程”建设。借助“舞动乡村”平台,在全县农村推进“舞动乡村示范村”、“示范性文体大院”和“文体示范户”等农村群众文化网络建设。11月底,借新体育场剪彩之机,举办睢宁县首届“舞动乡村”群众性体育活动展演,全县17个镇(开发区)和机关企事业单位约13000人参与。

【“妇女儿童之家”建设】 根据《江苏省妇联关于在全省实施“妇女儿童之家”项目建设的意见》和《关于在全市实施“妇女儿童之家”项目建设的意见》文件精神,睢宁县将“妇女儿童之家”建设纳入睢宁县委、县政府2011年为民办实事工程。县妇联明确职责、加强领导,整合资源、创建品牌,统一标准、规范实施,以点带面、示范推动,严格考核、务求实效。年底,全县399个村(社区)的妇女儿童之家全部挂牌,200个村建成相对独立、统一名称标识、建章立制、规范管理、保证正常活动的妇女儿童之家,并创建省级示范点3个、市级示范点2个。

【徐州千百度鞋业有限公司】 徐州千百度鞋业有限公司是由南京鸿国国际控股有限公司与香港华谊企业有限公司合资设立。徐州千百度鞋业项目总投资2.5亿元,规划建设厂房及附房约10万平方米,一期工程全面竣工投入生产。2011年徐州千百度鞋业有限公司实现销售收入6.03亿元,税收6500万元。二期工程图纸审核完毕即将开工建设,项目全部建成后,将形成年产800万双高档女士皮鞋的生产能力。届时年产值达30亿元,年创税收超2亿元,可解决6000人的就业。千百度鞋业的成功落户,填补了睢宁县皮革皮具下游产业的空白。

【金港国际建材家居广场】 江苏睢宁金港国际建材家居广场由徐州衡锦置业有限公司投资兴建。项目固定资产投资2.6亿元,规划建设总面积55680平方米的精品建材馆、精品家具馆、建材五金综合市场与仓储物流园。项目建成后,将形成“一心五区”,即综合服务中心、市场展示区、加工配送区、物流加工区、仓储配送区、配套服务区为一体的现代化建材家居行业集散地的格局,集产品展示、批零销售、电子商务、网络营销、信息交流、商业管理、物管服务、物流调度为一体。金港国际建材家居广场一期精品建材馆(约26000平方米)已建成并投入运营,入驻各类品牌家居建材商家93家。二期工程(约36500平方米)建材五金综合市场主体基本完成,计划于2012年5月底投入运营。规划到2015年,入驻品牌商家达到1200家,成交额达到20亿元。

【睢宁体育中心】 睢宁县体育中心(体育场、体育馆、游泳馆、全民健身中心等)坐落在县新城区,天虹大道西侧,北与睢宁中学北校区相邻,东与中国天虹纺织集团隔路相望,西侧是即将开通的文学北路。体育中心占地约110亩,总投资约2亿元。县体育场根据场地布局共分为4个区、15646个座位,内设400米标准混合型跑道、280平方米LED显示屏,能够满足晚间比赛及现场转播。田径场的西面是建设中的3000座位体育馆、25米×8泳道恒温游泳池和3000平方米的全民健身中心,主体工程计划到2012年10月底竣工。

各镇(区)简况表(2011)

名称	居民委员会(个)	村民委员会(个)	土地面积(平方公里)	年末人口(人)	规模工业总产值(万元)	粮食(吨)	油料(吨)	棉花(吨)
睢城镇	19	6	95.81	200530	295412	32760		
高作镇	5	15	62.3	26602	32359	24468	31	
古邳镇	4	22	113.09	72716	55742	44461	312	36
官山镇	6	18	125.17	77730	99223	65960	29	
岚山镇	1	19	128.36	77529	26283	56492	617	295
李集镇	3	12	62.98	52273	169132	31796	33	1

续表

名称	居民委员会（个）	村民委员会（个）	土地面积（平方公里）	年末人口（人）	规模工业总产值（万元）	粮食（吨）	油料（吨）	棉花（吨）
梁集镇	8	14	98.71	73736	14013	28591	910	
凌城镇	4	21	93.57	77288	97257	60396	10	
庆安镇	6	20	124.57	72375	223454	56369	871	77
邱集镇	3	30	143.11	103754	44372	88692	188	
沙集镇	2	15	65.18	58270	85477	38067	80	
双沟镇	2	18	95.32	61290	54317	33910	1817	115
桃园镇	5	23	109.65	77632	61098	42455	310	39
王集镇	11	17	131.63	76213	110836	48398	5284	949
魏集镇	5	22	130.68	72788	32091	54289	701	12
姚集镇	5	31	167.63	95381	49129	58851	1937	226
开发区	7	1	21.58	25011	1136294	20070	9	

组织机构及负责人

中共睢宁县委

书　记　王天琦(调出)　王　军
副书记　王　军(调出)　龚维芳　徐慧中　杨亚伟
常　委　王天琦(调出)　王　军　龚维芳　徐慧中
杨亚伟　赵　李　李敬峰(调出)　唐　健(调出)
赵　剑(退休)　吴广跃　庞道礼　何正东(调出)
朱　明　邹忠平　杨传金　孔庆萍　王　敏

睢宁县人大常委会

主　任　贾宏芝
副主任　蔡　森　徐　明　张致然

睢宁县政府

县　长　王　军(2011.6任县委书记)　龚维芳
副县长　赵　李　庞道礼　郭　梅　庄善忠
田传国(调出)　徐卫东　陶正贤(调出)
夏小江　石健峰　谈　军　毛孝泉　王华明

睢宁县政协

主　席　刘礼春
副主席　梁化学　赵希平　刘瑞华　李曙光

中共睢宁县纪委

书　记　杨传金
副书记　袁邦庆(调出)　邱栋梁　朱友强

邳州市

【概况】 邳州市位于徐州市东部,面积2088平方公里,人口178万,是江苏省第二人口大县,辖24个镇、488个行政村(居)。邳州市具有光荣的革命斗争史,李超时将军是中国工农红军牺牲的最高级别将领之一,宋绮云夫妇和小萝卜头宋振中"一门三烈"享誉中外。先后被命名为江苏省文明城市、江苏省园林城市、中国优秀旅游城市、全国绿化先进市、全国绿色小康县、全国科技进步先进市,被文化部命名为"现代民间绘画之乡"和"民间艺术(剪纸)之乡"。

【综述】 2011年,邳州市完成地区生产总值448.86亿元,比上年增长14.1%。三次产业结构优化为15.6:44.2:40.2。财政一般预算收入35.08亿元,比上年增长51.9%,7个镇过亿元。实现到账注册外资1.44亿美元,自营出口额9.8亿美元;金融机构各项存贷款余额分别为205.3亿元、149.8亿元。省定25项小康指标完成23项,序时推进2项。城镇居民人均可支配收入18083元,农村居民人均纯收入9931元。建成市区面积45平方公里,城市化率45.4%。

工业　明确产业定位,突出打造板材家具、环保化工、机械制造"三大主导产业",加快壮大食品医药、精细冶金、石膏建材、纺织服装、港口物流、电力能源"六个特色产业",重点培育新能源、新材料、生物技术和新医药、节能环保"四大新兴产业",产业集聚、企业集群、项目集约效应初步显现。年内,全市规模以上工业企业达到539家,实现销售收入1046.4亿元;规模以上工业实现利税188.4亿元;新增纳税超千万元工业企业14家;工业用电量17.1亿千瓦时。全市固定资产投资完成331.4亿元,其中规模工业投资241.7亿元,86个过亿元项目竣工投产。年内开工建设30个重大产业项目,竣工投产22个。8家重点上市后备企业中,中森通浩、三元杆塔、新春兴、军霞健身器材进入上市辅导。循环经济产业园再生铅集聚区被国家发改委批准为江苏唯一的国家城市矿产示范基地,获得单项国家扶持资金2亿元。全年"三大主导产业"实现产值619亿元,"六个特色产业"实现产值296亿元;"四大新兴产业"产值226亿元,比上年增长128.8%。全年新增徐州市级以上研发机构296个,企业研发支出占销售收入比重的2.25%。

农业 2011年，全市粮食实收面积204.14万亩，平均亩产432.2公斤，总产88231.1万公斤，分别比上年增加0.34万亩、10.6公斤、2989.9万公斤。新增设施农业18.2万亩，设施农业总规模达到31.8万亩，获全省设施农业先进县。港上万亩草莓园成功创建为省级现代农业产业园。农产品质量水平大幅提高，获得三品认证65个，“三品”认证面积占耕地比重91.9%。农产品出口达到1.86亿美元。宿羊山农产品加工区获批全省首批省级农产品加工集中区。中央拨付150万元建设了邳州农产品检验检测站。全市共发放粮食直补、农资综合补贴和良种补贴等资金14788.1万元。拥有规模以上农业产业化企业293家，销售收入过亿元14家、2亿元6家；形成以官湖、土山为中心的板材产业，以铁富、港上为中心的银杏产业，以宿羊山、车辐山为中心的大蒜产业等三大龙头企业集群，3000多家企业落户其中，被列入全省重点发展的100个产业集群。

畜牧业 2011年，生猪饲养204.78万头，家禽饲养1.49亿只，大牲畜存栏2.68万头，栏存奶牛998头，羊饲养量90.22万只，肉兔饲养量3073.11万只，肉兔出栏2425.06万只。肉类总产量38.17万吨，禽蛋产量16.64万吨，牧业产值69亿元。新(扩)建38个集约化规模养殖企业、412个规模养殖场(小区)。产地检疫生猪32万头、牛0.2万头、羊4.6万只、禽3568万羽；检疫出病害猪36头，病死禽0.24万羽，0.06吨有害猪肉产品按规定进行了无害化处理。产地检疫报检检疫率、屠宰检疫合格出证率、病害动物及动物产品无害化处理率均为100%。

渔业 优化养殖品种结构和生产布局，发展高效渔业、生态渔业、休闲观赏渔业和外向型渔业。全市水产养殖面积8.1万亩，水产品产量43870吨。池塘开挖整修8500亩，渔业经济总产值5.617亿元。

林业 全市林地面积突破100万亩，森林覆盖率34.4%；城市绿化覆盖面积1744公顷，绿化覆盖率43.6%，人均公共绿地面积14.26平方米。年内，新造林2.39万亩，更新改造农田林网24.8万亩，四旁植树158万株，新增森林覆盖率0.42个百分点，森林覆盖率达到34.04%。

水利 全年实施16项重点水利工程，完成投资5亿多元。其中，重点工程完成投资1.8亿元，民生工程完成投资总投资2.09亿元。全年查处各类水事违法案件30余起，办理行政审批事项42件；年征收入库水资源费579万元，南水北调基金149万元；安装水表232块，催缴拖欠水资源费36万元。

服务业 全年完成服务业增加值180.4亿元，社会消费品零售总额达到98.4亿元。年销售超2000万元的批发企业和超500万元的零售企业达到80家，其中超亿元6家。欢乐买美家家居广场等项目建成使用，宿羊山大蒜交易市场被批准为国家级市场，宝石玉器城创建为全省文化产业示范基地，建成4个徐州市级现代服务业集聚区。“万村千乡”市场工程有效推进，累计发放补贴4527万元。旅游业有序发展，建成4A级景区1家、3A级4家、2A级3家。金融体系更趋完善，银行分支机构、保险机构分别达到11家、8家；农村小额贷款公司达到6家。

国土资源 以“保发展、保红线”为目标，以贯彻落实最严格的耕地保护制度和最严格的节约用地制度为措施，以“守土有责、护土有方、动土有据、用土有依”为原则，全年组织上报14个批次和9宗单独选址批次用地，征收土地总面积8834.42亩，确保了邳州30多个工业重大产业项目用地。全年成交地块80宗、面积4210.15亩，成交额30亿余元。整治多圈多占、圈而不用的空闲土地和空关厂房，先后嫁接项目22个，盘活存量土地2307.15亩。17个矿井安装监控点，使监督管理常态化、规范化，通过挂牌方式出让采矿权6宗。

城乡规划 全年审批办理规划选址意见书13项，建设用地规划许可证26项、用地面积1206亩；核发建设工程规划许可证38项、建筑面积128.9万平方米，其中房地产开发项目24项、建筑面积118.7万平方米。村镇建设项目共办理选址意见书5项，建设用地规划许可证14项、建设工程规划许可证40项、乡村建设规划许可证11项。全年查处公建违法建设9项，竣工核实11项。完成文苑路东延和世纪大道东延施工图、艾山风景区东大门外装饰等市重点工程方案设计工作；完成行政园区二期方案设计、城区11条道路交叉口景观设计、体育中心扩建规划方案设计；完成城区洗车点、停车场、早餐点、夜市大排档等选址规划；完成新老城区17条道路改造提升规划设计和近20个路口渠化改造设计；完成城区供排水管网规划设计。

城镇建设 年内，城镇建设“六个100”工程中竣工67项，完成拆迁113万平方米，建设安置房86万平方米，竣工商品房122万平方米。新建改造城区道路74条、停车场8个、垃圾中转站18座、公厕34座、广场游园23个，改造老旧小区221万平方米。全年累计建设改造农村公路520公里、农村桥梁955座；新建村内道路740公里；建成8个省级新农村建设先进村和示范村、58个徐州市级示范村。疏浚市镇河道213条、1080公里，整治村庄河塘3080个。

住房建设 全年批准商品房预售19宗66.98万平方米。办理商品房按揭2755宗38.02万平方米、商品房交易4143宗57.17万平方米，实现契税收入3968万元、营业税个税938万元。建成100套廉租住房和425套经济适用住房，燕子埠镇120间教师公租房于9月10日教师节前交付使用,车辐山镇200间、占城160间教师公租房有序推进。完成经适房申购、审核、准入和选房等工作,共接受申购档案3437份,经过初审、产权比对、入户调查、举报查处等手段审否1253户,2184户申购家庭取得准购证。全年归集专项维修基金1197万元,涉及82家开发企业和148个物业小区。审核拨付各项维修款20.5万元,追回历史遗留问题所造成的欠款110万元。维修基金实现专户动态管理。

环境保护 全市空气质量优良率超过90%;水域功能区水质达标率和集中式饮用水源地水质达标率均为100%;规范设置4类功能区环境噪声监测点位,城区噪声平均达标率100%。全市涉及大气污染的14家企业和涉及水污染的16家企业关闭到位;城东、城北和炮车3家污水处理厂完成中控室建设,管网改造有序推进;徐塘电厂2台机组的烟气旁路拆除到位;机动车尾气检测站建设完工。全年关闭涉及重金属污染企业37家,数量从原来47家缩减至11家,企业分布从原来的15个镇缩减至6个镇。全面实施水断面保护区环境综合整治和规范化建设,对断面保护区上、下游3000米范围集中实施整治,全面清理采砂船只、砂站、网箱养殖、违章建筑、非法小码头、船舶修造厂、沿岸排污口等。编制完成《邳州生态市建设规划》。运河镇、炮车镇创建成省级生态镇,41个村获得生态村命名。建成九龙山自然保护区和黄墩湖湿地自然保护区、国家级银杏博览园和黄草山省级森林公园。划定14个重要生态功能保护区,总面积341.1平方公里,占全市国土面积的28.6%。

工商管理 全年新发展私营企业1034户,个体工商户8124户。“邳州大蒜”和“邳州板材”被评定为省级产业集群品牌培育基地。新注册商标300件,指导黎明蒜业申报1件涉外商标,新申请认定江苏省著名商标3件、徐州市知名商标17件。深化“红盾护农”行动,建成10家徐州市级农资经营示范店、72家县级农资经营示范店。检查农资经营户775家,查处假劣农资案件7件,为农民挽回经济损失87万元。力促“经纪活农”,新登记农民专业合作社333户,新增出资总额14.6亿元,新吸纳成员7.9万人。全市农村经纪人总数达4836人,撮合成交额29.7亿元。全年共检查食品经营户2700户次,清理取缔无照经营食品业户87户,查获、销毁假劣食品2100公斤。把食品经营主体划分为A、B、C、D四个类别,形成动态的监管机制。全市435个食品安全示范店全部提高商品质量和服务档次,总覆盖率达到98%。严格审查民间借贷中介广告发布主体及宣传内容,对广告内容中涉及“贷款”、“融资”、“理财”等易与金融业务混淆字样的融资类广告予以查处,下达责令改正通知书48份,拆除违规户外广告牌32个。

安全生产 全年共查出各类事故隐患6390条,整改6141条,整改率96%。查处各类非法违法生产经营建设行为412起,取缔非法违法生产经营企业77家。查处各类交通违法7000余起,行政拘留严重交通违法行为人6名。对全市交通运输行业展开拉网式无一遗漏的排查摸底,查处违法经营行为233起,罚没40万元。专项整治非煤矿山并突出石膏矿山安全整治和采石场安全标准化两个工作重点,全市21家石膏矿山企业中,1家改造矿井通过“三同时”竣工验收并领取安全生产许可证,16家改造矿井通过开采设计安全专项审查;3家采石场顺利通过徐州市局组织的安全标准化验收。整治全市化工生产企业,18家中领取安全生产许可证企业14家。对年内到期的烟花爆竹零售经营户进行安全生产检查,查处违法行为47起,行政拘留21人;到期的零售经营户670家全部换证。

审计 完成审计和审计调查项目110个,查出违纪违规金额6.75亿元,审减建设工程造价19206.29万元,核减招商引资项目虚报建设投资9659.12万元。完成市委、市政府交办任务12项,向纪检监察、税务等有关主管部门移送违纪违法案件线索2件(条)。加大经济责任审计力度,成立经济责任审计创新小组,坚持离任必审,推行“三责联审”,加大任中审计比例,加大对党政“一把手”的审计力度。完成经济责任审计项目17个,其中开展“三责联审”5个,任中审计9个,查出负有主管责任的违规金额192万元,管理不规范金额14274万元。

教育 全市有各级各类学校286所,其中小学158所、初中35所、高中11所、职业学校2所、特教学校3所、中心幼儿园77所。中小学在校学生26.62万人,教职工17519人,其中专任教师约1.6万人。拥有省三星级以上普通高中8所,省示范初中7所,省实验小学7所,省优质幼儿园32所,省、市模范学校121所,省四星级职业学校1所,省、国家重点职业技术学校2所,省特殊教育现代化示范学校1所。创建11所省优质幼儿园。

文化体育 全市24个镇文化站全部达省级标准。督促自建农家书屋206家,54家市直单位共投资150余万元帮助建成102个村农家书屋,全市共建成462家,实现乡村“农家书屋”建设全覆盖。全年送电影下乡5544场,送戏115场,送图书2.6万册。市文化馆通过国家一级馆验收。投资百万元提升改造市博物馆。投入400多万元完成图书馆新馆内部装修工程和图书采购。文化体育产业实现新突破,邳州宝石玉器城、徐州军霞健身器材有限公司分别得到省资助资金100万元。邳州宝石玉器城被授予“江苏省文化产业示范基地”称号。

卫生 全市基本药物实现全覆盖,基层医疗卫生机构药品价格平均降幅33.6%,让利患者5368万元。全年市财政拨付基层医疗卫生机构各项资金8700万元,其中新农合周转金600万元、农村公共卫生服务经费2700万元、经常性收支差额5400万元。全市参合人数124.36万人,参合率98.5%。新农合累计补偿患者311.34万人次,补偿总金额为2.34亿元。救助两大疾病儿童59人次,救助资金176.41万元,其中新农合补助137.21万元。碾庄、炮车中心卫生院跻身江苏省示范卫生院行列,实现邳州“省示范卫生院”零的突破。398个村卫生室达到省级规范化建设标准。选派83名业务骨干到二级以上医疗机构进修,896名医务人员参加中等医学教育,604人参加徐州市组织的业务培训。投入2000余万元为全市17万名65岁以上老人免费健康体检。

残疾人事业 社会服务体系更加健全,市人民医院、中医院、铁二处医院、第四人民医院都设立康复科室,完善市级康复指导站3处,设立镇康复指导站4处。对288名不同残疾类别的残疾儿童实施免费康复救助,免费发放辅助器具990件。全年征收残疾人就业保障金306.19万元。建设残疾人就业扶贫基地1处,安置50名残疾人从业,带动100户残疾人从业脱贫。举办残疾人职业技能培训6场(次),培训各类残疾人200多人次,帮助30名残疾人个体从业。全市7000多名贫困残疾人被纳入低保,为1408人无固定收入重度残疾人发放生活救助金(全额享受低保,农村户口每月210元,城镇户口每月370元),为46户90人依老养残、一户多残人员发放生活补助(按低保标准的60%发放),为1100名重度一级残疾人发放护理补贴(农村户口每月50元,城镇户口每月100元),为1400多名纳入低保的残疾人发放重残补贴金(农村户口每月补助60元,城镇户口每月80元),为75名高中及高等教育残疾学生发放教育专项补贴(高中阶段每生每学年1000元,高等教育阶段每生每学年1500元)。

社会保障 合并实施城乡居民养老保险,从制度上实现了城乡社会养老保险制度全覆盖。企业养老、失业、城镇职工医疗、工伤、生育保险参保总人数分别达到79432人、66621人、140562人、44000人、21522人,城镇居民医疗保险参保人数达240192人,城乡居民社会养老保险参保人数达43.9万人。五大社会保险基金征缴实现40521万元。企业养老保险费清欠2236万元,机关事业养老保险费征缴率100%。调整13548名企业退休人员养老金,调整后人均月养老金标准达到1297元;城乡居民养老保险基础养老金发放人数18.9万人,累计发放基础养老金1.44亿元。全年新增城镇就业再就业10.4万人,转移农村劳动力18552万人,年末城镇登记失业率2.3%。投入财政资金6568万元,改扩建敬老院32所,新增床位5636张。慈善事业累计发放扶贫小额贷款2.5亿元、惠农补贴5.2亿元,18.1万农村贫困人口脱贫。

【邳州市首家企业商学院】 3月3日,邳州市首家企业商学院——正昌商学院在邳州市正昌公司挂牌成立。为增强企业竞争力和发展潜力,进一步做大做强企业,正昌公司将企业目标定位在更高层次的提升和拓展上,选择深圳聚成华企培训公司作为合作伙伴,组建在线商学院,旨在充分借助网络平台,以岗位定培训,系统性、针对性、灵活性授课,形成固定高效的培训机制。在线商学院辟有人才建设、市场营销、财务管理等9项专业在线培训课程,目标是在3年的时间里,让企业员工得到全方位的提升,培养出更多技术、管理、经营等高层次人才。

【徐州医学院附属医院集团邳州医院】 4月11日,徐州医学院附属医院集团邳州医院成立仪式在邳州市人民医院举行,标志着市人民医院正式加入徐州医学院附属医院集团。邳州市人民医院始建于1925年,是一所集医疗、教学、科研、预防保健为一体的二级甲等综合性医院,拥有中高级技术职称人员280余人。加入徐州医学院附属医院集团后,可以实现资源共享,优势互补。揭牌仪式上,徐州医学院附属医院集团负责人将一辆价值20万元的救护车赠送给市人民医院。

【新图书馆开馆】 邳州市图书馆始建于1986年,为国家二级标准馆。2005年,在新老城区结合部的锦绣广场东侧建设新馆,占地10656平方米,建筑面积10068平方米,总投资3200万元。2011年3月,新图书馆建成,12月试开馆。图书馆一楼以全国文化信息资源共享工程分中心为主,集网络信息服务、电子阅览、多媒体教学、专业培训于一体,拥有100台阅览服务器的信息服务中心、多媒体阅览室,可实现县、镇、村三级资源共享,并设有残疾人图书室。二楼为全开架印刷品文献借阅场所。三楼为会议报告厅和办公区域。新馆实行免费开放,365天对外服务。

【市人民政府行政服务中心正式启用】 4月24日,市人民政府行政服务中心正式启用。中心进驻窗口单位37家,配套服务窗口单位5家,涉及行政许可和非许可审批事项270项,是徐州乃至苏北县级功能最完善、入住单位最多、服务事项最配套的行政服务中心。

【首届岠山文化论坛】 6月15日,由邳州市政府、徐州市史志学会、彭城书院及徐州师范大学历史文化与旅游学院等联合举办的“首届岠山文化论坛”在邳州市举行。专家们从各自角度出发,纷纷建言献策,阐述对岠山文化的独特见解,对岠山景区建设与开发,从宏观和微观提出诸多可行性意见。大家一致认为,岠山开发要依托自身丰富的自然、人文、历史资源,进一步拓展和提升旅游定位,实现生态的全范围覆盖、文化的全程化渗透、功能的休闲性提升、市场的品牌化推广。

【2011中国·邳州第二届桃花节】 4月10日,2011中国·邳州第二届桃花节在陈楼果园桃花园开幕。与会领导及嘉宾观看了舞狮表演、摄影展、书法展,参加了桃花笔会的颁奖,参观了陈楼桃花园、梨雪园、草莓自采园等景点。

【“千名干部下基层,万名党员手拉手”活动】 10月17日上午,“千名干部下基层,万名党员手拉手”活动在新区体育中心正式启动。1000名党员干部共组成25个工作队、156个工作组,奔赴490个村(居),开展驻点调研、包挂帮扶。60个村级基础薄弱、社会矛盾突出、群众困难较多的重点村,到2012年4月底前结束,帮扶时间6个月;其他430个村,11月底结束,帮扶时间1个月。活动共分驻村集中调研、切实解决问题、总结评议3个阶段,集中梳理解决群众关心的问题,扎扎实实地为老百姓办好事、办实事。活动是推进社会管理创新的重要举措。

各镇(区)简况表(2011)

名　称	面积(平方公里)	村委会(个)	居委会(个)	年末总人口(人)	农业总产值(万元)	工业总产值(万元)	农村经济总收入(万元)	主要农作物产量(吨)				农民人均所得(元)
								粮食	棉花	油料	大蒜	
戴圩镇	62	18	1	30433	10514	254564	183236	18880			2947	11600
邳城镇	93	22	1	79450	83457	207936	102335	23229	732	301	56270	8376
官湖镇	89	27		113263	94511	2010136	1294699	20122			21800	13402
陈楼镇	53	13		50513	6890	684300	443437	4886.5		84		10080
铁富镇	128	30		114793	77558	148926	251171	34626	168	539	6618	11451
港上镇	62	19	3	63332	100459	132871	227600	10420	229	241	520	8749
邹庄镇	74	16	1	60627	56888	78800	158269	34259	5602	4		15000
四户镇	81	17		54976	49812	151032	126420	52424	64	131.4	1933	10283
岔河镇	71	12		47926	22785	213788	121545	42401	20	470	147	10018
邢楼镇	96	18		55545	56247	112950	72081	46595		778		7900
戴庄镇	75	16		54932	16605	10484	71787	30766	81	1700	5300	7494
燕子埠镇	77	16		36240	38747	95424	65000	38069	120	198	1200	8100
车辐山镇	95	16		59850	56890	41685	131141	32186	160	19	43562	9100
宿羊山镇	96	24	1	79203	133117	239871	73721	30239	801		90173	12645
赵墩镇	120	28		89906	65537	112530	127894	48565	90		8010	7560
碾庄镇	126	27	1	92255	131127	752062	118937	39879	1972	201	112862	10306
八义集镇	122	25	1	82496	28438	20897	152670	43978	1406	288	32882	10139
占城镇	79	15		48557	50222	104966	338754	29453	340	200	6600	8880
土山镇	65	21		54398	51869	259230	126938	38548	211		18216	9643
议堂镇	58	12	3	37974	22461	329191	101810	34366	33		14556	9490
八路镇	71	14		46351	14269	27132	57250	31931	108	87	10665	7988
新河镇	113	19		58417	25877	24354	73310	53830	28		14325	8567
炮车镇	73	13	5	58344	99194	551005	54856	17098		13	2763	11406
运河镇		3	15	212962	23958	1599930	711326	10358			390	12647
开发区		8	5	56814	12936	1022566	1147512	17747			1075	8985
新城区		3	4	25920	3755	42601	78093	8050			279	
张楼办事处		9		20871	5096	32746	44400	13895			868	12163

组织机构及负责人

中共邳州市委员会

书　记　冯其谱

副书记　王　强　颜廷峰(6月免)　蒋越锋(6月任)

常　委　石启红　卜凡敬(6月免)
　　　　王慧廷(6月免)　顾　勇(6月免)
　　　　孙跃先　郑必法　胡汉军　宋　彭
　　　　郝　唐(6月任)　苏　伟(6月任)
　　　　张东风(6月任)

邳州市人大常委会

主　任　郭克荣

副主任　张允荣　吕金城　谷玉端　王　勇

邳州市人民政府

市　长　王　强

副市长 卜凡敬(6月免) 王慧廷(6月免)
石启红(6月任) 倪 平(6月免) 郝 唐
张祥荣 张 军 李青春(援疆)
孙 强(6月任) 卫道光(6月任) 董亚冰(挂职)

政协邳州市委员会

主 席 李继忠
副主席 李克年 叶 敏(兼职) 沈 莉(兼职)

中共邳州市纪委

书 记 孙跃先
副书记 李全德 陈令虎(6月免) 孟祥森(2011.06任)

(陆东坡 沈昌玲)

新沂市

【概况】 新沂市是历史悠久的新兴城市。北沟镇何山头发掘的出土文物,验证1万年前的石器时代已有人类活动的足迹。著名的花厅遗址,证明5000多年前属于北方大汶口文化和南方良渚文化交流融会的区域。东周时期是钟吾子爵封地,名为"钟吾国"。秦时建司吾县,西汉时分设司吾、建陵两县,南北朝时并入宿豫县,唐代宗宝应元年(公元762年)易名为宿迁县。民国时期,中共党组织先后成立过潼阳、宿北二县抗日民主政权。1949年5月,由宿迁、沭阳、东海、邳县四县边区析置新安县,1952年9月经政务院批准更名为新沂县,1990年2月撤县建市。1998年国务院批准新沂市为中等城市规划。新沂交通优势得天独厚,是亚欧大陆桥东起第一座枢纽城市,距徐州、连云港、临沂、淮安等城市均在百公里左右。东陇海铁路与新长、胶新铁路,京沪、连霍、徐连高速公路、205国道与323、249省道在新沂形成三纵三横交叉网络;京杭大运河绕境而过,直通长江水道;东靠连云港港口,出海通道顺畅;周边80公里范围内分布着徐州观音机场、连云港白塔埠机场和山东临沂机场,构成了快速便捷的立体交通网络,被定位为"苏鲁接壤地区新兴的交通枢纽和商贸旅游中心、江苏新兴工业城市"。

新沂市总面积1616平方公里,下辖16个镇,1个省级开发区,253个村民委员会,11个社区居民委员会,年末总人口104万,城区人口27万。男女性别比107:100。人口出生率10.94‰,死亡率4.15‰,自然增长率6.80‰。风景名胜有国家4A级风景名胜马陵山景区、骆马湖风景区、窑湾古镇、沭河塔山风光带、花厅古文化遗址等。历史名人有抗金救国名将魏胜、清代抗英禁烟勇士臧纡青、近代革命先驱陆文椿等。主要特产是阿湖天然水晶、明帝捆香蹄系列食品、骆马湖小黄鱼、咸鸭蛋、窑湾绿豆烧酒、瓦窑大山酥梨等。

【综述】 2011年,全市实现地区生产总值301.37亿元,完成财政总收入58.21亿元,其中,一般预算收入26.51亿元。完成全社会固定资产投资300.5亿元,其中,规模以上固定资产投资220.72亿元。完成社会消费品零售总额71.81亿元。实际到账外资首次突破1亿美元,达到1.03亿美元,自营出口总额2.25亿美元。城镇居民人均可支配收入15508元、农民人均纯收入8634元。全面小康社会建设25个指标已有20个达标,4个指标完成序时进度。主要经济指标在苏北乃至全省的位次不断攀升,连续第六次荣膺"全国最具投资潜力中小城市百强",首次跻身"全国百强县",位居第86位。

工业 全市新增列统企业31家,总数达到411家。规模以上工业实现产值600.3亿元、销售596.7亿元、利税77.8亿元。销售收入超亿元企业190家,其中超10亿元企业3家,晋煤恒盛和华宏特钢被徐州市列为重点培育千百亿级企业。蓝丰生化成为徐州县域第一家本土上市企业,企业上市"531"工程加快推进,利民化工、斯尔克纺织待批上市。

招商引资 成功举办第三届生态新沂旅游文化节、第九届金秋经贸洽谈会、2011深圳(新沂)投资推介会等重大招商活动。全年共落实固定资产投资千万元以上各类招商引资项目601个,涉及投资总额1172.38亿元,其中工业项目274个,涉及投资总额513.18亿元。投资50亿元的必康新医药产业综合体项目、45亿元的华宏特钢搬迁改造项目、17亿元的蓝丰生化扩建项目、金地商都集团投资的19亿元的商业综合体项目、10亿元的新光机械项目、10亿元的科倍商业休闲广场等一批大项目、好项目相继开工建设。

园区建设 园区功能显著提升,新沂经济开发区围绕创建"国家级开发区",对标找差,提档升级,综合实力进一步增强,被批准设立"江苏新沂高分子及硅材料产业园"。无锡—新沂工业园围绕创建"省级高新技术产业园区",不断增强综合配套能力,被评为"江苏省低碳经济试点园区"。新戴运河产业带产业规划编制完成,7个镇级工业集中区配套功能不断完善,草桥、阿湖工业集中区入选"江苏省重点培育小企业创业基地"。

城乡建设 全年完成城建投入45亿元,新建改建市政、交通道路93公里,249省道、山水大道、301县道主体完工,公园路竣工通车,苏北首条市政综合管廊开工建设。完成城市拆迁138万平方米,新开工房地产开发面积53万平方米。城市管理不断加强。结合省级卫生城市创建,整治影响城市形象和群众生活的突出问题,数字城管建成并试运行,城区农贸市场改建工程启动。中心镇建设步伐加快。镇区绿化"百日会战"全面完成,马陵山镇、窑湾镇被评为徐州市"中心镇"创建工作先进镇。开通6个镇(新安镇、草桥镇、棋盘镇、高流镇、时集镇、马陵山镇)63个自然村镇村公交,共投放车辆28辆,日发班车310班次;通车里程105.3公里,通车线路12条,设置镇村公交站亭45个,站牌114个,日发班车310班次。

环境保护 加大环保基础投入,沭河邵店桥断面水质达标。唐店化工园区实施"一企一管"和雨污分流工程,投资1000余万元建设集水监控系统。加大重点企业点源治理力度,关停违法企业5家,责成34家违法企业环保整改。下半年,投资1000万元建设新沂市环境监控平台,对重点企业排污情况实施24小时自动监控。加强城市污水处理厂对企业污水接管和应急处置,加快推进化工污水处理厂运行管理。深入推进节能减排,对45家企业进行能源监察审计,对年耗能3000吨标煤以上企业采取重点监控,全年万元GDP能耗同比下降3.9%。主要污染物排放量明显消减,城市污水处理厂污水处理量已达设计能力的60%以上。低碳经济取得成效,晋煤恒盛、花厅生物科技被评为“江苏省低碳经济试点企业”,无锡—新沂工业园被评为全省首批低碳示范园区。加快淘汰落后产能,对37家地条钢企业实施关闭,对振峰铅业等10家涉重企业实施关闭并拆除生产设备。开展涉重企业整治,全市17家涉重企业中,关闭取缔11家,剩余6家企业中,4家蓄电池企业整改通过徐州市验收,2家企业正在落实环保整治工作。全面启动生态创建,召开创建国家级生态市动员大会,制订目标责任考核办法,加快编制生态规划。新安镇完成生态镇规划,马陵山、窑湾等7镇进入生态镇编制阶段;建成瓦窑镇吕庄村等5个省级生态村、新安镇黄墩村等77个市级生态村,邵店镇沭河村申报国家级生态村已通过省环保厅审核。

三农工作 粮食生产喜获丰收,全年粮食总产6.36亿公斤,实现“八连增”,被评为全国产粮大县。高效农业强势扩张,全市新增设施农业4万亩、新建畜禽规模养殖场70个,鲜切花种植面积达到1.2万亩,成为全国最大的鲜食花生生产基地和切花菊生产基地,高流镇被中国花协命名为“中国花木之乡”,“钟吾牌”仙桃蝉联第二届全国桃果评比金奖,瓦窑高效农业园区成功获批省级现代农业产业园。农村改革稳步实施,农民专业合作社发展到1030个,带动农户13.1万户;土地股份合作社达到91个,入股土地8.21万亩。农村“一权一房”抵(质)押贷款工作全面推进,累计投放贷款3.69亿元,扶持创业项目4170个。“三资四化”服务监管机制深入推进,共清理村组集体资产1.5亿元。新农村建设稳步推进,“十路百村”、“五有五无”环境整治成效显著,疏浚河道55条,整治村庄河塘79个,89个农民集中居住区加快建设,3个村被评为省级新农村建设示范村。草桥镇“万顷良田工程”全面推进,建成安置房22万平方米,安置农民1654户、6350人,通过土地整理和复垦,新增耕地2559.8亩。脱贫攻坚成效显著,顺利完成30个经济薄弱村“八有”建设目标,实现10万人口脱贫。

服务业 着力把区位交通优势转化为发展优势、竞争优势,培育大市场、繁荣大旅游。建成徐州市级现代服务业集聚区5个,实现服务业增加值129.29亿元。大力发展商贸物流业,北方农贸、苏北物流等市场的区域影响力进一步提升,新海岸粮食物流中心一期、钢材市场主体完工,新港商贸城、嘉年华鲜切花市场开始建设。大力发展生态旅游业,省级旅游产业经济(实验)园区加快创建,马陵山景区旅游服务标准化试点被列为江苏省服务业标准化试点项目;窑湾古镇通过国家4A级景区初评,被评为“全国特色景观旅游名镇”,旅游景区服务项目被列为国家级服务业标准化试点项目。新沂博物馆被评为国家3A级旅游景区;马陵山镇金土地生态园、高流镇金锋农业科技生态园被认定为江苏省级四星级乡村旅游点。大力发展新兴服务业,北软淮海运营中心落户新沂,江苏祥云谷物联网科技有限公司正式开业。坚持把金融业作为提升区域竞争力的重要抓手,加大“招行引资”力度,加快金融创新步伐,莱商银行新沂支行作为莱商银行徐州县域第一家支行开业;交通银行即将开业;农合行成功转型为农商行;企业债发行和房地产发展基金设立工作全面启动,新沂市金邦农村小额贷款有限公司、新沂市雨泽农村小额贷款有限公司正式开业。2011年全市银行业金融机构存款余额为158.03亿元,贷款余额为130.48亿元,存贷比为115.2%,位居苏北各县(市)区首位。“江苏省首批金融生态示范市”项目被徐州市授予“2011年度振兴徐州老工业基地创新实践奖”二等奖第一名。

劳动和社会保障 开展农民各类培训4.8万人,新增劳动力转移1.1万人,城镇登记失业率保持在2.03%以内。城镇职工养老、医疗、失业三大保险参保率均超过97%,新农保、新农合参保率均超过98%。城市低保标准由每人每月320元提高到370元,农村低保标准每人每月170元提高到210元。顺利完成五保复核工作,五保供养水平不断提高,集中供养标准由每人每年3800元提高到4500元,分散供养标准由每人每年2500元提高到2800元,五保集中供养率达到66%。对贫困家庭儿童重大疾病实施慈善救助,为全市80岁以上老人发放尊老金,新投入210万元配套资金建设残疾人托养中心,为全市2469名重度残疾人发放补助资金182.616万元。启动全国双拥模范城创建申报工作,广泛开展走访慰问部队、军警民争创共建、军事日等一系列军民共建活动,退役士兵实现城乡一体化安置,全市参加免费职业技能培训退役士兵341人,绝对参训率达99.64%。住房保障工程进展顺利,7万平方米“玫瑰家园”开始建设,54套教师公租房主体完工。

科技 科技创新力度加大,2011年高新技术产业产值215.26亿元,占规模以上工业产值比重达35.9%。高新技术产业发展步伐明显加快,获徐州市高新技术产业发展一等奖。全市新增高新技术产业列统企业5家,累计达到94家,其中累计通过认定省级高新技术企业10家,新增省级高新技术产品19个。研发机构建设取得新突破,累计建立徐州市级以上企业研发机构89家。组织实施各级各类科技项目62项,争取上级科技资金2100多万元。八达重工抢险救援工程机械项目列入科技部2011年科技支撑计划,成为新沂市首次承担国家级重点科技支撑类项目。特色水产畜禽养殖与深加工被列入省科技厅富民强县计划“十二五”重点支持项目。积极开展“校企对接”、“产学研合作小分队”等活动,落实产学研合作项目45个。省委组织部、省科技厅向新沂选派科技镇长团,为科技工作注入了新力量。

教育卫生 教育现代化工程加快推进,校舍安全工程全面实施;第一中学四星级高中、高级中学三星级高中通过省级专家组验收;徐州市钟吾卫生学校开始招生,徐州工程职业技术学院完成整体规划。

卫生改革 稳步推进,16个镇卫生院和253个村卫生室全部实施基本药物制度。2011年,全市通过省级平台集中采购基本药物823种,采购金额4854.4万元,基本药物价格降幅平均达23.5%,全市基层医疗卫生机构门急诊达2968403人次,住院25346人次,同比增长6.53%和7.85%;门急诊病人平均处方值 42.68 元,降幅 17.68%,次均住院费用 1433.65 元,降幅 12.3%。人民医院新院建筑面积 11.8 万平方米,设计床位 1200 张,投资 5.4 亿元,工程 2010 年 3 月开工,2011 年 12 月 3 日人民医院主体完工。中医院新院建筑面积 10.5 万平方米,设计床位 900 张,投资 4.5 亿元,初步整体设计方案 2012 年 5 月 31 日通过评审。钟吾卫生学校于 2011 年 9 月招生办学,是徐州市唯一一所全日制普通中专卫生学校。20 个标准化卫生室全部完成。

文体事业 以东陇海文化产业集团为依托,加强对外联系,加大市场开拓力度,多种渠道融合资金,先后成功举办全市元旦万人环城长跑、两场国际篮球邀请赛、环骆马湖公路自行车公路赛、全国健身交谊舞大赛暨首届东陇海少儿拉丁舞大赛、2011 快乐阳光童歌会江苏赛区总决赛、“全国建球锦标赛”、“江苏省青少年乒乓球锦标赛”等高规格体育赛事,得到 CCTV5、新华社、《人民日报》、江苏省体育频道等 10 多家主流新闻媒体的共同关注。窑湾“文革记忆”展示馆、窑湾民俗馆于国庆期间正式开馆。

社会建设 全力推进“320 工程”、社会面监控系统外延等科技强警工程建设,深入开展“打黑除恶”专项斗争,严厉打击经济领域犯罪,社会治安综合治理取得明显成效。突出抓好社会矛盾化解,落实领导干部下访、接访制度,着力完善社会稳定风险评估机制,不断解决影响社会稳定的源头性、历史性问题。认真抓好安全生产工作,开展化工企业安全生产和交通安全专项整治,强化食品、药品监督管理。以创建省级文明城市为龙头,扎实推进“争当文明市民、共树文明新风”、“争当文明新沂人”等群众性精神文明创建活动。

政府建设 不断加强政府自身建设,着力优化发展环境,深入推进依法行政,大力提高行政效能。自觉接受人大工作监督、法律监督和政协民主监督,全年共办复人大代表建议 102 件,政协委员提案 162 件,满意率分别达 99% 和 98.1%。全面加强政务公开,主动接受社会各界监督。认真办好“市长信箱”,全年共办理各类信件 310 件。全面推行“一线工作法”,实行领导包挂重大项目制度,深入园区、企业、项目建设工地,现场办公,“一企一策”解决问题,促进企业健康发展。深化行政审批制度改革,推进“两集中、两到位”,行政许可事项集中度达 90% 以上,行政审批事项提速 30% 以上。有序推进法治新沂建设,出台《新沂市人民政府重大行政决策程序规定》。

【首次跻身全国百强县】 2011 年,新沂市实现地区生产总值 301.37 亿元,完成财政总收入 58.21 亿元、一般预算收入 26.51 亿元。全面小康社会建设 25 个指标已有 20 个达标,4 个指标达到序时进度。主要经济指标在苏北乃至全省的位次不断攀升,连续第六次荣膺“全国最具投资潜力中小城市百强”,2011 年 9 月 4 日首次跻身“全国百强县”,位居第 86 位。

【首届中国·新沂环骆马湖自行车公路赛】 4 月 17 日,“蓝丰生化杯”首届中国·新沂环骆马湖自行车公路赛暨第三届生态旅游文化节隆重开幕。来自 22 个省、自治区、直辖市以及 8 个国家和地区的 484 名运动员齐聚新沂,在美丽的骆马湖畔 48.5 公里的赛道上展开激烈角逐。中国队的张利获精英组第一名,哈尔滨捷安特车队选手夏立新获中老年组第一名,中国闪电车队的林盈获女子组第一名。其间,新沂市还举行了电视剧《到窑湾》剧本编创工作座谈会,新沂市创建省级旅游产业经济区工作研讨会暨重大项目集中签约仪式和新沂市旅游名吃名品评选等一系列活动。

【苏北地区首座市政综合管廊工程】 苏北地区首座市政综合管廊工程 10 月 16 日开工,全长 5.5 公里,项目总投资约 1 亿元。该管廊高 3 米、宽 4 米,能同时容纳消防水管、给水管、热力管线、电力电缆、电信电缆及 DN300 预留管等管线。该工程的开工建设,可有效避免城市发展中的“马路拉链”现象,并可作为人防紧急避难场所,为城市发展预留了宝贵的地下空间。

【瓦窑现代农业产业园成为省级现代农业产业园】 6 月 10 日,新沂现代农业产业园被省政府批准为省级现代农业产业园。现代农业产业园位于瓦窑镇,园区规划面积 4 万亩。根据园区资源特色、市场需求,空间结构设置为高效设施瓜菜生产区、生态观光休闲区、种苗繁育和科技示范精品区、高效养殖区、农产品加工与物流区,园区通过公司(合作社)+基地+农民的经营模式,不但带动了园区发展,而且辐射周边几十个行政村,大大提高了经济效益和社会效益。

【沭河西岸景观带“沭河之光”竣工开园】 6 月 30 日,14 万平方米的沭河西岸景观带“沭河之光”竣工开园。该工程由 36 米宽的临沭路主干道、6 米宽的自行车休闲健身道、3 米宽的滨河游步道等三条主线和叠石广场、母与子广场、喷泉广场、拉膜广场、水帘广场等五大功能分区构成,总投资 5000 余万元。沭河之光的建成将与城中引河景观带、新戴河景观带、臧圩河景观带等沿河景观工程有机融为一体,形成环绕城区一条精美的城市绿色“水环”。

【“系列化救援机械产品研制”项目启动】 9 月 17 日,“双动力智能型双臂手系列化救援机械产品研制”项目启动。该项目作为国家“十二五”科技支撑计划重点项目、国内首个由国家科技部立项的应急救援装备项目,由江苏八达重工机械有限公司发起。该项目的启动标志着我国正式拉开了应急救援产业技术与装备研发、制造和产业化的历史序幕。

【新沂必康新医药产业综合体开工奠基】 10月18日,新沂必康新医药产业综合体项目开工。项目是香港必康国际、香港亚洲第一制药、必康制药等单位共同投资建设,总投资50亿元。一期投资30亿元,占地1600亩,建筑面积60.1万平方米。项目涉及医药研发、生产、包装、医药衍生业开发、医药人才教育、健康饮品研发等领域,将建设医药研发中心、包装配套生产区、商学院及医药技工学校等设施。项目建成投产后,年可实现销售收入200亿元,利税30亿元,将成为中国乃至亚洲最大的综合医药生产基地。

【省首家县级市数字城市示范项目签约】 12月8日,新沂市数字城市示范项目签约,总投资2057万元。数字城市地理空间框架建设,有利于促进和推动基础地理信息在国土管理、城乡规划、城市管理、新农村建设、应急管理、防灾减灾等各个领域中的应用,更好地满足各部门、各行业和人民群众对基础地理信息的需求;同时,作为数字中国、数字江苏地理空间框架的组成部分,纳入国家级、省级基础地理信息系统,用于政府宏观决策,实现项目成果国家、省、地方共享。

【新沂市慈善基金会成立】 2011年1月25日,新沂市慈善基金会成立。新沂慈善会2007年2月成立,共募得善款1700多万元,累计投入救助资金472万元,受助人数达12678人。为促进慈善事业进一步持续、健康、快速发展,新沂市慈善会于2010年12月24日正式向省民政厅提出设立慈善基金会的申请,省民政厅于2011年1月6日批复同意新沂市慈善基金会登记成立。在2011年“爱满新沂”首届慈善晚会上,广大认捐企业和社会各界人士慷慨解囊,当场共募集现款2300多万元,期款8300多万元。

【2011~2015年度全国科普示范县(市)创建】 中国科协自2009年启动2011~2015年度“全国科普示范县(市、区)”创建工作。两年来,经过自主申报、自查、省级科协检查和中国科协复查,新沂市达到全国科普示范县(市、区)标准,在中国科协第八次全国代表大会上,被命名为“2011~2015年度全国科普示范县(市、区)”。

【江苏华信塑业获“国家金卡工程金蚂蚁奖”】 在2011中国国际智能卡与RFID展览会上,江苏华信塑业发展有限公司荣获中国智能卡行业权威奖项“国家金卡工程金蚂蚁奖”。国家金卡工程“金蚂蚁奖”,取意于“以小见大”的自主创新精神和市场开拓精神,以及“蚂蚁啃骨头”锲而不舍、拼搏奋进精神,旨在表彰和奖励在金卡工程建设中,坚持勇于探索、大胆实践、自主创新、开拓进取的求真务实精神,并取得优秀成果的企事业单位。江苏华信在智能卡材料领域一直保持着技术和业务的领先地位,在本届展览会上江苏华信展出了新型环保材料PHA、高维卡PETG、PETG及PVC镭射膜、纯ABS等卡基新材料,受到热切关注。

【首届全国健身交谊舞大赛在新沂举行】 6月18日,首届“盛世名门·虞姬杯”全国健身交谊舞大赛(中国·新沂)暨东陇海少儿拉丁舞大赛开幕式在新沂市举行,共有来自全国各地的360余名选手参加了大赛。

【窑湾古镇历史街区申报世界文化遗产】 4月12日,“大运河保护和申遗工作会议”公布了首批大运河申遗预备名单,大运河沿线的北京、河南等8个省35个城市的大运河遗产将整体申报世界遗产,其中窑湾古镇历史街区是徐州市唯一被列入“大运河申报世界文化遗产预备名单”的申遗点。窑湾古镇是大运河中段的商贸重镇,窑湾古镇历史街区作为大运河中段的重要节点,拥有一批重要的文物遗址和非物质文化遗产,是大运河申遗不可缺少的部分。古镇尚存明清时期和民国时期建筑813间,其中中宁街和西大街保存最为完整,具有较高的文物价值及旅游开发价值。8月,窑湾古镇被授予“全国特色景观旅游名镇”荣誉称号,10月1日,窑湾古镇景区正式对外开放。

【新沂市被确定为“国家生猪调出大县”】 2011年新沂市出栏生猪107.2万头,存栏生猪62.5万头,建成生猪规模养殖场2138个,年出栏500头以上的猪场389个,生猪规模比重达74.5%。4月2日,新沂市被农业部确定为国家生猪调出大县,获中央财政专项奖励资金330万元,9月18日被省农委授予“江苏省生猪产业大县”。

【全国最大鲜食花生生产基地】 新沂市是江苏省花生重点产区之一,2010年新沂市被上海世博会指定为唯一鲜食花生供应基地。2011年鲜食花生面积进一步扩大到10万亩,成为国内最大的鲜食花生生产基地。种植花生平均亩效益3000元,最高可达4500元,较干收花生效益翻一番,总经济效益达3亿元,帮助全市70万农民人均增收400元。

【国家级农业综合开发项目居全省县(市)第一名】 新沂2010年度国家级农业综合开发项目2011年7月顺利通过省级验收,并位居全省县(市)第一名。该项目包括国家农业综合开发土地治理项目和产业化经营项目两大类。国家农业综合开发土地治理项目(1个高标准农田项目、1个存量资金项目、1个增量资金项目)总投资3160万元,其中财政资金2600万元,自筹资金560万元,改善农田基础设施3万亩;国家农业综合开发产业化经营项目4个,计划总投资13110.5万元,完成投资13362.83万元,其中财政补助320万元,财政贴息64万元。

【国家级花木之乡】 高流镇按照“工业强镇、花木富民”的整体工作思路,始终把花木生产当作主导产业来抓,全镇9

个种植花木专业村,总面积达5.5万亩,品种1000多个,已形成以205国道两侧为主轴的约10公里花木产业带和以高时路两侧为副中心的5公里花木产业区域格局。产品远销京、津、沪、辽、新疆、内蒙古等20多个省区。11月,高流镇被授予"中国花木之乡"称号,全国仅有4个镇获此殊荣,高流名列首位。

各镇、开发区简况表(2011)

镇名	面积(公顷)	行政村、居委会(个)	年末人口(人)	农业总产值(万元)	工业总产值(万元)	主要农作物产量(吨)		农民人均纯收入(元)
						粮食	油料	
新安镇	7856	12/10	214827	55421	876115	28177	240	12733
瓦窑镇	6127	12	37705	46890	399089	28688		9207
港头镇	7818	12	47149	54159	294903	46058	71	7188
唐店镇	8260	11	51288	35158	206217	41343	700	7166
草桥镇	10025	16	70023	73701	389412	45345		9327
合沟镇	6172	20	59836	53800	293604	25094	88	9998
窑湾镇	11597	21/1	65326	84258	67656	50421	277	8795
棋盘镇	16732	28	83469	85091	290923	63107	1985	6404
马陵山镇	10600	17	55120	62369	283172	40395	962	9805
新店镇	12800	15	49746	57749	73985	52769	849	7298
邵店镇	5845	14	38458	33586	110923	20080	114	8425
北沟镇	3400	7	43939	2707	266154	7621	70	9826
时集镇	12119	18	53767	46091	168922	59655	5097	7244
高流镇	12190	14	59760	31187	385203	42818	64780	8948
阿湖镇	12545	18	61940	14208	312929	138087	5210	7839
双塘镇	9200	14	37388	42314	423993	34174	4887	7628
开发区	3756	4	17268		1159797	5456		

组织机构及负责人

中共新沂市委员会

书　记　陈德荣
副书记　赵立群　陈冠华(3月免)　岳　敢(6月任)
常　委　谢堂红(1月免)　闫　军(6月免)
王克华(6月任)　张长征　李　健(6月任)
贾　诩　雷臣廷(1月免)　郑彦芳
朱云燕　朱亚平　娄可亮(6月任)
邢会义(6月任)

新沂市人大常委会

主　任　王成坦
副主任　孙传金　曾宪维　谢堂红(1月任)
沈士光　马左兵　雷臣廷(1月任)

新沂市人民政府

市　长　赵立群
副市长　闫　军(常务6月免)　王克华(常务6月任)
郑彦芳　田志耕　娄可亮(6月免)　孙　红
贾泉涌　邓泉明　黄志干　杨　萍(挂职)　陈　勇

政协新沂市委员会

主　席　田　园
副主席　周贞瑞　陈广德　赵素梅　王晓明

中共新沂市纪律检查委员会

书　记　陈冠华(3月免)　李　健(6月任)
副书记　赵玉山(6月免)　王志方(6月免)
闻从军(6月任)　顾林生(6月任)

(时云泽　李　强　辛春晓)

光荣榜

全国五一劳动奖状

江苏华信塑业发展有限公司 公司是国家高新技术企业、金卡工程配套企业、全国"第二代居民身份证"卡基材料指定供应商,是国内智能卡基材行业领军企业。近年来,公司逐步完善厂务公开、工资协商、劳动保护、素质教育等各项制度,积极开展和谐企业创建、节能减排、技术创新等活动,职工归属感增强,竞争力不断提高,经营业绩逐年上升,连续9年实现全国同行业产销量第一。企业拥有5项国家发明专利、2个国家重点新产品、6个江苏省高新产品,先后通过质量、环境、职业健康安全"三合一"管理体系认证,被评为"国家AAAA级标准化良好行为企业"、"江苏省先进技术企业"、"江苏省环保先进企业"。"华信"商标获"江苏省著名商标"、"江苏省名牌产品"。

全国五一劳动奖章

戴如金 男,汉族,1971年出生,大学文化,中共党员,徐矿集团新疆天山矿业公司掘进一区工人。戴如金作为一名农民工,热爱煤矿,刻苦钻研专业技术,在平凡的岗位上做出了不平凡的业绩,一年两次刷新集团公司掘进单进历史记录,创出月单进666米和798米进尺记录。他乐于助人,勇救工友。在公司治水抢险工作中,戴如金两次进入冰冷的天山雪水中,浸泡了近3个小时,成功援救4名工友撤离危险地段。他积极开展技术创新,参与完成优化岩巷施工工艺、预埋管路导水、三班交叉平行作业等5项工艺,改进并提高了工作效益。

马 婷 女,汉族,1972年出生,大专文化,中共党员,徐州白云大厦营业组长。马婷作为班组领头人,在工作中率先垂范,注重培养组员的爱岗敬业意识、责任意识、团队意识。她注重学习,结合工作实际提出的"商品知识要丰富、业务技能要过硬、沟通语言要专业"等"三要"理论,通俗易懂,操作性强,在行业内广受好评并推广应用。2010年以来,班组销售额由月增长3%提升到增长162%,效益不断攀升,所带班组连年被局、公司评为红旗班组。本人先后荣获徐州市劳动模范、市"五一"巾帼标兵、市"五一劳动奖章"、"江苏省服务明星"、"全国商业服务业优秀营业员"等荣誉称号。

王 滨 男,汉族,1978年出生,大学文化,群众,徐州冠华机械制造有限公司技术主管。王滨技术精通、勇于创新,为企业发展作出了巨大贡献。2001~2003年,他带领技术骨干与沈阳铸造研究所合作，经过反复试验，研发的新产品多合金复合锤头，于2003年获得国家专利。2008年～2010年，与德国林德公司合作，研发改进了叉车配重的使用性能，使原来单一的配重作用延伸到配重机架一体化，填补了国内空白，增进了和国际大公司的合作，提升了产品的经济效益。铸件粘砂、烧结问题，长期以来一直是铸造行业无法解决的老大难问题。王斌带领技术攻关小组，经过反复试验，从生产工艺到现场操作，进行了一系列的改造，终于解决了铸件粘砂、烧结这一困扰铸造质量多年的难题。

吴中梅 女，汉族，1969年出生，高中文化，中共党员，睢宁县环境卫生管理处副主任。吴中梅自1991年到环卫处工作，一干就是20年。她在平凡的岗位上做出了不平凡的业绩，展示了环卫工人的无私奉献精神。她在工作中处处以身作则，勤勤恳恳地做好本职工作，无论是刮风下雨，还是炎炎烈日，每天总是第一个到岗，最后一个离开。2008年4月，她被环卫工人一致推选为环卫处副主任，负责城区道路保洁工作。在工作中，她发扬苦干实干加巧干精神，想方设法提高环境保洁质量和职工的福利待遇。她科学筹划，大胆提出社会化市场化保洁思路，并在制度上建立了长效保洁与突击整治、严格考核与加大奖惩、科学管理与积极宣传相结合等多种举措，城区环境保洁质量得到大幅度提升。

武来平 男，汉族，1966年出生，大学文化，中共党员，江苏省沛县国税局第二分局局长。武来平从事税收工作长达26年，先后担任张庄分局、征收分局、杨屯分局局长。20多年来，他用创新的理念、高效的行动将所在分局建成了税收增长的"亮区"、纳税服务的"特区"、工作规范的"示范区"。他带领的分局先后获得"江苏省文明单位"、"江苏省青年文明号"、"江苏省文明行业示范窗口"、"江苏省国税系统'三化'建设标兵分局"、徐州市国税系统"二佳标兵分局"等荣誉称号。他个人先后荣获江苏省青年岗位能手、江苏省国税标兵、徐州市新长征突击手等荣誉称号，被市局记三等功3次、嘉奖11次。

刘炯天 男，汉族，1963出生，博士，中共党员，中国矿业大学教授。刘炯天为国家重点学科矿物加工工程青年学科带头人，长期从事微细粒分选与洁净煤技术研究与工程实践。他先后获国家技术发明二等奖和国家科技进步奖二等奖各2项，省部级一等奖4项，并获得中国青年科技奖、孙越崎科技教育基金能源大奖、中国工程院第七届光华工程科技奖青年奖。他2002年享受国务院政府特殊津贴，是"333高层次人才培养工程"中青年首席科学家，并获省"十大"杰出青年、江苏省突出贡献的中青年专家、全国模范教师、国家杰出青年、江苏省优秀共产党员标兵等称号。

全国工人先锋号

邳州市卫生局医政科 该科室一年内30余次对医疗质量、医疗核心制度进行监督检查，对100余家社会医疗机构进行清理整顿，2次对全市医疗机构感染管理进行专项检查。组织人民医院、中医院、东方医院、铁二处医院组成医疗队，为全市24个镇486个行政村开展"送医下乡"活动。医疗队出动宣传义诊车180台次、医务人员3000余人次，咨询19万人次，诊疗15万人次，发放健康知识宣传单70万份。组织开展全市1108例眼疾病人白内障手术的筛查工作，共完成258例白内障复明手术。

江苏省电力公司铜山供电公司营销部业务班 近年来，铜山供电公司业务班坚持把客户的需求作为导向，以"让政府放心、使客户满意"作为服务目的，积极践行"四个服务"宗旨，努力构建和谐供电服务环境，出色打造出卓越型的服务团队——"金丝带服务队"。金丝带服务队除在岗位上竭力服务客户外，还频繁开展各项便民服务，走进社区，走进校园，走进困难百姓家中服务客户，实现了服务水平更高、需求响应更快、社会影响力更强的目标。2010年共开展各种形式的优质服务活动262起，发放各类宣传资料380000余份。向广大客户宣传安全用电、推广用电新技术、介绍用电政策和合理用电等方面的知识，引导客户安全、经济、合理用电，得到社会各界的一致好评。

徐州超力建筑材料有限公司吴建华劳模团队创新工作室 吴建华劳模团队工作室成立以来，以产品创新、创优为己任，走产学研一体发展之路，大力开发新产品。公司由原来只生产单一产品发展到三大系列，十几个品种。特别是其研发的CNF－3引气型高效缓凝减水剂被广泛应用到高等级水泥混凝土路面施工中，较好地解决了因水泥混凝土收缩率较大产生的裂缝，达到了国内技术领先水平。其研发生产的有机硅聚氨酯填缝胶，强度高，耐老化，易施工，获国家发明专利。在劳模创新团队的带领下，公司的产品不断创新，科技含量逐年提高，营销收入和利税成倍增长。2010年，公司获得国家级"高新技术企业"称号。

中国好人榜(2011)

(助人为乐)曹迎军 倪振娥：拥军敬老贤伉俪 曹迎

军、倪振娥夫妻是邳州市人。20 年前,曹迎军和新婚妻子为了谋生,每天用平板车拉煤往返于邳州和徐州之间。在一个雨夜,他们因天黑路滑被翻倒的煤车压在车底。危难之际,一辆军车经过,车上的战士救出他们,送到医院,并代付了医疗费,直到他们脱离危险才悄然离去。从那时起,曹迎军夫妇便下定决心,要用实际行动报答恩人。上世纪 90 年代初,曹迎军夫妇搞起客运生意。从开业的第一天开始,他们挂起了“拥军服务车”的牌子,并郑重承诺,现役军人、老复员军人、残疾人坐车一律免费。20 多年来,每逢八一、中秋、春节等节日,他们夫妻俩都会带上钱或物品到各地军队、武装部慰问。曹迎军夫妇心系军营的同时,不忘光荣院、敬老院的孤老。每年春节,夫妻俩总是带着几千元和年货给老人拜年,送去一份关爱。他们还经常捐款捐物参加社会公益活动。他们二十年如一日拥军拥警爱民济困的事迹,中央电视台新闻联播、焦点访谈、军事栏目作过访谈,省、市电视台作过专题报道,人民日报、解放军报、中国国防报、人民前线报、中国环境报、扬子晚报、徐州日报等多家国家和省市级报纸作过长篇报道。他们先后荣获江苏省双拥模范先进个人、徐州市和邳州市“关心国防十佳公民”、徐州市拥军优属模范、2003 年度全国“尊老、敬老、爱老”先进个人,并被授予全国百名“公益之星”。他们夫妻被天安门国旗护卫队、共和国礼炮中队、钓鱼台国宾馆警卫队、雪豹突击队、沈阳雷锋连等部队聘为“名誉政治指导员”。

(助人为乐)陈保民:义务为居民放电影 9 载的“轮椅放映员” 陈保民,1968 年 4 月出生,徐州市兴华小区居民。2002 年以来,每年 4 月初至 10 月底,高位截瘫的残疾人陈保民,坐在轮椅上义务在徐州市兴华小区露天放映点为居民持续放映电影 9 年。2010 年 12 月,他的爱国电影放映服务点被确定为江苏省第二批“百优志愿服务项目”;2011 年 3 月,他又被共青团江苏省委、江苏省志愿者协会授予“江苏省优秀青年志愿者”称号。他的事迹被《新华日报》、《徐州日报》、《彭城晚报》、徐州广播电视台多次报道。

(助人为乐)戴丽仪:慈善义工服务队 戴丽仪,女,41 岁,徐州市鼓楼区黄楼街道办事处彭校社区居民、徐州星火慈善义工服务队队长。1998 年的一个冬夜,戴丽仪突感不适,因为丈夫在外地出差,她只得勉强支撑身体到医院就医。几名路过的大学生帮她叫到出租车,把她搀上车。一位朋友帮他缴清了各项费用,并留在医院陪宿。第二天,朋友将戴丽仪接到自己家中,精心照顾,直至戴丽仪丈夫出差回来。从那之后,戴丽仪格外留意起身边需要帮助的人。在彭校社区,戴丽仪是出了名的义务志愿者。戴丽仪不仅自己做,而且影响了丈夫和儿子。2010 年 10 月,她组织了“红领巾义务巡逻队”,第一个报名的队员就是她读小学五年级的儿子。戴丽仪自买了喊话器,小队员们每晚提醒居民注意关锁门窗及车辆安全。2011 年 2 月,戴丽仪在黄楼街道办事处的支持下,在徐州市慈善总会登记注册,成立了“徐州星火慈善义工服务队”。短短的几个月,队员发展到 100 多人。在家里,丈夫王伟不仅支持她的选择,而且邻里间只要有个大情小事,他也会第一个到达现场。2011 年,他们一家被鼓楼区评为“五好文明家庭标兵户”,儿子被评为第二届徐州市美德少年,戴丽仪也获得了鼓楼区“优秀志愿者”、“十佳巾帼志愿者”等称号。

(助人为乐)浮桂枝:从“兵大姐”到“兵妈妈”,痴情拥军 20 载 浮桂枝,女,52 岁,徐州市鼓楼区琵琶办事处万寨港生活区主任。她热心于拥军事业,与徐州部队官兵们有着一段延续了 20 多年的军民鱼水情。她带领的“兵妈妈拥军服务队”常年服务驻地部队官兵。她给自己规定:每个月的 4 个星期天为 4 所部队服务。这条规定 20 年来从未改变。三口之家,人人支持拥军。女儿浮月山是 90 后的新生代,她的身上有着家庭拥军渊源的延续。浮月山 2010 年参加工作后,就用第一个月的工资购买了 900 双鞋垫交给妈妈,让妈妈送到部队官兵的手中。老伴周勇更是全力支持浮桂枝拥军。多年来,每到逢年过节,浮桂枝都要带着慰问品和服务队去部队慰问,她被驻地官兵亲切的誉为“兵妈妈”,她也亲切地称呼战士们为“兵儿子”。

(助人为乐)黄秀芹:甘当聋哑邻居代言人 黄秀芹,女。1939 年 4 月出生,中共党员,徐州市云龙区子房街道铁工社区居民。黄秀芹是子房街道铁工社区的一名退休党员、区第八次党代会代表。黄大妈主动照顾邻居聋哑夫妇,通过“对话簿”,帮助他们与外界沟通,生活上无微不至地照顾这个特殊又拮据的家庭。为了帮助聋哑夫妇的孩子学会说话,经常带着孩子到公共场所与人接触。两岁的孩子生活得很好,也学会了说话。黄秀芹把聋哑夫妇当自己的孩子对待,甘当邻居的“代言人”的故事感动了许多人。她的事迹被《徐州日报》、《彭城晚报》等报刊报道。她当选为 2006 年度社区优秀共产党员。

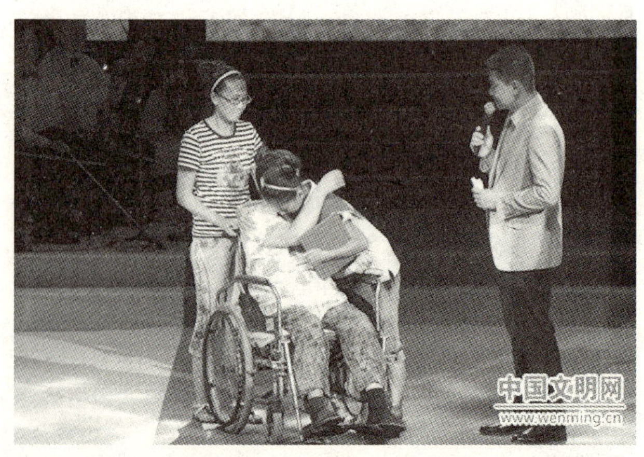

(孝老爱亲)霍宝树:30 年如一日照顾瘫妻痴儿 霍宝树,男,1947 年 1 月出生,徐州市鼓楼区牌楼街道绿健社区居民。30 年前,十个月大的儿子突然得了化脓性脑膜炎,痴呆病残;8 年前,灾难再袭,妻子突患脑痉塞,半身瘫痪。霍宝树独自一人照顾着完全没有生活自理能力的瘫妻痴儿,艰难度日,不离不弃。他最大的愿望就是听儿子叫一声“爸爸”。社区主任刘龙兰说:“霍宝树是个好人,常看到他背着儿子四处求医问药,脊背被憨儿抓挠得皮破血流,他这样的人怕是打起灯笼都难找”。他的妻子说:“宝树,好人呐!这辈子我欠他的”。

(诚实守信)宋光迎:为了65年前的承诺 宋光迎,87岁,离休干部,云龙区王陵办事处小北门社区居民。宋光迎1945年参加新四军。1947年6月,宋光迎在攻打费城战斗中受重伤,被担架抬进山东省枣庄市徐庄镇葫芦套南峪村尚大娘家。宋光迎全身多处被弹片击中,一直昏迷了一个多月。因为没有药品,宋光迎的伤口溃烂生蛆,导致破伤风。尚大娘带着儿子和儿媳,每天用盐水为宋光迎洗伤口。为了让难以进食的宋光迎活血,尚大娘将可活血的韭菜水、面水装进小酒壶,一滴一滴渗进宋光迎的牙缝,才保住了他的生命。经过将近3个月的细心照料,归队心切的宋光迎拄着拐杖离开尚家。临行前,他跪在尚大娘的面前,说:“尚大娘,没有您我早就死了,您就是我的再生母亲,等打完仗,我每年都会来看您的!”为感谢救命恩人尚大娘,除了因战乱失去联系的10年,宋光迎老人自1956年起,每年都去看望恩人尚大娘,老人去世后他年年去扫墓祭奠。到2011年,他已经坚持了55年,在苏鲁一带传为佳话。

(见义勇为)宋玮:身残志坚舍身救人好村医 宋玮,睢宁县宋南村卫生室村医。他1991年毕业于徐州卫校,在村卫生室工作已有15个年头。2010年9月14日下午,宋玮从王集卫生院学习返回途中,一辆运钞车在躲避一辆机动三轮车时,整个车辆翻入河沟里。宋玮顾不得自己身有残疾,脱下鞋子和衣裤,托着残腿跳入齐腰深的水中,打开车门,救出车中4位人员。平日里,无论严寒酷暑,村上哪家有个病人,只要一个电话他都上门服务。他虽然左腿患有残疾,可是村民公认的好心人。

(诚实守信)王韬:悉心开展糖尿病服务 王韬,女,1954年4月出生,徐州市海慈糖尿病社区卫生服务站主任。王韬是一名有着部队从医20多年经历的转业军人。1992年她主动辞去徐州老年病医院药房主任的工作,于1995年创办了徐州地区唯一的一家糖尿病专业社区医疗机构—海慈糖尿病社区卫生服务站。17年来,王韬每年为糖尿病人讲健康课不低于120场;自办糖尿病知识教育资料共200余期,免费发送55万份;赠送专业杂志20万余册;接受糖尿病教育人数超过15万人次。她本人曾被全国争创光彩之星活动组和江苏省工商局授予“光彩之星”等众多称号。媒体多次报道她的事迹。

(孝老爱亲)谢长玉:艰难跋涉的小身影 谢长玉,女,15岁,沛县王店中学学生。在她不到1岁时,母亲离家出走,父亲又得了癫痫病。10岁时,疼爱的爷爷撒手而去,和她一起扛家的奶奶在一次车祸中被撞断了双腿。生活的重担常压得这个弱小的女孩喘不过气来。父亲的长期病疼、奶奶腿被撞,花去了家里仅有的积蓄。穷人的孩子早当家,不知气馁的小长玉选择了坚强。为了给父亲、奶奶治病,小长玉顶酷暑,捡饮料瓶,一分一分地攒钱;为了读书学习,她批发馒头,一毛一毛地积攒;为了补贴家用,她央求别人带她去拾棉花。谢长玉知道,只有学习才是出路,也是让奶奶过好日子、让家庭脱贫致富的惟一出路。她抓住一切时间看书学习,课前课后勤学好问,打零工卖馒头时也带上课本。干活间歇休息时,别人聊天,她则用心学习。家庭虽然困难,生活虽然艰苦,她不忘帮助比她更困难的同学。她总是把自己的学习用品让给更需要的同学,遇到同学学习困难时,她耐心讲解。由于她品学兼优,学校多次奖励表彰;由于她家庭过于困难,当地政府免除了她的学杂费。她成绩始终名列前茅,在小学升初中获得全校第二名的成绩,格外引人注目。学校曾开展“向谢长玉学习”活动。2009年9月,她被授予“首届沛县道德模范”荣誉称号;2011年5月,又被评为“徐州市第二届美德少年”。

(助人为乐)徐秀英:夕阳之光照亮学子前程路 徐秀英,女,88岁,徐州市云龙区黄山街道工院社区居民。她每月仅有几百元的生活费收入,一辈子省吃俭用。从2005年~2011年的7年间,她累计向徐州“希望工程”(包括爱人生前的积蓄)捐资11万元,让近400名贫困学生圆了上学梦,创下徐州希望工程市民捐资的最高纪录。2005年3月,徐秀英老人找到徐州市希望工程办公室,捐资2万元,19名贫困生得到徐秀英的资助。同年6月又向新沂市港头镇史圩小学捐资5万元,帮助这所学校盖起新的教学楼。史圩小学被命为“徐秀英希望小学”。2008年捐资2万元,资助铜山、睢宁等地的贫困生。2011年1月又向新沂港口头镇史圩小学52贫困生捐资2万元。2008年她被命名为“感动徐州十大新闻人物”、“慈善楷模”。2008年4月参加了“总参”和“兵总部”老干部工作表彰会,江苏教育台、徐州电视台、徐州日报、徐州都市晨报、徐州彭城晚报、中国人民解放军报均报道了她的事迹。

(助人为乐)张道建:自筹15万建“梦想图书馆” 张道建,山东单县人,在徐州经商。早在小学三年级,他就养成了读书的习惯。因为家境困难,初中毕业他就辍学了。读书给张道建诸多启示。1995年,山东科技情报研究所招聘采编人员,只有初中文化水平的张道建在100多个应聘者中脱颖而出。此后的张道建一直想办一个公益图书馆,希望让更多的人"有书读"。2011年6月底,张道建的图书馆获得市文化局核准,正式命名"徐州市梦想图书馆",为民办非企业单位,是徐州市第一家纯公益性质的社区图书馆。7月23日上午,在民安园58号楼2单元102室,徐州市第一家公益性社区图书馆——徐州市梦想图书馆开门营业。屋内是图书借阅区,近万册图书涉及儿童读物、文史小说、天文地理、经济法律、医疗保健等,种类繁多。屋外是报刊阅览区,130多种报刊杂志,涵盖商业、地理、军事、健美、家居、美食等,全为当月期刊。为了方便读者阅读,张道建特意搭建了防雨凉棚,安放了全新的报刊架、桌椅板凳,可供24位读者同时入座阅读。图书馆实行会员制,读者只要交纳100元或1000元的押金就可以免费借阅2至20册图书,退出会员时押金全额退还。梦想图书馆的会员,享有永久免费借阅图书的权利,同时每月需抽出一天的时间,到梦想图书馆做"义工",图书馆管理。图书馆的管理由张道建和志愿者共同完成,志愿者还为社区老人免费提供上门送书、还书服务。

(孝老爱亲)张凤兰:用爱心撑起一片天 张凤兰,女,徐州市铜山区棠张镇刘塘村村民。张凤兰16年如一日,精心照料瘫痪丈夫和年迈婆婆,为逆境中的家庭营造出浓浓的温馨。16年来,张凤兰上侍奉婆婆,中护理丈夫,下照顾3个未成年孩子,还要栽桑养蚕,她不只一次感到无限的惆怅和无助。她没有因重重的困难和艰苦的条件所屈服,坚强地扛起了家庭的重担,把家庭打理得妥妥当当,把他们温暖的小窝收拾得干净整洁。用她自己的话说:我给婆婆当护理,给丈夫当保姆,我是幸福的,因为我有双重职业。2009年,张凤兰一家获得"省五好文明家庭"称号。多家媒体报道了她的事迹。

(助人为乐)张广凤:下岗夫妻为自闭老人开了一扇"窗" 张广凤,女,1954年10月出生,下岗职工,徐州市鼓楼区环城街道办事处环城社区居民、2009年度徐州市"彭城好人"。张广凤、杨洪印是一对下岗夫妻,在家境并不宽裕的情况下,默默地照顾一位患有自闭症的邻居老人14年,每天送饭送水,嘘寒问暖,以真情为笔,以血液为墨,书写着一个动人的爱心故事。他们的义举感动了身边的人,许多人参与到帮助自闭症患者孟庆林的行列中,有人送衣物,有人送食品,还有人送了一台录音机。徐州电视台、《彭城晚报》等新闻媒体报道了她的事迹。

(助人为乐)赵淑萍:平凡人生亦如歌 赵淑萍,女,1948年2月生,奎山街道奎西社区"编外主任"。赵淑萍是奎西社区居委会的编外主任,一名在教育战线上工作36年的退休教师。她退休多年,却仍然放不下对孩子们的教育,她把失足的孩子当作自己的孩子,鼓励和帮助他们重获新生;她身患癌症,却仍然放不下社区里的那份工作,疏通管道、调解纠纷,兢兢业业无私奉献。她把帮助别人快乐自己当作支撑自己战胜病魔的事业,她的坚强鼓舞着身边的每一个人。她在家是一位好妻子,照顾生病卧床十几年的丈夫;在外关心照顾社区其他病人,不是亲人胜似亲人。她曾荣获江苏省计生协会优秀会员、徐州市关心下一代工作先进个人、徐州市优秀调解员、徐州市"三八红旗手"、徐州市优秀网吧监督员,泉山区十佳优秀党务工作者、优秀党员、泉山区首届"泉山之星"等荣誉称号。

第五届《感动徐州》十大人物

捐髓救母—邵帅(见《徐州年鉴》2011卷·新闻人物)

乡村好人—张广芝 男,睢宁县张集村村民。他是老濉河20多年的义务摆渡人。半夜有人过河,他马上披衣起床;吃饭的时候有人过河,他立马放下碗筷。前几年,他萌生了修桥的念头。他在河上铺上两块水泥板,两村的人开始从简易桥上通过。时间长了,因为两块板子拼在一起,中间有空隙,时不时卡住一些自行车、三轮车,出现险情。张广芝萌生修一座正规桥的想法。想法得到并不富裕的家人一致支持,儿女们给他几千块钱,老伴段金兰把家里的猪、羊、鸡全卖了,平时卖鸡蛋的钱也投进了这项工程。工程历时3个月,老濉河上建起一座全长20米的水泥"跨省桥",极大的方便了村人的出行。

社区居民的贴心人—韩玉凤 女,大坝头社区橄榄枝服务队队长。2004年12月,她退休不久当选大坝头社区居委会主任。面对社区下岗人员多,拆迁安置户多,空巢老人、残疾人、低保户人数几乎在鼓楼区最多的现状,她带头将社区一些老党员、低保人员和热心公益事业的居民组织起来,成立了名为"橄榄枝"的志愿者服务队。社区没有保洁工,志愿者每天早上7点半,义务把社区清扫一遍;每天晚上8点至10点,志愿者在社区义务巡逻,直至与派出所的夜班接上。为了帮助更多的低保户和下岗职工,韩玉凤发动居民捐款捐物,在社区里开办了慈善超市。"橄榄枝"志愿者服务队还成

立了“暖巢小分队”，针对社区78户空巢老人开展“五送服务”。这支志愿者队伍先后被授予“江苏省先进志愿者服务队”、江苏省巾帼志愿者服务示范队、徐州市“十佳巾帼志愿者服务队”、首届徐州市文明创建服务品牌等荣誉称号，成为全国志愿者服务联系点。韩玉凤本人荣获徐州市精神文明建设新人新事奖，2011年被授予全国“三八红旗手”。

生命坚守—张悍华 男，原沛县张寨中学校长。1983年，他退休后回到老家。1995年，他得知沛县鸳楼乡（现鹿楼镇）党委招聘一名烈士陵园管理员，便主动请缨。他看守的沛县鸳楼烈士陵园，纪念的是1941年1月22日张堤口战斗中英勇牺牲的八路军72名指战员。他每天早上8点钟前，像平时上班一样，在烈士陵园里打扫卫生、管理花草。出于对烈士的敬仰，这位老党员默默地在陵园义务守护了15年，坚持把爱国主义传统教育进行下去。

美德少年—李笑笑 女，丰县孙楼镇小学学生。在她五岁时，妈妈从高空跌落摔折脊椎骨，造成下半身瘫痪。爸爸无奈外出打工，很难照顾到家里。年幼的她在上学之余，勇敢担起家庭重担，包办了家里所有的家务活。每天早上起床后，先帮助妈妈大小便，做早饭，给妈妈刷牙、洗脸，再喂妈妈吃饭，最后自己才匆忙吃了饭跑去上学。中午放学回家，还要帮妈妈翻身、擦洗，喂羊。下午放学后，她从不在外面玩耍，除了重复中午的家务，还要洗衣服。晚上写完作业后，又帮妈妈按摩，逗妈妈开心。她没有因为辛苦而放弃学习，因为成绩优秀，年年被学校评为“三好学生”、“优秀干部”、“进步标兵”。在2010年中央文明办举办的“我推荐我评议身边好人”活动中，当选“孝老敬亲中国好人”称号。

社区好片警—吴新梅 女，鼓楼公安分局黄楼派出所民警。2007年她从部队转业参加公安工作以来，一直从事社区民警工作，负责永康社区洪学责任区。永康社区的洪学责任区地处徐州市中心，人员流动量大，日流动人口超过20万人次。随着中心商圈的不断扩大，大量居民拆迁后居住在外区，人户分离现象较为突出。她走访了解辖区详细情况，自己设计制作《辖区实住人口信息采集表》、《辖区单位和商业网点信息采集表》、《辖区门面房信息采集表》；她加强辖区重点人口、涉毒人员、矫正对象的管理教育，按照规定定时谈话、跟踪帮教，确保了人员不失控；针对辖区外国人居住多的情况，她多次主动到市局、分局有关部门学习业务知识，坚持制度管理、热情服务，树立了中国警察可亲可敬的良好形象。

慈善之星—张甫才 男，邳州市慈佑之家校长。他毕业于郑州医学院中医专业，是美国康复专家高爱德女士的学生。他多年来一直从事脑瘫患儿的康复工作，由于技术出众，成为很多医疗机构争相挖掘的对象。他放弃大城市大医院的60万年薪和安逸舒适的生活，在一个小县城拿出所有积蓄东拼西凑创办了慈佑之家。慈佑之家开办2年来，他每天工作12个小时，治疗孩子50多人。他梦想着扩大规模，让更多的脑瘫患儿包括自闭症儿童得到很好的救治。

慈善楷模—郑硕 女，徐州广播电视台广播中心主持人。2007年，身为残疾人的她开始主持全市唯一一档公益慈善类节目《爱心徐州》。她在节目中，展现弱势群体的诉求与意愿，传达党和政府扶危助弱的声音。节目之外，她倾情慈善义举，全力组织和联络社会各界人士加入志愿服务行列。《爱心徐州》栏目赢得省专家和社会各界的充分肯定，节目收听率长期居同类节目之首，连续4年获得江苏省十大名优栏目称号，多次获江苏省广播电视政府奖一等奖。2011年，《爱心徐州》节目代表江苏电视节目角逐全国五个一工程奖。2009年，她被评为首席节目主持人，2010年徐州市政府命名她为“最具爱心慈善楷模”。

义务放映员—陈保民（见中国好人榜）

爱心接力—为烧伤病人献血的爱心人士。2011年10月25日，市民张传富不幸被电弧烧伤，急需输入RH阴性O型血。Rh阴性血型又被称为熊猫血，在汉族人口中只有千分之三，而O型则少之甚少。无奈中，患者的姐姐发帖为弟弟寻找2万余毫升救命血。很快，就有8人赶往血站献出8000毫升血。此后，共有61名本地和外地的熊猫血捐献者源源不断赶往市血站，为患者献出爱心。几天时间内，血站为张传富筹集了18000毫升血液。爱心人士的义举，演绎了一场动人的爱心接力。这么短的时间调集如此大量的稀有血型，在中国无偿献血事业中成为传奇。

附 录

曹新平在中共徐州市十一次党代会上的报告(摘选)

一、2011年工作回顾

2011年是中国共产党建党九十周年,也是“十二五”开局之年。一年来,全市上下在省委、省政府和市委的正确领导下,突出科学发展主题和转变发展方式主线,按照“六个注重”和“两个率先”的新要求,认真实施“八项工程”,扎实抓好“三重一大”,积极推进产业转型,着力改善民生民计,较好地完成了市十四届人大四次会议确定的年度任务,以市为单位在苏北率先基本建成全面小康社会,实现了“十二五”良好开局。

(一)综合实力实现争先进位:地区生产总值突破3000亿元,财政一般预算收入突破300亿元,金融机构新增贷款规模超过300亿元,已有4个县(市)区进入全国百强。

主要指标增幅多数居全省前列。全市地区生产总值预计(下同)完成3600亿元左右、增长13%以上;财政一般预算收入实现318亿元、增长43%。规模以上工业增加值达1750亿元、增长17.5%;服务业增加值达1440亿元、增长14%以上;粮食生产实现“八连增”、总产量突破90亿斤,高效设施农业新增20万亩。在全国、全省金融机构新增贷款规模大幅下降的背景下,我市新增贷款303亿元,增长21%。

三大需求拉动有力。全市固定资产投资完成2200亿元、增长22%,其中工业投资1210亿元;10亿元以上在建项目达58个、增加24个;实际到账注册外资14亿美元、增长40%,实现两年翻番。社会消费品零售总额1120亿元、增长18%左右,限额以上贸易企业同比增加77%。自营出口37亿美元、增长41%,总量居苏北首位。

县域经济和民营经济增长加快。五县(市)和铜山、贾汪区的地区生产总值和财政一般预算收入增幅分别高于全市1个和8.2个百分点;继铜山、邳州、沛县之后,新沂跨入全国百强县行列,睢宁、丰县综合经济实力明显提升,铜山在苏北率先通过省小康达标验收,沛县、贾汪基本达到小康社会标准。全市民营经济注册资本达2012亿元、增长37%,实现增加值2050亿元、增长15%。

(二)经济建设迈上更高层次:四大主导产业规模全部过千亿,全市百亿元企业达9家,高新技术产业规模突破2000亿元,物联网产业和大学生创业迅猛发展。

主导优势产业向高端攀升。装备

制造、食品及农副产品加工和能源产业分别完成产值2068亿元、1612亿元和1000亿元,商贸物流旅游业完成营业收入2190亿元,顺利实现了省委、省政府提出的徐州老工业基地振兴四大千亿元产业发展目标;同时,煤盐化工成为我市又一个千亿元产业。新增5家百亿元企业和3家上市企业,本土上市企业达7家、居苏北首位;徐工集团营业收入超过800亿元,跃居全球同行业第7位,中能硅业多晶硅产能跃居世界第一。现代服务业加快发展,软件开发、服务外包业收入实现当年翻番,67家制造业企业完成主辅分离。

创新型经济增势迅猛。高新技术产业产值增长89%,占规模以上工业比重超过28%、当年提高8个百分点以上。徐州高新区创建取得重要突破;徐州软件园被认定为国家级科技企业孵化器;矿山物联网被列入省十大科技创新工程,两项示范工程通过国家验收,全省唯一的国家级物联网工程实验室落户我市。新建市级以上企业研发机构1432家,总数比上年翻两番,本土大中型企业研发机构实现全覆盖;全市专利授权量达6000件、增长22%。大学生创业和产业化步伐加快,建成5家市级以上大学生创业园,大学生创业企业达1646家。

园区经济实力稳步壮大。国家和省级开发区实现业务总收入5656亿元、增长70%。徐州经济技术开发区综合实力跃居全省前10位,成为省"两化融合"示范基地和低碳经济试点园区;7个省级开发区综合排名大幅提升,特色园区、南北共建园区建设进一步加快。全市新增1家国家级农业产业化示范基地和4家省级现代农业产业园,建成农产品加工集中区15个、数量居全省第一。省市级现代服务业集聚区达50个,集聚服务业企业3727家。

(三)城乡建设扎实推进:率先进入高铁时代,以苏宁、中央百大为重点工程的中心商圈全面开工,30个中心镇创建全面展开,成功获得国家环保模范城市称号。

区域性中心城市建设力度明显加大。年初安排的城建重点工程开工172项、竣工88项,高铁站、三环南路绿化提升、老东门时尚街区等一批精品工程相继完成,主城区、新城区和高铁生态商务区建设有序推进。"大城管"体制和网格化、数字化城管体系逐步健全,市区道路综合整治及重点区域的专项治理效果显著,淮海东路、中山南路被命名为省级市容管理示范路。铜山区和贾汪区加速融入主城区,五个县级城市的功能明显提升;高标准完成30个创建中心镇的规划编制,建成基础设施等项目253个。建设农村公路413公里,完成改厕15万户,解决了51.2万农村人口饮水安全问题,农村水利投资达8.5亿元。淮海经济区核心区一体化建设稳步推进,区域旅游市场开拓、交通联网等9个方面的合作取得积极进展。

城乡生态环境建设全面加强。坚持刚性降耗、铁腕治污,顺利完成淘汰落后产能和污染减排年度任务,单位地区生产总值能耗持续下降,市区空气质量优良天数达335天,国家和省考核断面水质基本达标,市区新增日处理污水能力20万吨、污水管网102公里。大力实施"二次进军荒山"、珠山景区建设等生态工程,大型园林数量达29个,全市森林覆盖率、市区绿化覆盖率分别达31.5%和42%,国家森林城市创建通过考核评估。50个新农村示范村和100个环境综合整治示范村的年度创建任务基本完成。经过坚持不懈的努力,我市成功获得国家环保模范城市称号,呈现出天蓝、水清、地绿的崭新面貌。

(四)和谐社会建设持续强化:农民人均纯收入增幅创1996年以来最好水平,408万平方米的一期棚户区改造工程顺利完成,基本药品价格平均降幅达37.4%,物价房价增幅控制在全省平均水平以下。

民生民计明显改善。以"六大体系"建设为抓手,在强力推进年度民生实事工程建设的同时,精心安排并启动实施了总投资110亿元的9大类19个民生幸福工程项目计划。"两增两控两保"实现预期目标,城镇居民可支配收入和农民人均纯收入分别达到19200元和9500元,增长14.5%和18%以上,年纯收入低于2500元的农村人口基本实现脱贫目标,城镇新增就业10万人,登记失业率控制在3%以内;采取综合措施稳定物价、控制房价,及时落实特殊群体临时价格补贴,重点抓好11家农贸市场和70家平价商店建设,主动实施市区商品房限购政策和价格备案制度,全市CPI涨幅在全省平均水平以下,普通商品住房价格涨幅已连续9个月下降;城镇居民医保、新农合、新农保、城乡低保基本实现应保尽保,城镇居民社会养老保险付诸实施;保障性住房建设超额完成全年任务,3.5万平方米农村偏远学校教师公租房建成使用,380余万平方米的二期棚户区改造工程正式启动。

各项社会事业统筹推进。教育均衡化发展和现代化创建步伐加快,各级各类教育水平稳步提升,98%以上的中小学实现标准化办学,加固和重建校舍52.7万平方米,创建省优质幼儿园60所、省四星级学校5所、国家中等职业教育改革发展示范学校3所,徐州幼师升格为高等专科学校。基层医疗卫生机构综合改革扎实开展,基本药物制度实现全覆盖,完成10大类公共卫生服务项目年度任务。文化行政管理机构改革全面完成,县级经营性文化事业单位及文艺院团转企改制加快实施,文化产业发展加快,城乡文明程度明显提高,我市荣获全国文明城市提名。人口计生综合改革不断深化,人口出生强度得到初步遏制。残疾人"五个一"帮扶工程全面完成,镇级工作网络实现全覆盖。全民健身实施计划深入推进,奥体中心开工建设,省十八届运动会承办工作顺利开展。双拥模范城"七连冠"创建成效突出,军地合作共建再上新台阶;高质量完成"慰烈工程"各项任务,为全国烈士褒扬工作创造了新经验。人防、民兵、民族宗教、档案、外事、侨务、台湾事务、统计、审计、广播影视、新闻出版、住房公积金管理、无线电管理、淮塔管理、机关事务管理、防震减灾、气象、妇女儿童、青少年、关心下一代、老龄、慈善、援疆等各项事业都取得了新进展。

和谐稳定的社会局面持续巩固。"法治徐州"、"平安徐州"建设深入推进,社会稳定风险评估、矛盾纠纷排查调处及社会治安防控等机制不断完善,法律援助覆盖面明显提高。严格落实领导干部接访、带案下访和包案制度,大力开展专题调研、"百日百案"和"三解三促"活动,有效解决了一批事关群众切身利益的突出问题。大力强化安全生产和食品药品安全工作,严格落实安全生产责任制,着力加强重点领域的隐患排查和安全监管,进一步完善应急管理体系,有力维护了安全稳定的社会大局。

(五)政府自身建设取得新的成效:科学发展分类考核深入推进,争先进位氛围更加浓厚,行政权力网上公开透明运行办件量居全省前列,行政复议和行政诉讼案件数量明显下降。

机关作风和效能建设持续深化,市级机关绩效考核、县(市)区综合考核和镇级分类考核的引导作用不断强化,各地各部门奋力争先进位、推动跨越发展的主动性显著提升。政府权力运行的内控机制进一步完善,“12345”公共服务热线和声频报网“四位一体”行风热线建成开通。积极用创新的思路破解资金、土地等要素制约,银企对接和融资会办制度深入实施,国土资源管理共同责任制全面落实。全市上下合力攻坚,事关改革发展稳定全局的20件大事顺利推进,徐台航线开通运营,军用机场搬迁等取得重要进展。廉政建设深入推进,公务用车等专项治理取得阶段性成果,预防和惩治腐败工作力度不断加大。自觉接受市人大及其常委会的法律和工作监督,主动接受市政协及社会各界的民主监督,政府法制建设继续加强,依法行政水平进一步提升。

政府工作报告(摘选)

——2012年1月12日在徐州市第十四届人民代表大会第五次会议上

市长 张敬华

一、在全面小康社会建设进程中跨越发展的五年

过去的五年,是徐州发展历程中不平凡的五年。在省委的正确领导下,市委坚持以邓小平理论和“三个代表”重要思想为指导,深入贯彻落实科学发展观,团结带领全市人民聚精会神搞建设、一心一意谋发展,全面完成了第十次党代会提出的任务,开创了徐州历史上又好又快的黄金发展期。

综合实力和竞争力跃上大台阶。主要经济指标增长连续5年高于全省平均水平,2010年全市完成地区生产总值2942亿元,人均超过5000美元,与2005年相比均翻了一番多;实现财政总收入646.83亿元,一般预算收入222.16亿元,分别比2005年翻了两番多;城市居民人均可支配收入和农民人均纯收入分别达到20959元和7955元,年均分别递增13.4%和12.4%,经济总量居全国百强城市第33位。全面小康社会建设取得重大进展,2011年将以市为单位在苏北率先基本建成全面小康社会。

新型工业化水平跃上大台阶。振兴徐州老工业基地取得重大成就,装备制造、食品及农副产品加工、商贸物流旅游产业规模突破千亿元大关,煤盐化工产业产值达到646亿元,冶金、建材产业加速向五百亿元规模迈进。徐工集团营业收入跃居全球同行业第七位,我市获得“中国工程机械之都”称号。中能硅业多晶硅产能居世界第一。高新技术产业产值五年增长11.5倍,占规模以上工业产值的比重提高13.7个百分点。服务业发展步伐明显加快,2010年增加值突破千亿元大关,增幅居全省第一。

县域经济发展跃上大台阶。铜山、邳州、沛县、新沂相继进入全国百强县行列,睢宁、丰县在全省的位次不断提升。粮食连续五年增产,高效农业、设施农业面积占比均居全省第一,铜山、沛县分别被命名为国家级现代农业示范区和全国农产品加工业示范基地。县域工业化进程明显加快,二三产业增加值占比五年提高9.7个百分点。县城和中心镇建设取得突破性进展,新农村建设扎实推进,县域城镇化水平由2005年的33.2%提高到2010年的44.1%。

新型城市化建设跃上大台阶。城市面貌发生巨大变化,特大型区域性中心城市框架基本形成,楚风汉韵、北雄南秀的城市风格全面彰显,各级领导高度评价,国内外宾客广泛赞誉,全市人民深感自豪。城市发展空间大幅拓展,圆满完成了铜山撤县设区,市区面积扩大到3037平方公里。城建项目精品迭出,新城区和高铁站区规划建设水平全国一流,云龙湖综合改造、云龙公园和彭祖名人园敞园改造、艺术馆、音乐厅、规划馆等项目建设水平居全国同类城市前列。城市功能日臻完善,亿吨大港、徐丰铁路、奥体中心、彭城欢乐世界开工建设,市区道路综合整治取得显著成效,公路交通体系进一步完善,流域性骨干河道防洪标准提高到50年一遇,城市现代化水平和城市形象明显提升。

生态文明建设跃上大台阶。大规模绿化造林,实施两轮进军荒山行动计划,城乡绿化年年迈出新步伐,五年累计新增城市绿地6000公顷,城市绿化覆盖率达到40.3%,全市森林覆盖率达到30.9%,徐州的地变绿了。大规模治理大气污染,在全省率先彻底关闭“五小”企业,基本完成市区工业企业“退二进三”,全面完成“十一五”节能减排任务,2010年市区空气质量优良天数达到335天,徐州的天变蓝了。大规模治理水污染,跨省出境断面水质基本达标,故黄河、奎河治理取得重大突破,南水北调截污导流工程全线通水,市区生活污水处理率和生活垃圾无害化处理率均达到85%以上,徐州的水变清了。经过10年不懈努力,我市获得国家环保模范城市称号,实现了城市环境由灰变绿的靓丽转身。

改革开放开创新局面。各项改革深入推进,重点领域和关键环节的改革取得重大进展。所有制结构不断优化,民营经济占全市经济比重五年提高10个百分点。创新创业氛围日益浓厚,创新实践和创新创意奖评选活动深入开展,中国矿大国家大学科技园初具规模,大学生创业园建成“国家大学生创业示范基地”,我市荣获“2010中国最具创新力城市”

称号。开放型经济跨越发展，实际利用外资和外贸出口五年分别增长2.9倍和2.5倍，徐州经济技术开发区升格为国家级开发区，观音机场晋升为国家级对外开放航空口岸，徐港、徐台航线相继开通，我市具备了全国一流的开放环境。

和谐社会建设开创新局面。每年为群众兴办一批实事，民生民计不断改善。就业规模持续扩大，五年累计新增城镇就业57万人，城镇登记失业率控制在3%以内。社会保障覆盖面逐年扩大，保障水平大幅提升。年收入低于2500元的农村人口基本实现脱贫，272万农民的饮水安全问题得到切实解决。完成400万平方米棚户区改造和177个老居民小区综合整治，实现了优化结构、改善民生、提升形象"一举三得"，得到中央和省委领导的充分肯定，成为群众最满意工程。民主法治建设不断加强，各级人大、政协围绕中心、服务大局，各民主党派、工商联发挥优势、献计出力，为推进"两个率先"作出了重要贡献。平安徐州、法治徐州建设深入推进，连续3年被评为全省社会治安综合治理先进市，微山湖省际边界地区连续8年保持和谐稳定。宣传思想工作不断加强，科技、教育、文化、卫生、体育、人口等各项社会事业全面发展，我市荣获创建全国文明城市提名城市。工会、共青团、妇联和民族、宗教、侨台工作取得新成绩。国防后备力量建设迈出新步伐，摘取全国双拥模范城"六连冠"。

党的建设开创新局面。坚持用中国特色社会主义理论武装党员干部，深入学习实践科学发展观活动成为群众满意工程。领导班子建设全面加强，县镇村(社区)党组织换届圆满完成，一批优秀年轻干部走上领导岗位，各级领导班子的执政能力和领导水平明显提升。干部人事制度改革深入推进，选人用人公信度不断提高，大规模培训干部工作全面展开，各年龄段、各层面干部的积极性得到充分发挥，善操作、会落实、能创新成为徐州干部队伍的鲜明特质。创先争优活动取得阶段性成果，涌现出一批先进基层党组织、优秀共产党员和优秀党务工作者，五年新发展党员71568人，党员队伍扩大到456551人，全市非公有制企业和社会组织党组织组建率分别达到68.4%和53.3%。反腐倡廉建设取得显著成绩，有徐州特色的惩治和预防腐败体系不断完善，"勤廉徐州"创建活动、睢宁县委权力公开透明运行试点、新沂农村"三资四化"监管等工作在全省全国产生积极影响。深入开展万人评议机关、机关绩效考核和"评议百名处长"等活动，服务型机关建设不断取得新进展。

过去的五年，我们不仅取得了超出预期的发展成就，而且探索积累了新的宝贵经验：

——必须牢牢把握科学发展观的新要求，又好又快推进"两个率先"。坚持科学发展不动摇，用发展是硬道理的战略思想凝聚人心，始终保持科学发展的热情和激情，不自满、不懈怠、不折腾，切实做到"任尔东西南北风、咬定发展不放松"。坚持科学的目标导向，正确处理好统计指标和感受指标、平均数和大多数之间的关系，提出建设全面客观、不含水分、群众认可的全面小康社会，丰富了"第一个率先"的科学内涵。坚持探索科学发展的新路径，大力实施科教和人才强市、创新驱动、绿色增长、开放带动、统筹发展、民生优先"六大战略"，全力加快经济总量由小变大、产业层次由低变高、城市功能由弱变强、生态环境由灰变绿"四个转变"，走出了一条振兴老工业基地的成功之路。坚持以创新的思路应对国际金融危机的冲击，既努力扩大投入拉动经济增长，又严格界定政府和市场主体行为，科学搭建投融资平台，大力拓展投融资渠道，在投资规模大幅增加的情况下，我市政府负债率保持在科学合理的范围内。坚持健全科学发展的评价机制，不断完善县(市)区科学发展目标考核、镇域分类考核和机关绩效考核体系，使科学发展的动力更为强劲。

——必须牢牢把握徐州发展阶段的新特征，选准抓住推进跨越发展的突破口。从我市工业化转型、城市化扩张、经济国际化提速的实际出发，突出抓好重大基础设施项目、重大产业项目、重大城建项目和实事工程以及事关全市改革发展稳定全局的大事，充分发挥了"三重一大"在经济社会发展全局中的龙头带动作用；突出经济结构战略性调整，大力实施高新技术产业跨越发展、传统产业加速调整、创新型经济培育、农业提档升级"四大行动计划"，实现了产业转型升级的新飞跃；突出完善城市功能，围绕建设充满活力的创新型城市、充满魅力的生态园林城市和充满竞争力的区域性中心城市，规划建设淮海经济区产业、交通、商贸物流、教育、医疗、旅游、金融、文化"八大中心"，推动了城市现代化水平的大幅提升；突出全面、协调、可持续发展，在县域实施"突破睢宁"、"丰县崛起"、"铜山跨越"战略，在主城区实施以现代服务业为主的协调发展战略，重点加大对城市北区的扶持力度，全市统筹发展水平不断提高。

——必须牢牢把握人民群众的新期待，切实加强以改善民生为重点的社会建设。适应人民群众提高生活质量的新期盼，积极推进就业创业物业"三业"富民工程，不断完善社会保障体系，积极开展社会慈善救助，严格控制物价、房价过快上涨，为实现全市人民劳有所得、学有所教、病有所医、住有所居、老有所养、贫有所济打下了良好的基础。适应人民群众对改善环境的新需求，再造环境，美化环境，使城市环境更加宜居，人们对生态建设的满意度大幅提升。适应人民群众对社会和谐的更高要求，坚持以大发展促进大稳定、以大稳定保障大发展，全面推行社会稳定风险评估，全力加强社会建设和管理，建立和完善维护稳定和谐的长效机制，使徐州成为全国最安全的城市之一。

——必须牢牢把握党的建设的新任务，努力提高党建工作科学化水平。五年来我们之所以取得显著成就，最根本的是围绕提高党建工作科学化水平，全面加强党的思想、组织、作风、制度和反腐倡廉建设。在市委统一领导下，市级领导班子紧密团结，各级党组织坚强有力，广大党员干部心无旁骛抓发展，全市上下创新创业创优的热情高涨、活力迸发，使我市改革开放和现代化建设事业在过去的基础上有了新的创造、新的突破、新的发展。实践表明，只有以改革创新的精神推进党的建设新的伟大工程，不断提高党建工作科学化水平，我们才能抓住新机遇、迎接新挑战，在新的起点上创造徐州发展的新辉煌。

过去五年的成就来之不易，经验弥足珍贵。这是党中央和省委正确领导的结果,是全市各级党组织、广大党员和人民群众团结奋斗的结果,是各民主党派、工商联、人民团体、驻徐部队、部省属单位和所有关心徐州发展的国内外朋友热情支持的结果,也得益于历届市委打下的良好基础。在此,我代表中国共产党徐州市第十届委员会,向所有为徐州发展作出贡献的同志们、朋友们,表示衷心的感谢并致以崇高的敬意!

在充分肯定成绩的同时,我们要清醒地看到存在的问题和不足。主要是:经济结构不够合理,自主创新能力不强,开放型经济规模偏小,农村城镇化水平不高,社会建设和管理相对滞后,城乡居民收入水平与经济发展水平还不相适应,精神文明建设、民主法治建设和党的建设还存在一些薄弱环节。对这些问题,我们要高度重视,切实加以解决。

二、在新的起点上又好又快推进"两个率先"

今后五年,我们正处在重要战略机遇期,振兴老工业基地、东陇海地区纳入国家城市化战略格局、融入长三角和进入高铁时代等机遇有效叠加并将持续放大,我市发展的条件十分优越。我们正处在跨越发展的黄金期,我市已迈进人均GDP5000美元的跨越发展阶段,经济总量和均量有望隔几年上一个大台阶,加速向地区生产总值5000亿元和人均GDP10000美元冲刺。我们正处在转变发展方式的攻坚期,既要解决经济发展中的深层次矛盾和问题,又要破除制约科学发展的体制机制障碍;既要破解土地、资源、环境等要素瓶颈,又要增创新的发展优势,面临的任务艰巨而繁重。我们正处在各种挑战交织的矛盾凸显期,国际环境不确定性增加,国内社会正经历空前广泛的重大变革,社会建设和管理面临着诸多重大课题。我们要进一步增强忧患意识,强化抓住机遇、加快发展的紧迫感,坚持率先发展不懈怠、科学发展不动摇,更加扎实有力地推进"两个率先"。

今后五年,全市工作的总体要求是:高举中国特色社会主义伟大旗帜,以邓小平理论和"三个代表"重要思想为指导,深入贯彻落实科学发展观,以加快"两个率先"、建设美好徐州统揽全局,以加快转变经济发展方式为主线,全力落实省委确定的"八项工程",大力实施"六大战略",重点突破"三重一大",继续推进"四个转变",着力加快经济结构战略性调整,着力推动城乡区域协调发展,着力加强环境保护,着力保障和改善民生,统筹推进经济、政治、文化、社会建设以及生态文明建设和党的建设,全面建设更高水平的小康社会,开启基本实现现代化新征程。

"两个率先"是本世纪头二十年我市发展的总定位,是引导全市人民开拓奋进的总目标。今后一个时期"两个率先"的奋斗目标是"建成更高水平全面小康社会,开启基本实现现代化新征程",具体目标是三步走:第一步,到2014年,确保以县为单位建成全面小康社会,有条件的县(市)区建成更高水平的小康社会。第二步,到2016年第十一届市委任期届满时,主要经济指标实现五年倍增,城乡居民收入实现六年倍增,再造一个新徐州,经济总量进入长三角城市前8名,我国大陆地级以上城市前30名,跻身全国发达地区行列,建设更加适宜人居的幸福城市,市区力争基本实现现代化,县域开启基本实现现代化新征程。第三步,到2020年,在苏北率先、与全省同步基本实现现代化。

建成全面小康社会、基本实现现代化,是徐州几代共产党人矢志不渝的追求,是全市人民梦寐以求的夙愿,是时代赋予我们的光荣使命。全市各级党组织、广大共产党员和人民群众,都要继续发扬艰苦创业、勇于创新、争先创优的精神,在新的起点上奋力谱写"两个率先"的新篇章!

在向新的目标迈进的过程中,必须牢牢把握转变发展方式这条主线,继续以"三重一大"为龙头,以招商引资为重点,以改善民生为落脚点,力争经济社会民生的总量指标进位、速度指标领先、质量指标提升。

(一)加快产业结构调整,加速新型工业化和现代服务业发展进程。加快推进主导产业高端化、新兴产业规模化、传统产业品牌化,以打造"六大千亿元工业产业"为重点,着力构建现代工业产业体系,力争到2016年,装备制造、食品、能源、冶金、建材、煤盐化工六大产业规模均超过1000亿元,其中装备制造业突破5000亿元,食品和能源产业分别突破2000亿元。积极发展新能源、新材料、新医药、物联网、软件和服务外包、环保等六大战略性新兴产业,确保今后五年高新技术产业产值增幅继续走在全省前列。以打造"五大千亿元服务业产业"为重点,着力构建现代服务业产业体系,力争到2016年,商贸、物流、金融、房地产、旅游业规模均突破1000亿元。同时,加快建筑业发展步伐,确保规模突破1000亿元。以做大做强骨干企业为重点,着力强化龙头带动作用,力争到2016年,把徐工集团和中能硅业打造成世界级企业,培育22个超百亿元工业企业和40个超50亿元服务业企业。坚持区域集中、产业集聚、企业集群,加快规划建设沿东陇海线工业走廊和徐贾工业走廊,扩大国家级、省级开发区和工业集中区规模实力,积极推进沛县传统产业转型升级示范区建设,大力支持丰县、睢宁加快工业发展步伐。坚持加快发展现代服务业和巩固提升传统服务业紧密结合、生产性服务业与生活性服务业融合发展,确保服务业增速高于GDP增速。大力推进服务业重点项目建设,基本建成彭城广场中心商圈、高铁生态商务区核心区、新城区中央活力区、中国矿大国家大学科技园和徐州软件园、中国八里国际家居交易博览中心等商贸商务区,基本建成老徐州历史文化片区、彭城欢乐世界、九里山历史文化景区、龟山博物馆区、徐州动漫园、徐师大文化创意产业园、淮海经济区文化艺术品交易中心。做深做响云龙山、云龙湖、云龙公园"三云"品牌,做大做强一批文化产业集团,形成一批特色文化产业集聚区。

(二)加快城市现代化进程,全面提升特大型区域性中心城市建设水平。坚持产业结构与空间结构联动优化、资源配置与人口分布相互协调、历史文脉与现代文明交相辉映,努力使徐州的城市形态、城市环境、城市管理达到国内一流城市水准。完善新型城市化体系。适应市区范围扩大的要求,精心组织修编城市总体规划,加快铜山区和贾汪区融入主城区步伐,推进老城区与新城区、高铁生态商务区、徐州经济技术开发区、徐州高新技术产业开发区全面融合,推动城市形态由单中心、高集聚向多中心、多组团发展。老城区要加快推进密集人口和设施疏解，加快历史文化街区保护性开发，加快棚户区、城中村改造，提升城市形象和品位，彰显全国历史文化名城风貌。新城区要加快功能性项目建设，完善各项配套设施，基本建成现代化城市新片区。提升城市服务功能。围绕建设"八大中心"，每年实施一批城市建设重点工程，不断提升城市综合服务水平，增强中心城市的承载力、辐射力和带动力。推动交通基础设施全市联网、全城贯通，完成市区道路"三年畅通计划"，重点实施高架路、城市轻轨、城市快捷通道建设，建成亿吨大港和徐丰铁路，完成空军徐州机场迁建和观音机场二期改扩建工程，积极推进徐兰客运专线建设和湖西航道整治，建成南水北调一期工程，进一步完善现代交通体系，提升全国综合交通枢纽地位。推进城市管理现代化。加大城市管理力度，发挥重大基础设施的功能和作用，推进人性化服务、网格化覆盖、智能化应用、精细化管理，不断提高市民素质，构建整洁、有序、高效、安全的城市现代化管理格局。

（三）加快城乡一体化步伐，推动县域发展争先进位。坚持以工业化致富农民、城镇化带动农村、产业化提升农业，大力推动城乡规划、产业发展、就业社保、基础设施、公共服务"五个一体化"。鼓励引导铜山、邳州、沛县、新沂进一步加快发展步伐，不断提升在全国百强县的位次；深化拓展"突破睢宁"战略内涵，力争早日进入全国百强县；加快实施"丰县崛起"战略，支持丰县后发崛起，力争3年达小康、5年实现经济总量倍增。深入实施农业提档升级行动计划，稳定粮食生产，发展现代农业，积极拓展农业功能，加快创建国家现代农业示范区和省级现代农业产业园区。高度重视农村基础设施建设，优先安排农村道路标准提升和环境建设工程，大规模开展农田水利建设，加快中小河流治理，加大山区水源工程建设力度，持续改善农业水利基础条件。加快建设丰县、沛县、睢宁、邳州和新沂5个中等城市和30个重点中心镇，积极稳妥推进"农民转市民"工程。坚持政府引导、农民参与、社会支持，扎实推进社会主义新农村建设。

（四）加快体制机制和科技创新，不断增强发展动力和活力。在重要领域和关键环节的改革上实现新突破。切实增强改革决策的科学性、改革措施的规范性、改革成果的普惠性，努力在收入分配制度、住房保障制度、医药卫生体制、国有资产管理体制、投融资体制、农村改革等方面取得重大进展。继续调整和完善所有制结构，大力推进民营经济加快发展、转型升级、壮大实力。在增强源头创新与核心技术创新能力上实现新突破。组织实施"科技创新登峰计划"和"创新平台建设计划"，重点突破工程机械、光伏光电、感知矿山、工业机器人等领域关键技术，支持徐州高新技术产业开发区扩大规模、提升水平，尽快跻身国家级高新技术开发区，大力提高大学生创业园、江苏徐州工程机械研究院、国家多晶硅工程技术研究中心建设水平，加快建设新城区科技创新园，支持各类开发园区全面建立中小企业科技服务和成果转化平台。在优化创新创业环境上实现新突破。充分发挥驻徐高校和科研机构优势，完善政产学研金联合机制，完善自主创新政策体系，加大知识产权保护力度，加大对民营科技型企业的扶持，加快科研成果向现实生产力的转化。

（五）加快对内对外开放，提升经济国际化水平。努力形成全方位开放的新格局。呼应沿海开发，以大城市对接大港口，大交通对接大开发，共享沿海开发新机遇；接轨长三角和环渤海经济圈，全方位参与国际分工，全面承接产业转移，共享京沪高铁同城新效应；加强徐州城市群和都市圈一体化合作，主动促进基础设施、经济发展、公共服务、社会管理等领域的对接，与周边兄弟城市共享合作发展新空间。努力做大做强开放型经济发展的主阵地。全力支持徐州经济技术开发区深入推进"二次创业"，尽快进入国家级开发区第一方阵；大力启动中德合作共建东方鲁尔工业园，争取早日出形象、出效益；支持各省级开发区和工业园区各展所长、错位发展，构筑特色鲜明的产业优势。努力提升招商引资的质量和水平。坚持内外资并举、引资引智并重，创新利用外资方式，加大产业链高端招商力度，争取更多的世界500强企业和国内百强企业来徐投资兴业。积极引导和支持大企业加快"走出去"步伐，创建境外研发机构、生产基地和营销机构。努力优化开放环境。全面落实扩大开放的各项政策措施，加快"大通关"建设，全力推进综合保税区和出口加工区建设，积极开辟新的国际航线，使徐州成为国内外客商竞相投资的热土。

（六）加快推进绿色增长，增强可持续发展能力。积极推进全域生态建设和绿色发展，确保建成国家森林城市，基本建成国家生态园林城市，让绿色生态城市成为徐州的靓丽名片。全面推进"环、点、带"生态工程建设，加快建设沿微山湖、沿骆马湖"两环"生态圈，精心打造云龙山、九里山、吕梁山、大洞山、艾山、岠山、马陵山和云龙湖、大龙湖、九里湖、潘安湖、吕梁湖、庆安水库、高塘水库"七山七湖（库）"生态点，高起点规划建设沿运河、故黄河、大沙河"三河"生态带，全面完成第二次进军荒山行动计划，大幅提升森林覆盖率和城市绿化覆盖率。全面加强环境保护，继续实施"蓝天碧水"工程，下大力气治理大气污染，确保市区空气质量优良天数全省领先；加强淮河流域和重要河流、湖泊水污染治理，加强对饮用水源的管理和保护，彻底解决饮用水安全问题，把丰县、沛县、睢宁、新沂全面纳入尾水导流系统，实现断面水质稳定达标。对重点耗能和排污企业实行压小上大和技术改造，确保完成"十二五"节能减排目标任务。进一步实行最严格的土地管理制度，大幅提升单位土地面积投资强度，努力破解土地资源约束。大力发展低碳技术、节能环保产业，全面推行循环经济、清洁生产，实行"三废"集中处理，加快构建绿色产业链和资源循环利用链，培育绿色经济增长的新亮点。

三、在新形势下全面加强社会建设创新社会管理

当前和今后一个时期，经济体制深刻变革，社会结构深刻变动，利益格局深刻调整，思想观念深刻变化，加强社会建设、创新社会管理比以往任何时候都更加重要、更加紧迫。要把加强社会建设、创新社会管理摆上更加突出的位置，努力做到民生民计全面改善、社会事业全面进步、公平正义全面体现、基层基础全面加强，让社会既充满活力又和谐稳定，让人民既富裕文明又幸福安康。

改善民生民计,提高全市人民生活质量和水平。把促进充分就业作为经济社会发展的优先目标,实行更加积极的就业政策,开辟就业渠道,优化创业环境,重点解决好高校毕业生和城镇困难群体的就业问题,尽最大努力帮助无业者就业、推动有志者创业,使人人享有就业机会、体面而有尊严地生活。把增加城乡居民收入作为推进"两个率先"的核心目标,大力实施城乡居民收入"六年倍增计划",以稳定和扩大就业增加工资性收入,以鼓励和支持创业增加经营性收入,以扩大民众投资渠道增加财产性收入,以完善社保和加强帮扶增加转移性收入。完善工资正常增长机制,着力提高低收入者收入,扩大中等收入者比重,逐步缩小城乡、区域、贫富之间的差距。把完善社会保障体系作为改善民生民计的基础目标,积极推进基本药物制度和公立医院改革,努力解决"看病难、看病贵"问题,使人人都能享有基本医疗卫生服务;加快保障性住房建设,加大房地产市场调控力度,让低保家庭住得上廉租房、低收入家庭住得起经济适用房、新就业人员租得起公租房;完善城乡居民最低生活、失地农民基本生活保障制度,大力发展社会福利和慈善事业,加大脱贫攻坚力度,基本消除绝对贫困现象,不让一个学生因贫困失学辍学,不让一个低保家庭因突发变故流离失所。

加快发展社会事业,促进基本公共服务均等化。统筹推进教育事业科学发展,全面提升素质教育质量,基本普及学前三年教育,促进义务教育均衡发展,扩大高中教育优质资源,大力发展职业技术教育,推动驻徐高校科学发展、内涵发展、特色发展,支持徐州医学院、徐州工程学院、徐州生物工程职业技术学院等改扩建工程建设,鼓励引导民办教育、继续教育、特殊教育健康发展,力争到2015年建成教育强市。切实增强文化事业发展活力,深入实施文化惠民工程,全面建成覆盖全社会的公共文化服务体系,加快重点文化设施和标志性文化工程建设,创作更好更多的具有地域文化特色和鲜活时代气息的文化艺术精品,推动哲学社会科学繁荣发展,提升文化服务功能、文化传播能力和城市文化品位,实现文化大市向文化强市的跨越。加快发展医疗卫生事业,优化医疗资源布局,完成中心医院、第一人民医院、徐医附院等扩建工程,建立覆盖城乡的公共医疗服务网络。积极发展体育事业,深入开展全民健身活动,高水平建成奥体中心,承办好省第十八届运动会。全面做好人口工作,促进人口、资源、环境协调发展,促进妇女儿童事业、老龄事业和残疾人事业科学发展。推动军民融合式发展,不断提升双拥模范城建设水平。

加强思想道德建设,提升社会文明程度。深入开展社会主义核心价值体系学习教育,用中国特色社会主义共同理想和"两个率先"宏伟目标凝聚人心。大力推进社会公德、职业道德、家庭美德、个人品德建设,加强未成年人思想道德建设,深入开展普法教育,倡导爱国守法和敬业诚信,全面净化社会文化环境,增强全民法治观念,提高思想道德水准。全面深化群众性精神文明创建活动,争取早日进入全国文明城市行列。适应新形势下社会心态的新变化,积极探索建立社会心理调节疏导和危机干预预警机制,在全社会开展心理关爱行动,培育理性、包容、平和的社会心态;规范发展专业心理服务机构,及时发现、积极疏导、有效化解社会心理失衡问题,防范和降低社会风险。

加强民主法治建设,维护社会公平正义。坚持和完善人民代表大会制度,加强地方国家权力机关建设,支持人大及其常委会依法履行职能。坚持和完善中国共产党领导的多党合作和政治协商制度,支持人民政协围绕团结和民主两大主题履行职能,积极推进政治协商、民主监督、参政议政制度建设。加强同市各民主党派、工商联、无党派人士合作共事,做好民族、宗教、外事、侨务和港澳台工作,巩固和壮大最广泛的爱国统一战线。充分发挥工会、共青团、妇联等人民团体的桥梁纽带作用,调动社会各个方面投身"两个率先"的积极性。把维护社会公平正义摆上更加重要的位置,从加强法治建设上保障社会公平正义,加快依法治市步伐,坚持公正司法、廉洁执法,积极开展法律援助和司法救助,让法律成为维护社会公平正义的坚强防线,形成法律面前人人平等、人人自觉守法用法的社会氛围,力争创成全省首批法治城市。从扩大民主上促进社会公平正义,健全民主管理制度,扩大公民有序政治参与,建立覆盖全社会的民意表达机制,保证人民群众民主选举、民主决策、民主管理、民主监督的权利。从制度建设上规范社会公平正义,完善以权利公平、机会公平和规则公平为主要内容的社会公平保障体系,增强政策制定的透明度和公众参与度,确保人民群众拥有公平发展的机会和平等发展的权益。

加强社会管理创新,强化基层基础工作。按照"党委领导、政府负责、社会协同、公众参与"的要求,加快构建与社会主义市场经济、民主政治和先进文化相适应的社会管理格局。要完善社会稳定风险评估机制,坚持把社会稳定风险评估作为重大决策出台、重大项目实施的必经程序和前置条件,凡是涉及群众切身利益的重大事项,都要充分听取群众意见建议,坚决防止因决策不当而损害群众利益。要进一步健全社会治安综合治理体系,深化平安徐州建设,强化社会治安防控,严密防范和依法打击各种违法犯罪活动,切实加强流动人口、特殊人群的管理服务,继续做好微山湖省际边界地区稳定工作,不断增强人民群众的安全感。要创新社会管理服务体系,完善诉求表达机制,让群众有地方说话、有地方反映问题;完善矛盾排查、预警和调处机制,做到预防在先、发现在早、处置在小;完善应急管理机制,有序应对和妥善处置突发事件,确保不蔓延、不激化;完善公共安全管理机制,加强安全生产和食品药品安全,做好防灾减灾工作,提高全社会应对危机水平和抗风险能力。要健全网络运用管理制度,强化网络动态管理和网上舆情引导,营造良好的网上舆论环境。要强化基层党政组织社会管理服务职能,发挥基层群众组织和企事业单位在社会管理服务中的作用,强化城乡社区自治组织社会管理服务功能,把城乡社区建设成为管理有序、服务完善、文明祥和的社会生活共同体。

四、在新的实践中全面提高党的建设科学化水平

实现未来五年的宏伟目标,关键在于各级党组织充分发挥领导核心和政治核心作用,关键在于广大共产党员充分发挥先锋模范作用。要以学习贯彻胡锦涛总书记“七一”重要讲话精神为动力，着眼又好又快推进“两个率先”，全面推进党建工作创新工程，不断提高党的建设科学化水平。

全面加强理论武装，努力提高思想政治水平。坚持理论武装与加强学习型党组织建设相结合，组织广大党员特别是各级领导干部深入学习中国特色社会主义理论体系，认真学习人类社会创造的一切科学的新思想新知识，引导广大党员干部高举旗帜、坚定信念、践行宗旨，真正做到学以立德、学以增智、学以创业，增强为党和人民事业不懈奋斗的自觉性和坚定性。坚持理论武装与解放思想、与时俱进相结合，引导广大党员干部不断更新观念，按照科学发展观的要求和“两个率先”的需要解放思想，真正做到理论上与时俱进，行动上锐意进取，工作上创新发展。坚持理论武装与大规模培训干部相结合，认真实施干部教育培训五年规划，着力增强教育培训的统筹性、针对性、实效性，努力培养造就眼界宽、思路宽、胸襟宽的高素质干部队伍。坚持理论武装与提高党建工作科学化水平相结合，在科学理论指导下，坚持和完善党的领导制度，坚持党的民主集中制原则，坚持和完善党内民主决策机制，不断推进党的建设制度化、规范化、程序化。

全面加强干部队伍建设，不断提高领导能力和执政水平。以更宽的视野、更高的境界、更大的气魄，广开进贤之路，把各方面优秀干部及时发现出来、合理使用起来。牢固树立鲜明的用人导向。坚持五湖四海、任人唯贤，坚持德才兼备、以德为先用人标准，始终把干部的德放在首要位置，选拔任用那些政治坚定、有真才实学、实绩突出、群众公认的干部，形成以德修身、以德服众、以德领才、以德润才、德才兼备的用人导向。坚持以科学发展论英雄、凭德才实绩用干部，实行干部政绩公示制度，把善操作、会落实、能创新的干部选出来、用起来，让能干事者有机会、干成事者有舞台。坚定不移地推进干部人事制度改革。大力推行公推公选、公开选拔、竞争上岗，积极探索职位聘任、公推直选，全面推行差额选拔干部制度，继续实行乡镇分类考核制度，健全完善干部激励机制，加大干部交流力度，从严抓好干部监督管理，不断提高选人用人公信度和群众满意度。大力培养选拔优秀年轻干部。实施后备干部培养锻炼工程，及时将表现突出的优秀年轻干部充实到各级领导班子，引导广大年轻干部自觉到艰苦地区、复杂环境、关键岗位砥砺品质、锤炼作风、增长才干。继续做好大学生村官工作。重视做好妇女干部、党外干部以及军转干部的培养选拔工作。切实加强人才队伍建设。坚持高层次人才队伍建设、高科技创新成果转化、高新技术产业发展“三高联动”，进一步优化人才政策环境，大力引进培养高层次创新创业人才，构筑人才荟萃、人尽其才、才尽其用的区域性人才高地。

全面加强基层党组织建设，切实增强凝聚力创造力战斗力。深入开展创先争优活动，丰富内容、创新形式、拓展领域，引导各级党组织和广大党员争科学发展之先、创社会和谐之优。深入实施新一轮“强基工程”，创新党组织设置方式，全面提高基层党组织建设水平，重点加强农村和社区基层党组织建设，切实做到“四有一责”和“三有一化”。加快在非公有制经济组织、社会组织、农村经济合作组织组建党组织步伐，积极探索不同领域、不同行业基层党组织发挥作用的有效途径。有序推进党内民主建设，继续深化县镇两级党代会代表常任制试点，全面推行基层党组织领导班子换届公推直选，积极推进基层党务公开。切实加强党员队伍建设，加大在工人、农民中发展党员力度，重视在高知识群体、大学生等各领域优秀青年中发展党员，积极做好在非公有制经济组织、社会组织中发展党员工作，提高发展党员质量。建立健全教育、管理、服务党员长效机制，加强思想上入党教育，严格党内组织生活，不断提高党员队伍素质。

全面贯彻党的群众路线，深入做好新时期群众工作。坚持以人为本、执政为民，牢固树立马克思主义群众观点，带着深厚感情、带着政治责任、带着敬畏之心做群众工作，真诚倾听群众呼声，真实反映群众意愿，真情关心群众疾苦，同人民群众同呼吸、共命运、心连心。要权为民所用、情为民所系、利为民所谋，每年为群众办好一批实事，解决一批难题，让人民群众收入更多、生活更好、满意度更高。要深入实际、深入基层、深入群众，了解民情民意、破解发展难题、化解社会矛盾，促进干群关系融洽、促进基层发展稳定、促进机关作风转变，切实做到科学发展向上攀登、联系群众向下扎根。要创新群众工作方式方法，善于综合运用法律、政策、经济、行政等手段和教育、协商、疏导等办法，增强群众工作的亲和力、感召力和影响力。只有我们把群众放在心上，群众才会把我们放在心上；只有我们把群众当亲人，群众才会把我们当亲人。全市各级党组织、每一个共产党员都要把人民放在心中最高位置，尊重人民主体地位，尊重人民首创精神，拜人民为师，把政治智慧的增长、执政本领的增强深深扎根于人民的创造性实践之中。

全面加强反腐倡廉建设，始终保持党的先进性和纯洁性。坚持标本兼治、综合治理、惩防并举、注重预防的方针，全面落实党风廉政建设责任制，着力构筑具有徐州特色的惩治和预防腐败体系，使我市反腐倡廉建设走在全省前列。要切实增强反腐倡廉教育的说服力，有针对性地开展示范教育、警示教育、岗位教育等教育活动，引导各级领导干部自重、自省、自警、自励，讲党性、重品行、作表率，做到立身不忘做人之本、为政不移公仆之心、用权不谋一己之私，永葆共产党人政治本色。切实增强反腐倡廉制度的执行力，深化重点领域、关键环节体制机制改革，创新建立科学的勤廉评价体系，严格落实《廉政准则》、党政正职监督和问责、党风廉政巡查、勤廉双述等制度，努力形成用制度管权管事管人的工作格局。切实增强反腐倡廉监督的制衡力，继续推进部门内控机制、行政权力网上公开透明运行和电子监察系统建设，让权力在阳光下运行。切实增强惩治腐败的威慑力，始终保持惩治腐败的高压态势，坚决查办各类违纪违法案件，对任何腐败分子都依法严惩、绝不姑息，努力以反腐倡廉的实际成效取信于民。

索　引

说明:1. 索引词按汉语拼音音序排列,声调相同的以现代汉语词典排列顺序排列。
2. 索引词后的数字表示页码,数字后的字母(a、b)表示该页版面从左至右的栏别。

K

L

M

N

P

Q

R

S

Z

本书撰稿人

（按篇目先后排列）

刘玉芝　沈正平　车冰清　郭　威　户　磊　冯宪银　吴国玖　张文海
张大群　赵永强　宋　翔　陈　泽　高宗洪　程　建　张　剑　刘茂雪
徐利宏　褚东升　李先文　肖　岚　杜红新　侯广新　潘玉珍　陈如磊
颜　琛　李媛媛　张　宁　徐　涛　陈正孙　李海波　张可越　李　锐
陈利华　于能文　刘明伟　祝德媛　唐晓华　张　浩　阮文敏　徐红权
胡绍武　赵　浩　王铁军　刘　尧　蔡爱荣　赵朝涛　汤向阳　黄　琛
刘　勇　曹希龙　拾乙方　朱宏森　吕一品　吴洪敏　王旻浩　王文东
吕茂松　徐　彦　周平泉　田绍宁　王　蓬　顾宏威　孙大志　郭兆瑞
张士瑞　王瑞海　刘天堂　张　明　石　磊　王秀峰　鹿存星　王本奉
张学胜　韩志峰　张　威　商守先　孙明芳　陈玉岭　张恒学　邓传奇
刘　刚　徐卫平　纪红云　高立可　王裕甲　游庆来　刘荣伟　解庆东
李　萌　翟正芳　张汝鹏　刘　森　徐　珂　何　玲　王　猛　葛孝满
张建军　范　凯　王建军　刘　真　阚志勇　程革生　陆　宁　张玉杯
李军华　崔　琳　李德超　周先锋　马正辉　张木森　王承训　朱希银
黄　银　林　海　雷勇成　刘　露　黄海燕　朱羽川　张　琳　胥鹏抟
赵忠超　有　昆　赵　腾　胡明星　熊大磊　寇万胜　王延门　沈晶晶
郭　杰　刘　辰　吴晓松　高　猛　刘伟伟　李　丹　张筱林　赵小姣
周建新　杨明德　吴铭舜　韩冬梅　张　驰　朱永强　刘　毅　朱向忠
董　琳　陆长磊　王龙军　刘明志　闫士亮　高　煜　陈志华　戴传东
张兴旺　尤敦生　马东风　张善永　孙　叶　刘　茜　张凤军　徐　斌
赵若宇　卢川川　涂永泉　张　薇　孙法亮　董大周　牛传坡　岳　林
欧阳敏　曹昭海　曹玉彦　朱　辉　苏　牧　朱　贺　王　军　董志军
魏　鹏　丁建华　朱　烨　胡志立　吴　进　曹同春　张自军　高惠媛
何　蕾　张弥雷　杨洪涛　颜　冬　耿运良　朱晓明　谈建荣　周树民
郝贵章　李　健　朱　军　时圣利　赵　杰　张传暴　龙　森　杜　剑
李　洋　迟国兴　韩　贺　鲁大魁　罗肖嵘　朱晓沛　郑志远　丁　杰
陆东坡　沈昌玲　时云泽　李　强　辛春晓

邳州市供电公司

客户向公司赠送“锦旗”

邳州市供电公司前身是成立于1975年的邳县供电局。1992年邳县撤县设市，更名为邳州市供电局。2000年11月，更名为邳州市供电公司。现设职能部室5个，管理二级单位9个，下辖24个农村供电所。现有员工1293人。截止2011年底，邳州境内电网有500千伏变电站1座、220千伏变电站2座、开关站1座，110千伏变电站9座，35千伏变电站18座，电网总容量340万千伏安。

2011年，公司认真贯彻上级公司和邳州市委、市政府的决策部署，以服务地方经济社会发展为己任，加快推进电网建设，全力做好供电服务，在电网发展和公司发展均取得了突出的成绩。年内，新增110千伏线路15.5公里，新增110千伏电网变电容量10万千伏安。完成全社会用电量24.2亿千瓦时，同比增长27.07%。全年最高负荷42.4万千瓦，比上年最高负荷增长13.75%。全市共有营业户数53.96万户，营业户数继续位列徐州各县区首位。全面加强企业管理工作，顺利完成了SG-ERP信息系统推广应用工作。1个管理课题被推荐为国家电网公司研究课题，1个课题被列为江苏省电力公司研究课题，2个管理典型经验入选江苏省电力公司典型经验库。

近年来，公司先后获得了国家级“安康杯”竞赛优胜企业，江苏省文明行业、江苏省质量奖(服务业)，江苏省电力公司先进集体、纪检监察工作先进集体，徐州供电公司先进单位、“四好”领导班子、党风廉政建设标兵单位等多项荣誉称号。

供电宣传

朝气蓬勃的供电职工

电路抢修

徐州佳合食品有限公司

徐州佳合食品有限公司始建于2004年3月，注册资金2000万元，总部位于江苏省丰县经济开发区河滨北路8号，是一家集种鸭养殖、苗鸭孵化、肉鸭养殖、肉鸭屠宰加工、饲料加工和羽绒加工为一体的省级农业产业化重点龙头企业。公司占地1000余亩，有员工1800余人，其中技术、管理人员150余人，生产规模在全省同行业中处于首位。

公司下设2个肉鸭屠宰加工厂，日屠宰加工10万只；2个鸭苗孵化厂，年孵化量2000余万只；3个种鸭养殖场，常年存栏总量20万只；5个年出栏35万只的肉鸭示范养殖场，在丰县及周边地区拥有稳定合同鸭养殖户5000多户，鸭业发展产业链不断完善。公司“众寻”牌商标被评为徐州市著名商标，被评为江苏省名牌产品，公司被评为市级质量管理先进单位。在国内建有完善的经营销售网点，“众寻”、“丰沛”牌肉鸭系列产品畅销北京、上海、江苏、广东等20多个省市自治区，赢得了广大消费者的喜爱和好评，全国市场占有率达到8%。多年来，公司秉承“团结务实、开拓创新”的精神，坚持“质量第一、用户第一、信誉第一”的企业方针，保证了公司产品和业绩在同行业中始终处于领先地位。

省长(现省书记)罗志军到公司视察

公司董事长谢殿峰在澳大利亚考察

2006年1月通过ISO9001:2000国际质量管理体系认证

2007年5月通过农业部食品质量安全中心无公害食品认证

2008年12月被评为江苏省农业综合开发省级重点产业化龙头企业

2009年8月被评为江苏省农业产业化重点龙头企业

2010年8月通过ISO22000、ISO14001国际食品安全管理体系和环境管理体系认证审核

2011年荣获江苏省质量诚信AAAA级品牌企业等荣誉称号

2011年董事长、法人代表谢殿峰当选“江苏省社会经济发展杰出人物”

养殖基地

净膛车间

樱桃谷肉鸭生态健康养殖示范基地

徐州润宇服饰有限公司

总经理　马冬菊

徐州润宇服饰有限公司创建于2007年5月，是一家以服装，服饰，面料设计、生产、销售，自营或代理各类商品、技术的进出口业务，以服装辅料销售为主的私营企业。共有在册职工519人，其中管理人员26人、技术人员50人、生产流水线工人443人。公司现有生产流水线20条，年生产能力160万件成衣。公司主要业务有自主研发的品牌女装，注册了艾语、润宇、雅奥蜜斯、纳韵4个自有女装品牌；服装生产、加工、出口；为国内知名品牌—森马等服装公司代加工各种服饰、服装；受托加工江苏国泰国华服装订单。公司具备自营出口权。

2008年10月，公司收购了唐店工业园区内原徐州宏邦挂车实业有限公司，又改建、扩建了现代化生产厂房、宿舍楼和职工食堂。2010年8月，公司在新沂新亚大厦成立外贸业务部和自主品牌运营部，拓展了服装外贸环节业务和自主品牌开发业务。

车间

十年华美 情筑彭城

岁月不居，天道酬勤。

华美房地产，秉承“打造温馨家园”的企业理念，开疆辟土，打造广厦万千。

目前在徐州的华美业主已近万户，公司已实现健康、持续发展，享誉业界，赢得信赖。

百年基业 以诚筑家

徐州华美房地产开发有限公司位于徐州市淮海西路252号，是具有百年历史的徐州矿务集团下属子公司。公司成立十余年来，坚持以“锐意进取、规范运作、团结协调、学习创新”为企业宗旨，依托矿务集团，致力于房地产开发与建设，以诚信为原则，积极建造放心房，精品房。

公司先后开发了位于淮海西路的徐州二十八层地标性建筑“华美大厦”、“大福源超市”、位于金山桥开发区的“碧螺山庄—怡翠园”；大庆北路的“白云人家”；二环西路的“华美沁园”；三环西路的“春雨花园”；纺织西路的“华美润园”；南郊双山子的“山水华美”；响山南路“山水康桥”；以及正在开发的“华美生态园”、“徐矿城”等住宅精品，为华美房地产今后的发展打下坚实的基础。

华美房地产坚持以科学发展观为指导，时刻围绕集团公司3+4发展战略，秉持多元、整合、拓展、品牌的发展思路。以住宅地产为重点，充分运用集团公司内外部两种资源，开拓内外部两个市场，优化资源配置，发展住宅地产、商业地产、工业地产、旅游地产等多种业态，转换机制，创新发展模式，精心打造徐矿地产品牌；构建以房地产开发企业为龙头，工程施工、安装、监理、建材、装修等相配套，以商贸、宾服、旅游等为延伸的产业链，成为集地产开发与置业为一体的大型综合性地产置业公司。

徐州华美房地产开发有限公司必将成为徐州房地产业界一颗璀璨的明珠。

华美房地产

H.M.PROPERTIES

徐州源洋商贸发展有限公司

总经理 熊学旻

科技研究发展中心

市场客服中心

农药残毒检测

配送加工车间

市场销售

徐州源洋商贸发展有限公司(徐州农副产品中心批发市场)是淮海经济区最大的多业态、综合性农产品交易市场。始建于1997年10月,占地面积290亩,总建筑面积16万平方米,总资产3亿元。市场交易范围覆盖淮海经济区20个地市,并辐射到全国大部分省市,在农产品集聚分销以及促进农产品的生产、流通、出口及城乡供应方面发挥了重要作用。主要建设有蔬菜和果品物流园区、干调物流园区、水产品物流园区等以及质量检测中心、结算中心、信息中心、冷链物流等项目。市场先后获得"农业部鲜活农产品定点市场"、"全国供销社重点龙头企业"、"江苏省农业产业化经营重点龙头企业"、"全国百强农副产品批发市场"、"省级重点批发市场"、"徐州市重点批发市场"、"徐州市十佳市场"等多项荣誉。

近年来,市场投资1.53亿元建设了果蔬加工生产线、5000吨低温库、农产品综合服务大楼、市场信息化系统、手柄式结算系统、电子交易平台等项目,形成以果品、蔬菜、粮食、干果、干货、水产品、禽蛋、牛羊肉为代表的农副产品八大交易中心,以农产品运输、加工配送和电子商务为代表的仓储、运输、加工、配送四大保障体系。市场下设果品、蔬菜、干果调味品、粮食、水产品、种业、禽蛋等七大专业市场,其中在徐州市场的占有率果品达90%,粮食占有率达80%,水产品达98%,禽蛋和干货调味品达60%。2011年市场成交量和交易额分别达到61.38亿斤和72.89亿元,是徐州市名副其实的"果盘子"、"菜篮子"。市场已在周边地区形成较具规模特色农产品生产基地300多家,带动农户30多万户,基地面积150万亩,户均增收3000元。市场联合苏合农产品销售合作联社打造周末菜市场进社区活动,以低价、质优、便捷受到市民好评。

大楼效果图

徐州天鸿(置业)集团有限公司

董事长　徐希强

邳州市委书记冯其谱视察天鸿集团工程建设

董事长徐希强领取"邳州市社会捐资助学特别荣誉奖"

董事长徐希强讲话

2011年12月18日,"天鸿地产·星耀邳州大型群星演唱会"在运师体育场上演

徐州天鸿(置业)集团有限公司成立于2010年,位于邳州市南京路18号,注册资金5000万元,拥有房地产开发二级资质,是徐州市具有较强综合实力的房地产开发企业。公司现有职工280余人,其中中高层以上管理人员120人,具有中高级以上职称40余人。集团下辖的分公司或产业有徐州天鸿置业有限公司、徐州隆章置业有限公司、徐州鼎派置业有限公司、徐州笨鸟建筑节能工程有限公司、徐州汇龙物业服务有限公司、徐州鸿盛钢材贸易有限公司、徐州永丰物资贸易有限公司以及即将兴建的四星级天鸿国际大酒店。

公司积极参与邳州的经济建设和城市基础设施建设,2010年集团公司参与承建了多项市政工程及政府安排的其他重点工程。集团公司在房地产业务方面正在开发的项目有恒盛嘉园、清华园、汇龙国际花园、玉水花城,截至年底,完成开发面积18万平方米。

优秀员工参观凤凰古城

开展革命传统教育

清华园小区

恒盛嘉园小区

印象珠江

玉水花城小区

汇龙国际花园

天鸿国际大厦施工现场

天鸿·世纪城

徐州鼎晔房地产开发有限公司

徐州鼎晔房地产开发有限公司成立于2005年。企业一直把“鼎晔品牌”的塑造当作责任，“创享生活”是鼎晔为消费者建筑更高生活品质的动力。

翠湖御景是徐州鼎晔房地产开发公司开发项目之一。翠湖御景项目是一个紧邻云龙湖，以住宅为主的湖景生态社区，占地面积约9万平方米，总建筑面积约27万平方米，总户数约1800户，容积率2.69，建筑密度23%，绿地率39%。项目在设计上结合徐州气候特点和居住习惯，使用全板楼设计保证室内采光和通风需要，75%的住宅可观云龙湖美景；其丰富的户型设计，能满足不同消费者的喜爱，面积从50平方米到300平方米，适合不同阶层需求。翠湖御景位于徐州城市核心，占据云龙湖畔绝佳观湖区位，市民广场、美术馆、体育中心、滨湖公园、音乐厅以及5.8平方公里的云龙湖面紧紧围合，尽享城市繁华中的宁静和自然山水中的奢华。不可复制的资源优势，难以比拟的天赋灵犀，成就徐州屈指可数的国际社区。

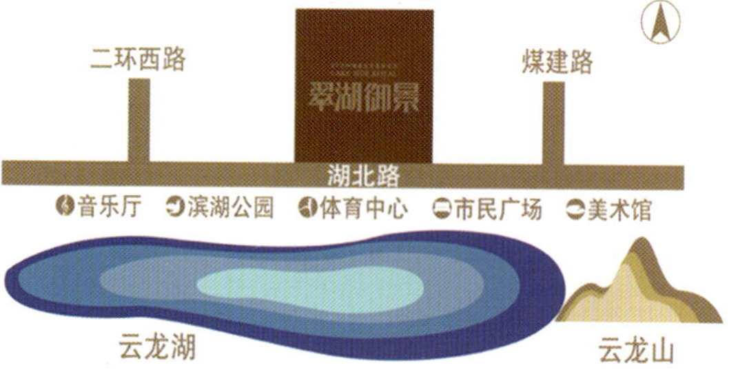

中央国际广场
CENTRAL INTERNATIONAL PLAZA

徐州大通市政建设工程有限公司是以城市基础设施投资和市政公用工程施工总承包为核心产业的投资施工型企业，具有市政公用工程施工总承包一级资质，同时具有建筑安装、土石方、管道等多项专业工程施工资质。公司注册资本金6181万元，拥有强大的专业技术队伍和机械设备，可承担各类大、中型基础设施工程的建设。

公司成立以来，先后承建了国家康居示范工程徐州凤凰山康居家园、蓝天白云等多项道路排水工程；2005年始公司把业务专注于政府大型配套设施投资建设，采用BT模式先后投资建设了沛县新城区基础设施工程、铜山珠江路快速通道工程、丰县开发区道路排水工程、新沂山水大道、古镇大道等工程，承担了多项污水处理、垃圾处理等基础设施工程，公司已成功转型为专业型的投资施工企业。

大通市政以健全规范的现代企业制度和灵活的管理机制，推动企业快速发展。公司立足于在中国的每一个城市做好一个基础设施项目的发展高度，恪守质量承诺，持久为中国城市发展提供满意产品，取得了良好的经济效益、社会效益和环境效益。企业率先通过并贯彻了ISO9001质量体系、环境保护体系、职业健康安全体系的综合认证；公司先后荣获了数十项省市级“文明工地”和十多项“优质工程”、“市政示范工程”、国家级“金杯奖”，连续数年被评为市“优秀建筑业企业”和江苏省“建筑业优秀企业”、“省最佳建筑业企业”。

大通市政始终以开放的心态经营公司，在发展过程中不断合作创新，先后与国内大中型企业进行战略合作，尝试项目、资金等多种合作形式，并引进私募资本投资基础设施项目。

公司敢于创新和培育年青业务中坚，在发展中实现员工的价值及人力资源增值，打造年青人实现梦想的平台；投资数百万元全面导入企业战略与执行系统，通过战略、理念、执行全方位打造企业的内部竞争力；每年一度全员训练营，每年一度个人战略与目标梳理，公司为每位员工做好个人职业生涯设计；企业相信未来属于年青人，致力于聚集一批有梦想、有闯劲、能吃苦的年青人，筑就公司发展的未来；公司坚信人力资源的增值是比资产和财务增值更富有凝聚力的吸引力的最优质资源，实现社会、企业、员工等多方共赢成为大通市政未来发展壮大的第一选择。

2012

公司使命：致力于推动中国城市化建设，建筑美好生活。
公司价值观：规范、诚信、专业、认真。
公司愿景：成为中国一流的工程企业，实现天下大通。

公司承建的铜山区珠江路工程荣获市政工程最高奖“国家金杯奖”，为2011年度徐州唯一的金杯奖工程。

沛 城 镇

镇党委书记 朱信勇

镇党委副书记、镇长 王家勇

沛城镇是县委、县政府驻地镇，位于微山湖西畔，与山东省微山县接壤，总面积118平方公里，辖21个行政村，16个居委会，总人口约19万人。2011年财政一般预算收入完成3.57亿元，增幅46.3%；城镇居民人均可支配收入16910元，增幅18%；农民人均纯收入11252元，增幅20.6%。

沛城镇先后被中央文明委授予创建全国文明村镇工作先进单位；连续两届被省委、省政府授予“江苏省文明乡镇标兵”；连续6年被市委、市政府授予经济十强镇，2010年、2011年连续获全市城市综合发展类镇考核一等奖。

一是突出产业园区化，继续推进万亩农业科技示范园提档升级。2012年，在原有2200亩苏式日光能温室基础上，加大投入，加快推进，再建苏式日光能温室1000亩。科学规划，因地制宜，绿化、美化馨园、禾园及园区主次干道，完善功能、提档升级，年内建成最大的科技生态观光农业园。

二是突出居住社区化，打造农民幸福生活新家园。围绕打造苏北新型农村社区示范区的高标定位，加快新型农村社区建设。占地80亩、总建筑面积6万平方米、总投资1.1亿元的任庄二期生态社区，占地126亩、总建筑面积16万平方米、总投资2亿元的五里庙临城社区，占地228亩、总建筑面积24万平方米、总投资4亿元的插营园现代社区正在积极实施中。

三是突出环境生态化，全面提升农村人居环境。重点抓好任庄和潘阁两个省试点村、封楼和前张桥等25个自然村以及新农村示范村李集的村庄环境整治工作。投资3000万元，建设污水处理厂一座，安装太阳能路灯110盏，铺设上下水管网2750米，配套建设综合服务中心3920平方米，硬化道路11000平方米，新增绿化56000株，粉刷外立面76000平方米,建立健全覆盖城乡的垃圾收运体系。

四是突出岗位职 业化，激发广大农民创新创业热情。依托园区优势，把园区内传统农民转变成新型农民；依托临区优势，把传统农民打造成产业工人；依托近城优势，强传统农民转变成懂管理、善经营的新型创业型农民。2012年，我镇力争培训农村劳动力1000人，其中创业培训200人，力争新增农村劳动力转移1000人。

五是突出管理科学化，全力构建和谐稳定的社会环境。深入实施社会矛盾纠纷排查化解行动。全面开展社会稳定风险评估，落实镇领导干部接访、走访、下访、联系群众等制度。深化“大调解”机制建设，加强人民调解、行政调解和司法调解的衔接配合，始终保持全镇的政治稳定、社会和谐。

沛城镇万亩农业精品科技示范园

沛城镇任庄新型农村社区

江苏省建设工程有限公司
任庄新村二期工程项目部

沛城镇御城华府

沛城镇“三重一大”项目
徐州真心罐头食品有限公司

沛城镇“三重一大”项目
“微山湖渔村”

沛县民政局

①

②

①2012年3月21日民政部李立国部长视察沛县革命烈士陵园

②冯兴振书记慰问受灾群众

③李县长和县光荣院老人亲切交谈

④徐县长慰问驻沛部队

⑤县民政局局长、县慈善会秘书长欧正海受县委书记、县慈善会会长冯兴振同志委托，为欧阳广远同学送去20000元慈善救助金

⑥沛县实现了省“双拥模范县”六连冠

⑦2011年沛县民政局被评为省先进集体

③

④

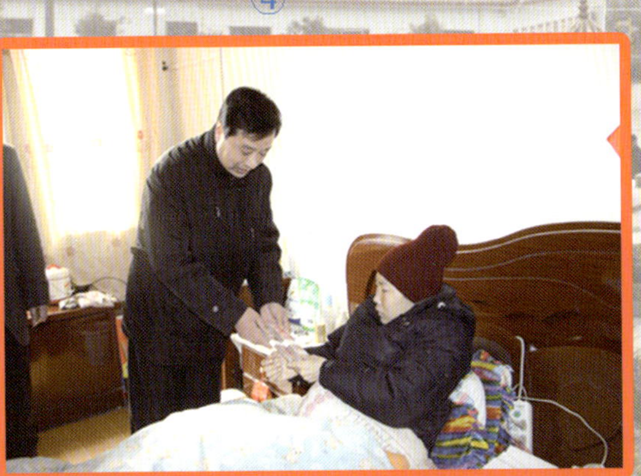

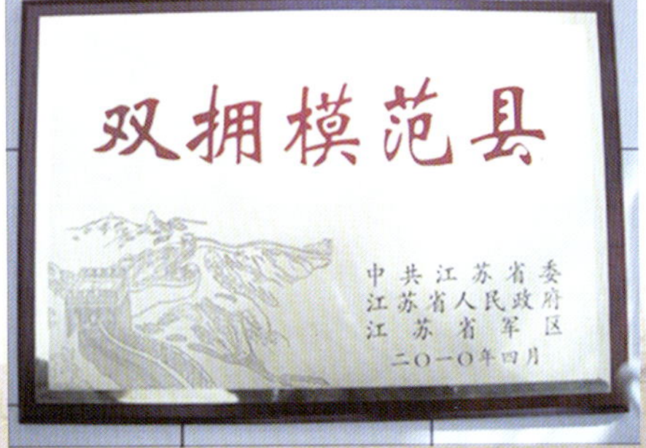

⑥

⑦

徐州市新水国有资产经营有限责任公司

合资公司揭牌

公司揭牌

TOT协议签约

徐州市新水国有资产经营有限责任公司是徐州市政府授权徐州市水利局出资、从事城市水利（务）资产经营管理的国有独资公司，由徐州市政府委托徐州市水利局管理。于2010年3月16日挂牌成立，公司注册资本金3亿元。内设综合部、财务部、计划发展部、经营部四个部门。新水公司拥有两个全资子公司：徐州市自来水总公司、徐州新源水务有限公司，1个合资子公司：徐州建邦环境水务有限公司。至2012年6月底，公司总资产16.7亿元，净资产6.4亿元。

公司主要负责实施徐州市水利（务）建设发展过程中形成的各类国有资产；水利（务）基础设施及配套项目的投资、开发、建设（如供水水厂、污水处理厂，市政管网、水环境综合整治、饮水安全，闸站等）；涉水建筑工程施工、水土资源及水上旅游项目的投资、开发、利用；房地产投资开发。

公司成立以来，按照市政府下达的任务，遵照公司的宗旨，积极构筑水利（务）建设的融资平台，肩负起新建水源工程、供水安全保障工程及污水处理等工程的建设经营任务，实施水资源的统一开发和经营管理，推进水务一体化进程。一是投资建设自来水厂及配套管网，积极开辟新水源，新建新河水厂及供水安全保障工程，提高居民饮用水保障能力；二是投资建设市区污水处理厂及配套管网，已投资建成徐州市新城区污水处理厂、徐州市西区污水处理厂、徐州市丁万河污水处理厂和收购徐州市龙亭污水处理厂，并交由我公司与北京建工环境发展有限责任公司成立的合资公司经营，总投资2.2亿元。目前新城区、西区、龙亭污水处理厂已进入商业运营，处理出水水质达一级A标准，新增污水处理能力9万吨/日，大大提高我市污水处理能力；三是加强涉水基础设施建设，投资建设雨污分流管网，加快水务事业快速发展；四是实施城市水环境整治和水质提升工程，已实施奎河市区段水环境整治、故黄河整治、云龙湖水质提升及九里湖水系贯通等工程，正在实施丁万河水环境整治、故黄河二次开发等工程，通过加大水环境治理力度，加强生态景观建设，提升城市形象，提高居民生活质量。

公司将紧紧围绕市委、市政府的中心工作，着力提高“善操作、会落实、能创新”的能力，凝心聚力、锐意进取，依托优质水土资源，通过市场化运作，形成以水带地，以地生财，以财兴水的良性循环，为提升城市品位，实现人水和谐和徐州水利（务）事业的可持续发展作出应有的贡献！

水环境整治后的奎河

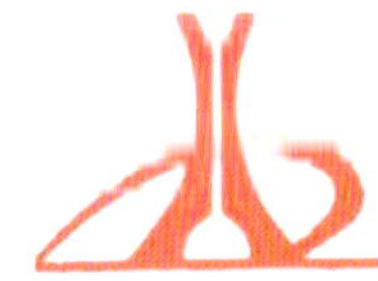

徐州基桩工程公司

XUZHOU PILE FOUNDATION ENGINEERING CO.，LTD

基础牢固　信誉如山

质量至上　开拓创新

徐州基桩工程公司成立于1988年2月，隶属江苏省地矿局第五地质大队，是国家住房和城乡建设部审批的地基与基础工程壹级施工企业、国土资源部审批的地质灾害治理工程甲级施工单位。公司通过ISO9001、GBT28001、ISO14001三体系认证，具有AAA资信等级。公司拥有净资产8000余万元，有职工300人，各类专业技术、管理人员100余人，其中高级职称27人，中级职称66人，国家壹级注册建造师15人，国家贰级注册建造师25人。公司凭借人才优势，积极推广新技术、新工艺，坚持不懈地走科技发展之路。

公司具备各种桩径的钻孔桩、挖孔桩、沉管灌注桩、夯扩桩、预制桩、软地基处理、地质灾害治理等多种施工能力，具有深基坑支护的设计和施工能力，是一支装备精良、技术力量雄厚、施工手段多样、享有良好信誉的专业基础工程施工队伍。

徐州基桩工程公司立足淮海经济区，面向全国，走向世界。以科技为先导，以质量为生命，重合同、守信用，获得业主和社会各界的好评，多次被评为“徐州市优秀企业”、“徐州市文明单位”和“江苏省地矿厅先进单位”。自1995年以来完成较大桩基工程400多个，工程合格率100%。近年来，公司完成的大中型工程有：印度达尔万迪电厂桩基工程、曹妃甸10万立方原油商储库储罐基础振冲碎石桩工程、徐州彭城发电厂三期砼灌注桩工程、徐州火车站改造旋挖灌注桩工程、徐州和平大桥灌注桩工程、菏泽电厂混凝土预制桩工程、连徐高速公路软地基处理（60万米）、天津中转油库管桩工程等。在举世瞩目的三峡工程建设中，一举中标三峡太矶头滑坡治理工程、秭归县地质灾害防治工程，工程规模近亿元，且均以优质高效的施工赢得了社会各界的广泛赞誉。

展望未来，随着企业的不断发展壮大，公司经营与服务能力也得以持续提升。我们将以精湛的技术，高效的管理，持之以恒的为客户提供高品质产品和优质服务。

徐州市火车站碎石桩工程及立面改造旋挖灌注桩工程

徐州和平大桥灌注桩工程

菏泽电厂混凝土预制桩工程

三峡库区湖北省巴东县太矶头滑坡防治工程

曹妃甸10万立方储油罐振冲碎石桩工程

公司地址：江苏省徐州市经济开发区金水路9号
联系电话：0516-87773843　87870796
传　　真：0516-87773689
邮政编码：221004
邮　　箱：xzjzgc@sina.com
公司网址：www.xzjzgc.com

江苏师范大学肇始于1952年的苏南军区转业干部文化速成学校，1959年成立徐州师范学院。1996年，学校更名为徐州师范大学。2011年11月教育部复函江苏省人民政府，徐州师范大学更名为江苏师范大学。江苏师范大学是教育部本科教学工作水平评估优秀学校，也是江苏省重点建设高校。60年来，全校师生秉承“崇德厚学、励志敏行”的校训，发扬“厚重笃实、艰苦创业”的校园精神，各项事业取得快速发展。

学校现有泉山、云龙、奎园、贾汪4个校区，总占地2047亩，校舍面积81.2万平方米。学校设有22个专业学院，70个本科专业，26个一级学科硕士点。在校普通全日制本科生24622人，硕士研究生2777人。1388名专任教师，其中教授218人(其中博士生导师34人)、副教授481人，具有博士学位者376人；有中科院双聘院士3人，中国社科院学部委员(双聘)1人，长江学者、国家杰青级人才(双聘)12人，“江苏特聘教授”1人。现有江苏高校优势学科建设工程一期项目4项，一级学科省重点学科9个；建有省高校重点实验室3个，省哲学社会科学研究基地2个，省高校哲学社会科学重点研究基地3个。学校连续10次被省委、省政府表彰为“江苏省文明单位”，4次被表彰为“江苏省文明学校”，5次被表彰为“江苏省文明单位标兵”，2011年学校被授予第三批“全国文明单位”荣誉称号。面向“十二五”，学校将继续全面贯彻落实科学发展观，坚持改革创新、开放办学，把学校建设成为高水平、有特色、有品位的综合性教学研究型大学。

江苏师范大学揭牌仪式